KB260528

최신 신약 개론

룩 존슨

채천석 옮김

THE WRITINGS OF THE NEW TESTAMENT
An Interpretation

크리스챤
다이제스트

LUKE TIMOTHY JOHNSON

THE WRITINGS OF THE NEW TESTAMENT

An Interpretation

Fortress Press   Philadelphia

차례

머리말

이 책은 신약 문헌의 기원과 개요를 이해하기 원하지만 거부감을 느낄 정도로 전문적이거나 지나치게 평범하지 않은, 포괄적인 입문서를 찾지 못하는 그런 사람들을 위해 썼다. 이 책은 입문서라고 하지 않고 해석이라고 하였다. 그 이유는 단순한데, 입문서라는 이름을 가진 책들은 대부분 좁은 범위의 학자들의 논점에 대한 지식을 전달하는 것을 목적으로 하는 편람이거나, 아니면 진부한 학자들의 지혜를 대학생을 위해 쉽게 해석해 놓은 것이기 때문이다. 이 두 가지와 대조적으로 나는 기독교의 초기 문헌에 대한 순수한 해석을 제공하려고 노력하였다. 이 작업을 통하여 나는 독자들로 하여금 신약 문헌 이해에 있어서 가장 중요하고 핵심적인 질문들을 접하게 하려고 한다. 결코 모든 입문서가 다 해석이 아닌 것이다.

이 책의 구성, 논증, 그리고 논제의 선택은 모두 학문적인 토의보다 신약 문헌들을 직접 접하고 이해하기를 원하는 현대 독자들에게 신약 문헌들을 생생하고 이해 가능하게 만들어 보려는 바람에서 나온 것이다. 나는 신약 문헌 이해에 관련되는 핵심적인 쟁점을 모두 다루었다. 하지만 학자들의 견해에 대한 공통점을 제시하는 선에서 머무르지 않았다. 이 책을 펼 때 독자들은 처음부터 끝까지 증거에 대한 단순한 한 가지 "해석"만 보게 될 것이다. 다시 말해서 나 자신의 해석 말이다. 신약 문헌들과 핵심적인 쟁점에 대한 나의 관점은 독립적이다. 하지만 특이체질적이라고 생각하지는 않는다. 나는 선생님들과 다른 학자들의 해석에 의존하는 정도를 지나서 훨씬 많이 연구하였다. 이 책에서 신약 성경의 기원과 수집 그리고 각 부분의 상세한 내용에 대한 나의 이해를 개진하면서, 나는 다른 대부분의 학자들과 의견을 같이하는 경우도 있고 달리 하는 경우도 있었다. 두 경우 모두 그 이유를 제시하려고 노력하였다. 제한된 지면에서 한 주제 전체를 다루려고 하다보니 상당한 부분이 삭제되거나 요약되었다. 하지만 공부를 한 독자들이라면 이따끔 나오는 나의 생략 표시에서 핵심적인 학자들에 대한 신중한 반응을 볼 수 있으리라 확신한다.

나는 논증과 진술을 명확하게 하기 위해 각주를 사용하지 않았고 본문에서 다른 학자들의 이름도 거명하지 않았다. 그 결과 불가피하게 나타나는, 모든 것을 아는 사람인 듯한 분위기는 독자들이 양해해 주기를 바란다. 참고 인용문은 신약 성경 본문과 일차 자료에만 제한하는 편이 나은 듯하였다. 경우에 따라서는 이것들도 그 수가 너무 많아서 적절한 내용을 찾아내는 일이 문제가 되기도 하였다. 각 장 끝에는 주석을 단 참고문헌 목록을 기재해 놓았다. 그 가운데 일부는 나의 진술을 뒷받침하는 것인 반면 다른 견해를 제시하는 글들도 있으며, 또 독자들의 연구를 위한 추가 자료를 제시하는 것도 있다. 각주란 학식을 자랑하기보다 독자들의 유익을 위한 것이므로 극소수의 경우를 제외하면 영어로 된 글들만 포함시켰다. 번역 수준을 볼 때 그 가치가 크게 손상되지는 않았다. 또한 쉽게 접할 수 있는 글들을 제시하려고 노력하였다. 일차 자료에 대한 번역본들은 각 장의 참고문헌 부분의 초두에 나와있다.

내가 이 모든 내용을 하나 하나 기록하면서 내가 선생님들에게 얼마나 많은 은혜를 입고 있는지 거듭 깨달으면서 겸허한 마음을 느낀다. 참고문헌 목록에는 내가 Roman Greer, Brevard Childs, Judah Goldin, Henry Fischel, Frederick Wisse는 물론 Nils Dahl, Wayne Meeks, Abraham Malherbe 에게서 얼마나 많은 것을 배웠는지 다 나타나 있지 않다. 본문에 푹 잠겨 있을 수 있게 계속해서 격려해준 동료들 William Kurz, Dennis Hamm, Halvor Moxncs, Jerome Neyrey에게 감사를 돌린다.

1985년 6월 26일
Bloomington, Indiana에서
Luke Timothy Johnson

약어표

AB	Analecta Biblica
AGJU	Arbeiten zur Geschichte des antiken Judentums und des Urchristentums
ANRW	*Aufstieg und Niedergang der Römischen Welt*, ed. J. Temporini and W. Haase (Berlin: Walter de Gruyter)
ATR	*Anglican Theological Review*
Bib	*Biblica*
BJRL	*Bulletin of the John Rylands University Library of Manchester*
BZNW	Beihefte zur *ZNW*
CBQ	*Catholic Biblical Quarterly*
CBQMS	Catholic Biblical Quarterly—Monograph Series
CGTC	Cambridge Greek Testament Commentaries
ConBNT	Coniectanea biblica, New Testament
CRINT	Compendia rerum iudaicarum ad novum testamentum
ExpTim	*Expository Times*
GBS	Guides to Biblical Scholarship
HDR	Harvard Dissertations in Religion
HNTC	Harper's NT Commentaries
HTR	*Harvard Theological Review*
HTS	Harvard Theological Studies
ICC	International Critical Commentary
IDBSup	Supplementary volume to *Interpreter's Dictionary of the Bible*, ed. G. A. Buttrick
Int	*Interpretation*
IRT	Issues in Religion and Theology
JAAR	*Journal of the American Academy of Religion*
JBL	*Journal of Biblical Literature*
JCS-D	*Jewish and Christian Self-Definition*, ed. E. P. Sanders, A. I. Baumgarten, A. Mendelson, and B. F. Meyer (Philadelphia: Fortress Press)
JJS	*Journal of Jewish Studies*

JR	*Journal of Religion*
JRS	*Journal of Roman Studies*
JSJ	*Journal for the Study of Judaism in the Persian, Hellenistic, and Roman Period*
JSNT	*Journal for the Study of the New Testament*
JSS	*Journal of Semitic Studies*
JTC	*Journal for Theology and the Church*
JTS	*Journal of Theological Studies*
NCB	New Century Bible
NICNT	New International Commentary on the New Testament
NovT	*Novum Testamentum*
NovTSup	Novum Testamentum, Supplements
NTS	*New Testament Studies*
SBLDS	SBL Dissertation Series
SBLMS	SBL Masoretic Studies
SBS	Stuttgarter Bibelstudien
SE	*Studia Evangelica*
SJT	*Scottish Journal of Theology*
SNTSMS	Society for New Testament Studies Monograph Series
SPB	Studia postbiblica
SR	*Studies in Religion*
TDNT	*Theological Dictionary of the New Testament*, ed. G. Kittel and G. Friedrich
TorSTh	Toronto Studies in Theology
TS	*Theological Studies*
TU	Texte und Untersuchungen
VC	*Vigiliae christianae*
ZNW	*Zeitschrift für die neutestamentliche Wissenschaft*

서론

독자들은 이 책의 목적과 계획을 처음부터 인지하고 있어야 할 것이다. 우리는 가능한 한 신약 문헌들의 개별적인 등장과 전체로서 수집이 시작되는 과정을 고찰하려고 한다. 여기에서 초점은 성경이라고 부르는 거대한 문집 안에서 대개 다른 수집물들과 함께 볼 수 있는 일군의 재료에 맞추었다. 우리는 신약 성경의 탄생에 주목하려고 한다. 문헌의 탄생에 관해서 이야기 하는 것은 이상하게 보일 수 있다. 하지만 이 말에서 우리는 우리가 연구하는 현상이 살아있는 실재(實在)의 살아있는 표현으로 시작되었다는 점, 그 현상이 특정한 시간과 특정한 장소에서 일정한 그리고 지금도 볼 수 있는 조상을 통해서 세상 속으로 등장했다는 점을 알 수 있다. 그러나 우리가 지금 신약 성경의 탄생을 연구한다고 말하는 것은, 다른 세 가지 과제와 구별해서 볼 때 특별한 의미를 가지게 된다.

무엇보다 먼저 알 것은 우리가 지금 기술하려고 하는 것이 초기 기독교 역사가 아니라는 점이다. 물론 초기 기독교 역사의 여러 국면이 이 연구에 불가피하게 포함되지만 말이다. 이 구별은 대단히 중요한 것이므로 다음에 상술하게 될 것이다. 둘째로 우리는 지금 초기 기독교 문학 전부에 대한 목록을 작성하거나 분석하려는 것이 아니다. 기독교 운동은 문헌 생산에 있어서 놀라울 정도로 다산적이었으며 신약 성경은 그 기록물 가운데 일부를 나타내는 것이다. 마지막으로 우리는 지금 원래 별개이던 문헌들이 신약 정경이 되었던 그 과정을 구체적으로 서술하려는 것이 아니다. 물론 그 과정의 일부 의미는 살펴보겠지만 말이다.

우리는 신약 성경의 27개 문헌에 주목하려고 한다. 언듯 보기에 이 문헌들은 그렇게 인상적인 것이 아니다. 예수님에 관한 4개의 기사(복음서들)와 소수의 추종자에 관한 하나의 기사(사도행전), 한 사람의 사도가 경우에 따라 쓴 서신 몇 개(바울 서신)와 다소 익명인 다른 지도자들이 쓴 소량의 편지들, 그리고 묵시적 환상이 바로 그것이다. 이 문헌들은 대단한 문학적 평가를 요구하는 것도 아니다. 그 자체에 대한 영감을 직접적으로 언급하는 것은 하나도 없다. 하지만 이 문헌들의 충격은 그 크기나 요구에 비례하지 않았다. 지난 2천년 동안 이 문헌들은 대부분의 서양 세계에서 하나님에 의해 영감된 하나님 자신의 말씀으로, 인생의 의미를 측정하는 명확한 규범으로 인식되던 계시의 일부로 간주되었다. 이와 같은 원인과 결과의 불균형으로 볼 때 이 특수한 문헌들을 연구하는 것은 정당하며 이 문헌들에 대하여 근본적인 질문을 던져 보아야 할 것이다. 놀라운 사실은 이런 질문이 명백하게 제기된 경우가 너무나 적다는 점이다.

도대체 왜 이 문헌들이 존재하는가? 이것은 시인들과 철학자들의 질문, 존재에 대한 질문이다. 이것은 개미핥기의 특성을 열거하는 것으로 충분하지 못하다. 사람들이 처음에는 이런 짐승이 있다는 사실만으로도 기절할 것이다. 존재에 대한 질문은 분명히 신약 성경에 아주 적절한 질문이다. 신앙 운동이 문헌을 만들어 내는 것은 절대로 필수적인 과정이 아니며, 짧은 기간 안에 그 문헌들을 경전으로 인정하는 일은 더욱 그렇다. 실패한 메시아적 인물들이 모두 자신이 여전히 살아있다고 주장하고 이 터무니없는 주장을 다른 사람들에게 확실하게 납득되도록 해주는 문학을 생성시키지는 않는다. 세상의 임박한 종말을 기대하는 공동체들이 모두 종말 시간표와 무관한 반면 미래를 예측하기보다 과거 해석에 더 관심을 두는 그런 문서들을 만들지는 않는다. 이 문헌들이 만들어진 사실은 분명히 하나의 충격이다. 시인이나 철학자들은 이러한 결과로부터 자연적인 것이든 불가사이한 것이든 이에 상응하는 원인을 이끌어 내려고 한다. 이 문헌들을 탄생시킨 그 무엇인가 일어났다는 것이다.

두번째 질문은 수집본에서 볼 수 있는 문헌의 종류에 관한 것이다. 왜 복음서가 4가지인가? 복음서에 관해서는 끊임없이 문제가 제기되어 왔다. 그 이유는 복음서들 사이의 일치와 불일치의 이상한 조화, 단순한 전기도 단순한 전설도 아닌 특징, 불가사의한 실현 가능성과 현실성 때문이다. 심지어 복음서의 영웅이 명백하게 불가능한 일들을 행하고 있을 때엔 더욱 그렇다. 그리고 이 특수한 편지들은 왜 있는가? 로마서, 이것은 이해할 만한다. 고린도전후서까지도 마찬가지이다. 그러나 3개의 목회서신은 왜 있는가? 이 편지들은 아주 비슷하면서 동시에 미묘한 차이가 있다. 극히 바울적인 동시에 도무지 바울의 편지 같지 않은 면이 있다. 베드로후서와 유다서는 왜 있는가? 다른 어떤 것보다도 빌레몬서는? 문

헌들을 자세히 살펴볼 때 우리는 대부분 그 시각과 형태와 상징에 있어서 다양성
에 깊은 인상을 받고, 이 문헌들을 탄생시킨 운동의 다양성을 확인한다. 그리고
그 다양성 안에 조화가 있어서 공동체로 하여금 이 문헌들은 규범으로 선택하고
다른 것들은 택하지 않게 한 사실에 놀란다.

　　이 문헌들은 왜 지금과 같은 모양을 가지고 있는가? 이 질문은 두 가지 부
분으로 나누어지며 동일한 비중을 가진다. 첫번째 부분은 왜 신약이 구약과 흡사
한 모양을 가지고 있는가 하는 질문이다. 좀처럼 발표되지 않았지만 이론의 여지
가 없이 분명하면서 중요한 모든 연구 결과 가운데 가장 의미심장한 질문은, 이
문헌들이 어떤 설명도 정당화시키려는 이론도 없이 히브리 성경(OT)과 동일한
특성과 동일한 상징을 계속 사용하고 있다는 이것이다. 신약 문헌들은 분명히 헬
라 문학처럼 보이며 사실 헬라 문학이다. 그러나 이 문헌의 직접적인 조상은 의
심의 여지가 없다. 만약 모세 오경과 선지서, 성문서를 배경으로 하지 않는다면
이 문헌들 가운데 이해 가능한 부분은 거의 없다. 신약이 성경의 일부가 되게 된
것은 결코 우연도 아니며 억지도 아니었다. 이 질문의 두번째 부분은 비록 두번
째이지만 동일한 중요성을 가진다. 왜 신약은 구약과 그렇게 많이 다른가? 이 차
이들은 사소한 것이 아니다. 신약을 제대로 이해하려면 구약을 전혀 다른 방식으
로 이해하는 것이 필요하다. 상징은 동일하다. 하지만 전혀 다르게 개작(改作)되
었다. "하나님 우리 아버지와 주 예수 그리스도로 좇아 은혜와 평강이 있기를 원
하노라"고 하는 바울의 말에 보면 이 연속과 대조의 조화가 잘 나타나 있다. 이
구절을 잘 분석해 보면 신약의 수수께끼 같은 핵심에 다다를 수 있을 것이다. 신
약과 구약 사이에 있는 유사성과 차이의 변증법을 제대로 이해하려면 이 문헌들
의 독특한 특성을 분명하게 이해하여야 할 것이다. 그러나 먼저 할 것은 그 차이
를 구체적으로 구별하는 일이다.

연구 범위

　　지금까지 제시된 신약 문헌들의 기원과 외형에 관한 기본적인 질문들에 대
한 대답은 부적절하지만 이 책의 초점을 분명하게 하는데 도움을 주었다.

　　어떤 사람들은 이 질문들에 대한 대답으로 하나님의 영감을 제시한다. 그들
의 주장에 따르면 신약이 구약과 같은 모양을 하고 있는 이유는 저자가 동일하기

때문, 즉 하나님이기 때문이라 한다. 인간 저자들은 하나님의 충동을 받은 수동적인 수취인, 부르는 대로 받아 적은 서기이었다. 이제는 하나님이 히브리적인 분에서 헬라적인 분으로 바뀐 것 뿐이다. 이 설명에서는 인간적인 동인(動因)이 배제되었다. 따라서 문제가 없으므로 설명할 내용이 전혀 없다. 이 입장은 이 문헌들이 권위있는 것이라는 신앙적인 확신을 진지하게 받아들이고 있지만, 반면 하나님께서 일을 하실 때 인간의 자유를 배제하지 않으시고 그 자유를 통해서 하신다는 또 다른 중요한 확신을 왜곡하고 있다. 뿐만 아니라 이처럼 조잡한 영감론을 사용하지 않고서도 이 문헌들이 권위있는 것이다, 혹은 영감된 것이라는 주장을 할 수 있다.

또 다른 극단은 기독교 신앙의 기원에 대한 조작설이다. 따라서 신약의 기원도 마찬가지이다. 이 이론에 따르면 이 문헌들의 역할은 실제 일어난 일을 은폐하는 것이다. 그러니까 실제 일어난 일에 대한 해석이 여러 가지로 나타나는 것이 당연하다. 어떤 사람들은 예수께서 십자가 상에서 죽지 않았고 생존하면서 계속 가르쳤다는 주장을 제시한다. 다른 사람들은 예수께서 죽었지만 그의 제자들이 시신을 훔치고서 그가 다시 살아났다는 말을 퍼뜨렸다는 주장을 한다. 좀더 세련된 주장으로는(개연성도 좀더 크다) 예수님이 사실 혁명가였으나 복음서들은 여러 가지 정치적으로 유리한 이유로 인해서 예수님을 단순한 종교적 지도자로 그리고 있다고 한다. 조작설들은 예수님의 생애와 죽음에 관한 사건들 그리고 구약에서 나온 메시아 예언까지를 다른 사람들에게 그가 대망의 메시아였다고 믿도록 하기 위해 제자들이 조작하였다는 점에 동의한다. 모든 조작설은 한결같이 이 이야기를 조작한 사람들을 지나치게 현명한 사람으로 혹은 지나치게 우둔한 사람으로 간주하는 경향이 있다. 사모사타의 풍자극 「거짓 선지자 알렉산더」의 루시안은 그 당시 성공적인 종교 사기가 실제로 어느 정도 큰 성공을 거둘 수 있었는지 잘 보여 준다. 하지만 그렇게 불충분하게 예언을 성취한 메시아를 제자들이 일부러 꾸며 내었을 것 같지 않다. 전통적으로 메시아를 지칭하는 것으로 중요하게 생각하던 구절 가운데 대부분은 예수님에게 부합되지 않을 뿐더러 예수님이 그런 일을 하셨다는 암시조차도 없다. 제자들이 복음서에서 받은 것과 같은 심한 대우를 계속 받아야 되는 그런 전통을 일부러 만들어 내었을 것이라고 생각하기 힘들다. 그들이 자신들의 선생의 운명처럼 당할 배척과 죽임 이외에 다른 대가를 제공하지 않는 그런 운동을 왜 꾸며 내었을까 이해가 되지 않는다. 하지만 조작설은 모두 그럴듯하게 보이게 하는 진리의 씨앗을 가지고 있다. 그것은 복음서들의 해석이란 지층 아래에 있는 "실제" 예수를 분별하기가 쉽지 않다는 점이다. 그리고 구약의 예언들을 다시 읽고 그것을 예수님께 적용하는 과정에 정말 인간적인 공정이 있었다. 사실 이 공정은 이 문헌들의 특성을 이해하는 열쇠 가운데 하나이다. 하지만 이 공정은 속임수나 사기술과는 아무런 관계가 없으며 사용 가능한 상징들에 비추어 변화하는 경험들을 해석하려는 인간적인 충동에서 나온 것이다.

그 외 다른 해석들은 초자연적인 해석이나 망상증이라는 해석만큼 급진적인 성격이 아니다. 이 해석들은 기독교를 종교적인 요인 이외의 다른 요인으로 축소시키려는 경향을 함께 가지고 있다. 어떤 사람들은 기독교가 제자들의 환각에서 시작된 것으로 만든다. 이 해석은 제자들의 진실성을 인정하지만 합리성은 인정하지 않는다. 그러니까 신약 문헌들이 망상을 정교하게 합리화시킨 것이라고 본다. 이 견해에 대한 고전적인 표현을 보면 예수님은 부활절에 부활하지 않았지만 신앙이 그렇게 말한다고 한다. 물론 이 주장에 일리가 있고 이 책에서도 부활절 신앙이란 그 운동과 그것에 대한 해석의 결정체라는 점을 가장 중요하게 다루려고 한다. 하지만 이와같은 심리학적인 축소는 순수한 종교적인 체험을 제대로 다루지 못하고 본문 자체를 소홀하게 읽어버리는 경향이 있다.

다른 종류의 해석은 기독교를 1세기 정치 사회 경제적인 세력들의 응축물로 간주한다. 이 해석에 따르면 신약 문헌들은 무산 계급 운동의 선전과 이데올로기이며 성공했기 때문에 스스로 사회 비판 세력이 아니라 사회지지 세력으로 자신의 모습을 재구성할 수밖에 없었던 것이다. 아니면 기독교 운동이 성공한 이유를 기독교 운동은 유대교나 미트라교 같은 다른 경쟁 세력보다 그 시대의 사회적 필요에 부합되었기 때문이라 주장한다. 여기에도 일리가 있다. 즉 초기 기독교 사회적 세계가 대단히 중요한 점은 의심의 여지가 없다. 특히 기독교의 성장과 궁극적인 우세를 설명하려면 말이다. 하지만 기독교 운동의 동기를 특수한 경제적 사회적 요인으로 한정하려는 시도는 큰 성공을 거두지 못하였다. 신약 문헌은 선전이나 이데올로기의 역할을 잘 감당하지 못하였다.

결과적으로 이런 입장들의 시도는 한결같이 신약 문헌의 다양하고 복합적인 특성을 축소시켰다. 신앙적인 요소를 강조하면 사회적인 차원을 놓치고, 심리학적인 차원을 강조하면 신앙적인 요소가 달아나 버렸다. 이 설명들은 각자 장점을 가지고 있으나 신약 문헌들을 바로 이해하기에는 지나치게 지협적이다. 이런 편협함은 문헌 자체를 축소 왜곡시켰다.

연구 모델

신약 문헌을 바로 이해하려면 그 자체의 용어에 가능한 한 충실하게 접근해야 할 것이다. 독자들은 문헌의 자기 표현을 진지하게 수용하고 거기에다 질문을 맞추며 방법론적인 선입견에 억지로 맞추려 하면 안될 것이다. 무엇보다도 가장 긴요한 도구는 이 본문들을 이해하기 위한 적절한 모델이다. 한편으로는 문헌 각각의 다양성을 반영할 정도로 융통성을 갖추고 또 각 문헌을 응집된 전체의 한 부분으로 다룰 수 있게, 한계가 분명한 모델이 필요한 것이다.

그러면 모델이란 무엇을 의미하는가? 모델은 어느 분야에 해당되는 자료들이 뜻이 통하게 해주는 하나의 패러다임이다. 패러다임의 적절성은 자료를 포괄하는 범위와 향후 연구의 가능성을 따라 판단할 수 있다. 이런 의미의 모델은 일종의 연구 대상 재료들에 대한 상상적인 분석틀, 각 부분이 연결되는 모습뿐 아니라 기능까지 파악할 수 있는 공정과 그 결과, 두 가지 모두에 대한 체계적인 그림을 제시한다는 면에서 방법과 다르다. 모델은 다양한 방법을 채용할 수 있다. 그러나 우리가 비평적인 자아인식 없이 자신의 방법을 사용한다면 방법만으로는 적절하지 못한 방법이 될 가능성이 많이 있다.

모델과 연구 방법은 그 대상 과제에 따라 다양하게 활용될 수 있다. 주어진 주제가 몇 가지 다른 모델에 맞을 수도 있으나 모든 모델이 동일하게 적용 가능하다는 의미는 아니다. 마찬가지로 한 주제에 관해서 문제를 제기하면서 도구로 사용할 수 있는 연구 방법도 여러 가지이다. 하지만 모든 방법이 모든 목적에 꼭 맞는 것은 아니다. 뿐만 아니라 모든 모델이 다 할 수 없는 일을 하기 위해 어떤 특수한 모델이 요구될는지도 모르며, 연구 대상 본문에 대한 특수한 연구 방법을 갖고도 중요한 것으로 여겨지는 질문을 제기하거나 그 질문에 대답하는 일을 실패할 수도 있다. 이런 일이 발생할 때 모델이나 연구 방법의 전환이 요구될 수 있다.

정경으로 간주되는 신약에 적합한 모델은 먼저 이 문헌들의 출생과 발전(왜 이것이 존재하는가?), 이들의 특이한 형태(왜 현재와 같은 모습을 가지고 있는가?)를 설명해 주는 틀을 제공하여야 한다. 그러면 우리는 단순한 정보의 출처가 아니라 문헌으로서(다시 말해서 문학적인 산물로서) 이 자료들을 다룰 수 있을 것이다. 적절한 모델은 이 문헌들의 최종 문학 형태는 물론 그 발전 과정도 설명해 줄 것이며, 본문의 문화 인류학적, 역사적, 문학적, 종교적 차원을 다 고려하면서 분석할 것이고 그러면서도 본문의 통일성은 유지시켜 줄 것이다.

문화 인류학적 차원

무엇보다도 먼저 여기에서 내 말의 뜻은 이 문헌들을 완전한 인간의 작품으로 다루어야 한다는 것이다. 신적인 영감을 배제하지 않는다. 하지만 영감은 연구 가능한 사실이 아니다. 둘째 "문화 인류학적"이란 용어는 이 문헌들이 철저하게 인간의 글이며, 종교적 체험과 관념이 인류의 본질에 속함을 의미한다. 사실 전통적으로 문화 인류학자들이 연구해 온 내용에는 대부분 종교가 사람들의 삶을 구성하는 그 방법이 포함되어 있다. 셋째 여기에서는 "문화 인류학적"이란 용어에 좀더 특수하게 적용되는 의미가 있는데, 그것은 이 문헌들의 저작 과정에서 의미를 찾으려는 인간의 노력이라는 보편적인 힘이 작용하고 있음을 볼 수 있다는 것이다. 특히 이 안에서 우리는 상징 세계를 형성해 가는 신화와 체험 사이의 상호작용을 본다(다음의 25-29페이지를 보라).

역사적 차원

나는 한동안, 신약 문헌들은 무엇보다도 먼저 1세기 지중해의 배경 안에서, 특히 1세기 유대교의 주형(鑄型) 안에서 이해해야 한다는 사실을 주지시키고 있다. 신약은 우리와 전혀 다른 사회적 구조와 상징 가운데서 태어났다. 이 문헌들은 그 역사적 배경 아래서 언어적인 조건의 제약을 받았다. 우리에게 있어서 이 문헌의 언어적 신호는 생소할 뿐 아니라 부분적으로 이해할 수밖에 없다. 정확하게 말해서 "말이 없이 진행되는 일들"은 소용에 닿지 않는다. 그러므로 독서가 제대로 되기 위해서는 역사적인 조정이 필요한 것이다. 문헌은 본래의 시간과 장소, 저자의 배경과 의도에 따라 그 조건이 대부분 결정된다. 따라서 우리가 그 배경과 의도를 알맞게 재구성할 수 있으면 그만큼 좋은 독자가 되는 것이다. 만약 신화의 체험의 문화 인류학적 패턴이 우리가 원하는 모델에 커다란 틀을 제공해 준다면, 이제는 이 틀을 1세기 유대교의 역사적 배경 안에 특수하게 적용하는 것이다.

문학적 차원

신약 해석의 적절한 모델은 이 자료들을 하나의 글로 다루어야 한다. 첫째, 본문의 전역사(前歷史)가 아무리 중요하다 하더라도, 전통과 편집 사이의 구분이 아무리 주해에 도움이 된다 하더라도, 정경 내에서 해석을 요구하는 대상은 그 문헌의 완성된 최종 문학 형태이다. 둘째, 작성 시대의 문학적 관습에 주의를 기울여야 한다. 독자는 문학 장르가 가지는 의미와 수사학의 사용을 고려해야 한다. 셋째, 이 문헌들은 나타난 그대로 읽어야 하며 그외의 다른 정보를 얻는 출처로 축소하면 안된다. 마지막으로 연구 모델은 글의 형식과 그 기능 사이, 문학적 구조와 실질 내용 사이에서 조화를 추구해야 한다. 여기에서 "문학적"이란 용어는 표면적인 기교나 미적인 효과에만 관심을 기울이는 것이 아니다.

종교적 차원

신약의 문헌들은 무엇보다도 우선 종교적인 글이다. 이 문헌들은 특별히 종교적 운동에 의해서 태어났으며, 종교적 운동 지지자들에 의해서 또 그들을 위해서 쓰여진 것이다. 물론 이 주장에는 논란의 여지가 없다. 하지만 좀더 세부적인 구분이 필요하며 이것이 중요한 것이다. 나는 여기에서 "종교적"이란 말과 "신학적"이란 말을 동등하게 보지 않는다. 신약에는 신학이 있다. 하지만 그 신학이 학적이라거나 딱딱한 것이라는 말은 신약 문헌에 심미적인 동기가 있다는 말과 마찬가지로 사실이 아니다. 우리가 신약에서 보지 못하는 그런 일들, 예를 들어 미에 대한 조직적인 논문을 쓴다거나 권위있는 본문에 장문의 주석을 쓰는 그런 철학자와 신학자가 그 당시에도 있었다. 그러나 신약에서 볼 수 있는 신학은 우리가 목회 신학이라고 부르는 것과 가깝다. 그것은 종교적 체험과 공동체와 세상에서의 삶에 대한 확신의 의미를 밝힌다. 이 신학은 우리가 조직 신학이라고 부르는 것과 같지 않다. 조직 신학은 신앙의 명제와 좀더 포괄적인 철학적 세계관을 서로 연결시킨다. 금세기 초에 번성하였던 종교사학파는 신약 문헌을 신학 논문으로 취급하는 경향에 이의를 제기하고 이 문헌들은 헬라 문화권의 통속 종교의 문헌과 아주 유사하다는 주장을 하였는데, 이들의 입장은 옳았다.

그런데 종교사학파의 프로그램과 약속은 아직까지 이루어진 것이 하나도 없다. 한편으로 볼 때 이것은 학자들이 혁신적인 신학과 당시 부흥하던 문학 비평적 분석을 좋아하였기 때문이다. 또 한편으로 볼 때는 이 프로그램 자체의 문제에서 기인되었을 가능성도 있다. 종교사학파의 종교에 대한 이해는 약간 좁은 경향이 있다. 경우에 따라서는 종교를 종파와 동일하게 보지 않았나 생각된다. 그 결과 신약의 많은 부분을 실제로 나타난 것보다 종파적인 행위로 설명하고 있다. 또한 "종교"를 신학과 윤리학, 의식적으로 문학적 표현으로부터 구별하는 경향, 그런 구별을 점점 더 의도적으로 강화하는 경향을 가지고 있다. 마지막으로 이 연구 방식은 본문의 실제적인 종교적 요구를 다루기를 꺼리는 반면, 신화와 예식과 같은 종교 현상에 대한 이해에서 지나치게 합리주의적인 성향을 띠고 있다.

내가 여기에서 사용하고 있는 "종교적"이란 용어는 궁극적인 실재로 인식되는 대상을 다루는 경험과 확신, 그리고 그런 해석을 지칭한다. 이 용어는 인간 존재가 매일의 범주를 초월하는 실재와 연관되어 있고 또 그것을 준거로 규정된다는 사실을 말과 행동으로 주장하는 인간의 방식, 개인적인 방식과 사회적인 방식 모두를 가리킨다. 성경의 언어를 사용해서 표현한다면 종교적인 것은 우리가 거룩한 분이라고 부르는 절대 타자이면서 능력이 있으신 실재를 다루고 있다. 그러므로 이 문헌들을 종교적이라고 부르는 것은 그것의 사회적 배경과 문학적 형태, 혹은 지적인 절제 등을 예단하지 않는다. 하지만 이 문헌들이 하나님 앞에서 행하는 삶을 말한다고 주장하는 사실을 인정한다. 이 문헌의 주제는 인간적인 것이 무엇을 의미하는가를 믿음에 비추어서, 특히 최초의 그리스도인들이 예수님 안에서 가졌다고 주장하는 거룩한 분에 대한 경험에 비추어서 생각한다.

신약 문헌들은 예수님을 통한 하나님의 체험을 다루는, 특별한 의미의 종교적인 주장에 관한 증거와 해석으로 우리에게 다가온다. 우리가 주지하는 바와 같이 이 문헌들은 이 체험을 직접 중재한다고 주장하지는 않는다. 단지 증거하고 해석하는 것이다. 그러므로 현재의 독자들이 문화 인류학이나 역사, 문학 비평 등의 도구를 사용하여 이 체험에 도달할 수 없음은 두말할 필요가 없다. 현재 독자들이 주장할 수 있는 것은 증거와 해석을 접할 수 있다는 사실이다.

역사적 모델이 아니라 역사적 방법

우리는 여기에서 아주 미묘한 구분을 한 가지 해야 한다. 나는 앞에서 이미 신약 본문의 역사적 차원을 인식하는 일의 중요성을 이야기한 바 있다. 본문의 언어적 제한 때문에, 신조의 독특한 주장과 특이한 역사적 요소 때문에, 과거의 한 민족과의 연속성을 주장하는 기독교 공동체의 특성 때문에, 이 역사적 인식은 여전히 계속해서 바람직하고 꼭 필요하며 불가피하다. 그러므로 역사 비평적 방법은 매우 적합하다. 신약 연구에 필수적인 작업들 가운데는 본문을 최초의 음성으로 듣고, 전통의 수준 사이를 구분하며, 자료를 평가하고, 문헌의 시대와 장소와 저자를 결정하고, 사회적 배경을 기술하는 노력이 들어간다. 그러나 다른 면에서 볼 때 이 작업들은 여러 다른 모델의 틀 안에서 실시될 수 있다. 그래서 여기에서 내가 주장하는 바는, 제한이 필요한 부분이 연구방법으로서의 역사가 아니라 신약 이해에 대한 개괄적인 모델로서의 역사라는 점이다.

역사적 모델에 관해서는 크지는 않지만 불만이 많이 있다. 그럼에도 불구하고 역사적 모델은 신약 학계에서 지금도 여전히 지배적인 영향을 미치고 있다. 역사적 모델은 이 문헌에 대한 상상을 통한 독특한 해석과 이 문헌들에 대한 연구 업적을 내어 놓았다. 그 업적 가운데 첫째는, 이 문헌들이 무엇에 관한 것인가?라는 질문에 대한 대답이다. 즉 이 모델에 따르면 신약의 문헌은 원시 기독교 운동의 역사에 관한 것이다. 이 모델이 정한 목표는 그 역사적 발전을 기술(記述)하는 것이며 가능하다면 그것을 재구성할 수도 있다 한다. 이상으로만 말한다면 이 목표는 문헌 자체에서 도출 가능하다. 만약 우리가 이 발전에 대한 명확한 그림을 그려 낼 수 있다면, 이 문헌들은 그 그림과 합치될 수 있을 것이고 우리는 그 다음 기간의 역사로 넘어갈 수 있을 것이다. 그렇다면 여기에서 우리가 보듯이 문헌 자체는 이차적인 역할만 수행한다. 다시 말해서 이 문헌들은 재구성을 위한 재료 이상은 아무것도 될 수 없다. 역사가는 이 문헌들을(직접 자료든 간접 자료든, 권위를 가지든 가지지 못하든) 역사적 자료로 평가하고 특별한 역사적 지식을 얻을 수 있는 질문만 던진다. 정말 이 모델은 이와 같은 지식만 사용할 수 있을 뿐이다. 그 논제가 사상이든, 예식이든, 문학이나 제도이든, 그 최종 결과는 언제나 동일하게 역사적 발전에 대한 그림이다. 물론 이 모델이 순수하지 않다거나 장점이 없다는 의미가 아니다.

그러나 주어진 조건으로만 본다면 역사적 모델은 신약 본문을 다루면서 어려움을 겪게 되어 있다. 문제는 이 문헌들 안에 순수한 역사적인 정보가 부족하며 이 역사적 사건에 대한 규범으로 세워 놓은 그 틀이 지나치게 인위적이라는데 있다. 이 두 문제는 서로 영향을 미친다. 역사적 모델은 전통적으로 정경 안에서 적용되었다. 물론 역사적 자료로서 정경적 문헌들은 부족한 점이 많이 있다. 즉 이 문헌들은 단편적이며 한쪽으로 치우쳐 있다. 이들은 신학적으로 소중하다고 여겨지는 조각 그림을 가지고 역사를 만들어 내야 하였다. 따라서 세대에 걸쳐 연구하면서 마치 이 퍼즐의 조각들이 한 가지 그림의 조각인 것처럼 연구를 진행하게 되었다. 이들은 마치 꾸부정하게 앉아서 100개의 조각으로 된 그림 맞추기를 하면서 조각을 27개밖에 가지고 있지 않는 사람들, 그래서 이 조각들을 무리하게 종속과 발전의 어떤 패턴으로 맞추어 보려고 애쓰는 사람들과 같다. 놀라운 일은 아니지만 그 결과로 나타난 그림은 경우에 따라 우스꽝스럽게 되기도 한다.

이 가운데서 특히 문제가 되는 부분은 연대와 발전 사이의 상호 작용이다. 역사는 연대기에 의존하여 살아간다. 하지만 연대기로 만족하는 것은 결코 아니다. 역사는 인과관계, 다시 말해서 발전을 추구한다. 역사적 모델은 신약 기간의 풍부하지만 토막 토막 나누어져 있는 장식 무늬를 모으는 것으로 만족하지 않는다. 오히려 연결, 즉 이야기의 가능성에 도달하기 위해 지칠 줄 모르게 노력하고 있다. 그러나 사실 신약 정경은 초기 기독교 시기의 흩어진 장식 무늬밖에는 제공하지 않으며 앞으로도 언제나 그렇게 될 것이다. 설상가상으로 처음에는 기독교가 외부인들의 주목을 받지 못하였다. 그래서 이 문헌들의 연대에 대한 외적인 골격으로 발전 단계의 그림을 위한 자료로 안전하게 사용할 수 있는 것이 거의 남아 있지 않은 실정이다.

역사를 만들어야 한다는 목적을 가지고 있으나 회복할 수 없는 자료의 부족에 직면한 연구자들은 자신들이 할 수 있는 한 최선을 다하였다. 하지만 이들은 자료와 자료 통제 능력의 부족으로 인해서 어쩔 수 없이 추적 가능하다고 추정되는 자료, 소위 말하는 관념에 초점을 맞추게 되었다. 그러나 이것 조차도 증거들 사이의 간격을 메꾸는데 도움이 되는 발전 모델을 사용해야지만 가능하였다. 물론 그 과정은 순환적이었다. 그러나 이 순환 논리가 어쩌다 깨어지는 경우가 있는데 그것은 학자들이 철저하게 단편화된 자료들이 발전 도식의 균형을 뒤집어 놓는 일을 반복적으로 허락했기 때문이다.

역사적 모델에 대한 이러한 지적은 새로운 것이 아니다. 이것은 역사적 모델을 비방하는 사람들보다 오히려 이 모델을 사용하는 사람들에게서 더 격렬하고 정확하게 비판을 받아 왔다. 이 비평가들은 신학을 지나치게 강조하고 정경 외부의 자료를 무시하는 태도를 개탄하고 있다. 이들은 1세기 기독교에 대한 상상력에 의한 그림이 가지고 있는 편협성을 알고 있다. 그 세계는 마치 교수들이 서로의 논문을 읽고 응답하는 하나의 대학과 같은 그런 것이다. 이들은 시공 연속체의 시간적 측면만 강조하는 경향, 즉 시간이 지남에 따라 관념과 제도가 모든 곳에서 정연한 패턴에 따라 함께 발전되어 가는 것처럼 보이는 이 점에 문제를 제기한다.

이러한 여러 가지 비판과 우리 시대의 풍부한 고고학적 발견들의 결과로 초기 기독교 역사가들은 정경 외부의 자원을 많이 사용하게 되었다. 이러한 자원으로는 기독교 내의 정경 외적인 문헌과 유대적이며 헬라적인 문학 재료뿐 아니라 그 시대와 장소에 대한 우리의 감각을 좀더 구체화시켜 주는 고고학적 증거들이 있다. 둘째 역사가들은 장소의 중요성에 더 큰 비중을 두게 되었다. 이들은 전체에 대한 개괄적인 발전 이론에 덜 집착하고, 지역적인 발전의 독특한 특성을 꾸준히 연구하게 되었다. 그래서 이제는 전체 교회가 아니라 고린도 교회와 안디옥 교회가 조사의 주제가 되었다. 셋째 초기 기독교 역사가들은 관념뿐 아니라 그 관념을 지탱하는 구조들도 역사의 소재임을 인식하고 1세기 세계의 사회 현실에 더 큰 주의를 기울이게 되었다. 그래서 이 조사 결과 신약 본문 자체에 대한 좀더 완전한 그림을 그릴 수 있게 되었다. 예를 들어, 전에는 갈등이 특수한 경쟁적인 기독교 신학을 반영하고 있다고 생각하였지만, 이제는 특수한 사회적 배경과 헬라적 문화 내에서 일어난 여러 논점에 대한 이견으로 인정한다. 신약에 대한 사회학적 분석은 일시적인 유행이 아니라 역사를 만드는 더 나은 방법 가운데 하나가 되었다.

이 역사적 모델에는 애석한 점이 한 가지 있다. 그것은, 결론을 이끌어 내는 방법에 부족한 부분이 있는 것이 이제 눈에 보임에도 불구하고 신약 문헌 자체에 대한(저작 연대, 의존관계, 관점 등에 관한) 수많은 결론들이 아직까지 손대지 않은 채로 남아 있다는 사실이다. 이 점만 없었더라면 이것은 아주 유망한 발전이 되었을 것이다. 뿐만 아니라 역사적 모델이라는 광범위한 개념은 프로그램화된 단계에서 크게 벗어나지 못하였다. 하지만 이것은 역사적 모델이 현재 발전해 가고 있는 방향을 보여주며 이것에 비추어 보면 정경의 틀이 과거보다 훨씬 더 인위적인 모습을 띠고 있는 것으로 생각된다.

만약 역사적 모델이 초기 기독교 서술을 그 목표로 삼고 있다면, 정경의 문헌에 역사적 근거의 우선권을 주지 말고 반드시 사용 가능한 모든 근거를 사용하여야 한다. 우리는 신약 문헌을 기독교 교부 시대의 재료는 물론 영지주의와 다른 묵시적 재료들과 함께 동일한 발전 선상에 놓을 수 있다. 이것이 정당하다. 역사적 모델의 관점에서 볼 때 역사가가 신약 정경 밖으로 나가지 않으려는 태도를 취하는 것은 순순한 역사적 확신 이외에 다른 동기를 가지고 있는 것으로 생각된다. 비평적인 역사가라면, 초기 기독교 역사를 연구한다고 주장하면서 실상 자신들이 알고 있거나 관심을 가지고 있는 자료가 정경적 문헌이 전부인 사람들을 볼 때, 이런 사람들의 바른 신앙과 자아 인식에 의문을 제기할 수 있을 것이고 또 그런 자세는 아주 정당한 것이다.

그러므로 이 역사적 모델이 개선되면서 신약의 정경적 문헌을 이해하는 한 모델로서 그 정당성의 문제가 분명히 드러나게 되었다. 이 방법이 처음부터 가지고 있던 부족한 면들은 이제 아주 분명해졌다. 여기에는 세 가지 주요 부적합 요인이 있는데, 첫째 이 모델은 정경의 문헌에 특별한 관심을 보여주지 못하고 정경 문헌에 기울이는 배타적인 관심을 정당하게 인정하지 못한다는 점이다. 이 모델의 논리대로 하면 정경이 중요한 역사적 요인이 된 시기는 초기가 아니라 후기이다.

역사적 모델이 가지고 있는 두번째 부적합 요인은 문학적인 면이다. 이 모델은 정경 문헌들의 문헌적인 요소를 그저 부수적인 것으로만 취급하며, 그 주요 관심사는 역사적 근거로서의 정경에 두고 있다. 이것은 지금까지 역사적 학계 내에서 특별히 문학적 분석에 기울여 온 노력을 부정하는 것이 아니라, 문학적 분석이 진행되었지만 언제나 역사적 재구성의 차원에서 진행되었다는 점을 지적하는 것이다. 신약의 문학적 양식에 관한 역사적 분석은 고도로 발달되었다. 반면 신약 문헌 그대로에 관한 진정한 의미의 문학적 분석은 아직도 걸음마 단계에 있다.

역사적 모델이 가지고 있는 세번째 부적합 요인은 비교 연구나 발전적 혹은 신학적 방식을 제외하면 이 문헌들의 종교적 내용을 다루지 못하는 능력의 부재이다. 비록 양식 비평이 종교적 배경과 문학적 양식을 조정하려는 노력을 하였지만 이것은 좀더 큰 단위의 문학적 배경으로부터 작은 문학적 단위의 양식을 추출하는 방식으로 진행한 것이다. 문학 작품의 논리와 이것이 표현하는 종교 체험 혹은 확신 사이의 관계는 아직도 연구가 필요하다. 뿐만 아니라 역사학자들은 엄격한 의미에서 방향성의 문제, 즉 어떤 종류의 종교 체험이 기독교 운동을 일으켰고 지금 기독교 운동을 해석하고 있는 이 문헌들의 동기가 되었는가 하는 문제를 다루지 않은 채 피하고 있다. 간단히 말해서 역사적 모델은 지금 정경적 틀이라는 제한을 버리고 아주 세련된 모습을 갖추어 가고 있지만 종교적 문학으로서 신약의 정경적 문헌을 해석하는데 아무런 도움이 되지 못한다.

그래서 이제 정경의 재료에만 관심을 기울이는 배타성을 요구하지 않는다 하더라도 최소한 이와 같은 배타적 연구의 정당성을 인정할 줄 아는 모델이 하나 필요하다. 이 모델은 기준에 의한 수집된 종교적 전통을, 그 전통에 대한 고전적인 표현으로 또 계속적인 이해를 가능케 하는 한 표현으로서 그 자체의 방식으로 연구하는 작업의 가치를 인정할 것이며, 이 문헌들의 문화 인류학적, 역사적, 문학적, 종교적 차원을 존중할 것이며, 이 문헌의 개별 작품에 대한 연구를 허용하면서도 이들이 가지고 있는 결과적인 선집(選集)적인 상태를 무시하지 않을 것이다. 이 모델은 방향성의 문제를 독특한 의미에서의 종교적인 용어로 다루는 능력을 가질 것이며 각 문헌이 가지고 있는 특수하며 독특한 목소리를 인정할 수 있을 것이다. 또한 이 모델은 신약 문헌들을 정경으로 만든 사람들이 그 안에 숨겨져 있는 하모니를 발견하고 이것을 통해서 다른 문헌들과 이들의 목소리를 구분하였다는 사실을 인정할 것이다.

체험 – 해석의 모델

다른 모델이 필요하다는 주장은 이 다른 모델이 모든 면에서 우월하다는 의미가 아니다. 다만 이 모델은 신약 문헌들을 그 자체의 문학적 종교적 차원에서 이해하는 능력이 역사적 모델보다 낫다는 것이다. 여기에서 내가 사용하고 있는 모델은 사회학적이며 문화 인류학적인 모델에 일부 의존하고 있다. 그러나 내가 더 많이 의존하는 배경은 유대적 미드라쉬와 신약 문헌 자체의 내용이다. 이것은 사회적 반응에 대한 분석을, 나사렛 예수 안에서 궁극적 목표를 체험하였다고 주장하는 1세기 유대인들의 독특한 사정 안에서 종교적 체험에 적용하는 것이다.

"체험 -해석"이란 제목은 이 문헌들의 구성 요소와 이것을 만든 힘 두 가지 모두를 가리킨다. 이제 이 모델의 전제들을 하나씩 접하면서 그 안으로 들어가 보면 이 모델의 적합성이 곧 분명해 질 것이다.

상징 세계의 구성

상징 세계는 일상 생활에서 분리되어 그것을 대체하는 이상적인 세계가 아니다. 이와는 정반대로 상징 세계는 실재 세계에서 일어나는 개인과 공동체의 행동들을 배의 닻과 같이 붙들어 주는 의미의 체계이다. 상징 세계만큼 평범하고 일상적인 것은 아무것도 없다. 언어에서 문법과 구문처럼 상징 세계는 그 기본 임무와 분리될 때에 이상하게 보이게 된다. 상징 세계의 기본 임무는 우리의 삶이 활동하게 만드는 것이다.

신약 연구에 사회학적 분석을 적용할 때 얻는 가장 큰 유익 가운데 하나는, 인간이란 단순한 개개인이 아니라 언제나 사회 체제의 한 부분이라는 사실을 깨닫게 되는 이것이다. 심지어 반역과 은둔까지도 좀더 큰 사회 조직체 안에서 자신의 역할을 감당하고 있는 것이다. 기독교 운동의 최초 문헌들은 개인이 아니라 모임을(에클레시아, 예를 들어 살전1:1, 2:14을 보라) 대상으로 한 것이다.

뿐만 아니라 결국 지식 사회학이란 이름으로 불리우게 된 발전은, 사회 체제가 기계적인 정렬과 같아서 그 가운데서 인간의 의도는 특수한 역할과 기능을 채우는 정도 이상의 어떤 역할도 감당하지 못하는 그런 정도가 아님을 우리에게 가르쳐 준다. 우리는 사회 체제에서 부분적인 일을 감당(혹은 존재)하는 것은 사실이다. 하지만 이것은 우리의 활동에만 국한되는 것이 아니라 우리의 생각에도 해당된다. 사회적 정렬은 인간의 지식과 참여로 이루어지는 구조이다. 인간이 스스로를 세계로 조직하는 그 방식은 생태학에 달려 있는 것이 아니며 본능에 달려 있는 것은 더욱 아니다. 이것은 자신과 세계에 대한 인간 자신들의 관념에 달려 있는 것이다. 바로 이것 때문에 사회적 그룹은 깨어지기 쉬운 동시에 보수적인 성격을 가진다. 깨어지기 쉬운 이유는 그 존재의 기반이 구성원의 철저한 동의와 참여에 달려 있기 때문이며, 보수적인 이유도 동일이다. 즉 가정이 없는 세계는 대단히 위험한 것이다.

대학이라는 상징 세계 내에서 일반적으로 인식되는 사회적 단위 하나, 즉 학과라는 그룹을 분석해 보면 사회 체제에 대한 추상적인 명제를 이해할 수 있을 것이다. 먼저 생각할 것은, "학과"라는 용어가 상세한 정의가 필요없는, 예를 들어 경제 사회적 등급을 가리키는 동음이의적인 용어들과 구별하기 위한 다른 정의가 필요없는 독특한 의미를 가지는 이런 일이 대학 세계 내에서 어떻게 일어나게 되는가 하는 점이다.

학과는 사회적 그룹이다. 이 그룹은 정기적으로 모이며 일정한 공동의 활동에 참여한다. 이 그룹은 상상이 아니며 "실재적"이다. 내부인이나 외부인 모두 이것이 201호에서 모이는 학과임을 알 수 있다. 하지만 좀더 자세하게 분석해 보면, 이 학과는 구성원들이 이 학과가 실재적이라는 사실에 동의하고 또 이런 인식에 지속적으로 참여하기 때문에 존재한다. 그러나 개인들이 학기를 빠지거나 의식적인 학과 활동을 방해할 때마다 그 학과의 깨어지기 쉬운 존재는 위협을 받는다. 만약 많은 사람들이 강의를 빠지거나 구성원 각자가 강의 중간에 잡담을 하기 시작한다면, 혼란이 초래되고 사회적 세계가 붕괴하게 된다. 그리고 만약 모든 학생들이 일시에 과정을 포기하기로 결정한다면, 그 학과는 더 이상 사회적 실재로서 존재하지 않게 될 것이다. 이 학과가 학교 요람에는 계속 게재될 수 있고 교수가 매일 강의실에 나올 수 있다. 하지만 학과는 더 이상 거기에 없다.

하지만 우리가 잘 알고 있는 것은, 그 그룹이 그 학과 존재를 계속해서 인식하고 또 계속해서 그 학과에 참여하는 한 그 학과가 무엇을 의미하는지, 그 목적이 무엇인지 매학기 마다 논의할 필요가 없다는 점이다. 대학이라는 상징 세계 안에서는 학과에 대한 기본적인 규칙을 논의할 필요가 없는 것이다. 모두 그냥 이해되는 것이고, 확실한 절차가 있다. 즉 교수가 저기 서 있고 학생은 여기에 앉아 있다. 교수가 강의하고 학생은 듣는다. 학생은 시험을 치고 교수는 채점을 한다. 이러한 절차들에 대해서 급진적인 이의를 제기하거나 지속적인 문제가 제기된다면 예민한 사회 구조는 다시 한 번위협을 받게 된다.

학과에 대한 이 예에서 보듯이 우리가 생각하는 방식과 우리가 우리 자신의 구조를 세우는 방식 사이의 연관 관계는 아주 밀접하다. 일반적인 세상 이치로 볼 때 우리가 생각하는 방식(우리의 이념)과 우리가 자신을 정렬하는 방식(우리의 사회 구조)는 교호적으로 상호 보강하는 작용을 한다. 우리는 우리가 어떤 종류의 사람인가 생각하는 그 준거에 비추어 우리의 사회 정렬을 해석하는 경향을 가지고 있다. 또한 우리의 자아 인식은 우리의 사회 정렬이 자연스럽고 심지어 불가피한 것으로 여기게 만드는 경향이 있다.

그러므로 상징 세계는 서로 공유하는 의미의 체제이며 우리는 이것을 통해서 한 그룹으로 함께 살아 갈 수 있게 되는 것이다. 여기에는 전문적인 개념 뿐 아니라 그 이상의 것들이 포함되어 있다. 여기에는 특히 공동체의 존재의 기반이 되고, 그래서 논증이나 정당화하기 위한 변명이 필요없는 기본적인 인식들이 포함된다. 이 상징들은 그 그룹의 삶의 모든 영역에 골고루 퍼져 있다. 이 상징들은 시공간적 정렬과 이것들을 나타내는 여러 가지 절차에 영향을 미친다. 또 그 그룹이 공유하고 있는 특별한 언어, 즉 은어에 깊이 배어 있다. 한 그룹이 공유하는 상징 세계는 말이 필요없는 일들, "기타 등등"과 같은 말과 혹은 제스쳐로 표현되는 내용들에서 찾아 낼 수 있다. 예를 들어 "너희가 알지 못하느냐" 와 같은 신약의 표현이 공유하고 있는 영역의 이해를 가리키며 그 안에는 그러한 말을 듣는 사람은 당연히 알고 있어야 한다는 꾸중을 담고 있는 것이다(고전 3:16, 5:6, 6:2을 보라).

상징 세계는 일상적으로 만나고 헤어질 때의 인사와 같은 간단한 신호에서부터 배우자를 찾는 과정에서 주고 받는 복잡한 체제에 이르기까지 그 그룹의 관습적인 행동을 형성하는 동시에 그 행동에 의해서 형성된다. 물론 이러한 상호 의사 교환의 상징이 효력이 있는 이유는 모든 개인이 이것을 새롭게 만들 필요가 없기 때문이다. 미국의 청소년들은 데이트를 시작해서 꾸준히 교제해 나가는 것을 자연스럽게 생각한다. 그 이유는 우리의 상징 체제 안에서는 이러한 절차가 결혼에 이르는 단계로 기능을 수행하기 때문이다. 그런데 다른 행동 양식에 비추어 보면 우리 관습의 상대성이 분명하게 드러난다. 여자가 방에 들어오면 남자는 자리에서 일어나서 모자를 벗고 여자에게 의자를 내미는 것이 당연하게 생각하던 때가 있었다. 그러나 이제는 관념이 바뀌어졌기 때문에 이러한 절차가 남녀 사이의 사회적으로 구조화된 특수한 관념을 나타내고 있다고 생각하기에 이르렀다.

상징 세계와 종교적 신화

상징 세계는 언어적인 간단한 기호와 관습의 그물 이상의 것을 담고 있다. 여기에는 그 그룹의 가장 넓고 가장 포괄적인 자아 인식을 포함하고 있다. 도대체 우리가 왜 존재하는가? 우리가 지금처럼 사물을 보는 원인이 무엇인가? 기원과 특징에 관한 질문은 궁극적인 질문이다. 생명 사회인 사회, 다시 말해서 클럽과 학교 보다 집약적이고 포괄적인 모습으로 조직된 사회에서는 이러한 궁극적인 질문에 대하여 초월적 힘에 비추어 대답하는 경향이 있다. 우연에 관한 인간의 심오한 느낌은(그 이름이나 표현이 단수로 되어 있든 복수로 되어 있든) "타자"에 대한 의존 의식과 밀접한 연관을 가진다. 이 타자는 그 민족의 시작뿐 아니라 연속성과 특수한 모양까지 모든 것을 책임지는 존재이다. 초월적 힘에 대한 내용은 기원과 운명에 관한 궁극적인 질문에 대한 "종교적인" 반응을 담고 있다. 연속성과 의존성에 관한 의식은 자신들이 개인의 통제를 능가하지만 공동체의 능력은 능가하지 않을 수 있는 한 힘에 종속되어 있음을 암시한다.

이러한 함축적인 이해는 신화라는 이야기 형태로 나타난다. 문화 인류학적인 범주로 볼 때 신화는 꾸며낸 이야기를 말하지 않는다. 초월적인 내용을 언어의 내재적인 구조로 옷을 입히고 그렇게 함으로 공유하고 있는 삶의 구조 속에 담겨져 있는 의미를 표현하려는 이야기인 것이다. 우리는 한 사회의 여러 가지 신화에서 그 사회의 가장 깊은 자아 인식에 관한 언어적 표현을, 다시 말해서 어떻게 지금까지 오게 되었는지, 다른 사회와 다른 점이 무엇인지, 그리고 그 사회의 미래는 무엇인지에 관한 내용을 발견한다. 이 여러 가지 신화의 이야기들은 그 사회의 절차를 새롭게 하고, 그 절차들은 여러 신화의 "진리"를 자명한 것으로 만든다. 신화와 절차는 서로의 역할을 가능하게 만들어 준다. 그리고 이러한 상호 역할로 인하여 그룹의 생활이 지속되게 되는 것이다.

"상징 세계"와 "신화"라는 용어는 교호적으로 사용될 수 있지만, 동시에 이 둘은 구별된다. "상징 세계"란 용어는 한 그룹의 자아 인식을 형성하는 행동과 말의 복합적인 전체 체제에 사용하는 것이 가장 바람직하며, 여기에는 언어적인 면은 물론 물질적인 부분도 포함된다. 반면 "신화"라는 용어는 이 자아 인식을 언어적으로 표현하는 기사들 혹은 기사들의 한 부분을 지칭하는데 사용하는 것이 가장 좋다. 이것은 한 사회 자아 인식의 궁극적인 기원을 말해준다. 상징 세계와 신화는 둘다 사회 생활을 해석하는데 도움을 주는 것이 분명하다. 그런데 철학과 해석학과 같은 또 다른 형태의 해석이 있는데, 이것들은 앞에서 말한 좀 더 근본적인 상징 구조에 의존하고 있다. 다양한 해석에 대한 상징 세계의 포용력은 다양하다. 경우에 따라서는 한 신화에 대한 해석이 완전히 새로운 것이어서 전혀 새로운 신화를 만들어 낼 수 있을 정도까지 될 수 있다. 이렇게 되면 그 상징 세계의 기초가 바뀌게 되는 것이다.

이 주장의 목적은 기술적인 용어를 만들어 내는 것이 아니라 아주 간단하지만 중요한 한 내용을 밝히는데 있다. 이 내용은 신약 문헌의 특성을 이해하는데 있어서 가장 중요한 부분으로 다음과 같다. 즉 바로 인간은 불안정하며 안정과 의미를 한없이 갈구하는, 본능적으로 가련한 피조물이다. 따라서 의미의 창조는 안정과 생존 모두에 필수적인 요소이며, 의미는 인사법으로부터 신의 창조에 관한 신화에 이르기까지 한 사회가 공유하고 있는 상징 세계에서 발견할 수 있다. 그리고 해석 과정은 이 상징 세계 속에 본래부터 내재되어 있다는 것이다.

지금까지 내가 진행해 온 설명은 분명히 관념화된 것이다. 그러나 인간 사회를 형성하는데 포함되는 다양한 요소들이 정확하게 맞추어지는 경우는 거의 없다. 이 과정에서 특별히 주의를 기울일 긴장이 세 가지 있다. 첫째는 특정 그룹의 상징 세계와 광범위하고 다원적인 세계의 상징적 구조 사이에 있을 수 있는 긴장이다. 한 종족이 다른 종족들과 완전히 격리되어 있는 한, 그 종족의 상징은 그 자체의 공동 생활을 안정시키는 기능을 상당히 잘 수행해 나갈 것이다. 하지만 한 그룹이 다른 상징 세계, 즉 삶을 구성하는 다른 방식과 접하게 되고 그 상징 세계가 동등하게 감동적인 신화로 아주 설득력있게 신적인 기원을 설명한다면, 첫째 그룹의 상징적 구조의 안정을 유지하는 힘은 불가피하게 약화된다. 신화는 "궁극적인 것"을 설명하는 다른 내용이 있다는 자체만으로도 상대화된다. 다원주의를 만나면 한 그룹의 정체성은 위협을 받으며, 그 그룹은 다양한 방식으로 반응하게 된다. 즉 문을 닫아 버리거나 대화를 하거나 전향할 수 있다. 이 반응들은 어느 것이나 그 그룹의 과거 상징에 영향을 미치게 된다.

두번째 긴장은 그룹과 개인 사이의 긴장이다. 한 사회의 개인들이 사회의 자아 인식에 적응하는데는, 심지어는 그냥 수용하는 데에도 차이가 있다. 사람은 모두 일정한 상징 세계 안에 태어나며, 대부분은 그것을 세계로(사물이 자연스럽게 진행되는 방식으로) 그냥 수용하고 그 인식을 다음 세대로 전달한다. 이렇게 하여 그들은 그 상징에 세월의 비중을 더함으로 그 세계가 훨씬 더 "실재적"인 것으로 만드는데 도움을 준다. 그러나 그 그룹에 속한 다른 사람들은 이 과정에 전적으로 동참하지 않을 수 있다. 아무리 순박한 사회라고 할지라도 회의론자나 이단자들이 없을 수 없다. 한 그룹의 상징적 구조는 전적인 참여에 달려 있으므로 이러한 소극적인 참여는 그 구조에 위협을 주게 된다. 그러므로 공동체는 어느 것이나 이러한 일탈을 처리하는 법을 배우게 된다. 경우에 따라서는 추방의 방식을 택하기도 하는데, 그 추방 절차는 사회 생활의 취약성과 그 사회가 얼마만큼 합치된 참여에 기반을 두고 있는가를 보여준다. 물론 해당 그룹의 지식과 참여에 있어서 긴장 관계에 있는 개인이라고 해서 모두 회의론자들인 것은 아니다. 거기에는 카리스마적인 인물과, 갱생을 추구하거나 그 사회의 본래 상징에 대한 참여를 새롭게 해석하려고 하는 선지자들이 있을 수 있다. 한 그룹의 가장 큰 난제 가운데 하나는 일탈적인 행동의 유형을 구별하는 것이다. 어떤 사람들은 부식시키는 행동을 통해서 사회의 정체감을 위협하는가 하면 다른 사람들은 갱생을 통해서 사회의 정체감을 위협하기도 한다.

체험과 해석

세번째 긴장은 개인과 공동체의 삶에 공통적으로 내재하는 것으로 체험과 해석 사이의 변증법이다. 이 변증법은 내가 지금 여기에서 제시하는 모델을 위해 기초로서 대단히 중요하기 때문에 좀더 많은 주의를 기울여야 할 것이다. 하지만 기본 강조점은 아주 단순하다. 즉 신화와 상징은 인간의 체험을 해석하는 역할을 감당하는데, 때로는 이 신화와 상징이 자신의 역할을 감당하지 못하는 경우가 있다. 이런 경우가 생기면 신화와 상징은 폐기되거나 재구성되어야 한다는 것이다.

무엇보다도 먼저 내 상징 세계는 사건 이후에 혹은 외적인 방식으로 내 체험을 해석할 뿐 아니라 내 체험을 인지할 수 있는 능력을 나에게 주는 것이 사실이다. 상징은 내 체험을 형성한다. 나는 축을 중심으로 지구가 자전하는 것을 보면서 태양과 관계해서는 태양이 떠오른다고 인식하는데, 이것은 나의 상징 세계 때문이다. 다른 상징 세계에 속해 있는 사람들은 같은 현상을 보면서 신이 죽음의 밤으로부터 일어난다고 인식할는지 모르지만 나는 그렇게 생각하지 않는다. 이런 것에 대한 예는 한이 없이 많을 것이다. 나는 낯선 사람에게 손을 내밀면서 미소를 짓는다. 그 낯선 사람도 나와 똑같은 자세로 나온다. 우리는 상징 세계를 공유하고 있기 때문에 이러한 행동들을 친밀감으로 나타내는 것으로 인식한다. 일상 생활 가운데서는 일이 이렇게 진행되고, 체험은 그러한 생각을 점점 확인시켜 준다. 일이 이렇게 진행되면 그 상징 세계는 점점 견고해지고 악수를 정당화하는 신화 구조는 갱신된다.

그러나 일이 다른 방향으로 진행될 수도 있다. 만약 그 낯선 사람이 내 손을 확 잡아채면서 내 손에 수갑을 채운다면? 내 손을 잡고 손목을 비틀어 버린다면? 그러면 내 체험은 악수를 친밀감과 평화의 상징으로 말하고 있는 내 상징 세계와 전혀 맞지 않게 된다. 이 체험은 내 세계관을 뒤흔들어 놓고 상징 구조는 위협을 받게 된다. 나는 이제 이 체험에 비추어 아무런 의미가 없는 것처럼 보이는 곳에서 의미를 찾기 위해 노력해야 할 것이다. 의미를 찾는 질문은 힘든 것이다. 하지만 그것 없이는 삶이 지속될 수 없다. 맨 먼저 우리는 우리의 상징을 확대해서 그 체험을 해석해 보려고 할 것이다. 어쩌면 그 낯선 사람이 가면을 쓴 적이며 그 악수는 가짜였을 것이다. 그의 과격한 행동은 정상이 아니었을 것이다. 그러면 예외로 인해서 법칙은 여전히 유지된다. 그 결과 우리의 신화와 세계는 안전하게 된다.

신화는 그 영역을 넓혀 그 범위 안에 체험을 포함하며, 때로는 훨씬 더 멀리까지 영역을 확대하기도 한다. 문화 인류학자들이 헬기를 타고 사탕 막대기와 카메라를 흔들면서 단순히 나무와 물의 존재만 규정하는 아주 단순한 이야기를 가지고 있는 오지 섬주민들을 찾아 왔다. 문화 인류학자들이 떠났을 때 섬주민들은 자신들의 단순한 이야기를 넓혀서 이처럼 완전히 다른 체험을 포함하게 된다. 그래서 이들은 하늘에서 찾아와 선물을 준 사람들을 자신들의 상징 세계 안에 두게 된다.

하지만 신화와 상징의 탄력성에는 한계가 있다. 어떤 체험이 너무나 강력하고 급진적일 경우 이 체험들은 그 세계와 구조 자체, 다시 말해서 의미 구조 자체에 붕괴 위협을 가하게 된다. 우리 시대에 있은 가장 적합한 예는 유대인 대학살 사건이다. 나치의 손에 의한 육백만 유대인의 불합리한 죽음, 즉 유대인이라는 죄목 하나로 한 민족을 조직적으로 살해한 이 사건은 그 사건 이전에 있던 유대교의 상징 세계를 산산히 부수어 놓았다. 이 사회적 체험은 — 수백만명이 아비규환의 삶을 살았지만 이것은 하나의 체험이다 — 이천년 이상의 세월 동안 만들어진 상징 구조에 엄청난 변화를 만들어 주었고 불과 십년만에 수백만명의 민족들 마음 속에서 토라와 메시아에 대한 기본적인 상징들이 가지고 있던 기존의 내용을 완전히 사라지게 만들었을 만큼 그 영향이 절대적이었다. 더 나아가서 우리는 유대인 대학살은 말 그대로 하나의 종교적 체험이었다고 말할 수 있다. 이것은 결코 억지가 아니다. 악도 하나의 종교적 범주에 들어간다. 이것은 악이라는 "타자"에 대한 체험이었다. 이 체험은 너무나 강력해서 설명하거나 지성적으로 인식할 수 있는 능력을 완전히 부수어 놓았다.

그러나 의미를 추구하는 노력은 계속되었다. 무의미하고 극한적인 악에 직면해 있음에도 불구하고 이해를 위한 사람들의 노력은 계속되었다. 그러나 신화가 무너진 이후 사람들은 무엇을 사용할 수 있었는가? 어떤 사람들은 침묵으로 대응하였다. 말은 어떤 것도 그 사건을 축소하고 왜곡시킬 것이라는 주장이다. 하지만 이 대학살의 체험이 말로 해석될 시기가 올 것이다. 그때가 되면 현재는 산산이 부서져 흩어져 있는 신화의 조각들이 다시 사용되어야 할 것이다. 물론 그 신화는 이전과 동일한 모습으로 나타나지 않을 것이다. 옛 상징의 모습은 그대로 있을 것이지만, 그 상징은 재해석을 강력하게 요구하는 사건으로 인해서 완전히 새로운 방식으로 읽혀질 것이다. 이 새로운 해석 자체가 신화로서 힘을 얻기 위해서는, 다시 말해서 새로운 해석이 자연스럽고 심지어는 불가피한 것처럼 보이도록 만드는 힘을 얻기 위해서는 시간이 필요하다.

이 체험과 해석의 변증법이 내가 여기에서 신약 문헌의 이해를 위해서 제시하는 기본 모델이다. 이 변증법을 통해서 우리는 기원과 구성에 관한 근본적인 질문들에 대한 해답, 다시 말해서 이 재료들이 왜 기록되었고 현재의 모습을 갖추게 되었는가에 대한 해답을 얻고, 신약의 출생을 1세기 유대교의 상징 세계 안에 두며, 해석 과정을 발생시키고 더 나아가 이 과정이 없어서는 안되게 만드는 체험에 관한 질문을 제기하게 된다. 또한 신약 문헌의 각 책을 특수한 해석의 방식, 다시 말해서 십자가에 달리고 부활하신 메시아 체험에 비추어 유대교의 상징들을 재구성하는 방식으로 읽게 된다.

또한 이 모델은 우리에게 우리 연구의 틀을 제공해 준다. 우리는 먼저 헬라 문화 내의 1세기 유대교 상징 세계의 형성 과정을 살펴 보아야 할 것이며, 다음으로 이 상징 세계의 재구성을 요구하는 최초 그리스도인들의 체험을 볼 필요가 있다. 그리고 새로운 종교적 확신과 체험을 해석하는 특수한 방식으로서 문헌의 각 책들을 자세히 살펴 보아야 하며, 마지막으로 이 문헌들이 하나의 규범적인 정경으로 모아진 사건의 의미를 탐구해 보아야 할 것이다.

참고문헌

신약에 관한 학적인 표준 개론서 가운데 T. Zahn의 개론서 *Introduction to the New Testament*, 3 vols.(New York: Charles Scribner's Sons, 1909 [1905])는 그 본문 분석의 깊이와 열의로 인해서 지금도 추종을 불허한다. 한 권으로 된 개론서로서 가장 유용한 것은 W. G. Kümmel, *Introduction to the New Testament*, trans. H. C. Kee(Nashville: Abingdon Press, 1975)이다. 비록 그 수준이 일정하진 않지만 H. Koester의 *Introduction to the New Testament*, 2 vols.(Philadelphia: Fortress Press, 1980)도 유용한 정보를 많이 담고 있으며, 특히 첫권 *History, Culture, and Religion of the Hellenistic Age*가 그렇다. 교재용 개론서 가운데는 H. C. Kee, *Understanding the New Testament*, 4th ed.(Englewood Cliffs, N.J.: Prentice-Hall, 1982)가, 비록 재미있는 것은 아니지만, 내용이 충실하다. 반면 N. Perrin, *The New Testament: An Introduction*(New York: Harcourt Brace Jovanovich, 1974, 2d ed., with D. C. Duling, 1982)은 독특하지만 여전히 재미있는 책이다.

신약의 발전을 다룬 내용으로는 Hans von Campenhausen, *The Formation of the Christian Bible*, trans. J. A. Baker(Philadelphia: Fortress Press, 1972), A. von Harnack, *The Origin of the New Testament*, trans. J. R. Wilkinson(New York: Macmillan Co. 1925), C. F. D. Moule, *The Birth of the New Testament*, 3rd rev. ed.(San Francisco: Harper & Row, 1968), E. Lohse, *The Formation of the New Testament*, trans. M. E. Boring(Nashville: Abingdon Press, 1981)을 보라.

초기 기독교의 음모설의 기본 골격은 지금도 여전히 남아 있다. 우리는 H. S. Reimarus, *The Goal of Jesus and His Disciples*, trans. G. W. Buchanan(Leiden: E. J. Brill, 1970 [1768 이전에 기록])과 H. Schonfield, *The Passover Plot*(New York: Bantam Books, 1966)을 비교해 볼 수 있다. 선택 가능한 다른 이론들은 D. Strauss, *The Life of Jesus Critically Examined*, ed. P. Hodgson(Philadelphia: Fortress Press,

1973 〔1835〕), 735-44로 인해서 일반적인 열정 정도로 그치고 말게 되었다. Strauss는 지금 내가 사용하고 있는 접근법과 너무나 근접한 신화학적 접근법을 개발하였다. 하지만 내 입장은 이것과 중요한 차이가 몇 가지 있다. Strauss는 엄격한 전제들과 비교적 덜 개발된 비평 도구들로 인해서 제한을 가지고 있었지만 그럼에도 불구하고 그의 안목은 대단한 것이었다.

심리학적 환원주의의 예로는 E. Fromm, *The Dogma of Christ*(New York: Holt, Rinehart & Winston, 1955), R. L. Rubenstein, *Paul My Brother*(New York: Harper & Row, 1972)을 보라. 마르크스주의자들의 축소 관점에서 본 초기 기독교 역사 해석에 관해서는 K. Kautsky, *Foundations of Christianity*, trans. H. F. Mins(New York: S. A. Russell, 1953)을 보라.

역사 비평적 모델의 발전에 관해서는 W. G. Kümmel, *The New Testament: The History of the Investigation of Its Problems*, trans. S. MacL. Gilmour and H. C. Kee(Nashville: Abingdon Press, 1972), S. Neill, *The Interpretation of the New Testament 1861-1961*(London: Oxford Univ. Press, 1964)을 보라. 좀더 짧은 연구는 E. Krentz, *The Historical-Critical Method*(Philadelphia: Fortress Press, 1975)이 있다. 이 문제를 아주 진지하게 다룬 학자들의 방법에 대한 비평의 대표적인 예는 J. A. Robinson, *Redating the New Testament*(Philadelphia: Westminster Press, 1976), M. Hengel, *Acts and the History of Earliest Christianity*, trans. J. Bowden(Philadelphia: Fortress Press, 1979)이 있다.

신약에 대한 종교사적 입장 가운데 고전급은 W. Bousset's *Kyrios Christos: A History of the Belief in Christ from the Beginnings of Christianity to Irenaeus*, trans. J. Steely(Nashville: Abingdon Press, 1970), R. Bultmann, *Theology of the New Testament*, 2 vols., trans. K. Grobel(New York: Charles Scribner's Sons, 1951-55)가 있다. 이 접근법에 관해서는 C. Colpe, *Die Religionsgeschichtliche Schule*(Göttingen: Vandenhoeck & Ruprecht, 1961)을 보라.

정경을 고려하지 않고서 초기 기독교 역사를 다루려는 움직임은 W.

Bauer's *Orthodoxy and Heresy in Earliest Christianity*, ed. R. A. Kraft and G. Krodel, trans. P. J. Achtemeier et al. from *the Philadelphia Seminar on Christian Origins*(Philadelphia: Fortress Press, 1971)에서 힘을 얻었고, J. M. Robinson and H. Koester의 *Trajectories Through Early Christianity*(Philadelphia: Fortress Press, 1971)로 인해 복합적인 표현 방법을 갖추었다. 또 H. Koester, "New Testament Introduction: A Critique of a Discipline," In *Christianity, Judaism, and Other Greco-Roman Cults: I. New Testament*, ed. J. Neusner, *Studies in Judaism in Late Antiquity* 12(Leiden: E. J. Brill, 1975), 1-20도 보라.

초기 기독교에 대한 소위 말하는 사회학적 접근법은 아주 새로운 것이 아니다(Kautsky, *Foundations*, S. J. Case, *The Social Origins of Christianity* [Chicago: Univ. of Chicago Press, 1923]을 보라). 하지만 이제는 고유의 모습을 갖추게 된 것이다. 일반적인 견해를 보려면, H. C. Kee, *Christian Origins in Sociological Perspective*(Philadelphia: Westminster Press, 1980)을, 여러 가지 견해의 개관을 보려면 H. E. Remus, "Sociology of Knowledge and the Study of Early Christianity," *SR* 11(1982): 45-56을 보라. 현재까지는 J. G. Gager, *Kingdom and Community: The Social World of Early Christianity*(Englewood Cliffs, N.J.: Prentice-Hall, 1975), G. Theissen, *Sociology of Early Palestinian Christianity*, trans. J. Bowden(Philadelphia: Fortress Press, 1977)의 이론적으로 방향이 설정된 견해들이 E. A. Judge, *The Social Pattern of Christian Groups in the First Century*(London: Tyndale Press, 1960), A. J. Malherbe, *Social Aspects of Early Christianity* 2d enl. ed.(Philadelphia: Fortress Press, 1983), W. A. Meeks, *The First Urban Christians: The Social World of the Apostle Paul*(New Haven: Yale Univ. Press, 1982), G. Theissen, *The Social Setting of Pauline Christianity: Essays on Corinth*, trans. and ed. J. Schutz(Philadelphia: Fortress Press, 1981)의 주의깊게 다듬어진 연구들보다 더 큰 관심의 대상이 되고 있다. 이제 배아기에 있는 신약에 대한 문학적 접

근의 경우 R. A. Spencer, ed., *Orientation by Disorientation: Studies in Literary Criticism and Biblical Literary Criticism*(Pittsbugh: Pickwick Press, 1980)에서 맛을 볼 수 있다. 일반적으로 대학의 정황 내에서 이루어지는 신약 연구의 학문간 비교 방법들의 영향에 대한 개괄서로는 P. Henry, *New Directions in New Testament*(Philadelphia: Westminster Press, 1979) 가 있다.

이 책에서 내가 사용하는 모델은 M. Eliade, *Myth and Reality*, trans. W. Trask(New York: Harper & Row [Torchbooks], 1963), B. Malinowski, *Myth, Magic, and Religion*(Garden City, N. Y.: Doubleday & Co., 1948), E. Cassirer, *An Essay on Man*(New Haven: Yale Univ. Press, 1944)에서 절충적으로 차용해 왔다. 또 R. Merton, *On Theoretical Sociology*(New York: Free Press, 1967), P. Berger and T. Luckmann, *The Social Construction of Reality*(Garden City, N. Y.: Doubleday Anchor Books, 1967), P. Berger, *The Sacred Canopy: Elements of a Sociology of Religion*(Garden City, N. Y.: Doubleday Anchor Books, 1969), C. Geertz, *The Interpretation of Culture*(New York: Basic Books, 1973)의 이론적인 생각에서 무차별적으로 얻은 것이다. 특별한 공동체 내에서 사용된 상징들에 대한 연구는 다음의 문헌들이 도움이 된다. R. Kantor, *Community and Commitment*(Cambridge: Harvard Univ. Press, 1972); B. Zablocki, *The Joyful Community*(Baltimore: Penguin Books, 1979); and W. Kephart, *Extraordinary Groups: The Sociology of Unconventional Life-Styles*(New York: St. Martin's Press, 1976).

제1부

신약의 상징 세계

신약의 상징 세계는 대단히 복잡하다. 그래서 그 배경의 복수성을 제대로 나타내려면 상징 세계들이라고 복수로 하는 편이 더 정확하다. 이 복수성은 로마의 통치와 헬라 문화, 그리고 유대교의 종교적 상징들 이 세 가지 주요 요소가 다양하게 조합된 결과이다. 이 요소들을 세밀하게 기술하는 것은 이 책 혹은 다른 책이라도 단권의 범위를 넘어서는 일이다. 이 세계에 대한 견해는 작은 것이라도 다른 증거를 제시할 때 문제가 되지 않을 견해는 거의 없다. 하지만 이런 혼란한 특수 현상에도 불구하고 우리는 누구나 인정할 수 있는 기본틀을 그릴 수 있다.

독자들은 이 책 내용이 선별된 사실을 알고서 여기에서 적절하지 않게 취급된 문제가 있을 경우 좀더 자세히 조사할 수 있다면 좋을 것이다. 우리는 이 상징 세계를 잘 이해하면 할수록 신약을 읽을 때 그만큼 더 잘 깨달을 수 있을 것이다. 여기에서 나는 서론에서 기술한 체험과 해석의 역할을 잘 보여주는 상징 세계의 여러 측면에 초점을 맞추려고 한다. 당시 신약 저자들은 하던 일은 1세기 당시의 다른 사람들이 하던 일과 똑같은 것이라는 사실, 즉 자신들이 사용 가능한 상징을 가지고 자신들의 종교적 체험을 해석하려고 노력하였다는 사실을 깨달아야 하는데, 나는 이것이 가장 중요한 과제라고 생각한다.

여기에서 주의의 말씀이 좀더 필요한 듯하다. 신약의 상징 세계는 그 영향이 한 방향으로만 미쳤거나 아니면 일단 기독교가 시작된 다음에는 끝나 버린 듯하지만 배경 정도에 그치는 것이 아니다. 유대교와 헬라 사상은 신약 기록 이후에도 계속 살아 있었다. 물론 유대교는 그리스도인들의 메시아 주장에 부정적인 반응을 보인 것 때문에 모습이 달라져 보이고, 헬라사상은 다시 만들어진 기독교의 상징을 되돌려 받았다. 그래서 수세기가 지나는 동안 헬라사상은 그 자체가 하나의 기독교 문화가 되었다. 헬라사상, 유대교, 기독교의 상징들 사이의 상호작용은 복잡하고 지속적이었다.

이 세계에 관해서 우리가 사용가능한 정보는 풍부하지만 그렇다고 우리가 그 세계를 이해할 수 있다고 우리 능력을 과대 평가해서는 안된다. 우리가 가진 재료는 단편적일 뿐, 당시 기록된 모든 재료들 다 가지고 있는 것이 아니다. 뿐만 아니라 그 재료들은 연대를 정하기가 곤란하며 거기에 담겨있는 전통들도 마찬가지이다. 또 약간 후대의 문헌에 들어있는 사상들이 얼마나 오래된 것인지 확정할 수 없다. 그래서 여기에서는 정확한 기술(記述)보다는 인상파적인 혼합 스케치가 더 나을 것이다. 다른 의미로 우리가 가지고 있는 재료는 부분적인 것이다. 즉 이 재료들은 종교나 철학 운동에 추종하는 사람 가운데 교육을 받은, 따라서 좀더 교양을 갖춘 사람들의 관점을 대표하는 것이다. 왜냐하면 글을 쓸 마음이 있었던 것을 보면 이들은 자신들의 이상에 그만큼 더 헌신적이었던 것이다. 이 상징 세계에 대한 우리의 생각은 어쩔 수 없이 역사적 보존이라는 사실에 영향을 받고 있다. 그 당시 어리석은 대중들이 무엇을 하고 있었는지 우리는 도무지 모른다. 하지만 자신들의 대변인들이 우리에게 전해주는 이상화된 그림에 늘 만족하였던 것은 아니었으리라는 사실을 우리는 추정으로 알 수 있을 것이다.

사실 상징(특히 종교적 상징) 세계의 구성은, 그 일에 헌신된 사람들이 모든, 최선의 노력을 기울여서 이룩한 역작이 아니었다는 점을 기억하는 것이 좋겠다. 상징 세계에는 정치, 경제, 전쟁, 심지어 마술과 신비종교까지 포함된다. 많은 종교적 상징이 이러한 다른 노력들을 말하고 정당화해 주고 있으나 분명히 삶을 해석하는 것보다는 삶을 영위해 나가는데 더 많은 노력을 기울였을 것이다. 랍비들은 육체 노동의 어려움과 마누라의 잔소리 때문에 생기는 문제를 불평하였다. 바울 서신도 그가 복음 사업보다 여행과 작업의자에서 보낸 시간이 더 많았음을 보여 준다. 그리고 그 시대 사람들은 대부분 짝짓고 자식 낳는데 의미를 부여하였으므로 상징 구성에 들인 정력은 좀더 몰두한 직업을 가진 사람들의 몫이었다.

제1장

로마의 통치와 헬라 문명

신약 세계를 서술할 때 우리가 먼저 할 수 있는 일은 그 경계를 한정하는 일이다. 지리적으로 볼 때 신약 세계는 지중해 세계였다. 내지 바다를 둘러싸고 있는 영토, 고대인들이 알고 있는 유일한 문명 세계, 즉 오이쿠메네였다. 이 세계 밖에 있는 것은 호기심의 대상인 동시에 두려움의 대상이었고 그들에 대해 아는 것이 거의 없었기 때문에 더욱 그랬다. 오이쿠메네의 안보를 책임진 사람들은 동쪽으로는 파르티아인의 침입과 북쪽으로는 여러 부족의 침입을 두려워 하였지만, 신약에는 이런 종류의 의식이나 관심에 관해서 보여주는 것이 아무것도 없다. 시간적으로 볼 때 신약 세계는 알렉산더 대제의 정복 사업에서 시작하여(주전 356 - 323년) 최소한 서기 2세기 중반까지는 계속된 시대이다. 비록 주전 31년 아우구스투스의 즉위와 함께 시작된 로마 제국이 헬레니즘에 새로운 틀을 제공하였지만 헬레니즘 문화는 제국 초기 시대를 지나면서 그대로 존속되었다. 그래서 우리가 가장 포괄적인 신약의 상징 세계를 가리켜 그리스 로마 문화라고 지칭해도 틀리지 않을 것이다.

정치적으로 볼 때 신약 세계는 로마 제국이 만든 세계였다. 알렉산더는 자신의 정복 사업을 통하여 대제국을 벌써 건설하였다. 그런데 그 제국이 안정을 찾기 전에 알렉산더가 죽었다. 그의 후계자들은 그 조각들을 차지하려고 싸웠고, 안티고누스가(家)와(아카이아와 마게도냐를 통치) 셀레우코스가(家)(아시아와 시리아를 통치), 프톨레마이오스가(家)는(이집트를 통치) 황제 자리를 놓고 전쟁을 벌였다. 언제나 그랬듯이 중요한 연륙교의 역할을 하고 있는 팔레스타인 지방이 가장 중요한 전쟁터였다. 이 모두 죽을 수밖에 없는 전쟁은 헬레니즘이나 제국의 궁극적인 유익에 대한 의견이 맞지 않아서 생긴 것이 아니라 단순히 오이쿠메네를 누가 통치할 것인가 때문에 일어났다. 하지만 이들이 이렇게 싸우고 있는 동안 지중해 지역을 서서히 그러나 꾸준히 장악해 나가는 다른 세력이 하나 있었다. 로마는 공화정 후기 시대부터 영토 정복 사업을 시작하였고 이 사업은 시이저와 폼페이의 세력 다툼을 통해서 가속화되었다. 주전 2세기 중엽 로마는 오이쿠메네를 호령하게 되었고 아우구스투스가 제국의 대권을 공식적으로 장악하게 되었을 때는 그저 이 사실을 확인한 것 뿐이다. 로마는 알렉산더의 정복 활동으로 이미 확산되어 있는 헬라화의 이상에 정치적인 안정을 주었다.

헬레니즘의 이상과 현실

주전 334년 방년 22세의 알렉산더가 동쪽 페르시아를 정복하기 위해 다르다넬레스 해협을 건넜을 때 그가 의도한 목표는 복수 정도에 머물지 않았다. 그때 알렉산더는 문화적 패권을 장악하려는 대사역을 시작한 것이다. 이 목적을 위해 그는 시인과 철학자, 역사학자들을 동반하였다. 알렉산더는 아리스토텔레스를 공부하는 한 학도로서 헬라 방식이 최고라고 생각하고 범 헬라 세계 구축이 그의 소망이었다. 그는 혈통을 하나로 만들기 위해 병사들에게 토착민 여인들과 혼혈결혼을 장려하였으며, 모범을 보이기 위해 자신도 로산느와 결혼하였다. 또 자신이 정복한 도시들을 헬라 도시 국가의 형태로 바꾸고 전략적 요충지에는 새로운 도시를 건설하였다. 헬라어를 만국어로 만들었고 토착신들을 파악하여 헬라 만신전의 신들과 혼합함으로 종교적 혼합주의를 장려하였다. 그리고 후계자들도 헬라화된 세계를 만들려는 알렉산더의 꿈을 계속해서 추진하였는데, 그 가운데 셀레우코스가 특히 그랬다.

도시 국가 폴리스는 그 자체가 헬라화의 첫째 도구였다. 폴리스는 헬라 문화의 상징이자 대표였다. 이곳은 시민들이 만나고, 시장 보고, 논쟁하고, 투표를 할 수 있는 장소였다. 도시는 문화(paideia)의 중심이자 교육을 통한 문화 전수의 중심이었다. 짐나지움은 신체와 지식의 미덕을 배울 수 있는 기회를 제공하였다. 또 젊은이들에게 군복무의 의무가 있었으므로 에페비온이 있었다. 고전 시대 그리스에서 폴리스는 종교행위가 이루어지는 중심이었다. 도시의 제사와 예배는 시민들에게 개인과 공동체의 동질감을 주었다. 당시 이들은 그리스 사람이라기보다는 아테네나 스파르타 사람이었다.

알렉산더는 이 폴리스를 헬라 문화를 확산시키는 수단으로 삼았다. 셀레우코스 안티오쿠스 5세 치하에 있던 예루살렘과 같은 오래된 도시는 정체(政體)를 바꿈으로 헬라화시켰고, 알렉산더 자신이 건설한 이집트의 알렉산드리아 같은 새로운 도시는 시작부터 헬라화시켰다. 그러니까 헬라화된 세계는 도시화된 세계로 인식되었다. 문화와 도시는 경계를 같이 하였다. 하지만 이것은 이상이었고 현실은 좀더 냉엄하였다. 1세기 당시 세계 주요 도시들은 작지 않았다. 로마는 인구가 백만이었고 알렉산드리아는 약 그 절반 정도였다. 이 도시들은 너무나 거대하여 시민 참여를 성사시키는 일이 불가능하였다. 더욱이 이 도시들은 완전 독립 상태가 아니었다. 이들은 복잡한 관료 제도와 군사 시설, 경우에 따라서는 무거운 조세 제도를 가진 제국 내에 있었다. 고대 폴리스가 가져다 준 지역 정체감은 지역 신들이 가져다 준 보호 의식과 시민들에게 요구되던 의무감과 함께 쇠퇴하고 있었다.

어떤 사람들에게는 세계적인 제국이라는 사실이 새로운 종류의 정체감, 좀 더 범세계적인 정체감을 가질 수 있는 가능성을 만들어 주었다. 이제 사람들은 세계의 시민이 될 수 있었다. 반면 다른 사람들에게는 그림이 암울하였다. 지역적인 뿌리의 상실은 소외와 절망을 의미하였다. 사람이 어디에 있으나 똑같이 마음이 편안하다면, 정말로 어디에나 다 집이 있는 것일까? 이 두 가지 반응이 그 시대의 종교적 상징에 영향을 미쳤다.

헬라화의 두번째 도구는 언어였다. 이것은 가장 강력한 도구였다. 왜냐하면 언어는 문화의 상징을 담는 그릇이기 때문이다. 헬라어는 오이쿠메네의 일상적인 언어(코이네)가 되었고, 로마 치하에서도 마찬가지로 라틴어와 함께 쓰였으며, 라틴어가 제국의 공식 언어가 된 것은 오랜 후의 일이었다. 라틴어는 무역과 통치, 철학과 종교의 언어였다. 심지어 히브리 성경조차도 주전 2세기 중엽 알렉산드리아에서 헬라어로 번역되었고, 이 70인역 번역본(LXX)은 헬라화된 유대인들에게 그대로 성경이었다. 이런 현상은 최초의 그리스도인들에게도 마찬가지였다. 단일 언어의 사용은 의사 소통에 정말 중요하였다. 이것은 새로운 사상과 옛 사상의 확신을 빠르게 하였다. 하지만 이러한 전달 과정에서 상징은 헬라어의 옷을 입음으로 해서 공감을 얻기도 하고 잃기도 하였다. 더욱이 알렉산더 시대 이후로 헬라 방식을 논박하려고 해도 일반적으로 헬라어를 사용해야 하였다. 하지만 언제나 모든 사람에게 그런 것은 아니었다. 아람어나 콥틱어 같은 지방 언어는 계속해서 사용되었고 이러한 언어로 된 종교 문헌의 보존은 지방의 정체감을 지속시키고 경우에 따라서는 제국에 대항하는 핵심이 되기도 하였다.

헬라화의 세번째 도구는 종교의 혼합주의였다. 고대 가나안 지방 신화의 최고 신인 바알 하 샤마임과 같은 지방 신은 제우스 올림푸스 같은 헬라 신의 대상자와 동일화되었는데, 이런 작업이 조직적으로 이루어졌다. 그 이상은 지방의 충절을 감소시키고 우주적인 것으로 바꾸어 놓는 것이었다. 여기에서 우리는 종교를 사회적 접착제로 사용한 고전적인 한 예를 보게 된다. 그 결과는 다양하고 복합적으로 나타났다. 고대 그리스의 만신(萬神)은 이와 같은 강력한 확장으로 힘을 얻지 못하였고 그리스 신화도 보편화되면서 그 신용을 얻기 보다 상실한 것으로 생각된다. 반면 일부 집단들에게 있어서 이 과정은 유일신론을 촉진시켰을 가능성이 있다. 신적인 세력들을 동질화하는 것과 신적인 능력은 하나인데 그것이 다양하게 나타났을 것이라 생각하는 것 사이는 한 걸음 차이 뿐이다. 그래서 철학자들은 다신론 언어를 사용하면서 동시에 유일한 신의 섭리를 말할 수 있었던 것이다. 불행하게도 로마 제국이 소외를 조장한 결과 전통적인 신들은 그 위신을 상실하게 되었고 이런 현상은 변덕스러운 우연(tyche)이나 불변의 운명(heimarmene) 둘 가운데 하나가 세상을 지배하고 있다는 인식을 만들어 내었다. 이러한 인식은 공식적인 종교에서 얻을 수 있는 것보다 좀더 심오하고 개인적인 종교 체험을 추구하는데 자극을 주었다.

헬라화의 목표는 처음부터 다소 자기 모순적인 것이었다. 고전 그리스의 기풍은 원래 그 지방의 선명한 전통에 있었는데 이 기풍을 세계화하려고 노력한다면 그것은 어쩔 수 없이 이 기풍의 왜곡을 의미하였다. 그래서 헬라화의 결과는 혼합과 이중성이었다. 동양이 헬라화되었든지, 그리스가 동양화되었든지, 새로운 것이 생겨난 것도 사실이다. 그러나 헬라 문명은 고전 그리스 문명과 아주 달랐다. 이상은 동일한 것일 수 있다. 그러나 이 이상이 확산되고 새로운 삶의 실재 앞에서 묘하게 변형되었다. 이 새로운 실재 가운데 가장 중요한 것이 제국이라는 현실이었다. 제국이라는 현실은 모든 것을 변화시켰다. 무엇 보다도 개인이 자신의 삶을 거의 관리할 수 없는 그런 세상을 만들어 내었다. 그 결과 헬라 시대의 종교와 철학은 개인에게 대한 관심을 증대시켰다.

로마의 통치

로마는 그 관심이 오로지 권력이었고 이 권력을 전례없이 효율적으로 잘 사용하였다. 로마식 제국은 안정과 제국이 필요로 하는 무력을 합법화하는 틀을 마련해 주었다. 아우구스투스 이후의 황제들은 그 행동이 괴상하였고 신에게 필적하는 지위을 가지려는 그들의 욕구는 점점 더 강하게 되었지만, 복합적인 통치체제를 통해서 아주 긴 시간 동안 평안을 유지할 수 있었다. 로마 제국은 아프리카와 아시아 같은 비교적 안정된 지역을 원로원 지방으로 다스렸다(적어도 외향적으로는 지방 장관들을 통해서 원로원이 운영함). 다루기 힘들거나 외부 침입의 위험이 있는 집단들은 ─ 팔레스타인 지방은 이 두 가지에 다 해당됨 ─ 사령관이나 총독들이 확실한 군사력을 가지고 관장하였다. 사실 군사 식민지나 주둔지는 로마 제국 전역에 걸쳐 분포되어 있어서 지방의 소요를 평정하는데 그 힘을 사용하였다. 하지만 로마는 그 힘을 강화하기 위해서 전적으로 무력에 의존하지 않았다. 로마는 시민권을 넓은 지역으로 확대하였다. 그래서 1세기 중엽에는 군사 식민지의 주민들과 전역 군인들, 심지어 지방 수도인 다소의 유대인 같은 지방 명사들까지 시민권을 누릴 수 있었다.

그러나 제국은 정복을 통하여 확장되어 갔다. 이와같은 정복과 확장의 역사 가운데 중요한 생활의 두 단면이 두드러진다. 첫째로 이미 계층을 이루고 있는 사회가 그 저변층에서 많은 수의 노예와 전쟁의 난민들로 인하여 인구가 팽창했다. 이들은 도시로 몰려들었고, 따라서 도시인구가 위험한 수위까지 늘어나게 되었다. 삶의 터전을 잃어버린 사람들은 자주 반역할 태세가 갖추어져 있었고, 제국이 그들의 이탈에 얼마나 관용을 베풀 것이지 시험을 해보았다. 또한 그들은 제국이 그들을 먹여살릴 능력이 얼마나 되는지 확인하도록 압력을 넣기도 했다. 생활 수당도 주어졌다. 로마는 영토들, 특히 제국의 젖줄인 이집트 덕분에 배가 불렀다. 로마는 선적의 지연이나 흉작 등으로 주기적으로 어려움을 겪고 있었다. 둘째로 끊임없이 영토에 중과세가 부과되었다. 피지배 민족들에게 부과된 세금은 특히 심했다. 쥴리어스 시이저의 통치 하에 갈릴리에서는 일 년 수확의 사분의 일을 세금으로 로마에 바쳐야만 했다. 헤롯 같은 지방의 관리와 세금을 거두기 위해서 고용된 세리들이 주민들에게서 뜯어내는 분량은 그것보다 더 많았다. 그러니까 로마의 압잡이들이 미움을 산 것은 당연한 일이다.

영토의 통치와 무역거래을 위해서 당연히 교통 및 통신수단이 필요했다. 로마의 길은 광범위에 걸쳐서 B.C.100년까지 5만 마일이 포장되고 잘 유지되었다. 날씨가 좋은 5월과 10월 사이에는 지중해를 재빠르고 쉽게 건너갈 수 있었다. 바울과 그의 일행들의 여행기록을 보면 좀 힘들고 삯이 비싸지만 비교적 안전하고 빈번한 여행이었음을 알 수 있다. 숙박업소들은 흔히 매음굴로 이용되었기 때문에 초대 크리스천들 같은 유동적이고 세속과 분리된 집단들에게는 손님을 모시는 것이 주요한 덕행이었다. 안전하고 편리한 여행이 커뮤니케이션을 원할하게 만들었다. 키케로, 세네카, 그리고 플리니의 서신을 통하여 알 수 있는 바와 같이 편리한 우편제도 때문에 상업용 편지, 친구간의 서신, 그리고 문학적인 글을 쓰는 일이 일상화되었다. 철학적인 무리들 사이에도 상호간의 격려와 지원을 위하여 서신이 왕래되었다.

제국 안에서 일상생활을 영위하는 것은 힘들었다. 넓은 대중적인 공간에서 멀리 벗어나 생활하는 것이나(귀족적인 특권을 누리지 않는 자들에게도), 수도 내에서 사는 것이나 어려웠다(Juvenal *Satires* Ⅲ.190-320를 보라). 시내의 길은 좁고, 인파로 붐비고, 그리고 더러웠다. 식사는 식량이 부족하지 않을 때도 간단했다. 육류는 매우 사치스러운 품목으로 취급되었다. 게다가 전체주의 국가가 베푸는 안전성의 대가로 값도 마음대로 불렀다.

그러나 기독교 운동의 전파를 위해서는 로마는 특별한 긍정적인 중요성을 띠고 있었다. 하나의 보편적인 언어는 메시지의 전파와 수용을 용이하게 했다. 유동적이고 호감을 못주는 인구들로 가득찬 큰 도시의 중심은 새로운 종파와 그 가르침을 신속히 전파하는데 안성마춤이었다. 신속하고 안전하고 빈번한 여행과 서신 왕래가 용이했다. '로마의 평화'라고 일컫는 바와 같이 전쟁과 내부의 위험성으로부터 자유함이 이 모든 일을 가능케 만들어 주었다.

이교도의 세계

신약성경은 유대인들이나 이방인들에 대하여 좋은 자료들을 제공해 준다고 할 수 없다. 신약성경은 유대인들과 이방인들에 비하여 자신들의 새로운 삶이 탁월한 것임을 증거하려고 회심자들이 쓴 것이다. 신약성경은 신자의 집단에 관심이 집중되어 있고, 외부세계에 대해서는 다만 그들의 운동과 관련될 때 언급할 뿐이다. 우리는 신약성경에서 파르티아인의 침략위협에 대한 관심을 전혀 읽을 수 없다. 사실 로마의 정책은 어떤 대가를 치르더라도 침입을 막고 팔레스타인을 지키는 것이었다. 우리는 그리스도인들이 노예와 여자들에게도 사회적인 평등주의를 제공함으로써 로마의 위계적이고 계급적인 사회에 어떤 위협감을 준 것을 전혀 느낄 수 없다.

이교도의 사회에 대한 신약의 취급은 전적으로 부정적이다. 이런 면에서 유대교와 유사성이 있다. 그리스도인들과 유대교인들에게 있어서 이방 세계는 도덕적으로 부패하고, 영적으로 무지한 세계이다. 복음서들과(마 6:7, 32, 15:26) 서신들은(롬 1:18-32, 벧전 1:14-18) 이교도의 삶이 "우리 육체의 욕심을 따라 지내며," "육체와 마음이 원하는 것"을 하는 것으로 보며, 이들이 "본질상 진노의 자녀"임에 동의한다(엡 2:3). 이교도 풍자가와 도덕주의자들이 악행에 대하여 묘사한 것을 읽어보면 더 저주스럽다. 그러나 아마 실제로는 그렇게까지 어둡지는 않았을 것이다. 녹(A. D. Nock)은 다음과 같이 기술했다.

로마 제국의 보통 사람들이 창녀집과 술집 사이를 오가고, 심심하면 노예들에게 매질하고, 그리고 다른 사람들의 고통과 가난에 대해서는 냉담한 타락하고 잔인한 악마로 생각한다면 큰 오해이다.

이와같은 전적으로 부패한 모습의 묘사는 그리스도인들이 과거의 생활로부터 멀어지려는 의도에서 나온 것이 아니고 도덕주의자들이 이교도 사회에서 최상의 도덕적 수준을 스스로 구현하려는 의도에서 나온 것으로 보아야 한다. 모든 도덕주의자들이 흔히 그러하듯이 덕행에 대한 호소를 더욱 감동적으로 만들기 위해서 사회의 악을 과장하기를 좋아했다. 이들은 가장 원색적인 죄악상을 노출시키는 사회의 계층에서 가장 실감나는 실례들을 끄집어 냈다. 사실 로마의 법은 대중적으로는 상당히 건전한 도덕적 수준을 제시했고, 그리스 문화는 외형적으로 다양한 종교성을 나타냈으나 보편적으로 그 문제가 심각했다.

물론 모든 종교적 표현들이 다 최상의 수준에 달한 것은 아니다. 불안정성과 분개, 자존심의 상실, 소외감, 비인격적인 세력 앞에서 수동성을 느끼는 것

— 이런 요소들이 강력하고, 흔히 원시적인 종교적인 반응을 나타내게 만든다. 마술과 점성학은 교육을 받은 사람들 가운데서도 성행했다. 마술사들은 직접적으로 조종하거나 혹은 미래에 대한 정보를 제공해주었다. 헛된 것을 믿는 것과 미신은 단순한 사람들이나 현학적인 사람들에게서도 나타난(Lucian of Samosata *The lover of Lies*를 보라). 영적인 속임수와 협잡꾼에 쉽게 넘어가는 광신적인 사람들도 많이 보인다. 그리스의 세계는 소피스트, 수사학자, 철학자, 마술사, 혹은 사제로 위장하고 나타나는 흰소리꾼들이 많았다. 그러나 어떤 신분으로 위장했던 1세기의 뱀기름 장사꾼 같은 사람들로서 자신의 이익과 명예을 추구하는 군중들을 속였다. 사모사타의 풍자가 루시안은 이런 흰소리꾼에 대한 두 가지 예리한 묘사를 남겨놓았고, 군중들의 맹신적인 심리를 이용하는 방법을 기록해 두었다(*Alexander the False Prophet* and *The Passing of Peregrinus*를 보라). 한편 필로스트라투스는 티아나의 방랑하는 설교가 아폴로니우스가 대중종교와 철학의 영역에서 진정한 선생들과 가짜 선생들을 구분하는 선을 지적한 것을 잘 설명했다.

그러나 모든 것이 다 미신과 마술은 아니었다. 종교와 철학의 분야에서 도덕적 및 종교적 감각의 발달은 그리스 세계에 복음을 심는데 적지 않은 준비작업이 된 셈이었다.

그리스 종교

여기서 전통적인 그리스 혹은 로마의 종교에 대하여 많은 주의를 기울이려는 것은 아니다. 그들은 대중적으로 행하는 의식에 공식적인 형식이 있었고, 신전에서 신탁을 받기도 하고, 가신(household gods) 앞에 향을 피우고 길조를 보기고 하고, 그 나라의 신을 섬기는 사당을 장식하며 복을 받기를 원하기도 했다. 제국적 종교에 대하여 관심을 기울이려는 것도 아니다. 신약성경에서 예수께 '만주의 주'라는 칭호를 붙인 경우와 같이 이방종교에 대하여 분명히 논쟁적인 표현도 있지만 신약성경이 기록되고 있던 시기에는 큰 자극은 받지 않았다. 처음 알렉산더 대왕 앞에 무릎을 꿇었을 때부터 클라우디우스가 신격화될 때까지 제국 종교는 특별히 정치적 형태로 나타난 종교적 조작극이었다. 그것은 우선 기독교에 있어서 일신론과 우상숭배 사이에 선택하는 테스트가 되었으므로 중요한 문제였다.

그리스 종교 자체에 이루어진 두드러진 발달사항들은 신약성경에 대해서도 중요성을 지니고 있다. 그들의 종교는 제국에 의하여 조성된 엄한 종교적인 분위기에 영향을 입고 있었다. 세계는 하나의 질서였는데 혼돈으로 바뀌었다고 믿는 분위기에 젖게 되었다. 때로는 전통 안에 있는 옛 요소들을 새롭게 하고, 때로는 다른 전통으로 자신의 전통을 수정함으로써 발달하는 과정을 밟게 되었는데 이런 과정에서 개인의 종교적인 체험을 강조하고 공교적이기보다는 비교적으로 흐르는 경향을 보였다. 초기 로마 제국 안에서 있었던 그리스적인 종교 정신은 자신이 초월적이 세계에 속한다는 확신을 줄 수 있는 계시, 변형, 그리고 개인적인 충성을 갈구하고 있었다.

예언은 대단한 대접을 받았다. 동물을 잡아 그 내장을 보고 식별하는 공식적인 예언뿐 아니라 점장이들의 예언까지도 존중되었다. 델피와 도돈나와 같은 고대의 신탁의 자리와 외국의 신비적인 종파의 사제들 가운데 예언이 있었다. 그 특징은 엑스타시와 방언이었다. 예언에는 흔히 육체적 황홀과 심지어는 자해가 따르기도 했다. 만틱(Mantic) 예언은 고대로부터 존중되었다. 왜냐하면 예언의 상태는 신적 영(프쉬케)에 의하여 사람의 혼이 지배당하거나, 신의 내재로 간주되었기 때문이다(enthusiasmos, Plato *Phaedrus* 244A를 보라). 구어로 주어진 계시는 해석하기에 어려웠지만 신탁으로 받아들였다(Plutarch *The E at Delphi* 387B).

초월적인 능력(다이나미스)이 치유와 축귀 같은 기적 가운데도 나타났다. 티아나의 아폴로니우스 같은 놀라운 카리스마를 지닌 자들이 이적들을 행했고, 때때로 신성한 사람(divine men)으로 인정되기도 했다(theioe andres, 예를 들어 Philostratus *Life of Apollonius of Tyana* Ⅳ.45 를 보라). 치유는 구원의 신들이 세라피스와 아스클레피오스에 의하여 정규적으로 베풀어졌다. 아스클레피오스의 사당에서 치유를 바라는 자들이 잠자는 중에 신의 내림을 받아 병의 치유를 받았다. 1세기의 성모상을 모신 곳처럼 사당은 병에서 회복되었던 팔다리와 기관들의 유물과 신의 능력을 증명하는 액자로 장식된 벽으로 둘러싸여 있었다. 아스클레피오스에 대한 헌신은 깊고 개인적이었다. 세라피스 같은 신들의 사당에서 베풀어준 의식적인 식사를 통하여 헌신자들은 사회적인 일체감을 느낄 수 있었다.

신비적인 숭배는 수 세기에 걸쳐 그리스 종교의 한 특징이었다. 그러나 그들은 지방성이 있었고 고객에 제한적이었으므로 영향력이 제한될 수 밖에 없었다. 로마 제국의 초기에 신비적인 종파들은 더 폭넓은 영향력이 있었다. 이는 동방으로부터 새로운 신들이 유입되었기 때문이다. 이집트로부터 이시스 신과 상대적인 남신 오시리스, 유래가 깊고 특이하여 인기가 높았던 소아시아의 브루기아에서 유래된 대모신 사이벨레가 있었다. 이런 종파에 신의 계시, 변형, 그리고 사회적인 일체감이 있었으므로 그 시대에는 광범위에 걸쳐 신비에 대한 욕구가 강했다. 우리는 실제로 어떤 의식들이 행해졌는지 알 수 없다. 그러나 거기에 관련된 자들이 이 세상 안에서 역사하는 해로운 세력들로부터 자신이 구원을 받았고, 변형을 성취한 신 혹은 여신과 하나가 되었다고 믿었음을 알 수 있다 (Plutarch *Isis and Osiris* 382 E).

이와 유사한 유혹이 널리 유포되었으나 정의하기 어려운 그노시스라고 불리운 종교적 반응 가운데 강하게 역사하고 있었다. 우리는 이 반응의 요소들을 이교주의의 비교적인 문학, 유대교의 메르카바 신비주의, 그리고 기독교의 영지주의적인 저작물에서 찾아볼 수 있다. 신약성경이 완성될 시기에 그노시스는 충분한 조직적인 형태가 없었고, 영지주의라고 불리운 기독교의 이단이라고만 인식될 수 있는 형편이었다. 그러나 신약 시대에 그노시스는 세계관에 연관된 하나의 운동으로, 그리고 불완전한 다양한 반응으로 분명히 존재하고 있었다. 다양한 현상 가운데 어떤 요소들은 불변적인 것이었다. 거기에 깊은 비관주의적인 세계관이 있었다. 인간의 삶은 참된 근원에서 떨어져서 물질에 사로잡혀 있다. 세계적 존재는 신과 인간에게 적대적인 세력에게 사로잡혀 있다(*Poimandres* 15를 보라). 종교적 반응은 비교적 지식과 의식을 통하여 물질성의 세력에서 벗어나는 것, 세상의 사회적 및 정치적 구조 속에서 작용하는 운명의 세력에서 벗어나는 것이다. 이와 같은 탈출은 죽음을 통하지 않고서는 완전하게 이루어질 수 없다. 그것은 영혼이 육신의 옷을 벗고 하늘의 영적인 집으로 올라갈 때이다(*Poiman dres* 22-25를 보라). 그러나 지금이라도 황홀한 환상을 통하여 영혼을 하늘로 올려보내어 초월의 신비들을 발견할 수 있다.

그리스의 종교적 반응에서 가장 낮은 수준과 가장 높은 수준이 함께 아풀레이우스의 저서 「황금의 송아지」(*Golden Ass*)에 나타난다. 표면적으로 보면 이것은 환상적이고 때로는 외설적인 이야기들로 가득찬 눈부신 로맨스이다. 그러나 보다 깊은 차원에서 보면 이것은 분리된 상태에서 회복의 차원으로 올라가는 영적인 여행에 관한 이야기이다. 주창자 루시우스는 호기심 많고 교활한 청년이었는데 마술로 운명(*fortuna*)을 조종할 수 있다는 생각에 빠졌다. 그는 마술의 액체를 한 잔 마시고 운명을 속이려고 하다가 당연히 자신이 도리어 속고 말았다. 그는 마술의 액체를 잘못 마셨던 것이다. 그래서 당나귀로 변하고 말았다.

루시우스는 그의 영적인 분리를 상징하는 상태에서 한 마리의 동물로서 운명에 의하여 격하의 한 단계에서 다른 단계로 옮겨지면서 괴롭힘을 받았다. 한때는 그는 한 마리의 동물이 되어 늙은 독신자 사제에게 팔렸다. "인간 쓰레기는 시리아의 위대한 여신을 구걸하는 여자로 전락시켜서 이 마을 저 마을로 끌고 다니면서 심벌즈와 캐스터네츠로 요란한 소리를 울리면서 여신을 팔았다"(*Golden Ass* Ⅷ.24). 이 사제들이 행사를 벌일 때 점쟁이 예언도 있었다(Ⅲ.27).

> 그들은 머리를 앞으로 수그려서 긴 머리가 얼굴을 가리게 하고는 재빠르게 머리채를 빙빙 돌려 마치 바퀴가 돌아가는 모습이었다 … . 그들은 자기 몸을 사납게 물어뜯었다. 그리고 절정으로서 휴대하고 다니는 날카로운 칼로 자신의 팔을 베었다. 그들 중에 하나는 다른 자들보다 더욱 그를 황홀하게 만들었다. 깊은 한숨을 쉬면서 … 마치 여신의 영으로 충만한 것처럼 그는 순전히 미친 척했다.

운명은 루시우스를 동물로 계속 묶어두려고 했다. 그가 음란한 쇼의 한 연기자가 되었을 때 최하의 상태에 이른 것이었다. 그런데 겐그레아 항구에(고린도에 가까움) 있을 때 그는 갑자기 여신 이시스의 환상을 보았다. " … 운명은 마침내 내가 충분히 고통을 겪었다고 간주하여 내게 석방의 자유를 주려고 하는 것 같았다."

루시우스는 여신에게 간청한다. 그래서 여신은 자신의 이름과 속성들을 길게 반복하여 부르면서 응답한다. 우리는 이 장면을 통하여 혼합주의가 어떻게 유일신론으로 변천되고, 신비종교가 어떻게 독점적인 충성을 요구할 수 있는가를 알 수 있다. 이시스는 그에게 다음과 같이 말했다(ⅩⅠ.5).

> 루시우스, 너의 기도의 응답으로 여기서 나를 보느니라. 나는 자연이요, 우주적인 어머니요, 모든 원소들의 여주인이니라 … 비록 내가 여러 형태로 경배를 받고, 수많은 이름으로 알리워지고, 갖가지 예식을 통하여 청원을 받지만 온 세상은 나를 숭

배하느니라. 원시의 브루기아인들이 나를 불렀고 … 아덴인들이 나를 불렀고 … 고대의 학문에 능했던 이집트인들이 나의 진정한 이름, 즉 여신 이시스라고 불렀단다. 너의 간청하는 소리를 듣고 내가 왔느니라. 너에게 은총을 베풀고 너를 도우러 내가 왔느니라. 그만 울어라. 슬퍼하지말라. 나의 주의깊은 빛이 나타내는 구원의 시간이 가깝도다. 내가 지시하는 말을 주의 깊게 들어라 …

여신은 루시우스의 신앙과 완전한 헌신을 요구한다(XI. 6-7).

지금으로부터 너의 생애를 마치는 날까지 너는 나를 섬기기 위하여 헌신되었느니라. 너를 다시 사람으로 만드는 여신에게 너의 전생애를 바치는 것이 옳으니라 … . 오직 나만이 운명으로 결정지어진 한계를 넘어 너의 생명을 연장할 수 있는 능력이 있느니라."

이시스는 운명에 사로잡힌 그를 구하고, 또한 냉혹한 운명에서 건져낸다. 여신은 도움을 베풀어 그를 완전한 사람으로 회복시키고 그에게 영원한 생명을 약속한다. 루시우스는 자신이 도로 사람의 형상으로 변화된 자신을 보게 된다. 그는 여신의 신비와 상대격인 남신 오시리스의 신비에 대한 가르침을 받았다. 그는 비밀을 배우기 위하여 입문한 동료들과 교제를 나눈다. 그는 오시리스의 변호사 겸 사제로서 가치있는 삶을 추구할 때 신에게 입문한 자로서 자랑스럽게 특이한 복장을 입고 머리를 장식했다.

황금의 송아지는 보통 사람들이 자신의 생활 영역 위에 있는 어떤 세력과, 그리고 초월적인 세계와의 동일성을 열망하고 있는 것을 보여준다. 오직 마술과 점성술을 통하여 이런 욕망이 충족될 수 있다. 신비가들은 그보다 더 많은 것을 말한다. 루시우스의 경우는 그리스의 종교적 체험에 우리가 다른 요소들을 첨가할 수 있음을 시사한다. 루시우스가 이시스에게 헌신함으로서 다른 신들을 경배해서는 안되는 것은 아니다. 그러나 그의 헌신으로 말미암아 근본적으로 그의 생활의 방향이 바뀌게 되었다. 오랫동안 여신에게 헌신한 대가로 그는 영원한 생명을 얻을 것을 기대할 수 있었다.

그리스 철학

플라톤과 아리스토텔레스 이후로 철학은 변천되었다. 각 철학파마다 추종자들을 끌려고 서로 다투고, 다른 유파들을 논쟁적으로 공격했다. 그러나 "지혜의 사랑"(philosophia)은 형이상학과 정치학 문제보다는 삶의 기술과 더 밀착하게 되었다. 이론적인 것보다는 치유쪽으로 기울어지는 변화가 뚜렷했다. 철학은 삶의 방편이었다. 어떤 이들에게는 그것은 종교적인 부름이었다.

큰 학파들 가운데 스토아철학은 가장 두드러진 영향력을 행사했다. 스토아 학파가 큰 영향력을 발휘하게 된 일면은 덕행에 관심을 집중하고 사회적 환경에 적응하는 것을 개인의 의무로 삼은 데 있다. 나라의 운명, 행운, 그리고 권력은 우리의 통제가 미치지 않는 곳에 있다. 그렇다면 우리가 무엇을 할 수 있단 말인가? 우리는 자신이 통제할 수 있는 것에 집중할 수 있다. 그것은 우리의 마음과 욕망이다. 스토아철학은 원래 실재에 대한 긍정적인 관점을 가지고 있었다. 우주는 합리적이고, 신의 섭리(pronoia)는 사건들을 다스린다(Epictetus *Discourses* I.6을 보라). 자연을 따라 살려고 하는 사람, 즉 합리적으로 살려는 자는 덕스럽고, 따라서 행복하다. 사람은 어느 곳에서나 평안할 수 있다. 이상은 세계의 시민이 되는 것이다. 사람이 합리적이고, 자제할 수 있고, 만족을 누리는 온전히 인간적인 존재가 되는 것을 막을 수 있는 것은 아무것도 없다. 노예제도나 추방도 이것을 막을 수 없다. 죽음조차도 두려워할 바가 아니다. 왜냐하면 그것은 너무나 자연스럽기 때문이다(Epictetus *Discourses* III.5.8-11). 무소니우스 루푸스와 에픽테투스와 같은 스토아주의자들은 대단히 엄격한 덕을 가르쳤는데 특히 엄한 성적인 계율과 내향적인 도덕성에 대한 가르침도 있었다. 스토아주의의 핵심적인 가르침이 엄한 까닭은 삶의 많은 국면들이 통제되지 않는 부분들이기 때문이다. 자제의 윤리는 정부와 가정의 구조들이 흔히 합리적일 수 없는 세계에 대한 절망적인 적응이었다.

그리스 시대에 종교는 종합적 철학에 불과했다. 모든 철학자들은 이론상의 차이점들은 실제적인 결과들만큼 중요하지는 않다는데 동의했다. 견유철학만큼 실제적이고 비이론적인 전통은 없었다. 제국의 초기에 이 견유철학이 특별히 스토아주의에 영향을 미쳤다. 견유철학은 자유와 언론의 자유를 좋아하여서 어떤 교의를 만드는 것을 피했다. 자유란 심지어 사회의 규범을 어기는 경우에도 자신이 좋은 대로 사는 것이라고 했다. 사회규범에 순응하는 사람들을 고의적으로 욕하는 것도 언론의 자유로 보았다. 견유학파의 사람은 속박받지 않는 개인주의를 찬양함으로써 사회 구조에서 이탈하는 것을 변호했다. 견유학파의 사람들 중의 영웅은 바로 디오게네스인데 그가 대왕을 푸대접한 사건에 대한 이야기가 많고, 이 일은 바로 "자유롭고 개방된 생활"의 뛰어난 점을 잘 설명해준다(Lucian *Dialogues of the Dead* and Dio Chrysostom *Oration* 6을 보라). 에픽테투스의 스토아철학은 특별히 이런 견유학파의 경향에 영향을 받았고, 따라서 그가 묘사한 이상적인 철학자는 견유학파의 이상적인 인물이었다. 디오게네스는 그에게 소크라테스와 같은 중요한 모델이 되었다(Epictetus *Discourses* Ⅲ.22). 스토아주의가 견유주의의 영향을 받았으나 전통들 사이에는 긴장이 남아 있었다. 스토아주의자들에게 있어서는 완전이란 도달하기에 어렵고, 심지어 불가능한 것으로 인식되었다. 그러나 견유학파의 사람에게 있어서는 완전이란 단순하게 정의되고, 따라서 쉽게 성취된다. 자유와 자유언론이 그런 사실을 말해준다.

특히 견유학파는 철학자로 불리기를 원하나 실제로 그런 일에 몰두하기는 좋아하지 않는 사람들에게 매력이 있는 학파였다. 풍자하기를 좋아하는 자들은 철학자인 척하기를 좋아하는 사람들의 작태를 잘 묘사했다. 이들은 모든 장비들(헌 외투, 가방, 지팡이, 긴 머리와 턱수염)과 좋은 구변(다른 사람의 위선을 욕하기)을 갖추고 있었으나 항상 자신의 욕망을 충족시키려 하고, 덕을 쌓기 위하여 힘든 일은 하지 않고 명예만 얻으려고 했다(Lucian *Timon* 54). 이런 헛소리꾼들이 여행을 떠났다. 마을에서 마을도 돌아다니면서 길모퉁이에서 지나가는 사람들에게 욕설을 퍼붓거나 시장 바닥에서 연설을 했다. 티아나의 아폴로니우스가 이런 방랑하는 지혜자의 한 사람이었다(Philostratus *Life of Apollonius* Ⅳ.2를 보라). 크리소스톰이라고 불리운 프루사의 디오라는 사람이 있었다. 그는 방랑하는 수사학자로 출발했으나 나중에 회심을 체험하고(Dio *Oration* 13) 철학가가 되었다. 그가 여전히 여행과 연설을 계속했으나 그것은 "모든 사람을 피하기 위한 방편"이었다(Dio *Oration* 77/78).

모든 철학자들이 다 그렇게 유동적이었던 것은 아니다. 세네카 같은 인물은 왕실의 고문이었다. 무소니우스와 에픽테투스 같은 인물은 학교 교사이었는데 그들의 "비평"은 생생한 교육적인 활동이었다. 철학자들은 자신의 사회적 환경이 어떠하든지 좋은 생활이란 덕있는 삶이라는 데 모두 동의하고 있었다. 선행과 악행을 구별하여 묘사하고 분석하는 일에 그들의 정열을 쏟았다. 때로는 날카로운 심리적인 분석을 통하여 설명을 시도하기도 했다. 예를 들면 소크라테스의 격언으로 간주되는 "시기는 영혼의 폐해이다"라는 말이 있다(Stobaeus, *Greek*

Anthology Ⅲ.38.48). 때때로 사회적인 의무는 가정의 윤리 목록처럼 조직적으로 나열되었다(Plutarch *Conjugal Precepts* 142E를 보라). 때로는 단순하게 악행을 열거하고서는 모든 악행은 질병이며, 모든 선행은 건강이라고도 했다. 필로 쥬대우스(Philo Judaeus)의 악습 목록만큼 과장이 심한 것은 보기 드물다. 그는 쾌락을 즐기는 자는 "비양심적이고, 뻔뻔스럽고, 성격이 비뚤어졌고, 비사회적이고, 고집이 세고, 무법하고, 문제를 만들고, 감정적이고, 완고하고, 야비하고, 충고를 듣지 않고, 무모하고, 악한 일을 계획한다"고 선언했다. 그리고 후에는 대략 130가지의 악습을 열거했다. 예을 들면 "냉소하는 자, 대식가, 바보, 구제할 수 없는 불행과 비극의 덩어리" 등의 표현이 있다(Philo *Sacrifice of Cain and Abel* 32).

악습은 질병이요, 덕행은 건강이다. 그래서 이 시대의 철학은 약이라는 말이 된다. 철학자는 정신적인 질병을 진단하고 적절한 처방을 줄 수 있는 의사이다(Dio *Oration* 32.14 - 30). 따라서 철학을 가르치는 학교는 병원이고, 자신이 환자라는 사실을 깨닫는 것이 보다 나은 상태로 발전할 수 있는 첫 단계이다. "여러분, 철학자의 강의실은 곧 병원이다. 여러분은 여기서 즐거운 마음으로 걸어 나갈 것이 아니라 고통스러운 마음으로 나가야 한다"(Epictetus *Discourses* Ⅲ.23.30).

치유에서 구원으로 나아가는 것은 큰 도약이 아니다. 어떤 철학자들은 자신의 소명에 대하여 깊은 종교적 지각이 있었다. 에픽테투스는 그들 중에 가장 명확한 소명을 느낀 인물이다(Dio *Oration* 32.12도 보라). 그는 자주 정화의 찬미에서 "오, 제우스와 운명이여, 나를 인도하소서"(*Discourses* Ⅱ.23.42)라는 구절을 인용했다. 그는 자신의 삶을 신을 섬기는 것으로 보았고(Ⅰ.16.21), 견유학파의 이상적인 인물을 묘사하는 데는 분명히 종교적인 용어를 사용하고 있다. 그는 신의 부르심을 받았고, "한편 사자로, 한편 정찰병으로 제우스에 의하여 사람들에게 보냄을 받았다"(Ⅲ.22.2, 와 23). 모든 철학자들이 다 에픽테투스처럼 경건하지는 않았지만 그들은 철학을 단순한 연구의 과정 이상으로 여겼다. 철학은 삶의 방편이었다. 철학자들은 복장과 행동을 다른 사람들과는 달리 했다. 철학자가 된다는 것은 어떤 삶의 길에서 다른 길로 바꾸는 것을 의미한다. "전향"이라는 말이 여기에 딱 어울린다. 그가 칭찬하는 소수의 철학자들에 대한 묘사가 내용인 니그리누스(Nigrinus)의 지혜의 끝부분에서 루시안은 니그리누스의 말씀을 듣고 변화를 받은 한 청년을 묘사하고 있는데 이 청년은 모든 일을 친구에게 이야기했다. 그래서 이 두 사람은 처음에 자신들에게 상처를 입힌 자에게로 돌아가서 그가 그들를 치유할 수 있도록 하자고 결론을 내렸다(*Nigrinus*).

피타고라스 학파와 에피쿠로스 학파처럼 생도들에게 공동 생활을 시킨 학파들을 보면 철학의 종교적인 성격이 더욱 두드러진다. 이들의 공동 생활은 영적 교제라는 이상에 바탕을 두고 있다. 피타고라스 학파의 사람들은 "친구 사이에는 모든 것을 공유한다"는 옛 잠언을 문자적으로 적용하여 자신의 소유물들을 나누어 사용했다(Iamblichus *Life of Pythagoras* 18). 에피쿠로스 학파의 사람들은 조직적으로 소유물을 공유하지는 않았으나 우정의 표시로 물질에 대하여 서로 관대했다(Epicurus *Fragments* 23, 34, 39, 42). 이 두 학파의 사람들은 자기들의 시조를 실제로 신적인 존재로 여겼다. 에피쿠로스는 생존시에도 이런 존경을 받았다(Plutarch *Against Colotes* 1117 A-D). 이 두 그룹은 자신의 교의를 영혼의 축복을 간직하게 하는 도구로 여겼고 대단히 보수적이었다. 피타고라스와 에피쿠로스의 격언들은 학파의 생도들이 암송했다(Diogenes Laertius *Life of Epicurus* X.12). 에피쿠로스 학파의 사람들은 지역 사회의 지원을 계속 받기 위하여 편지 쓰는 일을 했다. 이 학파들은 로마 제국에서 흔한 클럽과 협회에서 느낄 수 없는 깊은 사회적 일체감과 진정한 사회적 경험을 주었다. 에피쿠로스 학파의 사람들은 정치적 활동에서 벗어난 평정한 생활을 주창하면서 특이하게 그룹의 내적 생활에 몰두했으므로 때때로 염세적이라는 비판을 받았다 (Plutarch *Against Colotes* 1225 C-F).

철학자들은 오해를 받을 때도 있었다. 일반 대중들로부터 존경을 받았지만 당국의 의심을 받았다(Dio Cassius *Roman History* 52.36.4). 제국 안에서 철학자들이 추방을 받는 것은 보편적인 운명이었다(Philostratus *Life of Apollonius* IV.35). 로마는 임의의 그룹들에 대하여 복합적인 태도를 견지했다. 종파들에 대하여 매우 관용적이었고, 장례식 협회로부터 무역 길드에 이르기까지 많은 협회들을 허락했다. 그러나 반역을 시도할 만한 모임에 대해서는 철저하게 조사했다. 철학자들은 사회 질서에 대하여 도전하기로 유명했으므로 사회 전복의 근원지가 될 우려가 많다고 간주되었다. 그래서 이들은 더 많은 의혹을 받았고, 따라서 당연히 더 심한 대우를 받았다.

상징의 재해석

그리스 시대는 종교와 철학에 열정을 쏟은 시대였다. 종교는 많은 형식을 갖추었고, 철학은 철학자들 수만큼 다양했다. 변화의 원인들도 마찬가지로 복합적이었다. 그러나 한 가지 요인이 가장 중심적인 역할을 담당했다고 한다면 그것은 물어볼 것도 없이 바로 제국이다. 제국은 전통적인 그리스의 가치관을 표현할 사회적인 상황을 바꾸어 놓음으로써 근본적으로 모든 것을 변하게 만들었다. 종교와 철학에서 다방면의 발전이 이루어진 것은 이질적인 사회 구조로 야기된 전통적인 규범과 상징들의 붕괴에 대처하려는 시도에서 비롯되어진 일이다.

그러나 이런 발전을 통하여 새로운 상징들을 창조하지는 않았다는 사실을 반드시 주목해야 한다. 오히려 그들은 여전히 유효한 전통적인 상징들을 사용하고 재해석했다. 전통적인 옛 것을 어떻게 사용했는지 살펴보는 일이 우리에게는 가장 흥미로운 일인 것이다. 1세기 그리스 시대의 종교적 지도자들과 철학자들은 자신이 보다 나은 새로운 길을 창조하고 있다는 생각은 하지 못했다. 또한 그들은 옛 것이 새로운 것보다 훨씬 더 탁월하다는 견해에 대하여 전혀 의문을 제시하지 않았다. 그러므로 그들은 새로운 도전에 마주칠 때마다 옛 전통을 세우고 연속성을 보여주는 것이 자신의 임무라고 여겼다. 그들은 토속적인 신비 종교들에 대하여 민족의 시조 때부터 전해내려 오던 의식들을 다만 고수하려고 했다. 그들이 다른 나라에서 전래되는 신들을 받아들인 것은 다른 지방의 신들이 자기 지방의 신들보다 역사가 더 깊고 따라서 능력이 많고 더욱 숭배받을 신이라고 생각되었기 때문이다. 사실 대체로 이 시기에 야만족의 지혜에 대하여 수용적이었던 것은 그리스인이 가진 지식보다 더 오래된 것이라는 이해 때문이었다. 한편 철학자들은 선과 극기에 전념하는 것이 소크라테스의 길을 바로 따르는 것이라고 보았다. 고대의 관례와 상징들의 재해석에 대한 연구는 그리스 철학의 두 가지 양상에 따라서 밝혀될 수 있다. 그것은 곧 권위있는 사본들의 채택 및 재독과, 과거의 모델을 사용하는 것이다.

그리스 세계에는 원래 종교적인 사본이 있었다. 사실 그리스 문화는 먼 옛날부터 전해 내려오던 사본들을 끊임없이 읽고 또 읽음으로써 긴 역사를 통하여 형성된 것이다. 선의 고상한 표현으로서 문화의 이상을 삼았고, 이것은 호머의 영웅시에 잘 표현되어 있다. 일리아드와 오디세이에서, 그리고 더 나아가서 헤시오드와 고전적인 극작가의 작품에서 그리스인들은 위대한 업적에 대한 이야기와 신들이 인간들의 일에 개입한 일을 발견했다. 이 사본들의 해독과 적절한 사용이 수사학자들과 철학자들의 교육의 기초가 되었다. 그리스의 도덕 철학은 이 사본들에서 자주 인용하고 있다. 이 사본들은 자명하고 무게있는 권위가 있다.

호머풍의 시들이 쓰여진 이후로 사회에 변화가 왔으며, 숭고한 것에 대한 이해도 바뀌게 되었다. 전투사들의 거치른 무용담은 미덕이 될 수는 없었다. 호머와 헤시오드의 작품에 나타나는 신들의 신화는 발달된 도덕적 감수성과 과학적 지식에 비추어 볼 때 용납될 수 없는 것이었다. 신들이 정욕에 따라 움직이고, 사람들과 짝을 짓고, 혹은 서로 싸움질하는 이야기는 불미스럽게 여겨졌다. 그들이 묘사한 신들의 속성은 사람에게도 용납될 수 없는 것이었다(Josephus *Against Apion* Ⅱ.37.242 - 249을 보라). 그리스 사상에 근본적인 상징적 구조를 제공한 고전적인 사본들은 새로운 경험들 때문에 오히려 역기능을 하는 것으로 우려되었다.

반작용의 한 가지로 사본들을 버려두었다. 플라톤은 호머의 시를 칭찬했으나 그 이야기들은 믿지 않았으며(*Republic* 378 B - E, 595 B - C) 나중에 그의 이상국가에서 시가 있을 곳을 마련하지 않았다(*Republic* 398A). 여하튼 신들의 존재를 부인하는 에피쿠로스 학파의 사람들은 모든 신화는 세계를 과학적으로 보지 못하게 눈을 가리는 것으로 간주했다(Philodemus *On Piety* 18). 그러나 윤리적 및 종교적 가치가 있는 일에 헌신한 자들은 이런 규범이 되는 사본들 — 역사가 깊고 신의 영감을 받은 것들 — 을 소유하는 것 자체가 절대적인 의미가 있다고 믿었고, 사본들을 재해석함으로써 다시 살리는 것이 중요하다고 깨달았다. 그들은 어떻게 사본들을 재해석하는가? 처음에 이 사본들에 의문을 제기하게 만들었던 새로운 과학적 및 윤리적 발견을 통하여 재해석하는 것이다.

호머는 "어떤 경우에는 공상에 의존하여 말하고, 어떤 경우에는 진리에 따라 말했다"고 처음으로 주장한 사람은 안티스테네스였을 것이다(Dio *Oration* 53.5). 그러나 성스러운 사본들을 살리는 방도로 우화를 체계적으로 사용한 예들은 스토아학파의 사람들에게서 우리는 발견할 수 있다. 간단히 설명한다면 우화적인 해석이란 본문의 표면적(문자적) 의미는 단지 다른 의미를 가리키는 암호와 같은 것이라는 주장에 근거한 해석이다. 본문이 말하는 것과 의미하는 것은 다르다. 그리고 "진정한" 진리는 본문의 숨은 뜻을 찾는 (과학적 혹은 윤리적)

의미의 체계를 앎으로써 도달될 수 있다. 이런 체계의 한 요소가 어원이다. 플루타아크는 어원을 사용하는 일반적인 방법을 전해주었다. "크로노스(Cronos)는 크로노스(Chronos — 시간)를 상징하는 이름일 뿐이다. 헤라(Hera)는 공기를 상징한다. 그리고 헤파이스토스(Hephaestus)의 탄생은 공기가 불로 변하는 것을 상징한다"(*Isis and Osiris* 363D).

우화적 해석에 의하면 신들은 실제로 미혼자와 사통하거나 혹은 서로 싸움질을 하지는 않는다. 신화는 우주적, 심리적, 혹은 윤리적 진리들을 표현하고 있다. 오디세이에서 우리는 "아레스와 아프로디테의 사랑과 헤파이스토스의 집에서 그들의 사건이 처음에 어떻게 시작되었는지" 읽을 수 있다(Ⅷ.266 - 366). 그것은 명백히 간음에 대한 이야기이다. 그러나 헤라클리투스의 저서 호머의 의문점에서 아레스와 아프로디테의 결합은 실제로 갈등과 애정이 조화를 이루어 연합된 것을 우리는 볼 수 있다. 코르누투스의 설명은 매우 유사하다(*Compendium of Greek Theology* 19). 간단히 말해서 사본들은 여전히 "참되고" 권위가 있다. 그러나 단지 올바로 이해되었을 때만 그러하다.

이 사본들을 인용하는 자들이 모두 우화적 해석을 적용한 것은 아니지만 그 원리는 널리 받아들여졌다. 우리는 우화적으로 해석된 다른 신화들도 볼 수 있다. 플루타크가 이집트 신화에 대하여, "이 이야기들이 여기에서 말하는 식으로 실제로 일어났다고 생각해서는 안된다"라고 말하고 다음과 같이 충고했다.

신들에 관하여 이런 식으로 이야기하는 것을 듣게 되면 경건하게, 그리고 철학적으로 이야기를 해석하는 자들의 설명을 들어라. 그리고 정해진 예배 의식을 항상 행하고 준수하면 … 무신론보다 더 못한 미신을 피할 수 있을 것이다.

이와 같이 성스러운 사본을 재해석하는 길은 특히 헬라화된 유대인들이 열렬하게 따르는 선례가 되었다. 유대인들도 경건하고 철학적인 해석을 필요로 하는 성경, 곧 고대로부터 전해 내려 왔고, 거룩하고, 때로는 난해한 성경이 있었다. 헬라화된 유대교의 성경 해석방법에 우화적인 해석이 자리를 잡게 되었다.

고전적인 사본들을 가장 소중하게 여긴 이유는 그 안에서 생활의 모델들을 발견할 수 있었기 때문이다. 그리스 문화는 어느 정도로 고대로부터 전해 온 모델들을 모방함으로 형성된 것임을 알 수 있다. 작문과 대화의 기술은 고전적인 자료들에서 발견된 실례들을 모방함으로 기초를 닦았다. 현재의 스타일은 가능한 한 과거의 것을 모방한 것이다. 새로운 것은 가치가 없다.

선을 배우는 데도 마찬가지로 모델을 모방하는 것이 본질적이다. 그리스인들은 선이란 단순히 명령에 의하여 배울 수 없고, 부모나 교사들의 삶의 표현을 보고 느낌으로서 배우는 것이라고 확신하고 있었다. 교사는 선량한 삶의 살아있는 교과서가 되어야 한다. 선행을 입으로만 말하고 실제로 살지 않는 흰소리꾼이 위험한 이유가 바로 여기 있다. 오히려 이들은 나쁜 본을 다른 사람들에게 보여 주는 것이다.

고전적 사본들은 모델들이 긍정적인 역할을 계속할 수 있도록 재해석될 필요가 있다. 선행의 이상은 명예를 얻기 위하여 노력한 고대 그리스풍의 신사에게서 찾아볼 수 없다. 그리스식을 따르는 독자는 우화의 도움을 받아 보다 단순하고 꾸밈없는 선행을 통하여 자신이 사는 시대의 도덕을 깨닫게 된다. 도덕적인 강화에 있어서 오디세이와 같은 신화에서 따온 상징은 시대적인 인식과 궤를 같이하여 새로운 차원에 들어가게 되었다. 헤라클레스라는 인물이 헤시오드의 『Theogony』의 단순한 암송을 통하여 발전된 것은 의심할 나위 없다. 지금은 그의 활약이 위대한 도덕적 활동으로 비쳐진다. 헤라클레스는 철학자의 모델이다. 신화에서 헤라클레스는 자기의 자녀들을 내버렸다. 그러나 에픽테투스는 이와같은 부정적인 행위를 긍정적인 미덕으로 바꾸어 놓았다. 에픽테투스는 헤라클레스가 제우스를 모든 사람의 아버지로 본 것과, 이 철학자가 자녀와 이별하고서도 어느 곳에서나 행복할 수 있다는 사실을 보여 주려고 했다(Epictetus Discourses Ⅲ.24.13). 철학자가 의사요 왕이었던 것처럼 헤라클레스도 그러했다(Ⅲ.26.31, Dio Oration 1.84를 보라).

그는 모든 땅과 바다의 지배자요 인도자로서 불의와 불법을 징계하고, 정의와 의를 소개하되 스스로 그렇게 했다.

헤라클레스는 "신의 아들"(Ⅱ.16.44)이 되었고, 선행으로 불멸성과 신적 신분을 얻은 자들의 본보기가 되었다. 헤라클레스를 본받는 자는 그와 같이 신으로 승격되기를 바랄 수 있다(Pseudo-Heraclitus Epistle 4).

옛날에는 신비적인 인물들뿐 아니라 철학자들로 모델로 간주되었다. 소크라테스와 디오게네스는 탁월한 철학적 삶의 귀감이었다. 에픽테투스는 소크라테스를 세계의 시민이요, 신들의 친척으로 여겼다(Ⅰ.9.22). 그는 모든 점에서 자유를 누렸고(Ⅰ.12.23), 다른 사람들이 본받아야 할 모델이었다(Ⅰ.19.6). 그는 헤라클레스의 다음 자리를 차지하고 있었다(Ⅱ.18.22). 에픽테투스는 디오게네스를 가능성이 있는 견유학파의 사람으로 묘사하여 이렇게 말했다. "그는 디오게네스의 지팡이를 들고 다닐 만한 가치가 있는 사람인가?"(Ⅲ.22.58, cf. Dio *Oration* 4.12-39). 당시의 철학자들도 학생들의 모델이 될 수 있었다(Lucian *Demonax*와 *Nigrinus*). 예를 들면 디오게네스 라에르티우스가 철학파를 만든 인물들의 전기를 써서 학생들이 그들의 선행을 모방하고 교의를 배울 수 있게 했다. 모델을 모방하는 데 나타난 궁극적인 관계는 아버지와 아들 사이의 관계이다(Pseudo-Isocrates *To Demonicus* 9).

이런 발전 사항은 복합적이고 종교적인 인식에 따라 윤색되었다. 영웅과 반신과 불멸성을 지닌 사람과 현인과 신성한 사람(divine man)과의 사이에 구별이 모호할 때가 많다. 그러나 이러한 모호성과 불명료성은 당시의 철학과 종교가 초월적인 세계에 대하여 열려 있었고, 변화를 갈망하고 있었음을 시사한다.

참고문헌

달리 주를 달지 않은 모든 그리스 및 라틴 저자들의 번역은 『*Loeb Classical Library*』(Cambridge: Harvard Univ. Press, London: William Heinemann)에서 인용된 것이다. 본장의 아풀레이우스에 관한 부분은 그의 저서에서 인용된 것이다. *The Golden Ass*, trans. R.Graves(New York: Farar, Strauss & Giroux, 1951), 187, 190, 262, 264-66. A. D. Nock의 말은 다음 저서에서 인용된 것이다. *Conversion*(London: Oxford Univ. Press, 1933), 218.

신약성경의 상징의 세계에 대한 입문서로는 다음의 저서들이 있다. R.Bultmann, *Primitive Christianty in Its Contemporary Setting*, trans. R. Fuller(Philadelphia: Fortress Press, 1956), E. Lohse, *The New Testament Environment*, trans. J. Steely(Nashville: Abingdon Press, 1974), B. Reicke, *The New Testament Era*, trans. D.

Green(Philadelphia: Fortress Press, 1980 [1956]). B. J. Malina, *The New Testament World: Insights from Cultural Anthropology*(Atlanta: John Knox Press, 1981). 이 주제에 대한 주요한 본문을 발췌한 저서들이 있다. C. K. Barrett, *The New Testament Background: Selected Documents*(New York: Harper & Row, 1956), H. C. Kee, *The Origins of Christianity: Sources and Documents*(Englewood Cliffs, N.J.: Prentice-Hall, 1973).

그리스 문화에 대한 표준적인 저서들은 다음과 같다. W. W. Tarn, *Alexander the Great*(Cambridge: At the Univ. Press, 1948), *Hellenistic Civilization*, 3d rev. ed., with G. T. Griffith(New York: World Pub. Co., 1952), M. Hadas, *Hellenistic Culture*(New York: W. W. Norton & Co., 1959).

로마의 상황에 대하여 다음과 같은 고전적인 연구서들이 있다. S. Dill, *Roman Society from Nero to Marcus Aurelius*(New York: World Pub. Co., 1956 [1904]), J. Carcopino, *Daily Life in Ancient Rome*, ed. H. T. Rewell, trans. E. O. Lorimer(New Haven: Yale Univ. Press, 1940). 제국의 분위기를 다룬 저서로 다음의 책이 있다. R. Macmullen, *Enemies of the Roman Order*(Cambridge: Harvard Univ. Press, 1966). 제국과 기독교의 연관성에 대한 저서도 있다. S. Benko and J. J. O' Rourke in *The Catacombs and the Colosseum: The Roman Empire as the Setting of Primitive Christianity*(Valley Forge, Pa.: Judson Press, 1971). 주요한 본문들을 발췌한 저서도 있다. N. Lewis and M. Reinhold, *Roman Civilization: Sourcebook* Ⅱ, *The Empire*(New York: Harper & Row, 1955).

다음과 같은 저서들은 그리스 종교의 양상을 다루고 있다. G. Murry, *Five Stages of Greek Religion*(Garden City, N.Y.: Doubleday & Co., 1955), A. D. Nock, *Early Gentile Christianity and Its Hellenistic Background*(New York: Harper & Row, 1964), M. Nilsson, *Greek Piety*, trans. H.Rose(New York: W.W.Norton & Co., 1969). 신비주의에 대한 개론서가 있다. R. Reitzenstein, *Hellenistic Mystery Religions:*

Their Basic Ideas and Significance, trans. J. E. Steely(Pittsburgh: Pickwick Press, 1978). 이적의 전통에 대하여 다음의 저서를 참조하라. H. C. Kee, *Miracle in the Early Christian World: A Study in Sociohistorical Method*(New Haven: Yale Univ. Press, 1983). 그리스 종교의 어두운 면에 대하여 다음의 저서를 참고하라. E. R. Dodds, *The Greeks and the Irrational*(Berkeley and Los Angeles: Univ. of Calif. Press, 1996 [1955]), H. Jonas, *The Gnostic Religion: The Message of the Alien God and the Beginnings of Christianity*, 2d enl. ed.(Boston: Beacon Press, 1963). 주요한 본문들이 다음의 책에 발췌되어 있다. F. C. Grant, ed., *Ancient Roman Religion*(Indianapolis: Bobbs-Merrill, 1957), *Hellenistic Religion: The Age of Syncretism*(Indianapolis: Bobbs-Merrill, 1953).

그리스 시대에 강조된 철학이 다음의 저서에서 재고찰되었다. E. Bevan, "Hellenistic Popular Philosophy," in *The Hellenistic Age*, ed. J. B. Bury(Cambridge: At the Univ. Press, 1923), E. Brehier, *The Hellenistic and Roman Age*, trans. W. Baskin(Chicago: Univ. of Chicago Press, 1965), Dill, *Roman Society*, 287-440. A. J. Malherbe, "Hellenistic Moralists," in *ANRW*. 그리스 문화의 모델의 모방의 중요성이 다음의 저서들에서 다루어졌다. W. Jaeger, *Paideia: The Ideals of Greek Culture*, 3 vols., trans. G. Highet(New York: Oxford Univ. Press, 1939-45), H. I. Marrou, *The History of Education in Antiquity*, trans. G. Lamb(New York: Sheed & Ward, 1956), G. Kennedy, *The Art of Persuasion in Greece*(Princeton: Princeton Univ. Press, 1963).

제2장

팔레스타인의 유대교

신약성경의 상징들은 근본적으로 유대교에서 사용하는 상징들이고, 초대 그리스도인의 저작은 1세기의 유대인 문학의 한 부분으로 고려하는 것이 마땅하다. 그러나 분리된 유대인 그룹의 문학(선전)으로서 신약성경이 이 상징들을 복합적으로 사용한다. 신약성경은 유대교의 풍성한 유산을 모두 이용하면서 필요에 따라서 이 상징들에 독특한 의미를 덧붙였고, 한편 기독교를 환영하지 않거나, 기독교가 그들의 전통을 빼앗아 가버린 것을 달갑게 여기지 않는 유대인들에게 적의를 나타낸다. 동일화 및 분리화의 과정이 너무나 복잡하여서 1세기의 유대교에 대한 지식은 신약성경을 지성적으로 읽는데 필요불가결한 조건이 된다.

유대교를 두 번의 천년기간 동안 지배해 왔고, 유대교의 큰 능력 자체에 의문을 제기하게 만든 근대의 대학살의 위기를 맞기까지 새로운 발전된 요소를 더하여온 탈무드의 전통에 의하여 조성된 두드러지게 한결같은 인상과는 대조적으로 1세기의 유대교는 결코 일관성이 있다고 볼 수 없다. 유대교의 미래를 보여주는 경향, 또한 주후 70년에 성전이 파괴된 후의 경향은 규범적이었다. 즉 바리새파의 운동은 신약 시대에 유대교의 한 분파였다. 유대교 내에서의 구별은 지리적 및 언어적 요인들에 의하여 이루어졌다(디아스포라 유대교의 형성에 관해서는 3장을 보라). 그러나 팔레스타인에서 이데올로기의 상이점은 많은 경쟁적인 유대교의 분파를 형성시키는데 보다 중대한 문제였다.

그러나 1세기의 유대교의 다양성은 자기 정의라는 영속적인 구조 속에서 이해되어야 한다. 이교도들도 가장 철저하게 헬라화된 유대인들조차도 "둘째 종족"의 일원임을 인식하고 있었다. 모든 유대인들이 공유하고 있은 구조 혹은 상징적 세계는 토라에서 발견된 것이었다. 신약성경에서 토라는 항상 "율법"으로 번역되었다. 그러나 이 용어의 용도는 무제한적으로 복합적이다. 첫째로 이스라엘의 거룩한 문서들을 가리킨다. 이 용어의 다른 용도들을 알 수 있는 모세오경 외에도 선지서들과 다른 문서들도 있었다. 이 문서들이 현존하는 가장 오래된 성경들이다. 이 성경들은 하나님의 말씀을 나타냈고, 따라서 그 안에서 모든 필요한 지식과 지혜를 찾을 수 있다. 유대인들은 어느 곳에 있든지 이 사본들을 삶의 기초로 삼았다.

모든 나라에 있는 모든 세대의 유대인은 토라 안에서 한 백성으로서의 자신의 신분과, 공통된 이야기를 소유하는 자들에게 주어진 의미를 발견했다. 그들은 함께 그 이야기를 들었기 때문에 자신들은 이집트에서 주의 부르심을 받고, 노예의 신분에서 구속을 받고, 광야에서 언약을 받고, 그리고 더 많은 일을 겪은 자들과 직접적인 연속성 안에 있는 백성이라고 생각하게 되었다. 역사의 여명에 족장 아브라함에게 주어진 약속의 말씀, "땅의 모든 족속이 너를 인하여 복을 얻을 것이니라(창 12:3)"는 약속의 완전한 성취를 기다리는 백성이라고 믿었다.

또한 토라는 "계명"을 의미한다. 주께서 땅의 모든 백성들 중에서 이 백성을 선택하셨을 때 "인자와 진실이 많은" 하나님으로 나타내셨다(출 34:6). 이스라엘과 맺은 언약은 이 백성들에게도 같은 특성을 요구하셨다. 이스라엘은 주께 신실한 백성이 되고, 다른 신들에게도 가서는 안된다. 또한 이 백성들은 서로 언약적 사랑을 나누는 것이 의무였다(레 19:8). 그들이 하나님을 향하여 "마음을 다하여 가진 사랑"은 다른 사람들을 향한 태도와 행동에서 나타났다(신 6:4). 계명은 이런 반응에 대하여 상세히 설명하고, 언약에 의한 충성과 사랑에 대한 요구가 상세히 설명되어 있다(신 6:1 - 3). 이스라엘은 계명을 지킴으로써 모든 백성들에게 하나님은 거룩하시다, 즉 땅에 있는 세력들과 전혀 다르시다는 것을 나타내어야 했다. 이스라엘은 땅에 있는 다른 백성들과 다른 "거룩한 백성"이 되어야 했다(출 19:6). "나는 너희의 하나님이 되려고 너희를 애굽 땅에서 인도하여 낸 여호와라 내가 거룩하니 너희도 거룩할찌어다"(레 11:45). 그러나 이 계명의 방향이 점점 더 문제가 되었다. 거룩하라는 명령이 무엇을 요구하는가?

모든 유대인들은 상이점이 무엇이든지 간에 토라에서 주어진 신조들을 공유하고 있었다. 그러므로 그들은 하나님의 특별한 백성으로서의 선택의 의식, 그리고 하나님의 통치(하나님의 나라)가 유효한 백성들 가운데 있음으로써 이 선택의 사실을 입증할 의무감을 함께 지니고 있었다. 그들은 대단히 중요하고 상호의존적이었기 때문에 토라와 백성의 상징들은 신약성경 시대의 유대인들 사이에서 단일성과 다양성의 핵심을 이루었다.

정치적 및 종교적 경험이 토라와 백성의 상징의 상태를 변경시킨 팔레스타인의 유대교의 다양성을 살펴보고자 할 때 몇 가지 주의 할 점이 있다. 전통과 개념들을 분석하기 위하여 이것들이 별개의 서로 분리된 것으로 묘사할 것이다. 그러나 묵시적 사상 혹은 랍비의 신학 혹은 그리스식 유대교에 대하여 언급하기 위해서는 따로 분리되지 않고 복합적으로 결합되어 있는 요소들을 지정하려고 한다. 왜냐하면 1세기 팔레스타인에 이데올로기적으로 다른 그룹들이 있어서 사상과 교파들을 완전한 정렬로 분류하려는 충동을 받기 때문이다. 아무리 도전적이라고 하더라도 이런 충동은 억제되어야 한다. 왜냐하면 우리가 경험을 통하여 알 수 있는 바와 같이 한 사람의 마음이 균형이 잘 이루어지지 않고 논리적으로 모순되는 많은 사상들을 간직할 수 있기 때문이다. 사회도 이데올로기적으로 자기 모순을 지닌 견해들을 무의식적으로 꾸미고 있을 수 있다. 예를 들면 쿰란 집단 안에서도 동일하게 율법주의, 묵시주의, 신비주의, 메시아주의, 열광적 행동, 그리고 예배의식에 동시에 빠진 그룹을 볼 수 있기 때문이다. 그리고 위대한 랍비 아키바에게서 신비주의의 대가이며, 바르 코흐바(주후 2세기 혁명가)를 기다렸던 메시아로 선포했던 율법적 전통의 수호 성인을 보게 된다. 아키바는 주후 130년에 토라를 위하여 순교자로 죽을 때 신앙을 고백하며 "이스라엘아 들으라"(신 6:4-9)를 암송했다. 여기서 우리의 목표는 몇 가지 구별되는 특징들을 묘사하는 것이다. 그러나 이런 특징들 외에는 고찰할 만한 점이 없다는 뜻이 아니다. 그리고 개인 및 사회의 생생한 표현들과는 관계없이 존재했다는 의미도 아니다.

정치적 상황

세 가지 요소들이 1세기 팔레스타인 유대교의 다양성을 설명해 준다. 첫째는 그리스 문화가 널리 퍼졌고 강한 영향력을 행사하고 있었다는 점이다. 둘째는 그리스의 정치적 헤게모니, 그리고 다음에 로마의 정치적 헤게모니가 실재했다는 점이다. 셋째는 종교적 실재와 사회 정치적 실재와의 사이에 그어진 전통적인 상호 연결이다. 하나님의 통치가 다윗 왕조(삼하 7:11-16)와 동일시되었고, 때때로 성전과 그 땅에 임한 하나님의 임재(왕상 8:22-53)가 동일시 되었으므로, 아브라함에게 주신 약속의 성취와 백성들이 안전하게 그 땅을 소유하는 것(창 50:24, 출 3:16-17, 수 1:2-4)을 동일시하려는 이데올로기와 실천이 오랫동안 이어져 왔다.

팔레스타인은 지리적으로 너무나 전략적 위치에 있으므로 제국을 세우는 자들마다 그곳을 차지하려고 했고, 동방을 지배하려면 그곳을 확실하게 확보하려고 했다. 그러나 "세계가 다 내게 속하였나니 너희가 내 말을 잘 듣고 내 언약을 지키면 너희는 열국 중에서 내 소유가 되겠고 너희가 내게 대하여 제사장 나라가 되며 거룩한 백성이 되리라"(출 19:5-6)는 독특한 말씀을 붙잡고 있는 백성들에 의하여 점령되어 있었으므로 팔레스타인은 한번도 제국의 손에 확실하게 잡힌 적이 없다. 마카베오의 반란기(주전 167년)로부터 바르 코흐바 반란(주후135년)으로 모든 메시아 희망이 좌절될 때까지 팔레스타인은 정치적 투쟁으로 무참하게 찢겨졌다. 예수께서 사역하실 때는 너무나 긴장된 시기였으므로 "하나님의 나라가 가까왔다"(막 1:15)는 그의 선포는 선동적이고 모호한 말로 들릴 수밖에 없었다.

그 이야기는 외국의 문화와 포악한 정치적 지배를 벗어나려는 용감하고 단결된 백성의 이야기로 읽혀질 수 있다. 그것은 이야기의 일부이다. 그리고 그 시기의 유대인의 선전된 주장에서 두드러진다. 그러나 그런 이해는 너무나 단순한 해석이다. 그 이야기는 헬레니즘과 제국의 문제로 내분을 겪는 백성의 이야기이기도 하다. 팔레스타인에서 유대인의 동일성을 지키려는 투쟁은 외부 세력의 배격, 그리고 내부에서 하나님의 백성이 됨의 의미에 관하여 의견충돌이 일어나는 것을 저지하는 데서 보여졌다.

역사의 슬픈 단면들은 잘 알려졌고 누구나 손쉽게 찾아볼 수 있다. 바벨론 유수(주전 586)로 말미암아 백성들은 오직 토라(느 8:1-8, 스 7:10)에 의지하여 자신의 동일성을 확립했지만 주전 583년에 포로에서 돌아옴으로 성전(스 3:10-13)을 재건할 기회를 얻었고, 그 땅으로 다시 돌아온 정결케 된 백성(느 13:30)에게는 왕권(슥 9:9)에 대한 희망도 있었다. 땅을 회복한 후 몇 년간은 평온했는데, 다원주의를 버리지 않은 점(에 10:9-44)과, 그 땅에서 토라의 통치를 위하여 너무 엄격하게 시행한 자들(말 2:10-16)의 문제가 있었음을 보여주는 몇 가지 자료가 있다. 다시 자료들이 보여주는 바에 의하면 그 땅은 셀레우코스와 프톨레마이오스와의 사이에 붙잡혔고, 제사장직은 부패한 헬레니즘자들에 의하여 매매되고 있었다(2마카베오 4:7-16). 그러나 안티오쿠스Ⅳ 에피파네스가 성전에 제우스 올림푸스의 신상을 두고 혼합주의적인 예배를 시행하고 토라의 준수를 금지시키려 하자(1마카베오 1:41-57, 2마카베오 6:1-6) 마타디아와 "율법에 열심있는"(1마카베오 2:27) 자들에 의하여 반역의 불꽃이 튀어올랐다.

이 반란은 놀랍게도 로마의 때에 알맞은 중대한 원조를 힘입어 성공했다(1마카베오 8). 예상 외로 하스모네 왕조(주전 143-37)에서 왕국과 제사장직이 회복되었다(1마카베오 13:41). 그러나 그것은 로마의 승인을 받아야 하는 왕국이었고, 제사장직은 돈으로 좌우되는 사람들의 손에 떨어졌다. 그래서 "율법에 허락하신 대로의 유업과 왕직과 제사장직과 봉헌"(2마카베오 2:17-18)의 회복의 꿈은 어려운 현실 속에서 희미하게 되었다. 제사장직을 서로 차지하려는 싸움이 수년간 계속되다가 마침내 유대의 정복으로(주전 63) 폼페이에 의하여 로마의 간섭 밑에 들어가고 말았다. 로마의 지배는 점점 강도를 더해갔다. 처음에는 지방관리의 느슨한 통치 아래 있었으나 나중에는 엄격한 영토의 행정관의 다스림을 받게 되었다(주후 6). 로마의 지배에 끊임없이 저항하다가 주후 66-70년의 유대인 전쟁이 일어나게 되었고, 예루살렘의 살벌한 포위와 70년의 성전 파괴 사건으로 이어졌는데, 이 시기는 유대교와 기독교가 서로 분리되어 발전해가는 분기점으로서 중대한 의미가 있다. 그러나 더 절망적인 것은 산발적인 반란이 이어지다가 바르 코흐바 반란사건으로 한번 꺾여지자(주후 135) 토라에 근거한 다윗 왕조 아래 팔레스타인의 통치를 주께서 아브라함에게 주신 언약과 동일시하려는 모든 희망이 끝나고 말았다.

이 모든 역사는 팔레스타인 유대인이 헬레니즘으로 기울어진 것으로 특징을 이룬다. 헬레니즘은 안티오쿠스 4세의 시대 이전에 뿌리를 내렸다. 대략 16개의 도시가 헬라화되었고, 예루살렘을 체육관이 있는 그리스식 폴리스로 만드는 첫 번째 작업은 셀레우코스에 의해서가 아니라 예루살렘의 저명한 집안들에 의하여 주도되었다. 많은 유대인들이 이 새롭고 매력적인 방식을 배우고 싶어했다. "우리 주위에 있는 이방인들에게로 가서 언약을 맺자. 왜냐하면 우리가 그들과 멀어진 후에 우리에게 좋지 않은 일이 많이 생겼다"(1마카베오 1:12). 헬라어의 사용이 만연했는데 특히 갈릴리 지방에서 심했다. 아리스토텔레스가 코엘레시리아에서 유대인을 한 사람 만난 적이 있는데 그는 "헬라어를 구사할 뿐 아니라 그리스인의 정신을 지녔다"고 전한다(Josephus *Against Apion* Ⅰ.179-181). 사실 스토아학파의 창설자인 제노는 팔레스타인에서 출생했다. 바리새파의 전통의 중심에도 헬라 문화의 흔적이 남아 있다고 한다. 족장 가말리엘 랍비(주후 2세기초)에게는 학생이 천 명이나 되었는데 5백명은 토라를 공부하고, 5백명은 그리스 지혜를 공부했다고 하는 이야기가 있다. 힐렐에 의하여 랍비 전통에 소개된 미드라쉬의 일곱 규칙은 헬라 논리학에서 따온 것이다. 미드라쉬의 문서에는 헬라어에서 차용한 용어들이 매우 많다. 성전 구내에서 발견된 데오도투스의 회당 건물에 관한 비문은 헬라어로 기록되어 있다. 마지막으로 아이러니를 한 가지 더 들자면 마카베오의 영웅적 저항에 대한 이야기의 기록도 헬라어로 저술되거나 혹은 곧 번역되었다.

그 당시에 그리스 문화가 전적으로 거부된 것은 결코 아니다. 그러나 그리스를 환영한 자들 조차도 때로는 적용하는 데 실패하기도 했다. 그들 가운데 분류하는 기준은 혼합주의였다. 진정한 유대인이 된다는 것은 다른 신을 인정하지 않는 유일하신 하나님을 경배하는 것을 의미한다. 파이데이아와 토라 중에 선택해야 될 때가 오면 유대인은 토라를 선택해야 한다. 그러나 어떤 유대인은 그렇게 하지 않았다. 이와 같은 선택은 피할 수 있는 것으로, 혹은 혼합주의와 유대인의 동질성을 주장하는 것은 양립될 수 있는 것으로 간주했다. 이와 같은 이해 때문에 그들은 폐쇄적으로 되어 토라에 충실하려면 그리스 문화의 모든 양식을 수용하지 말아야 된다고 생각했다.

로마의 통치에 대하여 다른 반응들을 보인 것은 유대인들의 태도가 서로 다를 수 있음을 입증한다. 하스모네 왕조에 의하여 독립의 맛을 본 이들은 외국의 압제자들로부터 그 땅을 해방할 기름부음을 받은 통치자(메시아)에 의하여 다윗 계통의 완전한 회복을 기대하고 있었다. 그러나 모든 유대인들이 정치적 통치와 하나님의 나라는 반드시 동일시되어야 한다고 믿지는 않았다. 또한 로마의 통치가 하스모네 왕조의 부패한 정치 혹은 열혈당이 약속하는 것보다 반드시 더 나쁜 것이라고 생각하지도 않았다. " … 로마에 의하여 멸망받은 것이 그들 스스로 망한 것보다는 더 나은 형편인 것 같았다"(Josephus *The Jewish War* = *JW* Ⅳ.3.2). 토라에 근거하여 왕정이란 애초부터 종교적으로 의혹스러운 것이었다고 주장할 수 있었다(삼상 8:4-18, 겔 34:1-24). 메시아 사상 — 특히 전적으로 정치적인 메시아 — 이 종교적인 열정의 총체를 대변한다고 믿지 않았다.

당시에 가장 중요한 팔레스타인의 정치적 상황의 결과는 유대인들이 그룹으로 나누어져 서로 반목하게 되었다는 사실이다. 1세기 유대교의 유명한 "분파"들은 신학적인 차이점뿐 아니라 정치적 상이점도 잘 나타낸다. 가장 극단적인 두 그룹은 사고하는 사람들이 아니고 행동하는 사람들이었다. 극우파들은 로마 제국의 앞잡이들이라고 말할 수 있는 세리들이었다. 그들 자신이 유대인이면서 로마 제국과 자신의 소득을 위하여 백성들을 희생으로 삼았다. 극좌파들은 열혈당이었는데 메시아관이 정치적이어서 유명한 관리들을 암살하는 테러리스트인 시카리의 협조를 받으면서 군사적인 방법으로 로마의 지배를 물리치려고 활동했다(*JW* Ⅱ.18, Ⅳ.3).

적절한 명칭으로 불리운 사두개파는 대제사장직을 포함하여 보다 부유하고 귀족적인 부류들을 대변하는 그룹으로 로마에 대하여 협조적이었고 헬레니즘에 대하여 긍정적인 태도를 보였다. 바리새파는 대체로 유대 사람이며, 도시에 거주하는 중산층이었다. 그들은 처음에는 분명히 정치적으로 제휴했지만(*Ant* ⅩⅢ.10.5-6, ⅩⅦ.2.4을 보라) 점차적으로 비정치적인 성향을 보이고 로마에 대해서 비협조적이었으나(*JW* Ⅰ.5.2) 적극적으로 반대하지도 않았다. 에세네파는 이데올로기적으로 철저한 분리주의자여서 외국적인 것은 모두 배격했다. 마침내 쿰란공동체(사해 주변)는 집단의 생명이 끝나게 되었을 때 로마에 대하여 저항적인 자세를 실제로 군사적인 행동으로 바꾸었다. 그러나 이 집단은 팔레스타인 인구 중에 극히 작은 소수 그룹에 불과했다. 나머지 사람들, 즉 그 땅의 사람들(암 -하 -아 렛쯔)은 자신들의 신앙에 대한 기록을 우리에게 하나도 남겨 주지 않았다. 우리는 그들이 다른 사람들에게 어떤 대우를 받았는가에 따라서 그들의 정치적 및 종교적 경향을 알 수 있을 뿐이다. 예를 들면 바리새인들은 그 땅의 사람들(암 -하 -아 렛쯔)이 십일조를 바치지 못하고 성결의 규례를 지키지 못하므로 경멸했다. 그러나 이런 문제에 대하여 에세네파도 바리새인들을 멸시할 수 있었다. 왜냐하면 에세네파는 이방인들과 접촉된 후에 몸을 정결케 하는 것이 충분하지 못하다고 보았기 때문이다. 오히려 이방인과의 접촉의 가능성을 배제해야 한다고 생각했다. 이런 생활의 구분이 예리한 신학적인 토론보다 더 중요하다고 믿었다. 그들은 하나님의 백성의 성품에 대한 주장에 반대하기에 이르렀다.

팔레스타인의 정치적 상황으로 빚어진 둘째로 중요한 결과는 전통적인 종교적 상징에 특별한 변화가 주어졌다는 것이다. 신약성경에 가장 관련성이 있는 이슈는 메시아 사상이다. 그러나 기름부음 받은 자에 대한 소망이 모든 사람에게 어필했거나, 그들이 바라는 기름부음 받은 자의 모습이 동일했다고 생각해서는 안된다. 정치적 혁명(열혈당의 소원)을 주도할 "다윗 같은" 메시아와, 지상에 하나님의 통치를 시작할 하늘의 인자(단 7:13 - 14에 제시된 대로)와의 사이의 대조는 너무 단순하고, 그에 대한 자료도 적절하지 못하다. 이런 점이 분명히 강조되어 있으나(예를 들어 *The Psalms of Solomon* 17과 *1 Enoch* 37 - 71을 보라) 다른 요소들과 섞여 있다. 예를 들면 쿰란에는 제사장적 메시아에 대한 기대가 분명하게 보이고(the Qumran *Messianic Rule*, 1QSa.2를 보라), 다른 문서에서도 반영된 소망이 있다(*Testament of Levi* 8을 보라). 마침내 메시아 사상에 대한 어떤 설명은 개인적이라기보다는 공동적인 성격으로 묘사된다. 주후 1세기에 메시아 사상은 유례가 없을 정도로 널리 퍼져 있었고 "모호한" 가운데 있었다.

그러나 메시아 사상은 이러한 정치적 상황 아래 활기를 띠게 된 하나의 상징이었을 뿐이다. 안티오쿠스 4세에 의하여 처음으로 종교적 핍박에서 해방된 사실로 인하여 이전에 오직 전통 안에 숨겨져 있던 일들 — 순교, 부활, 그리고 개인적 심판 — 에 대한 확신을 북돋우게 되었다. 핍박을 받을 때 백성들은 토라의 명령과 왕의 명령 중에 하나를 선택해야 하는 상황에 떨어졌다(2마카베오 6:18 - 30). 토라를 순종하는 길은 곧 죽음이었다. 토라를 포기하기보다는 처형당하는 것을 선택한 자들은 자신의 피로 신앙을 증거했고, 나중에 순교자로 불리운 자들의 원형이 되었다(2마카베오 6:31). 그러나 이런 희생은 부활로 보상된다는 확신 때문에 행할 수 있었다. 하나님의 말씀을 위하여 죽는 자들에게 생명을 다시 주실 것이다(2마카베오 7:9).

> 당신이 우리의 이생을 마감시키지만 우리가 하나님의 율법을 위하여 죽는 것이기 때문에 우주의 왕께서 우리를 다시 일으키셔서 새로운 영원한 생명으로 들어가게 할 것이다.

부활과 순교는 상호관계가 있고, 더 나아가서 개인의 심판에 대하여 강조하게 만들었다(겔 18:1 - 32). 백성들은 함께 서고 넘어지지 않는다. 그러나 율법을 지켰으므로 하나님의 심판을 받을 것이다(2마카베오 7:23).

당신이 주의 율법을 위하여 자신을 버리는 것이므로 세계의 창조자께서 … 자비로 당신에게 생명을 주시고 호흡을 되돌려 주시리라.

이와 같은 발전은 백성과 토라의 상징들이 변형의 과정에 있음을 시사한다. 유대인에게서 난 자가 다 유대인은 아니다. 하나님의 백성은 역사적 이스라엘만큼 많지는 않다. 하나님의 백성에 속한다는 것은 선택의 문제이다. 그것은 토라에 대한 충성에 달려 있다. 그런데 과연 토라를 얼마나 이해했으며, 얼마나 잘 지켰는가? 얼마나 결단적이고 철저한 충성이어야 하는가? 이와 같은 의문은 극단적인 분리주의와 배타적인 주장으로 몰고 간다. 그리고 새로운 논리가 생겨난다. 토라를 가장 철저하게 지키는 사람은 가장 완전한 하나님의 백성이라는 논리이다.

마지막으로 우리는 성전의 상징이 어떻게 재평가되었는가를 살펴볼 수 있다. 대중들의 생각에는 성조와 땅은 밀접하게 연관되어 있다(예를 들어 1 마카베오 3:43, 59을 보라). 자신을 유대인이라고 부르는 자들 중에 성전에 제우스의 신상을 함께 세워두고 살 수 있는 사람도 있고, 어떤 이들은 그렇게 할 수 없다(1마카베오 1:57). 이런 자들에게는 성전의 정결과 재봉헌이 가장 중요한 의미를 지니고 있다(1마카베오 4:36 - 59). 그러나 제사장직이 다시 헬라화되었을 때 분리주의자들은 예루살렘의 성전을 완전히 거부했다. 그 성전은 이미 "거룩하지" 않다(the Essene CD 4,6, IQpHab 12를 참조). 그렇다고 성전의 상징이 거부당한 것은 아니다. 왜냐하면 많은 백성들에게 있어서 성소가 없는 백성은 생각할 수 없기 때문이다. 어떤 이는 회복된 메시아적인 성전을 갈망했다(*Jub.* 1.23 - 29). 다른 이는 종말론적 성소의 원형인 하늘의 성전을 꿈꾸기도 했다(2 *Bar.*4:2 - 7, *1 Enoch* 90.28 - 29). 혹은 어떤 이들은 이 상징을 정결케 된 백성에게 직접 적용시켰다. 거룩한 남은 자들은 성소이요, 그 땅의 하나님의 성전이었다(IQS 7.4 - 10).

팔레스타인의 문학

마카베오 시대 이후에 팔레스타인에서 기록된 다양한 문학 작품에서 이 상징들의 변형을 볼 수 있다. 랍비의 전통에 따른 문서들, 유대인의 예배의식에 관한 자료, 그리고 쿰란의 문서들과 더불어 대표적인 묵시문학의 문서들을 간단히 고찰하게 될 것이다. 다양한 문서들을 통하여 저자들의 명백한 경험과 확신이 토라에 본래 나타난 전통적인 상징들에 대한 그들의 이해를 어떻게 새로 구성시켰는가를 살펴보게 될 것이다.

묵시 문학

묵시 문학은 많은 상징의 변형의 모체이다. 모든 신약 성경을 묵시 문학적인 것이라고 한다면 지나친 해설이 되겠지만 묵시 문학의 범주들을 외면하고서는 신약 성경의 많은 부분들을 이해하기 어렵다. "묵시적"이란 말은 "계시적"이란 의미이다. 이 용어는 많은 문학 형식에서 발견되는 일종의 독특한 '전망'을 가리키며, 또 유대인들과 유대인 그리스도인들이 만들어낸 독특한 작품들을 일컫는다. 다니엘서와 신약의 요한계시록은 정경에 포함되나 제1 에녹서와 제4 에스라서 같은 책들은 정경에 포함되지 않고, 따라서 외경(감추어진, 정경이 아닌)으로 불리운다.

묵시적 전망에 대한 예견은 스가랴서와 같은 후기의 선지서들에 나타나지만 안티오쿠스 4세 에피파네스의 종교적 탄압의 도전을 받고 기록한 다니엘서(주전 약 165년)에는 그 전망이 완전한 문학 형식으로 표현되었다. 우리는 이미 여기서 주요한 문학적 관례들을 찾아볼 수 있다. 다니엘은 이 책의 주인공으로 바벨론과 페르시아에서 유형의 생활을 하는 젊은 유대인이다. 그는 마카베오 시대의 사건들을 놀랍게 예언하는 환상들을 보았다. 이 책은 필명을 사용하여 씌어졌고, 예언하려는 사건들과 같은 시기에 기록되었다. 관례들을 보면 이 문서의 성격을 알수 있다. 이 문서는 핍박 중에 있는 자들을 위로하고 신앙에 굳게 서게 하는데 목적이 있는 지하문학이기 때문에 은밀한 코드로 기록되었다. 옛날의 선지자에게 귀속시킴으로 독자들에게는 아마 하나의 픽션이 되겠으나 이 교훈을 오랜 예언적 전통에 연결하는 데 이바지한다.

다니엘의 첫 여섯 장은 지혜 전통과 명확한 관련성을 지니고 있다. 여기에는 외국 문화권 안에 있는 현인들을 당황하게 만드는 경건한 유대인 젊은이에 대한 민간 전승의 이야기들을 포함하고 있다. 당시의 그리스 문화에 이것을 적용하는 일은 결코 어려운 일이 아니었다. 그 이야기마다 윤리적인 성격은 동일하다. 진정한 유대인은 죽음의 위협 앞에서도 우상숭배를 하지 않고(3:18, 6:5) 토라에 대한 신앙을 지킨다(1:8, 3:18, 6:15). 토라에서 발견되는 지혜는 이방의 지혜(2:28, 4:8, 5:13-17)보다 탁월하고, 하나님께서 역사의 주인이심을 보여준다(2:37,44, 4:25, 5:18-25). 다니엘 7-12장에서 같은 사상이 극적으로 다른 방식으로 표현되어 있다. 민간 전승이 아니라 청년이 밤에 본 꿈의 이야기가 메시지를 이룬다(7:1-4). 여기서 우리는 묵시의 기초적인 문학적 구성을 발견한다. 그것은 미래의 일 혹은 하늘의 일에 대한 환상이다.

다니엘이 환상들을 설명할 때 각각의 환상은 기본적으로 같은 이야기를 말하고 있다. 조금 지나간 역사와 위협적인 현실에 대한 이야기이다. 환상들과 그 해설은 그와 반대되는 모든 증거들에도 불구하고 하나님께서 역사를 주관하신다는 사실을 독자들에게 상징적인 방법으로 설명한다. 사실 하나님은 역사에 대한 계획을 가지고 계시다. 세상은 점점 더 나빠져감으로 오직 하나님께서 간섭하셔서 그 과정을 바로 잡고, 악의 통치를 종식시키고, 그리고 성도들 가운데서 왕국을 세울 수 있다. 하나님께서는 어떤 일꾼을 통하여 이 일을 성취하실 것인가? 환상은 아직 모호한 상태에 있다. 인자로 불리우는 신비한 인물이 구름을 타고 "옛적부터 계신 자"(단 7:13-14)로부터 영원한 통치권을 받으러 나온다. 그는 누구인가? 그는 일어나리라고 기록된 천사 미가엘인가(단 12:1-4)? 인자는 백성들을 지칭하는가(단 7:8,22)? 인자의 상징은 충분히 인상적이지만 여전히 모호하여 하나님께서 왕국을 세우시기 위하여 간섭하심에 대한 확신과 이후의 경험에 따라서 좀더 해석을 필요로 한다(cf. 4Ezra 13, *Ethiopian*, the Gospels).

다니엘서는 묵시문학의 긴 전통의 효시이다. 문학의 분위기가 비밀스럽고 신비하지만 그 창작의 과정에는 엑스타시가 별로 없다. 환상적인 구성은 문학적인 기교일뿐이며, 문서의 복합적인 상징주의는 의도적인 문학적 노력임을 시사한다. 본질적으로 구전문학이 아니고 쓰여진 저작이다. 하늘의 책을 열고, 닫고, 그리고 봉하는 것은 주요한 역할이 된다. 메시지의 이해를 위하여 저자와 독자

사이에 공유하는 코드가 필요하다. 그러나 우화적인 짐승들, 의미심장한 숫자, 그리고 우주적 파국의 카테고리 안에서 상징주의는 통일되지만 이런 상징들의 배경에 있는 코드는 바로 토라 자체이다. 묵시문학은 애초부터 편집적인 성격을 띤다. 필명을 사용함으로써 오랜 전통을 암시하는 것 외에도 전통의 초기 단계에서 연유했음을 시사하려고 한다(예를 들어 슥 1:18-20이 단 7:19-22에 어떻게 사용되었는가 보라). 이와 같은 문학 작품을 1세기의 유대교 중 어느 한 분파의 저작물로 돌리기는 어렵다. 이런 종류의 작품이 널리 이용되었기 때문이다.

묵시문학에는 한 가지 이상의 스타일이 있다. 외부의 핍박과 내부의 부패를 경험하고 이에 대한 종교적 반응을 표현한 것이다. 묵시문학가는 왕과 토라와의 사이의 선택으로 야기된 문제를 문학적 용어로 대답한다. 토라에 대한 충성으로 고난을 받는 자들에게는 위로를 받으라고 말한다. 한편 배교의 시험에 처한 자들에게는 굳게 잡으라고 선언한다. 그런데 만약 그 메시지가 그렇게 단순하다면 왜 이렇게 힘든 배경을 필요로 하는가? 왜냐하면 충성에는 분별이 요구되고, 위로는 원조를 원하기 때문이다. 역사에 대한 독특한 묵시문학적 해석은 종교적 메시지를 뒷받침하는 역할을 담당한다.

묵시문학의 역사적 관점은 확신과 경험 사이의 긴장에 의하여 형성된다. 여기에는 설명이 좀 필요하다. 인류 역사에 대한 탁월한 교사들인 욥과 전도자가 주께서 역사 전반의 주인이실 뿐만 아니라 특별히 개인적인 문제에서도 그러하시다고 말했다는 사실을 반드시 기억해야 한다. 신명기의 원리는 평범하다. 당신이 토라를 지키면 장수와 번영과 땅을 기업으로 받는 축복을 누리게 될 것이다. 당신이 토라를 준수하지 않으면 재산과 자녀들을 잃어버리고 죽게 될 것이다(신 30:1-20). 그러나 종교적 박해가 오기 전에는 경험으로 알지 못하더라도 이런 확신이 지속될 수 있었다. 단지 어떠한 경험도 이 확신을 지워버릴 만큼 가시적이거나 중대하지 않았기 때문이다. 선한 사람 같은데 고난이 심한 경우는 은밀한 죄가 있든가 혹은 부모들의 죄 때문에 고난을 받는 것이라고 짐작했다.

그러나 핍박은 전혀 다른 경험이었다. 토라를 지킨다는 이유 때문에 사람들은 죽임을 당했다. 불경건해서가 아니라 경건하기 때문에 자녀와 재산을 빼앗기고, 자신의 생명까지 잃어버렸다. 하나님께서 이런 문제를 해결하기 위하여 전혀 나타나시지 않으신다. 악한 세력들이 역사를 장악하는 것으로 보인다. 토라를 내버린 사람들이 번영을 누리고, 우상을 섬기는 자들이 성도들을 죽음의 길로 몰아낸다. 체험 — 토라를 위한 고난 — 과 토라는 축복을 가져다 준다는 확신과의 사이에서 일어난 갈등에서 야기된 신정론의 위기는 실제적이었다(4 Ezra 6:55-59).

> 주여, 우리를 위하여 당신께서 이 세상을 창조하셨다고 말씀하셨으므로 이 말씀을 주 앞에 아룁니다. 아담으로부터 내려온 다른 나라들에 대해서는 그들이 아무것도 아니요, 침보다 나을 것이 없다고 말씀하셨습니다. 그들의 많은 수효도 물통 안에 있는 물 한 방울에 지나지 않는다고 말씀하셨습니다. 주여, 아무것도 아니라고 말씀하신 이 나라들이 우리를 다스리고, 우리를 짓누릅니다. 그런데 주의 장자, 주의 유일한 자, 그리고 주의 사랑하시는 자라고 부르신 주의 백성인 우리가 그들의 손에 넘기어졌습니다. 만약 이 세상이 진정 우리를 위하여 지어졌다면 왜 우리가 이 세상을 장악하지 못합니까? 이런 일이 언제까지 계속되겠습니까?

토라의 뜻과 하나님께서 역사를 다스리신다는 주장이 어떻게 서겠는가? 역사 자체를 재해석함으로써, 그리고 토라의 상징들을 재해석함으로써 문제를 해결해야 한다. 현재의 경험이 무엇을 말하든지 역사는 의미가 있다. 역사는 연속되는 시대를 거쳐 하나님의 정하신 목적을 이루게 된다. 이 목표의 성격과 성취되는 정확한 때는 하나님께 속한 비밀이다. 그러나 분명히 깨닫게 될 때가 올 것이다. 고전적인 시나리오의 설명이 있다. 역사는 두 큰 시대(혹은 두 세계 – 하 올람과 아이온은 두 가지 의미를 포함)로 이루어져 있다. 현 시대(*ha olam ha zeh*)는 악한 자들에 의하여 지배된다. 성도들에 대한 음모는 하나님의 통치에 반발하는 우주적 세력들(흔히 타락한 천사들로 묘사되는 세력)에 의하여 지원을 받는다(참조. 창 6:1-4). 역사의 길은 타원과 같다. 악의 세력이 강하게 성장할수록 역사는 아래로 절대적인 악의 지배 상황으로 움직인다. 그러나 타원의 밑바닥에 닿으면, 즉 악이 너무나 창궐하게 되면 사람에게는 전혀 희망이 없고, 하나님께서 간섭하셔서 장차 오는 시대(*ha olam ha ba*)를 시작하신다. 하나님의 통치가 확립될 때 악한 자들은 멸망당할 것이고, 성도들은 상급을 받게 될 것이다. 묵시는 시대 구분을 배경으로 깔고 있다(단 9:3, 24-27, 12:5-13, *Jub.* 1.29). 만약 역사가 분명한 단계들을 실현하는 것으로 보인다면 하나님께서 역사를 다스리신다고 주장할 수 있다. 그리고 다만 마지막에 하나님의 주권이 입증됨으로 같은 기간에 일어나는 선과 악과의 사이의 우주적 갈등에 적용하는 이원론에 비하여 유일신론의 진리성이 밝혀진다.

묵시는 토라의 새 국면을 개척하기까지 작용했으므로 토라의 상징적 세계를 영속시킨다. 묵시는 분명히 선택된 자들 가운데서 율법이 중심이 되어야 하며, 준수되어야 한다는 당위성을 주장했다. 묵시는 토라가 인간의 지식이 아니라 하나님의 계시에 근거한 최고의 지혜임을 확인시켰다. 핍박과 배교의 와중에서 묵시는 백성들에게 하나님의 말씀을 전했다. 묵시문학의 작품들은 영지주의 같은 다른 비교 운동들의 발전에 자극을 주었고, 메르가바(에스겔서의 보좌를 중심으로 한 명상과 기도)의 지도자들에게서 발견되는 신비주의의 표현들과 유사한 점이 있다. 처음에 예수께서 인자이심을 고백했다고 주장하는 자들같이 세상의 역사 안에서 하나님의 간섭하심을 경험했다고 주장하는 자들을 위하여 묵시는 일관성있는 상징적 구조를 제공했다.

랍비 전통

묵시문학은 해석해야 할 역사적 사건들에 의하여 구성된다. 랍비 전통은 대조적으로 역사의 분해를 전적으로 거부한다. 따라서 역사적으로 랍비 전통을 해설한다는 것은 어려운 일이다. 신약 시대에 이 운동이 어떠하였는지 설명하는 것을 어렵게 만드는 세 가지 특별한 이유들이 있다. 첫째로, 바리새주의 운동은 유대 전쟁(주후 66-70) 파국을 견디어 내고, 오는 두 천년 기간을 통하여 유대교의 지배적인 형태가 되었다. 초창기에 바리새파가 행한 역할을 강조하려는 태도는 이해가 된다. 그럼에도 불구하고 복음서에서는 주후 70년 이전에 바리새파와 서기관들이 사실상 중요한 존재였음을 확정하고 있다. 토라에 대하여 예수님과 토론한 자들은 이 무리가 중심을 이루고 있다(참조. 막 7:1-13). 둘째로, 이 운동의 전반적인 성격은 전통에 의존하는 것이다. 이 운동은 새로운 전통을 구성하는데 관심이 없었고, 오직 옛 가르침에 따르는데 집중했다. 이 운동의 특징인 토라의 구두 해석은 기록된 토라만큼이나 역사가 깊다고 생각했다(*Perke Aboth* I).

모세가 시내산에서 토라를 받아 여호수아에게 이것을 넘겨주었고, 그는 장로들에게 넘겨주었고, 그들은 선지자들에게 넘겨주었고, 그리고 그들은 큰 회당에 있는 자들에게 넘겨주었다. 이와 같은 사실은 세 가지 중요한 점을 포함하고 있다. 토라를 해석하는데 신중을 기한 것, 많은 제자들을 길러낸 것, 그리고 토라를 위한 울타리를 만든 것을 말한다.

　세번째 이유는 이 자료의 성격에 있다. 랍비 전통은 구두 전통으로 시작되었고, 그 모든 자료의 총집대성은 신약성경이 완성된 것보다 더 늦게 이루어졌다고 보는 것이 대부분의 학자들의 견해이다. 주후200년에 대가인 유다가 미쉬나를 법전으로 편찬하여 더 깊은 해석을 위한 기초가 마련되었다. 그 모든 결과가 탈무드의 두 역본, 즉 팔레스타인 탈무드(주후 약350년)와 더 권위가 있는 바벨론 탈무드(주후 약450년)에 결정되어 있다. 이 문서들의 편집이 더 늦게 이루어졌음에도 불구하고 훨씬 더 오랜된 자료들을 포함하고 있다.

　그러나 그 자료들이 긴 기간에 걸쳐 형성된 것이므로 이 운동을 규정하는 일은 특히 어렵다. 그 자료들을 보면 온 세상이 마치 교실처럼 느껴질 정도이다. 이것은 우연한 일이 아니다. 왜냐하면 이 전통의 발전의 기초적인 사회적 배경이 토라와 그 해석을 가르치는 선생(랍비)이 있는 학교였기 때문이다. 탈무드와 다른 랍비전통의 자료들은 세미나를 듣고 속기로 기록한 노우트 같다. 주제들을 선정하고, 또 거기에 새로운 제안을 덧붙였다. 고대의 견해들이 가장 최근의 의견들과 나란히 기록되어 있다. 요점이 금방 분명하게 드러나지만 체계적인 생각이 아니라 토론의 과정 그 자체이다. 이것은 토라의 연구와 그 삶에 기초한 전통이다. 탈무드는 토라와 생활과의 관계에 대하여 생생하고, 때로는 휘어잡을 수 없게 장황한 대화로, 학식있는 사람들의 그칠줄 모르고 재치있고 심오하고 그리고 때로는 유치한 질문과 대답들을 전해준다.

　이 전통은 토라에 관한 바리새파의 종교적 확신에 근거한 것으로 서기관(sopherim - men of the book)의 해석하는 기술에 의하여 이루어진 것이다. 이들은 이미 회복기에 토라의 해석자로 나타났다(느 8:4-8). 바리새파는 정치에 관여하지 않으려 한 경향이 있음을 이미 알았다. 그렇다면 그들은 토라와 백성의 상징을 어떻게 이해했는가? 그들의 독특한 접근 방식을 가장 잘 이해할 수 있는 길은 1세기에 있었던 다른 그룹들과 비교해 보는 것이다.

　유대인의 대다수 즉 그 땅의 백성에 관하여서는 별로 알려진 바가 없다. 왜냐하면 그들의 신앙에 대한 기록이 우리에게 전해지지 않았기 때문이다. 의심할 여지없이 그들의 생활 방식은 대단히 경건했고, 토라와 그들의 종파에 헌신적이었다. 바리새인들과의 관계에 있어서 그들은 무지하고 믿을 수 없고 백성들 중에 포함하기 어려운 존재들이었다(cf. *Mishnah Demai* 2.3, *Gittin* 5.9, *Pirke*

Aboth 2.6, 5.10). 반면에 사마리아인들의 경우에는 그들의 중요성을 정확하게 판단하기는 어렵지만 팔레스타인의 혼합민족 중에서 중요한 위치에 있었고, 초기 기독교 운동의 중요한 사람들이었다. 그들은 혼합민족이며, 혼합된 문화를 누리고 있었다(*Tractate Kutim* 1.2).

사마리아인들은 때로는 이방인 취급을 받고, 때로는 이스라엘 사람 취급을 받았으나 대체로 이스라엘 사람 취급을 받았다.

그들은 세겜이 예루살렘보다 우월하다(참조. 요 4:20)고 주장했기 때문에 모든 유대인으로부터 배척을 받았고, 토라에 대하여 대단히 보수적인 그들의 태도로 말미암아 특히 바리새인들로부터 따돌림을 받았다. 이들은 오직 모세오경(창세기부터 신명기까지)만 토라로 받아들였다. 그러나 그런 배경에서 모세와 같은 인물에 초점을 둔 그들 자신의 뚜렷한 메시아에 대한 소망을 발전시켜왔다. 왜냐하면 신명기 18:15-18에서 하나님께서 "너의 중 네 형제 중에서 나와 같은 선지자 하나를 너를 위하여 일으키시리라"고 말씀하셨기 때문이다(예를 들어 참조. *Memar Marqah* Ⅳ.3). 그러나 바리새인에게 있어서 「*Tractate Kutim* 1.2」는 이렇게 말한다. "원칙은 이러한다. 사마리아인은 의심의 여지가 있으면 절대로 신뢰해서는 안된다."

유대인 역사가 요세푸스는 사두개파, 바리새파, 그리고 에세네파를 철학적 학파로 묘사하고, 팔레스타인에서 헬라화된 사람들로 인정했는데 그의 생각은 틀린 것이 아니었다. 그는 사두개파의 철학이(*JW* Ⅱ.8.14, *Ant* ⅩⅧ.1.4) 에피쿠로스학파의 경향이 좀 있고, 토라에 대한 태도는 보수적이었다는 언급 외에는 그들에 대해서 아무런 말이 없다. 그들은 "기록된 말씀에 있는 계율은 지킬 의무가 있으나 우리 조상들의 만든 전통은 지킬 필요가 없다"고 말한다(*Ant* ⅩⅢ.10.6). 이런 생각은 그들에게 좋은 일이었다. 제사장 및 성전과 밀접한 사이가 됨으로써 특별한 규례를 지키지 않더라도 정결케 하는 율례를 지킬 수 있었기 때문이다. 토라에 대한 보수적인 입장을 지킴으로 부활과 천사에 대한 신앙 같은 구두전승에 의지하는 발전된 사항들을 거부하게 되었다.

요세푸스는 에세네파를 크게 칭찬했다. 그는 이 집단이 물건을 공유하는 것(*JW* Ⅱ.8.2-4)과 순수성을 지키려는 열망에서 분리주의적 경향을 띤 사실에 대하여 상세히 기술하고 있다(8.5-9). 그가 에세네파를 피타고라스학파의 경향이 있는 것으로 본 것은 당연하다. 에세네파는 토라의 예언적인 부분에 관심을 두었다는 사실을 그가 특히 언급했다(8.12). 에세네파의 쿰란 집단에 대하여 고찰할 때 이점에 대하여 좀더 깊이 생각하게 될 것이다.

요세푸스의 입장에서 보면 바리새파는 섭리와 자유의지(*JW* Ⅱ.8.14)에 대한 신앙을 가졌으므로 스토아학파처럼 보였다. 그러나 무엇보다도 그들이 "율법을 정확하게 적용하는 훈련이 되어있다"(*JW* Ⅱ.8.14)는 점과 구두 전통을 지지했다는 점을 그가 강조했다. 그러나 이런 점들이 바리새파의 전통이 전승되고 주도적인 위치를 차지하게 된 것을 설명하지는 못한다. 물론 마찰이 생긴 경우도 있다. 성전의 파괴와 함께 사두개파가 사라졌다. 에세네파와 열혈당은 로마와의 전쟁에 의하여 진멸되었다. 사마리아인들은 색다르고 재미있는 유풍을 남겨 놓았다. 그러나 바리새파는 새로운 환경에 적응할 수 있는 능력이 있었다. 그들은 특별한 사회적 기구나 정치적 계획에 구애받지 않았다. 도시의 중산층 시민으로서 유동적이고 적응력이 풍부했다. 무엇보다도 그들이 백성들과 토라에 대하여 파악하는 것은 융통성이 있었고 진보적이었다.

한편 토라에 대한 그들의 입장은 매우 엄격하고 철저했다. 선택된 백성이 되고, 그 나라의 멍에를 자신에게 씌우는 것은 모든 이스라엘에 주어진 토라의 멍에을 메는 것이다. 여기에는 정결의 규례와 십일조가 포함된다. 이런 규례는 성전에 있는 제사장들에게만 해당되는 것이 아니고 모든 이스라엘 사람들에게 적용되었다. 왜냐하면 이스라엘 사람은 "제사장의 나라"이기 때문이다. 바리새파는 백성과 토라를 하나로 보았고, 바로 이점 때문에 제사장, 성전, 왕, 그리고 땅을 다 잃어버렸어도 살아 남을 수 있었다.

바리새파 전통의 탁월한 점은 무엇보다도 모든 유대인들을 위하여 토라를 해석하고 적용할 수 있는 능력이었다. 바리새주의의 출발점은 확신과 경험과의 사이의 갈등이라는 점에서 다시 한 번살펴볼 수 있다. 토라는 하나님의 말씀이고, 따라서 영원하고 불변하며, 그리고 생활의 규범이 된다. 토라의 계명들(mitzvoth)은 모든 유대인들에게 특별히 요구하는 것이 있다. 그러나 생활이 불변하지 않다는 사실 때문에 긴장이 생겼다. 생활은 부단히 변하고 있다. 십일조와 정결의 계명은 농업에 종사하는 사람들에게 준 규례이다. 토라는 재물들을 나눌 것을 지시하는데 포도나무, 밭, 그리고 수확이란 용어들을 사용하여 상세히 설명한다. 그러나 우리는 도시에 살고 있고, 우리의 환경은 매우 다르다. 우리는 나그네로부터 음식을 사야 하고, 생활하기 위하여 무역에도 종사해야 한다. 우리가 지금 어떻게 십일조를 바치고, 정결케 하는 규례를 지킬 수 있는가? 선택의 길은 제한되어 있다. 우리는 그저 토라를 버리거나 절대적인 규범에 못미치는 수준의 것으로 간주할 수 있지만 그렇게 되면 하나님의 말씀을 평가절하시키는 것이다. 우리는 토라를 고칠 수 있지만 그렇게 되면 다시 인간의 말로 간주하는 것이 되고 만다. 이웃들을 떠나서 통제할 수 있는 농업사회를 건설함으로써 토라를 지킬 수 있었다. 혹은 현재의 세상에서 그대로 살면서 토라 안에서 절대적인 규범으로서의 토라의 존엄성을 발견하고 우리의 실생활의 환경을 취급할 수 있는 원리를 찾아낼 수 있다. 바리새인들은 에세네파처럼 토라를 위하여 사회를 떠나지는 않았다. 그들은 도시에 거주하면서 미드라쉬를 창조했다.

미드라쉬(darash, "조사하다"는 동사에서 유래)는 성스러운 사본을 시대화하는 방법이다. 토라 자체에 새로운 이해와 시대적 적용을 위한 기초가 포함되어 있다는 확신에 근거한다. 토라의 말씀과 글자마다 새 의미를 줄 가능성을 내포하고 있다. 적용되는 면이 분명하지 않을 때 난제를 해결하기 위하여 본문을 검토해야 한다. 미드라쉬가 없으면 본문은 죽은 것과 같다. 미드라쉬가 있으면 본문은 생명을 얻게 되고, 새로운 권위로 현재의 일에 대하여 말한다. 힐렐(B.주후 1세기)의 시대로부터 바리새인들은 본문상의 문제들을 해결하기 위해서 그리스의 논리적 법칙들을 수용하여 사용했다. 토라의 세부적인 사항에 대한 정확하고 포괄적인 지식이 있었으므로 이런 법칙들을 이용하여 갈등을 해소하고, 계명들 가운데 순위를 정하고, 그리고 적절한 적용법을 찾아내었다.

본문을 재해석하여 전통과 일치시키는 일에 몰두했으므로 회당은 연구의 집(미드라쉬의 집)이라고도 불리웠다. 연구, 준수, 그리고 경배 — 이 모든 일이 토라를 삶 가운데 생생하게 표현하게 만들었다. 삶에 의미를 부여하고, 모든 일에서 하나님의 뜻에 순종하게 만든 것은 바로 토라였다. 행동의 규범("행하다"라는 동사에서 유래하는 할라카(halakah)는 "행동의 방향"을 의미함)을 만들어내기 위하여 토라의 법적인 자료에 미드라쉬를 적용시켰다. 미드라쉬가 다른 본문에 적용되었을 때 학가다("이야기하다"는 동사에서 유래하고 대충 "이야기들"을 의미함)라고 불렀다. 학가다 미드라쉬는 보다 자유롭고 자연스러워서 그 안에서 바리새주의의 영적 및 윤리적 이상주의에 관한 많은 내용을 발견할 수 있다. 그러나 할라카 미드라쉬는 더 신중하다. 왜냐하면 하나님 앞에서 의로움의 근거를 확립하기를 바라기 때문이다.

할라카 미드라쉬의 한 짤막한 예가 그 종교적 정신을 설명해줄 것이다. 토라의 한 계명은 농부가 밭에 있는 모든 이삭을 다 줍지 말고 밭모퉁이는 남겨 놓아 가난한 자들이 이삭을 줍게 하는 것이었다(레 19:9, 23:22). 그 의도는 백성들 중 가난에 찌든 사람들을 도움으로써 "정의를 실현하는 것"이었다. 그러나 이 계명을 적용하는 문제들이 금방 밝혀진다. 우선 어떤 사람이 가난한 자인가? 그 다음에 무엇이 밭모퉁이인가? 그 크기는 얼마나 되어야 하는가? 이 원리가 다른 환경 가운데서는 어떻게 적용될 수 있는가? 이런 질문은 심각한 것이다. 가난한 자의 부족한 양과 농부에게 합법적으로 필요한 양이 얼마인지 생각하지 않을 수 없다. 이미 무거운 세금의 부담을 안고 있는 농부는 밭모퉁이가 그의 밭에서 너무 큰 면적을 차지한다면 가족들을 부양하기에 어려울는지 모른다. 초기의 미드라쉬 논문 시프라(Sifra)에서 광범위하게 취급된 문제를 발견하게 되고, 할라카 토의는 모퉁이(Peah) 논문에서 미쉬나로 넘어간다. 페이지마다 법률적인 문제의 토의로 채워져 있다. 세부적인 사항들이 검토된다. 그것이 모두 무의미한가? 논문(미쉬나 Peah 1.1)의 서두에서 우리는 다음과 같은 좋은 표현을 읽을 수 있다.

그 열매는 사람이 이 세상에서 즐기고, 그 이익은 오는 세상에서 그를 위하여 쌓여 있다. 아버지와 어머니를 공경하는 것, 자비를 베푸는 것, 사람과 그 친구 사이에 화평을 이루는 것 등이 상급으로 쌓여 있다. 그런데 율법을 공부하는 것은 이런 것들과 마찬가지이다.

물론 법률 존중주의는 단순한 결의론에 빠지기 쉽고, 인간미를 상실해 가면서 의미없는 규칙들을 증가시킨다. 복음서에서 예수께서 바리새인들과 부딪힌 문제가 특히 안식일 준수에 관한 것이었다(막 2:23 - 3:7). 그리고 광범위한 체계로 그 규칙이 발전한 분야는 안식일에 관한 문제이다. 주된 이유는 긍정적인 명령의 성격에서 비롯된다. 거룩하라는 명령보다는 살인하지 말라는 계명이 그 범위를 정하기에 더 용이하다. 안식일 문제는 그 백성의 동질성의 핵심이 되는 문제인 만큼 그러하다. 이미 토라에서 안식일은 하나님과 직결된 문제이다(출 20:8 - 11). 그것은 바로 "구별된 점" 즉 이 세상에서 거룩한 것의 표시가 된다.

그리고 안식일은 고대 세계에서 독특한 제도였다. 그것으로 이교도들도 유대인과, 일주일에 하루를 주를 위하여 거룩하게 지킬 것을 명하신 그들의 하나님의 독특성을 인식했다. 그러나 거룩의 정도를 결정한다는 것은 간단하지 않다. 이 날은 다른 날들과 "달라야 한다." 다른 날들은 "일"을 위한 날이다. 그 뜻은 충분히 분명하고, 토라에도 표현되어 있는 것이다. 그러나 "일"이 무엇인가? 미드라쉬는 토라에서 "일"이란 용어로 언급된 모든 곳을 밝히고, 일이라고 인정되고 피해야 할 서른아홉 가지 활동의 포괄적인 목록을 제시했다(미쉬나 *Shabbat* 7.2). 불을 켜는 것, 혹은 실을 끊는 것을 금하는 것은 외부인들에게는 하찮은 일로 보인다. 그러나 "토라 주위에 울타리를 둘러라"라는 구절 따위가 있어서 주요한 계명 자체가 훼손되지는 않는다. 그 방법과 결과에 대해서는 논란이 많다. 그러나 엄숙한 종교적인 동기에 대해서는 그렇지 않았다.

바리새주의 전통의 종교적인 충동도 역시 몇 가지 신학적 강조점에서 드러난다. 하나님은 진실로 초월적인 "거룩한 분"이시다. 그러나 그의 임재는 사람들에게 알리워진다. 이에 대한 상징은 하나님의 임재(쉐키나 ― "거하다"는 뜻을 가진 동사 샤칸에서 유래)인데, 광야에서 백성들과 함께 있었고, 솔로몬의 성전에도 있었고, 그리고 토라를 읽을 때 회당에도 현재 임한다. 사람이 토라를 공부하면 바로 이런 "하나님의 임재의 그늘" 아래 있게 된다(*Pirke Aboth* 3.3).

> 만일 두 사람이 함께 앉아서 토라에 대하여 서로 이야기를 나눈다면 쉐키나가 그들 사이에 머물 것이며 … 그리고 만일 사람이 앉아서 토라에 전념한다면 거룩하신 자, 찬양을 받으실 이가 그를 위하여 상급을 마련하시리라.

사실 토라는 창조와 인류의 의로운 행위를 위한 청사진이다. 토라를 공부하면 지혜를 얻게 된다. 하지만 토라에 대한 공부를 강조하더라도 선한 일을 무시하게 만들지는 않는다(*Pirke Aboth* 3.12, 참조. *Aboth de Rabbi Nathan* 24).

> 그 행위가 자신의 지혜보다 승한 자는 그 지혜가 지속된다. 그 지혜가 자신의 행위보다 승한 자는 그 지혜가 지속되지 못한다.

여기서 말하는 선행 중에는 안식일 성수와 정결의 규례를 지키는 것이 포함되지만 무엇보다도 언약의 의무들인 충성과 사랑이 다른 사람들, 특히 가난하고 어려운 사람들을 향하여 나타나는 "자비의 실행"이 있다(참조. 바벨론 탈무드, *Berakoth* 8a, *Shabbat* 156b).

토라는 결코 완전하게 지켜지지 못한 기준이었다. 사람은 자유가 있지만 기분과 충동에 따라 행동함으로 큰 일이나 작은 일에서 마찬가지로 토라를 준수하지 못할 때가 있는 것이다. 이에 대한 치유책은 절망이 아니고 회개이다. 랍비 엘리에셀의 말 중에 이런 구절이 있다. "당신의 죽음이 다가오기 전에 회개하라 … 다음날 죽지 않도록 오늘 회개하게 하라. 모레 죽지 않도록 내일 회개하게 하라. 그리하면 그의 온 생애를 회개로 보낼 것이다"(*Aboth de Rabbi Nathan* 15).

바벨론 탈무드의 「*Makkoth* 24a」에 기록된 한 구절은 이와 같은 랍비전통의 정신을 경박하게, 혹은 대단히 신중하게 표현한다. 이 구절은 "그러므로 주께서 그들에게 토라와 많은 계명들을 주셨다 … ." 당연히 토의는 "계명이 얼마나 많은가?"라는 질문으로 시작된다.

R. 시므라이는 그의 설교 가운데, '육백열세 가지의 교훈이 모세에게 전달되었는데 삼백육십다섯 가지는 부정적인 계율로 태양력의 한 해의 날 수와 같고, 이백마흔 여덟 가지는 긍정적인 명령으로 사람의 몸의 기관들의 숫자와 같다 …'고 말했다.

이런 설교가 당시 토라의 본문의 지지를 받는다는 것은 좀 우습게 느껴진다. 그러나 다른 전통들이 인용된다. 이런 전통은 보다 더 엄격하고 종교적으로 집중된 본문에 계명들을 조직적으로 축소하고 집약하여 집어 넣었다. 이사야, 미가, 그리고 아모스가 인용되는데 토라의 의도는 좁아져서 다음과 같은 결론에 이르게 된다(바벨론 탈무드 *Makkoth* 24a).

다시 이사야가 와서 그것들을 줄여 두 개의 원리로 만들었다. '주께서 말씀하시기를 너희는 정의를 지키고 의를 행하라 … .' 아모스가 와서 그것들을 줄여 하나의 원리를 만들었다. '주께서 이스라엘의 집을 향하여 말씀하시기를 너희는 나를 찾으라 그리하면 살리라 하셨다.' 이에 대하여 R. 나흐만 b. 이삭은 이의를 말하기를 '토라의 모든 말씀을 지킴으로 나를 찾으라 그리하면 살리라는 뜻으로 새길 수 없는가?'라고 했다. 그러나 하박국이 와서 그 모든 것을 한 원리 위에 세웠다. '오직 의인은 믿음으로 살리라.'

우리는 이것이 오직 바울에 의하여 더 강하게 표현된 견해임을 발견한다.

유대인의 예배

유대인의 상징이 발전을 이루게 된 가장 중요한 배경은 예배이다. 결국 예배를 통하여 종교에 의한 확신이 생기를 띠게 되고, 그 집단은 신화와 예배에서 동질성을 표현했다. 신약시대에 유대인의 예배는 성전, 회당, 그리고 가정에서 드렸다. 성전은 세계에서 건축예술의 경이의 하나로, 그리고 일년에 세 차례 유월절, 장막절, 그리고 오순절에 순례하는 센터로 이해되었다. 세계 도처에서 유대인들이 예루살렘에 모였다(참조. 행 2:5-11). 희생과 기도가 끊임없이 드려졌고, 예수님과 제자들은 그 안에서 가르쳤다(눅 19:47, 행 3:11-4:1). 그러나 1세기 경에 성전은 가정과 회당처럼 경건의 센터가 아니었다.

회당의 기원은 모호하다. 외국에서 유랑할 때 토라를 듣기 위하여 백성들이 모인 데서 유래한 것일 수 있고, 혹은 희생의 시간에 맞추어 하루에 세번씩 기도하면서 성전 예배를 모방한 지방의 예배처소로 시작된 것일는지도 모른다(참조. 미쉬나 *Taanith* 4.2-4). 신약시대에 회당은 팔레스타인의 마을(참조. 눅 4:15-17)과 유대인들이 흩어져 사는 모든 곳(행 13:14-15)에서 찾아볼 수 있는 기관이었다. 전통에 의하면 예루살렘은 회당으로 가득했고, 심지어 성전 구역 내에도 있었다(바벨론 탈무드 *Sukka* 53a).

회당은 고대 세계에서 예배의 처소로서 독특했다. 짐승을 희생으로 드리는 일이 없었고, 예배의식도 대체로 최소한 간소하게 시행되었다. 회당의 예배는 전적으로 토라를 중심으로 이루어졌다. 신약시대에 회당과 연구의 집(미드라쉬의 집)(참조. Sirach 51:23)은 같은 곳으로 보이는데 그 공간은 기도와 연구의 장소로 임시로 혹은 정규적으로 허락되었다.

회당의 예배식에 대한 기록된 자료들이 늦게 발견되었기 때문에(「*Seder Rav Amran Gaon*」은 주후9세기에 유래) 다만 조심스럽게 기도회를 재구성해 볼 수 있을 따름이다. 신약성경에 기록된 사실들과 미쉬나에서 찾아볼 수 있는 예배에 대한 단편적인 토의를 통하여 우리는 어느 정도의 이해에 이를 수 있다(참조. 미쉬나 *Yoma* 7.1, *Berakoth* 1-2, *Megillah* 4). 예배 전체가 토라를 중심으로 하고 있다. 성경 읽기를 통하여 하나님의 말씀을 듣는 것, 미드라쉬 설교를 통하여 하나님의 말씀을 선포하는 것, 그리고 토라의 말씀을 사용한 기도와 간구로 이루어졌다.

유대인의 기도의 고전적인 형식은 축복(berakah)이다. 축복은 신약성경와 초기 기독교의 예배식에 있는 기도 형식보다 앞선 것이다(참조. 엡 1:3-14, 벧전 1:3-6). 내용은 무제한적으로 확장될 수 있지만 그 형식은 간단하다. 기도는 찬양의 말로 시작되어 우리가 찬양해야 할 이유들을 말하고, 그리고는 새로운 찬양으로 결론을 맺는다. 그 기본적인 형식은 이미 시편 117장에서 발견된다.

> 너희 모든 나라들아 여호와를 찬양하며
> 너희 모든 백성들아 저를 칭송할찌어다
> 우리에게 향하신 여호와의 인자하심이
> 크고 진실하심이 영원함이로다
> 할렐루야.

회당에서 드리는 아침 예배에는 세 번의 긴 축복이 있는데 중요한 신앙의 고백, 즉 쉐마(이스라엘아 들으라 우리 하나님 여호와는 오직 하나인 여호와시니…)로 끝맺는다.

> 여호와 우리 하나님, 많은 자비로 우리는 사랑하셨나이다. 우리의 아버지, 왕이시여, 주를 믿은 우리의 조상, 주께서 생명의 법도를 가르치신 우리의 조상을 인하여 큰 긍휼을 우리에게 베푸셨나이다. 우리에게도 같은 은총을 베풀어주시옵소서 … 주의 토라에 있는 모든 교훈의 말씀들을 듣고, 배우고, 그리고 사랑으로 행할 수 있도록 우리 마음에 넣어주시고 … 주의 자비가 영원토록 우리에게 끊어지지 않게 하소서. 땅의 네 모퉁이로부터 평화가 우리에게 임하게 하시고 … 주께서 우리를 모든 백성들과 방언들 가운데서 택하시고 인애로 주의 큰 이름으로 가까이 인도하셨나이다. 주의 백성 이스라엘을 인애로 택하신 여호와께서 찬양을 받으소서.

축복은 근본적으로 기억하는 일임을 알 수 있다. 하나님은 지난 날에 행하신 일로 찬양을 받으신다. 하나님의 행하신 일을 기억함으로써 우리는 다시 주를 찬양할 마음이 생기는 것이다. 이런 기억은 신화같이 작용한다. 즉 과거를 현재 안에서 작용하게 만든다.

회당 기도의 다른 한 형식은 테필라(tefillah)이다. 평일에는 18번의 기도가 있어서 "18번의 축복"(shemone esre)이라고 불리웠다. 또한 서서 기도를 드렸기 때문에 아미다(amidah)라고 불리기도 했다. 이 기도의 가장 큰 특징은 "이름의 찬양"(Qedushat ha shem)이다.

> 오고 오는 세대에 하나님께 충성하라. 왜냐하면 주만이 높고 거룩하시기 때문이다. 우리 하나님, 주의 찬양이 우리 입술에서 영원히 떠나지 않을 것입니다. 왜냐하면 주는 거룩하시고 크신 왕이시기 때문입니다. 주 거룩하신 하나님, 찬양을 받으소서.

축복의 기도 형식은 공중예배 및 개인의 경건과 관련되어 있다. 경건한 바리새인들은 매일 개인적으로 "시간을 성결케 하기 위하여" 짧막한 축복 기도문을 백 가지씩 암송했다.

회당의 예배는 토라의 낭독과 설교가 포함되었다. 토라의 낭독은 율법과 선지서에서 택했고, 이어서 정규적인 순서가 있었다(미쉬나 *Megilla* 4.1 - 10). 가장 중요한 낭독은 율법을 읽는 것이었다. 원어인 히브리어 성경을 읽었다. 유대인의 대다수가 이미 히브리어를 이해하지 못했기 때문에 거룩한 사본을 아람어로 번역할 필요가 있었다. 본문을 읽을 때 번역자는 모호한 부분은 분명하게 설명하고 당시와 관련된 점들을 지적하기도 하면서 백성들을 위하여 문단별로 나누어 자유롭게 번역했다. 많은 학가다 미드라쉬가 이런 해석의 과정을 거치게 되어 나중에는 기록되었는데 이것을 탈굼이라고 부른다. 그들은 우리에게 예배를 통하여 지난 날에 관련된 문제를 새로운 대상에 적용시켜 본문을 만드는 실례를 보여준다. 예를 들어 창세기 49장 1절의 히브리어 사본을 읽어보자.

> 야곱이 그 아들들을 불러 이르되 너희는 모이라 너희의 후일에 당할 일을 내가 너희에게 이르리라.

아람어 탈굼 「*Psedo - Jonathan*」의 창세기 49장 1절의 번역은 아래와 같다.

> 야곱이 그의 아들들을 불러서 그들에게 말했다. '불결한 것으로부터 너희 자신을 정결케 지키라. 그리하면 내가 너희에게 감추인 신비한 일들, 가리워져 있는 정하여진 때, 악인들을 위하여 쌓여 있는 형벌, 그리고 에덴의 즐거움을 알게 할 것이다.' 열 두 지파들이 그가 누워있는 황금 침대 주위에 모여들었다. 주의 쉐키나가 나타난 후에 왕 메시아가 올 정하여진 때가 그에게 가리워졌다.

이 본문을 특별한 구절이다. 이것은 확대된 번역 이상의 것이다. 이것은 사실상 묵시의 대요(감추인 비밀, 메시아, 개인 심판)이며, 랍비전통의 상징이다(쉐키나, 정결). 정말로 주목해야 할 부분은 이런 것이 토라의 말씀으로 회당에서 경건한 유대인들에 의해 들려졌다는 것이라는 점이다. 정확히 말해서 이렇게 본문을 재구성한 것들이 갈릴리 회당에서 예수님과 그 제자들에게 읽혀졌을 것이다.

율법과 선지자들을 읽은 후에 설교가 있었고, 설교자는 미드라쉬의 방법으로 본문을 다루고 적용되는 점들을 이야기했을 것이다. 우리가 보유하고 있는 회당 예배에 대한 가장 오래된 묘사는 누가복음서에 있다(4:16-30). 나사렛에 있는 고향의 회당에 오셨을 때 예수께서 선지자 이사야의 글(61:1-3)을 읽고 설교를 하도록 요청을 받으셨다. 주께서 읽은 말씀은, "주 여호와의 신이 내게 임하셨으니 이는 여호와께서 내게 기름을 부으사 가난한 자에게 아름다운 소식을 전하게 하려 하심이라 …"라는 구절이었다. 그러나 주께서 앉으셔서 설교한 내용은 미드라쉬 방법의 해석이 아니고 단순히 "이 글이 오늘날 너희 귀에 응하였느니라"는 말씀이었다(눅 4:21).

1세기 유대인의 셋째 예배처소는 유월절 같은 중요한 절기와 안식일에 가정에서 식사하면서 드린 예배였다. 모든 식사는 어떤 거룩한 성격을 지니고 있었고 축복이 수반되었다(미쉬나 *Berakoth* 7-8). 식사는 한 걸음 더 나아가 교제를 상징했다. 같이 식사한다는 것은 영적으로 동의를 의미한다. 예수께서 죄인들과 함께 식사한 것을 비난한 것은 결국 그도 같은 죄인이라고 비난한 것이다(눅 7:34, 15:2). 바리새인들의 교제(haburoth)는 절기의 식사에서 함께 이루어졌을 가능성이 많다.

유대교에서 가장 의미가 깊은 거룩한 식사는 유월절 만찬이었다. 실제로 성전 안에서 어린 양을 잡았지만 큰 순례의 절기에 참석하기 위하여 예루살렘에 온 사람들은 시내 전역에 있는 숙박업소에서 가족 및 친구들과 함께 어린 양을 먹었다. 아마 예수께서 제자들과 함께 가진 최후의 만찬이 이런 유월절 만찬이었을 것이다(막 14:12, 참조. 요 19:31). 유월절은 주께서 이스라엘을 애굽의 종 되었던 곳에서 이끌어 내시고, 광야를 통하여 인도하여 약속의 땅으로 들어오게 하셨으므로 출애굽의 경험을 기리는 것이다. 이것은 구속을 예증하는 경험이고, 유월절은 유대인의 해방을 기념하는 절기이다. 절기의 식사에 관한 말씀과 의식들을 보면 옛날에 전해온 본문이 재해석되었음을 알 수 있다. 유월절 학가다에는 1세기 유대교의 고전적인 신화와 의식이 있다. "누구든지 자신을 애굽에서 나온 자로 알지어다." 떡에 관한 말씀은 즉시 해석되고, 또 토라에 의하여 재해석된다.

우리가 이 무교병을 먹는 까닭이 무엇인가? 만왕의 왕, 거룩하신 이, 찬양을 받으실 이가 우리 조상들에게 나타나셔서 그들을 구하셨을 때 우리 조상들의 반죽이 채 발효되지 않았기 때문이다. '그들이 가지고 나온 발교되지 못한 반죽으로 무교병을 구웠으니' (출 12:39).

포도주잔에 관한 말씀도 마찬가지다.

그러므로 우리는 우리의 조상들과 우리를 위하여 이런 이적을 행하신 분에게 감사드리고, 그 분을 찬양하고 영광을 돌리고 … 마땅하다. 주는 우리를 노예의 속박에서 자유에 이르게 하시고, 슬픔에서 기쁨으로, 애통하는 일에서 즐거운 날로, 어두움에서 큰 빛으로, 그리고 속박에서 구속으로 인도하셨다. 그러므로 주 앞에서 새 노래로 노래하자, 할렐루야.

유월절 예식에서 집단의 신화가 새롭게 되고, 토라의 상징은 다시 한 번 하나님께서 선택하시고 구원하신 백성으로서의 유대인의 동질성을 확립하게 된다.

쿰란

본장의 서두에서 경고한 바 있지만 여전히 1세기 유대교의 "묵시적" 성격, "랍비의" 특색, 그리고 "예배의식"의 특징을 서로 밀폐된 분야로 구분해 놓으려는 경향이 있을 수 있다. 이런 문제점 때문에 쿰란에서 발견된 사해사본이 유대교와 초기 기독교를 연구하는 데 가장 큰 공헌이 된 것은 이런 다양한 표현들이 어떻게 단일하고 견고한 사회의 경험 가운데 연합될 수 있었는가를 보여주는 것이다.

에세네 운동의 한 극단주의적인 집단이 분명한 이 매혹적이고 괴기한 종파의 역사에 대하여 자세히 이야기할 필요는 없다. 이들은 분리주의의 논리에 깊이 빠져서 광야로 나가서 "주의 길을 예비하려고" 토라의 준수에 삶을 송두리째 바치고(IQS 8.13 - 16) 불결한 자들 — 이방인들뿐 아니라 이방인들과 접촉하는 자들 — 로부터 완전히 떠났다(IQS 5.1 - 3, 7.24 - 25, 8.22 - 24). 이들은 토라의 가르침(IQpHab2.2)에 대하여 특별한 통찰력을 가졌고, 이를 그들의 사회에 적용할 수 있는 의의 교사에게 특별한 충성을 바쳤다. 반면에 이들은 성전을 더럽히고 그 땅을 부패하게 만든 사람들로 간주하는 예루살렘에 있는 "악한 제사장들"에 대하여 특별한 적의를 품고 있었다. 이들은 자신이 제사장직과 성전을 대신하고 있는 사람들로 간주했다. 이 집단은 주를 위한 "거룩한 집"이었고, 사독(IQS2.19 - 20, 5.1 - 3) 반열의 제사장들과 레위인들의 지도로 찬양과 공부(4QFlor1.6, IQS8.6 - 8, 9.3 - 11)의 영적 희생을 드리는 곳이었다.

정결의 규례를 지키려는 이들의 결단은 집요했다. 그들은 순결을 지키기 위하여 물건을 공유했다. 그들은 자신의 물건들을 불결한 자들의 것과 뒤섞이게 할 수 없었던 것이다(IQS 1.11, 6.17 - 22). 순결은 유지하기 위해서는 상세한 형벌제도(IQS 6.24 - 7.23)가 필요했고, 단체의 순결이 치명적인 위협을 받을 때는 추방이라는 극단적인 조치를 취했다(IQS 5.14 - 16, 8.22 - 24). 이 집단은 하나님의 정결한 남은 자로서, 하나님께서 이스라엘에게 바라시는 것을 실현하는 자로서 거기 광야에 남아 있었던 것이다. 하나님의 백성이 되는 데는 다른 모든 조건은 쓸데없다. 오직 자기들만이 진실로 하나님의 백성이었다. 그래서 이들은 땅과 토라와 백성과 성전의 모든 상징들을 자신에게 적용시켰다. 그뿐만 아니라 이들은 하나님의 종말적 통치를 미리 실현한다고 생각했다. 그들의 사회조직은 메시아 시대(IQSa 1.19 - 26)에 그대로 적용될 것이며, 그들의 거룩한 식사는 메시아 시대에 나눌 것을 미리 맛보는 것이라고 생각했다(IQSa 2.16). 그들의 분리된 생활을 하나님으로부터 난 빛의 자녀와 어두움의 지배자에게서 난 어두움의 자녀와의 사이의 전쟁, 우주적 이원론에 근거한 것으로 생각하는 엄격하고 포괄적인 신화에 의하여 그들의 모든 일은 정당화된다(IQS 3.13 - 4.26).

이 두리마리들이 발견된 직후에 기독교가 쿰란 집단에서 유래된 것이라는 공교한 설들이 무성했다. 이런 학설들은 대부분 사라졌다. 세례 요한이 이 종파와 관련성이 있다는 설과, 그들의 일부 사상과 관습이 초기 팔레스타인 사회에 영향을 미쳤으리라는 설은 아직도 남아 있다. 그러나 직접적이고 확실한 연관성은 찾아볼 수 없다. 쿰란 집단은 초기 기독교에 대하여 우리에게 증거하는 바 때문이 아니라 1세기 팔레스타인의 유대교에 관하여 시사하는 바가 있기 때문에 가장 중요성을 띠고 있다.

첫째로, 쿰란의 유물 중에서 특정한 그룹에 대한 자료를 발견하여 이전에는 서로 조화될 수 없거나 상반된다고 생각한 점들이 강한 결속력으로 다져진 이 그룹 안에서 공존하고 있음을 발견한다. 이 그룹이 열심히 연구한 토라의 사본 외에 우리가 잘 알고 있는 묵시문학의 많은 작품(*Jubilees*, *1Enoch*)들과 이들이 창조한 작품이 남아 있다(*War Scroll*, IQm). 이전에는 이런 일을 믿기 어려웠을 것이다. 그러나 할라카, 학가다, 탈굼(*Genesis Apocryphon*) 스타일로 해석한 성경 주석들도 남아 있다. 예배의식에 관한 문서(찬송가와 축복의 기도문)와 메르카바 신비주의를 실천한 흔적을 보여주는 단편들도 있다. 쿰란 도서관은 우리가 의혹을 가졌던 부분들을 분명하게 제시하고 있다. 사본들과 그룹들이 개별적으로 정리되어 있는 것이 아니다. 스스로의 일관성있는 이데올로기가 있기 때문에 다양한 전통들을 이해하고 동화할 수 있다.

둘째로, 쿰란 문서들은 유대교와 기독교에 있어서 문화적 영향과 교의적 발전에 관한 학술적인 전제들에 영향을 미치고 있다. 첫째로 팔레스타인에는 그리스의 영향을 받은 것들이 있다. 아마 요세푸스가 에세네파를 유대인의 피타고라스학파로 본 것은 그다지 틀린 사실이 아닐 것이다. 순결을 지키기 위하여 전적으로 "선한 사회"를 만든 것은 토라의 어떤 가르침보다는 그리스 철학의 실천에 더 가깝다고 보겠다. 쿰란의 상징들 중에도 이런 경향이 나타난다. 이전에 요한복음서의 이원론적 표현들(진리/거짓, 빛/어두움)은 배경이 팔레스타인 바깥에 있고 연대적으로 앞선 헬레니즘의 영향으로 생각했다. 헬라의 영향이 있을 법하다. 만약 그렇다면 1세기에 팔레스타인에서 쿰란 집단이 영향을 받은 것처럼 제4복음서도 그럴수 있다. 사회적 구조 문제에서도 그런 면이 있다. 초기 기독교의 발전적 이론은 특히 이론적인 설명이 필요하고, 시간의 경과와, 종말론적 열정과 카리스마적인 리더십이 희미해지는 것을 느낄 때 어떤 조직이나 권위자에게 돌려졌다. 쿰란은 우리에게 1세기의 유대인 공동체가 엄격한 율법주의와 형벌 규정을 갖춘 세밀하고 고도의 이론화된 조직 및 권위체제였고, 한편 신약성경에서 볼 수 있는 것보다 더 분명하고 시간을 의식하는 예리한 종말론적 긴장감에 싸여 있었음을 보여준다. 은총과 명령이 조화를 이루기 어렵고, 혹은 종말론과 율법주의가 공존할 수 없다는 것을 주장하기는 어렵게 되었다.

셋째로, 쿰란은 초기 기독교 집단과 놀라운 유사성을 보여준다는 사실이 아마 가장 의미가 깊은 대목일 것이다. 우리는 신약성경에서 볼 수 있는 체험과 해석과의 사이의 변증법과 같은 것을 이 그룹의 문서에서 찾아볼 수 있다. 그 유사성 가운데 두 가지 양상이 특별히 중요하다.(1) 유대교의 큰 흐름에서 벗어났다는 의식과, 진정한 종말론적 이스라엘을 대표한다는 확신이 이들에게 있었다.(2) 토라의 특이한 해석을 통하여 이런한 의식의 근거를 찾으려는 시도가 있었다.

이 집단은 유대교의 다른 모든 그룹들로부터 분리되었다는 의식이 강했다. 이 집단만이 거룩했다. 왜냐하면 하나님께서 구원하실(CD 4.9-12) 남은 자에 들기 위하여 "지옥의 자식들"(CD 6.14-7.6)로부터 자신을 구별했기 때문이다. 이 집단의 이데올로기는 그들의 근본적인 경험들을 기초로 한 것으로 보인다. 이 점이 중요하다. 지난 날에 "악한 제사장"과의 마찰로 집단의 일원들의 재산을 약탈하게 되었다는 주장들이 있었다(IQpHab 8.8-12, 9.1-6, 12.9-12). 다만 암시적인 것이 발견될 뿐이지만 역사적인 경험들을 통하여 빛의 자녀들과 어두움의 자녀들과의 전쟁이라는 포괄적이고 우주적인 신화를 만들어 내기에 이르렀다.

더욱 흥미가 있는 점은 이런 경험들을 통하여 이 집단이 토라를 해석하는 기초를 마련하게 되었다는 사실이다. 페쉐르(해석)라고 부른 독특한 학가다 미드라쉬에서 이런 것을 발견할 수 있다. 토라는 이 그룹의 존재와 부름에 직접적으로 분명하게 적용되도록 해석된다. 토라의 목적은 여기에 있다. 이스라엘 전체가 아니라 자신의 그룹을 진정한 이스라엘로 보는 이 소집단에 적용되는 예언적 성취로 보는 해석방법이다. 이에 대한 좋은 실례로 하박국 2장 17절에 대한 페쉐르가 있다. 선지자로부터 받은 메시지는 다음과 같다.

> 대저 네가 레바논에 강포를 행한 것과 짐승을 두렵게하여 잔해한 것 곧 사람의 피를 흘리며 땅과 성읍과 그 모든 거민에게 강포를 행한 것이 네게로 돌아 오리라.

이 그룹에서는 이 구절을 다음과 같이 해석했다.

> 이 말은 악한 제사장에 관한 교훈이다. 이들이 가난한 백성들에게 행한 일의 보응을 받을 것이다. 왜냐하면 레바논은 그 사회의 공의회를 의미하며, 짐승들은 율법을 지키는 유다의 순전한 사람들을 가리키기 때문이다. 그리고 성읍은 예루살렘을 가리키는데 여기서 악한 제사장들이 가증한 일을 행하고 하나님의 성전을 더럽혔다.

페쉐르는 우화적 해석과 같이 본문을 해석하는 새로운 코드를 제공한다. 그러나 그것이 윤리학이나 우주론에서 따온 것은 아니다. 오히려 이 그룹의 경험에서 나온 것이다. 다른 실례는 바울(롬 1:17)에게 매우 중요한 구절에 대한 해석이다. 하박국 2장 4절 ― "의인을 그 믿음으로 말미암아 살리라." 바로 그것이다. 쿰란에서는 이 구절을 어떻게 이해했는가? 1QpHab 8.1-3에서 다음과 같이 해석한다.

　　이 구절은 유다의 집에서 토라를 지키는 모든 자들에 관한 말씀이다. 하나님께서는 이들의 고난을 인하여, 그리고 의의 교사에 대한 믿음을 인하여 심판의 집에서 이들을 구하여 내실 것이다.

　　이 종파에서는 예언들의 의미가 현재의 사건들 속에서 성취되게 하는 석의 방법을 사용함으로써 토라의 본문 안에서 자신의 역사를 읽고 있다. 초대 그리스도인들의 해석방법이 이와 유사성을 지녔는데 이는 오류가 아니고 유익하다.

　　묵시문학, 랍비의 미드라쉬, 그리고 유대인의 예배의식의 기도문의 경우와 같이 쿰란의 문서에서 특별한 경험과 확신이 토라에 나타난 상징적 세계를 특별한 방식으로 해석하게 만든 사실을 발견하게 된다. 이 상징적 세계는 모든 사람이 공유하고 있다. 해석의 과정은 곳곳에 있다. 이런 다양성이 나타나는 원인은 경험과 확신을 통하여 새로운 사상이 창출될 수 있다는 점에서 이해되어야 한다.

참고문헌

　　본장에서 필자는 가능한 한 유대인에 관한 주요한 자료들의 제목들을 밝혔다. 쿰란 문헌의 자료는 너무나 복잡하기 때문에 필자는 the Society of Biblical Literature's *Member's Handbook*, 1980의 약어를 사용했다.

　　G. H. Box 가 4 *Ezra*를 번역한 것은 다음 책에 있다. *Apocrypha and Pseudepigrapha of the Old Testament*, vol 2, ed. R. H. Charles(Oxford: At the Charendon Press, 1913), 579, 미쉬나의 번역. *The Mishnah*, trans. H. Danby(London: Oxford Univ. Press, 1933), 10-11, 「*Pirke Aboth*」의 출전은 다음의 책이다. R. Travers Herford, *The Ethics of the Talmud: Sayings of the Fathers*(New York: Schocken Books, 1962), 19, 66, 77. 랍비 엘리에제르는 다음 책에서 인용되었다. *The*

Fathers According to Rabbi Nathan, trans. J. Goldin, Yale Judaica Series 10(New Haven: Yale Univ. Press, 1955), 82. *Tractate Kutim* is translated by Michael Higger, as found in *Judaism: Postbiblical and Talmudic Period*, ed. S.W.Baron and J.L.Blau(Indianapolis: Bobbs-Merrill, 1954), 68-69. 바벨론 탈무드는 다음의 책에서 번역되었다. H. M. Lazarus in *The Babylonian Talmud*, ed. I. Epstein(London: Soncino Press, 1935), 30: 169-73. 축복들은 다음 책에서 번역되었다. D. Hedegard, *Seder Raw Amran Gaon*, part 1(Lund: C. W. K. Gleerup, 1951). 유월절 학가다는 J. Sloan에 의하여 다음의 책에 번역되어 있는 것이다. *The Passover Haggadah*, rev. ed., ed. N. Glatzer(New York: Schocken Books, 1953), 49, 51. 탈굼에서 발췌된 「*Pseudo-Jonathan*」은 M. McNamra에 의하여 다음의 책에 번역되어 있는 것이다. *Targum and Testament*(Grand Rapids: Wm. B. Eerdmans, 1972), 140. 쿰란의 자료인 하박국 페쉐르는 다음의 책에서 G. Vermes에 의하여 번역된 것이다. *The Dead Sea Scroll in English*,2d ed.(New York: Penguin Books, 1975), 242, 239.

팔레스타인의 유대교의 역사에 대한 개론으로는 다음의 책들이 좋다. S. W. Baron, *A Social and Religious History of the Jews*, vols. 1-2(New York: Columbia Univ. Press, 1952-80), and E. Schüer, *A History of the Jewish People in the Time of Jesus*, 2 vols., rev. ed., ed. G. Vermes and F. Millar(Edinburgh: T.&T.Clark, 1973-79). 특별한 가치의 출전은 다음 책이다. *The Jews Under Roman Rule from Pompey to Diocletian*(Leiden: E. J. Brill, 1976). 이 주제에 대한 연구는 최근의 두 가지 시리즈를 통하여 알 수 있다. CRINT, sect. 1: *The Jewish People in the First Century*, 2 vols., ed. S. Safrai and M. Stern(Philadelphia: Fortress Press, Assen: Van Gorcum, 1974-76), sect.2, vol. 2: *Jewish Writings of the Second Temple Period*, ed. M. E. Stone(Philadelphia: Fortress Press, Assen: Van Gorcum, 1984), The Cambridge History of Judaism, vol. 1: *Introduction: The Persion Period*, ed. W. D. Davies and L. Finkelstein(Cambridge: At the Univ. Press, 1984). 요약된 역사

적 시기에 대해서 읽으려면 다음 책이 좋다. *From Ezra to the Last of the Maccabees*(New York: Schocken Books, 1949).

유대교와 헬레니즘의 관계에 대한 특별한 관심에 대해서는 다음 책에서 다루고 있다. M. Hengel, *Judaism and Hellenism*, 2 vols., trans. J. Bowden(Philadelphia: Fortress Press, 1974), J. Goldstein, "Jewish Acceptance and Rejection of Hellenism," in *Jewish and Christian Self-Definition: Aspects of Judaism in the Greco-Roman Period*(JCS-D), ed. E.P.Sanders, A.I. Baumgarten, and A. Mendelson(Philadelphia: Fortress Press, 1981), 2: 64-87. 고전적 에세이선집으로 다음의 책이 있다. H. Fischel, ed., *Essays in Greco-Roman and Related Talmudic Literature*(New York: Ktav Pub. House, 1977).

종파에 대해서는 다음의 책을 참조하라. M. Simon, *Jewish Sects in the Time of Jesus*, trans. J. Farley(Philadelphia: Fortress Press, 1967), J. Neusner, *From Politics to Piety: The Emergence of Pharisaic Judaism*(Englewood Cliffs, N.J.: Prentice-Hall, 1973), "History and Purity in First-Century Judaism," *History of Religion* 18(1978-79): 1-17, R. A. Horsley, "The Sicarii: Ancient Jewish Terrorists,'" *JR* 59(1979): 435-58.

근래에 묵시문학에 대한 집필이 많이 이루어졌다. D. S. Russell, *The Method and Message of Jewish Apocalyptic*(Philadelphia: Westminster Press, 1964), P. D. Hanson, ed., *Visionaries and their Apocalypses*, IRT 2(Philadelphia: Fortress Press, London: SPCK, 1983), M. E. Stone, "Apocalyptic Literature," CRINT 2.2(1984): 383-441, J. J. Collins, *The Apocalyptic Imagination*(New York: Crossroad, 1984). *Apocalypticism in the Mediterranean World and the Near East*, ed. D. Hellholm(Tübingen: J.C.B. Mohr [Paul Siebeck], 1983).

유대인의 예배에 관해서는 다음의 책을 참조하라. A. Z. Idelsohn, *Jewish Liturgy and Its Development*(New York: Schocken Books, 1932), W. E. O. Oesterley, *Jewish Background of Christian*

Liturgy(Gloucester, Mass.: Peter Smith, 1965 [1925]). 회당에 관하여 다음과 같은 저서들이 있다. J. Gutmann, *The Synagogue: Studies in Origins, Archeology, and Architecture*(New York: Ktav Pub. House,(1975), A. D. York, "The Targum in the Synagogue and in the School,"*JSJ* 10(1979): 74-86. J. H. Charlesworth, "A Prolegomenon to a New Study of the Jewish Background of the Hymns and Prayers in the New Testment,"*JJS* 33(1982): 265-85. 메시아 사상에 관하여 다음의 책을 참조하라. J. Klausner, *The Messianic Idea in Israel*,3d ed., trans. W. F. Stinespring(New York: Macmillan Co.,1955).

랍비전통에 대해서는 유용한 저서가 3권 있다. G. F. Moore, *Judaism in the First Centuries of the Christian Era*, 2 vols.(New York: Schocken Books, 1927), S. Schehter, *Aspects of Rabbinic Theology*(New York: Schocken Books, 1961), H. L. Strack, *Introduction to the Talmud and Midrash*(New York: Atheneum, 1969 [1931]), E. E. Urach, *The Sages: Their Concepts and Beliefs*, 2 vols., trans. I. Abrahams(Jerusalem: Magnes Press, 1975). 다음과 같은 보다 최근의 저서가 있다. J. Neusner, *Judaism in the Beginning of Christianity*(Philadelphia: Forttess Press, 1984), "The Fellowship in the Second Jewish Commonwealth," *HTR* 53(1960): 125-42.

미드라쉬의 발전에 관하여 다음의 유익한 저서가 있다. G. Vermes, *Scripture and Tradition in Judaism*, 2d rev. ed.(Leiden: E. J. Brill, 1973). 주요한 텍스트로 다음과 같은 저서가 있다. C. Montefiore and H. Loewe, *A Rabbinic Anthology*(New York: Schocken Books, 1974), and G. W. E. Nickelsburg and M. E. Stone, *Faith and Piety in Early Judaism: Texts and Documents*(Philadelphia: Fortress Press, 1983).

쿰란의 사해사본에 대하여 다음과 같은 저서가 있다. F. M. Cross, *The Ancient Lirary at Qumran and Modern Biblical Studies*(Garden City, N.Y.: Doubleday & Co., 1958). 보다 최근의 저서는 다음과 같다. J. A. Fitzmyer, *The Dead Sea Scrolls: Major Publications and Tools for*

Study, Sources for Biblical Study 8(Missoula, Mont.: Scholars Press, 1977), G. Vermes, *The Dead Sea Scrolls: Qumran in Perspective*, rev. ed.(Philadelphia: Fortress Press, 1977), D. Dimant, "Qumran Sectarian Literature," CRINT 2.2(1984): 483-550. 기독교의 기원을 이해하는데 가장 적절한 쿰란문서는 다음 책을 참고하면 좋다. N. A. Dahl, "Eschatology and History in the Light of the Dead Sea Scrolls," in *The Future of Our Religious Past*, ed. J. M. Robinson, trans. C. E. Carston and R. P. Scharlemann(New York: Harper & Row, 1971), 9-28.

제3장

디아스포라 유대교

1세기에 팔레스타인 안에 거주한 유대인보다 다른 곳에서 산 유대인의 수가 훨씬 더 많다. 그러나 "디아스포라 유대교"라는 말은 "헬라화된 유대교"와 같은 뜻이 아니다. 첫째로 팔레스타인의 유대교에서 헬라화는 중대한 의미가 있다. 더욱이 디아스포라의 유대교의 형식은 다양했고, 반드시 "헬라화된 것"은 아니었다. 주후 200년 후에 랍비전통은 디아스포라에서 발전되었고, 메소포타미아의 아람어를 사용하는 학교가 중심지였다. 디아스포라 유대교와 헬라화된 유대교를 동일시하려는 경향은 우리가 가진 자료에서 비롯되었다. 1세기의 디아스포라 유대교에 대한 자료는 대부분 알렉산드리아에서 나온 것이다. 그 자료는 헬라화된 것인데 그 까닭은 모든 것이 헬라어로 기록되었기 때문만이 아니라 독특한 방법으로 그리스 문화를 수용하고 있기 때문이기도 하다. 게다가 헬라화된 유대교가 완전히 통일된 모습을 가진 것도 아니다. 필로의 작품 외에 메시아적이고 묵시적인 색채를 띤 「시빌의 신탁」(*Sybylline Oracles*)을 창조했다.

헬라화된 유대교와 디아스포라 유대교가 동일하지 않다면 이것들을 구분함으로써 어떤 가치가 있는가? 이와 같은 구별은 사회적 및 정치적 상황에 의하여 유대인의 생활이 발전되고 상징들이 영향을 받았기 때문에 인정된다. 디아스포라 유대교는 종교적 상징과 정치적 상징들을 끊임없이 동일화하려는 압력을 받지 않았다. 모든 유대인들이 끊임없이 직면하는 문제 곧 동화와 분리와의 사이의 긴장은 종교적 핍박과 정치적 압제에 의하여 그다지 영향을 받지 않은 배경에서 풀이되었다. 팔레스타인 땅에 대한 그들의 애착에 대하여 아무리 강하게 주장하더라도 고향에서 멀리 떨어져 살고 있는 그들의 생활은 땅과 종교가 서로 분리될 수 없는 자들에게 허락되지 않는 방법으로 다원론에 대처하지 않을 수 없었다.

그러므로 디아스포라 유대교의 양상들에 대한 이 스케치는 신중한 선택을 거치지 않을 수 없었다. 동방에 대한 자료는 후기의 정보 밖에 없기 때문에 취급을 하지 않는다. 서방에 대해서는 당시의 광범위한 자료가 있기 때문에 문제가 없다. 그 까닭은 기독교가 서쪽을 향하여 발전되어 갔고, 먼저 헬라식의 디아스포라 유대교를 만났고, 따라서 가장 깊고 영구적인 영향을 거기서 받았기 때문이다.

디아스포라 유대교의 범위 및 중요성

디아스포라는 결코 적은 무리의 문제가 아니었고, 근래의 현상도 아니었을 뿐 아니라 항상 유형의 결과로 되어지기만 한 것도 아니다. 이미 다윗과 솔로몬 시대에 유대인들은 수비대 군사로(삼하 8:6) 혹은 무역으로 나라 밖으로 나갔었다(왕상 5:14, 9:26-28, 10:15,22). 물론 주전 722년과 주전 586년의 유형으로 많은 유대인들이 앗수르와 바벨론으로 끌려갔고, 어떤 이들은 이집트로 이민을 가기도 했다(렘 43:6-7). 유형으로 다른 나라에 간 사람들 중에 돌아오지 않은 자들도 많았다. 그 결과로 1세기 경에는 디아스포라가 세계에 있는 대다수의 유대인을 위하여 유대인의 동질성을 전하는 것으로 자연스럽고 용인될 수 있고 또 이미 수 세기에 걸친 상황으로 받아들여졌다.

메소포타미아에서는 유대인의 인구가 워낙 많고 잘 조직화되었으므로 유대인의 학문의 중심지가 되었고, 중세기까지 그대로 유지되었다. 시리아의 경우에는 특히 다메섹과 안디옥시에 많은 수의 유대인이 살았다(*JW* Ⅶ.4.3, 참조. 행 9:1,20). 북아프리카의 키레네에는 프톨레마이오스 Ⅰ세(*Ant* ⅩⅣ.7.2)의 통치 시기에 유대인들이 정착하게 되었고, 제이슨(2 마카베오. 2:23)에 의하여 마카베오의 역사책을 여러 권 집필할 수 있을 정도로 문화가 발달되었고, 주후 115-17년의 반란 사건에서 일시적으로나마 성공할 수 있을 정도로 강성했다. 주전 3세기 말경에 유대인의 2천 가정이 바벨론에서 소아시아로 옮겨져서 대규모의 유대인의 생활 터전을 마련했다(*Ant* ⅩⅡ.3.4, 행 13:14, 14:1,6,24-25, 16:1). 1세기 경 아카이아와 마게도냐의 도시 중심지에 유대인 회당이 있었고(참조. 필로의 「*Embassy to Gaius*」 281 - 82, 행 16:13, 17:1, 10,17,18:4), 로마에도 유대인 사회가 있었다(행 28:17 - 24).

이집트에 거주하는 유대인들의 역사는 주전 6세기까지 거슬러 올라가며, 팔레스타인으로부터 이민하는 유대인들 때문에 계속 증가되었다. 필로에 의하면 이집트에는 1백만 명의 유대인이 있었다(*Against Flaccus* 43). 마카베오 시대에 예루살렘 제사장들을 반대하는 자들이 히에로폴리스에 경쟁적으로 성전을 세웠고(*Ant* ⅩⅢ.3.1 - 3), 그보다 일찍이 엘레판딘에 아람어를 말하는 유대인 군사의 식민지가 있었다. 대부분의 이집트의 유대인들은 알렉산드리아에 살았고, 여기에 풍부한 문학적 증거들이 남아 있다. 알렉산드리아에는 큰 도서관과 박물관이 있어서 그리스 세계의 지성의 수도가 되었으므로 이 문서들이 그리스 사상과의 생생하고 긍정적인 관계성을 보여준다. 무엇보다도 알렉산드리아에서 유대인의 문화와 그리스 문화와의 창조적인 접촉이 이루어진 것을 발견하게 된다.

고대 세계의 인구통계란 집계하기 어려운 것이지만 대략 7백만 명의 유대인이 살고 있었다고 추산된다. 그중에 2백만 명은 팔레스타인에 거주했고, 5백만 명은 디아스포라였다. 특정한 수보다는 그 비율이 더 중요하다. 좋든 나쁘든 디아스포라의 유대인은 충분히 눈에 띄는 존재들이었다. 동방 제국에서 인구의 15퍼센트 정도가 유대인이었고, 이들의 상호간의 밀접한 생활 때문에 드러나는 집단이었다. 요세푸스는 그리스의 역사가 스트라보의 말을 인용한다(주전 1세기 말경).

> 유대인들은 이미 각처의 도시에 살고 있었고, 이 부족을 받아들이지 않은 곳, 이 부족이 점령하지 않은 곳은 세계에 없었다(*Ant* ⅩⅣ.7.2, 참조. *Embassy* 281 - 82).

유대인들이 이와 같이 넓은 세계에 유입된 사실은 하나의 큰 비극으로 간주되어서는 안되며, 이방의 땅에서 주께 찬양하는 일을 금지당하는 상황에 떨어진 것으로 생각해서도 안된다(시 137:4). 적어도 주전 2세기 이후로 팔레스타인의 인구과잉으로(*Flaccus* 45 - 46) 대부분의 유대인들이 자신이 처한 곳을 만족스럽게 여겼다. 이들이 담당한 사회적 역할은 다양했다. 용병(엘레판딘 식민지와 같은 곳), 농부, 장색, 행상인으로부터 기업적 무역업자에 이르는 장사꾼 등 다양한 직업에 종사했다. 일부의 유대인은 부와 사회적 지위를 누렸다. 필로의 가족들이 이런 부류에 속했다. 그의 동생 알렉산더는 알라바크(*Ant* ⅩⅧ.8.1)였고, 직접 대표단을 이끌고 가서 칼리굴라 황제의 영접을 받았다. 디아스포라의 유대인은 사회의 모든 계층에서 볼 수 있었다.

디아스포라 유대교가 기독교에 대하여 직접적이고 중요한 것을 한 가지 가지고 있었는데 이는 회당이라는 한 말로 집약될 수 있다. 사도행전 15장 21절에서 야고보는 다음과 같이 말했다.

이는 예로부터 각 성에서 모세를 전하는 자가 있어 안식일마다 회당에서 그 글을 읽음이니라.

유대인들은 이민가는 곳마다 회당을 세웠다. 1세기에 디아스포라의 "기도하는 집"이었던 회당의 방대하고 뒤얽힌 조직망은 지중해 세계를 뒤덮고 있었다. 회당은 유대인의 동질성(*Flaccus* 48)을 유지하는 중심지가 되었고, 또한 기독교가 이방 세계로 진출하는 디딤돌이 되었다. 기독교는 그리스 문화권에서 설교하고 가르치고 예를 드리는 긴 전통을 물려받았다(*Embassy* 312). 회당에서는 토라의 칠십인역본을 사용했다. 유대인 학자들이 연구한 사본이 바로 칠십인역본이었다. 칠십인역본(헬라어로 된 구약성경)은 그리스의 디아스포라의 성경이요, 초대 그리스도인들의 성경이다. 특히 그리스도인의 자기 이해의 발전에 주요한 상징적 틀이 된다.

이방 세계에 독특하고 유일한 유대인의 단일신론에 대한 자각, 토라의 높은 도덕적 법전, 그리고 하나님의 백성이 된다는 매력적인 선언을 선전함으로 회당은 기독교의 복음화를 위한 준비가 되었다. 디아스포라에서(행 13:42-44,48, 14:1, 17:4) 기독교의 전도자들은 먼저 회당에 흥미를 느낀 이방인들 가운데서(*Apion* Ⅱ.282-86) 가장 먼저 선교의 성공을 경험하게 되었다. 무엇보다도 디아스포라 유대교는 고도의 다원론적인 환경 가운데서 그 동질성을 유지하려고 애쓰는 소수 집단이 직면하는 문제들과 가능성의 실례를 제공했다.

팔레스타인의 유대인이 아니라 디아스포라의 유대인이 자신의 동질성에 대한 상징적 표현을 찾고자 토라의 본문들을 연구했다. 그러나 상징에 대한 그들의 이해는 매우 다른 세상에서 토라를 읽음으로 얻은 체험에 의하여 형성된 것이다. 디아스포라의 유대인들은 그리스 문화에 관한 한 무한한 자유를 누리고 있었다.

그들은 하나님과 왕과의 사이에 선택을 강요당하지 않았다. 주후 1세기 전에 디아스포라의 유대인은 거주하는 폴리스 내에서 자치적인 그룹이 되고, 조상들의 관습에 따라 살 수 있는 권한이 부여되었다.

　　제국 안에서 유대인의 법적 지위를 정확하게 규정하기는 어렵다. 많은 유대인들이 개인적으로 완전한 시민권을 받기도 했고(*Flaccus* 53, *Embassy* 349), 한 집단으로서의 유대인은 폴리테우마 즉 자기 고유의 관습을 지키고 그 신을 섬길 수 있도록 허락을 받은 외국인 동족 집단의 범주에 든 것으로 보인다(참조. *Apion* Ⅱ.35-47). 알렉산드리아에서는 유대인들이 분쟁을 해결하는 재판소의 기능(*Ant* ⅩⅣ.7.2)을 담당한 일단의 장로(gerousia)에 의하여 통치를 받았다. 몸을 서로 가까이 하고 있을 때 토라를 지키는 것이 힘이 덜 들기 때문에 유대인들은 강제성은 없지만 서로 가까운 거리에서 살려고 노력했다. 1세기에는 게토(유대인 거리)가 없었다.

　　유대인들이 자유를 누렸을 뿐 아니라 상당한 특권을 누린 것으로 보인다. 예를 들면 폴리스의 구성원들에게 요구되는 혼합적인 예배에 참석하는 의무를 면제받은 것으로 보인다. 이에 대한 문서 상의 증거는 찾아볼 수 없지만 그 특권이 중지될 위험에 처했을 때 표현된 말들을 보면 그전부터 상당히 오랫동안 지속되었던 것으로 보인다(*Flaccus* 47, *Embassy* 117, 134, *Apion* Ⅱ.71-71). 유대인들은 정규적으로 회당에서 모임을 갖는 것이 허락되었다(*Embassy* 312). 안식일을 지키기 위하여 하루 쉬는 것이 허락되었다(*Embassy* 156). 많은 유대인들이 자원하여(*Apion* Ⅰ.200-204) 군사의 의무를 다했으나 원칙적으로는 면제를 받았다(신들의 조상 아래 행군하는 순서가 있기 때문). 가장 놀라운 일은 온 세상의 유대인들이 거룩한 기금으로 해마다 성전세를 예루살렘으로 보내는 것을 제국이 인정해 주었고, 그 도성으로 운반하는 것을 보호해주었다는 사실이다(*Embassy* 21, 313). 간단히 말하자면 디아스포라 유대인은 토라를 지키고, 그 상징들로 자신의 동질성을 형성할 수 있는 놀라운 자유가 있었다. 그러나 다원론적인 문화 조류 속에서 소수 집단이라는 사실 때문에 그 동질성을 지키는 일은 간단하지 않았다.

디아스포라 생활의 종교적 및 문화적 긴장

　1세기의 디아스포라 유대교는 모든 의도적인 집단처럼 상반되는 세계 사이에서 긴장을 느꼈다. 한편으로 동화하게끔 유혹하는 주도적인 문화의 강력한 호소가 있었고, 다른 한편으로는 유대인은 세상과 분리되어야 한다는 조상들이 간길에의 부르심이 있었다. 각 집단과 유대인 개개인은 이 긴장을 다른 각도로 해소했고, 이들의 해결책들은 서로 마찰을 일으키기도 했다.

　주도적인 문화적 상황에의 동화는 자연스럽고 이해할 수 있는 문제이다. 사회는 개인이든 집단이든 그 관습에서 벗어나려는 자에게 큰 대가를 치르게 만든다. 한 사회에서 이질적인 삶을 영위한다는 것은 어렵고, 또 어려운 일로 보인다. 그리스 문화에의 동화는 그리스식 이름을 사용함으로 시작된다. 사울을 바울로 바꾸어 부르는 것은 단순히 히브리식 이름을 헬라어의 "대중적인" 형식으로 바꾼 것에 불과했다(행 13:9). 다른 경우를 보면 완전한 그리스식 이름을 사용하고 있다. 제2 마카베오서 4장 7절에 나오는 야손, 스데반, 빌립, 그리고 사도행전 6장 5절의 다른 "헬라주의자들"의 경우는 유대인이면서도 완전한 그리스식 이름을 사용한 예들이다.

　이름을 바꾼다는 것은 주도적인 문화의 언어를 받아들이는 정도를 시사한다. 1세기 경에 대부분의 디아스포라 유대인들은 히브리어를 알지 못했고, 여러 세대에 걸쳐서 오직 헬라어만을 사용했다. 그들에게 있어서 헬라어는 이미 외국어가 아니고 모국어였다. 이런 상황이 벌써 오래 계속되었으므로 필로 당시에는 토라를 헬라어로 번역한 칠십인역본(LXX)은 벌써 이백년이나 되었다(참조. *Life of Moses* Ⅱ.25–40).

　토라의 헬라어 번역은 많은 상징들의 변화를 의미한다. 모든 번역은 일종의 해석이다. 칠십인역본을 번역할 때 신중을 기하여 문자적으로 번역하려고 노력했으나 히브리어에서 헬라어로 번역하는데는 빼는 일과 덧붙이는 일을 전혀 배제할 수는 없었다. 왜냐하면 이 두 언어의 구조가 너무나 상이하기 때문이다. 개별적인 단어를 두고 보더라도 공명을 잃어버리고 다른 뉘앙스가 덧붙여지는 과정이 여실히 드러난다. 예를 들어 "영광"이란 단어를 보면 히브리어의 어원인 "무게" 그리고 "존재"라는 의미가 상실되고, 다른 헬라어의 용법으로부터 "모양" 그리고 "광휘"의 의미가 보태어졌다. 헬라어의 "율법"(노모스)이란 단어는 히브리어의 토라란 말과 비교해보면 적용과 관념 작용이 다르다. 이와 같은 의미의 상실과 추가의 과정은 헬라어를 말하는 유대인들에게 심각하게 느껴지지 않았다. 왜냐하면 그들은 비교의 기준을 이미 상실한 상태에 있었기 때문이다. 이사야 7장 14절에서 'parthenos'가 아들을 낳는다는 구절을 칠십인역본으로 읽는 디아스포라 유대인은 '동정녀'를 의미하는지 의문을 제기하지 않을 것이다. 본문이 그렇게 말하고 있고, 칠십인역본은 성경이라는 이해뿐이었다. 게다가 칠십인역본 중에서 번역이 자유롭게 된 부분에서는 헬라어 탈굼과 같이 되었는데 회당에서 그것을 듣는 사람들은 알지 못했다.

그리스 문화에 동화하는 작용을 도운 또 하나의 사회적 구조는 바로 교육이다. 알렉산드리아에서 자라난 필로 같은 유대인은 전적으로 그리스 교육을 받는 것은 정상이며 토라에 위배되지 않는다고 생각했다. 사실 토라 자체가 그리스의 지혜(소피아)를 표현했고, 특히 "솔로몬의 지혜" 같은 작품들에서 그런 면이 두드러진다. 학교에서 공부하고 짐나지움에서 체육을 배우는 것은 팔레스타인에서의 경우와 같이 조상의 길에서 벗어나는 것이 아니었다(참조. 2 마카비 4:10-17). 그리스의 시가와 철학을 공부하는 것이 토라의 연구와 충돌되는 일이 아니었다. 토라 자체에 그리스 문학의 부정적인 측면, 우상숭배에 대한 충분한 교정 수단이 포함되어 있었다.

이런 상황에서 유대교의 상징과 그리스의 상징이 종합되는 것은 불가피한 과정이었고, 숨을 쉬는 일처럼 무의식적이고 자연스럽게 이루어졌다. 그 당시 그리스 문화권에서 성장한 필로가 토라에 기록된 믿음의 영웅들을 보고 철학적 삶의 본보기로 생각할 수밖에 없었다. 토라의 여자적 의미가 이해하기 어렵게 되었을 때 호머의 시와 그에 대한 해설을 읽고서 배운 우화적 방법을 사용하여 문제를 해결하려고 시도할 수밖에 없었다.

디아스포라의 다른 흥미있는 사실은 분리주의를 지킨 것이다. 유대인들이 아무리 헬라화되어도 이교도들 가운데서 구별되어 자신의 동질성을 유지하고 있었다. 그들은 놀라울 정도로 팔레스타인과 적극적인 관계를 유지했다. 그들은 해마다 성전세를 바쳤고, 순례의 즐거움을 만끽할 수 있는 형편이 되면 예루살렘으로 올라갔다. 예루살렘의 당시의 디아스포라의 유대인들로 붐볐다(행 2:5-11). 그들은 고향 땅의 정치적 운명에 흥미를 가지고 순응했고(*Embassy* 188), 제이슨과 요세푸스의 역사와 같이 유대인의 선전자가 되었다.

자신의 생활의 궁극적이고 만족하는 규범으로서의 토라에 대한 충성은 이웃의 이교도들로부터 자신을 진실로 구별하게 만들었다. 디아스포라의 유대인은 호머의 작품에서 아름다운 것을 발견했지만 진정한 지혜는 오직 모세의 토라에서 찾을 수 있었다. 플라톤의 저서에서 유토피아에 관한 것을 읽을 수 있었으나 오직 토라에서 제사장 백성의 구조를 찾을 수 있었다. 회당에서 토라를 읽고 들음으로 기도할 내용을 거기서 얻었다. 토라가 있음으로 사회적인 압력이 있을 때도 안식일을 거룩하게 지키고, 절기들을 지켰다(*Flaccus* 117). 토라가 있음으로 이웃들에게 야만인으로 비치는 때도 있지만 음식에 대한 규례를 지키고 할례를 행했다. 토라에 있는 동일한 상징의 세계를 공유하고 있었으므로 디아스포라의 유대인들은 팔레스타인 유대인들과 긴밀한 관계를 유지하고, 혼인을 신고하는 공문서를 성전에 보내기도 했다(*Apion* Ⅰ.32 - 36). 아마 팔레스타인의 유대인보다 오히려 디아스포라의 유대인이 토라에 대한 강렬하고 독특한 충성심 때문에 백성의 일부로 남아 있었다(*Apion* Ⅱ.232 - 35).

유대인들의 주장만큼 배타적인 종파는 없었다. 어떤 철학파도 이들의 주장만큼 포괄적이지 못했다. 디아스포라의 유대인의 독특한 점은 이방인 이웃들에게 다양한 반응을 불러일으켰다. 한편으로 지배자들과 교육수준이 높은 자들은 긍정적인 반응을 보였다. 세련된 그리스인들은 일반적으로 "야만인들"에게 흥미를 느꼈고, 갈대아인들과 이집트인들도 흥미의 대상이었다. 철학자들은 유대교를 고대의 가치있는 지혜의 체계로 보았다. 유대인들의 강한 사회적 결속력은 감동을 주어 많은 개종자들과 이교도 가운데서 하나님을 경외하는 자들을 끌어들였다(*Apion* Ⅱ.179 - 96). 1세기의 유대교는 도전적이고 성장하는 현상을 보였다.

다른 종교의 사제들같이 유대인들의 주장에 위협을 느낀 자들과 교육 수준이 못미치는 자들 가운데서 유대인은 그들과 다른 점들 때문에 끊임없는 자극적인 존재가 되었다. 유대인들에 대한 호의는 금방 적의로 바뀌곤 했다(*Embassy* 120 - 26, *Apion* Ⅱ.32). 유대인들이 누린 공식적인 특권은 다른 사람들에게 불만의 대상이 되었다. 그들은 유대인들이 폴리스에서 덕을 보면서 지역 사회를 위하여 보답하는 것은 없다고 생각하게 되었다. 폴리스를 수호하는 시민들의 신을 섬기는 일에서 제외되었다(*Apion* Ⅱ.65). 폴리스의 공공사업에 바쳐야 할 돈을 외국의 성전에 바치고 있었다. 유대인들이 그리스 문화의 혜택을 입으면서 지역 사회에 대한 의무는 하지 않았다. 안식일을 지키는 일도 주말 제도가 없는 세상의 경영에 걸림돌이 되었다. 제국의 특전과 지방의 동의가 한데 어우러진 그 혜택은 영구적인 것은 아니었다. 유대인들이 다른 시민들과 섞이지 않으므로 이들의 구별주의에 대하여 반감을 갖는 자들에 의하여 인류애를 거스린다는 죄로 고발될 수 있었다.

반유대주의는 프톨레마이오스 2세의 통치시대에 알렉산드리아에서 싹튼 것으로 보인다. 마네토라는 이집트 사제가 쓴 이집트 역사 중에 유대인들이 좋지 못한 역할을 했다는 기록이 있다(*Apion* I.227-250). 그 해설은 모세와 유대인에 대한 상스러운 제안으로 이루어져 있고(I.249), 길고 음울한 증오의 역사의 반복으로 시작된다. 이런 고발은 1세기에 흔히 볼 수 있는 일이었다. 유대인은 무신론자이다. 왜냐하면 그들은 신들을 섬기지 않고, 그들의 신은 보이지 않기 때문이다. 혹은 아마 당나귀의 머리를 섬기는 것이었다(*Apion* II.80). 아마 이방인들이 유대인에게 붙잡혀 죽임을 당하고 먹혔다(II.92-96). 유대인들의 모든 관습은 조롱과 빗댐의 대상이 되었다(*Apion* II.137-42). 그러나 가장 끊임없이 제기된 문제는 진정한 분개의 원인을 나타내는데 그것은 바로 사람을 불신한다는 평이었다(*Apion* II.121-24, 291). 다원론적 세계에서 독특한 진리를 지니고 있다고 주장하면 미움을 받을 수 있다. 사실 사람을 불신하고 다른 사람들과 섞이지 않는다고 비난을 받은 두 그룹이 있었는데 이들은 교의적 틀과 강한 집단의 연대성을 지닌 에피쿠로스학파의 사람들과 그리스도인들이었다.

유대인의 변증적 반응

소수 그룹이 그 독특한 성질에 대하여 공격을 받으면 세 가지 길로 반응을 나타낸다. 동화하려는 노력을 강화하여 비판자들과 어울리게 된다. 혹은 구별되는 특성을 더욱 강화하고 표면과 내면이 다른 정신을 함양한다. 혹은 자신의 삶의 길을 다른 사람들에게 설명하고 옹호하려고 할 수 있다. 이 마지막 태도가 바로 변증의 길이다. 세 가지 방식 중에 변증하는 것이 가장 탁월한 방법이다. 당황하여 동화하려는 태도보다 비겁하지 않고, 극단적으로 교제를 거부하는 것보다는 융화적이다. 보다 넓은 안목으로 본다면 알렉산드리아의 유대교의 많은 저작물들은 같은 언어를 사용하면서 다른 신들을 경배하는 자들에게 토라의 아름다운 독특한 길을 보여주려고 시도한 변증이었다고 말할 수 있다.

유대인들의 변증적인 문학은 선택된 토픽과 정연한 논증을 통하여 초기 그리스도인의 작품들을 이해하는데 도움이 된다. 그러나 무엇보다도 그런 기도의 특성이 중요하다. 변증은 상대방 그룹의 관점에 대한 자신의 진술이다. 변증적 저술에서 부패된 이교도의 세계에 대한 유대인과 그리스도인의 가장 완곡한 치렛말을 읽을 수 있었는지 모른다. 내부의 사람들에게도 시사하는 바가 있었다. 유대인들은 보다 넓은 세상에 살고 있고, 다른 사람들의 오해로 생긴 간격을 좁히려고 노력했고, 그리고 공유하고 있는 문화를 통하여 서로 이해할 수 있는 가교를 만들 수 있다고 확신하고 있었다.

변증이란 표면적으로는 설득할 목적으로 외부인들에게 제언하는 것이지만 실제로는 내부인들이 긍지를 갖게 하려는 목적도 있다. 다른 사람에게 우리 자신을 지성적인 사람으로 보이게 만들려는 것은 자신을 지성적인 사람으로 만드는 것이다. 변증을 통하여 그룹의 동질성을 이해시키려고 노력할 때 그 그룹의 동질성이 강화된다. 그러나 그 과정에서 그룹의 상징 자체가 변하게 된다. 외부인들에게 우리의 입장을 분명하게 밝히려면 그들이 잘 알고 있는 언어와 상징을 사용해야 한다. 우리의 목적은 보다 넓은 이해와 관용이다. 우리는 불가피하게 자신의 자화상을 외부인이 용납할 수 있고 이해할 수 있는 모습으로 그려야 한다. 연속성과 보편성이 의견의 차이와 특성보다도 더 강조되어야 한다.

대체로 상이점의 범주는 외부인이 제시하게 된다. 알렉산드리아의 유대인의 경우에는 그리스 지혜의 범주가 바로 그것이었다. 그러므로 변증 문학에 있어서는 유대교가 그리스 철학의 형식보다 무한히 월등한 것으로 나타난다. 가장 명확한 예를 들자면 요세푸스가 팔레스타인의 유대교에 대하여 기술한 내용이다(*JW* II.8.2). 요세푸스는 그들을 철학파들로 부르고, 그들의 가르침을 스토아학파, 에피쿠로스학파, 그리고 피타고라스학파의 교훈과 같은 것으로 취급했다. 그는 유대인들을 그리스인 독자들에게 지성적으로 비치게 만들었고, 또한 같은 유대인들을 위하여 그들의 사상을 재해석하게 만들었으며, 유대인들이 자신을 철학자로 생각하게끔 유도했다. 토라는 하나의 지혜의 형식이 아닌가?

솔로몬의 지혜(주전 1세기)에서는 고대의 유대인들의 지혜의 전통이 분명히 그리스의 형식으로 설명되어 있다. 선과 악에 대한 표현이 많고, 불멸성의 개념이 중요한 역할을 하고 있지만 창조에서 광야 생활까지의 이스라엘의 전 역사는 인격화된 지혜(소피아)의 사역으로 설명된다. 7장 25-26절에서 다음과 같이 말했다.

지혜는 하나님의 능력의 숨길이요, 전능하신 이의 영광의 순수한 발산이요 … 영원한 빛의 반사요, 하나님의 행하신 일의 거울이요, 그리고 그의 선하신 형상이다.

출애굽의 기사를 설명하는 중에 저자는 우상숭배에 대하여 비난하며(13-16장), "하나님을 알지 못하는 모든 사람들은 본성적으로 어리석다"(13:1)고 말했다. 물론 선지자들의 경우에는(참조. 사 44:9-20) 이런 책망이 표준적이지만 지혜 문학에서는 이교도의 상태에 대하여 연민을 나타내고 있는데 선지자들에게는 그런 일을 찾아볼 수 없다(13:5-7).

… 왜냐하면 피조물들의 아름다움과 광대함을 볼 때 그 창조자를 기억할 것이기 때문이다. 그러나 이런 사람들을 그다지 비난할 바는 아니다. 왜냐하면 이들이 하나님을 찾고 만나기를 열망하면서 곁길로 나갈 수 있기 때문이다. 창조된 것들이 아름답게 보이기 때문에 이들이 하나님의 만드신 것들 안에 살면서 계속해서 찾고, 그들이 본 것을 신뢰하기 때문이다.

이 몇 줄의 글이 놀라울 정도로 간결한 방법으로 유대인들의 신앙이 얼마나 철저하게 그리스적인 사고와 깊이가 결합되어 있는가를 보여준다.

어떤 주제들은 헬라화된 유대인들의 변증적인 문학 작품에 자주 등장한다. 옛 것이 새 것보다 더 낫고, 동방의 것이 서방의 것보다 더 나은 문화 속에서 유대교의 깊은 역사성과 동방의 뿌리는 매력적인 특징이었고, 따라서 강조되었다. 회당 예배의 순수성과 아름다움은 이교도의 종파에 잘 비교되었다. 토라의 율법은 유대인이 사람을 싫어한다는 고발에 맞서기 위하여 인간애적인 것으로 비쳐졌다.

고대의 주제가 가장 조잡한 형태로 일종의 문화적 건달이 될 수 있었다. 한 전통이 다른 전통보다 더 오래된 것이라는 주장이 입증될 때는 상당한 무게를 지니게 되었는데 특히 1세기의 문화적으로 보급된 역본들에서 취급되었을 때 그러했다(*Apion* Ⅰ.7-8). 어떤 사본에서는 모세가 그리스 신들보다 더 먼저 있었을 뿐만 아니라 그리스 문화의 시조라고 주장했다(*Apion* Ⅱ.168). 요세푸스는 피타고라스가 모세(*Apion* Ⅰ.165)에게서 배웠고, 모든 철학자들의 아이디어가 히브리의 지혜에서 따온 것이라고 주장했다(*Apion* Ⅱ.281). 알렉산드리아의 아르타파누스 단편 3에서 이런 주장이 가장 놀라운 방법으로 언급되었다(주전 2세기 중엽).

게다가 이 모세는 오르페우스의 교사가 되었다. 성년이 되어 그는 인류에게 많은 유용한 공헌을 했다. 사실 그는 배, 돌을 놓은 기계, 이집트인의 무기들, 물을 긷는 장치, 전투에 필요한 장치들, 그리고 철학에 대한 연구 등을 발명했다. 그는 나라를 서른여섯 노메스로 나누고, 각 지역에서 숭배하는 신에게로 돌렸다. 또한 그는 성스러운 책들을 제사장들에게 맡겼다.

모세의 시대적으로 앞선 것과 그리스 철학의 시조(이집트의 우상숭배는 말할 것도 없고)라는 주장 외에도 그의 발명품들이 유용하고 인간적이라는 점을 강조했다. 요세푸스는 유대인의 것들이 시대적으로 앞섰다는 점을 끊임없이 강조했다(유대인의 역사에 대한 저술에 「고대사」(*Antiquities*)라는 타이틀을 붙인 것이 우연이 아니다). 「*Ant* Ⅰ.16」에서 요세푸스는 그의 출전인 모세오경의 저자 모세에 대하여 다음과 같이 말했다.

그는 2천년 전에 태어났다. 감히 어떤 시인도 섬기는 신들의 연대를 그렇게 먼시기로 잡지 않았고, 죽을 운명에 놓여 있는 사람의 활약상이나 법률은 더 말할 나위가 없다.

이런 문화적 경쟁은 디아스포라에서만 나타난 현상이 아니다. 주전 2세기 중엽부터 이런 단편이 있었다. 팔레스타인 유대인 유폴레무스(단편 1)는 다음과 같이 말했다.

모세가 최초의 현인이 되었고, 유대인들에게 알파벳을 가르친 최초의 인물이다. 페니키아 사람들은 유대인들로부터 알파벳을 배웠고, 그리고 그리스인들은 페니키아인들로부터 그것을 배웠다. 모세가 유대인들을 위하여 율법을 기록한 최초의 인물이다.

이런 구절에서 분명하게 알 수 있는 바와 같이 모세는 유대인의 변증 문학의 중심적 인물이었다. 모세에 대한 묘사에서 우리는 성경의 인물이 그리스적인 사고에 따라 형성된 인물로 변형된 것을 발견하게 된다. 스토아철학 견유학파의 철학(필로에서도 그렇다. 참조. *Embassy* 81,90)에서 헤라클레스를 다룬 방식과 헬라화된 유대인의 변증 문학에서 모세를 다룬 방식이 똑 같다. 과거의 영웅이 현대적 경험과 확신의 상징을 통하여 인식된다. 모세는 철학자 왕과 같은 인물이 된다.

이미 플라톤의 「국가」(473D, 540D‑E)에서 이상적인 통치자는 철학자로서 왕인 사람이었다. 이런 사람은 자신이 지혜자요 인격적으로 함양된 사람이기 때문에 지혜롭게 통치할 수 있었기 때문이다. 그리스 시대의 왕권에 논설에서 같은 주제가 발견된다(Dio *Oration* 1.34‑35, 2.26, 4.78‑139). 다시 한번 우리는 헬라화된 유대인의 작품 「아리스테아스의 편지」(*Letter of Aristeas*)에서 그것을 발견하게 된다. 이 작품은 칠십인역본의 번역에 관한 이야기를 말하려는 의도에서 쓰여진 것이지만 유대인의 선전문이기도 하다. 이 작품은 심포지엄의 동기를 플라톤의 저서에서 땄다. 왕이 72명의 유대인 번역자들을 향연(181)에 초대하고, 그 긴 세월에 걸쳐서 선에 관하여 그들에게 질문한다(187‑293). 마치 예언처럼 흘러나오는 그들의 답변은 왕을 놀라게 만들고, 유대인의 지혜의 탁월성을 보여주었다. "이들은 항상 하나님을 출발점으로 삼기 때문에 행위와 논증에 있어서 그리스 철학자들보다 월등했다(235). 왕들이 제시한 문제들은 왕권의 특성과 좋은 정치적 수완에 관한 것이었다(211, 222, 265, 271, 279). 학자들은 왕의 갖추어야 할 덕에 대하여 전형적인 모범들을 이야기하고, 진정한 지혜(sophos)는 하나님을 경외하고 그의 계명들을 지키는 것이란 말을 덧붙였다. 이 저술에서 철저히 그리스의 문학 장르와 철학적 토픽(topos)을 사용했는데 이 두 가지가 다 유대인의 윤리적 교훈을 나타내는데 쓰였다. 모세를 완전한 철학자 왕으로 높이는 사상은 이런 맥락에서 이해된다. 왜냐하면 모세는 정말로 백성의 인도자요, 토라에서 그의 지혜를 나타내었기 때문이다. 플라톤이 이상적인 지도자 상을 생각하기 전에 모세는 현명한 통치자의 모델이었다. 그래서 요세푸스가 모세의 죽음에 대하여 묘사할 때 다음과 같은 말로 형용했다(*Ant* Ⅳ.8.49).

> 그는 일백이십년을 살았고 … 세상의 모든 사람들보다도 지혜에 뛰어났고, 자신의 깨달음의 열매를 가장 고귀하게 사용했다. 무리들에게 연설을 하고 교훈을 줄 때 모든 면에서 사람들의 마음에 들었다. 그는 자기의 마음에 담아둘 자리가 없어서 쏟아내는 것처럼 자신의 열정에 따라 말했고, 그 모든 내용은 다른 곳이 아닌 바로 자신의 영혼 속에서 본 것이었다. 장군으로서 그에게 필적할 사람이 없었고, 그는 마치 우리가 하나님께 직접 말씀을 듣는 것처럼 말했으므로 그와 같은 선지자도 없었다.

모세를 선지자로 언급한 것 외에도 요세푸스는 수사학의 기교에 뛰어나고, 입법에 학식, 관리력, 그리고 덕을 갖춘 현인이요, 전쟁에서 뛰어난 지휘자로 묘사했다. 이런 인식은 요세푸스의 독특한 생각이 아니었다. 필로는 그의 저서 모세의 생애에서 모세가 법을 수여하는 직임(Ⅱ.8-65), 대제사장직(Ⅱ.66-186), 그리고 선지자직(Ⅱ.187-291)을 완전하게 수행한 것을 보여준다. 이 모든 것은 성경적 범주이다. 그러나 필로는 모세를 왕으로 삼고 이 모든 것을 소개한다 (*Moses* Ⅰ.148).

이 모든 자들 가운데 지명된 지도자는 모세였는데 그가 직위와 왕권을 받은 것은 다른 사람들과 같지 않았다. 무기, 병기, 보병대, 기병대, 그리고 해군 등의 물리력으로 지위를 차지한 사람들과 달리 그 선행과 행동의 고상함과 언제나 누구에게든지 베푸는 관용의 덕으로 지도자로 선정된 사람이 모세이다. 또한 그의 직책은 선행과 고귀한 행위를 보시기를 기뻐하시는 하나님께서 그에게 합당한 상급으로 주신 것이다.

필로의 작품에서 모세뿐 아니라 모든 족장들이 지혜자로 변용되었는데 모두가 그와 같이 선행과 지혜의 구비했다. 그러나 모세는 모든 덕의 구현이며, 입법활동과 전 생애를 통하여 모든 사람의 귀감이었다(*Moses* Ⅰ.158).

왜냐하면 그는 모든 족속의 신이요 왕으로 불리웠기 때문이다. 그리고 그는 '하나님의 계신 암흑으로 가까이' 갔다고 한다(출 20:21). 즉 모든 것의 비물질적인 모델인 보이지 않고 볼 수 없는 실체로 나아갔고, 죽을 운명의 존재들에게 결코 계시된 적이 없는 일들을 알게 되었다. 그리고 그는 자신과 자기의 생명을 매개자에게로 가까이 접근시켰고, 그래서 지극히 아름답고 거룩하게 형성된 대상을 내보이게 되어서 그것을 복사하기를 원하는 자들에게 모델이 되었다. 자신의 영혼 위에 이 이미지를 복제하거나 그렇게 하는 사람은 복이 있으리라.

요세푸스, 필로, 그리고 다른 헬라화된 유대인 작가들이 유대인들을 위한 친구를 얻으려고 고의적으로 성경적 증거를 왜곡시키는 일을 했다고 생각하는 것은 잘못이다. 요세푸스는 진정으로 자신이 가장 정신이 바른 역사가여서 빼거나 꾸미는 일이 없음을 우리에게 고백했다(*Ant* Ⅰ.17). 그렇다면 무슨 일이 벌어지고 있었는가? 토라의 상징들의 변형은 단순하다. 저자의 독자들과 저자 자신이 잘 알고 있는 언어로 번역할 때 무의식적이고 직관적인 과정 중에서 변형된 것이다. 요세푸스와 필로가 족장들을 지혜자들로 묘사할 때 다만 본문에서 본 것을 우리에게 이야기할 뿐이다. 사실 이런 묘사들을 통하여 우리는 유대교의 확고한 옹호자들조차도 그리스 문화에 얼마나 깊이 동화되었던가를 알 수 있다.

알렉산드리아의 필로

알렉산드리아의 필로(주후 약 50년)는 1세기의 디아스포라 유대교에서 바울 다음으로 가장 두드러지고 모호한 인물이다. 그의 중요성을 평가하는데 어려운 것은 우리의 자료 때문이다. 필로는 초대 그리스도인 작가들에게 많은 사랑을 받았고, 그들은 이 다작의 작가의 작품을 많이 보유하고 있었다. 요세푸스를 제외하고는 그가 그 시대와 신앙을 대변할 수 있는 유일한 인물이다. 그가 독특한 경우의 인물인지 혹은 대표적인 인물인지 우리는 알 수가 없다. 우리가 필로에게서 발견하는 많은 것이 다른 곳에서도 병행되고 있지만 그가 자신의 독특한 방법으로 여러 요소들을 종합했다는 증거가 있다.

신약성경을 이해하는데 있어서 필로의 중요성은 그가 이해한 개념들이 초기의 그리스도인의 작품에서 발견되는 것들보다 앞선 것으로 보인다는 사실에 있는 것이 아니다. 예를 들면 로고스 즉 "말씀"의 개념을 하나님과 인간과의 사이의 중재자로 보는 것(참조. 그 후사는 누구인가? 205-6, 참조. 요 1:1-2, 히 1:1-3)과 토라의 요구하는 바는 모세의 율법을 받지 않은 자들에게서도 구체화될 수 있다는 사상을 가진 것이다(*On Abraham*, 참조. 롬 2:12-16). 필로의 사상적 경향과 같은 사상이 신약성경에서 문제를 논의할 때 전제적으로 사용된 경우가 있다고 해서 그의 중요성이 인식되어야 하는 것은 아니다(참조. 고전 15:45-50, 히 7:4-9). 때로는 그런 연관성이 인상적이지만 크게 다른 구조 속에서 한 가닥의 유사성으로 남아 있을 뿐이다.

신약성경의 연구를 위하여 필로가 대단히 중요한 까닭은 쿰란의 중요성과 흡사하다. 다양한 전통들이 단일한 환경 안에서 어떻게 공존할 수 있는가를 쿰란 공동체가 우리에게 시사한 바와 같이 필로는 한 디아스포라 유대인의 생각과 마음 속에서 어떻게 다양한 전통들과 관점들을 지니고 하나의 일관성 있는 비젼으로 만들어 낼 수 있는가를 보여준다. 필로가 어떻게 다양한 요소들을 동시에 갖추고 있을 수 있었는가를 이해함으로 또 한 사람의 다양한 면모를 갖춘 디아스포라의 유대인 다소의 사울이 어떻게 서로 상반되는 듯한 요소들을 자신 속에 지니고 있을 수 있었는지를 이해하는데 도움이 된다. 사회적 전승과 필로의 개인적 경험이 어떻게 토라에 대한 재해석을 이끌어낼 수 있었는가를 봄으로 히브리서의 저자가 유사한 전승과 전혀 다른 종교적 체험을 종합하여 비슷한 것 같으나 분명히 다른 토라의 재해석을 시도한 것을 우리가 이해하는데 도움이 된다.

필로는 그리스 문화권 안에서 전혀 불편함이 없었다. 그는 히브리어를 잘 알지 못했고 칠십인역본(LXX)으로 토라를 읽었다. 그는 토라와 동시에 호머를 인용할 수 있었고, 때때로 그것들을 나란히 인용했다(*On Dreams* 152-62). 그는 호머의 작품에 잘 적용된 우화적 해석방법에 익숙한 사람이었다(*Embassy* 93-113, *On the Decalogue* 54). 그가 철학적 사상들을 잘알고 있었고 전형적인 절충주의적 방식으로 그것들을 사용했지만 그 자신이 조직적인 사고의 사람은 아니었다. 그는 피타고라스학파의 영향을 받아 수를 좋아했고, 토라를 읽을 때 그보다 깊은 의미를 해석할 기회가 주어지면 항상 기뻐했다(*Decalogue* 20-31). 플라톤주의도 그에게 확실한 영향이 있었다. 예를 들면 창세기에서(1:26-27, 2:7) 사람 창조에 대한 두 번의 설명이 있음을 보고 첫번째 창조는 하늘에 있는 원형 즉 양성을 가진 사람의 창조라고 주장했다. 다만 물질계의 창조에서 양성이 구분된 것을 보게 된다(참조. *Allegorical Interpretation* Ⅰ.31, 창세기에 대한 질문 Ⅰ.4). 마찬가지로 하나님께서 모세에게 산에서 보이신 대로 "식양 대로" 장막을 만들라고 지시한 출애굽기 25장 40절의 칠십인역본의 구절을 필로는 철저하게 플라톤의 방식대로 해설했다. 히브리서의 저자도 8장 5절을 그런 식으로 설명했다(참조. *Questions on Exodus* 82, *Allegorical Interpretation* Ⅲ.102).

필로의 그리스 문화에 대한 소양은 토라에 대한 그의 해석에서 가장 명백히 드러난다. 스토아학파의 사람들이 호머의 시에 나타난 어려운 것들을 해석하기 위하여 우화를 사용한 것처럼 필로는 토라의 깊은 의미를 나타내기 위하여 우화적 해석방법을 사용했다. 본문의 문자적 의미가 그에게는 중요하지만 때때로 해결할 수 없는 어려움을 안겨주기도 한다. 상반되게 보이는 것, 불가능한 일로 보이는 것, 그리고 추문들이 그런 것이었다. 토라의 진정한 의미는 모세에게 영감을 주어 기록하게 한 영의 차원에서, 즉 영적 해석을 통하여 이해되어야 한다. 이것은 우화적 해석을 의미한다. 가인의 추방과 그의 후손들(1-11)이란 저서에서 필로는 창세기 4장 16절("가인이 여호와의 앞을 떠나 나가 … ")을 다음과 같이 주석한다.

모세가 하나님의 말씀을 전하는 자로 활동하는 성경의 말씀을 우리가 비유적으로 해석해야만 되는가라는 문제가 제기된다. 왜냐하면 그 말씀들을 문자적 의미로 받아들일 때 주는 인상이 진리와 크게 상반되기 때문이다. 왜냐하면 만일 존재자께서 얼굴을 가지셨다면 … 어떤 근거로 우리는 에피쿠로스학파의 불경건한 교의, 혹은 이집트인의 무신론, 혹은 온 세상에 가득찬 연극과 시의 신비적인 구성을 거부하는가? … 우리가 해야 할 남은 한 가지 일은 주어진 명제들이 문자적으로 의도된 것은 하나도 없고 따라서 철학적인 사람들에게 친숙한 우화적 해석의 길을 취하기로 마음에 결정을 내리는 것이다 … ."

필로는 문자적 해석에는 완벽할 정도로 뛰어난 사람이었다. 그의 많은 저서를 보면(예. *Life of Moses*) 그는 문자적 이야기를 조심스럽게 설명한다. 그러나 그는 결코 우화적 해석과는 거리가 멀지 않았다. 그보다 앞선 우화적 해석가들처럼 그는 어원을 많이 이용했다. 이런 방법으로 「요셉에 관하여」(*On Joseph* 28)에서 그는 다음과 같이 말한다.

문자적 해석을 한 다음에 우리는 모든 것, 혹은 율법의 해석에 대한 거의 모든 본문을 우화적 의미가 있는지 비유적인 뜻을 검토해 볼 수 있다. 히브리인들은 우리가 여기서 연구하는 인물을 '요셉'이라고 이름지었고, 그리스인은 '주관자의 더한 것'이라고 불렀다. 좋은 선택이며 의미하는 것과 잘 어울린다. 왜냐하면 …

필로는 우화적 해석의 일관된 구조를 사용하지는 않았지만 그의 해석 작업 중에는 주목할 만한 한 가지 특색이 있는데 그것은 바로 신비적인 암시이다. 필로는 자신이 신비가라고 주장한다. 사람의 창조와 어떻게 사람의 마음이 하나님의 참된 형상인가를 설명할 때 그는 거의 열광적인 어투로 변하여 마치 자서전적인 글을 읽는 것 같은 느낌을 준다. 「창조」(*On Creation* 71)에서 그는 마음에 대하여 다음과 같이 말한다.

마음은 때때로 열광하는 코리반트승(소란스러운 주연과 난무로 의식을 행하였음 – 역주)과 같은 자들처럼 건전한 흥분에 휩싸이고, 더 높은 것에 대한 갈망, 고상한 욕망으로 가득차 영감을 받는다. 고귀한 욕망으로 두둥실 떠올라 마음으로 알 수 있는 것들로 되어진 최고의 방주로 나아가는 것이 마치 크신 왕에게로 직접 나아가는 것 같다. 그러나 분류처럼 흘러나오는 순수하고 흐트러짐이 없는 빛줄기인 그를 바라보고자 하는 열망 가운데 있어서 그 섬광에 의하여 깨달음의 눈이 눈부시게 된다.

또한 그의 신비적 체험과 토라의 해석과의 사이에는 연관성이 있다. 필로에게 있어서는 토라가 거룩한 실재에 대한 깊은 인식을 갖도록 영혼을 이끌 수 있는 것을 포함하고 있는 것 같았다. 그는 신비 종교의 용어와 같은 어투로 말할 수 있었다. 「그룹 천사론」(*On the Cherubim* 48)에서 그는 다음과 같이 말했다.

> 나는 하나님의 사랑하시는 자 모세 밑에서 그의 큰 신비에 대한 가르침을 받게 되었다. 또 예레미야 선지자를 보았을 때 그가 계몽되었을 뿐 아니라 거룩한 비밀의 고귀한 일꾼임을 알아보고서 지체않고 그의 제자가 되었다.

이런 진술을 어떻게 평가해야 하는지 알기가 참 어렵다. 노력을 기울여 만든 문학적 산물의 일부인지 혹은 같은 토라를 읽되 다른 시각으로 보는 유대인의 비전의 신비의 일종인지 구분하기 어렵다. 1세기 유대교에는 바리새인들 가운데 메르카바 신비주의를 실행하는 자들과 같이 신비가들이 있었다. 필로가 "크신 왕에게로 나아간다"고 말했을 때 하늘 보좌의 수레를 묘사한 말들을 강하게 회상시키는 언어를 사용하고 있다.

분명한 것은 그의 개인적 경험이 그를 유대교로부터 빗나가게 만들지는 않았다는 사실이다. 그는 알렉산드리아에 있는 유대인 집단의 지도자였고, 위기의 때에는 칼리굴라 황제 앞에서 대표자로 나서기도 했다(*Embassy* 178-83, 참조. 요세푸스 *Ant* ⅩⅧ.8.1). 알렉산드리아의 집단이 위협을 당할 때 「플라쿠스에 대항하여」(*Against Flaccus*)라는 논쟁적인 논문으로 응수했다. 그의 많은 저작은 유대교에 대하여 관심이 있는 외부인들에게 설명하려는 의도에서 집필된 것이다. 필로는 토라의 준수를 포기한 자들은 좋아하지 않았고, 우상숭배를 싫어했다. 그는 결코 계명의 문자적 준수가 불필요하다고는 주장하지 않았다(*Embassy* 211-12, *On the Migration of Abraham* 89-93, 참조. 요세푸스 *Apion* Ⅰ.42-43).

그러나 신비가는 본문의 표면적 의미만으로는 결코 만족하지 않는다. 필로에게 있어서는 진정한 종교란 명상적 체험을 원하는 것이다. 그는 에세네파를 지극히 칭찬했고(*Hypothetica* Ⅱ.1-18), 아마도 만약 그가 그 집단에서 활동적인 역할을 할 사람으로 필요한 존재가 아니었더라면 이집트인들의 종교집단인 테라퓨태(Therapeutae)에 가담했을 것이다(*On the Contemplative Life*

14-18). 그는 토라의 본문을 우화적으로 말함으로 문자적 이야기 밑에 있는 신비적 실재들을 가리키는 상징들의 어렴풋이 비치는 세계를 드러낸다. 그는 진심으로 자신의 이러한 해석을 종교적 봉사라고 생각했을 것이다. 예를 들면「특별법에 관해서」(*On the Special Laws* Ⅲ.6)에서 그는 다음과 같이 말했다.

> 내가 물에 잠길지라도 깊음에 빨려들지 않고 내 영혼의 눈을 뜰 수 있으니 절망에 빠진 것 같아도 사물을 분간할 수 있고 지혜의 빛으로 밝혀지고 영원한 어둠에 떨어지지 않았으니 이로써 내가 하나님께 감사를 드림이 마땅하다. 그러므로 나를 보라. 모세의 거룩한 메시지를 읽을 뿐 아니라 지혜에 대한 사랑으로 그 속을 하나씩 들여다보고 무리들에게 아직 알려지지 않은 것을 벗기고 나타낸다.

필로의 토라 해석은 헬라화된 유대인으로서, 그리고 신비가로서의 개인적 체험을 통하여 문화적 유산에 의하여 형성된 것이다. 그의 저서들을 통하여 우리는 팔레스타인의 미드라쉬에서 볼 수 있는 신중한 주의력을 토라의 본문에서도 보게 된다. 바리새인들의 삶이 토라의 상징에 따라 정의가 내려진 것 같이 그의 삶도 그러하다. 그러나 토라에 대한 그의 이해는 판이하게 다르다. 우리는 필로에게서 묵시적이거나 결의론적인 것을 전혀 볼 수 없다. 우리는 메시아에 대한 기대나 순교의 정신도 볼 수 없다. 우리는 부활 대신에 영혼의 불멸성을 발견할 뿐이다. 그에게 있어서 의란 일반적인 덕과 마찬가지로 인식된다. 사실 힐렐과 필로가 상호간에 이해할 수 있었는지 의문스럽다.

결론

1세기의 규범적인 상징들이 타문화와 여러 상황 가운데서 경험과 확신에 따라 어떻게 변형되었는가를 우리가 보게 되었다. 우리는 토라에서 같은 본문과 상징을 함께 소유한 유대인들이 어떻게 다양한 이해에 도달하게 되었는가에 대해서 특별히 주의를 기울였다. 동일한 상징의 세계, 그리고 본문을 이해하고 그렇게 함으로써 자신의 삶을 이해하려고 추구하는 동일한 과정에서 특별한 경험과 확신의 성격에 따라 차이점이 생기게 된 것을 우리는 보았다. 신약성경을 기록한 자들도 동일한 상징을 함께 소유하고 있었다. 이 상징들의 재구성을 명확하게 이해하기 위하여 그들의 경험에서 우리가 무엇을 배우며, 그들이 자신을 맡긴 확신으로부터 무엇을 배울 수 있는지 아는 것이 필요하다.

참고문헌

본장에서 번역된 그리스 자료는 모두 *Loeb Classical Library*에서 인용된 것이다. 예외적인 자료는 H.T.앤드류스의 저서 중 *Aristeas* 라는 대목에서 인용된 것이다. H. T. Andrews, *Apocrypha and Pseudepigrapha of the Old Testament*, ed. R. H. Charles(Oxford: Charendon Press, 1913) 2: 15.

디아스포라의 역사에 대해서는 다음과 같은 책을 참고하라. S. Baron, *A Social and Religious History of the Jews*, vols. 1 and 2, 2d rev. ed.(New York: Columbia Univ. Press, 1952-80), E. M. Smallwood, *The Jews Under Roman Rule from Pompey to Diocletian*(Leiden: E. J. Brill, 1976), 121-43, 220-55, V. Tcherikover, *Hellenistic Civilization and the Jews*, trans. S. Appelbaum(New York: Atheneum, 1970).

소위 헬라화된 유대교의 다양한 문학작품을 읽으려면 간결하고 많은 도움을 주는 기사들을 다음과 같은 잡지에서 읽으라. CRINT 2.2(1984) by G. E. Nickelsburg, "Stories of Biblical and Early Post-Biblical Times," 33-87, "The Bible Rewritten and Expanded," 89-156. CRINT 2.2, J. J. Collins, "The Sibylline Oracle," 357-82, M. Gilbert, "Wisdom Literature," 283-324. 그 당시의 분위기를 알기 위해서는 다음과 같은 책을 참고하라. C. H. Dodd, *The Bible and the Greeks*(London: Hodder & Stoughton, 1935), J. J. Collins, *Between Athens and Jerusalem: Jewish Identity in the Hellenistic Diaspora*(New York: Crossroad, 1983). 사도행전에서 볼 수 있는 디아스포라 유대교와 고고학적 증거와의 연관성에 대하여 다음과 같은 책을 참조하라. A .T. Kraabel, "The Disappearance of the 'God-Fearers,'" *Numen* 22(1975): 96-130.

요세푸스에 대하여 다음과 같은 책을 참고하라. H. St. John Thackeray, *Josephus: The Man and the Historian*(New York: Ktav Pub. House, 1968 [1928], S. Cohen, *Josephus in Galilee and Rome: His Vita and Development as a Historian*(Leiden: E .J. Brill, 1979),

T. Rajak, *Josephus: The Historian and His Society*(Philadelphia: Fortress Press, 1984), H. W. Attridge, "Historiography" and "Josephus and His Works," in CRINT 2.2(1984): 157-84, 185-232. 아라타파누스와 유폴레무스와 같은 인물에 대한 평을 알려면 다음과 같은 책을 참조하라. C. R. Holladay, *Fragments from Hellenistic Jewish Authors*, vol.1: *Historians*(Chico, Calif.: Scholars Press, 1983).

필로에 대한 입문서로는 다음과 같은 책이 있다. S. Sandmel's *Philo of Alexandria: An Introduction*(New York and London: Oxford Univ. Press, 1979). 상세한 기사를 알기 위해서는 다음과 같은 책을 참조하라. E. J. Goodenough, *An Introduction to Philo Judaeus*, 2d rev. ed.(New York: Barnes & Noble, 1963). 필로와 헬라화된 유대인 문학에 대하여 읽으려면 다음과 같은 책이 있다. E. J. Goodenough, *By Light, Light: The Mystic Gospel of Hellenistic Judaism*(New Haven: Yale Univ. Press, 1935), P. Borgen, "Philo of Alexandria," CRINT 2.2(1984): 233-82. 이런 전통 속에서 모세가 어떻게 해석되었는가를 알기 위해서는 다음과 같은 책을 참조하라. D. Tiede, *The Charismatic Figure as Miracle Worker*(Missoula, Mont.: Scholars Press, 1972), C. R. Holladay, *Theios Anēr in Hellenistic Judaisim*(Missoula, Mont.: Scholars Press, 1977).

제2부

기독교의 체험

이제 우리는 기독교의 원시 체험을 살펴볼 수 있게 되었다. 이것은 이 연구에 있어서 핵심적이며 까다로운 단계인 것이다. 지금까지 우리는 유대인과 헬라인들이 자신들의 삶을 해석하는데 사용한 상징, 변화하는 체험과 상호 영향을 주고 받으며 형성되어진 상징을 훑어보았다. 그리고 이제는 기독교 체험에 의해 만들어지는 새로운 상징의 세계의 다양한 문학적 표현들에 주의를 기울이려고 한다. 그러나 신약을 철저한 인간적 산물로 본다면 다음과 같은 중요한 질문은 생각하지 않는다 하더라도 "배경"에서 기독교 문헌으로 쉽게 자동적으로 넘어갈 수가 없다. 즉 우선 이 문헌들이 왜 기록되었는가? 이처럼 수가 많고 이상한 문학 작품들이 꼭 필요하였던 이유가 무엇일까? 헬라 사상과 유대 사상 모두에게 이처럼 새로운 내용과 모양을 부여하게 된 동기가 무엇일까? 1세기 유대 사상의 상징 세계와 신약의 상징 세계 사이에서 무슨 일인가 일어났다. 이것이 이 연구의 주제인 것이다.

이 주제는 애매한 면이 많기 때문에 조심스럽고 신중하게 접근하려고 한다. 우리가 연구하려는 대상은 문헌 자체에 함축되어 있는 정도의 체험이다. 따라서 연구 방법에는 반드시 추론이 필수적이다. 다시 말해서 명확하게 드러나 있는 내용 이면에 함축되어 있는 전제로 연구 현장을 옮겨 갈 수밖에 없다는 것이다. 이러한 추론적 연구는 위험이 많은 것이 사실이다. "체험"이란 용어 자체가 분명하지 않은 면이 없지 않다. 개개의 체험을 어떻게 분리해 낼 것인가? 과학은 자연히 이처럼 까다롭고 정의가 분명치 않은 주제들에 관해서 몸을 움추린다. 체험의 정의가 쉽지 않다고 한다면 종교적 체험에 관한 연구는 더 어려울 것이다. 이런 일이 있는가, 있다면 어떻게 알게 되는가? 이것을 구별하는 특징은 무엇인가? 종교적인 체험이 별개의 범주인가 아니면 개인적인 간증과 초월적인 내용에 좀더 적게 의존하는 좀더 분명한 개념으로 "축소"해야 하는가? 마지막으로 이 과제가 기독교 문헌조차도 정확한 정의를 내려주거나 명확한 내용을 말해주지 않는 원시 기독교 체험에 대한 우리의 추론적인 연구 때문에 더욱 돈키호테식으로 되어 버렸다.

그러므로 나는 독자들에게 충고하고 싶다. 다음의 내용은 진리를 주장한다. 하지만 모든 반론에 대하여 변호할 수는 없고 내가 주장하는 모든 내용에 대하여 과학적으로 정확한 근거를 제시할 수 없다. 그러나 심각한 의문의 대상이 되는 문제가 있다면 그 문제에 관해서 나는 내 존재를 인식시키기 위해 애를 많이 쓰려고 한다. 여러분은 여러분 앞에 놓여 있는 이 책 내용을 보면서 누군가 활발하게 활동하고 있음을 느낄 수 있으리라. 나는 이러한 사실을 알리려는 목적을 가지고 이 단락을 쓴다. 나는 원시 기독교 체험에 관한 질문에 명확한 대답을 줄 수 있다고 주장하지 않는다. 하지만 최초 기독교 문헌을 이해하기 원한다면 반드시 다루어야 하는 질문이 바로 이것이라는 점을 보여 주고 싶다.

그 다음 우리는 1세기 상징 세계에서 기독교 체험이 만들어 낸 치환(置換)을 다루려고 한다. 기독교 체험의 핵심 속으로 뚫고 들어가는 일은 20세기의 유대인 대학살 체험의 핵심 속으로 들어가는 것보다 쉽지 않을 것이다. 유대인 대학살은 유대인의 상징 세계를 크게 바꾸어 놓은 사건이다. 하지만 유대인 대학살에 관해서 우리는 도대체 어떤 일이 일어났길래 그처럼 세계를 뒤흔들어 놓았는가 하는 질문에서 적어도 연구를 시작할 수는 있을 것이다.

제4장

최초 그리스도인들의 주장

이 현상이 정말 얼마나 놀라운 것이었는지 안다면 과연 어떤 일이 있었는가 질문하지 않을 수 없을 것이다. 기독교는 애매하게 시작되었다. 사실적인 창설자는 처형되었고 최초의 추종자들은 두렵고 당황해서 뿔뿔이 흩어져 버렸다. 기독교를 선전하고 다닌 사람들은 시골뜨기들이었고 그 내용은 지성적인 사람들이 보기에 허무맹랑한 것이었다. 특별한 경우를 제외하면 국외자들과 사회 변방인들이 그 포교 대상이었고 개종자들은 주로 유랑민과 노예, 여인들이었다. 그리고 기독교는 처음부터 지독한 핍박을 받았다. 그러나 4세기가 지나는 동안 기독교는 헬라 문화의 지배적인 종교적 요소가 되었다. 기독교는 기독교 이전에 있었던 모든 것을 일소하고 결국에는 자신을 근절시키려고 노력했던 제국의 확실한 종파가 되었고, 자신을 욕하던 현인들에게 유일한 형태의 지혜가 되었고, 경쟁적인 모든 종파와 철학 자체를 승리의 단계 속으로 모아들이고 결국에는 교양있는 계층과 부자들, 권력자들 모두의 충성을 확보하는 정도의 탄력있고 보편적인 포용력을 가진 운동이 되었다.

이 발전이 좋은 것이든 나쁜 것이든 하여튼 이런 일이 일어난 것은 사실이다. 이 사실을 어떻게 설명할 수 있는가? 정치적, 사회적, 경제적 요인들이 기독교 운동의 성공에 일조한 것은 의심의 여지가 없다. 그러나 이러한 요인들이 모두는 아니다. 기독교 운동의 유례가 없는 성장을 기독교 운동이 다른 것보다 심오한 종교이기 때문이라고, 더 고상한 형태의 윤리이기 때문이라고, 구원의 유일한 방도였기 때문이라고 설명할 수는 없다. 헬라의 도덕주의자들은 윤리를 순수하고 아주 변함없는 것으로 가르쳤다. 유대 사상은 심오하고 아주 오래된 의미에서 종교였다. 신비종교들은 초월적이고 아주 밀의적인 것으로 계시를 제시하였다. 기독교의 성공의 열쇠는 그 가르침에 있지 않고 능력의 체험에 있었다. 기독교 운동을 구별되게 하는 요인은 사람들에게 "하나님의 복음"(Good news of God)을 실현시켜 주었다는 주장이다. 기독교 전파를 설명하는 요인은 다른 사람에게 믿을 만하게, 설득력있게, 더 나아가 현실적인 것으로 이 주장을 제시할 수 있었던 능력인 것이다.

신약은 기독교 운동이 정치적 문화적으로 수용되기 이전, 그러나 독특한 자기 인식이 형성되기 시작한 그 시점에 있던 기독교 운동의 모습을 들여다 볼 수 있는 창문이다. 그러므로 이 문헌 안에서 그리스도인들이 하는 주장을 찾아내고 그것과 기독교 운동에 대한 최초 외부 관찰자들의 인식을 대조시켜보면 유익할 것이다. 여기에서 둘 사이의 불일치로 인해 놀랄 수 있다. 그러나 한 그룹의 자기 평가와 세간의 평 사이에는 언제나 간격이 있기 마련이므로 우리는 이 둘 사이에서 상당한 차이를 예측할 수 있을 것이다. 내부 사람들에게는 해방군으로 보이는 사람들이 외부 사람들에게는 테러단으로 보일 수 있다. 마찬가지로 추종자들에게는 종말론적인 전쟁의 전위부대로 생각되는 신자들이 외부인들에게는 자아도취에 빠진 몽상가 집단으로 보일 수 있다.

하지만 신약의 경우 이 차이가 특별히 두드러진다. 정확하게는 기독교 운동의 성공 때문에, 그리고 당시 모든 독자들이 기독교 운동의 성공으로 인해 근본적으로 바뀌어진 세계에서 구성된 사람들이기 때문에 최초 그리스도인들의 주장이 얼마나 놀라운 것이었는지, 심지어 터무니없는 것은 아니었는지 알아보기 위해 상상력을 동원할 필요가 있다. 만약 이것이 어떤 결말이 예상되는 최초의 그 모습, 즉 동방에서 온 좀 기묘한 종파의 모습을 유지하고 있었더라면 우리는 그리스도인들의 주장의 기묘한 성격을 첫눈에 볼 수 있었을 것이다. 이것은 쿰란 공동체의 흔적이 이천년 동안 모래 속으로 사라지고 없었기 때문에 자기 과장의 면을 볼 때 쿰란에서 나온 파편들이 아주 이상하게 보이는 것과 마찬가지이다. 그래서 기독교의 주장을 바른 시각으로 볼 수 있기 위해서는 외부로부터 시작하여 안으로 들여다 보아야 할 것이다.

외부에서 본 기독교

신약 당시 세간의 눈에는 기독교 운동이 별의미없이 비친 사실이 유대와 헬라 작가들 모두에게 조직적으로 무시된 점에서 분명하게 나타난다. 유대 작가들 사이에서는 전혀 없는 것과 마찬가지이다. 역사가 요세푸스는 1세기 팔레스타인에 있었던 유대교 종파들 전체를 철저하게 기술하고 있는데 그리스도인들에 관해서는 알고 있거나 말하려고 한 내용이 거의 없었다. 세례자 요한에게는 호의적인 평가를 내리면서 헤롯 치하에서 있은 그의 죽음을 상세하게 이야기한다. 하지만 요한과 기독교 사이를 전혀 연관시키지 않았다(*Ant* XVIII.5.2). 요세푸스는 총독 베스도와 알비누스 사이의 권력 공백기간을 다루는 부분에서 예수님에 관해서 거의 언급하지 않았다. 그는 대제사장 아나누스가 이 기회를 이용하여 유대인의 통치 협의회인 산헤드린을 소집하였다고 한다(*Ant* XX.9.1).

그리고 그리스도라고 하는 예수의 형제, 이름이 야고보인 사람과 약간의 다른 사람들을 그들 앞에 데려왔다. 그리고 그들을 범법자로 기소하고 돌로 치도록 내어 주었다 …

예수님에 관해서 말하는 다른 구절은(*Ant* XVIII.3.3) 오늘날 우리가 볼 수 있듯이 요세푸스가 예수님을 총독 본디오 빌라도의 재직 시절의 어지러운 기간 중에 있은 인물로 그리고 있는 것으로 되어 있는데 이것은 기독교의 내용 삽입으로 개작된 결과이다.

탈무드에는 들어있는 예수님과 그리스도인에 관한 내용은 아주 적고 애매하다. 이것은 후대의 비평가들이 호의적이지 않은 다른 내용들을 손질하였을 가능성이 있을 것이다. 현재의 탈무드에는 예수님을 직접 언급하는 내용으로 보이는 것이 조금 나타나 있고(예를 들어 바벨론 탈무드, *Sanhedrin* 43a, b, 103a, 107b를 보라), 또 예수님을 암시하는 것이 분명한 구절이 일부 있다(예를 들어, *Sanhedrin* 106b). 하지만 이 가운데 어느 것도 실제로 예수님에 관한 내용이 아니라는 점에는 논란의 여지가 없다. 또 다른 랍비들의 재료도 이단들(minim)에 관해서 호의적인 말을 하지 않으며 이 가운데는 우리가 그리스도인에 관해 알고 있는 내용과 연관시킬 수 있는 부분도 간혹 있다(예를 들어, *Koheleth Rabbah* 1.8, 바벨론 탈무드 *Sanhedrin* 43a, *Mekilta* par. 66b를 보라). 대부분의 경우 힘이 있고 효과적인 랍비들의 반론은 침묵이다. 우리는 예수님과 그리스도인에 관한 내용을 신약에서 얻고 있기 때문에 이 재료들에 나타나 있는 내용들에 의문을 던질 수 있고, 사실 그 내용도 많이 애매하다. 뿐만 아니라 그 가운데 가장 분명한 내용들은 후대의 것이므로 기독교 운동에 대한 독립적인 동시대의 증언이 되지 못한다. 하지만 이 내용이 여전히 그리스도인 독자들에게 강한 호기심을 자극할 가능성이 있는데, 그 이유는 그 양이 탈무드라는 대양(大洋)에 비해 작은 물 한 방울처럼 너무나 적기 때문이다. 요약해서 말하면 우리가 기대하기로 기독교 운동에 가장 큰 관심을 보였을 법한 이 재료들에서 예수님과 최초 그리스도인들에 관해 우리가 배울 수 있는 내용은 아무것과 마찬가지이다. 이들은 오히려 에세네파에게 더많은 주의를 기울이고 있다.

그리스 로마의 자료에는 아주 조금이지만 좀더 많은 내용이 들어있다. 수에토니우스의 「글라우디우스의 생애」(주후 2세기 초)에는 여러 외국 민족들을 다루는 글라우디우스 황제의 모습을 기술하는 내용이 한줄 나타나 있다(25.4).

> 크레스투스의 선동으로 유대인들이 계속해서 분란을 일으키므로 그는 로마에서 그들을 추방하였다.

이 내용은 바울이 고린도에서 유대인 하나를 만난 사실을 말해주는 사도행전 18:2과 일치한다.

> 가족이 본도 출신인 아굴라라 하는 〔유대인〕. 글라우디우스의 칙령이 모든 유대인들을 로마에서 추방하였기 때문에 그와 그 아내 브리스가는 최근 이탈리아를 떠났다.

그러나 "크레스투스"의 정체에 관해서 우리는 아는 바 없고 수에토니우스도 몰랐을 것이 분명하다. 그리스도에 대한 선포 때문에 일어난 소요에 대한 기억이 잘못 전해진 것은 아닌가? 만약 그렇다면 그것은 50여년 후에 기록된 로마 역사가의 글 때문이다. 그러나 그것은 그때까지 여전히 유대교의 문제였고, 그리스도인들은 그때까지 독립된 그룹으로 생각하지 않았다(*Life of Nero*, 16.2).

좀더 자세한 내용은 타키투스의 「연보」(주후 2세기 초)에 나와있다. 그는 네로 치하에서 있은 로마 대화재를 자세히 기록하면서 다음과 같이 말한다(XV.44.2-8).

네로는 그 죄를 자신들의 혐오스러운 행위 때문에 대중들에게 미움을 받고 그리스도인이라고 불리는 한 계층에게 씌우고 가장 심한 고문을 가했다. 이 이름의 기원이 되는 크리스투스는 디베리우스 치세 동안 우리의 총독 가운데 한 사람인 본디오 빌라도의 손에서 극형을 당하였다. 그래서 한동안 감시를 받아온 이 치명적인 미신이, 이 악의 최초 근원지인 유대뿐 아니라 세계 각처에서 발생한 온갖 섬뜩하고 창피한 일들이 함께 만나 대중의 인기를 얻는 이 도시에서까지, 다시 발생하였다.

타키투스는 그리스도인들을 단순히 유대교의 한 부분이 아니라 구별 가능한 독립 집단으로 알고 있었다. 60년대에 있어서 이들의 수는 눈에 띌 정도로 많았지만 황제의 포학한 채찍에 저항하기에는 지나치게 소수였다. 타키투스는 예수님의 처형에 관해 귀중한 정보를 제공해 주고 있지만 이 보수적인 로마인에게 있어서 이 종파는 단순히 악명높은 미신 가운데 하나로 동방에서 로마로 흘러들어온 괴악한 전형적인 사교에 불과하였다(*Juvenal Satires* III.62).

그리스도인에 관한 직접적인 최초의 이교도 보고를 작성한 사람은 비두니아 지방 총독 젊은 플리니였다(주후 112년경). 플리니는 이 종파가 많은 사람들의 관심을 끌고 있다는 점을 우려하였다. 그래서 트라얀 황제에게 편지를 써서 조언한다. 그는 이 상황을 어떻게 수습해야 할지 정확하게 알지 못하였다. 그리스도인들을 언제 처형할 것인가? 다른 범죄의 혐의가 있을 경우에만, 아니면 단순히 그리스도인이란 이름을 가졌기 때문에, 아니면 신앙을 철회할 기회를 주고 고집을 꺾지 않을 경우에만? 그는 고문을 통해서 정보를 얻어낼 수 있었고 그것을 트라얀에게 전했던 것이다(*Letter* X.96).

무엇보다도 그들은 자신들의 과오나 실수는 이것, 즉 정해진 날 해뜨기 전에 모여 신에게 드리듯이 그리스도께 일정 형태의 말씀을 낭송해 드리는 습관이 있다는 점, 자신들을 범죄를 위한 서약이 아니라 도둑질이나 강도질, 간음을 하지 말자, 약속을 어기지 말자, 필요해서 요구할 때 헌금을 거절하지 말자는 서약으로 서로를 결속한다는 점 뿐이라고 주장한다. 이렇게 한 후 헤어지고 식사, 평범하고 무해한 식사를 나누기 위해 다시 모이는 것이 습관이었다 … . 나는 왜곡되고 터무니없는 미신 이외에 다른 것을 발견하지 못했다.

2세기가 끝나기 이전 기독교 운동에 관한 헬라 세계의 마지막 기록은 풍자 시인 사모사타의 루시안(120-80)의 글이다. 그는 「페레그리누스의 죽음」에서 허풍쟁이 퀴닉학파 철학자 프로테우스 페레그리누스를 공격하였다. 루시안은 그를 허영으로 고상한 체하며 허세만 부리는 전형적인 가짜 철학자로 생각하였다. 그런데 페레그리누스에게 잘 속아 넘어가는 그룹 중에 그리스도인들이 들어있다 (*Peregrinus* 11 - 13).

바로 그 때 그는 팔레스타인에 있는 그리스도인들의 제사장과 서기관들과 사귀면서 그들의 불가사의한 전승을 배웠다. 그리고 그는 선지자였고, 종파 지도자였고, 회당의 장이었고, 그 스스로 모든 것이며 전부이었으므로 순간에 그들 모두를 어린 아이들처럼 보이게 만들어 놓았다. 그는 그들의 책 일부를 해석하고 설명하였고 심지어 많은 책들을 저술하기도 하였다. 그래서 그들은 그를 신으로 경외하고, 율법 수여자로 이용하였고, 보호자로 규정하였으며 확실히 말할 수 있는데, 그들은 그들 자신들이 지금도 숭배하는 그 다른 [지도자] 다음에다 놓았다. 그 사람은 이 새로운 종파를 세상에 소개하였기 때문에 팔레스타인에서 십자가 형을 당한 사람이다.

그 후 프로테우스는 마침내 이 일로 체포 투옥되었다. 이것은 그에게 미래 경력의 큰 재산이 되는 적지 않은 명성과 그가 그렇게 사모하던 허세와 악명을 가져다 주었다. 그런데 그가 투옥되었을 때, 이 사건을 재난으로 생각한 그리스도인들은 그를 구출하기 위해 모든 노력을 아낌없이 쏟아 부었다. 그후 이 일이 불가능해지자 다른 형태의 관심을 그에게 보여 주었다. 평범한 정도가 아니라 아낌없이 … . 심지어 아시아 각 도시에서까지 그리스도인들이 공동 경비로 파견한 사람들이 이 영웅을 지원 변호 격려하기 위해 왔다. 그들은 이와 같은 국가의 행동이 발생할 때마다 믿을 수 없으리만큼 신속한 행동을 보여 주었다. 조금도 지체없이 자신들의 모든 것을 아낌 없이 주었다. 그리고 페레그리누스의 경우도 마찬가지였다.

그가 투옥되었다는 이유 때문에 많은 돈이 그들에게서 그에게로 갔고 거기에서 그는 적지 않은 수입을 올렸다. 이 가련한 놈들은 무엇보다도 먼저 그들이 불멸하게 되고 영원히 생존하게 되리라는 확신을 주었다. 그 결과 그들은 죽음을 멸시하게 되고 심지어 그들 대부분은 일부러 구금을 당하기까지 하였다. 더 나아가 그들의 최초의 율법 수여자는 그들이 그리스 신들을 부정하고 십자가 형을 받은 궤변가를 숭배하고 그 법 아래 사는 삶을 통해서 일단 범죄를 하고 나면 모두 서로 형제라고 가르쳤다. 그러므로 그들은 아무런 명백한 증거없이 이러한 교리들을 인습적으로 받아들이면서 모든 것들을 무조건 멸시하고 자신들을 공동 소유로 간주하였다. 따라서 상황을 활용하여 이득을 얻는 재능을 가진 허풍꾼이나 사기꾼이 그들 가운데 들어가면 이 단순한 무리를 속여서 순식간에 벼락 부자가 되었다.

비록 기독교의 가르침과 관습의 일부를 잘못 알고 있었고 그리스도인들을 어리석고 잘 속아서 미신을 따르는 사람들이라고 생각하였을지라도, 루시안은 신약에서도 발견할 수 있는 기독교의 한 측면을 흐릿하게나마 증거하고 있다. 그것은 공동체의 소유와 거룩한 책들, 믿음, 선지자, 죽음 이후의 생명에 대한 신앙 등이다. 동시에 그는 이 어리석은 무리를 존경하기 싫어하는 면도 보여준다.

지금까지 우리에게 전해져 내려온 1,2세기의 모든 문헌에 나오는 예수님과 그리스도인에 관한 내용은 이와 같다. 여기에 한 문장, 저기에 한 단락으로 되어 있으며 기독교의 그림은 애매하고 혼란스럽다. 기독교는 유대 사상과 연관이 있다. 그 창설자는 십자가 형을 받은 사람이다. 그 추종자들은 어리석고 왜곡되어 있으며 덜 깨인 사람들이다. 대체로 말해서 기독교는 아주 혐오스러운 형태의 미신이었다는 것이다. 이것에 대한 지배적인 반응은 경멸이었다. 기독교는 무의미하고 비웃음의 대상이 될 수도 있는, 애매한 과거를 가지고 있고 장래가 없는 많은 사교 가운데 하나로 간주되었다. 이 모든 기록들이 신약 본문이 모두, 아니면 거의 모두 기록된 그 이후의 시대에 나온 것이라는 사실에 비추어 보면 이러한 철저한 멸시는 대단히 충격적이다. 뿐만 아니라 최초의 기독교 문헌들의 주장을 살펴 보게 되면 이 충격이 훨씬 더 커질 것이다.

그리스도인들의 주장

최초 그리스도인들에 대한 이교도들의 인식이 완전히 잘못된 것은 아니다. 이 그리스도인들은 신에게 하듯 그리스도께 찬송을 드렸다(빌 2:6-11, 골 1:15-20, 계 5:11-16을 보라). 적어도 그들 가운데 일부는 자신들의 재산을 공동체의 소유로 내어 놓거나(행 4:32-36) 다른 공동체의 필요를 따라 아낌없이 기부하였다(행 11:27-30, 롬 15:25-29). 그들은 공동으로 식사를 나누었고(행 2:42, 고전 11:18-34), 심지어 핍박을 받을 때에도 자신들의 믿음을 고집스럽게 고수하였다(살전 2:14-3:10, 고후 11:23-29, 히 10:32-39). 그들은 "영원히 사는 것"을 기대하였다(롬 6:23, 갈6:8, 딤전 1:16, 요일 5:11). 하지만 이 특징들만 가지고는 그리스도인들을 헬라 세계의 다른 공동체들과 구별할 수 없다. 이러한 행동과 자세는 다른 많은 종파들 안에서도 발견된다.

그러나 기독교를 바라보는 이교도들이 기독교 문헌을 읽어 보았다면 이 운동이 자신에 관해서 주장하는 특별한 주장에 깜짝 놀라고 말았을 것이다. 이들은 자신들을 곧 소멸해 버릴 수밖에 없는 몽상가들의 저물어가는 모임으로 생각하기는커녕, 분명히 아주 처음부터 온 세계의 운명에 대한 자신들의 권한을 주장하였다. 그 메시지는 세상 끝까지 퍼져 나갈 것이고(행 1:8), 모든 민족으로부터 추종자들을 만들어 낼 것이다(마 28:19). 스스로 온 세계에 대한 진정한 주도권을 행사하는 사람들로 생각하였다. 바울은 고린도전서 3:22에서 고린도 교인들에게 말한다

세계나 생명이나 사망이나 지금 것이나 장래 것이나 다 너희의 것이요 너희는 그리스도의 것이요 그리스도는 하나님의 것이니라

서로에 대한 소송을 가지고 법정으로 가려는 고린도 교회의 교인들에게는 다음과 같이 말한다(고전 6:2-3).

성도가 세상을 판단할 것을 너희가 알지 못하느냐 세상도 너희에게 판단을 받겠거든 지극히 작은 일 판단하기를 감당치 못하겠느냐 우리가 천사를 판단할 것을 너희가 알지 못하느냐 그러하거든 하물며 세상 일이랴

그리스도인들은 세계의 미래를 위하여 중추적인 역할을 감당하고 있다. 세계를 하나님께 화해시키는데 도움을 주고(고후 5:19, 롬 11:15), 온 세계가 새롭게 태어나 자유롭게 되는 일을 기다린다(롬 8:20-22). 기독교 공동체는 세상을 위한 하나님의 목적이 드러나 있는 장소이다(엡 3:9-10).

영원부터 만물을 창조하신 하나님 속에 감취었던 비밀의 경륜이 어떠한 것을 드러내게 하려 하심이라 이는 이제 교회로 말미암아 하늘에서 정사와 권세들에게 하나님의 각종 지혜를 알게 하려 하심이니

기독교 공동체는 세상을 이긴 승리에 이미 참여하고 있다(요일 5:4-5)

대저 하나님께로서 난 자마다 세상을 이기느니라 세상을 이긴 이김은 이것이니 우리의 믿음이니라 예수께서 하나님의 아들이심을 믿는 자가 아니면 세상을 이기는 자가 누구뇨

이 승리는 장차 완전하게 성취될 것이다. "세상 나라가 우리 주와 그 그리스도의 나라가 되어 그가 세세토록 왕 노릇 하시리로다(계 11:15)" 선견자 요한은 종말에 대한 이 환상을 보았다(계 22:4-5).

하나님과 그 어린 양의 보좌가 그 가운데 있으리니 그의 종들이 그를 섬기며 그의 얼굴을 볼 터이요 그의 이름도 저희 이마에 있으리라 다시 밤이 없겠고 등불과 햇빛이 쓸데없으니 이는 주 하나님이 저희에게 비춰심이라 저희가 세세토록 왕 노릇 하리로다

우리는 이 주장들을 어떻게 평가할 수 있는가? 최초의 그리스도인들은 과대 망상증 환자들인가? 이 모든 내용들은 외부인이 이 그룹에 관해서 말한 최초의 내용보다 수십년이나 앞선 것이다. 이것은 마치 1690년 북미 식민지들이 스스로 세계의 정치 강대국이라고 선언한 것과 같다. 그러므로 이 그룹이 처해 있던 세상의 상황과 그들의 세계적인 주장 사이에 큰 간격이 있으므로 이 주장의 배경을 살펴보는 일이 필요하다. 그리스도인들은 이런 주장을 하면서 무엇을 근거로 제시하는가?

최초 그리스도인들이 이 주장을 한 근거는 자신들의 체험이다. 그들의 주장은 자신들이 현재 누리고 있다고 하는 실제를 표현하고 있는 것이다. 그러면 그들의 체험이 무엇인가? 신약에 나오는 다양한 문학적 문맥과 상징적 표현들을 모두 토막토막 나누어 신체적 혹은 심리적인 의미에서 핵심적인 체험을 분리하는 작업은 불가능하다. 그러나 그 효과를 면밀하게 살려 봄으로 체험의 여러 측면들을 그려내는 일은 가능할 것이다.

결국 그리스도인들의 체험은 그 세대를 장악하고 인간의 존재를 지배하는 세상의 권력에서 풀려나는 근본적인 해방이다. 따라서 그리스도인들은 그런 "능력이나 권세자들"에게 더 이상 굴복하지 않는다(고전 2:6-10, 롬 8:38, 엡 2:1-10, 골 1:13, 벧전 3:22). 이것은 또한 "세상의 초등 학문"이 지금까지 인간을 구속하는데 사용해 온 억압하는 법체제에서 풀려나는 해방을 의미한다(갈 3:23-4:7, 롬 6:15-23, 고후 3:6-18, 골 2:8-23). 좀더 개인적인 차원에서 보면 여기에는 결국 강박 관념에 의한 구속이 되는 뜻하지 않는 사고와 죽음에 대한 공포와 염려에서 벗어나는 일이 포함된다(롬 8:14-5, 히 2:14-15, 요일 4:17-21). 그러므로 이 체험의 중심적인 상징은 구원이다. 그리스도인들이 구원을 말할 때 이것은 앞으로 일어날 일 뿐 아니라 어떤 의미에서든지 이미 일어난 일까지 포함되는 의미이다(롬 1:16, 10:10, 고전 1:18, 21, 15:2, 엡 2:5-8, 딛 3:5, 약 1:21, 벧전 3:21, 빌 1:28, 벧후 3:15, 유 3, 계 12:10).

어떻게 하면 우리가 이 체험의 본질에 더 가까이 다가갈 수 있는가? 이 세상에 사는 인간의 구체적인 삶에서 볼 때 구원이 무엇을 의미하는가? 우리는 헬라 철학 문헌에 자주 등장하는 특징들과 마찬가지로 그리스도인들에게 속한 것이라고 하는 특정한 자질들을 식별해 낼 수 있다. 그리스도인들은 자유와(eleutheria, 롬 6:8-22, 갈 5:1, 13, 고후 3:17, 약 1:25, 벧전 2:16, 고전 9:1, 19을 보라), 자유로운 말이나 용기(parresia, 행 2:29, 4:13, 29, 31, 고후 3:12, 살전 2:2, 엡 3:12, 몬 8, 히 4:16)를 체험하였다. 자유와 놓임, 구속, 해방, 구원 등의 개념은 하나의 부정적인 조건으로부터 다른 긍정적인 조건으로 변화되는 일을 말한다. 부분적으로 이 조건은 제약을 나타내는 힘으로 규정할 수 있으나 적극적인 면에서 어떤 성향이나 능력이란 말로도 규정할 수 있다. "그리스도께서 우리로 자유케 하려고 자유를 주셨으니"(갈 5:1). 자유로운 말이란 권한, 즉 두려움없이 반대에 맞서는 능력, 다양한 환경 속에서 용기와 확신을 가지고 자신의 정체를 표현하는 능력을 말한다. 성경 본문에 나오는 이런 자질들은 앞으로 쟁취해야 하는 덕목이 아니라 실재이다. 그리스도인들은 자유와 자유로운 말을 "가지고 있다." 그들은 자신의 삶 속에서 이 자질들을 행사하고 있는 것이다.

또 그리스도인들은 자신들이 처해 있는 상태에 관해서도 말한다. 이 가운데 하나가 평안이며(롬 5:1, 고전 7:15, 고후 13:11, 엡 2:17, 4:3, 빌 4:17, 골 3:15, 약 1:4), 다른 하나는 기쁨이다(롬 5:3, 벧전 4:13, 행 13:52, 빌 2:2, 요일 1:4). 경우에 따라서는 두 상태가 동시에 나오기도 한다(롬 14:17, 갈 5:22). 평안은 다른 사람뿐 아니라 하나님에 대한 관계, 일시적인 갈등으로 깨어지지 않는 관계 혹은 상태이다. 기쁨은 행복의 조건적인 본질을 초월하고 환난과 고난 가운데서도 찾을 수 있는 상태를 말한다(고후 1:4-7, 살전 3:6-9, 히 12:1-3, 약 1:2, 벧전 4:13). 이러한 상태에는 믿음, 소망, 사랑과 같은 특정한 성향들이 동반된다(살전 1:2-3, 고전 13:13, 벧전 1:3-9). 이것들은 추상적인 용어가 아니라 살아있는 자질로 그리스도인들이 가지는 자세와 행동의 면에서 행동으로 묘사될 수 있는 것이다. 그래서 소망은 공동체 일원의 죽음에도 슬퍼하지 않고(살전 4:13), 믿음은 시험과 핍박을 이기며(벧전 5:9), 사랑은 교만하거나 무례하게 되지 않는다(고전 13:5).

이 상징적인 용어들 밑을 더 깊이 파고 들어가면 그리스도인들의 체험은 능력과 관계있음을 보게 된다. 그리스도인들은 자신들이 어떤 위엄있는 힘에 감동되었고 그 결과 능력을 부여 받게 되었다고 말한다. 이것은 그들의 상황을 고려해 볼 때 아주 역설적인 주장이다. 이 능력에 대한 용어는 다양하다. 권위라고 할 수도 있고(exousia, 요 1:12, 고전 8:9, 9:4, 고후 10:8, 13:10, 살후 3:9를 보라), 에너지라 할 수도 있고(energeia, 엡 3:20-21, 골 1:29, 고전 12:6, 11, 살전 2:13, 몬 6, 히 4:12, 갈 3:5, 5:6), 능력이라 할 수도 있다(dynamics, 롬 1:16, 15:13, 19, 고전 1:18, 6:14, 고후 6:7, 13:4, 갈 3:5, 엡 3:20, 골 1:29, 살전 1:5, 살후 1:11, 딤후 1:7, 히 2:4, 벧후 1:16). 이 능력은 외적으로 병고침과 예언, 영적인 방언과 같은 특정한 "기사와 표적"으로 나타나고(행 4:30, 5:12, 14:3, 롬 15:19, 고후 12:12, 히 2:4), 무엇보다도 "좋은 소식"을 선포하는 일로 나타난다(롬 1:16, 고전 1:18, 2:5, 고후 4:7, 살전 1:5, 딤후 1:8, 약 1:27). 또 내적으로는 받은 사람의 영적인 변화로 나타난다(갈 3:5, 롬 12:2, 고전 2:16, 고후 3:18, 엡 4:23, 골 3:10, 벧전 1:22). 마지막으로 이 능력은 자신 속에서 발생하는 것이 아니라 원래 그것을 가지고 계시던 다른 분으로부터 전수되는 것이다(롬 1:4, 16:25, 고전 1:24, 5:4, 12:3, 고후 1:4, 6:7, 12:9, 13:4, 엡 3:16, 20, 빌 3:10, 21, 히 5:7, 약 4:12, 유 24, 딤후 1:7, 벧전 1:5, 벧후 1:16). 여기에서 열거한 요소들은 어느 하나도 신약에서 쟁취해야 하는 목표로 말하지 않고 오히려 하나 하나가 모두 현재와 과거의 실재라고 한다. 이 관계와 상태, 성향, 변화는 바라는 것이 아니라 체험하고 있는 것이다. 바울은 이 사실을 간결하게 설명한다. "하나님의 나라는 말에 있지 아니하고 오직 능력에 있음이라"(고전 4:20).

이 새로운 능력 부여 때문에 그리스도인들은 자신들이 세상에서 전혀 새로운 어떤 것을 대표한다고 말한다. 그들은 하나님과 새운 새로운 언약과(고전 11:25, 고후 3:7-18, 히 9:15) 새로운 생명을 나누어 가지고 있다(롬 6:4, 엡 4:24). 사실 그들은 전혀 새로운 창조에 속한 한 부분이다. "그런즉 누구든지 그리스도 안에 있으면 새로운 피조물이라 이전 것은 지나갔으니 보라 새 것이 되었도다"(고후 5:17). 바울은 계속해서 말한다. "모든 것이 하나님께로 났나니".

그들을 감동한 그 능력은 언제나 새롭게 창조하시는 하나님으로부터 온 것이다(고전 1:28-30, 롬 4:17, 고후 4:6). 기독교의 체험은 하나님의 세상을 새롭게 하시는 사역의 완성을 기대한다. "우리는 그의 약속대로 의의 거하는 바 새 하늘과 새 땅을 바라보도다"(벧후 3:13). 그렇지 않으면 선견자 요한의 말처럼 "또 내가 새 하늘과 새 땅을 보니 처음 하늘과 처음 땅이 없어졌고 바다도 다시 있지 않더라 … 보좌에 앉으신 이가 가라사대 보라 내가 만물을 새롭게 하노라 하시고"(계 21:1,5). 여기에서 새롭다는 의미가 독특하다. 그리스도인들이 의미하는 새로움은 전혀 다른 새 것이 아니라 좀더 근본적인 변화, 기존의 것을 새롭게 함이다. 우리 시대와 마찬가지로 그 세계에서도 전혀 다른 새 것에 대한 요구가 있었지만 한 종교철학파의 새로움에 대한 주장이 자동적으로 그 집단의 정통성을 나타내는 표시로 간주되지는 않았다. 그 시대는 옛 것의 가치를 더 높이 평가하는 시대였다.

최초 그리스도인들은 이 체험에 대한 주장으로 인해서 그리스인들 및 유대인들과 공유하고 있던 세계에서 완전히 격리되게 되었다. 그리스 철학은, 특히 스토아 철학에서 지혜를 제공하고 이것은 시간과 노력의 값진 대가를 치룬 산물이었다. 퀴닉학파 철학자들은 좀더 직접적인 철학 방법을 추구하였지만 그리스인들은 이것도 엘리트만을 위한 방법으로 간주하였다. 이와 대조적으로 그리스도인들은 현재 하나님으로부터 계시의 방식을 통해서 오며, 공부가 아니라 은사로만 가능한 초월적인 지식을 주장하였다(고전 1:30, 2:7, 엡 1:8, 3:10, 골 1:9, 약 3:15-17을 보라). 기독교 지도자들과 선생들의 권위는, 랍비들의 경우와 달리, 나이나 교육이나 과거 전통과 이어지는 연속된 사슬에 있지 않다. 유대인들은 힐렐이라 할지라도 그의 명석함에도 불구하고 자신의 의견을 제시하려면 선배들을 인용하여야 했다. 그러나 그리스도인들의 권위는 하나님으로부터 직접 온 것이고(고전 7:40, 롬 1:1, 갈 1:1, 엡 3:3, 딤전 1:18, 벧전 5:1), 공동체 내에서 예언의 목소리가 살아 있었다(고전 12-14장, 계 1-3장, 살전 5:20).

축복 기도는 유대 사상을 공유하고 있었으나 미래에 새롭게 하심을 소망하며 오랜 과거에 받은 하나님의 은혜를 되뇌이는데 그치지 않았다. 그리스도인들은 그들 가운데서 역사하시는 하나님의 현재 계속되는 사역을 감사하였고 하나님께서 이미 시작하신 일을 그들 안에서 완성시켜 주실 것을 기도하였다(롬 1:8-14, 고전 1:4-9, 고후 1:3-7, 엡 1:3-14, 빌 1:3-11, 살전 1:3-5, 벧전 1:3-8). 결과적으로 신약의 권면(parenesis)은, 기록이든 구전이든, 대부분 과거 선배들이 남겨놓은 규범에 근거를 둔 것이 아니라 그들에게 현재 주어지는 은사에 의한 규범에 근거하였다. "너희가 이미 되어있는 바와 같이 실제로 그렇게 되라"(딤후 1:6-8, 히 12:18-13:17, 벧전 1:21-2:3, 요일 3:16-18, 골 2:20-3:17, 빌 2:1-13, 엡 4:1-5:20을 참조).

쿰란과 다른 묵시주의 종파들과 마찬가지로 그리스도인들도 역사의 종말론적인 절정을 기다리고 있었다(고전 15:20-57, 살전 4:13-5:3, 살후 2:8-12, 히 9:28, 약 5:7-11, 벧전 1:7-9, 벧후 3:10-13, 계 21:1-22:5). 그러나 이들과 달리 그리스도인들은 그 정점의 시작을 자신들의 현재 체험에서 보았다. 그들에게는 "아직 아니"에 더하여 뚜렷한 "이미"가 있었다. 사실 기독교 운동의 독특한 경험적인 근거는 신약 본문에 쓰인 "이제"라는 한 단어의 용례에서도 볼 수 있다. 로마서 한 서신에서 바울은, 이제 하나님의 의가 나타났고(3:21, 26), 이제 의롭다 하심을 얻었고(5:1), 이제 하나님과 화목하였고(5:11), 이제 죄에게서 해방되었고(6:22), 이제 율법에서 벗어났고(7:6), 이제 하나님의 백성에게 정죄가 없고(8:1), 이제 하나님의 비밀이 나타내신 바되었다(16:26)고 하였다. 아니면 바울이 다른 곳에서 말한 것처럼 "보라 지금은 은혜받을 만한 때요 보라 지금은 구원의 날이로다"(고후 6:2, 비교 갈 4:9, 엡 2:2, 3:5, 히 :26, 요일 3:2, 벧전 1:12, 2:20, 3:21, 딤후 1:10, 골 1:22, 26).

마지막으로 이교도들이나 토라의 배교자들, 아니면 그들과 교제하는 자들과 같은 다른 사람들을 배제시킴으로써 자신들이 하나님의 백성 가운데 남은 자라는 주장을 분명히 하는 유대 종파들과 대조적으로 그리스도인들은 하나님의 은총에 대한 자신들의 체험이 한 민족에게나 그 안에 있는 엘리트 그룹에게만 주어지는 것이 아니라 모든 인류에게 가능한 것임을 주장한다. "누구든지 주의 이름을 부르는 자는 구원을 얻으리라"(행 2:21, 39, 롬 10:11-13).

기독교와 신약의 기원을 찾아야 할 곳은 최초 신자들의 체험이다. 실제적인 남녀 사람들의 삶 속에서 무엇인가 일어났다. 그리스도인들로 하여금 자신의 삶을 새롭고 완전히 변화된 방식으로 받아들이며 사용가능한 상징을 도구로 자신들의 삶을 해석하게 몰아가는 무엇인가가 일어났다. 추상적 혹은 이론적인 방식으로 된 신학 문헌의 모음으로 본다면 신약은 이해 불가능한 책이다. 신약은 이런 학자들의 업적과 거리가 가장 먼 물건이다. 신약 안에서 신학을 발견할 수 있는 것이 사실이다. 그러나 이 신학은 전제에 대한 당연한 추론을 이끌어 내는 그런 것이 아니라 현재 계속되고 있는 가장 근본적인 종류의 체험, 즉 종교적인 체험에 대한 끊임없는 묵상으로 이루어진 그런 신학이다. 1세기 지중해 세계의 남녀 사람들이, 유대인 그리스인 모두, 자신의 삶이 새롭고 생각지도 못한 능력으로 인해 갑자기 말로 설명할 수 없이 변화한 사실을 보았으므로 자신들의 삶을 새로운 방식으로 생각해 보고 자신들의 세계의 상징에 새로운 의미를 부여하지 않을 수 없었다.

하지만 그 당시 무슨 일인가 일어났다는 사실을 인정한다 해도 우리는 여전히 도대체 그 일어난 일이 무엇인가? 하는 더 어려운 문제에 직면하게 된다. 그 체험이 무엇이었길래 겁약한 추종자들을 용감하고 예언의 능력을 가진 지도자들로 변신하게 할 만큼 심오하고 강력할 수 있었는가? 그 능력이 무엇이었길래 광적인 핍박자를 광적인 사도로 바꾸어 놓을 수 있었는가? 보이지 않는 손이 무엇이었길래 갈릴리의 암하아레츠(am‒ha‒aretz)와 고린도의 변덕쟁이들이라는 가망 없는 재료를 가지고 결국 "하나님의 좋은 소식"(살전 2:2)을 선포함으로 당시 알려져 있던 세계의 형태를 바꾸어 놓은 그런 공동체를 만들어 내고 말았는가? 이 질문으로 넘어가려면 그전에 우리는 이 질문에 완전한 대답을 구하는 것이 불가능함을 충분히 알고 있어야 한다. 무슨 일인가 일어났다. 그런데 그것이 무엇인가?

참고문헌

라틴어와 헬라어 저자들의 번역물들은 로엡(Loeb)고전 총서에서 나온 것이다. 예수님과 그리스도인에 관한 유대인과 이방인들의 증거에 대한 논평은 M. Goguel, *Jesus and the Origins of Christianity*, vol. 1, trans. O. Wyon(New York: Harper & Row, 1960 [1933]), F. F. Bruce, *Jesus and Christian Origins Outside the New Testament*(Grand Rapids: Wm. B. Eerdmans, 1974)에서 볼 수 있다. 유대 문헌에 대한 충분한 연구는 J. Lauterbach, "Jesus in the Talmud," in *Rabbinic Essays*(Cincinnati: Hebrew Union College Press, 1951), 473‒570, R. T. Herford, *Christianity in Talmud and Midrash*(New York: Ktav Pub. House, 1903)에서 볼 수 있다.

로마적인 측면에 관해서는 S. Benko, *Pagan Rome and the Early Christians*(Bloomington: Ind. Univ. Press, 1984)을 보라. 최근 학계 동향

에 비추어 비교적 간단한 연구로는 소논문 L. Schffmann, "At The Crossroads: Tannaitic Perspectives on the Jewish Christian Schism," in *JCS-D* 2:115-56, R. Wilken, "The Christians as the Romans(and Greeks) Saw Them," in *JCS-D* 1:100-125가 있고, 또 H. W. Basser, "Allusions to Christian and Gnostic Practices in the Talmudic Tradition," *Journal for the Study of Judaism* 12(1981): 87-105도 보라.

제5장

부활 신앙

도대체 무슨 일이 일어났는가? 이것은 본 연구 가운데 가장 어려운 부분인데, 이제 우리는 이 부분을 다루려고 한다. 일종의 강력한 체험이 기독교 운동을 발생시켰다는 사실을 분명히 해주는 진술 내용을 수집하는 일은 그 체험을 기술하려는 시도와 전혀 별개의 일이다.

여기에는 개념상의 문제가 일부 포함되어 있다. 체험에 대한 기술은 정확하게 하려고 하면 할수록 그만큼 일이 더 어려워진다. 다행스럽게도 실재는 그것을 깔끔하게 정의하는 우리의 능력에 전적으로 달려있는 것이 아니다. 어떤 사람의 개인적인 체험에 관한 보고를 들을 때 우리는 주체 외에, 그 내용에 대한 다른 지침과 설명의 요소를 기대한다. 비록 그 보고 자체에서 주관과 객관의 요소를 항상 구별할 수 있는 것은 아니라 하더라도 말이다.

기술과 정의의 문제는 종교적인 체험을 다룰 때 더욱 심각해진다. 종교적 체험과 다른 체험은 어떻게 구별되는가? 종교적 체험에는 독특한 요소가 있는가? 종교적 체험을 다른 비종교적인 요인으로 악화시킬 수 있는가, 아니면 그것은 약화시킬 수 없는 인간사의 독특한 종류에 속하는가?

종교적 체험은 삶 가운데 있는 모든 체험들의 연장선 상에 있어야 한다. 삶에 있어서 종교적인 요소들은 삶의 다른 측면에서 나오고 거기에 반응하는 것이다. 어떤 사건도 자동적으로 종교적인 것이라고 지정할 수 있는 것은 없다. 종교적인 차원은 경제적인 차원과 마찬가지로 삶에 골고루 퍼져 있고 변화무쌍한 것이다.

여기에서 개인적인 간증은 논리적인 분석 이상의 가치를 가지고 있다고 할 수 있겠다. 이것은 마치 미적인 감각의 경우와 같다. 아름다움을 체험하는 면에서 우리는 대부분 임시변통식의 감각을 가지고 행동한다. 이것이 사실이지만 아름다움에 대한 반응이 동물로서 사람의 욕정적인 혹은 공격적인 충동으로 몰락될 수 없다는 점을 우리는 알고 있다. 하지만 이러한 반응을 개념적으로 하나 하나 집어 내려고 하면 할수록 그만큼 더 희미해진다. 우리가 모두 체험하는 현상들을 정확하게 정의할 수 있는 사람은 우리 가운데 아무도 없다.

이제 이 작업의 주관적이며 암시적인 특성이 불가피함을 알았으므로 진정한 종교적 체험에 관한 이야기를 시작할 수 있게 되었다. 여기에서 "진정한"이란 말이 중요하다. 그것은 종교적 체험이 여러 면에서 왜곡될 가능성이 있기 때문이다. 정확하게 말해서 사실 우리는 가짜가 많기 때문에 진짜에 대해서도 조심을 한다. 여기에서 체험이란 아주 순간적이거나 감각적인 것, 감정적이거나 비합리적인 느낌들이 배제된 체험이 되어야 한다. 뿐만 아니라 소위 말하는 극적인 체험도 제외된다. 종교적 체험은 사람들을 "실제 삶"에서 멀어지게 하는 것이 아니라 삶 가운데서 가장 실제적이라고 생각되는 부분에 관한 체험이다. 종교적 체험은 감정이나 지성, 의지의 어느 한 부분에 제한되는 것이 아니라 가장 실제적인 삶에 대한 반응으로 감정과 의지, 마음 등 인간의 모든 인품을 포괄한다.

여기에서 반응이란 말이 중요한데, 그것은 이 말이 진정한 종교적 체험을 가짜와 구별해 주기 때문이다. 이것은 투영이나 환상이나 자기 암시의 문제가 아니다. 마술은 개인의 환경을 조정하려는 생각에 그 뿌리를 두고 있다고 할 수 있다. 하지만 진정한 종교적 체험은 주체가 무기력하게 되고 개인의 조정 능력의 한계 밖에 있는 세력의 수중에 있게 되는 상황에 뿌리를 두고 있다. 종교적 체험의 대상은 인간이 해결할 수 있는 퍼즐 정도가 아니다. 인간의 조정 한계를 벗어나고 인간의 지식으로 납득할 수 없는 두려운 불가사의이다.

종교적 체험에는 신성(神性), 전적 타자의 신비와 만나는 만남이 들어 있다. 이 만남은 단층처럼 인간들 앞에 열려 있어서 전혀 예상할 수 없는 상태에서 만나게 되어있다. 이 만남은 사람이 긴장하다가 이완되곤 하는 습관을 중단 시키고 이런 만남의 가능성을 억지로 부정하는 일을 불가능하게 한다. 어떻게 설명할 수는 없지만 사람들은 자신이 갇혀 있고, 구속되어 있고, 매력을 느끼면서도 강한 거부감을 느끼는 긴장 속에 잡혀 있음을 느끼게 된다. 사람 하나 하나를 막아

서있는 이 두려운 힘은 위험하지만 동시에 매력적이다. 이 힘은 주변 상황을 스스로 구축하고, 무엇보다도 관심을 요구하며 절대적 권위가 임재한다는 중압감을 느끼게 한다.

물론 나의 이 말은 문화적인 제약을 가지고 있다. 종교적이라고 할 수 있는 모든 요소가 다 하나의 "전적 타자"에 대한 반응이라는 의미를 가지는 것은 아니다. 하지만 나 자신은 내가 기술하려고 하는 상징에 영향을 받고 있으므로, 불타는 떨기나무 앞에 선 모세의 체험과(출 3:1-21) 성전에 있던 이사야의 체험(사 6:1-8), 강한 폭풍 앞에 선 욥의 체험이(욥 42:1-6) 신약 문헌에 다시 등장한 실재적인 그 무엇과 상응하는 것이라고 확신한다. 이 전통에 의하면 평범한 삶의 영역에 위협적인 능력과 위험한 매력을 가지고 뚫고 들어오는 힘은 언제나 이름하여 하나님이라고 하는 그 힘(One Power)이다. 그분은 모든 자칭 영광을 다 무의미한 것으로 약화시키고 인간을 피조물로 정확하게 규정하신다.

이런 강력한 임재에 대한 인간의 반응은 모든 체험 가운데서 가장 강렬하고 포괄적인 특징을 가지고 있다. 간혹 극적이며 특별한 현상이 있을 수 있으나 반드시 필요한 것은 아니다. 오히려 좀더 일관성있는 특징은 자신의 주위에 삶을 구축하고 행동의 "필요성"을 느끼게 해주는 것이다. 바꾸어 말하면 참된 종교적 체험이란 느낌의 대상일 뿐 아니라 일관성있게 실행되는 행위인 것이다. 기독교 운동의 한 동기, 따라서 신약의 한 동기로서 종교적 체험을 말할 때 이것은 바로 이런 종류의 체험을 의미하는 것이다.

하지만 종교적 체험에 대한 내 설명은 여전히 이념적인 면이 강하다. 이것은 경우에 따라 단편적이거나 심지어 상충되기도 하는 현상들을 일관적인 현상인 것으로 과장하며, 경우에 따라서는 세미한 음성일 수 있는데(왕상 19:1-9을 참조) 화려한 것이라는 인상을 준다. 혹은 경우에 따라서 부정적이며 해로울 수 있는데 언제나 긍정적이며 유익한 것이다, 혹은 인간 체험에 있어서, 죽음의 경우는 예외일 수 있지만, 최종적인 것은 없음에도 불구하고 철저하고 한번으로 모든 것이 다 끝나는 그런 것이라는 인상을 준다. 따라서 특별히 신약의 종교적 체험을 이해하려면 추가 조건이 더 필요하다.

종교적 체험은 주체의 인식 정도, 해당 체험이 발생한 상황, 체험의 강도에 따라 달라진다. 한 공동체의 공동 체험을 이야기하는 것도 가능하다. 그러나 그 체험의 특성도 각 개인에 따라 다를 수 있다. 유대인 대학살 사건을 예로 들면 효과적인 분석에 도움될 것이다. 1933년 이후 모든 유대인이 유대인 대학살을 "체험"한 것이 사실이다. 어떤 사람들은 게토 수용, 강제 추방, 재산 몰수, 총상을 직접 당하거나 혹은 생존을 위한 노역과 학살 캠프를 통하여 사건을 겪었다. 다른 사람들은 다른 방법으로 이 사건을 겪었다. 친척 가운데 살해당한 사람이 있거나 구사일생 생존한 체험을 들어서, 혹은 가정에서, 학교에서, 회당에서 교육을 통해서 겪기도 하였다. 심지어 몸으로 직접 당해서 가장 심한 체험을 한 사람들 가운데도 서로의 체험이 아주 다를 수 있다. 어떤 사람들은 짐승에 가까울 만큼의 비인간적인 최후의 모욕을 묵묵히 받아들여서 나치의 짐승화 작업이 효과적인 성과를 거두기도 한 반면, 끝까지 자존심과 의식을 잃지 않고 견딘 사람도 있다. 어떤 사람은 신앙의 강도가 전혀 약화되지 않고 가스실로 가면서도 하시디즘 노래를 부르기도 했지만, 같은 길을 가면서 신앙은 환상일 뿐이라는 쓰디쓴 판단을 내린 사람도 있다.

1세기 최초 그리스도인들 사이에도 유사한 현상이 발견된다. 어떤 사람들은 다른 사람과 달리 좀더 직접적이고 심오하고 강렬한 체험을 하였다. 어떤 사람들의 체험은 증인라고 하는 다른 사람을 통해서 다른 사람에게 중개된다. 그런데 신약은, 인식 정도에 상관없이, 첫 세대 신앙 공동체 내에 다양한 동기와 욕구와 갈등이 혼재되어 있었음을 증거하고 있다. 그리스도인이라고 모두 동일한 강도, 동일한 신빙성을 가지는 체험을 한 것은 아니다.

또한 인간의 체험은 개인의 세계에서 사용 가능한 상징을 통해서 다른 사람에게 중재된다. 그런데 인식이라고 하는 행위 자체 내에, 체험 자체 내에 이미 해석의 틀이 들어 있다. 신성(神性)에 대한 적나라한 체험은 없다. 전적 타자는 전적 타자의 속성을 갖지 않은 도구, 즉 우리의 상징을 통해서 중개된다. 따라서 더 강력한 타자를 만날수록 상징은 더 과장되고 심지어 파열되는 경우도 있다.

그러므로 신약에 나오는 종교적 체험을 순수한 신체적 혹은 심리적 수준에서 분리하거나 아직 해석되지 않은 상태의 체험을 찾아내려고 한다면, 그 노력은 실패할 수밖에 없다. 하여튼 요약한다면 체험에는 언어라고 하는 옷이 필요하다. 최초의 그리스도인들이 경험은 능력에 대한 체험이 가지는 신체적 혹은 심리적 요소가 무엇이었든지 간에 그들은 그 능력을 이미 성령의 능력으로 인식한 상태에 있는 것이다.

신약 문헌은 우리에게 다양한 종교적 체험을 보여 준다. 그러나 그 모든 체험 배후에는 최초의 근본적인 체험이 놓여 있는데, 이 체험은 예수님이 부활하셨다라고 하는 이 확신 속에 표현되어 있다. 이 체험이 없으면 기독교 운동도 없고 따라서 설명하거나 해석할 아무것도 남지 않게 된다. 따라서 이 체험은 신약 생성의 필요 불가결한 동기인 것이다.

부활 체험

그 근본에 있어서 기독교는 신비한 계몽 종교가 아니다. 예수님은 신과 합일에 도달하고 다른 이들에게 그 길을 가르치는 그런 현인으로 존경받던 인물이 아니다. 원시 기독교 체험은 예수님 자신이 체험한 내용을 다른 사람이 체험하는 그런 식이 아니다. 예수님의 체험은 독특하고 말로 표현할 수 없는 것으로 간주되었다. 기독교는 예수님의 죽음 이후 예수님을 따르던 사람들이 전혀 새로운 방식으로 예수님을 체험하면서 시작되었다. 기독교는 유대교와 마찬가지로 개인이 타자를 만나는 종교이다. 초기 기독교 체험은 이 타자를 부활하신 예수님에게서 만난 것이다. 부활 신앙이 기독교의 탄생이다. 그래서 우리는 여기에 집중적이며 지속적인 관심을 기울여야 할 것이다.

현존하는 최고(最古)의 문헌에서 바울은 어린 데살로니가 교회와 그 교인들에게 그들의 회심 조건과 회심 모습을 다음과 같이 말해 준다(살전 1:9-10).

너희가 어떻게 우상을 버리고 하나님께로 돌아와서 사시고 참되신 하나님을 섬기며 또 죽은 자들 가운데서 다시 살리신 그의 아들이 하늘로부터 강림하심을 기다린다고 말하니 이는 장래 노하심에서 우리를 건지시는 예수시니라.

계속해서 바울은 이 확신이 미래 생명에 대한 그들의 소망의 근거가 된다고 말한다(살전 4:14).

우리가 예수의 죽었다가 다시 사심을 믿을진대 이와 같이 예수 안에서 자는 자들도 하나님이 저와 함께 데리고 오시리라.

바울은 5년쯤 뒤 고린도교회에 편지하면서 그 공동체의 설립 기반이 된 "좋은 소식"의 기본적인 뼈대를 다시 설명한다(고전 15:3-8).

내가 받은 것을 먼저 너희에게 전하였노니 이는 성경대로 그리스도께서 우리 죄를 위하여 죽으시고 장사지낸 바 되었다가 성경대로 사흘 만에 다시 살아나사 게바에게 보이시고 후에 열 두 제자에게와 그 후에 오백여 형제에게 일시에 보이셨나니 그 중에 지금까지 태반이나 살아 있고 어떤 이는 잠들었으며 그 후에 야고보에게 보이셨으며 그 후에 모든 사도에게와 맨 나중에 만삭되지 못하여 난 자 같은 내게도 보이셨느니라.

이 암송 구절 속에는 전통적인 공식의 표시가 들어 있다. 바울 자신도 이것을 "받아서" 고린도 교인들에게 "전해 주었다." 이 내용의 중요성은 교인들이 이 메시지 안에 머물러 있다면 현재 이 메시지로 구원을 받은 상태에 있다는 바울의 주장에 드러나 있다(고전 12:2). "성경대로"라고 하는 생소한 구절은 나중에 다루려고 한다. 지금은 바울이 여기에서 "좋은 소식"의 체험적 근거를 말하고 있다는 점만 짚고 넘어가자. 바울이 고린도 교인들에게 전달해 준 내용에는 "〔예수님이〕 다시 살아나셨다"는 확신 뿐 아니라 다른 사람들이 체험한 "보이셨다(나타나셨다)"는 내용이 들어 있었다. 이것은 500명 이상의 사람들이 체험한 것이었다. 그들 가운데 일부는 지금도 그 체험을 입증할 수 있는 상태에 있다는 것이다. 이것은 단순히 바울이 남에게서 들은 체험이 아니다. 바울 자신도 체험하였다. 예수님이 살아 계셨을 때 바울은 예수님을 알지 못하였다. 그럼에도 불구하고 그는 지금 "내게도 보이셨느니라"고 전하고 있다. 우리는 여기에서 부활 체험의 직접 증인을 만난다.

바울은 자신의 체험을 사실적인 혹은 심리학적인 용어가 아니라 종교적인 상징을 도구로 기술하고 있다. 또 부활하신 주님에 대한 자신의 체험을 자신의 사도로 부르심과 연관지어 말하는 것이 특징이다. "내가 자유자가 아니냐 사도가 아니냐 예수 우리 주를 보지 못하였느냐"(고전 9:1). 또 자신의 사도로 부르심을 변호하는 다른 부분에서 바울은 다음과 같이 말한다(갈 1:15 - 16).

형제들아 내가 너희에게 알게 하노니 내가 전한 복음이 사람의 뜻을 따라 된 것이 아니라 이는 내가 사람에게서 받은 것도 아니요 배운 것도 아니요 오직 예수 그리스도의 계시로 말미암은 것이라 … 그러나 내 어머니의 태로부터 나를 택정하시고 은혜로 나를 부르신 이가 그 아들을 이방에 전하기 위하여 그를 내 속에 나타내시기를 기뻐하실 때에 내가 곧 혈육과 의논하지 아니하고 …

마지막으로 고린도후서 12:1 - 5보면 이상한 내용이 나온다. 여기에서 바울은 유대교의 메르카바 신비주의를 강력하게 연상하게 하는 언어로 14년전 "한 사람"이 체험은 "주의 환상과 계시"를 말한다. 그 사람은 환상을 따라 "삼층천"에 가서 "말할 수 없는" 광경을 보았다. 그러나 바울은 다시 " … 몸 안에 있었는지 몸 밖에 있었는지 나는 모르거니와"(12:3)라는 수수께끼 같은 말을 제외하고는 그 체험의 정신적인 차원에 관해서 아무것도 말하지 않는다. 우리는 여기에서 부활하신 예수님에 대한 자신의 체험을 말하는 것인지 확실하게 말할 수 없다. 그러나 그럴 가능성이 확실하다.

사도행전에는 바울이 부활하신 예수님을 만난 사건에 대한 기록이 세 번 나온다. 한번은 직접적인 이야기로(9:3 - 9), 두 번은 바울이 자신을 변호하는 연설에 나온다(22:6 - 11, 26:12 - 18). 이 기사들은 세부적인 면에서 일부 차이가 있다(9:7에서 바울의 동료들은 소리를 들었지만 아무도 보지 못하였다. 22:9에는 그들이 빛을 보았지만 아무것도 듣지 못했다). 그러나 모두 이것이 예수님과의 만남이었고 그 결과 바울이 이방인들에게 "좋은 소식"을 전하기 위해 보냄을 받게 되었다는 점에서 일치한다. 여기에서 이 내용들은 근본적으로 갈라디아서 1:15 - 16과 일치한다.

핍박자에서 사도로 바뀐 바울의 변신을 심리학적인 범주를 근거로 설명하려는 노력이 있는데 이것은 현대 독자들에게 친근한 면에서 매력이 있다. 바울이 의식적으로 메시아 운동을 반대하면서 양심에 가책이 있었기 때문에 무의식적으로는 거기에 끌리고 있다가 결국 그 속에서 이 내적인 긴장이 폭발하고 말았다고 하는데 우리가 볼 때 이것은 신빙성이 없어 보인다. 즉 심리학적인 부정의 고전적인 반전에서 바울은 자신이 광적으로 혐오하던 것을 광적으로 수용하게 되었다는 것이다. 공교롭게도 바울은 상처입은 심령이 아니었던 것으로 나타나 있다. 바울이 자신의 과거 생활을 말하는 곳을 보면 그는 아무런 문제가 없었을 뿐 아니라 자신만만한 사람이었던 것으로 보인다(갈 1:13 - 14, 빌 3:4 - 6). 바울이 눈이 먼 것은 히스테리적인 반작용이라 할 수 있다고 하는데, 이런 분석은 그의 체험의 본질을 분명하게 밝히지 못하였다.

게다가 바울의 체험의 심리학적인 역학에 관심을 쏟다보면 이 사건에 있어서 바울과 사도행전 저자가 함께 가장 중요하게 여기는 측면을 놓치게 된다. 예수님이 일상적인 인간의 삶을 사실 당시 바울은 예수님을 만나지 못했다. 바울은 주님, 다시 말해서 초월적이시고 명령하시는 존재로서 주님을 만났다. 부활하신 분이 하시는 명령하시고 능력 주시는 말씀, 이것은 모든 부활 기사의 가장 일관된 특징이다. 뿐만 아니라 예수님의 임재를 전하는 도구가 객관적인 실재가 아니라 개인적이며 영적인 관계이었다. 이것은 강력한 실재를 나타내기에는 너무 약한 수단이다. 우리는 갈라디아서 1:16을 주목한다. 거기에 보면 하나님께서 "그 아들을 나에게 나타내시기를 기뻐하셨다"고 바울이 말한다. 그러나 헬라어 구절은 "내 속에"라고 옮길 수 있는 것이다. 바울의 체험은 객체에 대한 체험이 아니라 바울에게 개인적인 능력을 행사하던 또 다른 주체에 대한 체험이었다. 사도행전 기사에서 그 목소리가 바울에 묻는다. "네가 어찌하여 나를 핍박하느냐?" 이때 사실 바울이 핍박한 대상은 인간 예수가 아니라 메시아 공동체였다. 그렇지만 그 목소리는 "나는 네가 핍박하는 예수라"고 주장하였다(행 9:5). 바울은 예수님을 살아계시고 메시아 공동체 안에 능력있게 임재해 계시는 분으로 체험하였다.

　바울은 부활하신 주님에 대한 자신의 체험이 독특한 것이 아님을 전한다. 500명이 넘는 사람들도, 그 가운데 많은 수가 그 사건이 있은지 20년이 지난 당시까지 살아있었는데, "내가 부활하신 예수님을 체험했다. 그분이 나에게 나타나셨다"고 말할 수 있었다. 복음서에 들어 있는 기사들은 이 체험을 약간 이야기하고 있다. 그런데 이 기사들이 부활 체험의 수가 본질에 있어서 사도행전과 동일하지 않은 점을 주목해야 한다. 예를 들어 복음서 기사들은 "500명에게 일시에" 보이신 일이나 야고보에게 보이신 일에 관해서 아무것도 말해 주지 않는다. 복음서 기사들은 오래된 것이며 적어도 부분적으로는 직접 목격자들의 말에 근거를 두고 있는 것이다. 하지만 현재의 형태로 그 내용은 약 40년이 지나는 동안 믿는 공동체의 계속되는 체험에 영향을 받았고, 그 속에 들어 있는 부활 사건은 아주 고정된 틀로 짜여진 것이다. 여기에서 논점은 간단하다. 복음서의 기사는 선별된 것으로 공동체를 가르치기 위한 목적으로 만든 것이다. 부활하신 주님을 만났다 혹은 주님의 임재의 능력을 체험하였다 하는 주장이 이 이야기들과 시공간적으로나 관점에서 폭이 일치하지 않는다.

　복음서에는 두 가지 기본적인 부활 기사가 나와 있다. 첫번째는 빈무덤 기사라고 한다(막 16:1-8, 막 28:1-8, 눅 24:1-11, 요 20:1-10). 추종자들은 예수님의 죽음 후 시신에 기름을 바르려고 무덤에 가서 예수님이 거기에 없는 사실을 발견하였다. 이들은 "예수님이 다시 살아나셨다"는 이 소식을 제자들에게 전달한 한 사람 혹은 그 이상의 전달자에게서 들었다. 빈 무덤 이야기들은, 부활이 제자들이 퍼뜨린 짓은 장난이었다는 비난, 마태복음 28:11-15(27:62-66을 보라)에 솔직하게 나와있는 비난에 대한 반응으로 생각할 수 있는 점들을 몇 가지 보여 준다. 돌이 사람의 힘으로 굴려내기에는 너무 무거웠다. 무덤이 빈 사실은 찾아간 사람들을 깜짝 놀라게 했다. 다른 제자들에게는 이 소식을 전해야 하는 상황이었다. 그런데도 그들은 믿으려 들지 않았다 등. 하지만 이런 내용들이 빈 무덤 기사의 중요한 의미를 다 없애 버리는 것은 아니다. 주된 논점은 예수님이 죽음의 장소에 있지 않으셨고 "그들보다 앞서" 가셨다는 사실이다(막 16:7을 보라). 빈 무덤 자체와 마찬가지로 이 기사들은 예수님과의 새로운 만남을 위해 공개되어 있었다. 그분은 장사지낸 곳에 계시지 않았으며(옛 삶이 마감된 곳), 그분의 새 삶은 시공간적으로 정확한 제한을 받지 않았다(그들 앞서 가셨다). 뒤에 남은 수건은 죽음의 속박에서 해방된 한 사람을 묵묵히 증언하고 있다(요 20:6-9).

부활 기사의 두번째 종류는 출현 기사라고 한다(막 16:9-20, 마 28:9-20, 눅 24:13-49, 요 20:11-21:23을 보라). 이 기사들 역시 몇 가지 변증적인 강조점을 보여준다. 어떤 이야기는 예수님 몸의 실재성을 강조하는데(눅 24:39-43, 요 20:26-28), 이것은 지금 살아 계시는 이분은 전에 죽으셨던 그분과 동일한 분으로 생각해야 한다는 점을 분명하게 하기 위한 것이다. 또한 이 이야기들은 이 만남의 특징으로 갑작스럽고 놀랐으며 누가 지어내지 않았다고 말한다. 예수님이 그들 가운데 뚫고 들어오셨다. 제자들이 있게 한 것이 아니다. 예수님이 나타나셨을 때 제자들은 겁에 질렸다. 뿐만 아니라 거기 나타나신 예수님은 이전 분의 그림자가 아니라 능력이 많으시고 명령하시는 모습이었다. 이 이야기에는 예수님이 하신 말씀이 두드러지게 나타난다. 예수님은 성경을 해석해 주시고 다른 사람들에게 이 메시지를 선포하라고 제자들에게 명령하신다. 특별히 이 이야기에서는 종교적 체험의 특징들, 즉 갑작스런 능력의 침입, 호기심을 느끼면서도 두려워하는 반작용, 파송받았다는 의식 등을 볼 수 있다. 신성에 대한 체험이 행동으로 이어졌다. 다시 말해서 부활하신 주님에 대한 체험이 선포로 이어진 것이다.

이런 기사들을 억지로 해석해서 그 자체가 말하는 이외에 다른 것을 말하도록 해봐야 소용없다. 이 기사들이 말하는 내용은 결국 확신으로 이어지는 위대한 심리학적 갈등이 아니라 전혀 예상치 못한, 놀라운 만남이며 이것은 결국 선교로 이어진 것이다. 최초 신자들의 체험을 보는 바른 시각은 르낭(E. Renan)의 냉소적인 낭만주의에서 얻을 수 있는 것이 아니다. 르낭은 부활 신앙을 설명하려고 애쓰던 가운데 그 원인의 대부분을 최종적으로 막달라 마리아에게 집중시켰다.

하지만 자, 이 상황에서 막달라 마리아의 엄청난 상상력이 중요한 역할을 감당하였다고 생각해 보자. 사랑의 신적인 능력! 귀신들린 한 사람의 열정이 세상에 소생한 하나님을 가져다 준 엄숙한 순간들!

로이시(A. Loisy)의 결론은, 궁극적으로 말해서 맞지 않는 것은 마찬가지이지만, 어처구니 없는 것은 아니다. 그는 예수님이 부활절에 부활하지 않았고 신앙이 부활했다고 한다.

이렇게 해서 예수의 부활에 대한 신앙이 탄생하였고 그 방식은 자생적이라고 해도 좋을 것이다. 예수의 메시아적 미래에 대한 제자들의 믿음이 너무나 강력하여 자체 모순에 아랑곳하지 않았고, 십자가의 치욕으로 인해 쏟아지는 반박에도 굴복하지 않았다. 신앙은 예수를 자신이 기대하던 영광의 자리로 높여 놓았다. 신앙은 예수가 영원히 살아있다고 공포하였는데, 그 이유는 신앙 자체가 절대 죽지 않게 되어 있기 때문이다. 신앙은 그 자체 내에서 비전을 만들어 내었고 그 비전은 고통의 진통제가 되고 확신에 무게를 더해 주었는데, 이 모든 과정이 극심한 시련으로 인해 더욱 촉진되었다. 예수의 죽음으로 소망이 산산히 부서지고 믿음 자체까지 소멸되어 버릴 수 있었지만 제자들은 예수의 죽음 위에서 부서진 소망의 조각을 가지고 예수 그리스도의 종교를 세웠다. 아무도 모르는 사이에 믿음이 혼자서 필요한 모든 환상을 만들어 낸 것이다.

이와 같은 설명들은 기독교의 탄생을 노이로제와 환상의 산물로 돌린다. 부활은 단순히 헛된 소망 혹은 눈먼 사랑이 생명을 얻은 것에 불과하다는 것이다. 조작설과 마찬가지로 이러한 설명들은 혐의에 대한 해석, 종교적인 본문들의 본래 기능이 다른 덜 고상한 인간 욕구를 위장하는 것이라는 전제에 매달린다. 그렇지만 조작설의 경우와 마찬가지로 본문 내에는 이러한 해석을 지지할 만한 내용이 거의 없다. 우리는 막달라 마리아의 심리적 안정 여부에 관해서 아는 바가 전혀 없으며, 혹시 그 체험을 한 사람이 마리아 한 사람뿐이었다 하더라도 본문은 그 점을 강조해서 말하지 않는다. 그리고 제자들의 믿음이 대단히 강해서 절대 소멸되지 않을 정도이었다고 하는 말은 본문을 읽지도 않고 그냥 지나친 결과이다. 이 점에 관해서 본문은 동의하지 않고 있으며, 본문이 만장일치로 말하는 내용은 제자들은 예수님에 대한 믿음이 거의 없었으며 종국에는 예수님을 완전히 버리고 말았다는 것이다. 뿐만 아니라 이 설명들은 종교적 체험의 본질을 거의 이해하지 못하고 있음을 보여준다. 따라서 이들은 본문의 핵심과 예수님의 부활에 대한 그리스도인들의 고백이 가지는 실제 본질을 완전히 놓친 것이다.

부활 체험은 바람같은 요정의 꿈과 아무런 관련이 없다. 이것은 예수님이 소생하여 과거의 삶의 모습으로 회귀하였다는 믿음이 아니다. 과거 사람들의 개인적인 신비한 영웅적 활동에 달려 있는 것이 아니다. 부활에 대한 그리스도인들의 증거는 예수님이 떠나가시기 전에 소수의 사람들의 눈에 스치면서 비쳤다고 말하지 않는다. 이것과 가장 유사한, 예수님이 하늘로 승천하셨다고 하는 기사까지도(행 1:9-11), 이렇게 이해하면 완전히 잘못 본 것이다. 사도행전에서 부활하신 예수님의 임재는 승천 이전이나 이후 동일하게 강력하였다. 사실은 승천 이후에 더 강하였는데, 이것은 새로운 방식의 임재를 의미한다.

부활 체험은 복음서 기사에만 제한될 수 없다. 부활에 대한 근본적인 체험과 확신은 무덤도 보지 못하였고 예수님의 환상도 보지 못한 사람들에게서도 볼 수 있다. 예수님의 강력한 임재에 대한 체험은 예수님이 살아 계시고 원인을 제공하기 때문에 가능한 것이다. 만약 지금까지의 내용을 요약해야 한다면, 기독교 운동을 탄생시킨 부활 체험은 개인적, 초월적이며 변화시키는 능력의 공동체 내 계속적인 임재에 대한 체험이라고 말할 수 있을 것이다.

부활에 대한 이런 이해가 복음서 이야기에 표현되어 나타났다. 요한복음 20:20-23에서 부활하신 주님이 제자들에게 말씀하신다. "아버지께서 나를 보내신 것같이 나도 너희를 보내노라"

이 말씀을 하시고 저희를 향하사 숨을 내쉬며 가라사대 성령을 받으라 너희가 뉘 죄든지 사하면 사하여질 것이요 뉘 죄든지 그대로 두면 그대로 있으리라 하시니라

이것은 분명히 제자들에게 능력 주심이 성령에게서 시작됨을 말하고 있다. 이 성령은 예수님 자신에게서 직접 나오며, 제자들은 이 능력으로 세상에서 예수님의 사명을 감당할 수 있게 되었다(요 14:18-31). 누가복음 24:47-49에 나

오는 부활하신 예수님의 명령도 이와 유사하다.

> 너희는 이 모든 일의 증인이라 볼지어다 내가 내 아버지의 약속하신 것을 너희에게 보내리니 너희는 위로부터 능력을 입히울 때까지 이 성에 유하라 하시니라

여기에서 증인이 되라는 대사명이 예수님에게서 나오는 능력 입히움을 얻게 된다. 사도행전 2:1-4에서 누가는 이 능력 입히움을 상징화시키는 기사를 기록하고 있다. 오순절 날에

> 저희가 다 성령의 충만함을 받고 성령이 말하게 하심을 따라 다른 방언으로 말하기를 시작하니라

이 말에 이어서 그리스도가 부활하신 주님이라고 하는 첫번째 선포가 베드로의 설교에서 나온다. 무엇보다 먼저 베드로의 해석이 필요하였던 현상은 제자들의 무아지경 상태였다(행 2:12-13). 제자들의 능력 체험은 설명이 필요하였다. 베드로는 이 체험이 예언의 성취라고 말했다(욜 2:28-32, 행 2:17-21).

> 말세에 내가 내 영으로 … 부어 주리니 … 저희가 예언할 것이요 주의 … 날이 이르기 전에 … 누구든지 주의 이름을 부르는 자는 구원을 얻으리라 …

반대로 이 본문 자체가 예수님의 죽음과 부활에 관한 암송 구절로 해석되고 있다(2:22-31). 사도행전 2:32-33에는 체험과 확신이 나란히 나온다.

> 이 예수를 하나님이 살리신지라 우리가 다 이 일에 증인이로다 하나님이 오른손으로 예수를 높이시매 그가 약속하신 성령을 아버지께 받아서 너희 보고 듣는 이것을 부어 주셨느니라

이 해석은 체험에서 시작하여 죽음과 부활에 비추어 토라를 이해하는 모습을 보여주며, 다시 출발점, 즉 능력에 대한 체험으로 돌아간다. 성령 받음은 예수님을 주라고 하는 고백과 체험적으로 상호 연관이 있다. 베드로는 다음과 같이 결론을 짓는다. "그런즉 이스라엘 온 집이 정녕 알지니 너희가 십자가에 못 박은 이 예수를 하나님이 주와 그리스도가 되게 하셨느니라"(행 2:36)

우리의 관심을 기사 재료에서 신약 다른 문헌에 나타나 있는 내용으로 옮겨

보면, 이 관계가 더욱 선명하게 기술되어 있음을 알게 된다. 앞의 4장에서 우리는 최초 그리스도인들이 어떤 식으로 자유와 용기, 기쁨이 있고, 환난을 견디고 삶이 새로워진 것을 말하는지 살펴 보았다. 내가 생각하기로 이 주장들은 모두 능력의 체험에 대한 내용과 관련이 있다. 이제 우리가 볼 수 있는 것은 이 능력의 원천이 성령이라고 아주 일관성있게 말한다는 사실이다. 정말 우리는 이 문헌들에서 성령의 상징이 "능력"이라고 하는 체험적인 말과 연관이 있다고 말할 수 있다.

사도행전 2:38에 따르면(마 28:19과 비교) 공동체에 들어 올 때 성령을 받았다.

> 너희가 회개하여 각각 예수 그리스도의 이름으로 세례를 받고 죄 사함을 얻으라 그리하면 성령을 선물로 받으리니.

성령은 신자들 가운데서 놀라운 일을 행하고(갈 3:3-5), 선포할 수 있도록 능력을 주고(행 4:8, 살전 1:5, 딤후 1:6), 무엇보다 먼저 자신의 신앙을 고백할 수 있게 한다. 바울은 고린도전서 12:3에서 말한다.

> 하나님의 영으로 말하는 자는 누구든지 예수를 저주할 자라 하지 않고 또 성령으로 아니하고는 누구든지 예수를 주시라 할 수 없느니라

그리고 신자들의 인식의 변화를 가져 오는 주체도 성령이었다(딛 3:5, 고전 2:12).

이 성령은 비인격적인 힘이 아니다. 생명을 주시는 부활하신 주님의 임재이다. "너희가 아들인 고로 하나님이 그 아들의 영을 우리 마음 가운데 보내사 아바 아버지라 부르게 하셨느니라"(갈 4:6). 이 점은 고린도후서 3:17-18에 더욱 분명하게 나와 있다.

> 주는 영이시니 주의 영이 계신 곳에는 자유함이 있느니라 우리가 다 수건을 벗은 얼굴로 거울을 보는 것같이 주의 영광을 보매 저와 같은 형상으로 화하여 영광으로 영광에 이르니 곧 주의 영으로 말미암음이니라

바울은 고린도전서 2:12과 16에서 성령과 주님의 임재 사이의 관계를 다시

그리고 있다. 그는 먼저 성령의 기원을 말하고, "우리가 세상의 영을 받지 아니하고 오직 하나님께로 온 영을 받았으니." "우리가 그리스도의 마음을 가졌느니라"는 말로써 논의를 마친다. 그리고 로마서 8:11에서 이 관계는 부활로 이어진다.

> 예수를 죽은 자 가운데서 살리신 이의 영이 너희 안에 거하시면 그리스도 예수를 죽은 자 가운데서 살리신 이가 너희 안에 거하시는 그의 영으로 말미암아 너희 죽을 몸도 살리시리라

마지막으로 바울은 부활 문제를 확대해서 다루는 문맥에서 다음과 같이 말하는데(고전 15:45), 이것은 요약으로 볼 수 있겠다.

> 첫 사람 아담은 산 영이 되었다 함과 같이 마지막 아담은 살려 주는 영이 되었나니

이 내용들이 보여 주듯이, 부활 신앙 고백("예수가 주님이시다")과 성령 체험 사이의 명백한 상관 관계가 바울 신학의 두드러진 특징이다. 하지만 이것이 바울만이 가진 배타적인 선입견은 아니다. 앞에서 언급한 본문들 외에도 유사한 관계를 말하고 있다는 다른 본문들로는 벧전 1:12, 3:18, 4:6, 히 2:4, 4:12, 6:4, 약 4:5, 요일 3:24, 4:13, 5:8, 유 19, 20, 계 2:7, 4:2, 19:10 이 있다.

그러므로 부활 신앙은 예수님이 잠시 생명을 회복해서 추종자들 일부에게 모습을 드러냈다는 확신 이상의 의미를 가진다. 이것은 예수님의 죽음 수년 후에도 계속되는 예수님의 능력에 대한 실제적인 체험으로 검증된, 그분이 새롭고 능력있는 양식으로 살아 계신다. 그분은 정말 하나님의 생명을 공유하고 계신다는 확신이다. 그분은 주님이시며, 그 주님되심이 생명의 주시는 그분의 영을 통하여 세상에서 역사하고 있다.

이 고백은 우리 세계에서와 마찬가지로 그 당시 세계에서도 적지 않게 문제가 되었다. 현대 물리학의 발달이 없어도 교양있는 사람들에게 부활은 믿기 힘든 명제이다. 바울은 아덴에서 예수님의 부활을 전하려 하다가 스토아, 에피쿠로스 청중들에게서 야유를 받았다(행 17:32). 예수님의 죽음과 부활은 지금과 마찬가지로 그때도 역설적이며 논리를 벗어나고, 신앙이 아니면 불신 이외의 다른 반응이 있을 수 없는 것이었다.

논점을 분명히 하기 위해 이 명제를 최대한 단순화시켜 보자. 먼저 처형당한 사실을 모든 사람이 알고 있는 그 사람이 지금 살아있다. 이것만으로도 납득하기 어렵다. 그런데 더 나아가 이 한 사람 역사적 인물에게서 과거에 일어났고 현재에 일어나고 있는 일이 모든 사람 하나하나의 생존에 급진적이며 강력한 영향을 미치고 있다. 그 이유는 이 사람이 지금 궁극적이며 초월적인 하나님의 능력을 공유하고 있기 때문이라고 한다. 이것은 정상적인 사람이라면 거부감없이 수용하기 정말 어려운 말이다.

이 명제의 두번째 부분은 특별히 메시아를 믿는 동료 유대인들에게 거슬리는 내용이다. 이들이 반대하는 내용에서 우리는 부활 신앙의 특징적인 본질을 볼 수 있다. 1세기 유대교 가운데 적어도 중요한 한 종파, 즉 바리새인들은 죽은 자의 부활을 열렬히 신봉하였다(행 23:8을 보라). 적어도 부활이 그 명제 자체로는 바리새인들에게 문제가 되지 않았을 것이다. 하지만 바리새인들이 기다리던 부활은 의인을 위한 부활이며, 종말론적 사건 즉 하나님 왕국의 출현이 되어야 하는 것이다. 이들에게는 예수님이 부활했다는 고백이 불가능하다. 토라의 규범으로 볼 때 예수님은 의인이 아니었다. 사실 예수님의 죽음은 토라에서 하나님께 저주받은 죽음이라고 분명하게 말하는 그런 죽음이었던 것이다(신 21:23. 갈 3:13과 비교). 더욱이 역사가 제 과정대로 명백하게 계속되고 있었으므로 예수님의 부활을 종말론적 사건으로 간주할 수 있는 가능성이 더 적었다. 그리스도인들의 신앙 고백에는 자신들이 진정한 이스라엘을 대표한다는 주장이 은연 중에 들어있다. 이 주장은 성령의 약속을 받은 사실을 근거로 한다(행 2:33, 갈 3:14을 보라). 이것은 대부분의 유대인들이 받아 들일 수 없는 내용이다. 궁극적으로 그리스도인과 나머지 유대인들을 구분하는 요인은 예수님을 메시아로 고백하는 신앙 고백이 아니었다. 이런 고백은 유대인들에게 토라를 배반하는 일이 없이도 가능한 일이었다(바르 코흐바 사건 때 랍비 아키바가 한 것처럼). 십자가 형을 받은 죄인을 부활하신 주님으로 고백하는 이 신앙 고백이 차이였다. 여기에서 우리는 다시 한 번 기독교 운동의 탄생에 있어서 이 신앙 고백이 중심 요인이었다는 사실을 발견한다.

예수님이 믿는 공동체 안에 살아 계시고 능력으로 역사하신다는 확신은 신약 문헌 전체에서 은연 중에, 경우에 따라서는 아주 분명하게 주장하는 전제다. 복음서의 예수님은 단순히 맹신적인 기억 속에 들어있는 과거의 인물이 아니었다. 그분은 공동체가 체험하고 고백하는, 살아 계신 주님이시다. 그분의 말씀은 과거의 말씀으로 약하게가 아니라 지금 강력하게 신자들에게 전해지고 있다. 신약 서신과 계시록의 예수님은 정적인 도덕적 선생이나 모범이 아니라 살아계셔서 역사하시는 임재이며, 교회 선지자들을 통하여 말씀하시고, 교사들을 통하여 가르치시고, 신자들의 손을 통하여 치료하심으로 자신의 영을 통하여 공동체의 정체(正體)를 만들어 가신다.

예수님이 다시 오셔서 사람들 사이에 왕국을 건설하실 것이라는 기대가 있었던 것도 바로 예수님이 살아 계셔서 역사하신다는 확신 때문이다. 우리는 앞에서 이미 데살로니가전서 4:14에서 바울이 그려놓은 부활과 예수님의 재림(파루시아) 사이에 있는 관계를 보았다. 또한 바울이 고린도전서 15:24 - 28에서 말하는 관계도 부활과 연관있다.

> 그 후에는 나중이니 저가 모든 정사와 모든 권세와 능력을 멸하시고 나라를 아버지 하나님께 바칠 때라 저가 모든 원수를 그 발 아래 둘 때까지 불가불 왕 노릇 하시리니 … 만물을 저에게 복종하게 하신 때에는 아들 자신도 그 때에 만물을 자기에게 복종케 하신 이에게 복종케 되리니 이는 하나님이 만유의 주로서 만유 안에 계시려 하심이라

다른 성경 저자도 예수님의 부활은 정확하게 예수님이 살아 계시고 언제나 모든 사람들을 위해 중보기도를 하심을 의미한다고 생각하면서 다음과 같이 말한다(히 9:27 - 28).

> 한 번 죽는 것은 사람에게 정하신 것이요 그 후에는 심판이 있으리니 이와 같이 그리스도도 많은 사람의 죄를 담당하시려고 단번에 드리신 바 되셨고 구원에 이르게 하기 위하여 죄와 상관 없이 자기를 바라는 자들에게 두번째 나타나시리라

예수님이 살아 계시고 명령하시는 주님이시라는 확신에서 "좋은 소식"을 선포할 강한 충동이 나온다. 이것은 과거에 받은 대사명이 아니라 현재 받고 있는 명령에서 나오는 것이다(행 13:2).

> 주를 섬겨 금식할 때에 성령이 가라사대 내가 불러 시키는 일을 위하여 바나바와 사울을 따로 세우라 하시니

교회의 선지자들의 말 속에서 역사하는 주체는 부활하신 주님의 영이었다 (계 10:8-11).

> 하늘에서 나서 내게 들리던 음성이 또 내게 말하여 가로되 네가 가서 바다와 땅을 밟고 섰는 천사의 손에 펴놓인 책을 가지라 하기로 ⋯ 내가 천사의 손에서 작은 책을 갖다 먹어 버리니 내 입에는 꿀같이 다나 먹은 후에 내 배에서는 쓰게 되더라

부활하신 주님이 거룩하신 하나님의 영을 통하여 그들에게 임재해 계신다는 확신에서 아브라함에게 주신 약속이 영적으로 성취된 진정한 이스라엘이라(행 2:33, 38-39, 갈 3:14을 보라), 하나님의 백성의 신실한 남은 자라(롬 9:22-33), 성령의 거하시는 곳—그러므로 하나님 임재의 성전이라는(고전 3:16-17, 엡 2:19-22, 벧전 2:4-10) 교회의 자아 인식이 나왔다.

예수님이 살아 계신다는 확신과 성령의 은사를 받아 그 생명력이 신자들을 감화시킨 일 가운데 어느 편이 먼저 일어났는지 묻는다면, 이것은 대답이 불가능하다. 기사들을 보면 예수님의 출현에 근거한 확신이 먼저이고, 성령의 능력을 받은 일이 그 다음이다. 이 순서는 예수님이 부활하셨기 때문에 사람들이 성령을 받았다는 인과의 순서를 존중하고 있다. 그리스도인들의 체험에서 어느 일이 먼저 일어났는지 우리는 이야기할 수 없다. 체험과 확신, 능력과 고백은 처음부터 구분할 수 없이 혼합되어서 함께 원시 기독교의 체험을 형성하였다.

해석의 필요성

부활 신앙이 기독교 운동을 탄생시켰다면, 여기에는 해석의 필요성이 생긴다. 이것은 단순히 부활 신앙이 역설에 뿌리를 두고 있기 때문이다. 모든 사람이 죽었다고 알고 있는 한 사람이 지금 살아 있어서 모든 인류의 능력의 근원이 되었다. 죄인으로 죽은 한 사람이 지금 다른 모든 사람들을 위한 죄 용서의 근원이 되었다는 사실은 흔한 말이 아니다. 이 확신과 체험은 사람들에게, 특히 이 체험에 영향을 받고 이 확신에 헌신한 사람들에게 이해하기 복잡하고 어려운 문제를 제기한다. 여기서는 이 십자가에 달리고 부활한 메시아에게 헌신한 사람들 가운데 즉시 제기될 수밖에 없었던 문제 몇 가지만 언급하려고 한다.

십자가 상에서 죽은 예수님의 죽음이 진정 죄인의 죽음, 외견상 토라가 말

하듯이 하나님께 저주받은 죽음이었는가? 그렇다면 그분으로 인한 우리의 생명의 체험과 토라에 대한 우리의 이해를 어떻게 조정할 수 있는가? 예수님의 메시아되심의 합법성과 토라의 원칙 가운데 택일해야 하는가? 그분이 죄인이 아니었다면, 죄가 무엇인가, 공의의 의미는 무엇인가? 인간 예수를 하나님이 죽음에서 일으키시고 주님으로 세우신 요인이 무엇인가?

우리가 고백하는 대로 예수님이 주님이시라면, 우리가 하나님으로 부르는 하나님과 예수님의 관계는 무엇인가? 하늘에 두 능력이 있을 수 있는가? 하나님에게 협력자가 있을 수 있는가, 그러면서도 여전히 한분이실 수 있는가? 예수님과 세상의 관계, 그리고 이 공동체와의 관계는 무엇인가? 예수님의 영의 임재가 그렇게 결정적이며 강력하여서 변경될 수 없는 것인가? 이 교회에 속한 우리가 성령의 은사를 통하여 예수님의 부활하신 생명을 공유하고 있다면, 우리가 왜 죽어야 하는가? 아니 좀더 적절하게 표현한다면, 우리가 어떻게 살아야 하는가? 그분이 능력으로 우리에게 임재하시고 그분의 왕국이 주님으로서 통치하는 행위 안에 어쨌든 실재하고 있다면, 앞으로 더 기대할 것이 무엇인가?

어떻게 우리가 우리 가운데 계신 성령의 임재와 계속되는 죄의 존재를 어떻게 조정할 수 있는가? 하나님께서 예수님의 부활 사건에서 악을 정복하셨다면, 왜 우리는 지금도 적대적인 세상에서 무기력한가? 우리가 진정한 이스라엘이라면 이것이 역사적 하나님의 민족에게 무엇을 의미하는가? 그렇다면 이것은 하나님이 당신의 약속을 지키시지 않는다는 의미가 아닌가? 하나님이 이스라엘에게 하신 자신의 말씀을 지키지 않으셨다면, 우리에게 하시는 말씀은 어떻게 확신할 수 있는가?

최초의 그리스도인들은 변화시키고 초월적인 성령의 능력을 체험하고 예수가 주님이심을 선포하는 그것만으로 만족할 수 없었다. 그들은 의미를 찾고 자신들의 삶을 이 놀라운 체험에 비추어 해석해야 했다. 최초 그리스도인들은 신성(神性)이 한 사람의 죽음을 통하여 자신들에게 전해진 역설, 강함뿐 아니라 약함 가운데서도 능력이 자신들과 함께 임재하시는 역설 가운데서 의미를 찾으려는 노력을 통하여 자신들의 존재에 대한 해석을 구할 수 있었다.

도저히 외면할 수 없는 상징의 세계? 그것은 자신들이 동료 유대인들과 공유하고 있는 토라의 상징적 세계이며, 이것을 새롭게 읽기 위한 해석의 그것은 열쇠? 죽었다고 살아나신 메시아의 역설이다.

참고문헌

145페이지의 인용 부분의 출처는 E. Renan, *The Life of Jesus*, trans. J. H. Holmes(New York: Modern Library, 1927 〔1863〕), 357, 145페이지 내용은 A. Loisy, *The Birth of the Christian Religion and the Origins of Christianity*, trans. L. P. Jacks(New York: University Books, 1962 〔1933, 1936〕), 97-98이다. Loisy의 전통은 부활을 믿는 신앙을 여기서 내가 말하는 내용과 다른 장소에서 찾으면서 그것을 인식의 불일치에 대한 해답으로 보는 여러 가지 연구에 그대로 살아 있다. 나는 이 불일치를 십자가 사건으로 인해 제자들의 소망이 산산조각난 데서 기인한 것으로 생각하기보다 그들의 상징 세계를 무너뜨린 부활 체험의 결과로 보고 있다. 이와 아주 유사한 입장으로 H. Jackson, "The Resurrection Belief ofthe Earliest Church: A Response to the Failure of Prophecy?" *JR* 55(1975): 415-25, U. Wernick, "Frustrated Beliefs and Early Christianity," *Numen* 2(1975): 96-130을 보라. 좀더 인위적인 요소가 많은 주장으로 P. E. Devenish, "The So-Called Resurrection of Jesus and Explicit Christian Faith: Wittgenstein's Philosophy and Marxsen's Exegesis as Liguistic Therapy," *JAAR* 51(1983): 171-90에 따르면 예수님의 부활은 언어의 한 가지 질병이다.

본장에서 말한 종교적 체험에 관한 여러 견해의 배경으로는 R. Otto, *The Idea of the Holy*, trans. J. W. Harvey(London: Oxford Univ. Press, 1950), W. James, *The Varieties of Religious Experience*(New York: Macmillan Co., 1961 〔1902〕), J. Wach, *The Comparative Study of Religions*, ed. J. Kitagawa(New York: Columbia Univ. Press, 1958), M. Eliade, *Myth and Reality*, trans W. Trask(New York: Harper & Row, 1963), G. Van der Leeuw, *Religion in Essence and Manifestation*, 2 vols.(New York: Harper & Row, 1968), 그리고 *Mystery of Being*, vol. 1: *Reflection and Mystery*, trans. G. S. Fraser(Chicago: Henry Regnery Co., 1969)과 *Creative Fidelity*, trans. R. Rosthal(New York: Farrar, Straus & Gioux, 1964)에서와 같은 G.

Marcel에 의한 경험에 대한 현상학적 분석도 보라.

부활 신앙에 관한 오래된 고전급 논의들 가운데 자연주의적 설명의 전체 범위를 위해서 D. Strauss, *The Life of Jesus Critically Examined*, ed. P. Hodgson(Philadelphia: Fortress Press, 1973 [1835]), 735-44를 보라. 이와 대조적으로 *The Church History of the First Three Centuries*, ed. A. Menzies(London: Williams & Norgate, 1878 [1853]), 1:42: "부활에 관해서 우리가 가지고 있는 견해는 그 역사에 있어서 중요성이 적다는 것이다"에 나타나 있는 F. C. Baur의 입장은 간결하며 신중하다. *Earliest Christianity*, ed. F. C. Grant(New York: Harper & Row, 1959 [1914]), 1: 14-44에 나와있는 J. Weiss의 논의는 충실하고 비평적이지만 궁극적으로는 심리학적인 설명이다. 이것은 *La Foi á la Resurrection de Jesus dans la Christianisme Primitif*(Paris: E. Laroux, 1933)에 나타나 있는 M. Goguel의 견해와 같다.

오래된 논의들은 이 문제를 진지하게 다루었다. 하지만 최근 기독교 역사서들은 부활을 한 토막의 이야기 정도로 축소시킨다. 예를 들어 W. H. C. Frend, *The Rise of Christianity*(Philadelphia: Fortress Press, 1984), 86, P. Johnson, *A History of Christianity*(New York: Atheneum, 1979), 32, H. Chadwick, *The Early Church*(New York: Penguin Books, 1967), H. Conzelmann, *History of Primitive Christianity*, trans. J. Steely(Nashville: Abingdon Press, 1973), 38-42를 보라. 이와 대조적으로 비중을 둔 연구로는 L. Goppelt, *Apostolic and Post-Apostolic Times*, trans. R. A. Guelich(Grand Rapids: Baker Book House, 1970), 8-24를 보라.

최근 논의들은 R. Bultmann, "New Testament and Mythology," In *New Testament and Mythology and Other Basic Writings*, sel., ed., trans. S. M. Ogden(Philadelphia: Fortress Press, 1984 [1941]), 1-43에 영향을 받고 있다. 예를 들어 W. Marxsen, *The Resurrection of Jesus of Nazarth*, trans. M. Kohl(Philadelphia: Fortress Press, 1970), R. Fuller, *The Formation of the Resurrection Narratives*(Philadelphia: Fortress Press, 1971), H. von Campenhausen, "The Events of Easter and the Empty Tomb," in his *Tradition and Life in the Church: Essays and Lectures in Church History*, trans. A. V. Littledale(Philadelphia: Fortress Press, 1968), 42-89를 보라. 부활 기록의 형태에 관해서는 C. H. Dodd, "The Appearance of the Risen Christ: An Essay in Form-Criticism of the Gospels," in *Studies in the Gospels*, ed. D. Nineham(Oxford: Basil Blackwell, 1955), 9-35, 또 W. O. Walker, "Post-Crucifixion Appearances and Christian Origins," *JBL* 88(1969): 157-65, S. M. Gilmour, "The Christophany to more Than Five Hundred Brethren," *JBL* 80(1961): 248-52를 보라. 예수님의 부활에 관해 전반적으로 동조하는 유대인들의 분석이 본장의 마지막 논지를 설명해 준다. 비록 예수께서 부활하였을 가능성이 있다하더라도 이것이 그가 메시아라는 사실을 의미하는 것이 아니다. 왜냐하면 세상이 언제나 그랬던 것처럼 여전히 그대로 계속되고 있기 때문이다. P. Lapide, *The Resurrection of Jesus: A Jewish Perspective*(Minneapolis: Augsburg Pub. House, 1983)을 보라.

제6장

교회의 기억 속의 예수

기독교 체험의 본질은 선포뿐 아니라 해석을 요구한다. 이 해석에서는 불가피하게 예수님이라는 인물이 중심이 되게 된다. 이유는 간단하다. 제자들에게 부활하신 주님으로 출현한 인물이 자신을 십자가 형으로 죽은 동일한 예수라고 신분을 밝혔기 때문이다. 제자들은, 지금까지 자신들이 선포하시고, 치료하시고, 고난 당하신 분으로 알고 있는 그분을 이제 성령을 주시는 능력있는 분으로 알게 되었다. 그 성령에 의해 모인 공동체가 앞으로 자신의 이야기를 해야 한다면, 반드시 예수님 이야기에 부닥치게 되어 있다. 그러므로 공동체의 단절되지 않고 계속되는 정체감과 예수님에 대한 생생한 기억은 분리할 수 없을 정도로 단단하게 얽혀 있는 것이다. 이제 우리가 살펴보려고 하는 부분은 바로 이 기억의 형성과정이다.

아남네시스(ANAMNESIS)

신약의 서신들과 복음서는 기억의 결정체, 즉 예수님의 죽음과 부활 사건 이후 수년 동안 전해지면서 발전된 예수님에 관한 전통들의 문학적인 정수를 전혀 다른 방식으로 보여주고 있다. 복음서에서는 분명히 예수님 이야기가 중심이고 명확하게 기술되어 있으며, 교회의 가르침과 그 이야기에 대한 해석은 은연중에 드러나 있을 뿐이다. 그러므로 예수님에 대한 기억을 연구하는 이 작업은 이 문헌 자료들을 읽는 것으로 자연스럽게 바뀌게 된다. 하지만 계시록과 서신서

문헌의 경우 예수님에 대한 기억은 대단히 중요하다고 해야 할 것이다. 서신서와 계시록에서는 교회의 가르침과 이 이야기의 해석이 중심이고 명확하게 기술되어 있으나, 예수님에 대한 기억의 역할이 간접적이지만 중요하다.

우리가 교회 안에 있는 예수님의 기억을 말할 때, 이것은 단순히 과거의 정보에 대한 기계적인 회상을 의미하지 않는다. 오히려 헬라어 아남네시스라는 용어에 표현되는 종류의 기억을 말한다(눅 22:19, 고전 11:24,25). 이것은 현재에도 활력과 능력을 주는 그런 과거의 회상이다. 이런 기억은 개인의 정신 활동에 국한되지 않고 무엇보다도 공동체의 예식과 언어 활동에서 발견된다. 그래서 우리는 유대인의 유월절 학가다에서 오래전 출애굽 사건에 대한 암송 구절이 그 사건의 능력이 현재 세대도 함께 느끼게 한다는 점을 보았다. "모든 사람은 각자 자신이 애굽에서 나온 것으로 생각하라." 초기 기독교에서 아남네시스는 좀더 복잡한 면을 가지고 있었다. 즉 사람들은 과거의 기억 대상이 되는 인물을 지금 여기에서 현재의 인물로 체험하고 있는 것이다. 이것은 단순히 정신 활동을 통하여 예수님을 과거로부터 불러내는 그런 기억이 아니다. 예수님의 능력에 대한 현재의 체험이 과거 예수님에 대한 체험을 끊임없이 조명하고 있는 것이다.

이와 같은 기억은 개인과 공동체 모두의 정체감과 서스럼없이 연결되어 있다. 개인의 이야기는 그 상대가 인간으로서 어떤 인물인가를 정의한다. 한 민족의 신화는 공동체로서 그 민족을 정의한다. 개인이나 공동의 기억상실(amnesia)은, 바로 기억상실이 정체감이라는 이유로 인해서 두려운 현상이 된다. 과거가 없으면 현재가 없고 미래를 위한 희망도 거의 없게 된다. 초기 교회의 정체감은 예수님에 대한 기억과 연결되어 있다. 교회는 예수님의 임재에 대한 체험에서 교회의 과거를 더듬어 찾아 낼 동기를 얻듯이 자신의 현재에 대한 이해를 예수님의 과거에서 찾았다.

개인의 기억은 언제나 선택적일 수밖에 없다. 과거의 모든 것이 현재에 의미를 가지지 않기 때문에 우리는 과거의 모든 내용을 기억하지 않는다. 공동체의 현재 생활에 중요한 것만 기억된다. 하지만 선택이 무작위적인 선택은 아니며, 기억하는 사람의 계속되는 기억에서 나온다. 현재 상황이 과거 기억에 자극을 주고, 그늘에서 회상의 빛으로 불러 낸다. 예수님이 유대인들의 반대에 어떻게 대처하고 반응하셨는지를 기억하는 일부 이유는 제자들이 동료 유대인들에게서 이러한 반대를 겪고 있었기 때문일 것이다. 물론 그 당시 아주 중요하고 감동적이며 지금도 계속해서 중요하며 유익한 단순한 이유 때문에 기억되는 일들도 있다. 제자들과 나누신 마지막 만찬에서 예수님이 하신 말씀과 행동을 기억하는데 빵을 나누어 주시는 일이 반드시 필요한 것은 아니다. 하지만 빵을 나누어 주신 일은 그 기억을 길이 보존하는데 필요한 적절한 동기가 되는 것이다.

과거의 기억은 또한 공동체의 계속되는 체험에 의해서 형성된다. 다른 관점에 의해서 새로운 체험이 옛 체험을 대체하면서 인간의 이야기는 끊임없이 개정되어 간다. 우리의 현재 상황이 과거를 만들면서 과거에 모호하던 개념이 뚜렷해지고 과거에 무의미하던 일들이 이제 크게 부각되기도 한다. 과거 위기는 우리가 현재 겪고 있는 위기에 대한 예비 과정 혹은 분석 과정으로 이해할 때 그 의미가 영향을 받게 된다. 또한 현재 순간을 파악하면 과거를 좀더 현명하고 보편적으로 이해하는 힘을 얻는다.

그래서 예수님의 기억도 기독교 공동체의 계속되는 체험에 의해서 선별 구성되었고, 그 과정은 공동체의 계속되는 체험이 가지는 독특한 성질에 따라 여러 부분으로 나뉘어졌다. 즉 공동체가 기억하는 기억은 현재 그들에게 능력으로 함께 있게 된 것이다. 과거 예수님의 말씀과 행동에 관해서 신자들이 기억하는 모든 것은 하나 하나 부활 체험의 이쪽 편에 서있는 그들의 입장에 따라 채색되었다. 과거에 충실하려는 마음이 있었다 하더라도 신자들의 기억은 과거에 대한 현재의 이해에 영향을 받지 않을 수 없었다. 그때 비유로 말씀하시던 분이 지금 선지자들을 통해서 말씀하셨고, 그때 병을 고치신 분이 지금 신자들의 손을 통해서 고치신다. 과거와 현재에 대한 해석은 예수 전통의 발전을 매우 복잡하게 만들어 놓았다.

예수님의 기억은 최초 그리스도인들의 다양하고 변화무쌍한 환경과 관련해서도 영향을 받지 않은 것이 아니다. 그들은 성장과 갈등의 격동기를 지나는 동안 자신과 신자들 서로와 세상에 대처하며 살아야 했는데, 이것도 예수님에 대한 그들의 이해에 영향을 미쳤다. 초대 교회 사회적 상황 속에 이런 요인들이 많이 들어 있었다. 그러면 이 사회적 상황이 어떤 것이었으며 어떻게 신자들은 예수님에 대한 기억을 선별 구성하였는가?

전통의 사회적 상황

초기 기독교의 특수한 사회적 배경은 최초 복음서가 기록되기 이전 약 40년간 동안의 선교 사업 확장의 뼈대 안에서 생각해야 한다. 사도행전은 단순히 복음 확장 사실을 확인해 주는 이야기를 제공하고 있을 뿐이다. 그 방식은 신학적 목적에 의해 선별되고 영향을 받게 되었지만 그러나 다른 신약 문헌들이 입증해 주는 무한한 가치를 지닌 정보들을 제공하고 있다.

사도행전1:8에서 예수님이 제자들에게 말씀하신다. "오직 성령이 너희에게 임하시면 너희가 권능을 받고 예루살렘과 온 유대와 사마리아와 땅 끝까지 이르러 내 증인이 되리라." 누가는 이 예언을 자신의 이야기의 구성 원리로 활용한다. 그래서 "하나님의 말씀"이 예루살렘 중심에서(1-8장) 유대와 사마리아로(8-10장), 안디옥으로(11장), 그리고 거기에서 바울과 그 동료들의 선교 사역을 통하여(13-28장) "땅끝"인 로마로 진전해 나감을(28:16) 보여 준다. 이 그림에서 누가의 신학적 관심은 두 가지를 강조하는 것으로 되어 있다. 즉 먼저 예루살렘에서 이방 세계에까지 선교의 평화로운 연속을 보여주고, 다음으로 복음 선포가 회당에서 시작되었고 회당에서 거절된 이후에만 이방인들에게로 옮겨갔다는 점을 보여 준다(13:46-47, 18:6, 28:25-28).

다른 면에서는 아주 단순화되어 있다. 사도행전 기사는 역사적 관심이 지대한 일부 지역에 관해서 아예 아무것도 말해주고 않고 있다. 이집트나 갈릴리 기독교에 관해서는 전혀 말이 없고(다메섹과 안디옥에 관한 간단한 언급을 제외하면), 시리아 기독교에는 아주 조금 이야기한다. 뿐만 아니라 누가는 훌륭한 헬라 저자답게 도시에 주로 관심을 보이고 농촌 복음화에 관해서는 전혀 언급이 없다. 그는 평화적인 목적에서, 기사의 행간에 점점이 나타나 있지만(행 6:1-7, 9:26, 11:2, 15:1-21, 39, 21:21), 초기 공동체 내의 갈등과 불화를 무시하였다. 13장에서부터는 이야기의 초점이 전적으로 바울에게 집중되고 나머지 다른 과정은 사라져 버린다. 누가는 제국 수도 도시의 복음화 과정을 기술하는 노력을 하지 않는다. 그렇지만 독자들은 바울이 죄수의 몸으로 로마에 도착하였을 때 그곳에는 이미 기독교 공동체가 있었음을 발견할 수 있을 것이다(행 28:16).

이런 한계에도 불구하고 사도행전은 기독교 전파 과정을 이해하는데 중요한 뼈대를 제공하고 있다. 첫째, 사도행전은 기독교 운동이 교회 설립을 통해서 성장하였음을 분명하게 보여준다. 기독교는 하나의 사회 집단 운동이다. 그러므로 전통의 사회적 배경은 그 운동의 본질 속에 내재되어 있었다. 둘째, 사도행전은 이 메시지가 지리적으로 방대한 지역에 얼마나 신속하게 퍼져나갔는지를 보여준다. 예수님의 죽음 이후 7-8년만에 예루살렘, 유대, 사마리아, 시리아에 개별 공동체들이 산재해 있었다. 20년만에 키프로스와 소아시아에 공동체들이 생겨났고, 25년 뒤에는 마게도냐, 아가이아, 심지어 달마디아까지 공동체들이 융성하게 일어났다. 예수님이 처형 당한 지 30년 후에는 기독교 공동체가 로마에도 있었다. 이것은 전통적인 주장이다.

기독교의 급속한 성장은 예수님의 기억에 대하여 실제적인 의미를 가진다. 즉 이것은 예수님의 기억이 새롭고 변화무쌍한 환경을 거쳐서 전달 보존되었다는 의미이다. 환경은(예수님의 말씀이 대부분 전제로 하고 있는) 주로 농촌적인 배경에서 바울과 베드로가 말하는 도시적인 배경으로 근본적으로 신속하게 바뀌어 나갔다. 언어적인 조정도 일부 필요하였다. 제국 전체에서 사용되던 언어는 헬라어였으며, 초기 기독교 공동체 안에도 헬라어를 말하는 그리스도인이 있었다. 그러나 현재 헬라어 형태로 된 예수님 말씀 가운데 아람어 기층을 시사하는 부분이 더러있다. 그러므로 말씀 가운데 번역이 필요하였던 경우에는 의미상의 미묘한 차이가 더해지거나 상실되었다. 기독교 운동이 디아스포라 유대교와 헬라문화의 철학과 종교와 같은 디아스포라의 복수 문화권으로 급속하게 전파되었다는 사실은 예수님에 대한 기억이 다른 전통과 만나면서 영향을 받을 수 있었다는 의미를 가진다.

이 내용의 요점은 간단하다. 신약을 보면 부활 이후 단일화되고 안정된 공동체의 철저한 통제 하에서 고요한 회상과 해석이 이루어서 예수님에 대한 기억을 하나의 일관성있고 응축된 형태로 만들어 다른 나라, 다른 언어, 다른 문화에 전달해 줄 수 있었던 기간이 길게 있었다는 증거를 보여주지 않는다는 점이다. 신약의 증거는 반대되는 이야기를 하고 있다. 즉 평온한 시간이 전혀 없었고, 최초의 공동체는 처음부터 괴로움과 핍박을 당했으며, 많은 메신저들이 기독교 운동을 전파하였고 그 과정에서 새로운 환경에 대한 적응이 필요하였으며, 공동체의 자기 이해와 예수님에 대한 기억이 서로 영향을 미치면서 성장해 갔다는 것이다. 이 증거에 비추어 생각하면 놀라운 점은 예수님에 대한 기억에서 볼 수 있는 다양성이 아니라 어쨌든 그 안에 통일성이 있다는 이 점이다. 초대 교회 내에서 예수의 전통이 성장하고 안정되는데 있어서 선포와 예배와 공동체 생활을 위한 가르침이라는 세 가지 공동체 상황 요소가 특별한 중요성을 가진다.

선포

이 상황 요소의 역사적 중요성은 확실하다. 하지만 얼마나 많은 기독교 선포가 신약 문헌에 포함되게 되었는지 아니면 그것이 예수님의 기억을 얼마나 많이 전달했는지 결정하는 일은 쉽지 않다. 선포의 중요성에 관해서 말하자면 초기 기독교가 선교 운동이었으며 예수님의 죽음과 부활에서 하나님께서 행하신 일에 관한 선포가 공동체를 최초로 탄생하게 하였다는 사실을 지적하는 것도 바로 예수님이 살아 계셔서 역사하신다는 확신 때문이다. 우리는 앞에서 이미 데살로니가전서 4:1을 지적하는 것으로 충분할 것이 구절이 적지 않게 자주 나온다(갈 4:13, 골 1:3-7, 빌 1:5, 살전 1:5, 히 2:1-4, 약 1:21, 벧전 1:2-25을 보라). 서신을 받는 대상은 이미 설립되어 있는 교회들이었다. 따라서 서신서들은 최초의 선포들을 전제로 하고 내용에 포함시키지 않았다. 본래 설교로 시작되었을 가능성이 많은 히브리서와 베드로전서 같은 서신들까지도 선교 설교의 처음 단계를 훨씬 넘어서고 있다(히 6:1-3, 벧전 2:2).

하지만 이 설교 형태의 서신들은 예수님의 지상 생활과 고난의 의미에 비교적 분명한 관심을 보이고 있다(벧전 2:21-25, 히 5:7-10, 12:1-3을 보라). 바울도 갈라디아 교회에게 한 최초 선포에 대한 언급에서 "어리석도다 갈라디아 사람들아 예수 그리스도께서 십자가에 못 박히신 것이 너희 눈 앞에 밝히 보이거늘"(갈 3:1) 하면서 예수님의 죽음 이야기를 거론한 것으로 나타나 있다. 그렇지 않으면 서신서에는 앞의 부활에 관한 논의에서 말한 데살로니가전서 1:9-10, 고린도전서 15:3-8 과 유사한 선포 내용의 단편만 볼 수 있다. " … 복음 … 이는 너희가 받은 것이요 또 그 가운데 선 것이라 … 너희가 … 이로 말미암아 구원을 얻으리라"(고전 15:1-2. 갈 4:4-7, 롬 10:14-17을 보라). 이 본문들을 보면, 듣는 사람들을 과거 생활에서 떠나 믿음으로 돌아오고(행 2:37, 10:44, 갈 3:2-5, 벧전 1:13-22, 히 6:1), 예수를 그리스도와 주로 만들어 놓으신 하나님께 헌신하도록 만든 것이 선포라고 한다. 이런 의미에서 선포는 초기 기독교의 기초를 이루고 있다. 믿음은 "들음"에서 나는 것이다(갈 3:5, 롬 10:5-17).

그러면 선포가 예수님에 대한 기억을 보존하고 정형화하는데 어떤 중요성을 가지고 있었는가? 이에 대한 결정은 사도행전에 있는 선포 설교들을 어떻게 판단하느냐에 어느 정도 달려 있다. 유사한 설교가 베드로와(행 2:16-36, 3:12-26, 10:34-43) 바울의 입에(행 13:16-41, 17:22-31) 모두 들어있다. 바울이 이방인 청중들에게 한 설교는(17:22-31) 독특하지만, 다른 설교들은 아주 유사하다. 이 설교들은 성취의 시대가 다윗의 후손이며 사역을 완수하신 예수님 안에서 시작되었다, 예수님이 십자가에 못박혔지만 하나님께서 메시아로 일으키셨다, 예수님에 대한 하나님의 승인을 성령이 다시 확인해 주셨다. 그리고 예수님이 다시 돌아오실 것이다라는 점을 일관성있게 주장한다. 이 메시지를 근거로 회개를 촉구한다. 뿐만 아니라 사도행전 10:34-43의 베드로 설교를 보면 예수님의 사역에 대한 공관복음의 기사를 닮은 개요를 찾을 수 있을 것이다.

여기에서 핵심적인 질문은 사도행전에서 진짜 전통적인 선포의 재료 혹은 형식을 어느 정도 사용하였는가 하는 점이다. 누가의 문학 방법이 전혀 무시해도 좋은 그런 종류가 아닌 사실에 비추어 이 질문에 대한 대답은 쉽지 않을 것이다. 바울과 베드로가 이 형식을 따른다는 사실로 보아 이것이 전통적인 특징을 보여 준다고 생각할 수 있을 것 같다. 그러나 누가가 바울과 베드로를 아주 유사한 이적을 행하게 해 놓은 점과, 누가 자신의 신학 목적을 위해 사용되는 정형화된 용어로 기술해 놓은 점을 볼 수 있고, 누가가 헬라 역사가들처럼 설교들을 자신의 이야기를 해석하고 발전시키는 목적으로 사용하고 있으며, 자신이 사용하는 원자료들을 조직적으로 개작하고 있으며, 일반적으로 특히 어록 재료에서(눅 1-2장의 찬송시들을 보라) 고문체 사용을 즐기는 것을 본다. 따라서 문학적 용어를 근거로 해서는 판단이 거의 불가능하게 된다.

하지만 여기에서 설교의 고대성을 문제삼는다 해서 이것이 그 설교들의 형식이 전통적인 것일 수 있다는 가능성을 부정한다는 의미는 아니다. 회개의 근거로, 성경의 성취로서 메시아의 죽음과 부활에 초점을 두고 있는 점에서 서신서에서 볼 수 있는 케리그마의 요약 내용과 일치한다. 그러나 이보다 더 전진하는 것은 쉽지 않다. 예수님의 말씀과 행위에 대한 몇 가지 이야기를 최초 선포에서도 볼 수 있는 것이 사실인 듯하지만, 어떤 종류의 재료가 사용되었는지, 이것들이 기준 레파토리의 일부로 되어있었는지, 혹은 어떤 역할을 감당하였는지 정확하게 식별하는 일은 불가능하다.

선포 행위와 예수님에 대한 기억 사이의 좀더 분명한 접촉점은 선포의 변증적 기능에서 찾을 수 있을 것이다. 초기 기독교 선포 가운데 적어도 일부는 유대 회당에서 진행되었고(행 13:13-16, 14:1, 17:1-3, 18:4-5, 19:8, 롬 1:16), 경우에 따라서는 이 십자가에 달린 메시아에 대한 선포에 반대하는 유대인들과 논쟁으로 이어지기도 하였다. 사도행전은 메시아주의자와 동료 유대인들 사이의 공개적인 논쟁을 몇 가지 이야기한다(6:9-10, 9:22, 29, 18:4, 28). 이 가운데 두 가지는, 이 논쟁이 예수님의 메시아 주장에 관한 것이며 토라에 대한 바른 이해에 관한 언쟁이 포함되어 있었다고 분명하게 말하고 있다(행 17:2, 19:8). 메시아주의 설교자들은 복음서의 수난 기사에서 보는 바와 같이 다른 유대인들이 제기하는 반론에 대답하라는 요구를 받았을 것이다. 예수님이 죄인이고 범죄자였는가? 예수님의 죽음이 하나님께 저주받은 죽음이었는가? 예수님은 유대 법정에서 백성을 미혹시키는 자라는 선고를 받았는데 이 선고가 정당한가? 제자들이 거짓말을 퍼뜨리기 위해 예수님의 시신을 훔쳤는가? 메시아의 죽음과 부활이 초기 케리그마의 초점이었으므로 이 점은 분명히 이 메시지를 받아들이지 않는 사람들에게 공격 목표가 되었고 따라서 예수님의 이야기 가운데 가장 먼저 해석을 요구하는 부분이 되었을 것이다.

예배

예배에서는 종교의 확신과 체험이 생생하게 살아난다. 그래서 이 상황 요소는 교회에서 예수님에 대한 기억을 발전시키는데 중요하였다. 이 공동체의 예식과 신화의 중심은 예수님의 죽음과 부활을 통하여 하나님이 행하신 일이었다. 따라서 예수님에 대한 기억이 예배에서 절대적인 역할을 감당할 수밖에 없었다.

예배의 장소

기독교 공동체는 예수님이 예언적 행위로서 성전을 청결하게 하셨고(막 11:15-18, 그 병행구) 생전에 그 경내에서 가르치신 사실을 기억하였다(막 11:27, 12:35, 41, 그 병행구). 최초 예루살렘 교회에 관한 기사에서 사도행전은 제자들이 성전 예배에 함께 참여한 사실과(2:46, 3:2) 사도들이 성전뜰에서 선포하고 병자를 고쳤던 사실을 보여준다(3:11-12, 5:42). 우리는 이 일이, 주후 70년 성전 파괴와 더불어 끝이 났을 것은 분명하나, 얼마나 오랫동안 계속되었는지 알 수 없다. 이 습관은 예수님의 기억이나 공동체가 아주 초기에 채용하였던 성전 상징의 사용 관습에 별 영향을 미치지 않았을 것으로 생각된다(고전 3:16-17, 엡 2:19-22, 히 10:19-25, 벧전 2:4-8, 계 21:22을 보라).

예루살렘과 디아스포라 어디에서나 유대인 그리스도인들은 최소한 한동안은 회당 예배에 함께 참여하였다. 사도행전은 이 상황에서 그리스도인들이 예수님을 선포한 사실을 보여준다. 최소한 일부 메시아주의자들은 회당 예배자의 일부로 남아있기를 원하였다. 이 점은 메시아주의를 반대하는 유대인들이 그들을 추방할 필요가 있었다는 점에서 알 수 있다(막 13:9, 마 23:24, 요 9:22, 12:42, 16:2, 행 6:11, 18:7-17). 비르카트 하 미님을 공식적으로 작성하기 이전에는 (주후 85년 이후) 이런 관습이 있었으나 이때 그리스도인들이 마지막으로 회당 예배에서 추출되었다. 신약 문헌에는 "수나고게"가 기독교 예배 모임에 단 한 번 사용되었고(약 2:2, 행 16:13의 프로슈케 "기도 처소"와 비교), 일반적으로 사용된 용어는 에클레시아였다(예를 들어, 살전 1:1, 고전 14:23). 기독교 예배에 끼친 회당의 주요 공헌은 기도 형태와 성경 봉독, 토라 해석을 예배의 일부로 제공한 점이다.

신약 시대에 기독교 예배의 주요 장소는 가정이었다(오이키아, 오이코스). 사도행전은 오순절 이전에도 갈릴리 제자들이 기도하려고 "다락방"에 모였고(행 1:13), 성전 예배에 참여하는 최초의 신자들도 "집에서 떡을 떼"었다고 한다(행 2:46). 사람들은 집에 모여 말씀을 듣고(행 10:33, 16:32, 18:7), 기도하고 (12:12), 떡을 떼며 말씀을 들었다(20:7-12). 로마 제국에서 사회의 기초 단위가 가정이었으므로 우리는 "온 가족"이 한 번에 기독교 운동으로 개종한 사실을 볼 수 있고(행 11:14, 16:15, 31, 18:8, 요 4:53, 고전 1:16), 이러한 가정의 가장이 지도력을 발휘할 뿐 아니라 예배 모임 장소를 제공하였을 가능성이 있다. 우리는 개인의 집에서 교회가 모였다는 내용을 거듭해서 볼 수 있다(롬 16:5, 고전 16:15, 19, 골 4:15, 몬 2).

이 가정 배경은 아마도 "하나님의 권속"이라고 하는 공동체의 자아 정체감 형성과(벧전 4:17, 딤전 3:15, 갈 6:10, 엡 2:19을 보라) 헬라 도덕 철학의 관습에서처럼 권면에 가정 윤리를 사용한 점, 그리고 공동체의 정체감을 세우고 유지하는 행동에 "세우는 일"(오이코도메인)과 같은 용어를 사용한 점과(마 16:18, 롬 14::19, 15:2, 20, 고전 3:9, 8:1, 10:23, 14:4, 17, 살전 5:11, 고후 10:8, 13:10, 엡 4:16) 공동체의 지도자를 위해 "청지기"(오이코노모스)라는 말을 사용한 점에(고전 4:1, 9:17, 골 1:25, 딛 1:7, 벧전 4:10) 일부 영향을 주었을 것이다. 이것은 가정, 청지기, 집안의 주인 등이 주로 비유로 등장하는 예수님의 말씀에도 일부 반영되어 있다(마 7:24-27, 12:25-29, 13:27, 52, 16:8, 20:1, 막 10:29-30, 13:34-35, 눅 12:39-48, 요8:35, 14:2). 더 이상 정확한 연관은 찾을 수 없다.

예배 형식

예식. 예식 행위는 공동사회의 기억을 전달하는 자연스러운 기회가 된다. 초기 교회의 두 가지 주요 예식 행위는 세례와 주님의 만찬이며 이 둘은 각각 전통의 배경을 가지고 있다. 세례는 물론 공동체의 인입 예식으로(행 2:38, 41, 8:12, 36, 9:18, 10:48, 16:15, 33, 고전 1:15-16) 유대인의 할례 예식을 대신하는 것이었다(골 2:11-12). 이 예식 행위는 여러 가지 상징, 즉 씻음(행 22:16, 고전 6:11, 히 10:22, 엡 5:26, 딛 3:5), 빛(엡 1:18, 5:8-9, 14, 벧전2:9, 딤후 1:10, 히 6:4), 옷을 벗고 입는 것(갈 3:27, 골 3:8-10, 엡 4:22-25, 약 1:21, 벧전 2:1), 반대자들의 연합(고전 12:13, 갈 3:28, 골3:11) 등으로 나타나 있다고 볼 수 있을 것이다. 죽음과 부활의 상징은 바울 이전에도 세례와 연관지어 나타나 있고(롬 6:3-11, 골 2:12), 요단에서 요한이 준 세례 기사뿐 아니라(막 1:9, 마 3:16, 눅 3:21, 요 1:32-33) 예수님의 말씀에도 은연 중에 나타나 있다(막 10:39). 기독교의 세례 체험은 또한 고린도전서 10:1-5에 있는 바울의 출애굽 사건과 베드로전서 3:20-21에 있는 베드로의 노아에 대한 모형론적인 해석처럼 토라에 대한 재해석의 관점을 제공해 주었다.

예수님 기억을 발전시킨 두번째 예식 요소는 식사였다. 사도행전은 "집에서 떡을 때"는 행위를 최초 신자들의 행위 가운데 하나로 열거하고(2:42, 46) 바울이 설교한 경우에도 이런 행위가 있었다는 사실을 기록하고 있다(행 20:7, 11. 27:35절과 비교). 이 식사는 주간의 첫날에 거행되었는데 이날은 바울도 모임의 날로 지정하였고(고전 16:2) 계시록은 주의 날이라고 불렀다(계 1:10). 앞에서도 보았듯이 유대교에서 모든 식사는 축복 기도가 동반되어 일정한 성례적 성격을 가지고 있었다. 유다서 12절과 베드로전서 2:13의 애찬(agapai)이라고 하는 이 특별 식사의 경우도 의심의 여지 없이 마찬가지였을 것이다. 이 식사 중 전부는 아니라 하더라도 일부는 예수님이 제자들과 나눈 마지막 식사에 대한 기억에서 이러한 특성을 얻게 되었을 것이다. 바울은 이런 식사를 주의 만찬(kyriakon deipnon, 고전 11:20)이라고 불렀고, 특별히 이 식사의 떡과 포도

주 나눔을 예수님이 죽으신 전날 밤에 하신 행위와 말씀과 연결시켰다(고전 11:23-15).

> 내가 너희에게 전한 것은 주께 받은 것이니 곧 주 예수께서 잡히시던 밤에 떡을 가지사 축사하시고 떼어 가라사대 이것은 너희를 위하는 내 몸이니 …

유월절 식사에서 출애굽의 기억으로 그 사건이 유대인 각자에게 실제 사건이 되었듯이 마지막 식사에서 하신 예수님의 몸짓과 말씀에 대한 기억으로 주님의 임재를 유효하게 만드는 것이다.

바울이 이 전통을 사용한 점은 예수님이 그런 행동과 그런 말씀을 하신 최후의 만찬의 기사와 아주 비슷하다(마 26:26-29, 막 14:22-25, 눅 22:19-22). 식사라는 상황 요소는 사역 기간 동안 예수님이 기적으로 많은 무리를 먹이신 일에—그 기사에 나오는 축사와 떡을 나눔에 대한 언어들을 주목해 보자 — 대한 기억의 배경으로 적절하다(마 14:15-21, 15:32-19, 막 6:34-44, 8:1-10, 눅 9:10-17, 요 6:1-14, 53-58). 예수님께서 이 식사를 함께 하는 사람들 가운데 부활하신 주님으로 진짜 임재하신다는 확신으로 인하여(고전 11:27-32과 비교) 이것은 예수님이 자신을 보여주신 사람들과 함께 먹고 마셨다고 하는 부활 기사의 기억에 알맞는 배경이 되었다(눅 24:28-35, 41-43, 요 21:9-14. 행 10:40-41과 비교).

기도. 공동 사회의 예배에서는 또 일련의 기도 형식을 사용하였다. 여기에서 우리는 예수님에 대한 체험이 주는 결정적인 영향뿐 아니라 초기 기독교에 미친 회당 예식의 영향을 볼 수 있다. 이것은 일단 앞에서 보았듯이 유대 기도의 기본틀인 축복 공식(berakah)에서 볼 수 있다. 축복이 사용된 곳은 에베소서 1:3-14, 고린고후서 1:3-7, 베드로전서 1:3-9(롬1:25, 9:5과 비교)이다. 그러나 여기에서는 정형화되어 있는 어두 "주를 찬송하리로다"가 어쨌든 예수님도 주님이시라고 하는("예수를 주시라" 고전 12:3, 롬 10:9, 빌 2:11) 기독교의 신앙 때문에 완전히 개정되어 "찬송하리로다 하나님 곧 우리 주 예수 그리스도의 아버지"로 시작하게 되었다. 예수님과 하나님의 특수한 혈연 관계가 이 기도 공식 안에 고정된 것이다(롬 15:6, 고전 8:6, 고후 11:31, 골 1:3, 요이 3).

유사한 축복 공식을 하나님을 아버지라 부르시는 예수님의 기도에서 볼 수 있다(눅 10:21. 마 11:25-26과 비교).

천지의 주재이신 아버지여 이것을 지혜롭고 슬기 있는 자들에게는 숨기시고 어린 아이들에게는 나타내심을 감사하나이다[exhomologoumai] 옳소이다 이렇게 된 것이 아버지의 뜻이니이다

누가복음 11:2-4과 마태복음 6:9-13에 따르면 예수님이 제자들에게 가르쳐 주신 기도에서도 하나님을 아버지라고 호칭하였다. 이 기도는 두 본문이 서로 다른데, 7개 요소로 되어있는 마태의 본문이 유대 기도 공식과 좀더 가깝다. 주요 절기마다 서있는 상태에서 하는 아미다(amidah) 혹은 기도는 18개라기보다 7개의 축문으로 구성되어 있고, 마태 본문의 구절이 부분적으로 이 축문을 닮았는데 특히 영광송의 카디쉬 혹은 이름을 영화롭게함 부분이 그렇다. "그분이 그분의 뜻을 따라 창조하신 세상에서 그분의 이름이 광대 거룩하게 되옵소서. 당신 생애 동안 그분이 그분의 나라를 세우시기를 원하나이다."

특히 초기 교회의 기도 공식과 예수님의 생생한 기억이 깊숙이 침투되어 있는 사실은 초기 기독교 예배에서 히브리어와 아람어 표현 세 가지가 그대로 보존되고 있는 것에서 볼 수 있다. 고린도전서 16:22에서 바울은 헬라어를 사용하고 대부분 이방인으로 구성되어 있는 공동체에게 편지하면서 "만일 누구든지 주를 사랑하지 아니하거든 저주를 받을지어다 주께서 임하시느니라"라고 말한다. 여기에서 "주께서 임하시느니라"는 아람어로 바울이 사용한 말을 그대로 옮기면 마라나타이다. 이 문맥에서 바울이 아람어를 사용하면서 이해 가능성을 전제할 수 있었다는 사실은 대단히 놀랍니다. 이 사실은 먼저 바로 그 공동체가, 주의 만찬의 예식문과 마찬가지로(고전 11:26과 비교, "너희가 … 주의 죽으심을 오실 때까지 전하는 것이니라"), 외국어로 된 이 구절을 사용하였다는 의미이며, 둘째로 그 공동체를 세운 바울이(아마도 팔레스타인 지방의) 아람어를 말하는 집단에 기원을 둔 전통을 그대로 전달하였다는 의미가 된다(고전 11:23과 비교). 셋째로 이것은 디아스포라에서는 물론 초기 팔레스타인 공동체에서도 예수님을 주님(maran)으로 불렀다는 의미가 된다.

바울이 인용한 두번째 아람어 표현은 "아바"이다. 이것은 "아버지"의 애정이 넘치는 지소어이다. 바울은 갈라디아서 4:6에서 이렇게 말한다(롬 8:15과 비교).

너희가 아들인 고로 하나님이 그 아들의 영을 우리 마음 가운데 보내사 아바 아버

지라 부르게 하셨느니라

갈라디아서의 문맥을 볼 때(3:23-29) 어쩌면 이것도 예식문의 표현일 가능성이 많다. 여기에서 가장 두드러진 점은 단순히 성령께서 이 부르짖음을 가능하게 하신다는 사실이나 헬라어를 사용하는 그리스도인들임에도 불구하고 아람어로 말한다는 사실이 아니라 예수님이 이 땅에 계실 때 예수님과 연관지어 가장 특징적인 말이 바로 "아바"라는 부르짖음이었다는 사실이다. 이 말이 가장 의미심장하게 쓰인 것은 예수님이 죽음 직전에 하나님께 기도하신 경우이다(막 14:36).

> 아바 아버지여 아버지께는 모든 것이 가능하오니 이 잔을 내게서 옮기시옵소서 그러나 나의 원대로 마옵시고 아버지의 원대로 하옵소서

세번째 표현은 히브리어로 되어 있으며 그 안에는 교회의 기도와 예수님의 기억 사이의 상호연관 관계가 복잡하게 얽혀 있다. 이것은 "아멘"이라는 간단한 말이다. 유대 기도에서 사용될 때 이 말은 남이 기도한 내용 혹은 바람에 대해 찬성한다는 반응, "그렇게 되기를", 혹은 자신이 말한 기도에 대해서도 같은 뜻을 표현하는 것이다(예를 들어, 고전 14:16을 보라). 이 말은 말 끝에 오는 것이 특징이며 신약 서신 문헌에서는 이런 형태로 사용되었다(롬 1:25, 11:36, 15:35, 고전 16:24, 갈 1:5, 엡 3:21, 빌 4:20, 살전 3:13, 딤전1 :17, 히 13:21, 벧전 4:11, 벧후 3:18, 유 25, 계 1:6-7). 반면 예수님 자신의 말씀이 가지는 가장 특징적인 면 가운데 하나는, 사복음서 모두에 기록되어 있듯이, 바로 이 아멘의 사용이다. 예수님은 이 말을 사용하시면서 다른 사람의 말에 대한 긍정이 아니라 언제나 자신의 말에 대한 긍정으로 사용하시며, 말끝이 아니라 언제나 말 초두에 사용하신다. "진실로 내가 네게 이르노니"(예를 들어, 마 5:18, 16:28, 막 8:12, 11:23, 눅 4:24, 21:32, 요 1:51, 5:19). 여기에 비추어 볼 때 요한계시록 3:14에 나오는 아멘의 의인화에 대해서는 놀랄 수밖에 없다. 환상 가운데 나타나신, 부활하신 주님이 이렇게 말씀하신다. "아멘이시오 충성되고 참된 증인이시오 하나님의 창조의 근본이신 이." 그리고 고린도후서 1:18-20에서 바울은 예수님을 특별히 지칭하면서 다음과 같이 말한다.

하나님은 미쁘시니라 우리가 너희에게 한 말은 예 하고 아니라 함이 없노라 우리 곧 나와 실루아노와 디모데로 말미암아 너희 가운데 전파된 하나님의 아들 예수 그리스도는 예 하고 아니라 함이 되지 아니하였으니 저에게는 예만 되었느니라 하나님의 약속은 얼마든지 그리스도 안에서 예가 되니 그런즉 그로 말미암아 우리가 아멘 하여 하나님께 영광을 돌리게 되느니라

마지막으로 젊은 플리니의 보고에서 볼 수 있듯이 그리스도인들은 그리스도께 "찬송"을 드렸다. 예배에 노래와 시편과 찬송을 부르는 순서가 포함되어 있었음은 의심할 나위가 없다(엡 5:19, 골 3:16, 고전 14:26, 계 5:9, 14:3, 15:3). 신약의 서신 문학에서 이러한 찬송의 단편들을 찾아 내는 일은 일정한 형태적 특징 -도입 관계 대명사나 운을 맞춘 절 등을 통해서 가능한데, 이 내용들은 권면을 위한 근거로 사용되었다(골 1:15-20, 딤전 3:16, 벧전 1:22-25, 3:18, 22, 빌 2:6-11). 이들 가운데 베드로전서와 빌립보서에 나오는 찬송들은 복음서에 기록되어 있는 예수님의 기억에 대한 분명한 관심을 보여주며 또한 그 내용과 유사하다. 계시록에 나오는 서너개의 불가사의한 찬송들은(예를 들어, 4:11, 5:9 등) 하나님과 "어린 양"에게 동시에 드리는 것으로 순전히 찬양의 노래이다.

신령한 말. 초기 기독교 예배에서 이 측면이 얼마나 널리 사용되었고 얼마나 중요하였는지 평가하지 곤란하다. 방언과 예언을 말하였다는 증거는 서너개의 문헌에 산재해 있다(행 2:4, 11:27, 21:9-10, 막 16:17, 살전 5:20, 딤전 4:14, 계 19:10, 롬 12:6). 선지자는 사역에 충분한 은사를 가진 사람이며 사도와 교사들과 더불어 인정된 직분이었다(고전 12:28, 엡 2:20, 계 10:7, 행 13:1). 하지만 이 작용에 대한 구체적인 기록을 볼 수 있는 곳은, 이 은사들을 체계적으로 사용하지 못하여 발생한 문제들을 다룬 고린도전서 12:1-14:40 뿐이다. 그리고 이 은사가 주님의 만찬과 같은 예배의 다른 순서와 함께 사용되었는지 아니면 별개로 사용되었는지 말할 수 없다. 이 형태의 말이 가지는 특징은 이것이 성령의 — 사실상 예수의 영 — 직접적인 감동으로 간주되었다는 점이다(고전 12:4-11). 방언은 원래 무아지경에서 하는 형태의 기도이며(고전 14:2, 14-16), 이와 대조적으로 예언은, 동일하게 영간된 작용이지만, 이성적인 요소를 가지고 있으며(고전 14:19) 남이 알아 들을 수 있는 말로 나타난다. 그러므로 바울은 예언을 믿음에 있어서 공동체를 세울 수 있는(oikodomein) 말로 보았다(고전 14:4-5, 12, 17, 24-25). 이것만은 분명하다.

판단하기 좀더 곤란한 문제는 선지자적 "계시"의 내용과(고전 14:26, 30) 예수님의 기억과의 관계이다. "예언의 말씀"이(벧후 1:19) 토라에 있는 하나님의 말씀의 형태로(사 1:10, 렘 2:2, 암 7:16) 말이나(살후 2:2) 하나님의 말씀이나(계 1:22, 9, 19:9) 주의 말씀으로(살전 4:15) 소개되었다면, 현재 공동체 안에 임재해 있으신 생명을 주시는 영으로서 주님에게서 나온 말씀과(고후 3:18을 보라) 지상 사역 기간 동안 하신 예수님의 말씀에 대한 기억의 방식으로 주님에게서 나온 말씀(고전 7:10, 11:23, 14:37, 살전 4:2, 살후 3:6의 모호성을 참고) 사이에 복잡한 관계가 쉽게 발전할 수 있었을 것이다.

이와 같은 복잡한 관계의 한 예는 예수님이 "도적 같이" 다시 오시겠다고 하신 말씀이다. 요한계시록 3:3하반절에서 우리는 예언을 통해서 교회에게 전달된 부활하신 주님의 말씀 안에서 이것을 볼 수 있다.

> 만일 일깨지 아니하면 내가 도적같이 이르리니 어느 시에 네게 임할는지 네가 알지 못하리라.

이것은 예언적 계시의 전형적인 예처럼 보인다. 그러나 바로 앞에 "그러므로 네가 어떻게 받았으며 어떻게 들었는지 생각하고 지키어 회개하라"는 말이 나온다(계 3:3상). 그러면 이 선지자는 자신의 말 속에서 과거 전통을 되풀이하고 있는 것인가? 만일 그렇다면 그 근원은 어디인가? 다음으로 우리는 바울 서신에서 이 전통을 볼 수 있다. 그는 데살로니가 교인들에게 다음과 같이 말한다(살전 5:2, 벧전 3:10).

> 주의 날이 밤에 도적같이 이를 줄을 너희 자신이 자세히 앎이라

마지막으로 복음서에서 볼 수 있다. 예수님의 종말 강화에 보면(마 24:43, 눅 12:39) 거기에 육신 예수님의 입에서 다음과 같은 변형된 말씀이 나온다.

> 그러므로 깨어 있으라 어느 날에 너희 주가 임할는지 너희가 알지 못함이니라 너희도 아는 바니 만일 집주인이 도적이 어느 경점에 올 줄을 알았더면 깨어 있어 그 집을 뚫지 못하게 하였으리라

이 본문들 사이에 생각할 수 있는 관계는 분명히 여러 가지가 있다. 처음에

는 이 말씀들이 공동체에게 한 예언의 말씀으로 시작되었는데, 나중에 복음서에 기록된 예수님의 기억의 일부로 포함된 경우가 있고, 아니면 예언의 말씀이 지상 사역 당시 예수님이 하신 말씀을 성령의 능력으로 기억해내었고 이것이 복음서 기사에 기록될 때 영향을 주었을 수도 있다. 그러나 이 둘은 당시 유행하던 격언의 표현이 어느 쪽 경우든 예수님의 기억에 영향을 주었을 가능성은 생각하지 않은 것이다. 물론 말할 필요도 없지만 우리는 지금 어느 편이 어느 편에게 영향을 주었을 것인지 판단할 수 없다. 하지만 우리는 이 문제의 복잡성을 인식하고 여기에서 예수님의 기억이 과거 예수님이 선생으로서 가르치셨던 말씀과 현재 부활하신 주님으로서 예수님에게서 나온 것으로 이해하는 말씀에서 어떻게 영향을 받았는지 배울 수 있다.

문밖에 서신 심판자를 말하는 다른 예를 보면 이 점이 더욱 분명해진다. 요한계시록 3:20에 부활하신 주님의 예언의 메시지를 보자.

볼지어다 내가 문밖에 서서 두드리노니 누구든지 내 음성을 듣고 문을 열면 내가 그에게로 들어가 그로 더불어 먹고 그는 나로 더불어 먹으리라

야고보서 5:8-9에 나오는 종말론적 경고에서도 동일한 표현을 볼 수 있다.

너희도 길이 참고 마음을 굳게 하라 주의 강림이 가까우니라 형제들아 서로 원망하지 말라 그리하여야 심판을 면하리라 보라 심판자가 문밖에 서계시니라

그리고 예수님의 종말론적인 말씀에서도 동일한 표현을 볼 수 있다(마 24:33, 막13:29).

이와 같이 너희도 이 모든 일을 보거든 인자가 가까이 곧 문 앞에 이른 줄 알라

요약하면 동일한 표현이 부활하신 주님의 예언의 말씀과 교부 서신서와 복음서에 함께 나온다. 마지막으로 한마디 더하면, 이 말씀과 요한복음에서 예수님이 자신에 관해서 말씀하신 " 문으로 들어가는 이"(요 10:2) 사이에 어떤 연관이 있는가?

성경 낭독과 선포. 이 관습은 분명히 정립되어 있는 것이었으나 이에 대한 특정한 증거는 거의 없는 실정이다. 교회는 바울과 마찬가지로(행 13:13-16)

예수님이 회당에서 읽으시고 선포하신 일을 기억하고 있다(눅 4:16-30. 막 6:1-6, 마 13:53-58, 요 6:59과 비교). 그리고 사도행전은 주의 만찬을 위해 모인 모임에게 바울이 말씀을 선포한 사실을 보여준다(20:7-9). 바울은 디모데에게 자신이 떠나 있을 때 에베소 교회에서 "읽는 것과 권하는 것과 가르치는 것에 착념하라"고 말하였다(딤전 4:13). 그럼에도 불구하고 초기 시절에 기독교 모임에서 토라를 읽었다는 특정한 기록이 하나도 없다. 이 관습은 회당 예배의 한 부분이었다. 그래서 우리는 이것이 기독교 예배에서도 계속되었으리라고 자신있게 추정하고 있다. 특히 방대한 재료가 남아있는 시기까지 이 관습이 계속되고 있기 때문에, 뿐만 아니라 모인 사람들에게 바울의 편지를 크게 낭독한 사실은(고후 7:8, 골 4:16, 살전 5:27, 살후 3:14) 이러한 공적인 성경 낭독이 있었음을 보여준다. 본래 설교였다고 간주되는 예가 흔한 신약의 두 서신(베드로전서와 히브리서)은 매우 왕성했던 성경 해석의 사용을 보여준다. 이런 내용은 설교 미드라쉬에 적합하였을 것이다. 하지만 이러한 암시적인 증거들 외에 더 이상은 없다.

공동체 생활을 위한 가르침(디다케)

또한 예수님에 대한 기억은 교회들이 자신들의 새로운 정체감이 가지는 의미를 세상의 구조 안에서 실천하려고 애쓰는 과정 속에서 체험한 그 체험으로 선별되고 형성되었다. 자신들의 초월적이며 강력한 변화에 비추어 어떻게 살 것인가하는 이 문제는 실제적인 것이었다. 하지만 자신들의 세속 환경에서 오는 문제들도 만만치 않게 절박한 것이었다. 최초의 그리스도인들은 참된 예언을 가짜와 구별하는 것과 같은 핵심적이며 누가 보아도 영적인 쟁점을 다루어야 하였다(고전1 4:29, 살전 5:19-21, 요일 4:1-3). 동시에 더불어 사는 삶, 즉 정치와 사회 구조, 일과 여가, 금식, 이성 활동 등의 영역을 포함하는 삶에서는 성령이 어떻게 나타나는가 하는 문제에도(갈 5:13-26) 대답해야 할 필요가 있었다. 예수님 안에서 가진 하나님에 대한 새로운 체험이 이와 같은 생활의 면에는 어떤 의미를 주었는가?

초대 교회에서 디다케(didaskalia, didache)가 발전한 것은 바로 이런 면을 충족시켜 주기 위한 필요 때문이다. 디다케(가르침)은 많은 기능과 배경을 가지고 있는 행위로 이것과 연관지을 수 있는 전통들은 대단히 많다. 가르침에는 동기가 많을 수 있다. 사도행전 19:9-10에는 바울이 두란노 강의실에서 변론하면서 에베소에 2년간 머물렀다고 한다. 여기에서 바울은 자신의 역할을 공동체의 선생으로 보았다(고전 4:17, 딤전 2:7, 딤후 1:11과 비교). 이때 바울이 퀴닉학파 철학자들의 관행을 따랐다면, 아마도 가죽 노동자로서 자신의 일을 하면서 가까운 추종자들을 가르쳤을 가능성이 있다(행 18:3, 살전 2:9, 살후 3:6-12). 또한 바울은 믿을 만한 사람을 보내어 자신의 가르침과 교훈을 다시 생각하게 하는 방법으로도 공동체를 가르쳤다(고전 4:17, 빌 2:19-24, 딤전 4:11, 딤후 2:2, 딛 2:1).

바울이 세운 교회와 다른 교회에는 그 지역 선생들이 있었다(행 13:1, 고전 12:28, 엡 4:11, 롬 12:7, 갈 6:6, 살전 5:12, 약 3:1). 고린도전서 14:26을 보면 "가르침"이 방언과 예언과 같은 성령의 은사 속에 들어가 있다. 그러나 대부분의 가르침은 무아지경이 아닌 상태에서 이루어졌을 것이다. 일부 공동체들은 토라 공부와 기도가 물이 넘치듯 자연스럽게 이어지던 회당의 관행을 그대로 따랐을 가능성이 있다. 당시 회당은 공부하는 집, 기도의 처소였다. 기독교의 가르침이 이 상황에서 생겨났다면, 우리는 공동체의 이 활동을 미드라쉬와 책망과 같이 분류할 수 있겠다. 신약 문헌에는 이 둘 모두 완성된 결과로 나타나 있지만 이 둘 모두 공동체 생활과 학문적 과정을 전제하고 있는 것이다. 이러한 상황에 비추어 볼 때 우리는 모임에서 여성들의 말하는 것을 금지하는 바울의 말을 이해할 수 있다(고전 13:34-36, 딤전 2:11-15). 당시 여성들은 예배 시간에 이미 기도도 하고 예언도 하고 있었던 것이 분명하다(고전 11:5). 이 여러 구절에서 가르침과(고전 14:26) 배움에(딤전 2:11-12) 관한 내용을 자세히 살펴보면 도덕적인 가르침은 남성의 책임이며, 아버지에게서 아들로 이어지는 도덕적 교훈의 전달의 경우 특별히(고전 4:14-15), 반면 여성에게는 자녀들을 양육하는데 영향을 미치는 어머니의 역할 정도가 문화적으로 적합한 기능이라는(딤전 2:15) 당시 문화적 인식의 잔재가 바울에게 남아 있어서 바울이 거기에 매달려 있는 듯한 느낌을 받는다(다른 곳에서도 마찬가지. 예를 들어 고전 11:2-16을 보라). 그럼에도 불구하고 당시에는 여성들도 가르치고 있었으며(그렇지 않았더라면 제재가 필요하지 않았을 것이다), 바울의 선교 사역에 적극적인 역할을 감당하고 있었다(롬 16:1, 3, 6, 12).

지금까지 살펴본 내용은 더불어 사는 생활의 경계가 모호하여 삶과 복음의 관계를 명백하게 규명해야 하는 필요성이 예수님에 대한 기억을 형성하는데 영향을 주었다는 점이다. 교회의 생활에서 생겨난 의문들 때문에 예수님이 무엇을 말씀하시고 행하셨는지 기억하게 되고, 이 의문들에 대한 구체적인 해답을 찾는 과정이 불가피하게 예수님의 기억이 궁극적인 모습을 갖추는데 영향을 미칠 수밖에 없었고, 그 형태의 기억이 후대로 전달된 것이다. 동시에 본래부터 암송된 내용도 분명히 있었다. 기억의 형성 과정은 아무런 제약 없이 마음대로 창작하는 환상의 과정이 아니었다.일세대 신자들은 은사의 구름에 둘러싸여 자신들의 창작과 전통을 구별하지 못하거나 그런 구별을 대수롭지 않게 생각하는 그런 사람들이 아니었다.

이에 대한 가장 좋은 예는 고린도전서 7장에 나오는 처녀와 혼인의 문제에 관한 바울의 논의인데, 여기에서 바울은 아주 조심스럽게 말을 한다. 계속되는 문장에서 바울은 자신의 말이 가지는 권위의 상대적인 무게를 구별하고 있다. 7:8에서 바울은 "내가 혼인하지 아니한 자들과 및 과부들에게 이르노니 … "라고 한다. 하지만 7:10에서는 "혼인한 자들에게 내가 명하노니 (명하는 자는 내가 아니요 주시라) 여자는 남편에게서 갈리지 말고 … "라고 주장한다. 여기에서 보는 바와 같이 바울은 자신의 권위로 제안하는 의견과 주님의 명령을 근거로 하는 명령을 구별하고 있다. 자신도 하나님의 영을 받았다고 주장하는 사람의 (7:40) 말과 이것을 구별한다. 물론 복음서에서 예수님이 분명하게 말씀하신 이혼에 대한 철저한 금지도 있다(막 10:11. 막 5:31－32, 19:3－9, 눅 16:18과 비교). 안타깝게도 바울이 이 명령을 과거에서 전해오는 구전으로 한 것인지 아니면 지금 받은 예언으로 한 것인지 아니면 두 가지 다 해당되는지 우리는 아는 바 없다. 하지만 바울은 이 말씀을 자신이 지어내지 않은 사실을 분명히 하고 있다. 이런 구별은 7:12 "그 남은 사람들에게 내가 말하노니(이는 주의 명령이 아니라) … ", 7:25 "처녀에 대하여는 내가 주께 받은 계명이 없으되 주의 자비하심을 받아서 충성된 자가 되어 의견을 고하노니"에서 좀더 분명하게 드러난다.

세속 환경에서 발생한 의문들에 대한 반응으로 선생들은 공동체의 습관에 대한 선례(先例)와(우리가 이렇게 행동하는가?), 공동체의 결정에 대한 모범을 (이 상황에서 우리가 무엇을 해야 하는가?) 찾으려고 노력하였다(이 의문들은 곧 눈에 띄게 되었을 뿐 아니라 문제를 일으켰으나 이해하는데 수년이 필요한 것은 아니었다). 이들은 이 두 가지를 다 예수님의 말씀과 행위에서 찾으려 하였으며, 이들이 이렇게 하였다는 사실은 기독교 공동체의 정체감에 대한 예수님의 기억이 얼마나 중요하였는지를 보여주는 가장 뚜렷한 증거가 된다.

예를 들어, 공동체는 선포자들을 둘씩 짝지어 내어 보내는 관습과(행 13:2, 15:40, 18:5, 고전 9:6) 듣는 사람들이 거절할 때 발에서 먼지를 떨어 버리는 관습(행13:51)에 대한 선례를 예수님의 습관과 명령에서 찾을 수 있었다(막 6:7-12, 마 10:14, 눅 9:5, 10:1, 11). 선포자들은 공동체 내에서 신유의 은사를 행할 때(고전 12:9, 28-30), 죄 용서를 위해 기도와 기름 바름으로 병을 고치던 모범을(약 5:14-15) 죄 용서로 이어지던 예수님의 병고침에서 발견할 수 있었다(막 2:9-10와 그 병행구). 그리스도인들은 다른 유대인들과 달리 안식일을 지키지 않고 부활의 날에 함께 모였다면, 안식일 법에서 해방된 자신들의 자유의 선례를 예수님의 습관과 말씀에서 찾을 수 있었을 것이다(막 2:23-28과 그 병행구, 요 5:2-9). 금식일을 지키지 않기로 결정한 사람들은 금식에서 자유하셨던 예수님의 행동에서(막 2:18-21과 그 병행구) 그 예를 보았고, 금식을 하기로 결정한 사람들도 예수님의 말씀에서 근거를 찾을 수 있었다(막 2:29, 막 6:16-18). 유대인과 이방인을 구별하지 않고 교제를 나누는 사람들은(갈 2:12-13, 행 11:1-18) 죄인과 세리들과 나누시던 예수님의 자유로운 교제에서(막 2:15-17과 그 병행구) 선례를 발견하였다. 이와 같은 경우에서는 그 관습이 선례에서 나왔는지 아니면 그 예가 관습 때문에 형성되었는지, 적어도 부분적으로라도, 단언하는 일이 불가능하다.

가르침 역시 미래의 관습에 모범을 주려고 애를 썼다. 복음의 요구는 모든 상황에서 분명하였던 것이 아니다. 앞에서 본 바와 같이 바울은 이성 행위의 한 측면, 다시 말해서 이혼 문제에는 주님의 말씀을 적용할 수 있었고, 명백한 성적인 부도덕을 근절하기 위해서는 전반적인 유대의 선례들을 활용할 수 있었다(고전 5:1-5, 살전 4:3-8을 보라). 하지만 다른 측면의 이성 행위에 대해서는 권고만 할 뿐이었다. 우리는 여기에서 이와 유사한 상황들을 생각해 볼 수 있다. 주님의 재림, 그것도 임박한 재림을 고대하는 그리스도인들이 세속 직업을 계속 가지고 있어야 하는가? 계속해서 생활을 영위하고 가족들을 위해 생계비를 벌어야 하는가? 이에 대한 대답은 분명하지 않다(고전 7:29-31). 바울은 이와 아주 유사한 문제를 데살로니가 교회에서 만났다(살전 4:11, 살후 3:6-12). 여기에서 바울은 공동체에게 손수 생계비를 위해서 일하는 자신의 예와(살후 3:7-9) 이전에 모든 사람에게 일하라고 한 명령(3:10)을 상기시켜 주면서 그 명령은 공동체가 바울에게서 받은 전통 가운데 일부라고 한다(3:6). 그런데 이제 바울은 다시 강조하면서 "주 예수 그리스도 안에서" 이 명령을 되풀이 하고 있다(3:12). 여기에서 바울이 그들에게 전해 주는 내용이 일에 관한 주님의 말씀인가? 바울은 복음을 지원하는 실제적인 문제에 관한 예수님의 특별한 명령을 알고 있었을 것이 분명하다(고전 9:14, 딤전 5:18). 그렇다면 이 명령은 우리가 누가복음 10:7, 12:37-48, 17:7-10에서 볼 수 있는 것과 같은 종류의 말씀이었는가? 우리는 확신할 수 없다. 하지만 그럴 가능성이 있다.

바울은 고린도에서 음식물 문제에 부딪혔다. 그리스도인들은 음식물의 정결성을 확보하기 위해 음식물의 다른 공급처를 마련해야 하는가? 아니면 그 음식이 자신들의 손에 들어오기까지 우상 숭배와 연관이 있을 가능성이 있지만 개의치 않고 아무데서든 음식물을 구입해서 먹을 수 있는가? 바울은 이 쟁점을 조심스럽게 다루면서(고전 8-10장) 교회 전체의 결정에 관해서 아무 말을 하지 않을 뿐 아니라(행 15:23-29과 비교) 예수님의 말씀에 관해서도 아무런 언급이 없다. 하지만 일부 공동체에서는 이와 유사한 문제로 인해 정결에 관한 예수님과 바리새인들의 논쟁에서 있은 바로 이점에 관한 예수님의 가르침에 대한 기억이 활성화되었다. 여기에서 하신 예수님의 가르침의 방침은 " … 하심으로 모든 식물을 깨끗하다 하셨느니라"로 간단하게 요약된다.

다른 실제적인 문제들도 대답이 필요했다. 그리스도인들이 물질적인 소유를 어떻게 사용해야 하는가? 토라의 계명들이 그리스도인들에게 구속력을 가지는가? 가진다면 어떤 구속력을 가지는가? 예수님에 대한 그들의 기억에서 볼 때 하나님과 이웃에 대한 사랑이 그들의 의무의 핵심임이 분명하다(갈 5:14, 롬 13:8-10, 약 2:8, 막 12:28-34, 마 22:34-40, 눅 10:25-28). 하지만 구체적인 경우에 들어가면 이것이 무엇을 의미하는가? 누가 이웃인가? 이 문제는 서신에서도 제기되었고 복음서 전통의 말씀과 이야기들에서도 이 문제에 대한 가르침을 볼 수 있다(예를 들어 눅 10:25-37, 12:13-24, 16:1-13). 하지만 문제와 해답 사이의 정확한 관계를 확실하게 세울 수 없다.

그러므로 현대의 독자들은 매우 실제적인 문제에 부딪힌다. 생전의 예수님에게서 나온 것과 "부활하신 주님"으로부터 아는 성령 충만한 말씀에 뿌리를 두고 있는 것, 이 둘을 정확하게 분류하는 작업은 불가능하다. 하지만 이것이 그 말씀으로 사는 사람들에게는 문제가 되지 않는다. 그들에게는 동일한 성령이 과거 예수님의 말씀과 행위에서 역사하고 있으셨듯이 그들 가운데서도 마찬가지로 역사하신 것이다. 그들은 예수님을 주님으로 경배하고 동시에 선생으로 기억하고 있었는데, 이 두 가지가 교회의 정체를 형성해 주었다. 예수님에 대한 기억을 선별 형성한 행위는 배신이나 왜곡이 아니라 사랑하는 주님의 존전에서 살아가는 사람들에 의한 과거에 대한 좀더 깊은 통찰과 이해로 간주되었다. 주님의 임재의 능력이 주님의 과거를 새롭게 이해하는 눈을 열어준 것이다(요 2:22, 7:39, 12:16, 20:9-10). 요한복음에 나와있는 예수님의 최후 강화의 말씀은 (요 14:25-26) 예수님에 관한 전통이 발전하는 이 모든 과정에 기초가 되는 종교적인 이해를 정확하게 표현해 주고 있다.

> 내가 아직 너희와 함께 있어서 이 말을 너희에게 하였거니와 보혜사 곧 아버지께서 내 이름으로 보내실 성령 그가 너희에게 모든 것을 가르치시고 내가 너희에게 말한 모든 것을 생각나게 하시리라

기억의 형태

예수님의 기억에 영향을 미친 요인은 교회의 사회적인 상황뿐 아니라 사람들의 기억의 계속적인 습관, 즉 과거를 현재 사용 가능한 조각으로 만들어 가는 그 방식이 있다. 우리는 정경의 여러 복음서에서 전혀 다르게 배열로 사용되었지만 놀라울 정도로 유사한 개개의 짧은 조각 재료들을 볼 수 있다는 간단하게 알 수 있는 사실과 함께 이 방식들을 이해하면, 복음서들이 40년 정도의 기간 동안 구전(경우에 따라서는 기록)으로 전달된 다양한 전통들을 사용한 합성으로 기록되었다는 사실을 알 수 있게 된다. 뿐만 아니라 전통은 정렬된 혹은 연속된 기사들이 아니라 짧은 말씀 혹은 이야기들로 전달되었다. 이 단편들의 전형적인 형태는 공동체 상황 내에서 이야기되고 또 되고 하는 과정에서 만들어진 것이다. 돌이 반복되는 마찰로 둥글게 되듯이 이야기들도 반복될 때 다듬어진다. 그래서 우리는 이제 예수님의 기억을 담아서 복음서 문헌에 전달해 준 그 말씀 혹은 이야기들을 좀 생각해 보려고 한다. 전달 과정의 핵심적인 부분은 유비의 개발 확장으로 이해할 수 있을 것이다. 우리는 이 유비의 단순성과 시대 착오적인 특성을

보면서 이 연구 작업이 과학이 아니라 화술을 평가하는 작업임을 알게 된다.

　여기에서 가장 역할을 감당하시던 할머니께서 최근에 돌아가신 한 가정을 예로 들어 그 할머니를 기억하는 과정을 살펴 볼 수 있겠다. 하나의 사회적 단위로서 그 가족은 무엇보다도 명절이나 졸업, 결혼, 장례 등과 같은 예식들을 통해서 이런 기억의 일에 참여하게 된다. 이런 명절이나 예식을 통해 그 가족은 기억의 과정을 시작하게 된다. 한 사람이 말을 시작하면서 "할머니께서 어떻게 말씀하셨는지 생각해 보자 … " 하면 모두가 다 그 말에 동참한다. 기억의 기본적인 형태는 간단한 이야기 혹은 일화로 되어 있다. 할머니의 지혜로운 말씀이나 기억할 만한 습관들도 이야기들과 연관되어 있다.

　많은 이야기들이 이와 같다. 할머니는 평생동안 말씀과 행동을 반복하셨을 것이며 그 반복적인 말씀과 행동을 여러 사람들이 보았을 것이다. 할머니께서 구우신 피자가 평생 하나밖에 없지 않을 터인데 그것처럼 아주 비슷한 내용을 다른 손주들에게 말씀하셨을 수도 있다. 그러므로 과거 할머니의 반복적이며 특징적인 행동이 할머니에 대한 기억을 일정한 형태로 만드는 과정에 도움을 준다. 이야기가 계속 진행되는 동안 그 내용을 서로 바로잡아 주는 일이 일어난다. 가족 중 나이 많은 사람이 이야기 순서와("아니야, 그건 할아버지께서 돌아가시고 난 다음에 하신 말씀이야") 내용을 바로 잡아준다("그건 할머니께서 하신 말씀이 아니라, 이모 할머니의 말씀이야"). 목격자들이 다 가고 난 이후, 다음 세대는 기존의 비평 과정을 통해 확정된 이야기의 형태와 순서에 의존하게 되고 기억은 점점더 공식적인 형태를 가지게 된다. 그 결과 할머니에 관해서 이야기들을 통해서 알게 된 내용 이외에 아는 것이라곤 하나도 없는 그런 세대로 이야기하고 또 이야기할 수 있는 그런 우리 할머니의 이야기 모음이 생긴다.

　즉석으로 생각해낸 이 가족의 추수감사절 칠면조에 관한 이야기를 자세히 분석해 보면 그 내용이 여러 가지 범주로 나누어짐을 알 수 있다. 그 가운데 가장 큰 범주는 말한 것(Things Said)과 행동한 것(Things Done)이며, 반복되는 배경과 형식들에서 추가 범주들, 즉 할아버지와 다툰 이야기, 손주들에게 해주신 충고 이야기 등이 생긴다. 심지어 할머니의 채치있는 농담을 대충 모은 모음도 있을 수 있다. 그러나 이런 농담은 어떤 상황에서 하시게 되었는지 아무도 알지 못하고 다만 그 신랄한 내용과 재치가 분명히 할머니의 것이어서 "전형적인 할머니 말씀"이란 딱지를 붙일 수 있는 정도이다. 이 말씀들이 다른 곳에서 접할 수 있는 지혜의 말씀들과 비슷할 수 있는가? 그것은 아무런 문제가 되지 않는다. 할머니는 이미 그것을 자신의 말씀으로 만들었고 할머니의 개인적인 특징과 형식을 부여하였다.

이 이야기에 정확한 연대가 빠져있거나 반복되는 내용이 많은 점 혹은 모든 세부적인 내용이 정확하게 연결되어 있지 않은 점으로 곤란을 겪는 사람들이 적지 않다. 그러나 우리의 연구 대상은 전기가 아니라 사랑하는 가족의 설립자에 대한 한 가족의 기억이다. 할머니의 기억은 할머니가 다시 살아나시게 한다. 이것은 할머니의 비법을 따라 만든 호박죽을 먹으면 할머니가 다시 부엌에 들어오신 것처럼 느끼게 되는 현상과 같다.

이뿐 아니라 할머니에 대한 기억을 가지고 있는 가정을 서너곳 더 살펴보면 우리는 그들의 이야기들이 너무나 유사해서 깜짝 놀라게 된다. 할머니들은 어떤 면에서 볼 때 아주 비슷하게 행동하여 그것이 그 문화에 맞는 "전형적인 할머니" 행동의 형식이 발전된 것이다. 경우에 따라서는 더큰 문화적 형식이 우리 할머니에 대한 실제적인 우리의 기억의 형성에 얼마나 많은 영향을 미칠 수 있었는지 말하기 어려울 때가 있다. 하지만 우리 할머니가 우연히 이 전형적인 모습과 서너군데 일치하는 일이 있다 하더라도 이것이 우리에게 나타나는 할머니의 실제적이며 독특한 할머니에 대한 느낌을 감소시키는 것은 아니다.

이런 종류의 구전은 몇 가지 일관된 경향을 가지고 있다. 첫째 시간과 장소에 대한 구체적인 내용이, 대부분 적절하지 못하다는 단순한 이유로, 곧 상실되었다. 중요한 것은 상황이 아니라 말씀이나 행위이며 이것이 의미있는 것이다. 이야기의 핵심은 할머니가 누구였는가, 그러니까 우리는 누구인가 하는 점이다. 둘째 마찬가지의 이유로 말의 급소 혹은 결정적인 몸짓이 상황보다 훨씬 분명하게 기억되었다. 사실 상황은 바뀔 수 있는 것으로 생각되는 경우가 자주 있다. 경우에 따라서는 말의 급소만 기억되고 그 배경에 관해서는 가족들 사이에 논란이 있는 때가 있다. 셋째 이야기가 반복되면 될수록 짧아진다. 이야기들이 점점 더 공식화되고 초점이 정확해지고 멋지게 된다. 그 결과 이야기들이 서로 더 비슷비슷해진다. 이야기가 처음 시작되면 다른 세세한 내용들과 주관적인 반응들이 더해지지만 거듭 반복되면 핵심적인 내용만 남게 된다.

이 유비를 교회의 예수님 기억에 적용할 수 있는가? 그 가능성은 충분히 있다. 우리는 이미 예식 상황과 공동체를 가르쳐야 하는 필요성이 예수님을 부활하신 주님으로 믿는 사람들 사이에서 예수님에 대한 기억을 어떻게 촉진시켰는지 살펴 보았다. 또한 공동체의 전례(前例)와 지침에 대한 필요성 때문에 이 기억이 명확한 형태를 갖추게 되었고, 동시에 이 기억이 공동체 정체감을 형성하였다는 사실도 보았다.

또한 이 유비는 어떻게 복음서에 나타나 있는 예수님에 관한 수많은 이야기가 전형적인 공식이 되어 버렸는지 볼 수 있게 도와준다. 그러나 먼저 이런 종류의 유비가 가지고 있는 한계에 관한 주의가 필요하다. 첫째 정확한 분류에 한계가 있다. 물론 예수님에 대한 기억을 말한 것과 행동한 것으로 분류하는 작업이 가능하고 또 다른 종속 그룹을 만드는 일도 가능하다. 하지만 혼합된 형식이 있다는 사실뿐 아니라(예를 들어 막 1:21-29에서 처럼 귀신을 내어 쫓는 이야기와 논쟁 이야기가 하나의 문학 단락 안에 합쳐져 있다) 어떤 재료는 분류에 전혀 해당되지 않는 경우도 있다는 사실을 알아야 한다. 둘째 어떤 이야기의 공식에서 그 삶의 배경 혹은 그 배경 안에서 그 이야기가 갖는 역할을 너무 쉽게 빼버리는 실수를 저지르지 않도록 주의해야 한다. 이 공식들을 목록화하는 데는 두 가지 실제적인 가치가 있다. 먼저 예수님의 기억이 어떻게 복잡한 강화나 기사가 아니라 이렇게 간결한 단위를 통해서 전달되었는지 평가하도록 도와주는 것이며, 다음으로 공식의 형태를 규정하는 일이 그 공식에서 벗어나는 변형을 찾아내는데 도움을 주는 것이다. 이렇게 하면 특정한 이야기를 이해하는데 도움된다는 사실을 알게 될 것이다.

예수님의 말씀 가운데는 논쟁 이야기, 비유, 금언, 다른 느슨한 강화가 있다. 논쟁 이야기는(예를 들어 막 2:15-3:6, 7:1-23, 10:2-9, 12:13-17, 18-27, 28-34과 그 병행구들) 일정한 연결 순서가 있다. (1) 예수님이나 제자들이 행동이 (2) 반대자들을 자극하여 도전을 하게 하고 이것이 (3) 예수님의 선언으로 이어진다. 이 선언은 논쟁이 일어나게 된 특수한 상황보다 포괄적으로 적용될 수 있는 잘 정돈된 내용인 경우가 자주 있다. 예수님은 비유에서 우리가 쉽게 볼 수 있는 자연이나 인간 현상을 자신이 선언하시는 하나님의 나라에 비교하신다. 어떤 비유는 공격(막 3:23-27), 어떤 비유는 방어를(눅 15:4-10) 위한 것이다. 또 어떤 비유는 내용을 더 분명하게 밝히기 위해서(마 13:24-30), 어떤 비유는 오히려 수수께끼처럼 보이기 하기 위해 하셨다(막 4:3-8). 비유의 범위는 단순한 유비에서(마 13:44-46) 복잡한 풍유에까지(막 12:1-11) 다양하나,

이 모두가 은유에 기사의 형식을 더한 것이다.

예수님의 금언에는 복음 이야기에 나타나 있는 문학적 배경에서 쉽게 분리할 수 있거나 아주 느슨하게 연결되어 있는 단순하면서 인상적인 내용들이 들어 있다. 경우에 따라서는 기억을 돕는 표어와 결합되어 있는 모습을 볼 수 있다(예를 들어 막 8:34-37을 보라). 다른 말씀 재료들은 분류가 쉽지 않은 것도 있다. 예를 들어 마가복음 13장에 나오는 예수님의 묵시 강화는 여러 개의 개별적인 단위로(금언, 비유) 쪼개질 수 있다. 하지만 이것은 연결되는 하나의 강화로 묶여 있는 것이다.

또한 예수님에 관한 이야기들은 서너 개의 공식적 형태로 갈라진다. 가장 일반적인 형태는 병고침과 귀신을 쫓아내는 이야기에서 볼 수 있다. 병고침 이야기에서는 (1) 병자를 주목함 (2) 예수님의 행동 (3) 그 결과 (4) 주위에 있던 사람들의 반응 등 일정한 형식이 있다(예를 들어, 막 1:30-31, 40-45, 2:1-12, 5:21-42, 7:31-37, 8:22-26, 그 병행구들을 보라). 귀신을 내어 쫓는 이야기도 매우 유사한 형식을 가지는 경향이 있다. (1) 귀신들린 자를 주목함 (2) 귀신들과 예수님의 대화 (3) 떠나라는 명령 (4) 귀신이 떠나가는 신체적인 표시 (5) 귀신들렸던 자의 회복된 상태 (6) 주위에 있던 사람들의 반응 등(예를 들어, 막 1:23-26, 5:1-13, 7:24-30, 9:17-29, 그 병행구들을 보라). 자연에 대한 이적과(예를 들어 막 4:35-41, 6:45-52, 그 병행구들) 무리를 먹이신 일과 같은(막 6:34-44, 8:1-10, 그 병행구들) 예수님에 관한 다른 이야기들은 일정한 공식에 대입하기가 곤란하고, 변화산 이야기와(막 9:2-8, 병행구) 같은 몇 가지 이야기는 분류 자체를 거부한다.

이 형식에 관해 문학적인 면에서 두 가지 더 말할 것이 있다. 첫째로 많은 이야기들의 공식적인 모습을 보면 이것은 반복을 통하여 짧아지고 응축되었고 이렇게하여 점점 서로 비슷하게 된 사실과 주변 상황보다 핵심적인 행위나 말씀을 정확하게 보존한 사실, 지리와 연대에는 거의 관심을 가지지 않은 사실을 암시한다. 둘째로 예수님에 관한 이야기도 1세기 당시 좀더 광범위한 문명 세계에서 볼 수 있는 이야기들과 유사하다. 본질은 아니라 하더라도 많은 예수님 말씀의 공식이 랍비들이 말한 비유와 철학자들이 한 크레이아(선언이 포함된 짧은 전기적 삽화), 그리고 두 가지 전통 모두에서 발견되는 논쟁 이야기에서 그 병행구를 발견할 수 있다. 예수님의 병고침과 귀신 내쫓는 일은 헬라의 종교적인 아레

탈러지와 전기에 나오는 유사한 기사에서 그 병행구를 발견할 수 있다.

마지막으로 역사적인 고찰이다. 이런 식의 형식 분석으로는 교회의 예수님 기억과 그 역사적 근거의 신빙성에 관한 확실한 판단을 내릴 수 없다. 우리 가족에게 할머니가 구우신 파이에 대한 이야기가 20가지가 있다 하더라도 이것이 할머니께서 평생 파이를 최소한 하나 이상은 구우셨다는 사실을 인정도 부정도 하지 않는다. 우리 가족의 20개의 파이 구운 이야기가 다른 수 천명이 가지고 있는 자기들의 할머니에 대한 이야기와 비슷할 수 있다 하더라도 이것이 우리 할머니의 요리 솜씨를 인정하는 것도 부정하는 것도 아니다. 하지만 이런 이야기는 그러한 기억을 보존하고 있는 공동체에 관해서 말하는 무엇이 있다. 즉 이것은 할머니께서 파이 구우신 이야기에 어울리는 그런 분이었다는 점을 보여준다. 그리고 만약 추수감사절 때마다 가족이 할머니의 비법을 따라 구운 파이를 먹는다면, 그때마다 기억이 새롭게 될 것이다.

예수님의 죽음에 대한 기억

예수님에 관한 기억 가운데 가장 난해하고 해석이 필요한 부분은 예수님의 십자가 죽음이었다. 여기에 대한 해석의 형태와 범위에서 우리는 예수님의 기억을 전달하는 과정에서 적용된 교회의 독창성의 정도를 보게 된다. 여기서는 먼저 제자들과 함께 하신 마지막 만찬에서부터 장사에 이르기까지 예수님의 마지막 순간을 기록하고 있는 사복음서들의 수난 기사의 전반적인 내용을 살펴보고, 다음으로 그 기사들의 기원에 관한 문제를 몇 가지 제기하고 다시 한 번 본문으로 돌아오려고 한다.

정경의 사복음서들에는 모두 수난 기사가 나와있다(마 26:1-27:66, 막 14:1-15:47, 눅 22:1-23:56, 요 13:11-19:42). 각 복음서에 나와있는 수난 기사는 모두 분량이 방대하고 예수님의 이야기 가운데 단연 가장 긴 부분이다. 이 분량은 각 복음서의 수난 기사가 예수님의 사역 이야기에서 볼 수 있는 작은 단위들이 느슨하게 연결되어 있는 그런 모습이 아니라 하나의 연속적인 기사라는 점 때문에 더욱 인상적이다. 뿐만 아니라 이 기사들은 하나하나가 다 세심한 주의가 필요한 그런 이야기이다. 복음서 다른 곳에서는 시간과 장소에 대한 주의가 우발적이고 분명하지 않은 반면 여기서는 아주 구체적이다. 다른 곳에서는 시간의 긴 간격이 "그후"라는 한 마디로 표현될 수 있었던 반면 여기서는 실제적으로 분초를 다투는 기록을 볼 수 있다.

뿐만 아니라 수난 기사들은 기사들 서로간에 상당히 높은 일치점을 가지고 있다. 이런 일치는 공관복음과 요한복음 사이에도 마찬가지이다. 공관복음(마태, 마가, 누가) 사이의 일치는 이들 사이의 문학적인 상호의존의 결과로 생각할 정도이다. 물론 세부적인 부분과 강조점의 차이는 여전히 남아있다. 하지만 나머지 예수님 이야기와 대조해 볼 때, 수난 기사는 핵심적인 부분에서 괄목할 만한 일치를 보여준다. 마지막으로 각 복음서는 세심하게 예수님의 고난과 죽음을 미리 준비하고 있다. 그래서 기사의 흐름 전체가 그 방향을 향하게 하였다. 공관복음서에서 예수님은 공식적으로 자신의 죽음을 세 번 예언하셨다(막 8:31, 9:31, 10:33-34, 그 병행구들). 요한복음에서는 예수님의 "때", "들리심", "영광을 받으심"에 대한 반복적인 언급이 십자가를 예시하는 동일한 역할을 감당한다(요 2:4, 3:14, 7:6, 39, 12:27-32).

이 내용들은 수난 기사들이 예수님의 생애에서 해석을 가장 많이 필요한 부분이 이 마지막 시간이었음을 암시한다. 따라서 예수님의 기억 가운데 가장 오래된 연속 기사이라는 결론을 옹호하는 쪽이다. 또 고린도전서 11:23-25에 나오는 마지막 만찬에 대한 바울의 보고에서 그의 말이 수난 기사의 작은 단락과 아주 일치한다는 점도 이 결론을 지지하는데, 바울의 이 보고는 마지막 만찬 이후 20여년이 지난 다음에 기록된 내용이다.

고린도 교회에 보낸 바울의 첫번째 편지도 예수님에 대한 이 기억이 교회 생활에서 그렇게 일찍 정제될 수밖에 없었던 이유를 발견하는데 도움을 준다. 부활 체험을 이야기하는 부분에서(140페이지) 나는 고린도전서 15:3-8의 케리그마 전통을 인용하였다. 바울은 "성경대로" 일어난 부활을 이야기하기 전에 예수께서 "성경대로 죽으시고 장사지낸 바 되었다"는 점을 말한다. 바울은 또 이것이 고린도 교인들이—만약 그들이 헛되게 믿지 않았다면—구원받은 메시지라고 주장한다(고전 15:2). 이런 주장이 왜 필요하였는가? 그것은 그 메시지 가운데 십자가가 수용하기 가장 어려운 부분이었기 때문이다. 우리는 고린도전서 어디에서나 성령의 능력을 은사로 충분히 받았고(고전 1:5, 7) 이러한 능력 주심에 대해 이것이 하나님의 나라에서 그들을 다스리는 지위에 확고하게 올려 놓는 그런 일이라고 이해하는 공동체를 만난다(고전 4:8). 그들은 이 메시지 가운데 고난의 필요를 암시하는 부분을 들을 그런 열심이 없었다. 사실 바울은 자신이 그들에게 전한 메시지에 관한 이야기를 하면서, 십자가는 망하는 자들에게 어리석은 것이다. 하지만 구원을 받는 자들에게는 "하나님의 능력"이라고 말한다(1:18). 그는 또 십자가가 "유대인에게는 거리끼는 것이요 이방인에게는 미련한 것"이라고 한다. 왜? "유대인은 표적을 구하고 헬라인은 지혜를 찾"기 때문이다(고전 1:22). 그러나 바울은 이들이 기대를 충족시켜주지 않고 "우리는 십자가에 못 박힌 그리스도를 전"하였다(고전 1:23, 갈 3:1과 비교).

여기에서 바울은 십자가에 달린 메시아에 관한 선포가 자신의 말을 듣는 사람들의 상징 세계가 가지는 기대에 반대됨을 분명히 하고 있다. 외부 사람들의 기대에 반대될 뿐 아니라 내부 사람들의 기대에도 마찬가지이라고 주저없이 말한다. 십자가는 예수님에 대한 그들의 체험 가운데 즉시 철저한 해석이 요구되는 부분이었다. 십자가는 구원의 도구이지만 미끄러운 도구이다. 그래서 사람들은 십자가에서 여러 다른 방향으로 미끄러져 나갈 가능성이 있었다(갈 1:6, 2:17, 3:1-5도 보라).

헬라 영웅들의 기준으로 볼 때 예수님의 최후는 분명히 인상적인 최후가 아니었다. 예수님은 조용히 담담하게 죽음을 맞지 못하고 몹시 괴로워하였고, 따르는 사람들에게 기억에 남을 만한 은혜로운 말씀을 남기지 못하고 극도로 비참한 비명을 남겼다(마태와 마가). 고결한 자결의 길을 택하지 않고 소름끼치는 처형을 당하였다. 신격화로 죽음을 비켜가거나 기지로 면하거나 미덕을 보여주는 기회로 죽음을 활용하지도 못하였다. 예수님은 단순히 평범한 죄수로 처형을 당하였다. 헬라인들과 헬라인들과 같은 생각을 가진 그리스도인들에게 십자가는 어리석음이며 약함이었다. 하나님의 능력(dynamis)은 이렇게 역사하지 않는 것이었다.

토라의 상징 안에서 살던 사람들에게 예수님의 죽음은 그를 통하여 성령을 체험하였다는 주장과 조화되기 어려운 사건이었다. 이 사람들은 예수님에게서 메시아의 표식을 찾아보려고 했지만 실망하였다. 열심당원들의 메시아 개념에 비추어 볼 때 예수님은 철저하게 또 분명하게 실패한 사람이었다. 예수님은 왕권을 회복하지 못하였고 왕위는 단지 자신이 달린 나무 위에 조롱의 말로 사용되었을 뿐이었다. 특히 예수님의 죽음은 종교적인 메시아를 소망하던 유대인들에게 "거치는 반석"이 되었다(롬 9:33, 벧전 2:8, 눅 20:17을 사 8:14과 비교하면서 보라). 이들은 토라 지배 아래 하나님의 의의 통치를 이룩하고자 하는 사람들이었다. 그런데 예수님은 당시 메시아에 관한 본문이라고 인정되던 성경을(예를 들어 시 45편, 89편, 삼하 7:11-16, 미 5:2-4, 암 9:11, 말 3:1-4, 4:5, 사 9:2-7, 11:1-16, 49:8-13, 52:1-12) 어떤 모습으로든지 성취하지 못하였고 토라를 지키다가 죽은 마카베오 같은 인정받을 만한 순교자도 되지 못하였다. 그렇다. 예수님은 처음부터 끝까지 "비방을 받는 표적"이었고(눅 2:34), 하나님께서 당신의 능력과 의를 이렇게 나타내실 것이라는 유대인들의 생각에 철저하게 반대되는 입장에 서있었다. 예수님의 삶과 죽음은 똑같이 삶의 절대적인 기준인 토라의 지위에 문제를 제기하였다. 예수님은, 삶의 방식에 있어서는 죄인이었고 죽음의 방식에서는 하나님께 저주받은 사람이었다(고후 5:21). 이 점에 있어서 토라는 더 이상 분명하게 말할 수 없을 정도로 분명히 말한다. "나무에 달린 자는 하나님께 저주를 받았음이니라"(신 21:23). 예수님의 죽음에 비추어 볼 때 이 본문은 최초의 그리스도인들을 비난하는데 사용되어야 하는 그런 내용이었다(갈 3:13을 보라). 예수님은 성령의 원천이 되기는커녕 하나님께 저주받은 사람이었으며 그의 죽음이 이것을 입증하였다.

예수님을 부활하신 주님으로 믿는 사람들에게 이 문제는 보통 심각한 것이 아니었다. 예수님에게서 나오는 생명의 능력에 대한 자신들의 체험과, 토라를 청종하는 사람으로서 자신들이 함께 가지고 있는, 하나님은 죄인을 통해서 역사하시는 분이 아니시라는 확신 사이의 긴장을 어떻게 완화시킬 수 있는가? 여기에서 우리는 다시 한번 체험과 상징 세계 사이의 갈등을 보게 된다. 여기에서 해석의 동인을 발견한다. 그것은 외부 공격으로부터 자신들의 신앙을 방어하고 동시에 내부의 부식과 혼란을 방지하는 것이다.

이제 우리는 다시 예수님의 죽음이 "성경대로" 된 일이라는 바울의 수수께끼 같은 말로 돌아갈 수 있게 되었다. 만약 토라가 직접 예수님의 죽음을 저주라고 한다면, 어떻게 이 일이 가능한가? 최초의 그리스도인들은 이 모순 때문에 다시 한번 자신들의 상징 세계의 규범적인 본문으로 되돌아갔다. 그들은 토라를 다시 읽었다. 그들은 여기에서 반드시 의미를 찾아내어야 하였다. 이것은 본능적인 행동이었다. 예수님을 정죄하는 그 동일한 본문이 동시에 자신들의 체험을 이해하는 근거가 되는 규범적 본문이었다. 그리스도인들은 이제 그 본문을 예수님의 부활과 죽음의 방식에 비추어서 읽어야 하였다. 그래서 그들은 이전에는 메시아에 관한 본문으로 생각하지 않았던 본문을 보게 되었고, 옛날 본문을 새로운 방식으로 읽게 된 것이다. 이것은 마치 그들의 눈이 새롭게 열린 것과 같았다. 사실 두 복음서는 부활 체험의 이런 측면을 분명히 해주고 있다. 요한복음을 보아도 제자들이 예수님이 말씀하시고 행하신 내용과 성경 두 가지 모두를 이해하기 시작한 것은 예수님이 부활하신 때였다(요 2:22, 12:16, 20:9). 누가복음의 예수님이 나타나신 기사에서는 부활하신 예수님이 토라의 실제적인 의미를 볼 수 있도록 제자들의 "눈을 열어" 주셨다. "이에 모세와 및 모든 선지자의 글로 시작하여 모든 성경에 쓴 바 자기에 관한 것을 자세히 설명하시니라"(눅 24:27)

십자가에 달리시고 부활하신 메시아를 체험한 결과 제자들의 눈이 열려 보게 된 본문은 어느 것이었는가? 부활에 관해서는 통치의 자리로 등극하였지만 그 통치가 아직 완전하게 이루어지지 않는 왕을 말하는 본문을 사용하였고(시 110:1, 행 2:34, 고전 15:25, 히 1:3, 막 12:36, 그 병행구들과 비교), 고난에 관해서는 통치하시는 왕이 아니라 겸손한 왕을 말하고(슥 9:9) 건축자들이 버렸으나 모퉁이돌이 된 돌을 말하는 본문들을(시 118:22) 찾아 내었다. 최초의 그리스도인들은 무엇보다도 자신의 비행 때문이 아니라 하나님께 대한 충성 때문에 다른 사람들의 손에 고난 당하면서 자신의 신의에 대한 하나님의 보수하심을 소망하는 의인에 관한 구절들을 새로운 눈으로 읽게 되었다. 그들은 이와 같은 구절을 시편 69편과 22편에서 발견하였다(또 지혜서 2:12-3:11, 4:7-18과 비교). 이사야서의 고난당하는 종의 노래에서는 그들이 예수님 안에서 실제로 체험한 내용과 거의 흡사한 유형, 즉 하나님께 복종하다가 죽음을 당하고 다른 사람을 위한 제물이 되는 의인(사 42:1-4, 49:1-7, 50:4-11), 그의 부끄러운 죽음에 대한 대가로 하나님이 그를 "받들어 높이 들"어 주신 의인(사 52:13-53:12)을 찾아내었다. 빌립과 에디오피아 내시의 만남에서 이사야 53:7-8을 읽고 있던 하나님을 경외하는 사람이 이 선지자가 누구를 말하는지, 자신인지 아니면 다른 사람인지를 빌립에게 묻는다. "빌립이 입을 열어 이 글에서 시작하여 예수를 가르쳐 복음을 전하니"(행8:35).

이처럼 토라의 본문을 다시 읽고 재해석하는 작업을 통해 그리스도인들은 예수님에 대한 체험을 자신들의 상징 세계 안에 둘 수 있게 되었다. 이들이 본문을 읽는 방식은 그들의 체험이나 확신을 함께 나누지 못한 유대인들에게서 동의를 얻을 수 없었다. 하지만 그들에게는 이 해석 과정이 유익하고 확신을 주는 것이었다. 그리스도인들은 본문을 조작하거나 왜곡시킨 것이 아니다. 단순히 새로운 방식으로 본 것 뿐이다. 그리고 이런 이해는 그들이 예수님의 마지막 날들에 대한 이야기를 기억하고 그 이야기를 전하는 방식 모두에 영향을 미친 것이 분명하다. 이제 그들에게 있어서 예수님의 죽음은 저주받은 죽음이 아니라 다른 사람들의 저주를 짊어진 죽음이 되었다(갈 3:13). 예수님은 죄인이 아니라 의인이었고(눅 23:47, 행 3:14), 예수님의 죽음은 형벌이 아니라 다른 사람을 위한 희생이었다(고전 15:3, 롬 3:24-25). 예수님의 죽음은 사고가 아니라 하나님의 뜻에 대한 성취였다(엡 1:5-10), 예수님의 죽음은 토라에 대한 복종이 아니라 토라를 계시하신 하나님께 대한 철저한 복종으로 드러났으며(빌 2:8, 히 5:8), 토라는 여기에 비추어 의에 대한 궁극적인 규범으로 재평가할 필요가 있었다. 그들은 이러한 확신을 토라 자체가 확인해줌을 보았다. 해석의 범주는 그들의 인식의 범주가 되었고, 이것들이 점차 그들이 그 이야기를 말하는 상징이 되었다.

우리는 예수님의 수난 예언 내용에서 예수님이 자신의 운명을 알고 수용하였을 뿐 아니라 이 운명을 하나님의 계획 가운데 일부이었다는, "인자가 많은 고난을 받 … 아야 할 것[dei]"이라는 확신이 표현되어 있음을 볼 수 있다(막 8:31, 눅 9:22, 17:25. 눅 24:26, 행 17:3과 비교). 수난 기사에서도 예수님이 식사하러 가실 때 제사들에게 "인자는 자기에게 대하여 기록된 대로 가거니와"라고(막 14:21) 말씀하셨고, 자신의 피의 잔을 제자들에게 주시면서 이것은 "많은 사람을 위한" 것이라고 하셨다(막 14:24. 10:45과 비교). 이것은 이사야 53:12의 "많은 사람을 위한" 종의 죽음을 직접적으로 상기시켜 주시는 말씀이다. 식사 후 예수님은 제자들의 배신에 관한 성경을 손수 인용하신다(막 14:27. 슥 13:7을 인용).

> 너희가 다 나를 버리리라 이는 기록된 바 내가 목자를 치리니 양들이 흩어지리라 하였느니라 그러나 내가 살아난 후에 너희보다 먼저 갈릴리로 가리라

토라를 다시 읽는 이 작업의 효과는 예수님의 죽음을 묘사하는 내용에서 가장 두드러지게 나타난다. 이것은 최대의 치욕의 순간이다. 사실 자체로 이것은 아무런 의미가 없는 것처럼 보인다. 하지만 신자들에게 그것은 하나님의 능력의 계시이며 의미심장한 사건이다. 이 장면에서 우리는 예수님의 마지막 순간에 대한 이야기를 구성하고 있는 토라의 말씀을 볼 수 있다. 여기에는 공관복음과 요

한복음 사이에 상당한 변화가 있다. 요한복음도 토라의 말씀을 사용해서 이 이야기를 말하고 있는데, 완전히 다른 본문들을 사용한다. 그런데 지금은 마가의 기사만 살펴보려고 한다. 예수님은 죽음의 순간에 "내 하나님이여 내 하나님이여 어찌 나를 버리셨나이까"(시 22:1) 외친다. 마가는 이 말을 히브리어로 인용하면서 아이러니컬하게도 주변에 있던 사람들이 이 말을 오해한 것으로 말한다. 그러나 독자들은 이 말을 번역된 상태로 듣고 이해한다. 그들은 이것이 고난당하지만 하나님의 보수하심을 받는 하나님의 종에 대한 시의(시 22편) 첫 부분임을 알았고 따라서 이 이야기의 결말도 알고 있었다. 마가복음 15:23–37을 자세히 살펴보면 토라의 말씀이 단순한 인용에 그치지 않는다는 사실을 알 수 있다. 시편의 말씀에서 직접 분명하게 형성된 세부적인 내용들이 기사의 적나라한 사실과 철저하게 얽어져 있다. 그래서 막 15:23=시 69:21, 막 15:24=시22:18, 막 15:29=시 22:7, 109:25, 막 15:31=시 22:8, 막 15:34=시 22:1, 막 15:36=시 69:21이 된다. 이렇게하여 예수님의 죽음 이야기는 정말 "성경대로" 되어진 일이다.

그리스도인들의 계속되는 체험이 예수님의 죽음에 대한 기억에 어떤 영향을 미쳤는가? 그들은 예수님의 죽음을 부활의 다른 측면에서 보았고 예수님의 능력과 예수님이 의로우신 분, 하나님의 아들이라는 확신에 비추어서 기억하였다. 또 예수님의 죽음이 죄인의 죽음이었다는 공격을 포함한 메시아 주장에 대한 유대인들과의 갈등의 체험에 비추어 예수님의 죽음을 보았다. 마지막으로 그리스도인들은 토라를 읽어 해석한 대로 예수님의 죽음을 기억하였다.

그렇다면 그리스도인들이 예수님의 죽음에 대한 이 기억을 지어내었거나 새롭게 만들었는가? 물론 그것은 아니다. 정확하게 말해서 이 해석의 필요성, 정확하게 말해서 이 사건 자체의 문제성이 이 사건의 역사성의 증거가 되고 있다. 십자가 사건과의 관련에서 벗어나려고 무진 애를 쓰고 있는 모습을 보여준 것으로 보아 이 공동체는 십자가에 달린 메시아를 꾸며낼 의도가 전혀 없었을 것이다. 그러므로 복음서의 수난 기사를 읽으면서 우리는 교회의 체험에 의해서 선별 형성된 기억을 볼 수 있다. 동시에 이 기억은 교회를 형성시켜 주었다.

어쨌든 신뢰성이 좀 떨어지는 것이 아닌가 의심하는 사람들도 있지만, 우리는 여기에서 발견한 내용을 예수님의 다른 기억에 적용해 볼 수 있다. 무슨 일인가 일어났다. 그러나 그 의미를 찾으려고 애쓰는 사람은 반드시 있기 마련인 해석의 요소를 발견해내야 한다. 사실 해석할 수 있어야만 기억할 수 있는 것이다.

결 론

여기에서 나는 예수님을 기억할 필요성과 그 기억이 가지는 형태 두 가지 다 이해할 수 있게 만들어 주는 생성 체험을 기술하려고 노력하였다. 이와 같은 시도는 언제나 결론적인 성격보다 제안적인 성격을 띠는데, 어쩌면 이것이 그 가치인지 모르겠다. 이제 개별적인 신약 문헌을 살펴 보려고 한다. 여기에서 우리는 어쨌든 신약 문헌의 구성 과정을 이해할 수 있으리라고 생각을 가지고 이 일을 시도한다면 상당한 효과를 거둘 수 있을 것이다.

이제 복음서과 서신들, 계시록을 하나씩 접하면서 독자들은, 이 다양한 문헌들이 복잡하고 형태가 다양한 상황 하에서 발전된 전통의 정수임과 이 문헌들은 다른 신자들에 대한 증거와 해석으로 기록되었다는 점과 교회의 계속적인 생명을 위해 예수님의 이야기를 번역하면서 그 다양한 문학 공식 안에 1세기의 유대 사상과 헬라 사상의 상징 세계를 계속해서 채용하고 있다는 점을 실감하게 될 것이 분명하다.

참고문헌

본장의 제목은 N. A. Dahl, *Jesus in the Memory of the Early Church*(Minneapolis: Augsburg Pub. House, 1976)에서 빌어 쓴 것이다. 이 책에서 우리는 *anamnesis* 에 관한 그의 배아적인 소논문을 볼 수 있다. 이 논문은 Dahl의 다른 논문 모음집 *The Crucified Messiah*(Minneapolis: Augsburg Pub. House, 1974)와 함께 복음 전통 발전을 이해하는데 기초가 되어 대단히 중요하다.

최초 기독교 운동의 사회적 차원의 여러 측면은 G. Lohfink, *Jesus and Community: The Social Dimension of Christian Faith*, trans. J. P. Galvin(Philadelphia: Fortress Press, 1984), R. Banks, *Paul's Idea of Community: The Early House Churches in Their Historical Setting*(Grand Rapids: Wm. B. Eerdmans, 1980), E. A. Judge, *The*

Social Pattern of Christian Groups in the First Century(London: Tyndale Press, 1960)에서 볼 수 있다. 전통들의 발전을 예배와 반론의 사회적 상황 안에서 파악하려는 시도 가운데 가장 좋은 것으로는 C. F. D. Moule, *The Birth of the New Testament*, 3d rev. ed.(New York: Harper & Row, 1982)가 있다.

사도행전의 연설 및 이것들과 복음서 전통의 관계에 관해서는 C. H. Dodd, *The Apostolic Preaching and Its Development*(New York: Harper & Row, 1964 [1935]), "The Framework of the Gospel Narrative," in his *New Testament Studies* (New York: Charles Scribner's Sons, 1952), 1-11을 보라. M. Dibelius, "The Speeches of Acts and Ancient Historiography," in his *Studies in the Acts of the Apostles*, trans. M. Ling(New York: Charles Scribner's Sons, London: SCM Press,, 1956), 138-85는 이 연설들의 전통적 특징에 관해서 그렇게 확신하지 않는다.

선포의 변증적 기능에 관해서는 B. Lindars, *New Testament Apologetic: The Doctrinal Significance of the Old Testament Quotations*(Philadelphia: Westminster Press, 1961)을 보고, 성경의 생산적인 능력을 강조하는 것은 C. H. Dodd, *According to the Scriptures: The Substructure of New Testament Theology*(London: Nisbet & Co., 1952)을 보라. 회당으로부터 메시아주의자들의 추방의 주제를 다룬 것은 R. Kimmelman, "*Birkat ha minim* and the Lack of Evidence for an Anti-Christian Jewish Prayer in Late Antiquity," in *JCS-D* 2:226-44가 있다. 또한 W. Horbury, "The Benediction of the *Minim* and Early Jewish-Christian Controversy," *JTS* 33(1982): 19-61을 보라. 기독교 선지자들로부터 예수님에 관한 전통들로 이어지는 복잡한 문제는 M. E. Boring, *Sayings of the Risen Jesus: Christian Prophecy in the Synoptic Tradition*(New York and Cambridge: Cambridge Univ. Press, 1982)이 철저하게 다루고 있다.

본장의 중간 부분은 어원적 혹은 역사적 난제에 휘말리지 않고 양식 비평이라고 하는 학문의 유용한 공헌을 전달하려는 시도를 보여 준다. 개론적인 내용에 관해서는 E. McKnight, *What is Form Criticism?*(Philadelphia: Fortress Press, 1969), R. Bultmann과 K. Kundsin, *Form Criticism*, trans. F. C. Grant(New York: Harper & Brothers, 1934)을 보라. 문학에 관한 개관에 관해서는 W. G. Doty, "The Discipline and Literature of New Testament Form Criticism," *ATR* 51(1969): 257 - 321을 보라.

영어로 볼 수 있는 고전급 초기 연구는 M. Dibelius, *Form Tradition to Gospel*, trans. B. Woolf(New York: Charles Scribner's Sons, 1934), R. Bultmann, *The History of the Synoptic Tradition*, rev. ed., trans. J. Marsh(New York: Harper & Row, 1968)을 보라. 지나치게 창조적인 공동체를 가정하는 초기 양식 비평의 경향은 랍비적 관행 측면에서 상충된다. H. Riesenfeld, *The Gospel Tradition and Its Beginning: A Study in the Limits of "Formgeschichte"*(London: A. R. Mowbray & Co., 1957), *The Gospel Tradition*(Philadelphia: Fortress Press, 1970), B. Gerhardssohn, *Memory and Manuscript: Oral Tradition and Written Transmission in Rabbinic Judaism and Early Christianity*, trans. E. J. Sharpe(Lund: C. W. K. Gleerup, 1961).

헬라 전기적 기교 면에 관해서는 G. Kennedy, "Classical and Christian Source Criticism," in *The Relationships Among the Gospels: An Interdisciplinary Dialogue*, ed. W. O. Walker, Jr.(Dallas: Trinity Univ. Press, 1978), 125 - 55를 보라. V. Taylor, *The Formation of the Gospel Tradition*(London: Macmillan & Co., 1957)에서는 양식 형성에 관한 건전하고 유익한 의견을 볼 수 있다. 좀더 최근에 연구된 비교 문화적 양식 비평 작업의 한 예로 R. Tannehill, ed., *Pronouncement Stories, Semeia* 20(1981)을 보라.

예수 전통 연구에 미친 양식 비평적 방식들의 영향을 살펴 보려면 오래된 연구서인 T. W. Manson, *The Teaching of Jesus: Studies in Its Form and Content* (Cambridge: At the Univ. Press, 1935)과 N. Perrin, *Rediscovering the Teaching of Jesus*(New York: Harper & Row, 1967)을 비교해 보면 된다. E. Güttgemann, *Candid Questions Concerning Gospel Form Criticism*, trans. W. G. Doty(Pittsbugh: Pickwick Press,

1979), 그리고 좀더 최근의 W. Kelber, *The Oral and Written Gospel: The Hermeneutics of Speaking and Writing in the Synoptic Tradition, Mark, Paul, and Q* (Philadelphia: Fortress Press, 1983), 1-43은 전통적인 양식 비평의 방법론적인 건전성을 체계적으로 공격하였다. 본장에서 나는 수난 기사의 초기 발전에 관해서—그것이 구전이든 기록이든—Kelber와 정반대되는 입장을 분명하게 밝혔다.

제3부

공관복음 전통

어떤 면에서 볼 때 공관복음(마태, 마가, 누가)은 신약 정경 가운데 가장 독특하고 보배같은 문헌이다. 공관복음은 아무리 따져 보아도 가장 먼저 구성된 문헌은 아니다. 비록 공관복음의 전통이 바울의 사역 기간 동안 계속해서 전수와 변형의 과정을 거치고 있었지만 저작 연대는 분명히 바울 서신보다 늦다. 그러면 왜 우리는 이 책에서 이 공관복음서들을 먼저 다루는가? 그것은 내가 지금 관심을 가지고 진행하는 일이 원시 기독교 역사나 그 개념의 발전 과정이 아니라 신약 문헌의 해석이라는 점을 분명히 하려는 단순한 이유 때문이다. 나는 주후 60년에서 90년 사이에 기록된 문서 자료들(복음서)을 40년에서 60년 사이에 기록된 문서(바울 서신)보다 먼저 다룸으로써 이 점을 강조하려고 한다. 뿐만 아니라 예수님의 기억이 어떻게 연속적인 기사로 형성되었는지 보여주는 앞장의 분석에 기초한 문학적인 논리도 있다.

그러면 왜 공관복음만 다루고 요한복음은 다루지 않는가? 제4복음을 따로 다루기로 한 결정은 공관복음에서 좀더 오래되었거나 신빙성있는 것으로 추정되는 전통을 발견할 수 있다는 판단에 근거한 것이 아니다. 제4복음을 나중에 다루는 이유는 이것이 예수님에 관한 기사이지만 전혀 다른 종류이며, 요한의 상징 세계에서 나온 다른 문헌들과 함께 읽을 때에 가장 잘 이해할 수 있기 때문이다(제6부 "요한의 전통"을 보라). 공관복음을 함께 다루는 이유는 이들이 동일한 상징 세계뿐 아니라 동일한 이야기 틀을 공유하고 있기 때문이다. 사실 공관복음은 문학적인 상호의존 관계도 가지고 있다.

이 문학적 관계의 정확한 성격—공관복음 문제—을 규정하는 일은 쉽지 않다. 이 문제는 이 세 복음서의 헬라어 본문이 많은 부분에서 거의 동일하기 때문에 구전 단계가 아니라 기록 과정의 어느 단계에서 어느 한편이 다른 편으로부터 일부 공식을 빌려온 것이 분명하다는 것이다. 하지만 동일한 단락에서 있어서 이들 사이에는 다른 점들도, 경우에 따라서는 작은 부분이지만, 많이 있다.

그러면 이 유사성과 다양성을 동시에 어떻게 설명할 수 있는가? 대부분의 학자들은 마가가 최초로 기록되었고 마태와 누가가 마가를 따라서 자신들의 기사를 구성하면서 많은 부분의 재료는 물론 기본적인 이야기 순서까지 마가에게서 가져왔다고 생각한다. 또한 마태와 누가는 마가에서 가져오지 않은 재료도 사용하였다. 이 비마가적인 재료의 일부가 거의 동일하여 관례적으로 Q라고 부르는 기록 문서 자료(=Quelle, 다시 말해서 "재료")를 이들의 또 다른 재원으로 추정하고 있다. 마지막으로 마태와 누가는 각각 M과 L이라는 이름이 붙은 다른 가상 재료에서 모은 독자적인 자료들을 가지고 있다.

이것이 공관복음 논쟁에 대한 "두 자료"식 해답이다. 소수의 학자들은 아직도 이 이론에 반대하며 마태 우선성의 고대 전통(2세기 파피아스에게로 거슬러 올라간다)이 옳다고 주장한다. 이들은 마태와 누가가 마가와 동일한 사건 순서를 공유하고 있다는 사실이 반드시 이들이 마가를 사용하였다는 사실을 입증하는 것이 아니라 마가가 이 둘을 축약한 사람일 가능성이 있다고 주장한다. 논리적으로만 볼 때 이들의 주장도 일리가 있다. 하지만 세 칸을 나누어져 있는 헬라어 본문을 앞에 놓고 그 자료들을 끈기있게 분류해 보면 이런 입장을 고수하기가 곤란하다. 마태와 마가가 마가의 90퍼센트를 수용하고 그것을 자신들의 목적에 맞게 고쳤다고 설명하는 편이, 마가가 마태와 누가의 가장 과즙이 많은 부분을 버리고 나머지 부분은 통속화시켰다고 하는 것보다 쉽고 합리적이다. 두 자료 가설은 대부분의 자료를 다룬다. 하지만 약간의 예외가 여전히 남는데, 우리는 이것을 통하여 두 자료설이 단순한 가설에 지나지 않음을 깨닫게 된다. 여기에서 우리는 Q가 마가에는 들어있지 않고 마태와 누가만 공유하고 있는 내용만 의미한다는 점을 수시로 기억해야 할 것이다. 이것은 실존하는 자료가 아니라 학자들의 추측이다. 뿐만 아니라 계속되는 구전과 예배 의식의 조화에서 영향이 있었을 것 같고 이런 영향으로 인해서 이 세 복음서 본문들 사이의 관계는 더욱 복잡해졌다. 그러므로 우리는 문학적인 면에 대한 판단에 신중해야 한다.

독자 여러분들은 이 책을 읽어 나가면서 아무런 논의 없이 그냥 지나가는 문제들을 몇 가지 발견하게 될 것이다. 이런 문제들 가운데는 특정 단락의 전역사(前歷史) 가능성, 혹시 있다고 한다면 Q 자료의 연속적인 여러 가지 층들, 한 복음서 저자의 여러 가지 전통과 그 사용 사이의 미묘한 차이들 등이 있다. 앞으로 나는 공관복음 연구에 기초해서 세 복음서 사이의 차이를 정기적으로 지적할 것이다. 이러한 지적의 목적은 문학적 혹은 종교적 의존 관계를 확립하려는 것이 아니라 단순히 각 복음서 저자의 방식과 메시지에 대한 우리의 인식을 분명하게 하려는 것 뿐이다.

나는 마가 우선성 가설이 옳다고 생각하며 이것을 전제로 이 책을 쓴다. 하지만 각 복음서에 대한 나의 이해는 이 가설의 정확성에 의존하고 있는 것이 아니다. 내 입장은 문학 비평의 입장과 가깝다. 무엇보다도 먼저 나는 본문의 최종 형태에 관심을 두고 있다. 하지만 우리는 이 최종 편집 단계가 복잡한 구전과 기록의 과정에서 나온 결과임을 알고 있기 때문에 그 완성된 조건의 단순성과 일관성을 보다 존중하는 것은 물론 이 본문들의 특수한 밀도(密度)에 신중을 기하고 있다.

마지막으로 이 문헌들의 본질과 가능한 작성 이유에 관해서도 초보적인 내용을 몇마디 할 것이다. 장르 문제는 정교한 논의가 필요하지 않다. 복음서들은 분명히 예수님의 삶과 죽음, 부활에 관한 기사이다. 간혹 헬라의 전설과 신화 등과 닮은 점이 있지만 그럼에도 불구하고 복음서의 형태는 헬라 전기(傳記)의 형태와 아주 많이 닮았다. 그 분위기에 있어서는 홍행물이나 심지어 교화문 이상의 것을 열망하고 있다. 아무튼 복음서들은 교회의 원시 케리그마의 독특한 역사적 -신화적 특성을 얼마간 그대로 유지하고 있다.

독자들은 이 기사들을 하나하나 읽을 때마다 처음부터 주인공이 단순히 과거의 어떤 위대한 사람, 즉 소크라테스 같은 선생이나 티아나의 아폴로니우스 같은 초능력자가 아니라는 점을 알고 있어야 한다. 복음서의 주인공은 현재 살아계시고 능력으로 임재하신다고 믿는 신앙의 인물이다. 그의 과거 말씀과 행함은 독자들의 현재의 체험과 확신이라는 공명판에 의해 확실한 공명을 얻고 있다. 그리스도인 독자들은 그의 이야기 속에서 자신들의 이야기를 발견하지 않을 수 없으며, 특히 예수님의 부활과 함께, 자신들의 이야기 속에 고스란히 들어있는 예수님을 본다.

하지만 이런 유의 기사가 최초로 쓰여진 이유가 무엇인가? 이 질문은 대답이 쉽지 않다. 어떤 사람들은 기독교 공동체가 직면한 특별한 문제에서 기록의 동기를 찾는다. 이들은 복음서 저자들이 자신들의 세대 사람들에게 지침을 주는 형식으로 예수님의 이야기를 함으로써 이러한 상황에 반응한 것으로 본다. 어떤 경우에는 핍박이나 두번째 강림 즉 파루시아의 연기와 같은 외부적인 문제들을 가정하기도 하고, 또 제자도나 심지어는 예수님 자신의 본질에 관한 의견 불일치로 인한 내부적인 분열에서 기인한 문제를 가정하기도 한다. 이와 같은 문제들은 초기 기독교 공동체에 있었다. 이런 흔적은 복음서 이야기들 속에서 볼 수 있다. 하지만 이런 것은 새로운 문제가 전혀 아니다. 바울은 이미 이런 모든 문제를 겪으면서 편지를 쓰거나 대리인을 파견하는 형식으로 이런 문제에 대응하였다. 이런 문제들은 그 자체가 이 초기 기독교 선생들이 교훈을 위해 기록된 기사 형태의 글을 사용하게 되었는지 혹은 이 기사가 왜 현재의 모습을 갖추게 되었는지 설명해 주지 못한다.

좀더 오래되었고 단순한 설명이 오히려 정답에 가까울는지 모른다. 즉 예수님을 기억하고 다음 세대들을 위해서 그 기억을 정확하게 유지하고 싶은 인간의 욕망이 그 동기라는 것이다. 다음 세대를 위해 예수님의 이야기를 구성한, 말씀에 대한 나이 많은 증인과 사역자들의 경우 그 기억을 고스란히 그리고 정확하게 유지하려는 욕망은 특별한 변호가 필요하지 않을 정도로 충분히 보편적인 것이다. 좀더 흥미있는 사실은 이들이 이 전통을 의견의 형태가 아니라 사실적인 기사의 형태로 제시하고 있다는 점이다. 이 살아 있는 것같이 생생한 예수님의 묘사는 신약 정경 곳곳에 들어 있으며 영지주의의 문학 작품들과 뚜렷한 대조를 보여준다. 신자들의 경우 인간 예수의 이야기는, 이제 예수님을 생명을 주시는 영으로 고백하는 공동체에게 지속적인 중요성을 가진다. 기사는 선포와 복음서를 이어 주었다. 그러나 복음서가 아무리 사실적이라 하더라도 역사에 무관심한 것은 아니었다. 복음서는 어떤 형태로든 그 이야기를 이미 알고 있는 독자들을 위해 문학적 신앙적 목적에 맞게 예수님의 이야기를 선정하여 구체화하였다. 그러므로 이들은 증거하면서 해석하고, 또 복음서는 저자들의 해석 과정을 통하여 증언을 하고 있다.

제7장

마가복음

복음서 가운데 가장 짧은 책이 가장 이해하기 생소하고 어려운 면이 있다. 이것은 해석 역사상 이 책이 은근히 무시 당해온 사실에서 기인된 것으로 볼 수 있다. 2세기 타티안이 마가복음을 사용하여 복음서 통합본(디아테사론)을 만든 점과 마태와 누가의 마가복음 사용 사실을 성공의 흔적이라고 말할 사람들이 있을는지 모르겠다. 하지만 그 과정에서 마가복음은 좀더 개방적이고 이해하기 쉬운 다른 복음서의 이야기 속에 알맹이를 다 주어 버림으로 빛을 잃어 버렸다.

사람들은 마가복음을 잘 읽지 않았고 연구하지도 않았다. 이런 현상은 마가복음이 마태복음의 축약일 뿐이라는 만연된 이론과 마가의 기사가 공관복음 후계자들의 기사만큼 예배와 교리 문답적인 요구에 부응하지 못한 점들에서 기인된 것이다. 마가에 대한 주석이 6세기까지 한권도 나오지 않았고 두번째 주석이 나온 것은 9세기 때의 일이다. 심지어 마가복음이 정경에 포함된다는 사실을 알고 있었던 교부시대 작가들 사이에서도 마가복음을 풍유적으로 나타내는 짐승이 어떤 짐승인지 의견이 일치될 수 없었다(이레니우스 *Against Heresies* III.2.8과 어거스틴의 *the Harmony of the Evangelists* VI.9를 보라). 그래도 교부시대 작가들이 조금이라도 관심을 보였던 것은 마가가 베드로의 통역으로 활동하여 사도적 증거와 연관이 있다는 것이 주된 이유였다. 이 전통은 최소한 파피아스에게까지 소급될 만큼 오래 된 것으로 베드로전서 5:13에 나오는 베드로와 마가의 관계에 근거를 두고 있을 가능성이 있다. 마가의 기사에는 그 순서가 결여되어 있다는 점이 분명하였기 때문에 파피아스도 이 점에 관해서 변명할 필요를 느껴 마가는 베드로에게서 들은 내용의 핵심을 하나도 빠뜨리지 않았으며 실수도 하지 않았다는 사실을 독자들에게 납득시키려고 애를 썼다(유세비유스 *Ecclesiastical History* III.39.15).

이와 대조적으로 20세기의 학자들에게는 공관복음서들 가운데 마가가 가장 인기있는 복음서가 되었다. 그 첫번째 이유는 마가가 역사적 예수를 추구하는 사람들에게 가장 오래되고 가장 믿을 만한 역사적 자료를 제공하고 있다는 생각 때문이다. 마가 우선성에 기초해서 공관복음 문제의 해답을 찾으면서 학자들은 마가가 마태와 누가에서 보게 되는 교리적인 증가분에서 무관하다. 따라서 순결한 증거가 된다고 생각하였다. 이 가설은 먼저 "메시아 비밀", 즉 해당 기사 내에서 예수님의 중요성을 일단 내비쳤다가 감추어 버리는 마가의 특수한 서술방식이 (1:25, 34, 44, 3:12, 5:43, 7:36, 8:30, 9:9을 보고 5:19과 16:7과 비교) 발견된 이후 흔들리게 되었다. 이 형식을 보면 마가의 기사는 순진무구한 연대기가 아니라 바로 교리적인 방향을 가진 작품임을 알 수 있다. 마가복음이 때묻지 않은 역사적 기록이라는 생각에 큰 위협을 준 것은 최초의 양식 비평학파의 연구였다. 이들은 마가 기사의 뼈대를 허물고 마가는 작은 단위로 되어 있던 구전을 기계적으로 꿰맨 편집자에 불과하다고 하였다.

최근 마가에 호의를 보이는 경향은 선구자적인 문학·편집적인 연구와 함께 시작되었다. 이 학자들은 갈릴리에 대한 마가의 특별한 강조를(특히 14:28, 15:41, 16:7) 신학적 상징임을 보여 주었다. 마찬가지로 "복음", 유앙겔리온 이란 용어에 대한 마가의 시대착오적인 사용도 마가의 기사가 가지고 있는 다단계적인 성격을 자명하게 보여준다고 한다(1:1, 14, 15, 8:35, 10:29, 13:10, 14:9을 보라). 결과적으로 마가복음은 예수님의 생애나 구전 전승 기간에 대한 직접적인 증거라기보다 마가 당시 기독교 공동체에 대한 증거로 보았다.

두 가지 주요 선입견이 오늘날 마가복음 연구의 특징이다. 첫째는 해당 내용에 대한 역사적 배경을 잘 보여주는 마가의 능력을 높이 평가하면서 마가의 기사 안에서 역사를 해독할 단서를 찾는 것이다. 예를 들어 이러한 독자들은 제자들을 대하는 마가의 태도에서 마가적 공동체의 특정한 이단 혹은 교회의 지도자 그룹에 대한 풍유적인 공격 내용을 찾는다. 두번째 선입견은 마가 기사의 암시적인 특징 때문에 나온 것이다. 많은 독자들에게 마가는 복음서 저자들 가운데 가장 단순한 사람이 아니라 가장 세련된 사람으로 그의 작문 기교는 당시 아주 현대적인 것이었다고 생각된다. 그러므로 마가는 순수 문학의 연구 대상으로 현대적 형태의 문학 비평과 의도적으로 연결하여 연구하는 경우가 자주 있다.

마가 기사에 대한 접근법

마가를 문학적 천재라고 부르는 것은 어쩌면 지나친 평가일는지 모르겠다. 하지만 한편에서는 이 말은 그의 복음서가 기독교 전통 형성에 보여준 결정적인 전환점을 적절하게 바르게 평가한 것일 수 있다. 진짜 마가가 어떤 사람이었는지 어디에서 기록하였는지 우리는 알지 못한다. 또한 우리는 마가의 독자들도 알지 못한다. 비록 그들이 이미 그리스도인이었으며 헬라어를 읽을 수 있었다는 점은 분명하지만 말이다. 하지만 우리가 말할 수 있는 것은, 마가가 "좋은 소식", 유앙겔리온 이란 말을—메시아의 죽음과 부활 안에서 하나님께서 성취하신 일로 최초로 이해하고—예수님이 직접 말씀하시고 행하신 일에 대한 기사와 연결시킨 최초의 인물이며 또 그것을 "기쁜 소식", 유앙겔리온이라고 부른 사람이라는 점이다(1:1). 이것은 신앙적으로 중대한 의미를 가지는 중대한 결정이었다. 마가는 예수님의 사역을 수난에까지 한자락의 빈틈도 없이 이어지게 만들어서 독자들로 하여금 예수님의 말씀과 행위가 하나하나 개별적인 형태의 계시가 아니라 그 대단원의 막과 일체로 연결되어 있는 것으로 이해하게 만들었다. 그리고 마가는 예수님에 관한 전통을 기사의 형태로 제시하였기 때문에 "복음"이란 용어가 메시지뿐 아니라 문학적 매개체라는 느낌을 갖게 만들었다.

이제 우리는 더 이상 마가의 기록 동기를 재구성하거나 언제 기록하였는지 판단할 수 없다. 성전 종말에 대한 마가의 서술 내용에는 시대착오적인 요소가 없다(13:5-23). 이 사실은 그 시기가 로마 전쟁(주후 67-70년) 종결 이전임을 시사한다. 하지만 얼마나 오래 전인지 이 어려웠던 상황과 어떤 연관이 있었는지 우리는 알지 못한다.

마가 기사 자체 안으로 들어가는 방법을 찾기란 쉽지 않은 일이다. 앞으로 살펴 보겠지만 마가복음은 그 시작과 마침 모두 논란의 대상이 되어 왔다. 마가의 이야기는 깊이 생각하면 할수록 그 특징을 쉽게 말할 수 없게 만든다. 처음 읽으면 분명히 예술적인 면이 없고 직설적이다. 하지만 그 과묵함은 본문에 대해 끊임없이 질문을 해대는 사람들에게 깊이 생각하게 만든다. 마가의 이야기는 어떤 침묵에서 나왔을까? 마가가 활용할 수 있었던 재료는 어떤 것이었으며 마가는 그것을 어떻게 사용하였을까? 마가의 기사를 낭독하는 것을 최초로 독자들이 들었을 때 그 내용은 예수님의 이야기에 대해 독자들이 가지고 있던 기존의 어렴풋한 이해에 어떤 영향을 주었을까? 문제점을 지적하고 교정해 주었을까 아니면 그것이 맞다고 확인해 주었을까? 이 기사를 통해서 마가 자신이 이루고 싶었던 일은 무엇이었을까? 이 모든 질문이 다 대답하기 쉬운 것은 아니다.

현대 독자들이 마가 메시지의 심장부로 들어갈 수 있게 만들어 주는 단서는 바로 기사 자체 속에 들어 있다. 그 첫번째가 마가복음의 문학적 구조이다. 마가는 단순히 이야기를 하는데 그치지 않고 그 이야기 부분들 사이에 정교하고 의미심장한 연결 고리를 만들어 놓고 세심한 독자들에게 그 고리를 알려주고 있다. 한 기사가 구성된 방식이 그 중요한 의미를 보여주는 가장 중요한 단서 가운데 하나인 경우가 자주 있다.

두번째 종류의 단서는 마가가 그 기사 안에서 인물들을 서술하는 방식이다. 가장 중요한 것은 예수님의 모습이다. 마가가 예수님의 문학적인 외양을 정교하게 구성하는 데는 서너 가지 도구가 있었다. 마가는 그리스도, 선생, 주, 하나님의 아들, 인자와 같은 다양한 메시아적 칭호를 의미심장한 조합으로 활용할 수 있었고, 예수님의 특징적인 행동을 독자들에게 헬라 세계의 위대한 인물의 느낌을 줄 수 있는 마술사나 현인 같은 용어로 묘사할 수 있었다. 또 예수님 이야기를 과거 성경의 이야기들과 연결시키기 위해서 토라의 언어를 사용함으로 예수님의 이야기에 더 감동적인 반향을 만들어 낼 수 있었다. 우리는 이미 마가가 어떻게 수난 기사에서 이 방법을 사용하였는지 살펴 보았다(앞의 5장을 보라). 마지막으로 마가는 등장 인물 사이의 상호작용을 통해서 그 인물들을 자세히 서술할 수 있었다. 예수님과 그분 사이에는 눈에 보이지 않지만 핵심적인 관계가 있었다. 그분은 그 뜻이 기사 전체를 지배하고 예수님의 신분을 확일할 때만 말씀하시고(1:11, 9:7) 예수님이 순종하는 아들로서 아바라고 부르는 대상이 되시는 분이셨다. 다음으로 반대자들과의 갈등 관계에 있는 예수님의 모습이 나오는데, 마가의 기사에서는 이들이 주로 서기관들이었다(예를 들어, 2:6, 3:22, 7:1, 8:31을 보라). 그 다음으로 무리들이 감당한 무언의 역할이 가끔 나오는데, 예수님은 이들 가운데서 활동하셨고 그 반응은 다양하게 나타났다. 마지막으로 예수님과 예수님이 뽑으신 추종자들, 즉 "사도들" 사이의 관계가 있다. 마가복음에서 마가의 복음서 기록의 종교적 목적을 가장 설득력있게 제시하고 있는 관계가 바로 이 관계이다. 마가의 독자들은 아주 자연스럽게 이 사도들과 동질감을 느끼고 마가는 이들에 대한 인물묘사를 통하여 독자들을 가장 직접적으로 가르칠 수 있었다.

다음 단락에서 나는 마가의 본문에서 이 단서 가운데 몇 가지를 추적해 보려고 한다. 첫째 나는 이 기사의 문학적인 면이 아주 분명한 몇 곳을 생각해 보고, 다음으로 예수님과 사도들 사이의 관계에 특별한 관심을 기울이며 마가 이야기 전체를 돌아보려고 한다.

문학적 단서 해독

문체와 구조

헬라 수사학의 높은 기준으로 볼 때 마가의 산문은 인상적인 작품이 아니다. 사실 마태와 누가는 둘다 마가의 헬라어에서 교정 개선하는 필요를 늘 느꼈다. 마가는 장황하고 어색한 문장일 수 있다(예를 들어 1:35, 9:3을 보라). 마가의 문장 구조는 병렬적이며(다시 말해서 마가는 관계 대명사와 종속 접속사를 사용하는 대신 "그리고"〈and〉를 사용하여 절을 연결한다), 이것은 "곧", euthus란 부사를 자주 사용하는 습관과 더불어 그의 기사에 즉각적인, 경우에 따라서는 황급할 정도의 분위기를 만들어 준다. 마가는 또 오늘날도 이야기꾼들이 즐겨 사용하듯이 이야기 중간에서 역사적 현재 속으로 쑥 들어가기를 좋아한다. 이렇게 함으로 마가는 긴박감을 더해 준다(예를 들어 5:35-43을 보라). 마가는 아람어를 헬라어로 번역하여 독자들에게 도움을 준다(3:17, 5:41, 7:11, 15:22, 34을 보라). 하지만 라틴어 외래어에 대해서는 그럴 필요를 느끼지 못한다(5:9, 6:37, 12:15, 15:39을 보라).

언뜻 보기에 마가의 작문 기술은 그렇게 큰 관심을 불러 일으키지 못한다. 최근에 마가의 어색한 문장 구성을 지적하는 어떤 학자처럼 초기 양식 비평학자들은 마가를 단순한 편집자로 생각하였다. 씨앗 비유와(4:3-32) 논쟁 이야기(2:15-3:6), 제자도에 관한 말씀(8:34-37)과 같이 표제별로 정돈된 재료 덩어리가 구전 과정에서 이미 조직되어 있었는데 마가는 이것을 편집하였다는 것이다. 이들은 마가가 여기에 준 변화는 거의 없으며 간혹 "그리고"와 "곧"으로 그 조각들을 연결시키는 것으로 만족하였다. 그리고 연대기적인 내용은 모호하여 별 도움이 되지 않는다고 한다(9:2, 14:1, 15:42을 보라). 어떤 때는 예수님의 행동을 시간별로 추적할 수 있고(1:21-38, 14:12-15:37), 다른 때는 상당한 기간의 사역을 한 줄로 요약할 수도 있는 사람이 마가이다(10:1). 마가복음에서 누가-행전에서처럼 깔끔한 직선식 사건 발전을 찾으려고 한다면 실망하게 될 것이다.

하지만 마가가 무심한 편집자였다는 말은 절대 아니다. 사실 마가는 기교가 형편없는 그런 작가가 아니다. 세심한 독자들은 마가의 이야기 속에서 그 기사에 직선의 성격은 덜하지만 변증법적인 성격을 강하게 해주는 아주 특수한 작문 기술을 볼 수 있을 것이다. 마가의 기사 배열은 처음 볼 때 반복적이고 어색하게 보이는 면이 있는 경우가 있지만 사실 이것은 이해에 중요한 단서를 제공하고 있다.

독자들에게 두 번씩 보아서 좀더 자세히 알게 하는 그런 마가의 방식은 4:35에서 8:27 사이에 나오는 일련의 이야기들 속에서 그 예를 찾아 볼 수 있다. 이 이야기들은 하나씩 하나씩 짝이 맞게 나타난다. 4:35-41의 물위로 걸으신 이적은 6:45-52의 두번째 이적에서 거울에 비치듯이 반복되고, 5:21-42의 병고침은 7:31-37의 사건과 맞는다. 6:34-44의 떡을 많게 하신 일은 8:1-10에 두번째로 또 나온다. 6:52의 떡의 의미에 관한 말씀은 8:14-21의 두번째 말씀과 맞아 떨어진다. 두 개가 한 쌍이 되는 이 전체적인 주기는 이야기가 4:41에서 제자들이 제기하는 질문, 이 사람이 누구인가?로부터 예수님이 제자들에게 하신 질문, "너희는 나를 누구라 하느냐?"(8:29)로 진행되게 만든다. 다음 단락에서 나는 마가의 문학 기술에 관한 다른 예들을 약간 다루려고 한다.

세 개 한 벌의 구조

마가는 삼중 구조를 좋아한다. 이것은 오래 전부터 알고 있는 사실이다. 그는 씨앗 비유 세 가지(4:3-32), 요한에 대한 일반적인 평론 세 가지(8:27-28), 수난 예고 세 가지(8:31, 9:31, 10:33-34), 동산에서 깨어있지 못하고 실패한 제자들 모습 세 가지(14:32-42), 베드로가 예수님을 세 번 부인한 사실

(14:66-72)을 묶어 놓았다. 여기에는 숫자에 대한 매력이나 민간 전승의 원리 이상의 무엇이 있다. 다시 말해서 마가에게 있어서 세 개 한 벌의 구조는 구성 원리 가운데 하나가 되었다.

무엇보다 먼저 우리는 마가가 빈번히 사용한 문학적 삽입 방법에서 이것을 볼 수 있다. 가장 작은 형태로 한 이야기의 두 조각이 세번째 단락을 샌드위치처럼 둘러 싸고 있는 구조가 있다. 당시 독자들에게 이 방법은 한 장면에서 다른 장면으로 부드럽게 바뀌지 않고 툭툭 짤라져 넘어가는 영화 기법과 비슷하게 비쳤을 것이다. 마가의 독자들은 긴장 속에서 양쪽 틀과 중간의 내용을 한꺼번에 볼 수밖에 없었다. 이렇게 틀 안에 들어감으로 해서 중간 이야기는 조명을 받았고—혹은 오히려 가려지기도 했고—바깥 이야기는 이런 방식으로 채워져서 밀도를 더하게 되었다.

여기에 대한 두드러진 예는 마가 기사 초기에 나타난다. 마가복음 3:21에서 우리는 예수님이 미쳤다고("제정신이 아니다") 생각해서 예수님을 잡으러 온 가족들을 볼 수 있다. 또 3:31-35에서도 이들이 예수님이 따르는 사람들과 함께 앉아 계신 집의 문을 두드리는 모습을 볼 수 있다. 가족들이 보고 싶다고 요구했을 때 예수님은 거절하시면서 자신 주변에 있는 사람들이 진정한 예수님의 가족, 하나님의 뜻을 행하는 자들이라고 말씀하셨다. 메시아 가족 사이의 서로 배척하는 모습에 대한 부정적인 내용도 있지만 이 뼈대가 되는 이야기는 간단하다. 하지만 마가가 이 뼈대 안에 예수님과 예루살렘에서 온 서기관 사이의 논쟁을 삽입시켰다는 점을 주목하자(3:22-30). 이들은 예수님이 귀신의 능력으로 귀신들을 내쫓았다고 비난한다. 여기에 대해 예수님은 분란이 난 집안 이야기로 대답하신다! 그리고 성령을 거스리는 죄는 용서 받을 수 없다고 말씀하신다. 마가는 그 이유를 독자들에게 설명하는데, 그것은 반대자들의 말이 예수님이 더러운 영에 들렸다고 했기 때문이었다. 그 당시 상징 세계 내에서 미친 것과(3:21) 더러운 영(3:30) 사이의 관계, 틀과 중간 이야기에서 볼 수 있는 배척을 생각해 보면—예수님을 배척하는 사람들은 자신도 배척을 받았다—합쳐진 내용은 강력한 고발임이 분명하다. 그러나 정확하게 누구를 고발하는 고발인가? 마가는 독자들을 궁금하게 만든다.

마가는 또 12살 짜리 소녀을 고치신 일과(5:22-24, 35-43) 이 이야기 중간에 삽입되어 있는 12년을 앓은 여인을 고치신 일(5:25-34) 사이의 관계도 독자들에게 신비로 남겨 놓는다. 마찬가지로 6:14-29의 세례자 요한이 참수 당하는 예언적인 사건이 6:7-12의 열둘을 파송하는 일과 6:30의 그들이 돌아온 일 사이에 들어가 있다. 변화산 사건은(9:2-8) 예수님이 광채 가운데 모세와 엘리야와 함께 있으신 모습을 보여준다. 이 사건은 그 나라가 권능으로 임하는 일에 대한 말씀과(9:1) 논리적으로 볼 때 이 말씀에 이어 당연히 나오게 되어 있는 엘리야가 먼저 올 것에 관한 질문(9:9-13) 사이에 들어있다. 약간 다른 형태로 성전 몰락의 내용이 무화과 나무의 비운(悲運) 이야기 속에 섞여 있다. 예수님이 성전에 들어 가셨다가(11:11) 거기서 떠나시면서 나무에서 열매를 찾으셨는데, 찾지 못하시자 그 나무를 저주하셨다(11:12-14). 그리고 다시 돌아오셔서 제 역할을 제대로 감당하지 못하는 성전을 깨끗하게 하시고 성전에서 떠나시면서 무화과 나무가 시든 모습을 보셨다(11:20-25). 마가는 이야기를 이렇게 진행시킨다. 그러나 자신의 의견을 한마디로 표현하지 않고 이 병렬적인 구조를 통해서 독자들이 의미를 찾을 수 있게 하였다.

이런 틀 구조가 좀더 큰 규모로 되어 있는 모습도 볼 수 있다. 마가는 앞 뒤 작문 신호 사이에 큰 덩어리의 기사를 넣었다. 예를 들어 마가복음에서 예수님이 소경 두 사람, 다시 말해서 두 사람만 치료해 주셨다. 첫번째 사람은, 예수님이 처음 손을 대셨을 때 희미한 빛만 본 점을 고려하면 단계적으로 치료된 것이다. 그런데 이 치료 활동은 제자들에게 예수님의 신분에 대한 질문을 하시기 직전에 (8:22-26) 이루어졌다. 두번째 사람의 치료는 바디매오가 "길에서" 예수님을 좇은 사건과(10:46-52) 바로 연결되어 있다. 이 치료 활동은 소경 상태에서 빛으로, 빛에서 헌신으로 바뀌어가는 전환점의 상징인데, 마가는 이 두 사건 사이에 예수님이 예수님의 신분과 제자들의 부르심에 관해서 제자들에게 하신 말씀 가운데 가장 분명한 말씀을 놓았다.

뿐만 아니라 마가의 기사 전체도 이 세 개 한 벌의 구조를 그대로 가지고 있는 것을 볼 수 있다. 마가 이야기의 핵심적인 전환점 가운데 하나는 베드로가 예수님을 메시아로 고백하는 그 순간이다(8:27-30). 그 이전에는 예수가 누구신가? 라는 질문이 분위기를 지배하고 있고, 베드로의 고백 이후에는 예루살렘으로 올라가는 여정이 제자들에게 고난 당하는 인자로서 자신을 드러내시는 메시아의 자아 계시가 되었다. 그런데 변화산 사건의 내용은 마가 이야기에서 이 전환점의 핵심적인 부분인 것이다. 예수님이 가장 가까운 추종자들에게 영광스러운 모습으로 나타나셨던 그때에 하늘에서 들리는 목소리가 예수님의 신분을 밝혀 주었다. "이는 내 사랑하는 아들이니 너희는 저의 말을 들으라"(9:7). 여기에서 들으라는 명령은 뒤에 나오는 제자도에 관한 교훈을(9 - 10장) 대상으로 하는 것이다.

하지만 예수님을 하나님의 아들로 선포하는 이 말씀은 이와 같은 세 가지 선포 가운데(귀신의 입에서 나오는 것은 제외하고) 중간에 위치해 있는 것이다. 첫번째 선포는 예수님의 세례 때, 하늘에서 나는 음성이 예수님 혼자에게 "너는 내 사랑하는 아들이라 내가 너를 기뻐하노라"고 했을 때(1:11) 있었다. 마지막 것은 예수님의 죽음 때, 사형 집행자 가운데 한 사람이 "이 사람은 진실로 하나님의 아들이었도다"라고 말할 때(15:39) 있었다. 마가 기사 가운데 핵심적인 시점에 있었던 이 세 개 한 벌의 선포는 독자들에게 예수님을 하나님의 아들로 인식하게 하는 틀을 형성한다. 세 가지의 측면이 해답이 제시되지 않은 채 긴장 가운데 남아있다. 예수님, 아버지의 택하신 종. 예수님, 영화롭게 되신 주님과 계시자. 예수님, 처형당한 범죄자. 독자들은 이 긴장 안에서 아버지를 향하여 아바라고 부르신 예수님의 겟세마네 동산의 기도와(14:36) "네가 찬송 받을 자의 아들 그리스도냐?"라고 묻는 대제사장의 질문에 간단히 "내가 그니라"라고 하신 예수님의 대답을(14:62) 이해하였다.

본장 뒷 부분에서 나는 특별히 예수님을 더 강한 자로 지칭하는(1:7) 또 다른 구조상의 3연작을 살펴보려고 한다. 첫째는 바알세불 논쟁에서(3:23 - 27), 마지막은 빈 무덤 이야기에서(16:1 - 8), 중간은 거라사 지방에서 귀신을 내어쫓으신 사건에서 나타난다(5:1 - 20).

열린 종결

마가가 독자들에게 주는 어려움 가운데 대표적인 것이 복음서의 시작과 끝 부분을 이해하는 일이다. 이 부분을 차례로 생각해 보면 마가의 농도 짙은 기사와 "좋은 소식"을 구성하는 그의 특수한 방식을 좀더 깊이 이해할 수 있을 것이다.

정경에 들어가는 마가의 본문에는 세 가지 다른 종결 부분이 있다. 가장 오래되고 가장 좋은 사본은 16:8에서 끝난다. 예수님께 기름을 바르러 무덤에 갔던 여인들이 도망쳤고 "무서워서 아무 말도 하지 못하더라." 다른 사본들에는 일련의 예수님이 나타나신 이야기가 들어있기도 하고(16:9-20), 또 다른 사본들은 16:8 뒤에 결론으로 혹은 16:9-20의 좀더 긴 종결 부분에 연결되는 교량으로 종결어를 포함시키기도 하였다. 어느 것이 마가의 원래 결론 부분일까?

어떤 사람들은 좀더 긴 종결 부분을 지지한다. 이들은 16:8의 헬라어 본문이 "왜냐하면"(gar)이란 접속사로 끝나므로 여기에는 다른 후속 절이 꼭 필요하게 보인다고 한다. 또 이것이 한 문장을 끝내는 것으로 보기에 이상하며, 너무 불안정하여 책 전체를 종결하기에는 더욱 이상하다고 생각하고, 16:7의 "너희가 거기에서 뵈오리라"에는 좀더 긴 종결 부분에 나오는 성취의 내용이 필요하다고 한다.

짧은 종결 부분을 지지하는 주장은 좀더 강하다. 본문 비평의 기본 원칙을 볼 때 보증이 가장 잘 되어 있고 짧고 읽기가 어려운 본문이 길고 매끈하며 각 사본에서 보증이 잘 안되는 본문에 비해 일반적으로 선호도가 높다. 여기에서 볼 때 16:8의 종결 부분은 먼저 읽기가 가장 어렵다는 자격을 갖추고 있다. 지금까지 접속사로 끝난 문장이나 심지어 책이 많이 있어온 것이 사실이다. 그렇다면 마가의 종결 부분은 절대로 중간에 뚝 잘린 상태가 아니다. 다음으로 짧은 종결 부분은 가장 오래되고 가장 신빙성이 있는 여러 헬라어 사본에서 단연 가장 잘 보증을 받는 본문이다. 마지막으로 긴 종결 부분의 소실보다 기원을 설명하기가 훨씬 더 쉽다. 즉 우리가 앞에서 보았듯이 마가복음 16:7은 필사자들이 자신들이 본 사실을 이 예언에 대한 자연스런 성취로 기록할 수 있는 길을 열어 놓았다. 특히 만약 그 필사자들이 마태와 누가의 종결 부분을 알고 있었다면 더욱 그렇다. 긴 종결 부분이 정경 내의 다른 복음서에서 볼 수 있는 전통들을 다 묶어 놓은 점을 볼 때(16:9 = 요 20:11-18, 16:12 = 눅 24:13-35, 16:15 = 마 28:16-20, 16:19-20 = 행 1:9-11) 이런 일이 일어났을 가능성이 크다. 마지막으로 마태와 누가가 모두 마가와 유사한 빈무덤 기사를 가지고 있고 그 다음의 예수님 현현 기사에서는 아주 다른 모습을 보이는 점으로 보아 마태와 누가는 이 짧은 본문의 마가복음을 가지고 있었을 가능성이 많다.

마가복음의 긴 종결 부분은 정경 본문에 포함되어 있고, 모임 때에 그대로 읽혀졌으며 어떤 재료에도 의존하지 않는 오래된 부활 전통을 담고 있다. 하지만 예수님에 대한 마가의 독특한 증거는, 우리가 짧은 종결 부분을 가지고 볼 때 더 분명하게 볼 수 있다.

수수께끼 같은 마지막 장면은 다음과 같다. 여인들이 가까이 갔다고 깜짝 놀랐고(16:5) 무서워 떨며 떠나갔다(16:8). 이들은 곧 예수님의 모습을 볼 수 있을 것이라는 소식을 아무에게도 전하지 않았고, 그 소식을 전해준 청년의 신분은 밝히지지 않았다(16:5). 우리는 이것을 어떻게 생각해야 할 것인가? 마가는 분명히 예수님이 죽음에서 부활하신 사실을 믿었다. 이러한 믿음이 이 책과 독자들의 전제인 것이다. 사실 청년이 전한 소식의 요지도 이런 것이었다. 예수님은 죽은 자 가운데 있지 않으시고 "그들보다 먼저 가신다." 예수님이 곧 나타나실 것이다. 하지만 그 시기는 예수님이 선택하실 것이다. 그러나 만약 마가와 마가의 독자들이 예수님이 이미 나타나신 사실에 대한 전통—우리가 이미 살펴 보았듯이 아주 오래된 그 전통들을(고전 15:3-8을 보라) 알고 있었다면, 마가는 왜 이렇게 말을 하였을까?

이것에 관해 우리가 할 수 있는 것은 추측뿐이다. 과거 예수님이 증인들에게 나타나신 이야기들은 초기 그리스도인들에게 "따라 오너라" 하시는 강력한 부르심보다 예수님의 주되심을 재확인 해주는 정도에 그쳤는지 모르겠다. 아니면 마가는 예수님에 대한 독자들의 체험의 근거를 다시 점검시키려고 했는지 모르겠다. 즉 그 체험이 과거의 환상인가 아니면 현재의 능력과 확신인가? 마가는 예수님이 살아계시고 나타나실 준비를 갖추고 계신다고 선언하고 예수님의 나타나심을 과거의 어떤 특정한 장소와 시간에 부속시키지 않았다. 이 점에 비추어 볼 때 마가는 독자들이 부활하신 주님과 새롭게 만날 수 있는 가능성을 상상할 수 있게 그 길을 열어 놓은 것이다. 이렇게 함으로 마가는 부활하신 그분이 단순히 과거의 삶을 다시 회복한 정도가 아니라 능력의 주님으로 지금 살아 계시면서 독자들의 삶을 지속적으로 문제 삼으신다는 사실을 알려 주는 것이다.

마가는 자신의 기사의 나머지 부분과 아주 일치된 내용으로 부활하신 주님으로서 예수님은 계속해서 하나님의 거룩하신 분(1:24), 외부에서 오신 강한 분(3:27), 천국의 비밀(4:11)이시며, 아무도 이해하거나 통제할 수 없고 다만 그분 앞에서는 두려움과 떨림으로 따를 수밖에 없는 그런 분이시라고(4:41, 5:15, 33, 9:32, 10:32) 주장한다. 마가의 종결 부분은 정말 열려 있다. 예수님의 부활에 관한 "좋은 소식"은 비밀을 약화시키지 않고 오히려 강화시켜 준다. 그래서 마가는 독자들을 다시 한번 생각하게 한다. 이 사람이 누구인가?

갑작스러운 시작

마가의 기사는 그 시작도 이 복음서의 독특한 성격을 보여 주는데, 여기에도 결정해야 할 본문의 난제가 있다. 정경에 들어있는 본문은 "하나님의 아들, 예수 그리스도의 복음[euanggelion]의 시작"(1:1)으로 되어 있다. 일부 사본에는 "하나님의 아들"이 빠져있다. 그런데 가장 좋은 사본들에는 이 부분이 들어있다. 그러면 우리는 어떤 내용을 선택해야 하는가? 이것은 짧은 본문이 최상의 본문이 아닌 경우 가운데 하나다. "하나님의 아들"이 포함되어야 한다는 사실을 뒷받침하는 것은 상당한 사본적인 증거뿐이 아니라, 이 제목 자체가 전체 기사에서 주제로서 중요한 역할을 하고 있다. 나는 거듭되는 귀신들의 말은 물론(3:11, 5:7) 예수님의 세례와 변화산 사건, 십자가 사건에 이 예수님이 하나님의 아들이라는 내용이 나와 있다는 사실을 이미 앞에서 밝힌 바 있다. "네가 찬송 받으실 자의 아들 그리스도냐?"라는 대제사장의 질문에 예수님은 "내가 그니라"고 대답하셨다(14:62). 이것은 산헤드린 앞에서 받으신 예수님의 재판의 절정에 해당한다. 우리가 보았듯이 이 질문은 1:1에 나오는 두 가지 직위를 그대로 나타내고 있다. 따라서 "하나님의 아들"이라는 본문은 확실하다.

그러면 "복음의 시작"이라는 말에서 마가는 무엇을 의미하는가? 바로 뒤에 이어 나오는 절들과의 구문적인 연결이 분명하지 않은 점과 마가의 첫 15절(1:1-15)이 전체적으로 아주 압축되어 있는 특성 때문에 이 질문은 더욱 어려운 질문이 된다. 마가는 "시작"이라는 말로써 요한의 사역의 연대기적인 시작이나(행 1:21-22, 10:37을 보라) 예언서에 근거를 둔 요한의 사역의 신학적인 뿌리를(막 1:2-3의 출 23:20, 말 3:1과 사 40:3의 혼합 인용 내용을 보라) 의미할 수 있다. 마가는 토라에 대한 말을 전반적으로 아끼고 있지만 그럼에도 불구하고 상호 참조의 방식으로 자신의 이야기를 시작함으로 예수님의 이야기를 긴 이야기의 연속으로 들어야 한다는 사실을 독자들에게 깨우쳐 준다.

또한 복음의 시작은 단순히 예수님이 말씀하시고 행하신 일의 연대기적인 시작을 가리킬 수도 있다. 그렇게 본다면 1절은 15절과 함께 괄호를 구성하게 된다. 좀더 깊은 의미를 가질 뿐 아니라 절대로 불가능해 보이지 않는 해석도 있다. 즉 이 시작(arche)이 어쩔 수 없이 창세기 1:1의 아르케의 의미를 암시하게 되는데, 이렇게 된다면 이 시작은 마가가 말하려고 하는 예수님 이야기 전체에 대한 종교적으로 특별한 의미를 부여할 수도 있다. 예수님의 말씀과 행동, 죽음과 부활에서 일어난 일들은 그야말로 신앙과 제자의 삶의 아르케—지금 처음으로 시작되는 동시에 영원히 계속될 기원이라는 것이다. 만약 이 본문을 분명히 이렇게 읽을 수 있다면, 1:1은 복음서 전체의 제목의 역할을 하는 것이다. 이 제목은 마가의 기사를 주요 부분으로 나누어 주는데, 첫째 부분은 예수님을 그리스도로 고백한 베드로의 고백으로 끝이 나고(8:29) 둘째 부분은 예수님을 하나님이 아들이라고 한 이방인 백부장의 선언으로 끝난다(15:390.

어느 의미를 취하든지 이 복음서의 독자들이 처음부터 예수님이 메시아인 동시에 하나님의 아들이심을 알고 있었다는 사실은 확실하다. 독자들은 마가 기사의 비밀 — 처음에는 귀신들만 알고 있었고 다음에 제자들도 어렴풋이 알게된 이 비밀 — 을 1:1에서 이미 알고 있었으며, 역설적이지만 군인들도 이 사실을 알게 되었다. 그러므로 엄밀하게 말해서 이 복음서는 전체적으로 아주 아이러니컬하다. 독자들은 언제나 이야기에 나오는 등장 인물들보다 많은 것을 알고 있었다. 하지만 앞으로 좀더 살펴볼 내용이 있다.

묵시적인 특성과 아이러니의 특성

마가복음의 상징은 근본적으로 묵시적이다. 이것이 가장 진하게 농축된 내용은 예수님이 가장 가까운 추종자들에게 주신 비밀 강화에서 볼 수 있다(13장). 사람들은 이것을 작은 묵시록이라고 부르기도 한다. 이 장에서 우리는 앞으로 일어날 일들에 관한(13:4) 비공개적인 계시를 볼 수 있다(13:3). 이 계시는 하나님의 택하신 자들에 대한 핍박을 포함하는(13:9-13) 우주적인 격변과 갈등으로 묘사되어 있고(13:7-8, 24-25), 이 일로 인하여 참 도를 떠나는 배교가 있게 될 것이다(13:21-23). 그러나 끝까지 인내하는 자들은 구원을 얻을 것이며(13:13) 인자가 "큰 권능과 영광으로" 오시는 것을 신호로 끝이 날 것이다(13:26). 이 내용은 전통적인 묵시이며, 그 상징은 다니엘의 책에서 유래된 것을 볼 수 있다(앞의 제2장, 71-75페이지를 보라).

이 강화는 액면 그대로 묵시적인 내용이지만, 그 기능은 단순히 듣는 자들에게 위안을 주기 위한 것이다. 즉 외부 사람들, 악한 자들은 모르지만 이들은 역사의 흐름을 알고 있다는 것이다. 사실 이런 종류의 계시는 받는다는 일 자체가 듣는 자들을 내부 사람들, 선택된 사람들이라는 표시가 되는 것이다.

하지만 마가는 이 묵시 주제에 변형을 주었다. 이 내용을 보면 내부 사람들 (베드로, 야고보, 요한, 안드레)은 이 모든 일이 언제 일어날는지 자신들이 전혀 모르니까 "주의하고 깨어 있어야 한다"는 말씀을 들었다(13:32-33). 더 나아가 마가는 이 "비밀" 강화를 모든 독자들에게 완전히 공개하였다. 그는 독자들을 예수님이 제자들에게 하신 말씀을 엿듣고 제자들보다 더 분명하게 이해하도록 해 주었다. "읽는 자들은 깨달을진저"(13:37). 그리고 독자들에게 경고도 한다. "깨어 있으라 내가 너희에게 하는 이 말이 모든 사람에게 하는 말이니라"(13:37). 여기에서 마가는 묵시를 문학적 아이러니로 바꾸어 놓는다. 묵시의 대상은 내부 사람들이며 내부 사람들이 이해하게 되어 있는 것이다. 그런데 마가는 여기서 독자들에게 경고를 하고 있다. 만약 여러분들이 이해한 줄로 생각한다면, 자신이 내부 사람이라고 생각한다면, 주의해라. 아닐 수도 있다. 만약 그 내부 사람들, 제자들이 자신이 바깥에 쫓겨나 있는 모습을 발견할 수 있다면, 독자들도 마찬가지인 것이다.

묵시의 상징은 13장에 국한되지 않는다. 마가의 전체 복음서는 독특한 반어적인 요소를 가지고 있는 기사 형태로 된 묵시라고 생각할 수 있다. 우리는 이 묵시의 상징을 통해서 예수님의 사역이 어떻게 세상 세력들과의 갈등의 관계에 있었는지 이해할 수 있다. 예수님은 사단이 지배하고 있는 집에 들어오셔서 사단을 묶고 사단의 포로들을 풀어주신 더 강한 자이시다(3:27). 우리는 이 갈등이 어떻게 "하나님 나라가 가까웠다"(1:15)고 하신 예수님의 선포의 핵심 내용을 잘 드러내는지 이 상징 구조 안에서 이해하게 되는데, 그 이유는 예수님 자신이 그 선포의 내용이시기 때문이다.

마가의 예수님 제시는 그 자체로 애매한 점이 없는 것은 아니다. 이쪽에서 보면 예수님은 분명히 성령으로 충만한 마술사여서 예수님의 병고침과 귀신을 내어 쫓는 이적으로 인해서 마귀들이 예수님을 "하나님의 거룩한 자"로 알 수 있었고(1:24), 또 즉시 능력을 나타내실 수 있는 그런 분이었다(5:30, 6:2). 그러나 예수님은 이런 능력을 언제나 사용하신 것이 아니었다(6:5). 그런데 저쪽에서 보면 예수님은 선생이셨다. 비율로 볼 때 마가는 복음서들 가운데 예수님의 이 칭호를 가장 많이 사용하였다. 예수님은 친구들과 대적들 모두 디다스칼로스 혹은 랍비라고 불렀다. 하지만 예수님은 좀 이상한 선생이셨다! 그분은 아무런 사전 설명도 없고 그렇게 할 만한 분명한 이유를 제시하지도 않으신 채 사람들에게 자신을 따라오라고 말씀하셨다(1:17, 20). 또 완전한 자기 부인을 요구하시고(10:17-31), 그 대가로 그들이 고난을 당할 것이라는 약속만 주셨다(10:39). 질문을 받으시면 설득하려 하지 않고 반대로 단호하게 선언하셨다(2:1-3:6, 7:1-23). 비유로 말씀하실 때는 이해를 유도하시기보다 초점을 맞추기 어렵게 말씀하셨다. 사실 예수님의 비유는 공격 도구였다고 볼 수도 있다(3:23을 보라). 예수님은 제자들에게 비유는 "저희가 보기는 보아도 알지 못"하게 하려는 것이라고 말씀하셨다(4:12). 이 복음서에 나타난 예수님의 말씀은 그 수가 적고 난해하다. 예수님의 종말도 마찬가지다. 예수님은 분명히 "인자"라는 말이 의미하는 그분, 장차 영광 중에 오시고(8:38, 13:26, 14:62) 지금은 권위를 가지시고 말씀하시는 그분이시다(2:10). 하지만 이 인자는 무엇보다도 먼저 고난과 죽임을 당하셔야 하는 분이다(14:21, 41). 또 그렇게 하시기 이전에 인간의 가장 처절한 고뇌를 체험하셔야 했다(14:33-34). 이 역설적인 메시아를 이해하기란 현재의 독자들이나 최초의 제자들이나 마찬가지로 어려운 일이었다.

신비한 계시

마가의 기사는 왜 이렇게 어렵고 마가의 예수님 제시는 이렇게 초점을 맞추기가 어려운가? 이것을 이해하는 실마리는 예수님이 비유로 말씀하시는 이유를 설명하신 대목에서 찾을 수 있다(4:11). 왜 비유로 말씀하시느냐고 제자들이 물었을 때 예수님은 그 비유가 "바깥" 사람들을 대상으로 한 것이라고 말씀하셨다. 반면 제자들에게는 이미 "하나님 나라의 비밀〔mysterion〕을 주셨다".

이 말씀은 이것이 말씀하는 부분 못지 않게 말씀하지 않는 부분도 중요하다. 먼저 내부 사람과 외부 사람은 이 말씀의 이해 여부에 따라 구분되는 것처럼 보인다. 그러니까 우리는 내부 사람들, 즉 제자들은 이해하였을 것으로 기대한다. 하지만 예수님은 곧이어 그들도 이해하지 못하였다는 사실을 말씀하신다. "너희가 이 비유를 알지 못할진대 어떻게 모든 비유를 알겠느냐?"(4:13). 지식 여부가 내부 사람과 외부 사람을 구분하지 않는다. 그렇다면 어떻게 해서 내부 사람들은 신비를 받아 놓고 이해하지 못할 수 있는가?

이것은 마태복음의 병행구와 비교해 보는 것이 마가의 의미를 이해하는데 도움이 되는 경우 가운데 하나이다. 마태복음에 보면 예수님은 제자들에게 "천국의 비밀〔신비들-역자 주〕을 아는 것이 너희에게는 허락되었으나 저희에게는 아니되었나니"(마 13:110 라고 말씀하신다. 여기에서 우리는 두 가지 중요한 차이를 발견한다. 제자들이 "알았고", 알도록 받은 것이 "신비들", 복수로 되어 있다. 이 말은 "비밀들"로 번역해도(RSV) 옳다고 생각한다. 다음 장에서 살펴 보겠지만 마태복음에서는 제자들이 이해하고 예수님의 계시를 다른 사람에게 전달하는 것이 중요하였다(마 28:20을 보라).

하지만 마가의 주안점은 다르다. 제자들은 이해하는 능력을 선물로 받은 것이 아니었고, 그들이 받은 것은 단수로 되어 있는 미스테리온이었다. 이것은 비밀이 아니라 신비였다. 이 단어는 당연히 마가 기사에 있어서 열쇠가 되는 단어이다. 이것을 보면서 mysterium tremendum ac fascinosum[두려우면서도 호기심을 일으키는 신비]와 연관을 생각하지 못할 사람은 거의 없을 것이다. 예수님의 단수인 "천국의 비밀[신비]"이시며, 거룩하신 자로서 신비이시다. 예수님을 완전히 아는 주체는 하나님과 다른 영적인 세력들 뿐이다. 예수님은 강력하고 두려운 능력을 발휘하셨다. 뿐만 아니라 이 능력은 호감과 거부감을 동시에 주기 때문에 사람들은 예수님께로 끌리기도 하고 반면 예수님을 배척하기도 하게 되는 그런 능력이다. 무엇보다도 이 미스테리온은 이해를 거부한다. 이것은 해독하고 지배하고, 공식으로 요약할 수 있는 대상이 아니다. 거룩한 자의 신비는 비록 계시가 된 경우라 하더라도 파악 가능한 대상이 되지 않는다.

예수님을 거룩한 자로 제시하는 이 내용을 통해서 우리는 마가가 묘사하고 있는 제자들의 두 가지 면을 바로 인식할 수 있게 된다. 그 한 면은 긍정적인 면이다. 제자들은 예수님과 함께 있고 또 예수님의 사역을 함께 하도록 하기 위해 예수님께서 특별히 부른 사람들이며(3:14), 예수님 자신인 신비를 받은 사람들이며(4:11), 고난 당하는 인자와(8:31) 영광의 인자(9:2-8)로서 예수님의 신분을 계시 받은 사람들이다. 또 이들은 장차 올 고난과 그 이후의 승리에 관한 비밀 강화를 들었다(13:5-37). 그러나 다른 한 면은 철저하게 부정적이다. 제자들은 사실 이해하지 못했다(4:13, 41, 6:52, 7:17, 8:21). 그들은 고난 당하는 메시아를 거절하고(8:32), 그 대신 영광스러운 나라의 명예직을 구하였다(9:34, 10:37). 한 사람은 돈 때문에 예수님을 배신하였고(14:10-11), 베드로는 예수님을 아는 사실 조차를 부인하였다(14:66-72). 그들 가운데 끝까지 예수님과 함께 있었던 사람은 아무도 없었다. "제자들이 다 도망하니라"(14:50).

이런 문학적인 연구는 예수님과 제자들의 이야기를 이런 방식으로 구성한 마가의 종교적인 목적을 조금이나마 알 수 있게 해 줄 것이다. 마가의 독자들은 자연히, 우리도 앞으로 그렇게 하게 되겠지만, 제자들과 자신들을 동일하게 생각하였다. 그래서 마가는 이 관계를 독자들을 가르치는데 사용하였다. 그 메시지는 주로 잘난 체하는 자세와 자기 과신에 대한 경고였다. 마가의 말은 다음과 같은 듯하다. "만약 여러분이 스스로 내부 사람이라고 생각한다면, 여러분은 내부 사람이 아닐 수도 있다. 만약 여러분이 천국의 비밀을 이해하고 그것을 지배하고 있다고 생각한다면, 조심하자. 여러분이 부름 받은 목적은 고난당하고 돌아가신 그분을 따르기 위함이다. 여러분은 제자된 삶은 그분의 메시아되심에서 나오는데, 그것은 복종과 봉사인 것이다."

우리는 이 메시지의 대상으로 구태여 이단이나 혹은 마가 공동체의 지도자들 가운데 특정 집단을 가정할 필요가 없다. 역설적인 예수님과 도저히 맞지 않게 따르는 사람들의 공동체에 대한 마가의 예리한 서술 내용에 필요한 것은 바로 사람이고 또 "마음은 원이지만 육신이 약한"(14:38) 독자들 뿐이다.

이제 우리는 마가의 방식과 메시지를 살펴 보았으므로 가급적 큰 소리로 한 절 한절 순서에 따라 마가의 최초의 독자들이 들었던 것처럼 본문을 읽을 수 있는 준비를 갖추었다. 이제 우리는 마가복음의 도식적인 구분으로 돌아가 마가복음 안에서 묵시 기사를 보려고 한다. 거기에 보면 내부 사람과 외부 사람의 기준이 하나님 나라의 신비에 대한 반응에 따라 다시 규정되고 있다. 하나님 나라의 신비는 바로 예수님이시다.

마가 이야기의 예수님

서언 1:1 - 15

우리는 이것이 전기나 역사 기록이 전혀 아님을 즉시 알 수 있다. 여기에는 요한의 기원이나 예수님의 어린 시절에 관한 기록이 전혀 없고, 이야기는 압축적이며 아주 암시적이다. 요한의 세례는 토라의 선구자 약속을(1:2 - 3) 성취하고 있는데, 그 메시지는 "나보다 능력 많으신 이가 내 뒤에 오신다"(1:7)는 한마디로 요약된다. 복음서를 읽다가 보면 예수님에 관한 이 명칭에 담겨있는 의미가 아주 분명하게 드러날 것이다. 하지만 지금 보기에는 성령으로 세례를 주셔야 할

(1:8) 그분이 남에게 세례를 받고 하나님의 사랑받는 아들이심을 다른 사람이 선언하고 있다(1:11). 귀신을 쫓아내셔야 할 그분이 사단과 직접 대결하기 위해 광야로 내어 쫓긴다(1:12-13, 여기에 사용된 ekballo는 귀신추방에 사용되는 것과 동일한 단어이다).

그러므로 이 시험에서 돌아오셨을 때 예수님은 단 한번의 전투에서 강한 자를 이미 결박하신 분이 되셨다(3:27를 보라). 이제 예수님께 남은 일은 포로들을 풀어 놓는 일이다. 이제 세상 세력과 예수님의 싸움에서 그 결과가 분명하다. 더 강하신 분이 인간 역사 속으로 들어오셨기 때문에 악의 지배는 끝이 났다. 예수님은 하나님의 유효한 통치를 선언하신다. 그리고 이것은 계속 이어지는 마가의 이야기에서 "하나님의 나라가 가까웠으니 회개하고 복음을 믿으라"와 같은 역설적인 형태로 설명되어질 것이다(1:15).

이 시작 부분의 몇 구절에서 마가의 독자들이 만나게 되는 것은 모든 사람 각자의 이야기가 아니라 하나님의 유일한 아들의 이야기이다. 그분은 역사의 축을 중심으로 역사의 방향을 바꾸어 놓으시고 회심, 즉 마음과 심령의 변화를 촉구하시는 분이시다. 이 사람의 이야기에서 하나님의 신비가 역사하는 것이다.

갈등과 선택 1:16-3:34

1:15에 나오는 그 나라에 대한 예수님의 선포와 3:35의 "누구든지 하나님의 뜻대로 하는 자는 내 형제요 자매요 모친이니라"고 하신 선언 사이에 마가의 이야기를 구성하는 세 가지 양식이 있다. 그 첫째는 질병 치료와 귀신 추방을 통하여 예수님의 권위를 증명하는 일인데(1:21-28, 29-34, 40-45, 2:1-12), 그 내용이 3:7-12에 요약되어 있다. 둘째는 예수님이 부르신 사람들의 예수님에 대한 적극적인 반응이다(1:16-20, 2:13-14). 이것은 3:13-19에 나오는 열둘을 선택하시는 일로 요약된다. 셋째는 반대자들의 예수님 배척인데(2:1-12, 15-28), 이것은 안식일 논쟁에서 그 절정에 도달한다. 결국 바리새인들과 헤롯 당원들은 이 논쟁으로 인해 예수님을 죽여야 한다는 결정에 이르게 된다(3:1-6).

마가는 이 세 가지 양식을 정교하게 엮어 나간다. 단순히 인간 역사의 수준에서 볼 때 우리는 메시아가 시작 부분의 선포와 병고침으로 자신의 사역을 시작하시고, 그의 강력한 메시지와 임재로 인해서 사람들이 그를 따르게 되었다. 그리고 그 수가 점점 많아지자 그 가운데서 특별한 의미에서 "그와 함께 할" 내부 집단을 선택하셨다. 하지만 예수님의 권위 주장으로 인해 종교 지도자들이 그를 배척하고 죽일 방도를 구하게 되었다. 이런 일이 역사적인 차원에서 일어나고 있은 반면 마가는 세계적인 갈등의 차원에서 독자들에게 이것을 보여 준다. 하나님의 거룩한 자는 일단 호기심을 가지게 하지만 반감을 가지게 하는 신비인 것이다.

두 가지 전형적인 이야기가 갈등의 두 단계를 잘 보여 준다. 첫째, 우주적인 갈등은 1:21-28의 귀신 추방에서 잘 볼 수 있다. 이것은 예수님의 능력을 계시해 주는 첫번째 이야기이다. 마가는 삽입 기술을 발휘하여 귀신 추방 내용을 (23-26절) 예수님이 회당에서 가르치신 기사 속에(21-22절, 27-28절) 배치시켰다. 이런 것이 마가의 특징이다. 예수님은 자신이 거룩하신 분임을 알고 있는 귀신을 꾸짖고 쫓아내셨으며, 이를 통하여 사실 예수님이 자신이 요한이 약속한 "보다 크신 이"이시며 하나님의 성령이 자신을 통하여 역사하셔서 사단을 결박할 것을 보여주셨다. 무리들의 반응은 이적 행함과 가르침에 대한 놀라움으로 혼합되어 나타났다. "이는 어찜이뇨 권세있는 새 교훈이로다. 더러운 귀신들을 명한즉 순종하는도다"(1:27). 앞으로 보면 마가의 경우 예수님의 핵심적인 가르침은 예수님 자신의 참석과 연결되게 된다. 두번째 전형적인 이야기는 예수님의 안식일 치료 행위로 야기된 회당 논쟁이다(3:1-6). 반대자들은 앞의 여러 이야기에서 예수님의 행동을 문제 삼았듯이 예수님에게 토라를 어긴 사람으로 고발할 방도를 찾았다. 예수님은 이번에도 다시 한번 그들의 입을 막아 버렸지만—귀신들을 잠잠하게 만드실 수 있었던 것처럼—그들은 예수님을 죽일 생각을 가지고 그 자리를 떠나갔다. 마가는 "선을 행하는 것과 악을 행하는 것, 생명을 구하는 것과 죽이는"(3:4) 힘 사이의 이 갈등이 가져올 명백한 결과를 이처럼 일찍부터 독자들에게 보여주고 있다.

이 두 단계의 갈등은 3:20-35의 복합적인 삽입에서 서로 만난다(위의 206-207페이지를 보라). 예수님은 이미 자신과 함께 있을 사람들을 선발하셨다 (3:13-19). 이제부터 그들은 예수님의 가족이 될 것이다(3:35). 예수님의 본래 가족은 예수님을 잡으려 하여 자신들이 예수님과 반대 입장에 있음을 보여 주었고 자신들이 문자 그대로 외부인인 사실을 알았다(3:21, 31-35). 예루살렘에서 온 서기관들은 예수님이 귀신과 공모하여 귀신들을 내어 쫓았다고 비난하였지만 자신들이 성령을 거스리는 죄인들임을 보여주었다(3:22, 28-30). 이 복합적인 구절의 핵심에는 예수님의 비유가 있는데—예수님이 하신 첫번째 비유—이 비유가 이 인간적인 갈등의 우주적인 의미를 설명해 주고 있다. 즉 예수님은 강한 자의 집에 들어가 그를 정복한 더 강한 분이시라는 것이다.

이 시작 부분 줄거리의 순서는 예수님의 시작 부분의 선포가 이미 내부 사람과 외부 사람의 구분을 만들어 놓았다는 사실을 입증하고 있다. 예수님은 자신과 함께 있을 선발된 청중을 선택하심으로 새로운 유형의 가르침을 준비하셨다. 시작 부분에 나오는 예수님의 설교와 병치료의 능력을 거절하는 사람들은 이미 자신들이 외부 사람임을 보여주고, 예수님은 이들에게 이미 비유로 말씀하시기 시작한 것이다.

비유로 가르치심 4:1-41

마가의 독특한 비유 사용은 이 줄거리 순서에 비추어 볼 때 더욱 이해하기 쉽다. 유대 지혜 전통에서 비유(mashal)은 수수께끼처럼 흐릿하고 애매한 말이 될 가능성이 많다. 하지만 당시 유대 선생들 사이에서 우세하였던 비유 사용 방식은 성경의 난제를 명확하게 설명하는 하나의 수단이었다. 비유는 이야기 속에 들어있는 하나의 유비로서 사람들이 먼저 친숙한 것을 이해하고 계속해서 생소한 것을 이해하도록 인도할 수 있었다. 이것이 마태와 누가에 나오는 비유의 주요한 기능이다. 하지만 마가에서는 경우가 다르다. 이 복음서에 나오는 비유도 다른 복음서에 비해 그 자체의 성격이 난해한 것이 아니다. 하지만 마가는 비유의 다른 용도를 보여주고 있다. 즉 마가는 예수님의 비유 사용이 교훈 쪽보다는 혼동을 위한 것이라고 한다.

그러나 마가의 이야기를 쭉 따라가 보면, 예수님의 가려진 방식으로 말씀을 하기 시작하신 이유가 예수님의 시작 부분의 선포가 강력한 반대와 살해 위협을 불러 일으킨 상태이었기 때문임을 알게 된다. 물론 이렇게 하심으로 외부 사람과 내부 사람 사이의 차이를 더욱 두드러지게 만든 것이 사실이다. 그 이후 외부 사람들에게는 모든 것이 비유로 되어있었는데, 그 이유는 바로 그들에게 꼭 필요한 간단한 해석의 열쇠, 즉 예수님을 받아들이는 자세가 없었기 때문이었다. 그래서 우리는 4장의 비유에 묵시적인 경고 표시가 둘러쳐져 있는 모습을 볼 수 있다. "들어라"(4:3), "귀 있는 자는 들어라"(4:9). "들을 귀 있는 자는 들어라"

(4:23). 또 지금 비밀로 말하는 내용들이 명백하게 드러날 것이라는 말씀도 있다(4:21-25). 외부 사람들에는 비유가 예수님을 그 나라의 체현(體現)으로 받아들이지 못한 그들의 실패를 드러내 보여 주었고, 관심을 가지지 않겠다고 이미 작정한 사람들을 배척하는 기능을 수행하였다. 이들은 "보기는 보아도 알지 못하여 돌이켜 죄사함을 받지 얻지 못하게" 될 것이다(4:12). 만약 이 말이 예수님 사역 전체를 포괄하는 말이 된다면, 그것은 외부 사람들에게 너무나 혹독한 차별처럼 보일 것이다. 하지만 이 말이 마가복음이 앞에서 이미 말해준 이야기에 비추어 바르게 이해해야 할 것이다. 예수님은 대중들의 반대에 직면한 상태에서 비로소 자신의 내부 집단들을 향해 얼굴을 돌리시고 그들에게 분명한 언어로 말씀하시고 외부 사람들은 배척하신 것이다. 여기에서 비유의 기능은 해독된 묵시 언어와 같다.

마가의 줄거리 전개에 비추어 볼 때, 씨뿌리는 비유는(4:3-8) 이해가 쉽다. 이 구절을 읽는 사람들과 마찬가지로, 예수님의 시작 부분의 선포와 그 선포에 대한 수용과 배척에 관한 내용을 이미 들은 사람들에게는 비유가 그 이야기에 대한 분명한 주석이 된다. 마가의 마지막에 나오는 포도원 비유와 마찬가지로 이 비유는 풍유적인 해석을 요구하며, 그 암호는 앞에 나오는 기사 속에 들어있다. 파종된 씨앗이 여러 가지 운명을 맞이하듯이 예수님이 선포하신 말씀도 마찬가지라는 것이다.

하지만 이제부터 마가의 역설이 시작된다. 즉 내부에 있는 사람들에게는 비유에 대한 이해가 전제되어 있고, 제자들은 당연히 내부 사람이다. 그런데 제자들이 비유를 이해하지 못하고 그 비유에 대한 **해석**을 요구하고 있다(4:10). 그리고 예수님이 해석해 주실 때, 씨뿌리는 자가 "말씀"을 뿌렸다고 하니까 주석적인 특성이 더욱 분명해졌다(막 2:2, 4:16-17, 33, 8:32). 그러나 제자들에게는 이런 해석이 필요하지 않았어야 한다. 하지만 이들이 받은 것은 해석학적인 열쇠, 즉 예수님 자신이신 그 나라의 **신비**였다.

독자로서 우리는 원래 내부 사람이 되도록 되어 있는 그 사람들이 그 순간에는 내부 사람이 아니었을 수 있다는 사실을 처음부터 알 수 있는 것이다. 마가가 "비유가 아니면 말씀하지 않으시고 다만 혼자 계실 때에 그 제자들에게 모든 것을 해석하시더라"(4:34)고 말할 때, 우리는 이것을 절대적인 구별이 아니라 오히려 내부 사람이 되어가는 단계로 이해해야 한다는 점을 알고 있다. 곧 보게 되겠지만 제자들이 예수님에 관해서 다른 사람들보다 더 많이 파악하고 있는 내용은 거의 없었다. 그러면 이것이 제자들의 책임이었는가? 정확하게 말하면 이것이 이해를 거부하는 **신비**의 본질이 아닌가?

이제 마가는 독자들에게 예수님이 자신을 따르는 자들에게서 원하는 이해가 어떤 종류인지 보여준다. 그것은 마음의 헌신에서 나오는 그런 종류, 예수님과 함께 있음으로 나오는 종류, 충성과 신의가 담긴 그런 종류의 이해인 것이다. 예수님은 우리에게 비유로 이 장의 결론을 내리면서 비유적인 이야기로 이것을 보여 주신다(4:35-41). 예수님은 제자들 앞에서 자신의 능력을 비공개적으로 드러내 보여주시는데, 이것은 제자들을 위한 것이다. 예수님은 귀신들에게 하신 것과 마찬가지로 맹렬한 폭풍에게 말씀하신다(4:39, 1:25과 비교). 귀신들과 마찬가지로 그 바람을 "묶으신다"(4:39). 그리고 두려워하고 있는 제자들에게 하신 질문에서 우리는 마가가 예수님의 신비를 이해하는 열쇠라고 생각한 그것을 발견하게 된다. 그것은 바로 **믿음**의 헌신이다. 제자들에게는 이 충성이 명백하게 결여되어 있었고 그 사실은 제자들의 두려움과 질문에 나타나 있다. 이것이 이 기사의 다음 부분의 표제이다. "저가 뉘기에 바람과 바다라도 순종하는고"(4:41). 독자들은 이미 알고 있고, 그 시점이라면 제자들도 그 대답을 알고 있었어야 한다. 그러나 일전에 외부 사람들이 한 똑같은 질문을 지금 내부 사람들이 하고 있는 모습을 보면서 독자들은 교훈과 경고를 얻게 된다.

가이샤라 빌립보를 향하여 5:1-8:26

마가 기사의 이 부분은 일련의 이중 구조로 되어 있다(위의 206페이지를 보라). 하지만 이야기 줄거리는 예수님의 이적 행하심에 대한 다양한 반응으로 이어지고 있다. 폭풍을 잔잔하게 하심에서 보았듯이 긍정적인 반응은 믿음의 반응인 반면, 부정적인 반응은 불신앙의 반응이다.

마가는 병고침, 죄사함과 믿음 사이의 관계를 이미 정립해 놓았다. "예수께서 저희의 믿음을 보시고 중풍병자에게 이르시되 소자야 네 죄 사함을 받았느니라 하시니"(2:5). 그런데 여기에서는 이 관계가 더욱 분명하게 드러난다(5:21-43). 마가는 고침을 받은 여인의 이야기를 어린 소녀를 살리신 이야기 속에 삽입시켜 놓았다. 그래서 독자들은 동일한 능력과(5:30) 반응이 두 사건에서 모두 역사하고 있음을 알게 된다. "딸아 네 믿음이 너를 구원하였으니 평안히 가라 네

병에서 놓여 건강할찌어다"(5:34). 그리고 "두려워 말고 믿기만 하라"(5:36). 마찬가지로 예수님이 나사렛에서 마을 사람들에게서 배척을 받으실 때에는 (6:1-6), "거기서는 아무 권능도 행하실 수 없어 다만 소수의 병인에게 안수하여 고치실 뿐이었고 저희의 믿지 않음을 이상히 여기셨더라"(6:5-6).

예수님은 난폭한 귀신 들린 사람을 고치신다. 이 때 예수님은 말씀을 전하러(5:1-20) 이방인 지경으로 들어가신 상태였다(데가볼리 5:20). 이 사람에 관해서는 조금 후에 다시 살펴 보기로 하고, 예수님은 또 수로보니게 지방 출신 헬라 여인의 용기있는 믿음으로 인하여 그의 딸을 고치신다(7:24-30). 데가볼리 지방에서 귀먹은 벙어리가 고침을 받았다(7:31-37). 간단히 말해서 이방인 출신의 평범하고 가난한 사람들도 예수님 안에서 역사하는 능력을 알아보고, 믿음으로 예수님을 찾아왔다는 것이다(6:30-31, 7:35-36). 이와 대조적으로 고향 마을 사람들은 예수님을 배척하고(6:1-6), 바리새인과 서기관들은 대항하고 있다(7:1-23). 다만 타락하기 그지없는 헤롯만이, 독자들이—이들은 예수님의 부활의 관점에서 이 이야기를 보는 것임—예수님 안에서 역사하고 있는 모습을 볼 수 있었던 그 능력을 역설적으로 증거하고 있다. "세례 요한이 죽은 자 가운데서 살아났도다 그러므로 이런 능력이 그 속에서 운동하느니라"(6:14).

하지만 제자들은 언제나 둔하여 이해하지 못한 채로 남아 있다. 고통 당하는 여인은 믿음으로 손을 뻗어 예수님의 겉옷을 만지지만, 예수님 주변에 있는 제자들은 "무리가 에워싸 미는 것을 보시며 누가 내게 손을 대었느냐고 물으시나이까"(5:31)라고 말한다. 사람의 관습보다 하나님께 순종하라고 아주 분명히 말씀하신 다음 제자들은 "그 비유"를 설명해 달라고 예수님께 요구한다(7:17). 아주 분명한 말씀도 그들에게는 깜깜하였다. 그래서 예수님은 "너희도 이렇게 깨달음이 없느냐"고 반문하신다(7:18). 예수님이 물위로 걸으신 다음(6:45-51), "저희가 그 떡 떼시던 일을 깨닫지 못하고 도리어 그 마음이 둔하여졌"다고 한다(6:52). 4:12에서 외부 사람들에게 적용되었던 이사야 6:9-10의 말씀이 여기서는 제자들에게 적용되고 있다. 이 말씀이 두번째로 무리를 먹이신 사건 후—이 사건은 이방 땅에서 있었다—예수님과 제자들 사이의 대화에 조금의 모호함도 없이 분명하게 다시 적용되고 있다(8:1-10). 예수님이 제자들에게 물으신다. "아직도 알지 못하며 깨닫지 못하느냐 너희 마음이 둔하냐 너희가 눈이 있어도 보지 못하며 귀가 있어도 듣지 못하느냐 또 기억지 못하느냐 아직도 깨닫지 못하느냐"(8:17 - 21).

이 엄하신 질책에 바로 이어 두 단계에 걸친 소경의 치료 사역이 나온다(8:22 - 26). 이것은 마태와 누가가 채택하지 않은 마가의 몇 안되는 이야기 가운데 하나로서, 마가 기사에 있어서 특수한 상징적 역할을 감당하고 있는 것이 분명하다. 즉 이것은 완전한 소경 상태에서 희미한 빛의 상태로 나아가는 제자들의 진보를 예기하고 있으며, 이 사실은 뒤이어 나오는 기사에서 볼 수 있을 것이다.

예루살렘을 향하여 8:27 - 10:52

베드로는 예수님이 떡을 증폭시켜 먹이신 사건에서 무엇인가 배웠다. 그래서 그는 그 광경에서 양을 치는 목자와 같은 모습, 즉 메시아의 모습을 유추해 낼 수 있었다(삼하 5:2, 시 23:1, 사 40:11, 겔 34:12, 슥 10:2을 보라). "주는 그리스도시니이다"(8:29). 하지만 사람이 걸어 다니는 모습을 나무로 보았던 그 사람처럼(8:24) 베드로의 시각은 여전히 흐릿한 상태였다. 그 시대에 있어서 메시아는 여러 가지를 의미할 수 있었고(제2장 68페이지를 보라), 곧 보게 되겠지만 제자들의 직무 개념은 권력, 특권과 연관되어 있었다. 제자들의 시각에는 교정이 필요하였고 마가는 이야기의 나머지 부분을 이 작업에 몰두한다.

예수님은 예루살렘과 자신의 죽음을 향해서 결연히 발걸음을 옮기시면서 자신을 배척당해야 하는 인자, 고난을 받고 죽을 인자로 나타내신다(8:31, 9:31, 10:33 - 34). 이 말씀을 하나씩 마치실 때마다 제자들은 예수님의 메시아직에 대한 근본적인 오해와 그에 따르는 자신들의 제자직에 대한 오해를 그대로 드러내 보여 준다(8:32, 9:33 - 34, 38, 10:35 - 37). 이런 오해에 대하여 예수님은 그때마다, 제자됨은 죽음에 이르기까지 예수님을 따르며 섬기는 것을 요구한다는 점을 분명히 하면서 제자됨의 본질을 가르쳐 주신다(8:34 - 38, 9:35 - 37, 39 - 41, 10:38 - 45).

첫번째 예가 아주 전형적이다. 베드로는 예수님의 고난에 관한 말씀에 예수님을 "꾸짖으면서" 반대한다. 여기에 사용된 말은 예수님이 사단을 꾸짖으실 때 사용된 말과 동일한 것이다. 예수님이 사단을 "묶으신" 것처럼 베드로는 예수님을 "묶으려고" 한 것이다. 하지만 그 대신 예수님은 베드로를 꾸짖으시고 그가 바로 하나님의 통치를 거부하는 세상 세력을 대표하고 있다고 규정하신다. 그래서 베드로를 간단하게 사탄이라고 부르신 것이다. 베드로는 자신의 생각과 일치되는 신비한 무엇을 원하였다. 하지만 예수님은 베드로에게 "네가 하나님 편이 아니라 사람의 편이구나"(8:33)라고 하시면서, 뒤를 따르는 제자의 원래 자리를 일깨워 주신다. "내 뒤로 물러가라."

이 여정 동안 제자들은 무서워 떨었을 뿐 아니라(9:6, 32, 10:32) 혼란스러웠다(9:28, 34, 10:26, 37). 제자들은 계속해서 메시아의 신비를 자신들의 잣대에 맞추려고 하였다. 그들은 고난 당하는 메시아를 원하지 않았다(8:32). 큰 것을 잴 때 인간의 기준을 사용하고(9:34), 세상을 우리와 그들 두 가지로 간단히 나누며(9:38), 그 왕국에서 다른 사람 위에 서는 권세를 원하였다(10:37). 제자들은 그 왕국의 신비가 예수님이시며, 죽음을 향하는 예수님의 길을 반대하는 것이 곧 하나님의 왕국을 반대하는 것이라는 사실을 파악하지 못하였다.

마가는 이 가르침을 분명히 하고 있다. 예수님의 제자가 되려면 "십자가를 지고 좇아가고"(8:34), 자기 목숨을 기꺼이 버리고(8:35), "뭇 사람의 끝이 되고 섬기는 자"가 되고(9:35), 개인의 유익을 챙기지 말고 남이 이적을 행하도록 허용하고(9:39), 예수님의 죽음에 참여하고 모든 사람의 종으로서 자신을 소모해야 한다(10:39-44). 간단히 말해서 이 선생에게 배우려면, 다시 말해서 제자가 되려면 예수님을 따르며 예수님이 걸어가시는 그 길을 걸어가야 한다.

변화산 사건은(9:2-8) 독자들에게 이 모든 이야기의 결말을 바로 이해하게 해준다. 예수님의 가장 가까운 동료들은 영광 중에 있는 예수님을 미리 보고 그 상태를 그대로 유지하려고 한다. 베드로가 "랍비여 우리가 여기 있는 것이 좋사오니 우리가 초막 셋을 짓되, 하나는 주를 위하여, 하나는 모세를 위하여, 하나는 엘리야를 위하여 하사이다"(9:5)라고 말한다. 마가는 베드로의 반응이 잘못되었다는 사실을 독자들에게 즉시 알려 준다. "이는 저희가 심히 무서워하므로 저가 무슨 말을 할는지 알지 못함이더라." 베드로의 실수는 두 가지였다. 첫째 베드로는 메시아의 신비를 예전적인 표현(장막)으로 축소함으로 신비를 통제하고 길들이려고 하였다. 둘째 베드로는 예수님을 모세와 엘리야와 같은 수준의 다른 "하나님의 사람들" 가운데 하나로 보았다. 구름에서 난 음성은 이 실수를 바로 잡아주는데, 이것은 이 세 제자들뿐 아니라 무엇보다도 마가의 독자들을 위한 것이었다. 첫째, 예수님은 다른 선지자들과 마술사들과 다르다. "이는 내 사랑하는 아들이니." 둘째 예수님은 남에게 속박이나 통제 당하시지 않고 직접 길을 인도하시는 분이다. "저의 말을 들으라." 만약 우리가 예수님이 어떻게 그리스도와 아들이신지 배우려고 한다면(1:1), 마가가 우리에게 말하고 있다. 또 제자로서 "예수님과 함께" 하는 것이 무엇을 의미하는지 배우려고 한다면, 베드로와 이 다른 사람들에게 귀를 기울일 수 없다. 그들은 우리와 동일하게 생각하는 사람들이다. 우리는 반드시 예수님에게만 귀를 기울이고 눈을 맞추어야 한다(9:8).

예루살렘의 예수님 11:1 – 13:37

지금까지 마가는 우리의 관심을 예수님과 제자들에게 집중시켰다. 하지만 완전한 외부 사람들 즉 유대 지도자들로부터 오는 예수님에 대한 반대를 전부 잊어버리게 하지는 않았다. 이들의 반대는 예수님의 죽음에 대한 기술의 극적인 전주곡을 제공하는 예루살렘 기사에서 그 절정에 이른다. 마가는 유대 반대자들의 주장을 반박하시는 예수님의 모습을 보여주면서 다른 목적을 가지고 있다. 그것은 예수님의 가르침을 통하여 유대교와 토라에 대한 기독교 독자들의 입장을 정리해 주려는 것이다.

우리는 예수님과 유대 지도자들 사이의 심한 갈등이 어떻게 시작되었고 결국 예수님을 죽이기로 결심하게 되는지 2:1 – 3:6의 여러 가지 논쟁에서 이미 보았다. 또 어떻게 예루살렘에서 온 서기관들이 예수님을 귀신 들렸다고 비난하고 (3:2 – 27) 서기관들과 바리새인들의 결례 규정으로 문제를 삼았는지(7:1 – 13), 또 바리새인들이 이혼 문제를 제기한 것을 보았다(10:2 – 9). 마지막 두 가지 경우에 예수님은 반대 주장을 반박하는데서 방향을 바꾸어 자신을 따르는 자들을 개인적으로 가르치셨다(7:17 – 19, 10:10 – 12). 또 자신을 따르는 자들을 위해서 엘리야가 다시 오는 문제에 관한 서기관들의 입장을 수정해 주셨다(9:11 – 13). 마찬가지로 무리를 먹이신 다음 하늘로부터 오는 표적으로 요구하는 바리새인들을 반박하신 후(8:12) 제자들을 경고하셨다. "삼가 바리새인들의 누룩과 헤롯의 누룩을 주의하라"(8:15).

예수님이 공개적으로 메시아로 선언하고 예루살렘으로 들어가실 때 독자들은 이제 예수님이 원수들의 소굴로 들어가시고 있음을 알고 있다. 무리를 먹이신 사건에서 다윗 왕가의 메시아의 표적을 보고(6:34) 소경 바디매오가 다윗의 자손이라고 하는 소리를 들은 사람들은 예수님이 성으로 들어 올 때 "오는 우리 조상 다윗의 나라"(11:9 – 10)뿐 아니라 예수님에게도 환호를 보냈다. 바디매오는 시력을 회복하고 "예수를 길에서 좇은" 사람이었다(10:52). 하지만 지도자들은 환호하지 않았고, 최후의 공개적인 일전을 위한 태세를 갖추고 있었다.

마가가 무화과 나무의 운명과 성전을 어떻게 함께 엮어 놓았는지 우리는 이미 보았다(앞의 208페이지를 보라). 무화과 나무도 성전도 하나님이 원하시는 열매를 맺지 못하였다. 그래서 이 둘은 모두 파멸될 것이다. 또한 우리가 분명히 알아야 할 사실은 예수님 안에 있는 하나님의 왕국을 거절하는 자들은 자신들도 거절 당할 것이라는 점이다. 사실 일련의 예루살렘 사건들 중심에 놓여 있는 포도원 비유는 이 사건들에 대한 해석을 분명하게 제시하고 있다(12:1-11). 이 시점 이후로 성전은 중요한 테마로서 역할을 수행한다. 비록 예수님이 성전의 종말을 개인적인 강화에서만 예언하셨지만(13:2), 산헤드린 재판에서 예수님에게 명백하게 제기된 혐의는 이것 뿐이었다(14:58). 그리고 예수님이 십자가에서 죽으실 때 "성소 휘장이 위로부터 아래까지 찢어져 둘이" 되었다(15:38). 이것을 마가는 외부 사람과 내부 사람, 성과 속 사이의 옛 구분이 사라졌다는 표시로 보았다. 예수님은 신비의 장소이며 거룩하신 분을 드러내 보여주는 곳이다. 마가는 예수님이 예언적인 의미로 성전을 정결하게 하신 것과(11:15-17)〔이렇게 함으로 예수님은 자신의 운명을 확정하셨다(11:18)〕 성전이 예수님과 그 반대자들의 충돌 장소가 되는 모습을 보여 줌으로(11:27을 보라), 그리스도인들에게 있어서 예배의 중심은 성전이 아니라 예수님으로 대체될 것임을 미리 보여주고 있다.

예수님이 성전에서 가르치고 계실 때 유대 지도자들의 대표가 다가왔다. 이들은 각자 질문을 하나씩 하였는데 그 질문들은 각 그룹의 관심사였고 예수님은 하나씩 모두 반박하셨다. 산헤드린 회원들은 예수님의 권위를 물었고(11:28-33), 바리새인과 헤롯당원들은 황제에게 납부하는 세금으로 예수님께 올무를 씌우려고 하였다(12:13-17). 사두개인들은 부활의 삶에 관한 대답을 요구하였다. 서기관들은 이 기사 내내 예수님을 괴롭힌 주요 인물이었고 성전 장면은 이들과 예수님의 대화로 막을 내린다. 예수님은 하나님과 이웃에 대한 사랑이 토라의 제일계명이라고 말하는 서기관에게 "하나님 나라에서 멀지 않다"고 말씀해 주셨다(12:38-40). 하지만 메시아가 단순히 다윗의 자손에 지나지 않으며 주재(Lord)가 아니라고 하는 서기관들에게는 틀렸다고 하신다(12:35-37). 성전에서 하신 예수님의 마지막 말씀은 과부들의 물건을 훔치고(12:38-40), 가난한 자들을 돕는 성전 헌금함에 "자기 모든 소유"를 넣는 과부와 날카로운 대조를 이루는(12:41-44) 서기관들의 탐욕을 공격하는 내용이었다.

이 유대 지도자들과의 충돌은 성전 경내에서 있었다. 따라서 다음 이야기가 묵시 강화로 이어지는 것이 더욱 인상적이다. 여기에서는 내부인과 외부인 사이의 차이가 장소적 개념으로 다시 표현되고 있다. 예수님은 성전에서 나가신다. 그리고 가까운 동료들과 함께 성전이 마주 보이는 산에 앉아서 성전의 멸망을 예고하신다(13:1-4). 예수님과 함께 있는 내부인들은 스스로 외부인이 될 위험을 안고 있다. 이 강화에는 주의하여 깨어 있으라는 주제가 계속되는데 여기에서는 이 주제가 아주 적나라하게 드러나 있다. 조금 후에 살펴보겠지만 주의하라는 말씀을 들은 사람들은 그렇게 할 능력이 없었다. 마가는 이들을 통해서 독자들에게 경고를 주려고 하였다. 그래서 "깨어 있으라 내가 너희에게 하는 이 말이 모든 사람에게 하는 말이니라"는 말로 독자들을 향해 가능성을 열어 놓은 채 이 강화를 마감한다.

수난 14:1-15:47

지금까지 마가의 전체 기사는 서서히 예수님의 죽음을 향하여 나가고 있다. 그런데 수난 기사에서 마가는 독자들로 하여금 외부 줄거리에서 그 내부의 의미를 오가게 함으로 내부와 외부 사이의 변증법을 강화하고 있다.

외부 줄거리는 예수님이 당국의 반대와 정죄, 그리고 사형이라는 음모에 빠진 모습을 보여 준다. 대제사장들과 서기관들은 예수님을 죽이려고(14:1-2) 동산에서 체포하고(14:43), 심문하고(14:53-65), 예수님이 이미 예언하신 대로 이방인들에게 넘겨주었다(15:1-5). 그리고 당연히 예수님과 함께 있어야 할 사람들은 배반의 음모에 가담하였다. 유다는 선택받은 사람으로 예수님과 함께 해야 하는 사람이었다. 그런데 이미 그의 배신을 예상하고 독자들에게 경고한 대로(3:19) 이제 그는 예수님의 원수들과 공모하고(14:10-11) 그들을 예수님께로 인도하였다(14:44). 그의 배반이 얼마나 엄청난 일인가는 14:10과 14:43에 "열둘 중에 하나"라는 말이 반복되고 있는 점에서 볼 수 있다. 베드로는 늘 예수님의 고난을 반대하고 있었다. 이제 그는 자신의 어리석은 공언에도 불구하고(14:29) 예수님을 세 차례 부인하였다(14:66-72). 예수님께서 체포되었을 때 "제자들이 다 예수를 버리고 도망"하였다(14:50). 바로 여기에서 마가는 "한 청년이 벗은 몸에 베 홑이불을 두르고 예수를 따라 오다가 무리에게 잡히매 베 홑

이불을 버리고 벗은 몸으로 도망하"였다는(14:51-52) 이상한 말을 덧붙이고 있다. 이 부분에 관해서는 다음에 살펴보기로 하고, 이 모든 기록은 제자들의 실제적인 실패를 보여준다. 이것은 지식의 부족이 아니라 충성의 부족이었다. 제자들이 선택된 목적은 바로 "자기와 함께 있게" 하고, "따르게" 하기 위한 데 있었다. 그런데 제자들은 여기에서 모두 실패하였다.

외부 줄거리가 전개되는 동안 마가는 그 내부 의미를 보여 주는 기름을 부은 사건과 만찬, 동산 등 세 장면으로 독자들을 인도한다. 기름을 부은 사건에서(14:3-9) 이름 모를 여인의 행동은 예수님의 메시아직이 예수님의 죽음과 철저하게 연관되어 있음을 상징적으로 보여주며(14:8) "어디서든지 복음이 전파되는 곳에"서 그 여인을 기념하게 해 주었다(14:9). 이 복음서에서 여인들의 대표격인 이 여인은(5:25, 7:25 참조) 예수님의 정체성에 관해서 예수님과 함께 있었던 사람들보다 더 깊은 안목을 보여준다. 예수님을 "좇아 섬기던" 사람들 가운데(15:41) 예수님의 죽음 장면에서 가까이에 남아 있었던 사람들은 위치가 어딘지 모르지만 여인들 뿐이었다. 이들은 제자들이 하게 되어있는 일, 즉 예수님을 따르는 일을 하였고 메시아가 다른 사람을 위해서 한 일, 즉 섬기는 일을 메시아를 위해 하였다. 여인들은 장사도 증거하였고(15:47) 그 젊은 사람들에게서 부활 메시지를 위탁받은 최초의 사람들이었다(16:1-8). 마가의 짧은 종결에 보면 이들은 두려워서 아무에게도 말하지 않은 채 도망을 갔으나 긴 종결에는 막달라 마리아가 제자들에게 보고를 하였지만 제자들이 믿지 않았고 이로 인해 제자들은 예수님에게서 심한 꾸중을 받은 것으로 되어 있다(16:14).

만찬에는(14:12-25) 왕국의 신비가 예식 안에 나타나 있다. 떡을 나누는 것은 산 위에서 나누어 주신 떡과 언덕 위에서 부서질 몸을 생각하게 한다. 잔은 제자들에게 약속하신 고난을 생각하게 해 주는데(14:36 참조), 예수님은 지금 스스로 그 고난을 겪으셔야 했다(14:36 참조). 유월절 식사는 "많은 사람을 위한" 예수님의 임박한 죽음으로 인해서 변형되었다(10:45을 보라). 하지만 여기에 조차도 예수님을 배반하는 사람과 부인하는 사람들이 동석해 있었다는 사실은 떡의 상징을 모호하게 만든다(14:17-21). 그럼에도 불구하고 만찬은 예수님의 배반과 죽음 너머에 있는 미래를 가리키고 있다. "내가 포도나무에서 난 것을 하나님 나라에서 새것으로 마시 … 리라"(14:25). 그리고 죽음의 고통을 맞기 위하여 동산으로 들어가시는 그 순간 예수님은 제자들에게 이렇게 말씀하신다.

"너희가 다 나를 버리리라 이는 기록된 바 내가 목자를 치리니 양들이 흩어지리라 하였느니라 그러나 내가 살아난 후에 너희보다 먼저 갈릴리로 가리라"(14:27-28).

동산에서는 신비가 예식이 아니라 거룩하신 분을 두려움 가운데 혼자서 일대일로 만나는 모습으로 나타나 있다. 예수님은 그 잔을 가져가시기를 요구하였다. 그렇지만 기도의 마지막 부분을 보면 예수님은 정말 순종하는 아들이며 제자도의 모범으로 나타나 있다. "아바 … 나의 원대로 마옵시고 아버지의 원대로 하옵소서"(14:36). 예수님이 이렇게 기도하심에도 불구하고 가장 가까운 동료들은 "여기 머물러 깨어 있으라"는 요청이 있었음에도 불구하고(14:34, 37, 13:37과 비교) 세 번이나 잠에 빠졌다. 예수님을 완전히 저버리고 예수님이 아버지의 뜻을 수용하는 그 외로운 장소에서 외부인으로 남아 있었다.

마가는 이 세 장면을 통하여 겉으로 보기에는 무의미한 사형 집행인 듯이 보이는 사건 배후에 놓여 있는 내부 의미를 보여준 다음 다시 독자들을 외부 줄거리의 소용돌이 속으로 몰아간다. 체포와 심문, 재판, 그리고 마지막으로 십자가 처형에까지 독자들을 급하게 몰아친다. 이 극적인 장면이 정경적 미드라쉬를 통하여 어떻게 의미를 가지게 되었는지에 관해서는 앞에서 이미 밝혀 놓았다(제6장 183-189페이지를 보라). 하지만 마가는 이것을 통하여 예수님의 죽음의 비참한 정도를 경감시키려고 하지 않는다. 예수님은 마지막에 승리감에 도취되어 모욕하는 원수들에게 둘러싸여 있었다. 예수님은 그를 따르는 사람들에게서 버림 받았다. 갈릴리에서 온 여인들만 멀리서 바라보고 증인이 되어 주었다(15:40-41). 왕국의 비밀(미스테리온)인 예수님은 결국 아직도 더 두려운 상태로 남아 있는 하나님의 신비 앞에 홀로 서있었다. "나의 하나님, 나의 하나님 어찌하여 나를 버리셨나이까" 하는, 겉으로 볼 때 절망적인 부르짖음 속에서 시편 22:1이 제시하는 소망에 대한 희미한 기대를 알아 볼 수 있는 사람은 마가복음 독자들 뿐이다. 마가는 이 순간에 기사 내에서, 완전한 외부인인 예수님의 사형 집행관이 예수님의 정체를 바로 인식한 유일한 인물로 만들어 놓는데, 이것은 완전한 역설이다. "이 사람은 진실로 하나님의 아들이었도다"(15:39). 정말 이것은 감추어진 계시인 것이다.

빈 무덤 16:1-8

이제 다시 종결 부분으로 돌아왔고, 마가의 기사를 통하여 지금까지 쭉 예수님을 좇아온 우리는 여기에서 소망으로 가득차 있는 광경을 보고 놀란다. 예수님을 버렸던 제자들은 "갈릴리에서" 예수님을 다시 보게 될 것이다(14:28을 보라). 예수님은 살아 계시며 그들 앞서 가실 것이며, 제자들은 다시 한번 예수님을 "따라 오라"는 부르심을 받는다.

여기에서 메시지를 전달해 준 그 청년을 자세히 살펴보자. 그 청년은 흰 옷을 입고, 무덤의 오른편에 앉아 있다. 이 흰 옷은 예수님이 변화되셨다는 사실을 우리에게 말해 준다. 그런데 이 청년은 어디에서 왔는가? 우리는 이 청년을 어디서 보았는가? 이 청년은 동산에서 벗은 몸으로 도망갔던 그 청년이다(14:51 - 52). 이 사실을 기억할 때 우리는 실패한 사람도 회복될 수 있다는 사실과 바로 이 "기쁜 소식"이 이런 근원에서 나왔다는 사실을 알 수 있다.

이 청년의 말을 듣노라면 제자들이 예수님을 보게 될 것이라는 이 갈릴리의 의미를 다시 한번 생각해 보게 된다. 갈릴리가 어딘가? 지금 이 책을 읽는 사람들에게—아마도 마가복음의 최초 독자들을 의미할 수 있을 것임—갈릴리는 본문의 갈릴리 밖에 없다. 그러므로 이 청년은 독자들에게 예수님을 따르기 위해, "거기에서 예수님을 뵙"기 위해 그곳으로 오라고 초청하고 있다. 이 초청은 이 이야기를 다시 읽으라, 이번에는 천천히 읽으라는 초청이다.

본문을 천천히 읽으면서 그 이야기 안에서 부활하신 그분을 찾아 나가다 보면, "무덤에 있는" 다른 사람, 즉 귀신들려 벗은 채로 살고 있는 사람을 만난다(5:2 - 5). 그는 귀신이 들렸기 때문에 아주 힘이 강했고 아무도 그를 묶을 수가 없었다. 하지만 그는 "지극히 높으신 하나님의 아들"을 알아 보았고, 자아 소외 상태에서 해방되고 난 뒤에는 옷을 입고 바른 정신으로(sophronounta, 5:15) 예수님 바로 곁에 앉아 있는 모습을 보게 된다. 이 사람은 예수님의 제자가 되어 예수님과 "함께 있기"를 원하였지만(5:18), 예수님이 허락하지 않으시고, 오히려 돌아가 하나님께서 그를 위해 행하신 "큰 일을" 말하라고 하셨다(5:19). 이와 마찬가지로 새롭게 옷을 입고 무덤 곁에 앉아 있는 이 청년도 무덤에 온 여인들에게 "가서 말하라"고 하였다. 귀신들렸다 고침을 받은 청년은 조용히 있지 않았다. "그가 가서 예수께서 자기에게 어떻게 큰 일을 행하신 것을 데가볼리〔=이방인 지역〕에 전파〔keryssein=선포〕하니라"(5:20).

마가는 모든 이야기를 종결 부분을 열어 놓은 상태로 다시 검토할 것을 요구하고 있다. 그래서 우리는 복음서 이야기를 이끌어 온 것이 두려움이나 침묵이 아니라 예수님에 대한 선포, 즉 비록 부적절하고 심지어 믿음이 없는 사람들이지만 그들이 더 강한 분이 살아 계신다는 사실을 알고서 "바른 정신"을 찾게 되었을 때 그들이 선포하는 그 선포이었음을 알게 될 것이다.

참고문헌

공관복음

공관복음 문제에 대한 두 자료 해답에 대한 고전적인 논의는 B. H. Streeter, *The Four Gospels: A Study of Origins* (London: Macmillan & Co., 1924)이며, 좀더 간결하게 다룬 내용은 **W. G. Kümmel**, *Introduction to the New Testament*, trans. H. C. Kee(Nashville: Abingdon Press, 1975), 38-80에서 볼 수 있다. 마태 우선성을 논증한 사람은 B. C. Butler, *The Originality of St. Matthew* (Cambridge: At the Univ. Press, 1951), W. R. Farmer, *The Synoptic Problem* (New York: Macmillan Co. 1964)이다. 공관 복음을 전체에 대한 좀더 접근하기 쉬운 개론서는 K. H. Nickle, *The Synoptic Gospel: An Introduction* (Atlanta: John Knox Press, 1980)이 있다.

복음서의 장르에 관해서는 W. Schneemelcher, "Gospel," in E. Henecke, *New Testament Apocrypha*, ed. W. Schneemelcher, trans. R. Mcl. Wilson(Philadelphia: Westminster Press, 1963), 1:71-48, C. W. Votaw, *The Gospels and Contemporary Biographies* (Philadelphia: Fortress Press, 1970 [1915]), C. H. Talbert, *What is a Gospel? The Genre of the Canonical Gospels*(Philadelphia: Fortress Press, 1977), J. Z. Smith, "Good News Is No News: Aretalogy and Gospels," in *Christianity, Judaism, and Other Greco-Roman Cults: I. New Testament*, ed. J. Neusner, Studies in Judaism in Late Antiquity 12(Leiden: E. J. Brill, 1975), 21-38을 보라.

복음서 저자들의 저작 목적을 균형있게 다룬 내용은 C. F. D. Moule, "The Intention of the Evangelists," In *New Testament Studies:*

Studies in Memory of T. W. Manson, ed. A. J. B. Higgins (Manchester: Univ. of Manchester Press, 1959), 165-79이다. "사실적인 기사"라는 표현에 관해서는 E. Auerbach, *Mimesis*, trans. W. Track (Princeton: Princeton Univ. Press, 1953), A. Wilder, *Early Christian Rhetoric*(Cambridge: Harvard Univ. Press, 1971), 18-70을 보라.

마가복음

비밀에 대한 마가의 독특한 사용을 처음으로 연구한 책은 W. Wrede, *The Messianic Secret*, trans. J. C. Grieg(Cambridge: James Clark, 1971 [1901])이다. 마가가 예수님의 생애에 대한 가장 오래된 재료라는 가설에 관해서는 A. Schweitzer, *The Quest of the Historical Jesus*, trans. W. Montgomery(New York: Macmillan Co. 1964 [1906]), 121-36을 보라. 편집자로서 마가에 대한 초기 양식 비평가들의 대표적인 평가는 R. Bultmann, *The History of the Synoptic Tradition*, rev. ed., trans. J. Marsh(New York: Harper & Row, 1963 [1921, 1931]), 337-51이다. J. Meagher, *Clumsy Construction in Mark's Gospel: A Critique of Form and Redaktionsgeschichte*(TorSTh 3, New York: Edwin Mellen Press, 1979)는 평판이 떨어진다. 마가와 원시 케리그마 관계의 가능성에 관해서는 C. H. Dodd, "The Framework of the Gospel Narrative," *ExpTim* 43(1932): 396-400을 보라.

마가의 신학적 목적들을 진지하게 다룬 것은 개척자적인 연구서인 R. H. Lightfoot, *History and Interpretation in the Gospels* (New York: Harper & Brothers, 1934)와 *Locality and Doctrine in the Gospels* (New York: Harper & Brothers, 1937)이다. 편집 비평 분야의 연구로서 대단히 큰 영향력을 가지고 있는 책은 W. Marxen, *Mark the Evangelist* (Nashville: Abingdon Press, 1969)이다.

마가 복음에 대한 공동체 위기 접근의 예는 W. Kelber, *The Kingdom in Mark: A New Place and a New Time* (Philadelphia: Fortress Press, 1974), E. Trocmé *The Formation of the Gospel According to*

Mark, trans. P. Gaughan(Philadelphia: Westminster Press, 1975), T. Weeden, *Mark: Traditions in Conflict*(Philadelphia: Fortress Press, 1971)이다. 본문을 기초로 마가 공동체를 그려 보려고 시도한 내용은 H. C. Kee, *Community of the New Age: Studies in Mark's Gospel*(Philadelphia: Westminster Press, 1977)에서 볼 수 있다. 마가의 역사적 전통을 진지하게 다룬 최근 논의는 M. Hengel, *Studies in the Gospel of Mark*, trans. J. Bowden(Philadelphia: Fortress Press, 1975)이다.

마가에 대한 철저한 문학적 접근 방법의 효시는 A. Farrer, *A Study in St. Mark*(Westminster: Dacre Press, 1951)이며, R. M. Fowler, *Loaves and Fishes: The Function of the Feeding Stories in the Gospel of Mark*, SBLD 54(Chico, Calif.: Scholar Press, 1981), T. E. Boomershine과 G. L. Bartholomew, "The Narrative Technique of Mark 16:8," *JBL* 100(1981): 213-23, N. Petersen, *Literary Criticism for New Testament Critics*, GBS(Philadelphia: Fortress Press, 1978), 특히 44-80, D. Rhoades와 D. Michie, *Mark as Story: An Introduction to the Narrative of a Gospel*(Philadelphia: Fortress Press, 1982), R. C. Tannehill, "The Disciples in Mark: The Function of a Narrative Role," *JR* 57(1977): 386-405, E. S. Malbon, "Fallible Followers: Women and Men in the Gospel of Mark," *Semeia* 28(1983): 29-48과 같은 연구에 나타나 있는 바와 같이 이 책은 최근 학계에서 이미 상당한 영향력을 가지고 있다.

현재 마가 학계는 급속하게 팽창하고 있다. 유용한 소논문 모음집으로는 세 가지가 있는데, J. L. Mays, ed. *Interpreting the Gospels*(Philadelphia: Fortress Press, 1981), 네 복음서 전체에 관한 것으로는 C. Tuckett, ed. *The Messianic Secret*, IRT 1(Philadelphia: Fortress Press, 1983), W. Telford, ed. *The Interpretation of Mark*, IRT 7(Philadelphia: Fortress Press, 1985)가 그것이다.

본장에서 볼 수 있는 해석과 뜻이 통하는 연구들 가운데는 R. Meye, *Jesus and the Twelve*(Grand Rapids: Wm. B. Eerdmans, 1968), J. R. Donahue, *The Theology and Setting of Discipleship in the Gospel of*

Mark(Milwaukee: Marquette Univ. Press, 1983), T. A. Burkill, *Mysterious Revelation*(Ithaca, N. Y.: Cornell Univ. Press, 1962), N. A. Dahl, "The Purpose of Mark's Gospel," in his *Jesus in the Memory of the Early Church*(Minneapolis: Augsburg Pub. House, 1976), 52-65, F. Kermode, *The Genesis of Secrecy: On the Interpretation of Narrative*(Cambridge: Harvard Univ. Press, 1979), J. M. Robinson, *The Problem of History in Mark and Other Marcan Studies*(Philadelphia: Fortress Press, 1982 [1957]), N. Perrin, *What is Redaction Criticism?*(Philadelphia: Fortress Press, 1969), 40-57, "The Interpretation of the Gospel of Mark," *Int* 30(1976): 115-24, L. E. Keck, "The Introduction to Mark's Gospel," *NTS* 12(1965-66):352- 70, H. C. Kee, "The Terminology of Mark's Exorcism Stories," *NTS* 14(1967-68): 232-46, J. D. Crossan, "Mark and the Relatives of Jesus," *NovT* 15(1973): 81-113, G. H. Boobyer, "The Secrecy Motif in Mark's Gospel," *NTS* 6(1959-60): 225-35가 있다. 마가를 묵시적 드라마로 보는 개념은 N. Perrin, *The New Testament: An Introduction*(New York: Harcourt Brace Jovanovich, 1974), 143-67에서 볼 수 있다.

현재까지 우리에게는 마가에 관한 진정한 일등급 비평 주석이 없다. 독특한 언어적 문제에 관해서는 V. Taylor, *The Gospel According to St. Mark*, 2d ed.(London: Macmillan & Co., 1966)가 도움이 될 수 있을 것이다. 그렇지 않으면 E. Schweizer, *The Good News According to Mark*(Richmond: John Knox Press, 1970), C. E. B. Cranfield, *The Gospel According to St. Mark*, 2d ed.(Cambridge: At the Univ. Press, 1963)의 솔직한 지침을 활용할 수 있을 것이다.

제8장

마태복음

마태복음은 교회 복음이다. 마태복음이 "교회", 에클레시아라는 용어를 사용한(16:18, 18:17) 유일한 책은 아니다. 하지만 그 내용과 구조가 모두가 신자들 공동체에 대한 분명하고 일관성 있는 지침을 제공하는 일에 관심을 보이고 있다. 마가복음은 초기에 별로 중요하지 않은 문헌으로 남아 있은 반면 마태복음은 처음부터 교회가 예배에서 가장 많이 사용한 복음서이었으며 그 결과 대부분의 설교와 주석에 본문이 되었다. 일찍이 안디옥의 이그나티우스가 직접 인용한 바 있고(115년 경), 오리겐은 전체적인 규모의 주석을 작성하였다(185 - 254년 경). 교회의 사용 정도에 관한 한 마태복음은 마가복음 편집본 가운데 가장 성공한 경우인 것이다.

그렇지만 교부 시대 저자들은 마태복음을 우리처럼 생각하지 않았다. 그들은 마태를 복음서 가운데 가장 먼저 기록된 책으로 보았다. 마태복음의 내적인 우수성과 효용성과 함께 마태 우선성에 대한 소문이 마태복음에 호감을 가지게 하였다. 만약 마태가 가장 먼저 기록된 책이며 그 저자가 사도 마태라고 한다면, 마태는 최초의 복음서로서 사도성 뿐 아니라 직접 목격자의 권위를 주장할 수 있을 것이다. 이것은 마가가 주장할 수 없는 권위임에 분명하다. 또 이 전통적인 속성에 대한 최고(最古)의 근거는 파피아스이다. 파피아스는 "마태가 '어록'[ta logia]을 히브리 방언으로 정리하였다. 그러나 모든 사람들이 자신이 할 수 있는 한 최선을 다해 그것을 번역하였다"고 한다(Eusebius *Ecclesiastical History*

III. 39, 16). 이 "어록"이 무엇인지, 혹은 "히브리 방언"이 무엇인지 분명하지 않다. 또 파피아스가 가지고 있던 역사적 정보가 신뢰할 만한 것인지 분명하지 않다. 하지만 이레니우스와(*Against Heresies* III.1.1–2)와 오리겐은(*Eccl. Hist.* VI.25.3–6) 예수님의 사도 가운데 하나인 마태가 먼저 히브리어로 복음서를 하나 기록하였도 이것이 나중에 헬라어로 번역되었다고 이해하고 있었다. 또 제롬과(*Commentry on Matthew*, pref. 5–7) 어거스틴의 견해도(*On the Harmony of the Evangelist* II.4, III.6) 이와 같았다. 어거스틴은 마가를 마태의 "하인이자 축약자"로 격하시켰다(*Harmony* I.2).

내부 증거도 일부 이 전통을 뒷받침한다. 복음서 사본들은 한결같이 "마태복음"이라는 표제를 가지고 있고 본문 자체에도 이 이름이 두 번 나오고 있다. 마가가 알패오의 아들 레위라고 하고, 누가는 그냥 레위라고 부른 세리를 이 복음서에서는 마태라는 이름으로 소개한다(9:9). 좀더 중요한 것은 열둘의 명단에 "세리 마태"로 다시 나온다는 점이다(막 3:18, 눅 6:15과 대조). 또한 마태 우선성에 관한 이 확신은 정경 수집본에서 마태가 줄곧 첫 자리를 차지하게 된데도 영향을 미쳤을 것이다.

오늘날 마태 우선성을 지지하는 사람들은 전통을 자신 편이라고 주장하며 그리스바하(Griesbach) 가설(1787)—이것은 마가를 일단 마태와 누가를 동시에 융합, 축소한 것으로 봄으로 어거스틴의 이론을 현대화한 것임—에 대한 자신들의 이해는 Q와 같은 불필요한 가설을 배제함으로 문제를 단순화시킨다고 한다. 하지만 비록 이 복음서의 선사(先史) 부분이 사도에게로 거슬러 올라간다 하더라도 마태의 현재 헬라어 본문은 히브리어나 아람어의 직접적인 번역을 암시하지 않는다. 예를 들어 마가와 비교해 볼 때, 마태는 줄곧 더 분명하고, 더 간결하고 정확한 헬라어를 사용하고 있음을 보여준다. 마태는 마가를 대부분 그대로 받아들이고 대부분의 경우에서 마가의 순서를 그대로 따르고 있으며, 마태가 그 순서를 따르지 않는 경우에는 누가가 따르고 있다. 한 구절 한 구절을 주의 깊게 비교해 보면 마태와 마가의 차이는, 마가가 서투르게 마태의 50퍼센트를 삭제했다고 하기보다 마태가 마가에 주석을 달고 교정하였다고 설명하는 편이 훨씬 쉬울 것이다. 마지막으로 마태 언어의 유대적인 특성은 마태의 초기 연대나 원래 언어 탓이 아니라 마태복음이 만들어진 공동체의 사회적 환경과 상징 세계가 그 원인인 것이다.

문체와 구조

마태는 마가보다 훨씬 긴데, 그 길이는, 마태가 마가를 사용하면서 그 분량의 90퍼센트에 대해서 상당한 분량을 억지로 축약하였기 때문에 특히 인상적이다. 마태는 마가의 기사를 모두 줄였고, 전반적으로 볼 때 병행 이야기를 말하는 데 3분의 1 정도의 말을 덜 사용하였다(예를 들어 거라사 지방의 귀신들린 사람 이야기를 보라, 막 5:1-20과 마 8:28-34). 그리고 추가된 분량의 길이는 이야기 행을 늘인 결과이다. 마태는 족보와 탄생 기사(1-2장), 부활 후 나타나신 이야기들을(28:9-10, 16-20) 포함시키고 있다. 하지만 대부분의 추가 분량은 풍부한 강화 자료를 수집 포함시킨 결과이다.

그러므로 마가의 이야기 행이 마태의 기본 구조를 제공하고 있으며(7장을 보라), 마태는 근본적으로 마가의 예수님 이해와 틀리지 않은 것이다. 수난 기사는 여전히 두드러지고 극적인 위치를 차지하고 있다. 마태는 수난 기사에서 약간의 변화만 주었을 뿐 마가를 거의 그대로 따르고 있다. 반면 나머지 기사에서는 추가적인 구조 요소들을 제공하고 있다.

이 요소들 가운데 언급할 만한 가치가 있는 것은 네 가지이다. 첫째, 마태는 강화 자료와 기사 사이에 고정화된 개요 전환(summary transitions)을 사용하고 있다. "예수께서 이 말씀을 마치시매…"(7:28-29, 11:1, 13:53, 19:1, 26:1). 이 전환들은 자료 종류들이 서로 교체된 사실을 강조하고 있으며, 그 효과는 "자, 이제 그 이야기를 다시 봅시다…" 라고 이야기하는 것과 유사하다. 둘째, 마태는 시간 전환(temporal transitions)을 사용하는데, 이것은 예수님 사역의 단계를 표시한다. 4:17 "이때부터 예수께서 비로소 전파하여…" 16:21 "이때부터 예수 그리스도께서 … 제자들에게 비로소 가르치시니" 셋째, 마태는 많은 성경을 직접 인용하는데 그 머리에 "모든 일의 된 것은 … 말씀을 이루려 하심이니"라는 정형화된 공식을 사용한다(1:22, 2:6, 15, 17, 23, 4:15-16, 8:17, 12:17-21, 13:14, 35, 21:4, 27:9-10). 이것은 전통적으로 인용 공식(formula citations)이라 부르는 것으로 기사에 대한 저자의 설명을 표시한다. 넷째, 마태도 역시 포함(inclusio)이라고 하는 기교를 사용하여 자료들을 문학적 괄호 안에 집어 넣고 있다. 그 효과는 마가의 경우보다 약하다. 하지만 복음서를 읽는 독자들에게 중요한 단서를 제공해 준다. 예를 들어 마태의 전체 기사는

1:23의 "… 그 이름은 임마누엘이라 하리라 하셨으니 이를 번역 한즉 하나님이 우리와 함께계시다 함이라"라는 천사의 선포와 28:20의 "… 볼찌어다 내가 세상 끝날까지 너희와 항상 함께 있으리라 하시니라"는 메시아의 선포의 두 틀 사이에 들어 있다.

마태복음에는 마가의 극적인 효과가 없는데, 그 이유는 저자가 Q와 M에 있던 예수님의 말씀을 재배열한 방식 때문이다. 예수님을 선생이라 부르는 빈도가 마가복음의 경우보다 적다(이에 대한 이유는 다음에 살려보려고 한다) 하지만 예수님은 여기에서 훨씬 많은 가르침을 주고 계신다. 마태는 예수님의 말씀을 설교나 강화의 형식으로 모아서 그것을 마가 기사의 구조 안에다 덩어리 형태로 삽입해 놓았다. 그 결과 극적인 사건 진행이 느려지고 경우에 따라서는 산만하게 되었다.

물론 어록 수집이 무작위로 이루어진 것은 아니다. 첫째, 이들은 표제별로 분류된 경향이 있다. 그래서 율법(5:17-48), 경건(6:1-18), 제자도의 조건(10:1-42), 왕국 비유(13:1-52), 교회 내의 관계(18:1-35), 반대자들에 대한 변론(23:1-39), 종말론(24:4-25:46)을 따로 다루고 있는 모습을 볼 수 있다. 둘째, 마태는 각 강화 내에서 유사한 공식 요소들을 사용한다. 즉 13장의 비유, 5장의 복과 반대 명제, 23장의 화 등이 있다. 셋째, 마태는 숫자적인 분류도 사용한다. 마태는 3중 구조를 마가보다 더 좋아한다. 족보에는 3개조의 14대가 나오고(물론 여기에는 7이란 수도 포함되어있다), 요셉에게 나타난 천사의 세 가지 메시지(1:20, 2:13, 19), 예수님의 세 가지 시험(4:1-11), 세 가지 형태의 경건(6:1-8) 등이 나온다. 마태는 다른 숫자군도 사용하는데, 그것은 6(대구, 5:21-48), 7(비유와 화, 13장과 23장), 10(이적, 8-9장) 등이다.

요약해서 말한다면 마태에 나오는 강화 재료의 특징은 충만함, 순서, 대칭이다. 마태는 체계화의 대가이다. 일반적으로 말해서 예수님께서 한 설교에서는 복에 관한 말씀을 전부 다, 다른 설교에서는 화에 관한 말씀을 전부 다 이렇게 말씀하셨을 가능성이 있고, 또 랍비들의 전통에서처럼 이 말씀이 구전 도중 기억하기 쉽게 체계화되었을 가능성이 있다. 하지만 이런 체계화의 경향을 말씀 재료뿐 아니라 기사에서도 볼 수 있다는 점에서 우리는 이 체계화 작업이 마태의 문학적 기교에서 나왔을 가능성을 생각할 수 있다.

마태복음의 전반적인 구조에 대하여 가치있고 주요한 견해는 지금까지 두 가지가 있다. 그 첫째 견해는 강화와 기사 사이에 있는 개요 전환, 즉 복음서 전체에 걸쳐서 일정한 틀을 만들어 주는 전환에 관심을 기울이고 있다. 시작 기사가(1-4장) 산상 설교라고 하는 강화로 이어지고(5-7장), 메시아의 말씀과 이적에 관한 기사에 이어 제자 파송과 제자도에 관한 강화가 나온다(10장). 예수님께 대한 반대가 점증되는 사실을 말하는 기사(11-12장) 다음에 비유 강화가 나오고(13장), 기적과 예언 기사에 이어(14-17장) 공동체 생활에 대한 강화가 나온다(18장). 그리고 유대 사역에 관한 기사(19-23장) 다음에 장차 올 왕국에 관한 강화가 나오고(24-25장), 수난과 죽음, 부활에 관한 기사로 복음서가 종료된다(26-28장).

이 견해에 의하면 복음서에는 전환 공식에 따라 나누어지는 5개의 강화가 있다. 이 말을 들을 때 일부 학자들은 2세기 문헌의 한 단편 내용, 즉 "마태는 유대인들의 거만을 제어, 마치 고삐로 하듯 다섯권의 책에서 유대인들을 제어하고 있다. 그래서 마태는 자신의 복음서의 구조를 일부러 토라의 핵심인 모세 오경의 다섯 권에 상응하도록 다섯 권으로 만들었다는 느낌을 주는 그 내용을 머리에 떠올릴 것이다. 이것을 통해서 마태는 토라에 상응하는 메시아의 토라를 자신의 공동체에 제공하고 싶었다는 것이다. 이 견해는 대단한 인기를 가지고 있는 가설로 실제로 상당한 힘을 가지고 있다. 마태는 예수님에게 모세의 음영을 부여하였고, 마태의 복음서는 토라가 중심 상징이었던 당시 발전하고 있는 바리새적 유대교와의 교류가 분명히 반영하고 있다(앞의 제2장 62-64, 75-83페이지를 보라). 하지만 이 분석은 그 자체만 놓고 볼 때 약점도 있다. 이것은 기사의 처음과 끝을 서언과 결언으로 축소하는 효과를 보여 줄 뿐 아니라 전반적으로 기사를 무시하는 것이 사실이다. 좀더 구체적으로 말하면 23장의 강화는 이 틀에 맞지 않으며, 별개의 강화로서 제자들에게 주신 교훈이라기보다는 반대자들에 대한 논쟁으로 간주할 경우에만 그 가설에 적합하게 될 것이다.

다음으로 중요한 구조 분석 방법은 기사, 특히 4:17과 16:21의 시간 전환 (temporal transitions)에 보다 큰 강조점을 두는 것이다. 이 주장에 따르면 이 전환은 기사 내에서 예수님이 메시아로 드러나는 세 단계를 지정해 준다. 즉 메시아이신 예수님의 인격(1:1-4:16), 메시아이신 예수님의 하나님 나라 선포(4:17-16:20), 수난과 죽음, 부활을 통해서 제자들에게 드러난 메시아이신 예수님의 계시(16:21-28:20) 등이다. 이러한 분석은 1:1-4:16이 특정한 주제의 발전을 담고 있는 통합적인 문학 단위임을 인정하는 장점을 지니고 있으며, 전이가 보여주고 있는 예수님의 사역에 대한 강조점 변환을 중요하게 다루고 있다. 그래서 이 분석은 5권의 책을 분리하는 분석 방법을 보충하는 한 방법이다. 그러나 개요 전환과 시간 전환은 둘다 독자들에게 마태의 목적을 이해하는 단서를 제공해 주고 있다.

배경

이 복음서에 들어 있는 막대한 양의 교훈 재료와 이것을 제시하는 조직적 방법은 이 복음서가 만들어진 두 가지 교회적인 정황을 암시하고 있다. 그 첫째는 대체로 교리 문답식이라는 점이다. 마태는 선교사들을 위한 지침과 공동체 내의 훈련, 그리고 경건의 여러 형태를 교회 규칙(church orders)이라고 말하는 후대의 교회 문헌들을 예견하게 하는 그런 방식으로 제시하고 있다. 이 교회 규칙 가운데 가장 오래된 것은 디다케(Didache, 일반적으로 90년 경으로 연대를 잡음)이다. 그리고 여기에는 좀더 구체적인 배경이 암시되어 있는데, 그것은 이러한 교훈은 기독교 "서기관 학파"(scribal school)와 같은 어떤 단체 안에서 발전되었다는 점이다. 그 학교 내에서는 예수님의 말씀과 행하심에 대한 묵상은 곧 그 말씀과 행하심이 어떻게 토라를 성취하였는가에 대한 논증을 포함하고 있었다. 마태의 재료 가운데 최소한 일부라도 발전할 수 있었던 교회적인 배경으로 예상 가능한 두번째 배경은 예배적이라는 점이다. 누가의 표현과 비교할 때 마태의 표현에는 훨씬 더 예배적인 부분이 있다는 점은 오래 전부터 지적되어 온 사실이다(예를 들어, 마 6:9-13의 주기도와 눅 11:2-4의 주기도를 비교). 이 특징은 예배적인 사용에서 기인되었을 가능성이 있다. 어떤 사람들은 마태 전통이 마가를 설교로 확장한 형태로 발전된 것이라고 주장한다. 교리 문답적인 배경과 예배적인 배경은 둘다 이 복음서의 형태에 도움을 주었을 것이다. 이러한 주장의 가능성을 생각하면 독자들은 다시 한번 이 복음서의 공동체적 방향성을 느끼게 될 것이다. 하지만 마지막으로 우리가 인정해야 할 사실은 지금 우리가 다루고 있는 대상이 한 학파의 작품일 뿐 아니라 동시에 한 복음서 저자의 미학적, 신앙적 인식의 산물이라는 점이다.

이 복음서가 구성된 좀더 광범위한 사회적 정황에 관해서 우리가 마태로부터 배울 수 있는 것이 더 있는가? 정확한 출처를 알 수 없고 의도적으로 문학의 형태를 갖추려고 애쓴 징후가 있는 고대 문헌들의 경우가 언제나 그렇듯이 조심할 필요가 있다. 하지만 이 복음서의 상징화 과정의 특징은 물론 이 복음서의 형태 자체와 공동체 일에 대한 지대한 관심으로 볼 때 이러한 추측은 마가의 경우보다 가능성이 크다고 볼 수 있다. 이 요인들은 이 복음서가 관계를 맺고 있고 또 그에 대한 반응으로 스스로의 정체성을 규정하려고 노력하였던 대상은 유대교 내에서 당시 발전하고 있던 바리새적 전통임을 암시하고 있다. 우리는 조만간 이 주장을 뒷받침하는 부분에서 구체적인 내용을 개별적으로 충분하게 보게 될 것이다. 마태가 자신의 교회에게 새로운 모세나 새로운 토라를 제공하려고 한 것은 아닐 것이다. 오히려 마태의 복음서가 한 일은, 후대에 발전된 형태로 볼 때 랍비적 유대교라고 하는 그 사상과 특별하게 연관되어 있는 상징들을 사용하여 예수님과 교회를 규정하려 한 것이다.

만약 다음과 같은 내용을 상상하면서 생각하면 복음서의 형태가 전제하고 있는 듯한 상황을 보는데 도움이 될 것이다. 고고학자들이 메소포타미아의 국경 도시인 듀라 -유로파스(Dura - Europas, 주후 250년에 멸망됨)에서 같은 도로상에 있는 예배용 건물을 세 채 발견하였는데, 그 첫째는 미트라 교도들의 집이며, 둘째는 기독교의 가정 교회, 셋째는 회당이었다. 각 건물에서 참여하던 예배자들은 그 거리가 가까웠으므로 서로 비교 대조할 수 있었다. 마태의 복음서에도 이러한 상황과 유사한 어떤 것을 요구하는 듯하다. 기독교도들은 좀더 오래되었고 좀더 잘 정돈되어 있는 유대 전통을 익히 알고 있었을 뿐 아니라 왜 이 길 저편 아래에 있는 회당이 아니라 여기에 예배하러 왔는지 그 이유를 설명하고 납득할 필요성을 느꼈다. 이것은 누구보다도 먼저 자신들을 위한 질문이었다. 이 복수 신앙적 정황, 즉 경쟁관계에 있으면서 설득력을 갖춘 주장이 자신에 신앙에 대한 해석을 요구하는 그런 상황을 가정한다면 마태의 복음서는 충분히 의미가 통한다. 예수님과 교회의 이야기를 바리새적 유대교와 구별하기 위해서 마태는 그 전통의 상징을 그대로 사용할 수밖에 없었다. 이 복음서의 본문에는 이 구별과 활용의 자세가 모두 명백하게 나타나 있다.

만약 마가를 묵시 기사로 읽는 것이 바르다고 할 수 있다면, 예수님 이야기에 대한 마태의 형태는 대부분 랍비적 전통의 상징에 기인하고 있다. 그리고 만약 앞에서 제시한 배경이 맞다고 한다면, 마태의 최종 구성 시간과 장소는 규정하기가 훨씬 쉬워진다. 이 복음서의 서기관적 특성과 바래새적 전통에 대한 이해는 둘다 도시적인 배경을 암시하며, 본문 내에서 이 점에 대해서 문제를 제기할 내용은 전혀 없다. 물론 그 도시가 어느 도시인지 확언할 수 없으나, 전통적으로 가장 선호하는 추정 장소는 안디옥이며 그 상태는 현재도 마찬가지이다. 연대에 관해서 말하자면 우리가 기억하기로 바리새 운동이 실제로 두드러지게 나타난 시기—최종적으로 규범을 갖추게 되는 시기—는 성전 파괴 이후이었다. 이 시점 이후로 메시아주의 유대인과 반메시아주의 유대인 사이의 적의감이 점점 격화되었고 비르트-하-미님(Birkat-ha-minim)에서 그 극에 도달하였다. 이것은 배반자들을 저주하고 기독교인들이 회당에서 기도하는 것을 더 이상 불가능하게 만들었다. 이 축복은 그 연대를, 정확한 것은 아니지만, 일반적으로 주후 85년 경으로 잡는다. 더 정확한 내용은 불가능하지만 그 연대가 좀더 빠를 수도 있을 것이다.

나는 마태의 교회가 인구 통계적으로 반드시 유대인 키독교회였다고 주장하지 않는다. 이 교회는 이방인 선교에 관해서 알고 있었고 그 교회 자체가 그 열매 가운데 하나이었을 가능성도 있다. 하지만 그 교회는 당시 지배적인 힘을 가진 유대교 운동의 형식으로 자신을 규정해야만 하였던 그런 교회였다. 이 사실은 이 복음서의 철저한 유대적(다시 말해서 랍비적) 어투와 "모세의 자리에 앉아"(23:2) 있는 자들에 대한 강한 적대감의 원인을 설명해 준다.

이후에 계속되는 마태에 관한 해석 내용은 지면의 제약으로 인해서 암시적일 수밖에 없다. 마가 기사의 틀은 전제로 하고 본질적인 변화가 없는 한 마가에서 가져온 부분은 여기서 반복하지 않으려고 한다. 마태의 독특한 마가 사용은 사소한 부분을 많이 추가하고 변경함으로 점증적인 효과를 내는 곳에서만 간혹 발견할 수 있다. 나는 여기에서 주의깊은 독자들에게 무엇보다 먼저 비교표를 만들어 사용할 것을 권한다. 그러면 내 주장에 관한 본문의 근거를 확인할 수 있을 것이다. 마태복음은 분량이 크고 여기에서 사용할 수 있는 지면은 작기 때문에 일부 의견은 그 근거를 참고문헌 란에만 기재할 것이며, 독자들은 거기에서 그 내용을 확인할 수 있을 것이다.

예수님은 누구신가?

다윗의 자손, 하나님의 아들(1:1 - 4:16)

이 복음서의 시작 부분은, 예수님이 다윗의 자손이자 하나님의 아들이라는 마가의 이해가 마태에 와서 토라의 지식과 바리새적 유대교와의 교류를 통해 어떤 영향을 받았는지를 보여 준다. 나는 여기에서 설명의 편리를 위해 1-2장을 "유아기 이야기"로 따로 다루려고 한다. 사실 1-4장은 나눌 수 없는 문학 단위이다. 마태에는 누가복음 3:1에서 말하는 요한의 사역으로 넘어가는 엄숙한 전환이 빠져 있으며, 사실 우리가 마태의 앞부분 서너장을 서언으로 생각하게 만드는 것은 마가가 세례자에서부터 시작하고 있다는 그 사실 하나 뿐이다.

유아기 : 다윗의 자손이신 예수님(1 - 2장)

마태와 누가의 유아기 이야기는 예수님과 마리아, 요셉 등 등장 인물을 제외하면 공통점이 거의 없으며, 마태에서는 요셉의 역할이 마리아보다 두드러진다. 두 복음서는 토라를 미드라쉬 형태로 해석하지만 그 방식이 아주 다르다. 이들은 독특한 문학 도구들과 서로 다른 지리적 강조점을 사용하고 있다. 간단하게 말해서 그 방식들은 각각 이 복음서의 독특한 증거에 꼭 맞는 것들이다.

마태의 해석은 족보와(1:1 - 17) 압축된 인용 공식 덩어리로(1:23, 2:6, 15, 23) 구별된다. 이들은 전통적인 유대 메시아 대망 사상 안에서 예수님의 위치를 규정하는데 도움을 준다. 공격적인 바리새적 운동과 대화하는 그리스도인들에게는(23:15) 예수님을 부활하신 메시아로 선포하는 것으로 불충분하였다. 다윗 계통의 왕에 대한 신임장은 검증이 필요하였다. 이 부분에 있어서 예수님의 애매한 혈통과 비천한 가문이 문제가 되었다(요1:46, 7:27을 보라). 인용 공식들은 예수님이 예언서의 예상에 일치됨을 증명하고, 족보는 왕의 가계와 연결시켜 준다. 이것들은 모두 예수님이 누구시며 어디에서 오셨는지에 관해서, 최소한 이 공동체는 만족시킬 정도의 해답을 주고 있다.

족보는(1:1 - 17) 예수님을 토라의 문학 형태와 가계 혈통에 부합되게 만들고 있다. 뿐만 아니라 그 내용을 세대 별로 배열하여 예수님의 출생이 "때가 참"임을 보여 준다. 마태는 바로 예수님을 "메시아, 다윗의 자손, 아브라함의 자손"(1:1)으로 규정한다. 예수님은 아브라함의 자손으로 그 민족 전체와 연결된다. 이 점은 다른 신약 저자들에게 있어서 주요한 연결 고리가 된다. 하지만 마태는 이것을 사용하지 않는다(다만 3:9, 8:11, 22:32을 보라). 여기에서는 다윗의 연결 고리가 먼저 나오는데, 마태에게는 이것이 가장 소중하였다. 이 고리는 유대교 내에서 예수님의 "육신을 따른"(롬 1:3을 보라) 메시아 신임장을 확인해주는 것이었다. 족보에서 강조점은 1:6의 다윗 왕에게 있으며, 1:20에는 요셉을 다윗의 자손이라고 하고 있다. 그리고 그 아이의 왕적인 지위는 2:2의 "왕이 어디 계시뇨?", 2:6의 "네게서 한 다스리는 자가 나"오리라에서 분명하게 나타난다.

마태는 이 예수님의 신분을 강조하고 있으며 우리는 이 사실을 마가의 본문에는 나오지 않는, 다윗에 관한 많은 내용에서 확인할 수 있다(9:27, 12:3, 23, 15:22, 20:30-31을 보라). 이것이 가장 명백하게 드러나는 곳은 예수님의 예루살렘 입성이다. 마태는, 예수님을 "너희 왕"이라고 규정하는 스가랴 9:9을 인용하는 인용 공식에서, 예수님이 그 행렬에서 나귀와 나귀 새끼를 함께 사용하심으로 어설프지만 그 인용구절을 문자 그대로 성취하신 것으로 하고 있다(21:2, 7). 군중들은 "호산나 다윗의 자손이여"를 두 번 외쳤다(21:9, 15). 정확하게 말해서 마태의 이 태도는 메시아가 다윗의 자손이냐 주시냐에 관한 논쟁에 (22:41-45) 극적인 효과를 더한다―마태에서는 바리새인들과의 논쟁이었다. 조만간 살펴보게 되겠지만 마태에게 있어서 예수님은 정말 주님이시다. 동시에 예수님은 분명히 다윗 가문의 메시아이시다.

또한 족보는 예수님의 의심스러운 혈통을 그대로 다루고 있다. 예수님의 조상 가운데는 4명의 여인이 포함되어 있다. 즉 다말과(1:3) 라합(1:5), 룻(1:5), 밧세바("우리아의 아내, 1:6)이다. 이들은 모두 이스라엘에게 국외자이였으며, 모두 여성으로서 의심의 대상이었다. 그러나 하나님은 놀랍게도 이들 모두를 통하여 그 민족의 구원을 위해 역사하셨다. 이들은 동정녀 마리아를 통한 놀라운 메시아의 탄생을 준비한 것이다.

세례와 시험: 신실한 하나님의 아들이신 예수님(3-4장)

제2장의 인용 공식은, 누구나 다 알고 있듯이, 예수님의 고향이 나사렛이었으나(2:23) 예수님의 출생지는 다윗의 도성 베들레헴이었음을 보여 준다(2:5-6). 하지만 마태는 예수님의 출신의 더 깊은 의미와 예수님의 신분을 독자들에게 알려 준다. 예수님은 단순한 다윗의 자손이 아니셨고, 하나님의 아들도 되신

다. 마태가 이 용어에 어느 정도의 무게를 실어 사용하였는지는 이사야 7:14의 인용에서 볼 수 있다. 예수님은 임마누엘이시기 때문에 "그 백성을 모두 구원"하실 수 있다. 다시 말해서 예수님은 하나님을 진실로 그들 가운데 임재하시게 하신다(1:23). 1:23이 28:20과 함께 복음서 전체를 위한 괄호의 역할을 감당하고 있다. 따라서 여기서 이 구절을 한번 훑어 보는 것이 적절할 것이다.

이 독특한 마태의 나타나심 이야기에서(28:16-20) 예수님은 갈릴리의 한 산에서 자신을 제자들에게 보여 주셨고 제자들은 경배하였다(28:17). 예수님은 "모든 권세"를 주장하시면서(28:18) 그들에게 위임하셨다. "가서 모든 족속으로 제자를 삼아 … 세례를 주고 내가 너희에게 분부한 모든 것을 가르쳐 지키게 하라 볼지어다 내가 세상 끝날까지 너희와 항상 함께 있으리라"(28:19-20). 예수님은 자신의 부활을 통해서 계속해서 임재하신다. 더욱 놀라운 것은 예수님의 임재가 예수님이 가르치신 계명들에 의해 중재될 것이라는 주장이다. 예수님이 하나님의 아들로서 하나님의 임재를 가능하게 하신 사실을 우리가 알고 있으므로(1:23), 예수님의 계명이 하나님의 말씀으로서 하나님의 임재를 중재하는 것이다. 예수님과 예수님의 말씀에 대한 이 이해는 마태의 다른 주제에 중요한 의미를 가진다.

하지만 마태가 그의 복음서에서 "하나님의 아들"이란 말로써 의미하는 바는 본체론보다 토라에서 기인된 것이다. 이 명칭에 대한 마태의 이해는 이미 2:15의 인용 공식 "애굽에서 내 아들을 불렀다"에서 볼 수 있다(출 4:22, 호 11:1과 비교). 물론 선지자는 원래 출애굽 당시 이스라엘 백성을 말한 것이다. 그런데 마태는 이 인용구를 사용하면서 예수님의 여정을 해석할 뿐 아니라 예수님이 바로 하나님이 이스라엘 안에서 원하셨던 그 신실한 아기임을 밝히고 있다. 그러므로 예수님이 하나님의 아들이시라는 마태의 생각은 본래 관계에 바탕을 둔 것이다. 예수님은 하나님의 뜻에 철저하게 충실하시고 순종하신 인간이신 것이다.

사실 유아기 이야기는 여러 면에서 토라의 출애굽 이야기를 반영하고 있으며 예수님을 모세 혹은 이스라엘 백성을 대표하는 인물의 모습으로 만드는데 도움을 주고 있다. 예수님은 "자기 백성을 구원"하시기 위해 기적적인 방식으로 태어 나셨고(출 3:10과 비교), 악한 왕의 손에서 건짐을 받았으며(2:13-14, 출 1:22-2:10과 비교), "애굽에서 불러"내심을 받았다(2:15). 그리고 예수님의 세례까지 곧장 읽어 나간다면(3:13-17), 이것이 바로 이스라엘 백성이 바다를 통과한 그 사건에 상응하는 것이라는 점을 주목하지 않을 수 없을 것이다(출 14:21-15을 보고 고전 10:1-5과 비교). 여기에서 하늘이 열리고 음성이 "이는 내 사랑하는 아들이요 내 기뻐하는 자라"(3:17) 선포하였다.

이 해석은 절대로 어거지가 아니다. 사실 예수님의 시험에 대한 마태의 해석이 이 점을 확인해 준다(4:1-11). 마태와 누가는 둘다 Q 재료를 이용하여 마가의 간결한 기록을 확대하고 이를 통하여 마귀의 시험과 예수님의 대응을 명시하였다. 마태는 예수님의 시험을 광야의 이스라엘 시험과 같은 것으로 만들어 가고 있다. 그런데 이스라엘의 역경은 그들의 반역과 불성실로 인하여 "하나님을 시험"하는 상태로 이어진 반면(민 11:1, 14:1, 신 1:26, 출 16:2, 시 95:8-11, 106:13-25을 보라), 예수님의 시험은 예수님의 신의를 굳게 만들게 될 것이다. 마귀는 "네가 만일 하나님의 아들이어든 …" 이란 말을 두 번 사용하여 (4:3, 6) 문제의 핵심을 분명하게 해주고 있다. 그는 예수님에게 만족과 능력, 그리고 하나님의 보호하심의 가능성을 제시하였다. 그러나 예수님은 토라의 말씀을 가지고 대답하신다. "기록되었으되 사람이 떡으로만 살 것이 아니요 하나님의 입으로 나오는 모든 말씀으로 살 것이라 하였느니라"(4:4, 신 8:3과 비교, 또 마 4:7과 4:10에 나오는 신 6:13과 6:16 인용 내용과 비교). 예수님은 성실하시고 순종하시는 하나님의 아들이시다. 하나님께서 늘 이스라엘 안에서 원하신 그 아기를 대표하며, 토라가 요구하는 의를 완벽하게 성취하신다(3:13-15를 보라).

이제 이스라엘을 향한 예수님의 사역이 시작될 수 있다. 그 나라에 대한 예수님의 선포를 듣고(4:17) 모세처럼 산에서 가르치시는 예수님의 말씀을 듣는 (5:1-2) 사람들은—이 기사에서는 최소한 예수님을 듣는 사람들을 말함—이스라엘과 같이 불러내심을 받고 물을 통과하고 광야에서 시험을 받으신 분을 알게 될 것이다.

시험 기사의 이 잊을 수 없는 모습은 마태의 십자가 사건 장면에서 다시 나온다. 마태는 마가의 수난 기사를 거의 변동없이 사용하고 있는데, 변경된 것 가운데 하나는 온 무리가 다 예수님의 죽음을 비난하였다는 점과(27:25), 십자가 곁을 지나가던 사람들이 예수님께 소리를 지르며 "네가 만일 하나님의 아들이어든 십자가에서 내려오라"고 조롱하였다는 것이다(27:40, 27:43과 비교). 우리는 이들의 조롱 가운데서 "네가 하나님의 아들이어든 뛰어 내리라"고 하던 사단의 소름끼치는 조롱을(4:6) 다시 듣는다. 분명히 하나님의 아들은 능력을 행사하시던 분이다. 하지만 예수님은 자신의 아버지의 뜻을 수용하고(26:39) 끝까지 순종하신다. 백부장이 "이는 진실로 하나님의 아들이었도다"라고 확인하였다(27:54). 여기에서 마태의 독자들은 그 이유가 예수님의 신의와 순종 때문이었다는 사실을 알 수 있을 것이다.

선생과 주님이신 예수님

마태의 복음서에서 예수님의 가장 두드러진 활동은 가르치시는 일이다. 하나님의 아들로서 예수님은 유일무이하게 아버지의 뜻을 알고 계셨으며, 이것을 다른 사람에게 나타내실 수 있으셨다(11:25-30). 뿐만 아니라 마태의 교회에게 있어서 예수님은 이제 부활하신 주님이시며, 그의 가르침은 하나님의 임재를 중재하고 있는 것이다. 예수님은 부활을 통하여 "모든 권세"를 가지시게 되었다. 이것은 하나님이 주신 것이며 스스로 쟁취하신 것이 아니다(4:9을 보라). 복음서의 독자들은 예수님의 말씀을 단순히 과거 마술사 가운데 한 사람의 말이 아니라 명령하시는 주님의 살아 계신 말씀으로 듣는 것이다. 마태에게 있어서 예수님은 교회의 주님이신 선생이시다.

이 주장에 대한 증거는(마태가 얼마나 조심스럽게 마가를 개작하였는가에 관한 표시는 물론이다) 마태가, 그 형태가 랍비이든 디다스칼로스이든, "선생"이란 용어와 "주님" 큐리오스 라는 용어를 빈틈없이 사용한 사실에서 볼 수 있다. 우리는 앞에서 마가의 복음서에서, 반대자들이든(막12:14, 19, 32), 예수님을 만났지만 따르기를 실패한 자들이든(10:17-31), 예수님을 만나서 믿은 사람들이든(9:17) 아니면 제자들이든(4:38, 9:38, 10:35, 13:1), 사람들이 누구나 예수님을 선생이라고 부른 것을 보았다(제7장 214페이지를 보라). 반면 마가는 제자들이나 반대자들이 예수님을 절대로 주님으로 부르게 하지는 않았다. 다만 고통 당하는 사람들만 이 칭호를 사용하였다. 그런데 마태의 구분은 좀더 예리하다. 누가 예수님을 선생이라고 불렀는가? 그들은 언제나 서기관들이나(8:19, 12:38) 바리새인(12:38, 22:16, 36), 유대인 세리들(17:24), 헤롯당원들(22:16), 사두개인들(22:24) 혹은 부자 청년과 같이(19:16) 예수님을 만났으나 따르지 못한 사람들과 같은 외부인들이었다. 제자들과 고통당하는 자들 혹은 예수님을 믿게 된 자들은 절대로 예수님을 선생이라 부르지 않았다. 제자들과 (8:25, 17:4, 14:28, 16:22, 18:21) 예수님을 믿게 된 자들은(8:2, 6, 8, 9:27-31, 15:22, 25, 27, 17:15, 20:30) 주님으로 불렀다.

만약 마태의 공동체가 실제로 유대 서기관 전통에 반대하는 자신의 입장을 밝히고 자신을 방어하는 공동체이었다면 이 구분은 아주 효과적이다. 외부에 있는 사람들은—길 저편 아래에 있는 회당에서처럼—예수님을 단순히 랍비들 가운데 한 사람이며 그의 견해가 인간적인 권위를 가지는 정도로 보았다. 반면 내부에 있는 사람들은 예수님의 말씀을 "모든 권세"가 가득한 주님, "우리와 함께 하시는 하나님"의 말씀으로 들었다. 이 원칙에 명백한 예외가 하나 있는데 이것이 바로 위의 사실을 입증해 준다. "주님"이란 용어를 배신자인 유다의 입에서는 하나도 볼 수가 없다. 예수님이 최후의 만찬 자리에서 자신의 배신을 예언하셨을 때, 다른 제자들은 "주여 내니이까?"라고 물었다(26:22). 그런데 유다는 "랍비여 내니이까?" 하고 물었다(26:25). 예수님을 잡으러 와서 동산에서 인사할 때에도 "랍비여 안녕하시옵니까?"(26:49) 하였다. 마태는 은근히 그러나 이해가 분명하게 유다가 외부인임을 보여주고 있다.

마태에 나타난 예수님의 비유

예수님을 선생으로 보는 마태의 독특한 이해는 예수님을 비유 말씀하시는 분으로 제시하는 입장에 영향을 미쳤다. 마가에서처럼 예수님은 예수님의 첫 선포가 적대감과 거부를 일으켰기 때문에 비유로 말씀하시기 시작하셨다. 8-9장에서 예수님은 열 가지 이적을 행하셨는데, 이것은 이사야 53:4 "우리 연약한 것을 친히 담당하시고 병을 짊어지셨도다"의 "종" 인용구로(8:17) 해석을 하고 있다. 11-12장에서 예수님은 가족들과 반대자들에게서 반복적인 거절을 당하셨고, 이로 인해서 예수님은 더욱 숨기는 형태로 가르치시게 되었다. 마태는 이사야 42:2의 "그가 다투지도 아니하며 들레지도 아니하리니 아무도 길에서 그 소리를 듣지 못하리라"라는 두번째 종 인용구로 이것을 해석한다(12:19). 예수님이 비유로 말씀하기 시작하실 때 이것도 예언의 성취 가운데 들어간다. "내가 입을 열어 비유로 말하고"(13:35의 시 8:2).

하지만 마가와 대조적으로 마태의 비유는 내부인들에게 실제로 이해 가능한 것이었다. 제자들에게는 "천국의 비밀을 아는 것"이 허용되었다(13:11). 외부인들은 이해하지 못하였고 이들에게는 소경과 귀머거리에 대한 이사야 6:9-10의 예언이 적용되었다. 반면 제자들은 보고 들었다(13:16-17). 여기에서는 내부인과 외부인 사이의 구별에 모호한 점이 없다. 뿐만 아니라 어떤 면으로 보면 마태에게 있어서 지식의 역할은 중심에 있었다. 반면 마가의 경우는 달랐다. 이 점은 씨뿌리는 자의 비유에 대한 해석에서 볼 수 있다(13:18-23). 마태는 비유 자체에서 이미 씨를 단수가 아니라 복수로, 씨의 성장을 "혹 백배, 혹 육십배, 혹 삼십배" 등 차별적으로 표시하고 있다. 이 차이는 마태가 제공하는 좀더 개별적인 해석을 필요로 한다. 천국 말씀은 "아무나 듣는다." 그런데 차이점은 "이해"이다. 들으나 "깨닫지 못하는" 자는 말씀을 빼앗기고(13:19), "듣고 깨닫는" 자는 열매를 맺을 것이다(13:23).

여기에서 바른 깨달음이란 무엇인가? 그것은 예수님이 서기관들 가운데 하나가 아니라 교회의 주님이심을 인식하는 것이다. 마가와 마찬가지로 마태의 경우에도 깨달음이란 근본적으로 믿음이라고 하는 헌신이다. 제자들은 이와 같은 믿음을 통하여 예수님의 가르침이 갖는 의의를 파악할 수 있다. 교회 내의 예수님 임재를 중재하는 것이 예수님의 말씀임으로 믿음 안에서 말씀을 듣는 사람들이 깨닫는 것은 필수적이다. 그래야 그들이 그 말씀을 다른 사람들에게 전하게 될 것이다. 그러므로 예수님은 이 첫번째 비유 시리즈 마지막 부분에서 "이 모든 것을 깨달았느냐?" 하고 제자들에게 물으셨다. 여기에 대해 제자들은 "그러하오이다"하고 대답하였다. 이때 예수님은 제자들에게 말씀하신다. "천국의 제자된 서기관마다 마치 새 것과 옛 것을 그 곳간에서 내어오는 집주인과 같으니라"(13:51-52). 여기서 보듯이 제자들은 서기관에 대한 랍비적 범주에 해당하는 용어로 규정되는 사람들이다. 이들은 메시아 공동체에 서기관의 역할, 즉 예수님이 먼저 가르치신 내용을 교회에게 가르치는 일을 수행할 사람들이다. 그러므로 이들에게는 깨닫는 일이 필요하였다.

결과적으로 마태의 예수님 비유는 반대자들을 대항해서 싸우는 방어 무기에 그치지 않고, 기사에 대한 저자의 해석 차원에 머물지도 않는다. 비유는 교회를 가르치기 위한 독특한 도구이다. 마태에 들어 있는 비유는 17개 정도로 마가의 경우보다 훨씬 많다. 3개는 마가에서 나왔고, 4개는 누가와 공유하는 자료인 Q, 10개는 마태 자신의 자료인 M에서 가져온 것이다. 이들은 모두 기사 내에서 3

개의 덩어리로 나누어진다. 그 첫째가 13장에 나오는 제자들에 주신 비밀스러운 가르침이며, 둘째는 18:23 - 22:14에 나오는 논쟁 문맥에 나오고, 셋째는 24:45 - 25:46의 제자들에게 주신 종말 강화에 있다.

마태복음 13장의 비유는 3중 형태로 된 "천국의 신비"를 드러내 준다. 이 비유들은 천국이 하나님의 뜻에 따라 갑자기 설명할 수 없는 방식으로 세상에 나타난다는 점을 보여준다. 이 사실은 성장의 비유—겨자씨와 누룩 비유에 나타나 있다(13:31 - 33). 천국은 순응과 반대의 결단을 요구하는데, 이 사실은 결단의 비유—진주와 보화의 비유에 나타나 있다(13:44 - 46). 천국에는 심판이 포함되어 있다. 각 사람의 선택에 따라 상이나 처벌이 있을 것인데, 이 사실은 심판의 비유—가라지와 그물, 고기 비유에 나타나 있다(13:24 - 30과 13:47 - 50). 씨 뿌리는 자의 비유는 복합적 비유로 성장과 결단, 심판의 세 가지 요소가 모든 결합되어 있다(13:3 - 9).

18 - 22장 비유의 두드러지는 점은 예수님과 이스라엘의 운명을 가리키는 수용과 거부의 주제이다. 두 아들(21:28 - 30), 포도원(21:33 - 43), 혼인 잔치 비유는(22:1 - 4) 예수님을 거부하는 자들의 거부와 천국이 다른 사람들에게로 넘어간다는 점을 아주 명백하게 보여 준다. 하지만 혼인 잔치의 끝과(22:11 - 14) 악한 종들의 비유가(18:23 - 35) 보여주듯이 교회 안에 있는 사람들에게도 심판이 있다. "너희가 각각 중심으로 형제를 용서하지 아니하면 내 천부께서도 너희에게 이와 같이 하시리라."

예수님의 종말 강화에 나오는 비유, 즉 악한 종(24:45 - 51), 열 처녀(25:1 - 13), 달란트(25::14 - 30), 양과 염소(25:31 - 46) 비유는 모두 일종의 심판 주제 중심으로 되어 있다. 이 비유는 분명히 내부인들을 위한 것이고 또 내부인들이 이해를 하고 있었지만, 위로와 인준만을 의미하는 것은 절대로 아니다. 이 비유들은 이미 교회 안에 들어와 있는 사람들에게 그들의 천국을 위한 결단이 지속적으로 새로워져야 한다는 점을 경고하고 있다.

예수님과 토라

바리새 전통의 신앙의 중심 상징은 토라였다(제2장 75 - 83페이지를 보라). 토라는 지혜의 원천이자 의의 척도, 하나님의 마음의 거울, 창조의 청사진, 인간성의 이상적인 틀이었다. 비록 시내산에서 모세를 통하여 계시되었지만, 토라는 영원한 것이었고, 인간들 사이에 머물고 있으나 영원히 살 것이다. 토라의 준수 의무를 진다는 것은 "천국의 멍에를 메는" 것이었다.

마태 공동체는 이 전통에 근거하여 자신들의 삶을 해석하였기 때문에 당시 회당과 회당 선생들로부터 자신을 구분하고 그 전통과 공유하고 있던 상징들을 재해석하는 두 가지 일이 모두 필요하였다. 이 두 움직임은 모두 그 초점을 예수님께 맞추었다. 메시아주의자들은 예수님을 그리스도와 주님으로 고백하였기 때문에, 회당으로부터 이단자로 간주되었다. 그러므로 그리스도인들은 예수라는 인물을 매개로 랍비들의 상징 구조를 사용할 수 있게 된 것이다. 우리는 이 변증법 과정을 4단계로 살펴볼 수 있다. (1) 서기관과 바리새인들에게 대항하는 논쟁자로서 예수님, (2) 진정한 토라의 해석자로서 예수님, (3) 토라의 완성으로서 예수님, (4) 토라의 체현으로서 예수님.

서기관과 바리새인들에게 대항하는 논쟁자

당시 발전하던 랍비 전통은 바리새파의 신앙 이상을 서기관들의 율법적 전문 지식과 결합시켰다. 여기에서 예수님의 공격 대상이었던 그룹들은 마태의 교회가 그 당시 대결하고 있던 유대교의 역사상 정확한 대표였다. 결과적으로 이 논쟁은 유대 민족 전체에 대한 예수님의 공격이 아니며 반유대주의는 더욱 아니다. 이 논쟁은 하나님의 백성 유대주의의 진정한 실현이라고 하는 상응하는 주장들 사이에 차이와 구별을 만들어 주는 것이다. 더 나아가 말은 좋지만 행동은 아니라고 하는 것과 같은 일부 논쟁은(23:3, 13) 고대 철학 학파들 사이에 있은 언쟁의 표준이다.

이 공격은 마태의 기사에서 전략적인 위치에 놓여 있다. 이 공경 다음에는 22:15-46의 예루살렘 논쟁 이야기가 나오고 앞에는 개인적으로 제자들에게 가르치신 종말론적 교훈이 있다(24:1-25:46). 이 위치는 구별과 차이를 극적으로 표현해 주는 곳이다. 이 강화는 그 구조가 7개의 저주로 되어 있으며(23:13, 15, 16, 23, 25, 27, 29), 이 저주는 5:3-12에서 제자들에게 말씀하신 복과 대조를 이룬다. 실제 논쟁의 서론은 23:1-12에서 예수님의 제자들("너희")에게 하신 교훈으로 되어 있는데, 그 내용은 제자들이 반대자들에 대하여 어떤 자세를 가지며 그들의 지도자격에 관해서는 어떤 입장을 취할 것인가를 말씀하는 것이다.

이 논쟁에서는 마태의 배경에 관한 역사적으로 가치있는 정보를 엿볼 수 있다. 우리는 먼저 바리새적 전통의 행동과 편견에 주목하게 된다. 여기에는 랍비라는 선생에 대한 호칭(23:7), 적극적인 전도 여행(23:15), 미드라쉬를 활용한 계명들 사이의 세밀한 구분(23:16-22), 십일조에 관한 관심(23:23-24), 정결 예식(23:25-26) 등이 들어간다. 이 존경받는 랍비는 별문제로 치더라도 이것들은 우리가 바울과 미쉬나 데마이 2(Mishnah Demai 2)로부터 초기 바리새 시대에 관해서 알고 있는 내용과 어울린다. 우리는 그 기간을 "너희 황폐하여 버린 바" 되었다는(23:38) 내용에서 추정해 볼 수도 있다. 물론 이 내용이 성전을 가리키는지에 관해서는 확실하지 않다. 그리스도인들의 처지를 보면 이들은 추방당하고 회당에서 핍박을 받고 있었다(23:34). 이것이 바로 마태의 상징 구조를 이해하게 해주는 배경인 것이다.

이 본문은 마태의 기사 다른 곳에서 볼 수 있는 서기관과 바리새인들에 대한 논쟁의 내용들을 한 곳에 모아 놓았는데 여기에는 맹세와(23:16-22, 5:33-37과 비교), 자비에 대한 무시(23:23, 9:13 및 12:7과 비교), 정결 규정(23:25-26, 15:1-9과 비교), 외식에 대한(23:5-7, 28, 6:1-16과 비교) 논쟁과 같은 것이 들어간다.

선생들을 반대하는 논쟁이 곧 토라 자체에 대한 공격은 아니다. 사실 여기서 서기관들과 바리새인들은 선포하면서 행하지 않고(23:3), 혹은 속마음은 다르면서 사람들의 인정을 위해 행동한다는 비난을 받고 있다(23:5-7). 이들의 궤변은 정의와 자비, 신의 등 좀더 중한 일들보다 가벼운 일들을 앞세움으로 토라를 왜곡하고 있었다(23:23). 이들의 미드라쉬는 사람을 자유롭게 하는 것이 아니라 무거운 짐을 지워 천국에서 멀어지게 만들었다(23:4, 13). 여기에서는 "천국의 멍에"가 암시하는 뜻을 절대 놓쳐서는 안된다. 이들은 진정한 신앙 자세는 하나님의 말씀에 순종하는 사람을 대하는 태도에서 볼 수 있다. 이들은 과거에 선지자들을 죽였고(23:29-31), 지금은 그리스도인들을 핍박하고 있다(23:34-37).

이에 반하여 그리스도인들은 토라를 지켜야 한다("저희의 말하는 바는 행하고"). 그러나 저들의 행위를 본받아서는 안된다(23:3). 그러므로 메시아 공동체 안에서는 랍비나 아버지라는 칭호를 받을 사람이 아무도 없다. 이들에게는 한 아버지 곧 하나님이 계시며, 한 선생 곧 메시아가 계실 뿐이다(23:10). 아버지이신 하나님을 강조하는 내용은 조만간 다시 다루게 될 것이다. 메시아에게 주어진 선생이란 칭호에 관해서 보면 이 내용이 마태의 용례와 상충되는 것이 아니다. 여기서는 다만 "대가"(master), 즉 카쎄게테스라는 용어를 쓰고 있을 뿐이다. 메시아 공동체 안에서 권위는 존대과 칭호가 아니라 섬김으로 표현된다(23:8-12). 메시아는 그들의 선생이시다.

토라의 선생이신 예수님

유대교 내에 있는 메시아 대망의 한 형태는 토라를 명확하게 해석하는 메시아를 기다리는 것이었다. "그들은 율법의 어떤 계명에서도 벗어나서는 안된다 … 선지자이자 아론과 이스라엘의 메시아들이 올 때까지"(CD 9.9-11). 이러한 토라 해석은 마태의 복음서에서 예수님께 주어진 본질적인 메시아 역할 가운데 하나이고, 이것은 산상설교에 복합적으로 표현되어 있다(5-7장). 마태는 독자들을 잘 준비시켜서 산에서 말씀하시는 그분 안에서 이스라엘의 신실한 대표, 심지어는 모세의 모습을 보게 하였다. 하지만 예수님은 새로운 모세가 아니며 새로운 율법을 전해주시지 않았다. 예수님은 토라를 통해서 하나님의 말씀의 진정한 의도를 보여주실 하나님의 아들이시다. 예수님은 메시아적 해석자이시다.

"설교"라는 용어는 잘못된 명칭이다. 그것은 이 장의 내용들이 복음서 저자가 함께 모아놓은 말씀 재료의 수집이기 때문이다. 이 가운데 일부는 누가의 평지 설교에서 병행구로 나오고 있다(눅 6:17-49, 마 5:3-12, 38-48, 7:1-5, 15-20, 24-27과 비교). 다른 말씀들은 마가나 누가의 다른 문맥에서 볼 수 있으며(마 5:13-16, 22-26, 31-32, 6:9-13, 19-23, 25-34, 7:7-11, 13-14을 보라), 나머지는 마태에만 나온다(5:17-20, 27-30, 33-37, 6:1-8, 16-18, 7:6). 마태가 이 전통에 부여한 설교적인 변화는 두 가지 짧은 말씀을 마가와 누가에 나오는 병행구와 비교해 보면 알 수 있다. 병행구들은 "소금은 좋은 것"이라 되어 있는 반면(막 9:50, 눅 11:34), 마태에서 예수님은 "너희는 세상의 소금이라"(5:13) 하신다. 마가복음 4:21에는 "사람이 등불을 가져 오는 것은 말 아래나 평상 아래나 두려 함이냐"로 되어 있다(눅 11:33-36 참조). 그러나 마태복음 5:14에서 예수님은 "너희는 세상의 빛이라" 하신다. 여기에서 우리는 제자들을 향한 직접적인 가르침을 본다. 메시아이신 예수님은 교회를 가르치시고, 교회는 그 말씀을 부활하신 능력있는 분의 말씀으로 들었다.

산상설교를 여는 팔복은(5:3-12) 예수님이 선포하시는 나라에 들어가는 조건을 제정하고(4:17) 모세가 토라를 주던 일을 우리에게 기억하게 해준다. 즉 토라에도 복과 저주가 나란히 나와 있는 것이다(신 27-28장). 누가의 해석과 대조해 볼 때(눅 6:20-26) 마태는 팔복을 개별화 내면화 시켰다. 천국은 심령이 가난하고, 겸손하고, 슬퍼하고, 온유하고, 마음이 깨끗하고, 핍박받는 사람들로 이루어진다. 마태의 공동체는 최소한 이 범주들의 마지막 부분에 있어서는 자신들의 모습을 볼 수 있었다. 그래서 그 구성원들은 하나님 나라의 일원이었다. 하지만 이들이 하나님 나라에 소속되는 것은 자신들의 유익보다 세상의 유익을 위한 것이다. 이들은 양념이나 빛과 같이, "하늘에 계신 아버지"의 영광을 위해서 세상에 있어야 한다(5:16). 우리는 이 마지막 부분에서 산상설교의 본질을 만난다. 천국은 예수님 자신의 나라도, 인간의 노력이나 마귀의 거짓으로 이루어지는 나라도 아니다(4:1-11). 천국은 하나님의 나라이다.

"하늘에 계신 아버지"란 말은 설교 전체에 걸쳐서 일관된 기준점의 역할을 하고 있다(5:16, 45, 48, 6:1, 4, 6, 14-15, 18, 26, 32, 7:11, 21). 그리고 만약 예수님이 말씀하시는 바가 하나님의 실제적인 통치라고 한다면, 이에 대한 적절한 기준은 하나님밖에 없다. "하늘에 계신 너희 아버지의 온전하심과 같이 너희도 온전하라"(5:48). 그러므로 예수님의 말씀은 인간적인 성취를 이루는 프로그램을 제시하는 것이 아니라 모든 그리스도인 존재에 대한 기준을 제시한다. 하나님에 버금가는 궁극적인 기준은 하나님의 나라에 버금가는 한 나라를 의미한다. 이것이 예수님의 메시아적 토라 해석을 이해하는 본질적인 틀이다.

5:17-20에 나오는 예수님의 말씀은 마태의 복음서 전체에 걸친 예수님의 모든 말씀과 행위에 적용되는 프로그램적인 내용이다.

내가 율법이나 선지자나 폐하러 온 줄로 생각지 말라 폐하려 온 것이 아니요 완전케 하려 함이로라 진실로 너희에게 이르노니 천지가 없어지기 전에는 율법의 일점일획이라도 반드시 없어지지 아니하고 다 이루리라 그러므로 누구든지 이 계명 중에 지극히 작은 것 하나라도 버리고 또 그같이 사람을 가르치는 자는 천국에서 지극히 작다 일컬음을 받을 것이요 누구든지 이를 행하며 가르치는 자는 천국에서 크다 일컬음을 받으리라 내가 너희에게 이르노니 너희 의가 서기관과 바리새인보다 더 낫지 못하며 결단코 천국에 들어가지 못하리라

예수님은 오셔서 토라를 어떻게 성취하고 완성하셨는가? 마태는 증거로서 토라가 예수님의 말씀과 행함을 통하여 어떻게 완성되었는지 이미 우리에게 보여 주었다. 하지만 여기에서 "성취"라는 용어는 "계시"라는 의미를 가지기도 한다. 예수님은 자신의 가르침을 통하여 하나님의 토라의 참되고 "충만한" 의미를 보여 주실 것이다. 여기서는 "이 계명들"의 바른 이해가 대단히 중요하다. 이것에 대한 준수 여부에 따라 사람들이 천국에서 크게 되기도 하고 작게 되기도 할 것이다. 문제의 나라는 예수님이 선포하신 바로 그 나라이다. 우리는 이 점을 알고 있다. 그렇다면 "이 계명들"이란 말은 토라 그 자체만이나 바리새적 전통이 해석한 토라가 아니라 메시아 예수님이 해석한 것으로서의 **토라**를 가리키는 것이다. 우리는 여기에서 예수님의 마지막 대사명, "내가 너희에게 분부한 모든 것을 가르쳐"(28:20)라고 하신 말씀을 기억해야 할 것이다.

이 메시아적 가르침은 바리새인과 서기관들의 의보다 뛰어난 "의"를 설명한다(5:20). 이것은 "의"를 정의해야 한다는 바리새인들의 주장과 정면으로 충돌한다(위의 제2장 78-83페이지를 보라). 하지만 예수님의 가르침이 어떻게 바리새인들의 가르침보다 뛰어나는가? 여기에서 제시하고 있는 내용은 암시적인 예제 뿐이므로 분명히 계명의 확대에 있는 것이 아니다. 뛰어난 면은 예수님의 해석이 가지는 급진적인 특성, 뿌리를 찾는다는 의미에서 급진적인 특성에서 볼 수 있다. 예수님의 해석은 하나님 그분을 하나님 그 나라의 적절하고 궁극적인, 유일한 규범이라고 주장한다(5:48). 그렇다면 마태의 공동체의 경우 토라는 메시아 예수님이 해석하신 성경의 말씀을 의미하였다.

5:21-47에 나오는 6개의 대구로 된 말씀은 토라의 메시아적 해석의 좋은 예가 된다. 이것은 그 형태에 있어서도 이것이 반대하는 전통과 익숙해져 있음을 보여준다. 예수님은 각 대구를 "하였다는 것을 너희가 들었으나"라는 말씀으로 시작하시고 다음에 토라의 본문을 이어가셨다. 그리고는 "나는 너희에게 이르노니" 하시면서 자신의 해석을 주셨다. 이 틀은 그 형식이 바벨론 탈무드인 할라치 전통의 편집에서 미쉬나와 게마라의 관계와 유사하다. 완성된 시기로 본다면 탈무드는 마태복음보다 수세기 뒤진다. 하지만 본문과 해석 사이의 관계를 고정 형

식으로 만든 것은 훨씬 오래 전의 일이다. 마태가 이 형식을 사용한 점은 두 가지 이유로 독특하다. 첫째 마태는 예수님이 전통적 구전의 가르침보다 토라를 직접 인용하는 형식을 취한다. 물론 마태복음 5:43이 레위기 19:18을 확장한 것은 예외이다. 둘째 탈무드 세계에서는 자신의 해석을 뒷받침하기 위해 다른 권위를 인용하는 것이 기본적인 절차였지만 예수님은 이렇게 하지 않으신다. 예수님은 직접적이며 유일무이한 해석의 권위를 주장하시며 "진실로 내가 너희에게 이르노니"라고 하신다. 예수님은 토라의 본래 의도, 따라서 하나님의 마음에 대한 직접적인 지식을 주장하시는 것이다.

메시아는 토라를 어떻게 해석하셨는가? 그분은 토라에 세 가지 다른 방식으로 급진적인 의미를 부여하셨다. 살인과 간음의 경우(5:21-30) 외적인 행위에 상응하는 내적인 의향을 요구하신다. 맹세와 이혼 금지에서는(5:31-37) 정상참작의 궤변보다 철저한 준수를 요구하시고(그러나 19:9과 비교), 인간 관계 문제에서는(5:38-47) 계명의 문자를 넘어서는 반응을 요구하신다. 이 대구들은 하나님 나라를 위한 예수님의 해석 권위를 주장하는 역할을 한다. 또한 이 내용들은 하나님 나라 안에서의 토라 이해에 대한 방향을 설정한다. 완전한 윤리 장전이나 토라에 대한 완전한 해석을 제시하는 것이 아니다. 산상설교는 하나의 체계가 아니라 스케치로 남아 있다.

마태 기사의 나머지 부분에서 마태는 예수님을 토라에 대한 권위있는 해석자로 제시한다. 논쟁 이야기에서 마태는 토라에 대한 바른 이해를 특징있게 설명한다(8:4, 12:12, 15:1-9와 마가의 병행구를 보라). 일부 규정에서 예수님은 토라에 대한 반대자들의 이해에 문제를 제기하시면서 수사법을 사용하셔서 "너희가 율법에서 읽지 못하였느냐"고 그들에게 물으시고 바로 토라를 직접 인용하신다(12:5, 19:4, 21:16, 42, 22:31). 우리가 추측하기로 서기관과 바리새인들은 예수님의 말씀과 행위에 충분히 표현되어 있는 토라를 깨닫지 못하였으므로 그들은 자신들이 고집하는 그 토라를 이해하지 못하였다. 그들은 "너희는 가서 내가 긍휼을 원하고 제사를 원치 아니하노라 하신 뜻이 무엇인지 배우라 내가 의인을 부르러 온 것이 아니요 죄인을 부르러 왔노라" 하시는 말씀을 예수님에게서 들었다(9:13. 12:7과 호 6:6을 비교).

토라의 성취이신 예수님

마태는 성경 성취의 형식을 마가보다 훨씬 분명하고 두드러지게 만들었다. 마태는 57회 정도 성경을 직접 인용하였다. 이에 비해 마가는 30회 정도였다. 또한 마태의 인용은 좀더 충실하고 구획을 끊는데 있어서 좀더 의도적이다. 이런 사실은 무엇보다도 마태의 인용 공식에서 확인할 수 있다. 이런 방식을 통해서 마태는 토라의 특정한 본문과 메시아 생애의 특정한 순간을 함께 묶고 이 둘이 서로를 해석하게 한다. 우리는 예수님을 보면서 토라의 의미를 이해하고, 토라를 읽으면서 예수님 사역의 충실한 의미를 발견한다. 우리는 이 인용 구문들만 보더라도 마태의 예수님 이해와 예수님이 어떻게 토라를 "성취"하셨는지 많이 배우게 된다. 우리는 이 인용 구문에서 예수님이 임마누엘, 우리와 함께하시는 하나님이심과(1:23, 사7:14과 비교) 하나님의 아들이심을(2:15, 호 11:1과 비교) 배운다. 또 예수님이 나사렛 사람이지만(2:23. 삿 13:5, 사 11:11(?)과 비교), 그 백성의 지도자로 베들레헴에서 출생하신 사실도 배운다(2:6. 미 5:2과 비교). 예수님의 왕권은 예루살렘 입성에서 분명하게 드러났다(21:5. 슥 9:9과 비교). 하지만 예수님은 다른 사람들의 질병을 짊어지시는 하나님의 택하신 종(8:17. 사 53:4과 비교), 비유로 말씀하시는(13:35. 시 78:2과 비교) 숨겨진 종(12:18-21. 사 42:1-4과 비교)이기도 하시다. 예수님은 돈 때문에 동료에게 배반 당하신 분이다(27:9-10. 렘 18:1-3). 예수님의 의미는 이스라엘에 제한되지 않는다. 그분은 이방인들에게 공의를 선포하시며 이방인들이 그의 이름 안에서 소망을 가지게 될 것이다(12:18, 21. 사 42:1-4과 비교). 모든 민족들에게와 마찬가지로 이방의 갈릴리에게도 예수님은 어두움 가운데 앉아 있는 사람들에게 비취기 위해 새벽을 밝히는 큰 빛이시다(4:15-16. 사 9:1-2과 비교). 인용 공식은 마태의 공동체 안에 있는 "천국의 서기관"들이 토라의 메시아적 함축된 의미를 반영하고 있음을 분명히 보여준다.

토라의 체현이신 예수님

우리는 지금까지 회당에서 분리되어 나오는 일과 회당 상징 체계를 전용하는 일에 있어서 중심이 되신 예수님의 모습을 보았다. 마태는 예수님을 토라의 해석과 성취자가 되심을 보여준다. 그러면 마태는 예수님의 이미지를 만드는 작업을 이쯤에서 그치는가? 아니면 예수님이 실제로 토라를 체현시키셨다, 요컨대 예수님이 하나님의 말씀이시다고 주장하는가? 당시 바리새적 전통 내에서 인정되던 토라의 기능과 속성의 일부가 마태의 예수님 묘사에 반영되어 있는 방식으로 볼 때 이것은 희미한 가능성 정도가 아니다.

우리는 지혜의 체현을 잠언서에서 이미 볼 수 있다. 거기에 보면 지혜가 목소리를 높여서 "부른다"(8:4-20). 한때는 태초에 하나님과 함께 있은 하나님의 창조물 가운데 최초의 존재였고(8:22-30), "인자를 기뻐"하는 인류의 친구라고(8:31) 주장한다. 솔로몬의 지혜서는 소피아(지혜)의 찬양에서 지혜를 하나님의 그림자이자 형상이라고 부른다. 지혜는 세대에서 세대로 이어져 "거룩한 백성과 선지자들"의 영혼 속으로 들어간다(지혜서 7:25-27). 시라크의 책은 이 체현된 지혜와 토라를 분명하게 연결시킨다. "이 모든 것이 지극히 높으신 하나님의 언약의 책, 모세가 우리에게 명령한 율법이다(Sir. 24:23).

지혜와 토라 연구를 일치시키는 과정은 바리새적 전통에서 정립되었다. 토라를 연구한 사람은 지혜로운 사람(하카님)이었으며, 그렇지 못한 사람은 죄인이었다. 토라와 그 속성에 대한 학가다식 사고는, 토라도 태초부터 있었고 그 끝이 없다, 그 멍에를 메는 사람은 천국의 멍에를 메는 것이다는 결론에 도달하였다. 이것은 자유와 하나님의 쉼을 공유하는 것을 의미한다. 또 토라 자체에 대한 연구는 쉐키나를 수단으로 하여 하나님의 임재를 중재하는 것이라고 한다(위의 제2장 82페이지를 보라). 이런 이미지들은 마태가 예수님 입에 넣어 둔 말씀 가운데 일부가 상당히 애매하게 되는 배경을 제공한다.

예수님이 "하였다는 것을 너희가 들었으나 나는 너희에게 이르노니…" 라고 말씀하시면서 주장하시는 놀라운 권위를 우리는 이미 보았다. 이러한 언어는 실제로 토라와 동등하심을 주장하는 것이다. 뿐만 아니라 예수님은 반대자들과 가지신 논쟁 한 복판에서 자신이 성전보다 크고(12:6), 요나보다 크고(12:41), 솔로몬보다 크다고(12:42) 주장하신다. 이러한 우월성의 주장은 무작위로 선정한 것인가? 예수님이 자신과 비교하시는 이 세 가지는 그 자체만을 의미하는가? 아니면 토라의 세 부분, 즉 율법, 선지자, 성문서를 의미하는가?

이런 주장은 완전히 무시할 수 없는 사실은 "내가 의인을 부르러 온 것이 아니요 죄인을 부르러 왔노라" 하시는 예수님의 말씀에서 볼 수 있다(9:13). 지혜가 생명으로 부르는 것과 같이 예수님도 그렇게 하신다. 지혜가 "인자를 기뻐" 한 것 같이, 우리는, 예수님도 무가치한 자들과 어울린다는 비난을 받으시면서 "지혜는 그 행한 일로 인하여 옳다 함을 얻느니라" 하시면서 자신을 변호하는 모습을 본다. 예수님은 "내가 너희에게 선지자들과 지혜있는 자들과 서기관들을 보"낼 것이라고 직접 말씀하신다(23:34). 우리는 5:48에서 아버지가 완전한 것의 척도이심을 알고 있다. 하지만 예수님은 영생을 원하는 부자에게(19:16) 먼저 "계명을 지키라"고 하신다(19:17). 그러나 그 사람이 이것을 다 행하였다고 말하자, 예수님은 "네가 온전하고자 할진대 가서 네 소유를 다 팔아 … 그리고 와서 나를 좇으라" 하신다(19:21). 5:18에서 예수님은 토라에 관해서 말씀하신다. "천지가 없어지기 전에는 율법의 일점 일획이라도 반드시 없어지지 아니하고 다 이루리라." 반면 24:35에서는 자신의 말씀에 관해서 "천지는 없어지겠으나 내 말은 없어지지 아니하리라" 하시고, 또 모든 민족에게 "내가 너희에게 분부한 모든 것을 가르"치라 "볼찌어다 내가 세상 끝날까지 너희와 항상 함께 있으리라"는 대사명을 제자들에게 주신다(28:20).

앞에서 말한 예제들은 내용이 암시적인 것 뿐이다. 그래서 이것만 가지고서 주장을 만들기는 불가능하다. 하지만 다음 구절에서 예수님과 토라를 동등하게 보는데 실패할 일이 없다. 예수님은 백성들에게 무거운 짐을 지운다고 서기관과 바리새인들을 비난하셨다(23:4). 11:28-30에서는 아버지를 계시할 수 있는 자신의 유일무이한 능력을 선언하신 다음 이렇게 말씀하셨다.

> 수고하고 무거운 짐진 자들아 다 내게로 오라 내가 너희를 쉬게 하리라 나는 마음이 온유하고 겸손하니 나의 멍에를 메고 내게 배우라 그러면 너희 마음이 쉼을 얻으리니 이는 내 멍에는 쉽고 내 짐은 가벼움이라

특별하게 내용이 풍부한 이 구절에서는 언급할 것이 몇 가지 있다. 첫째 예수님은 온유하고 겸손하시기 때문에, 하나님 나라의 회원 자격을 의인화시키신다(5:3-5과 비교). 둘째 토라가 하나님의 뜻을 드러내는 것과 같이 예수님은 자신이 원하시는 사람들에게 아버지를 드러내신다(11:27). 셋째 서기관과 바리새인들에 비해서—계시가 감추어진 "지혜로운 자들"(11:25)—예수님은 가벼운 짐을 주신다. 넷째 예수님의 "멍에"는 "하나님 나라의 멍에"인 토라의 상징과 정

확하게 일치한다. 다섯째 바리새인들이 하나님의 길을 배우기 위해 토라를 보았 듯이 예수님이 부르시는 사람들은 "내게 배"워야 한다. 여섯째 무엇보다도 먼저 사회적으로 유대인의 특징을 보여주는 계명은 안식일 준수였다. 이것은 하나님 자신의 사바트 안식에 동참하는 것으로 생각하였다. 그런데 여기서는 예수님에 게서 배우는 것은 영혼의 안식을 가져다 준다.

마지막으로 두세 사람이 토라를 함께 공부하면 그들 가운데 쉐키나가 머문 다는 말이 있다. 18:20에서 예수님은 자신의 공동체에게 "두세 사람이 내 이름 으로 모인 곳에는 나도 그들 중에 있느니라" 말씀하신다. 마태의 복음서에서 예 수님은 토라의 선생, 토라의 성취, 토라의 체현 자체이시다.

메시아의 교회

나는 앞에서 마태복음이 "교회"(에클레시아, 16:18, 18:17)라는 용어를 사 용한 유일한 복음서란 점과 이 복음서가 메시아 공동체의 정체와 보전에 지속적 인 관심을 보이고 있다는 점을 지적하였다. 이 점은 유대 지도자들에 대한 복음 서의 반감을 좀더 이해하기 쉽게 해준다. 예수님의 주장은 과거의 힘이 있고 적 대적인 전통에 대항하여 자신의 정체를 규명하는 공동체의 노력에 의견을 표명 한다.

유대인과 이방인

자기 정체 규명을 위한 노력은 특수성과 보편성 사이의 긴장 때문에 마태의 공동체에게 가장 힘든 일이었다. 이들은 어떤 면에서 유대주의의 일부이며 어떤 면에서 이방인 가운데서 나왔는가? 이 공동체 전통 가운데 어떤 부분은 예수님과 최초의 제자들의 사역이 이스라엘에게만 의미가 있었다는 점을 분명히 하고 있 다(2:6, 9:36, 10:23, 19:28). 그러나 이 점을 표현하는데 있어서 이상한 표현 이 두 번 사용되었다. 먼저 예수님은 수로보니게 여인에게 "나는 이스라엘 집의 잃어버린 양 외에는 다른 데로 보내심을 받지 아니하였노라" 하셨고(15:24), 열 두 제자를 내어 보내시면서 "이방인의 길로도 가지 말고 … 차라리 이스라엘 집 의 잃어버린 양에게로 가라" 하셨다(10:5-6).

이 복음서에 나오는 말씀 재료도 이방인에 대한 분명한 적의를 보여 주고 있다. 이방인들은 개와 심지어 돼지와 같다(6:32, 7:6). 이들은 쾌락의 방식(6:32), 권세(20:25), 기도(6:7)와 호의까지(5:47) 모두 비판의 대상이 되었다. 뿐만 아니라 예수님이 이방이들에게 넘기어졌듯이(20:19), 제자들도 그들에게서 미움을 받는다 할지라도 모든 민족 앞에서 증거를 해야 할 것이었다(10:18). 이 공동체가 어떻게 유대교의 상징 구조를 전용하였는지 가장 잘 보여주는 예가 있다면 그것은 공동체의 말성 꾸러기에 관한 다음의 표현일 것이다. "교회의 말도 듣지 않거든 이방인과 세리와 같이 여기라"(18:17).

동시에 이 공동체는 자신들의 메시아가 유대 지도층과 예루살렘 대중에게 배척을 당한 사실과(27:25), 거리 저쪽 아래에 있는 회당에서 예배하는 자들에게서 계속해서 배척을 받은 사실을 알고 있었다. 이 공동체는 "동서로부터 많은 사람이 이르러 … 천국에 앉으려니와 나라의 본 자손들은 바깥 어두운 데 쫓겨나 거기서 울며 이를 갊이 있으리라"고 하신 예수님의 말씀은 물론(8:11-12), 두 아들 비유의 교훈과 세리와 죄인들이 먼저 천국에 들어갔다는 사실도 기억하고 있었다. 또 포도원 비유가 의미하는 바도 알고 있었다. "하나님 나라를 너희는 빼앗기고 그 나라의 열매 맺는 백성이 받으리라"(21:43). 또 혼인 잔치 비유에서 어떻게 "임금이 노하여 군대를 보내어 그 살인한 자들을 진멸하고 그 동네를 불"살랐는지와(22:7) 예수님이 서기관과 바리새인들에게 "보라 너희 집이 황폐하여 버린 바 되리라"고 말씀하신 사실도 알고 기억하고 있었다(23:38).

또한 이 공동체의 서기관들은 이방인의 소망과 빛이 될 종으로서의 메시아에 관해서 말하는 토라의 본문들을 깊이 생각하였다(4:15-16, 12:18-21). 출생에 이미 나타난 메시아의 우주적 의미에 대한 암시를 보았고(2:2), 유대인이 하지 못할 때 메시아에 대한 신앙을 보여준 이방인들의 이야기도 알고 있었다. "이스라엘 중 아무에게서도 이만한 믿음을 만나 보지 못하였노라"고 백부장을 두고 말씀하시고(8:10), 수로보니게 여인에게 "여자야 네 믿음이 크도다" 하셨다(15:28). 이 공동체는 무엇보다도 먼저 모든 민족에게 복음이 전파될 것이며(24:14) 그래서 모든 민족이 심판 때에 그 앞에 오게 될 것이라는(25:32) 예수님의 약속이 열 한 제자에게 하신 "가서 모든 족속으로 제자를 삼"으라는 부활하신 주님의 말씀 속에서 명백한 명령으로 제시되어 있다는 사실을 알고 있었다. 이 대사명은 성취되기 시작하였고, 이 교회는 이방인들의 구성원 안에 받아 들였다. 하지만 이 공동체는 발전 단계에 있는 바리새적 유대교와 대결하면서(어쩌면 이스라엘 집의 잃어버린 양으로서) 자신의 독특한 정체성을 확립해야 하는 부담을 가지는 동시에 메시아 공동체 밖에 있는 사람들을 간단히 이방인이라고 부르는 유대교의 상징들을 자신에게 철저하게 전용하셨다(18:17).

마태복음에 있어서 제자들

“열 두 제자들”이란 용어를 좋아한 점으로 보아(10:1, 11:1, 20:17, 26:20) 마태는 마가보다 제자들을 훨씬 호의적으로 다루었다. 그 이유에 관해서는 이미 살펴 보았다. 제자들은 주님의 말씀을 다른 사람들에게 전달해야 한다. 따라서 이들은 완전히 믿음을 상실하거나 이해력이 없는 사람일 수 없다. 우리는 이들이 이해하였고 또 “보고 들었다”는 사실을 알고 있다(13:51-52, 13:10-17). 마태는 예수님의 최초의 추종자들에 관한 곤란한 사실들을 절대로 감추지 않는다. 그들은 모두 예수님을 버렸고(26:56), 심지어 예수님이 부활하신 다음 나타나셨을 때에도 “오히려 의심하는 자도 있”었다(28:17. 14:31과 비교). 하지만 마태는 시종일관 폭풍을 잔잔케 하신 일과(8:23-27) 혈루병 여인(9:18-26), 변화산 사건(17:1-8), 두번째 수난 예언과 같은 장면에서 마가의 곤란한 표현들을 부드럽게 만들었다. 두번째 수난 예언에서 제자들은 “두려워”하지 않고 다만 “심히 근심”하였다(17:23). 마태는 이들의 문제를 믿음이 적은 것으로 규정하였고(17:20), “믿음이 적은 자”라는 표현이 제자들에 대한 마태의 실제적인 별칭이었다(6:30, 8:26, 14:31, 16:8).

마태가 제자들을 다루는 모습에서는 베드로의 두드러진 역할이 아주 인상적이다. 여기에서 베드로는 다른 제자들의 대표로 등장하는데, 그 횟수가 마가에서보다 훨씬 많다. 물 위를 걸으신 이야기에서는 전체 장면이 베드로 한 사람의 반응에 할애 되었고(14:28-31), 열 두 제자들이 이스라엘 안에서 누릴 열 두 보좌에 대한 예언은 베드로의 질문에 대한 대답으로 나온 것이다(19:27-30). 겟세마네 동산에서는(마가에서처럼 “시몬”이 아니라) 베드로가 잠들었다는 사실이 두 번이나 강조되어 있다(26:37, 40).

베드로의 두드러진 역할에 대한 긍정적인 면과 부정적인 면은 예수님에 대한 신앙 고백과 부인이 그 단적인 예가 된다. 가이사랴 빌립보에서 있는 베드로의 예수님 인식은 마가보다 충실하다. "주는 그리스도시요 살아 계신 하나님의 아들이시니이다"(16:16). 여기에 대해 예수님은 특별히 베드로를 향한 축복의 말씀으로 친절하게 반응하셨다. 베드로는 교회의 반석이며, 서기관 공동체에서 "매고 푸는" 능력, 다시 말해서 결정권을 가졌다. 서기관과 바리새인들은 천국을 "막고" 있었지만, 베드로는 "천국의 열쇠"를 부여 받았다(16:19). 18:18에 보면 공동체 전체가 "매고 풀" 수 있다고 말씀하니까 베드로의 권위는 공동체의 권위와 분리되어 있는 것이 아니다. 하지만 그 권위를 분명하게 하고 있다. 여기에서 다시 한번 베드로는 대표적인 인물인 것이다. 그리고 마태는 베드로의 신앙 고백의 위대성이 하나님의 뜻에 대한 거부의 깊이와 맞먹는다는 사실을 보여 준다. 베드로는 예수님의 고난을 듣고서 "주여 그리 마옵소서" 하고 말했다(16:22). 이에 대해 예수님은 베드로를 "나를 넘어지게 하는 자"라고 하셨다(16:23).

마태는 또한 그 내용이 적지만 아주 뚜렷하게 베드로의 예수님 부인의 잘못됨을 강조하고 있다(26:69 - 75). 그는 마가에서처럼 예수님을 세 번 부인하였다. 하지만 그 가운데 두 번은 자신을 저주하고 또 맹세하였다(26:72, 74). 이것을 통하여 마태는 베드로가 예수님을 부인하였을 뿐 아니라 예수님의 가르침까지 부인한 것을 보여준다(5:34을 보라). 베드로는 아주 잘한 면과 아주 잘하지 못한 면 양쪽에서 제자들을 대표하고 있다.

교회에 주는 교훈

어떤 면에서 보면 이 복음서에 나오는 예수님의 모든 말씀은 교회를 가르치는 말씀이다. 그런데 10장과 18장은 이 공동체의 삶과 활동에 초점을 맞추고 있음이 분명하다. 10:1 - 42에서 예수님은 열 둘을 선교 사역에 내어 보내신다. 마가와 마찬가지로 마태는 기사 가운데 예수님이 배척 당하시는 부분에 이 강화를 둠으로 이 운동에 드리울 배척과 핍박의 그림자를 생각하게 한다(8 - 9장, 11 - 12장을 보라). 그래서 제자들은 예수님으로 인해서 배척과 핍박(10:14 - 25), 그리고 가족 간의 불화를 예상해야 했다(10:34 - 36). 이 상황에서 이들은 무서워하면 안된다(10:26 - 33). 이들은 메시아의 임재를 만드는 메시아의 대표들로서 메시아의 사역을 수행할 권위를 가진다(10:1, 7 - 8). 그러므로 이들은 예수님과 동일한 영접과 배척을 예상할 수 있다(10:40 - 42). 우리는 이 말씀을 마태의 서기관 본문에서 뚜렷하게 들을 수 있다. "제자가 그 선생보다, 또는 종이 그 상전보다 높지 못하나니 제자가 그 선생 같고 종이 그 상전 같으면 족하도다"(10:24 - 25).

18장은 교회의 내부 생활을 다룬다. 여기서는 겸손과 섬김에 아주 집중하고 있다. 메시아 공동체에는 다른 공동체와 마찬가지로 책망과 교정, 심지어 출교까지 필요할 수 있다. 하지만 이것은 무엇보다도 먼저 자신의 정체를 힘으로 규정하는 공동체가 아니다. 위대함은 작음으로 평가되며, 천국을 받는 모델은 어린 아이이다(18:1 - 4). 마찬가지로 이 공동체 전체는 "어린 아이"에 대한 적극적인 관심을 보여 주어야 한다. 어린 아이들을 영접해야 하며(18:5) 실족하게 하거나(18:6 - 9) 무시하지 않아야 한다(18:10). 이들은 찾아내서 구원해야 한다. "이 소자 중에 하나라도 잃어지는 것은 하늘에 계신 너희 아버지의 뜻이 아니니라"(18:12 - 13). 마태복음서에 여러 번 나타나는 바와 같이 용서는 교회 안에 있는 사람들의 특징적인 자세가 된다(18:21 - 35. 6:12 - 15, 9:2 - 6과 비교). 훈련과 용서가 필요하다면 이것은 마태가 교회를 완전한 자들의 모임으로 생각하지 않았다는 의미이다. 가라지 비유와 그 해석 부분(13:24 - 30, 37 - 43), 그물과 물고기 비유(13:47 - 50), 혼인 잔치 비유는(22:11 - 14) 교회 안에 있는 사람들에게도 지속적인 개혁과 응답이 요구된다는 사실을 분명히 해주고 있다. 이 공동체가 심판대에 선다는 사실을 양과 염소의 비유만큼(25:31 - 46) 명백하게 보여 주는 비유는 없다. 이 비유는 상벌의 기준이 "내 형제 중에 지극히 작은 자 하나"에게 한 일이 될 것임을 분명하게 말한다(25:40, 45). 예수님의 토라는 "자비를 원하고 제사를 원치 아니"한다(12:7)

참고문헌

마태 우선성에 관한 논의 내용은 7장의 참고문헌 란에서 볼 수 있다. 마태의 5권 책 가설을 충분한 수준으로 발전시킨 것은 B. W. Bacon, *Studies in Matthew*(New York: Henry Holt, 1930)이다. 시간 전환에 근거한 분석은 J. D. Kingsbury, *Matthew: Structure, Christology, Kingdom* (Philadelphia: Fortress Press, 1975)이다. 마태의 문학적 기교의 면은 J. C. Fenton, "Inclusio and Chiasm in Matthew," *SE* 1(TU 73, 1959):

174-79, C. H. Lohr, "Oral Techniques in the Gospel of Matthew," *CBQ* 23(1961): 403-35에서 볼 수 있다.

마태의 성경의 체계적 사용은 R. H. Grundy, *The Use of the Old Testament in St. Matthew's Gospel*(Leiden: E. J. Brill, 1967), K. Stendahl, *The School of St. Matthew and Its Use Of the Old Testament*(Philadelphia: Fortress Press, 1968)이 분석해 놓았다. 스텐달은 이 주해 작업에 대한 학맥을 주장한다. 마태의 토라 사용이 그의 화법을 구체화한 방식은 J. H. Neyrey, "The Thematic Use of Isaiah 42:1-4 in Matthew 12," *Bib* 63(1982): 457-73에서 볼 수 있다. 마태의 예전적 상황을 강조한 것은 G. D. Kilpatrick, *The Origins of the Gospel According to St. Matthew*(Oxford: At the Claredon Press, 1946), M. D. Goulder, *Midrash and Lection in Matthew* (London: SPCK, 1974)이다.

마태의 첫 몇 장에 관해서는 K. Stental, "'Quis et Unde?' An Analysis of Mt 1-2," in *The Interpretation of Matthew*, ed. G. Stanton, IRT 3(Philadelphia: Fortress, London: SPCK, 1983[1961], 56-66와 R. E. Brown, *The Birth of the Messiah* (Garden City, N.Y.:Doubleday & Co., 1979)를 보라. 수난에 관해서는 N. A. Dahl, "The Passion Narrative in Matthew," in *The Interpretation of Matthew*, ed. Stanton, 42-55를 보라. 예수님의 칭호에 대한 마태의 독특한 사용은 J. D. Kingsbury, "The Title 'Son of David' in Matthew's Gospel," *FBL* 95(1976): 591-602와 "The Title 'Kyrios' in Matthew's Gospel," *FBL* 94(1975): 246-55에 연구되어 있다.

비유에 관해서는 일반적으로 Jeremias, *THe Parables of Jesus*, rev. ed., trans. S. Hooke(New York: Charles Scribner's Sons, 1963), J. D. Crossan, *In Parables: The Challenge of the Historical Jesus*(New York: Harper & Row, 1973)과 특히 M. Boucher, *The Mysterious Parable: A Literary Study*, CBQMS 6(Washington, D. C.: Catholic Biblical Assn. of America, 1977)을 보라. 마태의 비유 사용에 관해서는 J. D. Kingsbury, *The Parables of Jesus in Matthew 13*(Richmond: John Knox Press, 1969)를 보라.

마태의 상황을 23장에 나오는 논쟁으로부터 해독하려는 시도에 관해서는 D. R. A. Hare, *The Theme of Jewish Persecution of Christians in the Gospel According to Matthew*(Cambridge: At the Univ. Press, 1967), S. Van Tilburg, *The Jewish Leaders in Matthew*(Leiden: E. J. Brill, 1972), O. L. Cope, *A Scribe Trained for the Kingdom of Heaven* CBQMS 5(Washington, D. C.: Catholic Biblical Assn. of America, 1976)과 D. E. Garland, *The Intention of Matthew 23* NovTSup 52(Leiden: E. J. Brill, 1979)를 보라. 7장의 논쟁적 의도에 관한 고찰은 D. Hill, "False Prophets and Charismatic: Structure and Interpretation in Matthew 7:15-23," *Bib* 57(1976): 327-48이 있다.

마태복음 가운데서 5장만큼 많은 주목을 받은 부분은 없다. 그 다양한 측면에 관해서는 J. Jeremias, *The Sermon on the Mount*, trans. N. Perrin(Philadelphia: Fortress Press, 1963), W. D. Davies, *The Setting of the Sermon on the Mount* (Cambridge: At the Univ. Press, 1963), J. Meier, *Law and History in Matthew's Gospel: A Redactional Study of 5:17-48*(Rome: Biblical Inst. Press, 1976), B. Przybyski, *Righteousness in Matthew and His World of Thought*, SNTSMS 41(New York and Cambridge: Cambridge Univ. Press, 1980), H. D. Betz, *Essays on the Sermon on the Mount*, trans. L. L. Welborn(Philadelphia: Fortress Press, 1985)을 보라.

마태복음의 토라와 예수님 사이의 문학적 관계에 대한 연구는 J. M. Gibbs, "The Son of God as Torah Incarnate in Matthew," *SE* 4(TU 102, 1968): 38-46, M. J. Suggs, *Wisdom, Christology, and Law in Matthew's Gospel*(Cambridge: Harvard Univ. Press, 1970), F. Burnett, *The Testament of Jesus-Sophia*(Washington, D. C.: Univ. Press of America, 1981)이 있다. 제자들 가운데서 베드로가 수행한 특수한 역할에 대한 연구는 R. Brown, K. P. Donfried, J. Reumann, eds., *Peter in the New Testament*(Minneapolis: Augsburg Pub. House, 1973)에 있다.

수많은 마태 주제를 다룬 소논문 모음집은 G. Bornkamm, *Tradition*

and Interpretation in Matthew (Philadelphia: Westminster Press, 1963), J. L. Mays, ed., *Interpreting the Gospels*(Philadelphia: Fortress Press, 1981), G. Stanton, ed., *The Interpretation of Matthew* IRT 3(Philadelphia: Fortress Press, London: SPCK, 1983)가 있다. 독자 반응 방법론의 관점에서 마태를 읽으려는 시도로는 R. A. Edwards, *Matthew's Story of Jesus*(Philadelphia: Fortress Press, 1985)가 있다.

마가의 경우와 마찬가지로 영어로 된 뛰어난 비평 주석이 하나도 없다. 그러나 D. Hill, *The Gospel of Matthew*, NCB(Grand Rapids: Wm. B. Eerdmans, London: Oliphants, 1972), J. C. Fenton, *The Gospel of St. Matthew*(Baltimore: Penguin Books, 1963), E. Schweizer, *The Good News According to Mathew*(Atlanta: John Knox Press, 1975)에서 어느 정도 유익을 얻을 수 있을 것이다. 좀더 기술적인 내용은 R. H. Gundry, *Matthew: A Commentary on His Literary and Theological Art*(Grand Rapids: Wm. B. Eerdmans, 1982)가 있다.

제9장

누가 – 행전

누가 -행전은 누가복음과 사도행전을 나타내는 전통적인 단축 용어이다. 하이픈으로 연결된 이 제목은 정경에서 제사복음서(요한복음)에 의해 따로 떨어지게 된 이 두 문서가 두 권으로 된 한 편의 작품이라는 확신에 주의를 환기시킨다.

이 두 권의 책의 분리는 초기에 이루어진 것이 분명하다. 이 두 권의 책이 함께 이어진 사본들은 현존하지 않는다. 그리고 이 두 권의 책이 같은 저자에 의해 쓰여졌다는 사실을 알고 있었던 교부들도 이 두 권의 책을 분리하여 취급했다. 이 두 권의 책이 분리된 이유는 단순했을 것이다. 첫번째 책(누가복음)은 다른 복음서들과 훌륭하게 어울리지만 사도행전은 신약성경의 다른 작품들과 유사하지 않다. 반면에 사도행전은 바울 서신들에 대한 훌륭한 입문서 역할을 한다. 우리는 사도행전이 로마의 생활을 시작하는 바울로 끝을 맺고, 이어 일련의 바울 서신들이 로마서로 시작되는 것을 본다. 또한 사도행전은 교회의 광범위한 선교 가운데 있어서 자신의 위치를 강조하는 바울을 생생하게 묘사한다. 이 점이 정경에 이 상당히 위험스러운 저자를 수용하는데 기여했을 것이다.

기록의 특징

이 두 저작의 일치성은 각각의 책의 서언에 나타나 있다. 누가복음의 서언(눅 1:1-4)은 약간 긴 편으로 저자의 의도에 대한 중요한 단서를 제공한다.

우리 중에 이루어진 사실에 대하여 처음부터 말씀의 목격자 되고 일꾼 된 자들의 전하여 준 그대로 내력을 저술하려고 붓을 든 사람이 많은지라 그 모든 일을 근원부터 자세히 미루어 살핀 나도 데오빌로 각하에게 차례대로 써 보내는 것이 좋은 줄 알았노니 이는 각하로 그 배운 바의 확실함을 알게 하려 함이로다

사도행전의 서언(행 1:1-2)은 첫번째 책(누가복음)을 간략하게 요약하고 있다:

데오빌로여 내가 먼저 쓴 글(로고스)에는 무릇 예수의 행하시며 가르치시기를 시작하심부터 그의 택하신 사도들에게 성령으로 명하시고 승천하신 날까지의 일을 기록하였노라

서언들의 명백한 증거 외에 구조, 문체 그리고 주제의 요소들이 현대의 거의 모든 학자들로 하여금 "누가-행전"이 신약성경 정경 안에 공통적인 증거자임을 확신시키는데 기여한다. 그러나 "누가-행전을 해석하는 인식의 관계들은 충분히 발전되지 않고 있다.

어떤 개인에게 헌정되는 작품은 보통 그 헌정 받는 사람의 이름을 나타낸다. 그렇게 볼 때, "누가-행전"은 아드 데오빌룸(Ad Theophilum) "데오빌로에게"를 지칭한다. 의례적인 서언은 종종 의례적인 발표를 나타낸다. 즉 헌정을 받는 사람이 후원자인 경우이다. 이 "하나님을 사랑하는 자"(데오빌로의 어원적인 추정)의 정체는 우리에게 알려져 있지 않다. 우리는 이 사람이 한 개인인지 또는 누가의 기록들을 읽는 독자들을 상징적으로 나타내는 총칭인지도 확인할 수 없다. "이는 각하로 그 배운 바"(눅 1:4, 영역. "the thing of which you have been informed" (당신이 들어서 알아 온 바))라는 말은 이 기록을 읽는 독자가 기독교의 운동에 대해 알고 있음을 암시한다. 만일 한글 개역과 같이 보다 정확하게 번역한다면, 이 구절은 이 독자가 기독교 운동의 한 구성원, 존칭을 받을 만한 매우 중요한 구성원이며 본서의 출판을 후원하기에 충분한 부유한 구성원임을 시사한다.

본 복음서의 표제와 전통의 일치에 따르면 본서의 저자는 누가라는 이름을 가진 인물이다. 고대의 권위자들은 이 인물을 바울의 동역자였던 의원 누가와 동일 인물로 간주했다(몬 24, 골 4:14, 딤후 4:11을 보라). 바울과의 관계는 목격

자의 존재를 암시하는 일인칭 단수에 의해 강하게 시사된다(행 16:10-18, 20:5-21, 27:1-28:16). 이 전통적인 귀속은 "누가-행전"을 제2세대의 기록으로 보는 인식(특별히 눅 1:2, 행 20:17-35을 보라)에 의해 종종 이의가 제기된다. 그렇지만 그러한 제2세대적인 호칭은 정확한 연대 결정을 해주는 것이 아니며, 또한 바울의 한 동역자가 저자라는 사실을 자동적으로 배제하는 것도 아니다. 따라서 전통적인 귀속이 정확할 것이다. 하지만 이 전통적인 귀속이 두드러지게 의원의 안식이나 어휘를 나타내는 본문의 증거에 의해 뒷받침되는 것은 아니다. 이런 주장들에서 예증되는 자료들이란 단지 누가가 드물게 교양 있는 어휘를 사용했다는 것인데, 그의 교양 있는 어휘가 당시에 보기 드문 것은 아니었으며, 또한 그가 의원들의 전문적인 언어를 사용한 것은 아니다. 이 저자의 문제가 "누가-행전"을 해석하는데 크게 도움을 주는 것은 아니다.

그렇다면 우리는 달리 알려지지 않은 한 그리스도인이 역시 달리 알려지지 않은 한 후원자에게 제1세기 후기에 보내었던 두 권으로 된 한 작품을 보고 있는 것이다. 이 작품은 마가복음보다 나중에 나온 것이다. 왜냐하면 마가복음을 자료로 사용하기 때문이다. 마가복음보다 얼마나 나중인지는 단정하는 것이 불가능하다. 이 작품의 독자들은 아마도 모두 그리스도인들이었던 것 같다. 그들은 다른 초대 기독교 문서들에서 발견되는 것보다 상당히 높은 수준의 헬라어를 읽을 수 있었다. 우리는 그들이 누가의 이 작품에 종종 나타나는 약간 미묘한 필치들과 문학적 암시들을 이해했다고 추정한다. 이런 일반적인 결론들 외에, 이 작품의 명칭과 의도들을 연구의 인도자로 단지 본문 자체밖에 우리가 갖고 있는 것이 없다. 지금까지 "누가-행전"은 여러 가지 방식으로 분류되고 목록되어 왔다. 그 중 중요한 몇 가지를 본문 분해에 앞서 예비적인 탐구로 언급될 수 있다.

첫째로 우리는 이 작품의 길이를 주목한다. 한 문서가 큰 비율을 차지하지 않은 고전의 기준들로 볼 때, 완전히 정경의 4분의 1을 차지하는 총 52장으로 이루어지는 이 작품은 신약성경의 수집에 있어 단연 가장 긴 작품이다. 그러나 이 길이는 말이 장황하기 때문이 아니다. 누가의 헬라어 문체는 절도가 있고 효율적이다. 그는 몇 마디의 말로 온 세상의 감정을 환기시키는 재능을 가진 단편 소설 작가와 같다는 칭찬을 받아 왔는데 지극히 당연한 칭찬이다. "누가-행전"에는 생생한 문학적 스케치들이 산재되어 있다. 이러한 문학적 스케치들은 사도행전에 있어서는 문 앞에서 어쩔 줄을 몰라 하는 소녀 로데를 묘사하는 마음에

와 닿는 유머로부터(12:12-17) 겁에 질려 은밀하게 열린 공회 모임에 대한 풍자와(5:33-39) 철학자들을 향한 바울의 세련된 전도(17:16-34)를 거쳐 창문에서 떨어진 유두고의 인간적인 모습에 대한 묘사(20:7-12)에 이르기까지 다양하다. 복음서에는 연민과 긍휼을 나타내는 비유들, 즉 탕자의 비유(15:11-24)와 선한 사마리아인의 비유(10:30-35)가 있다. 이런 내용들에서 주어지는 완전한 만족감은 길이로 말미암는 것이 아니라 예술적인 재능으로 말미암는 것이다.

또한 "누가-행전"의 길이는 누가의 안목의 범위로 말미암은 것이기도 하다. 그는 "이루어진 사실에 대하여" "그대로(순서대로) 내력"을 저술하고 있고, 그의 서술은 인류의 시초까지 거슬러 올라간다. 마태의 족보는 아브라함으로부터 시작하는데 비하여, 누가의 족보는 아담으로부터 시작한다(3:23-38)! 누가는 예수님의 탄생과 어린 시절에 대해 마태보다 더 많은 사실들을 우리에게 들려주며(특별히 2:39-51을 보라), 예수님의 부활 후의 현현에 대해서도 훨씬 많은 사실들을 우리에게 말해 주고 있다(24:1-51). "이루어진 사실"은 거기에서 끝나는 것이 아니라, 누가 자신의 시대 즉 "우리 중에 이루어진 사실"에까지 이른다.

초대 기독교 문학의 발전에 끼친 누가의 결정적인 공헌이 여기에 있다. 누가는 예수님의 생애와 죽음과 부활, 그리고 교회의 탄생과 전파, 이 두 가지 사실을 하나님께서 이스라엘에 대한 약속들을 성취하시는 내용으로 이야기한다. "누가-행전"을 단일한 증거로 보는 실제적인 중요성이 또한 여기에 있는 것이다. 누가는 세상을 위한 예수님과 교회의 의의를 단일적인 시각으로 이해하고 예수님에게서 일어나는 일이 교회의 경험을 예시하며, 교회에서 일어나는 일이 예수님의 역사를 영속시키는 의미로 발견되는 것으로 내용을 전개한다.

2천년 동안에 걸쳐 사람들로 하여금 누가가 사실을 일어난 그대로, 진실로 일어나지 않으면 안되었던 일을 그대로 이야기한 것으로 생각하게끔 만들었다는 사실은 누가의 문학적인 능력을 증거한다. 그가 아니었다면 초대 교회에 대한 사실은 전혀 알려질 필요가 없는 것이 되었을지 모른다. 또는 매우 다르게 알려졌을지도 모른다. 우리가 초대 교회의 역사를 예수님의 역사의 연속으로 보는 것은 전적으로 누가의 업적인 것이다.

이 두 권의 책에서 걸쳐 그가 서술하는 바는 약 60년에 걸친 내용이다. 본문은 먼저 완성과 연속이라는 인상을 독자들에게 준다. 이 인상도 역시 자료의 양보다는 문학적인 능력으로 말미암는 것이다. 예를 들어 사도행전의 처음 일곱 개의 장들에서, 누가는 단지 소수의 특별한 사건들을 다룰 뿐이다. 즉 맛디아의 선발, 오순절, 앉은뱅이의 치유, 바나바의 헌금, 아나니아와 삽비라의 죽음, 논쟁, 스데반이 돌에 맞아 죽음 등이다. 이와 마찬가지로 사도행전 15-18장에서 서술되는 바울의 선교에서, 누가는 긴 여정 중의 중요한 요점들은 커녕, 단지 소수의 일화들만을 이야기할 뿐이다. 그렇지만 우리는 이 부분을 읽을 때, 자세한 분량감을 느끼게 된다. 누가가 어떻게 그렇게 할 수 있는 것일까? 그 대답은 누가가 그 사건들의 상세한 설명을 확대하고 개괄하는 요약이라는 방법으로 그 얼마 안되는 특별한 내용들을 풍요하게 하기 때문이다. 그리고 그는 서술되어지는 사건들을 주석하고 해석하는 말들로 극적인 순간들을 길게 늘이기도 한다.

장르와 목적

누가를 저자라고 한다면, 그는 말 그대로 소설 저자일까? 아니면 오랫동안 그렇게 여겨져 온 바와 같이 역사가일까? 이 질문은 그의 작품의 형식과 목적에 대한 고찰로 이어진다.

전통적으로 이 질문은 대답되어져 있다. 즉 누가는 역사가이며 또한 역사가가 되고자 의도했다는 것이다. 그럴 때에 토론은 누가가 훌륭한 역사가인가 아니면 서투른 역사가인가 하는 문제로 옮겨지게 된다. 이 답을 진지하게 받아 들이는 몇 가지 이유가 있다:(1) 그의 서론이 그가 "그대로 내력"을 쓰고 있다고 말한다. 누가의 시대의 역사가들은 자신들의 작품을 묘사하는데 그런 말을 사용했다. 게다가 누가는 구두적인 자료들과 문자 자료들을 참조했다. 그는 다른 사람들이 자기보다 먼저 이 내용들을 기록했다는 사실을 알고 있었다. 그에게는 자료들이 있었던 것이다. 그래서 그는 그 자료들을 원천으로 받아 들이고 비평적으로 사용했다.(2) 누가는 자신의 내용을 보다 넓은 역사적 맥락으로 연결시키고자 노력했다. 이렇게 함에 있어 먼저 그는 중추적인 사건들에 대한 연대순의 관계들을 제시한다(눅 1:5, 2:1-2, 3:1-2, 행 18:12를 보라). 여기에 부연하여, 그는 세력권들과 통치자들을 확인하는데, 여기에는 팔레스타인만(행12:20-22) 해당되는 것이 아니라 소아시아(행19:31), 그리고 유럽까지도(행 18:12-17) 포함된다.(3) 특별히 누가는 연대와 인과 관계에 대한 역사가의 직관을 갖고 있다.

그는 여러 사건들을 서로 연관시킨다. 그리하여 하나의 목적을 위한 맥락이 그의 서술 전체를 관통하는 것이다.

만일 누가가 역사가라면, 어떤 유의 역사가인가? 그리고 얼마나 능숙한 역사가인가? 이 질문들은 상호 영향을 미친다. 역사가는 자신의 출처에 상당한 의존을 한다. 누가는 자신에게 목격자들의 자료들이 있다고 말한다(눅 1:2). 아마도 헤롯 황실에 대한 그의 특별히 진귀한 정보들은 바로 그런 출처에서 나왔을 것이다(8:3). 사도행전에 나오는 "우리" 자료도 역시 목격자(본인 또는 타인)에 근거된 것일 수 있다. 그러나 이 일인칭 복수는 여행 기록에 관습적으로 사용되는 것이기 때문에, 확신할 수는 없다. 누가에게는 또한 문서 자료들도 있었다(눅 1:1). 복음서에서, 누가는 마가복음, Q 자료, 그리고 L로 지칭되는 자료들을 사용했다. 우리는 단지 마가의 경우에서만 출처를 대조할 수 있다(Q의 경우는 보다 어렵다. 왜냐하면 Q의 원형이 누가와 마태의 변화들에서 발췌된 것이 분명하기 때문이다).

누가는 마태의 방식과는 다른 방식으로 마가를 사용한다. 누가는 마가의 따름에 있어 보다 더 충실하다. 하지만 누가는 예수님께서 많은 무리를 먹이시는 사건들에서와 같이 매우 유사한 사건들은 삭제를 하는 경향이 있다. 반면에 마태는 그런 사건들을 중복한다. 누가는 여러 무리의 강화 자료를 자신의 서술 구성 내에 삽입하는 대신, 서술과 발언들을 치밀하게 교차시킨다. 따라서 누가복음에 나오는 예수님의 말씀들은 전기(傳記) 문학적인 신빙성을 나타낸다(예를 들어 9-19장을 보라). 따라서 우리는 누가가 자신의 복음서 출처에 충실하다고 말할 수 있다. 그러나 실제적인 문제는 그것이다. 즉 출처가 어디에 있는 것인가 하는 것이다. 만일 마태와 마가가 현존하지 않음으로 비교에 사용할 수 없었다면, 심지어 누가가 자료를 사용하고 있는 복음서에서조차도 우리가 실제로 확신을 할 수 있었을는지 의심스럽다. 많은 고대의 역사가들과 마찬가지로 누가도 자신이 자료에서 차용한 바를 고쳐 썼다. 심지어 그는 마가의 헬라어까지 고쳐서 자신의 말과 가깝게 했다.

누가의 출처들을 발견하는데 있어 실제적인 문제는 다양한 문체들로 설득력 있게 기술하고 있는 누가의 재능이다. 누가복음의 서문의 헬라어를 예수님의 유아기 기사의 헬라어와 대조해 보라. 거기에 사도행전에 나오는 베드로의 오순절 설교와 바울의 변론들을 추가하여 보라. 이상의 내용들을 나란히 놓고 보라. 그러면 그것들이 다른 책들과 다른 기록자들에게서 나온 것임을 쉽게 확인할 수 있을 것이다. 누가는 "특성으로 기록하라"(prosopMeia)고 하는, 즉 문체를 특성과 상황에 맞추는 고대 수사학의 이상을 따른다. 예를 들어 누가복음에 나오는 예수님의 유아기 기사에서 그의 헬라어는 셈어의 특색을 나타내고 있다. 그러므로 어떤 사람들은 누가가 히브리어나 아람어로 된 자료를 사용했다는 결론을 내리기도 했다. 과연 그랬을까? 그러나 누가가 성경적 또는 보다 정확하게 말해서 70인역 식 문체 성향을 나타내는 다른 곳들을 발견할 때, 판단은 극도로 어려워진다.

사도행전에서 누가의 자료들을 찾는 작업은 훨씬 더 난감하다. 왜냐하면 그의 용법을 대조할 방법이 없기 때문이다. 복음서와 비교할 때, 사도행전에서 누가는 문서 자료들이 보다 더 부족하였고 문학적 수단을 더 많이 사용한 것으로 보인다. 문체에 있어 주변 자료와 일관된 "우리" 부분들 외에, 우리는 어떤 특정한 출처를 확인할 수가 없다. 처음의 15개의 장들에 대한 하나의 예루살렘 자료, 또는 안디옥의 자료를 확인하려는 시도들은 유익하기보다는 더욱 복잡하다는 것이 입증되었다.

역사가로서 누가는 얼마나 신뢰할 수 있을까? 우리가 대조해 볼 수 있는 한 가지 자료에 대한 누가의 충실성, 고고학적 또는 문서 자료들을 통해 우리가 알고 있는 사항들에 대한 누가의 대체적인 정확성, 그리고 바울의 활동들에 대한 누가의 묘사들과 바울 서신들에 나오는 묘사들의 종합적인 일치를 참작할 때, 우리는 누가가 우리에게 말해 주는 바에 있어 정확하다고 결론내릴 수 있다. "누가가 우리에게 말해 주는 바"라는 어구는 중요하다. 누가는 선택적으로 기술하고 있다. 예를 들어 누가복음은 마태복음에 나오는 예수님의 유아기 자료, 산상수훈, 베드로에게 천국의 열쇠를 주시겠다는 약속, 열 처녀의 비유와 양과 염소의 비유, 그리고 부활하신 주님께서 갈릴리에 나타나신 일을 싣고 있지 않다. 사도행전에 있어서도 누가는 어떤 일들을 몰랐거나 또는 무시하거나 축소하기로 결정했다. 그는 교회의 갈릴리 전도를 설명하지 않으며(행 1:8과 15:3에 갈릴리가 두드러지게 빠진 것을 주의해 보라), 지방 또는 시골 전도를 전혀 기술하지 않는다. 그의 초점은 도시들이다. 최초의 선교사들에 대해 기술하면서, 누가는 사실상 다른 모든 사람을 무시해 버리고 베드로와 바울에게 집중한다. 예를 들어 사도행전의 절정은 바울의 로마 도착인데, 누가는 기독교 운동이 언제 로마에 이르렀는가에 대해 말하는데 전혀 관심을 두지 않는다(행 28:14 - 16을 보라).

누가가 예수님과 예수님을 따르는 소수의 추종자들에게 너무 집중하기 때문에 어떤 사람들은 누가를 역사가라기보다는 전기 저자로 본다. 디오게네스 라에르티우스(Diogenes Laertius)에서 발견되는 사람들과 같은 일부 그리스 철학자들 중의 전기 저자들이 "누가-행전"의 형태와 유사한 두 가지 형태를 갖고 있다는 사실이 밝혀졌다. 첫째로 창시자의 행동과 교훈들과 함께 그의 생애를 중대하게 여기는 것이며, 다음으로 이어지는 기록은 그 창시자의 제자들의 행동들과 교훈들에 대해 이야기하는 것이다. 이 흥미 있는 가설은 누가가 기록한 작품의 몇 가지 특색들을 설명해 준다. 그러나 유감스럽게도 이 가설은 누가의 작품의 가장 중요한 "특성들" 중 한 가지에 대한 고려를 등한히 하고 있다. 바로 이스라엘 백성이다. 누가는 두 권의 책 모두를 통해 이 역사적인 백성의 운명에 대한 부단한 관심을 나타내고 있기 때문에, 그의 기록은 비록 미숙할지라도 역사의 형태로 분류되는 것이 적절한 것이다.

이 사실은 누가를 과연 어떤 종류의 역사가라고 할 수 있는가에 대한 숙고로 우리를 보다 가깝게 나아가게 해준다. 누가는 분명히 제3자적인 관찰자가 아니었으며, 또한 기독교의 과거에 대한 포괄적인 기록을 적어 두려고 했던 것도 아니다. 그는 유세비우스 감독(Bishop Eusebius)도 아니었으며 레오폴드 본 랑케(Leopold von Ranke)도 아니었다. 그러나 서언에 암시되는 공개적인 출판의 가능성은 외부, 즉 비기독교 세계에 감화를 주고자 하는 관심을 나타내는 것일 수도 있다. 그렇다면 아마 "누가-행전"은 기독교 변증 문학의 최초 실례가 아닐까?

누가의 대체적으로 이방인들에 대한 긍정적인 시각—그에게는 마태에게서 보여지는 외국인 혐오가 전혀 없다—그리고 특별히 로마 관리들에 대한 긍정적인 시각을 보고, 어떤 사람들은 누가가 기독교 운동에 대한 변명을 쓴 것이라는 결론을 내린다. 누가가 기독교 운동이 정치적으로 무해하다는 것을 증명함으로 행정 관리들로 하여금 그리스도인들에게 "다른 유대인들"이 누리는 자유와 동일한 자유를 주도록 하고자 했다는 것이다. 이런 견지로 볼 때, 누가의 유대교에 그 뿌리를 두고 있는 것으로 설명하는 기독교에 대한 묘사는 중요한 정치적 증명이다. 사도행전 18:14 - 15에 나오는 지방 총독 갈리오의 결정이 본보기이다. 즉 유대인들 간의 논쟁에 행정 관리들은 관여할 필요가 없다는 것이다.

또 어떤 사람들은 사도행전이 집에 연금된 상태의 바울의 묘사하면서 갑작스럽게 끝나는 것(행 28:30-31)을 보고 "누가-행전"이 바울을 위한 변명, 심지어 바울의 재판에 사용하기 위한 간략한 변론이라고 생각하기도 한다. 분명히 바울과 바울의 변론에 대한 누가의 집중은 설명을 요구한다. 그러나 누가의 긴 서술 중 나머지 부분은 그와 같은 편협한 목적에 어울리지 않는다. 기독교 공동체 내에서 중요하며 신학적으로 분분한 의견을 갖고 있고 말이 많은 유대인 신자들 중의 소수파를 달래기 위해 누가가 바울을 토라에 반하는 사람이 아니라 진정한 이스라엘의 스승으로 나타내는 것이라는 의견도 있다. 그러나 역시 이 확실한 강조도 "누가-행전"의 전체 목적들을 우리가 이해하는데 도움이 되지 않는다. "누가-행전"의 변증론적인 특성에 대한 이런 제안들의 문제점은 변증 문학 자체를 너무 편협하게 이해한다는 것이다.

우리는 유대의 변증 문학이 이중적인 기능을 갖고 있었다는 사실을 기억한다(앞의 제3장을 보라). 외적으로 유대의 변증 문학은 비난과 오해로부터 유대인들을 방어했다. 그러나 유대의 변증 문학은 유대인의 공동체를 위한 기능도 갖고 있었다. 즉 여러 민족이 공존하는 다원론적 환경에서 전통을 재해석하는 기능이었다. "누가-행전"도 유사한 상반된 목적의 기능을 갖고 있다. "누가-행전"은 한 명의 가정적인 외부 독자에게 기독교 운동을 계몽적이며, 무해하며, 유익한 것으로 제시하고 있다. 그러나 "누가-행전"의 보다 직접적이고 중요한 기능은 내향적인 것이다. 즉 유대인과 이방인으로 함께 이루어진 다원론적 환경에서 복음을 재해석하는 것이다. 이 사실을 알기 위해서는 누가복음의 서언을 또 다르게, 그리고 더 면밀하게 살펴볼 필요가 있다.

누가복음의 서언(눅 1:1-4)은 "누가-행전"이 비록 널리 알려져 외부의 독자들까지 읽게 될 수 있을지라도, 이 작품은 다른 누구보다 기독교 공동체를 향한 것이라는 사실을 나타내고 있다. 데오빌로는 이미 기독교의 내용을 "배운" 사람이었다. 그러면 왜 누가는 또 하나의 개작을 그를 위해 쓰는 것일까? 누가는 "우리 중에 이루어진 사실"에 대한 그의 지식에 "확실성"을 부여하기 위해 쓰고 있는 것이다. 먼 과거뿐만이 아니라 현재의 형편들이 재해석을 요구한다. "우리 중에"라는 말은 누가 자신의 시대까지를 포함한다. "이루어진"이라는 표현은 수동태이다. 성경의 숙어로 이 표현은 "하나님께서 성취하신 현실들"이라는 표현과 같다. 우리가 보기 시작하는 서술은 바로 현재 하나님의 약속들의 성취에 대한 것이다. 그러면 왜 "확실함"(asphaleia)이 요구되는가? 그리고 어떻게 "차례대로" 기록되는 이야기가 그 확실함을 주는 것일까?

"누가 -행전"의 본문은 누가의 이야기를 듣는 사람이 완전히 이방인이라는 사실을 부인할 수 없을 정도로 강력하게 시사한다. 그의 교회들에는 유대인 지체들도 있었을 것이다. 그러나 사도행전이 우리에게 계속하여 실패를 하는 것으로 보여주고 있는 유대인 전도는 활력을 잃은 것으로 보인다. 대조적으로 이방인들에 대한 결론적인 진술은 "저희는 또한 들으리라"이다(행 28:28). 그리고 누가의 독자들에게 있어 이 진술은 실현되었다. 그러나 정확하게 말해서 복음의 메시지에 대한 이방인의 수용과 유대인의 거부라는 이 두 가지 사실은 사려 깊은 이방인 그리스도인들에게 다음과 같은 심각한 "불확실성"을 야기한다.

하나님의 약속들은 결국 아브라함을 통해 이스라엘 백성과 맺어진 것이다(창 12:1-3). 그런데 비록 그 역사적인 백성이 지금 이 약속된 축복들을 소유하지 못하고 다른 백성이 소유한다고 해서, 그 사실이 하나님의 신뢰성에 어떤 중요성을 갖는 것인가? 하나님께서는 자신의 말씀을 지키신 것인가? 아니면 이스라엘 백성을 완전히 등지신 것인가? 그리고 이 하나님을 믿는 이방인 신자들을 위한 함축들은 무엇인가? 이방인 신자들은 유대인들 이상으로 그들 중에 "이루어진 사실들"을 믿을 수 있는가? 만일 하나님의 말씀이 이스라엘을 저버릴 수 있다면 이방인들도 저버릴 수 있지 않을까?

누가의 서술에 의해 제기되는 문제는 정확하게 그리고 적절하게 말해서 역사에 나타나는 하나님의 활동을 변호하는 변신론(辯神論) 또는 신정론(神正論, theodicy)의 한 가지이다. 누가는 각각의 일이 어떻게 일어났는지를 "차례대로" 이야기함으로 사실에 있어 분명히 하나님께서 먼저 이스라엘에 자신의 약속들을 성취하셨고 그 다음에 그 축복들을 이방 세계로 확대하셨다는 것을 나타내고자 한다. 따라서 이방인들에게 이른 그 말씀은 신뢰할 수 있다는 것이다. 여기에서 우리는 누가가 서술하는 바의 "차례대로" 즉 연속성의 중요함을 본다. 이방인의 믿음의 확실성을 위해 이스라엘의 구원이 정확하게 요구되는 것이다.

따라서 누가는 역사가이다. 그러나 특별한 종류의 역사가이다. 그는 성경 내용을 연속적으로 쓰라는 요구를 받았다. 예수님의 역사가 이스라엘의 역사에 뿌리를 두고 있다는 사실을 나타냄으로 그리고 하나님의 약속들이 회복된 이스라엘에서 어떻게 실현되었는가를 논증함으로, 누가는 이방인 그리스도인들에게 이른 "복음"을 믿을 수 있다는 확신을 줄 수 있었다. 누가의 목적들은 순간적인 위기나 잠깐 동안의 오해에 의해 결정된 것이 아니라, 이방인들 중에 존재하고 있던 메시아 종파에 의해 제기된 근본적인 의문에 의해 생성된 것이었다.

더욱이 누가의 작품이 갖고 있는 두드러진 특색들 중 상당수가 그의 총괄적인 목적에 기여하는 것으로 볼 때 가장 잘 이해될 수 있다. 그 두드러진 특색들이란 예언의 성취와 교회에 있어서 예언의 영에 대한 강조, 예언적 기독론의 전개, 두 권의 책을 구성함에 있어 모세의 역사를 사용하는 것 등이다. 우리가 이제 지향하고자 하는 바가 바로 이 "누가-행전"의 문학적 차원들인 것이다.

문학적 구성과 해석

"누가-행전"은 문학적 숙련과 계획을 매우 명백하게 갖고 있기 때문에 그 두드러진 문학적 양식들을 분리시켜 보고자 하는 시도들이 있어 왔다. 그런 시도들 중에 "누가-행전"의 순환적인 구조를 강조하는 연구들이 있다. 사도행전의 사건들은 분명히 누가복음의 사건들과 유사하다. 예를 들어 마리아가 각 권의 첫머리에 나오고, 사도들은 예수님의 이적들과 현저하게 유사한 이적들을 행한다. 그리고 바울의 고난을 향한 마지막 여행은 예수님의 수난을 목적하신 여행과 유사하다. 그러나 이러한 상응하는 내용들을 중심적 원리의 수준까지 복잡하게 분석할 때에는 상당히 달라지게 된다. "누가-행전"의 순환적 형태들은 본질적으로 그리고 의도적으로 직선적인 내용 내에 존재하는 것이다. 실제로 "누가-행전"에서 여러 가지 사항들이 변화한다. 즉 구약의 제사장으로 시작하여 로마의 한 셋집에서 끝이 난다. 누가는 자신이 한 내용을 "차례대로" 기록하고 있다고 말한다. "누가-행전"을 이해하기 위해서는 내용 중에 어떤 일이 어디에서 일어나는 가라는 사실이 무슨 일이 일어나는가 하는 사실만큼이나 중요하다.

지리적 구조

누가는 지리를 문학적, 신학적 도구로 사용한다. 그의 이야기의 중심은 예루살렘 성이다. 누가복음서의 전체적인 진행은 예루살렘을 지향하고 있다. 즉 예수님의 영아기 내용은 성전에서 예수님의 봉헌(눅 2:22)과 부모가 예수님을 잃었다가 성전에서 발견하는 사건(2:41-51)으로 이어진다. 누가복음에 나오는 예수님께서 시험을 받으시는 내용은 뒤의 두 가지 시험에 있어 마태복음의 내용과 엇갈린다. 즉 그 절정은 예루살렘에서 이루어진다(4:9). 갈릴리 전도의 마지막에 나오는 예수님은 변용(transfiguration)은 전적으로 예수님의 예루살렘을 향한 여행과 죽음을 준비하는 것이다(9:31). 예루살렘으로의 여행 자체는 엄숙한 선언으로 시작되고(9:51), 여행 동안에 예수님의 운명에 대한 수많은 언급들이 이어진다(13:22, 33-34, 17:11, 18:31, 19:11, 28). 부활 후에 예수님의 모든 나타나심들은 예루살렘 주위에서 이루어지며, 마지막 나타나심은 "이 성(예루살렘)에 유하라"는 지시로 종결된다(24:1-49).

사도행전의 진행은 예루살렘을 떠나는 것이다. 사도행전1:8의 "예루살렘과 온 유대와 사마리아 땅 끝까지 이르러 내 증인이 되리라"는 예수님의 지시는 이어지는 내용에 의해 성취된다. 즉 예루살렘을 중심한 전도(1-7장)는 유대와 사마리아에서의 복음 전파로 이어지고(8-12장), 그 다음에 소아시아에서의 복음 전파로 이어진다(13-28장). 이 각각의 외부를 향한 진행은 더 뻗쳐 나가기에 앞서 다시 예루살렘을 돌아서 나아간다(행 12:25, 15:2, 18:22, 19:21, 20:16, 21:13, 25:1).

따라서 예루살렘은 내용의 중심이다. 누가복음과 사도행전 각 책의 중간인 12장들은 예루살렘에서의 또는 예루살렘을 중심한 사건들은 이야기하고 있다. 그러면 왜 이렇게 예루살렘이 중심이 되고 있는가? 예루살렘성과 예루살렘 성전은 유대교에 있어 역사적으로 중요성을 갖고 있었다. 또한 예루살렘성은 기독교 운동에 있어서도 역사적으로 중요했다. 특별히 예수님께서 예루살렘에서 죽임을 당하셨고, 교회가 예루살렘에서 탄생했다.

교회에 있어서 예루살렘의 중요성은 바울에 의해 크게 중시된다(살전 2:14-15, 갈 1:17-2:1, 롬 15:19, 26-28). 누가는 특별히 많은 역사적인 수집을 했다. 그에게 있어 예루살렘성과 예루살렘 성전은 이스라엘 백성을 상징하며, 사실상 이스라엘 백성과 동일했다. 예루살렘에서 예수님의 죽으심과 교회의 탄생은 하나님의 예언자를 유대인들이 수용하고 거부하는 전형적인 표현이었다. 예루살렘은 예언자와 이스라엘 백성에 대한 이야기 내용에 있어 중심축이다. 이 사실은 우리를 두번째의 중요한 문학 형태로 인도한다

문학적 구조로서의 예언

우리는 예언의 입증이 초대 기독교 변증론의 기본 요소였다는 것을 보아 왔다. 마태는 그의 공식적인 인용들에서 이 방식을 고도로 발전된 형태로 사용했다. 한편 누가는 예언 성취 개념을 확대하고 세련한다. 예수님의 전도와 죽으심과 부활만이 성경을 성취하는 것이 아니라 교회의 생활과 전도의 여러 단계들도 성경을 성취하는 것이다. 즉 교회의 생활과 전도도 "우리 중에 이루어진 사실" 중에 속하는 것이다(행 3:24, 13:40, 15:15, 28:25-27). 마태와 달리, 누가는 기계적으로 본문과 사건들을 정렬시키지 않는다. 그의 참조문들은 보다 보편적이며 포괄적이다. 종종 누가는 다양한 상황들에 대해 "하리라"(dei, "it must")는 어구를 사용하는데, 이것은 결과들이 예언에 의해 정해졌다는 것을 나타내는 것이다. 즉 메시아의 수난과 영광(9:22, 17:25, 24:7, 행 3:21, 17:3), 가룟 유다의 배신과 맛디아의 선발(행1:16-22), 바울의 고난(행 9:16), 그리고 모든 그리스도인들의 환난(행 14:22)이 예언에 의해 정해졌다는 것이다.

특별히 누가는 문학적인 예언을 사용한다. 내용 중에 여러 인물들에 의해 예언된 일들은 후에 명백하게 성취될 것을 나타낸다. 오직 누가만이 예수님의 세 가지 수난 예언들과(눅 9:22, 44, 18:32) 그 예언들이 성취된 부활 기사에서의 명확한 선언(24:6-8, 44)을 결합시킨다. 자신의 증거자들의 환난에 대한 예수님의 예언은(눅 21:12-15) 사도행전의 내용에서 문자 그대로 성취된다(4:3-5, 14, 5:17-42). 불신하는 도시들에게 보일 적당한 반응에 대한 예수님의 지시는(눅 9:5, 10:11) 사도행전에서 전도자들에 의해 실행된다(13:51). 예수님께서는 열 두 제자가 이스라엘의 심판자들이 될 것이라고 말씀하셨는데(눅 22:30) 우리는 사도행전에서 그들이 사람들을 심판하는 것을 발견한다(행 5:1-11). 예언자 아가보는 바울이 고난을 당할 것을 예언했고(행 21:10-14), 그 예언은 곧 실현되었다(21:30-35).

누가의 서술을 해석함에 있어 특별히 중요한 점은 그의 프로그램식 예언들이다. 이 예언들은 내용 중 위기 국면들에 있는 인물들에 의해 발언되며 이어지는 내용에 대한 해석을 예비한다. 독자는 줄거리의 전개가 그 예언을 성취하는 것을 깨닫게 된다. 우리는 앞에서 이미 사도행전 1:8에 나오는 예수님의 위임이 사도행전 전체의 길잡이 기능을 한다는 사실을 보았다. 또한 나는 "그런즉 하나님의 이 구원을 이방인에게로 보내신 줄 알라 저희는 또한 들으리라"는 사도행전 28:28의 마지막 선언이 누가의 독자들 중에서 성취된 것으로 이해된다는 사실을 시사한 바 있다. 누가복음의 마지막과 처음의 예언들은 동등하게 중요하다. "위로부터 능력"에 대한 예수님의 약속(눅 24:49)은 독자로 하여금 예수님의 승천(눅 24:50-53, 행 1:9-11)을 완전한 떠나심으로가 아니라 현존의 변형으로 인식할 수 있게 하고, 또한 사도행전 2:1-4에 나오는 성령의 부어 주심을 "내가 내 아버지의 약속하신 것을 너희에게 보내리니"라고 하신 예수님의 말씀의 성취로 이해할 수 있게 한다. 마찬가지로 누가복음서의 처음 부분에 나오는 "이 아이는 이스라엘 중 많은 사람의 패하고 흥함을 위하여 비방을 받는 표적되기 위하여 세움을 입었고"라고 한 시므온의 예언은(눅 2:34) 독자로 하여금 이어지는 복음서의 내용을 사람들을 구분 짓는 사명을 갖고 있는 선지자의 역사로 이해할 수 있도록 준비시킨다.

유사한 성취 형식이 보다 작은 단원들 중에서도 발견된다. 누가는 발언에 이어지는 내용이 그 말씀을(종종 반어적으로) 성취하는 형식으로 발언과 설명을 배열한다. 몇 가지 예를 들어보자. 예수님께서는 선지자가 자신의 고향에서는 환영을 받지 못한다고 단언하셨고, 그의 고향 사람들은 선지자이신 예수님을 거부했다(눅 4:16-30). 또한 예수님께서는 죄인들이 하나님을 영접하나 바리새인들은 하나님을 거부한다고 단언을 하셨고, 자신을 세리와 죄인들의 친구라고 하는 비난을 인용하신 후에, 죄인이며 바리새인에 의해 비난을 받는 한 여인을 용납하셨다(눅 7:36-50). 우리가 성령 충만한 선지자로 알고 있는 스데반은 선지자들과 성령을 거부하는 유대인의 지도자들을 비난하였고, 유대인의 지도자들은 스데반을 거부했다(행 7:51-60). 바울은 비시디아 안디옥의 유대인들에게 그들이 복음을 거부하면 복음이 다른 사람들에게 주어질 테니까 복음을 거부하지 말라고 경고했다. 그러나 그들은 복음을 거부했고 복음은 이방인들을 향하게 되었다(13:40-48). "누가-행전"에서 발언과 설명은 종종 상호적으로 해석된다. 사도행전에서 누가가 발언을 서술을 해석하는 수단으로 사용한다는 것은(행 2:14-36, 3:11-26, 17:22-31) 오랫동안 인정되어 온 사실이다. 그러나 누가는 그리스 역사가들의 이 기법을 그의 복음서에서도 사용한다.

사도행전을 통한 누가복음의 해석

누가의 작품에 나타나는 예언적인 구성은 그의 두 책들 간의 관계에서 볼 수 있다. 이 관찰은 상당한 발전을 요구하지만 요점들은 즉시 입증될 수 있다. 첫째로, 사도행전은 누가복음의 내용을 계속하기만 하는 것이 아니라 누가복음의 내용을 성취하고 확인한다. 예수님에 대한 내용에서 암시적인 방식으로만 발견되는 바가 사도들에 대한 내용에서는 뚜렷해진다. 사도행전에서 누가는 자신의 복음서에 대한 최초의, 그리고 권위 있는 해석을 우리에게 제시한다. 누가복음의 특별한 형태를 이해함에 있어, 사도행전이 주는 시각은 공관복음서들을 비교함으로 얻는 시각보다 훨씬 더 중요하다. 둘째로, 이 두 권의 책은 두 단계의 예언적 모범의 두 부분이다. 여기에서 나는 사도행전에 나오는 주요 인물들의 예언자 상에 대한 숙고로부터 시작하여 "모세와 같은 선지자"라는 주제에 대한 함축들로 나아가면서 이 두 단계의 예언적 모범의 두 부분이라는 점들을 논증하고자 한다.

사도행전은 적절하게 성령의 책이라고 칭하여져 왔다. 성령은 전도를 촉진하고 인도하며 그 발전에 개입하는 동적인 권능이다(8:29, 39, 10:19, 11:15, 13:2, 15:28, 16:6, 20:22). 신자들에게 이 능력을 부어 주는 다섯 번의 특별한 사건들이 있다(2:1-4, 4:28-31, 8:15-17, 10:44, 19:6). 누가는 모든 그리스도인들이 성령을 소유한다고 말하지만, 중요한 인물들을 특별한 방식으로 "성령의 사람들"이라고 묘사한다. 비록 그들을 그렇게 칭한 것은 아니지만, 누가는 그들을 선지자로 묘사한다.

학자들은 사도행전에서 베드로와 바울의 유사성을 주목해 왔다. 베드로와 바울은 동일한 메시지를 설교했다(2장과 13장). 베드로와 바울은 유사한 이적들을 행했다(3:1-7, 14:8-11). 사도행전에서 의미심장한 방법으로 사건을 전진시키는 모든 인물들이 전형적인 용어들로 묘사되고 있다는 사실은 자주 주목되지 않았다. 베드로와 요한, 빌립과 스데반, 또는 바나바와 바울이 모두 또는 거의 모두 이 특징들을 공유하고 있는 인물들이다. 즉 그들은 성령 충만하고(4:8, 5:32, 6:3, 7:55, 11:24, 13:9), 전파함에 있어 담대했다(4:13, 13:46, 28:31). 그들이 전파한 바는 "복음"(5:42, 8:4, 12, 25, 40, 11:20, 13:32, 14:7, 15:35) 또는 하나님의 말씀이었다(4:29, 8:14, 13:5). 더 나아가, 그들은 증인이었다(2:32, 10:41, 13:31, 22:20). 그들은 기사와 이적을 행했다(s meia kai terata, 4:30, 6:8, 8:6, 14:3, 15:12). 그들은 백성(laos), 하나님의 백성으로 간주되는 유대인들 중에서 전도하고 이적들을 행했다(3:12, 4:1, 6:8, 13:15). 그들의 그 행동들로 인하여 백성들 중에 분열을 일으켰다. 즉 어떤 사람들은 그들의 메시지를 받아들였고, 또 어떤 사람들은 받아들이지 않았던 것이다(4:1-4, 6:1-11, 8:6, 19, 13:40-50). 이 모든 내용들을 함께 고려해 볼 때, 이 특징들은 성경적 전통 내에 있어 하나의 특별한 심상, 즉 선지자의 심상을 나타낸다. 사도행전에서 예수님의 부활의 증인들은 이스라엘 백성 중의 선지자들로 묘사되는 것이다.

자신의 말을 듣는 사람들에게—그리고 누가의 독자들에게—성령의 첫번째 부어 주심을 해석하는 베드로의 오순절 설교에서, 베드로는 모든 육체에 성령을 부어 주심에 대한 요엘 2:18-32의 예언을 인용한다(행 2:17-21). 이 인용에서 누가는 세 가지 의미심장한 변형을 하고 있다. 요엘의 "이 일 후에"를 "말세에"라고 바꿈으로, 누가는 이 성령을 부어 주심이 말세론적 사건임을 나타낸다. 그리고 18절에 "저희가 예언할 것이요"라는 말을 추가함으로 누가는 인용문에서 이미 암시된 이 성령의 예언적 특성을 강조한다. 마지막으로 누가는 19절에 "아래로 땅에서는 징조"라는 어구를 추가함으로, "징조와 기사"의 결합을 이룬다. 따라서 누가는 성경의 전통에 있어 매우 특별한 심상, 즉 최초의 선지자이자 가장 위대한 선지자인(예를 들어 시 78:11-12, 32, 43을 보라) 모세의 심상을 나타내는 세 가지 요소—기사와 이적들에 의해 나타내어지는 말세론적 예언의 영—를 함께 제시했다. "모세와 같은 선지자"에 대한 메시아 대망은 제1세기 유대교에서 잘 알려진 것이며(참조 4Q Testimonia, 1-5) 다음과 같은 본문들에 근거된 것이다(신 34:10-12)

그 후에는 이스라엘에 모세와 같은 선지자가 일어나지 못하였나니 모세는 여호와께서 대면하여 아시던 자요 여호와께서 그를 애굽 땅에 보내사 바로와 그 모든 신하와 그 온 땅에 모든 이적과 기사와 모든 큰 권능과 위엄을 행하게 하시매 온 이스라엘 목전에서 그것을 행한 자더라.

우리는 부활하신 메시아의 해석에서 "선지자가 일어나다"와 같은 어구의 잠재성을 즉각 주목한다. 그리고 베드로는 요엘서의 인용 후 즉시 그 방식으로 예

수님을 묘사한다(행 2:22 - 24)

> 하나님께서 나사렛 예수로 큰 권능과 기사와 표적을 너희 가운데서 베푸사 너희 앞에서 그를 증거하셨느니라 그가 하나님의 정하신 뜻과 미리 아신 대로 내어준 바 되었거늘 너희가 법 없는 자들의 손을 빌어 못 박아 죽였으나 하나님께서 사망의 고통을 풀어 살리셨으니 …

예수님께서는 명백하게 선지자 모세를 회상하는 용어들로 묘사된다.

계속 이어 읽어볼 때, 우리는 증인들 안에서 활동하는 성령이 예수님의 영이라는 사실이 반복되는 것을 발견한다(행 2:33, 3:13, 4:10, 30, 33). 이 증인들에 대한 사람들의 거부도 예수님께서는 예상하신다. 이 사실은 인간들의 거부와 부활에 의한 하나님의 옹호를 상기시키는 선포적인 구절들에 나타난다(2:23, 36, 10:39). 이 선포적인 진술들 중에 가장 긴 구절은(3:13 - 15a) 사람들이 모르고 이 잘못을 행했다고 해서 비난을 면할 수 없다고 말한다. 그들은 예수님을 죽일 때 자신들이 무슨 짓을 하고 있는지 완전하게 깨닫지 못했다(3:17). 사람들에게 베풀어진 회개의 기회를 말하면서 베드로는 모세와 예수님간의 분명한 관계를 묘사한다(행 3:22 - 23, 참조. 신 18:18 - 19)

> 모세가 말하되 주 하나님이 너희를 위하여 너희 형제 가운데서 나같은 선지자 하나를 세울 것이니 너희가 무엇이든지 그 모든 말씀을 들을 것이라 누구든지 그 선지자의 말을 듣지 아니하는 자는 백성 중에서 멸망 받으리라 하였고

예수님과 사도들은 모두 모세를 암시하는 용어들로 묘사된다. 더욱이 이 관계는 스데반의 연설에서 발견되는 모세에 대한 묘사에서 더욱 확고해진다(행 7:17 - 44). 그의 강론은 언뜻 볼 때에는 성경적인 설명의 간단한 되풀이인 것처럼 보인다. 그러나 다 자세히 검사해 보면, 누가가 모세의 역사를 발췌하고 구성하여 정확하게 예수님과 예수님의 증인들의 역사에 조화시키는 것을 알게 된다.

모세의 역사는 세 단계로 나누어진다. 아브라함에게 하신 약속들이 성취되려고 할 때에(행 7:17) 하나님께서는 모세를 보내어 이스라엘 백성을 돌아보게 하셨으니, 곧 그들을 구원하시기 위함이었다. 그러나 백성들은 모세의 신분과 역할을 "깨닫지 못하고" 처음에는 모세를 거부했다. 모세는 도주하여 유랑을 할 수밖에 없었다. 유랑 생활 중에 모세는 하나님에 의해 능력을 받고 다시 두번째로

이스라엘 백성에게로 보내심을 받았다. 그는 이스라엘 백성을 애굽으로부터 인도하여 내어 "기사와 표적"으로 광야를 통과했다. 그러나 이스라엘 백성은 두번째로 모세와 모세의 말을 거부하고 자신들의 손으로 만든 우상을 선호했다. 그결과, 이 번에 모세를 거부한 자들은 그들 자신이 거부를 당했다(7:39－43).

여기에서 우리는 하나님에 의한 두 번의 파송을 본다. 첫번째는 연약한 모세의 파송이고, 두번째는 능력 가운데의 파송이다. 또한 여기에는 백성들을 향한 두 번의 구원의 제공이 있다. 첫번째 구원의 제공은 무지함으로 인해 거부되었고, 이어 두번째 구원의 기회가 주어졌다. 기사와 표적의 완전한 지식 가운데 제공되는 이 두번째 기회가 거부될 때, 하나님께서 그들은 거부하신다. 이 연설은 매우 인상적이다. 우리는 여기에서 예수님과 모세간의 매우 명확한 관계를 본다. 모세에 대한 이야기의 핵심에서 우리는 다른 곳들에서도 나타나는 예수님에 대한 동일한 선언적인 진술을 발견한다(행 7:35－37)

> 저희 말이 누가 너를 관원과 재판장으로 세웠느냐 하며 거절하던 그 모세를 하나님은 가시나무 떨기 가운데서 보이던 천사의 손을 의탁하여 관원과 속량하는 자로 보내셨으니 이 사람이 백성을 인도하여 나오게 하고 애굽과 홍해와 광야에서 사십년간 기사와 표적을 행하였느니라 이스라엘 자손을 대하여 하나님이 너희 형제 가운데서 나와 같은 선지자를 세우리라 하던 자가 곧 이 모세라

이제 이 관찰들에 나타나는 몇 가지 함축들을 자세히 설명할 수 있을 것이다. 우리는 예수님의 죽으심과 부활에 대한 누가의 인식이 모세에 대한 그의 묘사에 영향을 끼쳤는지, 또는 그 영향이 반대 방향으로 이동하였는지 확신할 수 없다. 그러나 누가가 이해한 모세의 역사가 영광에 앞선 선지자의 고난의 필요성에 대해 누가가 깨달은 방식을 나타내고 있는 것은 명백하다(눅 13:33－34, 24:25－26, 44－46). 모세의 관계는 또한 누가에게 있어 중요한 영적 권위의 예표론(typology)과 계승을 밝혀 준다. 모세는 예언적 권위의 예표를 마련했다. 예수님께서는 모세와 같은 선지자이셨다. 그러나 예수님께서는 "선발되었다"는 의미로서 세움을 입으셨을 뿐만이 아니라, 부활에 의해 주님으로 세우심을 받으셨다(시 110:1, 행 2:34－36). 모세가 광야에서 "생명의 도를 받아 (백성들에게) 주었던" 것처럼(7:38), 예수님께서는 성령을 하나님에게로부터 받으셔서 자신의 증인들에게 부어 주셨다(2:33). 따라서 그 증인들의 증거에서, 예수님에

대한 메시지는 능력으로 충만하게 된다. 그리고 이제 구원의 제공은 동시에 위협을 지닌다. 즉 "그 선지자"의 말을 듣지 아니하는 자들은 "백성 중에서 멸망 받을 것"이다(3:23).

모세에 대한 설명 형태는 누가의 두 권의 책으로 이루어진 작품의 근본적인 구조를 마련한다. 누가복음에서 우리는 하나님께서 자기 백성들의 구원을 위해 그들을 돌아보시려고 선지자 예수님을 먼저 보내신 이야기(눅 1:68, 7:16, 19:44), 그리고 그들의 무지로 인해 첫번째 구원에 대한 거부에 대한 이야기, 또한 예수님께서 죽음에서 일으킴을 받으시는 이야기를 읽는다. 그리고 사도행전에서 우리는 성령을 부어 주심으로 표명되는 예수님의 권능의 확립, 성령으로 충만한 예수님의 증인들의 파송, 그리고 예수님의 이름으로 이스라엘에 대한 두 번째 구원에 대한 제공을 발견한다(행 4:12, 5:31). 이번에 거부를 한다면 그 대가는 백성들로부터의 분리이다. 이 형태도 역시 우리에게 예루살렘에 대한 서술이 왜 그처럼 두드러지고 중대한지에 대한 이유를 보여 준다. 첫번째 거부, 권능의 부여, 두번째 구원의 제공, 그리고 백성들에 의한 받아들임과 거부 이 모든 일들이 일어나는 곳이 바로 예루살렘인 것이다.

누가는 사도행전에서 이 심상을 구성함에 있어 보다 더 자유로웠다. 그러나 만일 사도행전이 우리에게 누가가 자신의 복음을 해 주는 것이라면, 우리는 사도행전에서도 모세와 같은 선지자로서의 예수님에 대한 동일한 이해를 보다 더 정밀함 가운데 기대할 수 있다. 충분한 독해를 해야만 이 기대가 가능할 수 있을 것이지만, 여기에서 작은 세 가지 세목들을 예상할 수 있다. 예수님께서 과부의 아들을 다시 살리셨을 때(눅 7:11–15), 그 기사는 다음과 같이 마무리되고 있다(7:16)

> 모든 사람이 두려워하며 하나님께 영광을 돌려 가로되 큰 선지자가 우리 가운데 일어나셨다 하고 또 하나님께서 자기 백성을 돌아 보셨다 하더라

민감한 독자라면 사도행전 3장과 7장을 읽을 때, 이 신분 증명의 분명한 반복들을 들을 수 있을 것이다. 예수님의 변용 기사의 결론에서, 하늘에서 들려 온 음성은 예수님을 아들로 확인하며 "너희는 저의 말을 들으라"고 말씀하신다(눅 9:35). 마태복음과 마가복음 주석자들은 여기에서 신명기 18:19와 모세와 같은

선지자에 대한 암시 가능성을 본다. 그러나 사도행전 3:22에 비추어 볼 때, 누가복음에 있어서의 그러한 암시는 확실하며 또한 의도적이다. 마지막으로 누가복음의 독자들은 엠마오 도상의 두 제자가(눅 24:19) "나사렛 예수의 일이니 그는 하나님과 모든 백성 앞에서 말과 일에 능하신 선지자여늘"이라고 묘사하는 것을 본다. 그들은 사도행전에서 "하나님께서 세우신 선지자"에 대해 들었을 때에 그 묘사가 얼마나 정확했었는가를 실감했을 것이다. 사도행전에서 누가의 이야기 전개 형태는 우리로 하여금 누가복음에 나오는 불가사의하고 미묘한 명암들을 간파할 수 있게 해 준다. 이제 우리는 누가의 첫번째 책을 더 자세하게 상고해 나가기로 할 것이다. 여기에서는 다시 한번 기본적인 마가복음의 노선을 전제로 하면서 누가의 편집에 더 정밀한 주의를 기울일 것이다.

누가복음의 기사

예수님의 유아기 이야기

예수님의 유아기에 대한 누가복음의 기록(1 - 2장)은 유월절 전례서 형식의 성경 주해(haggadic midrash) 형태이다. 누가의 언어는 모세 오경의 특별한 본문들과 성경적 세계의 일반적인 분위기를 환기시키는 것이다. 서언의 기품 있는 헬라어 단계를 거친 다음(1:1 - 4), 독자는 갑자기 1:5의 70인역 문체에 의해 사사기와 룻기의 세계에 이른다. 천사들과 사람들의 말은 모두 성경 구절들을 공명하는 것이다. 마리아를 향한 가브리엘의 수태고지(1:28 - 33)는 사사기 13:2 - 5의 수태고지, 스바냐 3:14와 스가랴 2:10의 신탁, 그리고 사무엘하 7:12 - 16의 예언을 기억하게 한다. 마리아의 송영(눅 1:46 - 55)은 사무엘상 2:1 - 10에 나오는 한나의 찬송을 개조 변형한 것이다. 인물들의 묘사 자체도 스바냐 3:11 - 16과 시편 34편과 40편에 나오는 "여호와의 곤고한 자들"과 관련된 경건을 암시한다(참조. 1:6, 2:25, 36 - 37). 간단히 말해서 예수님의 유아기 기록은 이스라엘의 보다 긴 역사에 그 근원을 둔 예수님의 역사이다. 동시에 이 기록은 후에 발전되는 주제들을 확립함으로 또한 프로그램적인 예언들로 예수님의 사역과 그 이상을 지향한다.

예수님의 유아기 기록은 복잡한 내적 구조를 갖고 있다. 여기에는 두 가지의 대조적인 조각 그림이 담겨져 있다. 즉 사가랴에 대한 수태고지는(눅 1:8-23) 마리아에게 대한 수태고지(1:26-38)와 대조된다. 그리고 세례 요한의 탄생은(1:57-67) 예수님의 탄생과(2:1-21) 상치된다. 첫번째 조각 그림은 마리의 엘리사벳 방문(1:39-45)과 마리아의 찬송(the Magnificat, 1:47-55)으로 이어진다. 그리고 두번째 조각 그림의 한 면은 사가랴의 찬송(the Benedictus, 1:67-79)으로 이루어지고 다른 한 면은 결례, 시므온의 찬송과 예언(2:22-35), 그리고 여선지자 안나의 찬양으로 이루어진다(2:36-38). 이 기록은 성전에서 예수님을 발견하는 사건으로 그 절정에 이른다(2:41-51). 세례 요한의 성장과(1:80) 예수님의 성장(2:52)을 묘사하는 작은 그림들은 독자에게 그들의 미래를 제시한다. 누가에 있어 언제나 그러한 것처럼, 지리적 이동은 여기에서도 시작(1:8)과 끝(2:42) 모두에 있어 예루살렘을 중심하고 있다.

예언적인 선언들과 찬송들에서 우리는 세례 요한과 예수님의 의의를 알게 된다. 이들은 모두 예언자적인 인물들이다. 세례 요한은 "엘리야의 심령과 능력으로 주 앞에 앞서 가서 … 주를 위하여 세운 백성을 예비"할 것이다(1:16-17). 누가는 후에 예수님의 변용 후에 세례 요한과 엘리야의 분명한 관계를 나타낼 필요가 없었다(눅 9:36을 마 17:11-13과 비교해 보라). 왜냐하면 이미 이곳에서 나타내었기 때문이다. 사가랴는 그의 찬송에서 자신의 아들 요한에 대해 "이 아이여 네가 지극히 높으신 이의 선지자라 일컬음을 받고 주앞에 앞서 가서 그 길을 예비하여 주의 백성에게 그 죄 사함으로 말미암는 구원을 알게 하리니"라고 말한다(1:76-77). 그리고 가브리엘은 예수님에 대해 "저가 큰 자가 되고 지극히 높으신 이의 아들이라 일컬을 것이요"라고 말한다(1:32). 세례 요한과 예수님은 모두 예언자의 노선에 서 있었다. 그러나 예수님은 메시아이시며 주시고, 아들이지만, 세례 요한은 선구자로 머물렀다(7:24-35도 보라).

또한 누가는 예수님이 다윗 계의 메시아이심을 명백히 한다. 사무엘하 7:12-16의 신탁은 가브리엘에 의해 직접 예수님에게 적용된다. 예수님께서는 "그 조상 다윗의 위"를 받으실 것이다(눅 1:32-33). 다윗의 관계는 2:4("다윗의 집 족속인고로 … 다윗의 동네로")와 2:11("오늘날 다윗의 동네에 너희를 위하여 구주가 나셨으니")에서 확실하게 제시된다. 누가의 족보에서도 예수님께서는 다윗의 자손이며(3:31), 마가복음에서 다윗 자손과 관련된 다른 구절들을 발췌하여 결합시킨다(눅 6:3, 18:38-39). 그리고 사도행전 2:25, 13:22-23,

15:16에서도 이 혈통을 사용한다. 그러나 마태와 마찬가지로 누가도 예수님께서 다윗의 자손 이상이시라는 사실, 즉 예수님께서는 주님이시기도 하다는 사실을 강조한다(눅 20:41-44, 참조. 7:13, 10:1, 17:6, 18:6, 19:8). 그러나 이 강조는 부활 후 사도행전에서 훨씬 더 자주 발견된다. 그리고 마리아가 성령에 의해 잉태하였기 때문에 예수님께서는 하나님의 아들이시기도 하다(눅 1:35, 3:32, 참조. 4:3, 8:28, 10:22, 22:70, 그러나 사도행전에는 9:20, 13:33에만 이 사실이 나온다).

누가의 특징적인 중요점은 이스라엘을 위한 세례 요한과 예수님의 의의이다. 우리가 본 바와 같이 세례 요한은 주님을 위하여 백성들을 예비할 것이다. 사가랴는 그의 찬송에서 하나님께서 아브라함에게 하신 약속들의 성취로 자기 백성을 구속하시기 위해 그들을 돌아보심을 인해 하나님을 찬양했다(1:68-69, 참조. 행 7:17). 이제 예수님에 대한 기록은 한 백성에게 하신 하나님의 오래 전 근본적인 약속을 완성하심이 된다. 아브라함이라는 인물과 그에 대한 약속들은 다른 복음서들에서보다 누가복음과 사도행전에 있어 더 중심적인 역할을 한다(예를 들어 눅 16:22-31, 19:9, 행 3:25, 7:2-8, 13:26을 보라). 그 이유는 정확하게 누가가 교회의 내력을 이스라엘과 관련시키는데 관심을 두고 있기 때문이다. 여기에 나오는 "하나님의 돌아보심"이라는 말은 나중에도 되풀이된다(눅 7:16, 19:44, 행 7:23, 15:14). 이것은 자기 백성을 구원하시기 위한 하나님의 개입이다. 마리아의 찬송에서 하나님의 이 활동은 부자와 가난한 자, 강한 자와 약한 자의 운명을 뒤집는다. 즉 메시아의 탄생은 아브라함에게 하신 약속들의 성취이지만, 세상의 기준을 바꾸는 것이다(1:55).

이스라엘 백성에게 있어, 그리고 모든 백성에게 있어, 예수님의 의미는 세례 요한의 의의를 훨씬 능가한다. 예수님 안에는 구원의 여명이 존재한다. 사가랴는 "우리를 위하여 구원의 뿔을 그 종 다윗의 집에 일으키셨으니"라고 하나님을 찬양했다(1:68-69). 그리고 예수님께서 탄생하실 때, 천사들은 "구주가 나셨으니 곧 그리스도 주시니라" 라고 선포했다(2:11). 예수님을 구원을 가져오시는 분으로 이해함은 특별히 누가의 강조점이다. 이 강조에 의해 누가는 이미 마가복음에서 발견되었고, 또한 마태에 의해서도 공유되는 확신을 명확하게 한다. 누가는 "구원"이라는 어휘를 대단히 빈번하게 사용한다. 누가복음에서 그는 마가와 마태가 13회 사용하는 "구원하다"라는 동사를 17회로 늘렸고, 사도행전에서 또 13회 추가한다. 또한 누가는 "구원"을 나타내는 명사들을 즐겨 하여, 누가복음 1:69, 71, 77, 19:9, 그리고 사도행전 4:12, 7:25, 13:26, 47, 16:17, 27:34에서 "소테리아"를 사용하고 누가복음 2:30, 3:6, 그리고 사도행전 28:28의 중요한 구절들을 위해서 "소테리온"을 비축해 둔다. 이 중 마지막 구절은 사도행전을 종결짓는 예언, 즉 이방인들은 하나님의 이 "구원을 들을 것이라"는 예언이다.

또한 누가는 누가복음 2:11과 사도행전 5:31, 13:23에서 예수님에게 "구주"라는 호칭을 드린다. 모세가 이스라엘 백성을 "돌아보고"(7:23) 구원하기 위해(7:25) 그들에게 갔었던 것처럼, 하나님께서도 예수님을 통해 이루어진 구원의 제시하시며 이스라엘 백성을 돌아보셨다(행 7:25). 그러나 종살이로부터의 자유와 땅을 기업으로 주셨던 과거의 구원과 구속과는 대조적으로 이 구원은 죄로부터의 구속이며, 성령의 기업으로 말미암아 "두려움이 없이" 하나님을 예배할 수 있게 되는 것이다(눅 1:73 - 77, 행 2:38 - 39).

예수님과 자신의 백성 사이의 애매한 관계는 성전의 봉헌에 나타나 있다. "의롭고 경건한" 시므온은 오랫동안 "이스라엘의 위로"를 기다려 왔다. 그는 아기 예수님을 팔에 안았을 때, "주의 구원을 본 것"으로 인해 하나님을 찬양하였다. 이 구원은 "이방을 비추는 빛이요 주의 백성 이스라엘의 영광"이 될 것이었다(2:29 - 32). 여기에서 독자는 말씀의 이방 세계로의 전파에 대한 예상을 하게 된다(행 13:47). 그러나 누가의 주된 관심은 이스라엘의 운명이었다. 예수님에 의해 전달되는 구원은 이스라엘의 영광이 될 것이다. 그러나 그것이 전부가 아니다. 아기의 부모에 대한 예언에서 시므온은 예수님에 의해 야기될 백성들 내의 분리를 예언했다(2:34). 이 프로그램식의 예언은 이어지는 내용을 해석한다. 모세와 같은 선지자의 형태는 우리로 하여금 하나님에 의해 파송된 선지자에 대한 완전한 거부를 예상하게 한다. 누가의 기록에는 그러한 요소들이 존재한다. 그러나 누가의 시종 일관된 제시는 하나님의 백성 내에서의 분리에 대한 것이다. 즉 어떤 사람들은 이 선지자를 받아들일 것이고 또 어떤 사람들은 받아들이지 않을 것이다.

예수님의 유아기에 대한 누가의 기록은 마리아가 담당하는 중요한 역할에 있어 주목할 만하다. 전반적으로 누가는 여러 여인들의 생활과 활동에 대해 주의를 기울였고 또한 예민한 안목이 있었다. 누가가 기록하는 대부분의 남성 인물들은 상응하는 여성 인물들이 있다(예를 들어 눅 1:6-7, 2:36-38, 4:25, 38, 7:11-15, 36-50, 8:1-3, 19-21, 43-56, 10:38-42, 11:27, 13:10-17, 15:8-10, 17:29-32, 18:1-8, 23:28-31, 49, 55-56, 24:1-11, 22-24, 행 1:14, 2:17-18, 5:1-11, 14, 6:1-2, 8:12, 9:36-43, 12:12-17, 13:50, 16:1, 11-18, 40, 17:12, 34, 18:1-4, 18, 26,21:5, 8-9, 22:4, 23:16, 24:24-25, 25:13, 26:30을 보라). 그러나 마리아는 하나의 대표적인 여성 이상이다. 그녀는 이스라엘의 신실한 백성들을 대표한다. 마리아의 운명의 반전은 하나님의 돌아보심이 전체 백성에게 가져올 대반전을 상징한다. 한 여성으로 마리아는 비천하고 보잘 것 없는 존재, 족장 사회 내의 가난한 집안의 한 식구에 불과하다(6:20, 7:22를 보라). 한 처녀로서의 마리아는 중요한 자손을 생산할 능력이 없다. 그러나 하나님께서는 비천한 자를 높이시는 것처럼 마리아를 택하사 은혜로 충만하게 하심으로 그녀를 높이셨고, 성령으로 그녀를 덮으심으로 분명한 무능으로부터 강함이 나오는 것을 나타내셨으니, 이는 하나님께는 능치 못하심이 없기 때문이었다(1:37, 참조. 18:27). 마리아는 또한 고통 중에 있는 이스라엘을 대표한다. 예수님께서는 백성들 중에 분열을 야기시키심으로 모순의 표징이 되실 것이다. 그래서 마리아는 칼로 그 마음을 찌르는 듯 하게 될 것이다(2:35). 마지막으로 마리아는 회복된 이스라엘을 대표한다. 왜냐하면 오순절에 성령을 부어 주시는 자리에 있었기 때문이다(행 1:14를 보라). 다른 여인들과 함께, 예언을 하는 딸들과 여종들 중에 속했다(행 2:17-18).

또한 마리아는 개인적으로 믿음의 사람이었다. 그녀는 자신을 "주의 계집종"이라고 했다(눅 1:38). "말씀대로 내게 이루어지이다"는 말로 마리아는 예수님의 응답과 구조적으로 동일한 응답을 하나님께 했다(눅 22:42를 보라). 마리아는 하나님을 뜻을 신실하게 받아 들이는 모범이었다. 엘리사벳은 마리아에게 "믿은 여자에게 복이 있도다 주께서 그에게 하신 말씀이 반드시 이루리라"라고 외쳤다(1:45). 후에 예수님께서는 "하나님의 말을 듣고 행하는" 사람들이 복된 사람들이고 자신의 모친과 형제라고 확인하셨다(8:19-11, 11:27-28). 마지막으로, 누가는 마리아가 하나님의 말을 묵상하고 마음에 두는 사람이며(1:29, 2:19, 51), 모세 오경에 나오는 하나님의 말씀의 상징들을 따라 하나님에 대한 새로운 경험을 해석하는 능력이 있는 사람이라는(1:47-55) 결코 적지 않은 칭찬을 나타낸다.

선지자적 메시아

세례 요한과 예수님의 관계는 사역과 관련된 내용으로 이어진다. 세례 요한의 선지자의 역할을 즉시 명백하게 나타난다: "하나님의 말씀이 빈들에서 사가랴의 아들 요한에게 임한지라"(3:2). 이 시점 이후부터 "하나님의 말씀"은 "누가 -행전"의 주제가 된다. 이 주제는 세례 요한의 말, 예수님의 말씀, 그리고 예수님을 따르는 사람들의 말에 주어지는 뚜렷한 신학적 평가를 담고 있으며, 그 모두를 선지자의 권위 가운데 연결시킨다. 누가복음에 나오는 씨 뿌리는 자의 비유에서 "씨는 하나님의 말씀"이다(8:11, 참조. 5:1, 8:21, 11:28). 사도행전에서 "하나님의 말씀"은 사실상 기독교 선교의 동의어이다. "이와 같이 주의 말씀이 힘이 있어 흥왕하여 세력을 얻으니라"(행 19:20, 참조. 4:31, 6:2, 6:7).

세례 요한에 의한 예수님의 세례도 예언자의 기름 부음을 암시한다. 누가는 서서히 세례 요한을 현장에서 퇴장시킴으로 예수님에게 성령을 주시는 분이 하나님이심을 나타낸다(눅 3:21 - 22). 이 성령을 내려 주심은 비둘기의 실체적인 강하에 의해 표시되었다. 더욱이 성령은 예수님께서 기도를 하사고 계시는 동안에 강림하셨다(3:21). 이는 오순절에 제자들이 기도할 때 성령이 강림하신 것과 같다(행 1:14). 누가복음에서 예수님께서는 사역을 행하시는 중에 모든 중대한 전환기마다 기도하신다(눅 6:12, 9:18, 28 - 29, 10:21, 11:1, 22:32, 41 - 46, 23:46). 여기에서 우리는 예수님의 하나님께 대한 아들의 관계가 아담의 육체적인 후손에 관련된 것이 아니라 충성된 순종과 관련된 문제라는 사실을 이해하게 된다(3:23 - 38을 보라). 사도행전에서 예수님을 따르는 사람들도 인도와 능력을 구하며 기도한다(행 1:14, 24, 2:42, 3:1, 4:24, 6:6, 8:15, 10:9, 12:12, 13:3, 14:23, 16:25, 20:36, 28:8).

예수님께서 선지자적 메시아이시라는 사실은 나사렛에서 거부를 받으시는 사건에서 명백하게 나타난다(눅 4:16 - 30). 마태복음과 마가복음에서는 예수님의 사역 초기에 나오는 이 내용을 누가는 뒤로 옮겼다. 또한 누가는 이 내용을 예수님의 전도에 대한 프로그램적인 진술로 확대했다. 독자는 예수님께서 육체적으로 성령을 받았다는 사실(3:22)과 "성령의 충만함을 입어 … 광야에서 사십 일 동안 성령에게 이끌리셨다"는 사실을 본다(4:1). 이 시험 후에 예수님께서는 "성령의 권능으로" 전도를 시작하신다(4:14). 예수님께서는 이사야서에서 "주의 성령이 내게 임하셨으니 이는 가난한 자에게 복음을 전하게 하시려고 내게 기름을 부으시고 나를 보내사 포로된 자에게 자유를 눈먼 자에게 다시 보게 함을 전파하며 눌린 자를 자유케 하고"라는 말씀을 읽으신 다음(눅 4:18, 참조. 사 61:1-2, 58:6), "이 글이 오늘날 너희 귀에 응하였느니라"고 선언하셨다 (4:21). 누가는 메시아(기름 부음을 받은)라는 칭호를 문자적으로 이해한다. 예수님께서는 그리스도 즉 "기름 부음을 받은 자"이시다. 왜냐하면 성령에 의해 기름 부음을 받았기 때문이다(행 4:27, 10:38도 보라). 예수님의 메시아 신분의 본질은 버림을 받은 자들과 고통하는 자들에게 해방을 선포하여, 이사야서에 나타나는 전갈자의 선지자적 사역을 완성 (또는 성취)하는 것이다.

이 내용은 또한 이 선지자적 사역의 두번째 국면도 지적한다. 처음에 예수님의 고향 사람들은 예수님의 말씀을 기쁘게 들었다. 그러나 예수님께서 자신을 엘리야와 엘리사에게 비교하자 그들은 예수님을 적대한다(눅 4:25-27). 왜 그랬을까? 엘리야와 엘리사는 그들을 통해 하나님께서 역사적인 이스라엘 백성에 속하지 않는 자들을 위한 구원을 이루셨던 선지자들이었다. 예수님의 고향 사람들은 선지자가 자신들 외에 아무에게도 하나님의 "돌아보심"을 제공하는 것을 받아들이지 않은 유대인들이었다. 그래서 그들은 예수님을 죽이려고 했다. 이 선지자의 전도는 백성들 중에 분열을 야기했고 "여러 사람의 마음의 생각"을 드러냈다(2:35). 누가의 의도적인 편집을 나타내고 있는 누가복음의 다음 부분도 선지자의 주제를 이어 나간다. 누가복음에 나오는 평지에서의 설교에서(6:17-49), 예수님께서는 복과 화를 선언하신다. 메시아께서 "가난한 자, 주린 자, 우는 자, 박해받는 자"에게 "복음"을 전하심으로 4:18의 프로그램적 예언이 여기에서 성취된다. "위로를 이미 받은 자들"은(6:24) 예수님에 의해 주어지는 "이스라엘의 위로"(눅 2:25)를 필요로 하지 않는다. 마리아의 찬송은 하나님의 반전의 형태를 수립했다. 부자들은 빈손으로 추방되고, 강한 자들은 낮아진다. 반면에 가난한 자들은 높임을 받는다. 누가복음의 가난한 자들에 대한 축복은 이 메시아의 반전 형태와 일치한다. 메시아께서는 자신을 따르는 자들의 "영적 자세"를 전제하지 않고 하나님께서 이 세상의 평가와 판단의 기준을 뒤집으실 것이라고 선언하신다. 즉 하나님의 백성 중에 소위 완전한 자격을 가진 자들이 누리는 "위로"로부터 버림받고 제외되었던 사람들이 하나님에 의해 용납된다는 것이다. 그들에 대한 이 "복음"은 인간의 기준들이 하나님의 기준들과 다르다는 것이다, "하나님의 나라가 너희 것임이요.”

　누가도 7:21-22에서 유사하게 예수님께서 자신의 메시아적 행동들에 대해 세례 요한에게 전언을 보내실 때 자신의 메시아 신분의 본질을 나타내셨음을 기록한다. 이 메시아적 행동들의 목록은 “가난한 자에게 복음이 전파된다”는 말씀에서 그 절정을 이룬다. 마찬가지로, 큰 잔치의 비유에서도 예수님께서는 소유물에 정신이 빼앗긴 자들은 천국의 초청에 응할 수 없고, 따라서 그 초청은 “가난한 자들과 병신들과 소경들과 저는 자들”에게로 돌아간다고 암시하신다(14:21, 참조. 14:13). 마지막으로 부자와 나사로의 비유는 이 주제를 종결내린다. 의도적으로 팔복의 말씀을 반영하는 이 비유는 운명의 반전을 나타낸다. 즉 부자는 모든 것을 상실했고, 가난한 자는 아브라함의 품에 영접을 받는다(눅 16:25). 누가는 하나님의 소명에 대한 개인의 응답에 관심이 있지만(예를 들어 눅 12:13-40, 14:26-33, 16:1-13, 17:22-35, 18:18-30, 행 2:41-47, 4:32-37, 20:17-35를 보라), “부와 가난”이라는 말은 본래 그러한 가르침에 기여하는 것이 아니다. 이 말의 가장 중요한 기능은 예수님께서 백성들 중에서 버림을 받은 사람들 중에 “복음”을 선포하시는 선지자적 메시아이시라는 사실과 부유하고 권세가 있는 자들에게 거부되는 선지자이시라는 사실을 입증하는 것이다. 누가의 기록에서 가난한 자의 역할은 죄인들과 세리들이 맡고 있고 부자의 역할은 바리새인과 율법사들이 맡는다. 예수님의 사역에서 하나님의 자기 백성들을 돌아보심은 실제적이다. 즉 예수님을 거부하는 자들은 하나님의 백성에서 제외되고 예수님을 영접하는 사람들은 하나님께 영접을 받는다.

　누가복음 4:25-27에서 예수님께서는 엘리야와 엘리사에 비유하셨다. 그리고 7:1-16에서는 그들과 유사한 일을 행하신다. 엘리사는 한 어린 유대 소녀의 알선으로 아람의 장군 나아만을 치유했다(왕하 5:1-14). 누가복음 7:1-10에서 예수님께서는 유대인 장로들의 알선을 통해 이방인 백부장의 종을 치유하신다. 엘리야 선지자는 죽었던 사렙다 과부의 아들을 살렸다(왕상 17:17-24). 누가복음 7:11-15에서, 예수님께서는 나인성 과부의 죽은 아들을 살리신다. 누가는 열왕기상 17:23(70인역)에 나오는 것과 동일한 어구 “그를 어미에게 주신대”를 7:15에 사용함으로 이 관계를 명확하게 나타낸다. 사람들도 이 동일성을 인식했다. 왜냐하면 그들이 예수님을 큰 선지자라고 하며 하나님께서 자기 백성을 돌아보심을 인해 하나님을 찬양했기 때문이다(7:16). 이 시점에 세례 요한은 감옥에서 사람들을 보내어 예수님께서 사람들이 기다려 온 분인지를 확인하고자 했고, 예수님께서는 "가난한 자에게 복음이 전파된다"라는 메시지로 응답하셨다 (7:22).

이 장면에 이어지는 강화와 내용은 선지자로 말미암아 야기된 백성들 간의 분열에 대한 우리의 이해를 분명하게 해 준다. 예수님께서는 세례 요한을 선지자로, 그리고 선지자 이상으로 격찬하신다(7:26). 그러나 세례 요한은 "백성과 세리들"에게만 환영을 받았다. 대조적으로 "바리새인들과 율법사들"("율법사"는 서기관을 나타내는 누가의 용어이다)은 스스로 하나님의 뜻을 저버리고 요한의 세례를 받지 않았다(7:29-30). 그들은 세례 요한이 귀신이 들렸다고 비방하며 그를 선지자로 인정하지 않았다. 이제 예수님에게서 매우 다른 종류의 선지자가 나타난다. 예수님께서는 금욕주의적인 선지자가 아니셨다. 그러나 예수님도 역시 "세리와 죄인의 친구"라는 이유로 거부를 당하신다(7:34). 이 일 직후, 죄인인 한 여인이 예수님을 영접하고 죄를 용서받는다. 그러나 예수님을 하나님께서 보내신 선지자로 인정하지 않는 바리새인은 예수님을 거부한다(7:36-50).

이스라엘의 이 분열은 그 땅의 평민들과 백성들의 지도자들 간에 이루어졌다. 평민들, 특별히 종교 의식법에 의해 별로 중요하지 않거나 버림받은 사람들, 즉 이 선지자를 영접하고, 그로 인해 하나님의 백성으로 받아들여진 사람들은 가난한 자들과 병신들과 소경들과 저는 자들과 여인들(사도행전에서는 내시, 사마리아인, 이방인들)로 형성되었고, 반대편의 지도층은 이미 권세와 특권 가운데 위로를 소유하고 있는 자들로 이들은 세례 요한이나 예수님을 인정하지 않았고 후에 예수님의 사자들도 받아들이지 않은 부유하고 권세 있고 오만하고 "또 자기를 의롭다고 믿고 다른 사람을 멸시하는 자들"이었다(눅 16:15, 18:9를 보라).

백성의 형성

누가복음의 처음 여덟 장들에서, 우리는 이미 예수님 주위에서 형성되고 있는 하나님의 백성들을 어렴풋이 감지할 수 있었다. 예수님께서는 죄인들(5:1-11)과 세리들(5:27), 모든 것을 버리고 자신을 좇는 사람들을(18:28-30) 제자들로 부르셨다. 그리고 그들 중에서 예수님께서는 열 두 명을 택하시고 사도라고 칭하셨다(6:13, 이 용어는 누가복음과 사도행전에 매우 빈번하게 나온다(예를 들어 9:10, 11:49, 17:5, 22:14, 24:10, 행 1:2, 1:26을 보라). 죄인이었던 여인에 대한 이야기에 이어, 우리는 모여들고 있는 사람들의 핵심들을 보기 시작한다. 즉 예수님께서 열 두 제자와 함께 갈릴리에서 전도를 하는 내용이다. 여기에 예수님과 열 두 제자를 섬기는 한 무리의 여인들이 있었다(8:1-3). 이들이 회복된 이스라엘의 핵심이었다. 이들은 갈릴리 출신의 매우 작은 추종자 집단이었다.

누가복음 9:1의 시작에서, 예수님께서는 선지자를 거부한 과거의 지도자들을 바꾸기 위하여 백성들 중에 권위 있는 사역을 준비하신다. 예수님께서는 열 두 제자에게 천국을 전파하고 병을 고치는 "능력과 권세"를 주어 파송하셨다(9:2). 즉 정확하게 예수님 자신의 활동에 종사하는 "능력과 권세"를 주신 것이다(예를 들어 9:11을 보라). 그들이 돌아 왔을 때, 예수님께서는 음식을 분배하게 하여 5천명을 먹이셨다(9:10-17). 이렇게 하여, 누가는 백성들 중에서의 권위와 식사를 통한 교제에서의 섬김 간의 관계를 확립한다. 열 두 사도가 이스라엘의 지도층을 대신하게 될 것이라는 사실은 누가복음에 나오는 므나의 비유(19:11-27)와 포도원의 비유(20:9-18)에서 암시된다. 예수님께서는 최후의 만찬에서 이스라엘의 열 두 지파를 다스리는 권세(basileia)를 열 두 제자에게 분명하게 부여하셨고(22:30), 이 권위는 사도행전에 나오는 예루살렘 공동체에서의 지도권 행사로 이루어진다(2:41-47, 4:32-5:11).

한편 우리는 특별히 여행 기록으로 칭해지는 누가복음의 특별한 부분(9:51-19:44)에서 백성들 자체가 형성 과정에 있는 것을 본다. 예루살렘을 향한 이동이 이 부분을 지배한다. 변화산에서 예수님께서는 자신이 예루살렘에서 이루고자 하시는 출애굽(the exodus)에 대해 엘리야, 그리고 모세와 대화를 나누셨다. 예수님의 예루살렘성을 향한 전환은 9:51에 엄숙하게 선언된다. "예수께서 승천하실 기약이 차 가매 예루살렘을 향하여 올라가기로 굳게 결심하시고." 이어지는 장들에서 우리는 예수님께서 예루살렘으로 향하여 가신다는 말을 약 17회 발견한다. 이 여행의 주제는 이 부분 전체에 동적인 특성을 부여하며 제자에 대한 소명을 보다 더 극적으로 보이게 한다(9:57-62를 보라).

이 부분에는 여행 이상의, 심지어 수난과 죽음을 향한 여행(눅 9:22, 18:31)보다도 더 많은 일이 일어나고 있다. 누가는 이 여행의 골격 내에 예수님의 말씀 자료 중 가장 많은 부분을 삽입한다. 예수님께서는 항상 말씀을 하고 계신다. 더욱이 예수님께서는 이 여행을 하실 때, 세 무리의 사람들에 의해 둘러싸여 계셨다. 그들은 무조직적인 군중들, 예수님의 대적들(특별히 이 부분에서는 바리새인들), 그리고 제자들(mathētēs는 누가복음의 나머지 부분에 16회 나오는 것에 비해 9-19장에서는 22회나 나온다)이다. 누가는 이 말씀들에서 예수님께서 누구에게 무엇을 말씀하셨는가를 기록하려고 상당한 애를 쓰고 있다.

이 말씀들의 내용을 살펴보자면, 각 무리에게 주어지는 말씀들은 구별되는 특성을 갖고 있다. 예수님께서는 자신의 대적들을 공격하시며, 그들의 거부를 경고하는 비유들을 들려주신다. 그리고 군중들에게, 예수님께서는 심판에 대한 경고들을 말씀하시며 그들을 제자가 되라고 부르신다. 마지막으로 제자들에게는 대조적으로, 기도와 접대와 고난과 소유물에 대한 특별한 교훈들을 주신다. 누가는 이 말씀들을 엇갈리는 형태로 정리한다. 한 부분을 간단하게 관찰해 봄으로 이 형태를 알게 될 것이다.

예수님께서는 군중에게 천국의 성장에 대한 비유, 그리고 천국에서의 선택과 심판이 실재함에 대한 비유를 들려 주셨다(13:18-30). 그 다음에 바리새인들을 향해서 예수님께서는 예루살렘에 대한 애통, 그리고 선지자들에 대한 예루살렘의 배척에 대한 애통을 하셨고(13:31-35), 그들과 식사를 하는 자리에서 그들이 상좌를 차지하려고 하는 것을 책망하셨고(14:1-14), 하나님의 초청에 대한 그들의 거부와 버림받은 사람들에 대한 부르심을 암시하는 대잔치의 비유를 말씀하셨다(14:15-24). 그 다음에 즉시 예수님께서는 다시 군중들을 향해 비유를 자세히 설명하시는 말씀으로 그들을 제자로 부르시고 또한 제자 자격에 있어서의 요구 사항들을 자세히 설명하셨다(14:25-35). 그 다음에 예수님께서는 바리새인들에게 세 가지 잃은 것(양, 드라크마, 아들)의 비유를 들려 주셨다. 그 이유는 바리새인들이 예수님의 주위에 죄인들과 세리들이 모이는 것을 마땅치 않게 여겼기 때문이었다(15:1-32). 이어, 예수님께서는 제자들을 향하여 불의한 청지기의 비유를 특별한 교훈과 함께 들려주심으로 소유물을 자선에 사용함에 대해 교훈하셨다(16:1-13). 예수님의 제자들에 대한 이 가르치심을 바리새인들은 거부한다. 왜냐하면 그들은 돈을 좋아하는 자들이고 스스로 의롭다하는 자들이었기 때문이다(16:14). 그래서 예수님께서는 그들에게 부자와 나사로의 비유를 말씀하신다(16:19-31). 이 비유에는 자산에 대한 모세 오경의 명령들이나 선지자의 말을 유념하지 않는 자들의 거부에 대한 명백한 위협이 담겨 있다. "모세와 선지자들에게 듣지 아니하면 비록 죽은 자 가운데서 살아나는 자가 있을지라도 권함을 받지 아니하리라"(16:31). 마지막으로 예수님께서는 다시 제자들에게 실족케 함과 믿음에 대해 가르치신다(17:1-10).

이 번갈아 하시는 말씀의 형태는 포착하기 어렵지만 효과적이었다. 자신에 대한 배척과 유대 지도자들의 손에 의한 죽음을 맞기 위해 예루살렘으로 가시면서, 선지자 예수님께서는 자기 주위에 하나님의 진실한 백성들을 형성하고 계셨다. 군중들에게는 회개가 요구되었다. 그리고 응답하는 사람들은 제자도의 본질을 교육받고 있다. 그러나 선지자를 거부하는 자들은 하나님의 그들에 대한 거부를 경고 받고 있다. 바리새인들이 예수님에게 하나님의 나라가 언제 임하는가를 물었을 때, 예수님께서는 "하나님의 나라는 너희 안에 있느니라"고 대답하셨다(눅 17:21). 이 정황에서 예수님의 대답은 문자 그대로 받아들일 수 있다. 즉 선지자의 부르심에 순종하는 사람들이 바리새인들 주위를 둘러싸고 있었다. 그런데 바리새인들만이 일어나고 있는 표징들을 보지 못하고 있었던 것이다.

이 여행은 예수님께서 예루살렘에 승리의 입성을 하심으로 끝에 이른다. 누가복음 8:1-3에서 우리가 보았던 작은 무리의 추종자들이 이제 크게 불어났다. 그리고 이 "제자의 온 무리"는(19:37) 예수님을 왕으로 환영했다. 바리새인들은 어떠했을까? 그들은 예수님에게 "당신의 제자들을 책망하소서"라고 청했다(19:39). 이 일에 이어 예수님께서는 예루살렘성에 대해 엄숙한 애통의 발언을 하셨다. 예루살렘성은 "권고 받는 날"을 깨닫지 못했기 때문에 멸망을 당할 것이다(19:44). 예수님께서 예루살렘에 입성하시기 직전에 말씀하신 므나의 비유(19:12-27)는 보다 넓은 내용을 설명한다. 왕이신 분께서는 충성된 추종자들을 자신의 나라에서 상 주실 것이다. 그러나 그의 왕권에 반대한 자들은 완전히 제거될 것이다.

수난 기사

마태는 마가의 수난 기록을 엄밀하게 따른다. 그러나 누가는 자신이 갖고 있는 마가의 자료를 상당히 가감한다. 그는 베다니에서 한 여인이 향유를 예수님 머리에 부은 기사(눅 7:36-50은 전혀 다른 이야기이다)와 마가복음 14:27에 나오는 스가랴서의 목자에 대한 인용을 삭제한다. 그리고 누가는 예수님의 수난 기사 중 두 가지 요소를 사도행전으로 옮겼다. 즉 가룟 유다의 죽음(행 1:16-20을 보라)과 예수님의 성전에 대한 말씀에 대해 고소하는 거짓 증인들(행 6:11-14에서 스데반에 대한 기록을 보라)에 대한 기사이다. 누가는 가룟 유다의 배반을 그의 마음에 들어간 사단의 탓으로 돌린다(22:3). 그리고 누가는 최후의 만찬에서 하신 예수님의 말씀을 늘려서 공동체에서 봉사하는 지도자에 대한 교훈을 포함시킨다(22:24-38). 또한 누가는 헤롯 앞에서의 별도의 심문도 포함시킨다(23:6-11). 예수님께서 십자가에 달리시는 장면은 더 자세하다. 여기에는 예수님께서 십자가를 지고 가시면서 주위의 무리에게 하신 말씀과(23:28:31) 함께 십자가에 달린 두 죄인들과 나누신 말씀도 포함된다(23:39-43). 마가복음과 마태복음 모두에서 발견되는 십자가에서 버림받으심에 대한 외치심이 누가복음에서는 부탁의 기도가 된다(23:46). 그리고 용서의 말씀과(23:34) 약속(23:43)이 그 앞에 나온다.

이 변화들은 누가복음의 수난 기록이 공관 복음서들 중 가장 요한복음의 수난 기록에 가깝게 한다. 그러나 누가복음에 특이한 두 가지 강조가 있으니, sophos(현자)로서의 예수님의 이미지와 예수님의 죽음에 있어 대중의 역할이다.

누가는 십자가의 치욕을 부정하지 않는다. 그러나 그는 예수님의 이미지를 그리스 문화의 도덕적 이상인 현자(sophos), 즉 그의 자제력, 공포로부터 자유함, 그리고 용기가 그를 추종하는 사람들의 본이 되는 현자와 보다 더 밀접하게 닮게 보이게 변화시킨다. 최후의 만찬에서, 예수님께서는 자신의 유업을 정리하셨다. 예수님께서는 하나님에게서 권세(basileia)를 받으셨던 것처럼, 자신의 권세를 열 두 제자에게 양도하셨다(22:29-30). 또한 예수님께서는 그들에게 이 권세의 모범을 보이셨다. "나는 섬기는 자로 너희 중에 있노라"(2:27). 예수님께서는 제자들을 교육하여 미래를 위해 그들을 준비시키셨다(22:29-30). 겟세마네 동산에서 예수님께서는 제자들에게 시험에 들지 않게 기도하라고 말씀하셨다(22:40, 참조. 8:13). 예수님께서 기도를 하시기 위해 제자들과 조금 떨어진 곳으로 사셨을 때, 슬픔(lup)에 압도된 사람은 예수님이 아니라 제자들이었고, 그것은 그들의 연약함과 용기 부족을 나타내는 것이었다(22:45). 피땀을 흘리시는 예수님을 천사가 위로했다(22:43). 이 내용은 광야의 시험 기사를 생각하게 한다(4:9-13, 참조. 막 1:13). 베드로가 대제사장의 귀를 쳤을 때, 예수님께서는 그의 귀를 고쳐 주셨다(22:51). 마침내 예수님께서는 무력하기 때문이 아니라 자진하여 하나님의 뜻을 행하기 위해(22:42) 따라 가셨다. 예수님의 극기는 예루살렘의 여인들에 대한 위로와 경계의 말씀(23:28 - 31), 그리고 옆의 십자가에 달린 강도에게 낙원을 약속하시는 말씀에도 나타난다(23:39 - 43).

현자(sophos)는 또한 의로운(dikaios)사람이다. 예수님께서 사형을 받으실 만한 아무런 범죄도 짓지 않으시고 결백하시다는 사실은 예수님의 결백에 대한 빌라도의 세 번에 걸친 단언(23:4, 14, 22), 그리고 또한 헤롯에 의해 확인된 판단(23:15)에 의해 강조된다. 예수님의 "의"는 예수님께서 자신을 처형하는 자들을 용서하심(23:34)과 하나님께 자신의 생명을 맡기심("아버지여 내 영혼을 아버지 손에 부탁하나이다", 23:46)에 의해 입증된다. 의인으로서의 예수님의 이 심상은 십자가 옆에 있던 백부장에 의해 확인된다. 그는(마태복음과 마가복음에서와 같이) 예수님을 하나님의 아들로 확인하는 대신, "이 사람은 정녕 의인이었도다"라고 단언한다(23:47). 여기에서 이 "의로운"(dikaios)이라는 용어는 종종 "결백한"으로 번역된다. 그러한 번역은 누가의 강조들 중의 한 가지와 일치하지만, 의인으로서의 예수님의 전체적인 의의를 나타내기에는 너무 약하다. 누가는 자신의 복음서 전체에 걸쳐 예수님에 의해 표시되는 하나님께 대한 전적인 헌신에서 예수님의 의로우심이 나타나고 있다는 사실을 강조하고 있으며(눅 1:5, 17, 2:25, 16:15, 18:9, 14, 20:21, 23:50), 사도행전에서는 예수님에게 의인이라는 칭호를 세 번 사용한다(3:14, 7:52, 22:14).

마태복음에 나오는 예수님의 수난 기사와 가장 뚜렷하게 대조되는 누가의 기록은 예수님의 죽음에 있어 대중들의 역할이다. 마태는 분명하게 예루살렘의 모든 백성을 연루시키고 있다. "백성이 다 대답하여 가로되 그 피를 우리와 우리 자손에게 돌릴지어다 하거늘"(마 27:25). 누가도 "백성이 다" 연루되었다는 사실을 알고 있다(행 3:14). 그러나 수난 기사 자체에서, 누가는 예수님을 거부함과 예수님의 죽음에 백성들의 참여를 극소화하기 위해 모든 애를 쓴다. 누가의 수난 기사에서, 평민들과 지도자들, 즉 여기에서 공회, 사두개인, 그리고 제사장 계급들에 의해 대표되는 지도자들 간의 분열이 뚜렷하게 묘사된다.

부활 후에 엠마오 길의 두 제자에 의한 단언은 이 분열에 대한 누가의 시각을 확실하게 요약해 준다(눅 24:20 - 21)

… 우리 대제사장들과 관원들이 사형 판결에 넘겨주어 십자가에 못 박았느니라 우

리는 이 사람이 이스라엘을 구속할 자라고 바랐노라 이뿐 아니라 이 일이 된 지가 사흘째요

누가의 수난 기사 중 단지 한 곳에서 모든 "대제사장들과 관원들과 백성"이 발견된다(23:13). 이곳에 백성이 등장하는 것은 너무 예외적이기 때문에 일부 학자들은 "백성들 중 관원들"이라고 수정을 하는 과한 개선책을 찾기도 하는데 그 해결책은 그릇된 것이다. 그렇지만 그렇게까지 해야 할 필요가 느껴진다는 사실은 이 과정에서 백성들을 빼고 있음을 나타내는 것이다. 이 삭제를 하기 위해, 누가는 마가의 본문들에 수많은 작은 변경들을 했다.

예수님께서 성전을 정화하신 후에(19:45-46), "대제사장들과 서기관들과 백성의 두목들"은 예수님을 죽이려고 꾀했으나, 일반 백성들은 예수님의 말씀에 열심히 귀를 기울였다(눅 19:47-48). 지도자들이 공격을 시작할 때, 예수님께서는 성전에서 "백성"을 가르치셨다(20:1-2). 21:38에서도 "백성"은 이른 아침에 예수님의 가르치심을 들으려고 성전에 모였다. 대조적으로 지도자들은 "백성을 두려워" 했기 때문에 예수님을 해하려는 음모에 신중을 기하지 않을 수 없었다(22:2). 가룟 유다는 "무리가 없을 때에" 배신 행위를 해야 했다(22:6). 예수님을 체포하려고 온 무리는 일반 대중으로 이루어진 무리가 아니라 완전히 대제사장과 성전의 군관들과 자료들로 이루어진 무리였다(22:47, 52). 예수님을 재판에 끌고 가고(23:1) 빌라도 앞에서 예수님을 고소한 자들도 바로 이들이었다(23:1). 예수님께서 십자가에 달리시기 위해 가는 길에 여인들이 통곡을 했고 큰 무리가 따랐다(23:27). 예수님께서 십자가에 달리셨을 때, 마가(15:29)와 마태(27:39)는 지나가는 자들이 다 예수님을 조롱했다고 한다. 반면에 누가는 관원들만이 예수님을 비웃은 것으로 나타낸다(23:35). 예수님께서 죽는 순간, 누가는 일반 백성들을 특별히 주목한다. 그들은 큰 사건을 목격하려고 왔으나, 이제 그들은 "다 가슴을 두드리며" 돌아간다(23:48). 이 비통과 가책의 전조로 누가는 사도행전에서 있을 백성의 회개의 준비를 암시한다. 그들은 하나님의 회복된 백성의 일부가 될 것이다.

부활과 승천

모세는 첫번째 거부를 당한 후에 하나님의 옹호를 받고 새로운 능력을 받고 다시 보내심을 받았다(행 7:34-38). 마찬가지로 예수님께서도 부활에 의해 정당성을 입증받으시고 능력으로 하나님께서 세우신 선지자가 되셨다(행 2:24, 3:13-15). "누가-행전"에는 예수님의 부활을 강렬하게 그리고 복잡하게 나타내고 있다. 부활의 기록은 누가의 첫번째 책에 나오는 빈 무덤과 예수님의 여러 번의 나타나심을 기록하는 것으로 그치는 것이 아니다.

승천의 기록은 누가에 있어 독특하다(눅 24:50-51, 행 1:9-11, 참조. 눅 9:31, 51). 사도행전 3:1에 의하면, 예수님께서는 목격자들 앞에 나타나신지 사십 일 후에 승천하셨다. 사도행전 10:40-41에 나오는 베드로의 설교에 의하면 "하나님이 사흘만에 다시 살리사 나타내시되 모든 백성에게 하신 것이 아니요 오직 미리 택하신 증인 곧 죽은 자 가운데서 일어나신 후 모시고 음식을 먹은 우리에게 하신 것"이다. 처음에 승천은 일시적으로 물러가시는 것처럼 보였다(행 1:11)

너희 가운데서 하늘로 올리우신 이 예수는 하늘로 가심을 본 그대로 오시리라

그러나 승천으로 예수님께서 사도행전의 기록에서 사라지신 것은 아니다. 스데반은 "예수께서 하나님 우편에 서신 것"을 보았고(7:55-56), 바울은 눈을 멀게 하는 빛 가운데 예수님을 보았다(9:1-9). 이 나타나심들은 선택된 증인들에게 부활하신 예수님의 나타나심이었다. 아나니아는 바울에게 "우리 조상들의 하나님이 너를 택하여 너로 하여금 자기 뜻을 알게 하시며 저 의인을 보게 하시고 그 입에서 나오는 음성을 듣게 하셨으니"라고 말했다(행 22:14). 보다 더 의미심장한 사실은 예수님의 임재가 명백하게 그의 증인들의 말과 행동들을 통해 연속되는 것이다. 예수님의 증인들 중에서 역사하시는 성령은 예수님께로부터 오신 것이다. 그러므로 그들은 "예수의 이름으로" 전도하고 병을 고쳤다(행 2:33, 3:6, 16, 4:10, 29-31, 5:32, 10:43, 16:18, 19:13). 진실로 예수님께서는 "모든 백성들 중에서" 증인들에 의해 역사되는 표적과 기사들을 통해 훨씬 더 강력하게 임재하셨다.

따라서 승천은 예수님께서 이야기의 내용으로부터 떠나신 것이 아니라, 새로운 형태의 임재를 상징하는 것이다. 승천 기사는 증인들에게 나타나심과 공동

체에 성령을 통한 임재하심 간에 교량 역할을 한다. 독자는 이 영적 권능 부여에 작용하고 있는 선지자의 예표론을 거의 놓치고나 못 보지 않을 것이다. 엘리야도 회오리 바람을 타고 하늘로 들려 올림을 받았다(왕하 2:1-12). 그가 떠나기 전에, 그의 제자 엘리사는 엘리사의 예언의 영감을 갑절로 물려받기를 청했다(2:9). 그는 엘리야가 불수레로 떠나는 것을 볼 수 있었기 때문에, 그가 청했던 영감을 받았다(2:11-12). 그 다음에 그는 엘리야 또는 모세의 기적과 같은 인상을 주는 기적을 완전하게 행했다. 즉 엘리사도 물을 가른 것이었다(2:13-14). 그의 능력을 목격한 사람들의 반응은 어떠했는가? "엘리야의 영감이 엘리사의 위에 머물렀다"는 것이었다(2:15).

예수님의 나타나심에 대한 누가의 기록들은 몇 가지 뚜렷한 특징들을 갖고 있다. 앞에서 이미 예루살렘에 대한 지리적인 집중은 언급된 바 있다. 무덤 옆에서 찬란한 옷을 입은 두 사람을 만난 여인들은 "갈릴리로 가라"는 말을 듣는 것이 아니라 "갈릴리에 계실 때에 너희에게 어떻게 말씀하신 것을 기억하라"는 말씀을 듣는다. 그리고 제자들은 능력을 받기 위해 "이 성에 유하라"는 말씀을 듣는다(24:47-49). 또한 누가는 예언의 성취하는 주제를 보다 더 뚜렷하게 나낸다. 예수님의 수난 예언들은 "모든 성경에 쓴 바"대로(24:25-26, 44) 성취되었다(24:6). 이 성경들의 내용은 "그리스도가 이런 고난을 받고 자기의 영광에 들어가야" 한다는 것이다(눅 24:26, 46, 참조 행 3:18, 17:3). 예수님의 나타나심에 대한 누가의 기록들은 실제 사건들과 신비를 결합한다. 한 면으로는 예수님의 육체적 부활의 현실이 강조되는데, 특별히 24:39에서 그러하다. 예수님께서 제자들과 함께 잡수시고 마시는 내용이 이런 강조들 중의 하나이다(24:30, 41-43, 행 1:4, 10:41). 또 한 가지는 "떡을 떼심으로" 예수님께서 계속 그리스도인의 집회에 참여하시는 것이다(24:35). 다른 한 면으로, 비록 제자들에게 나타나시는 분은 동일하신 예수님이시지만—"나는 있느니라"(It is I myself)—알아보기가 어려웠다. 다메섹 길을 가는 사람들은 예수님을 알아보지 못했다(24:11-35). 예수님의 나타나심에 대한 보고들은 믿어지지 않았다(24:11, 24). 심지어 예수님이 명백히 나타나셨을 때에도 그들은 "너무 기쁘므로 오히려 믿지 못했다"(24:41).

마지막으로, 예수님의 나타나심들은 사도행전에서 이야기가 계속됨을 암시한다. 누가복음에 있어 예수님의 마지막 나타나심에는(24:47-49) 사도행전의

기본 줄거리가 개략된다

　　또 그의 이름으로 죄 사함을 얻게 하는 회개가 예루살렘으로부터 시작하여 모든 족속에게 전파될 것이 기록되었으니 너희는 이 모든 일의 증인이라

　　교회의 이 기간은 예수님께서 부재하는 기간이 아니라 새롭고 더 능력적인 방법으로 예수님께서 임재하시는 기간이었다. 예수님이 사도들을 통해 구원이 다시 한 번 이스라엘에게 제시된다(눅 24:49)

　　볼지어다 내가 내 아버지의 약속하신 것을 너희에게 보내리니 너희는 위로부터 능력을 입히울 때까지 이 성에 유하라 하시니라

사도행전 기사

예루살렘의 회복된 이스라엘

　　누가복음은 독자에게 구원을 제공함에도 불구하고 거부를 받는 모세와 같은 선지자를 보여 준다. 그 선지자의 전도는 백성들 중에 분열을 야기한다. 이 첫번째 책의 끝에서, 평민들은 회개의 준비를 한다. 그리고 예수님께서 준비시키신 지도자들은 자신들을 세계의 사역자들로, 그리고 이스라엘을 다스리는 지도자들로 만들 권능을 예루살렘성에서 기다린다.

　　이야기의 다음 부분은 가장 중요하다. 사도행전의 예루살렘 기사에서(1-8장), 누가는 하나님께서 자신의 약속들을 지키시는 신실성에 대한 근본적인 의문에 답을 해야 했다. 그래야 그의 독자들이 안심(asphaleia)을 할 것이기 때문이다. 누가는 하나님께서 이스라엘에 대한 약속을 지키셨으므로 지금 하나님을 믿고 있는 이방인들에게 자신의 말씀을 지키실 것으로 신뢰받으실 수 있는 분이심을 입증해야 했다. 이 일을 하기 위해 누가는 하나님께서 아브라함에게 약속하신 축복들, 또한 이방 세계에도 이른 축복들을 받은 회복된 이스라엘이 존재한다는 것을 입증해야 했다. 누가의 이야기는 분명한 백성의 정체, 그 백성을 다스리는 지도층의 본질, 그리고 복음이 필연적인 연속성을 가지고 유대인으로부터 이방인 신자에게로 옮겨진 방법을 명확하게 밝히지 않으면 안되었다.

　　회복된 이스라엘로서의 교회에 대한 누가의 관심은 맛디아를 선발하는 기사

에 의해 즉각적으로 명백해진다(행 1:15-26). 누가는 이미 성령을 부어 주심에 대한 예상을 수립해 놓았다. "내가 내 아버지의 약속하신 것을 너희에게 보내리니"(눅 24:49), "아버지의 약속하신 것을 기다리라"(행 1:8), "성령이 너희에게 임하시면 너희가 권능을 받고"(행 1:8). 본래 누가의 경향은 가능한 한 빠르게 예언을 따라 성취를 전개하는 것이다. 그런데 이 특별한 성취의 지연은 의미심장하다. 이 사실이 우리에게 말해 주는 바는 가룟 유다의 예수님에 대한 배반이 단순히 개인적인 실책일 뿐만 아니라, 사도 계급으로부터의 탈퇴였다는 것이다. 성령의 은사를 받기에 앞서 가룟 유다를 대체할 필요가 있었다. 왜일까? 우리가 이미 누가복음 22:30에서 본 바와 같이 열 두 사도는 이스라엘을 다스리고, 회복된 이스라엘의 열 두 지파를 상징해야 하는 사람들이었다. 그들은 성령에 의해 권능을 받을 사람들의 핵심이었다. 이 집단이 채워지고 지도층이 적소에 배치되었을 때, 갈릴리에서 온 모든 사람들은 전혀 기도에 힘썼고(행 1:13-14), 오랫동안 기다렸던 성령의 약속을 받을 수 있었다.

회복된 백성

오순절 기사는 외적인 상징으로 증인들의 내적 변화를 묘사한다(2:1-4). 강한 바람과 불의 혀는 하나님께서 임재하심의 전조이다(예를 들어 출 19:18, 24:17, 왕상 18:38, 19:11-13을 보라). 성령의 가장 중요한 역사는 증인들을 말씀의 목격자들을 말씀의 일꾼들로 변화시키는 것이다(눅 1:2). "저희가 다 성령의 충만함을 받고 성령이 말하게 하심을 따라 다른 방언으로 말하기를 시작하니라"(행 2:4). 사실상 이미 그들은 땅끝까지 이르는 증인들이다(1:8). 왜냐하면 모든 각국에 흩어져 있는 유대인 거주지(Diaspora)에서 온 유대인들이 절기를 지키려고 예루살렘성에 모였다가 이들이 "하나님의 큰 일"을 선포하는 것을 들었기 때문이다.

바벨에서의 많은 언어들은 교만이 어떻게 사람들을 여러 민족들과 혼돈으로 흩어지게 했는가를 보여 주었다(창 11:1-9). 사람들이 이렇게 흩어졌을 때, 하나님께서는 하나님 자신을 위한 한 백성을 이루기 위해 한 사람을 선택하셨으니, 곧 아브라함이었다(창 12:1-3). 이제 이 성령의 은사로 아브라함에게 하신 약속이 마침내 성취되었고, 자신들의 방언으로 하나님을 찬양하는 것을 들은 사람들이 단결되었다(행 2:11). 그러나 이렇게 고도로 긴장된 상징적인 순간에도,

누가는 각양 각색의 반응을 주목하기를 게을리 하지 않는다. 즉 어떤 사람들은 놀래는가 하면, 어떤 사람들은 단지 조롱을 할 뿐이었다는 것이다(2:12-13). 여기에서 해석을 해주지 않으면, 경험은 여러 가지로 해석이 되고, 증거는 애매해진다.

베드로의 설교(행 2:14-16)는 이 사건을 해석하고 증거를 명확하게 했다. 요엘서의 인용은 성령을 부어 주심이 모든 신실한 사람들이 했던 종말론적 예언의 하나임을 나타낸다. "하나님께서 세우신 선지자"는 이제 전보다 더 큰 능력으로 존재하신다. 베드로의 설교의 결론은 특별히 중요하다. 그의 결론은 우리에게 최초의 메시아 공동체에 대한 누가의 이해를 보여 준다. 시편 16:8-11, 110:1, 132:11의 메시아에 대한 성경 구절들이 다윗에게 적용되는 것이 아니라 예수님에게 적용되는 것임을 증명한 다음, 베드로는 다음과 같이 단언한다(행 2:36)

그런즉 이스라엘 온 집이 정녕 알지니 너희가 십자가에 못 박은 이 예수를 하나님이 주와 그리스도가 되게 하셨느니라

초점은 이스라엘이다. 그들은 선지자를 거부했다. 그러나 이제 그들은 회개를 요구받는다. 이것은 그들에 대한 두번째 구원의 제공이니, 이제 메시아의 증인의 예언의 말이 발해진다. "너희가 이 패역한 세대에서 구원을 받으라"(2:40). 사람들은 선지자 세례 요한에게 "우리가 무엇을 하리이까"라는 물음으로 응답했던 것처럼(눅 3:10), 베드로의 예언적인 선언에 대해서도 "우리가 어찌할꼬"라고 응답한다(행 2:37).

베드로의 대답은 이 최초의 공동체에 대한 누가의 인식을 명확하게 나타낸다. 만일 그들이 회개하고 세례를 받으면, 그들도 성령을 받을 것이다(행 2:38). 그러면 성령은 무엇인가? 성령은 "약속"이다(2:39). 여기에서 아브라함에게 하셨던 약속에 따른 하나님의 돌아보심이 성취된다. 이 약속은 누구를 위한 것인가? "너희와 너희 자녀"를 위한 것이다. 우선 첫째로, 예루살렘의 유대인들을 위한 것이다. 그러나 그들만을 위한 것일까? 아니다. "모든 먼 데 사람 곧 주 우리 하나님이 얼마든지 부르시는 자들에게 하신 것이라"(2:39). 응답하는 사람들은 하나님의 회복된 백성이 된다.

누가는 최초의 공동체에 대한 그의 소박한 묘사에서(행 2:41-47) 이 공동체가 갖고 있는 유대인의 특성을 강조한다. 이 신자들은 함께 성전에 모였고 모

든 사람들의 호감을 받았다. 삼 천명으로 시작한 그들의 수는 꾸준히 늘었다. 따라서 원칙적으로 역사적 이스라엘 내에서 하나님의 백성이 회복된 것이다. 사실상 이 공동체는 이미 세계적인 특성을 갖고 있었다. 왜냐하면 여기에는 세계 각국에 흩어져 있는 유대인 거주지에서 온 유대인들이 포함되었기 때문이다. 누가는 자신의 목적들 중 어떤 것을 위해 여기에서 이야기를 멈출 수도 있었다. 왜냐하면 신정론(theodical)의 문제가 풀렸기 때문이다. 하나님께서는 아브라함에 대한 약속을 지키셨다. 그리고 유대 백성은 성령의 축복들을 향유했다. 그러나 풀려야 할 또 다른 문제가 있었다. 즉 이 백성들을 다스리는 진정한 지도자들이 누구인가 하는 문제였다. 이 어린 공동체는 사도들의 가르침을 열심히 받았다 (2:42). 예수님을 박해하고 죽인 유대의 지도자들이 예수님의 없는 자리를 예수님의 선지자적 계승자들이 이어나가는 것을 용납했겠는가? 이제 이어지는 이야기는 그 시점에서 시작된다.

백성들의 지도자

앉은뱅이를 고친 후에 한 베드로의 설교(행 3:11-26)는 사도행전의 다음 부분을 해설하는 것이다. 베드로는 우리에게 이 병자가 "예수의 이름으로" 치유된 것이라고 말한다(3:6, 16). 우리는 증인들에 의해 행해지는 표적과 기사가 선지자의 능력이 백성들 중에 역사하고 있다는 증거임을 본다(2:43을 보라). 베드로의 설교는 약속과 경고로 종결된다. 이 약속과 경고는 독자에게 이어지는 내용을 이해하기 위한 프로그램적인 예언을 제공한다. 약속은 무엇인가? 메시아 운동에 참여하는 사람들은 하나님의 회복된 백성들 중에서 "유쾌하여지는 날" (3:19)에 함께 할 것이라는 약속이다(3:25-26)

> 너희는 선지자들의 자손이요 또 하나님이 너희 조상으로 더불어 세우신 언약의 자손이라 아브라함에게 이르시기를 땅 위의 모든 족속이 너의 씨를 인하여 복을 받으리라 하셨으니 하나님이 그 종을 세워 복 주시려고 너희에게 먼저 보내사 너희로 하여금 돌이켜 각각 그 악함을 버리게 하셨느니라

그러면 경고는 무엇인가? 이 마지막 선포를 거부하는 자들은 분명히 하나님의 백성으로부터 분리될 것이라는 경고이다(3:22-33)

모세가 말하되 주 하나님이 너희를 위하여 너희 형제 가운데서 나 같은 선지자 하나를 세울 것이니 너희가 무엇이든지 그 모든 말씀을 들을 것이라 누구든지 그 선지자의 말을 듣지 아니하는 자는 백성 중에서 멸망 받으리라 하였고

이 프로그램적 예언에 이어지는 내용은 사도적 증인들에 초점을 맞춘다. 회복된 백성을 다스리는 사도들의 권세는 외부로부터, 즉 공회로부터의 반대에 의해 위협을 받는다. 그들은 두 번 재판에 끌려간다(4:1-22, 5:17-42). 그러나 공동체 내에서, 그들은 능력 가운데 든든히 서서 이스라엘을 다스린다(4:23-5:16). 이 과정은 더 자세히 관찰해 볼 가치가 있다.

베드로의 설교를 들은 사람들은 지도자들과 평민들로 나누어진다. 그 설교를 들은 많은 사람들이 회개를 했다(행 4:4). 그러나 지도자들은 사도들을 체포하여 감옥에 가두었다(4:1-3). 첫 번 심문에서 사도들은 예수님의 죽음에 대한 지도자들의 책임을 직설적으로 책망했다. "이 예수는 너희 건축자들의 버린 돌로서 집 모퉁이의 머릿돌이 되었느니라"(4:11, 참조. 눅 20:17). 공회는 계속 많은 궁리를 했으나 앉은뱅이가 치유받은 사실을 반박할 방법이 없었다(행 4:14). 그래도 공회는 사도들을 위협했다(4:21). 그들은 "이것이 민간에 더 퍼지지 못하게 저희를 위협하여 이후에는 이 이름으로 아무 사람에게도 말하지 말게 하자"라는 어구에서 볼 수 있는 바와 같이 자신들의 백성들에 대한 지배력이 불안해짐을 우려한다(4:17). 이 공적인 경고가 예수님의 증인들을 제지하거나 그들의 백성들에 대한 권위를 줄였겠는가?

그 답은 사도행전 4:23-5:12에 나온다. 사도들은 권능을 얻기 위해 기도하였고 성령의 은사가 다시 그들에게 주어졌다(4:23-31). 그리하여 사도들은 공동체 내의 재물에 있어서도 권위자들로 존재하게 되었다. 자신들의 소유물을 판 사람들이 그 값을 "사도들의 발 앞에" 두는 것이었다(4:35, 37, 5:2). 그리고 사도들은 사람들의 필요에 따라 그것을 분배했다(4:35). 소유물의 공유에 의해 상징되는 성령의 공유를 아나니아와 삽비라가 가장한 것이 베드로에 의해 증명되어 그 발 아래 엎드러져 죽었을 때(5:1-11), 사도들의 선지자적 정신과 권위는 온 교회에 강력하게 확신되었다(누가는 5:11에서 "교회"라는 용어를 최초로 사용한다). 아나니아와 삽비라는 선지자의 말에 순종치 않으므로 문자 그대로 하나님의 백성 중에서 멸망을 받은 것이었다(3:22-23을 보라). 이제 사도들의

권능은 크게 확대되었다(5:12-16). 사도들의 담대한 말이 예수님과 그들의 관계를 분명하게 나타냈던 바와 마찬가지로(4:13), 예수님께서 행하셨던 치유도 예수님의 증인들에 의해 행해졌다(5:16).

공회가 두번째로 사도들을 제재하려고 했을 때, 큰 반전이 이루어졌다. 이제 지도자들은 백성들 중에서 사도들의 성공을 시기했다(행 5:17). 그들은 사도들을 감옥에 가둘 수도 없었다. 왜냐하면 천사가 그들을 풀어 주었기 때문이었다(5:19). 공회는 사도들을 재판하기 위해 강압을 사용할 수 없었다. 왜냐하면 백성들이 자신들을 돌로 칠까 두려웠기 때문이었다. 그래서 공회는 조금 낮추어 사도들을 소환하여 심문을 했다(5:26). 멋진 반어법을 사용하여, 누가는 예수님의 모든 행동을 반대했던 바리새인들 중의 한 명(가말리엘)으로 하여금 사건을 해석하게 한다. 가말리엘은 훌륭한 신학적 해석을 한다. 즉 이 운동이 하나님께로부터 오는 것이라면, 무엇이라도 그 운동을 멈출 수 없고, 만일 단지 사람에게서 나온 것에 불과하다면 저절로 와해된다는 해석이다. 이 해석은 얼마나 반어적인지 모른다. 왜냐하면 독자는 이미 이 운동이 하나님께로부터 나온 것임을 알고 있고, 또한 베드로가 심문에서 말한 촉구—가말리엘도 들은 촉구—가 신학을 위한 것이 아니라 회심을 위한 것도 독자는 알고 있기 때문이다. 가말리엘은 "하나님이 자기를 순종하는 사람들에게 주신 성령"을 자신이 소유하고 있지 않음을 입증한 것이다(5:32).

그러므로 채찍에 맞았음에도 불구하고, 사도들은 계속하여 예수님을 메시아라고 전도했다(행 5:42). 누가는 자신의 본질적인 논점을 명확하게 나타낸다. 정치적 속임수가 공회에는 여전히 유효할지라도 하나님의 백성인 이스라엘에 대한 효과적인 종교적 권위는 사도들에게로 넘어간 것이다. 그들은 예루살렘에서 회복된 이스라엘의 열 두 지파를 다스리고 있었다.

다시 한 번 누가는 여기서 끝을 낼 수 있었다. 그러나 또 다른 의문이 아직 대답을 요구하고 있었다. 만일 하나님께서 이스라엘을 기억하시고 열 두 사도로 하여금 이스라엘을 다스리는 지도자들로 삼으셨다면, 그 축복이 어떻게 이방 세상에 이르겠는가? 데오빌로에 의해 대표되는 그 공동체는 이스라엘과 연속 상태에 있는 것인가? 아니면 완전히 새로운 것으로서, 아브라함의 역사와는 인위적으로만 관련되는 것인가? 앞에서 두 번 그러했던 것처럼, 누가는 열 두 사도와 이교도들에게 전도를 하는 사람들 간에 연속성이 존재한다는 사실을 증명하기 위해, 먼저 복음을 이방인들에게로 옮기는 지도자들을 예비한다. 이 점을 나타내기 위하여 누가는 과부들을 부양하는 문제로 예루살렘 공동체에서 일어난 분쟁에 대한 단편적인 전통을 사용한다. 소유물을 분배하는 일에 종사하기 위해 공동체에 의해 선택되어 사도들에 의해 재가를 받은 일곱 집사들은(6:1-6), 사실상, 선지자의 영으로 충만을 받아 예루살렘의 헬라인들과 이교 세계에 말씀을 전할 사람들이었다. 사도들이 사람들을 먹이는 기능에 의해 상징되는 영적 권위를 소유하였던 것처럼(눅 9:10-17, 12:42-48, 22:25-30, 행 4:32-37), 일곱 집사들도 헬라파 과부들을 부양하는 책임에 의해 예시되는 헬라 선교를 위한 영적 권위를 갖고 있었다.

폭도들의 행동을 사법적 절차와 결합하고 있는 스데반의 체포와 재판과 살해는 예루살렘에 관한 내용을 종결한다. 그의 죽음으로 열 두 사도를 제외한 나머지 전도자들은 흩어져서 예루살렘 밖에서 말씀을 전파하기 시작했다. 우리가 반복하여 본 바와 같이, 스데반의 설교는 누가의 기록 전체 내용 구조를 해석하고 있다. 그러나 그 결론도 역시 놀랍고 효과적인 풍자적 요소를 담고 있다. 여기 우리가 알고 있는 성령 충만하며 백성 중에서 기사와 표적을 행하는 스데반이 있다. 그는 기사와 표적을 행했고 두 번 거부를 당한 모세에 대해 설교를 한다. 마지막으로 그는 자기 앞에 있는 지도자들이 항상 선지자들을 거부하고 성령을 거역하고 의인이신 예수님을 죽인 것에 대해 그들을 공격한다. 그 순간에 그는 성령이 충만하여 하나님 우편에 계신 예수님을 본다. 그리고 그 순간 그는 살해를 당한다.

이방 선교

하나님께서는 언제나 원칙적으로 이스라엘의 축복이 이방인들에게도 확대되기를 원하셨다. 시므온이 그의 찬송에서 예수님에 의해 전달되는 구원을 이방을 비추는 빛이라고 칭하면서(눅 2:32), 이사야 42:6을 언급하는 분명한 암시가 이것이다. 또한 세례 요한의 사역을 소개하는 "모든 육체가 하나님의 구원하심을 보리라"(눅 3:6)는 이사야 40:5의 완전한 인용(누가에만 나온다)의 전달하는 바도 이것이다. 세례 요한은 자신의 말을 듣는 자들에게 하나님께서 돌들에서 아브라함의 자손을 일으키실 수 있다고 경고했다(눅 3:8). 예수님께서는 이스라엘

밖에서 사역한 선지자들과 자신을 비교하셨다(눅 4:25-27). 예수님께서 예루살렘을 향한 여행에서, 자신의 앞에 두번째로 70명을 파송하셨다고 누가만이 기록하고 있는데, 이 특별한 전도는 후에 이방인들에게 선교사들을 둘씩 짝지어 보내는 것을 예상하게 한다(눅 10:1-12, 참조. 행 13:1-3). 부활하신 예수님께서는 제자들에게 자신의 이름으로 "모든 족속에게" 회개가 전파될 것이며(눅 24:47), 그들이 "땅 끝까지 이르러" 자신의 증인들이 될 것이라고 말씀하셨다(행 1:8).

그러나 사도행전의 기록에서, 이방 선교는 이 암시들이 시사하는 바에 비해 보다 우연적이며 인간적인 방식으로 진행된다. 첫째로, 이방인들은 유대인들이 복음을 거부했기 때문에 전도를 받게 되었다. 그 거부는 절대로 전체적인 것이 아니었다. 즉 일부 유대인들, 심지어 세계 각지에 흩어져 있는 유대인 공동체의 유대인들도 메시아의 종파로 개종을 했다. 누가의 인식에 있어 가장 두드러진 것은 유대인 신자와 이방인 신자들이 함께 진정한 이스라엘, 즉 하나님의 백성을 이룬다는 것이다.

스데반은 이미 예루살렘에서 헬라파 유대인들과 논쟁을 벌였다(행 6:9). 그의 처형 후에 일어난 박해는 열 두 사도를 제외한 모든 전도자들을 예루살렘성으로부터 몰아냈다(8:1). 빌립은 사마리아에 복음을 전하며 기사와 표적을 행했고(8:13), 또한 가사에서도 기사와 표적을 행했다(8:26-40). 그의 선교는 예루살렘의 대표자들에 의해 확인되었다(8:14-24). 이렇게 누가는 선교가 예루살렘과의 연속성을 유지했다는 사실을 나타낸다. 왜 그럴까? 누가에게 있어 예루살렘의 초대 교회는 회복된 이스라엘 백성이기 때문이다. 만일 이방 교회가 약속된 이스라엘에 뿌리를 두고 있어야 한다면 회복된 이스라엘 백성과의 연속성은 중대하다.

복음은 스데반의 죽음 후의 박해로 흩어진 사람들에 의해 오론테스강 곁의 안디옥으로 전달되어 헬라인들에게 전파되었다(11:19-26). 열 두 사도의 권세에 대한 복종을 이중으로 증명한 바 있는 바나바(그는 자신의 소유를 판 값을 사도들의 발 앞에 두었고 그들에게 새 이름을 받았다, 4:37)가 안디옥의 선교를 확인하기 위해 파송되었다(11:22). 이것은 극히 중요한 검증이었다. 왜냐하면 나중에 바울이 그 교회에서 파송을 받게 되기 때문이다. 한편 베드로는 룻다와 욥바에서 기사들을 행하였고(9:32-43) 그의 역사는 가이사랴에서 끝이 난다.

백부장 고넬료를 그가 개종시키는 기사에서(10장) 우리는 이방인의 개종과 그 결과에 대한 첫번째 묘사를 본다.

이 기사는 누가의 주인공 바울이 등장하는 배경 가운데 묘사된다. 먼저 스데반의 죽음에 협력자로(행 8:1), 그리고 성급한 교회의 박해자로 힐끗 나타났던 바울은 다메섹 도상에서 부활하신 주님과 만난다(9:1-9). 그는 아나니아에 의해 세례와 교육을 받은 다음 다메섹에서 예수님을 전파했고, 거기에서 박해를 받고, 바나바의 호의에 의해 예루살렘 공동체에 접근을 허락 받는다(9:27). 그리고 예루살렘에서 헬라파 유대인과 논쟁을 벌여 박해를 받게 되자 다소로 보냄을 받는다(9:30). 그리고 다시 바나바는 바울을 다소에서 불러 안디옥 교회에서 함께 일한다(11:25). 그리고 그들은 예루살렘 교회에 헌금을 전한다(11:30). 그들은 그 임무를 마치고(12:25), 안디옥 교회에 의해 선교 파송을 받는다(13:1-3). 주목해야 할 점은 이 요약이 상당히 복잡한 내용을 발췌한 것이라는 사실이다. 그 내용에서 바울의 등장은 사마리아와 유대에서의 빌립, 베드로, 요한의 전도, 고넬료의 개종, 그의 개종이 가져온 분쟁, 그리고 베드로의 투옥과 혼합되어 있다.

여기에는 문학적인 기술과 신학적 목적이 섞여 짜여지고 있다. 베드로, 바나바, 그리고 바울은 중심 인물들로 계속 등장한다. 그들의 활동들의 복잡성은 누가의 기록에 충만한 인상을 강화할 뿐만 아니라 교회의 총괄적인 선교 노력 가운데 바울을 정면에 등장시키고 있다. 누가가 이 기록을 매우 주의 깊고 숙련된 솜씨로 전개하고 있기 때문에 이 기록은 분명히 바울에 대한 두 가지 변증을 하는데 기여한다. 첫째는 그의 이방인 선교가 기이한 것이 아니라 전체 교회에 대한 성령의 인도하심 중 일부분이라는 것이다. 둘째는 바울의 선교가 예루살렘의 믿음 공동체, 즉 회복된 이스라엘과 밀접하게 연결되어 있다는 것이다—여기에는 바나바의 역할이 중요했다.

이스라엘에 대한 누가의 부단한 관심은 바나바와 바울의 첫번째 선교 여행에 의해 더 자세히 증명된다. 애초에 그들은 이방인들을 개종시키려고 하지 않았다. 그들은 자신들의 메시지가 비시디아 안디옥에서 거부당했을 때, 비로소 그곳의 유대인들에게서 돌이켰다. 그곳에서 한 바울의 설교는 예수님에 의해 전달된 유대인들에 대한 약속을 강조함에 있어 뚜렷하게 오순절에 한 베드로의 설교와 유사하다(행 13:32-33)

우리도 조상들에게 주신 약속을 너희에게 전파하노니 곧 하나님이 예수를 일으키사 우리 자녀들에게 이 약속을 이루게 하셨다

이 제의가 거부되었을 때, 바나바와 바울은 이방인을 향했다. 여기에서 누가는 이사야 49:6에서 인용한 "이방의 빛"이라는 어구를 분명하게 바울에 적용한다(행 13:44-48, 참조 26:17, 눅 2:32). 이고니온과 루스드라에서도 이 유형은 반복된다(행 14:1-21). 즉 유대인들이 복음을 수용하지 않음으로 인해 선교자들이 더 이방인들을 잘 수용하게 된 것이다. 그리하여 바울과 바나바는 "이방인들에게 믿음의 문"을 여셨다는 보고를 가지고 안디옥으로 돌아온다(14:47).

그러나 누가는 바울의 특별하고 광범위한 이방인 선교를 묘사하기에 앞서, 먼저 메시아 공동체 내에 이방인을 포함시킴의 합법성이라는 문제를 다룬다. 하나님께서는 과거부터 이방인들의 구원을 원해 오셨고, 성령께서도 그들에게 복음을 선포하도록 인도하셨다. 그러나 하나님의 백성으로서의 교회의 정체성을 위한 함축들은 무엇인가? 예루살렘 회의는(15:1-35) 이 문제를 다룬다. 또한 예루살렘 회의는 사도행전 기록의 한 분기점을 이룬다. 이에 앞서 모든 사도들은 적어도 표면적으로 등장했다. 그리고 이후에는 바울의 사역이 완전히 주를 이룬다. 예루살렘 회의는 마지막으로 베드로를 다시 한 번 등장시킨다. 이 회의 동안 야고보는 예루살렘 교회의 주요 대변인이다. 이 후 그는 한 번 더 등장하여 예루살렘 회의의 결정을 확인하고 바울을 만난다(21:18). 예루살렘 회의의 기록은 바울의 등장을 위한 배경을 고요하게 준비해 온 복잡한 줄거리 전개의 절정을 이룬다. 사도행전 15장은 고넬료의 개종부터 연속적으로 읽지 않으면 난해하다. 이 기록에서 누가는 메시아 공동체에서 이방인의 완전한 자격을 인정한 결정이 어떻게 하나님의 개입과 인간의 순종이라는 복잡한 상호작용의 결과로 되어졌는가를 밝힌다.

처음에 베드로는 자신의 매우 모호한 개인적인 환상이 이방인 고넬료가 들려주는 경험으로 인해 명확하게 설명되었기 때문에 고넬료의 가족에게 설교를 했다(행 10:1-8). 베드로가 예수님에 대해 설교했을 때, 성령이 고넬료의 온 가족에 강림했다(10:34-44). 유대인 신자들을 포함한 이 일의 목격자들은 자신들에게 처음 주어졌던 것과 동일한 은사가 이 이방인들도 공유한다는 것을 인정했다. 하나님께서 행동을 하셨기 때문에 교회도 그렇게 행동을 하지 않을 수 없

었다. 이방인들이 세례를 받았다(10:44-48). 이 결정은 즉각 예루살렘 지도층에 의해 이의가 제기되었다. 베드로 자신의 행동에 대한 해명은 자신의 경험과 고넬료의 경험을 "차례로"(눅 1:1-4에서처럼) 설명하는 것으로 그 경험들이 그로 하여금 자신의 환상, 그리고 또한 예수님의 말씀들을 더 깊게 이해하게 해주었다는 사실을 나타낸다(눅 11:15, 참조. 행 1:5).

예루살렘의 지도자들은 그 결정을 재가했다(행 11:18). 그러나 그 문제는 완전히 해결된 것이 아니었다. 비록 이방인들이 교회에 받아들여졌지만, 교제라는 문제는 그로 인해 결정된 것이 아니었다. 이 문제는 유대인 신자들에게 있어서 무엇보다 중대했다. 그들은 이미 하나님의 백성에 속했다. 그리고 그들이 하나님의 백성에 속했다는 사실은 할례와 정결 의식과 규정된 음식물에 대한 율법의 준수에 의해 상징되는 것이었다. 이방인들도 이 하나님의 백성의 완전하게 동등한 구성원이 될 수 있는가? 예루살렘 출신의 바리새파 신자들은 모세 오경을 준수하지 않으면 구원을 받을 수 없다고 주장하면서, 교회에 이방인 회원 자격의 근본 자체를 공격했다(15:1-2). 이 공격은 바나바와 바울의 안디옥으로부터의 귀환과 동시에 일어났다. 바나바와 바울은 하나님께서 자신들을 통해 이방인들 중에 큰 역사들을 행하셨다는 소식을 가지고 돌아왔다(14:27-28). 누가는 이 중대한 결정에 있어 주요 인물들의 각각 다른 역할들을 효과적으로 묘사하고 있다. 독자는 이미 이 문제에 있어 하나님의 뜻을 알고 있다. 교회는 이 결정에 있어 하나님의 활동을 재가할 것인가?

결국 그 해답은 긍정이었다. 여러 지역에 흩어져 있는 유대인 공동체에서 모세 오경의 가치관이 보급됨으로 이미 이방인에게 알려진 규범들 외에 이방인 신자들에게 더 이상의 짐을 부과하지 않는다는 것이었다(행 15:19-21). 더욱 의미심장한 결정은 이 규정들이 회원 자격의 조건이 아니라 유대인 신자들과 함께 식사의 교제를 할 수 있도록 하기 위한 것이었다는 사실이다. 이 결정은 전체 회중에 의해 내려져 안디옥 교회로 전달되었다. 이 결정은 근본적으로 중대한 것이었다. 이 결정은 자유로운 이방인 선교의 길을 열었다. 그리고 사도행전의 기록에 있어, 이 결정은 바울의 선교 사역에 대해 집중하는 길을 열고 있다.

여기에서 우리는 누가가 이 중대한 결정에 대한 묘사에 있어 갖고 있는 시종일관된 관점을 주목한다. 회중의 하나님에 대한 경험의 기록으로 인해 이 공동체의 구성원들은 성령의 역사를 분별할 수 있었다. 아모스서의 구절은 선지자에 대한 이전의 이해를 확인하는 경험이 아니라 그들 중에 하나님에 대한 경험과 일 치하는 것으로 인용된다(15:15-18). 그리고 그는 이방인 선교 자체를 이스라엘 의 회복으로 이해한다. 야고보의 말은 누가가 기록하는 내용의 많은 개인적인 특 징들을 반영한다(15:14-18, 참조. 암 9:11-12)

> 하나님이 처음으로 이방인 중에서 자기 이름을 위할 백성을 취하시려고 저희를 권 고하신 것을 시므온이 고하였으니 선지자들의 말씀이 이와 합하도다 기록된 바 이 후에 내가 돌아와서 다윗의 무너진 장막을 다시 지으며 또 그 퇴락한 것을 다시 지 어 일으키리니 이는 그 남은 사람들과 내 이름으로 일컬음을 받는 모든 이방인들로 주를 찾게 하려 함이라 하셨으니 즉 예로부터 이것을 알게 하시는 주의 말씀이라 함 과 같으니라

마지막으로 누가는 하나님께서 이방인들 중에 성령을 아낌 없이 주시는 은 사에 대한 경험이 이 유대인 증인들로 하여금 자신들의 구원을 새롭게 이해하게 했다고 암시한다(행 15:11)

> 우리가 저희와 동일하게 주 예수의 은혜로 구원 받는 줄을 믿노라 하니라

사도행전에 나오는 바울의 모습

사도행전의 마지막 13개의 장들은(16-28) 오로지 바울에게 기울여진다. 사도행전은 바울의 사역에 대한 일관된 기록만을 제공하기 때문에, 그 신뢰성에 대한 비평적 의문들이 불가피하게 일어난다. 누가의 자료들에 대해 누가를 점검 해 볼 때 대체적으로 신뢰할 수 있다고 처음에 지적한 바 있다. 바울의 서신들에 따라 확인된 바울의 활동에 있어서도 역시 마찬가지이다. 그러나 누가가 나타내 는 바울에 대해 우리의 인식을 보다 자세하게 이해하기 위해서는 이 주제에 대해 보다 더 많은 것을 이야기하지 않으면 안된다. 따라서 여기서는 바울 자신의 서 신들에서 발견되는 바울 자신의 설명이 다루어질 것이다.

역사적인 증거로 고려할 때, 사도행전은 바울의 생애와 사상에 대한 간접적 이며 이차적인 자료이다. 또한 사도행전은 시기적으로도 나중 자료이다. 비록 사 도행전이 적어도 부분적으로 목격자들에게 의지를 하지만, 바울의 경력에 대해 서는 과거의 일로 회고를 한다(특별히 20:17-35를 보라). 여기에 얼마만큼의

간격이 있는지는 단정하는 것이 불가능하다. 사도행전은 또한 뚜렷하게 누가의 관심들을 반영하는 일부 발언들을 제외하면 완전히 바울의 행동에만 초점을 맞추고 있는 자료이다.

대조적으로, 바울의 서신들은 인증된 논쟁점을 일단 제쳐놓고 본다면, 직접적이며 일차적인 자료이다. 또한 바울 서신들에 설명되는 사건들은 분명히 그 당시에 있어 현재적 사건들이다 바울은 데살로니가전서, 고린도전후서, 갈라디아서, 로마서, 빌립보서, 디모데후서에서 길게 혹은 짧게 자신의 과거와 현재의 활동들에 대해 말하고 있다. 이 서신들은 대체적으로 역사적 자료들로 더 큰 가치를 갖고 있을 것이다. 그러나 바울 서신들의 객관성에 대해서 두 가지 사항을 고려하며 열의를 조절해야 한다. 첫째로, 바울은 논증의 전개와 자신이 이룬 공동체를 훈육하는데 신경을 쓰는데 비해 전기 저자로서의 정확성에는 크게 관심을 두지 않고 있다—몇 가지 점들에 대해 맹세를 하는 갈라디아서는 예외로 할 수 있을 것이다. 둘째로, 바울은 몇 가지 성향들을 갖고 있다. 그는 자주 공격을 받았다. 그래서 그의 자서전적인 말들은 갈라디아서에서처럼—논쟁을 즐기는 격렬성은 아니라 할지라도—변증론이다. 그럼에도 불구하고 그의 서신들에는 마땅히 큰 비중이 주어져야 한다. 특히 논쟁되는 문제들에 있어 그러하다.

만일 자료들이 바울이 행하고 말하고 생각했던 바에 대해 완전히 일치한다면, 물론 문제가 있을 것이 없다. 그러나 사실에 있어, 독자에게 선택을 피할 수 없게 하는 자료들 간의 세 가지 주요 유형의 차이들이 있는데, 그 중 어떤 것은 상당히 선택하기 어려운 것도 있다.

연대표

바울이 고린도에서 만난 총독이 아가야의 갈리오라고 하는 사도행전 18:12와 갈리오가 주후 50-51년에 아가야의 총독이었다고 하는 델피(Delphi)에서 발견된 한 비문간의 한 가지 우연한 상관성만으로도 우리는 바울의 선교에 대해 단지 상대적이 아니라 절대적인 연대를 산출할 수 있다. 적어도 그런 의미에 있어—서신들만을 사용한다고 하는 일부 학자들의 이의 제기에도 불구하고—사도행전은 바울의 연대기에 있어 필요 불가결한 자료이다. 서신들에 대해 상대적인 연대라도 정립해 보려는 시도는 소기의 결과를 얻지 못하고 있다. 왜냐하면 서신들의 내적 증거는 가정적인 발전의 윤곽을 뒷받침하기에 불충분하기 때문이다.

아무리 인정을 받지 못한다고 할지라도, 우리로 하여금 데살로니가전서, 고린도전후서, 그리고 로마서의 연대를 이치에 닿는 정확성을 가지고 측정할 수 있도록 해주는 자료는 오직 사도행전 16 - 19장의 기록뿐이다.

언제, 그리고 어떤 순서로 어떤 일이 일어났는가에 대해 사도행전과 서신들 간의 차이는 얼마나 큰가? 우리는 앞에서 사도행전의 설명을 보았다. 바울의 회심(행 9:1 - 9)은 다메섹에서의 전도(9:10 - 25), 바나바와 함께 한 첫번째 예루살렘 방문(9:26 - 27), 그리고 예루살렘, 길리기아, 안디옥에서의 활동으로 이어진다(9:28 - 30, 11:25 - 26). 바나바가 바울을 동참시킨 후에, 바울은 안디옥 교회의 헌금을 가지고 바나바와 함께 예루살렘으로 갔다(11:29 - 30, 12:25). 그 다음에 바나바와 바울은 안디옥 교회에 의해 일차 "선교 여행"의 위임을 받는다(13 - 14장). 세번째 예루살렘 방문은 예루살렘 회의를 위한 것이었다(15:1 - 29). 예루살렘 회의에 이은 실라를 동반한 이차 "선교 여행"(15:36 - 18:21)은 소아시아를 거쳐 유럽으로 이어진 육로 여행이었다. 18:22에서 바울은 교회의 안부를 묻기 위해 네번째 예루살렘 여행을 했고, 그 다음 안디옥에서 삼차 "선교 여행"을 떠났는데, 이번에도 역시 소아시아를 거쳐 유럽으로 가는 것이었다(18:23 - 21:14). 바울의 다섯번째 예루살렘 방문은 그의 체포, 2년 동안 구금시키기 위한 가이사랴로의 이전, 로마를 향한 긴 항해, 그리고 마지막으로 로마에서의 2년간의 가택 구금으로 이어졌다(21:15 - 28:31). 이 내용에서 우리는 잘 계획된 여러 번의 선교 여행을 계속하는 한 사도에 대한 묘사를 본다. 각각의 여행을 마칠 때마다 그는 예루살렘과 연락을 취했는데, 그의 예루살렘 방문은 모두 합쳐 다섯 번이었다. 예루살렘은 모든 사도들에게 있어 중심지였던 것처럼, 그의 선교 활동에 있어서도 중심지였던 것이다.

서신들에 나오는 정보는 훨씬 더 불충분하다. 갈라디아서 1:15 - 16을 보면 바울은 사도로 소명을 받은 후에 예루살렘으로 여행을 한 것이 아니라 수리아와 아라비아로 갔다가(갈 1:17), 그 후 예루살렘으로 짧은 여행을 했다(갈 1:18 - 20). 그 다음에 그는 "수리아와 길리기아 지방"에서 11년 정도를 선교 활동을 하며 보냈다(갈 1:21). 그 후에 예루살렘으로의 두번째 여행이 언급되는데—갈라디아서 2:1의 "십 사년 후에"라는 말은 다양하게 추정된다—이는 예루살렘 공동체의 "기둥들"과 회의를 하기 위함이었다(갈 2:1 - 10). 갈라디아서, 고린도전후서, 그리고 로마서에 나오는 자신의 활동에 대한 확인하기 어려운 암호 같은 언급들에서 나타난 바와 같이, 이 예루살렘 방문은 갈라디아, 소아시아, 마게도냐, 그리고 아마도 달마디아에서의 활동으로 이어졌다. 바울은 그는 자신이 세운 교회들에서 거둔 헌금을 전하기 위해 예루살렘으로 마지막 여행을 할 계획을 세웠고(롬 15:25 - 32), 그 다음에 로마를 방문하여 그 곳을 서양 전도의 근거지로 사용하려고 했다.

바울은 비록 그의 예루살렘 방문들이 예루살렘 공동체에 부여한 중요성을 증명하는 것이지만, 하나님의 사도로서의 자신의 신분에 있어서는 예루살렘으로부터의 독립성을 강조한다(갈 1:11 - 12, 2:5 - 11). 그의 서신들에서는 사도행전에 나타내어지는 식의 여행들을 파악하기가 어렵다. 바울은 긴 기간 동안 또는 짧은 기간 동안 자신의 선교 활동의 근거지로 다양한 도시의 중심지들을 사용하는 것으로 보인다. 즉 사도행전 18:11과 19:11은 그런 인상을 어느 정도 뒷받침해 준다. 고대의 역사 기록들로 측정해 볼 때, 자료들 간의 상이성은 신기할 것이 없고, 이의를 제기한다기보다는 확인을 주는 점이 더 많다. 그러나 두 가지 결정적인 사례는 우리에게 상당히 난해한 몇 가지 문제들을 제출한다.

사도 회의가 있었는가? 만일 있었다면, 누가 참가했는가? 바울은(갈 2장) 14년의 선교 활동 후에 회의가 열렸다고 말한다. 반면에 사도행전은—적어도 겉으로 보기에는—그 회의 이전의 기간이 훨씬 더 짧았던 것으로 생각하게 한다. 그리고 사도행전에서는 바나바와 바울이 한 공동체의 대표단으로 예루살렘에 파견을 받는다. 반면에 갈라디아서에서 바울의 동행인은 디도이고, 바울은 계시를 받고 예루살렘으로 갔다(갈 2:1 - 2). 이 모임은 교회의 정식 집회였는가(사도행전)? 아니면 동역자들 간의 사적인 만남이었는가? 더 중요한 것은(갈 2:11 - 14에 자세히 기록된) 안디옥에서 베드로와 바울이 만남 전에 그 회의가 있었는가 아니면 후에 있었는가 하는 의문이다. 갈라디아서는 두 가지 중 어느 쪽으로도 해석될 수 있다. 만일 후라면, 바울과 사도행전은 예루살렘에서의 집회가 안디옥의 논쟁으로 야기된 의견 차이를 해결했다는 사실과 일치할 수 있다. 그러나 만일 전이라면 이 집회는 문제를 야기한 교제에 대해 아무것도 결정한 것이 없었다. 이 집회는 음식물의 규정들과 관련된 교령을 발표했는가(사도행전)? 아니면 단지 선교 활동 분야들에 대해서만 일치했는가(갈라디아서)? 만일 교령이 있었다면, 고린도전서 8 - 10장에서 우상에게 제물로 사용했던 고기를 논하면서 그 교령에 대해 언급하지 않았을까? 이런 역사적 의문들은 확실한 해결이 불가능한 것으로 생각되어 왔다.

두번째의 난제는 바울이 모은 예루살렘 교회를 위한 헌금에 관한 것이다. 바울의 서신들에 따르면, 그의 사역 후기에 있어 주요 과제였다(갈 2:10, 고전 16:1-4, 고후 8-9장, 롬 15장). 그러나 사도행전은 중대한 마지막 예루살렘 여행의 기록에서 그런 헌금에 대해 전혀 언급을 하지 않는다. 분명히 사도행전은 그 헌금을 모은 바로 그 지역들의 대표들을 동반했다고 말하고(행 20:4-5), 또한 바울이 많은 액수의 돈을 가지고 왔다고 말한다(24:17, 26). 그러나 비록 바울은 그 헌금을 이방 교회와 유대 교회간의 화목과 교제의 행동으로 보았지만, 사도행전은·바울이 예루살렘에 온 것에 대해 야고보가 상당히 다른 화목의 의사 표시를 나타낸 것으로 말한다(21:23-25). 반면에 누가는 바울의 경력에 있어 초기에 안디옥 교회가 후원한 예루살렘 교회를 위한 모금에 바울과 바나바가 모두 참여한 것으로 말한다(11:29-30). 역시 이 서로 다른 설명들을 종합하여 판단하는 일도 극히 어렵다.

결국 바울의 서신들의 연속성을 수립하려고 할 때, 사도행전과 바울의 서신들은 모두 그 유용성에 있어 제한성이 있다. 데살로니가전후서, 고린도전후서, 그리고 로마서와 같은 서신들은 사도행전의 내용들과 잘 맞는다. 그러나 감금되어 쓴 서신들—골로새서, 빌레몬, 빌립보서, 에베소서, 디모데후서—은 바울이 가이사랴에(행 24:27), 또는 로마에(행 28:30) 투옥되었을 때, 보낸 것일 수도 있고, 또는 사도행전이 언급하지 않는 다른 구금 상태에서 쓴 것일 수도 있다(고후 11:23-27을 보라). 그밖에 서신들은 자신 있게 사도행전의 구성과 조화시키는 것이 사실상 불가능하다(갈라디아서, 디모데전서, 디도서). 이 모든 사실이 의미하는 바는 사도행전과 서신들이 개인의 전기가 아닌 다른 관심사를 갖고 있다는 것이다. 매우 현저한 사실 한 가지는 사도행전의 내용 전체에 바울이 단 한 통의 편지를 썼다는 말도 나오지 않는다는 것이다. 사도행전의 주제는 전도자이며 교회의 설립자인 바울이다. 그리고 이 점은 우리를 그 다음의 차이점으로 인도한다.

사도적인 품격

바울의 사도적인 품격을 나타냄에 있어 사도행전과 서신들의 차이점들이 자주 주목되어 왔다. 자신의 서신들에서 바울은 화술이 별로 능란하지 못하다고 고백한다(고후 11:6). 그러나 사도행전에서, 바울은 모든 상황에서 능란한 연설가이다. 즉 회당에서 유대인들에게 말을 할 때에나(13:16-40), 아덴에서 세련된 철학자들에게 말을 할 때에나(17:22-31), 또는 관리들에게 자신을 변호할 때에나(24:10-21), 그는 훌륭한 화술을 보인다. 또한 비록 바울은 그의 서신들에서 기사와 이적을 행하는 능력을 자신의 권능의 보증으로 인정하지만(고후 12:12, 롬 15:19), 십자가를 전하는 것을 선호하며 그런 능력의 과시를 경시한다(고전 2:1-5). 그러나 사도행전에서, 바울은 기사와 이적들을 행하고 있다. 즉 그는 병을 치료하고 귀신을 쫓아내었고(행 19:11-20, 20:7-12, 28:1-10), 위기에 대처할 능력과 자원이 풍부함을 나타내었다(16:25-30, 27:21-25). 사도행전은 바울의 예루살렘과의 관계, 그리고 심지어 예루살렘에 대한 의존까지 강조하고 있다. 그러나 서신들에서 바울은 이 두 가지 모두를 가볍게 평가한다. 사도행전에서 바울은 율법의 엄수자로 묘사된다. 그는 서원을 하고(18:18), 성전에서 결례를 행하고(21:24-27), 심지어 그의 친밀한 추종자인 디모데에게 할례를 행하기까지 한다(16:3). 그의 서신들에서 바울은 자신이 "유대인들에게는 유대인들과 같이 되었다"고 말하지만(고전 9:20-23), 디도에게 할례를 주는 행위가 율법의 요구들에 대한 복종으로 해석될 수 있었을 때, 그 행위를 거부했다(갈 2:3). 이런 내용들은 중요한 차이들을 나타내고 있다. 그러나 이런 사실들은 각각의 자료들의 의도들과 문학적 관례 가운데에서 평가되어야 한다. "누가-행전"은 기사와 이적에 의한, 그리고 하나님의 말씀을 담대히 말함에 의한 하나님의 역사를 강조하는 선지자의 전통의 한 부분으로 바울을 본다. 바울은 그의 서신들에서 자신을 대적하는 "외면적인 사도들"의 오만성과 자신의 고난의 사역을 대조한다. 즉 그는 역설적인 연약성을 선호하여 웅변술과 기적들을 극소화하고자 하는 것이다.

신학

"누가-행전"은 뚜렷하게 바울의 신학이라고 할 수 있는 내용을 거의 싣고 있지 않다. 사실상 사도행전과 바울 서신들 중에서 개인적인 논점들을 대조하기는 쉽다. 예를 들어 사도행전 12:27과 로마서 1:18-32에 나오는 자연법을 다루는 방식, 또는 갈라디아서에 나오는 믿음으로 말미암는 의에 대한 강력한 표현과 사도행전 13:39("또 모세의 율법으로 너희가 의롭다 하심을 얻지 못하던 모든

일에도 이 사람을 힘입어 믿는 자마다 의롭다 하심을 얻는 이것이라")에 나오는
같은 논증의 부드러운 표현이 그런 것이다. 그러나 이런 비교를 일일이 하는 것
은 의미 없는 일이다. 사도행전의 바울은 사도행전의 베드로나 스데반과 마찬가
지로 자신의 음성으로 말하는 것이 아니다. 그는 누가의 신앙적 인식들—신학—
로 자신의 말을 표현하고 있는 것이다. 등장 인물들의 발언들을 통해, 누가는 독
자들에게 자신의 내용을 해석해 주고 있다. 이 등장 인물들 간에는 어느 정도 차
이들이 있다. 왜냐하면 누가가 의인법을 사용하고 있기 때문이다. 누가의 등장
인물들은 그들의 상황에 적절한 발언을 하게 되어 있다. 철학자들 앞에서 말하는
바울은 디오 크리소스톰(Dio Chrysostom)과 매우 유사하게 들린다. 반면에 회
당에서 하는 바울의 말은 베드로와 보다 더 흡사하게 들린다. 누가가 글을 쓰고
있는 방식이 공통적인 문학적 표현을 선호하여 개인적인 특징들을 극소화할 것을
요구하는 선지자의 예표론을 부여하는 것이기 때문에, 사도행전에 나타나는 뚜렷
하게 바울적인 작은 요소가 더욱 두드러지는 것이다.

바울에 대한 누가의 표현

지금까지 우리는 바울에 대한 누가의 이해를 분명하게 인식하고자 노력해
왔다. 각각의 대조에서 나타나는 차이가 특별히 누가의 문학적, 신앙적 관심의
결과라는 사실을 발견한다. 그리고 그 관심은 바울을 다루는 데에만 영향을 끼치
는 것이 아니라 그의 모든 주요 인물들을 다루는 데에도 영향을 끼치고 있다. 즉
예루살렘과 유대교의 관계, 강력한 역사들과 웅변술, 동일한 형식의 교훈이 그것
이다.

그렇다면 바울에 대한 누가의 확신적인 인식을 어떤 것일까? 누가는 바나바
와 함께 바울을 사도라고 칭한다(14:4). 그리고 보다 더 뚜렷하게 바울을 나타내
는 칭호는 증인이다(22:15, 26:16). 교회의 선교에 있어 중요한 다른 인물들과
마찬가지로, 바울도 특별하게 선지자의 표현으로 묘사된다(14:3). 이 선지자의
심상은 9:15에서 바울을 택하심을 받은 도구로 칭해지는 때(참조. 렘 1:5와 갈
1:15), 그리고 13:47에서 이방인의 빛으로 칭해질 때(참조. 사 49:6, 눅 2:32),
더 선명해진다.

바울은 이방인에게 복음을 전한 유일한 인물이 아니며, 또한 최초의 인물도
아니다. 그러나 누가에게 있어, 바울은 이방인 선교에 있어 탁월한 인물이었다.

더욱이 바울의 사도 소명에 대한 누가의 세 번의 설명에서 강조되는 바와 같이, 바울의 이방인 선교는 예수님의 명령에 대한 순종으로 실천된 것이었다 첫번째 설명은 직접적인 사건으로 나타내어지며(행 9:1-9), 다른 두 번의 설명은 바울의 변명의 발언들로 소개된다(22:6-21, 26:12-23). 이 세 번의 설명은 모두 같은 내용을 약간 다르게 이야기한다. 예를 들어, 9:7에서 바울의 동행인들은 음성을 들었지만 아무것도 보지 못했다. 그러나 22:9에서 그들은 빛을 보지만 음성은 듣지 못한다. 눈부신 빛은 세 번의 설명에 모두 일관되며 이방인의 빛이 되라는 그의 소명과 관련된다. 각각의 설명은 이방인들에게로 가라는 명령으로 절정에 이른다(9:15, 22:21, 26:23). 변명의 발언들에서, 이 소명의 명령은 부정적인 반응을 일으킨다(22:22, 26:24). 나사렛에서 예수님이 거부를 당하신 것처럼, 선지자의 메시지에 대한 유대인의 거부는 전세계적인 범위의 거부와 어떤 관계가 있다.

그럼에도 불구하고 사도행전에 나오는 바울의 설교는 절대로 이방인들에 대한 것만이 아니다. 그는 회당에서 거부가 반복될 때에만 유대인들에게서 돌이켰다. 첫번째로 유대인에게서 돌이킬 때, 바울은 자신의 노력의 방향을 이방인들에게로 바꾸겠다고 엄숙하게 선언했다(행 13:46). 그러나 우리는 그가 두 번 더 이방인들을 향한 전환을 선언함에도 불구하고(18:6, 28:23-29), 계속 유대인들에게 전도를 하여 몇 명을 회심시키는 것을 본다. 이 선언들 중에 마지막이며 가장 음울한 선언, 즉 바울이 논쟁을 벌였던 로마의 유대인 지도자들에게 한 선언이며, 이사야 6:9-10의 소경에 대한 구절을 사용하는 선언은 완전한 거부라고 할 수 없는 상황에서 발해졌다. 그 중에는 믿는 일부 유대인들이 있었던 것이다(행 28:24-25). 세계에 흩어져 있는 유대인 공동체를 향한 바울의 전도 전체를 통해, 누가는 우리에게 나타내는 바는 백성들 간의 분열이다. 즉 어떤 사람들은 복음을 받아들였고, 또 어떤 사람들은 받아들이지 않았다(17:11, 18:4, 19:9-10을 보라). 바울의 사역에 있어 강조는 분명하게 복음을 받아들이지 않는 사람들에게 두어진다. 이 상황은 바울에게 기울여지는 사도행전의 내용에서 "유대인"이라는 소원함을 나타내는 특징적인 표현이 압도적으로 두드러진다는 사실에 의해 언어적으로도 제시된다. 누가복음에서 이러한 표현은 호칭에서의 사용들을 제외하고 단 한 번 사용되며(7:3), 사도행전에서는 바울과 무관한 경우들로 아홉 번 사용된다. 반면에 바울을 대적하는 자들에 대한 언급에서 이 "유대인" 유다이오스(Ioudaios)라는 용어는 칠십 번 정도나 나온다.

사도행전의 바울은 절대로 자신의 사명이 하나님의 이스라엘에 대한 관심과 구별되는 것으로 보지 않는다. 무엇보다 변명의 발언들에서, 바울은 유대인의 메시아에 대한 기대를 나타내는 특유의 표현으로, 특별히 부활에 대한 바리새인의 소망을 나타내는 표현으로 자신을 밝힌다. 그리고 그는 그 소망이 예수님의 부활에서 성취되었다고 주장한다(22:3-4, 23:6, 24:14-21, 26:4-11을 보라). 이 이방인의 사도는 로마에서 유대인 지도자들에게 다음과 같이 선언한다(행 28:20)

> 이러하므로 너희를 보고 함께 이야기하려고 청하였노니 이스라엘의 소망을 인하여 내가 이 쇠사슬에 매인 바 되었노라

비록 바울이 "땅 끝까지" 복음을 전했지만, 누가가 볼 때, 바울은 여전히 이스라엘의 스승으로 남아 있었다.

복음이 바울의 사역을 통해 이방 세계에 이르렀다는 사실은 누가의 능숙한 문학적 숙련성에 의해 명백해진다. 예수님의 유아기를 기술하는 방식에 의해 독자들을 고대 이스라엘 세계 속으로 데려갔던 것과 똑같이 누가는 독자들을 조금씩 헬라의 종교적, 철학적 인식을 세계로 인도해 간다. 이것은 자료의 문제가 아니라 의인법의 문제이다. 즉 누가는 자신의 기록들에 나오는 인물들의 상황들에 대해 적절하게 기술한다. 이 방식의 세목에 이르면서 누가의 헬라어는 보다 덜 성경적이 되고, 이교도들에 대한 복음의 감화력을 나타내는 장면들, 즉 그가 전념하는 내용 중에 가장 생생한 장면들에서 그의 헬라어는 보다 세속적이 된다.

루스드라에서 바울이 앉은뱅이를 고쳤을 때(행 14:8-18), 이교도 주민들은 "신들이 사람의 형상으로 우리 가운데 내려오셨다"고 생각했다. 그들은 바나바가 지도자이고 아마 외모에 있어 더 호감이 가는 인상이었기 때문에 그를 쓰스(제우스)라고 칭했고, 바울은 대언자이기 때문에 허메(헤르메스)라고 칭했다. 그리고 그들은 바나바와 바울에게 제물을 바치려고 했기 때문에 재교육을 받지 않을 수 없었다. 바울은 그들에게 자신과 바나바가 전한 메시지가 정확하게 "이 헛된 일을 버리고 … 살아 계신 하나님께로 돌아오라"는 것이라고 설명했다(살전 1:9도 보라). 이 장면은 아풀레이우스의 「황금 나귀」(Apuleius's *Golden Ass*)와 매우 잘 어울릴 것이다. 즉 방랑하는 현자들이 그런 감동적인 마술을 행하였으므로

그들은 불사의 신들로 간주되었고, 따라서 자신들의 예배자가 되려고 하는 자들에게 경건과 신성의 진정한 본질을 가르쳐야 한다는 것이다.

에베소에서 바울의 성공적인 선교로 인해 야기된 소요는(행 19:11-40) 필로스트라투스의 「티아나의 아폴로니우스의 생애」(Philostraus's *Life of Apollonius of Tyana*)라는 책에 나옴직한 사건이었다. 바울의 마술적으로 보인 능력은 엄청난 효력을 나타냈다. 귀신들은 바울과 경쟁하는 유대인 축귀자들에게 쫓겨나느니 차라리 바울에 의해 쫓겨나기를 바랄 정도였다(19:11-15). 패배한 마술사들은 자신들의 마술 책들을 불사르며 이 외부에서 온 새로운 능력의 우월함을 인정했다. "이와 같이 주의 말씀이 힘이 있어 흥왕하여 세력을 얻으니라"(19:20).

아덴의 아레오바고에서 설교하는 바울에 대한 주의 깊게 기교화된 장면(행 17:16-34)은 완전하게 이방 세계를 위해 표현되는 복음을 보여 준다. 누가는 정확하게 디오 크리소스톰과 같은 방랑 철학자 또는 궤변가의 세계를 연상시키게 한다. 디오 크리소스톰은 자신의 청중들의 선천적인 경건에 의지하여 유일신의 능력에 대한 보다 고상한 이해를 수립했다(Dio *Oration* 12를 보라). 여기 바로 우리가 루시안(Lucian)의 책에서 발견하는 야만인의 신들과 신기한 일과 논쟁에 대한 그들 특유의 헬라적인 흥미를 갖고 있던 에피쿠로스학파와 스토아 철학자들이 있다(*The Eunuch* 1-13을 보라). 바울의 설교에서 우리는 이교도의 신성에 대한 심상을 수사학적으로 효과 있게 사용하는 것을 들을 수 있을 뿐만 아니라(17:26-29), 아마도 바울과 그의 동역자들에 의해 행해졌던 이방인을 위한 설교 방식의 확실한 반향도 들을 수 있을 것이다(17:30-31, 참조. 살전 1:9-10, 히 6:1-2).

> 알지 못하던 시대에는 하나님이 허물치 아니하셨거니와 이제는 어디든지 사람을 다 명하사 회개하라 하셨으니 이는 정하신 사람으로 하여금 천하를 공의로 심판할 날을 작정하시고 이에 저를 죽은 자 가운데서 다시 살리신 것으로 모든 사람에게 믿을 만한 증거를 주셨음이니라

또한 누가는 이 장면에서 유대인들만이 아니라 이방인들도 하나님의 초청을 거부하고 조롱하며 외면할 수 있음을 나타낸다(17:32). 그러나 어떤 사람들은 믿었고, 하나님께서는 믿는 유대인들에게서 하셨던 것과 마찬가지로 그들 중에

서도 "자기 이름을 위할 백성"을 만드셨다(15:14)

참고문헌

문학적 조화로서, 그리고 문체의 세련과 함축성에 있어 비길 데가 없는 누가복음과 사도행전의 고전적인 입문서는 아직까지 H. J. Cadbury, *The Making of Luke - Acts*(New York: Macmillan Co., 1927)이다. 비평적 문제들의 전체적인 종합을 위해서는 F. J. Foakes - Jackson and K. Lake, eds., *The Beginnings of Christianity, Part I: The Acts of Apostles*, 5 vols.(London: Macmilan & Co., 1920 - 27)을 보라. 누가의 신학에 진지한 주의를 기울이기 시작한 선구적인 편집적 연구는 H. Conzelmann, *The Theology of St. Luke*, trans. G. Buswell(Philadelphia: Fortress Press, 1982 [German, 1957, ET, 1961])이었다. L. Keck and J. L. Martyn, eds *Studies in Luke - Acts*(Philadelphia: Fortress Press, 1980 [1966])은 여전히 이 두 책에 기울여진 평론들 중 최선의 수집으로 남아 있다. 그러나 C. H. Talbert, ed., *Perspectives on Luke - Acts*(Danville, Va.: Assn. of Baptist Professors of Religion, 1978)에도 일부 유익한 부분들이 있다. 최근의 학문에 대한 간략한 개관은 E. Richard, "Luke—Writer, Theologian, Historian: Research and Orientation of the 70's," *Biblical Theology Bulletin* 13(1983): 3 - 15에서 입수할 수 있다.

기록의 문체적인 면에 대해서는 H. J. Cadbury, *The Style and Literary Methods of Luke*, HTS 6(Cambridge: Harvard Univ. Press, 1920), J. Dupont, *The Sources of the Acts*, trans. K. Pont(New York: Herder & Herder, 1964), M. Dibelius, *Studies in the Acts of the Apostles*, trans. H. Graven(New York: Charles Scribner's Sons, London: SCM Press, 1956), W. C. Unnik, "The 'Book of Acts' Confirmation of the Gospel," *NovT* 4(1960): 26 - 59를 보라. 이 장의 문학적 분석의 많은 점을 L. T. Johnson, *The Literary Function of Possessions in Luke - Acts*, SBLDS 39(Missoula, Mont.: Scholars Press, 1977), 그리고 같은 저자의 "The Lukan Kingship Parable(Lk

19:11-27)," *NovT* 24(1982): 139-59에 기초했다. 전체로서의 누가복음과 사도행전을 이해하기 위한 누가복음의 서언의 중요성에 대해서는 R. J. Dillon, "Previewing Luke's Protect from His Prologue," *CBQ* 43(1981): 205-27을 보라. 사도행전에 나오는 스데반의 설교에 대해서는 특별히 H. Teeple, *The Mosaic Eschatological Prophet*, SBLMS 10(Philadelphia: Soc. of Biblical Literature, 1957), 그리고 P. S. Minear, *To Heal and to Reveal: The Prophetic Vocation According to Luke*(New York: Seabury Press, 1976)을 보라.

역사적인 기록으로서의 누가복음과 사도행전은 C. K. Barrett, *Luke the Historian in Recent Study*(Philadelphia: Fortress Press, 1970 [1961]), I. H. Marshall, *Luke: Historian and Theologian*(Grand Rapids: Zondervan Pub. House, 1970), 그리고 M. Hengel, *Acts and the History of Earliest Christianity*(Philadelphia: Fortress Press, 1979)에서 논의된다. 전기 형태로서의 누가복음과 사도행전은 C. H. Talbert, *Literary Patterns, Theological Themes, and the Genre of Luke-Acts*, SBLMS 20(Missoula, Mont.: Scholars Press, 1974)에서 논의된다. 누가복음과 사도행전의 변증론적인 면들은 B. S. Easton, *The Purpose of Acts*(London: SPCK, 1936)와 D. L. Tiede, *Prophecy and History in Luke-Acts*(Philadelphia: Fortress Press, 1980)에 의해 발견되었다.

유대교 내에서 바울에 대한 변증은 유대인의 대화체 작품 중에 누가복음과 사도행전의 철저한 이해에 있어 중요한 작품인 J. Jervell, *Luke and the People of God*(Minneapolis: Ausberg Pub. House, 1972)에 의해 제시된다. 유사한 강조가 N. A. Dahl, "A 'People for His Name' (Acts 15:14)," *NTS* 4(1957-58): 319-27, 그리고 같은 저자의 "The Story of Abraham in Luke-Acts," in *Studies in Luke-Acts*, ed. Keck and Martyn, 139-58의 평론들에서 발견된다. 성경의 사용에 대해서는 B. Lindars, *New Testament Apologetic: The Doctrinal Significance of Old Testament Quotations*(Philadelphia: Westminster Press, 1961)을 보라. 누가의 신학적인 강조 일부에 대해서는 R. F. O'Toole, *The Unity of Luke's Theology*, Good News Studies 9(Wilmington, Del.: Michael Glazier,

1984)을 보라. 누가의 성경 사용과 수사학적인 기술 두 가지 모두를 다룸에 있어서는 W. S. Kurz, "Hellenistic Rhetoric in the Christological Proof of Luke-Acts," *CBQ* 42(1980): 171-95가 매우 유용하다.

누가복음에 나오는 예수님의 유아기 기록에 대해서는 P. S. Minear, "Luke's Use of the Birth Stories," in *Studies in Luke-Acts*, ed. Keck and Martyn, 111-30 과 R. E. Brown, *The Birth of the Messiah*(Garden City, N. Y.: Doubleday & Co., 1979), 235-495를 보라. 예수님의 사역적인 면들의 기록에 대해서는 G. W. H. Lampe, "The Lukan Portrait of Christ," *NTS* 2(1955-56): 160-75, S. Brown, *Apostasy and Perseverance in the Theology of Luke*, AB 36(Rome: Biblical Inst. Press, 1969), B. Reike, "Instruction and Discussion in the Travel Narrative," *SE* 1(TU 73, 1959): 206-16, D. P. Moessner, "Luke 9:1-50: Luke's Preview of the Journey of the Prophet like Moses of Deuteronomy," *JBL* 102(1983): 575-605를 보라.

예수님의 수난에 대해서는 J. H. Neyrey, "The Absence of Jesus' Emotions: The Lukan Redaction of Luke 22:39-46," *Bib* 61(1980): 153-71, J. Kodell, "Luke's Use of *laos* 'People' Especially in the Jerusalem Narrative," *CBQ* 31(1969): 327-43, R. J. Karris, *Luke-Artist and Theologian: Luke's Passion Narrative as Literature*, *Theological Inquires*(New York: Paulist Press, 1985)를 보라. 전체 내용과 관련된 부활 기록들에 대해서는 P. Schubert, "The Structure and Significance of Luke 24," *Neutestamentliche Studien für Bultmann*, BZNW 21(Berlin: Töpelmann, 1954), 165-86, and R. J. Dillon, *From Eyewitnesses to Ministers of the Word*, AB 82(Rome: Biblical Inst. Press, 1978)를 보라. J. Dupont, *The Salvation of the Gentiles*, trans. J. Keating(New York: Paulist Press, 1979), and S. G. Wilson, *The Gentiles and the Gentile Mission in Luke-Acts*, SNTSMS 23(Cambridge: At the Univ. Press, 1973)는 사도 회의를 역사적인 시각으로 해석하고, S. T. Johnson, *Decision Making in the Church: A Biblical Model*(Philadelphia: Fortress Press, 1984)은 내용의 구조를 해석

한다.

바울의 연대 문제들에 대해서는 R. Jewett, *A Chronology of Paul's Life*(Philadelphia: Fortress Press, 1979), 그리고 G. Luedemann, *Paul, Apostle to the Gentiles: Studies in Chronology*, trans. F. S. John(Philadelphia: Fortress Press, 1984)을 보라. 두 자료에 나타나는 바울의 대조적인 이미지는 P. Vielhauer, "On the Paulism of Acts," in *Studies in Luke-Acts*, ed. Keck and Martyn, 33-50, 그리고 G. Bornkamm, "The Missionary Stance of Paul in Cor 9 and in Acts," in *Studies in Luke-Acts*, 194-207에 의해 고찰된다.

누가복음의 비평적 주석과 풍부한 참고문헌에 대한 요구는 현재 J. A. Fitzmier, *The Gospel According to Luke I-IX*, Anchor Bible(Garden City, N. Y.: Doubleday & Co., 1981), 그리고 같은 저자의 *The Gospel According to Luke X-XXIV*(1985)가 충족시켜 준다. 누가복음의 헬라어 원문에 대한 대체적으로 견실한 처리는 I. H. Marshall, *The Gospel of Luke*, NICNT(Grand Rapids: Wm. B. Eerdmans, 1978)에서 발견되며, 보다 평이한 해석은 E. E. Ellis, *The Gospel of Luke*, 2d ed. NCB(Grand Rapids: Wm. B. Eerdmans, London: Oliphants, 1974)에서 발견된다. 사도행전의 표준적인 주석은 아직까지는 E. Haenchen, *The Acts of the Apostles: A Commentary*, trans. B. Noble et al.(Philadelphia: Westminster Press, 1971)이다.

제4부

바울 전통

기독교 운동은 사도 바울의 서신에서 최초이자 가장 생생한 자신의 목소리를 찾는다. 복음서 저자들은 예수님 이야기를 구성하는 과정에서 자신들의 이름을 밝히지 않고 이야기 자체가 저자 자신들을 위해 말을 하도록 해놓았다. 하지만 바울 서신들은 저자의 개성을 강하게, 동시에 아주 복합적으로 드러내 주고 있어서 어떤 사람들은 기독교 신앙을 파악하는 것이 무엇보다도 먼저 바울을 파악하는 것이라고 여길 정도이다.

바울의 개성은 우선 모순되는 요소들로 가득차 있다. 바울은 온유한 동시에 (고후 10:1) 엄격하였다(고전 4:21). 열정으로 가득차서 침착하지 못한 면이 있는 반면(고후 2:12−13) 결심이 확고한 그런 사람이었다(고후 1:17). 바울은 자신이 강하다고 하기보다 약하다고 주장하는데(고후 12:5), 이것은 능력을 자랑하는 경우에도 마찬가지였다(고후 12:11). 이상을 표현할 때는 숭고하지만(롬 12:14) 이상이 없는 곳에서는 아주 인간적이었다(갈 5:12). 바울의 감정은 아주 변화가 많고 심지어 과격하기까지 하여 어떤 경우에는 바울이 정신적으로 불안정한 상태에 있지 않나 생각할 정도이다. 하지만 처음 볼 때 휘발성이 강하고 어쩌면 돌쩌귀가 빠진 듯한 바울의 자아는 여러 다른 면들을 살펴본 다음 그 성격을 재규명하는 작업이 필요하다.

바울에게는 조직하는데 탁월한 능력이 있었다. 바울의 선교 사역은 충동적인 행동의 결과가 아니라 지속적이고 잘 조화된 여정의 결과이다. 그는 기독교 운동이 급속히 퍼져 나가 로마의 문턱에 도달하는 기간, 즉 그 첫 30년 동안, 남녀 다른 선교사들과 어깨를 맞대고 사역하였다. 바울의 서신들은 바울의 가슴과 마음을 어느 정도 보여준다. 하지만 바울의 서신을 좀더 자세히 살펴보면 이 서신들이 도저히 거칠고 다듬어지지 않은 감정에서 나온 결과일 수 없다는 사실을 알게 될 것이다. 이 서신들은 상당한 미적 요소를 지니고 있으며 경우에 따라서는 동료 사역자들과 협력하는 가운데 기록한 것도 있다. 그 안에서는 바울의 자아뿐 아니라 상당한 수사학적인 요소도 발견할 수 있다. 헬라 세계는 자아 표현을 이상으로 보지 않았고 오히려 다양한 형태의 "자기"를 가지고 상황에 적절하게 글을 쓸 수 있는 능력을 가치있게 생각하였던 것이다.

뿐만 아니라 우리는 바울의 사상을 규명하는데도 동일한 주의를 기울여야 할 것이다. 어떤 사람들은 바울의 사상을 급진적이라고 한다. 물론 바울은 이것/저것의 형식을 좋아한 것이 사실이다. 죽음/생명, 죄/의, 육신/영, 율법/은혜, 공로/믿음, 지혜/어리석음, 능력/약함 등과 같은 대비를 사용하였다. 하지만 이와 동시에 바울은 다른 신약 저자들 못지않게 양극을 함께 만나게 하려고 애를 썼다. 다시 말해서 바울 서신에서 우리는 하나님/세상, 유대인/헬라인, 여자/남자, 종/자유자, 부자/가난한 자의 조화를 볼 수 있다.

바울에 대한 해석 역사는 대부분 바울의 다면적인 문학적 표현의 한 면을 전체로 해석하는 그런 과정으로 이루어져 있다. 이것은 바울을 사상가 혹은 신학자, 자신의 체계에 핵을 가지고 있는 저자로 간주한데서 기인하였을 가능성이 없지 않다. 하지만 바울은 무엇보다도 먼저 교회 설립자요 목회자였다. 바울의 사상은 다양한 반론과 개인 및 공동체의 필요라는 풀무에서 연단되어 나온 것이며, 복합적인 저작 과정을 통해서 표현된 것이다.

바울에 대한 해석은 모두 몇 가지 기본 질문에 대한 판단을 요구한다. 그 가운데 첫째가 진짜 바울은 어디에 있는가? 이다. 처음부터 우리는 결정을 내려야 한다. 바울에 대한 사도행전의 설명과 서신서들의 설명에 어느 정도의 무게를 줄 것인가 결정해야 할 것이다. 이것이 해결된 뒤에도 더 어려운 문제가 여전히 남아 있는데, 그것은 전통적으로 바울 서신으로 간주하는 서신들 가운데 어느 것이 바울이 기록한 것이며 어느 것이 그 추종자들이 기록한 것인가 하는 문제이다. 하지만 어느 것이 진정한 바울 서신인가를 아주 객관적인 근거를 가지고 판단하는 일은 불가능하다. 이 일에는 "진짜" 바울이 무엇인가에 대한 사전 인식이 필요하다. 뿐만 아니라 진정한 바울 서신으로 인정된 서신들까지도, 사도행전과 목회서신의 내용과 연결해서 읽을 경우, 대부분의 학자들이 바울 자신의 모습이라고 생각하는 바울 전통의 발전 과정과 무관하게 해당 서신만 읽을 경우와 그 내용이 달라져 보인다.

두번째 중요한 논점은 초기 기독교에 대한 바울의 역사적 중요성에 관한 것이다. 신약에서 바울에게 주어져 있는 큰 영향력은 역사적 실재를 반영하고 있는가 아니면 신학적 판단인가? 바울이 이방인 선교사들 가운데 가장 중요한 인물이었는가 아니면 그의 글들이 우연히 보존되었을 뿐인가? 바울의 영향력이 급속하게 쇠퇴해 버렸는가 아니면 2세기까지도 계속해서 그 영향력이 급진적이며 보수적인 여러 형태로 살아 있었는가? 이 논의를 위해서는 서신의 진정성에 대한 결정과 바울 "학파"를 이해하는 방식이 대단히 중요한 것이다.

세번째 논점은 바울의 신앙적 의의에 관한 것이다. 예수님과 바울 사이의 관계는 어떤 것인가? 바울은 독자적인 종교적 천재, 즉 기독교 신앙의 제2의 설립자인가 아니면 전통의 사람, 공동체의 이해를 넘겨 받은 계승자인가? 바울은 예수님의 메시지를 근본적으로 왜곡시켰는가 아니면 변화된 환경에 맞게 충실히 해석하였는가? 바울은 신약 정경의 핵심인가? 만약 그렇다면 어떤 이유로? 또 만약 그렇다면 어느 바울이?

이러한 질문들은 모두 역사에 있어서 바울의 위치에 관한 것으로 개개의 문학적 재료에 집중하지 못하도록 우리의 관심을 빼앗아 가기에 충분한 힘을 가지고 있다. 하지만 이러한 질문에 답을 줄 수 있는 것은 개개의 문학적 재료들 뿐이다. 이 책에서 우리의 관심의 대상은 교회의 계속되는 삶 가운데서 체험한 십자가에 못박히고 부활하신 메시아의 체험에 대한 증거와 해석으로서 바울의 편지들이다. 여기에서는 바울 신학의 형성에 관한 결정을 내리거나 초기 기독교에 있어서 바울의 위치를 재구성하려고 시도하지 않을 것이다. 이 논점들은 서신 자체를 이해하는데 꼭 필요한 경우에만 논의할 것이다.

이 이해를 위해 먼저 바울 사역의 전반적인 유형과 바울이 교회들과 연락한 방식에 관한 전반적인 설명이 좀 필요할 것이다.

제10장

바울의 사역과 서신들

바울의 초기 삶에 관해서 우리가 아는 내용은 거의 없다. 스데반의 죽음 현장에서 그는 청년(neanios)으로 나타나 있고(행 7:58) 편지 가운데 하나에서는 자신을 나이 많은(presbytes) 나라고 지칭하였다(몬 9). 이후의 전통에 따르면 바울은 네로에게 순교를 당하였다(주후 54-68). 고린도에서 갈리오와 만난 시점과 연관시켜 생각해 보면(50-52년경) 우리는 바울의 출생 시기를 주후 5-15년경으로 잡을 수 있다. 바울은 길리기아 지방 다소에서 태어났다(행 22:3). 이 도시는 정말 "소읍"이 아니라 헬라 문화의 중심이었다. 인기 있는 철학자들과 수사학자들이 그 거리에서 가르쳤고(Dio Oration 33.3-4), 아우구스투스 황제의 스승이었던 아테나도라스같은 중요한 스토아 교사들이 살면서 가르쳤던 곳이다(Lucian *Octogenarians*, Plutarch *On Stoic Contradictions* 1033D를 보라). 거기에서는 신비종파들도 융성하였다고 알려져 있다. 다소에서 유대인 바울은 동시대를 산 연장자 필로 유다이우스가 알렉산드리아에서 마셨던 동일한 헬라의 공기를 마실 수 있었다.

바울은 특별히 인상적인 유대 유산을 가지고 있었으며 그 안에서 상당한 자부심을 느꼈다. "내가 팔일만에 할례를 받고 이스라엘의 족속이요 베냐민의 지파요 히브리인 중의 히브리인이요"(빌 3:5, 롬 11:1과 비교). 또 자신의 혈통에 문제가 제기되면 공세를 취하였다. "저희가 히브리인이냐 나도 그러하며 저희가 아브라함의 씨냐 나도 그러하며"(고후 11:22).

사도행전 22:28에 따르면 바울은 태어날 때부터 로마 시민이었다. 이 사실로 인해서 그는 가이사에게 상소할 수 있었고(25:11-12) 시민권을 구입한 간수는 이 사실을 인해서 깜짝 놀랐다(22:28). 1세기 당시 다소에서는 시민권이 상당히 확산되어 있었다. 하지만 지방에 사는 유대인이 적어도 2대째 시민권을 유지하고 있었다는 사실은 바울의 가족들이 사회적으로 높은 위치에 있었음을 보여 준다. 바울의 선천적인 사회적 신분은 자신이 메시아를 위해 모든 것을 포기한 사실과(빌 3:8) 자신이 직접 손으로 일한 것을 말하는데(고전 4:12, 살전 4:11, 살후 3:7-9) 어떤 영향을 미쳤는지도 모른다. 아마도 사역하는 동안 바울은 천막 제조공의 노동을 하였을 것이다(행 18:3). 이 노동은 가르치는 대가로 돈을 받는 것을 싫어하는 견유학파 철학자들뿐 아니라 바리새인들도 하던 일이다. 바울은 이 일을 통해서 자급하고(빌 4:11) 다른 사람에게 나누어 줄 수 있었을 것이다(행 20:34-35).

바울이 특별히 종교적으로 열심이 있었던 곳은 바리새파였다. "율법으로는 바리새인이요 … 율법의 의로는 흠이 없는 자로다"(빌 3:5-6). 이 엄격한 형제단에 대한 바울의 헌신은 대단하였고 광적이기까지 하였다. "내가 내 동족 중 여러 연갑자보다 유대교를 지나치게 믿어 내 조상의 유전에 대하여 더욱 열심히 있었으나"(갈 1:14). 바울에게 있어서 바리새파 사상의 중요성은 아무리 강조하여도 과장될 수 없다. 토라를 준수하는 것이 하나님 앞에서 의의 절대적인 평가 기준이었고 더 나아가 토라의 연구가 지혜를 얻는 길이었다. 바울은 토라의 상징 세계에서 학자였다. 1세대 그리스도인들 가운데서 바울은 십자가에 못박힌 메시아가 유대적인 상징세계에 가져다 준 문제를 가장 잘 인식하고 있는 사람이었다.

디아스포라 사회에서 바리새인이 되는 일은 가능하였다. 하지만 이 운동의 중심지는 유대였다. 이 사실은 바울이 어디에서 출생하고 교육받았는지를 문제 삼는다. 바울이 어릴 때 예루살렘에 와서 전문적인 서기관 훈련을 받았는가? 바울은 사도행전 22:3에서 그렇다고 분명히 말한다.

나는 유대인으로 길리기아 다소에서 났고 이 성에서 자라 가말리엘의 문하에서 우리 조상들의 율법의 엄한 교훈을 받았고

일부 학자들은 갈라디아서 1:22-23이 여기에 반대된다고 생각한다.

유대에 그리스도 안에 있는 교회들이 나를 얼굴로 알지 못하고 다만 우리를 핍박

하던 자가 전에 잔해하던 그 믿음을 지금 전한다 함을 듣고

하지만 유대는 대단히 넓고 그 인구가 많아서 아무리 악명이 높다 하더라도 과거 바리새파 학도이자 핍박자였던 한 사람을 작은 메시아 공동체들이 얼굴로 보고 안다는 것은 가능하지 않은 일이다. 만약 우리가 모든 증거들을 진지하게 받아들인다면, 즉 바울의 배경에 관해서 사도행전과 서신서들이 일치한다는 점, 사도행전 22:3에서 누가가 전문적인 전기문의 용어를 사용하였다는 점, 그 도시에 바울의 친척이 있었다는 점(행 23:16), 디아스포라 사회보다는 예루살렘이 서기관 훈련을 받을 가능성이 훨씬 높았다는 점, 바울이 자신의 편지에서 이러한 서기관의 전문 용어를 알고 사용하였다는 점 등을 진지하게 받아들인다면 바울은 어려서 예루살렘에 와 토라를 연구하는 교육을 받았고 거기에서 일탈적인 메시아 종파를 처음 만나 핍박하였다는 사실을 알 수 있을 것이다.

일반적으로 사람들은 바울이 자라고 교육 받은 장소를 중요하게 생각하는데, 그 이유는 그 장소가 그의 사상에 미친 문화적 영향의 상대적인 힘을 결정한다고 여기기 때문이다. 묵시적 혹은 랍비적인 범주에서 바울을 이해하는 사람들은 바울의 뿌리를 팔레스타인에 두려고 하고, 반면 바울을 헬라 철학(스토아학파, 견유학파, 에피쿠로스학파)이나 종교(신비 종교들)의 입장에서 해석하고 헬라주의자 가운데 헬라주의자로 보는 사람들은 다소와의 연관을 활용한다. 하지만 우리가 지금까지 살펴 본 바에 의하면 1세기 당시에는 지리적 세계와 상징적 세계가 정확하게 맞아 떨어지지 않는다는 것이다(앞의 36-37, 96페이지를 보라). 필로의 경우와 마찬가지로 바울의 경우에서도 우리는 한 사상가가 디아스포라 공동체의 다양한 형태의 필요에 대응하여 복합적인 상징 세계의 창조적인 재구성 과정을 볼 수 있다. 상징 세계의 어느 한 면을 가지고 바울을 완전하게 설명할 수는 없다. 바울은 독창성을 가지고 그 세계의 여러 가지 요소들을 재배열하였다. 이 과정에서 가장 중요한 요소는 바울을 모든 직접 목격자들 사이에서 구별되게 하는 개인의 종교적 체험, 즉 바울은 교회의 핍박자이었는데 부활하신 주님의 부르심을 받고 사도가 되었다는 점이다. 이런 점에서 바울은 하나의 종교적 체험이 상징 세계를 어떻게 재구성하는지 보여주는 전형적인 예인 것이다.

바울의 교회 핍박은 바울 서신과 사도행전 모두에 잘 나타나 있다. "너희가 들었거니와 하나님의 교회를 심히 핍박하여 잔해하고"(갈 1:13, 빌 3:6과 비

교). 바울은 20년이 지난 후에도 자신의 부르심을 여전히 감격스러워 하고 있었다. "나는 사도 중에 지극히 작은 자라 내가 하나님의 교회를 핍박하였으므로 사도라 칭함을 받기에 감당치 못할 자로라"(고전 15:9). 바울은 예수님을 섬기는 일에 부르심을 받을 때 보여주신 하나님의 자비와 첫째 가는 죄인이었던 자신의 과거 행위를 비교하면서 "내가 전에는 훼방자요 핍박자요 포행자이었으나 도리어 긍휼을 입은 것은 내가 믿지 아니할 때에 알지 못하고 행하였음이라"(딤전 1:13) 라고 한다. 사도행전을 보면 바울은 스데반을 돌로 쳐 죽일 때 공모하였고(7:58), 예루살렘에서 그리스도인들을 핍박하였고(8:3), 예수님을 만났을 때도 "그도" 핍박하는 일을 계속하기 위해 다메석으로 가는 도중이었다.

바울이 메시아 종파를 근절하려고 하였던 그 이유가 무엇인가? 이 문제를 해결하는 가장 좋은 단서는 자신이 율법에 열심을 가진 사람이었다는 바울의 자기 판단과 그 후 토라의 우월성을 반대하는 바울의 논증이다(특히 갈 3:10-4:10, 5:1-4을 보라). 토라의 기준으로 볼 때 예수님은 죄인이었고 하나님에게서 저주를 받은 사람이므로(신 21:23을 보라) 의인일 수 없으며 메시아는 더욱 아니다. 만약 하나님이 정말 예수님을 통해서 일하셨다면 바리새주의의 모든 상징 체계가 위험을 받게 된다. 즉 토라가 의의 궁극적인 기준이 될 수 없는 것이다. 바울의 메시아 신학에서 이것/아니면 저것의 구도가 일관성있게 적용되었고 예외는 단 한 차례 뿐이었다. 만약 예수님이 메시아이자 하나님의 아들이시라면 토라는 의를 위한 하나님의 활동에 대한 궁극적인 기준으로 생각할 수 없다. 예수님이 그 기준에 맞지 않는다. 바울의 경우 그의 부르심 이전이나 이후 이 범주는 그대로 유지되었고 단지 그 가치가 전도되었을 뿐이다. 바울 신학은 아주 변증법적이란 사실과 그때와 지금 사이의 습관적인 비교는 놀라운 일이 아니다. 이것이 바로 그의 삶이었던 것이다.

바울을 핍박자에서 사도로 바꾸어 놓은 이 체험은 선지자적 소명이자 예수님과의 직접적인 만남이었다. 갈라디아서 1:15에 따르면,

> 그러나 내 어머니의 태로부터 나를 택정하시고 은혜로 나를 부르신 이가 그 아들을 이방에 전하기 위하여 그를 내 속에〔혹은 나에게〕 나타내시기를 기뻐하실 때에"

라고 한다. 바울은 자신의 부르심이 사람에게서 나오지 않았고 예수님에게서 직접 나온 것이라고 강조한다. "오직 예수 그리스도의〔혹은 그리스도로부터 온〕 계

시로 말미암은 것이라"(갈 1:12). 형식상 이 체험은 부활하신 주님의 나타나심이었다. "맨 나중에 만삭되지 못하여 난 자 같은 내게도 보이셨느니라"(고전 15:8). "내가 자유자가 아니냐 사도가 아니냐 예수 우리 주를 보지 못하였느냐"(고전 9:1, 고후 12:1 - 3과 비교). 이 체험은 고린도후서 4:6의 놀라운 내용의 배경이 된다고 보아도 될 것이다.

> 어두운데서 빛이 비취리라 하시던 그 하나님께서 예수 그리스도의 얼굴에 있는 하나님의 영광을 아는 빛을 우리 마음에 비취셨느니라

바울의 소명에 관한 사도행전의 기사도 예수님과의 개인적인 만남을 강조하고 있다. 여기에 보면 바울의 소명은 논리적인 추론의 결과가 아니라 전혀 예상치 못하였고 부딪혀 박살이 난 그런 만남이었다. 이 사건은 문자 그대로 선 걸음에 바울의 방향을 바꾸어 놓았다. 부활하신 예수님과 바울이 핍박하는 공동체가 동일한 몸임이 분명해졌다. 사도행전과 서신들은 이 체험을 회심으로 보기보다 이방인을 위한 사도가 되라는 명령으로 이어지는 부활 체험으로 보고 있다(행 9:15, 22:21, 26:23, 갈 1:15). 바리새인 바울에게 있어서 이 특수한 임무를 부여 받는 일이 자신의 생애 가운데 있은 역설 가운데 가장 작은 것은 아니었을 것이다. 하지만 그는 이 임무를 기쁜 마음으로 인정하고 이 임무를 수행하느라 온 생애를 다 바쳤다(롬 1:5, 11:13, 15:16, 엡 3:1, 딤전 2:7, 딤후 4:17을 보라).

이 체험이 바울에게 미친 영향은 자명하다. 바울은 이 체험으로 인해 예수님을 메시아로 선포하는 선교 여행을 떠났다. 뿐만 아니라 이 체험은 그 선포 내용에 대한 바울의 해석에도 간접적인 영향을 미쳤다. 바울의 출발점은 예수님의 행위나 말씀에 대한 기억이 아니라 부활하신 주님의 변화시키시는 체험이었다. "비록 우리가 그리스도도 육체대로 알았으나 이제부터는 이같이 알지 아니하노라"(고후 5:16). 바울에게 있어서 예수님은 과거 메시아 공동체의 설립자 정도가 아니라 그 공동체의 생명과 능력의 현재적인 근원이었다(고후 3:17 - 18).

> 주는 영이시니 주의 영이 계신 곳에는 자유함이 있느니라 우리가 다 수건을 벗은 얼굴로 거울을 보는 것같이 주의 영광을 보매 저와 같은 형상으로 화하여 영광으로 영광에 이르니 곧 주의 영으로 말미암음이니라

주님은 공동체의 생명의 힘이시므로 공동체는 메시아의 "몸"(고전 12:12-27, 엡 4:12-16), "만물 안에서 만물을 충만케 하시는 자의 충만"(엡 1:23)인 것이다. 공동체는 또 성령의 현존하심으로 성결케 된 "하나님의 성전"이다(고전 3:16, 고후 6:16, 엡 2:21).

바울은 거짓 메시아를 대적하는 자리에서 부활하신 주님을 신앙하는 자리로 한 순간에 그 입장이 바뀌어졌으므로 그의 사상을 지배한 것은 시대가 바뀌었다는 생각이었다. 바울의 동료들이 기대하던 일이 부활하신 예수님 안에서 성취되었다. 하지만 그 성취의 정도는 예상할 수 있었던 것보다 훨씬 심오하고 역설적이었다. 예수님은 이스라엘 안에서만 의와 메시아 통치의 시대를 시작하신 것이 아니었다. 하나님은 예수님의 부활을 통하여 인류와 세상 자체를 새롭게 하시는 일을 시작하셨는데, 예수님이 죽은 자의 첫열매와 새로운 아담이 되셨다. "그런즉 누구든지 그리스도 안에 있으면 새로운 피조물이라 이전 것은 지나갔으니 보라 새 것이 되었도다"(고후 5:17. 고전 15:47-50, 롬 5:12-21, 엡 1:9-10, 골 3:10-11과 비교). 그리고 바울은 과거 토라에 열성적인 바리새인이었으므로 무엇보다 먼저 십자가에 달리고 저주받은 메시아를 주님으로 믿는 믿음과, "거룩하며 의로우며 선한" 토라의 말씀(롬 7:12) 사이의 인식의 불일치를 해결해야 했다.

바울의 사역

바울의 사역을 재구성하는데 필요한 자료가 지니고 있는 난제들은 이미 앞에서 언급하였다(9장을 보라). 이 자료들의 편견을 고려한다 하더라도 이 자료들은 우리가 알고 싶어하는 내용의 대부분을 우리에게 말해줄 수 없는 상태에 있다. 사도행전이나 서신서들 모두 바울이 바나바와 협력을 시작하기 이전 그 중요한 시간에 대해서 별로 말하지 않는다. 또한 바울이 실제로 공동체를 설립한 방식에 관해서도 전혀 도움이 되지 않는다. 사도행전은 선포의 형태와 유대인에게서 이방인에게로 방향을 바꾸는 일에만 관심을 두고 있으며, 서신은 이미 안정되어 있는 공동체를 대상으로 한 것이다. 우리는 바울이 새로운 장소에서 이 운동을 일으키기 위해 내딛은 첫 걸음이 무엇이었는지 알지 못한다. 사도행전의 말처럼 바울은 언제나 회당에서 시작하였는가 아니면 이것이 사도행전의 변증적 이

해관계가 반영된 결과인가? 바울은 "첫째는 유대인이요 그 다음에 이방인"이라는 선교관을 어느 정도 유지하고 있었다(롬 1:16, 11:11-12). 하지만 이것이 바울의 사역의 결과로 나타난 것인지 아니면 사역에 영향을 미쳤는지 알 수 없다.

하지만 이 자료들은 바울 선교의 상당히 중요한 형태에 관해서 일치하고 있다. 바울의 선교는 거의 전적으로 도시 선교였다. 바울은 해당 지역의 가장 중요한 도시를 활동 기지로 활용하면서 그 도시의 교회들에게서 복음화 사업을 위한 경제적 지원도 받는 경향을 띠었다. 사도행전은 오론테스 강 유역의 안디옥이 최초로 서양으로 진출하는 바울의 모험의 지원자가 되었다고 말한다(13:1-3). 서신에서 보면 바울의 유럽 최초의 공동체인 빌립보가 바울을 지원하는 일에 적극적이었으며(빌 4:15-16, 고후 11:8-9), 로마 교회도 마찬가지로 자신의 스페인 선교에 헌신적인 후원자가 되기를 기대하고 있었음을(롬 1:13, 15:28-16:2) 알 수 있다. 바울은 스스로 일을 해서 자신을 후원하였지만, 선교를 위해서는 상당한 지원이 필요하였다. 여비와 숙박비, 특히 동료들의 경비도 상당히 컸다.

자료를 보면 또 바울은 혼자서 일한 것이 아니고 팀의 장으로 일했다. 사도행전은 바울 선교의 중요한 협력자들의 이름을 나열하고 있는데, 바나바(13:2), 요한 마가(13:5, 15:37), 실라(15:40), 디모데(16:3), 브리스길라와 아굴라(18:2-4), 아볼로(18:24-28), 에라스도(19:22), 소바도, 아리스다고, 세군도, 가이오, 두기고, 드로비모(20:4) 등 14명이다. 바울도 자신의 편지에서 협력자들과 동역자들에 관해 자주 언급하였다. 바울은 한번도 만난 적이 없는 로마 교회에도 26명에게 이름을 거명하면서 안부를 전하고—이들 가운데 10명을 복음을 위한 일꾼이라고 한다—또 자신과 함께 한 9명의 인사를 전한다(롬 16:1-23). 고린도 회중들은 그 지역의 사역자들은 물론(고전 16:15-17, 고후 8:23), 게바(고전 1:12, 9:5), 아볼로(고전 3:6, 16:12), 바나바(고전 9:6), 소스데네(고전 1:1), 디모데(고전 16:10), 아굴라와 브리스길라(고전 16:19), 디도(고후 8:16)에 대한 바울의 언급을 이해할 수 있었고, 빌립보 사람들은 유오디아, 순두게, 글레멘드, 에바브로디도 같은 동역자들을 알고 있었다(빌4:2-3, 18). 골로새에서는 에바브라(골 1:7), 누가와 데마(골 4:14), 두기고와 오네시모(골 4:7-9), 아리스다고(골 4:10), 님바(골 4:15), 아킵보(골 4:17)를 볼 수 있고, 디모데후서는 오네시브로(1:16)와 그리스게(4:10)를 추가하고 또 디도서는 아데마와 세나(딛 3:12-13)를 알려 준다. 이 명단에는, 이 둘 사이의 차이를 정확하게 구별할 수 있는 것은 아니지만, 선교지 파견자만 포함되어 있고 그 지역의 지도자들은 들어있지 않다. 따라서 이 명단은 개략적인 것이며, 이 자료의 개략적인 특성으로 볼 때 특별한 목적이 없는 수수한 것으로 생각해야 할 것이다. 이렇게 볼 때 바울의 선교 사역에는 남녀를 포함해서 적어도 40여명의 사람들이 포함되었다.

이 동역자들을 움직이고 협력하게 하기 위해서는 상당한 노력과 조직이 필요하였을 것이 분명하다. 교회를 위한 매일의 염려가 바울의 고난의 목록에 들어가 있는데 이것은 괜한 일이 아니다(고후 11:28). 이 복잡한 연락 조직에서 추론할 수 있는 내용은 바울이 모든 일을 직접할 수 없었다는 점이다. 어떤 일에는 사람을 파송하는 것이 필요하였다. 우리는 바울의 편지에서 바울이 자신이 직접 그곳을 방문할 수 없을 때 중요하고 까다로운 사역을 위해 사람들을 파송하는 방법을 얼마나 자주 활용하였는지 볼 수 있다(살전 3:2, 고전 4:17, 고후 8:23, 엡 6:21, 빌 2:19, 골 4:7-8, 딤전 1:3, 딛 1:5). 바울의 편지는 직접 방문하는 대신으로 사용한 관계유지의 방법이었다.

바울의 선교 사역의 정확한 시간표를 확정하는 일은 불가능하다. 하지만 사도행전과 서신서에서 우리는 몇 개의 서신을 사도행전 기사 가운데 납득할 만한 자리에 집어넣을 수 있을 만큼 충분한 자료를 얻을 수 있다. 바울은 50년 겨울에서 52년 봄까지 고린도에 머물렀던 사실과 그때를 전후한 기간 동안 바울의 행적에 대한 사도행전의 자세한 기록이 서로 일치함으로 고린도전후서의 기록 연대는 50년과 58년 사이가 될 수 있다. 그렇다면 서신서의 기록 순서는 데살로니가전후서, 고린도전후서, 로마서가 타당할 것이다. 하지만 이 서신의 수는 13개 가운데 5개에 불과하다. 감금 상태에서 보낸 편지는 가이사랴의 구금 상태나(행 24:27) 로마 감옥(행 28:30), 혹은 그 이전 사도행전이 언급하지 않는 다른 감금 상태에서 썼을 가능성이 있다. 따라서 빌레몬서, 골로새서, 에베소서, 빌립보서, 디모데후서의 정확한 연대와 그 순서를 정하는 것은 불가능하다. 나머지 세 편지, 디모데전서, 디도서, 갈라디아서는 바울의 활발한 사역을 전제로 하지만 이 편지들을 사도행전 뼈대에 위치를 정할 만큼 주변 여건에 대한 정보가 충분하지 않다. 주어진 내용을 가지고 추측은 가능하다. 하지만 그것들은 추측일 뿐이다. 요컨대 바울 서신의 대부분은 우리가 알고 있는 바울의 여생에 비추어 정확한 위치를 찾는 일이 불가능하다는 것이다.

그러므로 현재 남아 있는 바울의 편지 전집에서 바울 사상의 발전을 정확하게 추적할 증거가 충분치 못하다. 여기에는 두 가지 이유가 있다. 첫째 이유는 우리가 가지고 있는 바울의 첫번째 편지가 선교 사역을 시작한지 10여년의 세월이 지난 이후의 것이라는 점이다. 모든 가능성을 비추어 볼 때 이때는 이미 바울의 기본 사상이 잘 정립된 이후이다. 둘째 이유는 앞에서 언급한 8년의 기간에 들어가는 편지들을 제외하면 나머지 편지의 연대를 우리가 지정할 수 없다는 점이다. 사상이나 입장에서 발전이나 변화가 있었을 수도 있을 것이다. 다른 사람의 편지에 보면 고령과 투옥 생활, 낙심 등의 흔적이 남아 있다. 하지만 우리가 가진 증거는 확실하게 이런 결론을 내릴 수 있을 만큼 충분하지 못하다. 앞으로 우리가 살펴 보겠지만 개인적인 발전은 물론 바울의 편지 작성 과정에 중요한 것은 다른 요인들이었다.

바울은 현재 우리가 가지고 있는 최초의 편지를 작성하기 이전에 이미 수년을 사역하고 있었다. 따라서 바울은 자신과 다른 교회들의 공동체, 다시 말해서 팔레스타인과 디아스포라 교회들의 공동체 전통들을 접할 수 있었을 것이다. 광범위하고 복합적인 선교 사역의 지도자로서 바울은 아주 카리스마적이며 특이한 성격을 가질 수도, 그런 모습을 보일 수도 없었을 것이다. 질서와 평화가 깨어지면 위험한 상황에 처할 것이기 때문에 바울에게 있어서 교회들의 여러 가지 관습과 전통들은 중요하였다. 순발력과 조직을 선택해야 하는 경우가 놀라울 정도로 많이 있었지만 그때마다 바울은 조직을 택하였다(예를 들어 고전 5:1-5, 7:17, 11:16, 14:33-36, 고후 6:14-7:1, 갈 6:7-10, 딛 1:3).

바울 서신 왕래

신약 정경에서 바울의 편지는 로마서에서 빌레몬서까지 길이 순으로 배열되어 있다. 바울의 편지를 분류하는데는 서너가지의 전통적인 범주가 사용된다. 여행 편지는 바울의 활발한 사역 기간 중에 기록된 것으로 데살로니가전후서, 고린도전후서, 갈라디아서, 로마서가 포함되며, 디모데전서와 디도서도 이 범주에 맞는다. 포로 편지는 감옥에서 기록된 것인데, 빌립보서, 빌레몬서, 골로새서, 에베소서, 디모데후서이다. 디모데전후서와 디도서는 일반적으로 목회적 편지라 부르며, 대리자 편지라는 명칭이 좀더 나을 것이다. 또 로마서와 고린도전후서,

갈라디아서에 위대한 편지들이라는 말을 쓰기도 하는데, 이 말은 주로 자유와 이신칭의에 대한 바울의 가르침을 바울 신학의 핵심이라고 생각하는 사람들이 사용한다. 하지만 이것은 분명히 판단이 실린 명칭이다.

바울 서신 왕래는 편지 쓰는 기술을(epistulae) 높이 평가하는 동시에 크게 개발하던 문화적 상황에서 진행되었다. 철학자들과 관리들과 시인들은 다함께 서신을 도덕적, 미학적 덕목을 설명하는 문학적 도구로 사용하였다(호라티우스, 세네카, 키케로를 참조). 이러한 서신들은 아주 문학적이며 해당 수신자뿐 아니라 다른 독자들을 목표로 하는 경우가 자주 있다. 어떤 경우에는 후손들을 수신자로 생각하기도 한다. 편지를 사용하는 사람들은 식자들뿐 아니다. 고고학자들은 헬라 시대 이후 파피루스나 심지어는 토판에까지 낙서처럼 흘려 써놓은 편지들—장사와 개인적인 일을 다루는 순수한 편지를 수천장 발굴해 놓았다. 저자들 사이에 사회학적인 차이를 가정해 두고서 문학적인 서신과 비문학적인 편지를 좀더 엄격하게 구분해 볼 때, 지금까지 많은 사람들은 바울의 서한을 단순한 편지 모음으로 간주한다. 결론적으로 말한다면 바울 서한의 문학적 특질이 오랫동안 무시되어 왔다는 의미이다. 바울 서한을 편지로 분류한다는 사실은 또한 최초의 그리스도인들이 사회적으로 낮은 지위를 가지고 있었음을 확인해 주는 것이다.

서신과 편지의 구별은 유익하지만 지나치게 예민하다. 심지어 평범한 편지들도 나중에 수사학 안내서들에서 상당히 자세하게 묘사된 서신 유형들을 따랐다. 그런 안내서들은 일정한 서간 양식들을 어떻게 써야 하는가에 대한 실례들을 제시한다. 즉 우정의 서신, 교훈의 서신 등 각 서신은 그 나름대로의 관례들과 양식화된 표현들을 갖고 있었다.

그리스 문화의 통신 문서에 있어 기능의 선택은 문학과 생활 간의 차이처럼 엄격하게 제한된 것이 아니었다. 아마도 유일하게 보편적인 기능은 부재하는 사람인가 현재 있는 사람인가를 나타내는 기능이었을 것이다. 즉 실재적인 의미로, 서신은 보내는 사람의 존재를 전하는 것으로 생각되었다. 에피쿠로스 공동체와 유대 공동체는 서신을 교육과 전도 두 가지 목적 모두를 위해 사용했다. 그리스도인들은 공동체들 간에 추천의 서신들을 쓰는 관습을 디아스포라 유대인들에게서 물려받았다(고후 3:1). 이런 서신의 예들아 신약성경에 남아있다(로마서 16장, 빌레몬, 요한삼서를 보라).

바울의 서신들은 매우 다양한 것이 특징이다. 빌레몬서는 본질적으로 개인적인 단신이다. 그리고 디모데전후서와 디도서는 현장에 있는 대리자들에게 보내는 개인적인 서신들이다. 대조적으로 에베소서는 가장 대중적인 성경의 서신이다. 즉 회람 서신인 것이다. 골로새서와 로마서는 바울이 직접 알지 못하는 다른 사람들이 세운 교회에 보내는 편지이다. 이와 대조적으로 빌립보서는 바울이 가장 친애하고 친밀한 교회에 보내는 우정의 서신이다. 그리고 갈라디아서는 책망과 논쟁의 서신이다. 아마 데살로니가전후서와 고린도전후서는 그 내용과 형태가 무엇보다 수신자들의 당면한 요구들에 의해 결정되는 진정한 목회 서신에 가장 가까운 서신들일 것이다.

이런 다양성에도 불구하고, 바울 서신들은 몇 가지 공통적인 특징들을 갖고 있다. 그리고 모두 어느 정도 특별한 경우에 대한 것들이다. 바울의 서신들은 출판을 위해 또는 후대를 위해 쓰여진 것이 아니라 당시의 수신자들을 위해 쓰여진 것이다. 이런 의미에 있어 바울의 편지들은 진정한 서신들이다. 그렇지만 그 모든 서신들은 가장 짧은 것이라도 문학적인 예술성이 결여되어 있지 않다. 바울의 모든 서신들은 그 구성에 있어 배려를 나타내고 있는 것이다. 또한 바울의 서신들은 공적인 특성을 갖고 있다. 그는 절대로 단순히 한 친구나 동료로 서신을 쓰는 것이 아니라 사도 바울로 서신을 쓰고 있다. 더욱이 아마 빌레몬서와 목회 서신들은 예외일지 모르지만, 그의 모든 서신들은 공동체에서 낭독될 것을 의도하고 있으며(살전 5,27, 살후 2:2, 15를 보라), 공동체들 간에 서로 주고받을 것도 의도하고 있다(골 4:16). 마지막으로 바울은 취미나 기분 전환으로 편지를 쓰는 것이 아니라 필요하다는 의식에 의해, 그리고 자신이 직접 어떤 문제를 보살필 수 없었기 때문에 편지를 썼다. 그러므로 우리는 한 편지의 특별한 필요성을 재발견하면 할수록 편지를 쓰고 있는 바울의 목적을 이해하는데 더 많은 도움을 받게 되는 것이다. 그러나 이 말은 어떤 편지의 의미를 항상 그러한 목적으로 간단하게 정리할 수 있다고 하는 것은 아니다.

서간의 구조

그리스 문화의 서신은 단순한 구조를 갖고 있다. 수신자의 이름은 대개 파피루스 두루마리 외부에 기록되었다. 그리고 문안으로 서신이 시작된다. 그 통상적인 형태는 "A가 B에게 문안합니다(카이레인, chairein)"라고 하는 것이었다 (마카베오1서 10:25, 11:30, 12:6, 행 15:23, 23:26을 보라). 그리고 편지의 본문이 이어지고, 대개 건강 또는 행운의 기원으로 이루어지는 짧은 끝인사가 이 어졌다.

바울의 서신들도 이 기본적인 구조를 따르지만, 각각의 요소들은 특징적으로 전개되고 있다.

1. 예를 들어 문안에서 바울은 통속적인 chairein을 charis(카리스), "은혜"로 바꾸고 통상적인 유대인의 문안 eirēnē(에이레네) "평강"을 추가한다. 결국 그의 서신은 문안뿐만이 아니라 기도로 시작하는 것이다. 또한 바울은 때때로 이 세 가지 기본적인 문안의 요소들 중 어떤 한 가지를 확대하여 발신자에 대한 더 자세한 정보(롬 1:1-6, 갈 1:1-2, 딤전 1:1, 딤후 1:1, 딛 1:1-3), 또는 수신자에 대한 더 자세한 정보(고전 1:2, 고후 1:1, 몬 2), 또는 수신자들에 대한 자신의 바람을 더 자세하게 나타내기도 한다(갈 1:3-5). 이러한 확대들은 그 서신의 그 후 전개에 대한 실마리를 제공한다

2. 바울은 문안에 이어 기도를 한다. 보통 그는 로마서 1:8, 고린도전서 1:4, 빌립보서 1:3, 골로새서 1:3, 데살로니가전서 1:2, 데살로니가후서 1:3, 디모데전서 1:12, 디모데후서 1:3, 빌레몬서 4에서와 같이 공식적인 감사의 문구("내가 감사한다," 유카리스토)를 사용한다. 그리고 두 번 그는 통상적인 유대인의 축복 문구("하나님을 찬송하리로다," 율로게토스 호 데오스, eulog tos ho theos)를 사용한다(고후 1:3과 엡 1:3). 그리고 두 서신에서(갈 1:6, 딛 1:5), 바울은 기도를 빠뜨리는데, 그에 대한 교체는 매우 인상적이다. 종종 이 기도는 뒤에 서신의 본문에서 전개될 주제들을 예상시킨다. 따라서 이 기도는 기도만이 아니라 교훈과 설득으로서의 기능도 한다. 기도의 길이는 상당히 다양하고 때로는 그 위치에도 차이가 있다. 즉 데살로니가전서의 기도는 처음 세 개의 장들 중 많은 부분을 차지하고 있는데 반해, 데살로니가후서의 기도는 두 개의 형식적인 감사로 이루어지며(1:3-4, 2:13-17), 디모데전서에서, 이 기도는 예비적인 간곡한 권고에 이어지고 있다.

3. 서신의 본문에서, 바울은 그 공동체의 특별한 어려움들을 말하거나 또는 자신의 논증을 전개하기 시작한다. 본문은 "내가 너(희)를 권(면)하노니"(고전 1:10, 살전 4:1, 딤전 1:3, 2:1, 몬 9), "우리가 너희에게 구하는 것은"(살후

2:1), "너희가 알지 못하기를 원치 아니하노니"(고후 1:8), 그리고 "이를 인하여," "그러므로"(엡 1:15, 골 1:9, 딤후 1:6, 딛 1:5) 등을 포함하는 다양한 변환 문구들 중 하나로 도입된다. 유사한 문구들이 자주 편지 본문 내에서 새로운 주제들을 도입하거나 새로운 변환을 구분하여 사용된다(예를 들어 고전 7:1, 8:1, 10:1, 12:1, 15:1, 16:1을 보라).

4. 바울 서신의 본문은 알아챌 수 없을 만큼 서서히 마지막 문안과 작별 인사로 나아간다. 이 마지막 문안은 종종 상당히 길어지는데, 이것은 선교의 복잡하고 공동체적인 본질을 우리에게 보여주는 것이다. 바울의 서신들은 특징적으로 매우 다양하게 독자들에게 하나님의 평안이 있기를 바라는 기도 문구로 종결된다(롬 15:33, 16:25-27, 고전 16:23-24, 고후 13:14, 갈 6,18, 엡 6:23-24, 빌 4:23, 골 4:18, 살전 5:28, 살후 3:18, 딤전 6,21, 딤후 4:22, 딛 3:15, 몬 25를 보라). 이 기본적인 구조 내에, 바울의 서신은 해석에 있어 중요한 많은 다양한 형태들을 포함하고 있다.

구성의 요소들

바울의 서신들은 그 구성의 복잡성으로 인하여 단순하게 직접적인 감정의 표현이 될 수 없다. 그 서신들이 바울의 권위와 지시 하에 쓰여졌다는 넓은 의미에 있어, 바울이 그의 모든 서신들의 "저자"이다. 그러나 바울이 이 기록에 어떻게 직적접인 역할을 담당했는가를 판단하기란 때때로 쉽지 않다. 이에 대한 몇 가지 고려할 사항들이 있다.

양피지나 파피루스에 글을 쓰는 일은 불편하고 육체적으로 지루한 일이었기 때문에, 특별히 바울의 서신들과 같이 긴 서신들의 경우에 있어서는, 글을 쓰는 일이 종종 숙련된 서기(아마누엔시스, amanuensis)에게 맡겨졌다. 예를 들어 키케로(Cicero)는 자주 아티쿠스(Atticus)에게 구술을 하여 쓰게 했다(예를 들어 VII. 13a, VIII. 13, X. 3a, XI. 24, XIII.25를 보라). 우리는 바울이 적어도 그의 서신들 중 일부를 쓰는데 서기를 사용했다는 것을 알고 있다. 이 필기자는 로마서에 분명히 나타난다: "이 편지를 대서하는 나 더디오도 주 안에서 너희에게 문안하노라"(롬 16:22). 다른 곳들에서도, 바울은 자신이 직접 문안을 쓰고 있다고 하는데, 이것은 그가 나머지 부분을 구술했다는 것을 나타내는 것이다

(고전 16:21, 골 4:18, 살후 3:17을 보라. 그리고 아마 갈 6:11도 같은 사실을 나타내는 듯하다). 이 점이 왜 중요한가? 이 점이 중요한 이유는 숙련되고 신뢰를 받는 서기들이 때로 서신들의 실제적인 구성에 있어 상당한 자유를 부여받기 때문이다. 주요 주장을 하는 자유가 주어질 때, 서기들은 저자의 생각, 그리고 종종 저자의 문체와 조화하여 자신의 생각을 적절하게 가공하여 정리할 수 있었다. 우리는 바울의 서신에도 이런 일이 있었다는 직접적인 증거를 갖고 있지 않다. 하지만 바울 자료들 중에 나타나는 매우 다양한 문체들은 적어도 그 가능성을 진지하게 생각해 보지 않을 수 없게 한다.

바울의 서신들 중 상당수가 공동 서신이다. 바울은 자신의 이름으로만 서신들을 쓴 것이 아니라 디모데(고후 1:1, 빌 1:1, 골 1:1, 몬 1:1), 실라와 디모데(살전 1:1, 살후 1:1), 소스데네(고전 1:1), 그리고 그와 함께 있는 형제들(갈 1:1)의 이름으로도 편지를 썼다. 로마서, 에베소서, 그리고 그의 대리자들인 디모데와 디도에게 보낸 세 편의 편지들만은 바울 혼자의 이름으로 보내어졌다. 이 사실을 얼마나 중대하게 받아들여야 할까? 공동 발신자는 단지 전자의 문제였을까? 아니면 후자의 사상과 문체에 기여를 했을까?

우리가 바울의 서신들에 나오는 일부 구절들에 의해 추정되는 사회적 배경을 고려할 때, 이 의문은 더욱 민감해진다. 오랫동안 학자들은 바울 서신들 중 일부에서, 특히 로마서와 고린도서에서 구두적인 비평 연설(diatribe)형식을 인지해왔다. 이 형식은 독자들에게 직접적으로 설교를 하고, 돈호법(apostrophe)과 수사 의문들을 자주 사용하고, 예증을 위해 상투적인 예들을 사용하고, 권위자들의 기록들을 인용하고, 미덕과 악덕의 열거, 가족의 책임들의 목록, 반대자들에 대한 논증법과 같은 전형적인 도덕적 상투어들을 사용하는 고도의 문답체이다. 최근에 이르기까지 이 형식은 대중 설교와 관련되었다. 보다 최근의 연구는 이 형식의 주된 사회적 배경이 교실이라는 사실을 밝혀 냈다. 즉 비평 연설(diatribe)은 무엇보다 교육의 한 형식이라는 것이다. 따라서 바울 서신들에 나타나는 비평 연설의 요소들은 교사와 학생 간의 생생한 문답 교환들의 문자적 변형이다. 비평 연설은 공동체의 연구 활동에서 나온 것이다. 바울은—다른 철학자들이 그러했던 것처럼—작업을 하면서도, 디모데와 실라와 소스데네와 함께 이런 교육에 몰두할 수 있었을 것이다.

바울 서신들의 또 다른 부분들에는 성경의 본문들이 때로 고도로 전문적인 논증 가운데 설명되는 정교한 미드라쉬(midrash, 구약성경 주해)들을 담고 있다(특별히 갈 3-4장, 롬 9-11장, 엡 2장을 보라). 여기에서도 역시 바울이 교육을 받은 바리새 전통에 있어 미드라쉬는 절대로 개인적인 활동이 아니라 공동체의 활동이었다. 미드라쉬는 교사와 학생이 모세 오경의 본문에 대해 함께 연구하는 활동이었다. 따라서 바울 서신의 이런 부분들에서 바울과 그의 동역자들이 함께 미드라쉬 연구를 하던 기성 형식들을 발견할 수 있는 강력한 가능성이 있다. 문학적인 형태와 그들에게 익숙했던 사회적 배경이 이 가능성을 함께 시사한다. 이것이 과연 추론에 불과할까? 바울 "학파"는 그의 생애 동안에 그의 서신들이 제작되는 중에 이미 활동하고 있었던 것이다. 그러므로 비록 바울이 그의 이름을 갖고 있는 각각의 서신들에 권위를 부여했지만, 그 서신들의 궁극적인 구성에 많은 손들과 생각들이 기여했다는 사실은 매우 있음직한 생각이다. 바울 서신들의 사회적 배경은 그의 사역만큼이나 복잡하다.

더욱이 바울 서신들의 구성은 많은 전통적 자료들의 사용을 포함하고 있다. 일종의 문학적 관성에 의해, 이 자료들은 문맥들의 문체와 어휘에 영향을 끼친다. 그의 서신들 중 일부에서(예를 들어 로마서 1장과 고린도전후서, 갈라디아서), 바울은 명백하게 모세 오경의 인용들을 광범위하게 사용한다. 반면에 에베소서, 빌립보서, 골로새서, 데살로니가전후서, 디모데전후서, 디도서, 그리고 빌레몬서에서는, 모세 오경을 거의 사용하지 않는다. 또한 바울은 신앙고백 문구들(롬 10:9, 고전 12:3), 복음 선포적인 진술들(고전 15:3-8, 롬 4:24-25, 살전 1:9-10, 딛 3:4-7), 찬송가(빌 2:6-11, 골 1:15-20, 딤전 3:16, 딤후 2:11-13), 예배 의식의 문구들(엡 5:14, 고전 6:11, 갈 3:28, 4:6), 그리고 예수님의 말씀들도 간혹 사용한다(고전 7:10, 9:14, 11:24-25, 살전 4:15, 딤전 5:18). 이 요소들은 바울이 주석을 하거나 부연을 하기 때문에 이런 요소들이 발견되는 배경에 영향을 끼친다. 또한 이런 요소들은 바울 자신이 그 가운데에서 세례와 교육을 받은 보다 넓은 기독교 운동에 바울의 깊은 연루를 나타내는 것이다. 왜냐하면 공유하는 상징들을 바울도 받아들이고 강화하고 있기 때문이다.

서신의 진정성 문제

18세기 이후부터 바울의 일부 서신들의 진정성이 논란되어 왔다. 사실상 13

개의 서신들 모두가 비평가들에게 진정성을 입증 받지 않으면 안되는 때도 몇 번 있었다. 이 논란들의 결과로, 넓은 합의가 발전되었다. 거의 모든 비평학자들이 일곱 개의 서신들을—로마서, 데살로니가전서, 고린도전후서, 빌레몬서, 갈라디아서, 그리고 빌립보서—바울이 직접 쓴 것으로 받아들인다. 디모데전후서와 디도서를 부인함에 있어서는 거의 전원이 일치하고 있다. 데살로니가후서, 골로새서, 그리고 에베소서에 대해서는 심각한 논란이 간혹 일어나고 있으나, 이 서신들을 바울의 서신으로 받아들이지 않는 것이 세력이 증대하고 있는 명백한 학문적 합의가 있다.

만일 이 서신들 중 몇몇이 바울에 의해 쓰여진 것이 아니라면, 누가 쓴 것일까? 바울 자료에 대한 일치적인 견해는 철저한 인물이었고 적들에게 둘러 쌓여 있던 바울이 논란이 되지 않은 상기의 일곱 편의 서신을 기록했다고 보는 것이다. 그리고 바울의 사후에 때로 바울 학파라고 칭해지는 그의 추종자들이 계속 그의 이름으로 서신들을 썼다는 것이다. 바울의 사망 직후에 바울의 사상을 우주적으로, 또는 신비적으로까지 확대하고 있는 골로새서가 쓰여졌고, 에베소서는 그 후에 아마 골로새서에 근거하여 쓰여졌을 것이라는 생각이다. 그리고 상당히 후에, 아마도 제2세기경에, 보다 보수적인 바울의 숭배자들이 영지주의와 싸우기 위해, 또한 바울에 대한 오해를 제거하기 위해 그의 전통을 데살로니가후서와 목회 서신들에 영속시켰다. 따라서 바울 자료의 거의 절반은 가명의 문헌으로 간주되어야 한다는 것이다. 그 자료들은 바울의 정신으로 기록되었을지 모르지만, 바울의 사역이나 사상을 평가해 볼 때, 바울 서신으로 고려될 수 없고, 주로 이어지는 세대들을 통한 바울 전통의 변환들을 보여주는 가치를 갖고 있다.

서신의 진정성을 결정하는 기준들은 무엇인가? 첫번째 기준은 문체이다. 여기에는 어휘뿐만이 아니라 문장의 길이와 구조까지 포함된다. 그리고 이 기준은 서신의 형태, 논증의 방법들, 그리고 성경 사용의 비중을 포함하는데까지 확대될 수 있다. 두번째 기준은 대체로 신학적인 기준이다. 이 기준은 내용의 일관성에 관심을 둔다. 그리고 대개 이 기준은 율법에 대한 견해, 말세론, 그리고 기독론을 포함하는 확실한 표준적 범주들에 의해 평가된다. 그밖에 내용에서 고려되는 사항들로는 교회관이 있다. 즉 "구조와 권위의 역할은 무엇인가? 교회의 그리스도와의 관계, 그리고 세상과의 관계는 무엇인가?"하는 의문들이 고려된다. 또 다른 하위 범주는 윤리이다. 즉 "봉사에 의해 조절되는 철저한 자유를 규정하는가?

또는 가족의 책임들의 완수를 규정하는가?"하는 질문들이 고려된다. 세번째 기준은 바울의 사역과의 조화이다. 여기에는 "사도행전이나 바울의 다른 서신들의 내용에 이 서신의 구성을 위한 여지가 있는가?"하는 의문이 수반된다.

진정성에 대한 문제의 완전한 논의는 문제가 너무 복잡하여 우리의 현대 당면 요구들에 기여할 수 없다. 그러나 방법론적 비평을 몇 가지 정리해 보도록 하자. 이러한 정리가 특별히 적절한 이유는 내가 이 문제에 있어 일치하는 견해에 동의하지 않으며, 독자들이 그 이유를 마땅히 알아야 하기 때문이다.

위의 기준들 중에서 실제로 "어려운" 것은 마지막 기준뿐이다. 만일 우리에게 실제로 바울의 완전한 일대기가 있고, 어떤 특별한 서신의 기록을 위한 여지가 없었다면, 그 기준은 결정적일 것이다. 그러나 사실상 정확하게 완전한 바울의 일대기가 우리에게 없는 것이다! 우리는 바울의 서신들 대부분을 정확하게 규명할 수 없다. 우리가 갖고 있는 자료들은 갈라디아서에 관련된 사정들에 대해 우리가 알려주는 것이 없고, 또한 디도서의 경우에도 마찬가지이다. 그러나 만일 바울이 갈라디아서를 사도행전에서 그가 남 갈라디아에 세웠다고 말하는 교회들 (참조 행 14:1-21, 16:1-6, 18:23)에 보낸 것이 아니라, 북 갈라디아에 보냈다면, 그로 인해 갈라디아서는 절대로 진정성이 없는 서신으로 간주되지 않는다. 정확히 말해서, 우리의 자료들은 바울의 활동들에 대해 모든 것을 우리에게 말해 주고 있지 않고 단지 약간을 말해 주고 있을 뿐이다. 따라서 다른 기준들은 더 한정적이다.

또한 다른 기준들은 훨씬 더 연약하다. 문체와 내용의 기준은 모두 비정상을 판단하는 규범으로 일관성의 확고한 중심을 전제한다. 그러나 정확하게 그런 중심은 존재하지 않는다! 심지어 일곱 개의 의문을 받지 않은 서신들도 문체와 내용이 매우 다양하다. 만일 데살로니가전서를 목회 서신들과 동일한 기준들로 판단한다면, 역시 비정통한 서신이 될 것이다. 즉 데살로니가전서도 비평적이 (diatribal) 아니며, 성경 인용들이 없고, 죄나 은혜나 믿음이나 의나 모세 오경에 대한 가르침이 없으며, 의혹스러운 비바울적인 인간론을 갖고 있다. 물론 데살로니가전서의 경우에는 바울의 경력 중 한 부분이 사도행전에 의해 강력하게 확증되기 때문에, 문체와 내용의 기준들이 포기된 것이다.

만일 이렇게 의심을 받지 않는 서신들에도 문체와 내용에 있어 현저한 의심스러운 부분이 있다면, 그 기준들은 어떻게 운영되는 것인가? 주로 주관적으로

운영되고 있다. 즉 가정된 표준으로부터 무엇이 인정할 수 있을 만큼 빗나갔는지를 독자의 감각에 호소한다는 말이다. 때로 이 호소의 뒷받침으로 시행되는 통계학적 분석도 전혀 믿을 수 있는 것이 못된다. 왜냐하면 견본이 너무 작아 고대 기록의 유형—즉 양식, 주제, 청중, 그리고 계기—을 결정하는 가장 중요한 요인들을 고려할 수 없기 때문이다.

진정성에 대한 논의는 의심스러운 전제들에 의해 왜곡되어 왔다. 이 논의는 계속 의심받지 않는 서신들 내에 나타나는 구성 과정의 복잡성, 이미 바울의 생존시에 암시된 복잡성, 즉 한 "학파"의 활동을 만족스럽게 정리하지 않으면 안된다. 또한 이 진정성에 대한 논의는 확실한 서신들의 매우 다양한 문체와 주제들을 평가하지 못했다. 예를 들어 세 편의 유사한 문서들인 목회 서신들을 전체 수집으로부터 구별하여 이미 결과를 미리 결정하고 있는 전체 자료와 함께 비교하는 그 활동 자체가 거의 유념되지 않았던 것이다. 이 서신들은 다른 것이다. 만일 이 서신들이 전체 서신들과 비교되지 않고 이미 축소된 정통의 핵심과 비교된다면 그 결과는 훨씬 더 명확하다. 우리는 디모데후서가 전체 자료와 문체에 유의하여 비교되는 것을 거의 보지 못한다. 그보다는 세 편의 목회 서신 전체가 나머지 열 편의 서신과 비교되는 것이 아니라 이미 진정성이 있다고 결정된 일곱 서신들과 비교되는 것을 본다. 마찬가지로 에베소서도 그 문체를 검사하기 위해 나머지 열 두 서신들과 비교되는 일은 거의 없고 이미 진정성이 있다고 결정된 일곱 서신들과 비교된다. 만일 데살로니가전후서를 분리하여 한 집단으로 나머지 모든 자료들과 비교한다면, 역시 문체와 내용에 있어 진정성이 없다는 것이 발견될 것이다.

본서에서는 바울 서신들을 다룸에 있어, 각 서신의 진정성과 관련된 문제들은 간단하게 다룰 것이다. 왜냐하면 우리의 목적은 바울의 경력이나 신학을 재구성하는 것이 아니라, 서신들의 문학적 완전함에 대해 이해하고자 하는 것이기 때문이다. 진정성의 문제는 항상 이차적인 문제로 남을 것이다. 독자는 모든 서신들의 진정성에 대한 나의 긍정적인 경향에 놀랄지 모른다. 그러나 나의 이 경향은 바울 서신들의 문학적인 자기 표현의 설득력, 바울의 경력 중에서 그 서신들의 신뢰할 만한 위치들을 찾을 수 있는 능력, 그리고 바울의 전체 자료가 반드시 바울이 쓴 것은 아니나, 그가 "저자"라고 믿는 확신에 근거한 것이다.

참고문헌

원문들과 비평적 주들을 겸비하고 있는 편리한 정리를 위해서는 W. A. Meeks, ed., *The Writing of St. Paul*(New York: W. W. Norton & Co., 1973)을 보라. 바울 해석의 역사에 대해서는 A. Schweitzer, *Paul and His Interpreter*, trans. W. Montgomery(New York: Macmillan Co., 1912), 그리고 E. E. Ellis, *Paul and His Recent Interpreters*(Grand Rapids: Wm. B. Eerdmans, 1961)를 보라. 바울의 연대기에 대해서는 제9장과 J. Knox, *Chapters in Life of Paul*(Nashville: Abingdon Press, 1950), R. Jewett, *A Chronology of Paul's Life*(Philadelphia: Fortress Press, 1979), 그리고 G. Luedemann, *Paul, Apostle to the Gentiles: Studies in Chronology*, trans. F. S. Jones(Philadelphia: Fortress Press, 1984)를 보라. 사도행전의 관점에서 바울을 보수적으로 다루는 입장은 W. Ramsey, *St. Paul the Traveller and the Roman Citizen*(London: Hodder & Stoughton, 1925), 그리고 J. A. T. Robinson, *Reading the New Testament*(Philadelphia: Westminster Press, 1978)에서 발견된다.

바울의 생애와 사역에 대한 많은 고전적인 이해들 중에 A. Fridrichsen, *The Apostle and His Message*(Uppsala: Almqvist and Wicksell, 1947), A. D. Nock, *St. Paul*(New York: Harper & Row, 1938), A. Deissman, Paul,: *A Study in Social and Religious History*, 2d ed.(New York: Harper & Row, 1927), M. Dibelius and W. G. Kummel, *Paul*, trans. F. Clarke(Philadelphia: Westminster Press, 1953), G. Bornkamm, *Paul*, trans. D. M. G. Stalker(New York: Harper & Row, 1971), J. Munck, *Paul and the Salvation of Mankind*, trans. F. Clarke(Richmond: John Knox Press, 1959), K. Stendahl, *Paul Among Jews and Gentiles*(Philadephia: Fortress Press, 1976), N. A. Dahl, *Studies in Paul*(Minneapolis: Augsburg Pub. House, 1977), 그리고 E. Käsemann, *Perspectives on Paul*, trans. M. Kohl(Philadephia: Fortress Press, 1971)을 보라.

바울이 어릴 때 교육을 받은 장소에 관한 문제에 대해서는 W. C. Van Unnik, *Tarsus or Jerusalem: The City of Paul's Youth*, trans. G. Ogg(London: Epworth Press, 1962)를 보라. 바울의 헬라 문화 배경은 Deissmann, Paul, A. J. Malherbe, "Hellenistic Moralists and the New Testament," in *ANRW*, forthcomings, W. Heitmueller, "Hellenistic Christianity Before Paul," in *The Writing of St. Paul*, ed. Meeks, 308–19, N. W. DeWitte, *St. Paul and Epicurus*(Minneapolis: Univ. of Minn. Press, 1954)에 의해 강조된다. 헬라식 유대교의 영향은 H. J. Schoeps, *Paul : The Theology of the Apostle in the Light of Jewish Religious History*, trans. H. Knight(Philadelphia: Westminster Press, 1961), 그리고 S. Sandmel, *The Genius of Paul: A Study in History*(Philadephia: Fortress Press, 1979 [1958])에 의해 역설된다. 묵시적 범주들의 중요성은 A. Schweitzer, *The Mysticism of Paul the Apostle*(New York: Seabury Press, 1931), 그리고 J. C. Becker, *Paul the Apostle: The Triumph of God in the Life of Thought* (Philadelphia: Fortress Press, 1980)에 의해 개발되었다. 바울의 바리새인 배경은 W. D. Davies, *Paul and Rabbinis Judaism: Some Rabbinic Elememnts in Pauline Theology*, 4th ed.(Philadephia: Fortress Press, 1980 [1948]), 그리고 E. P. Sanders, *Paul and Palestinian Judaism: A Comparison of Patterns of Religion*(Philadephia: Fortress Press, 1977)에 의해 강조된다.

바울의 신학적 견지에 대한 유용한 개략은 H. N. Ridderbos, *Paul: An Outline of His Theology*, trans. S. R. Derrett(Grand Rapids: Wm. B. Eerdmans, 1975), 그리고 J. Fitzmyer, *Pauline Theology: A Brief Sketch*(Englewood Cliffs, N. J.: Prentice–Hall, 1967)에서 발견된다. 바울 신학의 완전한 해설을 위해서는 R. Bultmann, 특별히 *Theology of the New Testament*, vol. 1, trans. K. Grobel(New York: Charles Scribner's Sons, 1951)이 아직까지는 중요한 작품으로 남아 있다.

바울 사역의 사회적 역동성에 대해서는 E. A. Judge, "The Early Christians as a Scholatic Community," *Journal of Religious History*

1(Sydney, 1960-61): 4-15, 125-37, A. J. Malherbe, *Social Aspects of Early Christianity*, 2d enl. ed.(Philadepphia: Fortress Press, 1983), W. A. Meeks, *The First Urban Christians: The Social World of The Apostle Paul*(New Heaven: Yale Univ. Press, 1983), R. Hock, *The Social Context of Paul's Ministry: Tentmaking and Apostleship* (Philadelphia: Fortress Press, 1980), E. E. Ellis, "Paul and His Co-Workers," *NTS* 17(1970-71): 437-52를 보라.

특별한 바울 서신들의 진정성에 대한 논의는 각 장들에서 적절하게 발견될 것이다. 여기에서는 A. Q. Morton, "Statistical Analysis and New Testament Problems," in his *The Authorship and Integrity of the New Testament Study*, Theological Collections 4(London: SPCK 1965), 40-60, 그리고 R. Longenecker, "Ancient Amanuenses and the Pauline Epistles," in *New Dimensions in the New Testament Study*, ed. R. Longenecker and M. Tenney(Grand Rapids: Zondervan Pub. House, 1974), 281-97에서 발견되는 상당히 다른 시각들을 간단하게 볼 수 있다.

바울 서신의 문학적 특징들에 대해서는 W. G. Doty, "The Classfication of Epistolary Literature,": *CBQ* 31(1969), 그리고 같은 저자의 *Letter in Primitive Christianity* (Philadelphia: Fortress Press, 1973), N. A. Dahl, s. v. "Letter," IDBSup, 538-41, A. J. Malherbe, "Ancient Epistolary Theory," *Ohio Journal of Religious Studies* 5(1977): 3-77, J. L. White, *The Body of the Greek Letter*, SBLDS 2(Missoula, Mont: Scholars Press, 1972), P. Schubert, *The Form and Function of the Pauline Thanksgiving*(Berlin: Töpelmann, 1939), 그리고 P. T. O. O'brien, *Introductory Thanksgiving in the Letters of Paul*(Leiden: E. J. Brill, 1977)을 보라. 바울 서신의 형식적인 면들에 대한 유용한 자료는 F. Francis and J. P. Sampley, eds. *Pauline Parallels*, 2d ed. (Philadelphia: Fortress Press, 1984 [1975])이다.

제11장

데살로니가전후서

데살로니가서는 아마도 기독교 문학의 시초를 이룰 것이다. 이 두 편의 짧은 서신들에서 우리는 이미 바울의 선교와 서신의 특징적인 모습들을 발견한다. 바울의 우선적인 관심사는 데살로니가 공동체의 정체성과 완전성이다. 그는 개인적으로 데살로니가 교회를 방문할 수 없었기 때문에 또는 그의 대리자의 사역이 더 많은 지원을 필요로 했기 때문에 이 서신을 썼다. 바울은 오해를 명백하게 설명할, 또는 불만을 정면으로 대처할 필요를 느꼈다. 우리는 바울이 세운 다른 교회들에서 발견하는 바를 이 어린 공동체에서도 발견한다. 즉 바울의 메시지에 대한 열성적인 수용이 반드시 그 메시지를 철저하게 이해한 것을 의미하는 것이 아니라는 사실이다.

우리의 자료들은 본 서신들에 앞서 있었던 사건들에 대한 상당히 완전하게 묘사해 주고 있다. 바울은 그의 첫번째 유럽여행을 시작하자마자 곧 빌립보에서 감옥에 갇혔다(행 16:19-24, 살전 2:1-2). 그 다음에 그는 마게도냐의 수도로 가서 데살로니가의 회당에서 예수님을 메시아로 선포했다(행 17:1-3). 몇 명의 유대인들이 개종을 하였다. 반면에 훨씬 더 많은 경건한(sebomenoi) 헬라인과 "적지 않은" 귀부인들이 함께 개종을 했다(행 17:4). 이 성공은 그 도시의 다른 유대인의 시기를 격발시켰고, 그들은 바울을 찾다가, 개종자 야손과 몇몇 다른 사람들을 도시의 관리들에게로 끌고가서; 본인 없이 바울이 "다른 임금 곧 예수라 하는 이가 있다"고 했기 때문에 바울이 반역죄를 범했다고 고소했다(17:7).

그 후 공동체는 바울을 베뢰아로 보냈다(17:10). 베뢰아에서 바울은 더 큰 성공을 거두었으나, 난폭한 유대인들이 데살로니가에서 와서 다시 훼방을 놓았다(17:13). 바울은 베뢰아에 디모데와 실라를 남겨 두고 자신은 아덴으로 갔다(17:14-15). 아덴에서의 복음 수용은 혼합적이었고, 이어 바울은 고린도로 갔고, 고린도는 바울의 새로운 활동 중심지가 되었다(18:1-4, 그리고 특별히 18:11을 보라).

바울이 고린도에 머무는 동안, 실라와 디모데가 마게도냐로부터 와서 그와 합류했다(행 18:5). 데살로니가전서 3:2-6에 의하면, 바울은 데살로니가 공동체를 걱정하여 디모데와 실라를 데살로니가에 남겼는데, 그들은 곧 다시 바울에게로 돌아 왔다. 이 상황에서 대리자들의 파견은 우리에게 바울의 사자들의 기능을 보여 준다. 즉 디모데는 그들을 굳게 하고 그들의 믿음에 대하여 위로하기 위해 파송된 것이었다(3:2). 여기에는 바울이 자신의 서신에 의해 이루기를 바라는 목표들이 분명히 있었다(3:13, 4:1을 보라). 이 어린 교회가 경험하고 있는 박해로 인해, 바울은 유혹자가 그들을 동요시킬 기회를 잡을까 우려하고 있었다(3:5). 그런데 디모데의 보고는 바울에게 안도감을 주었다. 그래서 그는 "너희가 주 안에 굳게 선즉 우리가 이제는 살리라"고 하나님께 감사를 드린다(3:8). 우리가 보는 바, 현실적인 문제는 압박에도 불구하고 안정성을 갖는 것이다. 바울이 첫번째 서신을 쓴 이유는 격렬한 위기 때문이 아니라 이미 디모데에 의해 이루어지고 있는 사역을 지원하고자 하는 것, 즉 데살로니가인들이 행하고 있는 바로 그대로 살며 하나님을 기쁘시게 해 드리라고 권면하기 위함이었다(4:1). 이런 지원은 훨씬 더 필요한 일이었다. 왜냐하면 가혹한 박해가 이 어리고 미숙한 공동체의 확신들을 흔들 수 있었기 때문이었다.

자료들에 나타나는 중대한 혼란은 데살로니가 교회의 구성에 관한 것이다. 사도행전은 그 교회에 헬라인 개종자들이 있었지만 유대인들도 포함했던 것으로 말한다. 그러나 데살로니가전서 1:9-10에 나오는 회심에 대한 바울의 말은 데살로니가가 유대적인 배경을 갖고 있는 것이 아니라 이교도적인 배경을 갖고 있음을 시사한다. " … 너희가 어떻게 우상을 버리고 하나님께로 돌아와서." 2:14에 나오는 유대인들은 완전히 외부인들임을 시사하는 식으로 이야기되고 있다. 박해자들의 정확한 정체도 애매하다. 사도행전은 그 박해자들이 유대인들이라고 분명히 밝힌다. 그러나 데살로니가전서 2:14는 데살로니가인들이 그들 나라 사람들"에게 고난을 받고 있는 것으로 말한다. 만일 데살로니가 공동체에 유대인 지체들이 있었다면, 이 말은 유대인을 의미할 수도 있다. 그러나 이 말은 헬라인 또는 단순하게 그들의 동포 마게도냐인들을 의미할 수도 있다. 이 결정은 데살로니가전서 2:14에 나오는 "(유다의) 유대인들"과 "너희 나라 사람들"이라는 대구법을 대조로 보느냐 그렇지 아니하느냐에 달려 있다. 내적 증거는 데살로니가 공동체에 대다수의 이방인들과(있다고 하여도) 소수의 유대인들을 강력하게 암시한다. 이 문제는 디아스포라 선교에서 유대인들 중에서 거둔 약간의 성공에 대한 사도행전의 부단한 관심으로 인해 애매해지고 있다(앞의 제9장을 보라).

데살로니가전서

자료들간의 일치는 불일치를 훨씬 능가한다. 그리고 깔끔한 조화는 심각한 도전으로부터 데살로니가전서의 진정성을 자유롭게 했다. 본 서신의 구성은 단순하다. 짧고 고전적인 문안(1:1)에 상당히 긴 감사(1:1 – 3:13)가 이어진다. 사실상 이 감사의 구절은 이 공동체에 대한 바울의 첫번째 전도와 그 응답에 대한 긴 회고로 바뀌었다가 3:11 – 13에 이르러서 다시 명백한 기도로 되돌아 온다. 그리고 일련의 도덕적 권면들(4:1 – 5:22)이 기도(5:23 – 24)로 종결된다. 마지막 문안은 일반적이며(5:25 – 27) 끝인사는 간결하다(5:28).

데살로니가전서는 디모데전서보다는 강한 인상이 덜하지만, 소위 권고의 서신(the parenetic letter)이라고 칭해지는 헬라식 서간 형태와 유사한 특징들을 갖고 있다 "parenesis"라는 용어는 전통적인 "도덕적 권면"을 의미한다. 이 용어는 때로 대충 정리된 금언들에 대해 광범위하게 쓰여지기도 한다. 보다 좁은 의미로 "parenesis"는 다양하게 결합될 수 있는 세 가지 요소, 즉 회상, 귀감, 그리고 몇 가지 금언의 상호 작용을 필요로 한다. 당시 도덕적 교훈은 모범을 본받음에 의해 가장 잘 이루어지는 것으로 생각되었다. 그 모범 또는 귀감은 회상에 의해 생명이 부여된다. 그러나 회상은 단지 윤곽에 불과하기 때문에 금언들을 통해 보강될 필요가 있었다. 이 금언들은 데살로니가전서 5:21 – 22에서와 같이 종종 대조적으로 배열된다. "범사에 헤아려 좋은 것을 취하고 악은 모든 모양이라도 버리라." 4:1에서 특별한 도덕적 교훈들이 시작된다. 그러나 회상과 귀감의 요소들은 앞의 세 장들에서 나온다.

바울의 자기 소개

데살로니가전서는 그 공동체에 대한 바울의 첫번째 전도의 회상에 있어 두드러진다. 그는 데살로니가인들의 정체감을 강화하기 위해 그들에게 그들의 처음을 상기시킨다. 여기에서 바울은 자신의 전도 방식뿐만이 아니라 데살로니가인들이 응답을 한 방식까지도 상기시킨다. 이 두 가지 방식에서 우리는 여러 가지 상징들에 새로운 형태를 부여하는 기독교의 특색 있는 방법을 발견할 수 있다.

바울은 그리스의 방랑하는 철학자들의 자기 특징화(예를 들어 Dio *Orations* 32. 8-11, 35. 8)와 유사한 표현으로 자신이 데살로니가인들 중에 체류했던 일을 회상한다. 먼저 바울은 전문 지식이 있는 체하는 협잡꾼들과 자신을 대조하다. 그들과 달리 바울은 오류를 가르치거나 부정하거나 교활한 동기들로부터 나온 말을 하지 않았다(2:3). 그는 사람들에게 아첨을 하거나 그들의 돈을 얻으려고 하거나 그들의 찬양을 받으려고 하지 않았다(2:5). 즉 바울은 협잡꾼들의 고전적인 세 가지 악덕들, 즉 쾌락을 좋아하고, 재물을 좋아하고 영광 얻기를 좋아하는 것으로부터 자신의 자유함을 단언한다. 바울의 신의 소명으로 인해 설교를 하는 철학자들의 전통에 속한 사람이었다(Dio *Orations* 13. 9-10, 32. 12). "우리가 이와 같이 말함은 사람을 기쁘게 하려 함이 아니요 오직 우리 마음을 감찰하시는 하나님을 기쁘시게 하려 함이라"(2:4). 또한 바울은 자신의 특성을 건설적으로 묘사한다. 그는 데살로니가인들 중에서 "유순한 자 되어 유모가 자기 자녀를 기름과 같이" 했다(2:7). 이 어구는 두 가지 중요한 면을 갖고 있다. 유모의 심상은 영적 의술로 흔히 제시되는 철학에 대한 이해와 일치한다. 즉 건강한 가르침은 악한 영혼의 질환을 치유한다는 것이다(앞의 제1장을 보라). 둘째로 바울의 "유순함"은 욕설과 질책으로 사람들에게 개심을 요구하는 견유학파(Cynics)의 무정한 "외과 수술적 방식 전통과는 다른 전통에 바울을 위치하게 한다. 바울의 건설적인 모범과 교훈으로 가르치는 사람이었다(Dio *Orations* 77-88, Lucian *Demonax*를 보라).

또한 바울은 자신을 데살로니가 교회의 아버지라고 칭한다(2:11). 이렇게 함으로 그는 도덕적 교훈을 위한 친밀한 사회적 관계를 수립하는 것이다. 즉 자녀들을 갖고 있는 한 아버지의 위치에 도덕 교사가 서는 것이다. 바울은 다른 교회들에도 이 자격을 특별한 권위를 가지고 요구했다(예를 들어 고전 4:15). 마지막으로 바울은 자신을 그 공동체의 귀감으로 소개한다. 즉 그들이 자신을 본받아야 한다는 것이다(1:6). 이런 자기 소개는 오만함이 아니다. 바울이 살던 세계에서 이런 모방은 전형적인 도덕 교육 방법이었다. 데살로니가인들이 유대의 여러 교회들과 마찬가지로 고난을 당한다는 점에 있어, 그들은 또한 유대의 교회들을 본받고 있는 것이다(2:14). 그리고 데살로니가인들은 이제 그들이 복음을 영접한 방식에 있어 마게도냐와 아가야에 있는 모든 공동체의 귀감이 되었다(1:7).

그러나 바울, 실라, 그리고 디모데의 메시지는 단순히 도덕적 교훈의 어떤 다른 한 형태가 아니었다. 그들의 메시지는 하나님의 능력의 말씀이었다. 그들은 하나님께로 받은, 하나님에 대한 메시지를 전했다(2:2, 2:8, 2:9에서 "하나님의 복음"이라는 어구를 보라). 그들의 선포는 단순하게 추상적인 이상을 표현한 것이 아니라, 능력 충만한 선포였으며, 듣는 사람들을 변화시킬 수 있는 선포였다. 그들의 메시지는 말로만 데살로니가인들에게 된 것이 아니라 "오직 능력과 성령과 큰 확신으로 된 것"이다(1:5). 바울은 데살로니가인들이 하나님의 말씀을 받을 때에 사람의 말로 아니하고 믿는 사람들 속에서 역사하는 하나님의 말씀으로 인정하고 받아들였던 것을 기뻐한다(2:13). 그러므로 바울과 그의 동역자들은 궤변가나 철학자들 이상이다. 그들은 "그리스도의 사도"이다(2:6).

교회의 소명

하나님의 기쁜 소식, "복음"이란 무엇보다 하나님께서 "자기 나라와 영광"으로 이들을 부르셨다는 것이다(2:12, 참조. 4:7, 5:24). 이 부르심, 즉 소명에 의해, 세상의 이 부분이 하나님의 백성이 되었다: "하나님의 사랑하심을 받은 형제들아 너희를 택하심을 아노라"(1:4). 하나님의 소명은 그들의 이전 생활 방식으로부터 하나님께서 다스리시는 세계에 어울리는 생활 방식으로의 "전환"을 요구한다(4:7). 전에, 그들은 "하나님을 모르는" 자들이었고(4:5), "소망 없는" 자들이었고(4:13), 낮에 자고 밤에 술취하는 어두움의 자식들(5:7)이었다. 그러나 이제, 하나님의 교회(ekkl sia tou theou, 1:1, 2:14)로서 그들은 하나님께 합당한 생활을 해야 한다(2:12). 더욱이 하나님께서 거룩하시기 때문에 그들도 "하나님 앞에서 거룩함에 흠이 없어야" 한다(3:13). 왜냐하면 "하나님의 뜻은 이것이니 너희의 거룩함"이기 때문이다(4:3). 거룩하다는 것은 차이가 나는 것이다. 하나님의 거룩하심은 세상과 완전한 차이에 의해 특징 지워진다. 하나님께서는 생각될 수 있는 분이 아니다. 데살로니가인들의 과제는 세상에 거하면서 행동에 있어 "차이"를 나타내는 것이다.

그 표준은 그들을 하나의 공동체로 이룩한 그들의 처음 개심에 의해 제시되었다(1:9-10)

너희가 어떻게 우상을 버리고 하나님께로 돌아와서 사시고 참되신 하나님을 섬기며 또 죽은 자들 가운데서 다시 살리신 그의 아들이 하늘로부터 강림하심을 기다린다고 말하니 이는 장래 노하심에서 우리를 건지시는 예수시니라

이 선포적인 진술은 본 서신에 나오는 바울의 모든 도덕적 교훈을 위한 골격을 세우는 것이다. 데살로니가인들은 참되시고 살아 계시는 하나님을 향하여 자신들의 삶을 돌이켰다. 따라서 그들의 행동은 하나님 자신의 삶에 의해 평가되어야 한다. 이러한 삶의 분깃은 성령의 능력에 의해 주어졌다. 복음이 성령의 능력으로 선포되었고(1:5) 성령의 기쁨 가운데 영접되었다(1:6). 그러므로 이 거룩한 표준에 의한 삶을 택하지 않는 이 공동체에 속한 자는 누구든지 "사람을 저버림이 아니요 너희에게 그의 성령을 주신 하나님을 저버리는 것"이다(4:8). 그들은 성령의 역사를 소멸하지 말고 이러한 삶과 능력을 나타내는 것이 되어야 한다(5:19). 이러한 척도에 의한 생활은 불가피하게 "환난"(thlipsis)를 수반한다. 하나님께 순종하는 것은 쉬운 일이 아니다. 그러나 그보다 더 어려운 것은 거짓과 죽음의 세상에서 초월적인 진리와 삶에 대한 충절은 위험이 따르며, 거의 불가피하게 거부와 박해로 이어진다. "또 너희는 많은 환난 가운데서 … 도를 받아 우리와 주를 본받은 자가 되었으니"(1:6). 유대의 교회들이 유대인들에게 박해를 받은 것과 같이 데살로니가의 성도들도 그들의 이웃 사람들의 손에 고난을 당했다(2:14). 바울이 보통 이러한 용법을 피하지만, 이 문맥에서 "유대인들"이라는 즐기지 않는 용어를 사용하는 것을 주의해 볼 필요가 있다(고전 1:22-23, 고후 11:24, 갈 2:13). 바울은 처음부터 이런 일이 일어날 것이라고 주의를 주었다. "우리가 너희와 함께 있을 때에 장차 받을 환난을 너희에게 미리 말하였더니 과연 그렇게 된 것을 너희가 아느니라"(3:4). 여기에 있어서도 데살로니가 성도들은 바울에게서 모범을 발견하며(2:15-16), 또한 누구보다 하나님의 말씀을

전했기 때문에 죽임을 당한 "주 예수와 선지자들"에게서 모범을 발견한다 (2:15).

두 시대 사이의 삶

부분적으로 데살로니가인들의 고난은 신념과 환경 사이의 차이에 의해 생겨난 긴장에서 근원된 것이다. 그들은 자신들이 하나님에게 사랑을 받아 하나님에 의해 선택을 받았다는 사실을 알았다(1:4). 그들은 예수님께서 죽은 자들 가운데서 다시 살리심을 받으셨고 장차 임할 진노에서 자신들을 구원하실 것이라는 사실도 알았다(1:10). 그러나 그 구원은 가시적으로 일어나지 않았고 진노가 자신들에게 크게 임하는 것 같이 보였다(2:16). 그들은 성취 가운데 있다고 보기보다는 약속 아래 있는 것으로 보고 있는 것 같았다(5:9 - 10)

> 하나님이 우리를 세우심은 노하심에 이르게 하심이 아니요 오직 우리 주 예수 그리스도로 말미암아 구원을 얻게 하신 것이라 예수께서 우리를 위하여 죽으사 우리로 하여금 깨든지 자든지 자기와 함께 살게 하려 하셨느니라

이 신념의 마지막 부분—깨든지 자든지 그리스도와 함께 산다는 것—을 데살로니가 교회에 속한 사람들이 정확하게 이해하지 못했다. 그러므로 바울은 일부 공동체 지체들의 죽음으로 인해 야기된 하나님의 승리에 대한 그들의 흔들리는 믿음에 특별한 주의를 기울이지 않으면 안되었다.

다른 경우들에서와 마찬가지로 바울이 한 최초의 설교가 이 문제를 야기시키는데 기여를 했을 것이다. 데살로니가 교회는 최근에 이교 신앙에서 돌이킨 어린 공동체였다. 하나님의 아들 예수 그리스도께서 하늘로부터 강림하실 것을 기다리라고 그들에게 바울이 약속을 주었을 때(1:10), 분명히 그들은 이 절정의 승리가 매우 빨리, 즉 그들의 생전에 일어날 것으로 생각했다. 그러나 공동체의 몇몇 사람들이 죽었다. 그들도 박해 가운데 죽임을 당할지 모른다. 그들은 하나님의 나라의 완전한 실현을 경험하지 못하는 것이 아닐까? 만일 하나님의 능력의 계시가 이미 나타난 것이 아니라 미래에만 속한 것이라면, 하나님의 나라의 실현을 경험하지 못할 것같이 생각되었다. 이미 죽은 사람들은 그 "아직 나타나지 않은" 실현을 경험하지 못한 것이 분명하므로, 데살로니가 공동체의 지체들은 하나님의 "이미 나타난" 나라에 자신들이 보다 더 의미 있는 참여를 하고 있다는 사

실을 망각하고 슬피 통곡했다.

이 문제에 대해 바울은 세 단계로 대답한다. 첫째, 그는 말세에 대해 설명한다(4:16-18). 그의 설명은 이미 죽은 사람들이 절대로 주님의 강림에 있어 불이익을 당하지 않는다는 사실을 명백하게 나타낸다. 둘째로, 바울은 이 강림의 시기는 시간표나 계산에 속하는 사항이 아니라 하나님의 손안에 있는 사항이라는 사실을 주의시킨다(5:1-3). 그런데 바울의 세번째 요점은 그에게 있어 가장 중요한 것이다. 이 공동체에 나타난 위기는 전적으로 공동체 지체들이 자신의 정체성에 있어 근본적인 부분을 망각하였기 때문에 생겨난 것이었다. 사망과 악에 대한 본질적인 승리는 예수 그리스도의 부활로 이미 쟁취된 것이다. 예수님의 부활 가운데 하나님께서는 이미 자신의 승리를 보여 주셨다. 예수님을 생명으로 다시 일으키신 하나님께서는 우상들과 같이 인간의 바람들의 무력한 투영(projection)이 아니라, 살아 계시고 참되신 하나님이시다(1:9-10). 바울이 전한 하나님께서는 살아 계신다. 따라서 죽은 사람들을 위한 데살로니가 지체들의 비탄은 소망의 상실이며 믿음의 와해인 것이다.

데살로니가 교회 지체들의 그리스도인으로서의 정체성이 흔들린 이유는 그들이 예수님의 부활에 의해 얻어지는 하나님에 대한 특별한 깨달음에 외부인들과 같은 반응을 보이고 있었기 때문이었다. 이렇게 하나님을 알지 못하는 자들은 이 세상에서 소망 없이 사는 자들이다. 왜냐하면 그들의 신들은 죽은 신들이기 때문이다. 그러나 죽은 자들 가운데서 예수님을 일으키신 하나님을 알게 된 사람들은 사실에 뿌리를 둔 소망을 갖고 있는 사람들이다. 그들은 하나님께서 예수님을 다시 살리신 것과 똑같이 자신들도 생명으로 일으키실 수 있으시다는 것을 안다. "우리가 예수의 죽었다가 다시 사심을 믿을진대 이와 같이 예수 안에서 자는 자들도 하나님이 저와 함께 데리고 오시리라"(4:14). 그때는 불확실할지 모른다. 그러나 그 결과는 확실하다. "우리가 항상 주와 함께 있으리라"(4:17).

바울은 종말론 자체를 위해서가 아니라 권면을 뒷받침하기 위해 종말론적 언어를 사용한다. 바울은 데살로니가인들이 이 중간 시기에 올바르게 살기를 바란다. 그들의 삶은 경계와 주의로 충만해야 한다(5:5-10). 그들은—밤에 살짝 들어오는 도적(5:2)을 잡으려고 하는 것 같이—외부적 사건을 경계하는 것이 아니라 하나님께 부르심을 받은 백성으로서 자신들의 존재의 초월적인 표준에 주의를 기울여야 한다. 도덕적이며 종말론적 강화를 위한 일련의 정형적인 대조들 가운데에서, 바울은 어두움, 밤, 잠, 그리고 술취함으로 상징되는 생활—즉 망각과 나태의 생활—을 빛, 낮, 각성, 그리고 절제로 상징되는 생활, 즉 말세의 끝을 사는 생활과 대비한다(5:4-9). 이 대조는 "우리를 위하여 죽으사 우리로 하여금 깨든지 자든지 자기와 함께 살게 하려" 하시는(5:10) 예수님의 죽으심과 부활 가운데 하나님께서 이루신 교환을 차례로 지적한다. 마지막으로 이 반전이 가능한 것은 그리스도인들이 관련된 이 능력이 인간이 상상력을 투영한 것이 아니라 살아 계신 하나님의 능력이기 때문이다(1:9-10).

그러면 그리스도인의 존재는 이 중간 시기 동안에 무엇과 같은가? 경계는 행동으로 어떻게 표현되는가? 놀랍게도 바울의 도덕적 권면들은 전혀 혁신적이 아니다. 그는 자신의 도덕적 권면들을 데살로니가인들이 이미 그 가운데에서 교육받아 온 전통들이라고 칭한다(4:1-2, 11). 실제로 여기에서 우리는 초대 기독교의 요리문답을 볼 수 있을지 모른다. 확실히 거룩의 함축들을 자세히 설명하는 이 권면들은 그리스 문화의 영향을 받은 유대교의 도덕 기준들과 유사하다. 이것은 별로 놀라운 일이 아니다. 왜냐하면 초기의 기독교 공동체들은 정확하게 동일한 디아스포라 배경 가운데 존재했기 때문이다. 이 초기 기독교 공동체들도 다원론적 배경 중에서 하나님의 선택된 백성이라는 의미를 노력하여 성취해야 했고, 전혀 그들의 특성을 나타내고 있지 않은 세상의 구조들 내에서 생활하는 법을 결정해야 했다.

바울은 데살로니가 교회에게 성적인 부도덕을 삼가라고 권고한다. 그들이 우상들로부터 살아 계신 하나님께로 돌이킨 곳과 마찬가지로, 그들의 행동도 하나님을 모르는 이교도와 같은 색욕으로부터 돌이켜야 한다(4:5). 성생활의 바른 배경은 순결한 결혼이다. 간음은 형제를 해하며 언약을 파기한다(4:5). 이런 성윤리는 색다른 것이 아니다. 놀라운 것은 바울이 하나님의 응보에 호소하는 것이다. 즉 기독교 공동체는 하나님의 판단 아래에서 살고 있다는 것이다(4:6-8).

이들은 외부 세계의 풍조들로부터 돌이켰기 때문에, 교회의 다른 지체들을 향한 강력하고 적극적인 태도를 가질 필요가 있다. 바울은 그들의 형제 사랑(philadelphia)에 대해 칭찬을 한다. 이 사랑을 그들은 하나님에게 배웠다(4:9-10). 우리는 여기에서(4:15에서와 같이) 예수님의 가르치심에 대한 기억을 보는가? 또한 바울은 데살로니가인들에게 "종용하여 자기 일을 하고 너희 손으로 일하기를 힘쓰라"(4:11)고 말할 때, 그 시대의 다른 철학자들, 특별히 에피쿠로스파에 의해 발전된 충고를 하고 있다. 정치 활동의 회피는 부분적으로 공동체의 결집을 강화하며, 또한 부분적으로는 외부인들에게 교회를 우려할 것이 없음을 확인시킨다(4:12). 바울은 상호 교화의 필요성을 강조한다. "이 여러 말로 서로 위로하라"(4:18), "피차 권면하고 피차 덕을 세우기를 너희가 하는 것같이 하라"(5:11, 참조. 5:14). 의도를 갖고 있는 공동체로서, 교회는 공유하는 지식과 신념들을 서로 굳게 함으로 생활한다. 지도자들은 존경을 받아야 하고 (5:12), 공동체는 화목하게 생활해야 한다(5:13).

성령의 기도와 예언으로 역사하심에 대한 바울의 주의들도 동일하게 온건하고 조리 있는 어조가 지배하고 있다. 성령을 소멸해서는 안되고 예언은 간절히 구해야 한다. 그렇지만 모든 일을 헤아리지 않으면 안된다(5:21). 이 말의 적절성은 데살로니가후서의 책장을 넘길 때 분명해질 것이다. 이 공동체는 중간 시기 동안의 생활에 있어 하나님에 대한 책임이 있다. 이 공동체의 종말론적 긴장은 표적들에 대한 강박적인 해석으로 이어질 것이 아니라 평온한 공동체 생활로 이어져야 한다. 예수님의 부활과 하나님의 궁극적 승리 사이의 기간에, 이 사람들은 계속 "범사에 헤아려 좋은 것을 취하고 악은 모든 모양이라도 버릴" 필요가 있다(5:21-22).

데살로니가후서

데살로니가후서는 때로 비정통적 서신으로 간주된다. 그러나 이 생각을 납득시키기는 어렵다. 데살로니가후서를 바울의 경력 중에 포함시키는 데는 문제가 없다. 내적인 증거는 데살로니가전서의 상황에 자연스럽게 이어지는 상황을 전제로 한다. 문체도 데살로니가전서의 문체와 매우 밀접하기 때문에 진정성에 반대하는 논증은 데살로니가후서의 직접적이며 계획적인 모방을 주장한다. 데살로니가후서는 진정성의 표적으로 바울의 친필 서명을 뚜렷하게 갖고 있는데 (3:17), 이것은 문맥에서 이해 가능한 강조이다. 물론 데살로니가후서의 필명에 대해 다른 확신을 갖고 있는 사람들은 이 확인의 서명을 위조로 본다. 바울이 데살로니가후서에서 적들에 대해(어떤 사람이 바라는 만큼보다) 덜 너그럽지만(살후 1:6-9, 2:10-12), 일부 다른 서신들보다 덜 너그러운 것은 아니다(참조. 살후 2:15-16). 유일한 실재적 난제는 내용의 일관성이다. 어떤 사람들은 데살로니가후서에 나오는 종말의 때에 대한 묘사를 데살로니가전서 4:13-5:3의 묘사와 모순된다고 생각하는데, 특별히 그 이유는 데살로니가전서가 명백하게 정해진 순서를 의도적으로 피하는데 반하여 데살로니가후서에서는 사건들의 예정표가 암시되고 있는 것으로 보이기 때문이다. 이 두 종말론적 설명간에 어떤 차이가 있다는 데에는 의문의 여지가 없다. 그러나 이 두 설명은 조직 신학자의 치밀한 측정으로 이해할 것이 아니라 공동체의 당황과 공포의 여러 상태에 대한 한 목회자의 계속적인 응답으로 볼 때 가장 잘 이해된다. 몇 세대 후에 한 필명 사용자가 첫번째 서신을 매우 정밀하게 모방을 하면서도 그 내용을 포착하기 어렵게 바꾸어 놓았다고 하는 가정들은 상당히 설득력이 없다.

데살로니가후서의 구성도 특별하지 않다. 짧고 꾸밈없는 문안(1:1-2)은 동등하게 짧은 감사로 이어지는데(1:3-4), 이 감사는 데살로니가전서에서와 마찬가지로 인식하기 어렵게 서신의 본문으로 이동한다(1:5-2:12). 두번째 감사의 구절은(2:13-17) 상호 기도와 지원에 대한 요청이 된다(3:1-5). 일련의 상당히 선명한 권고들은(3:6-15) 기도(3:16), 서명(3:17), 그리고 끝인사(3:18)로 종결된다.

위기

데살로니가후서의 어조는 분명히 첫번째 서신의 어조보다 날카롭다. 박해는 보다 더 명백한 용어들로 이야기된다(1:3-5). 박해자들을 기다리고 있는 심판도 더 극적이다(1:6-9). 자신들의 정상적인 직업을 버린 사람들은 엄한 책망을 받는다. "누구든지 일하기 싫어하거든 먹지도 말게 하라"(3:10). 본 서신의 교훈들에 불순종하는 사람은 공동체의 다른 지체들이 회피함으로 규칙을 따르게 만든다(3:14-15). 본 서신은 분명히 어떤 위기에 대응하고 있는 것으로 보인다.

그 위기의 본질은 데살로니가후서 2:1-2에 암시된다

형제들아 우리가 너희에게 구하는 것은 우리 주 예수 그리스도의 강림하심과 우리가 그 앞에 모임에 관하여 혹 영으로나 혹 말로나 혹 우리에게서 받았다 하는 편지로나 주의 날이 이르렀다고 쉬 동심하거나 두려워하거나 하지 아니할 그것이라

교회는 공황의 상태에 있다. 말세가 그들에게 임했다고 생각하고 있는 것이다. 어떤 사람들은 자신의 일을 완전히 중단하고, 그들이 분명히 매우 빨리 일어

날 것으로 기대하는 사건, 즉 예수님의 강림을 기다리는데 전념하고 있었다. 그러면 그들이 종말이 그처럼 절박한 것으로 생각한 이유는 무엇일까? 세 가지 사항이 이 위기를 형성하는 데에 기여했다. 곧 이 공동체의 미성숙, 데살로니가전서에서 한 바울의 교훈들, 그리고 고전적인 종말에 대한 묵시론적 시나리오였다. 이 이미 들뜨고 불안정한 혼합에 박해로 말미암은 교회의 고난의 증대가 보태어짐으로, 위기가 촉진되었다.

우리는 바울이 "환난"(thlipsis)이라는 용어를 데살로니가인들이 당하고 있는 박해와 관련하여 사용했다는 것을 기억한다(살전 1:6, 3:3-4, 7). 또한 그는 데살로니가인들의 고난을 "진노"(orgē)라는 용어와도 연관시킨다(살전 1:10, 2:16, 5:9). 이 두 용어는 모두 묵시론적 종말 시나리오의 부분들이었다. 때로 환난의 날은 성도들의 격심한 고난이며 성도들의 그런 고난은 하나님의 분명한 개입을 미리 알리는 것으로 생각되었다(예를 들어 단 12:1, 에녹1서 45:2, 48:8, 50:2, 마 24:21, 29, 막 13:19, 24). 마태복음 13:21과 마가복음 4:17에서 이 고난은 박해와 결합된다(롬 2:9, 8:35, 계 1:9, 2:9-10, 7:14도 보라). 바울이 다른 곳에서 사용하는 바와 같이, "진노"라는 용어도 마찬가지로 심판을 위한 하나님의 강림을 나타낼 수 있었다(롬 2:5, 5:9, 계 6:17, 14:10을 보라). 하늘로부터 성자께서 고난으로부터 자신들을 해방시키시고 구원을 주시기 위해 오실(살전 1:10) 때에 대해 이미 혼란을 일으킨 사람들에게 있어서, 모든 박해의 증대에서 절정의 순간을 향한 환난의 마지막 과정을 찾아보라고 하는 유혹은 매우 컸을 것이다.

데살로니가전서에서 바울이 준 충고는 그 유혹에서 그들을 돌이킬 수 없었다. 주님의 강림에 대한 간단한 묘사에서(4:13-5:3), 바울은 데살로니가인들에게 모든 성도가 구원을 얻을 것이라고 확신을 줌으로 고인들에 대한 그들의 근심을 풀어 주었다. 그러나 그가 종말의 예정표를 제시하기를 거부하고 단지 경계와 주의만을 요구했을 때, 이미 분명하고 확고하게 자리를 잡은 선입견에 불이 붙은 것이었다. 우리가 앞에서 본 바와 같이, 바울이 경계라는 말로 의미한 바는 하나님의 거룩하신 판단에 따라 공동체 생활에 견실한 주의를 기울이는 것이었다. 그러나 데살로니가 교회의 지체들에게 쉽게 이 말은 증대된 강박 관념을 조장하는 말로 들릴 수 있었다. 그들은 주의를 산란하지 않으려고 잠도 자지 않고 휴식도 취하지 않고 정상적인 노동도 하지 않으려고 했다. 그들은 모든 활동을 포기하고 이 한 가지 일에만 전념하려고 했다.

만일 우리가 위와 같은 확신에 사로잡혀, 집회로 모여서 예언을 하고 듣는 한 집단을 상상해 본다면, "주님의 말씀" 또는 심지어 바울이 보낸 "영적 서신"까지도(계 2:1-3:22를 보라) "종말이 우리에게 임한다. 환난은 그 극도에 달했다. 인자께서 구름을 타시고 오실 것이다" 라는 선언으로 공황을 촉진시킬 수 있다는 사실을 쉽게 이해할 수 있다. 그들이 "혹 영으로나 혹 말로나 혹 우리에게서 받았다 하는 편지로" 동요하고 있다는 바울의 언급은(2:2) 그러한 촉매를 추정하는 것으로 보인다. 위에 말한 것과 같은 선언의 영향은 이 연약한 교회를 지체들의 사망에 의해 제기된 위기보다 더 깊은 위기에 빠지게 할 수 있었다. 이제 교회 생활 자체를 중단할 근거가 생긴 것이었다.

종말 전의 시기

다시 한 번, 바울은 위기에 세 단계로 대처한다. 첫째로, 그는 자신이 데살로니가 공동체와 공유하는 기본적인 이해를 재확인한다. 즉 이 격렬한 환난은 그들의 구원과 그들을 압제하는 자들의 처벌로 이어진다는 확인이다(1:6-10). 그러나 바울은 이 현실에 대한 그들의 인식을 포착하기 어렵게 변경시킨다. 그는 그들에게 환난이 단순하게 견디어 내야 하는 외적인 사실이 아니라 그들의 정체성을 강화해 주는 긍정적인 요인이라는 사실을 알려 준다. 환난은 그들로 하여금 믿음과 사랑 안에서(1,3), 확고함과 인내 가운데 성장할 수 있게 한다(1:4, 참조. 롬 5,1-5). 그들은 하나님의 나라를 위해 고난을 받는 것이며(1:5), 환난은 그들을 그 나라에 합당한 자들로 만들어 주는 것이다(1:5, 11). 그들의 경험은 "주 예수의 이름이 너희 가운데서 영광을 얻으시고 너희도 그 안에서 영광을 얻게 하려" 하는 것이다(1:12). 첫번째 서신에서와 마찬가지로, 바울은 그들에게 그들의 신분을 상기시킨다. 그는 중간 시기가 공허한 때가 아니라 하나님의 역사와 그들의 생활이 불가분리하게 연결된 시기라고 주장한다. 그들이 경험하는 바는 이미 하나님의 영광이며 하나님의 통치를 위한 참여이다.

둘째로, 바울은 데살로니가인들의 편협한 시각을 교정한다. 그들의 지역적인 환난이 필연적으로 세계 역사의 절정인 것은 아니다. 더 중요한 것은 그들의 경험이 아니라 하나님의 역사이다. 바울은 자신이 그들과 함께 있을 때 이미 이 문제를 언급했다고 상기시킨다(2:5). 종말이 임하는 것에 대한 몰두로부터 그들은 해방된 사람들이다. 왜냐하면 그들은 종말의 도래에 대해 혼동을 일으키지 않을 것이기 때문이다. 사실상 바울은 여기에서 종말의 예정표를 제시하고 있지 않다. 오히려 그는 대반전이 일어나기 전에 전통적이며 묵시적인 기대가 말하는 요소들이 제자리에 놓여져야 한다고 암시한다. 즉 불법의 통치가 "멸망의 아들"로 인격화될 것인데, 그는 사단의 앞잡이로(2:9) 신의 지위를 요구하고 성전에서 자리를 얻고자 할 것이며(2:4), 표적과 기사를 행함으로(2:9) 모든 악한 자들을 타락시킬 것이다(2:10-12). 그러나 그는 주님의 강림하심으로 멸망할 것이다(2:8). 이 일련의 사건을 말하는 취지는 단순하다. 즉 종말은 하나의 데살로니가 교회의 박해보다 더 우주적인 사건이라는 것이다.

바울은 불법한 자가 지배를 하는 전체적인 기간이 시작되었다고 말한다(2:7). 따라서 데살로니가인들은 종말의 때에 있는 것이다. 그러나 그들이 절정에 있는 것은 아니다. 실제로 바울은 2:7에서 전체의 과정을 제어하고 있는 인물 또는 사물을 "막는 자"를 언급한다. 묵시보다 더 모호한 것은 없다. 그리고 이 구절도 예외가 아니다. 우리는 바울의 일부 용어들이 무엇을 의미한 것이지, 또는 그가 어떤 사건들 또는 인물들을 암시했는지 알 도리가 없다. 어떤 사람들은 막는 자가 로마 제국이었다고 주장해 왔다. 또 어떤 사람들은 하나님이라고 주장했다. 바울이 자신의 사역을 최후의 응보를 제지하는 것으로 생각했다고 주장하는 사람들도 있다. 그러나 더 이상의 정보가 없기 때문에 우리는 더 이상을 알지 못할 것이다. 반면에 이 구절의 목회적 의도는 명백한 것 같다. 즉 바울은 데살로니가인들을 종말에 대한 편견과 강박으로부터 떠나게 하고 싶었다. 그래서 바울은 그들에게 분별을 위한 더 많은 표적들을 제시하지 않고 그들이 견디어야 하는 시기가 불확실하다고 암시함으로 그 일로부터 데살로니가인들을 벗어나게 한다. 막는 자의 활동은 얼마든지 오래 지속될 수 있다. 데살로니가인들의 소명은 모든 일을 버려 놓고 창문 앞에서 도적이 오기를 기다리는 것이 아니다.

셋째로, 바울은 데살로니가인들의 주의를 묵시론 시나리오로부터 그들 자신의 삶으로 돌리고자 노력한다. 그는 두 기도문에서 그들의 바른 초점을 암시한다. 첫째로, 바울은 "모든 선을 기뻐함과 믿음의 역사를 능력으로 이루게 하시기"를 구하고(1:11), 둘째로, "너희 마음을 위로하시고 모든 선한 일과 말에 굳게 하시기를 원하노라"라고 기도한다(2:17). 또한 바울은 "너희에게 대하여는 우리의 명한 것을 너희가 행하고 또 행할 줄을 우리가 주 안에서 확신하노니"라는 소망을 표현한다(3:4). 첫째로 요구되는 것은 데살로니가 교회의 지체들이 자신들의 신분에 유의하는 것이다. "주께서 너희 마음을 인도하여 하나님의 사랑과 그리스도의 인내에 들어가게 하시기를 원하노라"(3:5). 이 목적을 위해, 바울은 세상에서의 직업을 포기한 자들을 신랄하게 책망하고 다시 일로 돌아가라고 명한다(3:6-12). 그리고 그는 다른 사람들에게 정상적인 생활을 중단한 사람들을 피하라고 주의를 준다. 무엇 때문일까? 그리스도인의 신분을 깨달음에 있어 이미 동요하는 사람들이 정상적인 생활을 중단한 사람들과 관계를 가질 때 그 영향은 유해할 것이기 때문이다. 바울은 일을 하라는 권면을 하며, 자신을 수고하는 사람의 모델로 제시한다. 그는 우리가 고린도 서신에서 다시 보게 될 견해를 다음과 같이 밝힌다(3:9)

> 우리에게 권리가 없는 것이 아니요 오직 스스로 너희에게 본을 주어 우리를 본받게 하려 함이니라

데살로니가전서에서와 마찬가지로, 바울은 예수님의 부활과 재림 사이의 때를 무의미하게 기다리는 시기로 보지 않고 성령을 통한 주님의 임재에 의해 풍요해지고, 거룩하라는 주님의 요청에 의해 구체화되는 시기로 본다(2:13). 순종하고, 비정상적인 행동에 대해 공동체가 압력을 가하라고 하는 바울의 엄격한 명령들은(2:3, 3:6, 3:14-15) 이 미성숙한 공동체의 정체성이 외부의 압력과 내부의 오해로 인해 위협받는 것을 우려함에서 나온 것이다. 전에도 그러했던 것처럼, 바울은 데살로니가인들에게 대종말이라는 극적인 사건 중에도 하나님의 요청은 단순하다는 사실을 상기시킨다. "형제들아 너희는 선을 행하다가 낙심치 말라"(3:13).

참고문헌

도덕적 교훈의 서신으로서 데살로니가전서에 대한 가장 유용한 연구들은 A. J. Malherbe, "Gentle as a Nurse," *NovT* 12(1970): 203-17, 그리고 같은 저자의 "Exhortation in First Thessalonians," *NovT* 25(1983): 238-55이다. 그리고 역시 같은 저자의 "Ancient Epistolary Theorists," *Ohio Journal of Religious Studies* 5(1977): 3-77도 보라. 데살로니가전서의 형

식적인 요소들은 H. Koester, "I Thessalonians-Experiment in Christian Writing": in *Continuity and Discontinuity in Church History*(Leiden: E. J. Brill, 1979), 33-44, 그리고 H. Boers, "The Form-Critical Study of Paul's Letters: I Thessalonians as a Test Case," *NTS* 22(1975): 140-58에서 논의된다.

2:13-16에 나타나는 반유대적 정서의 보간법(補間法)은 B. A. Pearson, "I Thess 2:13-16: A Deutero-Pauline Interpolation," *HTR* 64(1971): 79-94: 그리고 D. Schmidt, "I Thess 2:13-16: Lingistic Evidence for an Interpolation," *JBL* 102(1983): 269-79에 의해 논증된다. 더 자세한 분해 는 W. Schmithals, *Paul and the Gnostics*, trans. J. Steely(Nashville: Abingdon Press, 1972), 123-218에 의해 완성된다.

데살로니가전서의 종말론이 많은 주목을 받는 것은 놀라운 일이 아니다. 이 에 대한 유용한 논의들은 C. L. Mearns, "Early Eschatological Developmemt in Paul: The Evidence of First and Second Thessalonians," *NTS* 27(1980): 137-57, R. N. Longenecker, "The Nature of Paul's Early Eschatolpgy," *NTS* 31(1985): 85-95, B. N. Kaye, "Eschatology and Ethics in First and Second Thessalonians," *NovT* 17(1975): 47-57, J. H. Neyrey, "Eschatology in I Thess: The Theological Factor in 1:9-10, 2:4-5, 3:11-13, 4:6, 4:13-18," in *SBL Seminar Papers* 1980, ed. P. J. Achtemeier(Chico, Calif.: Scholars Press, 1980), 219-31, C. F. D. Moule, "The Influence of Circumstances on Paul's Eschatology," *JTS* n. s. 15(1964): 1-15, J. Plevnik, "The Taking Up of the Faithful and the Ressurection of the Dead in I Thessalonias 4:13-18," *CBQ* 47(1985): 263-81, 그리고 W. A. Meeks, "Social Functions of Apocalytic Language in Pauline Christianity," in *Apocalyptism in the Mediterranean World and the Near East*, ed. D. Hellholm(Tübingen: J. C. B. Mohr [Paul Siebeck], 1983), 687-705에서 발견된다.

데살로니가전서의 다른 특징들은 I. H. Marshall, "Pauline Theology in the Thessalonian Correspondence," in *Paul and Paulinism*, ed. M. D.

Hooker and S. G. Wilson(London: SPCK, 1982), 173-83, J. Munck, "I Thess 1:9-10 and the Missionary Preaching of Paul," *NTS* 9(1962-63): 95-110, D. M. Stanley, " 'Become Imitators of Me' : The Pauline Conception of Apostolic Tradition," *Bib* 40(1959): 859-77에서 언급되고 있다.

데살로니가후서의 비진정성에 대한 대표적인 논의는 J. A. Bailey, "Who Wrote II Thessalonians?" *NTS* 25(1978-79):131-45에 나온다. 데살로니가후서의 종말론에 의해 제기되는 문제들은 J. Townsend, "II Thessalonians 2:3-12," in *SBL Seminar Papers 1980*, ed. Achtemeier, 233-46, C. H. Giblin, *The Threat to Faith: An Exegetical and Theological Re-Examination of II Thess 2*, AB 31(Rome: Biblical Inst. Press, 1967), 그리고 J. M. Bassler, "The Enigmatic Sign: 2 Thessalonians 1:5," *CBQ* 46(1984): 496-510에 의해 다루어진다. 노동에 대한 바울의 진술들의 배경을 알려면, R. F. Hock, "The Workshop as a Social Setting for Paul's Missionary Preaching," *CBQ* 41(1979): 438-50을 보라. 바울 신학과 자신의 선교에 대한 바울의 이해를 해석하기 위해 데살로니가후서를 가장 긍정적으로 사용한 연구는 J. Munck, *Paul and the Salvation of Mankind*, trans. F. Clarke(Richmond: John Knox Press, 1959), 36-68에서 발견된다.

데살로니가 서신들에 대한 현대적인 비평 주석이 영어로 있어야 할 필요가 있다. 이런 필요를 위해 가장 도움이 되는 두 편의 작품은 E. Best, *The First and Second Epistles to the Thessalonians*, HNTC(New York: Harper & Row, 1972), 그리고 F. F. Bruce, *1 & 2 Thessalonians*, Word Biblical Commentary(Waco, Tex.: Word Books, 1982)이다.

제12장

고린도 서신

만일 바울의 고린도 교회로 보내는 두 서신이 없었다면, 초대 기독교에 대한 우리의 지식은 상당히 축소되었을 것이다. 이 두 서신에서 우리는 그 생활이 열광과 열정뿐만이 아니라 혼란과 성마름과 공명심으로 혼합되어 있는 한 공동체에 대한 생생한 묘사를 발견한다. 이 공동체는 복잡하고 지나치게 세련된 도시의 환경 가운데 하나님의 교회로서 자신의 정체성을 밝히기 위해 애쓰고 있었다. 이 서신들은 또한 바울이 세운, 그가 사랑하지만 다루기 힘든 공동체와 바울의 관계, 그로 하여금 사도로서 자기 자신과 바울의 자기 이해를 내보여 주지 않을 수 없었던 관계를 우리에게 보여 준다. 즉 우리는 여기에서 목회자로서, 그리고 그 공동체의 창시자로서의 바울을 만날 수 있다.

첫째로 고린도인들은 모든 기독교 공동체에 있어 도덕적인 문제로 입증되어 온 문제들에 직면했다. 즉 주어진 사회의 매우 현실적인 구조들 내에서 어떻게 거룩하고 자유롭게 사느냐 하는 문제이다. 그들은 문화적으로 조건지어진 상황들에서 이 문제들과 만나고 있었다. 우상에게 제물로 드렸던 고기를 먹을 수 있는가? 예언을 할 때 여인들이 베일을 써야 하는가? 그러나 이 고대 문화의 딜렘마들은 모든 세대의 교회들이 직면하는 상황들에 유추를 제공하는 것이다. 이 서신에서 우리는 다원적 환경 내에서 정체성을 밝히는 난제를 발견한다. 현대의 관심으로 남는 바는 바울의 특별한 결론들이라기보다는 이 문제들에 대한 바울의 사고 방식과 그가 제시하는 원칙들이다.

고린도 교회와 고린도 서신

재건된 도시 고린도는 아가야의 수도로 동쪽 겐그레아와 북쪽에 항구들을 갖고 있는 항구 도시였다. 이곳에는 잠깐씩 머물다 가는 다수의 인구들이 있었는데 전형적으로 이들은 고린도의 교역들에만 영향을 끼치는 것이 아니라 문화까지도 전달했다. 고고학은 이곳에 유대인 회당과 이시스 신전이 모두 있었음을 확인한다. 고대와 현대의 대부분의 항구들과 마찬가지로, 고린도도 성적 문란으로 악명을 떨쳤다. 간단히 말해서 고린도는 고대 아가야의 뉴올리언스였다.

이곳에 바울이 기독교회를 세웠다(고전 4:15). 사도행전의 증거는 고린도전후서에 나오는 증거에 의해 대체적으로 확인된다. 바울은 아덴으로부터 고린도로 와서 아굴라와 브리스길라를 만났다(고전 16:19를 보라). 아굴라와 브리스길라는 최근에 글라우디오에 의해 다른 유대인들과 함께 로마에서 추방을 당한 사람들이었다(행 18:2). 바울은 그들과 함께 천막을 만드는 일을 하며 회당에서 전도했다. 회당에서 거부를 당한 후(18:6) 마게도냐의 대리자들과 다시 합류한(살전 3:6) 바울은 디도 유스도의 옆집으로 이사했다. 그는 회당장 그리보를 개종시키고(18:8, 참조. 고전 1:14), 고린도에서 약 18개월 동안 머물렀다. 그 기간 동안 그는 총독 갈리오 앞에 끌려갔다. 갈리오가 이 소송 사건을 각하하자, 유대인들은 소스데네를 구타했다. 사도행전은 소스데네를 "회당장"이라고 칭한다(18:17). 그리고 고린도전서 1:1에서 소스데네는 그들의 "형제"이며 바울의 동역자로 나온다.

바울을 고린도를 떠나 안디옥으로 되돌아 갈 때, 겐그레아에서 멈추어 머리를 깎았고 에베소까지 아굴라와 브리스길라와 함께 동행했다(18:18-21). 바울이 없는 동안, 아굴라와 브리스길라는 에베소에서 대중을 설복시키는 재능을 가진 아볼로를 만나(18:24-28), 그를 개종시키고 교육시켜 아가야로 보냈다(19:1). 따라서 아볼로가 바울에 이어 고린도에서 활동을 한 것이다. 사도행전은 아볼로의 웅변술에 특별한 주의를 나타내고 있다(18:25). 아볼로는 고린도 교회의 생활에 있어 중대한 역할을 했다(고전 1:12, 3:4-7, 21-23, 4:6, 16:12).

사도행전 19:21-23에서 우리는 예루살렘으로 갔다가 그 다음에 로마로 가기에 앞서 마게도냐와 아가야로 돌아갈 계획을 하고 있는 것을 본다(고전 16:5, 고후 1:15). 이 시점에서 그의 대리자들 중의 한 명, 로마서 16:23에서 그 성의 재무로 확인되는 인물은 에라스도이다(참조. 딤후 4:20). 그 다음에 바울은 마게도냐로 떠나기 전에 아가야에서 3개월을 지냈다(행 20:3). 고린도전후서는 기본적으로 위와 같은 설명과 일치한다. 그러나 여기에는 바울과 그의 대리자들인 디모데와 디도의 빈번한 방문들이 나온다(고전 2:1, 4:19, 16:3-10, 고후 1:15, 8:6, 9:3, 12:14). 바울은 고린도에서 데살로니가와 로마로 보내는 편지들을 쓰기도 했다.

고린도 교회는 유대인과 이방인 출신의 교인들을 모두 갖고 있었다. 첫번째 서신에서 다루어지는 문제들은 과거에 이교도들이 갖고 있는 어려움들이 강조된다. 그러나 전 공동체가 자신을 이해하고 있는 상징성은 모세 율법에서 나온 것이었다(특별히 고전 10:1-13을 보라). 또한 고린도 공동체는 잡다한 사회적 배경을 갖고 있었다. 바울은 "문벌 좋은 자가 많지 아니하도다"(고전 1:26). 그러나 다른 사람들보다 탁월한 신분을 누리는 일부 사람들도 있었다―예를 들어 에라스도(롬 16:23)와 공동체가 집회를 갖는 가정들의 가장들이다(고전 1:11, 16, 16:15-17). 이 어린 교회에서 일어난 다툼의 한 가지 원인은 다양한 사회적 가문들, 기대들, 그리고 세상으로부터 하나님의 집회에 들어온 시각들로부터 야기된 것이었다.

고린도인들의 과실들은 열의가 없기 때문에 생겨난 것이 아니라 과도한 열성으로 말미암은 것들이었다. 성령께서 주신 능력들로 감동을 받은(1:5-7), 고린도인들은 그 능력들을 이해하는 일에는 관심이 없고 사용하는 데에만 관심이 있었다(2:12). 그들은 외양적이고 극적인 이것들에 넋을 잃었다. 비록 그들은 바울의 지도에 반항적이었지만, 바울이 전한 복음의 몇 가지 특유한 요소들을 모토와 표어들에 적용했다는 사실에 있어 그들은 바로 바울의 교회였다(6:12-13, 7:1, 8:1, 14:22를 보라). 바울은 자신의 전제들을 더 나은 결론으로 이끌어 가면서 재확인하는 쉽지 않은 과제를 안고 있었다.

일종의 영적 엘리트주의가 이 공동체를 감염시켰다. 어떤 사람들은 자신들의 새로운 지식과 자유와 무아경의 말을 할 수 있는 능력에 너무 압도되어 스스로를 완전히 성숙하고 완전하다고 생각했다(2:6-3:4). 그들은 서로를 판단하고 심지어 그들의 지도자들까지 판단하는 경향이 있었다(4:1-5). 동시에 그들은 도덕적인 요구들을 등한히 했다(5:1-6:20). 이런 경향들은 그들 안의 현재 능력을 강조하고 미래 생활의 완성을 거부하는 부활에 대한 이해에 그 뿌리를 두었던 것으로 보인다. 그들은 변화를 필요로 하지 않았다. 왜냐하면 지금 영광의 생활을 즐기고 있었기 때문이다. 그들은 스스로 이미 부요하고 하나님의 나라에서 다스리고 있다고 생각함으로, "이미"와 "아직" 사이의 예민한 긴장을 무너뜨려 버렸다(4:8). 이러한 태도들은 제2세기에 기독교의 변형으로 등장한 다양한 영지주의에서도 발견된다. 고린도인들의 이런 사상들은 후기 영지주의 문서들에서 발전되었다. 실제로 이러한 회중들이 확산된 이원론의 침체와 후기 영지주의간의 연결을 준비했던 것인지 모른다. 그러나 우리는 여기에서 놀라울 정도로 많은 지파들의 성장에 첫번째 씨앗 역할을 했을 가능성만을 발견할 뿐이다.

영적 엘리트주의는 파벌주의로 이어졌다. 고린도인들은 자신들의 공통적인 생활보다는 차이들로 스스로를 규정하는 경향이 있었다. 고린도전서 1장의 처음부터, 우리는 특별한 사도에 대한 충성으로 자신들을 규정하는 집단들을 발견한다. 즉 "나는 바울에게 속한 자라," "나는 아볼로에게 속한 자라," "나는 게바에게 속한 자라," 또는 스승의 필요성을 완전히 부인하여 "나는 그리스도에게 속한 자라"고 주장하는 사람들도 있었다(1:12). 초기 기독교 내에서 서로 경쟁을 하는 파당들의 대표로 이 집단들에 대해 많은 연구가 기울여져 왔다. 예를 들어 이방인 그리스도인들에 대립하는 유대인 그리스도인들과 같은 파당이다. 그러나 고린도 서신은 그런 가정들을 거의 뒷받침하지 않는다. 지도자들간의 분쟁이 명백하게 나타나는 고린도후서에서 조차도 다른 파당들에 대한 묘사를 하는 가르침은 보이지 않는다. 바울은 분명하게 바울 집단에 동조하지 않고, 공동체 전체의 스승으로 자신의 역할을 역설하며 그런 집단들을 완전히 배격한다(4:14-21). 사실상 당파들은 고린도전서가 쓰여져야 했던 상황들에 의해 저절로 만들어졌을 것이다.

정경의 수집에는 고린도인들에게 보낸 이 두 서신이 포함된다. 그러나 고린도 교회와 바울의 서신 왕래는 훨씬 더 많았다. 그가 고린도 교회와 주고받은 서신은 4편 또는 그 이상일 수도 있다. (1) 바울은 고린도전서 5:9에서(현재 사라졌거나 또는 어떤 사람들이 생각하는 바와 같이 고린도후서 6:14-7:1에서 발견되는) 이전의 서신을 언급한다. (2) 고린도전서 7:1에서 그는 고린도인들에 자신에게 많은 질문들을 하며 써 보낸 편지를 언급한다. (3) 그는 그들의 질문들과 고린도 교회의 다른 문제들에 대한 응답으로 고린도전서를 써 보냈다—고린도전서의 통일성은 때로 의문시되지만 근거가 없는 의문이다.(4) 고린도후서 2:4에서 바울은 현재 사라졌거나 또는 고린도후서 10장에서 발견되거나, 또는 단순하게 고린도전서와 동일한 "눈물의 편지"를 언급한다.(5) 그는 고린도후서를 썼다. 고린도후서는 문학적으로 단일 작품이 아니라 몇몇 기록들을 편집한 합성일지 모른다. 이 배열의 가장 의미심장한 면은 이 배열이 제시하는 증거이다. 이 증거는 바울과 바울의 대리인들의 잦았던 개인적인 방문들에 의해 자신이 세운 공동체들에 대한 바울의 면밀하고 세심한 관심을 확인해 준다. 고린도 서신이 특별히 생기에 넘치는 것은 우연이 아니다. 왜냐하면 고린도 서신을 낳은 그 관계가 진정으로 살아 있는 관계였기 때문이다.

고린도전서

바울이 고린도를 떠난 후, 공동체의 한계성들의 지속에 대한 문제들이 발전했다. 고린도 교회의 일부 사람들은 과거에 자신들이 가졌던 교제와 관행들을 계속해도 된다고 생각했다. 부도덕한 사람들과 교제하지 말라고 경고하는 첫번째 기록을 바울이 써 보낸 후에도(고전 5:9), 상황은 해결되지 않았다. 도덕적 행동에 대한 다른 접근들로 인해 공동체 내의 관계들이 긴장되었다. 이 시점에 몇몇 사람들이 바울의 조언을 구했다(7:1을 보라). 그러나 바울의 조언을 구하자는 이 제안이 만장일치의 찬성을 얻은 것은 아니었다. 왜 바울에게 의존을 해야 하는가? 바울이 무슨 권위를 갖고 있는가? 바울도 게바와 같은 사도인가?(1:12, 9:5) 아니면 아볼로와 같은 위대한 전도자인가?(1:12, 2:1). 왜 그들에게 지도를 받아야 하는가? 분명한 조언에 대한 필요성은 이미 잠재해 있던 충성과 불만들을 공공연하게 드러나게 했다.

적어도 고린도 공동체의 일부 사람들은 논쟁되고 있는 문제들에 대한 조언을 구하는 편지를 바울에게 보내기로 결정했다. 아마 이 편지는 스데바나와 브드나도와 아가이고에 의해 전달되었거나(16:17), 아니면 글로에의 종들에 의해 전달되었을 것이다(1:11). 어떤 경우이든지 간에 "글로에의 집" 사람들은 바울에게 더 자세한 소식을 전했다. 즉 어떤 사람들은 극악한 죄를 짓고 있고, 어떤 사람들은 공동체 내의 다른 사람들에 대해 소송을 하고 있고, 또 어떤 사람들은 바울이 자신들을 가르치는 권위에 의문을 제기하고 있다는 소식들이었다. 그러므로 만일 바울이 그들을 교훈하고 그들의 비뚤어진 인식들을 바로잡고자 한다면, 먼저 이 공동체의 창설자로서 자신의 신용을 재확립하지 않으면 안되었다.

고린도전서의 개요는 사건들의 순서와 일치한다. 문안과(1:1-3) 감사를 (1:4-9) 한 다음에, 바울은 곧바로 공동체 내의 분열 문제로 주의를 돌리고, 그들에게 자신의 가르치는 권위를 강력하게 상기시킨다(1-4장). 그 다음에 그는 자신에게 구두로 보고된 문제들, 즉 성적 부도덕과 이교도의 법정에 소송을 하는 문제를 다룬다(5-6장). 이어 바울은 그들의 편지에 제출된 문제들을 차례로 다룬다. 즉 독신과 혼인 문제(7장), 우상에게 받쳤던 음식 문제(8-10장), 예배의 문제들(11-14장)이다. 15장에서 바울은 특별한 문제에 대한 그의 처리를 뒷받침하는 부활에 대해 신학적으로 가르친다. 그리고 마지막으로, 바울은 자신의 개인적인 계획, 예루살렘의 성도들을 위해 돈을 모금하는 일을 말한다(16:1-4).

하나님의 교회(고린도전서 1-4)

바울은 문안에서 이미 고린도인들을 향한 자신의 기본적 메시지를 예시한다. 그들은 "그리스도 예수 안에서 거룩하여지고 성도라 부르심을 입은 자들이다"(1:2). 본 서신 전체를 통해, 바울은 그들의 은사들을 긍정하지만 그 은사들에는 위임이 포함되어 있음을 강조한다. 즉 그 은사들에 생명력을 부여하는 성령께서 그들의 변화도 인도하셔야 한다는 것이다. 마찬가지로 감사에서도, 바울은 그들이 말과 지식의 모든 신령한 방식에 있어 "풍족"해졌다고 인정한다. 그 다음에 그는 그들 중에 "견고케" 된 은사가 끝까지(또는 그들이 완전하게 되기까지) 견고케 남아 있고, 또한 "책망할 것이 없이" 남아 있기를 기도한다(1:4-8). 이 종말론적 언급은 의도적이다. 즉 하나님의 나라는 아직 완전히 이루어지지 않았고, 따라서 그들은 계속 완전해질 수 있다는 것이다. 4:8에서 바울이 고린도인들에게 "너희가 이미 배부르며 이미 부요하며 우리 없이 왕 노릇 하였도다"라고 말할 때, 그는 빈정대는 말을 하고 있는 것이다. 즉 그들의 "다스림"은 착각이라는 것이다. 이 감사의 마지막 절은 바른 시각을 제시한다. 즉 그들은 예수님과의 교제로 부르심을 받았다는 것이다. 그들의 소명이나 성장은 그들 자신이 하는 일이 아니라, 모두 미쁘신 하나님의 역사이다(1:9). 예수님과의 교제는 예수님의 척도에 순응을 의미한다. 그리고 이 순응이 이루어지는 곳이 바로 하나님의 교회이다.

비록 그들은 예수님과의 교제(koinonia)로 부르심을 받았지만, 파당으로 인해 사실상 단결을 파괴하고 있었다. 그러므로 바울은 그들에게 같은 마음(nous)과 같은 뜻(gnōmē)을 갖으라고 권고한다(1:10). 바울이 여기에서 의미하는 바는 만장 일치 이상이다. 그들이 가져야 하는 같은 마음은 그들이 결합된 분에 의해 형성되는 마음이니, 곧 그들은 "그리스도의 마음"을 가져야 한다(2:16). 그들의 당파심은 그리스도를 나누는 것이다(1:13). 파당과 경쟁은 사람들이 자신들의 지식이나 능력, 또는 명성으로 스스로를 규정하는 인간적인 모임들의 특징이다. 그러나 하나님의 교회에서 그러한 척도는 적용되지 않는다.

그들의 소명은 후원자나 비법 전수자에 대한 충성을 요구하는 어떤 클럽이나 제식적인 연합의 초청이 아니다(1:13-14를 보라). 그런 것은 복음의 인식이 아니라 세상의 인식이다. 고린도인들은 선천적인 재능이나 선입적인 애호와는 무관한 초청과 명령으로 하나님의 집회(ekklēsia)에 부르심을 받았다. 하나님의 부르심은 인간의 신분을 초월하며(1:26), 인간의 힘을 능가하며(1:26), 인간의 지혜를 좌절시킨다(1:18). 하나님의 부르심은 모든 인간적인 표준들을 뒤지어 엎는 부르심이다. 왜냐하면 하나님의 부르심은 인간적인 웅변술의 설득력에 기초를 두지 않고 십자가의 전도에 기초되기 때문이다(1:17). 교회의 정체성은 유대인에게는 거리낌이며 이방인에게는 미련하게 보이는 분에 의해 특징지워지는 것이다(1:18-23). 이 초청을 받아들이는 것도 "하나님의 능력이요 하나님의 지혜"이신 분을 위해 세상의 척도를 부적절한 것으로 간주하는 것을 의미한다(1:24).

그러므로 교회에서의 생활은 모든 현실을 새로운 방법으로 판단하는 것을 의미한다. 즉 "이 세상의 지혜"(2:6)로 판단하는 것이 아니라, "하나님의 지혜"(2:7)로 판단하는 것이다. 이 지혜는 비의(秘儀)적인 우주의 실체들에 대한 계시가 아니라 성령의 사람들 중에서 역사하시는 방법에 대한 심오한 지식이다(2:12). 영적인 실체들을 자기 강화의 수단으로 사용하는 자들은 사실상 신령한 사람들이 아니라 미성숙한 자들이다(3:1). 진실로 "그리스도의 마음"(2:16)을 소유하고 하나님의 깊은 것까지도 통달한 사람들은(2:10) 세상에 하나님의 공동체를 세우기 위해 은사들을 적절하게 사용하는 법을 배운 사람들이다.

바울과 아볼로는 경쟁자가 되기는커녕, 함께 고린도인들이 공동체를 향해 가져야 할 태도들의 모범을 보였다. 그들은 각각 주님에 의해 구별된 기능을 받았다. 그러나 두 사람은 모두 자라게 하신 분은 하나님이시라는 사실(3:6)을 알고, 스스로를 노력하고 공동으로 일하는 종들이며(3:5) 동역자(3:9)로 여겼다. 그러므로 고린도인들도 모든 것이 그들에게 은사로 주어졌다는 사실(4:7)을 망각하지 않기 위해 "서로 대적하여 교만한 마음을 먹지 말아야" 할 것이다(4:6). 만일 그들이 교회를 마치 단순한 인간의 단체로 취급한다면, 그들은 하나님의 성전을 더럽히고 파괴하는 자들이다. 왜냐하면 이 공동체는 계약에 의해 사는 것이 아니라 성령의 생기로 살고 있기 때문이다(3:16-17). 그러므로 바울은 다음과 같이 결론을 내린다(3:21-23):

> 그런즉 누구든지 사람을 자랑하지 말라 만물이 다 너희 것임이라 바울이나 아볼로나 게바나 세계나 생명이나 사망이나 지금 것이나 장래 것이나 다 너희의 것이요 너희는 그리스도의 것이요 그리스도는 하나님의 것이니라

비록 바울은 종이요 일꾼에 불과하지만 그는 고린도 공동체에서 특별한 역할을 부여받았다. 그의 과제는 "심고"(3:6) 터를 닦는 것이다(3:10). 바울은 교육자 이상이다. 바울은 복음 전도를 통해 이 공동체를 탄생시켰기 때문에, 고린도 공동체의 아버지로 간주될 자격이 있다(4:15). 그리고 아버지로서 이 공동체를 도덕적으로 교육하는 것이 그가 맡은 책임이다. 그러므로 바울은 고린도인들의 거리낌에도 불구하고, 말씀과 자산의 모범으로 그들을 가르칠 것이다. "그러므로 내가 너희에게 권하노니 너희는 나를 본받는 자 되라"(4:16).

세상 속에서의 교회(고린도전서 5-10장)

이원론적 사회에서의 생활이라는 매우 현실적인 문제들에 "그리스도의 마음"이 적용되어야 한다. 디아스포라의 유대인들과 마찬가지로, 고린도인들은 분리와 융합이라는 변동 가운데 끌어들여졌다. 바울은 세상의 가치관들로부터 구별될 필요성을 역설한다. 내부와 외부 사이에는 실제적인 경계가 있지 않으면 안 된다. 그러나 바울은 사회로부터 대안적인 조직으로 물러나야 할 필요성을 부정한다. 교회는 거룩해야 한다. 그렇지 않으면 교회는 하나님의 백성이 아니라 세상의 한 부분일 뿐이다. 그러나 교회의 거룩이란 세상의 구조로부터 달아나는 것

에 있는 것이 아니라 세상의 여러 구조들 가운데 하나의 삶의 특성으로 발견되는 것이다. 바울은 지시의 단계에서 상당히 모호한 채로 내버려둔다. 그 이유는 고린도인들이 생각하는 법을 배우기 원했기 때문이다. 그들은 사회와 공동체의 상황 내에서 자신들의 은사를 이해해야 했다(2:12).

바울의 충고는 고린도 회중 내의 두 극단적인 경향 사이의 극미한 공간에서 이루어져야 했다. 이 두 극단은 모두 다의성(多義性)과 사고하는 것을 싫어했고 규범들을 표어로 축소시켜 버렸다. 어떤 사람들은 바울이 전한 자유의 복음을 도덕률 폐기론으로까지 몰고 갔다, 즉 "모든 것이 내게 가하다"고 그들은 주장했다(6:12). 그들에게 있어 영적 신분은 확고하고 논쟁의 여지가 없는 것이었다. 반면에 물질과 사회적 현실들은 전혀 무의미한 것이었다. 그들은 "식물은 배를 위한 것이고 배는 식물을 위한 것이다"라고 주장했다(6:13). 그들은 자신들의 지식을 크게 중요시했다. "우리가 다 지식이 있다"고 그들은 자만하며(8:1), 자신들의 영적 상태는 모든 세상일들에 무차별적으로 관여할 수 있을 정도로 충분하고 확고하다고 생각했다. 바울은 그들을 강한 자들이라고 칭한다(4:10, 10:22). 그들은 오만했고 약한 자들, 즉 자신들의 신분을 지키기 위해 행동 규범에 대해 마음을 졸이는 사람들을 경멸하는 경향이 있었다(8:7-10). 약한 사람들은 그리스도인이라는 신분이 깨어지기 쉬운 것이고 사회의 관습들과는 다른 명확한 관습들을 요구하는 것이라고 확신하고 있었다. 그들에게 있어 성행위는 철저하게 구별되어야 하는 것이었다: 즉 "남자가 여자를 가까이 아니함이 좋다"는 것이었다(7:1). 먹고 마시는 것도 타락을 시킬 수 있다고 생각했다. 이교도의 관습들에 접촉하지 않기 위해 규정식을 지키는 것이 바람직하다고 그들은 생각했다(10:28).

바울은 지적으로는 강한 자들의 입장에 동의한다. 바울의 성향은 언제나 자유였다. 그러나 이 자유 또는 능력(exusia)에 대한 바울의 이해는 달랐다. 만일 어떤 사람의 그리스도인으로서의 신분이 확고하다면, 그렇게 확고하게 된 원인이 그 자신의 업적들에 기초된 것이 아니라 하나님에 그 근거를 두고 있기 때문이다(1:6). 그리스도인들이 하나님을 안 것이 아니라 하나님께서 그들을 아시고, 그로 말미암아 자유를 부여받게 된 것이다(8:1-3, 13:12). 이런 의미에 있어, "식물은 우리를 하나님 앞에 세우지 못한다"(8:8). 그러나 강한 자들은 인간 실존의 사회적 차원들에 대해 고지식했다. 영적 생활은 분명히 육체적으로 복잡하게 얽혀져 있다. 실제로 그들의 자랑하는 자유와 지식은 다른 사람들에 대한 무시로 나타났다. 그들은 영적 유아론자(唯我論者)들이 되었고 자신들이 한 공동체의 부분이라는 사실을 망각했다. 그러나 그들은 자신의 우월함을 자랑하기보다는 약한 자들을 세워 주는 사람들이 되어야 하는 것이었다. 바울은 언제나 공동체에 초점을 맞춘다. 성령의 으뜸가는 은사는 사랑이다(13:1-13). 사랑의 주된 표현은 믿음과 이해 가운데 다른 사람을 세워 주는 것(oikodomē)이다. (8:1, 10, 10:23, 14:3, 12).

교회의 거룩(5:1-6:20)

바울이 글로에의 집사람들에게 보고받은 문제들로 방향을 돌릴 때, 그의 기본 원칙들은 명백하다. 교회는 완전성을 유지해야 한다. 그들은 "주 예수 그리스도의 이름과 우리 하나님의 성령 안에서 씻음과 거룩함과 의롭다 하심을 얻었기" 때문에(6:11 하반절), 더 이상 과거의 기준들에 의해 살 수 없다(6:9-11 상반절). 그러나 만일 그들이 세상으로부터 완전히 벗어날 수 없다면—바울이 추천하지 않는 선택—그들은 그들의 인식을 공유하지 않는 사람들과 교제를 계속하지 않을 수 없다(5:9-10). 그러므로 교회는 내적인 삶에 있어 분별력을 사용해야 한다. 교회의 과제는 사도들을 판단하거나(4:3-5) 외부인들을 판단하는 것이 아니다. 그런 판단은 하나님께서 하시는 일이다(5:13). 그들은 자신들과 자신들의 삶의 질을 함께 판단해야 한다(5:12). 그들은 다른 것들을 평가하고 있는 동안, 공동체로서 자신들에 대한 비평적인 자각을 느슨하게 만들고 말았다(6:2-5).

고린도 교회는 어떻게 약해지고 있었는가? 세상과 교회 사이의 경계들이 무너지고 있었다. 지체들이 서로를 이교도 법정에 고소했다(6:1-5). 이러한 소송은 공동체 정신—다른 사람을 속이는 것보다는 속임을 당하는 것이 더 낫다—에 반할 뿐만 아니라, 공동체 내에서 판단을 해야 하는 의무를 포기하는 것이었다. 모든 문제들은 공동체 내에서 해결해야 하는 것이었다(6:2). 교회가 근친 상간을 범한 자와 계속 교제하는 것을 허용하는 것을 마다하지 않음으로 세상과 교회의 경계들이 사실상 파괴되어 버렸다(5:1-2). 이 거룩한 교회가 심지어 이교도들도 혐오하는 행동을 허용한 것이었다(5:1). 고린도의 공동체가 기본적인 자제권도 행사하지 않았기 때문에, 바울은 그 사람 자신을 위하여(5:5), 그리고 공동체가 흠이 없기 위하여 악을 행한 자를 파문하라고 명한다(5:1). "묵은 누룩을 내어 버리라"(5:7). 세상의 기준들과의 구별을 그와 같이 유지하지 못하는 교회가 사도들을 판단하는 것은 진실로 건방지고 오만한 일이라고 바울은 말한다(5:2).

따라서 기독교회 내의 자유는 몇 가지 면에 있어 제한적이다. 첫번째 제한은 자유를 행사하는 적절성에 의해 확인된다. 악덕에 종노릇을 하게 하는 자유는 하나님으로부터 오는 자유가 아니다(6:12). 또 한 가지 제한은 우리의 육체적 실존으로 말미암는 것이다. 육체의 성향은 심각하게 다루지 않으면 안되는 새로운 영적 결합들을 만든다. 성은 음식과 같은 것이 아니다. 왜냐하면 성은 인간 의도의 보다 깊은 수준을 요구하기 때문이다. 창기와의 성적 결합이 악한 이유는 그것이 육체적으로 오염을 시키기 때문이 아니라 성의 핵심인 육체와 영의 주고받음을 모조하고 가장하기 때문이다. 즉 비정상적인 성적 결합에서 "영"의 헌신이 없이 "한 몸"이 되기 때문이다.

바울에게 있어 그리스도인의 자유는 주님과의 관계에 의해 모든 것이 결정된다. 그리스도인들은 이미 성령을 통해 주님과 하나가 되었다(6:17). 그러므로 그리스도인들은 그 관계에 어울리는 방식으로 자신들의 육체를 사용해야 한다. 그리스도인들의 몸은 자신들의 것이 아니라 주님의 선물로 살고 있는 것이다(6:20). 고린도인들에게 그들의 몸이 "성령의 성전"이라고 말할 때, 바울은 그리스도인의 행동에 있어 두 가지 근본적인 좌표를 확립한다. 첫째는 주님과의 가장 중요한 관계이다. 그리스도인은 주님에 의해 성령께서 은사로 주신 삶을 살고 있다. 둘째는 공동체를 이루는 여러 관계들의 망상 조직이다(6:19). 바울은 육체의 생존을 영적 생활과 무관계한 것으로 간주하기는커녕, 육체의 생존에 긍정적인 기능을 부여한다. "너희 몸으로 하나님께 영광을 돌리라"(6:20). 이 말은 상호 보강을 하는 두 가지 의미로 이해될 수 있다. 즉 " 너희 개인적인 육체의 생활로 하나님께 영광을 돌리라" 것과 " 너희 공동체인 그 몸으로 하나님께 영광을 돌리라"는 의미이다.

결혼과 독신, 하나님의 은사(7:1 – 40)

바울은 고린도 공동체의 질문들을 다룸에 있어, 슬로건을 내세우는 사람들이 원하는 바를 처리해야 했다. 즉 그는 구별을 지어야 했던 것이다. 바울은 그들의 슬로건으로 시작을 한다. "남자는 여자를 가까이 아니함이 좋다"(7:1). 어떤 표준에 있어서 바울은 이 슬로건에 동의한다. 그러나 그의 동의는 독신 생활로 구분을 지으려고 하는 고린도인들과는 다른 이유 때문이다. 바울의 부분적인 동의는 그가 전체적인 논의에서 제시하는 종말론적 시각으로부터 나온 것이다. "이 세상의 형적은 지나감이니라"(7:31)라고 말 할 때, 그는 단지 "때가 단축하여진고로"(7:29)라는 시간적인 진술만을 하는 것이 아니라, "모든 피조물은 불확정하고, 따라서 덧없는 것이다"라는 가치론적 진술도 하고 있는 것이다. 그리스도인들은 세상의 구성에 관여하면서도 분리된 사람과 같이 살아야 한다. 그리스도인들은 세상의 일들을 피할 수 없다. 그러나 또한 그리스도인들은 세상의 일들을 영원하거나 궁극적인 것처럼 취급할 수도 없다. 그리스도인들은 세상의 여러 가지 일들 중에서 마치 "없는 자같이"(9:29-31) 살아야 한다. 이것은 누구에게나 어려운 일이지만, 특별히 단순한 해답들에 끌리는 사람들에게 있어 어려운 일이다. 그러나 바울은 단순한 해답을 거부한다. 그는 자신의 독자들에게 하나님의 나라에서의 성생활에 대해 진지한 숙고를 하라고 강력하게 권한다.

바울의 첫번째 그리고 가장 중요한 조치는 하나님의 소명과 생활의 다른 여러 가지 상태들을 구분하는 것이다(7:17-24). 모든 인간들이 하나님에 의해 부르심을 받기 때문에, 삶의 자리는 인간의 응답을 방해하거나 부추기거나 할 수 없다. 남자나 여자, 유대인이나 헬라인, 종이나 자유인, 모두 의의 생활로 부르심을 받는다. 그러므로 성적 차이, 사회적 차이, 또는 인종적 차이가 하나님 앞에서는 문제가 될 수 없다. 그러므로 교회에 있어, 삶의 자리들은 철저하게 아디아포라(adiaphora)이다. 즉 교회에 있어 삶의 자리들은 본질적인 것이 아니며 자유 선택의 문제로 이해될 수 있는 것이다. 바울은 삶의 자리들을 각 사람의 기질과 재능과 조화하는 은사들로 생각한다. 모든 은사들이나 마찬가지로, 삶의 자리들도 자기 만족을 위한 것이 아니라 공동체 전체의 유익을 위한 것이다. 결혼과 독신은 모두 공동의 복리를 위해 정해진 하나님의 은사이다. "각각 하나님께 받은 자기의 은사가 있으니 하나는 이러하고 하나는 저러하니라"(7:7).

독신 생활에 바울의 개인적인 선호는 육체적인 일들이나 생식에 대한 이원론적인 혐오를 반영하는 것이 아니다. 그는 독신을 고유적으로 우월한 생활 방식으로 제시하지 않는다. 독신이 적절한 이유는 세상에 있어 교회의 상황 때문이다. 바울은 환난의 시기에 결혼을 한 사람들이 배우자와 자녀들에 대한 보호 의

무와 주님을 위한 사역 사이에서 불안의 고통을 받는다고 생각했다. 이러한 상황에서 독신은 기능적으로 유리하다. 독신 생활을 하는 사람은 자유롭게 공동체를 위해 봉사를 할 수 있는 것이다.

그러나 모든 사람이 독신의 은사를 갖고 있는 것이 아니다. 따라서 결혼도 동등하게 가치가 있는 것이다. 바울은 결혼을 해야 하는 두 가지 소극적인 이유를 말한다. 성적 부도덕에 빠지는 독신자들(7:2), 또는 정욕에 너무 마음을 빼앗겨, 안정이 안되는 독신자들은 마땅히 결혼을 하는 것이 좋다(7:9). 그런 사람들에게 있어, 독신은 그 목적을 상실한 것이다. 또한 바울은 결혼 관계가 건설적인 공동체의 기능을 갖고 있다고 본다. 결혼은 약정 이상이다. 즉 결혼은 완전하게 성적인 약속 관계이다. 남편과 아내의 몸은 서로 상대방에게 속한 것이다(6:19를 보라). 따라서 부부의 금욕 생활은 기도의 집중을 하기 위해 일시적으로 해야만 한다(7:2-4). 창기와의 성관계가 부정적인 영적 함축들을 가지고 있는 것과 똑같이(6:16), 남편과 아내의 성적 결합은 긍정적인 영적 함축들을 갖고 있다. 부부는 서로를 거룩하게 할 수 있고 또한 자녀들도 거룩하게 할 수 있다(7:14). 결혼은 하나님과의 언약만큼 중대하다. 따라서 이혼은 있을 수 없다(7:10). 유일한 예외는 자유로운 별거이다. 이 별거는 만일 부부간에 근본적으로 영적 불화가 있을 때 그들을 평화롭게 생활하게 할 수 있는 것이다(7:15).

바울은 그의 논의 각 단계에서 호소하는 권위에 대해 주의 깊게 언급한다. 예를 들어 7:10에 나오는 이혼에 대한 금지는 주님의 명령에 의해 뒷받침을 받고 있고(막 10:11, 마 5:32, 19:9, 눅 16:18), 다른 신앙을 갖고 있는 남녀간의 결혼에 대한 문제들은 바울 자신의 사려로 대답하는 것이다(7:12). 바울은 미혼자들에 대해서는 명령을 하지 않고 단지 조언만을 한다(7:25). 또한 과부들에 대해서도 명령을 하지 않고 "하나님의 영"을 받은 사람의 충고를 한다(7:39-40).

양심과 자유: 우상 제물을 먹는 문제(8:1-11:1)

고기는 제1세기의 평민들이 먹는 일상 식품이었다. 고기를 사려고 하는 사람들에게 있어, 가장 접근하기 좋은 장소는 이교도 신전들과 연결된 고기 시장이었다. 우상 신전들에서, 사람들은 고기 요리들을 포함한 축제 음식들을 먹을 수 있었다. 그러나 기독교로의 개종은 "우상을 버리고 하나님께로 돌아와서 사시고 참되신 하나님을 섬기는" 것이었다(살전 1:9를 보라). 고린도의 그리스도인들이 어떻게 계속 우상 숭배와 관계를 가졌을까? 또한 그들이 어떻게 우상 숭배를 피할 수 있었을까? 고린도 교회의 보다 부유하고 사회적으로 보다 활동적인 교인들은 우상 신전의 음식들을 피할 때, 심각한 불이익을 받을 수 있었다. 왜냐하면 이런 음식들을 먹는 것은 시민으로서의 의무를 포함하는 것이었기 때문이다. 그리스도인들은 부도덕들을 끊어야 하는 것처럼 고기를 먹는 일도 완전히 끊어야 하는가? 아니면 우상 숭배의 오염으로부터 정결함을 보장하기 위해 자체의 고기 시장을 운영해야 하는가?

일부 "강한" 고린도인들은 우상들은 실재하는 것이 아니므로 이 순전히 사회적인 관계들에 참여하는 것으로 해를 받지 않는다고 주장했다. 그러나 "약한" 사람들은 그런 접촉들이 해가 없다고 확신할 수 없었다. 그들은 그런 접촉이 우상 숭배와 한 패가 되는 것으로 보았다. 그들의 갈등 근저에는 기독교 공동체 내에서의 적법한 다수의 관행, 그리고 바른 지식과 사랑에 대한 상대적인 중요성이라는 문제가 존재했다. 바울의 논증에는 네 가지 주요 단계들이 나타난다.

제1단계: 최초의 구별(8:1-13). 곧바로 바울은 "교만하게 하는"("자랑하다"와 동의어, 4:6, 18, 19, 5:2, 13:4) 지식과 "덕을 세우는" 사랑을 구별한다(8:1). 그의 전체 논증은 이 구별에 의해 지배된다. 바울에게 있어, 공동체가 느끼지 못하는 이론적인 정확성은 무용한 것이었다. 개념적으로, 바울은 강한 자들에 동의한다. 즉 세상에는 한 분 하나님 외에 궁극적인 능력이 존재하지 않는다(8:4-6). 우상들은 인간의 고안한 것에 지나지 않는다. 그러나 이 지식은 이 사실을 확신할 수 없는 사람에게 아무런 가치도 갖지 못한다. 바울은 도덕적 선택에 있어 개인의 양심이 가장 중요하다고 역설한다. 만일 교회의 어떤 사람들이 우상이 실재한다고 생각하고 우상의 제물을 먹는 것이 그 실재를 인정하는 것이라고 생각한다면, 그들에게 있어 우상의 제물인 고기를 먹는 것은 유해하다. 그들이 진실로 나쁘다고 생각하는 일을 행할 때 그들의 양심이 부정해지는 것이다.

여기에서 강한 자들에게 요구되는 의무는 무엇인가? 바울은 다시 그들의 기본적인 이해에 동의를 한다. 비록 그들의 이 입장을 일부 사람들이 왜곡하고 있지만(6:13을 보라), 먹고 마시는 것은 그 자체적으로는 하나님과 우리의 관계에 결정력을 갖지 못한다(8:8). 그러나 이 지식이 주는 자유(또는 "능력" exousia)를 약한 사람들에게 "거치는 것"(1:23)으로 사용해서는 안된다(8:9). 그리스도께서는 강한 자들과 약한 자들에게 똑같이 관계하신다(8:11-12). 그러므로 강한 자들은 다른 사람들을 위해 자신들의 자유를 제한해야 한다. 약한 사람을 위해 강한 입장을 기꺼이 포기하는 것 그것이 십자가에 달리신 메시아의 복음을 요약하는 행동 형태이며(1:17-25를 보라), 바울 자신이 모범을 보인 행동 형태이다(8:13).

제2단계: 사도의 모범(9:1-27). 바울은 이 모범이 자신의 사도적인 귀감 형태에서 어떻게 나타나는지 보여준다. 그도 엑수시아(exousia)를 갖고 있다. 그는 예수님을 본 사람이다. 그는 사도이다(9:1-2). 그는 음식을 공급받을 "권리," 아내를 데리고 다닐 "권리," 그리고 자신의 사역을 위한 후원을 받을 "권리"를 갖고 있다(9:3-7). 이런 권리들은 모세 율법에 의해(9:8-11), 이스라엘의 관습에 의해(9:13) 명기된 것이고 예수님 자신에 의해 재가된 것이다. "복음 전하는 자들이 복음으로 말미암아 살리라"(9:14, 참조. 눅 10:7, 딤전 5:18). 그러나 바울은 복음 전파에 장애가 되지 않기 위해, 이 엑수시아를 사용하지 않았다(9:12-18). 그의 자유는 다른 사람들에게 "거리끼는 것"(scandalon)이 되지 않았다. 바울은 다른 사람들을 섬기기 위해 비운 능력의 모범이었다. 그는 이 모범을 모든 사람들에게 유용한 것으로 확대한다. "내가 여러 모양이 된 것은 아무쪼록 몇몇 사람들을 구원코자 함이니"(9:22). 바울은 자신의 사역을 "다른 사람들을 위한 삶"으로 본다. 바울은 이렇게 그리스도인들의 생활이 경쟁적으로 권리를 주장하는 생활이 아니라 온전히 서로 섬기는 삶이 되어야 한다는 사실을 모범으로 가르친다(4:16을 보라).

제3단계: 모세 율법의 경고(10:1-13). 고린도인들은 또 한 가지의 모범을 고려해야 했다. 곧 이 단순한 문제 이상의 문제와 관련된 모범이었다. 모세 오경에 나오는 출애굽과 광야의 기사들에 대한 미드라쉬에서(출 14-34, 민 11-20을 보라), 바울은 고린도의 그리스도인들을 광야의 이스라엘에 비교한다. 그는 이 옛 기사를 그들 자신의 기사로 고려하라고 경고한다. 고린도인들과 마찬가지로 이 옛 세대도 하나님에게 큰 은사들을 받았다.(10:1-5, 참조 1:5-7). 그러나 그 큰 은사들에도 불구하고, 광야의 세대는 멸망을 받았다(10:5). 바울은 그것들을 경고라고 말한다. 즉 그들에게 일어난 일은 현 세대가 직면하고 있는 위험들의 거울이라는 것이다(10:6). 진실로 이 기록은 그와 같은 실례들을 보여주기 위해 쓰여졌다(10:11). 왜 이스라엘은 그 은사들에도 불구하고 하나님의 은총으로부터 전락해 버렸을까? 그 이유는 이스라엘이 그 소명에 신실하지 못했기 때문이었다. 이스라엘은 자신의 신분에 마땅한 생활을 하지 않았다. 이스라엘 백성들은 우상을 숭배했고(출 32:6), 성적으로 부도덕했다(민 25:1-3). 그들은 주님을 시험하였고(민 21:5) 원망을 했다(민 14:2). 여기에는 강한 자들과 약한 자들 모두를 위한 교훈이 있다. 강한 자들을 위한 경고는 "선 줄로 생각하는 자는 넘어질까 조심하라"(10:12)는 것이고, 약한 자들을 위한 위로는 "사람이 감당할 시험밖에는 너희에게 당한 것이 없나니 오직 하나님은 미쁘사 너희가 감당치 못할 시험 당함을 허락지 아니하시고 시험 당할 즈음에 또한 피할 길을 내사 너희로 능히 감당하게 하시느니라"는 것이다(10:13).

제4단계: 자유는 덕을 세우기 위한 것이다(10:14-11:1). 이제 바울은 우상 신전들에서의 친교 회식이라는 주제로 방향을 돌린다. 그는 지식을 가지고 있는 사람들에게 "우상 숭배하는 일을 피하라"고 경고한다(10:14). 그들이 예상치 못했거나 통제할 수 없는 방식으로 우상 숭배에 휘말릴 수 있기 때문이다. 바울은 육체적인 참여만으로도 영적인 올무에 얽히는 결과가 될 수 있다고 말한다. 그의 주장하는 바는 무엇인가? 예수님의 살과 피에 참여함을 수반하는 성찬을 나눔을 생각해 보라는 것이다(10:16-17). 우상의 상에서 음식을 먹음으로 그 배경에서 활동하는 영적인 악한 세력들에 휘말릴 수 있다. 우상들은 실재하지 않을지 모른다. 그러나 우상 숭배의 특징인 왜곡된 영적 환경은(참조. 롬 1:18-32) 실재하며 위험하다. 우상 신전에서 벌어지는 친교의 식사에 참여하는 자들은 자기도 모르게 귀신들의 협력자가 될 수 있다(10:20-21).

바울은 강한 양심의 필수적인 자유를 다시 옹호한다. 타인의 생각에 따라 좌우되어서는 안되고, 자신의 지식에 따른 판단에 의해 지배를 받아야 한다(10:25-27, 29-30). 그리고 만일 상황이 허락한다면, 그 판단에 따라 행동해야 한다. 그러나 만일 이웃의 유익이 관련되어 있다면, 그의 자유는 조절되어야 한다. "누구든지 자기의 유익을 구치 말고 남의 유익을 구하라"(10:24). 이런 이웃을 섬김은 자신의 권리들을 부정하는 것이 아니라, 덕을 세우기 위해(10:23) 약한 형제나 자매를 위하여(10:28-29) 자신을 비우는 것이다. 바울은 모든 일을 하나님의 위해 하라는 단순한 권고로 자신의 논증을 끝맺는다(10:31, 참조. 6:20). 이러한 행함은 자신의 유익보다 다른 사람들의 유익을 구함에 의해 가장 명확하게 나타나는 것이다. 고린도인들은 바울에게서 이런 행함의 모범, 그리고 또한 훨씬 더 근본적인 귀감의 지시를 발견할 수 있었다. "내가 그리스도를 본받는 자 된 것같이 너희는 나를 본받는 자 되라"(11:1).

교회 내의 세계(고린도전서 11-14장)

고린도인들이 세상을 다룸에 있어 그들을 나누었던 태도들은 공동 예배에도 영향을 끼쳤고, "교회에 모일 때에" 날카롭게 그 초점이 드러났다(11:18). 한 공동체의 정체성은 그 공동체의 공동 활동들에 의해 표현된다. 신령한 사람들(pneumatikoi)의 예배에서 그들의 육신적인(sarkikoi) 태도들이 드러난다(3:1-3을 보라).

고린도인들의 집회의 구조와 상황들은 재구성하기 어렵다. 우리는 적어도 고린도의 그리스도인들이 매 주일 첫 날에 함께 모였고(16:2), 아마 어떤 한 가정의 넓은 방에(11:22, 34) 모였을 것이라고 알고 있다. 그들은 주의 만찬(11:20)이라고 칭하는 의식적인 식사를 거행했다. 이 의식에서 축복의 잔과 떡을 뗌은 메시아의 살과 피에 참여하는 것(코이노니아)으로 간주되었다(10:16). 이 식사에는 최후의 만찬 때에 하신 예수님의 말씀들을 낭송하는 의식이 포함되었다(11:23-25). 우리는 이 의식적 행위가 악폐의 기회를 제공한 식사(11:21, 33-34)와 어떻게 관련되었는지 알지 못한다. 다양한 형태의 발언들을 수반했던 다른 의식적 활동들의 상황들을 단정하기는 더욱더 불가능하다. 그 다양한 형태의 발언들이란 가르치는 말씀(14:26), 예언(14:1), 방언(14:2), 방언 통역(14:13), 찬송, 계시, 기도(14:14, 26)이다.

이 고린도 회중이 유별나게 적극적이었고 아마 영적 언사들에 있어 엄청난 명성을 얻었던 것은 분명하다. 바울은 이 회중에게 지식과 구변의 은사에 부족함이 없음을 인정한다(1:5-7). 그러나 고린도인들의 은사들의 사용은 공동체의 덕을 세우는 수단이라기보다는 자기 지위를 증대하는 수단이었다. 이 세상적인 태도들이 하나님의 교회에 감염된 것이었다. 고린도 교인들은 "성령의 은사들"을 소유했으나 그 은사들이 나눔을 위한 것임을 가르치는 "주의 마음"의 보다 깊은 지혜를 나타내지 못했다(2:12-16).

그들은 공동체의 다른 사람들을 위한, 외부인들을 위한, 전체로서의 교회의 정체성을 위한 그들의 예배 의식적 행동의 함축들에 대해 마치 소경과 같이 행동했다. 우리는 이 논의에서 개인주의와 공동체 의식 간의 긴장, 그리고 열광과 전통 간의 긴장을 발견한다. 바울은 고린도인들을 바로 잡기 위하여 네 번씩이나 교회의 전통에 호소한다(11:16, 23, 14:33-36, 15:1-3). 그의 전통에 대한 호소가 특별히 인상적인 이유는 고린도인들의 지식들 중 일부가 분명히 바울 자신에게서 나온 것이기 때문이다. 다시 한 번 그는 활동(예를 들어 방언으로 말하는 것, 14:18)의 본질적인 가치를 역설하는 한편으로 그 활동에 대한 인식을 개인적인 차원에서 공동체의 차원으로 옮겨야 했다. 바울에게 있어 무엇보다 중대한 일은 이 사람 저 사람의 명성이 아니라 전체의 건강이었다. 고린도 교회의 교회로서 흠이 없는 완전성이 그의 관심 사항이었다. 이 사실은 또한 외부인들이 교회에 대해 갖는 인상을 바울이 주목하고 있음을 설명해 준다(14:20-25, 참조. 살전 4:12). 집회의 질서는 중요하다. 왜냐하면 공동체의 지속적인 안정이 집회의 질서에 따라 좌우되며 구속받지 않는 자발성이 포착하기 어렵게 미묘한 영적인 조작에 사로잡히는 결과로 이어질 수 있기 때문만이 아니라, 무엇보다도 모든 영적 은사들의 근원이 "어지러움의 하나님이 아니요 화평의 하나님"이시기 때문이다(14:33).

여인들의 기도와 예언(11:2-16)

이 단락의 유별난 복잡성과 혼란성은 그 자체가 이 단락의 해석에 있어 가장 중요한 실마리가 된다. 바울은 전통을 고수하라는 명령으로 시작을 한다(11:2). 그러나 이어 그는 그들이 알지 못하는 방법들을 시작한다. 즉 분명히 그를 감정적으로 괴롭혔던 일을 다루기 시작하는 것이다. 그는 여인들이 집회에서 예언을 하고 기도를 하는 방식에 문제를 제기한다. 이 문제는 분명히 고린도 집회에서 일어나고 있던 문제였다. 왜냐하면 단순한 억측을 놓고 여기에서 바울이 하는 것처럼 그렇게 험악하게 싸울 사람은 없을 것이기 때문이다. 14:34-36에서, 바울은 여인들이 집회에서 잠잠해야 한다고 말한다. 그러나 14:34-36은 문화적으로, 특별히 유대교에서 남성들과 관련된 활동인 가르치는 상황을 나타내는 것이다. 그러나 11장의 문제는 가르침에 대한 것이 아니라 기도와 예언이라는 선포의 은사들에 대한 것이다. 바울은 여인들이 이런 일들을 행하는 것에 대해 문제가 있다고 생각하지 않는다. 더구나 이 은사들은 성령으로부터 오는 것이다. 그러나 그들이 이런 일들을 행하는 방식이 그를 화나게 했다. 불행하게도 이 단락의 대부분이 그러한 것과 마찬가지로, 그들의 위반적인 방식의 정확한 본질은 분명하게 나타나지 않는다. 그들이 머리에 베일을 쓰지 않고 기도나 예언을 하였는지, 아니면 점술을 하는 여자 예언자들처럼, 말을 하는 동안 머리를 풀어 산발을 하였는지 정확하게 말할 수가 없다. 그러나 바울이 보기에, 사회적 예의 범절의 기본적인 상식의 선이 위배되었다. 그러나 그의 입장이 어떤 것인지 알기가 어렵다. 그들과 마찬가지로 바울은 그리스도 안에서는 남자나 여자 없이 다 하나라는 사실을 확신하고 있었고(갈 3:28), 또한 그는 예언자들에 대해 외면적인 강제 사항들을 정하고 싶어하지 않았다(14:32). 그러나 베일을 쓰지 않는 것이 불순종 또는 반항을 시사하였든지, 또는 산발을 하는 것이 이교도의 예언을 시사하는 것이었든지 간에, 하여튼 바울은 불안했다.

바울의 예배를 드리는 집회에서 질서와 예의 범절이 확립되기를 원했다. 그의 시대의 모든 사람과 마찬가지로, 바울도 사회적 질서가 우주의 질서와 직접적으로 연관되는 것으로 이해했다. 그러므로 계급 조직적으로 구성된 사회의 한 남성으로 바울은 일련의 논증을 제시할 수 있었다. 즉 여성, 남성, 그리스도의 질서 있는 계급 조직(11:3), 남성이 먼저이고 여성이 두번째인 창조의 질서(11:7-8), 예배에 있어 천사의 역할에 대한 모호한 언급(11:10), 그리고 헬라 문화의 사회적 감성들(11:5, 14-15)이다.

바울의 입장의 약점은 그가 제시하지 않을 수 없었던 논증들의 수, 그리고 그 논증들을 계속하여 수식해야 했던 필요성에 의해 나타난다. 예를 들어 사실상 바울은 그리스도 안에서 여성들이 필수적으로 남성들에게 종속된다고 믿지 않았다(참조. 11:11). 여기에서 그는 기독교의 제1원리에서 사회적 행동으로 이어지는 논증을 할 수 없었다. 왜냐하면 이 경우에 있어 사회적 규범은 기독교의 제1원리들과 아무런 관계가 없기 때문이었다. 이 문제는 단지 관습과 관습적인 인식의 문제에 불과했다. 결국 바울은 그에게 남은 유일한 논증이 이것이라는 사실을 인정한다. "변론하려는 태도를 가진 자가 있을지라도 우리에게나 하나님의 모든 교회에는 이런 규례가 없느니라"(11:16).

주의 만찬에서의 악폐들(11:17-34)

역시 여기에서도 문제의 정확한 본질은 명확하지 않다. 바울은 "먹을 때에 각각 자기의 만찬을 먼저 갖다 먹음으로 어떤 이는 시장하고 어떤 이는 취함이라"고 말한다(11:21). 사람들이 자기 음식을 가져다가 그들을 함께 결합시키는 의식적인 활동들을 기다리지 않고 먹기 시작했던 것일까? 아니면 그들이 일정하지 않은 물자들을 이기적으로, 그리고 개인적으로 사용하였기 때문에 모든 사람이 만족을 하지 못했던 것일까? 또는 음식을 제공하는 사람들이 마치 클럽이나 이교 집단의 후원자들처럼 더 많은 몫을 자신들과 자신들의 추종자들을 위해 떼어 놓았던 것일까? 우리는 확인할 길이 없다. 확실한 것은 바울이 거룩한 식사에 세상적인 태도들이 스며들었다는 사실을 파악했다는 사실이다(11:20). 재물이나 신분으로 사람들 간에 생긴 분열은 교회의 공통적인 정체성을 위협했다. 바울은 그런 행동을 함으로 "하나님의 교회를 업신여기고" "빈궁한 자들을 부끄럽게" 하는 자들을 심하게 책망한다(11:22). 당파심은 교회라는 개념 자체에 반하는 것이었다.

바울은 그의 예수님의 말씀 인용들 중 가장 대규모이고 가장 뚜렷한 인용으로 이 문제에 답한다. 이 인용은 성경 전통의 전문적인 말로 도입되고 있다. "내가 너희에게 전한 것은 주께 받은 것이니"(11:23). 이 말은 공관복음의 최후의 만찬에 대한 설명에 충실하며, 복음서 전통의 발전에 대한 중요한 단서를 제공하는 것이다. 바울은 "이것을 행하여 … 나를 기념하라"는 명령을 포함하므로 누가복음 22:19와 일치하지만, 이 명령을 떡과 잔 모두에 첨부하고 있다(11:24-25). 또한 바울은 이 떡의 십자가와의 연관을 명백하게 나타낸다. "주의 죽으심을 오실 때까지 전하는 것이니라"(11:26). "오실 때까지"라는 말로, 바울은 교회의 예전적 생활이 "이미" 그리스도의 죽으심과 부활에 의해, "아직 이루어지지 않은" 재림에 의해 이루어진다는 사실을 상기시킨다. 이런 관계에 있어, 그가 이 서신을 종결하는 예배적인 탄원 "주께서 임하시느니라"〔마라나다, maranatha, 16:22, 역주. 영역은 Lord, come (주여, 임하옵소서)〕는 가장 당연한 탄원일 것이다.

바울은 전통에서 직접 신학적이며 행동적인 결론을 이끌어 낸다(11:27). 떡과 잔을 나눔에 의해 그리스도인들은 주님의 살과 피에 참여를 한다—이것은 자명한 일이다(10:16을 보라). 그리고 만일 이 떡과 잔을 나눔이 그들을 주님의 몸으로 확증하는 것이라면(10:17), 교회의 다른 지체들을 업신여기는 자들은 "주의 몸과 피"를 더럽히는 자들이기도 하다(11:27). 따라서 모든 사람은 먹고 마시는 것이 심판의 결과가 되지 않도록 "주의 몸을 분변"해야 한다(11:28-29). 이를 불이행함에 대해 바울이 묘사하는 결과들은(예를 들어 공동체에 속한 사람들의 죽음 또는 주님에 의한 징계) 모호하지만(11:30-32), 그의 주요 강조점은 명확하다. 고린도인들이 교회로 함께 모일 때, 그들은 집에서 먹을 수 있는 세상의 음식을 먹는 것이 아니다(11:22, 34). 그들은 공동체를 "주님의 몸"으로 확립시키는 예배의 친교 식사를 하는 것이다. 자기를 높이고 경쟁을 하는 세상적인 태도들은 부적절할 뿐만 아니라 그런 태도들은 교회를 파멸시키고 하나님의 심판을 부른다(11:34)

성령의 은사들(12:1-14:40)

고린도인들의 은사 사용에는, 슬프게도 엘리트주의, 경쟁, 그리고 개인주의의 태도들이 나타난다. 바울의 우려와 논증을 이해하기 위해서는 헬라 문화의 세계에서 무아경의 형태들이 얼마나 높이 평가되었는가 하는 사실과 더불어 고린도 회중들 중에서 성령의 현상들이 얼마나 활발했는가를 바르게 인식할 필요가 있다. 특별히 점술로 칭해지는 예언 형태가 호감을 받고 장려되었다. 그런 형태의 예언은 신성한 영으로 말미암은 영의 실질적인 소유이며 직접적인 영감의 결과이며, 열광(enthusiasmos)으로 이어진다고 생각했다. 무아경 또는 황홀경에 빠진 남녀 예언자들은 이해할 수 없는 말을 외쳐댔는데, 그 말은 통역과 해석을 필요로 하는 것이었다(앞의 제1장을 보라). 바로 이런 형태의 영적 발언이 고린도인들이 방언이라고 칭했던 것 같다. 이렇게 당시 세계의 견해들과 일치했기 때문에, 고린도인들은 이런 무아경의 알 수 없는 말을 성령의 최고의 현현이라고 간주했다. 바울이 예언이라고 칭하는 가르침과 이성적인 담화는 고린도인들에게 사소한 것으로 간주되었던 것으로 보인다. 은사들로 자신들의 가치를 나타내는 것으로 바꾸는 특별한 재능을 갖고 있었던 고린도인들은 은사들에 등급을 매기고, 신령한 사람(pneumatikos)의 표적은 방언이라고 단언했다(14:22). 바울은 방언 은사의 신적 기원에 이의를 제기하지 않고 자신도 그 은사를 소유하고 있다고 주장한다(14:18). 그러나 그는 고린도인들이 공동체의 기능과 관련하여 "하나님께서 우리에게 은혜로 주신 것들을 알게" 하고자 했다(2:12).

먼저 바울은 모든 "영적 능력들"이 반드시 유익한 것이 아님을 고린도인들에게 경고한다. 그들은 이교도였을 때, 광적인 황홀경에 사로잡힌 적이 있었는데, 그 결과는 "우상에게로 끄는 그대로 끌려 간 것"(12:2)에 불과했다. 그러므로 바울은 자신이 "영적 실체들"(한글 개역. "신령한 것")에 대하여 말하고 있는 것이 아니라 하나님으로부터 오는 "은사들"(ta charismata, 12:4)에 대해 말하고 있다는 사실을 그들이 이해하기 원한다. 하나님의 성령의 첫번째 사역은 인간을 주님과 관계 맺게 하여, 그로 하여금 "예수를 주시라"고 말할 수 있게 하는 것이다. 따라서 이 관계를 부인하는 모든 충동은 하나님으로부터 오는 것일 수가 없다(12:3).

그들이 받은 성령은 그들을 하나님의 공동체로 부르신 하나님께로부터 왔기 때문에, 이 성령의 다양한 현현들은 공동체 내의 여러 가지 기능들에 기여하는 것이다. 바울은 공동체 환경의 두 가지 호혜적인 면을 역설한다. 첫째로, 모든 은사들은 동일하신 한 하나님으로부터 오는 것이기 때문에, 그 은사들 간에는 근본적인 통일성과 평등성이 있다(12:4-11). 그리고 모든 은사들은 어떤 우둔한 세력의 무작위적인 선택에 의해 주어지는 것이 아니라 인격을 가지신 성령의 지배에 의해, 즉 살아 계신 하나님의 활동에 의하여(12:11), 공동의 유익을 위해 주어지는 것이다(12:7, 참조, 6:12). 둘째로, 이 통일성 안에는 바울이 분명하게 "그리스도의 몸"이라고 확인하는 교회 안에서 사용되는 기능의 다양성이 존재한다. 같은 떡을 떼어 먹고 같은 잔을 마심으로 그들이 "한 몸"이 되는 것과 마찬가지로(10:16-17), 여기에 있어서도 세례에서 한 성령을 마심으로 그들은 한 몸으로 만들어졌다(12:13). 인간 육체의 여러 부분들은 상호 의존 중에 생존한다(12:14-26). 교회의 지체들도 마찬가지이다. "너희는 그리스도의 몸이요 지체의 각 부분이라"(12:27). 모든 기능들은 몸을 완전하게 하기 위해 필요한 것이다. 몸의 여러 지체들 간에는 비교나 갈등의 여지가 있을 수 없다.

고린도전서 13장은 본론에서의 이탈이 아니라 "더욱 큰 은사를 사모하는" 귀감으로 바울이 제시하는 교훈적 기능에 이바지한다(12:31, 참조. 9:1-27). 성령의 가장 고귀한 표현은 자신을 주는 사랑이다. 자아를 만족시키기 위해 타인을 찾는 추진력이며, 정욕적인 사랑인 에로스와는 대조적으로 이 아가페는 하나님께서 사람들을 향하여 갖고 계시는 성향을 타인들을 향해 갖게 한다. 아가페는 다양한 모든 은사들을 초월한다. 은사들은 불완전하고 부분적인 반면에, 아가페는 완전하다(13:10). 그 이유는 아가페가 성령의 생명, 즉 하나님의 생명의 본질적이며 명확한 표현이기 때문이다. 언어의 은사들은 일시적이고, 오직 아가페만이 내세, 즉 주께서 우리를 아시는 것같이 우리가 온전히 알게 될 때(13:12)에 하나님과 인간 사이를 이어줄 것이다. 아가페가 없다면, 다른 은사들은 무의미하다(13:1-3). 아가페가 있을 때에, 다른 은사들은 상호 덕성 함양을 향해 배열되고, 모든 삶이 타인을 위한 삶이 될 수 있다(13:4-7). 이 아가페가 바울이 자신의 사도로서의 사역에서 입증한 "제일 좋은 길"이다(13:1).

바울은 각각의 은사들에 대한 논의에서, 방언과 예언에 집중을 한다. 그가 예언을 선호한다는 것은 명백하다. 방언으로 말하는 것은 의식이 혼미한 상태이고 알아들을 수가 없고 해석을 필요로 한다. 기도의 방법으로서의 방언은 하나님을 찬양하고, 기도하는 본인의 덕을 세울 수 있다(14:4). 그러나 그것은 자기 중심적이 될 수 있다. 교회는 방언으로 덕을 세울 수 없다. 반면에, 예언은 이성적인 발언 방법으로서, 심지어 계시일 경우에 있어서도 모든 사람들이 알아 들을 수 있고, 복음이 요구하는 방식으로 공동체에게 말을 하여 공동체에게 확신을 줄 수 있다. 바울은 예언이 마음, 즉 지성을 사용하고 교회의 덕을 세우기 때문에 예언을 선호한다(14:4). 사실상, 바울은 방언을 신자의 표적이라고 주장하는 엘리트주의자들의 모토를 뒤집었다. 이사야 28:11-12("그러므로 생소한 입술과 다른 방언으로 이 백성에게 말씀하시리라 전에 그들에게 이르시기를 이것이 너희 안식이요 이것이 너희 상쾌함이니 너희는 곤비한 자에게 안식을 주라 하셨으나 그들이 듣지 아니하였으므로")의 미드라쉬를 가지고, 바울은 방언이 사실상 불신의 표적이 될 수 있음을 나타낸다. 이사야서의 경우가 고린도의 엘리트주의자들의 경우라고 하는 암시는 명백하다.

반면에, 예언은 사람들을 믿음으로 부르고, 사도의 전도에 의해 놓여진 그리스도의 기초 위에 사람들을 바로 세우는 표적이다(3:10-15, 12:28). 만일 외부인들이 집회에 와서 방언만을 듣는다면, 당연히 그들은 교회를 점술적인 예언을 포함하고 있는 헬라의 사교 종파들 중의 하나로 여길 것이다. 그리고 그들은 "너희들이 미쳤다(mainesthe)"라고 말할 것이다, 그렇지만 그들이 만일 예언을 듣는다면, 그들은 "하나님이 참으로 너희 가운데 계시다"라고 말하게 될 것이다(14:25). 영적인 예배를 드리는 상황에서도, 전체 공동체는 판단력을 사용하지 않으면 안된다. "예언하는 자는 둘이나 셋이나 말하고 **다른 이들은 분변할 것이요**"(14:29). 예언을 하는 사람들은 자신들의 발언을 통제해야 하며(14:32),

발언은 질서 있게 차례로 해야 하며(14:26-31), 여인들은 공적으로 가르치는 일을 하지 말아야 한다(14:34-36). 모든 일은 덕성 함양을 목적하여 이루어져야 하며(14:26), "적당하고 질서대로"(14:40) 이루어져야 한다.

교회와 그 나라(고린도전서 15장)

그리스도의 부활에 대한 바울의 면밀하게 구성된 긴 해설은 추가적인 내용도 아니며 고린도 교회의 문제들과 무관한 내용도 아니다. 이 그리스도의 부활에 대한 해설에서, 바울은 실제적인 명령들을 위한 신학적 토대를 마련한다. 고린도인들의 오만하고 자기 입장을 증대하려는 태도들은 자신들이 이미 하나님의 생명을 충분히 소유하고 있다는 확신에 기초된 것이었다. 그들은 하나님을 알고 있었고(8:2, 13:12), 모든 신령한 은사들을 소유하고 있었고(1:5-7), "신령한 자들"이고(3:1), 성숙하고(2:6, 14:20), 강하고(10:12), 충만하고 부유하고 이미 하나님의 나라에서 다스리고 있다고 자처하고 있었다(4:8). 그러한 인식에서 능력이 덜해 보이는 사람들에 대한 그들의 멸시와 자신들의 분규에 대한 경시가 나왔다. 그들은 이미 완전하였기 때문에, 자신들의 행동을 분별할 필요가 없었다.

바울은 그들에게 부활의 근본적인 메시지를 명심시킬 때(15:3), 역사적인 사실들을 상기시키는 이상의 작업을 하고 있다. 그는 "너희가 만일 나의 전한 그 말을 굳게 지키고 헛되이 믿지 아니하였으면 이로 말미암아 구원을 얻으리라"고 말로 그들의 존재의 구조를 다시 상기시키며(15:2), 구원이 점진적이며 조건적임을 나타낸다. 바울은 그들이 예수님 안에서 보고 있는 성령의 역사하는 방식을 그들에게 상기시킬 필요가 있었다. 예수님께서는 죽으셨다가 새 생명으로 살아나셨고(15:3-5), "살려 주는 영"이 되셨다(15:45). 죽을 몸이 심겨진 다음에 신령한 몸(to pneumatikon, 15:44)이 있는 것이다. 따라서 인간들의 영적 생활의 완전한 실현은 현재가 아니라, 부활과 함께 이루어지는 것이다.

더욱 중요한 것은 예수님의 부활과 성령을 부어 주심이 하나님의 역사의 완성이 아직 아니라는 사실이다. 그들은 아직 중간적인 시간에 있다. 예수님께서는 첫 열매이시다(15:20). 다른 모든 사람들을 위해 죽음은 계속 정복되어야 한다(15:21). 아직 만물은 주님에게 복종 상태에 두어지지 않았고(15:28), 따라서 그 나라도 아직 예수님에 의해 하나님께 바쳐지지 않았다. "나중"이 될 때에 비로소 나라가 하나님께 바쳐질 것이다(15:24). 이 논점은 명확하다. 고린도인들은 지금 "왕 노릇"을 할 수 없다. 왜냐하면 아직 하나님의 나라가 완성되지 않았기 때문이다. 따라서 고린도인들은 환상의 왕좌에 앉아 있는 어리석은 자들과 같은 것이다.

바울은 냉혹하게 그들에게 미래를 제시한다. 만일 현재가 이미 완성이라면, 그들은 피조물들 중에 가장 비참한 자들일 것이다. 그들의 위세는 죽음이라는 사실을 무시함으로만 가능해질 수 있는 자기 기만이다. 실제로, 고린도 공동체의 사람들은 계속 죽고 있다(11:30). 만일 미래의 부활이 없다면, 만일 현재가 전부라면, 그들은 헛된 믿음을 위해 죽는 어리석은 자들일 것이다(15:29-32). 이제 바울은 논증을 전환한다. 만일 예수님이 현재 하나님 앞에서 생활하는 그들의 삶의 모범이고(2:16, 11:1), 부활이 없다면, 예수님께서는 다시 살아나시지 않은 것이다(15:13-16). 그리고 만일 예수님께서 다시 사시지 않았다면, 예수님께서는 생명을 주시는 영이 되실 수 없고, 모든 은사들도 없었을 것이고 그들의 믿음은 망상일 것이다(15:14). 그리고 만일 그랬었다면, 그들은 여전히 죄 가운데 있었을 것이고(15:17), 이미 사망한 사람들은 완전히 사라진 자들일 것이다(15:18). 여기에는 예리한 주장이 나온다. 바울은 그들의 미래에 대한 무시와 현재 소유하고 있는 은사들에 대한 이기적인 이해가 그들을 죄악에 노출시키고 있음을 정확하게 지적한다. "깨어 의를 행하고 죄를 짓지 말라 하나님을 알지 못하는 자가 있기로 내가 너희를 부끄럽게 하기 위하여 말하노라"(15:34).

바울은 내생에 대해 말하면서 비유를 바꾸어야 했다(15:35-49). 왜냐하면 그도 역시 이 문제들에 있어 알지를 못했기 때문이다(참조. 13:12). 그럼에도 불구하고 그의 메시지는 명확하다. "혈과 육은 하나님 나라를 유업으로 받을 수 없고 또한 썩은 것은 썩지 아니한 것을 유업으로 받지 못하느니라"(15:50). 우리는 그 나라에 대한 다른 공식적 서술을 기억한다. "불의한 자가 하나님의 나라를 유업으로 받지 못할 줄을 알지 못하느냐"(6:9). 제아무리 성화되었을지라도 모든 피조물들과 거룩하신 하나님 간에는 무한한 질적인 차이가 존재한다. 비록 고린도인들이 성령에 참여하였을지라도, 그들은 여전히 인간에 불과하다. 그런데 그 나라는 하나님의 영광에 참여를 의미한다(15:42-43, 49). 그 나라에 참여를 하기 위해, 그들은 철저하게 변화되지 않으면 안된다. "우리가 다 잠잘 것이 아니요 마지막 나팔에 순식간에 홀연히 다 변화하리니"(15:51). 더욱이 이

변화는 단지 형이상학적인 변화만이 아니라 도덕적인 변화까지 요구되는 것이다
(15:34, 58). 미래의 그 나라는 영광스러울 것이다(15:51-58). 그러나 고린도
인들은 아직 거기에 이르지 못했다. 그들 가운데 성령의 역사는 그들의 영광을
위함이 아니라 하나님의 영광을 위한 준비로 그들을 변화시키려는 것이다.

고린도후서

고린도후서는 수많은 역사적·문학적 문제들을 갖고 있다. 따라서 고린도후
서는 바울이 직면했던 상황의 재구성이 고린도전서보다 더 어렵다.

무엇보다 특별히 이 두 서신 사이에 일어났던 일을 결합하기가 어렵다. 비
록 고린도 공동체와 바울의 관계가 불편했지만, 그럼에도 불구하고 바울은 헌금
을 모아 예루살렘으로 가는 길에 마게도냐를 거쳐 그들을 방문할 계획을 세웠다
(고전 16:3, 5). 동시에 그는 먼저 디모데를 보내었고, 그 대리자가 조속히 돌아
오기를 기다렸다(고전 16:10-11, 참조. 4:17).

고린도후서에는 바울의 전기적 자료가 적지 않다. 그러나 사건들의 순서는
여전히 파악하기가 어렵다. 1:8에서 바울은 자신이 아시아에서 경험했던 "고난"
을 언급한다. 그 고난은 그의 생명까지 위협했다(1:9). 이 고난은 "에베소에서
맹수와 더불어 싸웠던" 경험과 관련된 것일까(고전 15:32)? 그는 1:15에서 마게
도냐로의 여행과 관련하여 계획했던 고린도 방문에 대해 말한다(고전 16:3-5에
나오는 것과 동일한 여행 계획). 그러나 그는 또 한 번의 괴로운 방문을 원하지
않았기 때문에 그 계획을 취소했다고 말한다(2:1). 그러면 그 전의 방문은 어떤
방문일까? 이어 바울은 "큰 환난과 애통한 마음이 있어 많은 눈물로" 쓴 편지에
대해 말한다(2:4). 그 편지는 고린도전서일까? 아니면 또 다른 편지일까? 그 편
지는 분명히 상당한 고민을 야기시켰다(고후 2:5-11, 7:8-13).

고린도후서 2:12에서, 바울은 계획보다는 그의 실제적인 활동들에 대해 말
하기 시작한다. 그는 고린도를 거치지 않고 드로아 길로 마게도냐에 갔다. 드로
아에서 자신의 대리자를 만나지 못한 바울은 거기에서 지체하지 않고 곧바로 마
게도냐로 갔다. 마게도냐에서 이 여행담은 잠깐 멈춘다. 그리고 이 여행담은
7:5에서 계속되는데, 거기에서 우리는 바울이 마게도냐에서 고린도인들의 바울
에 대한 열성에 대한 소식을 가지고 디도가 그곳에 도착함으로 위로를 자세히 말

하는 것을 발견한다(7:7). 따라서 이 시점에서 바울은 고린도인들과 화해가 된 것으로 보인다.

이제 더 자세한 계획들을 살펴보자. 8:6에서 바울은 디도가 이미 그들 중에서 모금을 시작했다고 말하며, 8:16-18에서는 그 일을 완수하기 위해 디도와 다른 "한 형제"를 보내려고 한다고 말한다. 그런데 9:3-5에서는 약간 문제가 있는 변화가 나타난다. 즉 9:3-5에서 바울은 그 모금을 위해 "형제들"을 보내려고 한다는 사실을 말한다. 이 말은 단순하게 디도와 또 "한 형제"를 함께 뭉뚱그려 하는 말일까?(참조. 8:23). 12:18에서 바울이 이미 모금 활동을 하기 위해 디도와 "한 형제"를 고린도에 보냈다는 사실을 발견할 때 문제는 훨씬 더 모호해진다. 이 말은 먼저 말한 대리자의 방문을 언급하는 것인가?(8:6) 아니면 나중에 말하는 대리자의 방문을 말하는 것일까?(8:16-18). 마지막으로 바울은 12:14에서 "이제 세번째 너희에게 가기를 예비하였으나"라고 말하지만, 우리는 이 방문이 두번째 방문으로 생각하게 된다.

간격을 약간 보충해야 하지만, 순서를 입증하는 일이 불가능한 것은 아니다. 특별히 우리는 두번째의 "근심"의 방문(2:1)을 가정하고, 이 방문을 적어도 세 개의 다른 요소들(죄를 범한 사람의 공동체로부터의 출교, 바울의 모금 계획들, 그리고 다른 가르치는 자들의 인기)과 연결시키지 않을 수 없다. 만일 고린도 공동체가 바울의 말에 주의를 기울이지 않는다면, 바울이 "매를 가지고" 가겠다고 고린도전서에서 위협을 했던 것을 우리는 기억한다(고전 4:21). 이 위협은 근친상간 생활을 하고 있는 형제를 출교하라는 바울의 요구와 곧바로 이어진다(고전 5:1-5). 바울이 실제로 고린도에 가서 이 문제에 대한 순종을 요구했다가 거부를 당했다는 가정은 그럴듯하다. 이 방문은 분명히 "근심의 방문"이었을 것이다. 그 다음에 바울은 에베소로 돌아와서 다시 한 번 순종을 요구하는 "눈물의 편지"를 썼다. 아마 이 편지가 모금을 위해 고린도로 가는 디도에 의해 전달되었을 수도 있다. 그러나 이 편지에서 바울이 자신의 권위를 너무 심하게 행사할 수밖에 없었기 때문에, 이 편지는 분명히 고린도인들의 분노를 일으켰다. 바울과 고린도 공동체 간에 증대한 불화는 디도의 모금에 의해 감소될 수 없었다. 그리고 고린도인들이 다른 사도들에게 매력을 느끼게 됨으로 고린도 교회에 대한 바울의 권위는 더욱 약화되었다. 고린도인들이 이 다른 사도들을 전부터 알고 있었든지(고전 1:12를 보라) 또는 새로 온 방문자들이든지 간에, 하여튼 이 다른 사도들은 바울보다 더 강한 인상을 끼쳤고 바울과는 달리 노골적으로 생활비를 요구했다. 그래서 이 시점에 바울은 자신의 큰 화해 노력에 고린도인들이 협력하기를 원한다. 그러나 사실 바울은 고린도인들과 화목하게 될 것이라는 확신이 없었다!

이상의 역사적 재구성은 여전히 불확실한 채로 남아 있을 수밖에 없다. 그 이유는 많은 학자들이 고린도후서의 완전성에 대해 갖고 있는 심각한 의혹들 때문이다. 그들은 우리가 갖고 있는 고린도후서의 정경 문서가 단독적인 작품이 아니라 바울이 여러 시기에 쓴 몇 가지 기록들을 편집한 합성이라고 여긴다. 이 가정을 뒷받침할 사본적 증거는 없다. 그러나 고린도후서의 수많은 이어 붙인 듯한 흔적들이 일부 독자들에게 이 서신을 단독적인 작품으로 용납할 수 없게 한다. 예를 들어 그런 생각을 가진 학자들은 평화적이고 회유적인 1-9장과 논쟁적이고 방어적인 10-13장 간에서 현저한 어조의 차이를 찾아낸다. 실제로 10-13장은 때로 1-9장 이전에 고린도인들에게 보냈던 "눈물의 편지"라고 여겨지기도 한다. 그러나 그러한 가정은 설득력이 없다. 왜냐하면 고린도후서 10-13장은 훈계의 활동을 전혀 언급하지 않는 반면에, 1-9장은 훈계의 활동을 다루는 내용이기 때문이다.

더욱이 고린도후서의 처음 아홉 개의 장들에도 격차들이 있은 것으로 보인다. 예를 들어 1:15-2:13의 자세한 여행기는 아무런 예고도 없이 갑자기 끊겼다가, 7:5에서 전혀 끊김이 없었던 것처럼 이어진다. 또한 6:14-7:1의 소단락은 6:13-7:2의 조리 있고 자연스러운 순서를 단절시키는 것처럼 보일 뿐만 아니라, 바울의 어휘와 사상 형태를 담고 있지 않는 것으로 보인다. 이 부분이 후의 편집자에 의해 삽입된 바울 이전의, 또는 바울에 반하는 단편 조각일까? 마지막으로, 8장과 9장은 모두 모금을 다루고 있다. 그러나 9장은 "성도를 섬기는 일에 대하여 내가 너희에게 쓸 필요가 없나니"(9:1)라는 독립적인 내용으로 시작한다. 그래서 일부 사람들은 이 두 개의 장을 모금에 대한 별개의 기록들이라고 본다.

이렇게 일반적으로 고린도후서는 바울의 후기 단편 기록들의 편집된 수집물로 간주된다. 그러나 이 입장이 절대적으로 결정된 것은 아니다. 9장과 10장 간의 어조의 변화는 편집이라기보다는 수사학적인 입장에서 설명될 수 있다. 8장과 9장 간의 상이성은 우리가 처음 보는 중대한 차이가 아니다. 여행담의 단절은 난해하지만 불가능한 일은 아니다. 심지어 삽입의 분명한 예로 보이는 곳(6:14-7:1)에 있어서도, 그 삽입이 바울 자신에 의해 이루어졌을 수도 있는 것이다. 실제로, 만일 바울이 그의 첫번째 서신에서 부도덕한 자들을 피하라고 경고하는 것과 같은 내용을 썼다면(고전 5:9를 보라), 고린도후서에서도 논지들을 명확하게 하기 위해 다시 그러한 경고를 사용했다는 것은 불가능한 일이 아니다. 즉 만일 고린도인들이 다른 교사들을 선호하여 자신을 배척한다면, 벨리알과 멍에를 함께 메는 것과 같다는 논지이다.

게다가 고린도후서의 복잡한 내용을 고려할 때, 논증의 순서적인 발전을 강요하는 것은 현명하지 못하다. 또한 바른 의미를 취하는데 그와 같은 직선적인 해독이 요구되는 것도 아니다. 정확한 역사적 상황이 어떠하든지 간에, 고린도인들과 바울의 관계는 흔들리고 있었다. 고린도인들은 바울보다 다른 교사들에게 더 끌리고 있었다. 사도 바울의 모금 활동은 이 긴장을 악화시켰다. 즉 이 모금 활동은 고린도인들로 하여금 바울이 자신들을 횡령하고 있다고 생각하게 만들었다. 바울이 한 편의 편지를 썼든지 또는 일련의 편지들을 썼든지 관계없이, 그는 분명히 넓어지고 있는 이 깊은 틈을 가로지르는 다리를 놓기 위해 애쓴 사람이었다. 그는 (연보를 통해) 예루살렘 교회와 화목하고자 하는 자신의 큰 계획을 애써 진행시킨 것과 마찬가지로, 분명히 자신이 세운 공동체와 평화를 재수립하기 위해 노력했다.

바울에게 있어, 화목에 대해 생각하는 것은 자신의 사도 직분의 본질과 유형에 대해 생각하는 것을 의미했다. 따라서, 고린도후서의 중요한 세 단락이 약간씩 다른 각도에서 나온 것으로 보는 것은 가능하다. 그 세 가지 다른 각도란, 자기 방어의 입장에서 소극적으로 정의된 사도직(10-13장), 새 언약의 사역이라는 입장에서 적극적으로 정의된 사도직(2:14-7:4), 그리고 모금으로 상징된 사도직(8-9장)이다.

소극적으로 정의된 사도직 : 바울과 지극히 큰 사도들 (고후 10-13장)

고린도에 있던 바울의 경쟁자들의 역사적인 정체성을 단정하는 일은 결국 불가능한 일일 것이다. 그들은 예수님의 명령들에 대한 보다 우월한 사도적 자격과 신뢰성을 주장하는 예루살렘의 대표자들이었을까? 그들의 가르침은 바울의 가르침과 현저하게 달랐을까? 우리의 지식은 감정적이고 논쟁적인 바울의 자기 방어에 의존할 수밖에 없다. 바울이 더하기를 주장하는 곳에서 우리는 바울의 경쟁자들에게 빼기를 하여 초상화를 그리고 싶어질지 모른다. 그러나 결국 그 초상화는 반드시 공정하거나 정확하지 않았을 바울의 인식들을 그린 초상화에 불과할 것이다. 바울의 경쟁자들을 바울의 사역에 대한 조직적인 유대인 그리스도인들의 저항 중 일부분으로 생각할 이유가 없다. 왜냐하면 모세 율법을 지키는 문제는 이 논의에 전혀 나오지 않기 때문이다. 바울은 11:4에서 다음과 같이 말한다

> 만일 누가 가서 우리의 전파하지 아니한 다른 예수를 전파하거나 혹 너희의 받지 아니한 다른 영을 받게 하거나 혹 너희의 받지 아니한 다른 복음을 받게 할 때에는 너희가 잘 용납하는구나

그러나 그들이 신성한 인간(a Divine Man)이라는 노선을 따르는 독특한 기독론을 갖고 있었다는 주장도 확실하지 않다. 위의 바울의 발언이 수사법인지 실제인지도 명확하지 않다.

논쟁되고 있는 주요 문제는 사도의 유형과 경쟁자들이 주장하는 고린도들에 대한 권위이다. 바울은 사역의 유형과 복음의 선포 간의 직접적인 관련을 주장한다. 우리는 바울의 경쟁자들이 동일한 관련을 주장했는지 추측할 수 없다. 사실성 그들을 적으로 생각하는 것이 오해일 수도 있다. 왜냐하면 바울은 11:13-15의 비난을 제외하고, 그들을 직접 공격하지 않기 때문이다. 바울의 분노와 좌절은 너무나 쉽게 절제와 안정으로부터 이탈한 고린도 회중을 더 많이 향하고 있다. 자신의 경쟁자들에 대한 바울의 인식은 사도로서의 자신의 사역에 대한 인식으로 이어지기 때문에 특별히 중요하다.

바울은 그의 경쟁자들이 바울 자신과 마찬가지로 그리스도의 사도라고 주장한다고 말한다. 그는 직접적인 비난으로 그 주장을 간단히 처리해 버린다. 즉 실제에 있어 그들은 "거짓 사도요 궤휼의 역군이니 자기를 그리스도의 사도로 가장하는 자들"이라는 것이다(11:13). 그러나 바울은 그들을 "지극히 큰 사도들"(hyperapostoloi)이라고 그들의 그럴듯하게 보이는 외면은 인정한다(11:13). 그들은 바울의 방어적인 답변을 자극하기에 충분할 만큼 강력하게 자신들의 유대 혈통을 주장했다(11:22). 그들은 자화자찬에 몰두했고 스스로 다른 사람들보

다 우월하다고 평가했다(10:12). 또한 그들은 그들의 권위를 확인해 주는 교회들의 추천 서신들을 가지고 여행하는 자들이었다(3:1). 그들은 값없이 복음을 전하는 바울과 동일한 기초로 사역한다고 주장했지만(11:12), 그들의 설교의 대가로 주는 돈을 받았다(11:7-10). 그들은 하나님의 말씀을 팔아먹는 행상인들이었고(2:17), 하나님의 말씀을 함부로 변경하는 자들이었다(4:2).

바울의 경쟁자들의 몇몇 다른 특징들은 바울의 자기 제시에 나타나는 강조들—즉 바울이 그들과 자신의 비교에서 강조할 필요가 있다는 느낀 사항들—에서 추측될 수 있다. 바울의 경쟁자들은 웅변의 재능들을 가지고 있었고 지식과 언변에 큰 비중을 두었던 것으로 보인다(10:10, 11:6). 그들은 자신들의 주장을 뒷받침하는 기적을 행할 수 있었다(12:12). 그들은 신비한 경험들을 한 자들이었다(12:1-5). 그들은 "그리스도의 종들"로서 큰 고난들을 겪은 영적으로 강건한 자들이었다(11:23-27). 그들은 이 모든 일들을 자랑삼아 말했다(11:21).

여기에 응해 바울은 먼저 그들에게 자랑에는 자랑으로 맞선다. 그들이 주장하는 모든 것에 있어 바울도 그러하고 또한 그런 것들을 소유하고 있다. 바울은 교회들의 편지들을 갖고 다닐 필요가 없었다. 왜냐하면 고린도인들이 "성령에 의해 심비에 쓰여진" 편지이기 때문이다(3:2-3). 또는 적어도 그들은 마땅히 그러한 편지가 되어야 한다. 실제로 바울은 고린도인들이 자신에게 등을 돌리고 있는 것을 알고 있었다. 그래서 그는 그들이 자신으로 하여금 스스로를 자랑하지 않을 수 없게 함에 대해 책망한다. "내가 너희에게 칭찬을 받아야 마땅하도다"(12:11). 그러나 궁극적으로, 바울과 그의 동역자들은 어떠한 인간적인 근원으로부터도 검증을 받을 필요가 없다. 왜냐하면 그들의 자격은 하나님께로부터 온 것이기 때문이다(3:5). 바울의 권위는 인간들에게서 나온 것이 아니라 하나님께로부터 온 것이다(10:8, 18). 그는 그리스도에게 속한 사람이었다(10:7). 그는 언변에는 약했으나 지식에 있어서는 부족함이 없었다(11:6). 고린도인들이 증명할 수 있는 것처럼, 바울은 그들 중에서 사도의 표적들, 즉 기사와 능력을 행했다(12:12). 바울의 유대인으로서의 배경은 그의 경쟁자들이 주장할 수 있는 것보다 우월했다(11:22). 바울이 경험한 환상과 계시들은 훨씬 더 인상적인 것이었다. 왜냐하면 그는 "사람이 가히 이르지 못할 말할 수 없는" 말을 들었기 때문이다(12:1-5). 그리고 만일 바울의 경쟁자들이 하나님을 위해 받은 고난들을 자랑한다면, 바울은 견줄 나위가 없는 수난의 목록을 갖고 있었다. 진실로 바울은 "그리스도의 종"이었다(11:23-27).

바울은 이 자랑에 의해 그에게 이를 민감한 입장에 대해 잘 알고 있었다. 그의 신학 사전에서 자랑은 그가 어디에서나 "육신의" 행위로 비난하는 자기 과시 방법이다(고전 1:29, 3:21, 4:7, 5:6, 13:3을 보라). 고린도인들이 알도록 이렇게 자신의 "신성한 질투"를 드러냄으로, 바울은 어리석은 자가 된다(11:1, 13:3). 그러나 그는 자랑을 멈추지 않는다. 왜 그럴까? 사실상 그는 자신의 인간적인 재능들을 자랑하고 있는 것이 아니라 자신을 통한 하나님의 역사를 자랑하고 있기 때문이다. 여기에서 그는 고린도전서 1:31에서 말한 자신의 원칙을 다시 되풀이한다. "자랑하는 자는 주 안에서 자랑할지니라 옳다 인정함을 받는 자는 자기를 칭찬하는 자가 아니요 오직 주께서 칭찬하시는 자니라"(10:17-18, 참조. 렘 9:24). 그리고 하나님께서 바울을 천거하셨으므로, 그의 자랑은 결국 하나님을 찬양하는 것이다. 또한 그의 자격을 부인하는 것은 하나님의 역사를 부인하는 것이다. 사실상 고린도인들이 다른 교사들에게 매혹당한 것에 대해 그처럼 황당했던 것도 그 때문이었다. 만일 그들이 바울을 버렸다면, 그들은 자신들의 하나님 경험의 충분성도 버리는 것이다. 그들은 섬김의 기독교보다는 전시적인 기독교를 선택함으로 자신들의 과거를 거부했다. 바울의 복음이 섬김의 복음이기 때문에, 바울의 가장 큰 자랑은 자신의 약함이었다. "내가 부득불 자랑할진대 나의 약한 것을 자랑하리라"(11:30). 바울은 실제로 역사하고 있는 바가 인간의 공로가 아니라 하나님의 권능임을 밝히기 위해 자신의 약점들을 강조한다. 그리고 13:3-4에서 바울은 이러한 인식을 기독론에 직접 연결시킨다

> 이는 그리스도께서 내 안에서 말씀하시는 증거를 너희가 구함이니 저가 너희를 향하여 약하지 않고 도리어 너희 안에서 강하시니라 그리스도께서 약하심으로 십자가에 못 박히셨으나 오직 하나님의 능력으로 살으셨으니 우리도 저의 안에서 약하나 너희를 향하여 하나님의 능력으로 저와 함께 살리라

고린도전서에서 바울은 지혜와 어리석음, 강함과 약함 간의 교환 형식이 "그리스도의 마음"에 따라 생활하는 방법이라고 가르쳤다. 이제 그는 자신의 사도 유형에서 그 교환 형식을 입증한다. "우리가 약할 때에 너희의 강한 것을 기뻐하고 또 이것을 위하여 구하니 곧 너희의 온전하게 되는 것이라"(13:9).

적극적으로 정의된 사도직 : 질그릇에 담긴 보화
(고후 2:14 - 7:4)

고린도후서의 이 부분을 별개의 서신으로 또는 미드라쉬적 논증으로 생각하게 하는 흔적들을 지니고 있는 이 긴 단락은 바울과 그의 동역자들의 사도적 사역을 묘사하고 있다. 이 단락은 복음 메시지의 영광과 그 전달자들의 부족함 간의 비교가 주를 이룬다.

1:21 - 22에 의하면, 이 사역은 직접 하나님께로서 오는 것이다

우리를 너희와 함께 그리스도 안에서 견고케 하시고 우리에게 기름을 부으신 이는 하나님이시니 저가 또한 우리에게 인치시고 보증으로 성령을 우리 마음에 주셨느니라

그러므로 전도는 영광과 능력이라는 말로 묘사될 수 있는 것이다. 전도는 정복자들의 승리의 행진과 같다(고전 4:9도 보라). 그러나 사도가 그 행렬을 선도하는 것이 아니다. 그 행렬을 선도하시는 분은 바로 "항상 우리를 그리스도 안에서 이기게 하시는" 하나님이시다(2:14). 이곳의 심상들은 분류하기 어렵다. 그러나 본질적인 요점은 복음이 생사의 결과를 수반하는 결단을 요구하는 메시지라는 것이다(2:15 - 16).

사도들이 인간 집회의 "천거서"에 의해 위임을 받은 것이 아니라(3:1) 하나님에 의해 위임을 받았다는 바울의 주장에서, 그의 표현은 그의 중요한 사역에 대한 비유를 향해 나아간다. 바울과 그의 동역자들은 "돌비에 쓴" 편지를 갖고 있지 않고, "살아 계신 하나님의 영으로 … 오직 육의 심비"에 쓴 편지를 갖고 있었다. 3:6에 나오는 영과 의문간의 대조, 그리고 3:3에 나오는 돌비와 심비간의 대조는 아마 예레미야 31:31 - 34에 나오는 같은 종류의 대조에 의해 시사된 언약들 간의 대조일 것이다. 3:6에 따르면,

저가 또 우리로 새 언약의 일꾼 되기에 만족케 하셨으니 의문으로 하지 아니하고 오직 영으로 함이니 의문은 죽이는 것이요 영은 살리는 것임이니라

갈라디아서에서 보게 될 바와 같이, 바울이 볼 때, 예수님께서 의문으로 인해 정죄 당하셨기 때문에 의문은 죽이는 것이고, 성령에 의해 예수님께서 다시

살아나셨기 때문에, 성령은 생명을 주는 분이시다. 출애굽기 34:29-35의 복잡한 미드라쉬에서, 바울은 이제 이 새 언약의 영광을 옛 언약과 대비시킨다. 이 구절에서 "영광"은 분명히 "임재"의 함축뿐만이 아니라 "광휘"라는 함축도 갖고 있다(3:7-11). 하나님의 그리스도 안의 계시는 모세 율법의 계시보다 훨씬 더 능력이 있기 때문에 그 광채에 있어서만도 능히 모세 율법이 이해될 수 있다(3:12-16). 단지 "주께로(즉 예수님께로) 돌아감"에 의해서만으로도 눈을 멀게 하는 수건이 제거될 수 있고, "정죄의 직분"이 "의의 직분"이 될 수 있다(3:9). 바울은 자신의 출애굽기 해석을 담대한 것이라고 칭할 때(3:12), 무익한 말을 하는 것이 아니다. 왜냐하면 그의 출애굽기 해석은 그를 모세보다 우월한 자가 되게 하는 것이기 때문이다. 모세는 이스라엘 백성에게 점점 희미해질 빛을 가리려고 얼굴에 수건을 덮어야 했다(3:13, 그러나 출 34:35를 참조하라). 그러나 바울과 그의 동역자는 그렇지 않았다. 그들은 어떠했는가?(3:18)

> 우리가 다 수건을 벗은 얼굴로 거울을 보는 것같이 주의 영광을 보매 저와 같은 형상으로 화하여 영광으로 영광에 이르니 곧 주의 영으로 말미암음이니라

그러므로 바울의 복음은 수사학이나 세상의 지혜에서 나온 것이 아니라 그 복음을 통해 역사하시는 하나님의 권능의 임재로부터 오는 것이다. 주의 영은 "하나님의 형상이신 그리스도의 영광"을 나타내기 위해 역사하신다(4:4). 흑암에서 빛을 불러내신 동일하신 하나님께서(3:1) "예수 그리스도의 얼굴에 있는 하나님의 영광을 아는 빛을 우리 마음에 비춰셨느니라"(4:6).

바울은 복음 메시시의 영광으로부터 복음을 전달하는 자도 능력이 있어야 한다고 연역하지 않는다. 사실상 그는 복음의 능력과 사역자의 위엄 사이에 절대적인 구별을 짓는다(4:5)

> 우리가 우리를 전파하는 것이 아니라 오직 그리스도 예수의 주 되신 것과 또 예수를 위하여 우리가 너희의 종된 것을 전파함이라

복음의 메시지는 능력이 있다. 그러나 그 메시지의 전달자는 그렇지 않다. "누가 이것을 감당하리요"(2:16). 복음의 전달자들의 연약함은 인간의 재능이 역사하는 것이 아니라 바로 하나님께서 역사하신다는 사실을 나타내는데 기여한

다. 사도들은 질그릇과 같다. 그 질그릇의 보잘 것 없음을 통해 하나님의 빛이 다른 사람들을 비추어 밝히는 것이다(4:7). 그리고 아낌없이 쓰고 버릴 수 있는 질그릇 같이, 사도들은 배척을 당하고 고난을 당한다(4:7-8). 그들 안에는 예수님의 죽으심과 새로운 육체의 표현으로 발견되는 부활의 역설이 존재한다. "그런즉 사망은 우리 안에서 역사하고 생명은 너희 안에서 하느니라"(4:12).

사도들은 미래의 영광을 소망한다. 그들은 지금 그 소망을 향유하고 있지 않다. 그들은 "주 예수를 다시 살리신 이가 예수와 함께 우리도 다시 살리사 너희와 함께 그 앞에 서게 하실 줄을" 안다(4:14). 그리고 그들은 현재의 환난이 미래를 위해 의미를 갖고 있다고 확신한다(4:17). 그러나 한편으로, 그들은 하나님에 대한 사모와 다른 사람들을 섬겨야 하는 요구 사이에서 고뇌한다(5:1-10). 사도들은 자신들의 삶이 두 가지 관계에 의해 특징지워졌음을 깨닫고 있다. 그리스도 안에서 하나님께서 주신 사랑의 은사로 인해, 그들은 형제들을 위해 자신을 쏟아 붓는다. "모든 것을 너희를 위하여 하는 것은 은혜가 많은 사람의 감사함으로 말미암아 더하여 넘쳐서 하나님께 영광을 돌리게 하려 함이라"(4:15). 그들은 다른 사람들을 위해 예수님의 삶과 죽음의 방법을 복제한다(5:14-15)

> 그리스도의 사랑이 우리를 강권하시는도다 우리가 생각건대 한 사람이 모든 사람을 대신하여 죽었은즉 모든 사람이 죽은 것이라 저가 모든 사람을 대신하여 죽으심은 산 자들로 하여금 다시는 저희 자신을 위하여 살지 않고 오직 저희를 대신하여 죽었다가 다시 사신 자를 위하여 살게 하려 함이니라

성령께서 주신 이 새 생명은 이처럼 매우 혁명적이기 때문에, 새 언약 이상이다. 즉 이 새 생명은 인간의 생명을 완전히 다른 방식으로 볼 것을 요구하는 "새로운 피조물"을 창조한다(5:17). 성령께서는 고린도인들을 하나님의 형상을 계시하시는 예수님(4:4)과 닮게 형상지으셨다(3:18). 이제 더 이상 삶은 개인적인 행복과 성취로 정의될 것이 아니라 화목으로 이어지는 자신을 비움으로 정의되어야 한다. 그 귀감은 누구인가? "이는 하나님께서 그리스도 안에 계시사 세상을 자기와 화목하게 하시며"(5:19). 어떻게 그 일을 하셨는가? "하나님이 죄를 알지도 못하신 자로 우리를 대신하여 죄를 삼으신 것은 우리로 하여금 저의 안에서 하나님의 의가 되게 하려 하심이니라"(5:21).

그러므로 바울의 사역 유형은 하나님의 화목하시는 역사 방법에 기초된 것이다. 십자가에 달리셨다가 다시 사신 메시아가 바울의 사역의 모범이니, 그의 사역은 세상에서 하나님의 권능의 역설적인 계시를 구체적으로 나타내는 것이다. 바울은 자신의 사역 유형의 특징을 나타내며(6:1-10), 자연스럽게 동일한 교환 형식에 빠진다. 6:9-10에는 사도들이 어떤 사람들인지 설명되고 있다

죽는 자 같으나 보라 우리가 살고 징계를 받는 자 같으나 죽임을 당하지 아니하고 근심하는 자 같으나 항상 기뻐하고 가난한 자 같으나 많은 사람을 부요하게 하고 아무것도 없는 자 같으나 모든 것을 가진 자로다

사도적 교제 : 헌금 모금
(고후 8-9장)

예루살렘 교회를 위한 바울의 모금 활동 계획은 그의 사역에 있어 중요한 과제였다(갈 2:10, 고전 16:1-4, 롬 15:25-29를 보라). 그가 고린도인들에게 돈을 청함으로 그와 고린도인들 간의 소외감이 더 악화되었음에도 불구하고, 바울은 계속 그들의 협력을 구했다. 고린도인들은 바울의 모금을 개인적인 돈벌이를 위해 자신들을 착취하는 부정한 방법으로 보았다. 오해를 피하려고 주의를 하면서도(8:20-24), 바울은 대리자들을 보냄으로 오해를 불러 일으켰다(12:16-18). 그의 경쟁자들은 당연히 바울의 모순된 재정 정책을 그가 올바른 사도 자격이 없는 표징으로 붙잡고 늘어졌을 것이다. 그들에게 대가를 받지 않고 전도했다는 바울의 자랑까지도(고전 9:15-18), 이제 고린도 교회에 대한 사랑의 결핍으로 왜곡되었다(고후 11:7-11). 바울이 세계적인 화목을 수립하려고 애를 쓰면서, 지역적으로는 소원해졌다는 사실은 약간 아이러니컬하다. 이 모금 계획의 중요성은 반대와 거부에도 불구하고 그 일을 지속했다는 사실에 의해 제시된다.

왜 모금이 그렇게도 중요했을까? 어떤 의미에 있어, 이 모금은 단순히 필요에 대한 반응이었다(갈 2:10). 다른 유대인들에 있어서와 마찬가지로, 초대 그리스도인들에게 있어서도 소유를 가난한 사람들과 공유하라는 명령은 모든 사람들에게 구속력을 가지고 있었다(9:12). 그러나 바울은 자신의 모금이 상징적인 기능에 기여하기를 원하기도 했으니, 곧 자신의 이방인 공동체들과 예루살렘 교

회 사이에 화목을 이루는 것이었다. 이 화목이 이제 더욱 필요했다. 왜냐하면 바울의 사역이 상당한 적개심을 불러일으켰기 때문이었다. 바울은 이방인의 사도로서 자신의 "권리들"을 주장하지 않고, 이 복잡하고, 힘들고, 감사를 받지 못하는 대사업에서 자신을 비우고 있었다. 그는 자신의 이방 공동체들에게도 똑같이 행하기를 청했다.

만일 그들이 이 모금에 동참한다면, 그들은 자신들이 받아 온 모든 것에 대해 하나님께 감사를 드리게 될 것이다(9:12, 참조. 4:15). 또한 그들은 예루살렘 교회와의 친교(koinōnia), 그리고 본질에 있어 상호 호혜적인 평등(isōtēs)를 수립함으로 헬라의 우정이라는 이상도 실현하게 될 것이다. 이 상호 호혜는 로마서에 더 충분히 표현되고 있다. 이방인들은 유대의 그리스도인들에게 신령한 것들(ta pneumatika)을 받아 왔다. 따라서 이제 그들은 유대의 그리스도인들에게 육신의 것들(ta sarkika)로 섬겨야 한다(롬 15:27). 같은 원리가 고린도전서 9:11에서도 발견된다. "우리가 너희에게 신령한 것(타 프뉴마티카, ta pneumatika)을 뿌렸은즉 너희 육신의 것(ta sarkika)을 거두기로 과하다 하겠느냐." 고린도후서에서 고린도인들의 물질적인 관대함은 그들을 위한 유대 그리스도인들의 기도로 응답된다(9:14).

바울은 어떤 구조적인 의미의 소유물 공유를 요구하지 않는다. 또한 채무나 "성전세"(temple tax)와 같은 분담금을 요구하는 것도 아니다(8:12, 9:5). 그러나 그는 자신을 난처하게 만들 우려가 있는 일종의 경쟁적인 수사법을 시작했다(8:12, 9:5). 바울은 지금 고린도인들을 고무시키기 위해 마게도냐인의 관대함을 자랑하는 것과 똑같이(8:2-5), 마게도냐인들에게는 고린도인들이 연보를 약속함에 있어 매우 관대했다고 말했었다(9:2). 마게도냐인들은 그들의 연보 약속을 지켰으나 고린도인들은 지키지 않았다. 따라서 바울은 거짓말쟁이로 여겨질 수도 있다는 말이다(9:3-4). 그러나 이 문제는 바울 개인이 난처해지는 것에 비할 수 없는 보다 더 중대한 문제였다. 바울은 주는 것을 그리스도인의 삶의 명령으로 보았다. 나눔은 복음에 순종하는 행위라는 것이었다. 어떻게 이 논리가 가능할 수 있을까? 그 이유는 그리스도인들이 가난을 초월하여 풍성한 연보를 할 때, 그들은 소유물을 통한 육체의 언어로 "타인을 위한 삶"의 모범을 표현하고 있기 때문이다. 바로 바울이 그들 중에 생겨나게 하기 위해 애쓰고 있는 바가 이 "타인을 위한 삶"이었다. 고린도인들은 지금 바울이 그들에게 서로를 향해 가지라고 강력하게 권해 왔던 삶의 태도를 다른 공동체들에게 나타내 보일 기회를 얻은 것이다. 은사들은 부둥켜안고 자랑을 하기 위한 것이 아니라 다른 사람들의 덕을 세우는데 아낌없이 나누기 위한 것이다. 이러한 삶의 모범도 역시 궁극적으로는 "그리스도의 마음"에서 발견된다(고후 8:9).

> 우리 주 예수 그리스도의 은혜(또는 은사, charis)를 너희가 알거니와 부요하신 자로서 너희를 위하여 가난하게 되심은 그의 가난함을 인하여 너희로 부요케 하려 하심이니라

고린도인들은 바울과 화해하고 책임을 다 했을까? 우리는 그들이 그렇게 했다는 두 가지 표적을 본다. 후에 로마인들에게 편지를 쓰며, 바울은 "이는 마게도냐와 아가야 사람들이 예루살렘 성도 중 가난한 자들을 위하여 기쁘게 얼마를 동정하였음이라"라고 말한다(롬 15:26). 그리고 고린도인들은 바울의 서신들을 보존했다.

참고문헌

고린도 서신에 대한 문헌은 막대하고 계속 증가하고 있다. 따라서 여기에 언급된 작품들은 단지 일례에 불과하다.

역사적 배경과 사회적 배경 연구를 위해 유익한 작품들은 G. Theissen, *The Social Setting of Pauline Christianity: Essays on Corinth*, ed. and trans. **J. H. Schütz**(Philadelphia: Fortress Press, 1981), W. A. Meeks, *The First Urban Christians: The Social World of the Apostle Paul*(New Heaven: Yale Univ. Press, 1983), A. J. Malherbe, *Social Aspects of Early Christianity*, 2d enl. ed.(Philadelphia: Fortress Press, 1983), 71-91, R. Banks, *Paul's Idea of Community: The Early Christian House Churches In Their Historical Setting*(Grand Rapids: Wm. B. Eerdmans, 1980), A. Ehrhardt, "Social Problems of the Early Church," in his *The Framework of the New Testament Stories*(Cambridge: Harvard Univ. 1964), 275-312이다.

고린도 공동체의 여러 면들과 개관들에 대해서는 W. Schmithals,

Gnosticism in Corinth, trans. J. Steely(Nashville: Abingdon Press, 1971), B. A. Pearson, *The Pneumatikos-Psychikos Terminology in 1 Corinthians*, SBLDS 12(Missoula, Mont.: Scholars Press, 1973), A. C. Thiselton, "Realized Eschatology in Corinth," *NTS* 24(1977-78): 520-26, D. J. Doughty, "The Presence and Future of Salvation in Corinth," *ZNW* 66(61-90), R. A. Horsley, "'How Can Some of You Say There Is No Ressurrection of the Dead?' Spiritual Elitism in Corinth," *NovT* 20(1978): 203-40을 보라.

고린도전서의 직접적인 계기에 대해서는 J. Munck, "The Church Without Factions," in his *Paul and the Salvation of Mankind*, trans. F. Clarke(Richmond: John Knox Press, 1959), 135-67, J. C. Hurd, Jr., *The Origin of I Corinthians*(London: SPCK, 1965), N. A. Dahl, "Paul and the Church at Corinth According to I Conrithians 1:10-4:21." in his *Studies in Paul*(Minneapolis: Augsburg Pub. House, 1977), 40-61을 보라.

고린도전서의 특별한 문제들에 대한 연구는 B. Fiore, "'Covert Allusion' in Corithians 1-4," *CBQ* 47(1985): 85-102, A. Collins, "The Function of 'Excommunication' in Paul,": *HTR* 73(1980): 251-63, S. K. Stowers, "A 'Debate' over Freedom I Corithians 6:12-20," in *Christian Teaching: Studies in Honor of L. G. Lewis*, ed. E. Ferguson(Abilene, Tex.: Abilene Christian Univ. Bookstore, 1981), 59-71, R. Scroggs, "Paul and the Eschatological Woman,": *JAAR* 40(1972): 283-303, R. A. Horsley, "Gnosis in Corinth: I Cor 8:1-6," *NTS* 27(1980): 32-51, J. Murphy-O'Connor, "The Non-Pauline Character of I Cor 11:2-16?" *JBL* 95(1976): 615-21, E. Schweizer, "The Service of Worship: An Exposition of I Cor 14," *Int* 13(1959):400-408, J. Sweet, "A Sign for Unbelievers: Paul's Attitude to Glossolalia," *NTS* 13(1966-67): 20-28, 그리고 J. Lambrecht, "Paul's Christological Use of Scripture in Cor 15:20-28," *NTS* 28(1982): 502-27에서 발견할 수 있다.

고린도후서의 완전성의 문제는 언제나 내삽법(interpolation)에 대한 논의를 하게 된다. 두 가지 견해에 대해서는 H. D. Betz, "2 Cor 6:14-7:1: An Anti-Pauline Fragment," *JBL* 92(1973): 88-108, 그리고 N. A. Dahl, "A Fragment and Its Context: II C or 6:14-7:1," in *Studies in Paul*, 62-69을 참조하라. 문학적 통일성에 대한 보다 넓은 의문들에 대해서는 R. Batey "Paul's Interactions with the Corithians," *JBL* 84(1965): 139-46, 그리고 W. H. Bates, "The Integrity of II Corinthians," *NTS* 12(1965-66): 59-69을 보라.

두 서신 모두에 대한, 특별히 바울의 경쟁자들에 대한 일련의 통찰력 있는 평론으로는 C. K. Barrett, *Essays on Paul*(Philadelphia: Westminster Press, 1982)을 보라. D. Georgi, *The Opponents of Paul in 2 Corinthians: A Study of Religious Propaganda in Late Antiquity*, 1st Eng. ed., enl.(Philadelphia: Fortress Press, 1985)의 연구는 매우 영향력이 있어 왔다. 또한 C. J. A. Hickling, "Is The Second Epistle to the Corinthians a Source for Early Christian History?" *ZNW* 66(1975): 284-87, R. E. Hock, *The Social Context of Paul's Ministry: Tentmaking and Apostleship*(Philadelphia: Fortress Press, 1980)도 보라.

자신의 사도직에 대한 바울의 변호에 대해서는 J. H. Schütz, *Paul and the Anatomy of Apostolic Authority*(Cambridge: At the Univ. Press, 1975), G. G. O'collins, "Power Made Perfect in Weakness: II Cor 12:9-10," *CBQ* 33(1971): 528-37, 그리고 최근의 J. T. Fitzgerald, *Cracks in an Earthern Vessel: An Examination of the Catalogues of Hardship in the Corinthian Correspondence*(Ph. D. diss., Yale Univ., 1984)를 보라. 모세보다 우월한 사역에 대한 바울의 미드라쉬는 T. E. Provence, "Who Is Sufficient for These Things," *NovT* 24(1982): 54-81, 그리고 W. C. Van Unnik, "With Unveiled Faces: An Exegesis of II Cor 3:12-18," *NovT* 6(1963): 153-69에 의해 분석된다. 또한 J. D. G. Dunn, "2 Corinthians III. 17—'The Lord Is the Spirit,'" *JTS* 21(1970): 309-20도 보라. 바울의 모금에 대해서는 A. J. Malherbe, "The Corinthian

Collection," *Restoration Quarterly* 3(1959: 221 – 33, 그리고 K. F. Nickle, *The Collection: A Study in Paul's Strategy*(London: SCM Press, 1966)를 보라.

고린도전서에 대한 충분한 참고문헌을 수반한 비평적 주석은 H. Conzelmann, *1 Corithians*, trans. J. W. Leitch, Hermeneia (Philadephia: Fortress Press, 1975)이다. 본문 전체에 보다 접근하기 용이하면서도 세심한 안내서들은 C. K. Barrett, *A Commentary on the First Epistle to the Corithians*, HNTC(New York: Harper & Row, 1968), 그리고 C. R. Holladay, *The First Letter of Paul to the Corinthians*, The Living Word Commentary(Austin, Tex: Sweet Co., 1979)이다.

고린도후서에 대해 완전하며 보다 최근의 비평적 주석은 V. P. Furnish, *II Corithians*, Anchor Bible(Garden City, N. Y.: Doubleday & Co., 1984)이다. 역시 유용하며 재미있게 읽을 수 있는 주석은 C. K. Barrett, *A Commentary on the Second Epistle to the Corinthians*, HNTC (Philadelphia: Fortress Press, 1973)이다.

제13장

갈라디아서

바울이 갈라디아인들에게 보낸 서신에서 우리는 가장 까다롭고, 쾌활한 사도를 발견한다. 반대와 거부에 직면하여, 바울은 복음의 수치스러운 함축적 의미들을 그 한계까지 밀어붙여서 기독교를 "자유의 헌장"이 되게 한다. 여기에는 명백하게 편협한 지방적인 문제를 넘어 하나님 앞에서의 삶에 대한 가장 심오한 문제들로 나아가는 담대한 지성이 존재한다. 그 과정에서, 바울은 자신과 갈라디아 공동체의 개인적인 신앙 경험으로 인해 그들이 공유하는 상징적 세계가 철저하게 새로운 형태를 취하게 한다.

갈라디아서의 해석은 어렵다. 그 이유는 바울의 논증들이 조밀하여 난해하기 때문만이 아니라. 그가 응답을 하고 있는 사건과 상황들이 완전하게 명확하지가 않기 때문이기도 하다. 우리에게 있는 것은 본 서신 자체의 정보뿐이다. 따라서 우리는 다른 경우들에서와 마찬가지로 사도행전이 얼마나 큰 도움을 주는지 다시 한 번 생각하게 된다. 바울은 그가 갈라디아인들이라고 칭할 수 있는(3:1), 일단의 교회들에 편지를 쓰고 있다(1:2). 이들은 수도가 앙키라(Ancyra)였던 지역에 살았던 켈트족들일 수도 있고, 또는 로마의 영토 갈라디아라는 이름을 지녔던 광대한 동일 지역의 남부에서 살던 사람들일 수도 있다. 비록 누가가 갈라디아라는 이름으로 확인을 하고 있지는 않지만, 바울과 바나바가 복음을 전한 도시들, 즉 이고니온, 루스드라. 더베(행 14:1 – 21)는 그 지방에 있는 도시들이었다. 누가는 갈라디아에 대해 말할 때, 이 곳을 브루기아와 결합시킨다. 누가와 바울은 이 지역을 통과하는 짧은 여행을 했는데, 교회를 세웠다는 언급은 없다

(행 16:6). 나중에, 바울은 이 곳의 교회들을 방문하며, 양 지역 모두를 일주한다(행 18:23, 참조. 20:4).

만일 바울 서신의 수신자들이 살았던 곳을 단정할 수 있다면 우리가 많은 도움을 받을 것인지는 의심스럽다. 본 서신의 연대도 역시 불확실하다. 바울은 갈라디아에서 문제들이 "속히" 시작되었다고 말하고(1:6), 자신이 처음 그들을 방문했던 것을 회상한다(4:13-14,참조. 살전 2:1-16). 이 말들은 이른 시기를 지적하는 것일 수도 있다. 갈라디아서의 주제가 로마서의 주제와 유사하기 때문에 갈라디아서를 보다 후기로 보는 사람들도 있다. 갈라디아서의 연대는 바울이 활발하게 활동하던 시기 중의 어느 때일 것이다. 또한 우리는 발신지에 대해서도 전혀 알지 못한다. 에베소가 유력한 후보지이다. 왜냐하면 에베소가 양 지역과 매우 가깝고 알려진 바울의 체재지이기 때문이다.

본 서신의 어조는 특이하다. 수사법은 처음부터("사람들에게서 난 것도 아니요 사람으로 말미암은 것도 아니요 오직 예수 그리스도와 및 죽은 자 가운데서 그리스도를 살리신 하나님 아버지로 말미암아 사도 된 바울은," 1:1) 끝까지("이후로는 누구든지 나를 괴롭게 말라 내가 내 몸에 예수의 흔적을 가졌노라," 6:17) 감정적이고 논쟁적이다. 바울은 그의 특징적인 감사 어구를 빼 버리고 "내가 이상히 여기노라"라는 말로 대신한다(1:6). 문제를 일으키고 있는 자들에 대해 바울은 두 번씩이나 저주(anathema)를 퍼붓는다(1:8, 9). 그는 갈라디아 회중의 어리석음을 비난하고(3:1), 그들의 변덕을 안타까워한다. "내가 너희를 위하여 수고한 것이 헛될까 두려워하노라"(4:11), "너희가 달음질을 잘하더니 누가 너희를 막아 진리를 순종치 않게 하더냐"(5:7). 그리고 그는 노골적으로 문제의 야기자들을 향해 적개심을 나타낸다. "너희를 어지럽게 하는 자들이 스스로 베어 버리기를 원하노라"(5:12). 본 서신에서 바울이 종노릇과 자유, 영과 육, 율법과 믿음, 그리고 죽음과 생명 간에 확립시키는 대립도 역시 날카롭다. 로마서에서는 위엄 있는 진술의 구성 가운데 배역되는 신학적 어휘들이 갈라디아서에서는 전투적으로 예리하게 날이 선다. 그렇지만 절대로 본 서신이 단순하게 노골적인 감정을 쏟아 붓고 있는 것은 아니다. 본 서신의 논쟁은 두서없는 것이 아니라 주의 깊게 계획된 것이며, 갈라디아서의 대부분은 신중하게 구성된 논증이다. 갈라디아서의 논쟁과 사상은 그 전달하는 상황을 우리가 본문 자체의 범위 내에서 재구성하려는 노력을 할 때, 가장 잘 이해할 수 있다.

상황과 문제점

육체적으로 연약함에도 불구하고 바울은 갈라디아의 교회들을 세웠다. "내가 처음에 육체의 약함을 인하여 너희에게 복음을 전한 것을 너희가 아는 바라 너희를 시험하는 것이 내 육체에 있으되 이것을 너희가 업신여기지도 아니하며 버리지도 아니하고 오직 나를 하나님의 천사와 같이 또는 그리스도 예수와 같이 영접하였도다"(4:13-14). "하나님의 천사"라는 용어는 "하나님의 전달자"로 번역될 수도 있는 것으로, 바울이 헬라 문화의 철학자들도 사용했던 식의 자기 지칭을 사용하는 방식을 우리에게 보여 준다(Epictetus *Diss*. III. 22. 49, 63, 72를 보라). 이 용어에는 다른 전달자들과의 대조도 있을 수 있다(1:8, 3:19). 갈라디아인들은 바울을 "그리스도 예수와 같이" 영접했을 때, 메시아와 메시아의 사자(使者) 사이의 밀접한, 그리고 신비하기까지 한 동일성을 인지하였다. 예수님과 바울의 신비한 결합은 본 서신에 두드러진다(1:16, 2:20, 6:14, 17). 그렇지만 유일무이하게 본 서신에만 나오는 것은 아니다(참조. 고후 5:16-21).

갈라디아의 문제와 바울의 대응을 파악하기 위해서는 갈라디아인들이 이교에서 직접 개종을 했다는 사실을 이해하는 것이 중요하다(2:8, 14, 3:8, 14, 4:8, 9, 6:13). 바울의 전도로 아마 그들은 율법에 대해 처음 들었을 것이다. 분명히 그들은 율법에 따라 살지 않았다(3:2, 4:21, 5:4). 둘째로, 바울이 그들에게 십자가에 못 박히신 메시아를 전하고(3:1) 그들이 그 메시지를 믿음 가운데 "기쁜 소식"으로 받아들였을 때, 그들은 놀라운 행동들로 나타나는 명백한 성령의 부어 주심을 받았다(3:2-5). 그럼으로 인해, 그들은 "하나님을 알 뿐더러 하나님의 아신 바" 되었다(4:9). 그들의 "성령 안의 생활"은(5:25) 정확하게 십자가를 전함에 의해 생겨났다(3:1). 그러나 갈라디아 공동체는 "그리스도 안의" 이 정체성에 대한 성숙한 이해력을 소유하지 못했다. 그들의 개종과 바울이 떠난 후 갈라디아 교회들에서 일어난 사건들은 바울을 불안하게 만들었다. "나의 자녀들아 너희 속에 그리스도의 형상이 이루기까지 다시 너를 위하여 해산하는 수고를 하노니 내가 이제라도 너희와 함께 있어 내 음성을 변하려 함은 너희를 대하여 의심이 있음이라"(4:19-20). 무슨 일이 일어났기에 전에 바울에게 "눈이라도 빼어" 주려고 했던(4:15) 이 교회들이 이제 바울과 바울의 메시지 모두를 의심하게 되었을까?

바울은 그들의 "다른 복음 좇는 것"에 누구 책임이 있는지에 대해 확실하지 않다. 그는 "누가 너희를 꾀더냐"(3:1), "누가 너희를 막아 진리를 순종치 않게 하더냐"(5:7)라고 그들에게 묻는다. 문제를 일으키는 자들의 정체에 대해 바울이 모호하고, 또한 심지어 무지한 것처럼 하기 때문에. 우리에게도 그들에 대한 정확한 지식이 없다. 우리는 고린도의 경쟁자들을 확인하는 방법론적 문제들을 여기에서도 직면한다. 바울이 맞서고 있는 실제 인물들이 있었다. 그러나 우리는 그들의 생각을 알 수 없고 단지 그들의 생각에 대한 바울의 인식만을 알 수 있을 뿐이다. 갈라디아의 대적들에 대한 많은 제안들이 있어 왔다. 그들은 예루살렘에서 온 "야고보파"였을까(2:12)? 또는 "영지주의파"였을까(4:9)? 실제의 어려움이 공동체 내에 있는 것으로 보이기 때문에. 문제는 더욱 복잡해진다. 자극이 외부로부터 왔을 수도 있지만("저희가 너희를 대하여 열심 내는 것이 좋은 뜻이 아니요 오직 너희를 이간 붙여 너희로 저희를 대하여 열심 내게 하려 함이라," 4:17), 복음의 다른 해석을 선동하고 있던 교회 내의 인물들도 있었다("내가 할례를 받는 각 사람에게 다시 증거하노니 그는 율법 전체를 행할 의무를 가진 자라," 5:3). 비록 바울이 "억지로 너희로 할례 받게" 한 자들을 대적하고 있지만(6:12-13), 그 자들이 내부인들인지 외부인들인지 알지 못하고 있을지도 모른다. 따라서 바울의 에너지는 유혹을 받은 사람들, 즉 "어리석은 갈라디아인들"을 향한다. 바울이 바로잡으려고 애를 쓰고 있는 비정상 행동은 고대 시대부터 유대인화(judaizing, 이 말은 2:14 "유대인답게 살다"에서 나온 것이다)라고 칭해져 왔다. 이 용어는 유대인들에게 쓰이는 것이 아니라 유대인을 닮으려고 하는 이방인들에게 적절한 용어이다. 이 용어는 이 어린 이방인 공동체들을 동요시키고 있는 의문을 폭넓게 지적한다. 즉 그들에게 그리스도만이 아니라 율법까지 필요했던가 하는 의문이다.

갈라디아의 선동자들은 두 가지 서로 관계가 있는 불평 거리를 갖고 있었다. 첫째로 고린도에 있던 바울의 경쟁자들과 마찬가지로, 그들은 바울의 사도 자격에 이의를 제기했다. 바울은 최초의 사도들 중 한 사람이 아니라 예루살렘에 의존한다(따라서 예루살렘에 복종을 해야 한다!). 바울은 가르침과 실행에 있어 일관성이 없고, 하나님보다는 사람들을 기쁘게 하려고 한다. 실제로, 바울은 그의 가장 가까운 대리인들 중의 하나인 디도를 할례 받게 했다(2:3). 그러나 둘째로, 더 큰 불평은 바울의 사도 자격이 불완전한 것과 똑같이, 그의 "복음"도 불완전하다는 것이었다. 바울은 십자가에 못 박힌 메시아 안의 하나님의 역사에 대해서만 전했다. 따라서 그는 갈라디아인들에게 불완전하고 부적절한 기독교 형태를 전했다는 것이다. 진정으로 의로워지기 위해―하나님과 바른 언약 관계에 있기 위해―율법의 계명들도 지킬 필요가 있다는 것이다.

무엇보다 메시아는(우리는 그들이 하는 말을 들을 수 있다) 유대인 구원자이다. 따라서 "메시아 안에" 있는 것은 역사적인 백성 "하나님의 이스라엘"의 한 부분이 되는 것도 요구한다. 할례는 "율법의 멍에를 메는 것"을 나타내는 의례적인 상징이고(5:1을 보라), 이스라엘 백성에 가입을 시키는 것이다. 바울은 세례라는 의례적인 씻음만을 행함으로 갈라디아인들을 기만했다. 그리스도에 대한 헌신과 마찬가지로 세례는 하나의 시작이다. 그러나 완전하게 장성하기 위해서는 더 많은 것이 요구된다. 바울의 대적들에 따르면, 율법의 계명들에 대한 순종이 없는 복음에 대한 순종은 유대교의 피상적이고 왜곡된 해석이다. 하나님의 의를 위한 궁극적인 기준은, 따라서 인간의 의를 위한 궁극적인 기준은 언제나 마찬가지로 지금도 율법이다. 만일 갈라디아인들이 할례를 받는다면, 그들은 하나님의 백성들 중에서 보다 성숙한 위치로 나아가고자 하는 의지를 나타내는 것이다(5:2).

그들의 논증은 대단히 명확한 것처럼 보인다. 일부 세부 사항들은 분명히 설명하기가 어렵다. 왜냐하면 우리는 그 사항들을 논쟁에 끌어넣은 인물이 바울의 대적들인지 또는 바울인지 알지 못하기 때문이다. 예를 들어, 하나님께서 율법을 주심에 천사의 역할에 대한 주장은 그들이 한 것일까? 아니면 바울이 한 것일까(3:19)? 그들이 "우주의 구성 요소들"인 천사 집단에 대한 복종을 주장했을까? 아니면 바울이 그런 논쟁 방정식을 끌어낸 것일까(4:3, 9)? "날과 달과 절기와 해"의 준수와 율법의 준수를 연관시킨 사람은 그들과 바울 중에 누구일까(4:10)?

어쨌든 할례에 대한 논쟁으로 야기된 이 종교적 문제들은 고유의 의례적 절차의 범위를 훨씬 넘었다. 바울의 대적들은 예수 안에서 하나님을 경험하는 것의 적절성을 언급했고, 또한 그리스도인의 존재에 있어 궁극적인 기준이 율법인가 아니면 "그리스도의 법"인가를 언급했다. 이 질문들은 하나님과 인간들의 관계에 대한 의문들로 이어졌다. 하나님과 인간들의 관계는 인간의 노력으로 이루어지는가? 아니면 언제나 하나님의 은사에 의해 이루어지는가? 하나님은 그의 일관성을 판단하는 인간의 방법들에 의해 구속을 받는가? 아니면 하나님이 스스로를 일관되게 나타내는 방법들에 의해 인간들이 스스로를 판단해야 하는가? 이 의문은 이어 하나님의 본성에 대한 의문으로 연결되었다. 결국 하나님은 세상을 만든 다음에 단지 자신의 피조물들의 상대적인 공로들을 조사 기록하는 것에만 관심을 두고 세상을 그대로 내버려두는 소극적인 장부 기록자인가? 아니면 하나님은 존재하는 모든 근원과 만물이 지향하는 목표를 매 순간 새롭게 창조하고 구속하고 성별하는 분인가? 하나님은 이상하고 예상치 못한 방식으로 활동하는가? 또는 우리의 과거 속에 하나님은 갇혀 있는 것이 아닐까?

바울은 위와 같은 의문들이 외면적으로 무해하게 보이는 이방인의 욕망, 즉 그리스도 "이상의 그 무엇인가"를 바라는 욕망에 내재하는 것으로 파악한다. 이 이방인들은 더 많은 것을 바라는 그들의 욕망으로 인해 이미 가진 것도 잃을 것이다(3:2-4). 자신의 사도 직분에 대한 바울의 변론은 자신의 복음에 대한 변론과 밀접하게 연관된다. 왜냐하면 갈라디아인들의 하나님 경험의 "진실"이 그 두 가지 모두에 의거하는 것이기 때문이다.

바울의 대답 중 많은 부분이 이해하기 어려운데, 그 이유는 우리가 대화의 한 편만을 듣기 때문만이 아니라, 또한 양쪽에 의해 전제되는 상징들과 그들의 논증 방법들이 때로 불명료하기 때문이기도 하다. 그러나 바울의 신학적 방법은 명확하다. 그는 자신의 개인적 경험과(1:1, 4, 11-12, 15, 2:11-20, 4:12, 6:14, 17), 그의 공동체의 개인적 경험(1:4, 3:1-5, 4:13-15, 5:24-25)으로 시작한다. 그리고 상호 승인하고 있는 이 경험들에 비추어, 바울은 논쟁의 요점인 율법 자체를 재해석한다(3:6-4:31). 그러므로 바울은 그의 답변 제시 방식에서 이미 기본적인 문제에 답하고 있다. 즉 메시아 예수님 안에서의 하나님 경험이 하나님 앞에서 사는 삶의 궁극적 기준이고, 앞으로는 율법도 이 새로운 하나님 경험에 비추어 이해되어야 한다는 것이다.

사도의 변증

자신의 사도직이 파생적이고 의존적이라는 암시들에 대해 바울은 자신의 사도직이 하나님의 직접적인 부르심과(1:1) 선택에(1:5) 의한 것이라고 주장한다. 그리고 메시아 예수님께서 계시하시는 그 하나님께서(1:12) 자신의 생을 돌려

놓으셨다고 주장한다. 그는 예루살렘 공동체에 의존하지 않았다. 그는 자신의 소명 후에 예루살렘 공동체의 지도층과 의논하지 않았다(1:16). 그들과 바울의 유일한 만남은 사적인 것이었고 그가 사역을 시작한지 만 삼년 후였다(1:18-20). 그로부터 십 사년 후에 예루살렘 교회의 "기둥들"과 완전한 만남을 가졌을 때, 그들은 바울을 자신들과 안전히 동등하게 인정했다. 그들은 전도를 바울과 베드로로 양분하는 것에 동의했다(2:9). 그리고 디도는 할례를 받으라는 요구를 받지 않았고(2:2-3), 그들의 유일한 요청은 바울이 이미 시작한 일, 즉 가난한 사람들을 돌보는 일에 관한 것이었다(2:10). 그들의 자유를 엿보려고 하는 "거짓 형제들"(2:4)에도 불구하고 이것이 전부였다. 바울은 갈라디아인들이 그들의 현 상황에 대한 바울의 비유를 깨닫기 바란다. 바울은 그 거짓 형제들에게 굴복하지 않았으니 "이는 복음의 진리로 너희 가운데 항상 있게 하려 함이라"(2:5). 그래서 이제 바울은 갈라디아인들이 그들의 자유에 대한 어떤 위협에도 항거하기를 원한다. 일관될 뿐만 아니라 사도로서 자신의 독립성에 대한 바울의 마지막 증거는 게바와의 대결이다. 심지어 바울의 동역자 바나바까지도(2:1을 보라) "야고보에게서 온 어떤 이들"(2:12)이 가한 압력에 저항을 포기하고 안디옥에서 이방인들과 함께 하던 식사를 그만두었을 때, 바울은 게바를 정면으로 반박했다(2:11). 왜냐하면 게바와 바나바와 모든 유대인들이 "복음의 진리를 따라 바로 행하지 아니함을" 보았기 때문이었다(2:14). 바울의 일관성은 과거에도 직면해야 했고 계속 직면하는 반대에 의해서도 드러난다. "이제 내가 사람들에게 기쁨을 구하랴 내가 지금까지 사람의 기쁨을 구하는 것이었다면 그리스도의 종이 아니니라"(1:10). 종의 표적은 고난과 배척이다. "형제들아 내가 지금까지 할례를 전하면 어찌하여 지금까지 핍박을 받으리요"(5:11), "내가 내 몸에 예수의 흔적을 가졌노라"(6:17).

바울은 위선에 대한 비난을 그의 적들에게로 되돌린다(2:13). 갈라디아인들을 혼란시키고 있는 자들은 예루살렘과 안디옥 모두에서 그를 성가시게 괴롭혀 온 "거짓 형제들"과 같은 자들이다(2:4-12). 그들은 사기꾼들이다. "저희가 너희를 대하여 열심 내는 것이 좋은 뜻이 아니요 오직 너희를 이간 붙여 너희로 저희를 대하여 열심 내게 하려 함이라"(4:17). 6:12-13에서 바울은 그들의 실제적인 동기는 세력을 얻는 것일 뿐만 아니라 유대인들로부터 핍박을 피하는 것이기도 했다

무릇 육체의 모양을 내려 하는 자들이 억지로 너희로 할례 받게 함은 저희가 그리스도의 십자가를 인하여 핍박을 면하려 함뿐이라 할례 받은 저희라도 스스로 율법은 지키지 아니하고 너희로 할례 받게 하려 하는 것은 너희의 육체로 자랑하려 함이니라

갈라디아 공동체의 지체들은 할례에 어떤 이해 관계를 갖고 있었나? 할례는 그들을 핍박과 순교의 후보자들이 아니라 이스라엘의 정상적인 구성원으로 보이게 했다. 왜 그러한 핍박이 있었을까? 그 이유는—바울 자신의 과거 경험이 보여 준 바와 같이(1:13-14)—십자가에 못 박히신 메시아가 율법을 의의 궁극적인 기준으로 보는 자들에게 거침돌이었기 때문이었다(3:13). 바울이 볼 때에 할례의 선택은 비겁한 행위일 뿐만이 아니라 십자가에 못 박히신 메시아를 통한 하나님 경의의 거부이기도 했다(3:1). 바울은 그러한 선택을 철저하게 거부한다(6:14)

그러나 내게는 우리 주 예수 그리스도의 십자가 외에 결코 자랑할 것이 없으니 그리스도로 말미암아 세상이 나를 대하여 십자가에 못 박히고 내가 또한 세상에 대하여 그러하니라

갈라디아아인들이 무엇보다 바울을 격분시키고 당황하게 한 이유는 그들이 자신들의 경험을 자진해서 부정했기 때문이었다(4:15). 그들은 복음을 들을 때, 이미 성령을 강력하게 경험했다(3:2-5). 그리고 세례를 받음으로, 그들은 이미 하나님의 자녀와 그 나라의 상속자들로 메시아에게 결합되었고(3:26-27), 하나님의 아버지라고 부를 수 있었다(4:6-7). 이제 다른 형태의 가입을 추구하는 것은 메시아를 믿음으로 받은 의를 부인하는 것을 의미했다. 갈라디아아인들은 건강하게 호흡을 할 수 있음에도 불구하고 유일하게 숨쉴 수 있는 방법은 인공 호흡 장치로 숨쉬는 것이라는 말을 듣는 사람들과 유사하다. 그러나 갈라디아아인들이 지금 성령의 생명으로 호흡을 하고 있으면서 인공 호흡 장치를 택하는 것은 종노릇을 택하는 것이다.

복음의 개요

바울의 복음에 대한 변론은 매우 난해하고 생략적이기 때문에, 그의 전제들을 정밀하게 살펴보는 것이 유익하다. 우리는 그의 전제들을 보다 충실한 해석인

로마서에서만이 아니라 갈라디아서에서도 찾을 수 있다.

사람이 하나님과 바른 관계에 서게 되는 것은 외적인 계명들의 준수에 의해서가 아니라 믿음이라고 칭해지는 중요한 응답에 의한 것이다(2:16, 3:11). 이 믿음은 초월적이고 거룩하신 분의 부르심에 대한 "예"라고 하는 대답이다. 이것은 우상 숭배인 "아니요"—보다 못하고 보다 쉽게 조정되는 능력들의 편에 서서 인간 존재에 대한 하나님의 요구들을 거부하는 것—로부터 완전히 돌아서는 것을 의미한다(4:8-9). 하나님께서는 모든 인간들을 이 의의 형태로 부르신다. 하나님께서 나타나시는 어떤 상황들에서도, 인간들은 응답해야 한다. 율법에서, 바울은 하나님의 약속하신 이 대화의 원시적 양식을 발견한다(3:22). 하나님께서는 아브라함과 그의 자손에게 믿음을 도출하는 축복을 약속하셨고(3:8, 16-18), 그 약속은 예수님에게서 성취되었다(3:16b, 22, 26, 29).

그러나 누구의 믿음이 지금 작용하고 있는가? 특별히 생략적인 표현인 피스티스 크리스투(pistis christou)에 있어, 바울의 언어의 다의성(多義性)으로 인해 바울의 인식의 이 단계에 대해 큰 논란이 있다. 이 표현은 "그리스도를 믿는 믿음"으로도 또는 "그리스도의 믿음"으로도 번역될 수 있다. 이 문제를 어렵게 하는 것은 바울이 여러 다른 경우에 이 두 가지 뜻을 모두 의미하고 있는 것처럼 보이기 때문이다. 바울은 그리스도인들의 "그리스도를 믿는 믿음"에 대해 명확하게 말할 수 있다(빌 3:9, 골 1:4). 이런 믿음은 고백의 믿음이다. 즉 그리스도를 믿는 믿음을 가진 사람들은 하나님께서 그리스도 안에 자신을 내셨음을 인정하고 그 계시에 자신을 바친다. 그러나 바울은 또한 "아브라함이 하나님을 믿으매"(3:6)에서와 같이 하나님을 대상으로 하는 믿음의 언어도 사용한다. 어려운 문제는 그가 예수님의 이런 식으로 하나님께 응답하심에 대해 말하는가 하는 것이다. 즉 "그리스도의 믿음"에 대해 말하는가 하는 것이다. 또한 만일 그렇다면 그 의의는 무엇인가 하는 것이다. 현재의 거의 모든 번역과 주석들에는, 오직 한 가지 이해만을 향하는 편향, 즉 "그리스도를 믿는 믿음으로 이해하는 편향이 있다. 만일 이 이해가 정확하다면, 바울은 구원의 두 가지 원칙, 즉 율법의 준수에 의해 하나님의 은총을 얻으려고 하는 것과 "그리스도를 믿는 믿음"에 의해 하나님께 응답하는 것에 반대를 하는 것이다.

나는 이 경우에 소수의 견해가 정확하다고 확신하며, 또한 바울이 때로 인간 예수님의 하나님께 대한 응답, 즉 "메시아의 믿음"을 말하는데 피스티스 크리스투라는 표현을 사용한다고 확신한다. 더 나아가 예수님의 이 응답은 구원 행위의 한 부분이다. 이 말로 바울이 의미하는 바는 예수님께서 그의 생애와 죽으심에서 보이셨던 아버지 하나님께 대한 신실한 **순종**이다(빌 2:6:11, 롬 5:18-19를 보라). "예수님의 믿음"은 예수님의 하나님께 대한 인간적인 응답이다. 그리고 이 응답이 다른 사람들로 하여금 믿음을 가지고 믿음에 의해 의로워질 수 있게 하는 것이다. 다른 말로 이야기해서, 의라는 중요한 은사는 예수님의 순종을 통해 십자가에서 하나님에 의해 이루어지는 것이며, 그 다음에 사람들이 하나님의 이 현현을 신뢰하고 순종하고 예수님과 같이 "예"라고 대답함으로 얻게 되는 것이다.

바울이 2:20에서(RSV와는 달리) 믿음에 대해 "나를 사랑하사 나를 위하여 자기 몸을 버리신 하나님의 아들의 믿음에 의해 사는 것이라"(참조. 한글 개역: "나를 사랑하사 나를 위하여 자기 몸을 버리신 하나님의 아들을 믿는 믿음 안에서 사는 것이라")고 말하는 것이 이 의미이다. 본 서신 전체를 통해, 바울은 하나님의 뜻에 따라(1:4) 예수님께서 인간들에게 이 은사를 주기 위해 활동하셨음을 강조한다. 예수님께서는 자신을 주심으로 이 시대로부터 사람들을 구하셨다(1:4, 4:5). 이 예수님의 믿음이 의를 이룰 때, 복음을 받아들이는 사람들은 순종과 신뢰 가운데 그 의를 받아들이고, 그 결과로 성령을 받게 되는 것이다(3:2, 5, 4:6, 29, 5:5). 여기에서, 아브라함에게 주신 약속이 유대인과 이방인 모두에게 성취된다(3:8, 28).

이 성령께서는 바로 하나님의 생명과 능력이시므로, 죽음과 종노릇과 율법으로부터의 자유를 가져오신다(4:1-7, 31, 5:1, 13). 이 생명의 근원이 생명의 형태를 결정하신다. 만일 사람들이 하나님의 성령에 의해 산다면, 그들의 존재는 동일하신 성령에 의해 그 기준을 부여받는다. 능력과 기준 모두가 되시는 성령께서는 하나님 앞에서 사는 삶의 척도로서의 율법의 궁극성을 상대화하신다(5:16-18, 25, 6:8). 성령의 역사는 무작위적이 아니다. 성령의 역사는 개개인의 인간 삶에 예수님에게서 발견되는 타인들을 위한 삶의 방식을 복사한다. 이 방식이 "그리스도의 법"이다(6:2, 참조. 2:20, 4:6-7, 19, 5:24, 6:14). 갈라디아인들에게 이른 하나님의 생명은 절대로 율법에 의해 전달된 것이 아니다.

그렇다면, 율법은 어떤 지위를 갖는가? 율법은 메시아에 의해 폐기되었고 또한 완성되었다. 하나님의 활동과 인간의 의에 대한 절대적인 기준으로서의 율법은 폐기되었다. 만일 의의 유일한 척도가 율법이라면, 예수님은 하나님의 생명의 근원이 되실 수 없다. 왜 그런가? 그 이유는 그 기준에 의하면 예수님은 의롭지 않기 때문이다. 그는 "나무에 매달렸기" 때문에(신 21:23), "죄인," "하나님에 의해 저주를 받은" 자이다. 그러므로 십자가가 중심이다. 율법은 십자가에 못박힌 메시아를 용납하지 않는다. 그러나 만일 갈라디아인들이 예수님을 통해 하나님을 알게 되고 또한 하나님께서 그들을 아시게 되었다면, 율법이 더 이상 궁극적일 수가 없다는 사실을 알아야 하는 것이다.

삶을 위한 궁극적 기준으로 예수님과 율법 간의 이 불가피한 선택은 바울이 할례를 바라는 욕망을 그리스도로부터 끊어지는 것이고(5:4) 십자가로 인한 핍박을 피하려는 시도로(6:12) 칭하는 이유를 밝혀 준다. 바울이 "그리스도께서 우리를 위하여 저주를 받은 바 되사 율법의 저주에서 우리를 속량하셨으니" 라고 선언할 때, 그 당연한 결론은 율법의 권세가 폐기되었다는 것이다. 예수님이 그들의 의가 되고 하나님에게 저주를 받을 수 없다. 그러나 바울은 거기에서 멈추는 것이 아니라 더 앞으로 나아간다. 메시아 안으로 세례를 받은 사람들은 "율법을 향하여 죽은" 사람들이다(2:19). 왜냐하면 그들의 생명은 십자가에 못 박히신 예수님의 영으로부터 오는 것이기 때문이다. 그러므로 바울은 다음과 같이 결론을 내릴 수 있다. "내가 하나님의 은혜를 폐하지 아니하노니 만일 의롭게 되는 것이 율법으로 말미암으면 그리스도께서 헛되이 죽으셨느니라"(2:21).

또한 율법은 메시아 안에서 완성되었다. 율법은 하나님의 계시와 지혜이기 때문에 언제나 법보다 우월하다. 바울은 율법, 즉 구약성경의 기록들과 예언을 사용하지 않고는 의에 대해 말도 할 수 없다. 로마서에서 그는 메시아 증거자로서의 율법의 기능을 보다 자세히 진술한다(롬 3:21을 보라). 그러나 갈라디아서에서도 우리는 율법을 생명의 근원이라고 하는 주장들의 문제에 비해 율법의 문제는 작다는 것을 본다(3:12). 하나님의 역사의 명확한 기준으로서 율법은 대체되었다. 하나님께서는 예수님의 죽으심에서 새로운 일을 행하셨으니, 율법의 기준을 넘는 의를 계시하신 것이다. 이 의는 믿음의 새로운 응답을 요구한다. 그리고 이 사실은 약속의 지참자로서 율법도 성취되었음을 나타내는 것이다. 예수님 이전에, 바울이 하나님의 교회를 핍박할 때 그러했던 것처럼(1:3), 사람들은 율법을 궁극적인 것으로 생각했다. 그러나 율법은 절대로 생명을 주지 못했다(3:21). 율법이라는 상징이 없었다면, 바울은 예수님을 이해할 수 없었다. 그러나 또한 예수님께서 없었다면, 그는 율법의 상징들을 이해할 수 없었을 것이다.

메시아 이전에, 율법은 두 가지 기능을 가지고 있었다. 율법은 죄의 종노릇을 밝히는데 기여했다. 후사께서 오시기 전까지 모든 인간들이 죄 아래에서 고생을 했다(3:19). 또한 율법은 믿음이 계시될 때까지 인간들을 최소한의 도덕을 지키도록 단속하는 몽학선생으로 기능했다(3:23). 그러나 예수님의 십자가와 부활에 나타난 하나님의 계시에 비추어 볼 때, "할례나 무할례가 아무것도 아니로되 오직 새로 지으심을 받은 자뿐이니라"(6:15).

갈라디아서 2:15 – 4:31의 논증

이제 바울의 논증의 여러 단계들에 대한 몇 가지 관찰을 할 수 있다. 본 서신의 핵심에 바울의 미드라쉬 사용은 전문적이며 복잡하다. 바울의 바리새인 스승들은 그의 방법들을 칭찬했을 것이다. 그렇지만 그의 결론에는 간담이 서늘해졌을 것이다. 만일 그의 출발점, 즉 예수님을 통한 하나님 경험에 동의하지 않는다면 그의 논증은 설득력이 없다.

논증은 중간 과정이 없이 곧바로 바울의 변명적인 서술로부터 시작한다. 그는 논증을 요약하는 5:2 – 6과 매우 흡사한 일련의 변증법적 단언들로 시작을 한다. 그는 의의 원칙들로 메시아를 통해 오는 믿음과 율법의 준수 간의 대립을 역설한다(2:15 – 16). 그러나 이 대립으로 인해 믿음을 택하는 사람이 죄인이 되는 것은 아니다(2:17 – 18). 왜냐하면 바울과 다른 그리스도인들은 메시아와 신비하게 연합하여 메시아로 말미암아 살기 때문이다(2:19 – 21). 나중에 우리는 세례가 메시아에게로의 입문이라는 사실을 배우게 된다(3:27). 그러나 그 사실은 아직 설명되지 않는다. 이 단계에서, 바울은 (a) 현재 그리스도인들의 생명, (b) 하나님 안의 그 생명의 기원, 그리고 (c) 예수님의 십자가를 통한 그 생명의 전달 간의 관계를 강조한다.

경험에 대한 호소(3:1 – 5)는 그의 논증에 있어 중대하다. 만일 갈라디아인들이 동의한다면, 바울의 논증은 설복의 힘을 갖는다. 그러나 그들이 동의하지 않는다면, 그들은 자신들의 경험을 부정하는 것이다. 그들은 성령을 통해 생명을 받았다. 그 생명은 십자가의 전도를 통해 전달되었고, 따라서 그 생명은 율법의 준수에 의한 것이 아니라 믿음 안에서 받은 전도이다. 만일 그들이 이미 호흡을 하고 있을진대, 왜 인공 호흡기가 필요하겠는가?

만일 그들의 공통적인 경험이 인정된다면, 바울은 그 경험에 비추어 율법을 재해석할 수 있다. 그의 첫번째 성경에의 호소는 일련의 균형된 제안들의 형태를 취한다. 그는 창세기의 아브라함에 대한 두 가지 말씀을 사용한다. 즉 모든 족속이 아브라함 안에서 복을 받을 것이라는 말씀과(창12:3) 아브라함의 의가 믿음으로 말미암았다는 말씀이다(창15:6). 여기에 근거하여 바울은 믿음을 갖고 있는 열방(즉 이방인들)도 아브라함의 자손이고 아브라함의 복을 공유한다는 결론을 내릴 수 있었다(3:6-9). 증거로서의 율법의 가치가 여기에서 함축적으로 주장된다. 하지만 율법의 의미는 현재의 하나님 경험에 의해서만 드러난다. 이 약속에 대한 기술에서 갈라디아인들은 자기 자신들의 내력의 시초를 발견하게 된다.

바울의 두번째 성경에의 호소(3:10-14)는 모세 오경에 대한 빈틈없는 구약성경 미드라쉬 주석의 형태이다. 바울은 성경의 두 개의 본문이 서로 모순될 때, 세번째 본문이 해결을 할 수 있게 되는 미드라쉬 규칙을 사용한다. 여기에서 우리는 하박국 선지자가 생명은 믿음의 의로부터 온다고 말하는 것을 본다(합 2:4). 그러나 레위기 18:5는 생명이 율법의 명령들을 지킴으로 온다고 주장한다. 바울은 레위기 편에 서서, 계명들을 지키지 않는 자들에게 저주(생명의 반대)를 내리는 신명기 27:26까지 인용함으로 모순을 심화시킨다. 그러나 그 다음에 그는 그 저주가 예수님에 의해 속량되었다고 말한다. 어떻게 속량이 되었는가? 첫째로, 예수님께서는 나무에 달리셨음으로—신명기 21:23에 따르면—그의 죽음의 전주를 받은 죽음이기 때문이다. 그러나 둘째로, 예수님의 십자가에 못박히심의 결과는 저주가 아니라 축복이기 때문이다. 예수님께서는 살아 계신 것이다! 이 성경 구절들 간의 상충에 "의인은 믿음으로 말미암아 살리라"(합 2:4)고 말하는 본문이 들어서고, 그 본문은 메시아 예수님의 신실한 죽으심과 부활로 성취되었다는 사실이 이어진다.

바울의 세번째 성경에의 호소(3:16-18)는 창세기 12:3-7에 나오는 아브라함에 대한 약속의 미드라쉬 해석이다. 이 해석은 복잡하다. 그리고 이 해석은 집합 명사(sperma, "씨" 또는 "자손")를 단수로 해독하여 아브라함의 모든 자손에게 적용하지 않고 한 개인—메시아(삼하 7:14도 보라)—에게 적용하고, 그 다음에 그 한 개인에게 속한 사람들에게 적용하는 기교에 의존한다. 그러므로 바울

은 메시아께서 하나님과 인간들 사이에 맺어진 본질적인 언약("유언"이라는 의미
도 있다)의 추인(追認)이심을 증명하고 마치 모세 언약이 단지 지엽적인 것에 불
과한 것처럼 모세 오경을 뛰어 넘는다.

그러나 모세 언약이 단지 잘못되었을 뿐일까? 목적에 있어서는 잘못되지 않
았으나 그 주장들에 있어서만은 잘못되었다. 율법은 영원한 계약이 아니라 일시
적인 계약이다. 율법은 하나님께서 직접 주신 것이 아니라 모세와 천사들의 중개
에 의해 주어진 것일 뿐이다. 그리고 무엇보다 율법은 생명으로 인도하지 못한다
(3:21). 율법은 범죄를 드러내고 도덕을 가르칠 수는 있었으나 능력을 주거나
변하게 할 수는 없었다. 율법이 모순된 것은 아니지만 약속을 성취하지 못했다
(3:21-22). 오직 메시아의 믿음 안에서만 약속이 성취된다(3:22). 그런데 갈라
디아인들은 믿음의 응답과 세례의 의식으로 말미암아 메시아와 결합되었다. 그
리하여 그들은 "그리스도 예수 안에서 하나"가 되었고(3:28), "약속대로 유업을
이을 자"가 되었다(3:29).

이제 바울은 종노릇과 자유 간의 대조로 이동한다. 메시아가 오시기 전에는
유대인이나 이방인이나 모두 종들과 같았다. 율법의 보호 아래 있는 어린이들로
서 유대인들은 우주의 세력들에게 복종하던 이교도들보다 더 나을 것이 없었다
(4:1-4, 8-9). 오직 하나님의 아들께서만이 그들 모두에게 본래 그 분의 소유
인 "유업을 주심으로 그들이 하나님의 자녀의 자유를 향유할 수 있게 하실 수 있
다(4:6-7)

너희가 아들인고로 하나님이 그 아들의 영을 우리 마음 가운데 보내사 아바 아버
지라 부르게 하셨느니라 그러므로 네가 이 후로는 종이 아니요 아들이니 아들이면
하나님으로 말미암아 유업을 이을 자니라

종노릇과 자유 간의 동일한 대조는 바울이 "율법 아래 있고자 하는 자들"에
대한 책망으로 말하는 그의 네번째 성경에의 호소를 위한 배경을 제공한다
(4:21-31). 바울 시대의 필로 유다이우스(Philo Judaeus)에 못지 않은 풍유
적(allegorical) 해석으로, 바울은 "아브라함의 자손"으로서의 갈라디아인들은
아들들의 자유를 누리는 반면에 유대인들은 아직 종노릇을 하고 있다는 확신의
유리한 입장에서 창세기 16장과 21장을 이사야 54장과 더불어 정리한다. 과거에
이삭이 이스마엘에게 핍박을 당했던 것처럼, 현재도 자유로운 여인의 자녀들이

유대인들에게 핍박을 받고 있다(4:29). 바울은 매우 힘있게 다음과 같이 말한다 (4:30. 참조. 21:10)

> 그러나 성경이 무엇을 말하느뇨 계집종과 그 아들을 내어 쫓으라 계집종의 아들이 자유하는 여자의 아들로 더불어 유업을 얻지 못하리라 하였느니라

유대인들은 십자가 때문에 그리스도인들을 핍박했다. 그러나 십자가는 그리스도인들에게 생명과 자유를 주었고, 그들을 약속의 자녀들로 만들었다. 그러므로 그들은 그들 가운데 십자가에서 할례로의 이탈을 주장하는 자들을 "내어쫓아야" 한다.

갈라디아서 5:2-6에서, 바울은 논증을 요약한다. 할례를 좇는 자들은 자신들의 하나님 경험을 부인하고 그리스도로부터 돌이킨다. 메시아의 공동체 내에, 유대인과 이방인의 구별은 무의미하다. 왜냐하면 "그리스도 예수 안에서는 할례나 무할례가 효력이 없되 사랑으로써 역사하는 믿음 뿐"이기 때문이다(5:6).

성령을 따르는 생활

성령은 하나님 앞에서 사는 생활을 위한 능력과 기준이시다(5:25). 의를 위한 궁극적인 기준으로서의 율법에 대한 거부는 도덕의 안내자인 율법을 거부하는 것이 아니며, 도덕률 폐기론의 개방은 더군다나 아니다. 육체를 따라 생활하는 자기 권력과 재물의 강화는 하나님의 통치가 궁극적으로 확립되기 전에 언제나 나타나는 인간 상태의 한 부분이다(5:21). 그러나 성령을 받은 사람들은 자기 본위에서 솟아나는 충동들이 아니라 성령의 충동들에 행동을 맞추라는 요구를 받는다. 경쟁과 적대에 기초된 육체의 충동은 자신의 업적의 자랑과 타인들에 대한 멸시로 이어진다. 그런 태도는 율법 준수와 할례를 의의 척도로 강요하는 자들에게 낯설지 않다. "만일 서로 물고 먹으면 피차 멸망할까 조심하라"(5:15).

고린도의 엘리트주의자들처럼 유대주의자들도 그들이 살고 있는 공동체적 정황을 깨달아야 한다. 하나님의 영의 은사는 그들로 하여금 자신보다는 타인들을 위해 사는 삶을 요구하는 "그리스도의 법"에 따라 살 수 있게 해준다. "너희가 짐을 서로 지라 그리하여 그리스도의 법을 성취하라"(6:2). 비록 각 사람이 개인적으로 하나님께 응답해야 하지만(6:4-5), 타인들을 위한 배려와 동정이

요구된다(6:1). 그리스도인들은 "기회 있는 대로 모든 이에게 착한 일을 하되 더욱 믿음의 가정들에게" 해야 한다(6:10).

육체는 적대, 분쟁, 당파심으로 인도하고, 그 삶은 성령과의 불화이다 (5:19-21). 대조적으로 성령의 역사는 사랑(아가페)으로 시작되는 공동체를 발전시키는 태도들로 나타난다. "이같은 것을 금지할 법이 없느니라"(5:23). 하나님의 은사에 의해 갈라디아인들은 비록 계속 육체와 싸워야 하지만, 육체의 권세로부터 자유함을 얻었다(5:13). 그리고 그들은 성령에 의해 육체에 저항할 수 있는 능력을 받는다. "그리스도 예수의 사람들은 육체와 함께 그 정과 욕심을 십자가에 못 박았느니라"(5:24).

율법의 완전한 의미는 오직 예수님 안에서만 발견된다. 율법은 절대로 그리스도의 실존에 기준을 제시하는 일을 그만두지 않는다. 그러나 율법은 타인을 위한 예수님의 생활 방식을 통해서만이 삶의 기준을 제시하는 역할이 이해될 수 있다. "오직 사랑으로 서로 종노릇하라 온 율법은 네 이웃 사랑하기를 네 몸같이 하라 하신 한 말씀에 이루었나니"(5:13-14, 참조. 레 19:18). "이 규례를 행하는" 자들이 진정한 "하나님의 이스라엘"이고, 그들에게는 성령의 은사에 의해 평강이 임한다(6:16).

참고문헌

갈라디아 교회들에 대한 실제적인 정보가 부족함에도 불구하고 바울이 직면했던 상황을 재구성하려는 많은 시도들이 있어 왔다. 예를 들어 W. Schmithals, *Paul and the Gnostics*, trans. J. Steely(Nashville: Abingdon Press, 1972), 13-64, J. Tyson, "Paul's Opponents in Galatia,": *NovT* 10(1968): 241-54, R. Jewett, "The Agitators and the Galatian Community," *NTS* 17(1970): 198-212, A. E. Harvey, "The Opposition of Paul," *SE* 4(1968): 319-42, R. McL. Wilson, : "Gnostics-in Galatia?" *SE* 4(1968): 358-67이다. 가장 설득력이 있는 번역은 J. Munck, "The Judaizing Gentile Christians," in his *Paul and the Salvation of Mankind*, trans. F. Clarke(Richmond: John Knox Press, 1959), 87-134이다.

고대 서간 수사법의 기준 내에서 갈라디아서를 다루는 가장 철저한 시도는 H. D. Betz, "The Literary Composition and Function of Paul's Letter to the Galatians," *NTS* 21(1974-5): 353-373가 했다. 또한 J. D. Hester, "The Rhetorical Structure of Galatians 1:11-2:14," *JBL* 103(1984): 223-33도 보라. 율법 기준들의 배경으로 제시되는 예루살렘 방문과 게바와의 만남에 대해서는 J. P. Sampley, "Societas Christi: Roman Law and Paul's Conception of the Christian Community," in his *God's Christ and His People*, ed. J. J. Jervell and W. A. Meeks(Olso: Unniversitetsforlaget, 1977), 158-74를 보라.

바울의 입장의 기본 노선들은 M. Barth, "The Kerygma of Galatians," *Int* 21(1967): 131-46, 그리고 L. Cerfaux, "Christ Our Justice," in his *Christ in the Theology of St. Paul*(New York: Harper and Row, 1959), 205-29에 의해 훌륭하게 묘사된다.

율법과 관련된 문제들에 대해서는 J. Tyson, "'Works of Law' in Galatians," *JBL* 92(1973): 423-31, J. A. Sanders. "Torah and Paul," in *God's Christ and His People*, ed. Jervell and Meeks, 132-40, W. D. Davies, *Paul and Rabbinic Judaism: Some Rabbinic Elements in Pauline Theology*, 4th ed.(Philadelphia: Fortress Press, 1980 [1948]), 17-57, H. -J. Schoeps, "Paul's Misunderstanding of the Law," in *The Writing of St. Paul*, ed. W. A. Meeks(New York: W. W. Norton & Co., 1972), 349-60, E. P. Sanders, "On the Question of Fulfilling the Law in Paul and Rabbinic Judaism," in *Donum Gentilicum*, ed. E. Bammel, C. K. Barrett, and W. D. Davies(Oxford: At the Clarendon Press, 1978), 103-26을 보라.

바울의 성경적 논증의 복잡성은 N. A. Dahl, "Contradictions in Scripture," in his *Studies in Paul*(Minneapolis: Augsburg Pub. House, 1977), 159-77, 그리고 같은 저자의 "The Atonement—Adequate Reward for the Akedah?" in his *The Crucified Messiah*(Minneapolis: Augsburg Pub. House, 1974), 146-60, B. Lindars, *New Testament Apologetic: The Doctrinal Significance of the Old Testament Questions* (Philadelphia: Westminster Press, 1961), 232-37, M. Wilcox, "'Upon the Tree'—Deut 21:22-23 in the New Testament,"*JBL* 96(1977) 85-99, T Callan, "Pauline Midrash: The Exegetical Background of Gal. 3:19b," *JBL* 99(1980): 549-67에서 언급된다. 바울의 논증에 있어 갈라디아인들의 경험의 중요성에 대해서는 D. J. Lull, *The Spirit in Galatia*, SBLDS 49(Chico, Calif.: Scholars Press, 1980)를 보라.

"그리스도의/를 믿는 믿음" 문제는 A. Hultgren, "The *Pistis Chistou* Formulations in Paul," *NovT* 22(1980): 248-63에 의해 전통적인 입장에서 논의된다. 본서 13장에 나오는 나의 논법은 M. Barth, "The Faith of the Messiah," *Heythrop Journal* 10(1969): 363-70, G. Howard, *Paul: Crisis in Galatia*, SNTSMS 35(Cambridge: At the Univ. Press, 1979), 그리고 특별히 R. B. Hays, *The Faith of Jesus*, SBLDS 56(Chico, Calif.: Scholars Press, 1983)의 입장과 보다 일치한다.

바울의 인간론에 대한 의문들은 갈라디아서에 의해 거의 불가피하게 제기된다. 바울의 인간론이 논쟁의 정황에 의해 제한되었다는 논증에 대해서는 R. Jewett, *Paul's Anthropological Terms: A Study of Their Use In Conflict Settings*, AGJU 10(Leiden: E. J. Brill, 1971)을 보라. 보다 더 조직적인 제시들에 대해서는 R. Bultmann, *Theology of the New Testament*(New York: Charles Scribner's Sons, 1953), 1:259-88, J. A. Fitzmyer, *Pauline Theology: A Brief Sketch*(Englewood Cliffs, N. J.: Prentice-Hall, 1967), 53-74를 보라.

갈라디아서는 특별히 신학적인 특징을 갖고 있는 주석들이 부족하다. 완전한 참고서적 목록과 문학 형태에 주의를 기울인 최근의 비평 주석으로는 H. D. Betz, *Galatians: A Commentary on Paul's Letter to the Churches in Galatia*, Hermeneia(Philadelphia: Fortress Press, 1979)를 보라. 철저하게 신학적인 취급은 G. Ebeling, *The Truth of the Gospel: An Exposition on Galatians*, trans. D. Green(Philadelphia: Fortress Press, 1985)에서 발견된다. 접근하기 용이한 주석은 C. B. Cousar, *Galatians*, Interpretation(Atlanta: John Knox Press, 1982)의 주석이다.

제14장

로마서

로마서는 그 주제뿐만 아니라 논증의 길이나 힘 그리고 그 분명성에 있어서 바울의 작품 중에 가장 중심되는 문서라고 일반적으로 여겨진다. 특별한 일부 문제에 관해서 대답을 하는 다른 서신들과는 달리 로마서는 방대하고 웅장한 서신이다. 로마서는 의미와 목적 사이에 쉬운 균등을 엄격하게 두는 분명히 학문적인 초연함의 분위기가 있다. 로마서를 쓴 바울의 이유는 서신에 분명히 나타나 있다. 그러나 서신에 나타난 그의 단일한 목적과 그것을 충족시키기 위해서 고안된 이 작품의 아름다움 사이에는 커다란 간격이 있다.

그는 로마교회를 세우지도 않았고(행 28:15), 교인들을 만나지도 못했다(롬 1:10-13). 그는 그 교회의 위기에 대한 응답으로서 이 편지를 쓰고 있지 않다. "강함"과 "약함" 간의 차이에 대한 그의 취급이 대체로 일반적이다. 로마교인들의 집회에서 또는 로마교인들의 집회들간의 관습에 있어서 어떤 차이들이 있을 수 있으나 로마서에는 이런 것들에 대한 습득이 상세히 나와 있거나 암시되어 있지 않다. 로마서에는 바울의 논증에 대한 위급한 상황이 없다. 그는 고린도교회가 가지고 있다고 생각하는 것과(고전 4:15) 동일한 역할을 시행하기 위해 이 편지를 쓰고 있지 않다는 것을 내내 조심하고 있는 것이 보인다. 아마 그 이유는 바울이 로마 교회의 초석을 놓지 않았기 때문일 것이다. 그는 사실 로마 교인들에게 영적인 은사를 알리기 위한 의도를 갖고 있다. 예를 들어 "이는 곧 내가 너희 가운데서 너희와 나의 믿음을 인하여 피차 안위함을 얻으려 함이라"고 재빨리 덧붙이고 있다. 그가 "내가 너희로 생각나게 하려고 하나님께서 내게 주신 은혜를 인하여 더욱 담대히 대강 너희에게 썼노니"라고 밝히고 있을지라도, 로마교인들이 어떤 결핍의 문제로 책망을 받아야 한다는 것을 암시하지는 않는다. "너희 순종함이 모든 사람에게 들리는지라 그러므로 내가 너희를 인하여 기뻐하노라 너희가 선한 데 지혜롭고 악한 데 미련하기를 원하노라"(16:19).

이 서신을 쓰는 바울의 목적은 실제적이면서, 미래의 선교와 관련된 것이다. 그는 감사를 표현함에 있어서 오랫동안 로마를 방문하기를 바랬으나 계속 지연되었다고 말한다(1:10-11, 13). 그는 서신의 맨끝에 그가 일찍 오지 못한 이유를 설명한다(15:22). 그는 "예루살렘으로부터 두루 행하여 일루리곤까지" 동방에서 그리스도의 복음을 두루 전하였다고 말한다. 그는 항상 그리스도의 복음이 들어가지 않은 지역에서 전도했다고 밝힌다(15.20). 이제 그는 그 순례를 마무리하고 로마를 지나가는 길에 들르면서 서바나를 향해, 서방으로 선교를 시작하기를 희망하고 있다(5:24). 그렇게 하기 전에 그는 이방인 교회로부터 예루살렘 교회로 보내는 헌금을 전달하는 일을 계획하고 있다. 그러나 그는 그 선물이 받아들여질 것인지를 확신하지 못하고 있으며, 아울러 기도를 요청하고 있는 것이다(15:30-31).

바울은 사역에서 유대인과 이방인을 화해시키는 일의 완성으로 특징되는 중요한 시점에 와 있는 것이다. 그는 마음 속에 그러한 계획을 갖고, 빌립보 교인들이 그의 마게도냐와 아가이아의 선교를 위해 해주었던 것처럼(빌 4:15, 고후 11:9), 로마교회가 서방에서의 새로운 활동 기지가 되는 방법을 준비시키면서, 로마교인들에게 편지를 쓰고 있는 것이다. 그는 그의 감사 속에 재정적인 기대를 암시하고 있다. 그는 처음에 "다른 이방인 중에서와 같이 열매를 맺게 하려"고 방문하기를 원했다. 그는 다른 말로 하면 헌금을 만들려는 노력에 일환으로 로마교회를 포함시키기를 원했던 것이다. 지금 그는 그들에게 후원을 해 줄 또 다른 기회를 제공하고 있다. 이 서신의 끝에 보면 그의 의도를 분명히 하고 있다. "이는 지나가는 길에 너희를 보고 먼저 너희와 교제하여 약간 만족을 받은 후에 너희의 그리고 보내줌을 바람이라"(15:24)고 그는 말한다. "지나가는 길에"(propempo)라는 용어는 여행을 준비한다는 말로 기술적으로 사용되어진다. 그들 가운데 기쁨으로 나아가려는(synanapauomai) 그의 기대 속에는 역시 재정적인 후원을 암시하고 있다(15:32 참조).

이런 기대감은 로마서 16장에 대한 좋은 이해를 가져다준다. 로마서 16장은 언뜻 보기에 낯설은 부록으로 보인다. 어떤 학자들은 그것이 본래 로마서에 참으로 해당되는 것인지를 의문시한다. 그러나 로마서 16장은 놀라울 정도로 바울의 의도를 돕는다. 그의 인사 가운데는 그 지역에 있던 사람들에 대한 광범위한 접촉이 나와 있으며, 이는 바울을 여러 사람들에게 소개하도록 돕는다. 더욱 적절하게 바울은 겐그레아 교회의 집사인 뵈뵈를 로마교회에 천거한다(16:1-3). 바울은 그녀가 "여러 사람과 나의 보호자가 되었음이니라"고 말한다. "보호자"(prostatis)라는 용어는 종종 재정적인 후원자로 사용되어진다. 바울은 지금 "그를 영접하고 무엇이든지 그에게 소용되는 바를 도와줄" 것을 로마교회에 기대하고 있다. 바울의 말은 분명코 재정적인 문제에 대해 언급하고 있는 것이다. 뵈뵈는 동방에서 바울의 선교를 후원해 주었다. 그리고 그는 지금 그녀를 로마로 보내고 있다. 이는 서방에서의 전도여행을 위한 준비와 조직을 위해서이다. 로마서의 말미는 뵈뵈를 로마교회에 천거하는 편지인 것이다.

그러나 바울의 목적이 이렇게 실제적인 것이라면, 그는 왜 그렇게 길고도 정교한 편지를 썼는가? 그 이유는 그가 오직 이름으로만 그 교회에 알려졌기 때문이다. 로마교인들은 복음과 바울의 선교에 대한 이해는 전혀 알고 있지 못했다. 그래서 바울은 새로운 공동체에 그의 선교를 재정적으로 후원하도록 요구하기 전에 그것을 받쳐 줄 만한 자신에 대한 앎이 필요했다. 그러므로 로마서는 바울 자신을 위한 바울의 천거서이다. 바울은 지역 교회로부터는 그러한 편지를 요구받는 것을 분명히 거절했다(고후 3:2). 하지만 그것은 그 자신이 그 지역의 교회를 세웠기 때문이었다. 한편으로 "사도로 부르심을 받아 하나님의 복음을 위하여 택정함을 입은 그리스도의 종"을 바울 자신이 가르치는 것 이외에 누가 천거할 수 있겠는가? 바울이 그의 사역을 소개하는 것은 그가 "자랑하는"(1:16) 복음을 소개하기 위해서이다.

로마서는 결코 바울 신학의 체계적인 요약이 아니다. 예수님에 대한 많은 그의 분명한 사상과 종말의 때, 지혜 그리고 화해는 거의 간신히 다루어지고 있다. 그 대신에 이 편지는 복음전도와 동방교회들 중에서의 화해에 대한 바울의 해석의 노력이 깊게 표현되어 있는 것이다. 갈라디아서의 논증에 의해 형성된 이신칭의의 가르침은 로마서에서 더욱더 분명한 인류학적 기초에 의해 설명되고 있다. 이는 역사에서 유대인과 이방인 사이의 관계를 설명하기 위한 원리가 되고 있다.

고린도에서의 사회적 갈등에 대한 목회적인 언급이 여기서도 동일한 아치형 구조 내에서 설명되고 있다.

로마서의 서신서적인 구조는 여기서도 예외적인 것이 되지 않는다. 그러나 내용의 측면에서 볼 때, 이 편지는 이신칭의(1-8장), 성경의 교훈을 담고 있는 부록(9-11), 그리고 일반적인 윤리적 가르침의 부과가 있다(12-15). 그러나 사실상 9-11장은 부록이 아니다. 그것은 처음 논증의 클라이막스이다. 12-15장은 편지의 주제에 있어서, 처음에 나타났던 것과 분리되어 있지 않다. 15:1-3이 삽화적인 글에서 역사로 어떻게 전환되는가를 주목하라. 게다가 편지의 구분되는 세 가지 영역에 있어서 주제적인 통일성이 있다. 바울은 먼저 인간을 의롭다 하시는 하나님의 방법을 설명한다. 그리고 그의 논증에서 강조되고 있는 그 전제는 하나님 안에서는 모두에게 차별이 없다는 것이다(1-8장). 그 다음에 그는 유대인과 이방인의 역사 속에서 시행된 하나님의 의를 보여준다(9-11장). 그리고 그는 삶의 패러다임으로서 어느 그리스도인 공동체에서도 동일한 원리를 적용하고 있다(12-15장). 그러므로 로마서의 논증은 적절한 면에서 신학적이다. 로마서는 "만물이 주에게서 나오고 주로 말미암고 주에게로 돌아감의"(11:36) 역사를 묘사하고 찬양한다.

학문적인 연설로서의 로마서

연설로서 유명한 헬라적 수사기법과 로마서 사이의 유사성은 오래도록 관찰되어져 왔다. 강화의 생생하고 대화체적인 형태의 연설은 로마서 안에서 많은 개별적인 구조적 고안물들 속에서 발견되어진다. 즉 돈호법(2:1,3,17), 수사학적인 질문(2:3-4, 21-23, 7:1, 8:31-35, 9:19-21, 30, 10:14-15, 11:34-35), "결코 아니다"라는 급격한 표현으로 대답되는 질문들(3:2-9, 6:1-2, 15, 7:7, 13, 11:1, 11), 과장법(8:37-39, 9:3), 악의 목록들(1:29-31), 과거로부터의 예증들(4:1-25), 권위적인 문서들의 인용(9:1-11:36) 등이 로마서 속에 있다. 이 모든 방법들은 화자와 상상된 청중 사이에 문자적인 대화 속에 모든 독자들을 두게 된다. 로마서 이외에 이들 요소들의 대한 집착은 에피테투스의 강화(*Discourses*) 속에서 강력하다. 그러나 그러한 요소들은 다른 철학자나 수사학자들에게서도 역시 발견되어진다.

연설의 구두적 특징 때문에 로마서는 거리의 구석에 있는 음유 철학자들에 의해 시행되었던 그런 대중적 설교 스타일이라고 오랫동안 생각되어져 왔다. 유추해서 볼 때, 로마서는 로마인들에게 서간 형태로 보내진 바울 설교의 샘플들이다. 최근에 되어진 연구는 연설을 위한 삶의 배경이 대중 설교가 아니라 학교의 교실이었다는 것을 보여준다. 예를 들어 에피테투스는 미래의 철학자들을 위한 학교를 운영했었다. 유추해서 볼 때, 로마서는 대표자들과 동료 사역자들을 위한 바울 학교에서 바울이 가르친 설교의 샘플이라는 것이다. 연설은 형태가 없는 폭언이 아니라, 다음의 형태를 갖는 구조적 논증이다. 즉 (a) 논증의 진술(예를 들어 "모든 선한 사람은 자유하다"), (b) 반증의 설명(예를 들어 악이 어떻게 노예 상태로 이끄는가), (c) 논지의 재진술 (d) 예증에 의한 논증의 설명(예를 들어 헤라클레스는 노예였을지라도 그의 덕성 때문에 자유로웠다. (e) 논지의 반대에 대한 대답들(예를 들어 감옥에도 덕스러운 사람이 있지않느냐?라는 반론에 대해) (f) 이런 구성 성분들이 항상 함께 발견되는 것은 아닐지라도 로마서가 바울 학교에 의해서 작업이 이루어졌고, 바울의 복음의 천거서로서 로마교회에 보내진 학문적 논증이라는 주장을 지지하기에 충분하다.

논증의 형태가 역시 로마서를 읽는데 주요한 열쇠를 제공해준다. 바울은 그의 논지를 1:16-17에서 설명하고, 즉시 1:18-3:20에서 반론이 나오게 만든다. 그 다음에 바울은 3:21-31에서 그 논지를 재진술한다. 그리고 4:1-25에서 예증으로 그것을 설명한다. 마지막으로 그는 5:1-21에서 그의 설명을 완성시킨다. 이 논지에 대한 반박은 3:1-8에서 먼저 제기되었다. 그러나 6:1-11:3에 가서 다시 그것을 끄집어내어 조직적으로 대답한다.

하나님의 의의 "좋은 소식"

편지의 인사는 이미 바울을 소개하며 그의 가르침의 주요한 요소들을 독자들이 기대하도록 만든다. (a) 그는 하나님의 사도이다(1:1). (b) 복음은 이미 예언서에서 약속되어졌다(1:2, 10:14-21). (c) 바울이 근본적으로 가르치는 것은 교회의 전통과 일치한다. 즉 성령에 의해 하나님의 아들로서 양육 받는 다윗가의 메시아로서 전통적인 예수의 케리그마 형식을 말하고 있다(1:3-4). (d) 바울의 분명한 선교적 소명은 이방인들 중에서 일하라는 것이다. 그것은 로마를 포함하는 것이다.(e) 복음은 믿음의 순종을 요구한다(1:5). 그 마지막 구절은 바울의 사상에서 어려운 부분이기도 하고 중요한 부분이기도 하다(5:12, 16:26). 그것은 믿음과 순종이라는 용어를 상호적으로 규정하게 만든다. 즉 믿음이 순종이고 순종이 믿음이 되게 만든다.

논지의 진술(1:16 - 17)

내가 복음을 부끄러워 아니하노니 이 복음은 모든 믿는 자에게 구원을 주시는 하나님의 능력이 됨이라 첫째는 유대인에게요 또한 헬라인에게로다 복음에는 하나님의 의가 나타나서 믿음으로 믿음에 이르게 하나니 기록된바 "오직 의인은 믿음으로 말미암아 살리라 함과 같으니라."

이 논지는 적절히 농축되어 있다. 바울은 아주 삼가서 말을 하는 표현인 곡언법을 지금 사용한다. 그는 자신이 부끄럽지 않음을 말한다. 왜냐하면 복음이 그의 자랑을 위한 근거가 되기 때문이었다. 이 복음은 인간의 성취에 근거를 두는 것과는 대조되는 것이었다(3:27, 5:2-3, 고전 1:31, 고후 10:17, 갈 6:13-14). "복음"은 단순히 말에 있지 않다. 복음은 보편적으로(유대인이거나 이방인이거나 관계없이) 역사하는 구원을 위한 능력이 된다(고전 1:18-21, 고후 2:15). 이 복음에서 하나님의 의(혹은 정의)가 드러난다. 그 구절은 여러군데서 발견된다. 그것은 하나님의 성품(하나님은 의로우시다)과 하나님의 활동(하나님은 당신과의 올바른 관계 속에서 인간을 세우셨다, 특별히 3:26을 보라)에 대해 언급한다. 하나님이 의로우시다는 것은 유대교에서는 논쟁의 여지가 없다. 유대교는 인간도 하나님 앞에서 의로울 수 있다는 사상을 갖는다. 바울의 하부 요지는 이런 명제들이 "복음 속에 드러났다"는 주장 속에서 나온다. 즉 자유로운 선물에 의해서(3:24, 5:15), 그리고 믿음의 응답에 의해서 적절히 되어진 것이다.

의의 계시는 "믿음으로 믿음에"라는 생략적인 구절에 의해 나타난다. 이 구절은 단순히 부사적인 용법을 사용하고 있다. "믿음을 통해서" 또는 "믿음에서 시작하여 믿음으로 끝나는" 것을 의미한다. 그것은 역시 선물과 응답의 역동성을 구체화시켜 준다. 즉 의의 계시는 하나님의 신실하심으로 인간에게서 시작되었고, 인간들의 순종의 수락으로 응답되어진다. 세번째 가능성은 더욱더 구체적이고 정확하다. 하나님의 의는 예수의 믿음에서 드러났고, 그것이 그리스도인의 믿음으로 이끈다. "메시아의 믿음"이 하나님으로부터 오는 자유로운 선물의 본질적인 부분이다. 바울은 이를 분명히 설명한다(3:25, 5:12-21). 하박국 2:4의 본문은 무엇보다도 예수 그리스도에 관한 언급이다. 예수님은 믿음의 순종을 통해서 인정을 받으신 분이시다(위에 1:4을 보라). 이는 바울이 이 서신을 통해 주장하고자 하는 진술의 요약인 것이다.

대구 : 믿음이 없는 인간과 죄의 권세(1:18-3:20)

대구를 통해 바울은 그의 논지를 위한 논리적 필요를 보여주고자 한다. 그 논지는 하나님의 의가 선물로 주어졌다는 것이었다. 그러므로 그는 모든 인간들의 이해의 형태가 그 요점을 놓치고 있음을 보여주기를 원한다.

바울은 헬라적 유대교에서 가져온 우상숭배를 공격하기 시작한다(솔로몬의 지혜서 13-19장을 보라). 그는 우상숭배의 잘못됨을 지적한다. 바울은 창조된 만물의 유혹적인 아름다움을 허락하는 잠언서보다도 더욱더 단호한 입장을 취한다. 바울은 "변명의 여지가 없다"고 말한다. 우상숭배는 불순종임을 분명히 한다.

복음이 의를 "드러낸다"면 하나님의 진노의 계시는 죄 때문에 온다(1:8). 하나님의 진노는 심리적인 범주가 아니다. 인간이 하나님에 대하여 의지적으로 멀어지는 것 때문에 오는 보응의 상징이다(2:5, 3:5, 4:15, 5:9, 12:19 살전 1:10, 2:16, 5:9, 사 51:17, 렘 6:11, 25:15, 호 1:11, 습 1:15). 하나님으로부터 소외된 사람들은 자비의 얼굴을 싫어한다. 이 보응은 그들이 선택하는 모든 존재의 왜곡으로 귀결된다.

하나님이 모든 창조의 모습 속에서 알려졌다는 것은 자명한 일이다(1:19, 솔로몬의 지혜서 13:1). 그러나 인간은 그 실제를 아는 것을 거부한다. 즉 그들의 삶에서 그 실제가 주관하는 것을 허락하지 않는다. 우상숭배는 "하나님을 하나님으로서 영화롭게 하는 것"(1:21, 28)을 거부할 때에 시작된다. 그러나 하나님에 대한 의존성과 신뢰성을 거부하는 것은 곧 인간의 존재와 그 구조적 실제에 대해 거짓말하는 것이다. 그것은 마치 복잡한 방 한 가운데서 어떤 사람이 죽어 있는데, 그 분명한 사실에 대한 인식이 옆에 서있는 사람들로부터의 응답을 요구하는데도, 방 안에 죽은 사람이 있다는 부정할 수 없는 사실을 무시하는 것을 선택하는 사람들과 같다. 그들이 그 방 안에 그대로 머문다면 그들의 삶은 그들의 첫번째 커다란 거짓말에 의해서 점점 더 충동적으로 보다 더욱 거짓말을 하게 되는 것이다. 그들은 이렇게 방 안에 죽은 시체가 있다는 명백한 사실을 무시하는 일을 도모한다.

우상숭배는 역시 조직적인 왜곡이나 사회적 삶의 부패를 조장하는 경향이 있다. 이 큰 거짓말은 진리를 억압하고(1:18) 진리를 알고자하는 능력조차도 점진적으로 타락을 시키고 만다(1:25). 보는 것이 굽어져 있다("그 생각이 허망하여지며 미련한 마음이 어두워졌나니", 1:21). 그들은 그들이 세운 방식대로 세상을 구부러지게 보기 시작한다(1:21-22). 타락의 각 단계는 "하나님이 저희를 내어 버려두사"(1:24, 26, 28)라는 구절로 특징지워진다. 그러나 그 과정은 인간의 자유의 남용으로 귀결된다. "저희의 그릇됨에 상당한 보응을 그 자신에 받았느니라"(1:27). 그 논증은 1:29-31의 악의 목록으로 끝맺는다. 그 악의 목록들은 반사회적이고 적대적인 많은 악들로 두드러진다. 바울은 본질적으로 다시 타락의 교훈을 주장한다. 불순종으로 인한 하나님과의 관계단절은 인간들 사이의 관계단절로 이끌어진다. 지금 유대의 청중들은 이방인의 악에 관한 이러한 공격으로 인해 아마 내심 즐거워하고 있을 것이다. 유대인들은 아마 참된 하나님의 예배자로서 그러한 책망에서 면제되었다고 생각할 것이다. 하지만 바울은 즉시 그런 가정을 도전한다.

바울은 자기 확신적인 입장을 갖고 있는 유대청중들에게로 방향을 돌리기 전에 2:1-16에서 하나님은 그의 판단에서 전적으로 정당하시다는 것을 주장한다. 우리는 여기에서 "하나님은 외모로 사람을 취하시지 않는다"(2:11)는 원리의 설명을 접하게 된다. 이 사실은 고대 이스라엘의 재판 절차에 뿌리를 두고 있는 것이다. 두 당사자간의 주장을 판단하기 위해 앉아있는 사람들은 "외모를 고려하지 않고" 그 사건 자체에 심혈을 기울여야만 한다. 간단히 말해서 재판관은 뇌물을 받지 않아야 한다. 이것을 레위기 19:15은 분명히 말해준다.

너희는 재판할 때에 불의를 행치말며 가난한 자의 편을 들지 말며 세력있는 자라고 두호하지 말고 공의로 사람을 재판할지며.

하나님이 분명히 그러한 재판관이시라면, 하나님은 모든 사람들에게 동일한 표준을 주셨음이 틀림없다. 그 표준은 무엇인가? 하나님에 대한 마음으로부터의 응답이다. 비난의 말을 사용하기보다는 경건한 용어를 사용한 바울은 "하나님이 행한 대로 보응하신다"(2:6)고 말한다. 이는 하나님이 인간의 기원이나 의식적 충성에 근거해서 인간을 판단하시는 분이 아니라 인간이 살아가고 행한 것에 근거해서 판단하신다는 것이다(2:9-11).

> 악을 행하는 각 사람의 영에게 환난과 곤고가 있으리니 첫째는 유대인에게요 또한 헬라인에게며 선을 행하는 각 사람에게는 영광과 존귀와 평강이 있으리니 첫째는 유대인에게요 또한 헬라인에게라 이는 하나님께서 외모로 사람을 취하지 아니하심이니라.

그렇다면 이것은 하나님에 대한 적극적인 응답은 이방인에게도 허용되어 있다는 것을 의미한다. 하나님은 이방인의 응답도 받으신다. 이것이 바울이 주장하는 바인 것이다. 국가적 소속과 예식적 준수가 아니라 순종하는 마음의 응답이 하나님 앞에서 인간을 세울 수 있는 것이다. 그들이 율법을 가지고 있건 가지고 있지 않건 간에 상관이 없다. 모두에게 동일한 응답이 요구되는 것이다(2:12-16).

바울은 그들이 율법을 소유하고 있기 때문에 잘난체하는 사람들을 균등케 하는 원리를 적용시킨다. 유대인은 율법 때문에(2:17-20) 놀라운 특권을 향유했다. 그러나 이 특권을 다른 사람들과 자신을 측정하는 수단이 되게 한다면(또는 자랑할 만한), 또한 율법의 계명을 준수하지 않는다면, 그 특권은 전혀 중요할 수가 없다(2:25-28). 2:29에 따르면 유대인은

> 오직 이면적 유대인이 유대인이며 할례는 마음에 할지니 신령에 있고 의문에 있지 아니한 것이라 그 칭찬이 사람에게서가 아니요 다만 하나님에게서니라

고 말씀한다. 바울은 율법에 의해 유대인에게 주어진 특권을 부정하지는 않는다(3:1, 9:4-5 참조). 하지만 그의 요지는 율법이 하나님과의 관계에서 그들에게 근본적으로 이득을 주지는 못한다는 것이다. 즉 율법이 의를 주지 못한다. 심지어 그들이 율법을 갖고 있을지라도 그들은 이방인처럼 죄의 권세 아래 눌려 있었다(3:10-18, 시 14:1-1, 53:1-2, 5:9, 140:3, 10:7, 사 59:7-8, 시 36:1 참조). 그것은 "의인은 없나니 하나도 없으며 깨닫는 자도 없고 하나님을 찾는 자도 없고"(롬 3:10, 시 14:1-2)라는 것을 보여준다. 율법책은 "모든 입을 막

을” 수 있도록 율법의 “이득”을 갖고 있는 사람들에게 주어진 것이다(3:19). 이 대조(대구)는 7:7-12에서 오직 해결되는, 유대인의 이해를 위한 하나의 역설로서 3:20에서 결론이 내려진다.

그러므로 율법의 행위로 그의 앞에 의롭다 하심을 얻을 육체가 없나니 율법으로는 죄를 깨달음이니라.

대조의 논증은 아주 압축되어 있음으로 바울의 다음 단계의 논증을 보다 확실하게 따라 잡기 위해서는 해석적인 설명이 필요할 것이다. 바울이 죄에 대해서 말할 때에 죄라고 하는 것은 무엇보다도 도덕적인 범주가 아니라 종교적인 범주이다. 그는 모든 이방인과 유대인이 악행에 갖혔다고 주장하지는 않는다. 그는 그런 식으로 밀어붙인다면 유대인과 유대인 중에 덕 있는 사람이 있을 수 있다는 것을 인정한다. 사실 부도덕은 죄의 표징이요 결과이다. 그러나 죄 자체는 아니다. 죄의 반대는 덕이 아니라 믿음인 것이다. 죄와 믿음이 하나님에 대한 인간의 두 가지 근본적인 응답을 차지한다. “믿음으로 좇아 하지 아니하는 모든 것이 죄니라”(14:23). 이런 대조 속에서 바울은 죄에 대해서 단수로 말한다. 왜냐하면 죄라는 것은 도덕적 실패의 다양한 행위가 아니라, 인간 자유의 근본적인 성향이나 지향에서 발견될 수 있는 불순종의 행위이기 때문이다. 죄는 하나님으로부터 멀어지는 것이다.

죄는 근본적으로 하나님의 뜻과 멀어져 자신의 존재와 가치를 세우고자 하는 성향이다. 이는 절대 타자에 대한 의존성과 부수성을 인식하는 것을 거부하는 일이다. 이는 곧 우상숭배인 것이다. 이런 성향은 바울이 “육체를 따르는 생활”이라고 규정한 것을 의미한다. 왜냐하면 이는 곧 성령의 초월성과 멀어지는 현상을 의미한다. 바울은 그것을 “자랑하는” 것이라고 칭한다. 이는 다른 사람의 희생을 대가로 하여 자기 자신의 가치를 주장하는 자기 증대와 관련된 것이다. 그러나 그러한 자기 주장은 두려움의 깊은 우물 속에서 솟아나는 것이다. 이는 무존재와 무가치에 대한 원초적인 공포에서 나오는 것이다. 다른 이로부터의 존재의 선물인 그런 부수성의 측면을 거부한 우상숭배자는 스스로의 노력으로 인생의 가치를 세움으로써 그 두려움을 근절해보려고 추구한다. 하지만 이는 노예가 될 수밖에 없는 끝없는 노력과 충성을 요구하게 된다. 강박적 의무라고 하는 것은 두려움의 자손이다. 이것은 우상숭배의 직접적인 결과인 것이다.

인간이 이런 식으로 적응되어지면 도덕이나 덕 심지어 율법의 계명에 대한 준수조차도 죄의 발로가 될 수 있다. 그런 모든 것들은 우리 자신의 기준에 의해 인생의 가치를 세우고자 하는 인간적 시도가 된다. 그러므로 그러한 덕은 부도덕한 다른 사람에 비해 자기 자신을 자랑하는 근거가 될 수 있다. 그러한 판단은 그 자체로 육체의 사악한 표현이며, 죄의 표현이다(2:1 - 3). 하나님의 계명에 대한 준수가 곧 자랑의 한 형태가 될 수 있는 것이다(2:23). 이는 심지어 보상을 위해 하나님께 뇌물을 주려고하는 시도이다. 바울은 죄를 의인화된 실제로 생각한다. 바울은 이따끔씩 죄에 대해서 거의 신비적인 특성을 부여하고 있다(5:12 - 14를 보라). 이것은 그가 인간의 자유를 보다 큰 영적인 힘에 불가피하게 충성하는 것으로써 보고 있기 때문이다. 즉 참된 하나님께 충성하든지 아니면 영적인 우상숭배의 체제에 굴복하든지 둘 중의 하나라는 것이다(6:15 - 23). 그러나 선택을 위한 능력은 인간이 "죄의 권세" 아래 "팔린 바 되었어도", 잠재적인 것으로 남는다고 본다. 만약 인간이 한 때 거부했던 타자(하나님)에 대한 지식과 사랑의 은사에 의해 자유를 얻는다면, 그때 인간은 믿음 안에서 참된 자유를 얻을 수 있는 것이다.

논지의 재진술(3:21 - 31)

"하나님의 영광에 이르지 못하는" 인간의 자기 주장적 노력은 "인간을 의롭다 하시는 하나님의 방식"(3:21)에 의해 이제 완전히 역전된다. 그 선물은 예수 그리스도를 통해서 온다. 바울의 용어는 여기에서 또 다시 뚜렷이 압축된다. 헬라어에 대한 나의 설명이 RSV와 상당히 다르다는 점을 강조해야 할 것 같다. 하나님은 당신과 인간 사이의 연합을 이루시기 위해서 희생제물로 예수님을 보내셨다(레 16:12 - 16). 즉 그리스도의 피로 화목제물을 이루셨다(3:25). 그러나 예수님의 죽음은 기술적인 제사가 아니라 살아있는 인간 존재로서의 참된 죽음이었다. 즉 그것은 바로 하나님에 대한 순종의 행위였다. 그것은 "믿음으로"(3:25) 오는 행동이었다. 예수님이 하나님의 아들이셨기 때문에 우리는 그안에서 하나님으로부터 오는 선물을 받는다. 예수님의 십자가의 행위는 모든 믿는자에게 미치는 행위셨다(3:22). 그러므로 하나님은 그 화목제물 속에서 그의 본성(하나님은 의로우시다)과 인간을 위한 그의 행위(예수믿는 자들을 의롭게 하셨다. 3:26)를 몸소 보이셨다.

　　하나님은 인간을 동일한 근거 위에서 의롭게 만드신다. 그 선물은 유대인이든 이방인이든 상관없이 그것을 소유하는 모든 사람들을 위해 있다. 그것은 차별이 없다(3:22). 심판을 위한 근거가 있다(2:11). 선물과 믿음에 의한 수락의 형태가 있다. 십자가 위에서 예수님은 삶과 가치에 대한 그 어떤 주장도 양도하셨다. 그러므로 그는 "믿음에 의한 의를 이루신 분"이시고 또한 부활로 다시 사신 분이시다(합 2:4, 롬 1:17). "예수의 믿음"을 갖도록 성령에 의해서 능력을 부여받은 사람들은("예수 안에서 믿음을 갖는 사람들"이라는 3:26에 대한 RSV번역은 "예수처럼 믿음을 가진 사람"이라고 번역하는 것이 더 좋다) 하나님과의 올바른 관계 속에서 세워질 수 있다. 그들은 자신의 삶과 가치를 세우는 것을 추구하지 않고, 그리스도 예수 안에서 하나님의 "은혜로운 선물"을 순종으로 받아들인다.

　　십자가에 못박히신 메시아의 몸과 자유 속에서 당신의 의를 계시하신 하나님은 율법의 규범과는 동떨어진 것이고 심지어 반하여 있는 것이다. 그러나 이것이 율법을 전적으로 무관한 것으로 만들지 못한다. 율법은 인간을 의롭게 만드신 하나님의 방식에 대한 증거이다(3:21). 바울은 다음에 그 방법을 보여줄 것이다. 그러나 먼저 그는 세 가지 신속한 주장을 한다. 첫번째로 모든 인간의 자랑은 배제되어야 한다는 것이다. 인간은 오직 하나님의 선물 속에서 자랑할 수 있다. 인간의 성취나 계명에의 준수도 하나님에 대해 그 어떤 주장도 할 수가 없다(3:29-30). 두번째로 유대인은 하나님의 선물이나 의에 특권을 부여받지 못한다(3:29-30). 차별은 하나님의 참된 존재와는 거리가 먼 것이다. 그렇게 하는 것은 하늘과 땅의 하나님을 한 부족의 신 정도로 축소시키는 것이다. 하나님이 모든 창조의 주로서 정당하시다면, 모든 인간들이 하나님 앞에서 의로울 수 있는 한 가지 원리가 있다. 그것은 사실상 믿음의 순종 원리이다. 율법에 이미 알려진 그 사실은 죄의 권세에 의해 망그러졌다. 그러나 지금 예수님의 참된 죽음과 생명의 부활로 강력하게 그 효력을 발휘하게 되었다. 세번째로 율법은 믿음의 순종(3:31) 속에서 그 근본을 보여주는 것으로써 읽을 때에, 하나님의 의에 대한 증거로서 참된 위치를 세움받게 되는 것이다.

아브라함의 예(4:1 - 25)

바울은 신랄한 논증의 예로서 그리고 율법이 믿음의 원리 위에서 세워져 있다는 증거로서 아브라함을 사용한다. 그는 창세기 15:6에 관한 교훈을 통해 그 작업을 행한다. "아브라함이 여호와를 믿으니 여호와께서 이를 그의 의로 여기시고." 갈라디아 3:16 - 18에서 말한 것과는 대조적으로 그는 여기서 아브라함 자신과 그의 믿음의 구조에 초점을 맞춘다. 그의 설명은 두 가지 교훈적인 전제에 의존한다. (1) 본문의 사건 순서는 중요하다. 그러므로 아브라함은 창세기 17:11에서 할례를 받기 전에 창세기 15:6에서 의롭다고 불리움을 받았다는 것이다. (2) 율법에서 한 용어의 의미는 성경의 그밖에 다른 곳의 동일한 용어의 사용에 의해 분명하게 될 수 있다(여기서 창세기 15:6 과 시편 32:1에서 사용되어진 "여기다"라는 용어는 하나님이 어떤 책의 수동적인 보호자"가 아니라 의롭다 하시는, 심지어 불경건할지라도, 분이심을 보여준다). 믿는 모든 이들의 조상이라고 아브라함을 설명한 바울은(4:11), 의가 자신의 "공로"에 의해 세워진다고 생각했던 당시의 유대교인들에게 더욱 두드러진다(예를 들어 *Aboth de Rabbi Nathan* 7, 33, Jas. 2:18 - 26을 보라).

먼저 바울은 아브라함이 그의 행위 때문이 아니라 믿음 때문에(4:1 - 12) 의롭다고 불리움 받았음을 주장한다. 그는 아브라함이 자랑할 만한(4:2) 아무것도 없었음을 말한다. 아브라함의 의는 믿음으로 받은 하나님의 선물이다. 하나님만이 인간을 의롭게 하신다(4:5, 6 - 8). 아브라함이 할례 전에 의롭다고 선언을 받은 것은 아브라함의 의가 약속에 대한 순종적인 응답에서 나온 것임을 보여주는 것임을 바울은 분명히 한다. 아브라함은 믿음의 원리를 분명히 한 사람이다. 그는 이방인(할례 없이 믿고 그들에게 부여된 의를 받은 사람들)과 유대인(할례 뿐만 아니라 아브라함의 믿음의 모범을 따르는 사람들, 4:11 - 12)의 "조상"이 된 것이다.

두번째로 바울은 율법은 인간을 의롭게 하는 데 있어서 아무런 역할을 하지 못함을(4:13 - 15) 주장한다. 그는 믿음의 원리가 율법을 파괴시킬 수 없다는 3:31의 함축을 돌려서 말한다. 그는 여기서 율법이 의의 원리가 된다고 한다면, 믿음은 텅빈 것이 되고 파괴를 당한 것임을(4:14) 주장하고 있다.

세번째로 바울은 아브라함의 믿음의 구조는 지금의 그리스도인과 동일한 것이었음을 선언한다. 즉 아브라함의 믿음도 오늘날의 그리스도인과 마찬가지로 믿음 소망 순종을 포함하는 것이었다. 죽은 것처럼 보였음에도 불구하고(그의 나이와 사라의 "죽은" 태—4:19), 아브라함은 "하나님은 죽은 자를 살리시며 없는 것을 있는 것같이 부르시는 이시니라"는 믿음을 가졌다(4:17, 고전 1:28). 아브라함은 하나님을 영화롭게 하는 것을 거부하는(1:21) 우상숭배자가 아니었다. 그는 믿음이 강성하여져서 하나님을 영화롭게 했다(4:20). 그러므로 그리스도인의 믿음의 구조도 사라의 죽은 태로부터 나온 이삭에 의해서가 아니라, 죽음에서 부활하신 그리스도 예수에 의해서 특징지어지는 것이다. 그리스도인들은 "우리 범죄함을 위하여 내어 줌이 되고 또한 우리를 의롭다 하심을 위하여 살아나신"(4:25) 그리스도 예수, 동일하신 하나님 속에서 희망을 갖는다.

선물의 결과: 평화와 화목(5:1-21)

바울의 설명은 5:1-21에서 전환점을 맞는다. 바울은 이 부분에서 3:21에서 시작한 논지의 설명을 결론짓고 6:1에서 시작되는 반대질문을 설정한다. 이 장은 그 자체로 전환점이 된다. 의의 결과는 5:1-11에서 설명된다. 즉 평화와 하나님과의 화목이다. 5:12-21에서 3:21-31의 논지(인간은 예수님의 참된 죽음을 통해서 의롭게 된다)가 재주장된다. 이제 그는 순종이라는 용어로 그것을 분명히 설명한다. 바울은 헬라철학의 글에서 빌려온 "무거운 것에서 가벼운 것"(qal we chomer)으로 나아가는 논증을 사용한다. 그러므로 5:9,15 그리고 17절에서 "더욱"이라는 표현으로 이전 것과 현재의 것을 대조시킨다. 논증을 진행시킴에 있어 사람들은 순전히 상징적인 것에서부터 역사에 있어서 대표적인 인물로 보다 진전되어 나아가야만 한다. 바울에게서 그런 대표적 인물은 다른 사람의 존재, 적어도 근본적인 상태를 결정짓는 사람이어야 했다. 그런 의미에서 첫번째 인간 아담과 새 창조의 첫번째 사람 예수의 대조는 절대적이었다(고전 15:2-22). 하나님에 대한 그들의 각각의 반응은 그들의 대를 잇는 사람들을 위한 가능성의 범주를 제공케 만든다.

로마서 5:1-11에서 선물의 객관적 본질이 설명된다. 의를 이룬 인간은 하나님과 화해되었다(5:10-11, 고후 5:16-21 참조). 하나님의 선물은 실제적이다. 칭의는 단순한 선포가 아니라 변화시키는 행위이다. "우리에게 주신 성령으로 말미암아 하나님의 사랑이 우리 마음에 부은 바 됨이니"(5:5)라고 했다. 그 선물은 하나님으로부터 소외되었거나 심지어 적대적인 사람들에게도 주어졌기 때문에 더욱더 놀라운 것이다(5:10). 하나님이 예수님 안에서 소외의 공간에 들어오셔서, 그 선물을 받는 인간과 계약적인 "평화"를 이루셨다(5:2). 이제 이들 그리스도인들은 참으로 "자랑할" 수 있게 되었다. 하지만 그것은 인간의 성취에 근거한 자랑이 아니라 하나님의 사랑에 근거한 것이다. 그러므로 자랑 자체가 하나님을 찬양하는 것이 된다(5:2, 11).

바울은 이제 그 선물이 예수님의 믿음을 통해 어떻게 인간에게 들어왔는가를 묘사한다. 아담의 범죄 때문에 모든 사람들은 죄의 권세 아래 놓였다. 그리고 하나님과 소외되는 죽음을 경험했다(5:12-14). 그러나 그 은혜로운 선물은 죄와 사망의 통치를 깨어버렸다. 궁극적으로 이것은 그 영향에 있어서 더욱더 권세가 있는 것이다(5:15-21). 바울은 이것을 일련의 다섯 가지 대구 형식으로 설명한다.(1) 아담 때문에 많은 사람이 죽었을지라도 한 사람 예수의 은혜로운 선물이 많은 사람 위에 풍성히 임했다(5:15)(2) 범죄를 저지른 뒤에 우리는 하나님의 판단에 의해 정죄에 이르렀지만, 또한 하나님의 은혜로운 선물에 의해 의의 선포가 있게 되었다(5:16).(3) 한 사람의 범죄는 죽음의 통치를 가져왔지만, 한 사람 예수 그리스도를 통한 생명의 통치(5:17)에 의해 의가 들어왔다(5:17).(4) 한 사람의 범죄가 모든 사람을 정죄로 몰았지만, 한 사람의 의로운 행동이 모든 사람의 사죄와 생명을 가져다주었다(많은 사람이 의롭다 하심을 받아 생명에 이르렀느니라: dikaiōma zoēs, 5:18).(5) 한 사람의 불순종이 모든 인간을 죄인 되게 했고, 예수님의 순종이 우리에게 의로운 사람이 될 수 있는 가능성과 실제("의인이 되리라")를 가져다 주었다(5:19).

5:12-21과 3:21-26 사이에 나타나는 형식의 대구법은 의의 선물이 하나님에 대한 순종으로 인해 오는 "예수님의 믿음" 때문에 온 것임을 말해준다. "믿음으로 살아가는 의로운 분"은 무엇보다도 예수님 자신이시다. 예수님의 믿음이 다른 사람들을 위한 생명의 가능성을 세워주신 것이다. 즉 그의 생명이 성령에 의해 다른 사람들에게 주어질 때, 우리는 믿음을 통해서 의롭게 되는 것이다(5:5). 이제 이 세상에는 새로운 능력이 통치한다. "이는 죄가 사망 안에서 왕노릇한 것같이 은혜도 또한 의로 말미암아 왕노릇하여 우리 주 예수 그리스도로 말미암아 영생에 이르게 하려 함이니라"(5:21).

선물의 의미(6:1-23)

바울은 이제 그의 논지에 대한 반론에 대해 대답한다. 그는 먼저 3:8에서 제기된 질문으로 시작한다. "그런즉 우리가 무슨 말 하리요 은혜를 더하게 하려고 죄에 거하겠느뇨?"(6:1). 다소 변화가 있기는 하지만 "그런즉 어찌하리요 우리가 법 아래 있지 아니하고 은혜 아래 있으니 죄를 지으리요?"라고 묻는다. 인간의 죄를 "능가하는" 은혜로운 선물에 대한 그의 강조는 분명히 율법폐기론자들의 추론에 틈을 허용케 된다. 그러나 바울은 그것을 아주 사소한 것으로 간주한다. 왜냐하면 그것은 그가 말하고 있는 요지를 완전히 오해한 것이기 때문이다. 하나님의 선물은 참되고 실제적인 것이다. 세상을 바꾸는 것이다. 그 은혜는 인간에 대한 외부적인 판단이 아니라, 그들을 변화시키시는 하나님으로부터 오는 사랑과 지식의 선물이다. 이런 새로운 삶이 죄와 양립한다고 주장하는 것은 그의 요지를 완전히 벗어나는 것이다.

바울은 독자들에게 세례의 의미를 상기시킨다(6:2-14). 세례 속에서 인간은 그리스도의 죽음과 합치되고 그러므로 인해 새로운 삶의 형태로 거듭나게 된다(6:3-4). 그들이 이제는 부활하신 그리스도 예수의 영에 의해 살기 때문에 이제는 그리스도인의 행동 속에서 죄는 "죽은" 것이다(6:6-7). 예수님처럼 그리스도인들은 "하나님에 대하여 산자"가 되는 것이다(6:11). 우상숭배의 형태로 되돌아가는 것은 하나님이 그들을 위해 해놓으신 것을 인정하기를 거부하는 것이요, 하나님의 은혜를 내적인 변화보다는 외적인 신분의 상태로 보는 것을 의미하게 된다.

6:14에 율법에 대한 언급은 사망과 생명 간의 대조에서 종과 자유자 간의 대조로 바울의 용어를 전이시킨다. 죄에 계속 거하는 것은 노예가 된다는 것을 잊어버리는 것이다. 바울의 독자들이 하나님의 요청으로부터 스스로를 "자유케" 할 때는 그들은 기만에 빠지고 마는 것이다. 이것은 곧 자기자신의 강박관념에 서로잡히게 되고 마는 것이다(6:20-21). 그렇지만 그들이 믿음을 통해 마음으로부터 하나님께 순종을 다한다면, 그들은 의의 종이 되어 죄에서 자유케 되는 것이다(6:18). 모든 것의 주인되신 분께 순종하는 것이 참된 자유를 얻는 것이다. 왜냐하면 그속에서 피조물은 올바른 관계를 세울 수 있기 때문이다. 순종의 각 형태는 보상을 가져다준다. 죄에 노예가 되는 것은 사망이라는 삯을 받게 된다(4:4 참조). 그러나 "우리 주 예수 그리스도 안에서 오는 은혜로운 선물로 가

능케 되는 하나님께 대한 순종(믿음)은 영생을 얻는다(6:22-23). 그들에게 무
언가 일어난다. 삶이 바뀐다. 하지만 하나님의 선물 이외에 다른 어떤 규범으로
자신의 삶을 측정하거나 다른 어떤 권세에게 자신을 내어줄 때는 그 선물은 잃어
버리고 마는 것이다.

율법의 문제(7:1-25)

바울은 6:1-14에서 사망과 생명의 측면에서 그리고 6:15-23에 종과 자유
자의 측면에서 변화에 대해 말했다. 이제 그는 분명히 변화를 가지고 온다. 그는
율법과 자유의 대조로 변화를 기한다. 그는 이것을 복잡한 유추를 통해 설명한
다. 즉 결혼계약이 배우자의 죽음에 의해 효력을 상실하는 것처럼, 율법과의 계
약에 대한 의무도 "사망"에 의해 파기될 수 있다는 것이다(7:1-3). 아무리 복잡
해 보일지라도, 이 예증은 그리스도의 죽음과 자신을 세례로 일치시키는 것은 곧
그들로 하여금 율법의 요구 또는 저주에 대해 죽은 자로 여기게 만들어준다
(6:6, 갈 2:19, 3:13 참조). 그리스도인은 새로운 부활 생명에 의해 살고 율법
의 요구에 대해서는 멀리 떠나 있는 것이다(7:4). 그들은 더 이상 "옛 의문" 하
에 있지 않고 "새로운 성령의 생명" 속에서 하나님을 섬기는 것이다(7:6, 특별히
고후 3:7-18을 참조하라). 그러므로 바울은 의문과 생명의 능력 간의 대조를
통해 율법의 문제를 구조화시킨다.

본 서신을 통해 바울은 죄와 율법 간의 공모를 암시한다. "율법으로는 죄를
깨달음이니라"(3:20). "율법은 진노를 이루게 하나니 율법이 없는 곳에는 범함
도 없느니라"(4:15). "율법이 없을 때에는 죄를 죄로 여기지 아니하느니라"
(5:13). "율법이 가입한 것은 범죄를 더하게 하려 함이라"(5:20). "죄가 너희를
주관치 못하리니 이는 너희가 법 아래 있지 아니하고 은혜 아래 있음이니라"
(6:14). 이런 진술들은 무엇보다도 우리에게 "율법은 무엇이냐 범법함을 인하여
더한 것이라"(갈 3:19), "사망의 쏘는 것은 죄요 죄의 권능은 율법이라"(고후
15:56)는 말씀을 생각나게 한다. 바울은 7:5의 클라이막스적인 주장 즉 "우리가
육신에 있을 때에는 율법으로 말미암는 죄의 정욕이 우리 지체 중에 역사하여 우
리로 사망을 위하여 열매를 맺게 하였더니"라는 더욱더 광범위한 설명을 한다.

우리가 율법의 논증을 이해하려면, 바울이 "영의 새로운 것"을 갖는 사람들
의 상태를 설명하고 있지 않다는 것을 강조하는 것이 필요하다(7:6). 바울의 요

점은 은혜가 사물을 변화시킨다는 것이다. 그는 여기서 "육체 안에 사는"(7:5) 사람들이 직면하는 곤란에 대해 말한다(7:5). 동시에 이런 말들 속에서 바울의 개종 전의 투쟁에 대한 자전적 기사를 발견할 필요는 없다. 바울은 결코 그 계명을 지키는 것이 고통스럽다는 것을 말하고자 하는 것이 아니다. 그는 결코 율법을 통하여 의롭게 될 수 있다는 것을 주장하고 있는 것이 아니다(빌 3:6). 그는 여기서 죄의 권세 아래 노예가 된 인간의 상태를 말하고자 하는 것이다. 무엇보다도 그런 상태를 변화시키지 못하는 율법의 무능력을 설명하고 있는 것이다. 바울은 처방과 능력 간의 구분을 주장하고 있는 것이다.

바울은 율법이 선하며(7:13) 인간에게 하나님의 뜻을 드러낸다(7:14)고 주장하며, 율법은 하나님의 말씀으로서 분명히 영적인 것임을(7:2) 말한다. 참으로 율법은 잘못된 것을 엄밀히 죄라고 규정짓는다. 율법은 죄악이 단순히 "부도덕"의 문제가 아니라, 하나님과의 종교적 관계의 단절—위반—임을 보여준다(7:7, 9, 13). 한 가지 유추가 도움이 될 수 있을 것 같다. 한 어린이가 고양이를 괴롭히는 어쩔 수 없는 충동을 느꼈다. 그런데 그의 어머니가 "고양이를 괴롭히지 말아라"고 말했을 때, 그때 그 어린이는 고양이를 괴롭히는 행위가 계명의 위반임을 역시 알게 된다. 이제 고양이를 괴롭히는 것은 잘못된 것일 뿐만 아니라 불순종이 된다.

역설적으로 계명은 의식적으로 죄에 효력을 발휘하게 만든다. 또 다른 유추를 해보자. 즉 내가 나의 어깨와 어깨뼈 사이에 간지러움증을 갖고 있다고 가정해보자. 나는 "긁지 마라"는 말을 듣게 된다. 그런데 그 계명은 가려움을 없애주지 못한다. 그것은 잠복되어 있는 증상을 활성화시킴으로써 도리어 더욱더 악화되게 만든다. 바울은 율법의 계명을 그런 식으로 본다. 율법은 오직 말뿐이다. 율법은 사람 속에서 새로운 행동을 치유시켜 줄 수 있는 힘을 공급해주지 못한다. 옛 충동("나는 육신에 속하여 죄 아래 팔렸도다", 7:14)을 치유시켜 주지 못한다. 죄의 권세(7:8, 9, 11)가 그 사람의 행동을 좌우하게 된다. 그러므로 계명은 사람을 변화시키는데 아무런 힘이 없다. 사실상 그 상황을 악화시킨다. 이처럼 계시로서의 율법은 좋은 것이나, 그 율법이 생명을 주려고 한다면 그것은 속임수인 것이다(7:10, 레 18:5 참조). 이런 주장이 믿어진다면 그 처방은 사실상 사람을 죽이게 되는 것이다(7:11). 치명적인 병에 걸려있는 사람에게 의사의 진단이나 약사의 처방이 무슨 도움이 되겠는가? 필요한 것은 약이다.

7:15-25의 갈등은 율법을 통해 얻을 수 있는 좋은 것들과 죄의 엄청난 권세 때문에 그것을 행치 못하는 인간의 능력의 부족 사이에서 나타날 수 있는 모습이다. 우리가 주목해야 할 것은 우리가 그 계명을 준수할 때조차도 그곳에 긴장이 있다는 것이다. 이 점이 바울의 논증의 요지이다. 그 요지는 9:32-10:4에서 아주 분명하게 나온다. 즉 유대인은 율법을 하나님과 그들 자신의 행동을 위한 오직 유일한 규범으로 간주했기 때문에 엄밀하게 말해서 하나님에 대한 순종을 거부했다. 그 갈등이 간명하게 설명된다. "내 자신이 마음으로는 하나님의 법을 육신으로는 죄의 법을 섬기노라"(7:25, 8:7 참조). 그런데 필요한 것은 다른 곳에서 오는 권세이다. 그 권세는 두려움과 강박관념에서 자유로워지는 능력을 창출시켜주는 바로 은혜이다(7:24). 그 은혜가 주어졌기 때문에, 따라서 바울은 하나님께 감사를 드린다(7:25).

의의 열매: 성령 안에서 사는 삶(8:1-39)

바울은 의의 삶이라는 의미를 보다 확장시키기 위하여 7:6("영의 새로운 것으로 섬길 것이요")의 말씀을 선택한다. 그것은 인간이 성취하는 것이 아니요 하나님이 성취하는 것이다(8:3). 성령에 의한 삶의 은혜 때문에 인간의 행위는 이제 능력을 입게 된다. "육신을 좇지 않고 그 영을 좇아 행하는 우리에게 율법의 요구를 이루어지게 하려 하심이니라"(8:4, 갈 5:25 참조) .이 삶의 새로운 방향에 대한 묘사에 있어서 바울은 자유에 따른 두 가지 선택을 상세히 설명한다. 또한 부활한 이로부터 우리들에게 공급되는 새로운 능력의 실제 때문에, 우리 그리스도인들은 그 행위 가운데서 "육체의 행위를 죽일 수 있다"(8:13)는 것을 분명히 한다. 이것은 참으로 가능하다. 왜냐하면 그리스도인들은 죄의 권세로부터 자유하기 때문이다. 하나님의 영은 두려움에 빠지게 하는 노예의 영이 아니라, 예수님이 "아바 아버지"(8:15)라고 외쳤던 것처럼 하나님을 맞이할 수 있는 아들의 영이다.

뿐만 아니라 바울은 그의 독자들에게 "하나님의 사랑이 우리 마음에 부은 바 되었기"(5:5) 때문에 아직은 그 충분한 실제가 분명히 나타나지 않았음을 상기시킨다. 우리들은 여전히 중간에 끼어 있다는 것이다. 하지만 그때에 성령은 우리의 미래 구속의 "보증"이 되신다(8:23). 인간의 고통이 부활한 생명에 의해 완전히 근절되지는 않는다. 하지만 그들이 성령에 의해 지탱되기 때문에 변화가 이루어진다(8:17-21). 성령이 모든 창조의 급진적 변화를 가져올 수 있도록 이 세상에서 작용하기 때문에, 미래를 위한 참된 희망이 있게 되는 것이다(8:22-25). 우리 그리스도인들은 아브라함처럼 사는 것이다. 즉 죽음의 표시에도 불구하고 없는 것을 있는 것같이 희망을 가진 아브라함처럼 말이다. 아무리 그 증거가 죽음처럼 보일지라도, 그리스도인들은 이 세상을 새로운 세상으로의 산고(birth pang)로서 여긴다(8:21). 이것은 성령이 그들의 삶을 "하나님이 미리 아신 자들로 또한 그 아들의 형상을 본받게 하기 위하여 ⋯ 이는 그로 많은 형제 중에서 맏아들이 되도록"(8:29) 변화시키시기 때문에 가능한 것이다(8:12-14). 이것은 맹목적인 낙관주의가 아니라, 고통 속에서 오는 희망의 역설인 것이다. 바울은 역사의 역경 속에서 심지어 암담과 상처 속에서도 그곳에 의미가 있음을 선포한다. 그들 자신의 애매 모호한 경험의 근거 위에서도 오직 "하나님을 사랑하는 자 곧 그 뜻대로 부르심을 입은 자들에게는 모든 것이 합력하여 선을 이루심"(8:28)이 있다고 단언한다.

아브라함은 독자 이삭을 희생제물로 바치려고 함으로써 하나님에 대한 믿음의 순종을 보여주었다(창 22:12-13). 따라서 하나님은 아브라함에 대해, 그의 말씀에 대해, 그의 역사에 대해, 신실하심을 보여주셨다. 하나님은 나아가서 "자기 아들을 아끼지 않으시고 우리 모든 사람을 위하여 내어주시었다"(8:32). 이 은혜를 찬양하면서 바울의 논증은 다음과 같은 시로 결론에 다다른다. "만일 하나님이 우리를 위하시면 누가 우리를 대적하리요?"(8:31). 하나님이 우리를 위해서 행하시기 때문에 그 은혜는 절대적이며 최종적인 것이다. 그 어느 것도 그 은혜를 위협하지 못한다. 그 어떤 피조물이라도 "우리를 우리 주 그리스도 예수 안에 있는 하나님의 사랑에서 끊을 수 없으리라"(8:39).

유대인과 헬라인의 구원을 위한 하나님의 계획(9:1-11:33)

바울은 하나님이 그를 사랑하는 사람들의 선을 위해 작용하신다고 단언한다. 아울러 인간에 대한 그의 소명, 즉 "미리 정하신 자들을 또한 부르시고 부르신 그들을 또한 의롭다고 하시고 의롭다 하신 그들을 또한 영화롭게 하셨느니라"(8:30)는 말씀은 항상 유효하다. 바울은 이 단언을 유대인과 이방인 간에 전혀 차별이 없다(2:9, 3:22, 29)는 원리와 조합시킬 때에, 역사에서 하나님이 그 뜻을 이루어가시는 일을 변호할 필요에 부딪힌다. 그러므로 바울은 메시아의 공동체에 율법의 30여 가지 텍스트에서 유지되고 있는 "구원의 역사"를 제공한다. 바울은 율법을 메시아의 믿음의 관점에서 해석한다. 즉 예수님은 메시아이시다. 먼젓 번에 제기된 첫번째 질문을 이제 다시 한 번 다룬다(9:4=3:1-4, 9:6=3:3, 9:14=3:5, 10:12=3:22, 11:26=3:29, 11:32=3:19-26).

이런 도전에도 불구하고 이 장은 자유의지와 운명에 관한 문제를 다룬다. 하지만 바울의 관심사는 하나님 앞에 어떤 일 개인의 궁극적 운명에 관한 것이 아니다. 하물며 운명 대 자유라는 철학적 주제는 더더욱 아니다. 바로의 영혼이 주 이슈가 아니다. 바울은 도리어 사람들의 역사 속에서 일어나는 하나님의 역사이다. 바울은 그 자신의 전통의 이야기 속에서 이것을 추적한다. 그의 식별의 기준은 메시아와 주가 되시는 예수님에 대한 "좋은 소식"을 당대의 유대인들은 거부했지만, 이 동일한 선포를 당대의 이방인들은 받아들였다는 것이다. 바울의 선교에서 중심역할을 차지하고 있는 이 당대의 사건은 어려운 질문을 야기시킨다. "하나님의 사람들"이란 말의 의미는 무엇인가? 하나님은 그의 말씀에 신실하신가? 이스라엘은 거부된 백성인가? 그렇다면 하나님을 신실한 분으로 여길 수 있는가? 하지만 이런 것들은 바울의 심오한 생각과는 거리가 먼 것이다. 바울은 그의 동족에 대한 고뇌로 가득차 있었다(9:2). "아무 피조물이라도 우리를 우리 주 그리스도 예수 안에 있는 하나님의 사랑에서 끊을 수 없다"(8:39)는 말과는 완전히 대조가 되는 "내 자신이 저주를 받아 그리스도에게서 끊어질지라도 원하는 바로라"(9:2)라고 바울은 선언한다. "그들의 죄를 사하시옵소서 그렇지 않사오면 원컨대 주의 기록하신 책에서 내 이름을 지워버려 주옵소서"(출 32:32)라고 백성들을 위해 하나님께 말했던 모세의 역할을 바울은 취한다.

바울은 유대인의 축복을 처음부터 주장한다. 그것은 메시아를 포함하는 것이었다(9:4-5). 그러나 이 위대한 하나님의 축복이 현재의 유대인의 상황을 더욱더 비판적이며 혼란스럽게 만든다. 그래서 하나님의 말씀이 실패한 것 아니냐(3:3, 9:6)는 의문을 제기시킨다. 그러므로 바울의 율법에 대한 재해석은 하나님의 말씀과 역사에서의 활동에 대한 농축이며, 궁극적으로는 하나님의 영광의 찬양이 되는 것이다.

그는 먼저 "하나님의 사람"과 역사적 유대교를 서로 구분시킨다(9:6-13). 하나의 백성으로서의 이스라엘과 인종적 국가적 그룹으로서의 유대인과는 단순히 공통선 상에 있는 것이 아니다. 족장 이야기 속에서는 하나님의 선택이 약속을 성취시키는 선을 세우신다(9:6-9). 선택은 하나님의 은혜와 관련된 것이지 결코 인간의 성취과 관련된 것이 아니다(9:11). 바울은 그러한 선택을 인간의 임의성에 달려 있게 하고 하나님을 부당한 폭군으로 만들어 버리는 그런 반론에 대해 거의 참을 수가 없다(9:14-23). 우리가 정당하다는 인간 개념의 측면에서 하나님의 정의를 생각한다면, 이는 창조주와 피조물 간에 그 무한한 거리를 이해하지 못하고 있음을 보여주는 것이다. 하나님과 인간과의 거리는 피조물의 정의 측면에서가 아니라 창조주의 자비 측면에서만 측정될 수 있는 것이다. 모든 것이 하나님으로부터 왔다. 피조물이 하나님을 힐문할 수 있는가(9:19-21)? 바울은 아무리 세상에서 애매모호한 상황이 벌어질지라도 세상을 향해서 하나님이 보여주시는 모습은 진노보다는 자비의 모습이라고 주장한다. 그러나 그 모든 것은 하나님이 하시는 행위이시다. 바울은 두번째로 이렇게 주장한다. "원하는 자로 말미암음도 아니요 오직 긍휼히 여기시는 하나님으로 말미암음이니라"(9:16, 9:11 참조). 예언자는 하나님의 자비가 역사적인 한 국가에만 머무는 것이 아니라, 이미 율법 속에서도 하나님이 각 민족들 속에 있는 각 사람을 부르신다는 것을 보여준다(9:24). 선지자들은 유대인 중의 많은 사람들이 완고하며, 회개로 부르시는 하나님의 요청에 무관심할 것이라는 것을 역시 보여준다. 종교적인 실제로서의 이스라엘은 그 국가보다 클 수도 있고 작을 수도 있다. 참이스라엘은 믿음에 의해 규정되는 남은 자들을 말하기 때문이다.

　　바울의 논증의 비판적 부분은 그 중간에 나와 있다(9:30-10:21). 그 구절 속에서 바울은 당대의 유대인들의 거부와 이방인의 부르심에 대해 설명한다. 이 제1장에서 8장까지의 논증은 적절히 잘 들어맞는다. 이방인도 믿음에 근거해서 의로운 사람이 될 수 있다(9:30). 그것은 충분히 쉽다(3:30, 4:11을 보라). 그러나 왜 많은 유대인들이 떨어져 나갔는가? 왜냐하면 그들이 의를 은혜의 문제로가 아니라, 행위의 문제로 보았기 때문이다. 그렇게 함으로써 그들은 "율법을 성취하는 일을" 놓쳐 버렸다(9:32). 바울은 이것을 어떻게 말하고 있느냐? 무엇보다도 하나님의 소명이 율법의 규범 이외에서 심지어 율법과 대치되는 그리스도의 십자가에서 왔다는 것이다. 어떤 유대인에게서 십자가는 믿음의 모퉁이돌이 아니라 오직 걸림돌이 된다(9:32). 예수님을 통한 하나님의 예기치않은 소명과 율법의 관례 간의 현재의 선택에서 그들은 율법을 선택했다. 율법은 그들에게서 의를 위한 안전하고 확실한 규범이었다. 하나님을 위한 그들의 열심은 느슨해지지 않았다. 하지만 그것은 맹목적인 것이다(10:2). 그들은 비극적이게도 하나님의 일 관성을 그들의 일관성으로 측정해보려고 하였다. 그렇게 함으로써 그들은 새로 운 방식으로 말씀하시는 하나님을 거부한 것이다.

하나님의 의를 모르고 자기 의를 세우려고 힘써 하나님의 의를 복종치 아니하였느 니라 그리스도는 모든 믿는 자에게 의를 이루기 위하여 율법의 마침이 되시니라.

바울은 이제 율법의 시간과 현재의 시간을 완전히 허무는 놀라운 조치로 나 아간다. 바울은 율법을 완전히 메시아의 텍스트로서 읽고 있다. 먼저 율법에 의 한 의가 생명을 준다는 모세의 주장(10:5, 레 18:5)은 신명기 30:12-13을 메 시아적으로 읽음으로써 완전히 반박된다. 즉 하나님이 그 백성들을 가까이 두신 다는 말씀은 그리스도와 관련한 믿음의 말씀이라는 것이다. 또한 율법은 처음부 터 메시아를 의도했다는 것이다(10:6-9). 부를 때에 구원하신 분은 그리스도 (고후 3:17-18 참조)라는 것이다(10:13). 그러므로 모든 인간은 하나님에게 동 등하게 다가갈 수 있다(10:12).

유대인이나 헬라인이나 차별이 없음이라 한 주께서 모든 사람의 주가 되사 저를 부르는 모든 사람에게 부요하시도다

두번째로 바울은 메시아에 대한 거부가 이미 선지자 이사야 안에서 이미 발 견되어졌다고 말한다. 바울이 "저희가 다 복음을 순종치 아니하였도다"라고 말할 때, 그는 오직 그 자신 세대의 유대인만을 의미하는 것이 아니었다. 왜냐하면 복 음은 여러 선지자들에 의해 전파되었기 때문이다. "아름답도다 좋은 소식을 전하 는 자들의 발이여"(사 52:7)라고 말씀했다. 바울은 이 서신의 처음부터 "복음"이 거룩한 문서 속에서 선지자들에 의해 이 시대 전에 선포되었다고 주장한다 (1:2). 그는 "율법과 선지자들에게 증거를 받는 것이라"(3:21)고 주장한다. 특별 히 바울이 염두에 두고 있는 선지자는 이사야이다. 이 서신을 통해서 이사야서의 후반부에 대한 많은 인용과 암시가 중요한 주제적 역할을 감당한다. 바울이 그의 사역을 이사야 49-60장을 곰곰이 읽고 시작했다고 말하는 것이 분명할 것이다 (사 49:18-롬 14:11, 사 50:8-롬 8:33, 사 51:1-롬 9:31, 사 51:5-롬 1:17과 3:21, 사 51:7-롬 2:15, 사 51:8-롬 1:17, 사 52:5-롬 2:24, 사

52:7-롬 10:15, 사 52:15-롬 15:21, 사 53:1-롬 10:26, 사 53:5-롬 4:25, 사 53:11-롬 5:19, 사 53:12-롬 4:24, 사 54:16-롬 9:22, 사 59:7-롬 3:15-17, 사 59:20-롬 11:26).

이제 바울이 로마서 10:16에서 "우리의 전하는 바를 누가 믿었나이까"라는 이사야 53:1을 인용할 때에 우리는 바울이 이사야 52:13-53:12의 그리스도에 대한 선포를 엄밀히 염두에 두었다는 것을 알 수 있다. 그 암시는 너무 분명해서 독자들이 놓칠 수 없는 것이다. 이사야서에서 다른 이들을 위해 죽으시고 그들의 의의 근본이 되신 분이 선포되고 있는 것이다(사 53:11).

나의 의로운 종이 자기 지식으로 많은 사람을 의롭게 하며 또 그들의 죄악을 담당 하리라

그러므로 예수님 전에도 유대인들은 "복음"을 들었다. 그들은 율법을 읽음 으로써, "그가 많은 사람의 죄를 지며"(사 53:12)라는 분이 바로 하나님의 의로 운 종이라는 것을 인식했어야 했다. 그들은 율법의 근본에서 하나님에 의해 저주 받은 분이 아니라, 그의 믿음의 순종을 통해서 다른 사람들을 의롭게 하신 예수 님을 인식했어야 했다. 이런 점에서 이사야는 온전하게 말한다. "내가 종일 손을 펴서 자기 생각을 좇아 불순한 길을 행하는 패역한 백성들을 불렀나니"(10:21, 사 65:2).

바울의 세번째 부분은 복음에 대한 유대인의 거부에도 불구하고 하나님은 그의 백성들을 거부하지 않으셨다는 것을 보여준다. 참으로 바울과 그의 동료 유 대 메시아주의자들은 심지어 지금도 유대교 내에 있는 "남아있는 자들"의 증거가 된다(11:5-6).

그런즉 이와 같이 이제도 은혜로 택하심을 따라 남은 자가 있느니라 만일 은혜로 된 것이면 행위로 말미암지 않음이니 그렇지 않으면 은혜가 은혜 되지 못하느니라

예수님을 거부한 유대인들의 맹목은 오직 일시적이며 역사 속에서 하나님의 보다 큰 목적을 이룬 것이다(11:7-10). 하나님은 모든 이스라엘이 구원받기를 원하신다(11:26). 하나님은 이것을 변증법적으로 가져올 것이다. "복음"은 유대 인의 거부 때문에 오직 이방인들에게 선포되었다(11:11-12). 마찬가지로 이방

인의 회심은 그리고 바울의 사역은 그 주된 목적으로서 유대인들을 시기나게 하는 것이었다. 그렇게 함으로써 유대인들도 역시 "하나님께 돌아오게"(11:13-14) 하고자 하는 것이었다. 그러므로 이방인은 자랑할 수가 없다. 이방인들이 하나님의 백성에 포함된 것은 그들의 행위와는 아무런 관계가 없다. 이방인들은 더욱더 쉽게 버려질 수 있고, 유대인들은 다시 그 자리를 차지할 수 있다. 왜냐하면 유대인들은 처음부터(11:17-24) 하나님의 나라에 있었기 때문이다. 바울은 유대인의 우선순위를 분명하게 설명한다(11:28-29).

> 복음으로 하면 저희가 너희를 인하여 원수된 자요 택하심으로 하면 조상들을 인하여 사랑을 입은 자라 하나님의 은사와 부르심에는 후회하심이 없느니라

하나님의 말씀은 실패가 없으시나 아직 끝난 것이 아니다. 이방인은 그 당시의 유대인들이 실패했기 때문에 신비스럽고 결코 끝나지 않았음을 인식하도록 부름을 받았다. 그들은 이 세상에서 하나님의 뜻의 놀랍고 새로운 표명을 접할 수 있게 되었다. 확실한 것은 하나님이 자비로우시고 신실하시다는 것이다. 그것이 하나님의 모든 역사 속에서 나타났다. 심지어 하나님은 대적하는 사람들에게도 그러했다. "너희가 전에 하나님께 순종치 아니하더니 이스라엘에 순종치 아니함으로 이제 긍휼을 입었는지라 이와 같이 이 사람들이 순종치 아니하니 이는 너희에게 베푸시는 긍휼로 이제 저희도 긍휼을 얻게 하려 하심이니라 하나님이 모든 사람을 순종치 아니하는 가운데 가두어 두심은 모든 사람에게 긍휼을 베풀려 하심이로다"(11:30-32).

찬양의 기도에서 바울은 인간의 지식과 하나님의 행동 간의 무한한 차이를 다시 언급한다. 인간이 하나님을 조언할 수는 없다. 인간은 단지 하나님의 생각을 찾으려고 노력할 뿐이다(11:33-34). 그러므로 커다란 차이가 인간의 노력과 하나님의 은혜 사이에서 온다. 결국 바울은 욥기 41:11을 언급한다. "누가 주께 먼저 드려서 갚으심을 받겠느뇨?"(11:35). 하나님은 왜곡된 인간 재판관이 아니시다. 하나님은 항상 어느 곳에서도 모든 존재와 아름다움의 근본이시다. "만물이 주에게서 나오고 주로 말미암고 주에게로 돌아감이라." 그러므로 그 논증은 우상숭배가 아닌 믿음의 순종으로 결론을 맺는다(1:21 참조). "영광이 그에게 세세에 있을지어다 아멘."

기독교 공동체의 생활

로마서 12-13에서 바울의 실제적인 방향은 앞선 광대한 신학적 논증과는 무관해 보인다. 왜냐하면 교회의 은사에 관한 취급(12:3-8), 베풂의 태도 (12:9-21), 통치자에 대한 태도(13:1-7), 사랑의 율법(13:8-10), 그리고 그리스도인 존재의 종말론적인 섭리(13:11-14) 등이 모두 철저히 상식적이며 전통적인 것이기 때문이다. 이 교훈적인(parenetic) 자료의 모음은 만약 로마교회가 바울의 선교를 후원한다면, 그것은 그리스도인의 삶의 기이하고 변절적인 각본을 후원하고 있는 것이 아님을 보이고 있는 것이다. 이교도나 유대교 도덕주의자들 속에서 발견되는 내용이 이 교훈 속에 많이 있을지라도, 거기에는 어떤 분명한 강조가 있다. 예를 들어 "낮아"지라는 명령은(12:16) 오직 낮아지시고 노예가 되신 메시아의 삶의 빛 속에서 그 덕성을 찾을 수 있다. 이교 도덕주의자들에게 이런 태도는 악이었지, 덕이 아니었다. 로마인들은 12:10(살전 4:9 참조)에서 인간을 위한 사랑(philanthropia)보다 형제를 사랑(philadelphia)하라는 말을 듣는다. 뿐만 아니라 우리는 대접과 성도들의 필요를 공급하는 일을 강조하는 것을 보게 된다. 그러나 이 고전적인 교훈의 요약은 다음에서 잘 나타나있다. "사랑엔 거짓이 없나니 악을 미워하고 선에 속하라"(12:9).

그러나 바울은 이 교훈을 그가 원하는 분명한 전달이 없이 그대로 내버려둘 수가 없다. 그는 사람들이 선한 것을 시험해 볼 수 있는(고전 2:12-16을 보라) 마음의 변화를 가질 것을 요청함으로써 시작한다(12:1-2). 성령의 은사는 세상의 척도와는 완전히 다르게 실제를 측정할 수 있는 능력을 부여한다. 또한 실제적인 상황에서 하나님을 찬양할 수 있는 적절한 응답을 식별할 수 있는 능력을 부여해준다(12:1). 이 부분의 말미에서 바울은 독자들에게 "오직 주 예수 그리스도로 옷입고 정욕을 위하여 육신의 일을 도모하지 말라"(13:14, 갈 5:13 참조)고 말한다. 그들은 은혜로부터 자연스럽게 뒤따라 나오는 그러한 방법으로 처음부터 새로운 옷으로 상징되는 그들의 실체를 옷입을 것을 권고한다. 육체의 자기 추구적 형태가 아니라, "다른 사람들을 위한 삶"을 사신 메시아의 삶의 형태를 살 것을 권고한다. 메시아의 형태는 율법에서 이미 알 수 있다(13:8-10).

피차 사랑의 빚 이외에는 아무에게든지 아무 빚도 지지 말라 남을 사랑하는 자는 율법을 다 이루었느니라 간음하지 말라 살인하지 말라 도적질하지 말라 탐내지 말라

한 것과 그 외에 다른 계명이 있을지라도 네 이웃을 네 자신과 같이 사랑하라 하신 그 말씀 가운데 다 들었느니라

여기에 10:4의 "그리스도는 모든 믿는 자에게 의를 이루기 위하여 율법의 마침이 되시니라"는 말씀의 의도적인 반향이 있다.

로마서 14:1-15:13에서 바울은 복합적인 관행을 갖는 공동체에서는 긴장이 야기되어진다. 그러므로 그는 그들에게 사랑과 배려를 요청하고 있다. 그 상황은 고린도전서 8-10장의 경우와 비슷하다. 그러나 고린도서보다는 그 내용이 덜 상세히 나와 있다. "믿음이 연약한 자"는 식물이나 날(day)의 문제에 있어서 보다 엄격한 준수를 가질 필요를 갖는다(14:5). 그들은 덜 준수하는 사람들을 "판단한다." 한편으로 강한 사람은 약한 자를 업신여긴다(14:3).

그러나 바울은 하나님의 나라는 무엇을 지키고 안 지키고의 문제가 아니라고 강력하게 말한다(14:17, 고전 8:8 참조). 그러면서도 바울은 또한 동일한 공동체 내에 다양한 관습을 허락한다. 중요한 것은 하나님이 찬양을 받는 것이다(14:6). 하나님이 오직 주인이시고 주님이시다. 모든 인간은 오직 하나님께 대답해야 한다(14:4, 10-12). 그러므로 그들 가운데 정죄나 멸시를 위한 여지가 없다(14:3-4, 10, 13). 양심의 자유가 각 개인의 결정을 위한 규범으로서 작용한다. 규범에 갈등이 생길 때, "다른 사람들을 위하는 삶"이 보다 우세한 부분을 점령하게 된다(14:15, 20)

바울은 이런 지침을 위한 보다 구체적인 신학적 뒷받침을 제공한다. 그렇게 함으로써 초기의 주장과 연결을 시도하고자 한다. 그리스도인은 그들의 다양성을 서로 인정해야 한다. 왜냐하면 하나님은 그런 모든 사람들을 받아들이셨기 때문이다. 유대인이나 헬라인이나 하나님에게는 차별이 없다. 모든 인간은 그리스도 안에서 받아들여졌다(14:3). 그들이 그리스도를 통해 어떻게 받아들여졌느냐? 메시아는 죽으셨다가 다시 살아나셨다. 그러므로 그 주님이 모든 것들의 주님이 되셨다. 사람들이 살아있든 죽어있든 간에 그들은 모두 주님에게 속한다(14:7-8). 그리스도는 그에게 속한 모든 사람들을 위해 죽으셨다. 이것이 그리스도인들의 삶의 정형이 되어야 한다. "그리스도께서 대신하여 죽으신 형제를 네 식물로 망케 말라"(14:15). 그러므로 그리스도는 하나님에 의해 받아들여진 모든 존재의 효과적 원인이 되신다(15:8-9). 또한 그들이 상호적인 봉사로 서로

를 어떻게 받아들여야 할 것이지에 대한 모델이 되신다. "그리스도께서 우리를 받아 하나님께 영광을 돌리심같이 너희도 서로 받으라"(15:7).

이제 바울은 9-11장의 논증으로 다시 돌아간다. 역사 속에서 하나님이 하신 일은 서로에 대한 그리스도인의 행동을 지도한다. 메시아는 종이 되어 십자가에 못박히셨다. 그것은 하나님의 진리(aletheia)를 보이기 위해서이다. 이는 족장들에 대한 하나님의 약속이 성취된 것이다(15:8). 그리고 그리스도의 이름으로 이방인에 대한 선교는 어떠한가? 그것은 이방인이 하나님의 긍휼하심을 인하여 하나님께 영광을 돌리게 하기 위해서이다(eleos, 15:9). 바울은 여기서 하나님의 참된 속성에 대해 이야기한다. "진실과 인자"는 히브리어로 음역해서 emeth we chesed이다. 주님의 이런 속성은 모세에게 드러났다(출 34:6).

> 여호와께서 그의 앞으로 지나시며 반포하시되 여호와로라 여호와로라 자비롭고 은혜롭고 노하기를 더디하고 인자와 진실이 많은 하나님이로라

"진실과 인자"는 "믿음"(pistis)과 "사랑"(agape)으로도 번역된다. 바울은 이 의미에 있어서 세 가지 서로 가깝게 연결되는 진리를 말한다. 첫번째로 역사의 단계 속에서 인간은 하나님이 참으로 신실과 사랑의 하나님이심을 알아야 한다. 두번째로 하나님의 본성에 대한 완전한 표현은 메시아 예수 안에서 표현되었다. 예수님의 하나님께 대한 믿음의 순종은 인간에 대한 참된 사랑의 봉사 속에서 발견된다. 세번째로 그러한 삶이 메시아에게 속한 사람들을 위한 삶의 정형이 되는 것이다. 하나님 안에서 그들의 믿음은 상호간의 사랑과 용납 속에서 표현되어야 한다. "한 마음과 한 입으로 하나님 곧 우리 주 예수 그리스도의 아버지께 영광을 돌리게 하려 하노라"(15:6, 1:21 참조).

참고문헌

로마서에 대한 해석의 역사를 위해서 J. D. Godsey, "The Interpretation of Romans in the History of the Christian Faith," *Int* 34(1980): 3-16과 R. Jewett, "Major Impacts in the Theological Interpretation of Romans Since Barth," *Int* 34(1980): 17-31을 보라.

이 서신이 오직 로마에 보내졌는지 아니면 순환되는 편지였는지 또는 로마

서 16장이 이 서신에 본래부터 포함된 것인지, 그리고 이 편지의 내용이 바울의 계획에 의해서 결정된 것인지 아니면 로마의 상황에 의해 결정된 것인지에 관한 문제는 여전히 끝없는 논쟁의 문제가 되고 있다. 이런 논쟁의 묘미를 위해서 P. Minear, *Obedience of Faith*(London: SCM Press, 1971)과 K. P. Donfried, ed., *The Romans Dabate*(Minneapolis: Augsburg Pub. House, 1977) 에세이를 보라. 로마서 16장에 관해서는 H. A. Gamble, Jr., *The Textual History of the Letter to the Romans: A Study in Textual and Literary Criticism*(Grand Rapids: Wm. B. Eerdmans, 1977), E. J. Goodspeed, "Phoebe's Letter of Introduction," *HTR* 44(1951): 55-57, 그리고 C. H. Kim, *Form and Fuction of the Familiar Greek Letter of Recommendation*(Missoula, Mont.:Scholars Press, 1972), 132-42이다.

학문적인 연설로서의 로마서에 관해서 빠질 수 없는 책은 K. Stower, *The Diatribe and Paul's Letter to the Romans*, SBLDS 57(Chico, Calif.: Scholars Press, 1981). 바울의 논증에 대해서 비판적인 입장을 취하고 있는 연구들은 다음과 같다. K. Grayston, " 'Not Ashamed of the Gospel,' Rom. 1:16a and the Structure of the Epistle," *SE* 2(1964): 569-73, N. A. Dahl, "Romans 3:9: Text and Meaning," in *Paul and Paulinism*, ed. M.D.Hooker and S.G.Wilson(London: SPCK, 1982), 184-204, L. E. Keck, "The Fuction of Rom.3:10-18: Observations and Suggestions," in *God's Christ and His People*, ed. J. J. Jervell and W. A. Meeks(Oslo, Universitetsforlaget, 1977), 141-57, S. K. Stowers, "Paul's Dialogue with a Fellow Jew in Romans 3:1-9," *CBQ*46(1984): 707-22, R. B. Hays, "Psalm 143 and the Logic of Romans 3," *JBL* 99(1980): 107-15, L. T. Johnson, "Romans 3:21-26 and the Faith of Jesus," *CBQ* 44(1982): 77-90, C. T. Rhyne, *Faith Establishes the Law*, SBLDS 55(Chico, Calif: Schoars Press, 1981), R. B. Hays, " 'Have We Found Abraham to Be Our Forefather According to the Flesh?' A Reconsideration of Rom. 4:1," *NovT* 27(1985): 76-97, R. Schnackenburg, *Baptism in the Theology of*

St.Paul(New York: Herder & Herder, 1964), 105-70, K. Stendahl, "The Apostle Paul and the Introspective Conscience of the West," in *Paul Among Jews and Gentiles*(Phiadelphia: Fortress Press, 1976 [1963]), 78-96, J. Munck, *Christ and Israel: An Interpretation of Romans 9-11*(Philadelphia: Fortress Press, 1967), G. E. Howard, "Christ the End of the Law: The Meaning of Romans 10:4ff," *FBL* 88(1969), 331-37, N. A. Dahl, "The Atonement: Adequate Reward for the Akedah?" in *The Crucified Messiah*(Minneapolis: Augsburg Pub. House, 1974), 146-60, "The Future of Israel," in his *Studies in Paul*(Minneapolis: Augsburg Pub. House, 1977), 137-58, C. K. Barrett, "Romans 9:30-10:21: Call and Responsibility of Israel," in his *Essays on Paul*(Philadelphia: Westminster Press, 1982), 132-53, H .E. Stoessel, "Notes on Romans 12:1-12: The Renewal of the Mind and the Internalizing of Truth," *Int* 17(1963): 161-75, E. Käsemann, "Principles of Romans 13," in his *New Testament Questions of Today*(Philadelphia: Fortress Press, 1969), 196-216, J.Knox, "Rom. 15:14-33 and Paul's Conception of his Apostolic Mission," *JBL* 83(1964): 1-11.

로마서를 해석하는 것은 불가피하게 신학, 종종 충분히 논쟁적인 신학을 포괄한다. R. P. Martin, "The Kerygma of Romans," *Int* 25(1971): 303-28, 이 논제의 범위에 관해서는 다음 예들을 보라. E. Käsemann, "The Righteousness of God in Paul," in his *New Testament Questions of Today*, 168-82, K. Barth, *Christ and Adam*(New York: Collier Books, 1962), N. A. Dahl, " The Missionary Theology in the Epistle to the Romans," in his *Studies in Paul*, 70-94, J. Bassler, *Divine Impartiality: Paul and a Theological Axiom*, SBLDS 59(Chico, Calif,: Scholars Press, 1981), S. K. Williams, "The Righteousness of God in Romans," *JBL* 99(1980): 241-90, *Jesus' Death as Saving Event: The Background and Origin of a Concept*, HDR 2(Missoula, Mont.: Scholars Press, 1975), W. D. Davies, "Paul and the Law: Pitfalls in

Interpretation," in his *Jewish and Pauline Studies*(Philadelphia: Fortress Press, 1984), 91-122, R. Bultmann, "Romans 7 and the Anthropology of Paul," in his *Existence and Faith* ed. and trans. S. M. Ogden(New York: Meridian Books, 1960), 147-57, *Theology of the New Testament* (New York: Charles Scribner's Sons, 1953), 1: 288-306, H. Moxnes, *Theology in Conflict: Studies of Paul's Understanding of God in Romans*, NovTSup 53(Leiden: E. J. Brill 1980).

신학과 주석의 역사에 있어서 특별히 중요한 보다 오래된 로마서의 주석은 다음의 것이 있다. M. Luther, *Lectures on Romans*, trans. W. Pauck(Philadelphia: Westminster Press, 1961)과 K. Barth, *The Epistle to the Romans*, 6th ed., trans. E. Hoskyns(London: Oxpord Univ. Press, 1933). 이에 대한 해석은 E. Käsemann, *Commentary on Romans*(Grand Rapids: Wm. B. Eerdmans, 1980)과 W. Sandy와 A. Headlam, *The Epistle to the Romans*, 5th ed., ICC(Edinburgh: T. & T. Clark, 1902)이 있다. 본문의 보다 조심스러운 접근을 위해서 C. H. Dodd, *The Epistle of Paul to the Romans*(London:Hodder & Stoughton, 1932)과 C. K. Barrett, *Commentary on the Epistle to the Romans*, HNTC(New York: Harper & Row, 1957)을 보라.

제15장

빌립보서

로마의 속주인 빌립보에서 바울이 세운 이 교회는 유럽에서의 바울의 첫 방문지였다(행 16:12-40, 빌 4:15). 빌립보 교회는 바울의 선교를 후원했다(행 16:15-16, 고후 11:7). 서신의 부드러운 분위기는 바울과 그 공동체와의 특별한 관계를 보여준다. 바울이 편지를 쓰고 있을 때(디모데와 함께, 1:1), 그는 감옥에 있었다(1:12-14). 그러나 전반적으로 만족스럽지는 않았을지라도 (1:15-7, 4:2-3) 그의 사역은 계속 되었고, 바울은 자신이 풀려날 것을 분명히 기대했다(1:19, 2:24). 그것은 분명하다. 한편 바울이 지금 있는 곳, 그가 연설하고 있는 상황, 심지어 이 서신의 문학적인 순결성과 관련해서 학자들 간에 약간에 일치가 이루어지고 않고 있다.

바울은 여러번이나 투옥되었기에 언제 그가 이 서신을 쓰고 있는 지를 결정하기는 심히 어렵다. 시위대와 가이사의 가정에 대한 언급은 필연적이지는 않을지라도, 로마나 가이사랴(행 24:26-27, 28:30)에서의 바울의 포로를 암시한다 (행 24:26-27, 28:30). 편지의 일치성을 의문하고, 몇 가지 단편의 편집이라고 보는 사람들은 위임자를 통한 바울과 독자들 간에 움직임이 있었다는 관찰을 덧붙인다(2:19-30, 4:18). 그들은 에베소서가 지형적인 편리에 근거한 적절히 편집된 작품이라는 결론을 내린다. 그런데 만약 문학적인 통일성이 의심받지 않는다면, 투옥을 가설로 생각할 필요는 없게 된다.

빌립보서의 진정성 자체는 심각하게 의문시 되지는 않는다. 그러나 한 편지 내에서 분위기의 변화, 분명한 편집적인 접합의 흔적, 그리고 상충되는 정보는 빌립보서의 문학적 순결성을 의심받게 한다. 여기에 그러한 결론에 근거가 있다. 즉 이 편지는 몇 개의 마침이 있다는 것이다. 바울은 "종말로"(loipon)라는 구절을 끝맺음으로 사용하지 않고 이를 두 번씩이나 사용하고 있다. "종말로"라는 말은 보통 결론을 함축하는 말인데, 이 서신은 두 번에 걸쳐 이 말을 해놓고 또 다른 논의로 나아가고 있다(3:1, 4:8). 형태에 있어서의 전환은 오직 한 군데서 발견되는데, 즉 바울이 주 안에서 기뻐하라는 권면에서 "개들"(3:2)을 삼가라는 경고로 나아갈 때이다. 2:25-28에 인물에 대한 설명에서 바울은 그들의 사자인 에바브로디도가 거의 죽을 지경에서 회복된 후에 그를 빌립보로 보낼 계획을 갖고 있다. 그러나 그가 4:18에서 빌립보 교인들이 에바브로디도 편에 전달해준 금전에 대해 언급할 때에 어느 언급도 상당한 지체를 말하지 않는다. 어떤 사람들은 빌립보 교인들이 전달해준 선물에 대한 바울의 감사에 있어서 그것이 4:10-20에서 처음으로 언급되는 것이라면(결국 바울이 그 감사를 지체하여 언급한 것은) 무의식적인 것이라고 생각한다. 반면에 이것이 각각 별개의 편지라고 생각되어진다면 바울의 감사는 바로 직접적인 것이고, 에바브로디도에 대한 언급은 이해가 쉽다.

그러한 문학적인 관찰은 "대적하는 자"(1:28)의 역할을 강조하는 빌립보 상황의 재구성과 연결되어 있다. 바울은 어떤 사람은 시기와 경쟁(1:15-17)으로 복음을 전한다고 말한다. 이것은 곧 그 공동체에 원망과 시비가 있다는 말이다. 몇몇 사역자들의 서로 조화를 이루지 못하고 있음을 말하고 있는 것이다(4:2-3). 그는 역시 "십자가의 원수"(3:18)인 몇몇 사람들을 언급하면서 "개들"과 사악한 행동을 그들의 자랑거리로 두는 "손할례당"에 대해 언급한다(3:2-4). 결과적으로 빌립보의 단편들은(바울의 대적자들에 의해 개진되고 바울에 의해 일련의 설명으로 대답되는) 그 교회에서의 점증되는 갈등 상황을 보여주고 있다.

이런 식으로 읽을 때에 각각의 이 세 단편은 나중에 짜맞추어졌다는 것이다. 그 내용이 평균적이지 못하다는 것이다. 첫번째 단편은 4:10-20인데, 이는 돈을 내어준데 대한 빌립보 교인들에 대한 감사의 서신이라는 것이다. 그 두번째는 교회에서의 나뉨에 대한 경고라는 것이다(1:1-3:1, 4:4-7, 21-23). 그 세번째는 분열을 자극하는 거짓교사들에 대한 예리한 공격이라는(3:2-4:3, 4:8-9) 것이다. 사실 교회 공동체의 고통의 역사는 그것과 동일한 발전과정을 겪는다. 첫번째 서신에서는 그런 고통의 암시가 없다. 두번째 서신에서는 경쟁과 다

틈이 있는데, 바울은 그것을 권고에 포함시키고 있다. 세번째 서신은 대적자들의 직접적인 반증을 요청하면서, 바울이 생각했던 것 이상으로 더욱 위험스러운 상황이 있음을 보여준다.

가설은 쓸데없이 복잡하고 본문의 증거를 갖고 있지 못하는 것들이다. 사실 서신에서 문학적인 단절은 고린도후서에서의 단절만큼 그렇게 심각한 것은 아니다. 예를 들어 4:10-20에서의 돈에 대한 바울의 감사는 서신서의 감상의 언어로 충분히 기대될 수 있는 것들이다(1:3-11). 3:2-4:3의 단절은 1:15-17, 28, 그리고 2:21-22에서 잘 준비된다. 게다가 제기된 논증은 "기뻐하라"(3:1, 4:4)는 권고에 의해 양쪽에서 뒷받침을 받는다. "기뻐하라"는 말은 조야스러운 편집보다는 문학적인 짜임새가 있음을 잘 보여준다. 에바브로디도와 관련된 불일치만이 오직 남게 된다. 그러므로 빌립보서를 세 서신의 짜집기로 취급하는 것은 이유에 맞지 않다.

역사적인 순서에 따라 재구성하려는 시도는 더욱더 위험스러운 일이다. 이 서신이 짜집기에 불과하다면, 아무리 이 서신이 일련의 편지일지라도, 교제와 돈의 분배에 대한 심각한 고통에서부터 사소한 불평에 이르기까지 그 발전과정은 심각한 반대방향으로 나아갔을 것이다. 조절도 없이 말이다. 그렇지 않겠는가? 마지막으로 이 서신을 조각으로 분해하는 것은 한 텍스트로서 이 서신의 내용을 발견하는 데 독자들을 산란하게 만들 것이다. 3:2-4:3의 부문이 참으로 논증적인가 아니면 그것은 또 다른 문학적 기능이 있는가? 제2장에서 제3장으로 이어지는 일관된 주제적 구조적 형태가 있느냐? 이 텍스트를 문학적 의식의 정도에서 쓰여진 단일한 작품으로서 읽혀지지 않는다면, 그러한 질문은 대답될 수도 없고 심지어 질문이 있을 수도 없다.

빌립보서의 특징

빌립보서는 종종 논리적으로 반대가 되는 요소들이 이따끔씩 짜여 있다. 그렇다고 그 진정성이 심각하게 의문시되지는 않는다. 하지만 놀랍게도 비진정한 서신과 관련된 모습들이 많이 나온다. 빌레몬서와 더불어 빌립보서는 바울이 옥중에서 썼다는 것을 거의 의심 받지 않는다. 하지만 다른 비진정한 옥중서신에서 종종 발견되는 약간의 요소들이 있다. 예를 들어 문체상으로 논증의 변증법적인 활성이 없이 밋밋하다. 그것은 성경상의 다른 인용들이 거의 없다. 다른 옥중서신에서 발견되는 요소들이 있다(예를 들어 "영광의 찬송", 빌립보서 1:11과 에베소서 1:6, 12, 14). 바울은 여기서 예수님을 구세주(3:20)라고 부른다. 이는 소위 비진정한 서신에서도 발견되는 제목이다(엡 5:23, 딤후 1:10, 딛 2:13, 3:6). 빌립보서 1:16-18에서 그의 고통에 대한 인식은 디모데후서 1:8-12, 2:9에서도 가장 분명하게 반향되는 것을 알 수 있다. 그리스도의 부활에 대한 우주적 함축에 관한 강조는 골로새서 1:15-20과 에베소서 1:19-23에서 가장 적절하게 비유된다.

진정성이 의문받지 않는 서신에 속하는 빌립보서는 그 인사에서 감독들과 집사들(1:1)이라고 언급한다. "감독"이라는 용어는 그밖에 다른 곳에서는 단수로서만 발견된다(딤전 3:2, 딛 1:7). 한편으로 "집사" 또는 "종"이라는 용어는 바울 자신과 다른 사역자들[뵈뵈(롬 16,1), 아볼로(고전 3:5), 두기고(엡 6:21), 에바브라(골 1:7) 그리고 디모데(살전 3:2, 딤전 4:6 등 다양한 곳에서)]에 대한 언급에서 종종 사용되어진다. 지역 교회의 교인들 중에서는 딤전 3:8, 12, 4:6에서 발견된다. 바울은 감독이나 집사라는 말을 사용하지 않고 그 지역의 교회 지도자들에 대해서 언급한다(살전 5:12, 갈 6:6, 고전 6:5-6, 12:28, 16:15-16, 롬 12:8, 몬 1-2).

빌립보서의 종말론은 복잡하다. 바울은 빌립보서 1:10, 2:16, 3:11, 20-21에서 데살로니가전서 4:13-5:3의 종말론과 흡사한 미래의 분명한 모습을 기대한다. 바울은 그 기대감에 대해 긴급하게 말한다. "주께서 가까우시니라"(4:5). 한편으로 그는 자신이 죽는다면 "예수의 날"(1:6)에 주님과 연합하게 될 것을 기대한다(1:6). 그는 "그리스도와 함께 있게 될 것이요"(1:21-23). 바울은 고린도후서 5:1-5에 표현된 희망과 흡사한 이야기를 한다. 바울은 역시 공간적인 장소에서 그리스도인의 "본향"이 있음을 본다. 그것은 곧 "하늘"로 표현된다(3:20, 고후 5,1-2, 엡 6:9, 골 1:5, 4:1). 빌립보서의 그리스도론은 "우주적 그리스도"(2:5-11, 3:21, 윗 부분 참조), "믿음에 의존하는 하나님으로부터 오는 그리스도의 의"(3:9, 롬 3:22 참조, 고전 1:30, 고후 5:21), "믿음의 표본으로서의 그리스도"(2:5, 고전 11:1, 2 딤후 2:8-13)에 대한 동등한 강조가 있다.

빌립보서는 사도로서의 바울의 자기이해에 대한 다양한 측면을 담고 있다.

고통은 진정한 사역의 표시이다(1:15-25, 2:17, 3:8-10). 고통은 마치 모든 그리스도인의 실존과 같다(1:29-30). 바울은 모든 공동체가 본받아야 할 모델(typos)로서 자신을 제시한다(3:17, 참조. 고전 4:16, 11:1, 살전 1:6, 살후 3:9, 딤전 1:16, 딤후 1:13). 그의 위임자 디모데는 복음을 위해서 바울과 함께 사역할 때에 그는 "아들과 같고" 교회의 멤버들을 진정으로 염려하는 사람으로 나타난다(2:19-24, 참조. 고전 4:17, 딤전 1:2, 딤후 3:10). 교회의 재정적인 후원에서 독립한다는 그의 통상적인 주장과는(살후 3:6-9, 고전 9:15-18, 고후 11:7-12) 대조되어 바울은 "복음의 시작"에서부터 그가 빌립보 교회와 서로 주고받는 관계에 있음을 기쁘게 인정한다(4:14-15). 동시에 바울은 소유의 측면에서 그의 개인적인 만족과 충족을 또한 강조한다(4:11-13). 그가 빌립보 교회로보터 재정적인 후원을 받아들인 것은 그가 그 교회의 교인들과 항유한 관계의 상징을 보여주는 것이다.

빌립보서에서는 감정적인 온기가 아주 적절하게 진술된다. 갈라디아서에서의 분노와 진노의 기운은 여기서는 거의 발견할 수가 없다. 우리는 빌립보서에서 애정과 친절과 심지어 애틋함의 온기를 발견하게 된다. 빌립보서에서 긍정적인 감정의 표현은 다음과 같이 풍성하다. "너희가 내 마음에 있음이며"(1:7), "내가 예수 그리스도의 심장으로 너희 무리를 어떻게 사모하는가"(1:8), "이와 같이 너희도 기뻐하고 나와 함께 기뻐하라"(2:18), "나의 사랑하고 사모하는 형제들, 나의 기쁨이요, 면류관인 사랑하는 자들아"(4:1), "너희가 내 괴로움에 함께 참여하였으니 잘 하였도다(4:14). 무엇보다도 은은한 기쁨이 이 서신에서 넘쳐 흐른다(1:4, 19, 2:2, 17-18, 19, 28, 29, 3:1, 4:1, 4, 10). 이 기쁨은 특별한 교우관계에서 넘쳐나는 것이다(1:5, 2:1, 3:10, 4:15). 이것이 빌립보서 안에서 가장 분명한 주제적 요소가 되고 있다. 뿐만 아니라 이 서신을 조직하는 원리가 되고 있다. 그러므로 빌립보서는 바로 친교의 서신인 것이다.

빌립보서를 친교의 서신으로 호칭함에 있어서, 나는 가짜 드미트리우스 형태와 같은 수사학적 지침서의 우호적인 편지(epistole philike)의 형태를 빌립보서가 따르고 있다는 것을 주장하는 것은 아니다. 오히려 나는 바울이 그의 독자들 속에서 적절한 반응을 불러 일으키기 위해서 우호적인 수사법을 사용하고 있다는 것을 의미한다.

바울의 언어적 힘을 이해하기 위해서 우호적인 주제가 얼마나 헬라 도덕주의자들을 매료시켰는가를 기억하는 것이 필요할 것이다. 이 사실은 보편적으로 사용되어지고 끝없이 확장되어지는 일련의 격언들 속에서 그 정수를 발견할 수 있다. 친근성은 교제(koinonia)라고 정의될 수 있다. 모든 사람들은 "친구들은 모든 것을 공통적으로 소유한다"(tois philois panta koina)는 말에 동의한다. 이러한 나눔은 물질적인 것과 영적인 것을 포함한다. 교제는 동등성의 형태를 입는다(isotes). 즉 친구 사이에 영적인 연합은 너무 가까워서 친구는 "또 다른 나 자신"이 된다. 친구들은 한 영혼이며(mia psyche) 동일한 생각을 품는다(to auto phronein). 친구라는 용어는 접두어 "함께"(with, 헬라어로 syn)를 사용하는 많은 복합단어들에 사용된다. 왜냐하면 교제는 항상 "삶을 함께"하는 그런 종류의 것을 포함한다. 격언들은 아주 잘 알려져서 역으로 설명할 수 있다. 즉 한 영혼이 모든 것을 공통적으로 사용한다고 말하는 것은 자동적으로 동등성, 교우성, 교제성을 함축하는 것이다(농축된 설명을 위해서 아리스토텔레스의 「니코마코스 윤리학」*Nicomachean Ethics* 8 - 9를 보라).

빌립보서의 교우라는 용어는 영어 번역으로는 덜 분명하지만 헬라어로는 아주 쉽게 이해된다. 바울은 "교제"(koinonia)라는 용어의 형태를 사용한다(1:5, 2:1, 3:10, 그리고 4:15). 그것은 서신의 모든 네 단편 속에서 나타난다. 이와 동일한 설명은 바울이 syn이라는 접두어를 자주 사용하고 있는 것에서 얻을 수 있다. 그는 "애쓰고"(1:27, 4:3), "기뻐하고"(2:17, 18), "참예하고"(3:10), "받고"(4:3), "함께 참예하고"(synkoinoneo, 4:14)와 같은 동사에 이 접두어를 붙이고 있다. 또한 "나눔"(koinonos, 1:5), "영혼"(3:21), "일꾼"(2:25, 4:3), "병사"(2:25), "본받음"(3:17), "형체"(3:21), "멍에"(4:3)과 같은 명사에도 이 접두어를 붙이고 있다. 각 예들을 "동료"라는 말과 함께 번역하면 헬라어의 중복적인 힘을 분명히 느낄 수 있을 것이다. 바울은 역시 연합의 주체에 대해 다양하게 설명한다. 즉 한 마음으로 말하고(mia psyche, 1:27), 한 영으로(1:27), 동일한 것을 생각하며(2:2)라고 설명한다. 바울은 또한 "동일한 것"(to auto)에 관한 표현에서 1:6, 30, 2:2, 18, 4:3 등에서 다양하게 표현한다. 마지막으로 그는 예수에 대해서 한 번(2:6) 디모데에 대해서 한 번(2:20) 이 동등성(isos)을 언급한다.

바울의 사역 초기 때부터 바울과 함께 복음의 일에 "동료"가 되었던 교회에 대한 그의 친교적 언어의 능력이 이 서신에서 분명히 나타난다. 이는 그와 빌립보교회와의 관계에 대한 두터운 관계를 함축한다. 더욱더 중요한 것은 빌립보서가 경쟁과 시기 때문에 불화하고 있는 교회를 위해 참된 기능을 다한다는 것이다(1:15). 외부 혼란자들의 가능성 있는 영향과는 별도로 빌립보 교인들은 그들 안에 원망하고 불평하는 사람들이 있다는 것이다(2:14, 4:2-3). 동등성, 연합성에 대한 강조와 더불어 친교적 언어는 자기주장의 충동에서 나오는 것들을 대적한다. 그러나 바울의 수사법은 더욱더 강력하다. 왜냐하면 그는 이 서신을 조직하는 원리로 교제(koinonia)를 사용하고 있기 때문이다.

복음 안에서의 교제

그리스도인 공동체를 묶어줄 수 있는 교제는 헬라클럽이나 수혜단체처럼 상호 물질적 혜택이나 이익 같은 것에 근거한 것이 아니다. 이는 어떤 헬라 철학학교에서처럼 모든 존재의 형이상학적 일치와 관련된 확신에 근거한 것도 아니다. 물론 그리스도인들은 그러한 학교처럼 "한 마음"(1:27)으로 "그들의 소유를 나눈다"(4:15). 하지만 그리스도인들을 함께 묶어주는 정신은 하나님의 영이다. 그리스도인의 교제는 성령의 교제인 것이다(2:1). 그들은 한 성령 안에서 있다(1:27). 그들은 "영으로" 하나님을 예배한다(3:3). 이 영은 본성적으로 그들의 것이 아니라 하나님으로부터 선물로 받은 것이다(4:23). 이는 바울과 그들 안에 역사하시는 "예수 그리스도의 영"인 것이다(1:19).

성령이 "좋은 소식"의 들음을 통해 그들에게 왔기 때문에 역시 "복음 안에서 교제"가 있게 된다(1:5). "복음"은 처음부터 그들을 함께 묶어놓는다(4:15). 그들은 복음을 전하기 위해 바울을 재정적으로 후원을 한다(4:10-20). 그리고 그 복음의 선포를 위해 함께 노력한다(2:22, 4:3). 그들은 복음을 변호하려고 시련을 당한다(1:7, 12, 16, 29-30, 3:10). 그들이 한 영혼이라면 그것은 그들이 복음을 위해서 믿음 안에서 함께 애쓰기 때문이다(1:27). 게다가 복음은 그들로부터 그 은혜에 걸맞는 응답을 요구한다. "너희는 그리스도의 복음에 합당하게 생활하라"(1:27).

시기하는 악은 다른 사람의 희생을 대가로 자신의 유익을 찾는 악이다. 바울에게서 그리스도인 공동체의 연합에 초점을 맞출 때, 복음을 전파하기 위해 경쟁과 시기로 하는 것은 상상할 수 없는 일이다(1:15). 그러므로 교제의 언어는 그들의 이익을 추구하기 때문에 공동체의 공통된 선을 잊어버린 멤버들을 꾸짖는다. 그들이 서로에게 원망과 불평을 한다면(2:14), 그들은 더 이상 "세상 속에 있는 빛"처럼 비추이지 못할 것이다(2:14). 왜냐하면 그들은 하나님의 활동의 모습보다는 유토피아적인 환상적인 꿈에 근거해서 연합을 추구하는 세상과 같게 될 것이다. "너희 안에서 행하시는 이는 하나님이시니 자기의 기쁘신 뜻을 위하여 두렵고 떨림으로 너희 구원을 이루라(2:13).

교제의 형태는 봉사

빌립보서 2:1-4:3은 그리스도인의 교제가 어떻게 교회의 실체를 이룰 수 있겠는가를 광범위하게 보여준다. 원리의 진술은(2:1-4) 그것을 설명해주는 일련의 실례들이 뒤따른다. 즉 자기를 추구하는 사람들과는 대조되는 예수님(2:6-11), 바울(2:17), 디모데(2:19-24), 에바브로디도(2:25-30) 그리고 바울 자신(3:17-21) 속에서 그 원리를 설명한다. 이런 모범자들에 대한 모방에 대한 요청은 개인적인 논쟁자들에 대한 특별한 적용이 뒤따른다(4:2-3).

바울은 친교를 불러일으키는 풍성한 용어들을 갖고 일을 시작한다(2:1-2). 공동체의 멤버들은 "같은 마음"과 "같은 일을 생각하고" 또한 같은 사랑을 가져야 한다. 그러나 그들의 교제는 성령과 그리스도 안에서 기초한 것이다. 그러므로 그들의 교제의 형태는 성령이 메시아 속에서 역사하는 바로 그 방식과 동일하게 주어진 것이다. 바울은 이런 형태를 그 반대가 되는 형태와 대조시키고, 나중에 그 적절한 태도를 전개시킨다. 그들의 교제는 분파의 영(eritheia)이나 자만(kenodoxia)에 근거한 것이 아니다. 그런 것들은 자기추구의 형태인 것이다. 그들은 오히려 서로에 대하여 낮아지는 마음의 태도(tapeinōphrosynē)인 것이다. 그들은 다른 사람을 그들보다 위에 두는 것이다(hēgeomai). 이것은 쉽게 변질될 수 있는 미묘한 설명인 것이다. 지금 바울은 무엇을 의미하고 있는가? 그는 자기나 개인적인 계획에 대한 부정을 요청하고 있는 것이 아니다. 그는 다른 사람들을 위해서 자신의 개인적인 이익을 상대화시키는 기능적 "사고"를 요청하는 것이다. 간단히 말해서 그가 고린도교회에 요청했던 동일한 공동 의식을 그들에게 요청하고 있는 것이다. 바울은 "각각 자기 일을 돌아 볼 뿐더러 또한 각각 다른 사람들의 일을 돌아보아 나의 기쁨을 충만케 하라"(2:4)고 말한다.

행동에 대한 적절한 태도를 위해 세 가지 예가 제시된다. 첫번째로 가장 중요한 것은 예수 그리스도의 실례이다. 2:6-11에서 바울의 언어는 압축적이고 리듬이 있다. 또한 예수님에 대한 전통적인 찬송시에 관한 의존을 보여주고 있다. 이 부문과는 다른 나머지에서도 그 구조나 언어가 일치하는 것은 바울 자신이 그 찬송시를 썼든지, 또는 그의 용어의 나머지 부분을 그 찬송시와 일치시키려고 노력했다는 말이 가능해진다. 보다 중요한 것은 찬송시의 내용과 바울이 그것을 어떻게 사용했는가이다. 그것을 좀더 세밀하게 관찰하기 전에 친구관계의 격언에 대한 것을 마지막으로 상기해 볼 것이 있다. 친구들이 서로 동등하고 모든 것을 공동으로 사용할 수 있다면 그들이 서로 소유를 나눈다는 것은 역시 동등성을 가리키는 말이다. 소유에 관한 용어는 영적인 관계성을 상징하는데 사용되어진다. 찬송시와 다음의 부문을 통해 소유 언어의 기능을 인식하는 것은 중요하다. 바울은 예수님에 대해 이렇게 쓰고 있다(2:6-11).

> 그는 근본 하나님의 본체시나 하나님과 동등됨을 취할 것으로 여기지 아니하시고 오히려 자기를 비어 종의 형체를 가져 사람들과 같이 되었고 사람의 모양으로 나타나셨으매 자기를 낮추시고 죽기까지 복종하셨으니 곧 십자가에 죽으심이라 이러므로 하나님이 그를 지극히 높여 모든 이름 위에 뛰어난 이름을 주사 하늘에 있는 자들과 땅에 있는 자들과 땅 아래 있는 자들과 모든 무릎을 예수의 이름에 꿇게 하시고 모든 입으로 하나님 아버지께 영광을 돌리게 하셨느니라

그는 하나님의 형상으로 된 분이시다. 그러나 하나님과 동등될 것으로 여기시지 않으시고 자신을 비어 다른 형태, 즉 종의 형태를 입으셨다. 주님은 형태의 전환을 이루셨다.

인간의 형태를 입으신 예수님은 십자가에 죽으시기까지 순종하심으로 그 자신을 낮추셨다(2:8). 십자가는 자기를 비우고 믿음으로 순종하는 궁극적인 상징이다. 이 찬송시는 점차적으로 "없음"의 형태로 나아간다. 이는 2:3에 "겸손한 마음으로 각각 자기보다 남을 낮게 여기라"는 계명과 일치한다.

이제 그 방향은 완전히 역전된다. 하나님과 동등됨을 취할 것으로 여기지 않으신 분은 하나님에 의해 은혜를 입어(charizomai) 주로서 추앙받는다. 그는 모든 피조물에 의해 주로서 환대받고 경배를 받는다(2:10-11). 그 형태는 분명하다. 예수님이 그의 하나님과 동등되는 "합법적 이득"을 포기했기 때문에 그는

높임으로 은혜를 입은 것이다.

학자들은 이 형태가 도성인신의 신화적인 하강과 상승을 묘사하는 것은 아 닐까라고 논쟁한다. 즉 이미 존재하셨던 그리스도께서는 "인간이 되심으로 신의 신분을 비웠고, 오직 부활하심으로 그것을 되돌려 받았다." 이것은 바울에게 낯 선 것이 아니다. 그는 우주적인 변환을 좋아했다(고후 5:21, 8:9, 갈 4:4-7). 또한 다른 사람들은 도성인신보다는 예수님의 메시아적 활동에 더 초점을 맞춘 다. 바울은 여기서 이사야 52-53(고난받는 종의 노래)의 미드라쉬를 통해 예수 님의 이야기를 해석한다. 이사야서는 예수님의 생애에서 하나님과 동등되는 신 분을 비우시고, 봉사로서 끊임없이 자신을 보이신 모습을 보여준다. 이것을 읽을 때에 우리는 이 글이 그리스도인의 신분의 원인과 형태가 되시는 예수님의 믿음 에 대한 바울의 민감성과 일치하고 있다는 것을 이해하게 된다. 그러나 도성인신 에 초점을 맞출 것인지 예수님의 메시아적 활동에 초점을 맞출 것인지를 선택할 필요는 없다. 왜냐하면 하나님의 선물은 메시아의 오심이기도 하며, 순종으로 옷 입으신 메시아의 믿음은 다른 사람들을 위한 자기 비우심의 형태를 취한 것이기 때문이다.

예수님은 자신의 이득을 추구함으로 동등성을 취하지 않고 다른 사람에 대 한 봉사로 자신을 비우는 방법에 대한 빌립보 교인들의 모델이 되신다. 그렇게 되면 그들도 예수님처럼 하나님으로부터 은혜를 입을 것이다. 그들 속에 있는 영 의 활동은 예수님 안에서 역사하신 그 형태를 본받게 할 것이다. 그러므로 바울 은 그 찬송시를 소개하는 것이다. "너희 안에 이 마음을 품으라 곧 그리스도 예 수의 마음이니"(2:5). RSV 번역은 직설법으로도 명령법으로도 읽혀질 수 있는 헬라어의 양면성을 멋지게 포착한다. 그들은 이미 성령 때문에 이 마음을 갖고 있다(고전 2:16 참조.). 그러나 그들은 예수 그리스도를 닮아감 속에서 그렇게 살아야 한다. 그 찬송시는 다음과 같이 결론을 맺는다. "그러므로 나의 사랑하는 자들아 너희가 나 있을 때뿐 아니라 더욱 지금 나 없을 때에도 항상 복종하여 두 렵고 떨림으로 너희 구원을 이루라"(2:12). 그렇게 되지 않는다면 그들 중에서 일한 바울의 사역은 헛수고이다(2:16). 그들 중에서 하나님의 역사는 분열로 이 끄는 것이 아니라 상호적인 봉사로 이끄는 것이다(2:13).

2:17에서 바울은 빌립보 교인들에게 자신의 사역에 대해 언급함으로써 한 모델로서의 자신의 모습을 기대한다. "만일 너희 믿음의 제물과 봉사 위에 내가

나를 관제로 드릴지라도 나는 기뻐하고 너희 무리와 함께 기뻐하리라." 그는 그들을 위해 자신을 삶을 바쳤기 때문에 그들과 함께 기뻐한다. "드리는 것"과 "비우는 것" 사이의 유사성이 명확히 드러난다. 그들은 바울이 말한 것처럼 응답해야 한다. "이와 같이 너희도 기뻐하고 나와 함께 기뻐하라"(2:18).

디모데도 역시 그리스도의 마음을 닮은 적절한 예가 된다. 그는 바울과 함께 마음을 같이 하였다(2:20). 왜 그렇다고 말하는가? 그 이유는 그가 빌립보 교인들의 복을 위해 참으로 애쓰는 자가 되었기 때문이다. 그의 봉사는 그의 욕구가 아니라 그들의 필요에 의해 규정되었다(2:21 - 22).

저희가 다 자기 일을 구하고 그리스도 예수의 일을 구하지 아니하되 디모데의 연단을 너희가 아나니 자식이 아비에게 함같이 나와 함께 복음을 위하여 수고하였느니라

예수님이 종이 된 것처럼 바울과 디모데도 그들 자신의 영광이 아니라 복음 안에서 빌립보 교회의 선을 위해서 종이 되었다. 그러므로 그들은 종으로 오신 예수님을 모방하며, 종이라는 그 타이틀을 감내할 수 있는 것이다(1:1 참조).

에바브로디도는 역시 다른 사람들을 위한 삶의 모범이 된다(2:25 - 30). 그는 바울의 동료 사역자이자, 동료 군사이다(2:25). 빌립보 교인들은 그를 바울의 필요를 돕는 공급자로 보냈다. 그런데 그의 병이 아주 심각해졌기 때문에, 그는 거의 "죽을 지경에" 이르게 되었다. 왜냐하면 그는 "나를 섬기는 너희의 일에 부족함을 채우려고 생명을 무릅썼기"(2:30) 때문이다.

바울은 마침내 자신을 동일한 태도를 갖는 모범자로서 묘사한다. 바울이 그러한 동일한 점을 계속 반복하는 것은 "그들의 유익을 위해서"(3:1)이다. 종종 거짓 교사들에 대한 논증으로 고려되는 3:2 - 16의 문학적인 기능은 긍정적인 모델들을 보다 확실하게 해주기 위한 의도적인 반모델의 역할을 한다. 빌립보 교회에 있었던 바울의 대적자들에 대한 역사적인 설명이 아주 어려운 이유는 그들이 전혀 바울의 대적자가 되지 않았기 때문이다. 대적자들에 대한 오직 분명한 언급은 빌립보교회에 대항하여 서있는 사람들에 대한 언급이다(1:28). 바울의 묘사는 구체적이지가 않다. 그는 "개들"과 "행악하는 자들"(3:2, 고후 11:13 참조)에 대해서 말한다. 그들은 "육체를 신뢰하며"(katatomē), 할례(peritomē)를 자랑하는 자들이다. 전형적인 비난을 사용한 그는 "저희의 마침은 멸망이요 저희의

신은 배요 그 영광은 저희의 부끄러움에 있고 땅의 일을 생각하는지라"(3:19, 롬 16:18 참조)라고 맹공한다. 한편으로 그들은 단순히 "십자가의 적"일 수 있다. 갈라디아 6:12에서 이런 표현들은 그리스도인으로써 박해를 피하기 위해 할례를 선택했던 사람들에 대한 언급이다. 그것도 역시 여기서 가능하다. 그러나 2:6 - 11에 비추어 그 십자가는 자기를 비우는 순종의 상징으로서 나타난다. 이는 자신들의 업적과 신분을 영화롭게 하려고 하는 사람들과 대조된다.

바울은 이들 대적자들을 직접적으로 공격하거나 대항하여 논증하려고 하지 않는다. 그는 단순히 빌립보 교인들에게 그들을 살펴보라(blepete)로 말한다. "blepete"라는 용어는 "조심하라"는 말로 사용되어진다. 그러나 역시 그것은 "관찰하라"는 의미로도 사용된다(고전 1:26, 3:10, 10:18). 그들은 바울의 긍정적 모델들의 이미지와 반하여 있는 육체를 높이는 사람들에 대해 "조심해야 한다." 3:2 - 16이 그리스도의 찬송시(2:6 - 11)의 형태에 맞추어 읽혀질 때에 그 대구성은 분명하다. 바울이 의도적으로 반모범자들을 사용한 것이 분명하다.

그리스도의 찬송시는 "의롭다"고 생각하는 사람들과 종으로서의 새로운 신분을 갖는 사람들을 대조시킨다. 바울은 역시 자신의 이전 삶과 현재의 삶을 대조시킨다. 모든 측면에서 바울은 그의 유대인 배경에서의 "신임"을 제공한다. 그는 참으로 "열심으로는 교회를 핍박하고 율법의 의로는 흠이 없는" 자였다. 이제 그것과 반대되는 모습 속에서 바울은 2:6에 모습과 같은 언어들을 사용한다. 3:7 - 8에서 바울은 이렇게 말한다.

> 그러나 무엇이든지 내게 유익하던 것을 내가 그리스도를 위하여 다 해로 여길뿐더러 또한 모든 것을 해로 여김은 내 주 그리스도 예수를 아는 지식이 가장 고상함을 인함이라

메시아로의 그의 회심은 이전 신분의 상실을 가져왔고 이제는 역설적으로 예수님의 경우처럼 새로운 것을 얻게 되었다(3:8).

> 내가 그를 위하여 모든 것을 잃어버리고 배설물로 여김은 그리스도를 얻고 그안에서 발견되려 함이니

바울은 그리스도 안에서 발견되기를 원한다. 마치 예수님이 인간 존재의 형태 속에서 발견되었던 것처럼 말이다(3:9, 2:8 참조). 왜냐하면 그는 예수 안에

서 발견되었기 때문에 그도 역시 하나님에 의해 은혜를 입는다(3:9)

> 내가 가진 의는 율법에서 난 것이 아니요 오직 그리스도를 믿음으로 말미암은 것
> 이니 곧 믿음으로 하나님께로서 난 의라

이제 바울은 그 형태가 능력이 주어지고 나타나는 방법을 보여준다. 그는 부활의 능력을 알기 때문에 부활하신 주님으로부터 오는 성령을 경험한다. 성령이 그 안에서 역사함으로 그는 그의 고통을 나눈다. "내가 그리스도와 그 부활의 권능과 그 고난에 참예함을 알려 하여 그의 죽으심을 본받는다"(3:10)고 말한다. "그를 본받는다"는 말은 헬라어에서 더욱더 강력하다. 그것은 "그의 죽으심에 함께 동참한다는 것"이다. 그것은 분명히 2:6-8로부터 형태(morphe)의 언어를 취한다.

그러므로 바울은 그리스도의 자기 비우심의 형태를 자신의 존재의 형태가 되게 한다. 할례를 설교하는 사람들과는 달리 그는 자랑할 만한 어떤 형태를 붙잡는 것이 아니라 믿음에서 오는 의의 선물을 받는다. 그러므로 빌립보 교인들도 그들 자신을 그렇게 간주해야 한다(3:15-16). 그 과정은 바울 속에서 아직 완성된 것은 아니다. 그는 여전히 운동선수처럼 씨름해야 한다(3:12-14). 그는 부활의 영광에 아직 이르지 못했다. 그는 여전히 그리스도의 고통에 순응하려고 있다. "예수 그리스도가 그들을 그의 것으로 만들었기" 때문에(3:12-14) 이것이 그들의 요청이 되는 것이다.

바울은 그들에게 3:17-21에서 본받으라고 요청한다. 그들은 "그리스도의 마음"을 가진 모범자로서 예수, 바울, 디모데, 에바브로디도를 본받아야 한다. 즉 "형제들아 너희는 함께 나를 본받으라 또 우리로 본을 삼은 것같이 그대로 행하는 자들을 보이라"(3:17)고 말한다. 바울은 긍정적인 명령과 대조되는 또 다른 것을 제공한다(3:18-19). 그리고 한번 더 찬송시의 용어를 선택하여 그의 독자들을 변화시키시는 성령의 역사로 이끈다(3:20-21).

> 오직 우리의 시민권은 하늘에 있는지라 거기로서 구원하는 자 곧 주 예수 그리스
> 도를 기다리노니 그가 만물을 자기에게 복종케 하실 수 있는 자의 역사로 우리의 낮
> 은 몸을 자기 있는 자의 역사로 우리의 낮은 몸을 자기 영광의 몸의 형체와 같이 변
> 케 하시리라

바울은 마침내 실제적인 끝마침을 보여준다. 그는 그의 동료 유오디아와 순두개를 권한다. 그는 주안에서 같은 마음을 품으라고 권한다(4:2). 확실히 "하나"가 될 수 있다. 이러한 그리스도인 공동체의 교제는 자신의 의의 주장에 있는 것이 아니라, 다른 사람을 위한 그들의 상대화 속에 있는 것이다(3:15-16).

그러므로 누구든지 우리 온전히 이룬 자들은 이렇게 생각하지니 만일 무슨 일에 너희가 달리 생각하면 하나님이 이것도 너희에게 나타내시리라 오직 우리가 어디까지 이르렀든지 그대로 행할 것이라

사실상 바울은 빌립보 교회와 그 자신 사이의 관계 속에서 그러한 살아있는 교제를 찾는다. 우리는 서신의 문학적인 통일성의 보다 나은 증거로서 2:1-4:3의 중심적인 논증이, 엄밀히 말해서, 다른 사람들을 위한 삶의 동일한 형태에 의해서 조직되어 있다는 것을 알게 된다. 서신의 서두에서(1:21-26) 바울은 자신의 이득을 포기하는 방법을 보여준다. 그는 믿음 안에서 빌립보교회의 발전과 기쁨을 위해서 "그리스도와 함께 죽는" 것을 보여준다. 마찬가지로 편지의 말미에 빌립보 교인들이 바울을 위하여 생각하고(4:10), 함께 "참예한다"(4:14). 바울은 자신이 그들을 향해 취했던 방식대로, 그리고 그들이 그를 향해서 취했던 방식대로, 서로를 향하여 있을 것을 바란다.

참고문헌

바울서신에서 종종 학자들은 문학적인 순정성과 대적자들의 중요한 문제에 관해서만 오직 초점을 둔다. 문학적인 순전성뿐만 아니라, 바울의 경력에 관해서도 보려면 다음의 것들을 보라. G. S. Dungan, "Paul's Ministry in Asia—The Last Phase," *NTS* 3(1956-57): 210-18, W. Schmithals, *Paul and Gnostics*, trans. J. Streely(Nashville: Abingdon Press, 1972), 65-122, B. D. Rahtjan, "The Three Letters of Paul to the Philippians," *NTS* 10(1963-64): 80-88, R. Jewett, "The Epistolary Thanksgiving and the Integrity of Philippians," *NovT* 12(1970): 40-53, T. E. Pollard, "The Integrity of Philippians," *NTS* 13(1966-67): 57-66. Pollard는 어떤 중요한 주제적 연관성을 보여준다. 특별히 W. J.

Dalton "The Integrity of Phil", *Bib* 60(1979): 97-102, Dalton은 제2장 과 3장의 문학적 일치를 강력하게 세운다. 대조되는 것으로서는 "Philippains 3:20-21—A Hymnic Fragment?" *NTS* 30(1984): 593-609를 보라

위에 Schmithals의 작품 이외에 대적자들에 관해서는 A. F. J. Klijn, "Paul's Opponents in Phil 3" *NovT* 7(1964-65): 278-84, H. Koester, "The Purpose of the Polemic of a Pauline Fragment," *NTS* 8(1961): 317-32, R. Jewett, "Conflicting Movements in the Early Church As Reflected in Philippains," *NovT* 12(1970): 361-90.

2:6-11에 그리스도의 찬송시에 관한 많은 연구들 중에 다음의 것들이 대표적이다. R. P. Martin, *Carmen Christi: Philippians ii 5-11 in Recent Interpretation and in the Setting of Early Christian Worship*(Cambridge: At the Univ. Press, 1967), G. Bornkamn, "On Understanding the Christ-Hymn, Phil 2:6-11," in his *Early Christian Experience*(New York: Harper & Row, 1969), 112-22, L. Cerfaux, "the Christological Hymns, " in his *Christ in the Theology of St. Paul*(New York: Herder & Herder, 1959), 369-401, C. F. D. Moule, "Further Reflexions on Phil 2:5-11," in *Apostolic History and the Gospel*, ed. W. Gasque and R. P. Martin(Grand Rapids: Wm. B. Eerdmans, 1970), 264-76, C. H. Talbert, "the Problem of Pre-Existence in Phil 2:6-11," *JBL* 86(1976): 141-53, J. Murphy O'Connor, "Christological Anthropology in Phil II, 6-11," *Revue Biblique* 83(1976): 25-50, G. Howard, "Phil 2:6-11 and the Human Christ," *CBO* 40(1978): 368-87. 이들 연구들의 대부분은 그 찬송시를 문학적인 본문에서 제외시킨다. 그 예외는 M. D. Hooker, "Philippians 2:6-11," in *Jesus und Paulus*, ed. E. E. Ellis and E. Grässer(Göttingen: Vandenhoeck & Ruprecht, 1975), 151-64.

빌립보서 1장에 대한 논의에 관해서는 W. Palmer, "To Die Is Gain(Phil 1:21)," *Novt* 17(1975): 203-18, and V. J. De Vogel, "Reflexions on Philpp 1:23-24," *NovT*(1977): 262-74을 보라.

본문의 빌립보서에 대한 중심적인 부분은 W. Kurz, "Kenotic Imitation

of Paul and Christ in Phil 2 and 3," *Discipleship in the New Testament*, ed. F. Segovia(Philadelphia : Fortress Press, 1985), 103-26을 보라. 교우관계와 관련해서 소유언어에 대한 사용에 관해서는 F. Hauck, s. v "koinos," *TDNT* 3: 789-810, and L. T. Johnson, *Sharing Possesions:Mandate and Symbol of Faith*(Philadelphia: Fortress Press, 1981)을 보라. 나는 J. P Sampley와는 상당히 다른 입장을 취했다. 샘플리는 Societas라는 로마의 법률상의 용어를 사용하여 그것을 이끌어내었다. "Societas Christi: Roman Law and Paul's Conception of the Christian Community," in *God's Christ and His People*, ed. J. Jervell and W. A. Meeks(Oslo: Universitetsforlaget, 1977) 158-74, *Pauline Partnership in Christ: Christian Community and Commitment in Light of Roman Law*(Philadelphia: Fortress Press, 1980)을 보라.

제16장

빌레몬서

바울서신 중에서 가장 짧은 편지인 빌레몬서는 바울 서신 모음집의 보다 커다란 부분을 해독하는데 중요한 열쇠를 제공함으로써 그 서신 자체 이상으로 중요성을 갖는다. 서신의 진정성에 대해 거의 의심을 받지 않고 있는 빌레몬서는 골로새서와 에베소서에 대한 문학적인 연결을 해준다. 사실 골로새서와 에베소서는 그 진정성이 항상 논쟁이 되어 왔으며, 빈번히 거부되어져 왔다. 이 세 서신과 학자들이 추론하는 방법의 논증 간의 주된 연결을 살펴보는 것은 이 세 서신에 대한 각각의 고려에 도움이 된다. 이러한 역사적인 탐구는 이 문서의 문학적 가치나 종교적 메시지를 손해나게 하지는 않을 것이다. 도리어 제기된 문제들은 바울전통의 종교적 차원이나 문학적 특징들을 보다 예리하게 만들도록 도울 것이다.

연결과 분석

연결

이 세 서신은 몇 가지 특징들을 공유하고 있다. 각각의 서신들은 바울이 포로로 잡혀 있을 때에 쓰여졌다고 주장된다(몬 1장, 골 4:10, 18, 엡 3:1, 4:1, 6:20). 빌레몬서는 디모데에 의해 공동 집필된 것으로 보여진다(1절). 바울은 적어도 이 서신의 일부를 자필로 썼다고 볼 수 있다(19절). 골로새서도 역시 바울과 디모데에 의해 쓰여진 것으로 주장된다(1:1). 바울은 적어도 일부를 마지막 인사와 함께 덧붙였을 것이다(4:18). 에베소서는 서신을 필기한 사람이나 공동집필자에 대한 언급이 전혀 없다(1:1).

각각의 서신에서 언급된 이름들 속에는 상당한 중복이 있다. 빌레몬서에 따르면 바울과 함께 감옥 속에 "나와 함께 갇힌 자"된 에바브라, 마가, 아리스다고, 데마, 누가가 있다(23-24절). 바울은 노예 오네시모를 소유주인 빌레몬(10절)에게 돌려보내고 있다. 바울은 빌레몬의 가정에서 모이는 공동체에 대해 그의 "자매 압비아"와 그의 "군사된 아킵보"라고 말하면서 문안하고 있다(2절). 우리는 골로새서에서도 동일한 장면을 만난다. 바울은 오네시모를 "신실하고 사랑받는 형제"라고 언급하고 있다. 바울은 자신에 대해 그 교회에 보고를 한 두기고에 의해 수종을 받고 있다(4:7). 바울의 갖힌 자된 동료들은 아리스다고, 마가, 유스도(4:10-11), 누가, 데마(4:14), 에바브라(4:12)이다. 두기고와 유스도를 제외하고는 그 이름이 정확히 일치한다. 골로새 교회에 있는 사람들 중에서, 바울은 오직 아킵보에게만 메시지를 전하고 있다. "주 안에서 받은 직분을 삼가 이루라고 하라"(4:17). 바울은 라오디게아에 있는 형제에게도 문안한다. 그리고 "눔바와 그 여자의 집에 있는 교회에도" 역시 문안한다(4:15). 그는 골로새 교회와 라오디게아 교회가 서로 편지를 교환해서 읽을 것을 권면한다(4:16). 그는 히에라볼리, 골로새 그리고 라오디게아 교회를 자신이 용이하게 전달을 시도할 수 있는 지역으로 간주하고 있다(4:13). 그 이름의 일치는 이 서신들이 동일한 시기에, 동일한 장소에서, 동일한 사람에 의해 쓰여졌다는 것을 암시하는 것이다. 에베소서는 6:21-22만을 제외하고는 어떤 개인적인 사람에 대한 언급이 전혀 없다.

> 나의 사정 곧 내가 무엇을 하는지 너희에게도 알게 하려 하노니 사랑을 받는 형제요 주 안에서 진실한 일꾼인 두기고가 모든 일을 너희에게 알게 하리라 우리 사정을 알게 하고 또 너희 마음을 위로하게 하기 위하여 내가 특별히 저를 너희에게 보내었노라

두기고는 골로새서와 에베소서를 연결시켜주는 사람이다. 그는 각각의 경우에 바울에 대한 개인적인 정보의 전달자로서 일하고 있다. 이런 이름들의 연결성은 나아가서 우리가 신약의 다른 문서들로부터 조금씩 알던 것을 서로 일치시켜

준다. 바나바의 조카인 마가는 두기고(행 20:4, 딤후 4:12, 딛 3:12), 아리스다고(행 19:29, 27:2), 데마(딤후 4:10), 누가(딤후 4:11)처럼 한동안 바울의 조력자로서 일했다(행 15:37 - 39). 한편 에바브라, 빌레몬, 오네시모는 두 서신들 속에서만 나온다. 바울의 조력자 유스도는 오직 골로새서에서만 발견되어진다.

빌레몬서는 아주 짧아서 그 문체에 대해서는 그리 다룰 것이 없다. 그러나 골로새서와 에베소서는 많은 공통된 단어를 공유하고 있으며, 유사한 문장구조와 주제의 강조가 있다. 하지만 이런 유사성들은 너무 과장된 것이다. 왜냐하면 서신들 간에 공통된 요소들이 다른 문장에서도 그런 분명한 뉘앙스를 갖고 나타나기 때문이다. 그러나 그 문서를 나란히 관찰해 볼 때에 필연적인 의존성은 갖고 있지 않다할지라도, 어떤 문학적인 관계성이 두 가지 서신을 서로 연결시키고 있다는 결론을 내리게 만든다.

이 세 서신은 의도된 청중들과 기능에 있어서 상당히 다르다. 빌레몬은 근본적으로 개인적인 내용을 담고 있다. 그것은 교회에 있는 여타 사람들의 안부를 물으나 전체적으로 2인칭 단수로 쓰져져 있다. 또한 그 서신은 매우 개인적인 목적을 갖고 있다. 바울은 도망했던 노예 오네시모를 받아줄 것을 빌레몬에게 바라고 있다. "그를 영접하기를 내게 하듯 하고"(17절)라는 명령은 그 서신을 사실상 추천서가 되게 하고 있다. 오네시모는 더 이상 단순히 사람의 소유물이 아니다. 오네시모는 믿음의 형제이다. 오네시모는 바로 그런 식으로 받아들여져야 한다.

그런데 골로새서는 한 개인에게 쓴 편지가 아니라, 교회 공동체에 쓴 편지이다. 바울은 갖힌 자된 그의 동료 에바브라(골 1:7)에 의해 세워진 교회에 편지를 하고 있는 것이다. 그는 갈라디아 교회와 유사한 연륜이 짧은 교회에 어떤 신임의 위기에 대해 응답하고 있는 것이다. 물론 그 서신의 내용 속에 보다 상세한 내용은 알려져 있거나 드러나 있지 않다. 또한 바울이 개인적으로 잘 알지 못하며 결코 만나지 못했던 교회의 사람들에게 가르치고 있다. 이 두 가지는 물론 갈라디아 교회와는 다르다(골 2:1).

에베소서는 불특정한 공동체에게 주어졌다. 에베소서에서는, 골로새서의 주제와 이미지를, 신학적 구조 속에서 이 세상에서 화목케 하시는 하나님의 역사와 관련해서 설명한다. 에베소서와 골로새서의 관계성은 거의 엄밀하게 로마서와 갈라디아서의 관계성과 같다. 즉 논쟁으로 야기된 문제들이 보다 고양되어 설명되어진다. 그러나 에베소서는 거의 모든 개인적 언급이 빠져 있다. 심지어 로마서보다도 그 가르침에 있어서 더욱더 일반적이다.

각각의 서신을 개별적으로 취하든 조합하여 취하든 간에 어떤 분명한 문제를 야기시킨다. 빌레몬서의 진정성은 심각할 정도로 의문시되지 않는다. 그러나 그러한 개인적 편지가(거의 일반적인 분명한 언급이 없는 편지가) 왜 성경의 바울서신의 일부가 되어 보존되었는가? 그 서신은 그 자체가 독자적인 중요성을 갖고 있는가? 아니면 더 커다란 서신의 일부에 포함되었던 것인가? 또한 골로새서는 분명히 빌레몬서와 관련이 있다. 그러나 그 진정성이 종종 또 다른 근거 위에서 도전을 받는다. 왜냐하면 그렇게 생각하는 사람들은 각 이름의 관계성이 이 경우에 위조에 가까운 가명이라고 생각하기 때문이다. 보다 후대의 저자가 빌레몬서에서 나타난 이름들을 골로새서가 바울에 의해 쓰여졌다는 인상을 주기 위해서 그 이름들을 빌렸을 것이라고 그들은 생각을 한다. 그러나 이러한 주장은 만족을 주지 못하는 답변이다. 보다 넓게 순환되고 있지 못하던 사적인 편지를 닥치는 대로 그 인명을 모방하는 것이 어떻게 그 서신을 바울서신으로 보이게끔 할 수 있겠는가?

에베소서의 진정성은 상당히 자주 문체와 신학에 근거해서 도전을 받는다. 어떤 사람들은 그 서신에 신비적이고 심지어 영지주의적인 민감성이 스며들어 있다고 말한다. 보다 후대에 사람들은 이렇게 말한다. 바울 시대에 사람들은 교회 안에서 실제적으로 유대인과 헬라인 간의 화해에 대해 말하지 않았다고 주장을 한다. 바울의 윤리가 가정의 의무와 같은 그런 목록처럼 일상적이지 않았다고 말한다. 바울은 비인격적이고 멀게 느껴지는 그러한 형태로 그가 아는 교회에 편지를 쓴 적이 결코 없다고 말한다.

그러나 이 마지막 부분에 관해서 좀더 생각할 필요가 있다. 에베소서의 일반적 가르침과 바울 양식의 비양립성은 오래 전에 주목되어왔다. 2세기의 바울 사상가인 마르키온은 이 서신이 우리가 달리 추적하기 어려운 "라오디게아 교회"(골 4:16) 속한 것이었다고 생각한다. 마르키온의 해결방식은 그럴듯하지 못하지만, 당시에 쓰여진 기록들은 마르키온이 전적으로 잘못되지는 않았다는 것을 보여준다. 어떤 좋은 초기 문서는 그 제목에 에베소 사람들이라는 이름이 들어있지 않았다는 것이다. 오직 "성도들"(1:1)에게라고만 쓰여 있다는 것이다. 그런 생략은 아주 이상한 것이다. 왜냐하면 헬라문장의 형태는 꼭 장소명을 썼기 때문이다. 즉 성도에게라고 썼기 때문이다. 이런 것들을 조합해서 관찰해 볼 때에, 많은 학자들이 에베소서를 어떤 특별한 교회에 보내어 진 것이 아니라, 여러 공동체에 전달되는 순환 편지로 생각한 것은 결코 놀랄 일이 아니다.

분석

이들 서신들을 몇 가지 다른 방식으로 서로 묶을 수 있다. 첫번째는 어떤 사람들은 이 모든 세 가지 서신들을 정교한 문학적 유희라고 생각한다. 마치 목회서신을 그렇게 간주하듯이 말이다. 그러나 빌레몬의 진정성을 의심할 하등의 이유가 없다. 두번째는 골로새서와 에베소서를 인정할 수 없다고 생각하는 사람들이 있다. 말하자면 그들은 서신서들 간에 문학적인 관계를 복사와 모방에 근거하여 설명한다. 마지막으로 이 모든 세 가지의 문서가 모두 진정하다고 보는 것이다. 각 서신서들간의 차이점을 청중이나 형태 그리고 기능에 근거해서 설명할 수 있다. 하지만 현재의 논의는 단지 빌레몬서에 대해서 보고자 하는 것이므로 필자가 골로새서나 에베소서를 다음에 다룰 때까지 보다 진전된 진정성의 문제는 일단 접어두고자 한다.

많은 저명한 학자들이 여전히 그렇게 생각하는 것처럼 골로새서가 진정으로 바울의 작품이라면, 그 상황은 상당히 진전되어 나타날 수 있다. 골로새서와 빌레몬서가 바울에 의해 골로새 교회로 모두 보내어졌다면, 빌레몬서의 진정성은 그대로 보존되어 설명된다. 오직 에베소서의 내용만이 설명을 요하게 된다. 이에 대한 한 가지 주장은 골로새서를 읽은 오네시모가 흥분이 되어져서 바울이 죽은 후에 모든 바울의 편지를 모으는 일을 착수했다는 것이다. 오네시모는 자신이 수집한 것을 읽고난 다음에 그것의 문체는 아닐지라도, 그 내용을 빌려서 바울에 대한 참된 충성의 행위로 에베소서를 편집했다고 말하는 것이다. 오네시모는 에베소서를 바울 신학의 요약과 바울 작품의 권두언이 되게 하려 했다는 것이다. 이것은 그럴듯한 이론이다. 그런데 이런 이론은 골로새서에 대한 문학적 관계와 가명의 문제를 제기시키게 만든다. 즉 오네시모가 에베소서를 쓸 때 골로새서의 일부를 단순히 표절했다는 것이다. 이 이론은 에베소서를 편집된 작품이라고 생각하게 만들 수 있는 기록의 증거를 갖지 못한다. 이 이론은 단순히 가정에 불과한 것이다. 그것은 골로새서와 에베소서 사이에 문체적인 유사성을 과도히 강조한 데서 기인된 것이다. 그것은 자료에 근거하고 있지 않다.

또한 골로새서가 바울의 진정한 작품이 아니라고 한다면 보다 복잡한 설명을 해야만 한다. 오네시모가 그의 문학적 흔적을 덮기 위하여 바울의 진정한 서신으로부터(즉 바울이 오네시모에게 보낸 편지) 표절하여 골로새서를 썼겠는가? 또는 오네시모 이외에 그밖에 사람들이 역시 에베소서를 쓰고 있는 동안에 첫번째 것을 보증할 수 있는 그 분명한 이름을 빠뜨리면서까지 바울의 사후에 그런 식으로 골로새서를 썼겠는가?

마지막으로 이 세 가지 서신이 모두 바울의 작품이라고 생각하는 것이다. 이들 서신들은 바울의 권위 아래서 바울의 생애 동안에 쓰여졌다는 것이다. 이런 가정에 대한 주요한 어려움은 형태의 문제가 아니라 주제에 관한 것이다. 이런 가정은 골로새서와 에베소서 사이에 서로간의 논증을 요하게 된다. 그러나 넓은 의미에서 바울의 후원을 받았다고 가정한다면, 그때에 이 세 서신서들의 문학적 관계는 보다 분명해진다. 아울러 이 서신에 가장 중요한 열쇠를 쥐고 있는 인물은 빌레몬도 오네시모도 아니고 두기고가 된다.

여기서 가능성 있는 재구성을 해보고자 한다. 바울은 골로새교회의 설립자인 에바브라와 함께 지금 감옥에 있다. 바울은 지금 노예 도망자 오네시모와 같이 있다. 그 노예는 또는 다른 사람이 골로새 교회에 있는 신임의 문제에 대해 바울과 에바브로에게 소식을 가지고 온다. 에바브라는 바울에게 그의 사역을 후원해 달라고 요청한다. 에바브라는 고통하고 있는 골로새 교회에 전달할 편지를 하나 써달라고 바울에게 간청한다. 바울은 의무감을 느껴 편지를 써준다. 바울은 그때에 오네시모를 주인에게 돌려 보내는 기회를 이용하여 편지를 골로새 교인들에게 전달한다. 그는 역시 골로새서의 주제를 많이 담고 있는 순환편지를 아울러 그에게 써주나, 이는 교회에서의 하나님의 역사에 관한 분명하고도 일반적인 설명을 담고 있는 것이다. 그는 그 편지를 필연적으로 그가 특별히 세운 교회는 아닐지라도 그의 선교와 관련된 이방인 교회에 그 편지가 순환되기를 원한다. 두기고는 오네시모의 동료이자 편지 전달자이다. 그는 그의 주머니에 3-4개의 편지를 갖고 있다. 첫번째 것은 오네시모를 위한 천거서이다. 두번째 것은 바울이 모인 대중들에게 읽혀지기를 기대했던 골로새 교회에 보내진 편지이다. 또 다른 가능성이 있는 편지는 라오디게아 교회에 보내진 편지이다. 마지막으로 두기고는 히에라볼리, 에베소 그리고 소아시아의 다른 도시에 보내지는 순환편지를 갖고 있었을 것이다. 동시에 이것은 감옥에 있는 바울의 상태에 대한 개인적인 정보를 그들에게 전달해주는 것이었다. 이는 아주 단순한 가정이다. 자료는 없다.
이는 내가 이 세 서신을 읽을 때마다 떠오르는 하나의 상상인 것이다.

편지

서신서의 간결성에도 불구하고, 빌레몬서는 가시화되고 있는 그리스도인 윤
리의 정교한 증거가 되고 있다. 이 서신은 사회적인 형태를 초월하는 투쟁뿐만
아니라 당시의 상징이나 태도를 변화시키는 힘을 보여주고 있다. 그것은 역시 바
울이라는 사람이 범상치 않은 외교능력과 재주가 있음을 보여주는 것이다. 고전
적인 문서의 형태 즉 문안(1 - 3), 감사(4 - 7), 본문(8 - 20), 문안(21 - 24) 그리
고 작별인사(25) 등은 서신의 전형이 되고 있다.

바울은 지금 상당한 외교적 수완을 필요로 한다(바울은 자신을 노인 또는
대사라고 불렀다). 왜냐하면 바울의 상황이 곤경에 처해 있기 때문이다. 노예 소
유주인 빌레몬에게 바울은 사회의 합법적 권리를 빚지고 있다. 바울이 오네시모
의 이탈의 원인이었기 때문에 그는 비난받아야 마땅했다. 그러나 바울은 오네시
모(지금은 그가 그리스도인이 되어 있다)를 이제는 단순히 소유물로 여겨서는 안
된다는 것을 확신시키고 있다. 오네시모는 하나님 앞에서 동등한 사람이요 형제
이다. 오네시모를 동료로 받아들임으로써 바울은 빌레몬에게 재정적인 손해를
입히고 있다. 하지만 그는 그 빚을 갚을 것이라고 약속한다(18절). 동시에 바울
은 빌레몬의 은인이다. 바울의 선교를 통해서 빌레몬이 거듭났다. 그러므로 바울
은 그에게 "네 자신으로 내게 빚진 것을"이라고 말하고 있는 것이다(19절).

그런 상황은 심지어 더욱더 복잡하다. 왜냐하면 바울은 오네시모의 도움을
참으로 잃게 되는 것을 원치 않았기 때문이다. 바울은 빌레몬에게 오네시모를 다
시 돌려보내 줄 것을 원하고 있다. 그러나 그가 그런 명령을 할 수 있는 입장인
가? "그리스도 안"에서는 가능하다(8절). 이러한 그의 입장의 미묘함이 바울로
하여금 "명령하기"보다는 "호소"하게 한다(9절). 바울은 빌레몬이 그의 마음을
읽을 수 있기를 바랐다. 또한 그것을 공개적으로 말함으로써 그의 허약한 권위에
위험을 초래하지 않기를 바라고 있다.

이 편지는 많은 정교한 동음이의어의 익살을 갖고 있다. 오네시모라는 이름
은 헬라어로 "유용한"이다. 바울이 빌레몬에게 말할 때에 오네시모가 전에는 그

에게 "무익"(achrestos)했으나, 이제는 "유익"(euchrestos)하게 되었다고 말한다(11절). 그 이유는 오네시모가 이제는 바울에 의해 믿음의 아들(10절)로서 거듭났기 때문이다.

이런 동음이의어의 익살은 실제로 두 가지 의미를 갖고 있다. 왜냐하면 헬라어 crestos는 christos(그리스도)를 암시하기 때문이다. 그러므로 그가 회심하기 전에는 a-Chrestos(그리스도가 없는)였기 때문에 무익했으나, 이제는 그가 eu-Chrestos(좋은 그리스도인)가 되었기 때문에 유익하게 되었다. 달리 말해서 오네시모는 빌레몬처럼 복음 안에서 그의 실체를 찾았던 것이다.

두번째 동음이의어적 익살은 감사하는 말 속에서 발견된다. 바울은 빌레몬에게 "성도들의 마음이 너로 말미암아 평안함을 얻었으니"(7절)라고 말한다. 그 표현은 빌레몬이 자신의 처소에서 메시아닉 운동을 가능케 해주었던 그 환대와 재정적인 후원에 대해 확실히 언급하고 있는 것이다(예를 들어 22절을 보라). 그러나 바울이 오네시모를 빌레몬에게 보내는 것을 말할 때, 그는 "나의 심장(우리말 성경으로는 심복)을 보내고있다"고 있다고 말하면서 실제로는 한숨을 짓고 있다. 이 두 동음이의어적인 익살은 20절에서 짜맞추어지게 된다. 바울은 빌레몬에게 "오 형제여 나로 주 안에서 너를 인하여 기쁨을 얻게 하고 내 마음이 그리스도 안에서 평안하게 하라"고 말한다. 바울은 다시 덧붙인다. "나는 네가 순종함을 확신하므로 네게 썼노니 네가 나의 말보다 더 행할 줄을 아노라"(21절).

빌레몬서는 바울의 선교에 있어서 작지만 빛으로 가득찬 창문을 열어 보인다. 그것은 우리에게 동료 사역자들의 가까운 협동과 환대(22), 여성들의 리더십 역할, "성도"로서의 교회의 이해(4, 7절), 가정에서의 교회 모임 등을 보여준다(2, 23-24). 우리는 나눔(6절), 봉사(13) 그리고 영접(17절)하는 기독교 공동체의 교제(koinonia)가 믿음 활동의 한 부분이 된다는 것을 여기서 발견하게 된다. "그리스도 안", "주안"에서의 교제는(8, 20) 자연적인 친족 관계와 사회적 구조를 초월한다. 바울은 오네시모의 "아버지"가 되었다. 왜냐하면 바울이 오네시모를 복음으로 거듭나게 했기 때문이다(10절). 이제 새로운 신분이 오네시모를 그의 주인 빌레몬과 "사랑하는 형제"가 되게 했다(16절). 우리는 이런 새로운 종류의 교제가 고대 사회구조와 상당히 반하여 있다는 것을 보게 된다. 그러므로 바울은 "노예자나 자유자나 상관이 없다"는 말과 "노예는 복종하라"는 말 사이에서 오는 긴장을 외교적 수완과 전략으로 풀어야만 했을 것이다. 그리고 마침내 우리들은 다시 바울의 역설을 보게 된다. 즉 바울은 "복음으로" 노예나 주인을 모두 자유케 하는 말을 하게 된다(1, 10절).

참고문헌

빌레몬서는 그 자체적으로는 커다란 학문적인 관심을 이끌지는 못한다. 바울의 작품들의 역할과 관련해서는 P. N. Harrison, "Onesimus and Philemon," *ATR* 32(1950): 268이하, 무엇보다도 먼저 J. Knox, "Philemon and the Authenticity of Colossians," *JR* 18(1938): 144-60, *Philemon Among the letters of Paul*, rev. ed.(Nashbville: Abingdon Press, 1959). 에베소서 작성에 관한 오네시모의 역할을 제안한 사람으로는 E. J. Goodspeed, *The Meaning of Ephesians*(Chicago: Univ. of Chicago Press, 1933)도 있으며, C. I. Mitton, *The Formation of the Pauline Corpus of Letters*(London: Epworth Press, 1955)도 이 입장을 채택하였다. 또한 C. P. Anderson, "Who Wrote the Letter from Laodicea?" *JBL* 85(1966): 436-40을 보라. 그의 대답은 에바브라이다. F. C. Baur는 이 모든 세 작품의 진정성이 함께 설 수도 있고 함께 넘어질 수도 있다고 진술하면서 그들 모든 작품의 비진정성을 부인하면서 통상적인 일관성을 보여주었다. 그는 그의 작품인 *Paul the Apostle*, trans. R. A. Menzies(London: Williams & Norgate, 1875), 2:1-44, 80-84에서 빌레몬서를 "참된 그리스도인 개념을 전달해주는 그리스도인 로망스"라고 불렀다.

이와 대조되어 빌레몬서는 다음과 같은 작품에서 바울의 세계를 보는 열쇠로서 사용되어진다. N. R. Petersen, *Rediscovering Paul: Philemon and the Sociology of Paul's Narrative World*(Philadelphia: Fortress Press, 1985), 또한 J. H. Elliott, "Philemon and House Churches," *The Bible Today* 22/23(1984): 145-50을 보라. 수사학적인 분석을 위해서는 F. F. Church, "Rhetorical Structure and Design in Paul's Letter to Philemon," *HTR* 71(1978): 17-33을 보라. 최근의 주석적인 연구를 위해서는 H. Riesenfeld, "Faith and Love Promoting Hope: An Interpretation of Philemon v.6," in *Paul and Paulinism*, ed. M. D. Hooker and S.

G. Wilson(London: SPCK, 1982), 251-57을 보라.

추천형식의 편지를 위한 빌레몬서로서는 C. H. Kim, *Form and Structure of the Familiar Greek Letter of Recommendation*(Missoula, Mont.: Soc. of Biblical Literature, 1972), esp. p. 123, A. J. Malherbe, "Ancient Epistolary Theory," *Ohio Journal of Religious Studies* 5(1977): 63-71을 보라.

주석에 있어서는 빌레몬서는 골로새서와 함께 자주 팀을 이룬다. 이를 위해서는 E. Lohse, *Colossians and Philemon*, Hermeneia(Philadelphia: Fortress Press, 1971 [1968], and C. F. D. Moule, *The Epistles of Paul the Apostle to the Colossians and to Philemon*, CGTC(Cambridge: At the Univ. Press, 1962)을 보라.

제17장

골로새서

골로새의 상황은 매우 복잡하다. 바울은 지금 이방인 가운데 복음을 전할 때 대부분 자신과 함께 했던 골로새 교회의 설립자인 에바브라(1:7)와 함께 죄수의 몸이 되어 있다(1:24, 4:3, 18). 바울은 골로새 교회의 성도들을 개인적으로는 잘 알지 못한다(2:1). 바울과 에바브라는 아직 신앙이 성숙하지 못한 골로새 교회가 방해꾼들로 인하여 여러 가지 문제에 봉착했음을 전해 듣는다. 바울은 두기고를 골로새 교회에 보내면서 오네시모도 그의 주인 빌레몬에게 보내는데(4:7-9), 바울은 이들에게 자신의 형편에 대한 편지를 골로새 교회와 라오디게아 교회에 전하게 하고, 특히 문제 많은 골로새 교회가 이 편지를 크게 읽도록 부탁한다(2:1, 4:13, 4:16).

진정성의 문제

비중있는 많은 학자들이 골로새서의 출처가 분명하다고 생각할지라도, 대다수의 소장 학자들은 그렇지 않다고 생각한다. 이러한 진정성의 문제는 결과적으로 바울의 선교와 사상에 대한 진지한 토론을 배제시키고, 그대신에 바울의 사후에 발전하는 전통들에 대한 증거로서 취급해왔다. 헬레니즘 사회에 널리 퍼져 있는 익명으로 기록하는 관습과, 영적 교훈의 자료들 사이에 존재하는 독특성에 대한 초대 그리스도인들의 관심 부족이 종종 흥미의 대상이 되기도 한다. 그런데 이러한 관찰은 일반적이거나 뚜렷한 관련성이 없다. 익명으로 기록하는 것은 당시의 관례였다. 그러나 평이한 소설에는 죽은지 오래된 유명한 사람의 이름이 흔히 사용되어졌다(예를 들면, 아포칼립소의 에녹, 견유학파 편지의 소크라테스 등). 여기에서는 반대로 바울이 죽은 직후에 그의 편지를 제시한 학파가 있다. 이들은 고의적인 문서 위조에 대한 모험심을 더욱 발동시키는 암호를 사용하는데, 바울의 자필, 즉 그의 이름들을 사용한다. 더욱이 그리스도인들의 초기 세대들은 영적인 교훈의 자료들과 참교사와 거짓교사의 특징에 대해서 많은 관심을 가지고 있었다. 그들은 카리스마적인 혼미함 속에 살지 않았다(고전 7:10-12, 14:29, 고후 11:13-15, 살후 2:2).

골로새의 진정성을 반대할 본문의 증거가 있는가? 여기에서 문체는 결정적인 문제가 되지 않는다. 특히 비유의 실례가 옥중서신을 포함한다면, 헬라어는 **바울의** 다른 표현 속에 잘 묘사되어 있다. 바울은 빌립보서나 빌레몬서에서는 **토라를** 인용하지 않는다. 빌립보서와 디모데후서에서 그는 찬양의 자료들을 사용한다(1:15-20). 바울이 사용하는 많은 어휘들은 예배 전통에서 사용되는 것들이며, 세례와 관련된 것들이다(2:20, 3:1-5, 9-12).

골로새서는 복잡하거나 계층적인 교회의 질서를 전제하지 않는다. 교회에 대한 통치 이미지는 그리스도의 몸과 관련이 있다(1:18, 22, 24, 2:17, 19, 3:15). 고린도전서 1:12-17, 에베소서 4:4-16도 이와 매우 유사한 본문으로써, 그리스도가 몸의 머리에 비유되고 있다. 바울이 에바브라를 종으로 부르며(4:12), 아킵보로 하여금 바울의 사역을 성취하도록 명령하고(diakonia, 4:17), 자기 집을 모임의 장소로 제공한 집주인 눔바에게 문안하는 것을 별도로 하더라도, 골로새서는 권위에 대해서는 언급하지 않는다.

골로새서의 윤리는 바울의 종말의 끝에 대해서는 별로 관심이 없는가? 가족에 대한 윤리가 명백하게 나타나고 있다(3:18-4:6). 그러나 이러한 진부한 교훈의 사용은 바울의 청중들과 함께 행하는 것보다 시간의 경과와 "은사의 관례화"(routinization of charism)가 덜 행해져야 한다. 바울은 개인적으로 잘 알지 못하는 사람들에게 편지를 쓰고 있다. 로마서 12:1-13:7, 에베소서 5:21-6:9에 나타난 바울의 강력한 도덕적인 훈계는 나중에 우리가 주해하게 될 일반적인 가족 윤리가 되어 버린다. 바울의 다른 윤리적인 훈계들은 이방인 교회들에 의해 공유된 세례의 전통들에 대부분 의존되어 있다(3:1-7, 롬 6:1-14, 고전 6:9-11).

골로새서의 신학은 사도 바울에게서 뚜렷하게 빗나가고 있는가? 바울 자신의 사역의 관점과는 전혀 다른 것인가? 바울은 자신을 사도와(1:1), 종이라고 일컫는다(1:25). 그가 당하는 고통은 교회를 위한 것이다(1:24). 그의 설교는 과거에는 숨겨져 있었지만 현재는 알려진 비밀의 계시에 근거해 있다(1:26, 4:3, 롬 11:25, 빌 3:15). 그의 사역은 이방인을 위한 것이며(1:27), 그의 목적은 그리스도 안에서 성도들이 성숙해지는 것이다(1:,28, 고전 2:6, 14:20, 빌 3:15). 바울은 예수님을 지혜와 지식의 근원으로 이해한다(2:3, 고후 6:16). 예수님께서 부활하심으로 정사와 권세를 다스리신다(2:10, 15, 빌 2:10-11). 예수님은 역시 창조주이시며(1:15-16, 고전 8:6), 구원의 수단은 십자가와 예수님의 구속의 보혈이다(1:14, 20, 22, 2:14). 이러한 바울의 강조의 특징은 어떠한 증거 자료도 요구되지 않는다는 점이다.

이러한 심각한 모순에 대한 비난은 골로새서의 종말론과 관련되어 있다. 2장 12절의 "너희가 세례로 그리스도와 함께 장사된 바 되고 또 죽은 자들 가운데서 그를 일으키신 하나님의 역사를 믿음으로 말미암아 그 안에서 함께 일으키심을 받았느니라"는 말씀과 2장 13절의 "너희를 하나님이 그와 함께 살리시고"라는 말씀, 그리고 3장 1절의 "그러므로 너희가 그리스도와 함께 다시 살리심을 받았으면"이라는 말씀은 골로새서가 "실현된 종말론"을 주장하는 것처럼 보이는데, 이는 바울이 전형적으로 주장하는 "이미"와 "아직" 사이에 존재하는 긴장을 무너뜨리는 것이다. 바울이 자기 자신의 모순과 명백한 편지 속에 나타나는 종말론적인 강조에 대한 변화에 도달하기 이전에 어느 정도의 자유를 가지느냐의 문제는 별도로 하더라도, 이러한 비난은 단순히 골로새서의 본문에 대한 오해를 불러 일으킨다. 2장 20절과 3장 1-4절에 보면, 죄로 인하여 찾아왔던 "죽음"이 영광이 아닌 믿음으로 말미암아 세례 받을 때에 "부활의 삶"으로 인도되어지는데, 이는 골로새 교인들로 하여금 그들의 행동에 대한 전향을 요구한다는 사실이 명백하게 나타나 있다. 그들의 "삶"은 마침내 그리스도 안에서 하나님과 함께 정말로 감추어지게 된다. "우리 생명이신 그리스도께서 나타나실 그 때에"(3:4)는 그들이 영광의 상태에 거하게 될 것이다(3:4). 로마서 6:1-14도 언어에 있어서는 다소 다를지라도 그 사상에 있어서는 사실상 동일하다.

문체에 있어서나 본질적인 문제에 있어서 골로새서의 진정성은 명백하다. 만약 어느 사람이 골로새서를 바울과 연관된 것이라고 일평생 동안 믿는다면, 그는 선물로 주어진 책이라는 면에서 확실성에 동의할 것이다.

골로새의 위기

골로새는 마술과 신비한 것들로 가득 찬 매력있는 곳으로 고대에 널리 알려진 브루기아(Phrygia) 지역에 위치해 있었다. 골로새에는 브루기아로부터 어머니 신(神)인 키벨레(Cybele)를 믿는 이교가 들어 왔으며, 후에는 몬타누스주의로 알려진 기독교 이설들이 흘러 들어 왔다. 우리는 최근에 발견된 계획된 공동체, 즉 투옥으로 인하여 초기의 형태를 상실한 그리스도의 이교가 어떻게 다른 이교들과는 대조적으로 어렵고도 공격받기 쉬운 위치에 있었으며, 어떻게 최종적인 가치에 대한 다른 주장들이 있었는지를 이해할 수 있다. 그것들을 더 이상 제공할 수 있는 사람들의 마력에 의해 유혹을 받음으로써, 반(半)만 형성된 그리스도인들은 불안정한 상태가 되기 쉬상이었다. 그들의 모든 명백한 미성숙은 그들의 유용한 이교에서보다 더 위대한 완전성을 제공하는 일에 있어서 그들을 비난받기 쉬운 상태로 만들었다.

바울의 관심에 대한 힌트는 골로새 교회를 칭찬하는 그의 말 속에 아주 미묘하게 암시되어 있다. 바울은 성숙의 자세를 언급할 때 은유를 사용한다. 그는 "좋은 소식"이란 골로새 교인들이 "열매를 맺어 자라는 것"이라고 표현하면서(1:6), 곧이어 이를 위해 "모든 선한 일에 열매를 맺고 하나님을 아는 일(epignosis)에 자라게 해 주시도록" 기도하고 있다(1:10, 2:2). "아는 일"이 얼마나 중요한 것인가에 대해서는 뒤에 알아 볼 것이다. 이 편지의 맨 끝부분에서 에바브라 역시 "너희로 하나님의 뜻 가운데서 완전하고 확신있게 서기를 구하나니"라고 기도하고 있다(4:12). 나아가서 바울은 그들이 "복음의 소망에서 흔들리지 아니하며"(1:23), "그리스도 안에서 완전한 자로 세워지기를"(1:28) 바라고 있다. 그는 그들의 규모와 "그리스도 안에서 믿음이 굳은 것을 인하여"(2:5) 기뻐하고 있다. 이러한 힌트로 인하여 나타나기 시작한 문제는 하나님 앞에서의 본질적인 완전함과 관련이 있다. 완전함 속에는 무엇이 실재하는가? 또한 그것은 어디에 기초하고 있는가?

바울의 기본적인 입장은 이러한 첫번째의 힌트들로부터 보다 명백해진다. 그는 골로새 교회가 "그리스도 안에서"(1:28) 성숙하기를 원하고 있다. 골로새 교회의 궁극적인 성장과 완전함은 이미 그들에게 주어진 것과 그들이 지금까지 어떠한 존재이었는가에 대한 깊은 깨달음을 통하여 이루어질 것이다. 바울은 그들이 "진리 안에서 하나님의 선물(grace)을 깨닫고 있음"(1:6)과 곧이어 "이와 같이 에바브로에게 배웠음"(1:7)을 인하여 기도하고 있다. 바울은 아무도 공교한 말로 골로새 교인들을 속이지 못하게 하기 위하여(2:4), 그들이 "하나님의 비밀인 그리스도를 깨닫게(epignosis) 되기를"(2:2) 소망하고 있다. 그리스도 안에서의 완전함을 위하여 그들에게 주어진 것은 무엇인가? 골로새 교회 내에 문제를 일으키는 사람들로 인하여 위기가 더욱 가중되고 있다.

바울의 선교에 있어서 우리는 바울의 "반대자들"과 그들의 영향력에 대해서 정확히 인식해야 하는 문제를 접하게 된다. 반대자들은 외부에서 온 손님들인가? 그들은 경쟁관계에 있는 지역 이교의 대표자들인가? 아니면 에바브라가 강제로 떠난 이래 여러 사람을 규합하여 선동한—아마도 징계를 받은 아킵보와 같은—골로새 교회 자체 내의 인물인가? 우리는 전적으로 바울의 간접적인 정보에 의존하고 있기 때문에, 이 문제에 대해서 확실히 알 수는 없다. 바울의 특징은 일반적인 경향이 있다. 바울은 그들의 가르침을 그리스도가 아닌 "사람의 유전과 세상의 초등학문"(2:8)에 근거한 인간의 전통에 뿌리박은 "철학"이라고 일컬었다. 이는 우리에게 적지만 동시에 많은 점을 말해 준다. 이 "철학"은 절기나 특별한 음식을 준수하고자 하는 욕망을 불러 일으킨다(2:16). 따라서 육체적인 금욕주의를 찬양한다(2:20-22). 사실 이 철학은, 토라(2:14)와 할례(2:11)가 바울의 반응에 등장하기 때문에 유대교의 변형으로 나타나고 있다. 가장 당황스럽게 만드는 까다로운 문제의 일부가 본문 2:18에 나타난다.

> 누구든지 일부러 겸손함(혹은 비하 : tapeinophrosyne)과 천사 숭배함(혹은 천사들과 함께 하는 예배)을 인하여 너희 상을 빼앗지 못하게 하라 저가 그 본 것을 의지하여(embateuon) 그 육체의 마음을 좇아 헛되이 과장하고.

이 부분들은 여러 가지 방식으로 이해되어 왔다. 어떤 학자들은 이방인의 신비의 변호자를 탐색해 왔으며, 다른 학자들은 에세네파와 같은 유대교의 비밀스럽고 엄격한 형태를 조사해 왔다. 여전히 다른 사람들은 갈라디아에서 유대주의화 되어가는 이방인들을 조사해 왔다(갈 3:19, 4:3, 9). 본 것에 대한 언급은 Merkabah의 변형인 유대인의 밀교를 암시하고 있다. 이들은 밀교의 전통을 좇아하며 엄격한 토라를 준수할 뿐만 아니라 "천사들과 함께 예배하는" 천국으로 마차를 타고 비행하기 위한 필수 조건으로서 성적인 금욕주의를 주장한다(고후 12:1-5).

그러나 이들의 정체성보다도 더욱 중요한 것은, 이 선동자들이 하나님 앞에서 과연 완전함과 성숙에 대해서 어떻게 이해하고 있는가, 그리고 골로새 공동체 내의 다른 사람들을 향하여 그들은 어떠한 태도를 취하고 있는가 하는 점이다. 그들은 성적 금욕주의를 준수함으로써 영적 상태가 새로운 단계로 승화하는 것을 완전함이라고 생각했으며, 무엇보다도 더 높은 차원의 신비에 들어가서 보는 경험을 하는 것으로 이해하였다. 이러한 특징을 통하여, 그들은 누가 "육체적"인 사람인지 혹은 "영적"인 사람인지를 분간해 낼 수 있었다. 그들에게 있어서 그리스도는 단지 초기에만 필요한 것이었다. 하나님 앞에서 완전히 성숙해 진다는 것은 더욱 정교하며 가시적인 종교적 의식을 준수하며, 고차원적인 황홀경을 경험하는 것을 의미하였다. 그들은 자신들만의 더욱 위대한 영적 성숙을 기초로 하여 다른 사람들을 "판단"하며(2:16), 그들의 자격을 "박탈하려고"(2:18, 이는 같은 종족으로부터의 이탈을 의미한다) 혈안이 되어 있었다.

이러한 태도들이 바울을 격분시킨다. 이러한 영적인 열심과 신지학(theosophy)은 단지 "지각 없이 행동하는(2:18) 그들의 영적인 교만"(참조. 고전 8:1)을 나타내 줄 뿐이다. 그들의 "지혜를 사랑함"은 육신을 좇는 껍데기에 불과하다(2:23). 고린도전서 3:1-3에 의하면, "육신에 속한" 사람이란 다른 사람들을 적대시하며 판단하는 자를 의미한다. 이처럼 자기를 높이고 다른 사람들을 경멸하는 태도는 진정한 의미에서의 영적인 성숙과는 정반대되는 것이다. 영적인 성숙이란 인간의 영혼을 수양함으로써가 아니라 성령에 복종함으로써 가능한 것이며, 사랑과 성령과의 교통 속에서 표현되어지는 것이다. 바울의 관심사는 이 선동자들로 인하여 타락해 가는 사람들이 오로지 믿음의 확신을 가지고 성숙해져 가는 일이기 때문에, 그러한 영적인 아마추어들과는 논쟁을 하려 하지 않는다. 바울은 골로새 교인들이 이미 무엇을 받았는지 스스로 상기해 보기를 원하고 있다. "하나님의 은사"는 그들에게 오로지 진정한 성숙의 기초를 제공해 준다.

바울은 문제를 일으키는 자들을 스스로를 기만하는 협잡꾼 정도로 생각하면서 경멸하고 있다. 골로새 교회는 그리스도 안에서 이미 드러나지 않고 감추어진 "지혜와 지식의 모든 보화"(2:3)를 선물로 받았기 때문에 부요하다. 이와는 반대로 유혹자들은 재물에 눈이 어두우며, 골로새 교인들을 "속이며"(paralogizetai, 2:4), 그들을 헛된 속임수로 노략하려고 한다(sulagogon, 2:8). 이 단락으로부터 떠오르는 재물에 대한 은유는 헬라어에서는 잘못된 것이 아니다. 바울의 초점은 골로새 교회에는 하나님으로부터 온 진정한 부요함이 있다는 것이다. 그들은 가짜 화폐제도를 취하지 않았다. 인간의 성취에 근거해서 영적인 성숙을 이루려고 하는 것은 착각일 뿐이다. 그래서 바울은 다른 은유를 사용한다. 그것은 그림자(skia)가 지나간 후에 도달하는 것인데, 그 그림자를 던져내 버릴 몸(soma)은 가까이에 와 있다(2:17). 물론 그림자는 그들이 추구하는 것이며, 몸은(혹은 실재) 그리스도를 의미한다. 그러므로 그들의 성장은 착각임에 틀림없다. 바울은 2:19에서 이를 다음과 같이 지적하고 있다.

> 머리를 붙들지 아니하는지라 온 몸이 머리로 말미암아 마디와 힘줄로 공급함을 얻고 연합하여 하나님이 자라게 하심으로 자라느니라.

"하나님이 자라게 하심"이란 중요한 의미를 담고 있는 말로써, 빌립보서 1:6을 생각나게 한다. "너희 속에 착한 일을 시작하신 이가 그리스도 예수의 날까지 이루실 줄을 우리가 확신하노라"(참조. 갈 3:1-5).

바울은 여전히 성장에 대한 혼합된 비유를 사용한다(2:6-7).

> 그러므로 너희가 그리스도 예수를 주로 받았으니 그 안에서 행하되 그 안에 뿌리를 박으며 세움을 입어 교훈을 받은 대로 믿음에 굳게 서서 감사함을 넘치게 하라.

이 구절은 매우 조심스럽게 기록한 것이다. 그들은 그리스도를 받았기 때문에(어떤 의미로는 "즉 말하자면"), 따라서(어떤 의미로는 "다시") 성장해야 한다. "교훈을 받은 대로"는 1:7절, " … 에바브로에게 너희가 배웠나니"를 반영하고 있다. 바울은 성숙이란 비밀스러운 지식과 의식에서 오는 것이 아니라 그리스도 안에서 하나님으로부터 주어지는 선물에 대한 인식(epignosis)을 증대시키고(참조. 고전 1:12), "진실로 하나님의 은혜를 깨달음로써"(1:6, 참조. 1:9, 10, 2:2, 3:10) 오는 것이란 사실을 그들에게 상기시키고 있다(참조. 고전 1:12).

진리 안에 있는 하나님의 은사

골로새 교회가 지식을 습득할 수 있는 이유는, 그들이 "그리스도 안에" 있는 동시에 "하나님 안에" 있기 때문이다. 그들은 예수님을 만날 때, 우주의 궁극적인 힘을 만나게 된다. 예수님 안에는 "충만함"이 있기 때문에 그보다 더 큰 힘이 있을 수 없다. 이 사실을 보여주기 위해 바울은 1:15-20에서 기독론적인 찬양을 인용한다. 아마도 예배학적인 측면에서, "사랑의 아들"(beloved son) 예수님 안에서 궁극적인 실재를 만날 수 있다는 확신에 비추어 볼 때, 이는 선재하는 하나님의 지혜(잠 8:22-31, 지혜서 7:22-8:1), 그리고 "하나님의 형상과 모양"(창 1:26-27, 고후 4:4)대로 지음받은 아담과 연관된 전통을 수정한다. 예수님은 "보이지 않는 하나님의 형상"(1:15)이시며, 만물이 그의 능력으로 말미암아 창조되었고(1:16)—그들이 함께 예배하고자 하는 완전무결한 힘을 가진 존재조차도!—만물이 그의 능력으로 말미암아 지탱한다(1:17). 실제로 예수님 안에는 "아버지 하나님의 모든 충만함이 거하신다"(1:19). 물론 이는 예수님께서 일하시면 하나님께서도 일하심을 의미한다. 그를 통하여, 즉 "그의 십자가의 피로 화평을 이루어"(1:20, 참조. 롬 5:1) 하나님은 세상을 자신에게로 화해시키신다(참조. 고후 5:16-21). 더욱이 이 능력은 결코 사라지지 않는다. 이 능력은 이 세상에서 여전히 활동하는데, 이는 "그가 몸인 교회의 머리"(1:18)이시기 때문이다. 교회에 가입하는 사람들은 하나님의 능력을 접촉하게 된다. 영적으로 성숙한 척 가장하는 것은 실상 거짓된 것이다. 왜냐하면 "몸, 즉 하나님으로부터 오는 성장은 머리로부터 오는 것인데, 그들의 몸은 머리에 붙어 있지 않기 때문이다." 그들은 단지 그림자만을 뒤쫓고 있을 뿐이다(2:17).

바울은 추상적인 확신이 아니라 현재의 경험에 대해서 말하고 있다. 세례를 통하여 교회에 가입함으로써, 그리스도인들은 실제로 하나님의 나라로 옮기워진 셈이다. 바울은 다음의 두 언급에서 찬양의 구조를 갖추고 있다.

그가 우리를 흑암의 권세에서 건져내사 그의 사랑의 아들의 나라로 옮기셨으니 (1:13).

전에 악한 행실로 멀리 떠나 마음으로 원수가 되었던 너희를 … … 이제는 그 육체의 죽음으로 말미암아 화목케 하사(1:21-22).

옮기는 것과 화해는 하나님에 의해서 이루어지는 실제적인 사건이다. 지금 바울의 독자들은 왜 그들이 어느 누구에게도 인간의 성취에 근거하여 그들을 "비판"하거나(2:16), "무능력자로 판단"하는 것을 허용하지 않는지를 알고 있다. 왜냐하면 하나님은 이미 "빛 가운데서 성도의 기업을 얻도록" 그들을 "자격지우셨기 때문"이다(1:12).

왜 그들은 교회 가입을 위하여 할례와 같은 다른 종교적인 의식을 필요로 해야만 하는가? 세례식을 거행하면서, 그들은 궁극적인 "신비"와 "하나님의 역사"를 전수해 왔다. 적대적인 영적 세력에 의해서 행사되는 율법의 능력을 무효화시키는 예수님의 죽음의 승리와 부활은(2:14 - 15) 그들에게 매우 유용한 것이다(2:12).

너희가 세례로 그리스도와 함께 장사한바 되고 또 죽은 자들 가운데서 그를 일으키신 하나님의 역사를 믿음으로 말미암아 그 안에서 함께 일으키심을 받았느니라.

그들의 확신은 "성장하여 열매를 맺는 것"과 "믿음에 거하여 터 위에 굳게 서서 들은바 복음의 소망에서 흔들리지 아니하는 것" 위에 기초하고 있다(1:23). 이는 "그리스도 안에 있는 하나님의 지식"에 대한 통찰력을 보여준다(2:2). "그리스도 안에"라는 말의 의미에 대해서 바울은 2:9 - 10에서 다음과 같이 말하고 있다.

그 안에는 신성의 모든 충만이 육체로 거하시고 너희도 그 안에서 충만하여졌으니 그는 모든 정사와 권세의 머리시라.

그들은 자신들의 새로운 정체성을 깨달아 이를 그들의 공동체 내에서 적절한 행동으로 옮길 필요성을 가지고 있다.

인성의 새로운 형태

성숙은 아직 골로새 교회의 소유물이 아니다. 그들은 "세상의 초보적인 능력에서 죽었고"(2:20), 새 삶의 능력에 의하여 살게 되었으며(2:13), 따라서 그들은 이러한 정체성에 근거하여 자신들의 행동을 구체화하도록 부름을 받았다. 이는 금욕을 위한 새로운 규칙이나 신비로운 황홀경의 비행을 의미하지 않는다.

이와는 대조적으로 영적인 자기 중심자는 자기 안에서 스스로 신성함에 도달하려고 노력한다. 그러나 하나님 안에서의 성장이란 공동체 내에서 그들의 생활방식을 통하여 오는 법이다.

그들의 정체성을 상기시키기 위해 바울은 세례의 이미지를 사용하는데, 이는 "예수 그리스도의 몸"(messianic body)으로 들어가는 것을 의미한다. 성장이란 바로 그리스도의 몸 안에서 이루어지는 것을 말함이다. 세례는 그리스도와 더불어 "죽었다가 살아나는" 것이며, 이전의 생활습관들을 "죽이는" 것이며(3:5), "그리스도께서 계시는 위엣 것을 찾는 것"이다(3:1). 세례란 곧 의복을 바꿔 입음으로써 정체성의 변화를 가져옴을 의미한다. 바울은 그러므로 옛사람을 "벗어 버린" 그들은 결국 "자기를 창조하신 자의 형상을 좇아 지식에까지 (epignosis) 새롭게 되는 새로운 본성을 입을 수 있는" 자들임을 상기시킨다(3:10). 하나님께서 그들을 부르신 목적은 "전에 살았던" 행동과 습관을 포기하고(3:7), 새로운 행동방식을 받아들이도록 하기 위함이다(3:7).

그들은 "복음의 진리의 말씀"을 통하여(1:5) "하나님의 은혜를 진실로" 깨닫게 되었기 때문에(1:6), 그들은 공동체 안에서 서로 진실을 말할 수 있게 되었고, 더 이상 거짓말을 할 필요가 없게 되었다(3:9). 그들은 혈통의 기원이나 신분으로 인하여 사람을 차별할 필요가 전혀 없다(3:11).

거기는 헬라인과 유대인이나 할례당과 무할례당이나 야인이나 스구디아인이나 종이나 자유인이 분별이 있을 수 없나니 오직 그리스도는 만유시요 만유 안에 계시니라.

그들은 세상에서 궁극적인 힘과 계속적으로 접촉해 왔기 때문에, 하나님의 진노를 사는 맹목적인 우상의 힘에 의해 더 이상 지배를 받을 필요가 없다(3:5-6). 오히려 그들은 다른 사람들에게 동정심을 베풀며 그들을 용납할 수 있다(3:12-13). "새로운 인간"이란 공동체 자체 내에서 형성되어지는 것이다. 바로 여기에 그리스도인의 성숙의 목표가 존재한다. 자기 주장을 내세워 다른 사람들을 판단하거나 금욕주의나 신비주의를 따르는 것이 아니라, 공동체 내에서 사랑으로 인내하며 봉사하는 것이 성숙의 목표이다(3:14-15). 이는 겉으로 드러나는 휘황찬란한 것은 아니다. 실제로 그들의 삶은 하나님의 모든 보화가 그리스도 안에 "감추어진 것"처럼(2:3), "그리스도 안에서 감추어진 것"이다(3:3).

그러나 "하나님의 모든 충만함이 그리스도의 몸 안에 거하신" 것처럼(2:9), 그리스도의 "몸 안에 있는" 삶의 방식은 "그리스도의 말씀이 그들 안에 풍성히 거하는 것"이며(3:16), 모든 일에 하나님을 찬양하는 것이다(3:17).

골로새 교회는 "그리스도가 계시는 위에" 사는 것이 아니라(3:1), "하늘에 쌓아 둔 소망"을 고대하면서 살아간다(1:5). 그들은 하나님의 나라의 모습과는 매우 동떨어진 매우 실제적인 세상의 사회 구조 속에서 살아야만 한다. 가족의 일원으로서 상호 의무를 이행해야 하는 문제로 관심을 돌린 바울은(3:18 - 4:6), 결코 드러난 그리스도인의 사회적 질서를 제안하지 않는다. 오히려, 그는 "그리스도 안에서의 성장"이란 환상이나 순수하게 "종교적"인 특성을 가지는 사회 구조로부터 달아나는 것이 아니라, 실제적이고도 저항적인 세상의 구조와 맞서 싸우는 것임을 골로새 교회에 상기시키고 있다. 그는 헬레니즘 사회의 구조를 당연한 것으로 여기고 있다. 당시의 사회 구조는 사회의 기본적인 단위로서의 가장 중심의 가정을 확대시켰다. 가장 중심의 가정이란 가장 위에 있는 가장으로부터 아래에 있는 종이나 부하에게 권위가 계통적으로 내려오는 것을 말하며, 따라서 각각의 단계는 그 위의 단계에게 복종하는 것을 말한다. 바울은 로마 제국 대신의 제퍼슨식(Jeffersonian)의 민주주의를 제안하기보다는 그 밖의 다른 혈족관계의 체계에 대해서는 마음에 그릴 수 없었을 것이다. 결국 대부분의 사람들은 이러한 세상을 당연한 것으로 받아들이기 때문에, 그러한 사회적인 관계는 모든 분야에 존재한다(서론의 23 - 26페이지를 보라).

이러한 가정의 구조에 있어서, 바울은 가장 유용한 철학적 가르침을 통하여 계급적인 권력구조 속에서 각각의 계층에 의해 부여되는 의무들을 지정해 준다. 여기에서 바울의 설명에 주목해야 할 필요가 있다. 왜냐하면 이것은 구성원들 사이의 호혜주의에 근거하기 때문이다. 아내들은 그들의 남편들에게(모든 남성들에게가 아니라) 복종해야 하나, 남편들은 그들의 아내들을 "사랑"해야 한다. 이 말은 단순한 성적인 사랑이 아니라 아가페, 즉 다른 사람을 위해서 자기를 비우기로 작정하는 사랑을 의미한다(3:18 - 19). 자녀들은 부모에게 순종해야 하며, 대신에 아버지는―훈계에 대한 책임이 있는―자녀들을 이해해야 한다(3:20 - 21). 바울은 종과 주인의 관계에 대해서도 많은 관심을 보이고 있는데, 분명한 것은 바울이 바로 그러한 상황 가운데서 이 편지를 썼다는 사실이다. 마음을 다하여 섬기는 것은 종에게 기대되어지는 것이고, 주인은 종을 의와 공평으로 대해야 한다. 이 말은 RSV의 "의와 공정으로" 보다도 더 강한 의미를 담고 있다. 이는 당시의 사회계급 자체를 점차적으로 뒤집어 엎는 인식이다(3:22-4:1)

실제로 바울은 당시로서는 매우 위험했던, 하나님으로부터 오는 "좋은 소식"의 구조 속에 모든 사회체계를 위치시킴으로써 이를 모두 상대화시킨다. "종이나 자유인이나, 유대인이나 헬라인이나"(3:11), "남자나 여자나"(갈 3:28) 구별이 없는 이상적인 공동체에서 계급간의 긴장이 존재한다는 사실은 단순한 일이 아니다. 바울 역시 사회적인 합의와 태도들을 그들 스스로 도출할 수 있는 초월적인 측정기준을 통하여 압력을 가한다. 복종이란 "주 안에서 합당한가"의 여부에 따라 조건지워진다(3:18). 부모에게 순종하는 것은 "주를 기쁘시게 하는 일"이 된다(3:20). 종들은 "주를 두려워 하여"(3,22), "사람에게 하듯 하지 말고 주께 하듯"(3:23) 주인을 섬겨야 한다. 왜냐하면 그들은 사실 "주 그리스도를 섬기는 자들"이기 때문이다(3:24). 종들은 자기의 주인을 포함하여 불의를 행하는 모든 사람들은 그에 대한 보응을 받게 될 것임을 잘 알고 있는데, 하나님께서는 "불공평이 없으시기" 때문이다(3:25). 주인들도 역시 그들이 응답해야만 하는 "하늘에 주인이 계심"을 알아야 한다(4:1).

이러한 각각의 표현들은 사회 구조 자체 속에서 합법성을 나타내며, 복종에 대한 반응을 강화시킬 수 있다. 그러나 이러한 해석은 바울의 명백한 의도를 전도시키는 것이다. 바울은 모든 관계를 "주 안에" 위치시킴으로써, 가장 먼저 그리고 항상 하나님께 충성하고 복종하기를 요구하고 있다. 어느 사회나 어느 권세도, 아내나 자녀나 종에게 맹목적이고 절대적인 충성을 요구할 수 없다. 그리고 오직 하나님께만 나타내야 할 이 기본적인 복종을 반대하는 그 어떠한 것도 반드시 저지되어져야 한다. 그러므로 "주 안에서"라는 말은 복음과는 상당히 거리가 먼—모든 사회 구조가 다 그렇듯이—이 사회 구조 자체를 인정하는 말이다.

물론 긴장은 남아 있다. 아니 항상 남아 있을 것이다. 왜냐하면 복음이란 어떠한 정교한 사회의 구조에도 옮겨질 수 없기 때문이다. 동시에, 어떤 종류의 사회 구조는 항상 필요한 것으로 증명될 것인데, 이는 그리스도인들은 다른 사람들 못지 않게, 그러나 다른 방식으로 이 세상에서 계속 살아가야만 하기 때문이다. 그래서 바울은 그리스도의 부요함을 함께 나누는 일이야말로 곧 "시간을 아끼는"일임을 깨달아 "다른 사람들을 향해서 지혜롭게" 살기를 바라고 있다(4:5).

참고문헌

익명과 관련된 일반적인 진술들은 다음과 같은 작품들 속에서 발견되어진다. K. Aland, "The Problem of Anonymity and Pseudonymity in Christian Literature of the First Two Centuries," *JTS* n.s. 12(1961): 39-49, B. M. Metxger, "Literary Forgeries and Canonical Pseudepigrapha," *JBL* 91(1972): 3-24.

골로새서의 진정성에 대항한 논증들은 문학 작품의 측면에서는 E. P. Sanders의 "Literary Dependence in Colossians," *JBL* 85(1966): 28-45에 나와 있고, 신학적인 일관성의 관점에서는 E. Lohse의 "Pauline Theology in the Letter to the Colossians," *NTS* 15(1969): 211-20에 잘 나와 있다. 진정성의 긍정적인 관점에서는 G. E. Cannon, *The Use of Traditional Materials in Colossians*(Macon, Ga.: Mercer Univ. Press, 1983)에 잘 나와 있다.

골로새 교회의 위기에 관해서는 다양하게 해석된다. 다양한 가설들을 대변하는 훌륭한 에세이의 모음집을 위해서는 W. A. Meeks and F. O. Francis, ed., *Conflict at Colossae*, rev. ed., SBS 4(Missoula, Mont.: Scholars Press, 1975)을 보라. F. O. Francis의 소논문 "Humility and Angelic Worship in Col 2:18," *Studia Theologica* 16(1963): 109-34, 데이타를 가장 잘 섭렵한 논문으로 그 인정 범위가 점차 확대되어 가고 있다. 예를 들어 A. J. Bandstra, "Did the Colossian Errorists Need a Mediator?" in *New Direction in New Testament Study*, ed. R. Longenecker and M. C. Tenney(Grand Rapids: Zondervan Pub. House, 1974), 329-43, C. A. Evans, "The Colossian Mystics," *Bib* 63(1982): 188-205, W. Carr, "Two Notes on Colossians," *JTS* 24(1973): 492-500를보라.

골로새서의 전반적인 상징주의에 관해서는 다음을 보라. E. W. Sanders, "The Colossian Heresy and Qumaran Theology," in *Studies in the History and Text of the New Testament*, ed. B. L. Daniels and M. J. Sugg(Salt Lake City: Univ. of Utah Press, 1967), 133-45, J. C. O'Neill, "The Source of the Christology in Colossians," *NTS* 26(1979-

80): 87-100. N. A. Dahl. "Christ, Creation, and the Church," in *Jesus in the Memory of the Early Church*(Minneapolis: Augsburg Pub. House, 1976), 120-40.

서신의 다양한 측면들이 다음의 작품들 속에서 다루어진다. F. O. Francis, "The Christological Argument of Colossians," in *God's Christ and His People*, ed. W. A. Meeks and J. Jervell(Oslo: Universitetsforlaget, 1977), 192-208. H. Weiss, "The Law in the Epistle to the Colossians," *CBQ* 34(1972): 294-314. E. Käsemann, "A Primitive Christian Baptismal Liturgy," in his *Essays on New Testament Themes*(Philadelphia: Fortress Press, London: SCM Press, 1964), 149-68. B. Vawter, "The Colossian Hymn and the Principle of Redaction," *CBQ* 33(1971): 62-81. T. E. Pollard, "Col 1:12-20: A Reconsideration," *NTS* 27(1980-81): 272-75. B. Hollenbach, "Col 2:23: 'Which Things Lead to the Fulfillment of the Flesh,'" *NTS* 25(1978-79): 254-61. A. T. Hanson, "The Conquest of the Powers," in his *Studies in Paul's Technique and Theology*(Grand Rapids: Wm. B. Eerdmans, London: SPCK, 1974), 1-12.

가정윤리에 관해서는 다음을 보라. J. E. Crouch, *The Origin and Intention of the Colossian Haustafel*(Gottingen: Vandenhoeck & Ruprecht, 1972). 헬라적 배경을 좀더 광범위하게 다룬 내용을 보려면 D. Balch, *Let Wives Be Submissive: The Domestic Code in I Peter*, SBLMS 26(Chico, Calif.: Scholars Press, 1981)을 참조.

제16장(빌레몬서)에서 언급한 주석과 더불어 이 서신에 대해서 믿을 수 있는 안내를 해주는 다음의 작품들을 보라. P. T. O'Brien, *Colossians, Philemon*, Word Biblical Commentary(Waco, Tex: Word Books, 1982), R. P. Martin, *Colossians: The Church's Lord and the Christian's Liberty*(Grand Rapids: Zondervan Pub. House, 1973, Exeter: Paternoster Press, 1972).

제18장

에베소서

에베소서는 바울서신 중에서 가장 덜 개인적인 편지이다. 문안(1:1-2), 축복(1:3-14), 감사(1:15-23), 본문(2:1-6:20) 그리고 최종 인사(6:23-24) 등은 모두 형식적이다. 이 편지는 필자나 독자의 상황에 대한 언급이 거의 없다. 바울에 관해서는 그가 감옥에 갇혀 있다는 것만을 오직 말한다(3:1-13, 4:1, 6:19-20). 그는 미리 그 교회에 대해 알지 못했고, 오직 "예수 그리스도 안에서의 믿음과 모든 성도들을 향한 사랑"에 대해서만 오직 듣고 있었다(1:15). 또한 그 교회의 위기상황이 이 편지를 쓰게 하지는 않았다. 물론 거짓 교사들에 대한 짧은 두 언급이 어떤 가능성 있는 도전에 대한 경고가 되기도 한다(4:14, 5:6). 개인 이름으로 언급된 유일한 사람은 두기고이다. 그는 골로새서처럼 바울에 대한 개인적 소식을 전달해주는 사람으로 나타난다(6:21-22).

만약 바울이 자신이 2년 이상을 같이 지내온 교회에 대해 지금 편지로 말하고 있다고 한다면, 이는 이상한 서신이 될 것이다. 바울은 사도행전 20:18에서 "아시아에서 들어온 첫날부터 지금까지 내가 항상 너희 가운데서 어떻게 행한 것을 너희도 아는 바니"라고 말했었다. 만약 이 서신을 가명으로 썼다면, 이 서신을 쓴 저자는 바울과 바울이 잘 알고 있는 교회 사이에 그럴듯한 친밀한 감정의 표현을 창출하지 못했다고 보인다. 그러나 지난 번에도 말했듯이, 중요한 초기 문서들은 문안인사에 있는 "에베소"(1:1)라는 이름이 빠져있다. 에베소서는 오직 넓은 의미에서 쓴 편지인 것이다. 즉 이 서신은 바울의 상황이나 특별한 교회에 의해서가 아니라 더 넓은 이방인 교회의 범주에 전달할 의도로 파생되어 여러

교회에 순환되도록 보내진 것이다. 바울은 그들 교회들의 자기 이해를 위해 그의
선교의 의미에 관한 통찰을 보여주고 싶었을 것이다. 그러나 에베소서의 진정성
이 넓게 거부되기 때문에 우리는 그 텍스트가 바울의 작품인지 아니면 그의 사후
에 헌신된 추종자들에 의한 작품인지를 본문의 증거를 통해 알아보아야 할 것이
다.

진정성의 문제

바울의 작품이라고 하는 것이 이 책에 나와 있는 그대로 이해되어진다면(바
울과 그의 동료 사역자들이 만든 것이라고 한다면), 그때에 문체상의 표준이 전
적으로 단일한 손에 의해서 쓰여진 작품과 비교해 본다면, 상당히 일관성이 적어
보인다. 문체상의 요소를 간단하나마 살펴보는 것이 이 작품의 특징을 규정하는
데 도움이 될 것이다.

에베소서는 문체상으로는 골로새서에 가깝다. 효과를 위해 실제를 축적시키
는 경향이 있는, 즉 보다 팽창적이고 과장적인 요소가 있는 것을 제외하고는 말
이다(예를 들어 1:19, 3:7). 어떤 구절들은 두 문서에서 완전히 서로 동일하다
(엡 1:4 = 골 1:22, 엡 1:15 = 골 1:4, 엡 2:13 = 골 1:20, 엡 4:2-3 = 골
3:12-13, 엡 6:21-2 2 = 골 4:7-8). 게다가 종종 유사한 어구들이, 다소 다
르지만, 또는 약간의 서로 다른 조화 속에서 사용되어진다(참조. 엡 1:18과 골
1:9, 엡 2:15과 골 2:14, 엡 3:2과 골 1:25, 엡 3:16과 골 1:11). 좋은 예는 에
베소서 5:19이다. 그것은 골로새서 3:16과 동일한 순서에 동일한 말로 되어 있
다. 하지만 상당히 다른 효과를 낸다. 왜냐하면 일련의 시리즈 직전이나 직후의
구조가 각각의 경우에 서로 분명하기 때문이다.

에베소서에 특징을 이루고 있는 어떤 표현들이 골로새서와 다른 바울 서신
에서도 발견된다. 물론 동일한 목표를 갖고 있지는 않다. "정사와 권세"(archai
kai exousiai)라는 용어는 에베소서 1:21, 3:10, 6:12뿐만 아니라 골로새서
1:16, 2:10, 15에서도 사용된다. 그러나 그 조합이 로마서 8:38, 고전 15:24에
서도 역시 발견된다. 또한 아주 유사한 표현인 "세상의 초등학문"(stoicheia tou
kosmou)이 골로새서 2:8, 20과 갈라디아서 4:3, 9에서도 발견되나, 에베소서
에서는 전혀 발견되지 않는다. 그 형태는 우리가 항상 기대할 수 있는 그런 것은

아니다. "초월"(hyperballō)이란 용어는 거의 에베소서의 스타일의 정점을 이루는 것으로 보인다(1:19, 2:7, 3:19). 그러나 그 용어는 골로새서에서는 나오지 않는다. 한편으로 그 용어는 보다 집중된 형태로 그밖에 다른 곳에서 발견된다. 즉 고린도후서 1:8, 3:10, 4:7, 17, 9:14, 11:23 그리고 12:7에서 나타난다. 마찬가지로 "영광의 찬송"이라는 용어는 골로새서에서는 나타나지 않는다. 하지만 빌립보서 1:11에서 다소 변화된 형태로 나타난다.

에베소서는 처음에 지식과 계몽이라는 용어가 특별히 풍부하게 나와있는 듯 보인다. 그러나 더 깊게 관찰해보면 다른 바울문서보다 더 두드러진 것은 없다. "지식"(gnosis)은 단 한번 사용되어진다(3:19, 참조. 골 2:3, 롬 15:14, 빌 3:8, 고전 1:5, 고후 4:6). "깨달음"(photizo)이라는 표현은 두 번 나타난다(엡 1:18, 3:9). 그리고 고린도전서 4:5과 디모데후서 1:10에 나타난다. 계시에 대한 은유인 "빛"(phos)이라는 용어는 골로새서 1:12, 데살로니가전서 5:5, 디모데전서 6:16, 로마서 13:12, 고린도후서 4:6과 6:14에서 발견된다. 요약해서 보면 에베소서의 단어와 문장은 시대착오적이지 않으며, 한편으로 그 문체상의 특이한 표현법은 모든 옥중서신(빌레몬서, 빌립보서, 골로새서 그리고 디모데후서)이나 특별히 기도에 헌신토록 유도된 여행서신의 일부(예를 들어 로마서 16:25 - 27과 고린도후서 1:3 - 7)들과 비교해 볼 때는 다소 감소된다.

이런 문체에 근거해서 저자를 결정하려고 하는 것은 항상 위험스러운 일이 따른다. 이는 마치 참된 셰익스피어의 작품과 관련해서 끝없는 논쟁이 있는 것과 같이 될 것이다. 이렇게 하는 것은 주관적인 판단이 항상 개입되기 때문이다. 저자는 어느 범주까지 허용될 수 있는가? 고려해야 할 환경적인 요소는 무엇인가? 플라톤의 「법」(*Law*)이 「국가론」(*Republic*)처럼 플라톤의 참된 작품인가? 대화의 형태가 거의 존재하지 않고 그 스타일이 전혀 다를지라도 말이다. 이런 차이점들이 투옥이나 버려짐과 같은 상대적으로 스트레스가 없는 인생에서의 실망과 같은 요소로 귀결된다면, 우리는 바울에게 영향을 줄 수 있는 그런 유사한 요소들을 허락할 수 있는가? 우리가 루시안의 역사이야기(*On the Writing of History*)에 대해 그 진정성을 결정하도록 부름받지 않았음을 다행으로 생각한다. 사실 그 책은 비교의 표준으로서 오직 상스러운 대화나 이야기만을 담고 있다.

에베소서의 문체가 진정성을 갖는다고 보기에는 그 서신의 문체가 너무 바울 자신의 문체와 동떨어져 있다고 간주되어진다면, 그 작성에 대하여 우리는 어떤 설명을 줄 수 있는가? 골로새서가 진짜 바울의 작품이라고 한다면, 그 위서자는 자신의 편지를 바울이 쓴 것이라고 독자들이 확신할 수 있도록 만들기 위하여 골로새 편지의 일부를 표절했을 것인가? 반면에 동시에 다른 참된 편지의 광범위한 발굴을 통해서 그 어휘를 확장시켰을 것인가? 사실 에베소서와 골로새서와의 관계는 데살로니가 전서와 후서와의 관계와 같다. 그래서 두 서신간의 문체상의 유사성이 한 서신의 진정성을 의심받게 하고 있다. 그러나 그런 설명은 두 가지 주요한 약점을 갖는다. 만약 골로새서를 그렇게 열심히 따랐다면, 공유된 어휘조차도 그 사용이 그렇게 흥미로운 방식으로 다를 수가 있는가? 그리고 그 위서자가 또 다른 참된 문서들을 이용했다면, 그 문서들을 보다 효과적으로 확신을 주는 방법으로 이용하지 못했는가?

에베소서의 진정성을 거부하는 사람들의 두번째 선택은 골로새서를 역시 바울의 진짜 작품이 아니라고 간주하는 것이다. 물론 이것은 보다 복잡한 노력을 요구한다. 첫째로 골로새서는 빌레몬서가 오직 사적인 편지임에도 불구하고 그 진정성을 확보하기 위해 빌레몬서로부터 그 정보를 이용한, 고의적인 위서로 간주되어야 한다. 그 다음에 에베소서는 매우 비슷한 형태로 쓰여졌다고 생각해야 한다. 하지만 그것은 골로새서의 스타일과 동일하지 않으며, 동일하지 않은 위서자에 의해 쓰여졌다고 생각해야만 한다. 이때에 개인적인 사람들의 언급을 이용함으로써 그 진정성을 확보하려는 충동은 신비스럽게 소홀히 되어질 것이다. 그리고 그 서신이 "에베소 성도들에게"라고 타이틀이 붙여졌다면, 그 저자는 에베소인들이 잘 알고 있었던 것으로 인식되는 바울 선교를 충분히 알지 못하고 있었을 것이다. 이는 전적으로 꼴사나운 일이다.

에베소서의 문체가 바울의 일생 동안에 바울의 주변에 있었던 사람들과는 다른 사람이 이 서신을 썼다고 할만큼 다양하지 않다고 한다면, 에베소서와 골로새서와의 관계는 에베소서가 바울의 진정한 작품임을 약화시키기보다는 도리어 강화시킨다. 문서들 사이에 유사성은 골로새서, 빌레몬서, 빌립보서, 디모데후서의 저작에 담겨 있는 환경에 의해서도 설명이 되어진다. 그 문서들 간의 차이점은 다양한 청중과 기능, 나머지 바울 작품의 공유된 관계 속에서 설명되어지는 것이다. 동일한 마음과 정신이 그들 작품의 생산에 기여했으며, 인도했다.

교회의 구조와 윤리와 관련해서 골로새서에서 이야기된 것이 에베소서에서도 역시 적용된다. 사도, 예언자, 목사 그리고 교사(4:11)의 목록과 따로 떨어진 교회 질서와 관련된 관심은 에베소서에 없다. 영적인 은사가 공동체의 생활을 규제한다(4:11-12). 행동은 성령의 변화시키시는 능력에서 유래한다(4:15-16, 23-24). 에베소서는 바울의 모방 동기에 대한 분명한 특징이 엿보인다(4:20-21, 5:1-2). 또한 결혼관계에 대한 가정의 책임에 대한 다룸이 상당히 많이 나온다(5:21-6:9).

에베소서의 진정성에 대한 참된 도전은 그 분명한 신학적 관점에서 나온다. 에베소서에는 문제를 제기할 만한 상당한 정도의 서로 다른 것들이 있다. 여기에 몇 가지 실례들이 있다. 바울은 하나님의 나라에 대해서는 종종 이야기하지 않는다. 그러나 그가 그것을 말할 때는 항상 "하나님의 나라"(롬 14:17, 고전 4:20, 6:9, 15:50, 살후 1:5, 골 1:13)라고 말한다. 하지만 골로새서 1:13에서 바울은 "사랑의 아들의 나라"라고 말하고 그리고 에베소서 5:5에서는 "그리스도와 하나님의 나라"라고 말한다. 고린도전서 15:24에서 그 나라를 그의 아버지에게 넘기울 때까지는 그리스도께서 그 나라를 통치하실 것임을 분명히 한다. 그리고 시편 8:6에서는 흥미로운 사실이 있다. "만물을 그 발 아래 두셨으니"라는 말은 고린도전서 15:27, 에베소서 1:22과 상당히 유사한 방법으로 사용되어진다. 그러나 거기에는 고려되어야 할 약간의 차이가 있다. 또한 바울이 교회를 그리스도의 몸이라고 부른 것은 확실하다. 그러나 골로새서 1:18과 에베소서 1:23에서 그리스도는 그 몸의 머리이고 우리는 지체의 각 부분이라고 말한다. 게다가 에베소서 5:23에서는 빌립보서 3:20에서(결코 논쟁이 될 수 없는 문서) 오직 발견되는 타이틀을 이용하면서, 그리스도는 "몸의 구주"라고 불리운다.

이 서신의 저자가 "비밀"(3:3-4, 6:19)에 대해 이야기할 때, 그는 무엇보다도 먼저 하나님의 계획 속에서 유대인과 이방인 간의 관계에 대해 언급한다. 그것은 확실히 바울의 언급이다(골 127, 롬 11:25, 16:25). 그러나 그는 역시 "비밀"이라는 말을 결혼에 적용시킨다(5:32). 그것은 고린도전서 7장에 함축되어 있는 그 의미를 적극적으로 나타내준다. 에베소서의 저자는 하나님의 뜻의 경륜(oikonomia, 1:10, 3:2, 9)에 대해 언급한다. "경륜"이라는 용어는 골로새서 1:25과 고린도전서 9:17에서도 발견된다. 그리고 바울은 그밖에 다른 곳에서 그 자신을 하나님의 비밀을 "맡은 자"(oikonomos)라고 표현한다(고전 4:1-2). 서로 다른 것들이 어디에서 완전히 이상한 것으로 변했는가?

바울의 경력과 에베소서 사이에서 중복해서 나타나는 관점의 차이점이 상당한 고통을 야기시키는가? 예를 들어 바울은 "교회"(ekklesia)라는 용어를(종종 복수로) 지역교회를 언급할 때에 일상적으로 사용한다(롬 16:4, 16:1, 살전 2:14, 고전 1:2, 4:17, 고후 8:1, 갈1:2, 빌 4:15). 고린도전서 11:18과 12:28에서는 바울은 단수로 교회를 회중을 일컫는 말로 사용한다. 또는 자신이 사도로 불리움을 받기 전에 "교회"를 박해했을 때에 그 말을 사용한다(빌 3:6, 고전 15:9). 에베소서에서 오직 단수의 사용은 지역회중에 대한 언급이 아니라, 그리스도인의 전체 모임에 대한 언급에서("그리스도는 교회의 머리이다", 5:23, 1:22, 2:10, 21, 5:23-32 참조) 발견된다. 오직 골로새서 1:18과 1:24만이 이에 가깝다. 그 차이점이 많은 지역교회에서 자기의식적인 세계적 운동에 참여하는 것으로 되돌아가려는 바울 계승자들의 관점을 드러내는가? 또한 교회의 그러한 점을 파생키 위해 바울이 헌금에 참여했다는 관점을 갖게 만드는가?

유사한 질문이 유대인과 이방인에 대한 취급에서 제기된다(2:11-22). 우리가 볼 것이지만 이런 설명은 어떤 면에서 상당히 로마서 9-11장과 가깝다. 그러나 로마서에서 유대인과 헬라인 간의 화목은 변증법적이고 미래 희망적인 것으로써 언급된다. 그렇지만 에베소서는 그것을 현재의 실제로 보이게 한다. 이런 변화는 다른 시간적 관점에서 기인되는가? 우리는 바울의 사후에 지금 현재에 우리가 아는 것보다 유대인과 이방인 간의 점증되는 조화의 증거가 있다면, 그렇다고 말할 수 있을 것이다. 또는 관점에서의 변이 때문에 역사의 커다란 관점에서 말하는 로마서와 실제적인 공동체 내에서 그 실현을 말하고 있는 에베소서와는 차이가 있는가? 또는 그 차이점이 명령법보다 직설법으로 말하도록 허락하는 새로운 기능을 도출케 했는가? 그 가능성의 수는 상당히 많으므로 어떤 결정을 내리기가 어렵다.

마지막으로, 에베소서는 성전(naos, 2:19-22)으로서의 교회에 대해 말한다. 그것은 확실히 바울의 가르침이다(참조, 고전 3:16, 고후 6:16). 바울은 많은 공동체, 즉 가족의 멤버들(oikeioi)을 성전이라고 불렀다(2:19, 참조. 갈 6:10). 그러나 이 성전이 "사도들과 선지자들의 터 위에 세우심을 입은 자라 그리스도 예수께서 친히 모퉁이 돌이 되셨다"고 말했을 때, 이것은 "이 닦아 둔 것 외에 능히 다른 터를 닦아 둘 자가 없으니 이 터는 곧 예수 그리스도라"고 말하는 고린도전서 3:11로부터 온 용인할 수 없는 은유적 변이를 보여주는 것인가?

그리고 그 언급이 사도와 선지자에 대한 언급은 그 시대의 멤버가 아닌 사람에 의해서 "사도 시대"에 대한 회상을 나타내주는 것인가? 또는 그 용어는 바울 자신의 사도적 역할에 대한 것이 아니라, 전 교회의 선교적 계획에 대한 설명인가? 그러므로 여기에서(고전 12:28, 엡 4:11에서처럼) 저자는 무의식적으로 "하나님이 교회 안에 사도를 첫번째로, 선지자를 두번째로, 교사를 세번째로 두셨다"는 것을 말해주는가?

에베소서의 진정성과 관련된 결정은 골로새서의 진정성과 관련한 결정보다 더욱 어렵다. 그러나 특별한 환경과 서신의 목적에 따라 설명할 수 없는 것은 아무것도 없다. 사실상 에베소서가 감옥에 갇힌 바울의 권위 아래서 이방인 공동체에 순환되도록 쓰여진 편지라고 한다면 개인적인 인물에 대한 언급의 부족, 문체상의 분명한 특징들, 전통의 사용, 교회의 관점 등은 모두 지적일 뿐만 아니라 역시 실제적으로 필요한 것들이다.

에베소서의 특징

에베소서가 바울 자신에 의해서 또는 바울의 직접적인 감독 하에서 쓰여진 것이 아니라면, 이는 바울의 가장 훌륭한 제자의 작품이라고 해야 할 것이다. 왜냐하면 에베소서의 종교적 교훈과 신학적 계시는 바울 자신의 어느 작품에도 조금도 뒤지지 않기 때문이다. 에베소서에서 우리는 이 세상과 교회에서 역사하시는 하나님의 주인된 모습을 발견하게 된다. 이는 논증의 열정이나 논리에 의한 것이 아니라, 기도적인 묵상에 의한 것이다. 에베소서는 설교로서 또는 지혜문서로서도 다양하게 묘사되어 질 수 있다. 그러나 가장 주요한 특징을 이루고 있는 것은 넘치는 기도의 분위기이다. 헬라어의 특별한 용솟음침은 무모한 열정이 아니라, 예전적인 기도의 전통적인 리듬에서 나온다. 그 열정적인 스타일에 대한 가장 좋은 유추는 회당 예배와 그 계승자가 되는 그리스도인 성찬 기도(anaphora)의 베라코트(berakoth)와 테필로트(tefilloth)이다(제2장 83-85를 보라). 여기서 우리는 예배로 도약되는 믿음의 해석을 볼 수 있다. 에베소서에서 신학은 기도를 알려주고 기도는 신학을 위한 수단이 된다.

이 서신에서 바울 복음의 분명한 요소가, 바울의 다른 문서에서 암시되었으나 여기서 아주 분명한 형성을 이루는, 상징적 구조 내에서 발견된다. 여기서 우리는 인간에 의해 믿음으로 받아들여지는 하나님의 은혜로운 선물로서의 칭의에 대한 바울의 강조를 본다(1:13, 2:5, 8-9). 그리고 그 선물이 무엇보다도 예수 그리스도의 십자가를 통해서 온다는 확신과 예수 그리스도의 희생적 죽음이 구속을 가져왔다는 확신의 강조를 본다(1:7). 여기서 변화시키시고(1:13-14, 4:17-5:2) 화목케 하시는(2:17-18) 능력으로서의 성령에 대한 인식이 있다. 그 능력은 다양한 은사로 공동체 속에 나타났다. 우리는 여기서 하나님의 계획 속에 있는 유대인과 이방인 간의 관계에 대한 바울의 강조를 역시 발견하게 된다 (1:12-13, 2:11-12, 3:6). 이는 항상 스스로 유대인이라고 밝히는 사람의 관점에서 표현되는 것이다(1:12, 2:11-14, 3:1). 그러므로 여기서 우리는 이방인에게 복음을 전파하는 바울의 사역이 하나님의 계시에서 온 것이라는 확신을 갖게 된다.

그러나 복음은 우주적 전쟁의 구조 속에서 주어진다. 그 우주적 전쟁 속에서는 진리와 거짓, 선과 악, 빛과 어두움이 항상 갈등을 일으킨다. 이 세상은 항상 영적인 권세로 대표되는 것이 있다(위에 6:10-18을 보라). "정사와 권세"는 인간보다 뛰어나다. 하지만 인간의 자유성향과 관계가 있다(1:21, 2:2, 3:10). 그러한 종교적인 실체의 상징성은 헬라세계에서는 흔이 있는 일이다. 그러므로 저자가 쿰란 분파와 같은 그룹에서 특별한 자료를 이용했다든지 또는 초기 그리스도인 운동에서 보편적으로 얻을 수 있는 넓은 묵시적 상징에서 이끌어낸 어떤 정의를 주고 있다고 말하는 것은 가능성이 없는 이야기이다(예를 들어 살전 5:6-11, 고후 6:14-7:1). 상징의 기원보다 더 중요한 것은 이 문서 속에서 그러한 것들이 쓰여지고 있다는 사실이다. 에베소서는 인간의 자유를 우주의 투쟁의 배경 속에 다룬다. 하나님으로부터의 인간 소외는 하나님을 대적하는 세력에 대해 인간이 노예화된 것이다. 또한 하나님으로부터의 소외는 인간 존재 사이의 적대감과 소외를 낳았다. 적대감의 주된 예가 인간을 "두 인종" 즉 유대인과 이방인으로 나눈 역사적 경쟁에서 발견된다.

에베소서에서 "복음"은 이런 우주적 역사적 적대감을 하나님께서 바꾸어 놓았다는 것이다. 에베소서에서 하나님은 모든 실제를 화목케 하시는 그의 신비스러운 계획을 계시하신다. 하나님은 그 자신과 인간 사이에 연합을 이루신다. 그러므로 하나님은 인간들 사이에서의 연합의 가능성을 계시하신다. 화목의 매개체는 메시아이시다. 메시아의 역설적인 죽음이 하나님과 인간 사이의 단절을 치유하신다. 오직 그것만이 인간을 포로케 하는 우주적 세력을 축소시킬 수 있다. 오직 그것만이 인간 존재의 새로운 방식을, 즉 적대감으로 나뉘지않고 평화 속에서 연합하는 인간 존재의 가능성을, 보여주신다.

이 화목의 표시는 교회에서 유대인과 헬라인 간의 연합인 것이다. 메시아의 공동체에서 성령은 모든 인간에게 하나님께 나아갈 수 있는 동등한 권세를 주셨다. 성령은 메시아에 기초하여 인간을 이끄신다. 그것이 교회를 창출한 은혜인 것이다. 그러나 그것은 역시 우리에게 위임되어 있다. 교회가 이 세상에서 역사하시는 하나님의 화목케 하시는 능력의 표시가 있다고 말한다면, 교회는 실제로 이 땅에서 그 연합을 나타내 보여야 한다. 교회는 바로 "만물 안에서 만물을 충만케 하시는 자의 충만"이다. 그러므로 교회는 이 서신의 중심되는 초점이 된다 (1:22, 2:21, 3:5-6를 보라). 왜냐하면 교회는 살아있는 공동체로서 세상과 우주적 권세에 대한 하나님의 역사와 가능성의 계시이기 때문이다(3:10).

이는 이제 교회로 말미암아 하늘에서 정사와 권세들에게 하나님의 각종 지혜를 알게 하려 하심이니

하나님의 역사를 인식하고 알 수 있는 것은 역시 교회 속에서 이루어진다 (3:21).

교회 안에서와 그리스도 예수 안에서 영광이 대대로 영원 무궁하기를 원하노라 아멘

선물: 화목의 장소로서의 교회(에베소서 1-3장)

에베소서의 특별한 분위기가 바로 나타난다. 바울의 다른 서신들과는 달리 (고후 1:3-7을 제외하고는), 에베소서는 감사로서 시작하지 않고 축복의 기도 (1:3-14)로서 시작한다. 이는 유대인의 berakah 형식과 흡사하다. 이는 다음의 세 가지 구조를 갖는다. (a) 하나님을 찬양한다(1:3). (b) 이 찬양에 대한 이유가 재진술된다. (c) 주기적인 찬양의 반응이 있다(1:6, 12, 14). 이 기도형식에서 바울은 서신의 주요 주제를 설명한다. 즉 하나님이 역사 속에서 이루어 놓으신 신비는 그의 아들 예수 그리스도의 죽음을 통하여 그의 목적과 뜻(1:5, 9, 11)

을 이루어놓으신 것이요, 자유로우신 은혜를 따라 인간에게 선물을 주신 것이다 (1:9). 이런 그의 모든 계획은 모든 실제를 하나님 자신과 연합시키는 것이다.(1:10). 이런 실현의 첫번째 표시는 성령이시다(1:13). 성령의 활동은 신자들의 미래의 보증이 되신다(1:14). 게다가 그 선물은 메시아를 기다려왔던 유대인들에게만 해당되는 것이 아니라 결코 메시아를 들어보지도 못했던 이방인들에게도 해당되는 것이다(1:12-13). 사실상 그 기도는 로마서 8:28-30에서 나타난 하나님의 목적에 대한 압축된 찬양의 확장이 된다.

바울은 감사의 구절을 사용하여 독자들에게 이 선물의 실재를 생각나게끔 한다. 그리하여 독자들이 그들 가운데 이루어진 것을 더 깊이 이해하도록 돕는다 (1:17-18). 그들은 그들 앞에 놓인 것들을 이해하여야 한다. 즉 그들은 "부르심의 소망과 성도 안에서 그 기업의 풍성"이 있다는 것을 깨달아야 한다. 아울러 "믿는 우리들에게 베푸신 능력이 지극히 크시다"는 것을 깨달아야 한다(1:19).그것이 "위대한 일을 이루시는" 하나님의 능력의 실제인 것이다. 바울은 그들이 이 능력의 궁극성을 알게 되기를 원한다. 하나님이 예수님을 죽은 자로부터 부활시키시고 그를 모든 영적인 존재보다 뛰어나게 하신 것은 바로 이 동일한 능력이다 (1:20-21). 엄밀히 말해서 이 권세는 교회 속에서 경험되어질 수 있는 능력이다(1:22-23).

> 또 만물을 그 발 아래 복종하게 하시고 그를 만물 위에 교회의 머리로 주셨느니라
> 교회는 그의 몸이니 만물 안에서 만물을 충만케 하시는 자의 충만이니라

감사의 구절은 신학적인 강화로 살며시 나아간다(2:1-22). 이것이 이 서신의 중심을 이룬다. 바울은 그속에서 인간을 위한 선물의 효과를 묘사하는 것을 계속한다. 먼저는 하나님과의 관계 속에서 그 다음에는 다른 사람들과의 관계 속에서(2:11-22) 이를 설명한다. 로마서의 설명에서 나타난 논증이 여기서도 상당히 농축된 형태로 제시된다. 2:1-2에서 바울은 인간의 상태를 악의 권세에 종속된 상태로 짧게 요약한다(롬 1:18-3:20 참조). 여기서 영적인 소외는 영적인 권세에 대한 종속으로 표현된다. "그때에 너희가 그 가운데서 행하여 이 세상 풍속을 좇고 공중의 권세 잡은 자를 따랐으니 곧 지금 불순종의 아들들 가운데서 역사하는 영이라"(2:2). 그러나 바울은 죄의 권세로부터 율법을 가졌던 사람들을 거기서 배제시키지 않는다(롬 2:17-3:20). 왜냐하면 "우리" 유대인들은 소외의

동일한 상태에 있기 때문이었다(2:3). "전에는 우리도 다 그 가운데서 우리 육체의 욕심을 따라 지내며 육체와 마음의 원하는 것을 하여 다른 이들과 같이 본질상 진노의 자녀이었더니." 로마서 3:21 - 5:21은 하나님이 예수 그리스도의 신실한 죽음을 통해 소외의 상태에서 화목과 평화의 상태로 바꾸셨다는 것을 논증했던 것처럼 에베소서 2:4 - 10에서는 하나님이 죄로 "죽은"(2:1, 5) 자들을 예수님의 부활을 통해 생명으로 이끄셨다는 것을 설명한다(2:5). 다시 말해서 거기에는 화목에 대한 우주적 의미의 강조가 있다(2:6 - 7). 아울러 인간의 응답은 확실히 바울적이다(2:8 - 9).

> 너희가 그 은혜를 인하여 믿음으로 말미암아 구원을 얻었나니 이것이 너희에게서 난 것이 아니요 하나님의 선물이라 행위에서 난 것이 아니니 이는 누구든지 자랑치 못하게 함이라

하나님에게서의 인간 존재의 우주적 소외는 "허물과 죄"(2:1)로 표현된다. 인간들 사이의 소외는 종교적인 상징의 왜곡에 의해서 표현된다. 즉 유대인과 헬라인 사이의 나눔으로 표현된다. 우리는 이제 이 편지의 가장 함축적이고 가장 어려운 부분에 도달하게 된다. 과감한 학가다 미드라쉬(haggadic midrash) 속에서 바울은 로마서 9 - 11장의 논증을 율법과 성전의 이미지를 조화시키면서 새로운 방식으로 재진술한다. 그는 하나님으로부터 오는 이런 은사들이 하나님에 대한 유대인들의 분명한 근접에도 불구하고(롬 9:4 - 5), 그것은 죄의 권세의 표시에 불과하다고 주장한다. 왜냐하면 유대인들의 주장은 인간 존재를 연합시키기보다는 분열시켰기 때문이다. 이런 사고는 상당히 복잡해 보인다.

유대인의 그러한 행동은 예루살렘 성전의 물질적인 모습에 의존한 것이다. 그것은 성소(Holy Place)와 이방인의 장소를 구분짓는 벽의 역할을 해왔던 것이다. 게다가 성소는 하나님에 대한 "접근"을 약속해왔기 때문에, 이 물질적인 모습은 인간과 우주 하나님과 인간 사이에 있는 벽을 상징해왔던 것이다. 율법을 준수하고 할례를 받은 사람들은 자신들이 하나님께 특별히 나아갈 수 있다고 생각했다. 왜냐하면 그들은 성소로 들어갈 수 있었기 때문이었다. 반면에 이런 상징들을 갖지 못했던 사람들은 그러한 접근에서 배제되어 죽음의 고통 하에 있는 사람처럼 여겨졌다. 그런데 문제는 율법과 성전에 있는 것이 아니라, 하나님의 은혜로운 선물을 바로 자기과장, 경쟁 그리고 자랑으로 왜곡시킨 인간의 적대감

에 있는 것이다(2:14).

바울은 십자가에서 죽으신 메시아의 모습을 이러한 상징들로 재구성한다. 십자가에서의 주님의 죽으심을 통해 하나님은 "적대감을 끝맺게 하셨다." 무엇보다도 하나님과 인간의 반목, 그리고 유대인과 헬라인 간의 적대는 끝난 것이다. 버려진 한 분의 보혈피가 모든 것의 연합을 위한 새로운 매개체가 되었다. 그것은 전체 유대인들의 상징적인 구조 속에서 재형성된 것이다(2:14-15).

> 그는 우리의 화평이신지라 둘로 하나를 만드사 중간에 막힌 담을 허시고 원수 된 것 곧 의문에 속한 계명의 율법을 자기 육체로 폐하셨으니

바울은 예수님 안에서 하나님의 은혜의 계시가 있을 뿐 아니라 새로운 인간을 위한 모델이 있다고 주장한다. 유대인과 헬라인은 모두 그리스도 안에서 하나님께 대한 새로운 방식의 접근을 찾게 된다(2:15-16).

> 이는 이 둘로 자기의 안에서 한 새 사람을 지어 화평하게 하시고 또 십자가로 이 둘을 한 몸으로 하나님과 화목하게 하려 하심이라 원수 된 것을 십자가로 소멸하시고

토라와 성전이 유대인에게 제공한 것을 예수님은 인류의 한 부분에게만 가져다 준 것이 아니라 하나님의 은혜로운 선물에 근거해서 모든 인류에게 가져다 준 것이다(2:17-18).

> 또 오셔서 먼데 있는 너희에게 평안을 전하고 가까운 데 있는 자들에게 평안을 전하셨으니 이는 저로 말미암아 우리 둘이 한 성령 안에서 아버지께 나아감을 얻게 하려 하심이라

바울은 이제 메시아적 공동체를 위한 성전의 상징을 재적응시킨다. 교회는 예수님의 "모퉁이돌" 위에서 세워진 것이다. 그러나 예수님은 살아 계신 주님이시고 "교회의 머리"가 되시기 때문에 교회는 "주님의 거룩한 성전에서 함께 모여 자라가는" 살아있는 실체가 되는 것이다. 교회는 이 세상에서의 화목의 장소이다. 교회는 이 세상에서 하나님과 희망과 없던 사람들이 더 이상 "나그네와 외인(2:12)이 아니라 오직 성도들과 동일한 시민이요 하나님의 권속이 되는"(2:19) 곳이다. 유대인과 헬라인은 "성령 안에서 하나님의 거하실 처소가 되기 위하여"

(2:22) 함께 연합된 예배의 살아있는 장소를 형성하게 된다.

바울은 자신의 소명과 사역을 이와 동일한 상징선 상에서 해석한다(3:1-3, 7-8). 즉 교회는 화목케 하시는 세상을 위한 하나님의 뜻이 분명히 나타나는 장소라는 것이다. "메시아의 비밀"이라는 그의 특별한 통찰에서 그러한 것이 나타난다(3:6).

이방인들이 복음으로 말미암아 그리스도 예수 안에서 함께 후사가 되고 함께 지체가 되고 함께 약속에 참예하는 자가 됨이라

그러므로 교회는 세상 속에서, 세상을 위해서 구원적이며 계시적인 기능을 갖는다. 교회는 세상에서 실제의 화목을 볼 수 있는 장소이다.

이는 이제 교회로 말미암아 하늘에서 정사와 권세들에게 하나님의 각종 지혜를 알게 하려 하심이니

세상 속에 있는 사람들이 경쟁이나 자랑에 근거하지 않고 하나님의 은혜(화목)에 근거한 인간의 가능성을 볼 수 있을 때, 그들은 스스로 평화의 공동체로 이끌림을 받게 될 것이다. 에베소서에서 교회는 그 자신을 위해서 존재하는 것이 아니라, 세상의 성사(sacrament)로서 존재한다. 교회는 세상에 대한 하나님의 미래의 가능성에 대한 표지요 실현인 것이다. 교회 속에서 하나님은 "영광을 받으신다." 즉 이 세상 속에서의 하나님의 임재는 교회 속에서 참으로 인식되는 것이다(3:20-21).

명령: 화목된 삶을 살라

에베소서의 도덕적 권면은 신학적인 강화와 긴밀히 연결되어 있다. 우주적 권세에 대한 예수님의 "실현된" 승리에 대한 강조가 메시아닉 공동체의 멤버들이 더 이상 싸움을 하지 않아도 된다는 것을 의미하지는 않는다는 것을 에베소서는 분명히 한다(2:5-8). 물론 그리스도 안에서 인간을 위한 새로운 형태의 가능성이 주어졌다(2:15). 성령은 그리스도 안에서 하나님께 나아갈 수 있도록 인간들에게 역사하신다(2:18). 성령은 우리의 행동이 새로운 신분에 걸맞을 수 있도록 활동하신다. "오직 심령으로 새롭게 되어 하나님을 따라 의와 진리의 거룩함으로

지으심을 받은 새 사람을 입으라"(4:23-24). 이런 요청은 각 개인들에게뿐 아니라 마찬가지로 교회에 주어진 것이다. 전체로서의 교회는 "오직 사랑 안에서 참된 것을 하여 범사에 그에게까지 자라야 한다"(4:15-16). 성령에 의해 주어진 은사가 평화와 일치의 은사라면 우리가 그 은사를 위임받았다고 하는 것을 발견하는 것은 놀라운 일이 아니다. 4:1-13에서 성령의 은사에 대한 바울의 목록은 다양성에 근거한 일치를 강조하고 있다. 이런 일치는 "곧 만유의 아버지시라 만유 위에 계시고 만유를 통일하시고 만유 가운데 계신"(4:6) 하나님의 하나됨에 궁극적으로 기조하고 있는 것이다.

하지만 교회가 이 세상에서 하나님의 역사를 나타내려면, 또한 그의 비밀을 정사와 권세자들에게 나타내려면(3:10), 교회는 진리와 빛을 저항하는 세상의 세력들과 싸워야만 한다. 신자들은 하나님의 전신갑주를 입고 우주의 전쟁에서 "악"과 맞싸워야만 한다(6:10-18). 무엇보다도 그들의 소명에 "합당한 방식으로 살 수 있도록"(4:1) 성령의 능력을 구해야만 한다(6:17-18).

그들 속에서 역사하시는 능력은 성령이시다. 하지만 예수님 자신이 그들의 변화의 척도가 되신다. 그들은 "믿는 것과 아는 일에 하나가 되어 온전한 사람을 이루어 그리스도의 장성한 분령이 충만한 데까지 이르러"(4:13)야 한다. 세례의 이미지를 사용하여 바울은 "총명이 어두워지고 저희 가운데 있는 무지함과 저희 마음이 굳어졌던"(4:18) 때를 특징짓는 이전 삶의 적대적인 행동과 태도를 "벗어버리고", 새로운 척도에 의해 살 것을 권고한다. 그들이 더 이상 어두움에 살지 않고 빛 가운데서 살려면, 다음과 같이 행동해야 한다(5:6-14).

> 그런즉 너희가 어떻게 행할 것을 자세히 주의하여 지혜 없는 자같이 말고 오직 지혜 있는 자같이 하여 세월을 아끼라 때가 악하니라(5:15)

이전의 생활 형태를 거부할 때 그들이 예수 안에서 볼 수 있는 형태를 취할 수 있는 것이다. 그들의 이전 방식에 대해 이야기할 때 바울은 이렇게 설명한다(4:20-21).

> 오직 너희는 그리스도를 이같이 배우지 아니하였느니라 진리가 예수 안에 있는 것 같이 너희가 과연 그에게서 듣고 또한 그 안에서 가르침을 받았을진대

바울은 일련의 대조되는 계명을 가지고서 이 실제적인 진술을 말한다. 바울은 거짓과(4:25), 적대감과(4:26), 훔치는 것과(4:28), 악한 말과(4:29), 악독과 노함과 분냄과 떠드는 것과 훼방하는 것을 모든 악의와 함께 버리라고 말한다(4:31). 역으로 말해서 진리를 말하라, 왜냐하면 그들은 모두 서로 한 식구이기 때문이다(4:25). 그들은 서로의 소유물을 나눌 수 있도록 서로에게 정직히 행해야만 한다(4:28). 그들은 새로운 신분 속에서 서로를 세워줄 수 있도록 말을 해야 한다(4:29). 그들은 서로에게 온유해야 한다(4:32-5:2).

서로에게 인자하게 하며 불쌍히 여기며 서로 용서하기를 하나님이 그리스도 안에서 너희를 용서하심과 같이 하라 그러므로 사랑을 입은 자녀같이 너희는 하나님을 본받는 자가 되고 그리스도께서 너희를 사랑하신 것같이 너희도 사랑 가운데서 행하라 그는 우리를 위하여 자신을 버리사 향기로운 제물과 생축으로 하나님께 드리셨느니라

그러므로 공동체의 전체적인 삶은 "겸손과 온유와 오래 참음"(4:2)의 태도에 기초하고 있어야 한다. 이는 메시아이신 예수님으로부터 배울 수 있는 것이다. 이런 태도로 그들은 하나님을 따라 창조된(4:24) "그리스도의 장성한 분량"(4:13)에 이르게 될 것이다. 그들은 "평안의 매는 줄로 성령의 하나되게 하신 것을 힘써 지킬"(4:3) 것이다.

가정(household)은 역시 그들의 구성원들과 동일한 태도를 보여주어야 한다. 에베소서의 가정의 의무에 대한 목록에서(5:21-6:9), 우리는 골로새서 3:18-4:6과 동일한 종류의 관계성과 호의를 보게 된다. 이것은 성도들이 함께 취하여 할 바로 그 태도인 것이다. 사회적인 삶의 형태 속에서 그것들을 지킴으로써, 그들은 이 세상에서의 하나님의 비밀을 드러내야 한다. 그러므로 바울이 "그리스도를 경외함으로 피차 복종하라"(5:21)고 했을 때 그는 의도적으로 초기의 진술, 즉 "그리스도께서 너희를 사랑하신 것 같이 너희도 사랑 가운데 행하라"(5:2)는 말씀을 상기시킨다.

그러나 이런 가정 윤리의 가장 두드러진 특징은 결혼에서 주어진 장황하면서도 적극적인 태도 속에서이다. 아내가 그녀의 남편에게 복종할 것을 간단하게 말하고 있을지라도, 가장 강력한 훈계는 관계에 있어서 보다 "높은" 자리에 있는 남편에게 주어진 것이다. 남편들은 "아내 사랑하기를 그리스도께서 교회를 사랑하시고 위하여 자신을 주심같이" 해야 한다(5:25). 바울은 결과적으로 강자의

모습은 약해지고, 다른 사람의 필요에 복종함으로써 사랑이 더욱 나타나도록 해야 한다고 말하고 있는 것이다. 바울의 언어는 여기서 더욱 진지해지고 있다. 그는 남편이 아내를 에로틱하고 연정적인 감정의 면에서만 오직 "사랑하라"고 말하고 있지 않다. 하나님이 예수님 안에서 자기를 드러내신 그런 자기비하의 성향인 아가페로서 남편이 아내를 "사랑하라"는 것이다.

바울이 결혼을 다룰 때 다음과 같은 특징적인 말로 결론을 내릴 수 있었던 것은 이런 연관성 때문이다(5:32).

이 비밀이 크도다 내가 그리스도와 교회에 대하여 말하노라

우리는 바울의 사역이 유대인과 헬라인을 화목되게 하고 교회 안에서 하나가 되도록 하는데 있다는 것을 기억한다. 그러므로 남편과 아내의 관계는 여러 사람들의 연합의 신비를 상징하는 것이다. 결혼은 공동체 속에서 그 사실을 명확히 잘 보여주는 것이다. 결혼 관계는 "유대인이나 헬라인이나 남자나 여자나" 차별이 없다고 하는 바울의 개념을 완성시켜준다. 이것은 동시에 교회가 평화와 화목의 장소로서 이 세상의 가능성에 대한 성사(예를 들어 효과적인 징표)인 것처럼 결혼은 보다 발전적으로 되어져야 할 교회에 대한 성사인 것이다. 남자와 여자는 서로에게 존경과 사랑과 봉사로 복종해야 한다. 그들은 거짓된 동일시가 아니라, 다원론의 일치에서 오는 연합과 평화를 찾는 것이다. 그러므로 유대인과 헬라인은 하나님의 목적이 이루어질 수 있도록, 즉 "하늘에 있는 것이나 땅에 있는 것이나 다 그리스도 안에서 통일되게 하려 하심이라"(1:10)는 하나님의 목적이 이루어질 수 있도록 서로에게 봉사함으로써 우리는 일치를 이루어나가야 한다.

참고문헌

에베소서에서 제기되는 난제들에 대한 고전적인 표현들은 H. J. Cadbury's "The Dilemma of Ephesians," *NTS* 5(1958): 91–102.

진정성에 대한 사례들이 다음의 사람들에 의해 다양한 방법으로 논증되어진다. E. J. Goodspeed, *The Meaning of Ephesians*(Chicago: Univ. of

Chicago Press, 1933), J. Coutts, "The Relationship of Ephesians and Colossians," *NTS* 3(1956-58): 115-27, J. A. Allen, "The 'In Christ' Formulations in Ephesians," *NTS* 5(1958-59): 54-62, E. Käsemann, "Ephesians and Acts," in *Studies in Luke-Acts*, ed. L. Keck and J. Martyn(Philadelphia: Fortress Press, 1980(1966), 288-97, A. E. Barnett, *Paul Becomes a Literary Influence*(Chicago: Univ. of Chicago Press, 1941). 진정성을 인정하는 측면에서 이 문제를 가장 정교하게 다룬 책은 A. Van Roon *The Authenticity of Ephesians*, NovTSup39 (Leiden: E. J. Brill, 1974).

본문 1:1에 대한 문제는 M. Santer, "The Text of Ephesians 1:1," *NTS* 15(1968-69): 247-48, R. Batey, "The Destination of Ephesians," *JBL* 82(1963): 101, E. Best, "Ephesians 1+1 Again," in *Paul and Paulinism*, ed. M. D. Hooker and S. G. Wilson(London: SPCK, 1982), 273-79.

에베소서의 예전적인 분위기에 대한 언급의 측면은 다음의 책에서 나와 있다. P. T. O'Brian, "Ephesians 1: An Unusual Introduction to a New Testament Letter," *NTS* 25(1978-79): 504-16, J. C. Kirby, *Ephesians, Baptism, and Pentecost: An Inquiry Into the Structure and Purpose of the Epistle to the Ephesians*(Montreal: McGill Univ. Press, 1968).

에베소서의 구체적인 상징 구조는 다음의 책들에서 논의되어져 있다. F. Musssner, "Contributions Made by Qumran to the Understanding of the Epistle to the Ephesians," in *Paul and Qumran*, ed. E. E. Ellis and E. Grässer(Göttingen: Vandenhoeck & Ruprecht, 1975), 57-75. 골로새서와 에베소서 양쪽에서 아주 중요한 것으로 나와있는 우주적 권세의 실체와 배경에 대해서는 다음에 책들에 논의되어져 있다. G. B. Caird, *Principalities and Powers: A Study in Pauline Theology*(Oxford: At the Clarendon Press, 1956), H. Schlier, *Principalities and Powers in the New Testament*(New York: Herder & Herder, 1961), W. Wink, *Naming the Powers: The Language of the Power in the New*

Testament, vol. 1: *The Powers*(Philadelphia: Fortress Press, 1984).

　　서신에 있어서 또 다른 주제적 요소들에 관해서는 다음의 책들에 나와 있다. R. Schnackenburg, *The Church in the New Testament*(New York: Herder & Herder, 1965), 77-85, L. Cerfaux, "The Revelation of the Mystery of Christ," in his *Christ in the Theology of St. Paul*(New York: Herder & Herder, 1959), 402-38, A. T. Lincoln, "The Use of the OT in Ephesians," *JSNT* 13-15(1981-82): 16-56, "Ephesians 2:8-10: A Summary of Paul's Gospel?" *CBQ* 45(1983): 617-30, R. A. Wild, "The Warrior and the Prisoner: Some Reflections on Ephesians 6:10-20," *CBQ* 46(1984): 284-98, " 'Be Imitators of God': Discipleship in the Letter to the Ephesians," in *Discipleship in the New Testament*, ed. F. Segovia(Philadelphia: Fortress Press, 1985), 127-43, M. Barth "Traditions in Ephesians,"*NTS* 30(1984): 3-25, J. P. Sampley, "And the Two Shall Become One Flesh": *A Study of Tradition in Eph. 5:21-23*, SNTSMS 16(New York and Cambridge: Cambridge Univ. Press, 1971), J. L. Houlden, "Christ and Ephesians," *SE* 6(1973): 267-73.

　　바울 작품의 진정성의 관점에서 조심스러운 주석을 달고 있는 작품들을 보려면 다음의 것을 보라. M. Barth, *Ephesians*, 2 vols., Anchor Bible(Garden City, N. Y.: Doubleday & Co., 1974). 또한 비진정성의 관점에서 주석을 보려면 다음의 것을 보라. C. L. Mitton, *Ephesians*, New Century Bible(Grand Rapids: Wm. B. Eerdamans, London: Oliphants, 1976).

제19장

디모데전서, 디모데후서, 디도서

18세기 이후로 바울서신 디모데전후서와 디도서는 목회서신이라고 불리운다. 초기 그리스도인 저술가들은 이 서신들을 바울의 진정한 서신으로 인정하고 인용했다. 그러나 이백여년 동안 학자들이 이 서신들의 진위에 대하여 논쟁을 일삼았다. 이에 대한 논쟁은 학자들의 대다수가 그 논점이 결정된 것으로 여긴다는 이유로 그 열기가 수그러들었다. 세 서신들이 모두 바울의 저작이 아니고, 후기에 바울 전통에 대한 증거를 보충하기 위하여 쓰여진 것이라는 견해가 지배적이었다. 어떤 학자들은 그 결론이 너무 경솔한 것이라고 주장한다. 이 서신들이 바울이 직접 기록한 편지가 아니라고 확신하는 나와 같은 입장의 학자들조차도 이 저작물들이 익명의 저자들의 작품이라고 주장하는 그 근거의 신빙성을 의심한다.

이 서신들은 편지일 뿐 이야기가 아니기 때문에 그 진위에 대한 결정은 바울의 사역에 대한 우리의 이미지, 바울의 사상적 발전에 대한 우리의 이해, 그리고 무엇보다도 이 서신들 자체에 대한 우리의 이해에 영향을 미친다.

이러한 논쟁이 이미 이 저작물들에 대한 학문적인 이해를 지배하고, 초기 그리스도인들의 경험과 해설에 대한 독특하고 개성적인 증거를 희석시킬 우려가 있지만, 그럼에도 불구하고 그 논점들을 고려하면 정경에 속하는 이 서신들이 지닌 독특한 성격에 대한 인식에 이를 수 있다.

논쟁자들 가운데 나타나는 강한 경향은 논쟁에 실제적인 영향을 미치고 있다. 영향을 미치고 있는 그 첫째 경향은 대부분의 학자들이 신약의 저자들 중에서 바울을 가장 중요하고 절대적인 위치에 있는 인물로 본다는 것이다. 무엇보다도 그는 "사도"이다. 학자들은 자신이 "진정한" 기독교의 본질에 속하는 것이라고 확정한 것들을 그에게서 발견하기를 원할 때가 많고, 자신이 확정하는 것에 상반될 때는 진정한 것이 아니라고 간주한다. 믿음으로 의롭다함을 얻는 교훈을 신약성경 전체의 핵심이라고 믿지 않더라도 바울 사상의 핵심이라고 간주하는 자들은 목회서신들을 도덕을 위한 저작물이라고 배격하는 경향이 있다. 반면, 교의와 교회의 조직과 성경의 영감을 중요하게 여기는 전통을 존중하는 자들은 그런 내용들을 목회서신뿐 아니라 논의의 여지가 없는 서신들에서도 찾으려는 경향이 있다. 따라서 이들은 이런 서신들을 사도의 진정한 서신으로 간주하려 한다. 학자들의 입장은 단순히 편견에 따라서 결정되는 것이 아니지만 자신의 편견을 일절 배제하지도 못한다.

둘째 경향은 바울을 최초의 가장 영향력이 강한 그리스도인 저자로 간주한다는 점이다. 어떤 이들에게 있어서는 어떤 서신의 진정성을 비판하는 것은 곧 그 가치조차도 비판하는 것을 의미한다. 이들은 한 저작물의 내용이나, 그 사회의 경전으로서의 가치보다는 저자가 누군가에 의하여 묵계적으로 그 가치를 평가한다. 이런 경향은 논쟁을 일삼는 양편에서 동일하게 발견된다. 어떤 이들은 목회서신들의 진정성을 인정하는 것은 불가피하게 그 가르침을 받아들이는 것으로 간주하여 이 서신들의 진정성에 대하여 비판하려고 한다. 다른 이들은 같은 이유로 이 서신들의 진정성을 옹호한다. 이런 경향은 건전한 문학적 및 역사적 판단에 도움이 되지 못한다.

셋째 경향은 편견에서 비롯된 것이 아니고 불가피한 분류작업의 결과로 오는 것이다. 이 세 서신들은 항상 한 묶음으로 취급되었다. 목회서신들이 각기 다른 면에서 귀중한 진리들을 담고 있지만 "목회서신"이란 분류는 이 세 서신들로 말미암아 생긴 것이다. 흔히 목회서신에는 복잡한 교회의 위계질서가 엿보인다고 말한다. 그러나 디모데후서에는 교회의 조직에 관한 언급을 찾아볼 수 없고, 디도서에는 조금 더 언급되었을 뿐이다. 각 서신의 프로필이 서로 다르지만 "목회서신에 등장하는 반대자들"에 대한 언급도 있다. 이런 일반적인 묘사는 서신에 대한 우리의 이해를 무디게 만들고, 또한 우리들이 바울의 다른 서신들과 이 목회서신들을 분리하여 생각하게 만든다. 이와 유사한 경향으로 데살로니가전후서를 바울의 다른 서신들에 대한 언급이 없는 별개의 서신들로 취급하려고 한다. 그러나 디도서를 선교여행 중에 기록된 다른 서신들과 함께 읽거나, 혹은 디모데후서를 다른 옥중서신과 함께 읽으면 이 서신들의 이질감이 해소된다.

　　이런 경향들을 염두에 두고 보더라도 디모데전후서와 디도서는 모든 독자들에게 독특하고 어려운 문제들을 제기한다. 이 서신들이 바울 사상의 흐름을 내포하고 있음을 아무도 부인하지 않는다. 바울의 이름으로 기록되었고, 그의 교훈으로 인정되는 가르침을 전하고 있다. 그러나 목회서신들마다 독자들이 바울 사상에 대하여 이해하고 있는 점과 다른 면들도 있기 때문에 이 서신들이 바울의 저작이라고 가장 확실히 믿는 자들도 그 익숙한 점들과 생소한 점들을 보고 이상하게 생각하게 된다.

고려할 사실들

　　논의할 점들이 너무 복잡하기 때문에 완벽한 논의는 불가능하지만 이 서신들의 경우에 있어서 그 진정성을 판단하는 기준들을 활용해야 한다. 서신들에 시대착오적인 요소가 없음에도 불구하고, 어떤 이들은 사도행전과 다른 서신들을 통하여 우리가 알고 있는 바울의 행적에 맞지 않는 것으로 생각한다. 디모데전서와 디도서는 바울의 활발한 사역을 전제하고 있다. 디모데전서에서, 바울은 마게도냐(딤전 1:3)로 가는 동안 자신의 대리자를 에베소에 남겨 두었다. 바울이 짧은 기간에 돌아올 때까지 디모데가 대신 일을 처리해야 했다(3:14). 바울이 에게해 연안에서 오랜 동안 사역하던 기간에는 이런 편지는 언제라도 쓰여질 수 있는 것이었다. 디도서는 그레데에 있는 바울의 대리자에게 보내어진 것이다(딛 1:5). 바울이 니고볼리스에서 겨울을 지내기로 작정하는데(3:12), 같은 이름의 도시가 몇 군데 있었다. 그레데에 교회가 있었어야 한다고 생각하는 것은 무리가 아니다. 그러나 사도행전의 기사를 보면 바울은 죄수의 신분으로 그곳을 지나쳐 갈 뿐이다(행 27:7-15). 바울이 거기에 교회를 세우거나, 혹은 자신의 대리자에게 명하여 교회를 세울 기회가 주어졌는가? "내가 너를 그레데에 떨어뜨려 둔"이라는 구절도 모호하다. 실제로 디도가 거기에 머물게 되었는가? 아니면 그 지역이 그의 책임 하에 있었는가?

　　디모데후서는 감금된 상태에서(아마 로마에서) 쓴 것이다(1:16-17). 그러나 바울이 첫번째 변명에 대하여 언급할 때, 첫번째 감금에서 풀려났으므로 이번이 두번째 감금임을 시사하는가(4:17)? 디모데전서와 디도서와는 달리 디모데후서는 바울의 조력자 15명에 대한 정보를 제공한다(4:9-21). 사도행전 21장 29절과 디모데후서 4장 20절과의 사이에 드로비모에 대한 언급이 모순된다고 트집을 잡는 학자들이 있지만 우리가 다른 곳에서 그들에 대하여 알 수 있는 사실들과 명백하게 상반되는 점들은 없다. 다른 정보들은 "에라스도는 고린도에 머물렀고"(4:20, 참조. 롬 16:23)라는 짧막한 표현과 같이 놀라울 정도로 확실하다.

이런 상황에서 어떻게 해야 할 것인가? 모든 서신들을 동일한 시간의 틀 속에 집어 넣으려는 시도는 분명히 문제를 더 어렵게 만들게 된다. 다음과 같은 해설은 가능성이 있다. 어떤 이들은 이 서신들이 필명을 사용한 것으로 바울의 죽음 직후에 동시에 쓰여진 것이라고 주장한다. 이 경우의 역사적 사실에 대한 정보는 필명을 꾸미기 위한 것이며, 전혀 사실과 상관없는 것이다. 둘째 해설은, 바울이 로마에서 첫번째 감금에서 풀려난 후 다시 체포되어 순교할 때까지 스페인(서바나)에서 전도했다는 고대의 전통에 의지하는 것이다(참조. *1 Clem.* 5.7). 이 해설을 지지하는 자들은 이 서신들에 반영된 바와 같이 두 번의 투옥사건 사이에 활동적인 기간이 있었다고 주장한다. 그러나 전통에 의하면 서쪽 지방에서 활동한 것으로 되어있으나 여기에서는 동쪽 지방에서 사역한 것으로 되어 있다. 셋째 해설은 이 서신들을 바울의 저작으로 간주하고, 우리가 사도행전 및 다른 서신들을 통하여 아는 바와 이 서신들이 조화를 이루게 하려고 하는 것이다. 그렇게 하려면 상당한 기술이 필요하지만 결코 불가능한 일은 아니다. 넷째 해설은 지지자가 별로 없지만 가장 좋은 선택이 될 것이다. 사도행전이나 서신들이 바울의 완벽한 일대기를 전해주지 않기 때문에 목회서신들도 바울의 전기 중 어느 부분에 해당하는지 자체적으로 밝히지 않는다고 보는 견해이다. 그러나 바울의 생애와 감금상태에서 일어난 사건들에 대하여 다른 자료에서 찾아볼 수 없는 중요한 정보들을 우리에게 제공해줄 수 있다고 주장한다. 우리가 의심하지 않는 투옥사건을 고린도후서에서 이야기하고 있는 것과 같이 우리가 달리는 알 수 없는 바울의 선교여행의 노고—그레데와 달마디아에서 겪은—를 이 목회서신들이 우리에게 전해준다 (참조. 롬 15:19).

목회서신에 적용할 스타일의 기준을 정하기란 어려운 일이다. 목회서신에는 바울의 다른 서신에서 볼 수 없는 많은 어휘들을 담고 있고, 신약성경에서 달리 입증될 수 없는 용어들을 제시한다. 그러나 이 세 서신들 사이에는 실제적인 상이점들이 있다. 대체로 디모데후서의 용어들은 바울의 다른 서신에 사용된 어휘들과 놀라울 정도로 가깝고, 반면 디모데전서와 디도서의 어휘 사용은 더욱 의미심장한 다양성을 보여준다. 얼마나 많은 특별한 용어들이 서신들의 성격, 강화의 성격, 그리고 주제에 어울리는 것인지 결정한다는 것은 어려운 일이다. 이 서신들이 구술을 받아적은 것이라는 표시는 전혀 없다. 그러나 필기자를 제외할 수는 없다. 디모데전서와 디도서의 용어들 중 많은 말이 신약성경에서 오직 누가복음과 사도행전에서만 사용되었으므로 누가가 필기자였든지(딤후 4:11), 아니면 서신들의 저자라는 주장도 나왔다.

용어보다는 문체 분석에 더 많은 관심이 집중되었다. 목회서신들의 구문은 일반적으로 갈라디아서와 로마서보다 부드럽고 말이 많은 편이다. 문장은 보다 길고, 규칙적이다. 분사의 사용이 보다 단순하고, 빈도수도 낮다. 그렇지만 로마서와 갈라디아서가 이 서신들에 사용된 "논쟁" 방식의 채용으로 얼마나 그 영향을 받고 있는가를 물어보아야 한다. 이와 대조적으로 목회서신들과 데살로니가전서 혹은 빌립보서와 비교하면 그 상이점은 크지 않다. 문체의 문제는 목회서신들이 골로새서와 에베소서처럼 달리 변화된 모습들을 보이지 않고, 일관된 "필적"을 나타내고 있다는 사실 때문에 더 미묘하게 되었다. 오히려, 바울의 용어와 문장 구조를 다른 사람의 그것들과 혼합한 것은 복잡하고 다양하다. 목회서신에는 바울의 진정한 메시지도 있고, 후대에 필명으로 새로 구성하여 이런 저작물이 되었다고 주장하는 학자들도 있다. 바울의 스타일과 다른 구절들이 목회서신들의 독특한 주제들과 서로 잘 어울리고 있는 점이 간과되고 있다.

일찍이 목회서신들의 진정성을 묻게 된 한 가지 이유는 이 서신들에 나타난 적대자, 즉 "이단"의 성격이었다. 그것은 2세기까지는 알려지지 않은 일종의 "영지주의"(참조. 딤전 6:20)이다. 이미 부활이 지나갔고(딤후 2:17 - 18), 혼인은 금해야 하고, 육체의 연습을 쌓아야 하고(딤전 4:3,8), 율법에 관심을 집중해야 한다고(딤전 1:7, 딛 3:9) 주장한 것이다. 물론 이런 표현들은 혼합하여 구성된 것이다. 이런 점들이 있을지라도 바울의 저작이라는 사실을 부인할 수는 없다. 왜냐하면 이런 혼합적인 표현들은 논의의 여지가 없는 서신들에서도 마찬가지로 발견되기 때문이다(참조. 고전 8:1 - 3, 15:17 - 19, 갈 4:8 - 10, 고전 7:1, 특별히 골 2:20 - 22). 그러나 서신의 구성적인 요소만 다루다가 서신들이 실제로 본질적으로 서로 다르다는 사실을 간과하고 있다. 서신들은 내적인 일관성이 있고 모순된 점이 없기 때문에 내용을 이해하기 위하여 다른 서신들의 도움을 빌릴 필요성이 없다. 이런 점을 감안하더라도 적대자에 대한 반응의 방식이 바울의 스타일이 아니라고 주장하는 이들도 있다. 목회서신에서는 책망조로 훈계하지 않고, 논증적으로 이야기하기 때문이다. 그러나 이런 주장도 좀 빗나간 견해이다. 디모데전서에서는 신학적인 문제를 여러 차례에 걸쳐서 명백하게 언급하고 있으며(1:8, 4:3-5,7-8, 6:5-10), 사도 바울도 라이벌인 교사들에 대하여 비판적인 말을 하고 있기 때문이다(참조. 고후 11:13-15, 갈 5:12, 6:13, 빌 3:12). 목회서신의 특징은 논증적인 부분들, 상투적인 문구, 그리고 디모데전후서의 전반에 작용하는 문학적인 기능이다.

　　이 서신들의 진정성은 거기에 언급된 교회조직 때문에 도전을 받아 왔다. 그리스도를 몸의 머리로 비유하는(골로새서의 교회론과 같이) 교회론에서 강조점이 변한 것이 아니라 전적으로 다른 전망을 가졌다. 교회의 유기체적인 의미는 상실되고, "하나님의 집"이라는 하나의 조직체로 대치되었다. 이 조직에는 감독, 장로, 그리고 집사의 위계조직이 있고, 또 여집사와 과부의 순위도 있다. 이와 같이 조직에 관심을 기울이게 된 까닭은 종말론적 기대와 초창기의 열정이 식어지고, 교회가 세상에 그대로 존속함으로 세상의 방식에 적응하게 되었을 때 "카리스마적 은사도 조직적으로 통제한" 데 있다. 어떤 이들은 여기서 보다 철저한 평등주의, 곧 널리 행해지는 바울 사상에 대한 방어적인 작용이 있음을 느낀다. 목회서신들은 교회를 잘 이끌어 나가기 위하여 감독의 직위와 위계질서가 절대적으로 필요한 때, 즉 안디옥의 이그나티우스의 편지에서(115년경) 볼 수 있는 것과 같은 시대와 상황 속에서 나온 것이다(참조. Ign. *Eph.* 2.2, *Magn.* 3.1, *Trall.* 2.2, 3.1).

　　위의 결론들은 목회서신들 자체가 증거하는 범위를 상당히 넘어가는 정도이다. 첫째로, 목회서신들이 말하는 교회 조직에 대하여 정확히 규정하기란 곤란하다. 왜냐하면 디모데후서에서는 교회 조직에 대한 언급이 전혀 없고, 또 디도서에 조금 언급된 내용은 디모데전서에서 말하는 조직과 정확하게 일치하지는 않는다. 둘째로, 교회 조직에 대하여 주의깊게 언급하지 않았다. 사실 1세기의 디아스포라 유대교의 회당 조직에 대하여 우리가 아는 바와 비슷하다. 셋째로, 조직적인 체계가 이 서신들 가운데서 타당한 것으로 인정을 받고 있는 것이 아니다. 다시 말하자면 신학적으로 변론되거나 해설된 것을 볼 수 없다. 성례와 연관된 조직에 대한 언급이 전혀 없다. 넷째로, 목회서신들은 교회조직에 대하여 묘사하려는 의도는 없고, 그저 조직이 있음을 전제로 할 뿐이다. 새로 직책을 갖는 자들을 위하여 직위에 대한 설명을 한 것은 없고, 다만 직책을 맡고 있는 자들의 도덕적 및 정신적 자질에 대하여 말할 뿐이다. 다섯째로, 각 지역에서 의도적인 집단에 대한 연구 보고에 의하면 의사 결정과 사회적 통제를 위한 강력한 조직이 없이는 수 십년을 지속하지 못한다고 한다. 한 집단이 태어나고, 오랜 세월이 흘러서 조직이 형성된다는 것은 상식적으로 납득이 되지 않는다. 조직과 카리스마는 사실 어느 한 쪽을 뒤따른다기보다는 공존하는 경우가 많다. 여섯째로, 바울의 공인된 서신들을 보면 여기서 말하는 직위를(감독들과 집사들, 빌 1:1, 여집사, 롬 16:1) 맡은 자들을 그 칭호로 그냥 부를 뿐 아니라 각 집단에서 권위있는 인물들의 역할을 분명히 인정하고 있다(참조. 고전 16:15-17, 갈 6:6, 골 4:17, 살전 5:12). 일곱째로, 바울의 공인된 서신들에 나타난 조직은 쿰란 집단에서 발견되는 조직보다는 목회서신에서 볼 수 있는 조직에 더 가깝다. 쿰란 집단과 같은 종말론적 메시아를 기대하고 카리스마적인 집단은, 엄격할 뿐만 아니라 신학적으로 합리화된 수준 높은 위계조직을 갖추고 있었다. 여덟째로, 목회서신들에 나타난 조직적인 문제에 관심을 기울이게 된 것은 이 문서의 성격과 수신인들의 신분의 영향이 크다.

목회서신의 진정성에 대한 가장 심한 반대의 원인은 그 신학 및 윤리의 기준에 있다. 바울의 저작물에 포함되는 서신으로 간주하더라도 이 서신들의 어떤 요소들은 좀 색다르다. 바울의 보편적인 용어인 "믿음," "율법," 그리고 "의"라는 단어가 사용되었지만 모두 그 뉘앙스가 약간 다르다. "율법"이란 말은 "법 있게"(딤전 1:8) 사용될 수 있는 것으로 표현되었고, "믿음"이란 말은 확신과 의뢰의 본질(딛 1:1, 딤전 5:8) 혹은 덕(딤후 2:22)보다는 하나님께 순종적으로 응답하는 것을 의미한다. "의"(디카이오쉬네)란 말은 하나님과의 올바른 관계에 있는 상태를 의미하는 것이 아니고, "정의"라는 그리스적인 의미로 덕을 의미한다(딤전 6:11, 딤후 2:22). 전통은 변화의 과정이라기보다는(고전 11:2, 23, 15:3) 보호되어야 할 진리의 누적이다(딤전 6:20, 딤후 1:12-14). 그리스도론에서는 구주로서의 예수의 역할과(딤후 1:10, 딛 1:4, 3:6) 그의 "나타나심"(딤전 6:14, 딤후 1:10)을 강조하고 있다. 이런 요소들이 확정된 서신들 중 어느 곳에서나 발견되지만 여기처럼 집중적으로 언급된 것은 없다는 사실을 간과해서는 안된다. 바로 이런 사실에서 그 차이점이 드러난다.

목회서신들의 윤리적인 교훈에 대해서도 그와 유사한 현상을 볼 수 있다. 고린도전서 7장에서 이 세상에서 "없는 자같이 하라"는 바울의 가르침과 같은 교훈은 확실히 찾아볼 수 없다. 여기서, 가정 안에서의 태도 및 경향이 사회 생활에서도 그대로 적용된다. 양심(쉬네이데스)에 대한 바울의 해설이 있지만 여기서는 강약의 개념으로 설명되지 않고(참보. 고전 8:7-12), "선한"(딤전 1:5, 19), "깨끗한"(딤전 3:9, 딤후 1:3) 등의 말과 함께 사용되었고, 또한 그와 대조적으로 "더러운"(딛 1:15), "화인맞은"(딤전 4:2) 따위의 말로 묘사되었다. 또한 여기서, "바른 교훈"(딤전 1:10, 6:3, 딤후 1:13, 4:3, 딛 1:9, 2:1)과 "바르지 못한" 교훈(딤후 2:17, 딤전 4:2)이 대조를 이루고 있는데, 이는 각각 덕있는 삶(딤전 1:10, 3:2-4, 11, 4:12, 딤후 2:22, 24, 3:10, 딛 1:7-9, 2:7)과 악한 행위(딤전 1:8-10, 딤후 3:2-5, 딛 3:3)를 표현하는 말이다.

이런 요소들을 열거하는 것은 쉽지만 평가하는 일은 어렵다. 나이가 든 사도의 견해에 의지하든, 혹은 차세대의 의견에 비추어 이해하려고 하든 그것들을 적절하게 설명할 수는 없다. 그러나 이 서신들에서 "성경적인" 해설 방식에서는 약간 멀어지고 그리스적인 방식으로는 좀더 가까워진 변화가 있음을 분명히 알 수 있다. 이런 각도에서 결론을 내리기 전에 갈라디아서와 로마서에서의 바울의 "성경적인" 스타일은 데살로니가전서나 빌립보서에서 보여진 그의 그리스적인 스타일보다 결코 더 자연스럽지 않다는 사실을 염두에 두는 것이 좋다. 그의 문체는 자신이 선택한 주제와 대상과 그의 이용하는 전통에 의하여 많은 영향을 받았다. 동일한 요소들이 목회서신의 도덕적인 논조를 설명하는데 도움이 되는가? 디도와 디모데는 적어도 부분적으로 그리스적인 배경이 있음이 틀림없다. 양자는 교사의 역할을 담당하는 것으로 묘사되어 있다. 이런 요소들을 통하여 이 서신들에서 사용된 언어의 색깔을 밝히는데 도움을 받을 수 있는가? 수준높은 그리스적인 교육을 받은 동료들 가운데서는 바울이 어떻게 말했는가?

사도의 저작에 대한 해설

대부분의 학자들은 목회서신이 바울의 순교 후에 오랜 세월이 지난 후에,

때로는 2세기 중반경에 "바울 학파"에 의하여 만들어진 것이라고 본다. 서신에서 개인적인 문제를 다룬 것은 전적으로 가공적인 것이며, 독자들이 바울의 저작으로 믿게 하기 위하여 진정한 서신들을 모방한 것으로 간주한다. 세 서신들은 어우러져 하나의 목적을 나타낸다. 목회서신은 교회의 위계질서의 시작, 교회의 예배와 사역을 규정한 「디다케」(Didache), 「사도들의 가르침」(Didascalia Apostolorum), 그리고 「사도헌장」(Apostolic Constitutions) 같은 문서들의 전통을 보여준다. 이 서신들이 기록된 까닭은 무엇인가? 아마 바울의 사상을 따르는 자들의 내부에서 바울의 금욕적인 면을 지나치게 확대 해석하는 이단들이 바울을 잘못 인용하는데 대한 보수적인 반응의 한 형태로 이런 서신을 저작하게 된 것인지도 모른다. 서머나의 폴리갑이 마르키온주의에 대항하는 하나의 무기로 이 서신들을 기록했다고 주장한 사람들도 있다. 또 하나의 자극적인 주장은 사회의 평온을 위협하는 평등주의, 특히 여성들 가운데 일어난 평등주의 사상이 그 원인적인 배경이라는 것이다.

그러므로 목회서신의 저자들은 지나친 금욕주의와 평등주의를 방지하고, 한편으로 조직과 질서를 강조함으로써 바울의 메시지를 새 세대를 위하여 적용하려고 노력했다. 그 과정에서 바울의 순교 후에 희미해진 종말론적 기대, 교회 조직의 확대, 그리고 세상에의 적응을 수용했음을 나타낸다. 목회서신에 나타난 바울 사상은 둘째, 셋째 세대의 관심이란 프리즘을 통하여 굴절된 것이다. 바울은 전설적인 영웅이며, 그의 진정한 천재성은 희미해졌고, 미래의 세대들을 위한 하나의 신앙의 "보증"으로 축소되었다.

많은 지지자들이 이러한 재구성 작업을 증거하기 위하여 노력했다. 그래서 바울의 사상을 따르는 무리들 가운데 발전과 갈등이 있게 되었다. 또한 사도행전과 에베소서와 더불어 목회서신은 "초기 카톨릭주의" 운동의 한 부분이라고 주장한다. 이 운동은 영지주의와 금욕주의를 배격하고, 한편 급진적인 바울을 온건한 모습으로 바꾸어 그의 서신들이 정경에 포함되게 하려고 했다.

이런 재구성 작업에도 심각할 정도로 부족한 점들이 노출되었다. 바울의 순교 직후에 필명으로 된 서간 형식의 작품이 용납되었고, 목회서신들은 고대 교회에서 보편적으로 진정한 바울의 저작으로 인정되었으나 다른 바울의 저작물은(*3 Corinthians, Letter to Laodiceans, Letters of Paul and Seneca, Acts of Paul and Thecla*) 전반적으로 거부되었다. 2세기 중엽으로 연대를 추산하면 폴리갑의 편지(*Letter to the Philippians* 4.1)에서 디모데전서 6장 7, 10절을 인용한 것을 빼버리고, 그의 말로 이해해야 한다. 이 구절들은 그의 편지의 독특한 문학적 형식에 어울리지 않는 것이다. 서신들의 연대를 늦게 잡으면 마르키온이 목회서신의 교훈들을 좋아하지 않았기 때문에 그의 정경에서 제외시켰다는 터툴리안의 분명한 언급을(*Against Marcion* Ⅴ.21) 무시해야 한다.

서로 유사하면서도 내용이 전혀 다른 세 서신들이 나오게 된 확실한 배경을 제공하는데 실패함으로, 그리고 목회서신 자체의 증거와 문학적 형식을 너무 소홀히 함으로써 서신들을 재구성하는데 성공을 거두지 못하고 있다. 예를 들면 바울이 이단들에게 인기가 높아서 실추된 그의 명예를 회복하기 위하여 이 서신들이 저작되었다는 주장도 있다. 그러나 바울의 권위를 거론하는 일은 이 서신들에서 찾아볼 수 없다. 그것은 언제나 미루어 생각하는 문제일 뿐이었다. 그의 "이미지"에 대하여 특별한 주의를 기울이지도 않았다. 이런 주장은 학자들 사이에서나 있는 교의상의 상세한 구별을 의식하는 것을 전제하고 있다. 바울의 가치에 대하여 의심하거나 왜곡하는 자들에게 오히려 목회서신의 평범한 자료들이 효과적인 교정 수단이 되기도 한다. 바울의 모든 서신들이 비교의 대상이 될 수 있는가? 불가피하게 가설은 필명으로 쓴 저작물이라는 데서 위조물이라는 주장으로 나아가게 된다. 폴리갑 같은 전통의 리더가 서신을 창작하여 새로 발견된 바울의 저작이라고 주장하면서 돌린다. 주지하는 바와 같이 이런 일은 폴리갑의 성격상 어울리지 않을 뿐 아니라, 만약 사실이 그러하다면 왜 폴리갑이 더 많은 위조 서신들을 만들지 않았는지 의아심을 갖게 한다. 바울이 논의의 대상이 되고, 라이벌 집단이 사도적 기원을 기준으로 하여 수용할 수 있는 서신과 수용할 수 없는 서신들의 목록을 편집할 때라면 이런 일이 일시적이나마 성공을 거두게 되었을까?

문학적인 작품을 모방하여 습작하는 학교에서 이런 서신을 만들어 내게 되었다는 주장도 있다. 이런 생각은 재치있는 하나의 해결책으로 간주된다. 왜냐하면 이런 설명을 통하여 카리스마적인 모호성과 의도적인 위작이라는 불행한 옵션들을 제거할 수 있기 때문이다. 바울의 생전에 이런 학교가 존재했음을 우리가 확신하는 만큼 그의 사후에도 운영되었음을 확신할 수만 있다면 이런 아이디어는 설득력있는 주장이 될 것이다. 아무리 현명한 제안이라고 하더라도 전적으로 만족스러운 것은 아니다. 바울의 모범적인 삶을 모방했었다면 왜 교회에 보낸 그의 서신이 복제되지 않고, 오히려 개인적인 대리인에게 보낸 편지가 남아 있는 것일까? 왜 확정된 서신들의 문체와 형식을 좀더 정확하게 따르지 않았을까? 미완성 유고 가설은 여기서 별로 도움이 안된다. 사소한 자전적인 설명이 먼저 나오고, 그 다음에 어설픈 새로운 구상을 시작한 까닭을 이해하기 어렵다. 그리고 이 서신들이 바울의 저작권을 의심하게 만드는 요소는 무엇인가? 필명을 이용한 저작자가 진짜 바울의 단편들을 가지고 있었다면, 왜 그 스타일을 모방하지 않았을까?

재구성의 해결되지 않는 어려운 점은 목회서신들의 다양성에 있다. 내적으로는 일치하는 상황에 있지만 다른 두 서신의 상황과는 서로 일치되지 않는 이 세 서신들이 기록된 이유는 무엇인가? 이미 설립된 교회(에베소)와 새로 설립되는 교회(그레데)에 대한 정말 같은 이야기를 꾸며내고, 각 교회에 대한 적당한 지시 사항을 꾸며낼 수 있는 간교한 위조자가 자신의 목적을 위하여 바울의 진정한 서신들을 좀더 확실하게 모방할 수는 없단 말인가?

목회서신들을 각각 전체의 한 부분으로 취급하는 태도를 버리고, 각각 분리되고 대등한 관계에 있는 서신으로 회복시키지 않으면 이 서신들을 이해하는데 아무런 진전도 없을 것이다. 예를 들면 디모데후서의 각 조목들은 디모데전서보다는 진정성을 주장하기에 훨씬 더 유리하다. 처음에는 이 서신들의 진정성에 대한 의문은 오직 디모데전서에만, 그것도 한 가지 문제에만 국한 시키고 있었다. 이 세 서신 모두에 대하여 그 진정성을 부인하게 된 것은 근래의 일이며, 건전하지 못한 발전이다. 예를 들면 디모데전서는 바울의 진정한 서신인 디모데후서에 기초하여 필명으로 쓴 것이라는 주장은 이론적으로는 가능하다. 이런 가능성은 마땅히 고려되어야 한다. 그러나 각 서신의 문학적 특성과, 바울 전통 안에서 기독교의 메시지를 형성하는데 이바지한 점들에 대하여 새롭게 깊은 주의를 기울일 필요성이 있다.

바울의 대리자들

이 서신들은 바울의 가장 중요한 대리자들에게 보낸 것이다. 우리는 바울의 사역 중에 디모데의 탁월한 역할을 거듭 보아 왔다. 그는 다섯 개의 서신의 공동 스폰서이며(참조. 고후 1:1, 빌 1:1, 골 1:1, 살전 1:1, 살후 1:1), 고린도와(롬 16:21) 마찬가지로 데살로니가(살전 3:2)와 빌립보(빌 2:19)의 마게도냐 교회들(참조. 행 18:5, 19:22)에 대하여 바울의 중개인 역할을 담당했다. 디모데전서 1장3절에 의하면 그는 에베소교회에 대하여 같은 역할을 담당했다. 사도행전 16장 1절을 보면, 그에게는 그리스인 부친이 있는데, 아마 그래서 그는 그리스 교육을 잘 받은 것 같다. 다른 서신들에서 바울의 그에 대한 말에 의하면 바울의 사역에 디모데의 특별한 역할과 위치가 어떠한지 분명하다. 바울이(고전 4:16) 다루기 힘든 고린도인들에게 디모데를 본받으라고 권면할 때 다음과 같은 말을 덧붙였다(4:17).

> 이를 인하여 내가 주 안에서 내 사랑하고 신실한 아들 디모데를 너희에게 보내었노니 저가 너희로 하여금 그리스도 예수 안에서 나의 행사 곧 내가 각처 각 교회에서 가르치는 것을 생각나게 하리라

빌립보의 교인들에게(2:19-23) 서신을 보낼 때 바울은 디모데에 대하여 다음과 같이 말한다.

> 내가 디모데를 속히 너희에게 보내기를 주 안에서 바람은 너희 사정을 앎으로 안위를 받으려 함이니 이는 뜻을 같이 하여 너희 사정을 진실히 생각할 자가 이 밖에 내게 없음이라 저희가 다 자기 일을 구하고 그리스도 예수의 일을 구하지 아니하되 디모데의 연단을 너희가 아나니 자식이 아비에게 함같이 나와 함께 복음을 위하여 수고하였느니라 그러므로 내가 내 일이 어떻게 될 것을 보아서 곧 이 사람을 보내기를 바라고…

마지막으로, 데살로니가전서 3장 2절에서 바울은 디모데에 대하여 다음과 같이 보고한다.

> 우리 형제 곧 그리스도 복음의 하나님의 일꾼인 디모데를 보내노니 이는 너희를 굳게 하고 너희 믿음에 대하여 위로함으로…

위와 같이 디모데의 성격을 단편적으로 설명한 것과 목회서신에서 그를 묘사한 것을 대조하면 놀랍게 일치한다. 거기서 그는 연소하고, 겁많고, 그리고 쉽게 멸시를 당했다(딤전 4:12, 딤후 1:7). 그는 "사랑하는 아들"(딤후 1:2), 혹은

"참 아들"(딤전 1:2)이다. 그는 "하나님의 종"(디아코노스, 살전 3:2, 둘로스, 딤후 2:24와 빌 1:1). 그는 다른 사람들을 "권해야 하고"(딤전 6:2, 딤후 4:2), 교회들에게 바울의 가르침을 "기억하게 해야 하고"(딤후 2:14), "본이 되어야 하고"(딤전 4:12), 그리고 바울에게서 들은 바 "바른 말을 본받아 지켜야 했다" (딤후 1:13). 이런 일치된 점들을 설명하는 데는 두 가지 합당한 해설이 있다. 첫째는 서신에서 바울이 자신의 대리자를 습관적으로 인식하는 방식을 정확하게 전달하고 있다는 것이다. 둘째는 필명을 사용하여 저작한 자가 모방할 때에 이런 별명이 의미하는 범위를 마음껏 이용한다는 것이다. 무엇보다 중요한 점은 디모데전후서에서 묘사한 디모데의 역할이 확정된 서신들에서 나타난 그의 역할과 정확하게 일치한다는 사실이다. 그는 바울의 분쟁해결자이다.

확정된 서신들은 디도에 관해서 전해주는 바가 별로 없다. 그는 그리스 출신이며(갈 2:3), 따라서 바울은 디도가 예루살렘으로 동행했을 때 그가 할례를 받지 않았음을 이야기했다(갈 2:1). 비록 증명될 수 없는 일이지만 그는 바로 사도행전 18장 7절에서 하나님을 공경하는 자로 불리었고, 바울이 회당을 떠난 후에 그의 집을 사용한 디도 유스도와 동일인일 것이다. 그는 두드러지게 바울의 고린도 사역에 동참했고(고후 2:13, 7:6,13,14), 특별히 연보를 거두는 일을 도왔다(고후 8:6, 16, 23, 12:18). 그는 지방교회의 대표자가 아니고 바울의 협력자이다(코이노노스, 고후 8:23). 그는 바울과 친밀한 관계에 있는 것으로 묘사되지는 않는다. 디도서에서도 그런 사실을 느낄 수 있다. 여기서 그는 "참 아들"(딛 1:4)로 불리지만 디모데전후서에서 볼 수 있는 정감은 없다. 그레데에서의 그의 임무는 연보를 거두는 일도 포함되어 있다(참조. 딛 3:14). 디모데후서 4장 10절에 의하면 디도는 달마누다에서도 일했는데 이곳은 바울의 선교활동의 넓은 범위에 포함된다(참조. 롬 15:19).

이런 책임을 맡고 있는 대리자에게 바울이 어떤 편지를 쓸 것으로 생각하겠는가? 집단의 병폐에 대하여 쓴 서신으로서 부적절하다고 생각되는 문제들을 논의할 수 있겠다. 바울을 따르는 활발한 집단을 다루는 일의 어려움에 대하여 개인적으로 격려하는 일이 있을 수 있다. 그 집단이 추구하는 이상을 잊지 않도록 격려할 수 있다. 라이벌 교사들을 물리치기 위하여 적의를 품고 질책할 수 있다. 지방의 지도체계와 조직적인 갈등에 관한 특별한 지시 사항이 있을 수 있다. 우리는 긴 교의적인 논의를 기대할 수는 없으나 관습적인 암시는 생각해 볼 수 있다. 우리는 그리스 교육을 받은 동료 사역자에 대하여 덕과 악을 멀리하도록 강조하는 윤리적인 가르침과 더불어 경건성과, "구주의 나타나심"이 중점적으로 묘사된 그리스도론을 강조하는 복음을 기대할 수 있다. 이런 서신에서는 대리자의 개인적인 성격과 함께 가르치는 직분에 합당한 자세를 다루는데 관심을 쏟기가 쉬울 것이다. 그리스 세계의 관습에 의하면 이런 서신들은 전례가 있다.

디모데후서: 개인적인 교훈의 서간

바울은 감옥에서 디모데에게 편지를 쓴다(1:16, 2:9, 4:16). 그는 주위에 동역자들이 있어도 다른 사람들의 배교에 대하여 민감한 반응을 보인다(1:15, 4:10,16). 그는 여전히 복음을 전파하려고 힘쓰고(4:17), 대리자(4:10-12)와 서신(4:13)을 통하여 선교활동을 지시한다. 그에게는 활동적인 대적도 있다(4:14). 그는 죽음이 가까이 다가옴을 느끼지만(4:6-8) 투쟁 중에 자신의 사랑하는 대리자를 격려하고 훈계하기 위하여 서신을 쓴다. 편지는 디모데에 대한 변함없는 관심으로 일관되어 있다. 다른 사람들에 대하여 언급하다가도 금방 그에게로 방향을 바꾸어, "그러나 너는…"이라고 말한다. 이 편지에서 가장 빈번한 동사의 형태는 이인칭 단수 명령형이다. 디모데에게 새로운 것을 전달하는 것은 없고, 다만 그가 이미 알고 있는 것을 기억케 하며, 그것을 굳게 붙잡도록 권고한다.

여기서 우리가 늙고 죽음을 맞이하는 종교적 지도자가 다가올 투쟁과 인내의 필요성을 생각하여 자신의 추종자를 훈계하는 모습을 대하기 때문에 이 서신들이 필명을 사용하여 저작된 것으로 간주하는 자들은 디모데후서를 이해하는데 가장 적절한 문학적 범주로서 「12족장의 증언」(*Testaments of the Twelve Patriarchs*), 혹은 사도행전 20장 17-35절에서 볼 수 있는 고별 강화를 든다. 그러나 이 서신에 보다 더 가까운 형식으로 필명을 요구하지 않는 것은 바로 개인적인 교훈을 위한 편지이다.

수사학 교본에 "epistole parainetike"(교훈적 편지)라는 장르가 있는데, 이는 "어떤 이로 하여금 무엇을 추구하고, 어떤 것은 금할 것을 권하기 위하여" 쓰여진 것이다. 위(僞)-리바니우스에 의하여 씌어진 편지의 실례가 있다.

친애하는 친구여, 항상 덕스러운 인물들의 경쟁자가 되시오. 왜냐하면 악한 사람들을 따르다가 모든 사람들에게 비난을 받는 것보다는 선량한 사람들을 모방하면서 좋은 소리를 듣는 것이 나은 일이기 때문이오.

이 짧은 예문에는 모방, 모델, 그리고 옵션에 대한 대조적인 표현(이것을 하라, 저것은 피하라)이 모두 들어 있다. 소크라테스의 이름을 빌린 자가 쓴 「데모니쿠스에게」(*To Demonicus*)라는 논문과 같은 실제적인 교훈의 강화에서는 그 형식을 정확히 따르고 있다. 모델의 제시와 기억에 대한 호소(*Dem* 3-11) 다음에는 흔히 대조적으로 표현되고(12-19), 또한 결론에서는 모방을(50-51) 위한 모델의 제시가 있는 일련의 도덕적인 격언이 이어진다. 이와 같이 우리는 디모데후서에서도 역시 기억, 모델, 그리고 격언의 요소들을 발견한다.

다른 요소들에 대해서는 설명이 필요하다. 거짓 교사들에 대한 논의가 있다. 그들에 대한 세부적인 정보가 우리에게 없지만 부겔로와 허모게네(1:15), 그리고 후메내오와 빌레도(2:17)라는 이름이 있다. 그들은 부활이 이미 지나갔다고 주장했다(2:18). 그 뿐만 아니라 심한 말을 하고(2:16, 23), 교육수준이 낮은 여자들을(3:6) 지적으로 우롱하고, 그리고 연약한 도덕심을 유린하는 그들의 방식으로 특징지워진다. 그들의 말은 그리스 철학자들이 상대를 서로 공격할 때 쓰는 말과 같이 상투적인 비방의 형식대로 할 때가 많다. 그러나 바울은 그들을 직접적으로 공격하는 일이 없다. 바울의 관심은 자기의 대리자에게 있다. 그는 디모데에 대한 직접적인 지시와 거짓 교사들의 특징을 말하는 것을 번갈아 하고 있다. 이 교훈적인 편지에서 거짓 교사들은 디모데가 피해야 할 부정적인 모델이 된다. 철학자연하는 자들에게 행한 훈계적 강화에서 동일한 논증을 찾아볼 수 있다. 그 가운데서도 생활 양식이 공개적인 비난의 대상이 되는 중상자는 이상적인 교사의 대조적인 타입으로 등장한다(참조. Dio *Oration* 77/78, Lucian *Demonax*, Epictetus *Discourses* Ⅲ.22).

디모데후서는 개인적인 교훈의 편지의 종합적인 형식을 갖추고 있다. 그러나 디모데가 교사로서의 역할을 담당하고 있으므로 훈계적인 강화의 요소들과, 특히 효과를 극대화하기 위하여 하나의 겉포장처럼 논쟁적인 요소가 사용된 것이 보인다. 그러므로 디모데후서의 구조는 (1) 바울을 모델로 제시하는 것(1:3-2:13)과 (2) 거짓 교사들과 대조적으로 등장하는 교사인 디모데를 위한 교훈(2:14 - 4:5)과 (3) 바울의 모델로서의 등장(4:6 - 18)으로 구성되어 있다.

가르치는 자와 고난받는 자의 모델인 바울
(딤후 1:3 - 2:13)

기억과 모델의 동기가 편지의 서두를 장식한다. 라이벌인 교사들의 대적과 성공을 직면하면서 디모데는 용기를 잃어버리고, 특히 그의 믿음의 "아버지"인 바울의 석방에 대한 희망이 거의 없는 지경에서 말씀전파하는 일을 포기해버리고 싶은 시험을 받는다. 그는 디모데를(1:3) "기억하고", 그의 눈물을(1:4) "기억하고", 그리고 그의 어머니와 할머니에게서(1:5) 배운 신실한 믿음을 "기억한다." 바울이, "…네 속에도 있는 줄 확신하노라"고(1:5) 덧붙여 말할 때 그는 자신의 관심을 표명하고 있다. 그는 디모데가 받은 그 부름심의 성질과 특성을 "기억하게 할" 필요성을 분명히 느끼고 있다. 그가 받은 것은 두려워하는 마음이 아니요, "능력과 사랑과 근신하는 마음"이었다. 바울은 디모데가 사역을 잘 감당할 수 있도록 이 능력과 확신의 은사를 다시 "불일듯하게" 하기를 원하고 있다 (1:6).

바울은 디모데를 위하여 자신을 하나의 모델로 제시하므로 디모데는 그의 안에서 "바른 말의 본"(1:13)을 발견할 수 있다. "우리 안에 거하시는 성령으로 말미암아"(1:14) 부탁한 것이므로 디모데는 바울의 전하여준 본을 지킬 수 있다. 바울은 바른 교훈의 근원 그 이상의 존재이다. 바울은 역경 중에 복음을 위하여 어떻게 고난을 받을 것인지 그 본을 보여주었다. 주를 증거하는 일을 "부끄러워하지 말라"는 가르침을 받았다. 그는 "복음과 함께 고난을 받아야 한다" (1:8). 바울도 역시 이 "복음"의(1:11) "반포자와 사도와 교사"로 지목을 받았으므로 "이 고난을 받되 부끄러워하지 아니한다"고(1:12) 말한다. 그는 고난을 당하였으되 부끄러워하지 않았다. 그러므로 디모데도 "복음"을 위한 고난 때문에 뒤로 물러가서는 안된다. 그는 하나님의 능력과(1:8), 내주하시는 성령과 (1:14), 그리고 하나님의 약속의 신실성으로 계속 전진할 수 있다.

1:15 - 18에 나오는 오네시보로에 대한 언급은 포인트를 벗어난 것이 아니다. 오네시보로는 바울을 도왔고, 심지어 바울이 갇혀 있을 때도 개의치 않고 그를 도왔으므로 디모데에게 또 한 가지의 모델이 되는 것이다. "저가 … 나의 사

슬에 매인 것을 부끄러워 아니하여 …"라고 바울은 증거했다(1:16). 바울은 자신의 고난에 대하여(1:12) 하나님으로부터 상급이 있을 것을 기대할 수 있기 때문에 "원컨대 수께서 저로 하여금 그날에 주의 긍휼을 얻게 하여 주옵소서"라고 기도할 수 있었다(1:18).

디모데의 둘째 역할은 2장 2절에 제시되어 있다. 그는 "건전한 가르침"을 다른 사람에게 부탁하여 가르칠 수 있게 해야 한다. 디모데는 복음을 위하여 살고, 복음을 위하여 고난을 받는 유일한 그리스도인이 아니다. 정확히 말하자면 그가 "복음"의 교사이기 때문에 고난을 당하게 된다. 그러므로 말의 중심은 그의 가르치는 사역, 그 자신이 갖추어야 하고, 다른 사람들에게 주입시켜야 할 자세에 대한 것으로 넘어간다. 그러나 그 역할에 대한 이야기로 넘어가기 전에 (2:14-4:5) 바울은 디모데가 보고 격려를 받을 수 있는 일련의 모델을 제시한다. "네가 그리스도 예수의 좋은 군사로 나와 함께 고난을 받을찌니"(2:3)라는 말은 첫째 역할을 가리키는 것이다. 군사, 경기자, 그리고 농부는 모두 그리스의 도덕 교육상 그 힘을 발휘하게 하기 위하여 예로 제시되는 것이다. 바울은 여기서 의무에 주의를 기울이도록 강조하고 있다. 군사는 외부의 일로 주의를 흐트려서는 안되고, 경기자는 법대로 경주를 해야 하며, 농부는 열심히 일해야 한다. 상급은 헌신에 따라 주어진다. 군사는 모집한 자를 기쁘게 하며, 경기자는 면류관을 받고, 그리고 농부는 곡식의 첫 열매를 즐거워한다(2:3-6).

바울은 가장 중요한 자신의 본보기를 마지막에 제시한다. "나의 복음과 같이 다윗의 씨로 죽은 자 가운데서 다시 살으신 예수 그리스도를 기억하라"(2:8). 다시 기억하는 일에 주의를 환기시킨다. 그런데 디모데는 예수에 대하여 무엇을 기억해야 하는가? 다음 구절에 그 열쇠가 있다. "복음을 인하여 내가…고난을 받았으니…"(2:9). 바울은 다른 사람들이 구원에 이르도록 고난을 받는 것이다 (2:10). 여기서 암시하는 뜻은 "복음으로써 생명과 썩지 아니할 것을 드러내시기 위하여"(1:10) 예수께서도 고난을 받으시고 죽으셨다는 것이다. 그래서 바울은 디모데에게 "미쁜 말씀"이 생각나게 한다(2:11-13).

> 우리가 주와 함께 죽었으면 또한 함께 살 것이요 참으면 또한 함께 왕노릇할 것이요 우리가 주를 부인하면 주도 우리를 부인하실 것이라 우리는 미쁨이 없을찌라도 주는 일향 미쁘시니 자기를 부인하실 수 없으시리라

이 명백한 전통적인 말씀을 증거하는 첫번째 세 줄은 완벽한 내적 대칭을 이루고 있다. 우리가 하나님을 위하면, 하나님께서도 우리를 위하실 것이요, 현재 예수와 함께 고난을 받으면 나중에 예수와 함께 영광을 받을 것이다. 참으면 함께 왕노릇할 것이요, 부인하면 주도 우리는 부인하실 것이다. 그런데 마지막 구절은 놀라운 말이다. 여기서 우리를 전형적으로 바울의 강조하는 것을 볼 수 있다. 인간의 불성실함보다 하나님의 미쁘심이 더 크다. 하나님께서는 이 대칭을 통하여 드러나는 인간의 부족한 것을 은혜로 건져주신다.

바울이 빌립보인들에게 예수와 자신을 포함하여(빌 2:1-4:3) "다른 사람에게 봉사하는 삶"의 본보기들을 보여줌으로 우리는 여기서 동일한 수사학적 기교를 발견하게 된다. 바울은 디모데에게 상급을 바라보면서 고난을 받는 확실한 본보기들을 보여준다. 오네시보, 군사, 경기자, 농부, 바울 자신, 그리고 죽은 자 가운데서 일어나신 예수님이 곧 그 본보기들이다.

이상적인 교사(딤후 2:14-4:5)

바울은 일련의 대칭으로 이루어진 격언들로 모델을 꾸미고 있다. 디모데의 자세와 행동은 거짓 교사들과 대조된다. 그들은 말다툼을 하고(2:14), 헛된 말을 하여(2:16) 독한 창질의 썩어져감과 같다. 그들은 정욕을 품고 있고(2:22), 어리석고 무식한 변론을 일삼는다(2:23). 그들은 모든 악한 일들을 다 행한다(3:2-5). 디모데와 그의 가르침을 받는 자들은(2:14) 이런 행위와 이런 사람들을 멀리해야 한다(2:14,16,22,23, 3:5). 디모데의 대적들은 교육을 잘 받지 못한 자들과 호기심에 끌리는 자들을(3:6-7) 유린하는 횐소리꾼들이다(3:13). 그들은 바로의 궁전에 있던 마술사들과 같아서 "마음이 부패한 자요 믿음에 관하여는 버리운 자들"이다(3:8). 바울은 이 단락에서 공간적인 배경을 이용한다. 대적들은 항상 움직이는 중에 있다. 그들은 "이집 저집으로 돌아다닌다"(3:6). 그들은 "넘어지고 빗나가고 있다"(2:18). 그들은 "대적한다"(3:8). 그들은 "경건치 아니함에 점점 나아간다"(2:16, 3:13). 이런 퇴보에 반하여 디모데는 "확신한 일에 거하고"(3:14), "굳게 서야 한다"(3:14, 4:2). 비록 그들의 일이 "진척되더라도" 그들이 "더 나가지 못할 것"을 바울은 디모데에게 확신시킨다(3:9). 대적들이 그 일에 어느 정도 성공하고 있는 것이 분명하게 보이므로 이런 위로는 참으로 반가운 것이다. 사람들이 "쾌락을 사랑하기를 하나님 사랑하는 것보다 더할 때"(3:4) 바울은 "마지막 날"이라고 부른다. 세상은 더욱 나빠져 갈 뿐이다. 사람들이 바른 교훈에 경청하려고 하지 않으며, 사욕을 좇을 헛소리꾼을 찾을 것이다(4:3).

무관심과 배교의 조류 속에서 바울은 디모데에게 다만 근신하여 고난을 참고 직무를 다하라고 말할 수 있을 뿐이다(4:5). 디모데는 시류를 좇아 진리를 왜곡되게 할 수 없고 신실하게 남은 자가 되어야 한다(4:1-2).

너는 말씀을 전파하라 때를 얻든지 못 얻든지 항상 힘쓰라 범사에 오래 참음과 가르침으로 경책하며 경계하며 권하라

디모데는 대적들 앞에서 굳건하게 견디는 모델로서 다시 한 번 바울을 바라볼 수 있다. 바울은 다음과 같은 일들을 기억하도록 디모데에게 권한다(3:10-11).

나의 교훈과 행실과 의향과 믿음과 오래 참음과 사랑과 인내와 핍박과 고난과 또한 안디옥과 이고니온과 루스드라에서 당한 일과 어떠한 핍박 받은 것을 네가 과연 보고 알았거니와 주께서 이 모든 것 가운데서 나를 건지셨느니라

바울도 역시 진리를 대항하는 것을 경험했다. 그러나 바울이 흔들리지 않고 진리를 붙잡은 것처럼 디모데도 그렇게 해야 한다. 병든 세상에서 건강한 것은 하나의 위협이 된다. "무릇 그리스도 예수 안에서 경건하게 살고자 하는 자는 핍박을 받으리라"(3:12). 그러나 바울이 건짐을 받은 것처럼—"주께서 이 모든 것 가운데서 나를 건지셨느니라"(3:11)—디모데도 건짐을 받을 것이다.

대적들의 거친 행동과 성공을 비추어보면 바울이 디모데에게 충고하는 말은 주의깊게 새길 말씀이다. 근대의 도덕적인 문학에서는 의학적인 비유의 사용이 보편적이다. 따라서 바울이 "바른" 교훈과 "거짓" 교훈을 대조시킨 것은 통상적인 범주를 벗어난 것이 아니다. 이점이 바로 대적들의 도덕적 행위에 반대하는 논쟁자들이 힘을 얻게 되는 근거이다. 왜냐하면 고대인들은 행위가 깨달음에서 나오고, 나쁜 생각은 나쁜 행동으로 이어진다는 것을 알고 있었기 때문이다. 교사를 의원에 비유하는 것은 바울의 착상이 아니다(2:15). 그러나 이런 언어를

사용한 철학자들은 "병적인 사상"에 대한 적절한 의학적인 접근이라는 것을 동의하지 않는다. 견유학파의 사람들과 같은 이들은 거칠은 태도와 경멸하는 태도를 옹호했다. 그들은 외과의사처럼 수술을 행했다. 다른 이들은 부드러운 태도와 돌보는 자세가 도덕적 병폐를 치유하는 데 더 효과적이라고 생각한다. 디모데후서에서, 바울이 디모데를 옹호하는 데에 이런 방식으로 접근한다. 바울이 자신을 "유모처럼 유순한 자"로 특징지운 것 같이 디모데도 유순한 자가 되기를 원한다. 바울은 책망을 할 때도 거친 말다툼은 피한다. 바울은 이런 태도야말로 대적들의 회개의 가능성을 열어주는 것으로 간주한다(2:24-26).

> 마땅히 주의 종은 다투지 아니하고 모든 사람을 대하여 온유하며 가르치기를 잘하며 참으며 거역하는 자를 온유함으로 징계할찌니 혹 하나님이 저희에게 회개함을 주사 진리를 알게 하실까 하며 저회로 깨어 마귀의 올무에서 벗어나 하나님께 사로잡힌바 되어 그 뜻을 좇게 하실까 함이라

그리스도인 교사가 이용할 수 있는 자료는 어떤 것인가? 디모데는 모계 조상들로부터 믿음 안에서 받은 교육을 밑천으로 삼을 수 있다(1:5, 3:14). 디모데는 바울에게서 바른 교훈의 근원과(1:13) 흔들림없이 사역에 임하는 본보기를 (3:10) 찾을 수 있고, 또한 "좋은 소식"을 위하여 고난받는 모델을 볼 수 있다 (3:11, 4:6). 그리고 바울처럼, 디모데는 어릴 때부터 배웠던 성경의 지도를 받는다. 성경은 "그리스도 예수 안에 있는 믿음으로 말미암아 구원에 이르는 지혜"를 그에게 가르친다(3:15). 그리고 성경은 하나님의 감동으로 되었으므로 (3:16-17),

> 교훈과 책망과 바르게 함과 의로 교육하기에 유익하니 이는 하나님의 사람으로 온전케 하며 모든 선한 일을 행하기에 온전케 하려 함이니라

소망으로 고난받는 자의 모델인 바울(딤후 4:6-18)

바울은 디모데를 위한 모델로 자신을 제시함으로써 결론을 맺는다. 바울은 심지어 감옥에서도 해를 많이 보았다(4:14). 그럼에도 불구하고 바울은 자신의 사역에서 물러서지 않았다(4:17).

주께서 내 곁에 서서 나를 강건케 하심은 나로 말미암아 전도의 말씀이 온전히 전파되어 이방인으로 듣게 하려 하심이니 내가 사자의 입에서 건지웠느니라

디모데에게 주는 교훈은 분명하다. 그는 겁쟁이가 되어서는 안되고, 바울의 인내를 본받고, 그리고 "복음을 위한 그의 고난에 동참해야 한다." 그는 주께서 바울을 도우신 것을 의지할 수 있고, 그리고 바울이 순교할 때가 가까워지므로 주의 도우심에 의지해야만 한다. 바울은 자신의 소망으로 끝맺으면서(이제 후로는 나를 위하여 의의 면류관이 예비되었으므로 주 곧 의로우신 재판장이 그 날에 내게 주실 것이니), 또한 그 소망을 디모데에게까지 확장시킨다(내게만 아니라 주의 나타나심을 사모하는 모든 자에게니라, 4:8).

디모데전서(하나님의 집 안의 생활)

디모데전서는 목회서신의 전형적인 형식에 가장 가까운 서신이다. 개인적인 교훈의 편지의 요소들이 그 안에 있다. 바울은(죄인에 대한 하나님의 자비를 증거하는, 1:16) 본보기이며, 디모데는 교회를 위한 모델이 된다(4:12). 디모데의 태도는 거짓 교사들과 대조가 된다(1:3-20, 4:1-16, 6:2b-16, 20-21). 그러나 이 서신은 디모데후서보다 전반적으로 문학적 일관성은 결여되어 있다. 개인적인 형편에 대한 정보는 단순한 것 뿐이다. 바울이 마게도냐로 가던 중 디모데를 에베소에 남겨두었다(1:3). 바울은 곧 돌아오기를 희망하지만(3:14) 자신의 대리자에게 지시사항을 편지로 써 보낸다(3:15).

하나님의 집에서 어떻게 행하여야 할·것을 알게 하려 함이니 이 집은 살아 계신 하나님의 교회요 진리의 기둥과 터이니라

이런 지시들은 디모데전서의 특별한 성격을 이룬다. 여기에서는 기도(2:2), 예식에서 여자의 역할(2:8-15), 감독과(3:1-7) 집사와(3:8-13) 여자집사의 (5:3-16) 자질, 과부의 보호(5:3-16), 장로에 대한 대우(5:17-19), 장로에 대한 송사(5:19-22), 그리고 종과(6:1-2) 상전들의(6:17-19) 자세 등을 다루고 있다. 디모데전서를 대할 때 가장 당황하게 만드는 것은 이런 요소들이 아무런 연관성없이 함께 언급되었다는 사실이다. 만일 누구든지 디모데와 대적들

에 관한 구절들을 분리해 놓으면 그 결과는 디모데후서와 같은 서신이 될 것이다. 만일 지시사항만 따로 모으면 문서는 일시적이고 어떤 틀이 없는 경향이 보이지만 후기의 "교회 조직"의 핵심을 이루게 될 것이다.

집단의 문제에 대한 관심이 이 편지의 가장 중요한 특징인데, 그 집단 전체나 지방의 리더에게 말하는 것이 아니고, 지방교회의 생활에서 부딪히는 문제들을 다루어야 할 대리자에게 말하고 있다. 그렇다면 에베소인 집단의 상황은 어떠했는가? 언제나 그러한 바와 같이 정확한 재구성은 어려운 일이다. 이 편지는 전체적으로 기본적인 구조가 잘 짜여진 비교적 성숙된 집단의 인상을 보여준다. 그러나 흔히 보는 바와 같이 이 집단 내에도 상식을 벗어난 문제가 있다. 여기서도 다시 후메내오과 알렉산더라는 이름이 등장하는데(1:20), 함께 언급되었다(참조. 딤후 2:17, 4:14). 그들에 대하여 별로 아는 바가 없고, 다만 "양심을 버렸고 그 믿음에 관하여는 파선하였느니라"는 증거가 있을 뿐이다. 그래서 바울은 그들을 사단에게 넘겨주어 징계를 받아 훼방하지 못하게 하려고 했다(1:19-20). 이런 사실에 비추어보면 그들은 이전에, 혹은 그 당시에 교회의 멤버들이었다. 또한 "어떤 사람들"(소수의 사람들)에 대해서만 언급하고 있다(1:3,6, 6:21). 디모데는 다른 교훈(헤테로디다스케인, 1:3)을 가르치지 못하게 그들을 책망하려고 한다. 다른 교훈이 어떤 것인지는 분명하지 않다. 어떤 이들은 "율법의 선생"이(1:7) 되기를 원하고, "신화와 끝없는 족보"에(1:4) 착념하고 있다. 어떤 이들은 "양심이 화인 맞아서 외식함으로 거짓말"을 하여 그리스도인의 결혼에 반대하고, 식사에 대한 규제와(4:2-3) 다른 형식의 금욕주의를 주장했다(4:7-8). 어떤 이들은 자신들의 교훈에 대한 대가를 요구했다(6:5). 이들에 대한 바울의 마지막 묘사로, "거짓되이 일컫는 지식의 망령되고 허한 말과 변론"에 빠진 자들이라고 말했다(6:20). 이들의 특징은 바울의 다른 서신에 나오는 대적들의 특징과 동질적이다. 그러나 이들의 중상하는 성질만 제외하면(예, 탐욕스런 고발), 그리스의 광신적인 종교계에서 볼 수 있는 소수의 비전적인 그룹을 다시 보는 것과 같다.

디모데전서와 후서가 서로 다른 몇 가지 특징은 거짓 교사들에 대한 문제에서 드러난다. (1) 디모데전서에서는 거짓 교사들의 공격적인 책략이나 그 효과에 대한 언급이 없다. (2) 디모데전서에 의하면 거짓 교사들은 외부에서 들어온 자들이 아니고, 그 집단 내부의 야심에 찬 엘리트 멤버들이다. (3) 디모데후서와는 대조적으로 이 서신에서는 그들에 대한 책망이나 교정 문제를 중점을 두지 않는다. 그냥 지시만 하고 있다. 그들에게 유순하게 대하라는 말이나 그들의 회심을 바라는 희망적인 말도 없다.(4) 반면에 그들에 대하여 논쟁적인 밀보다 더 심한 언사를 사용했다. 여기서 바울은 대적들이 왜곡시키는 문제들에 대한 적절한 설명을 제공한다. 그들이 율법의 선생이 되려함으로(1:7) 바울은 율법의 본질과 기능에 대하여 상세히 설명했다(1:8-10). 그들이 결혼과 식물을 금함으로 바울은 창조의 근본적인 선함과, 기도로 그 기능이 정결케 될 수 있음을 강조했다(4:3-5). 바울은 육체적 연습을 주장하는데 대하여 "경건에 이르는 연습"으로 맞서고 있다. 자신의 교훈을 가르치고 금전적 보답을 바라는 자들에 대응하여 경건으로부터 사람이 기대할 수 있는 "유익"이 어떤 것인지 정확하고 상세하게 설명한다(6:5-10). 그러나 문제를 일으키는 자들에 대하여, 혹은 그들의 말에 대응하여 한 말과, 집단 생활에 관한 구체적인 지시의 말과의 사이에 직접적인 혹은 명백한 관계를 밝히기란 매우 어렵다. 다른 교훈으로 말미암아 야기된 문제의 심각성을 짐작할 수 있다. 바울은 기도란 논쟁의 대상이 되어서는 안되고, 여자에게 가르치는 역할을 주어서도 안되고(2:8-15), 과부는 빈둥빈둥 돌아다니거나 수다장이가 되어서도 안되고(5:13), 장로를 경솔하게 세워서도 안되고(5:22), 종들에게는 믿는 상전에게 순종해야 한다고 주장했다(6:2). 그러나 문제점과 바울의 훈계와의 명백한 관계를 찾기란 더욱 어렵다.

디모데전서에는 바울의 잘 알려진 교훈에 대한 암시가 있다. 특별히 모든 인류를 구원하고자 하시는 하나님의 뜻을 강조하는데서 그런 사실이 드러난다(참조. 1:15-16, 2:3-6, 4:9-10, 6:13-16). 하나님의 자비하심의 증거로 삼을 수 있는 바울의 회심에 대한 아름다운 이야기뿐만 아니라(1:12-16) 예수의 시험과 증거에 대한 암시도 있다(2:6, 6:13). 3장 16절에서는 그 "신비"를 찬양하듯이 표현했다.

> 그는 육신으로 나타난 바 되시고 영으로 의롭다 하심을 입으시고 천사들에게 보이시고 만국에 전파되시고 세상에서 믿은 바 되시고 영광 가운데서 올리우셨음이니라

그러나 이런 요소들은 실제적인 지시와 도덕적 훈계의 배경―"바른 교훈"(1:10, 6:3), "경건에 이르는 연습"(1:4, 4:7), 그리고 "화인 맞은 양심"과(1:4,

4:7) 대조되는 "선한 양심"(1:5,19, 3:9)—에 의하여 드러난다.

하나님의 집

디모데전서에서 에베소에 있는 교회의 집단 구조의 완전하고 만족할 만한 모습을 이끌어낸다는 것은 쉽지 않다. 지시의 내용은 역사가의 호기심을 고려한 것이 아니라 그 당시 저자와 수신자에게 관련된 문제들을 다룬 것이다.

저자는 교회를 하나님의 집이라고 부른다(오이쿠 투 테우, 3:15). 바울은 다른 서신에서 집단의 구성원을 비유적으로 "하인"(롬 14:4) 혹은 "권속"(갈 6:10, 엡 2:19)이라고 부를 수 있지만 "…에 있는 교회"라는 표현을 사용하고 있다(참조. 롬 16:5, 고전 16:19, 골 4:15). 의도적인 집단으로서의 교회는 가정적 구조와 완전히 동일하게 되지 않는다는 점을 여기서 주목할 필요가 있다. "개인의 가정"과 집단을 구별한 곳이 몇 군데 있다(딤전 3:4-5,12, 5:4). 더우기 이 집단은 전형적으로 가정과 연합된 군주주의적인 구조를 가진 모습으로 나타나지 않는다. 사실, 이 서신에서 가정의 가장 중요한 기능은 리더십을 유추할 수 있게 하는 데 있다. 하나의 조직 속에서 발휘되는 행정적인 능력과 리더십은 다른 조직에서도 적용된다. 근대의 독자들에게 모호하더라도 개인 가정의 생활 및 책임과, 교회 안에서의 생활 및 책임과의 사이에는 뚜렷한 구별이 있다(참조. 5:4,8,16).

바울이 디모데에게 지시하는 사항은 집단 생활의 몇 가지 영역에 적용된다. 어떤 이들은 개인 가정의 생활과, 그들 가운데 사는 집단의 멤버들의 생활을 중심으로 살아야 한다. 그리스도인 상전을 모신 노예의 입장이 그러하고(6:1-2), 자신의 부를 의지하지 않고 다른 사람을 돕는 데 사용하는 집단의 부요한 자들의 입장이 그러하다(6:17-19). 또한 가정의 자녀들이 과부가 된 어른에게 행해야 할 일이 그런 것이며(5:4,8,16), 그리고 디모데가 연령과 성별이 다양한 그룹에 대하여 지녀야 할 태도에 대한 평범하고 적절한 충고의 내용이 바로 그런 것이다 (5:1-2). 이런 충고에는 극적인 요소는 별로 없고, 믿지 못할 것이라곤 하나도 없다. 저자는 신자들의 가정 생활에서 질서, 교양, 그리고 어느 정도의 관대한 태도를 원한다.

집단의 예배 생활에 대한 관심도 별로 나타나지 않는다. 고린도전서 11-14

장의 성찬식과 카리스마적 은사에 대한 가르침과는 약간 각도를 달리한 교훈을 알 수 있다. 세 가지 특별한 지시 사항이 언급되었다. 첫째로, 기도는 모든 사람을 위하여, 특히 지도자들을 위하여 드려야 한다(2:1-4). 손을 들어 기도하는 남자들이 분노와 다툼이 없어야 한다는 둘째 지시 사항과 같이 여기에는 확실히 예외가 없다(2:8). 그러나 여자들에 대한 지시는 문제가 좀 있다. 화려한 외모의 장식과 내적으로 덕있는 삶을 대조하는 것은 그리스적인 도덕적 훈계와 디아스포라 유대교의 윤리적 교훈에 흔히 있는 말이다(2:9-10). 반면에 여자가 회중을 가르치거나 남자를 주장하는 일을 금하는 것은, 가정의 예배에서는 어떤 역할을 맡을 수 있는 여자들이 아무런 순서에도 참여할 수 없는 유대인의 회당의 예배 관습과 비슷한 면이 있는 것 같다(2:11-12). 여기서 말한 지시의 내용에는 고린도전서 11장 2-16절과 14장 34-36절에서 볼 수 있는 긴장이 없다. 고린도전서에는 카리스마적인 예배 분위기여서 여자들도 분명히 예언을 하고, 기도를 드리고 있다. 디모데전서에서는 좁은 의미에서 여자가 공중 석상에서 가르치는 일을 용납하지 않는 문화적인 측면을 다루고 있을 뿐이다. 여자들은 다만 사적으로 자녀들을 가르칠 수 있을 뿐이다(2:15, 참조. 딤후 1:5, 딛 2:3). 여자들에 대한 금지 사항의 정당성을 아주 엄한 어투로 설명한다. 하와의 죄에(2:13-14) 대한 설명은 바울이 창조 기사의 이 부분에 대하여 다른 곳에서 언급한 말보다 훨씬 더 날카롭다(고후 11:2-3). 우리가 여기에 언급된 예배에 관한 몇 가지 지시사항을 통하여 알 수 있는 사실은 그 내용이 공중 기도와 가르치는 일에 대한 교훈이며, 이 두 가지의 활동은 남자의 특권이라는 점이다. 이런 관습은 디아스포라 회당의 예배와 매우 흡사하다.

관심의 범위를 넓혀서 에베소교회의 직분자들에 대하여 언급한다. 감독직과(에피스코포스, 3:1-7) 집사(디아코노스, 3:8-10,12-13)가 있는 것을 그 이전에 보았고, 또 여자 집사도 있었다. 여자 집사들이 있는 것을 보면 가르치는 일은 허락되지 않았지만 에베소에서 어떤 사역적인 역할이 주어졌음을 알 수 있다. 사도행전에서 장로들을 바울의 교회들과(14:23)—특히 에베소(20:17)에서—연관시키고 있지만 바울의 다른 서신에서는 장로직에 대한(프레스비테로스, 5:17-22) 언급이 없다.

바울의 지시는 직책의 특성을 상세히 설명하는 것이 아니고, 자질에 대하여 논한다. 감독은 분명히 다른 모든 직분들 위에서 관할하는 직책이며, "유능한 교사"가(3:2) 되기를 바라기도 하지만 무엇보다 적절한 능력의 소유자여야 한다. 건전한 도덕적 자질과 능력있는 리더십이 가장 중요하다(3:1-7). 로맨틱한 것을 좋아하는 자들은 도덕적인 결혼 생활과 절제적인 삶을 따분하게 여길 것이다. 왜냐하면 현실 세계에서 사는 자들이 그들의 조용한 영웅적인 삶을 인식하기 때문이다. 집사의 직분에도 이와 같이 관리 능력이(집안을 잘 다스리는데서 인정받는) 요구된다(3:12). 특별한 경우들이 생겨서 장로들에 관하여 좀더 많은 것을 엿볼 수 있게 되었다. "잘 다스리는" 자들은 배로 존경해야 할 것이며, "말씀과 가르침에 수고하는 이들을" 특별히 잘 모셔야 한다(5:17). 이 구절은 관리하는 일을 맡은 장로의 회(프레스비테리온, 4:14)를 시사하는데 그들 중에는 가르치거나 설교하는 자들도 있었다. 장로들에 대한 다른 지시는 모든 권위있는 직책을 맡은 자들의 인간적인 연약성을 기억케 하는 말이다. 장로들을 송사할 수 있지만 이런 일은 신중을 기해야 한다(5:19). 디모데는 한 사람의 장로를 공적으로 책망해야 할 처지에—집단에서 다른 사람은 할 수 없는, 대리자의 역할(5:20)—놓여 있었다. 이런 일이 발생할 수 있음을 고려할 때 장로의 임명을 경솔히 해서는 안된다는 바울의 지시가 올바른 충고임을 알 수 있다. 그의 결론적인 명령은 바울의 유명한 형태이다. "너는 편견이 없이 이것들을 지켜 아무 일도 편벽되이 하지 말라"(5:21).

과부에 대한 논의는(5:3-16) 우리가 에베소교회의 구조에 대하여 가장 이해하기 어려운 부분이다. 집단의 재정에서 후원을 받아야 할 사람이 누구인가하는 것이 문제였다. 왜냐하면 가정적으로 보살펴야 될 경우와는 구별되기 때문이다(5:4,8). 집단의 자원은 원칙적으로 불필요한 곳에 사용되어서는 안된다(5:16). 집단의 의무는 "참과부"를 도와주는 것이다(5:16). 그러나 누가 참과부인가 하는 문제를 논의하는 것이 쉽지 않다. 바울은 남편이 죽은 여자들과 "외롭고 하나님께 소망을 둔 자"를(5:5) 구별하고 있다. 남편이 죽은 어떤 여자들은 일락에 빠지거나—무료를 달래며 하는 일 없이 세월을 보냄—집단의 생활에 전적으로 헌신하지 않는다. 그들 중 어떤 이들은 집단의 일에 대해서는 게으름을 피우고, 집단에 유익을 가져오지 않는 일에 자원을 낭비하면서 그저 바쁘게 돌아다닌다(5:13). 재혼을 할 만한 나이에 있는 과부는 가능하면 결혼을 시키는 것이 바울의 해결책이다. 늙은 과부 혹은 친척이 없는 과부들은 등록을 하게 했다(5:9,11). 그런데 "등록"이란 용어가 과부들의 특별한 등급을 가리키는가? 바울이 직분을 맡는 자들의 자질에 대하여 기준을 제시한 것과 같이 참과부에 대한 자질을 논하고 있어서 이 문제를 미묘하게 만든다(5:9-10).

가장 단순하고 확실한 설명은 에베소교회가 정규적이고 조직적인 규모로 집단의 필요한 것을 지원하는 디아스포라 유대교의 모델을 따랐다는 것이다(참조. 행 6:1-7). 모든 유대인 집단의 가장 중요한 임무 중의 한 가지는 이런 의무를 실천하는 것이었다. 그것은 결코 쉽게 되어진 적이 없다. 원조가 필요한 자들의 분명한 카테고리를 들자면 나그네, 고아, 그리고 과부이다. 고아와 나그네는 신분을 확인하기가 쉽고, 또한 지원하기도 비교적 쉽다. 그러나 과부의 경우는 항상 매우 모호하고 어렵다. 언제나 속임과 기만이 가능하기 때문이다. 이런 경우에 디모데가, 참으로 도움이 필요한 자가 집단의 보호를 받고, 전혀 대책이 없는 사람들이 지원을 받는 것을 확인할 수 있기를 바울은 바란다. 이런 자들이 집단의 보살핌을 받아야 할 처지에 있는 사람들의 명부에 올려져야 한다. 한편 도움을 받는 자들은 자신의 유익을 추구할 것이 아니라 집단에 봉사하는 자세로 일해야 한다. 그러나 형식적으로 과부이면서 자신의 쾌락에 관심을 두는 자나, 생활하기에 충분한 근거가 있는 자들은 "집집에 돌아다니고 망령된 폄론을 하며 일을 만들기" 쉽다(5:13).

디모데전서에 의하면 에베소교회의 조직은 복잡하지 않다. 우리가 조금 밖에 알지 못하는 디아스포라 유대인 회당의 조직과 유사하다. 유대인 회당에는 지도자와(아키시나고고스) 장로회(게루시아)가 있어서 행정적인 문제를 처리하고 분쟁을 조정하는 일을 담당했다. 그들의 임무에는 기금을 모으고 분배하는 일, 집단의 자선사업을 관장하는 일도 포함된다. 장로들은 예배의식과 집단의 자선사업에서 보다 천한 일들을 담당하는 보조자들을 통하여 도움을 받는다. 이 서신에서 바울 시대의 교회상과 전혀 맞지 않는 요소는 아무것도 없다. 이 편지에서 위계제도, 혹은 군주제도적인 것은 별로 볼 수 없다. 신학화되거나 혹은 법적인 제도가 된 직책은 없다. 집단의 조직은 일을 중심으로 짜여진 것이며 실제적이다. 그 당시의 집단의 형편에 어울리는 운영체제이다.

그런데 왜 이런 문제에 주의를 기울이는가? 바울의 지시사항을 통하여 그 문제점이 부분적으로 드러난다. 장로들과 과부들에게 문제가 있었다. 그러나 바울이 이 문제를 다룰 필요성은 "자기의 머리에 든 생각으로" 다른 사람들을 혼란케 하는 집단의 구성원들에 의하여 야기된 분쟁에서 기인된다. 질서와, 외부에 알려진 집단의 좋은 평판에 대한 관심이 바울의 지시 내용을 통하여 드러나는데, 이런 관심은 다른 서신들에서도 역시 느낄 수 있다. 통치자들을 위한 집단의 기도는 "평안한 생활"을 누리기 위함이다(2:2). 회심한지 얼마 안되는 사람으로서 쉽사리 유혹에 넘어가서 사단의 올무에 빠져 외부인들에게 교회에 대하여 부정적인 시각을 갖게 하는 자들을 감독으로 세워서는 안된다(3:7). 자칭 과부들의 좋지 못한 행실 때문에 외부인들이 집단을 욕하게 된다(5:14). 그리스도인 상전을 잘 모시기를 거부하는 노예들이 복음이 훼방을 받게 만든다(6:1). 여기서 내적인 안정성과 외적인 평화가 대리자에게 지시한 교훈을 통하여 모색된다. 그러나 그 동기는 바울의 서신 중 가장 카리스마적인 편지에 표현된 것과 별로 다를 바가 없다(고전 14:37 - 40).

> 만일 누구든지 자기를 선지자나 혹 신령한 자로 생각하거든 내가 너희에게 편지한 것이 주의 명령인줄 알라 만일 누구든지 알지 못하면 그는 알지 못한 자니라 그런즉 내 형제들아 예언하기를 사모하며 방언 말하기를 금하지말라 모든 것을 적당하게 하고 질서대로 하라

디도서(전초 기지에 있는 어린 교회)

디도서에서는 목회서신들의 수수께끼 부분들이 또 다른 형태로 함께 맞추어져 있다. 디모데전서와는 달리 이 서신은 자전적인 정보를 좀더 제공해준다. 그의 현재의 소재를 알 수는 없지만 그는 니고볼리에서 과동할 작정이고(3:12), 아데마나와 두기고를 디도에게 보내면 그가 그레데에서 행할 임무를 마치고 돌아오기를 기다리고 있다(3:12). 왜 바울은 디도를 그레데에 "남겨 두었는가?" 두 가지 이유가 있다. 디도는 잘못된 일들을 시정해야 하고, 각 도시에서 장로들을 임명해야 한다(1:5). 편지의 많은 부분들이 이런 문제들에 대한 지시사항으로 채워져 있다.

우리가 용납할 수 없는 정보는 아무것도 없다. 사도행전에서 바울이 죄수로 배에 실려 가고 있다고 증거하는 것 외에는 그레데에서의 바울의 사역이 무엇인지 알지 못한다(행 27:7 - 15). 그리고 만일 3장13절의 아볼로가 고린도전서 3장 1-6절의 아볼로와 동일인이라면 그를 디도의 조력자로 보는 것은 좀 이상하다(참조. 행 18:27, 고전 16:12). 물론 두기고에 대해서는 다른 곳에서도 읽고 있

다(행 20:4, 골 4:7, 엡 6:21, 딤후 4:12).

　　문체상으로 고찰하면 디도서는 디모데전서와 디모데후서와의 중간에 든다. 이 서신은 디모데후서처럼 전반적으로 바울의 문체를 따르시는 않았고, 반면 디모데전서처럼 전체적으로 바울의 문체와 거리가 먼 것도 아니다. 오히려 누구도 바울의 리듬임을 부인할 수 없는 짧은 단락과(참조. 1:15, 211-14, 3:4-7) 상당히 다른 스타일로 쓴 긴 단락이 교체하고 있다. 디모데후서와는 대조적으로 교훈적인 요소들은 매우 적다. 디도에게 한 말은 2장 7-8절뿐이다.

　　범사에 네 자신으로 선한 일의 본을 보여 교훈의 부패치 아니함과 경건함과 책망할 것이 없는 바른 말을 하게 하라. 이는 대적하는 자로 하여금 부끄러워 우리를 악하다 할 것이 없게 하려 함이라

　　디모데전서나 디모데후서의 경우보다, 대적들과 "부족한 일에 대한 " 지시의 말과의 사이에 더욱 직접적인 연관성이 있는 것으로 보인다. 요약해서 말하면 디도서는 진정한 바울의 편지로서 특별한 실제적인 상황에서 강화하는 것으로 간주할 때 가장 잘 이해될 수 있다.

디도서의 상황

　　이 서신의 모든 요소들이 1장5절에서 언급한 대로 부족한 점이 많은 새로운 집단의 모습을 반영하고 있다. 디모데전서에서 에베소교회는 이미 감독, 장로, 그리고 집사가 세워져 있었다. "새로 입교한 자"는(딤전 3:6) 감독이 될 수 없다는 조항을 만들 필요가 있다. 이 집단은 수 년 동안 커 왔다. 디도서에서 장로 혹은 감독은(1장 5-7절의 변화는 모호하다) "방탕하다 하는 비방이나 불순종하는 일이 없는 믿는 자녀"를 둔 자라야 한다(1:6). 집단의 감독에게 아직 회심하지 않은 자녀가 있을 수 있다. 감독이 갖추어야 할 품성들의 목록에서 그 이상의 실마리를 찾아볼 수 있다. 디도서는 디모데전서 3장1-7절에 언급된 일들에 덧붙여 밀통하는 일까지 말하고 있다. 감독은 "제 고집대로 하지 아니하며 급히 분내지 아니하며… 구타하지 않아야 한다"(1:7). 그리스 문화권에서는 이런 용어들은 강한 의미를 지녔다. 기독교가 뿌리를 내리려고 하는 곳의 주민들에 대하여 의아스러운 느낌을 받는다. 저자의 눈에는 대중이 매력적으로 비치지 않는다.

"그레데인들은 항상 거짓말장이며 악한 짐승이며 배만 위하는 게으름장이라"(1:12). 사실 그레데인들을 이렇게 평하는 것은 고대 사회에서 하나의 격언화된 말 같다. 디도서는 버릇없는 사회 속에서 복음이 자리를 잡으려고 한다는 사실을 시사한다.

전도 활동을 펼치는 그 주변의 분위기는 주민들의 종교적 연합을 방해하는 대적들로 말미암아 더욱 험악하게 되었다. 디도서에서 이 대적들은 외부인들이며 분명히 유대인 라이벌들이었다. 그들은 "할례당"에 속한 사람들이다(1:10). 그들은 "유대인의 신화"를 가졌다(1:14). 그들은 그리스도인들에게 "정결의 율례"를 가르쳤다(1:15). 그들은 "하나님을 안다"고 주장했다(1:16). 그들은 율법을 지키는 일에 전념하고 있었다(3:5, 3:9).

대적들은 상당한 성공을 거두고 있었다. 그들의 성공의 정도는 디도서의 강조점을 이해하는데 중요한 실마리를 제공해준다. "이런 자들이 더러운 이를 취하려고 마땅치 아니한 것을 가르쳐 집들을 온통 엎드러치는도다"(1:11). 그래서 연약한 그리스도인 집단은 대적들의 거칠고 비인간적인 행위로 위협을 받았을 뿐 아니라 라이벌인 유대교 선교사들이 새로 입교한 자들에게 더 매력있는 하나님의 말씀의 해석을 들려줄 수 있다고 설득하는 그 능력에 위협을 받게 되었다. 이런 상황에서는 대화의 가능성이란 찾아볼 수 없다. 새로 태어난 교회의 생존이 위협을 받고 있다. 그러므로 바울은 디도에게, "저희 입을 막을 것이라"(1:11)고 말한다. 유대인의 허탄한 이야기에 귀가 솔깃해진 자들은 "엄히 꾸짖어서" "믿음을 온전케 하라"고(1:13) 말한다. 디도 자신도 "어리석은 변론과 족보 이야기와 분쟁과 율법에 대한 다툼"을 피해야 한다(3:9). 만일 집단의 어떤 구성원이 이단에 빠져 있으면 한두 번 훈계한 후에 멀리 해야 한다(3:10). 이런 일은 험한 상황하에서 취해진 심한 해결책이다. 감독들도 마찬가지로 디모데전서 3장 2절에서 지적한 바와 같이 경솔하게 가르치는 자가 되어서는 안된다. 그는 더욱 능력 있는 은사를 요구하고 있다(1:9).

미쁜 말씀의 가르침을 그대로 지켜야 하리니 이는 능히 바른 교훈으로 권면하고 거스려 말하는 자들을 책망하게 하려 함이라

디도서의 교훈

디도서에서 "교회의 질서"상 특별한 요소는 감독에 대한 견해라는 것을 주의하는 것이 중요하다. 한편 실제적인 교훈의 초점은 그리스도인의 가정과 시민으로서의 책임에 대한 가르침이다. 2장 1-10절에서, 바울은 늙은 남자(2:2), 늙은 여자(2:3), 젊은 여자(2:4-5), 젊은 남자(2:6), 그리고 종들(2:9-10)이 취해야 할 마땅한 태도에 대하여 설명했다. 3장 1-2절에서는, 권위에 순종하는 일반 시민의 자세와 좋은 태도에 대하여 권고했다. 이 모든 일들은 대적들의 사악한 행위와 대조되어 신자들의 새로운 정체성을 표현하는 바 선행으로(2:14, 3:8,14) 요약될 수 있다(1:16).

상세한 교훈을 면밀히 검토해보면 흥미있는 문제들을 발견하게 된다. 왜 늙은 여자에게 술의 종이 되지 말라는 훈계의 말이 필요한가(2:3)? 그들의 딸들은 정말로 "그 남편과 자녀를 사랑하라"는 교훈을 들을 필요가 있었는가(2:4)? 그리스도인 종들은 상전의 물건을 훔치지 말고, 잘 순종하라는 훈계을 들을 필요가 있었는가(2:9-10)? 일반적으로 그리스도인들에게 "선한 일 행하기를" 예비하고, 반항적인 일을 도모하지 말라고 훈계할 필요가 있는가? 이 모든 경우에 있어서 헬라어의 표현은 영어로 번역할 때 잃어버리게 되는 뉘앙스가 있다. 말의 의도는 일상적인 행위들이 "아무런 문제를 일으키지 않는" 그런 수준에 머물러 있어야 된다는 뜻이다. 그러나 우리는 여기서 정중한 행동, 초보적인 교양을 갖춘 행동에 대한 기본적인 교훈을 발견하게 된다. 감독들에게 폭력적인 사람이 되지 말라고 충고하고, 그 자녀들에게 순종하는 사람이 되라고 권고할 필요성이 있다면 그 배경은 도회적인 분위기가 아니다. 아직 생각해 볼 문제들이 더 있다. 유대교 선교사들의 활동이 성공을 거두어 "가정"이 파괴되기도 했다는 사실을 우리는 알 수 있다. 그러므로 각 가정에서는 기본적인 가족적인 단위의 결속을 강화하여 복음의 가르침이 확실하게 진보하고, 대적들로 인하여 그 이상의 피해를 받지 않도록 하기 위하여 이런 훈계의 말씀을 하게 된 것이다. 디도서에서는 복음이 교화하는 기능을 지녔다. 복음은 사람들로 하여금 어떻게 사회의 일원이 되어야 하는가를 가르친다.

이런 관점에서 보면 우리는 디도서에서 바울의 용어가 주로 사용된 두 가지 중요한 케리그마적인 강화를 더 잘 이해할 수 있게 된다. 이 강화를 통하여 구체적인 지시사항이 해석된다는 사실을 주의해야 한다. 3장 3-7절에서 저자는 "믿음의 말씀"을 인용하고 있는데, 이는 "복음"에 대한 응답으로서 사람이 세례를 받는다는 요점과 함께 영원한 선포의 형식으로 개진되었다. 이전에 이들은 이웃들과 같이 모든 적대적인 행위를 일삼아 악의와 시기 가운데 날을 보내고, "피차 미워한 자들"이었다(3:3). 그러나 이들은 새로운 정체성을 얻게 되었다(3:4-7).

우리 구주 하나님의 자비와 사람 사랑하심을 나타내실 때에 우리를 구원하시되 우리의 행한바 의로운 행위로 말미암지 아니하고 오직 그의 긍휼하심을 좇아 중생의 씻음과 성령의 새롭게 하심으로 하셨나니 성령을 우리 구주 예수 그리스도로 말미암아 우리에게 풍성히 부어 주사 우리로 저의 은혜를 힘입어 의롭다 하심을 얻어 영생의 소망을 따라 후사가 되게 하려 하심이라

여기서 하나님의 선물의 특성—선함, 자비로움, 그리고 인자함—이 그리스도인의 품성을 새롭게 하고, 거듭나게 함으로 새로운 정체성을 가지게 한다. 이 강화의 뒤를 이어 마지막 명령의 말이 주어졌다. "네가 이 여러 것에 대하여 굳세게 말하라. 이는 하나님을 믿는 자들로 하여금 조심하여 선한 일을 힘쓰게 하려 함이라"(3:8). 간단히 말하자면 그리스도인의 행동은 하나님께서 주신 바 새로운 정체성을 따라 이루어져야 한다.

다른 강화는(2:11-14) 우리가 이미 주지한 바와 같이 기본적인 시민의 일에 대한 지시의 중간에 삽입되어 있어서 더욱 빛을 더하고 있다.

모든 사람에게 구원을 주시는 하나님의 은혜가 나타나 우리를 양육하시되 경건치 않은 것과 이 세상 정욕을 다 버리고 근신함과 의로움과 경건함으로 이 세상에 살고 복스러운 소망과 우리의 크신 하나님 구주 예수 그리스도의 영광이 나타나심을 기다리게 하셨으니 그가 우리를 대신하여 자신을 주심은 모든 불법에서 우리를 구속하시고 우리를 깨끗하게 하사 선한 일에 열심하는 친백성이 되게 하려 하심이니라

이 단락에서 가장 중요한 말은 첫번째 단어인 「for」로서(역주: 한글개역성경에는 접속사가 없음) 구체적인 지시 사항들과 연결시키고 있다. 여기서 바울은 그 지시사항들의 근거를 제시한다. 그것은 바로 하나님의 은혜이다. 그러나 그 다음으로 중요한 말은 "양육"(파이듀우사)이다. 헬라어인 이 분사의 의미는 충분

히 이해되어야 한다. 하나님의 은혜 자체가 교육적인 기능이 있다. 하나님의 은혜는 사람이 사회적인 존재가 되는 데서 양육시킨다. 디도가 활동하는 목적이 바로 여기에 있다.

집단의 내외의 사람들의 성격이 거칠고, 시민의 질서가 흐트러져 있는 상황에서 복음이 세상에 뿌리를 내리고 성장할 수 있다. 사람들이 세례를 받을 때 오는 은혜는 적의를 호의로 바꿀 수 있다. 그리고 새로운 정체성에 맞는 행동으로 바꾸는 일을 시작할 수 있다. "이 세상"의 사회적인 구조 속에 있는 삶이지만 그리스도인은 불신앙과 세속적인 정욕과 적의 따위를 버리고, 건전하고 경건하고 올바른 생활에 적응해야한다. 어떤 상황에서는 함양된 덕은 실제로 하나의 종말론적 증거가 된다.

참고문헌

서신의 진정성에 관한 이슈들을 잘 요약한 자료들로는 다음과 같은 문헌들이 있다. W.G.Kümmel, *Introduction to the New Testament*, rev. ed., trans. H.C.Kee(Nashville: Abingdon Press, 1975), 366–87. E.E.Ellis, "The Authorship of the Pastorals: A Resume and Assessment of Recent Trends," in his *Paul and His Recent Interpreters*(Grand Rapids: Wm. B. Eerdmans, 1961), 49–57. 특별한 사항에 대한 논의를 읽으려면 다음과 같은 문헌이 좋다. P.N.Harrison, *The Problem of the Pastoral Epistles*(London: Oxford Univ. Press, 1921)(여기서는 문서설이 제기됨).(상게서) "The Authorship of the Pastoral Epistles," *Exp Tim* 67(1955–56): 77–81. K.Graystone and G.Herdan, "The Authorship of the Pastorals in the Light of Statistical Linguistics," *NTS* 6(1959–60): 1–15(여기서 "글을 곧 사람이다"라는 원리가 두 번씩이나 잘못 적용되었다). 근래의 어휘에 관한 연구서로는 다음 문헌을 참고하라. D.Cook, "2 Timothy Ⅳ.6–8 and the Epistle to the Philippians," *JTS* 33(1984): 120–31. 균형있는 논의들을 읽으려면 다음과 같은 문헌이 좋다. C.F.D.Moule, "The Problem of the Pastoral Epistles: A Reappraisal," *BJRL*(1965): 430–52. B.Metzer, "A Reconsideration of Certain

Arguments Against the Pauline Authorship of the Pastoral Epistles,"
Exp Tim 70(1958): 91ff. 목회서신들을 사도행전의 구조 속에 집어넣으려고
시도한 문헌이 있다. J.A.T.Robinson, *Redating the New
Testament*(Philadelphia: Westminster Press, 1970), 67-85. 다른 각도에
서 누가와의 연관성을 연구한 자료도 있다. S.G.Wilson, *Luke and the
Pastoral Epistles*(London: SPCK, 1979). J.Quinn, "The Last Volume
of Luke: The Relation of Luke-Acts to the Pastoral Epistles," in
Perspectives on Luke-Acts, ed. C.H.Talbert(Danville, Va.: Assn. of
Baptist Professors of Religion, 1978), 62-75.

목회서신들을 필명으로 쓴 2,3세대들의 저작물로 보는 대표적인 견해는 다
음의 문헌에서 참고하라. R.Bultmann, *Theology of the New
Testament*(New York: Charles Scribner's Sons, 1955), 2:95-118.
J.M.Ford, "A Note on Protomontanism in the Pastoral Epistles," *NTS*
20(1973-74): 229-45. E.Käsemann, "Paul and Early Catholicism," in
New Testament Questions of Today(Philadelphia: Fortress Press,
1969), 236-51. W.Bauer, *Orthodoxy and Heresy in Earliest
Christianity*, ed. and trans. R.Kraft and G.Krodel(Philadelphia:
Fortress Press, 1971), 88-94, 222-228. M.C. de Boer, "Images of
Paul in the Post-Apostolic Church," *CBQ* 42(1980): 359-80.

2세기의 평등주의를 부르짖은 여자들의 위협에 대한 목회서신의 대응을 논
의한 문헌으로 다음과 같은 자료들이 있다. R.D.Macdonald, "Virgins,
Widows, and Paul in Second-Century Asia Minor," in *1979 SBL
Seminar Papers*, ed. P. Achtemeier(Missoula, Mont.: Scholars Press,
1979), 1:165-84. S.L.Davies, *The Revolt of the Widows: The Social
World of the Apocryphal Acts*(Carbondale: Southern Ⅲ. Univ. Press,
1980). J.Bassler, "The Widow's Tale: A Fresh Look at 1 Tim. 5:3-
16," *JBL* 103(1980): 23-41. R.D.Macdonald, *The Legend and the
Apostle: The Battle for Paul in Story and Canon*(Philadelphia:
Westminster Press, 1983). 회당의 조직에 관하여서는 위의 책 제3장과 참고
문헌을 읽어라. 디아스포라 유대교의 조직적인 구제사업에 관하여서는 다음과

같은 참고문헌이 있다. L.Frankel, "Charity and Charitable Institutions," *Jewish Encyclopedia*(1903), 3:667-70. G.F.Moore, *Judaism in the First Three Centuries of the Christian Era*(New Yorks: Schoken Books, 1971 [1927], 2:162-79. A.E.Harvey, "Elders," *JTS* 25(1974): 318-32. 유대인 회당과 관련된 장로의 명칭에 대한 자료의 부족에 대하여 잘 지적하고 있다. 나의 논증은 이 명칭의 사용에 그다지 의지하지 않고, 목회서신에 의하여 전제된 전반적인 구조에 의존한다. 바로 이것이 우리가 회당의 일에 대하여 조금 알고 있는 사실과 어울리기 때문이다.

이 서신들에서 사용된 논쟁법을 검토한 문헌들이 있다. R.J.Karris, "The Background and Significance of the Polemic of the Pastoral Epistles," *JBL* 92(1973): 549-64. F.H. Colson, "Myths and Genealogies — A Note on the Polemic of the Pastoral Epistles," *JTS* 19(1917-18): 265-71. L.T.Johnson, "Ⅱ Timothy and the Polemic Against False Teachers: A Re-examination," *JRS* 6/7(1978-79): 1-26. 여기서 본장에서 설명한 분석의 기초적인 구조를 제공해준다. parenetic 편지의 본보기를 보려면 다음 문헌을 참조하라. A.J.Malherbe, "Ancient Epistolary Theorists," *Ohio Journal of Religious Studies* 5(1977): 70-71.

이 서신들 가운데 반영된 집단의 구조에 대한 이해를 돕기 위해서는 다음 문헌을 참조하라. R.Schnackenburg, *The Church in the New Testament*(New York: Herder & Herder, 1965), 94-102. B.Reicke, "The Constitution of the Early Church in the Light of Jewish Documents," in *The Scroll and the New Testament*, ed. K.Stendhal(New York: Harper & Row, 1957), 143-56. J.P.Meier, "*Presbyteros* in the Pastoral Epistles," *CBQ* 35(1973): 323-45.

이 세 서신들의 다양한 논제들에 대한 연구 문헌으로는 다음과 같은 자료들이 있다. J.A.Allen, "The 'In Christ' Formula in the Pastoral Epistles," *NTS* 10(1963): 115-21. N.J.McEleny, "The Vice-Lists of the Pastoral Epistles," *CBQ* 36(1974): 203-19. J.G.Duncan, "Pistos ho logos," *ExpTim* 35(1923-24): 141. R.H.Gundry, "The Form, Meaning, and Background of the Hymn Quoted in ⅠTim 3:16," in

Apostolic History and the Gospel, ed. W.Gasque and R.P.Martin(Exter: Paternoster Press, 1970), 203-22. A.T.Hanson, *Studies in the Pastoral Epistles*(London:SPCK, 1968). M.J.Harris, "Titus 2:13 and the Deity of Christ," in *Pauline Studies*, ed. D.Hagner and M.Harris(Exter: Paternoster Press, 1980), 262-77. A.J.Malherbe, "Medical Imagery in the Pastorals," in *Texts and Testaments*, ed. W.E.March(San Antonio: Trinity Univ. Press, 1980), 19-35.(상게서) "'In Season and Out of Season': 2 Timothy 4:2," *JBL* 103(1982): 23-41.

필명을 사용하여 쓴 저작물이라는 관점에서 집필된 비평적인 주석이 있다. M.Dibelius and H.Conzelmann, *The Pastoral Epistles*, ed. H.Koester, trans. P.Buttolph and A.Yarbro, Hermeneia(Philadelphia: Fortress Press, 1972). 본문에 대한 명쾌한 해석과 함께 진정성에 대하여 좀더 긍정적인 입장에서 쓴 주석이 있다. J.N.D.Kelly, *A Commentary on the Pastoral Epistles*, HNTC(New York: Harper & Row, 1963).

제5부

공동(일반) 서신

역사 비평 양식이 우리가 앞으로 살펴볼 문서들, 곧 히브리서, 베드로전후서, 유다서, 야고보서를 어떻게 다룰 줄몰라 쩔쩔 매며 소홀히 다루고 넘어 가는 경우가 자주 있다는 사실에서 이 양식의 한계가 아주 잘 드러난다. 이 서신들은 우리로서는 가장 확실히 알고 있는 유일한 연대기 노선(바울 서신)과 잘 연결되어 있지 않아 발전적 구조 속에서 그 위치를 파악할 수 없기 때문에 사람들을 당혹스럽게 만든다. 그러나 발전적 본능이 매우 강해서(그리고 이 발전적 본능은 역사비평 양식의 본질에 속한다) 거의 언제나 이 문서들은 각기 다를 뿐만 아니라 더 후기에 쓰여진 것으로 간주된다.

또한 그 문체와 내용이 아주 다양해서 이 문서들을 발전적 구조에 맞추어 보려는 어떤 시도도 결코 쉽지가 않다. 이 문서들에 보통 적용되는 범주는 초기 카톨릭주의(Early Catholicism)이다. 초기 카톨릭주의란 매우 신축성 있는 말이어서, 바울 서신이 아니라고 생각되는 거의 모든 서신을 일컫는데 쓰일 수가 있다. 즉 교회의 체제, 전승, 줄어든 종말론적 기대, 잘 정리된 윤리에 관심을 갖는 것이다. 그런데 이 문서들은 그러한 특성이 별로 보이지 않아 그 범주에 넣기는 부적당하다는 것이 분명하다.

또 바로 이 문서들의 다양성 때문에 어떠한 분류도 어렵다는 사실을 말하지 않을 수 없다. 그 범위가 아주 넓어서 단순한 형식의 범주들을 이용할 때 그 문서들을 가장 잘 분류할 수 있을 것이다. 예를 들면 이 문서들은 모두 서신 형식을 취하고 있다. 히브리서와 야고보서가 별로 서신의 형태를 취하고 있지 않다는 증거만 없다면 이 생각은 유용할 것이다. 때로 이 문서들(내가 따로 떼서 생각하는 요한의 세 편지들과 함께)을 일컬어 일반서신 혹은 공동서신이라고 한다. 확실히 야고보서와 베드로전서는 단순히 한 교회에만 이야기하는 것이 아니라 좀 더 많은 독자들을 향해 이야기하고 있다. 그러나 히브리서나 유다서 베드로후서에 대해서는 이 서신들이 특정 교회를 위해 쓴 것이라는 사실에 어긋나는 것이 전혀 보이지 않는다. 하지만 그 독자들이 누구인지 알 수 없으므로 우리는 이 서신들도 일반서신으로 분류한다. 이 서신들도 이방인 교회에 보낸 것이라고 말할 수 있다. 그런데 야고보서나 베드로전서, 히브리서는 유대인 교회나 혹은 혼합교회보다는 순전히 이방인들로만 구성된 교회를 향해서 쓴 것이라고 다소 그럴 듯한 주장을 할 수 있지만 그러한 판단이 옳을 지 확신할 수 없다. 그렇게 보면 편리하다는 것이 그 주요 이점이다.

이 문서들은 또한 그 위작적인 성격을 토대로 분류되기도 한다. 그러나 베드로후서의 경우에 그 위작성에 이의를 거의 제기할 수 없지만, 베드로 사도 자신이 베드로전서를 썼다는 것을 뒷받침하는 증거는 여전히 찾아볼 수 있다. 좀더 중요한 사실은 야고보서와 유다서가 위작이라는 말은 별로 근거가 없다는 사실이다. 이 문서들의 이름이 나왔을 것으로 추정되는 이름에 대해서 아는 바가 거의 없기 때문에 그런 주장으로서는 본문의 의미를 밝히지 못한다. 물론 히브리서는 순전히 바울 서신 특성의 전승 때문에 위작인 것이 판명된다. 본문을 볼 때 바울의 문체가 아니다. 정확히 말하자면, 히브리서는 익명의 저작이다.

우리가 억지로 이 문서들을 분류하려고 하면 오히려 이 문서들을 근본적으로 훼손하게 된다는 것이 여기서 배울 수 있는 교훈일 것이다. 초기 기독교 역사에 대한 우리의 역사적 이해에 이 문서들이 기여한 가장 큰 공헌은 기독교 운동이 바울과 그의 적들에게서 결코 줄어들 수 없었다는 사실과, 과거로부터 나온 이 짧막한 메시지들은 역사적 사건들로 인해 침묵하고 있는 다른 많은 목소리를 대변해 준다는 사실을 끊임없이 상기시킨다는 점일 수 있다.

게다가 이 문서들이 가치가 있는 것은 단순히, 그 문서들이 우리에게 과거에 대해 무언가를 말해 줄 수 있기 때문이 아니라 각 문서가 하나님 앞에서 하는 생활을 예수에 대한 경험에 비추어서 저마다 독특하고 힘있게 증거한다는 점 때문이다. 히브리서에서 우리는 정경에 나타난 그리스도인의 경험에 대한 한 두 세 가지의 풍성하고 매우 복잡한 해석을 볼 수 있다. 베드로전서에서는 귀한 은혜의 권고를 볼 수 있고, 베드로후서와 유다서에서는 비정상적인 행동과 도전적인 행위를 직면하고서 내는 격노의 목소리와 공동체 정체성에 대한 변호를 들을 수 있다. 야고보서에서는 믿고 있는 바를 타협하지 않고 굳은 마음으로 행동에 옮기는 태도를 엿볼 수 있다. 각 문서는 저마다의 목소리에 귀를 기울여 줄 것을 요구한다. 또한 손쉽게 분류하려는 속박의 사슬을 벗어날 수 있는 이 문서들 자체의 역량이 분류하는 사람들에게 어느 정도 자유를 준다.

제20장

히브리서

멜기세덱에 대한 묘사(히 7:3)와 마찬가지로 정경에서는 "아비도 없고 어미도 없고 족보도 없는 것"으로 보인다. 하지만 아주 인상적인 사실은 히브리서가 정경 속에 들어가 있는 것은 그 저자나 환경 때문이 아니라 순전히 히브리서 자체의 탁월한 가치 때문이라는 것이다. 서방 교회에서는 히브리서를 정경에 포함시키는 일에 더뎠지만, 동방교회에서는 히브리서가 금방 그리고 지속적으로 인기를 누렸다. 그래서 히브리서에 사용된 상(象)들이 예배식의 기도를 형성하는데 도움을 주었고, 히브리서의 내용은 3,4세기의 논쟁자들에게 기독론에 대한 채광에 풍부한 광맥을 제공해 주었다.

현대 학자들은 히브리서가 1세기의 철학적 상징과 종교적 상징을 교묘하게 결합하고 있음으로 해서 아주 재미있는 책이라는 사실을 알게 된다. 하지만 그처럼 아름답고 힘있는 글인데도 요한의 책과 바울의 책에 영향을 많이 받고 있는 일반독자들은 대체로 히브리서를 잘 읽지 않는다. 그렇게 되는 한 가지 이유는 히브리서가 처음부터 끝까지 논쟁으로 시종일관한다는 사실 때문일 수도 있다. 따라서 히브리서 전체를 잘 읽어야만 책 전체의 요지를 파악할 수 있을 것이다. 히브리서가 전례적 독서성구집을 위해 제공할 수 있는 히브리서 자체에 인용된 성구들은 발췌된 사실로 인해서 많은 것을 잃는다. 두번째 이유는, 다른 신약 문서들에서는 승인되지 않은 채 함축적으로 남아 있을 수 있는 진리가 히브리서에서는 무시될 수 없다는 것이다. 즉 그것은 우리에게 생소한 고대 세계의 상징이다.

히브리서는 복잡한 상징화를 사용하고 있지만 분명하고 저항하기 어려운 그리스도인의 경험을 증거하고 있다. 이러한 태도에서 적당히 해석하는 체 하는 모습을 전혀 보지 못할 것이다. 그래서 나는 충분한 단서를 제공하여 독자들이 정말로 이상한 것과 익숙치 못한 것을 구별할 수 있게 만들기를 바랄 뿐이다.

서론적 개요

"간단히 썼다"는 것에 대한 저자의 평계(히 13:22)는 문학적 관습이다(참조. 벧전 5:12). 히브리서는 신약 서신들 가운데 로마서와 고린도전서를 제외하고는 제일 길다. 그 다음에 히브리서는 사실상 편지가 아니다. 히브리서에는 편지로서의 형식적인 요소가 없는 것 말고도 저자의 환경이 거의 추가 표현처럼 간단히 언급될 뿐이다(히 13:23-25). 저자는 13:18에서만 주어로 나오는데, 거기서 저자는 자신에게 선한 양심이 있다는 것과 독자들에게로 속히 돌아가기를 바란다고 확신을 가지고 말한다. "우리 형제"라고 한 디모데가 최근에 감옥에서 풀려났다는 소식(13:23)을 전하고 저자는 "이달리야에서 온 자들"(13:24)에게 문안 인사를 전한다. 이런 사실들을 볼 때 히브리서가 바울의 선교와 관계가 있음이 다소 명백하게 나타나지만, 그 이상의 사실을 끌어낼 수는 없다.

편지가 아니라고 하면, 히브리서는 대체 어떤 글인가? 신학 논문이라면, 히브리서는 그리스도 안에서 이루시는 하나님의 사역의 신비에 대한 고찰로서 로마서 옆에 갖다 놓을 수 있을 것이다. 그러나 히브리서에는 직접적이고 강력한 목회적 관심이 시종일관 나타나고 있다. 히브리서는 설교에 가장 가깝다. 히브리서 저자는 자신이 권면의 말(13:22, 로고스 테스 파라클레세오스)을 썼다고 말한다. 문체도 그러한 설명과 잘 맞는다. 훌륭한 설교자가 다 그렇듯이 히브리서 저자도 강조할 때만 1인칭을 잠깐 쓰고 늘상 1인칭 복수("우리")를 쓴다. 말한다는 언급이 히브리서 도처에 나온다. "우리의 말한 바 … "(2:5), "우리가 할 말이 많으나 너희의 듣는 것이 둔하므로 해석하기 어려우니라"(5:11), "우리가 이같이 말하나…"(6:9).

히브리서에 나타난 설교의 수사학적 조직은 탁월하기 그지없다. 해석과 권면이 시종일관 교대로 나오는데, 때로는 신속히 때로는 더디게 나온다. 해석과 권면은 서로 밀접하게 연결되어 있으면서 모든 점에서 독자에게 마음의 동의와 의지의 참여를 요구한다. 따라서 그로 인한 누적적 효과는 상당하다. 예를 들면, 1:1-14의 해석은 곧바로 권면으로 이어지고(2:1-4), 2:5-18의 논의는 바로 3:1의 적용으로 나아간다. 3:2-6의 토론에 대해서는 "그러므로" 하고 시작되는 3:7-13의 말씀으로 납득시킨다. 그 다음에는 3:14-19의 해석이 좀더 신속하게 4:1에 가서 적용이 되고, 4:2-10의 해석에 대해 4:11-16에서 권면의 말을 한다. 시종일관 이런 식으로 설교를 진행한다. 이 과정에서 저자는 앞에서 한 가지 주제를 이야기하고 곧 바로 이어서 그 주제를 발전시키는데, 이것은 파도와 같아서 누적적인 효과를 발휘한다. 예수께서 사람과 동류가 되심(2:14-18)이 5:1-10의 주제가 되고, 예수의 신앙(3:1-6)이 12:1-3에서 명백하게 나타난다. 제사장으로서 예수의 역할(4:14, 5:1-10)이 7:1-9:28에서 전개된다.

히브리서를 설교라고 한다고 해서 내가 그것을 반드시 입으로 전했을 것이라고 주장하고 있는 것은 아니다. 바울의 매서운 "책망"처럼 글로 표현한다기보다 오히려 말로 하는 분위기를 띠고 있다고 말하는 것뿐이다. 설교든 편지글이든, 히브리서는 누군가가 읽기를 기대하고 쓴 것이다. 그러면 누구에게 한 말이었는가? "히브리인들에게"라는 제목은 일찍부터 붙여졌지만 오늘날 비평가들의 말처럼 짐작을 나타내는 말일 것이다. 하지만 최근에 어떤 사람들이 주장하듯이 "히브리인들에게 반대하여"라는 것을 의미하지 않는 것은 분명하다. 아무런 외적 규제 사항 없이 히브리서를 받아 볼 청중으로 여러 사람들을 꼽아 보게 되는 것이 놀랄 일은 아니다. 즉 골로새 교인들, 고린도 교인들, 예루살렘의 개종한 제사장들(참조. 행 6:7), 쿰란 출신의 개종자들, 알렉산드리아 유대교 출신의 개종자들, 예루살렘을 순례 중인 디아스포라 유대인들에게 쓴 것으로 보는 것이다.

히브리서를 볼 사람들은 성경을 다소 잘 알고 있는 그리스도인들이었던 것이 확실하다(참조. 6:1-3). 그러나 히브리서에서는 논쟁이 지나칠 정도로 성경 인용과 그 인용문의 취지를 이해할 수 있는 능력에 의존해서 전개되기 때문에 청중이 그 점에서 준비가 안 되어 있는 사람들이라면 작가는 의사전달 능력이 부족한 사람이다. 히브리서 주제에 관한 문제에서 우리가 배울 수 있는 또 다른 점은 무엇인가? 히브리서 저자는 바울이 갈라디아서(갈 3:19, 4:9)와 골로새서(골 1:16, 2:18)에서 그랬던 것처럼 보는 각도를 제대로 잡는다. 무엇보다도 레위 제사장직(아론계)을 정당하게 놓고 보는데(히 5-10장), 오늘날 유대인들의 글에서 제사장직에 대한 그에 견줄 만한 주장이 나오긴 하지만 히브리서 기자의 주장은 신약에서 비할 데 없이 탁월한 통찰력을 보여 준다. 히브리서 기자는 먹고 마시는 것에 대한 교훈과 규례들을 낮춰 보는 이야기를 한다(9:10, 13:9). 이 점은 골로새서 2:20-22과 고린도전서 8:1-13, 로마서 14:1-23의 이야기와 비슷하다는 생각이 들게 한다. 하지만 여기서 이 말은 지나가면서 하는 말이기 때문에, 그 의미는 불분명하다. 이처럼 주제의 문제를 다루어 보면 가능성 있는 점들은 많이 나오지만 확실한 점은 아무것도 없다는 것을 알게 된다.

히브리서의 전체적인 진술에서 좀더 중요한 점은 청중들의 사회적 지위에 관한 몇 가지 단서들이다. 히브리서를 받아 본 청중들의 공동체는 메시아에 관한 신앙 때문에 이미 어떤 고통을 겪었고(10:32-35, 12:3-13), 앞으로 또 고난을 겪을 것으로 내다본다(13:13-14). 이들은 어떤 고난을 겪었는가? 고난을 받아 죽음에 이를 정도는 아직 아니었지만(12:4), 그들 가운데는 감옥에 갇힌 사람들이 있어 그들을 찾아가기도 했다(10:34). 그들 자신이 직접 "비방과 환난으로써 사람들에게 구경거리"가 되었거나 그런 일을 겪은 사람들을 알고 있었다. 무엇보다 우리의 관심을 끄는 것은 히브리서 독자들이 "너희 산업을 빼앗기는 것도 기쁘게 당한 것은 더 낫고 영구한 산업이 있는 줄 앎이라"(10:34)고 한 말이다. 쿰란 종파들처럼(참조. chap.2, pp. 87-91), 이들 가운데 더러는 재산을 몰수당했다. 이 단서는 비록 사소한 것이지만 중요하다. 이 단서를 보고서 우리는 히브리서 청중들에 대한 구체적인 가르침이 어떤 것이지 알 수가 있기 때문이다. 즉 그들에게 손님 대접하기를 잊지 말고(13:2), 돈을 사랑치 말고 있는 바를 족한 줄 알며(13:5), 서로 나눠주기를 잊지 말라(13:16)고 가르친 것이다. 또한 그 단서에서 우리는 이 설교에 이미지 사용이 많고, 그 이미지들 가운데 많은 것은 재산에 대한 은유로 쓰이는 이유를 파악할 수가 있다. 이미 10:34에서 우리는 그들이 산업을 빼앗겼다는 것과 "더 낫고 영구한 산업"을 가지고 있다는 대조적인 현실을 보았다. 히브리서 전체를 통해서 재산에 대한 용어는 여러 관계와 현실을 상징하는데(참조. 2:14, 3:1, 6:13-18, 7:4-10, 9:16-22), 11:1-12:17에서 가장 인상 깊고 절정의 형태로 나온다.

이들 공동체가 재산을 탈취당하자 영적으로 낙담한 상태에, 심지어는 절망한 상태에 이르렀던 것이다. 저자의 가장 염려하는 점은 이 공동체 일원들이 "피곤한 손과 연약한 무릎"(12:12)의 상태를 보이고 있다는 사실이다. 이들은 낙망을 하는 바람에 신앙에서 떠나는(12:16-17) 시험을 받는다(2:18). 히브리서 저자는 나태와 부주의, 곧 용기와 신앙을 잃어버리는 불순종에 이르게 되는 "듣기에 둔한"(5:11) 상태에 대해 호되게 책망한다(2:3, 3:12-4:1, 4:11,14, 5:11-14, 6:4-8, 10:24-29).

따라서 본문에서 우리는 히브리서 독자들에 관해 알려 주는 꽤 많은 증거들을 볼 수 있다. 하지만 여기서 다시 우리는 편지 형식의 글이 언제나 지니고 있는 방법론적인 문제를 직면하게 된다. 이런 증거의 실들을 다 한데 모아 한 가지 가설의 천을 짤 수 있겠는가 하는 문제이다. 히브리서의 모든 주제들이 다 한 가지 특정 상황을 가리킨다고 보아야 하는가? 히브리서 독자들을 말하자면, 쿰란 종파 출신의 개종한 제사장들로서 개종한 결과로 재산과 특권을 빼앗기게 되어 신앙이 흔들리고 다시 옛 제사장직으로 돌아가려는 시험을 받고 있는 사람들로 볼 수 있는가? 저자의 문학적 기교 때문에 우리는 주저하게 된다. 왜냐하면 탁월한 웅변가들은 주제를 선택하는데 청중의 상태를 별로 의지하지 않기 때문이다. 어떤 사람들은 순전히 생각으로 주제를 이끌어 낼 수 있고, 또 어떤 사람들은 첫 번째 주제에 의해 생겨난 문학적 관성에서 그 주제를 끌어낼 수도 있다. 결국 우리는 히브리서 청중들이 학구적이며 문학적인 이 역작을 제대로 인식할 수 있을 만큼 성경을 잘 알고 있으며, 이같은 "권면의 말"(13:22)로서 줄 수 있는 격려가 필요한 그리스도인들이라는 사실을 아는 것으로 만족해야 한다.

히브리서 저자에 대한 연구는 히브리서 청중에 대한 연구에 못지 않게 곤혹스런 문제이다. 히브리서를 바울의 저작으로 보는 견해가 정경 목록과 사본들에 나타난다(예를 들면, 로마서 다음에 히브리서가 나오는 P[46]과 같다). 그러나 터툴리안과 오리겐 같은 초기 작가들은 이런 견해에 강력히 의문을 제기하였는데, 터툴리안은 서신에 디모데가 나오는 것을 보아서 바나바가 그 저작자일 가능성이 있는 것으로 생각하였다. 한편 오리겐은 누가가 바울의 사상을 옮겼을지도 모른다고 하면서도 그 다음에는 "하나님만이 아신다"고 솔직히 털어놓았다(유세비우스, *Ecclesiastical History* III. 38.2).

확실히 히브리서에는 그리스도로 말미암아 하나님께 "나아감"(4:16, 10:19-22, 참조. 롬 5:1, 엡 2:18)이라든지, 아브라함에 대한 하나님의 약속(6:13-18, 참조. 갈 3:16-18), 순종으로 정의할 수 있는 예수님의 신앙(5:1-10, 12:1-3, 참조. 롬 5:12-21) 등과 같이 다른 문제가 없었다면 바울의 저작으로 생각했을 흔적들이 많이 있다. 그밖에 다른 몇 가지 점에서 히브리서는 선재하는 말씀에 대한 이야기로 글을 시작하고(1:2-5, 참조. 요 1:1-18), 육신을 하나님을 대적하는 자세로 보지 않고(2:14, 5:7, 10:20) 인간의 도덕성과 연약함의 상징으로 본다(참조. 요 1:13-14, 3:6, 8:15)는 점에서 요한복음과 비슷하다. 히브리서는 이 모든 요소들을 전혀 다르게 기술한다. 그래서 바울 저작의 특징과 요한 저작의 특징이 똑같이 나타남으로써 우리를 혼동시키고 있다.

바울의 저작도 아니고 요한의 저작도 아니라면 누가 썼다는 말인가? 성경을 잘 알고 있는 초대 교회의 다른 인물을 생각할 필요가 있다. 전문적인 논쟁 방식, 그러니까 랍비들과 필로의 논쟁 방식을 잘 알고 있으며, 사물을 인식하는데 있어 알렉산드리아 유대교의 상징 세계에 영향을 받은 사람으로 논쟁 전개가 명석하고 수사적 표현이 능숙하며 열심을 가지고 권면하고 도덕적으로 엄격한 어떤 인물을 생각해 보아야 할 것이다. 마틴 루터는 사람들이 금방 알 수 있는 한 인물을 추천하는데, 바로 아볼로이다. 성경에서는 그가 바울의 동료로 나온다(행 19:1, 고전 1:12, 3:4-22, 4:6, 16:12, 딛 3:13). 사도행전 18:24-28에 나오는 아볼로에 대한 묘사를 보면, 마치 히브리서 저자에 대한 직무설명서처럼 보인다.

> 알렉산드리아에서 난 아볼로라 하는 유대인이 에베소에 이르니 이 사람은 학문이 많고 성경에 능한 자라 그가 일찍 주의 도를 배워 열심으로 예수에 관한 것을 자세히 말하며 가르치나 요한의 세례만 알 따름이라. 그가 회당에서 담대히 말하기를 시작하거늘 브리스길라와 아굴라가 듣고 데려다가 하나님의 도를 더 자세히 풀어 이르더라 … 이는 성경으로써 예수는 그리스도라고 증거하여 공중 앞에서 유력하게 유대인의 말을 이김일러라

아볼로가 저자라면, 고린도전서와 관련있는 히브리서의 여러 부분들의 뜻이 좀더 잘 통한다. 왜냐하면 그는 고린도 교회의 문제들과 관련이 있었기 때문이다. 그 문제들이란 음식의 문제(9:10, 13:9, 참조. 고전 8:1-13), 고린도교회와 광야 교회와의 비교(3:7-4:13, 참조. 고전 10:1-13), 어린아이의 음식과 어른의 음식(5:11-14, 참조. 고전 3:1-3) 등이다. 바울이 아볼로를 자신과 같은 동료로 이야기하면서도(고전 3:5-9, 4:6) 자신은 웅변술을 바탕으로 한 사역과는 거리가 있다고 하는 말(고전 2:1-5)에는 좀더 바울의 불편한 심정이 나타나 있다고 볼 수 있을 것이다. 아볼로가 바울이 고린도전서를 쓰기 전에 고린

도 교인들에게 히브리서 같은 편지를 써 보냈을 수도 있다는 주장은 완전히 일소해 붙이기에는 상당히 흥미로운 점이 있다. 물론 그것이 순전히 추측에 불과한 것은 틀림없을 것이다. 아볼로가 히브리서의 저자라는 사실을 뒷받침하는 바로 그 증거들은 사실 아볼로를 열심히 가르쳤던 바울의 튼튼한 동역자, 곧 여기 저기서 많이 나오는 브리스길라가 히브리서 저자라는 것을 주장하는 데도 사용되었다. 저자가 누구이든 간에 히브리서를 보면 기독교 운동 1세대에 속하는 뛰어난 지성을 가진 또 다른 사람이 저자인 것을 알 수 있다.

히브리서는 클레멘트 1세가 널리 인용할 만큼 일찍 쓰였는데, A.D. 95년경 고린도 교회에 써 보낸 것이다. 히브리서 저작 연대 결정은 히브리서에서 사용하는 성전에 대한 그와 같은 상(象)이 A.D. 70년 예루살렘 멸망 이전에도 설득력이 있었겠는가에 대한 문제에 달려 있는 것으로 때때로 학자들은 생각한다. 그러나 이것은 두 가지 점에서 잘못된 문제이다. 첫째로, 쿰란 종파와 바울이 보여주었듯이, 의견을 달리 하는 그룹들이 성전에 대한 그같은 상을 사용하는 것이 가능하기도 하고 또한 예루살렘 성전 멸망 훨씬 이전부터 유행했었다는 것이다. 둘째로, 히브리서는 예루살렘에 있는 물리적 성전과 그곳에 거행되는 제사에 초점을 맞추어 이야기하는 것이 아니라 "광야에 있는 장막"에서 실행하는 것(참조. 출 25:10 – 40)으로 토라(출애굽기, 레위기, 민수기, 신명기)에 기술되어 있는 이상적으로 규정된 예배 규칙에 초점을 맞춘 것이다. 히브리서의 논의는 돌로 지어진 건축물에 대한 비유가 아니라 문학적 암시에 의해 전개된다. 따라서 이 설교는 예수님의 사망과 A.D. 95년 사이 어느 때쯤에 쓰여졌을 수 있다.

기독교의 증언으로서 히브리서

히브리서에서 제시하고 있는 예수 사역에 대한 해석이 매우 특이하기 때문에 히브리서 가운데 좀더 폭넓은 기독교 운동과 관련 있는 부분부터 보기 시작하는 것이 도움이 될 수 있다. 저자는 전제로 삼고 있는 문제를 두번에 걸쳐 언급하면서도 다루지는 않는다. 히브리서 2:3 – 4에는 케리그마 진술 같은 것이 나오는데, 이는 누가복음-사도행전 노선의 이야기와 흡사하다. 즉 큰 구원을 먼저 주께서 선포하시고 다음에는 주께 들은 사람들이 증거하며(참조. 눅 1:2), 성령의 은사뿐 아니라(행 2:1 – 4, 고전 12:11, 엡 4:2 – 7) 표적과 기사와 능력으로서 그 구원을 증거하였다는 것이다. 6:1에서 저자는 "그리스도 도의 초보"를 이야기하는데, 이것을 전제로 하고서 좀더 성숙한 교훈을 이야기한다. 여기에 이 히브리서의 성격을 이해하는데 중요한 단서가 있다. 이에 앞서 "젖은 어린아이를 위한" 것이요, "단단한 식물은 장성한 자의 것"이라는 대조적인 말이 나온다. 바울은 바로 그 말을 고린도전서 3:1-3에서 쓰고 있다. 그러나 고린도 교인들은 시기와 분쟁이 가득하므로(고전 3:3) 성숙한 교훈을 받아들일 수 없다고 바울이 생각했던 것에 반해 히브리서 저자는 히브리서를 받아볼 사람들이 더 깊은 이해, 즉 "선생"에 적합한 이해에 이르도록 하기 위해 그들이 듣기에 "둔하다"고 책망한다(5:12). 히브리서는 공유하고 있는 전승에 이의를 제기하는 해석을 제시하지 않고 전승에 토대를 둔 해석을 제시하여 사람들로 더 깊은 통찰로 나아갈 수 있게 한다.

히브리서 저자는 공통된 전승에 서있음을 보여 주는 몇 가지 요소를 나열한다. 즉 죽은 행실을 회개함과 하나님께 대한 신앙(참조. 살전 1:9), "세례들"(복수로 썼음을 유의하라, 혹은 세정)과 안수, 죽은 자의 부활, 영원한 심판에 대한 부활이 그것이다. 초보적인 메시아 사상에 관한 이 목록에서 기독론이 빠져 있다는 것은 놀라운 사실이다. 하지만 그것은 히브리서 저자가 진정으로 관심을 갖고 있는 주제이다. 기독교 운동(기독교 공동체〈조직〉)을 하고 있는 다른 사람들과 공유하고 있지만 굳이 진술할 필요가 없는 또 한 가지 신념은 성경이 하나님의 영으로 감동된 권위있는 책이라고 하는 것이다. "성령이 이르신 바와 같이…"(3:70). "성령이 우리에 증거하시되…"(10:15). 이 사실이 히브리서 서문에서 아주 강조되는 것을 볼 수 있다. "선지자들로 여러 부분과 여러 모양으로 우리 조상들에게 말씀하신 하나님이…"(1:1).

이 서문의 진술은 히브리서의 진짜 핵심 요점인 다음의 말씀으로 끝을 맺는다. "이 모든 날 마지막에 아들로 우리에게 말씀하셨나니"(1:2). 히브리서에는 기독론이 특별히 많이 나온다. 아들의 선재 사실(1:2, 10:5), 아들의 성육신(2:14-18, 10:5-7), 아들의 속죄하는 희생의 죽음(1:3, 2:9, 6:6, 7:27)에 대한 진술이 명확하게 나온다. 예수의 부활이 1:3에 명확히 나오지만 이 설교의 주요 전제이고 해설의 중심에 있기 때문에 굳이 직접적으로 기술할 필요가 없다. 사실 히브리서는 기독교 조직에서 고전적인 부활의 시로 꼽고 있는 시편 110편에 함축되어 있는 내용을 대체로 미드라쉬적인 입장에서 해석한 것이다. 마지막으로 히브리서에는 그리스도가 심판을 위해 다시 돌아오리라는 명확한 진술이 있다(9:28, 10:25). 히브리서는 기독론의 범위와 장엄함을 직접적이면서도 묘하게 암시적인 몇 마디 말로 진술한다. "예수 그리스도는 어제나 오늘이나 영원토록 동일하시니라"(13:8).

히브리서에서는 그리스도인의 경험에 대한 교훈도 아주 중요하게 다루어진다. 맨 먼저 믿음이 나오는데, 이 설교에서는 믿음이 로마서 다음으로 아주 충실히 다루어진다. 바울에게 믿음은 신뢰와 순종이 따르는 들음이다. 그런데 히브리서는 무엇보다 "지속적인" 믿음, 곧 믿음의 "정절"(참조. 히 11-12장)을 강조한다. 믿음의 정절은 하나님 약속의 신뢰성에 뿌리를 두고 있으며, 그 신뢰성 때문에 그리스도인들은 희망을 가질 수 있고, 그리스도의 부활과 높아지심에 "닻을 내리고" 있어서(참조. 6:18-20) 그만큼 안전하다. 히브리서에서는 또한 형제애를 언급하고(13:1), 손님 대접하는 일(13:2), 갇힌 자를 돌보는 일(13:3), 결혼 생활의 정절을 존중하는 일(13:4), 소유물을 나누는 일(13:16)을 이야기한다. 예배에 정기적으로 참석하는 일(10:25)과 찬미의 기도를 하나님께 드리는 제사로 이야기하는 일(13:15)을 제외하고는 공동체의 내적 생활에 대해서는 거의 언급하지 않는다. 또 청중들에게 순종하며 자신들을 인도하는 자들에게 순종하라(13:17)고 권하며 또 다음과 같이 말한다(13:7).

하나님의 말씀을 너희에게 이르고 너희를 인도하던 자들을 생각하며 저희 행실의 종말을 주의하여 보고 저희 믿음을 본받으라.

히브리서에서 "믿음을 본받는다"는 것에는 필연적으로 고난이 따른다. 히브리서는 믿음의 생활은 반드시 고난의 경험과 연결되어 있음을 강조하며 그 사실을 주제로 삼는다(참조. 5:1-10, 12:3-13).

히브리서의 주장

히브리서에는 신약에서 가장 길게 논의되는 논쟁이 나온다. 미드라쉬적 논리의 한 가지 형태가 설교 전체를 구성하고 있다. 따라서 그 형태를 이해하면 히브리서의 여러 가지 요점을 파악할 수 있게 되는 것이다. 우리는 앞서서 근본적인 논쟁, 즉 로마서 5:12-21에서 아주 두드러지게 논의된 문제를 다루었다. 이 형태는 바리새인 전승에서 널리 사용되었다. 바리새인 전승에서 그 형태는 그리스 수사법에서 차용해온 것같다. 이것은 "좀더 작은 것에서 좀더 큰 것에 이르기까지"의 논쟁이며, 이것의 히브리 형태는 "가벼운 것과 무거운 것"의 논쟁이다. 그 골자를 밝히면, 그 논쟁은 이런 것이다. 즉 이러이러한 것이 사소한 문제인 x에 해당된다면, 그것은 좀더 큰 문제인 y에도 해당된다는 것이다.

이 주장은 분명 유추를 근거로 하고 있다. 모든 유추가 다 그러듯이, 유추에는 두 가지가 필요하다. 즉 하나는 유사한 혹은 연속적인 요소이고, 다른 하나는 차이가 있는 혹은 불연속적인 요소이다. 전형적인 미드라쉬적 논쟁(주장)의 전개에서 우리는 이스라엘을 대하시는 하나님의 방식이 자기 백성을 다루는 세상 왕의 방식과 비교되는 것을 본다. 이 두 가지 사실에서 볼 수 있는 연속적인 요소는 통치와 복종의 관계이고, 불연속적인 요소는 모든 피조물을 다스리시는 하나님의 통치와 한 지역을 다스리는 왕의 통치 사이의 차이이다. 이 논리는 이어서 이렇게 발전한다. 세상 왕이 이러이러하게 행한다면 우주의 왕께서는 그보다 얼마나 더 하시겠는가?

히브리서에 나타나는 연속성의 요소는 자기 백성에게 하신 하나님의 말씀이다. 하나님께서는 과거에도 말씀하셨고 지금도 계속해서 말씀하신다(1:1-2, 2:1-4, 3:5-7, 4:12-13, 7:28). 히브리서 저자는 그리스도인의 고백을 말씀으로 이야기한다(6:1, 13:7). 따라서 그 자신의 설교도 마찬가지로 그러한 말씀인 것이다(4:13, 5:11, 13:22).

불연속성의 요소는 말하는 대리자이다. 이러한 대조는 한쪽에는 선지자나 천사, 모세, 율법이 하나님 말씀을 전하는 것이고 다른 한쪽에는 그리스도께서 말씀을 전하는 것 사이에서 뚜렷이 나타난다. 따라서 이 논의의 중요한 단계는 "가벼운 것"에 반대되는 것으로서 "무거운 것"을, 즉 "좀더 사소한 것"에 반대되는 것으로서 "좀더 중요한 것"을 세우는 것이다. 히브리서의 요점은 하나님의 아들께서 하신 말씀의 우위성이다. 따라서 히브리서 저자는 율법에서부터 시작하여 차례대로 다음과 같이 설명한다. 즉 천사들은 하나님의 부리시는 영이지만 예수는 하나님의 아들이시다(1:1-4). 모세는 하나님 집의 사환이지만 예수는 하나님 집의 아들이시요 그 집의 건축자이시다(3:5-6). 아론계 제사장들의 제사는 그 효력 없음을 인해서 대대로 계속 반복되어야 했지만 예수는 그 부활로 말미암아 영원한 하나님의 아들이시므로 예수의 제사는 영원히 유효하다는 것이다

(5 - 10장).

하나님께서 아들을 통해 하신 말씀에는 더 큰 약속이 있고 옛적부터 말씀하신 더 확실한 성취가 있다(12:22 - 24). 베바이오스란 용어, 즉 "견고하다, 튼튼하다, 믿을 수 있다, 틀림없다"는 말이 이 하나님 말씀의 특징을 이야기하는데 자주 등장한다(2:2, 3:6, 6:19, 9:17, 13:9). 지금 우리가 받고 있는 말씀은 더 확실하고 더 강력하므로, 옛적에 하신 말씀에 대한 것보다 더 큰 순종을 바쳐야 한다는 것이다. 따라서 오늘날의 말씀에 대한 불순종은 더 큰 형벌이 따른다(참조. 2:2, 4:1 - 2, 6:6 - 8, 12:17). 논쟁의 논법이 권면의 논법으로 발전한다. 이제는 광야에 있었던 백성과 오늘날의 하나님 백성이 대조가 된다. 광야 세대는 듣고 순종치 않아 좀더 작은 "안식"이었던 가나안에 들어가지 못했다. 오늘날의 하나님 백성들도 "안식"을 받아 가지고 있다. 부활하신 예수께서 단번에 들어가신 더 큰 하나님의 생명이 있는 것이다. 이 약속은 또한 순종을 요구한다. 순종치 아니하는 것에 대한 보응은 처음 경우보다 훨씬 더 중대할 것이다. 그래서 4:11 - 13의 권면이 그처럼 절박한 것이다.

그러므로 우리가 저 안식에 들어가기를 힘쓸지니 이는 누구든지 저 순종치 아니하는 본에 빠지지 않게 하려 함이라. 하나님의 말씀은 살았고 운동력이 있어 좌우에 날선 어떤 검보다도 예리하여 혼과 영과 및 관절과 골수를 찔러 쪼개기까지 하며 또 마음의 생각과 뜻을 감찰하나니 지으신 것이 하나라도 그 앞에 나타나지 않음이 없고 오직 만물이 우리를 상관하시는 자의 눈앞에 벌거벗은 것같이 드러나느니라

히브리서의 상징

히브리서의 상징은 여러 전승에 나왔기 때문에 복잡하다. 한 전승과 히브리서를 완전히 일치시키려고 하는 것은 쓸데없는 일이다. 히브리서에서는 십자가에 못박히시고 높아지신 메시아의 상(象)을 둘러싸고 여러 가지 상징을 고쳐 사용하고 있기 때문이다. 상징의 체계에 대한 논의는 그와 같은 새로운 상의 형성을 이해하는데 우리에게 도움을 주는 경우에만 유익하다. 예를 들면, 히브리서는 쿰란 종파의 사상 세계와 몹시 비슷하다는 주장이 최근에 제시되어 왔다. 히브리서 여기저기에 새로운 언약의 공동체, 제사와 그 상징 사용의 분리, 왕이신 메시

아뿐 아니라 제사장이신 메시아에 대한 기대, 멜기세덱이란 인물에 대한 관심이 나타난다. 하지만 불일치의 요소들은 좀더 인상적이다. 즉 히브리서는 신앙 종파들이 지나칠 정도로 집착했던 정결과 음식에 관한 율법을 거부한다. 그리고 히브리서에는 선의 세계와 악의 세계로 나누는 구분에 대한 신비한 설명이 없다. 정말이지 그러한 이원론은 전혀 볼 수가 없다. 좀더 중요한 사실은 히브리서가 쿰란 종파와 관련이 있다고 하는 발상은 히브리서 저자가 생각하고 있는 "더 큰 것"에 대한 기본 개념을 이해하는데 전혀 도움이 되지 않는다.

히브리서는 일종의 플라톤적인 세계관을 반영하고 있다는 오래된 견해는 히브리서 저자를 알렉산드리아의 기독교 플라톤주의자들 가운데 으뜸 가는 인물이라고 볼 만큼 상당히 예리한 데가 있다. 내가 여기서 "세계관"이라는 용어를 쓰는 까닭은, 1세기까지만 해도 「국가」(*Republic* 509D – 521B)에서 나타나듯이 플라톤의 고전적인 형이상학 이론들은 여러 학파에 침투하였고, 그 과정에서 이론적인 교리만큼이나 보편적인 의식이 되었기 때문이다.

넓게 보자면 세계관이란 현상 세계와 본체 세계를 뚜렷하게 구별짓는, 실로 경계를 가르는 현실에 대한 견해이다. 여기서 현상 세계란 운동과 변화, 부패가 그 특징을 이루는 물질적인 영역으로서 그렇기 때문에 부분적인 지식밖에 되지 않는 세계이며, 본체 세계란 물질적이 아니고 영적이기 때문에 불변하고 부패하지 않는 것이 그 특징인 세계이다. 이 본체 세계는 순수한 "형상" 혹은 "이데아"의 세계이다. 그 차이는 형이상학적이다. 즉 존재의 영역은 밀도가 더 높고 현상 세계보다 더 "실재적"이다. 그 차이는 인식론적이다. 즉 변화의 세계는 대략적인 인식, 즉 견해들밖에 허락하지 못한다. 그러나 이데아는 진정으로 "알 수" 있다. 그 차이는 가치론적이다. 즉 본체 세계는 현상 세계보다 낫다는 것이다.

따라서 우리가 보지 못하는 것이 볼 수 있는 것보다 더 실재적이며 더 가치가 있다. 사실 사람들이 인지하고 있는 세계란 본체 세계의 "그림자" 혹은 "반영"에 불과한 것이다. 고양이의 이데아가 쥐를 잡는 부드러운 털이 있는 움직이는 동물보다 더 훌륭하고 더 실재적이라는 것이다. 이 두 영역은 형식적인 인과 관계로써 연결되어 있다. 본체론적 존재는 근본적이고 현상적 세계는 파생적이다. 이데아의 세계가 도장이라면 현상 세계는 그 인장을 지니고 있는 것이다. 영적 영역은 원형의 세계이고 물질 세계는 원형에 대한 표상을 지니고 있는데, 이 표상은 그 이상적 모델을 대략적으로만 반영할 뿐이다.

히브리서에 나타난 플라톤주의는 필로(Philo)에게서나 지혜서(Book of Wisdom)에 나타난 플라톤주의와 비슷하다. 지혜서는 소위 중기 플라톤주의(middle Platonism)로 넘어가는 중간에 나온 책으로서 플라톤의 형이상학과 창세기 창조기사에서 볼 수 있는 셈족의 우주론 사이에서 생겨난 잡종(헤르메스서 같은 데서도 볼 수 있다)이다. 하늘은 하나님이 거하시는 영역이고, 땅은 인간이 활동하는 곳으로 보는 것이다. 이 두 영역 사이에는 크나큰 간격이 있다. "이는 하늘이 땅에서 높음 같이 그를 경외하는 자에게 그 인자하심이 크심이로다"(시 103:11). "하나님은 하늘에 계시고 너희는 땅에 있나니 그러므로 너희는 말을 삼가라"(Qoh. 5:2). "여호와께서 이같이 말씀하시되 하늘은 나의 보좌요 땅은 나의 발등상이니"(사 66:1). 이렇게 볼 때, 성전은 두 영역이 만나는 곳으로 볼 수 있다. "여호와께서 그 성전에 계시니 여호와의 보좌는 하늘에 있음이여"(시 11:4).

하늘과 형상의 세계를 일치시키고, 땅과 물질 세계를 일치시키는데 그리 큰 어려움이 따르지 않는다. 예를 들면, 필로는 창세기 1:26-27과 2:7에서 인간 창조가 이중으로 설명되고 있다고 본다. 필로는 원전 이론들(source theories)에 대해서는 별 문제가 없다. 인간 창조의 첫번째 기사는 "하나님의 형상에 따른" 인간 창조를 기술하고 있고, 두번째 기사는 "흙으로" 만든 인간 창조를 기술하고 있다고 필로는 말한다. 따라서 자연히 필로는 첫번째 창조를 인간의 이상적 "형상"의 창조로 보고 두번째 창조를 그 형상의 물질적 실현으로 본다. 마찬가지로 필로는 출애굽기 25:40도 그와 같이 본다. 즉 모세가 산에서 하나님이 그에게 보이신 원형을 따라 예배 처소를 지으라는 말을 들었다고 보는 것이다. 필로의 희랍어역(LXX)을 보면, 모세가 본 것은 "원형을 따라…"라고 되어 있다. 그것은 결국 이 세상의 예배는 신적인 이상 혹은 모델의 불완전한 표현에 불과하다는 결론에 이르렀다(참조. 3장 110-114페이지).

플라톤주의의 정적이고 역사에 무관심한 성격이 그동안 자주 주목을 받아왔다. 필로의 생각대로 하자면, 성경에 나오는 "하나님의 신탁"은 델피의 신탁, 즉 원문의 문맥은 별로 중요하지 않은 영구한 메시지와 같다는 것이다. 하나님의 말씀은 영적이고 영원하지만 인간의 언어라는 옷을 입고 있는데, 이 옷은 일시적이고 변한다는 것이다. 따라서 인간의 해석은 여러 차원의 의미를 고려해야 한다. 똑같은 말도 물질적인(즉 문자적인) 의미와 정신적인(즉 도덕적인) 의미와 영적인(즉 우화적인) 의미를 동시에 지니고 있다는 것이다. 그래서 필로는 출애굽기 이야기를 말 그대로 이스라엘의 애굽으로부터 해방으로 보면서 또한 악에서 덕으로 넘어가는 과정으로도, 영혼이 영적 자유와 환희로 올라가는 향상으로도 본다.

히브리서는 이런 시각의 언어뿐만 아니라 근본적인 인지의 언어도 사용하고 있다. 예를 들면, 아들을 일컬어 "하나님의 영광의 광채시요 그 본체의 형상이시라"(1:3)고 하는데, 이는 지혜서 7:26의 말을 연상시킨다. 제사장들이 장막에서 드린 예배를 참 예배의 그림자요 모형이라고 하는데(8:5), 그 출전은 필로가 사용하였던 것과 같이 출애굽기 25:40에 대한 70인역 본문과 같다. 율법은 "장차 오는 좋은 일"(10:1)의 참 형상이라기보다는 그림자에 지나지 않는다. 토라는 "참 것"을 예견하는 "본"을 제공한다(4:11, 9:23). 예를 들면, 예수께서는 부활하심으로 참장막에 들어가시는데(8:2), 이를 두고 "참것의 그림자인 손으로 만든 성소에 들어가시지 않고 오직 참 하늘에 들어가셨다"(9:24)고 말한다. 세상의 제사장들이 대대로 계속해서 제사를 드리는 것과는 다르게, 그리스도의 제사는 "참된 존재" 즉 하늘에서 드리는 것이기 때문에 "단번에" 드려지는 것이다.

하지만 히브리서는 플라톤주의를 완전히 뜯어고쳐 놓았다. 첫째로, 히브리서는 역사를 아주 예민하게 의식하고 있다. 즉 하나님께서 옛적에 말씀하셨고 지금도 말씀하시지만 방법은 다르다고 말한다. 과거는 현재 것의 예표 혹은 본의 역할도 하였는데, 현재의 것이 "더 크고" "더 참되다"(참조. 4:11). 둘째로, 하늘과 땅의 차이는 우주론적인 것만이 아니라 실존적인 것이기도 하다. "하늘"은 하나님의 존재와 하늘에 참여할 수 있는 모든 것을 표시하는 반면에 "땅"은 인간만을 가리킨다. 셋째, 히브리서는 물리적인 것을 격하하기보다는 오히려 높인다. 예수께서 계셨고 또 몸을 가지고 계셨기 때문에 제사장이 되실 수 있으셨다. 더구나 예수님의 몸은 죽음으로써 버려지지 않고 고귀해졌다. 넷째, 히브리서는 변화를 강조한다. 즉 그리스도께서 한번 오셨고 또 오실 것이다. 잠시 동안 천사보다 낮게 지내셨지만 이제는 높아지시고 보좌에 오르셨다. 플라톤주의가 히브리서에서는 확대되고, 죽음과 부활로 말미암아 몸과 시간이 더욱 가치를 띠게 된 역사적 인간 구주에 대한 믿음을 중심으로 개조된다. 히브리서는 필로가 기독교인이 되었다면 썼을지도 모르는 사상을 보여 준다. 또한 히브리서가 바로 헬레니즘의 변형에 한 원인이 되기도 한다. 이 헬레니즘은 기독교 플라톤주의자들인 오리겐, 클레멘트, 아다나시우스, 키릴루스와 더불어 서양 철학의 발전에 근본적인 영향을 미쳤다.

히브리서에서의 성경 사용

히브리서는 율법, 선지자, 글이라는 말을 쓰면서 토라(대체로 70인역에서 인용한다)에서 두루두루 글을 인용한다. 저자는 여러 형식의 본문을 소개한다(참조. 2:5, 3:7, 4:4, 7:17). 특히 하나님께서 맹세하시는 내용이 나오는 본문들을 애용하는데(참조. 시 110편, 95:11), 이는 하나님께서 맹세하실 경우에는 약속이 훨씬 더 확실하기 때문이다. 때로는 요지를 분명히 하기 위해 본문을 바꾸기도 한다. 70인역의 시편 40:6-8 말씀, "제사와 예물을 주께서 바라지 않으셨고 나를 위해 귀를 준비하셨나이다"를 "…나를 위해 한 몸을 예비하셨도다"(10:5)로 바꾸어 쓰고 있다. 이 번역은 10:10의 "예수 그리스도의 몸을 단번에 드리심으로 말미암아 우리가 거룩함을 얻었노라"는 말씀의 요지에 아주 잘 맞는다.

히브리서의 가장 긴 인용문은 예레미야 31:31-34을 인용한 것인데(히 8:8-12), 그 본문이 광야에서 하신 약속과 다른 새 언약에 대해 이야기하기 때문이다. 히브리서 저자는 그 본문을 인용하면서 말하기를 "새 언약을 이야기함에 있어 저희를 허물하여 일렀으되"라고 말한다. 히브리서는 여러 가지 해석 기술을 사용한다. 즉 같은 단어가 나오는 두 본문을 나란히 놓음으로써 서로가 서로를 해석하도록 하는 원칙을 사용한다(참조. 히 1:13과 2:6에 시 110:1과 8:5-7이 사용된다). 때로는 독자들이 그 이상의 함축적인 사실을 깨닫기를 바라면서 생략적인 인용을 한다(참조. 2:12-13). 다음의 세 가지 예를 보면, 저자의 기술과 성경의 해석이 자신의 주장을 관철하는 방식을 알 수 있다.

시편 95:7-11에 대한 미드라쉬(히 3:7-4:13)

이 단락에서 히브리서 저자는 하나님 앞에서 지낸다는 매우 인상적인 상, 곧 순례 여행의 상을 설정한다. 그 여행은 족장들에서부터 시작하여 현재에까지 이르며, 그 여행의 목적은 결국 예수님에게 이르러서야 완성된다. 이 순례여행이란 하나님께 이르는 것이다. 이 시의 핵심적인 문구는 "오늘날 너희가 그 음성을 듣기를"과, "내가 맹세하기를 저희는 내 안식에 들어오지 못하리라"이다. 여기서 우리는 하나님께서 출애굽 사건이 지난 지 오랜 후 다윗을 통해 말씀하시고 맹세하시는 것을 본다. 따라서 이 시편에서 말하는 "오늘"이란 하나님의 영원한 부르심을 뜻한다. 그러므로 성경의 이 말씀은 오늘날 그 말씀을 듣는 청중을 향해 바로 말씀하시는 것이다. 오늘날 청중들은 이스라엘 백성이 광야에서 그랬듯이 마음을 강퍅케 해서는 안 된다. 마음을 강퍅케 한 그 이유 때문에 하나님께서 그들이 가나안의 "안식"에 들어가는 것을 허락하시지 않았기 때문이다(3:19). 하지만 하나님께서 여전히 "오늘"이라고 하는 날을 말씀하실 수 있다면 하나님의 약속도 여전히 살아있는 것이 틀림없다. "그러므로 약속이 남아있을지라도"(4:1).

여기서 말하는 "안식"이란 어떤 것을 의미하는가? 창세기 2:2이 단서를 제공해 준다. "그 지으시던 일이 다하므로 일곱째 날에 안식하시니라." 따라서 성경에서 여전히 확대 해석하고 있는 것은 하나님 자신의 "안식"으로서(참조. 출 20:11), 옛 사람들은 들어가지 못한 안식이다. 옛 사람들이 약속의 땅에 들어간 것은 분명하지만 하나님의 생명인 안식에는 이르지 못하였다(4:8). 첫 사람 "예수"("여호수아"의 헬라어 형태)는 이스라엘 백성을 이끌고 거기까지 들어가지는 못했다. 그렇지 않다면 "오늘날 너희가 그의 음성을 듣거든"이라는 말이 사람들에게 아무 의미가 없을 것이다. 그 제안이 여전히 열려 있기 때문에 약속도 여전히 효력이 있는 것이 틀림없다. "그런즉 안식할 때가 하나님의 백성에게 남아있도다. 이미 그의 안식에 들어간 자는 하나님이 자기 일을 쉬심과 같이 자기 일을 쉬느니라"(4:9-10).

믿음의 조상들에 대한 찬사(히 11:1-40)

로마서 9-11장에서처럼 이스라엘 백성의 역사를 믿음의 관점에서 다시 읽는다. 여기서 말하는 믿음이란 칭의의 믿음이 아니라 견디는 믿음이다. 로마서 4:1-25에 대한 미드라쉬 주석에서처럼 히브리서에서도 아브라함은 남녀 족장들 가운데 최고의 모범 인물로 나온다. 그의 믿음 가운데 여기서 강조하고 있는 측면은 시험을 받고 있는 가운데서도 보인 믿음의 인내심이다. 또한 아브라함은 다른 사람들은 보지 못하는 것을 보는 것처럼 사는 사람의 표본이 되기도 하였다. 아브라함은 집이 없이 방랑하였지만 자기는 "하나님의 경영하시고 지으실 터가 있는 성"(11:10)을 향하여 나아가고 있다고 굳게 믿었다. 바로 이 점에서 아브라함은 "믿음이 바라는 것들의 실상이요 보지 못하는 것들의 증거가 되는"(11:1) 방식을 본보기로 보여 주었던 것이다. 여기서 "증거"(conviction)라는 말은 때로 "실체"(substance, 이 말은 히포스타시스란 헬라말에서 왔다)로 번역되기도 하는데, 법적인 의미를 함축하고 있는 말이다. 그것은 계약금 혹은 소유물의 보증이란 뜻이다. 재산을 빼앗기고 나서 "더 나은 낫고 영원한 기업"을 받았다는 말을 들은 사람들에게 조상들의 본보기는 더할 나위 없이 큰 위로가 되었다. 이들은 모두 아직 나타나지 아니한 것을 보는 것처럼 행동했다(11:3, 7, 8, 13, 26-27). 반복되어 나오는 "믿음으로 … 믿음으로"라는 말의 형식에는 거의 최면 효과와 같은 강력한 힘이 있는데, 이 말은 마침내 12:1에 이르러서는 강력한 권고가 된다. "이러므로 우리에게 구름같이 둘러싼 허다한 증인들이 있으니 모든 무거운 것과 얽매이기 쉬운 지를 벗어 버리고 인내로써 우리 앞에 당한 경주를 경주하자." 이것은 아벨부터 시작된(11:4) 하늘의 본향을 찾아가는 순례 여행에 합류하라고 부르는 감동적인 요청인 것이다. 순례자들은 가는 도중에 탈락해서는 안 된다(12:12-13).

토라에 대한 우화(히 7:1-17)

멜기세덱은 토라의 기사 가운데 딱 한 번 나오는데, 여러 왕을 죽이고 돌아오는 아브라함을 만나는 장면에서 언급된다(창 14:18-22). 멜기세덱은 시편 110:4에 다시 한 번 나온다. 이 부활의 시 첫 절, 곧 "여호와께서 내 주에게 말씀하시기를 … 내 우편에 앉으라 하셨도다"는 말씀을 지나 "여호와께서 맹세하고 변치 아니하시리라 이르시기를 너는 멜기세덱의 반차를 좇아 영원한 제사장이라 하셨도다"는 시편 110:4의 말씀까지 언급하는 사람은 신약의 기자들 가운데 히브리서 저자 한 사람뿐이다. 히브리서 저자는 이 증거에서, "여호와께서 시온에서부터 주의 권능의 홀을 내어보내시리니 주는 원수 중에서 다스리소서"(110:2)라는 말씀에서 볼 수 있듯이 예수께서 왕이신 메시아이실 뿐만 아니라 제사장도 되신다는 것을 본다. 히브리서 저자는 이점에 비추어서 창세기에 나오는 아브라함과 멜기세덱의 이야기를 읽는다(해석한다).

어원 연구는 우화적인 해석에 자주 이용되는 수단이다. 멜기세덱은 멜 렉-

제데카, 즉 "의의 왕"이란 뜻으로 해석할 수 있다. 또 멜기세덱은 살렘 왕이므로 또한 평화의 왕이기도 하다(살렘, 히 7:2). 따라서 이 이름은 "의와 화평이 서로 입맞추는" 메시아 시대를 예견하고 있는 것이 확실하다. 게다가 창세기에 나오는 중요한 인물들 가운데 유독 멜기세덱만이 족보가 없다. 그러나 토라에 없는 것이 있다면 그것은 이 세상에도 없다. 그래서 저자는 멜기세덱에게는 조상이 없다고 정당하게 결론지을 수 있다(7:3,6). 토라에서 멜기세덱의 죽음을 언급하지 않으므로 멜기세덱은 죽지 않았다. "하나님의 아들과 방불하여 항상 제사장으로 있느니라"(7:3,6). 물론 이런 해석은 여기서 말하는 하나님의 아들이란 존재가 어떤 인물인지 아는 사람에게서만 나올 수 있을 것이다.

또 아브라함은 멜기세덱에게 십일조를 드렸는데, 이로써 그를 "지극히 높으신 하나님의 제사장"로 인정하였다(7:2,4). 그런데 아브라함은 레위 계통의 제사장들을 잠재적으로 그 허리에 간직하고 있었기 때문에, 멜기세덱에게 십일조를 바친 그의 행동은 사실상 멜기세덱의 계통을 따른 제사장이 더 낫다(7:6-10)고 하는 토라의 사실을 인정하는 것이었다. 탈무드의 이야기(바벨론 탈무드, *Nedarim* 32b)에 따르면, 하나님께서는 원래 멜기세덱에게 제사장직을 맡기려고 했는데, 멜기세덱이 복을 빌 때 하나님보다 먼저 아브라함의 이름을 꺼냈기 때문에 제사장직을 아브라함에게 넘겨 주었다고 한다. 시편 110:4을 인용할 때, 히브리서는 "멜기세덱의 반차를 좇아"라고 해석하는데, 탈무드에서는 "멜기세덱의 말 때문에"로 이해한다. 그래서 시편은 멜기세덱이 제사장이지만 그의 자손들은 제사장이 아니라고 선언한다. 시편의 이런 구절은 히브리서에서 보게 되는 멜기세덱의 그런 직무에 대한 반응으로 나온 것같다(참조. *Genesis Rabbah* 43. 76-8).

히브리서의 기독론

히브리서는 예수에 대한 여러 가지 호칭을 특이하게 많이 사용한다. 그 호칭 가운데 많은 것은 전통적으로 내려오던 것들이다. 저자는 메시아로서의 활동에 대한 관심을 반영하는 그리스도라는 단순한 호칭을 잘 사용한다(3:6,14, 5:5, 6:1, 9:11,14,24,28). 뿐만 아니라, 예수라는 단순한 이름도 즐겨 사용하는데(2:9, 3:1, 4:14, 6:20, 7:22, 10:19, 12:24, 13:12,20), 이 호칭은 메시아의 인성에 대한 그의 관심에 상응하는 이름이다. 예수와 그리스도를 합쳐서 하나로 쓰는 경우는 세 번밖에 없고, 쓸 때마다 엄숙하게 사용한다(10:10, 13:8,21). 히브리서 저자는 하나님의 아들(4:14, 6:6, 7:3, 10:29)과 주(1:10, 2:3, 7:14, 13:20)에 대해서 뿐 아니라 아들에 대해서도 자주 이야기한다(1:2,5,8, 3:6, 5:5,8, 7:28). 또한 히브리서에서는 예수께서 사람의 아들이심을 넌지시 비추기도 한다(2:6, 참조. 시 8:4). 신약에서 하나님(데오스)이라는 호칭이 아주 드물게 예수께 대해 사용되는데, 이 히브리서에서 암시적으로 한 번 사용되고(3:4), 또 한 번은 인용을 통해서 사용된다(시 45:6-7을 인용하고 있는 1:8).

그밖의 호칭들은 히브리서에만 나오거나 드물게 사용되는 이름들이다. 예수를 가리켜 여러 가지 이름으로 부른다. 후사(1:2), 맏아들(1:6), 큰 목자(13:20), 이끌어 들어가는 자(2:10), 온전케 하시는 이(12:2), 거룩하게 하시는 자(2:11). 사도(3:10), 집 지은 자(3:3), 구원의 근원(5:9), 앞서 가는 자(6:20), 보증(7:22), 부리는 자(8:2), 중보(8:6, 9:15, 12:24) 등이다. 개략적으로 볼 때, 이러한 호칭들은 히브리서 기독론의 두 면을 보여 준다. 즉 한 가지는 예수께서 하나님으로부터 사람에게 구원을 가져오시는 이라는 것이다(사도, 근원, 거룩하게 하시는 자, 목자, 부리는 자, 지은 자, 보증). 또 한 가지는 예수께서 모든 사람이 도달할 것에 먼저 도달하는 사람이시기도 한다는 것이다(후사, 맏아들, 이끌어 들어가는 자, 온전케 하시는 이, 앞서 가는 자). 이쪽 끝과 저쪽 끝을 오가는 자, 곧 중보자라는 것이다.

이 두 면이 신약에서 히브리서에만 나오는 호칭들에서 하나로 합쳐진다. 예수께서는 제사장(10:21)이시고, 대제사장이시며(3:1, 4:14, 5:5,10, 6:20, 7:26, 8:1, 9:11), 자비하고 충성된 대제사장이시다(2:17). 그런데 제사장이라는 호칭이 나올 때는 언제든지 왕의 이미지와 결합되어 나온다. 물론 이같은 왕과 제사장의 결합은 시편 110:1-4에서 나온다. 이 시편에 근거를 두고서 왕위에 오른다는 이미지가 히브리서 전체에 줄곧 나온다(1:3,8,13, 2:5,7,9, 4:16, 7:1,2, 8:1, 10:12, 12:2,28). 쿰란 종파와 다른 묵시문학가들은 왕이신 메시아뿐 아니라 제사장인 메시아 또한 기대했던 것이다. 하지만 히브리서 저자는 예수께서 유다 지파에서 나오신 것은 알지만(7:4) 예수님이 왕이 되시는 것은 다윗의 자손이기 때문인 것은 아니라고 본다. 예수의 부활은 왕으로서 보좌에 오르는 것이다(1:13). 이처럼 높아지신 것은 죽음으로 시작된 예수의 제사장으로서 사역을 완성하는 것이기도 하다(9:11).

그리스도께서 장래 좋은 일의 대제사장으로 오사 손으로 짓지 아니한 곧 이 창조에 속하지 아니한 더 크고 온전한 장막으로 말미암아 염소와 송아지의 피로 아니하고 오직 자기 피로 영원한 속죄를 이루사 단번에 성소에 들어가셨느니라.

제사장직과 왕직은 부활로 말미암아 완결된다(10:12).

오직 그리스도는 죄를 위하여 한 영원한 제사를 드리시고 하나님 우편에 앉으사 그 후에 자기 원수들로 자기 발등상이 되게 하실 때까지 기다리시나니

죽음과 부활을 통해서 예수께서 하나님 앞인 성소에 들어가시는 것이다(9:24).

그리스도께서 참것의 그림자인 손으로 만든 성소에 들어가지 아니하시고 오직 참 하늘에 들어가사 이제 우리를 위하여 하나님 앞에 나타나시고

부활하심으로써 예수께서는 참 존재와 참 생명에 들어가신다. 부활하신 자로서 계속해서 살기 때문에 그의 중보는 단번에 이루어졌고, 하나님께서 받으실 만한 사람의 제사이며 영원하다. 사람이 죽음으로써 "육신의 휘장을 지나" 하나님의 생명으로 들어갔다는 이 사상이 히브리서 저자의 기본 신념이기 때문에 장막과 그 장래의 형체에 대한 비유가 뒤범벅이 되어 나온다. 이런 주해를 토라의 원문과 비교해 보는 것은 도움이 되지 않는다. 왜냐하면 기독교 신앙 고백은 이런 상징들을 확대 해석하여 거의 식별할 수 없는 형상으로까지 발전시키기 때문이다. 상징이 이렇게 혼동스럽게 사용되는 것을 보면 히브리서의 출발점은 십자가에 못박히셨고 또 부활하신 메시아에 대한 역설적인 경험이라는 생각이 꼭 든다.

예수께서 제사장이기 때문에 히브리서의 기독론은 "높기도" 하고 또한 "낮기도" 함에 틀림없다. 참으로 효력있는 제사를 드리기 위해 예수께서는 영원하신 말씀, 곧 "무궁한 생명의 능력을 좇아"(7:16) 사는 하나님의 참아들이셔야 한다. 하지만 효과적인 중보자가 되기 위해서는 예수께서 전적으로 사람이 되시기도

해야 한다. 그래서 10:5-10에서는 예수의 몸을 강조하고 2:14-18에는 다음과 같이 인상적인 진술이 나온다.

> 자녀들은 혈육에 속하였으매 그도 또한 한 또 양으로 혈육에 함께 속하심은 사망으로 말미암아 사망의 세력을 잡은 자 곧 마귀를 없이하시며 또 죽기를 무서워하므로 일생에 매여 종 노릇하는 모든 자들을 놓아주려 하심이니 이는 실로 천사들을 붙들어 주려 하심이 아니요 오직 아브라함의 자손을 붙들어 주려 하심이라 그러므로 저가 범사에 형제들과 같이 되심이 마땅하도다 이는 하나님의 일에 자비하고 충성된 대제사장이 되어 백성의 죄를 구속하려 하심이라 자기가 시험을 받아 고난을 당하셨은즉 시험 받는 자들을 능히 도우시느니라.

하나님 편에서 볼 때 예수는 "자비한" 제사장이시고, 사람 편에서 볼 때는 "충성된" 제사장이시다.

바로 앞에 인용한 단락의 마지막 구절에서 우리는 히브리서 기독론의 가장 심오한 면을 보게 된다. 신인이신 예수께서는 하나님의 로고스에 의해 작동되는 육신을 입은 꼭두각시가 아니었다. 예수께서는 진정한 사람이셨으며, 사람으로서 하나님께 순종한 것으로 인해 "온전케 되신" 분이시다(5:710).

> 그는 육체에 계실 때에 자기를 죽음에서 능히 구원하실 이에게 심한 통곡과 눈물로 간구와 소원을 올렸고 그의 경외하심을 인하여 들으심을 얻었느니라 그가 아들이시라도 받으신 고난으로 순종함을 배워서 온전하게 되었은즉 자기를 순종하는 모든 자에게 영원한 구원의 근원이 되시고 하나님께 멜기세덱의 반차를 좇은 대제사장이라 칭하심을 받았느니라.

저자가 공관복음서의 수난 기사를 알고 이 구절을 썼는지는 확실치 않다. 히브리서 저자는 예수의 순종이 전적으로 인간으로서 드린 순종이며, 순종하려면 고난을 겪지 않을 수 없다고 보는 것이 분명하다. 사실 바로 순종이 고난의 한 형태이다. 고난을 겪음으로써 예수는 아들이 된다는 것의 의미를 점점 더 온전히 배우게 된다. 여기서 저자는 헬라의 교육을 일컫는 상투적인 어구를 이용한다. 즉 "배움은 고통이다"는 것이다.

따라서 사람이신 예수께서는 점진적으로 순종하는 아들이 되신 것이다. 예수께서는 자기를 부르신 하나님을 향해 점점 더 믿음으로 나아간 것이다. 아들로서 그의 온전하심은 처음부터 받은 것이 아니라 순종하는 믿음으로 그 안에서 이루어진 것이다. 예수님의 인성은 하나님에 대하여 계속해서 열려 있었다. 그의 죽음은 모든 가능성을 결정적으로 닫아 버리는 것처럼 보였지만 사실은(믿음의 눈으로 볼 때) 그의 전존재가 하나님 앞에 결정적으로 열리는 것이었다. 예수님은 인간의 휘장을 지나 성소로 걸어들어 갔다. 예수께서 죄와 상관없이 인간의 운명을 전적으로 나누신 사실이 갖는 의미는 이처럼 모든 인간이 온전해 질 수 있다는 것이다. 하나님의 형상대로 창조받음으로써 인간 속에 심기워진 "하나님께 이를 수 있는 능력"이 그 길을 보인 한 특정한 인간에게서 성취된 것이다.

그러므로 함께 하늘의 부르심을 입은 거룩한 형제들아 우리의 믿는 도리의 사도이시며 대제사장이신 예수를 깊이 사랑하라 저가 자기를 세우신 이에게 충성하시기를 모세가 하나님의 온 집에서 한 것과 같으니(3:1-2) … 온전케 되었은즉 자기를 순종하는 모든 자에게 영원한 구원의 근원이 되시고(5:9)

따라서 히브리서의 기독론은 히브리서 교훈의 기초가 되기도 한다. 하나님께서는 사랑하시는 자를 징계하신다는 점을 강조하는 12:5-11의 말씀이 처음에는 유치하거나 심지어는 욥 친구들의 도덕적 무감각 상태로 돌아가는 것처럼 보인다. "징계"를 의미하는 헬라어 파이데이아가 지닌 미묘한 한 가지 차이를 기억할 때에야 비로서 우리는 이 권고의 깊이를 파악하게 된다. RSV 성경은 "너희가 견뎌야 함은 징계를 위함이니라"고 번역한다. 그러나 히브리서가 의미하는 바는 "교육을 위해 견뎌라"(12:7)는 것이다. 징계는 형벌이 아니라 "교육"이다. 고난의 경험은 그리스도인들로 하여금 받은 고난으로 인해 "아들이 되는 것을 배운" 이의 본을 따르게 만든다. 예수께서 하나님의 아들이셨듯이 하나님의 자녀가 되는 것은 배움의 과정이다. 하나님의 자녀가 가야 할 길은 예수께서 가신 길이다. 예수께서는 그 길을 낸 척후병이시다. 또한 하나님의 자녀들에게 뒤따를 권한을 주시는 "완성자"이시기도 하다. 그들이 예수처럼 충성되다면 예수께서 후사로서 그들을 위해 얻으신 유업(히 1:4)에 전적으로 참여하게 될 것이다(12:1-3).

이러므로 우리에게 구름같이 둘러싼 허다한 증인들이 있으니 모든 무거운 것과 얽매이기 쉬운 죄를 벗어버리고 인내로써 우리 앞에 당한 경주를 경주하며 믿음의 주요 또 온전케 하시는 이인 예수를 바라보자 저는 그 앞에 있는 즐거움을 위하여 십자가를 참으사 부끄러움을 개의치 아니하시더니 하나님 보좌 우편에 앉으셨느니라

참고문헌

영어권에서는 히브리서에 대한 연구가 아주 많이 이루어졌다. 다음의 연구들이 그 예를 보여 준다. 저자, 수신자 등과 같은 문제에 대한 논의를 보려면 다음 논문들을 보라. T.W. Manson, *The Problem of the Epistle to the Hebrew*(Manchester: Manchester Unv. Press, 1949), F.F. Bruce, "'To the Hebrews,' or 'To the Essenes,'" *NTS* 9(1962): 217-32, B.P. Hunt, "The Epistle to the Hebrews: An Anti-Judaic Treatise?" *SE* 2(1964): 408-10, R. Hoppin, *Priscilla, Author of the Epistle to the Hebrews*(New York: Exposition Press, 1969), C. P. Anderson, "The Epistle to the Hebrews and the Pauline Letter Collection," *HTR* 59(1966): 429-38.

글의 형식과 요지에 대해서는 다음의 저술을 보라. J. Swetnam, "On the Literary Genre of the 'Epistle' to the Hebrews," *NovT* 11(1969), idem, "Form and Content in Heb 1-6," *Bib* 53(1972): 368-85, C. Mackay, "The Argument of Hebrews," *Church Quarterly Review* 168(1967): 325-38.

글 형식의 배경에 대해서는 다음 저술을 보라. F. LoBue, "The Historical Background of the Epistle to the Hebrews," *JBL* 75(1956): 52-57, C. J. A. Hickling, "John and Hebrews: the Background of Hebrews 2:10-18," *NTS* 29(1983): 112-16. 다음의 글들은 히브리서의 헬레니즘적 측면들은 강조한다. R. Williamson, "Platonism and Hebrews," *SJT* 16(1963): 415-24, idem, *Philo and the Epistle to the Hebrews*(Leiden: E.J. Brill, 1970), J.W. Thompson, *The Beginnings of Christian Philosophy: The Epistle to the Hebrews*, CBQMS 13(Washington, D.C.: Catholic Biblical Assn. of America, 1982).

영지주의와 상징세계에 대해서는 다음과 같은 학자들이 활발히 연구하였다. E. Käsemann, *The Wandering People of God: An Investigation of the Letter to the Hebrews*, trans. R. A. Harrisville and I. L. Sandberg(Minneapolis: Ausburg Pub. House, 1984[1957]). 다음은 쿰란

종파의 상징과의 연관성에 대한 연구이다. F.C. Fensham, "Hebrews and Qumran," *Neotestamentica* 5(1971): 9-21. M. DeJong and A.S. van der Woude, "11Q Melchizedek and the New Testament,"*NTS* 12(1965-66): 318-26.

다음은 히브리서의 성경 사용에 대한 분석 연구이다. F.L. Horton, *The Melchizedek Tradition*(Cambridge: At the Unv. Press, 1976), A. T. Hanson, "Christ in the Old Testament According to Hebrews," *SE* 2(1964): 393-407, F. Howard, "Hebrews and the Old Testament Quotations," *NovT* 10(1968): 208-16, J. Fitzmyer, " 'Now This Melchizedek … ' Heb 7:1" *CBQ* 25(1963), 305-21, J. C. McCullough, "The Old Testament Quotations in Hebrews," *NTS* 26(1980): 363-79, G. Hughes, *Hebrews and Hermeneutics*, SNTSMS 36(Cambridge: At the Univ. Press, 1979).

다음은 히브리서의 다양한 주제와 특정 구절에 대한 연구이다. F. F. Bruce, "The Kerygma of Hebrews," *Int* 23(1969): 3-19, M. R. D' Angelo, *Moses in the Letter to the Hebrews*, SBLDS 42(Chico, Calif.: Scholars Press, 1979), D. Worley, *God's Faithfulness to Promise: The Hortatory Use of Commisssive Language in Hebrews*(Diss., Yale Univ., 1981). 히브리서 언어 사용에 대한 월리의 분석이 특별히 이 장에서 해석에 영향을 미쳤다. C. K. Barrett, "The Eschatology of the Epistle to the Hebrews," in *The Background of the New Testament and Its Eschatology*, ed. D. Daube and W. D. Davies(Cambridge: At the Univ. Press, 1964), 363-93, J. Schaefer, "The Relationship between Priestly and Servant Messianism in the Epistle to the Hebrews," *CBQ* 30(1968):359-89, W. E. Brooks, "Perpetuity of Christ's Sacrifice in the Epistle to the Hebrews," *JBL* 89(1970): 205-14, A. J. B. Higgins, "Priestly Messaih," *NTS* 13(1966):211-39, A. MacNeil, *The Christology of the Epistle to the Hebrews*(Chicago: Univ. of Chicago Press 1914), D. Peterson, *Hebrews and Perfection*, SNTSMS 47(Cambridge: At the Univ. Press, 1982), N. A. Dahl, " 'A New and

More Perfect Way': The Approach to God According to Hebrews 13:9-14," *CBQ* 40(1978): 53-63, F. Filson, *"Yesterday": A Study of Hebrews in the Light of Ch. 13*(London: SCM Press, 1967), W. G. Johnson, "The Pilgrimage Motif in the Book of Hebrews," *JBL* 97(1978):239-51.

히브리서의 세계에 대한 지난 수십년간의 모든 연구를 통합하는 탁월한 비평 주석이 부족하다. 좀더 오래된 다음의 주석들은 여전히 언어에 대해서는 뛰어난 통찰을 제공하고 있다. B. F. Westcott, *The Epistle to the Hebrews*(London: Macmillan & Co., 1889), and J. Moffat, *Epistle to the Hebrews*, ICC(Edinburgh: T. & T. Clark, 1924). G. W. Buchanan, *To the Hebrews*, Anchor Bible(Garden City, N.Y.: Doubleday & Co., 1972)는 독자적인 견해를 제시하고 있으며 히브리서의 미드라쉬적인 특성을 면밀히 연구하고 있긴 하지만 그 해석이 지나치게 일방적이다. 다음의 주석들은 믿을 만하고 읽어볼 만하다. H. Montefior, *A Commentary on the Epistle to the Hebrews*, HNTC(New York: Harper & Row, 1964), and F. F. Bruce, *The Epistle to the Hebrews*, NICNT(Grand Rapids: Wm. B. Eerdmans, 1964).

제21장

베드로전서

베드로전서가 정경에 들어간 것은 이 책이 예수와 함께 다녔고 예수의 부활을 목격한 사도의 저작이라는 사실에서 얼마간 기인한다는 것은 의심의 여지가 없다. 하지만 사도의 이름이 붙은 그밖에 저작들이 정경에 들어가지 못한 것을 보면(베드로 복음, 베드로의 묵시록) 더 큰 이유는 이 서신이 갖고 있는 고유의 자질 때문인 것이 분명하다. 마틴 루터는 베드로전서를 "그리스도를 보여주는" 신약 저작들 가운데 포함시켰다(German Bible, 1522).

히브리서를 이해하는 데 있어 우리가 직면한 문제는 복잡한 상징 세계를 재조정해야 한다는 것인데, 이 상징 세계는 전혀 달라서 공통된 전승을 쉽게 알아볼 수가 없다. 그런데 베드로전서는 그 반대의 문제를 제기한다. 똑같은 전승들을 너무 많이 따르고 있어서 처음 읽어서는 그 독특한 목소리를 놓치기가 쉽다는 것이다. 바울의 저작같기도 하면서 또한 그에 못지 않게 야고보의 저작같기도 한데, 서선 자체에서는 베드로가 썼다고 주장하고 있는 책이다. 정경에 들어 있는 또 한 서신(베드로후서)도 베드로의 저작으로 간주되고 있다는 사실이 별 도움이 되지 않는다. 그 외양이 너무 달라서 그렇다고 보기에는 너무도 많은 문제가 생기기 때문이다. 베드로전서의 진정한 성격은 몇번이고 반복해서 세심하게 읽을 때에야 알 수가 있다. 하지만 여기서는 본문 자체에 대해 설명하다보면 비평적인 문제들이 나올 수가 있다.

문학 형식과 관계

베드로전서는 서신의 형태를 제대로 갖추고 있다. 어떤 사람들은 베드로전서가 세례의 이미지를 지나치게 사용하고 있어서 부활절 전례나 심지어는 세례 의식 때문에 쓰게 되었다고 결론지었다. 세례 때에 행한 설교(시 34편에 대한)로 보기도 하였다. 설교 제언에만 진정한 가치가 있다. 전례가 어찌 되었든간에 베드로전서는 진정한 서신의 표시를 지니고 있다.

인사말(1:1-2)은 전통적이다. 이 편지의 수신인은 "흩어진 나그네(디아스포라)"와 "선택하심을 입은 자들"이다. 이들은 본도, 갈라디아, 갑바도기아, 아시아와 비두니아에 살고 있는 사람들이다. 그 다음에 베드로전서는 일반적인 편지이다. 우리는 이 편지에서 지역적 상황을 알 수 있기를 기대하지 못한다. 지리학상 이상한 순서로 여러 지방을 열거하는 데서 우리는 이 서신의 전달 경로를 짐작해 볼 수 있다. 저자는 자신을 예수 그리스도의 사도 베드로라고 간단히 밝힌다(1:1). 뒤에 가서는 자신을 "함께 장로된 자요 그리스도의 고난의 증인이라"고 주장한다(5:1).

"찬송하리로다 하나님"(1:3-9)이라는 축도문은 인사말 뒤에 나온다(참조. 고후 1:3-7, 엡 1:3-14). 베드로전서는 그 문체 때문에 사용된 전승들을 정확히 판단하기가 어렵다. 이 축도문에 뒤이어 서신의 본론(1:13)으로 넘어가는 진술(1:10-12)이 나온다. 저자가 서신 전체에 걸쳐 접속사를 신중하게 사용하기 때문에 서신이 이어진 데가 없는 완전한 한 구조로 보인다. 처음에는 독자들을 향해서(2:11), 두번째는 지도자들을 향해서(5:11) 하는 말인 "권하노니"라는 말이 반복되는 사실은 4:11-12에서 자주 볼 수 있는 변화보다 더 구조적으로 중요한 의미를 지니는 것같다. 5:12-14에 끝으로 나오는 언급은 간단하지만 저자의 상황에 대해 다소간 우리에게 말해 주고 있다. 저자는 로마에 있는 교회를 의미하는 것으로 보이는 "바벨론"에 있는 "함께 선택받은 동료 자매들" 편에 서서 문안 인사를 보낸다(참조. 계 17:1,5). 베드로는 "내 아들"이라고 부르는 마가를 곁에 두고 있으며(5:13), "실루아노로 말미암아"(5:12) 편지를 쓰고 있다. 베드로는 자신의 편지를 "이것이 하나님의 참된 은혜임을 권하고 증거하는" 글이라고 이야기한다(5:13).

편지 자체가 자신의 성격을 아무리 그대로 드러낼지라도 그 출처와 저자가

전적으로 분명한 것은 아니다. 고대 전승에서는 마가라는 인물과 로마에 있는 베드로라는 인물을 관련시킨다(참조. 유세비우스, *Ecclesiastical History* Ⅱ. 14-15). 물론 마가는 로마 제국에서 아주 흔하게 사용되는 이름이다. 하지만 우리가 신약에서 알고 있는 마가는 바나바의 조카이며 마음이 잘 변하는 바울의 일행인 그 한 사람뿐이다(참조. 행 15:37, 골 4:10, 몬 1:24, 딤후 4:11). 그러면 마가가 어떻게 베드로의 일행이 되었는가? 우리는 실루아노(혹은 실라)에 대해서도 다소간 알고 있다. 실라는 처음에 예루살렘 교회 사절로 왔으나(행 15:22-24) 바울과 바나바가 갈린 후에는(행 15:40) 바울의 유럽 선교에서 디모데와 함께 이따금씩 바울을 도왔다(행 17:14-15, 18:5). 바울과 디모데와 함께 실라는 고린도 교회에 복음 전하는 일을 도왔다(고후 1:19). 또 그 두 사람과 함께 데살로니가 전후서의 공동 발신인이 되었다(살전 1:1, 살후 1:1). 실루아노는 바울 선교의 한 부분을 담당했다.

바울의 기독교 신앙과의 연계성 문제는 그저 이 서신에 나오는 이름만 가지고 다룰 수 있는 것으로 보이지 않는다. 편지에서 스스로 발신인을 베드로로 주장하지만 않았다면 이 편지를 바울이 보냈을 것이라는 데 대해 의심할 사람은 아무도 없었을 것이라고들 말해 왔다. 그러면 그 주장을 뒷받침할 근거가 있는가? 베드로전서 2:4-10에 농후하게 나타나는 미드라쉬적 언급(해석)에서는 로마서 9:25-33과 같은 성경 본문을 사용하고 있다. "죄에 대하여 죽고 의에 대하여 살게 하려 하심이라"(2:24, 참조. 롬 6:2,11)나 "예수 그리스도는 하늘에 오르사 하나님 우편에 계시니 천사들과 권세들과 능력들이 저에게 순복하느니라"(3:22, 참조. 빌 2:10-11, 골 2:15, 엡 1:20-21)와 같은 어구는 확실히 바울의 용어를 그대로 반영하고 있는 것으로 보인다. 4:10-11에 나오는 은사에 대한 기술도 그렇다(참조. 롬 12:3-8). 그렇지만 이런 구절들이 아주 비슷해 보이기도 하지만 베드로는 이 용어를 자기 나름대로 의미를 담아 사용한다.

게다가 이 서신에는 야고보서와 훨씬 더 본질적으로 관련되어 있는 점들이 보인다. 사소한 많은 점들 가운데서도 특히 현저하게 비슷한 점은 베드로전서 1:6-8과 야고보서 1:2-4에 나오는 "믿음의 시련"에 대한 논의이다(참조. 롬 5:1-5). 베드로전서 5:5-9이 좀더 인상적인데, 이 구절은 야고보서 4:6-10과 한 구절 구절이 그대로 일치하는데, 똑같이 잠언 3:34에서 인용하고 있다.

그러면 이렇게 문자적으로 비슷하고 일치한다고 해서 이 두 서신이 문자적으로 어느 한쪽을 의존하고 있다고 전제해야 하는가? 그렇게 생각하는 학자들이 있다. 그들은 야고보나 베드로 중 어느 한 사람이 바울의 글을 빌리고, 그 다음에 그 사람의 글을 또 한 사람이 사용한 것이라고 본다. 이런 이론에서는 저자를 밝히는 문제가 아주 자동적으로 해결되는 경향이 있다. 또 그렇게 되면 베드로전서가 베드로의 저작이라고 생각할 수 있는 경계를 넘어서게 되는데, 에베소서가 그대로 모방한 것으로 간주되는 바울 서신이며, 에베소서는 바울 이후의 쓰여진 것으로 볼 경우에는 특히 그렇다. 갈수록 더 많은 학자들이 채용하는 것으로서, 좀더 유력한 전제는 바울과 야고보가 편지를 쓰면서 같은 전승들을 사용했듯이 베드로도 이 편지를 쓸 때 전례적이고 변증적이며 권고 전승들을 사용했다고 보는 것이다. 그래서 이스라엘의 배척(2:4 - 10)에 대해 바울이나 베드로나 똑같이 변증적 증언(apologetic testimonium)에서 본문을 연결시킬 수 있다. 물론 두 사람이 각각 약간은 다르게 사용하고 있긴 하다.

전례적이고 원천적인 자료를 사용하는 것도 그와 같다. 따라서 베드로전서를 쓰면서 어떤 바울의 저작으로부터도 도움을 받을 필요가 없는 것이다. 이 서신이 사용하는 전승을 근거로 저작 연대에 대해 어떤 결론도 내릴 수 없다.

지금까지 우리가 생각해 왔던 문제들은 분명 이 서신의 신빙성 문제를 건드리게 된다. 예수님을 따르던 베드로가 이런 편지를 쓸 수 있을까? 아니면 다른 사람이 베드로의 이름을 사용한 것으로 단정해야 하는가? 헬라적인 문제를 보면 때로 베드로의 저작서를 배제하게 된다. 이 서신을 보면 드물지만 표현력이 풍부하고 "전형적인" 바울 서신의 헬라어에 비해 생동감이 덜 하긴 하지만 대체로 아주 미묘하게 분사를 적절하게 잘 사용하고 있다. 우리가 복음서를 통해 알고 있는 베드로가 지식상 그런 정교함을 지니고 있었는가? 복음서에서 베드로는 말하는 소리를 들으면 출신지를 알 수 있는 다소 시골뜨기 같은 사람으로 나온다(마 26:73). 누가는 베드로와 요한을 학문 없는 범인으로 부른다(행 4:13).

하지만 문체의 문제가 다음의 네 가지 이유 때문에 그리 결정적인 단서가 되지는 않는다. (1) 사도행전은 뛰어난 헬라적 문체를 사용하여 교양이 없는 거친 사람들과 세련된 관원들을 대비시킴으로써 문학적 주장을 입증한다. "관원과 장로와 서기관들"을 알고 있는 "히브리인"이라는 주장은 무지하지만 헬라어를 할 수 있는 갈릴리인들이 있다는 사실에 의해 무효화된다. (2) 갈릴리인인 요한과 베드로는 도처에서 나타난 증거에서 볼 수 있듯이 조금 성공을 거둔 사업가였다.

이들은 사업을 하기에 필요한 장터 헬라어쯤은 마음대로 구사할 수 있었을 것이다. 안마당에서 사람들에게 눈치채인 지역적 액센트에는 아무튼 헬라어의 음조가 들어있었을 것이다. (3) 베드로는 선교 사역을 하는 동안에 헬라어 실력을 향상시켰을 수 있다. 베드로가 헬라어를 말할 수 있는 능력이 없다고 하는 것은 문화적인 편견이다. 20세기 영국의 대문장가인 콘라드(Conrad)와 나보코브(Nabokov)는 어른이 되어 비로소 영어를 익히고 마스터했다. (4) 다른 사람이 이 편지를 받아 적었을 수도 있다. "실루아노로 말미암아"(5:12)는 말이 모호하다. 실루아노가 그저 편지를 전달했을 뿐이라는 뜻으로 썼을 수도 있다. 어쩌면 실루아노가 서기노릇을 했을 수도 있다. 그런데 실루아노의 액센트에 대해서는 아무것도 알 수가 없다.

독자들의 상황

저작자와 저작 연대의 문제는 무엇보다도 베드로전서를 받아본 사람들의 상황에 대한 판단에 달려 있다. 저자의 반응을 제대로 아는 데에도 배경에 대한 적절한 평가가 필요하다. 베드로는 독자들이 마치 이방인의 배경을 지닌 사람들인 것처럼 말한다. "너희가 순종하는 자식처럼 이전 알지 못할 때에 좇던 너희 사욕을 본 삼지 말고"(1:14). "너희가 알거니와 너희 조상의 유전한 망령된 행실에서 구속된 것은 은이나 금같이 없어질 것으로 한 것이 아니요"(1:18). 이러한 말은 토라를 지켜왔던 사람들에게는 맞지 않을 것이다. 베드로는 호세아 2:10의 말씀을 그들에게 적용한다. "전에는 백성이 아니더니 이제는 너희가 하나님의 백성이라." 게다가 유대교에서 개종한 사람들 같으면 이런 말씀이 필요 없을 것이다. "너희 중에 누구든지 살인이나 도적질이나 악행이나 남의 일을 간섭하는 자로 고난을 받지 말려니와"(4:15). 베드로는 수신인들에게 필요한 변화를 주의시키면서 이렇게 말한다. "이방인의 뜻을 좇아 행한 것이 지나간 때가 족하도다 … 이러므로 너희가 저희와 함께 그런 극한 방탕에 달음질하지 아니하는 것을 저희가 이상히 여겨 비방하나"(4:3,4, 4:2에 나오는 "그 후로는 다시 … 않고"라는 말에 유의하라). 이 말은 뜻이 다소 모호하다. 베드로는 편지를 받아보는 사람들이 과거에 이방인으로 방탕하게 생활했다고 말한다. 그런가 하면 "이방인들"이 이제는 그리스도인으로서 새로운 신분과는 현저한 대조를 이룬다. 앞으로 그 이유에 대해서 알아보기로 하자.

하지만 베드로전서의 수신인들이 이방인 출신이라면, 이 서신을 베드로의 저작으로 돌리는 데에 또 다른 문제가 발생한다. 예루살렘 교회회의에 대한 이해에서 바울은 이방인들에게 복음을 전하기로 하고 베드로는 할례자들에게 복음을 전하기로 됐다(2:8). 그러면 베드로는 왜 이방인 출신 그리스도인들에게 편지를 쓰려고 했는가? 베드로가 유대인과 이방인 양쪽에 걸쳐 사역을 했다는 표시들이 몇 가지 있고(참조. 갈 2:11-12, 고전 1:12, 9:4), 베드로가 로마에 체류하였다는 전승은 확실하다. 베드로가 로마에서 이방인 교회에 순회 서신을 보냈다는 것이 의외일 수 있지만 불가능한 일은 아니다(참조. 행 10-15장).

베드로의 편지를 받은 신자들은 어떤 고난을 겪고 있었던 것이 분명하다. 그들은 "여러 가지 시험"을 인하여 믿음의 시련을 겪고 있다(1:6). 이들은 악행을 한다고 "비방을 받고" 있다(2:12). "애매히 고난을 받으면서 참고" 있을 수도 있다(2:19). 욕을 먹고 부끄러움을 당할 수도 있다(3:16) 하지만 "악을 악으로 욕을 욕으로 갚지 말고 도리어 복을 빌어야" 한다(3:9, 참조. 롬 12:14). 의를 인하여 고난을 받으면 복을 받을 것이다(3:14, 참조. 마 5:10). 그들은 지금 겪고 있는 "불 시험"을 이상히 여겨서는 안 된다(4:12). 이들은 "그리스도의 고난에 참예하고" 있는 것이다(4:13). "그리스도의 이름으로 욕을 받고"(4:14), "그리스도인으로 고난을 받고 있을" 수도 있다(4:16).

그들이 고난을 겪고 있다는 것은 분명하지만, 어떤 고난을 받고 있는지에 대해서는 논란의 여지가 있다. 학자들 가운데는 "그리스도의 이름으로"(4:16)나 "그리스도인으로"(4:14)라는 말을 트라야누스 치하에서 플리니우스 2세(Pliny the Younger)가 비두니아에 시행했던 것(1:1)과 같은 조직적인 국가의 박해를 가리키는 것으로 보는 이들도 있다. 사실, 플리니우스가 트라야누스에게 보내는 편지를 보면, 단순히 "그리스도인이라는 사실만"으로 그리스도인들을 처벌해야 할지, 아니면 그들이 다른 범죄를 지을 경우에만 처벌해야 할지를 묻고 있다(*Letters* X. 96). 그처럼 황제나 그밖에 국가가 지지를 받아 행하는 박해에서 그리스도인들은 그리스도와 죽음 중 양자택일을 하지 않으면 안 되었다. 그러한 박해는 네로 치하 때 로마에서 처음으로 일어났고, 도미티아누스 황제(93-96) 이전까지는 동방에서 아무런 박해가 일어나지 않았으며, 베드로가 네로 치하 때 로마에서 죽었기 때문에 저작 연대와 저작자에 대한 이런 설명이 함축하고 있는 사실들은 명백하다. 이 서신의 저작 연대는 1세기말 가까이가 될 것이고 그렇다면 베드로가 이 서신을 쓰지 않았을 수도 있다.

하지만 대체로 볼 때, 죽음까지 몰고가는 국가적 차원의 박해를 전제하는 주장을 지지하지 않는다. 1:7에 나오는 불의 상을 채용했을 것인 4:12의 "불시험"은 별문제로 하고, 신자의 고난에 대한 저자의 설명은 사회적 추방의 정황을 가리킨다. "고난"이란 용어(2:19-20, 3:14,17, 4:15,19, 5:10)를 제외하면, 여기서 사용되고 있는 다른 용어들은 신체적인 공격보다는 말로 하는 비난을 가리킨다. 즉 "욕"(speaking against, 혹은 "중상"〈slandering〉, 2:23, 3:16), "비방"(insulting, 3:16), "비난"(reproaching, 한글개역은 "욕", 4:14), "헐뜯음"(reviling, 한글개역은 "욕", 2:23, 3:9)을 가리킨다. 이들은 분명 사람들로부터 적대적인 행위를 겪고 있는 것이다. 지역에서 아무렇게나 발생하는 폭도들의 행동도 여기에 포함될 수가 있다. 처음부터 그런 고난은 도처에 흩어져 있는 유대인들과 그리스도인들의 몫이었다(행 18:12-17, 19:23-40, 살전 2:14, 고후 12:24). 스스로를 다른 사람들과 구별하는 신분을 주장하는 사람들은 사회의 주요 사조(기풍)의 관심을 끌기도 하고 배척당하기도 하듯이 사람들로부터 존경받기도 하고 욕을 당하기도 한다. 베드로전서에는 다원화된 상황에서 계획적인 공동체가 겪는 내적 긴장을 보게 된다.

베드로의 반응을 보면 이런 박해를 받았다는 심증이 더 굳어진다. 베드로전서에서는 흔히 박해로 생기는 예수의 본을 받아 죽으려고 하는 순교적 신앙이나 묵시신앙의 흔적이 전혀 보이지 않는다. 오히려 그리스도인들에게 선한 행실로써 충돌을 피하라고 권한다(2:12). 여기에는 그런 태도가 효과 있을 것이라는 전제가 깔려 있다. 그래서 베드로는 국외자들의 온당함과 선한 의지를 가정한다. 공동체 회원들은 "이유를 묻는 자들에게"(3:15) 온유와 두려움으로 자기 신념에 대해 정당하게 대답할 수 있도록 준비해야 한다(… 를 준비시켜야 한다). 이것은 재판장 앞에서 하는 공적인 변명이 아니라 자기를 욕하고 있는 사람들에 대한 개별적인 답변을 뜻한다. 그리스도인들이 선한 행실로 말미암아 그 비방하는 자들로 "부끄러움을 당하게 할"(3:16) 가망성이 있다.

시정 관원에 대한 베드로의 태도는 국가적 박해의 상황과는 맞지 않다. 적어도 베드로는 정부를 긍정적으로 보고 있다고 말할 수 있다. 2:13-14, 17을 보자.

인간이 세운 모든 제도를 주를 위하여 순복하되 혹은 위에 있는 왕이나 혹은 악행하는 자를 징벌하고 선행하는 자를 포장하기 위하여 그의 보낸 방백에게 하라……왕을 공경하라.

이것은 적그리스도에 대한 설명이 아니다. 그리스도인들이 순전히 그리스도인이라는 이유 때문에 죽임을 당하고 있는 동안에는, 아무도 국가가 "악행하는 자를 징벌하고 선행하는 자를 포상하고" 있다고 말할 수 없었다.

하지만 고난이 죽음에 이를 정도는 아니지만 현실적으로 겪고 있다. 어쨌든 박해와 순교는 분명하고 거기에는 위로가 따른다. 충성의 한계(순서)는 분명하다. 그 선택이 아무리 고통스러울지라도 한 번은 내려야 한다. 하지만 멸시와 모욕은 개인과 공동체의 정체성을 서서히 부식시키는 산(酸)과 같다. 사회적 소외라는 것이 결코 하찮은 고난이 아니다. 핍박이 죽음을 불러올 수 있지만 그 죽음에는 의미가 있다. 한데 사회적 경멸은 의미 자체를 말살해 버릴 수가 있고, 그것은 죽음보다 더 어려운 고난이 될 수도 있다. 외부로부터의 적의나 경멸에 직면해서 신앙 공동체들은 외부인들을 본질적으로 도저히 구제할 수 없을 정도로 악하다고 평함으로써만 자신들의 정체성을 보존할 수가 있다. 그러므로 베드로가 정부나 국가를 향해 그와 같이 열린 태도를 지니라고 주장한다는 것이 특이한 일이다. 외부인들을 설득하는 일의 온당함과 열려 있는 태도를 가정한다(취한다). 기독교의 생활방식은 남을 해치지 않는다는 것을 보여주기만 하면 되는 것이다. 베드로의 생각이 현실적이지 못할 수 있지만 참신한 생각인 것은 사실이다.

그리스도인의 정체성의 형태

베드로는 외부인들을 비난하지 않는다. 그렇게 하기보다는 수신인들에게 자신들의 독특한 신분을 새로이 의식하라고 촉구한다. 베드로 교훈의 세 가지 측면을 다루고자 한다. 즉 소망의 근거를 하나님의 능력에 두라는 것, 세례의식이 함축하고 있는 사실들, 예수를 본받음이 그것이다. 그리고나서는 이들의 새로운 삶의 공동체적인 배경을 살펴 보자.

하나님을 믿고 소망함

서두에 나오는 기도문은 이들의 신분을 확실히 생각나게 한다. 첫번째 단계 (단락, 1:3-5)는 세밀하게 조직되어 있다. 단 하나의 진술이 복잡한 사실을 함축하도록 정교하게 짜여 있다. 그 진술이란 "하나님이 우리를 거듭나게 하셨다"는 것이다. 이 진술은 곧바로 그들이 이웃 사람들이나 그 자신의 옛 모습과는 다른 차원에서 살고 있다는 사실을 암시한다. 베드로는 이어서 그 진술이 함축하고 있는 세 가지 특정한 사실을 이야기한다. 첫째, 이들에게는 "살아있는 소망"이 있다. 이들은 우상 숭배자들의 헛된 환상을 갖고 있지 않다. 그리스도인의 소망은 "살아 계신 하나님"께 둔 소망이고, "예수 그리스도의 죽은 자 가운데 부활하심으로 말미암는"(1:3) 것이기 때문에 안전하다. 둘째, 이들은 이런 출생으로 인해 "기업"을 잇게 되었다. 이 기업은 땅을 주는 것처럼 불안한 것(참조. 신 4:38)이 아니라 "썩지 않고 더럽지 않고 쇠하지 아니하며 너희를 위하여 하늘에 간직한 것"(1:4)이다. 이들은 하나님의 생명과 능력으로 이미 실현된 미래를 바라보면서 산다. 셋째, 이들의 새 생활에는 분명한 목표가 있다. 그것은 "말세에 나타내기로 예비하신 구원을 얻는 것"(1:5)이다. 그러므로 이들은 "이미" 이루어진 거듭남과 "아직 이루어지지 않은" 구원 사이에서 소망을 품고 사는 것이다.

곧바로 이어서 베드로는 그 외에 격려가 되는 중요한 두 가지 사실을 언급한다. 성경의 모든 예언이 독자들의 때를 가리켰다는 것이다. 따라서 그리스도인들은 계속되고 있고 이스라엘의 거룩한 문서들이 합법적으로 인정하고 있는 역사 속에 서 있다는 것이다. 둘째, 메시아의 받으신 고난(1:11)과 같은 "여러 가지 시험"(1:6)은 그들의 믿음을 "연단함으로써" "영혼의 구원"(1:9)에 이르게 하는 효과가 있을 것이다. 그리스도의 고난이 "후에는 영광으로" 이어졌듯이 (1:11) 독자들의 고난도 영혼의 구원에 이를 것이다. 베드로전서의 독특한 특징이 여기에 있다. 즉 주께로부터 받은 것은 안전하고 소망하고 있는 바는 확실하다는 조용한 확신이다. 왜 그런가? 그들의 전 삶은 예수 그리스도의 죽음과 부활에서 계시된 하나님의 넘치는 능력으로 이루어지기 때문이다. "너희는 저를 죽은 자 가운데서 살리시고 영광을 주신 하나님을 그리스도로 말미암아 믿는 자니 너희 믿음과 소망이 하나님께 있게 하셨느니라"(1:21-22).

세례

예수에게서 일어난 일은 모든 그리스도인들에게까지 적용된다. "친히 나무에 달려 그 몸으로 우리 죄를 담당하셨으니 이는 우리로 죄에 대하여 죽고 의에 대하여 살게 하려 하심이니라 저가 채찍에 맞음으로 너희는 나음을 얻었나니"(2:24). 사실 예수의 부활의 능력은 온 우주에까지 미친다. 그래서 베드로는 이렇게 말한다. "이를 위하여 죽은 자들에게도 복음이 전파되었으니 이는 육체로는 사람처럼 심판을 받으나 영으로는 하나님처럼 살게 하려 함이니라"(4:6). 그런데 어떻게 복음을 죽은 자들에게 전할 수 있을까? 이 말은 3:18-22을 언급해야만 이해할 수가 있다. 영으로 살리심을 받았을 때 그리스도께서는 노아 시대까지 거슬러 올라가 옥에 있는 "영들", 곧 과거에 하나님께 순종하지 않았던 사람들에게 가서 복음을 전하였다(3:20). 이 구절은 모호하기로 유명한 부분인데, 창세기 6:1-4에 근거를 둔 묵시문학에 나오는 정교한 신화를 이용하고 있는 것으로 보인다(참조. 에녹 1서 10.5-15, 10-12, 18.15-19.1, 22.4). 베드로전서는 속박된 채 하나님의 최종적인 구원을 기다리는 구원받지 못한 무리에 대해 이야기한다. 불순종 때문에 이들은 하나님 앞에서 아주 멀리 옮겨졌다. 하지만 이들까지도 부활의 생명의 능력에 접촉된다. 예수의 영께서 가장 깊은 영적 소외(소원)을 지나 정죄의 감옥에까지 이르러 구원하실 수 있다. 바로 이런 사상의 씨앗에서 "그리스도께서 옥에 내려가셨다"는 사도의 확신이 나왔다.

우리가 볼 때 이런 신화적 설명은 두 가지 케리그마적인 단편들 사이에 적합하다(꼭 들어맞는다). 보편적 구원에 대한 주장은 예수의 부활에 명백히 나타난 하나님의 능력에 대한 고백을 근거로 이루어진다(3:18, 21-22).

> 그리스도께서 한 번 죄를 위하여 죽으사 의인으로서 불의한 자를 대신하셨으니 이는 우리를 하나님 앞으로 인도하려 하심이라 육체로는 죽음을 당하시고 영으로는 살리심을 받으셨으니…
> … 예수 그리스도의 부활하심으로 말미암아… 저는 하늘에 오르사 하나님 우편에 계시니 천사들과 권세들과 능력들이 저에게 순복하느니라

이 단락의 또 한 가지 측면에 주의를 기울일 필요가 있다. 노아 시대에 여덟 사람이 "물로 말미암아 구원을 얻었다"(3:20). 이 말은 다소 이상하다. 창세

기를 보면 물이 천하를 덮어서 그들을 구원한 것은 방주였기 때문이다(창 7:17). 하지만 이 상은 직접적인 그 적용에 의해 좌우되는데, 그 적용에서 물은 도구로 이용된다. 즉 "물은 예수 그리스도의 부활하심으로 말미암아 이제 너희를 구원하는 표니"(3:21). 예수의 부활에서 발휘되었고 모든 창조물에까지 미치는 하나님의 능력이 세례 의식으로 말미암아 이 편지를 받는 새 신자들에게도 미치는 것이다.

베드로전서 전체를 통해서 편지의 독자들이 과거 생활에서 현재 생활로 변화되어 온 경험의 직접성이 강조된다(1:12, 21, 2:10,25, 3:21). 세례는 이 신분에서 다른 신분으로 옮겨가는 이 과정에서 지나는 한 순간인데, 이 과정을 베드로는 거듭남이라고 한다(1:23). 이 거듭남의 과정이 1:22-2:3에서 아주 광범위하게 다루어진다.

너희가 진리를 순종함으로 너희 영혼을 깨끗하게 하여 거짓이 없이 형제를 사랑하기에 이르렀으니 마음으로 뜨겁게 피차 사랑하라. 너희가 거듭난 것이 썩어질 씨로 된 것이 아니요 썩지 아니할 씨로 된 것이니 하나님의 살아 있고 항상 있는 말씀으로 되었느니라. 그러므로 모든 육체는 풀과 같고 그 모든 영광이 풀의 꽃과 같으니 풀은 마르고 꽃은 떨어지되 오직 주의 말씀은 세세토록 있도다 하였으니 너희에게 전한 복음이 곧 이 말씀이니라. 그러므로 모든 악독과 모든 궤휼과 외식과 시기와 모든 비방하는 말을 버리고 갓난아이들같이 순전하고 신령한 젖을 사모하라 이는 이로 말미암아 너희로 구원에 이르도록 자라게 하려 함이라. 너희가 주의 인자하심을 맛보았으면 그리하라.

여기서 복음과 세례 의식에 대한 순종이 새로운 신분으로 "거듭나는" 경험의 중추적인 역할로 나온다. 베드로전서의 독자들은 영혼이 "깨끗하여졌고"(1:22) "거듭났다"(1:23). 이들은 옛 속성들을 옷을 벗듯이 "벗어버렸고" 또 계속해서 "벗어버려야" 한다. 이들은 어린 아이에 지나지 않고 계속해서 자라야 하므로 순전한 영적 젖이 적절한 음식이다(참조. 고전 3:1-3, 히 5:11-14). 2:3에 나오는 시편 34:8의 인유에는 의도적인 말재간이 들어 있다. 헬라어로는 "주께서 친절하심을 맛보아 알지어다"는 말이다. 메시아주의자는 이 성경구절에는 "주는 그리스도이시다"는 명백한 진술이 들어 있다고 본다. 이 구절의 구문을 보면 두 가지 설명이 가능하다. "순전한 말씀의 젖"이 그들이 "그것으로 말미암아" 성장할 기초가 되거나 예수 그리스도께서 친히 그 기초가 되어야 한다는 것이다.

즉 그들이 맛을 보았으니 이제는 "그로 말미암아" 자랄 수 있다. 어쨌든 이들은 이미 성경에서 본 대로 예수 그리스도를 본받아 앞으로 변화될 것이다.

고난받는 그리스도를 본받음

베드로전서의 기독론의 두 가지 면에서 신자들의 경험과 밀접하게 연결되어 있었다. 첫째는 베드로전서가 그리스도를 향한 개인적인 사랑을 확인하고 있다는 점이다. 하나님을 향한 사랑조차도 신약에서는 좀처럼 언급되지 않는다(참조. 마 22:37, 막 12:30, 눅 10:27, 롬 8:28, 고전 2:9, 8:3, 딤후 4:8, 약 1:12, 2:5). 하지만 요한복음에서만(14:23-24, 21:15-16) 메시아에 대한 그에 상응하는 반응을 볼 수 있다. "예수를 너희가 보지 못하였으나 사랑하는도다 이제도 보지 못하나 믿고 말할 수 없는 영광스러운 즐거움으로 기뻐하니"(1:8).

둘째로, 신자들이 고난받는 것과 똑같이 시종일관 예수께서도 고난받으시는 분으로 묘사된다(1:10,19, 3:18, 4:1). 고난받을 때 그리스도인들은 그리스도의 고난에 동참하는 것이다(4:13). 예수께서도 그리스도인들에게 "그 자취를 따라" 오도록 그 본을 남기셨다(2:21). 사실, 그리스도인들은 그 역할을 담당하도록 "부름을" 받은 것이다(2:21). 그들이 그리스도의 죽으심을 본받도록 부름받지는 않았다. 베드로전서에는 순교의 신앙에 대한 언급이 전혀 없다. 그들은 아무런 잘못을 하지 않았는데도 고난을 받아야 하는 수가 있다(2:19). 따라서 그들은 예수를 바라볼 수 있다. 예수께서는 고난을 받을지라도 "죄를 범치 아니하였고 그 입에 궤사가 없으셨기"(2:22) 때문이다. 바로 이것이 그리스도의 고난받으신 태도이었다(2:23).

> 욕을 받으시되 대신 욕하지 아니하시고 고난을 받으시되 위협하지 아니하시고 오직 공의로 심판하시는 자에게 부탁하시며

따라서 그리스도인들은 욕을 당할지라도 같이 욕하지 않고 도리어 복을 빌고(3:9) 하나님을 믿어야 한다(1:21). 예수에 대한 이러한 설명에서 이사야 53:4-9에 나오는 고난받는 종에 관한 이 단락의 널리 미치는 영향력을 거듭 보게 되는데, 이것은 초기 기독교의 기풍이다. 이 단락이 형식상으로는 집안의 종들에게 하는 말이지만(2:18), 종의 상에 담겨 있는 참고 견디고 순복하고 충성

하는 태도는 전 신앙 공동체에 이상적인 태도로 보여 준 것이 분명하다.

하나님의 집인 교회

베드로전서에는 복잡한 교회의 서열 체제가 없다. 말하는 것이나 봉사하는 사역은 받은 "은사"대로 행한다(4:9-11). 장로된 자들은 "함께 장로된 자" (5:1)로부터 "양 무리를 치되" 즐거운 뜻으로 하라고 가르침받는다. 그들은 위세를 부리지 말고 "양 무리의 본이" 되어야 한다(5:3). 양무리의 이미지가 5:4에 가서 확대된다. "목자장이 나타나실 때에 시들지 아니하는 영광의 면류관을 얻으리라"(참조. 2:25: "너희가 전에는 양과 같이 길을 잃었더니 이제는 너희 영혼의 목자와 감독 되신 이에게 돌아왔느니라").

성경의 전승에서 양무리는 이스라엘 백성을 나타내는 상(象)이다(삼하 5:2, 겔 34:12, 사 40:11, 렘 31:10). 이 편지의 아주 독특한 면 중의 한 가지는 이방인 신자들을 이스라엘과 동일시한다는 사실이다. 이 편지를 받는 사람들을 "흩어진 나그네", "택하심을 입은 자들"이라고 부른다(1:1). 이들에게 "나그네로 있을 때를" 두려움으로 지내라고 지도한다(1:17). 이들은 "나그네요 행인"과 같은 사람들이다(2:11). 흩어져 있는 이방인 그리스도인들은 흩어져 지내는 유대인들과 영적으로 똑같다. 디아스포라는 고국, 곧 팔레스타인과 대비하여 규정된다. 그러면 이방인 신자들은 어디에서 쫓겨난 것인가? 상태가 행인 같은 것은 지리적인 위치 때문이거나 심지어는 최근의 주장처럼 그들의 사회적 신분 때문이 아니라 그들이 세상에 대하여 취하는 태도 때문이다. 어디에 살든지 그들은 "고향"에 있는 것이 아니다. 그들의 삶은 근본적으로 하나님과의 관계에 의해 규정되기 때문이다. 이들의 기업은 "하늘에 간직되어" 있다(1:4, 참조. 히 13:14, 빌 3:20). 그리스도인들이 세상에 살지만 세상에 의해 그들의 삶이 결코 규정되지 않는다. 이런 의미에서 이방인 그리스도인들이 흩어져 있는 유대인들의 특성을 그대로 물려받는다.

베드로전서에는 믿는 유대인과 믿지 않는 유대인 사이의 긴장이 전혀 나타나지 않는다. 로마서 9-11장에 특징적으로 나오는 역사적 긴장 같은 것이 이 편지에는 없다. 신약에서 처음으로 "새 이스라엘"의 의식을 정확히 이야기할 수 있다. 이 사실은 2:9-10에서 극적으로 나타나는데, 여기서 베드로는 이스라엘에 대해 아주 소중하게 사용된 명칭들을 이방인 그리스도인들에게 직접적으로 쓴다. 이방인 그리스도인들은 "택하신 족속"이요(참조. 사 43:20, 신 7:6, 10:15), "왕 같은 제사장"(참조. 출 19:6), "하나님의 백성"(참조. 출 19:5, 사 43:21)이다. 이방인들이 어두움 가운데서 불러냄을 받았고(참조. 사 9:2), 이제 긍휼을 받아 하나님의 백성이 되었다(참조. 호 2:23).

기독교 공동체도 성전의 상(象)을 자신에게 사용한다. 기독교 공동체는 "신령한 제사"를 하나님께 드리는 "신령한 집"이다(2:4-5). 에베소서 2:19-22에 못지 않게 여기서도 교회가 "모퉁이돌"이신 예수 위에 세워진 살아있는 예배 처소로 복잡하게 묘사된다. 예수께서 사람들에게는 버림받았지만 하나님께 택하심을 받아 "산 돌"이 되셨다(2:4, 7-8). 이 세상에 대해서는 신자들이 행인이요 나그네이지만, 그들에게는 하나님이 지으신 집이 있다. 즉 그들은 살아 계신 주의 영이 세우신 집이다.

"예수 그리스도로 말미암아"(2:5) 하나님께 기도드리는 신령한 집의 상(象)은 "하나님의 복음"(4:17)을 믿는 사람들로 이루어지는 하나님의 권속과 일치한다. 베드로는 이 하나님의 권속에게 해야 할 의무들을 이야기한다(2:13-3:7). 베드로는 가장으로 간주되거나 확대된 권속으로서 제국의 수장인 황제에게 순복하는 것으로부터 시작해서 다른 관원들에게도 순복하라고 이야기한다(참조. 롬 13:1). 이런 지시들 이면에 흐르고 있는 동기를 우리는 금방 알 수 있다. 흩어져 있는 유대인들처럼 그리스도인들도 선한 행실과 가정 질서를 통해 자기들이 위험한 존재들이 아니라는 것을, 즉 이상할진 모르지만 사회 조직을 위협하는 인물들이 아님을 보여야 한다는 것이다.

그 다음에는 노예들의 태도에 대해 이야기를 하지만(2:18-25), 그에 상응하는 주인들에 대한 권고는 없다. 이 점은 많은 신자들의 사회적 신분이 어떠함을 알려주는 표시일 수가 있다. 하지만 공동체의 모든 사람이 그리스도의 자취를 따라 "하나님의 집"에서 사환들과 같은 태도를 키워야 한다는 저자의 바람에서 비롯된 것일 수도 있다. 특징적으로 여자들은 겉을 꾸미기보다는 속사람을 단장하려고 해야 하며, (모든 남자에게가 아니라) 자기 남편에게 순종해야 한다. 남자 설교자들에 대한 부녀들의 배려를 가정 구조에 대한 위협으로 볼 수 없을 것이다. 이제는 남편들은 자기 아내를 "생명의 은혜를 유업으로 함께 받을 자"로 보아야 한다(3:5-7).

가정사라는 것은 원래 밖으로 잘 드러나는 것이다. 따라서 이것은 그리스도 인들이 자기들을 비난하는 자들로 욕하지 못하게 만들 수 있는 길이기도 하다. 가정의 내적 생활의 좀더 진실한 기준은 거룩함이다. 이 거룩함의 개념은 영적 성전의 개념과도 일치한다. 그리스도인들은 다른 사람들의 기준에 의해 평가되는 것이 아니라 자기들을 부르고 새로운 신분을 주신 분에 의해 평가된다. "너희를 부르신 거룩한 자처럼 너희도 모든 행실에 거룩한 자가 되라 기록하였으되 '내가 거룩하니 너희도 거룩할지어다 하셨느니라'〈레 11:45〉"(벧전 1:15-16). 교회의 특징은 거룩함이어야 한다는 것이 기독교 운동의 격언과 같은 것이었다 (참조. 살전 4:3, 고전 6:9-11, 딤후 1:9). 그리스도인들은 세상을 따라 살아서는 안 된다. 그리스도인들은 "하나님께 부르심을 입었고" 언제나 "진리의 말씀으로 거룩하게" 되었기 때문에 세상과는 언제나 다를 것이다. 따라서 "하나님의 집에" 있을 때에도 그리스도인들은 완전히 본향에 있는 것이 아니라 그리스도의 나타나실 것(1:7) 영혼의 구원(1:9)을 기다리며 "나그네로" 있었다. 그들은 다음의 사실을 알고 있어서(벧전 5:10), 믿음과 소망을 가지고서(1:21) 긴장 가운데 살 수 있었다.

> 모든 은혜의 하나님 곧 그리스도 안에서 너희를 부르사 자기의 영원한 영광에 들어가게 하신 이가 잠깐 고난을 받은 너희를 친히 온전케 하시며 굳게 하시며 강하게 하시며 터를 견고케 하시리라 권력이 세세무궁토록 그에게 있을지어다 아멘

참고문헌

R. E. Brown, et al., *Peter in the New Testament: A Collaborative Assessment by Protestant and Roman Catholc Scholars*(Minneapolis: Augsburg Pub. House, 1973)에서 베드로에 관한 신약의 자료를 개관해 볼 수 있다. J. H. Elliott, "The Rehabilitation of an Exegetical Stepchild: I Peter in Recent Research" *JBL* 95(1976): 243-54.에는 최근 문헌이 요약되어 있다. Idem, *A Home for the Holiness: A Sociological Exegesis of I Peter*(Philadelphia: Fortress Press, 1981)는 그보다 최신 문헌을 싣고 있으며 이 장에서 대략 다룬 것과는 다른 방식으로 베

드로전서의 사회적 정황을 분석하고 면밀히 조사한다. 다소 오래 됐고 일반적이긴 하지만 여전히 가치가 있는 베드로전서에 대한 진술로는 다음과 같은 것들이 있다. C. F. D. Moule, "The Nature and Purpose of Ⅰ Peter," *NTS* *3*(1956-57): 1-11, and W. C. Van Unnik, "Christianity According to Ⅰ Peter," *ExpTim 68*(1956-57): 79-83.

생각해 볼 수 있는 베드로전서의 전례적인 배경에 대한 연구 논문으로는 다음과 같은 것이 있다. F. L. Cross, *Ⅰ Peter a Paschal Liturgy*(London: A. R. Mowbray & Co., 1971), A. R. C. Leaney, "Ⅰ Peter and the Passover: An Interpretation," *NTS 10*(1963-64): 238-51, T. C. G. Thornton, "1 Peter, A Paschal Liturgy?" *JTS 12*(1961): 14-26.

베드로 사도가 이런 편지를 쓸 수 있을 만큼 헬라어를 잘알 수 있었을 가능성에 대해서 알아 보려면 대체로 다음의 글을 참조하라. J. N. Sevenster, *Do You Know Greek? NovTSup* 19(Leiden: E. J. Bril, 1968). 베드로전서가 문헌적으로 다른 글을 의존했을 가능성에 대한 연구로는 다음의 글들이 있다. C. L. Mitton, "The Relationship Between Ⅰ Peter and Ephesians," *JTS 1*(1950): 67-73, J. Coutts, "Ephesians 1:3-14 and Ⅰ Peter 1:3-12," *NTS 3* (1956-57): 115-127. 다음의 글은 필자의 접근법에 좀더 가깝게 보인다. Carrington, *The Primitive Christian Catechism*(Cambridge: At the Univ. Press, 1940), A. C. Sundberg, "On Testimonies," *NovT 3* (1959):268-81, B. Lindars, "Books of Testimonies," *ExpTim 75* (1963-64): 173-75.

베드로전서의 복음서 전승과의 관련성에 대해서는 다음 글을 보라. R. H. Gundry, " 'Verba Christi' in Ⅰ Peter: Their Implications Concerning the Authorship of Ⅰ Peter and the Authenticity of the Gospel Traditions," *NTS 13* (1966-67): 336-50, E. Best, "Ⅰ Peter and the Gospel Tradition," *NTS 16* (1970): 95-113.

베드로전서의 중요 주제들을 다룬 글로는 다음과 같은 것이 있다. F. Filson, "Partakers with Christ: Suffering in Ⅰ Peter," *Int 9* (1955): 400-412, J. Knox, "Pliny and Ⅰ Peter: A Note on Ⅰ Peter 4:4-16 and 3:15," *JBL 72* (1973): 187-89, E. G. Selwyn, "Eschatology in Ⅰ

Peter," in *The Background of the New Testament and Its Eschatology*, ed. D. Daube and W. D. Davis(Cambridge: At the Univ. Press, 1954), 394-401, J. H. Elliot, *The Elect and the Holy*, *NovTSup* 12(Leiden: E. J. Brill, 1966), C. F. D. Moule, "Sanctuary and Sacrifice in the Church of the New Testament," *JTS 1* (1950): 29-41, F. H. Agnew, "I Peter 1:2: An Alternative Translation," *CBQ 45* (1983): 68-73, W. C. Van Unnik, "The Teaching of Good Works in I Peter," *NTS 1*(1954): 92-110, W. J. Dalton, *Christ's Proclamation to the Spirits*, AB 23(Rome: Biblical Inst. Press, 1965), B. Reicke, *The Disobedient Spirits and Christian Baptism* (Copenhagen: Munksgaard, 1946), H. Vorgrimler, "The Significance of Christ's Descent Into Hell," *Concilium 11* (1965): 147-59, D. L. Balch, *Let Wives Be Submissive: The Domestic Code in I Peter*, SBLMS 26(Chico, Calif: Scholars Press, 1981), J. H. Elliot, "Backward and Forward in His Steps" in *Discipleship in the New Testament*, ed. F. Segovia(Philadelphia: Fortress Press, 1985), 184-209.

F. W. Beares는 *The First Epistle of Peter*(Oxford: Basil Blackwell, 1947)의 주석에서 베드로전서를 후기 위작으로 보지만 본문에는 베드로의 저작을 입증하는 근거들이 많이 있다. E. G. Selwyn, *The First Epistle of Saint Peter*(London: Macmillan & Co., 1958)은 딸려 있는 훌륭한 부록으로 아주 유명하다. 새 주석으로 구입할 수 있는 것 중 읽을 만한 것으로는 다음과 같다. J. N. D. Kelly, *A Commentary on the Epistle of Peter and Jude*, HNTC(New York: Harper & Row, 1969), E. Best, *I Peter*, NCB(Grand Rapids: Wm. B. Eerdmans, London: Oliphants, 1971).

제22장

베드로후서와 유다서

베드로후서와 유다서는 버리지는 못하지만 좋아하지는 않는 신약정경의 의붓자녀라고 해야 할 것이다. 이 서신들의 정통성을 주장하는 사람들조차도 신약정경의 좋아하는 목록에 이 서신들을 집어넣기를 마지못해 한다. 이 서신들은 좀처럼 읽혀지지 않고 연구되지 않는 정경들인 것이다. 학자들은 베드로후서와 유다서 간에 문학적인 연결이 분명히 있다고, 그 두 서신을 함께 묶어서 생각한다. 그러므로 공통된 증거를 담고 있는 그들 서신이 각자 갖고 있는 독특한 방식들이 흐려지고 만다.

베드로후서와 유다서 그 서신 속에 "초기 카톨릭주의"의 모습이 보인다고 생각하는 사람들에 의해 가장 강하게 혐오되고 있다. 이 서신들은 교회의 위계질서에 관한 것은 아무것도 없지만, 기독교의 2세대의 "퇴보"와 관련된 많은 주제들을 담고 있다. 즉 믿음은 존재론적인 응답이 아니라 공동체의 공통된 믿음으로써 나타나고(벧후 1:1, 5, 유 3, 20), 전통은 진리의 몸체적 전달이 된다(벧후 2:21, 유 3). 또한 구원은 미래의 희망보다는 현재의 소유이며(벧후 1:1, 11, 2:20, 3:2, 18, 유 25), 공동체의 규범에 대한 일탈은 심각한 범죄로 간주된다(벧후 2:17-22, 유 12-16). 아울러 종말론은 재림에 대한 옹호로 축소되고 있다(벧후 3:4-13). 물론 이러한 표현은 진부한 것이며, 많은 동일한 부분들이 초기 그리스도인 문서들 속에서 발견되어진다. 그리고 유다서와 베드로후서의 내용들은 그 어떤 형태로 축소하기가 쉽지 않다. 오히려 그러한 목록들은 이 서신에 대한 무지와 적의가 침투해 들어왔다는 것을 보여주는 것이다.

참으로 베드로후서와 유다서는 읽기가 쉽지 않다. 무엇보다도 기쁜 마음으로 읽을 수 있는 서신이 아니다. 왜냐하면 이 서신들은 불쾌한 인물들에 대한 위협이나 논쟁이 상당한 부분 나오기 때문이다. 또한 이 서신들은 이해하기가 쉽지 않다. 넓은 측면에서 본다면 충분히 단순하다. 즉 부패와 타락에 대항한 공통의 유산을 담고 있다. 하지만 그러한 암시들 속에는 우리들에게는 효용성이 없는 전통들을 전제로 하고 있다. 이 서신들을 읽는 것은 신약성경의 어느 다른 부분들이 요구하는 것보다도 상당한 암호해독 능력을 요구한다. 이 서신들이 주는 암시는 다른 신약정경보다 더욱더 상대적으로 고립되어 있기 때문에 그 해독이 더욱더 어려워진다. 분명히 두 서신들 간에서 서로 연관성이 있다. 하지만 다른 전통들과의 그 서신들의 연관 사항은 쉽게 결정할 수가 없다.

서로 연관된 문서

두 서신은 상당한 양의 자료들을 공통으로 가지고 있음으로 서로 연결된다. 유다서는 전적으로 논증으로 형성되어 있으면서 그 분량이 훨씬 더 짧다. 유다서의 자료들의 대부분이 꽤 다른 종류의 서신으로 개작되어진 베드로후서 2장에서 발견된다. 유다서가 먼저 쓰여지고 나중에 그 내용이 베드로후서에 편입되었는가? 혹은 유다서가 베드로후서 2장의 요약판이 되게 만드는 다른 방향에서의 어떤 의존이 있었는가? 그러나 그들 두 서신 간의 분명한 접촉점이 있음에도 불구하고 공통된 자료들은 동일한 방법으로 사용되어지지 않았다. 아울러 그 서신들이 공통된 자료를 서로 개별적으로 사용했다는 제3의 가능성도 있다. 대부분의 학자들은 유다서에서 베드로후서 2장으로 되어진 과정에서 직접적인 문학적 의존이 있었을 것이라고 생각한다. 다시 한 번 말하지만 양 서신들에 관한 것은 다른 것으로부터는 거의 알 길이 없다. 각자는 자신의 목소리를 내고 있고 특별히 유다서는 베드로후서를 위한 하나의 자료의 수준으로 축소됨으로써 홀대를 받고 있다.

양 서신이 가명으로 사용되었다고 일반적으로 주장되고 있다. 그러한 주장은 베드로후서의 경우에 더욱더 무게가 주어진다. 왜냐하면 베드로에게 귀결된 다른 서신이 정경 속에 들어있기 때문이다. 적은 수의 학자들만이 베드로전후서의 저작을 여전히 "예수 그리스도의 종과 사도인 시몬 베드로"(벧후 1:1)에게 귀결시킨다. 그들은 베드로후서 3:1에 그 초점을 맞추고 있는데, 그 구절은 독자들에게 "상기하기 위해서" 이 두번째 편지를 쓰고 있다고 분명히 진술한다. 그들은 베드로후서의 자필적인 요소가(특별히 1:1, 13-18)가 너무도 분명하므로 그 서신이 참된 것이 아니라면 그 서신은 고의적인 위조작품이나 해됨이 없는 공상이야기에 불가하게 된다고 생각한다. 또한 그들은 베드로전후서 간의 약간의 주제적인 연결에 주목한다. 즉 성경에서 예언의 역할(벧후 1:19-21, 벧전 1:10-12), 홍수로부터의 노아의 구원(벧후 2:5, 벧전 3:20-21)과 같은 주제적인 연결에 주목한다. 마지막으로 그들은 서신의 형태상의 상이성은 베드로전서에서 나오는(5:12) 필사자를 이용한 것 때문이라고 주장한다.

그러나 두 서신은 대다수의 학자들이 베드로전후서가 서로 다른 저자에 의해 나왔다는 결론을 내릴 만큼 상당히 많은 차이점들을 갖고 있다. 필연적인 결론은 아닐지라도 이는 확실히 그럴 듯하다. 필사자를 제외시킨다면 그 형태가 매우 다르다. 베드로전서의 헬라어는 명확하고 직설적인 반면에 베드로후서의 헬라어는 그 어휘나 문장에 있어서 복잡하며, 뒤틀림이 있다. 베드로후서가 일세대에 가공적으로 쓰여졌다는 몇 가지 암시들이 이를 더욱더 어렵게 만든다. 베드로후서의 저자는 "우리 사랑하는 바울 형제"의 "모든 서신들"에 관해 언급한다. 그러므로 베드로후서가 일종의 바울서신과 같은 종류의 것임을 가정한다(베드로전서는 아닐지라도). 게다가 이 서신은 "다른 성경"의 위치와 그들 성경에 대한 해석과 오류에 대한 역사를 상정하고 있다(3:15-16). 베드로후서가 베드로 사도에 의해 쓰였다면 예수님과 "사도들"에 의해 주어진 예언을 언급하고 있는 것은 역시 다소 이상하게 보인다(3:2). 지금 이 서신에 의해 나타나게 되는 문제 부분은 시간의 경과에 의해 야기되고 있다. 왜냐하면 그 예견들이 그 성취에 대해 의심을 불러일으키기에 충분하기 때문이다. "조상들이 잔 후로부터"(3:4)라는 구절은 반드시 일세대 그리스도인을 언급한다고 생각할 필요는 없다. 다만 시간의 경과를 함축하고 있다고 보는 것이 확실할 것이다. 베드로의 입으로 "너희의 사도들"이라는 말이 설명되고 있는데, 약간의 어려움이 있다. 마지막으로 두 서신들이 서로 다른 조망을 보이고 있다는 것이다. 외부자들의 매도에 직면해서 베드로전서는 위로를 하면서 외부자들에게 문을 열라고 권면하고 있다. 반면에 베드로후서는 "굳세지 못한 영혼들"(2:14) 중에서 먹을 것을 찾는 거짓 교사들에 의해 야기된 공동체의 문제에 대해 강력히 맞싸운다(2:14). 그런 것으로 볼 때 베드로후서는 전투적인 반면에 베드로전서는 평화적이라고 보아야 할 것이다.

베드로후서의 분위기나 조망에 가장 근접된 서신은 물론 유다서이다. 그러므로 베드로후서 3:1에 언급된 "첫서신"이 참으로 유다서가 아닌가 하는 가정에 이르게 된다. 사실상 유다서 3절은 "우리의 일반으로 얻은 구원"에 관한 권고의 말을 하려던 계획이 문제를 일으키는 사람들을 다루어야만 하는 그런 급박한 필요에 의해 방해를 받는다. 이론적으로 가정해본다면, 유다서는 위기에 대한 일시적인 응답으로 보내진 서신이고, 그 다음에 그 자료들이 처음부터 계획되었던 보다 긴 취급(곧 베드로후서를 의미함)의 제2장에 포함되었다고 말할 수 있을 것이다. 그런데 그 가정은 교묘하고 복잡스럽다. 그것은 사본전통에서의 서로간의 기여에 혼란을 초래하고, 베드로후서와 유다서가 근본적으로 동일한 문제에 응답하고 있다는 것 등 너무 많은 것들을 요구하게 된다. 그 가상적 이론은 이 서신들의 저자와 그들의 관계에 대해서 우리가 거의 알지 못한다는 것과 누가 언제 그 서신들을 썼는가에 대해 과도히 확신할 수 없음을 상기시킨다.

유다서가 가명으로 쓰였다는 주장은 더욱 확실하지 않다. 저자는 자신을 "예수 그리스도의 종이요", "야고보의 형제"라고 밝히고 있다(1절). 그의 독자들은 분명히 그 야고보가 어느 야고보인 줄을 알고 있다. 그러나 우리는 그렇지 못하다. 그 야고보가 "예수님의 형제"(갈 1:19, 2:9) 야고보인지, 아니면 알패오의 아들 야고보인지(마 10:3, 막 3:18), 또는 야고보의 아들 사도 유다(눅 6:16, 행 1:13, 요 14:22)인지 알 수가 없다. 그것을 알아낼 방법이 없다. 그 서신의 날짜도 정확히 알 수 있는 방법이 없다. 오직 팔레스타인에서 그리스도인 운동의 첫 세대 동안에 예수님의 추종자에 의해 쓰여진 서신이라는 것을 알 뿐이다. 그것은 아마 베드로후서 이전에 쓰여졌을 것이다. 그런데 베드로후서가 쓰여진 날짜도 동등하게 불확실하다. 분명한 것은 베드로후서가 신약성경의 맨 마지막으로 쓰여진 작품이라는 것이다. 아마 베드로후서는 1세기 말 이전에 쓰여진 것이 아닐까 한다.

베드로후서와 유다서는 보통 일반서신 속에 포함이 된다. 그것은 그 두 서신이 구체적인 어떤 공동체의 독자들에게 쓰여진 것이라기 보다는 보다 넓은 독자들을 위해서 쓰여졌다는 것을 의미한다. 물론 일반서신이라는 그 지칭이 부정확할 수도 있다. 베드로후서와 유다서는 야고보서와 베드로전서와는 달리 그들의 청중들을 밝히지 않는다. 하지만 그 두 서신이 각기 구체적인 공동체를 위한 서신으로 쓰여졌을 가능성도 있다.

유다서

유다서가 설명하고 있는 반증의 양에도 불구하고, 유다서는 대적자들에 대해 직접적인 공격만을 일삼지는 않는다. 유다서는 오히려 "부르심을 입은 자들"(1절)과 "사랑을 얻은 자들"(1, 3, 17, 20)에게 "성도에게 단번에 주신 믿음의 도"(3절)를 위하여 싸울 것을 권고하는 서신이다. 아버지의 서신과 같은 몇 가지 요소들이 그 서신 속에 산재해 있다. 저자는 그의 독자들에게 그들이 이미 알고 있는 것을 상기시켜준다. 아울러 그들이 지금 직면하고 있는 문제들을 예견해주고 있는 사도들의 말들과 하나님이 사악한 사람들을 항상 어떻게 처벌하셨는가를 제공해주는 성경의 예들을 "기억할"(17) 것을 요청한다. 이 예들은 현재적인 상황으로 설명된다(8, 10, 12, 16, 19). 유다는 그 대적자들을 특징지운 후에 두 번에 걸쳐 그의 독자들에게 "사랑하는 자들아"(17, 20)라고 부르면서 대적자들의 행동에 반대되는 행동을 할 것을 권면한다.

유다는 문학적인 모습도 아끼지 않는다. 유다서는 "이것이 그러한데"(8, 10, 12, 16, 19)라는 말을 반복하는데 이것은 수사학적으로 상당히 효과적이다. "지킴"(보존, tereo와 phylasso)이라는 개념의 말이 이 서신을 통해서 나타나는데, 이 서신의 수신자들은 "예수 그리스도를 위하여 지키심을 받은 자들"이 된다(1절). 사악한 천사들은 자기 자리를 지키지 못함으로 인해 "영원한 결박"으로 묶이게 된다(6절). 비슷한 형태이지만 그들은 영원히 예비된 캄캄한 흑암에 유리하는 자가 된다(13절). 독자들은 하나님의 사랑 속에서 자기를 지키는 자들이다. 그리고 하나님은 그들이 떨어지지 않도록 보호하시는 분이시다(24절).

이들 공동체 곧 교회를 혼란케 하는 것들의 정체가 무엇인지를 결정하는 것은 상당히 어렵다. 왜냐하면 그 반증이 다소 단조롭기 때문이다. 우리가 지금 알 수 있는 것은 그 모든 대적자들이 쾌락을 추구하며(7-8), 원망하며(16), 교만하며(10절), 정욕을 좇으며(16절), 도색하는 자들(4절)이라는 것이다. 이 서신에서는 거짓 교사들에 대한 암시는 없다. 또는 부도덕한 행위를 지지하는 특이한 교리의 암시도 없다. 교리적인 언급에 가장 가까운 말은 어떤 경건치 못한 사람들이 잠입해 들어와(참조 갈 2:4) "경건치 아니하여 우리 하나님의 은혜를 도리어 색욕으로 바꾸었다"(4절)고 하는 말뿐이다. 바울서신에 의해 길들여진 당대의 독자들이 은혜를 신학적인 입장과 관련된 것으로서 왜곡하여 이해하려는 유혹이 있었을 것이다. 그렇지만 유다서는 단순히 행위의 문제에 관한 것을 말하고 있는데, 즉 은혜를 도리어 색욕거리로 바꾸는 경건치 못한 사람들을 책망하고 있는 것이다. "주 예수 그리스도를 부인하는 자"라는 구절은 기독론적인 입장을 나타내는 것이 아니라 디도서 1:6에서처럼 실천적인 것의 거부를 나타내는 말이다. 구약의 죄인들이 그러했던 것처럼 경건치 못한 사람들은 "권위"를 업신여긴다. 그들은 불신앙과 교만 그리고 반역으로 하나님과 그리스도에 대한 충성을 거부한다.

그들이 교회에 행한 구체적인 해로움은 애찬시에 그들의 행동에서 나타나는데, 이는 매우 기탄없이 함께 먹었다(12절)는 내용 이외에는 구체적으로 나타나지 않는다. 12절의 "자기 몸만 기르는"이라는 구절은 "스스로 꼴을 먹는"이라고 번역할 수 있는데, 이는 그들이 스스로가 교회지도자가 되었다는 것을 의미하는 것이요, 또는 권위자로부터의 인도를 거부했다는 것을 의미한다. 그밖에 그들은 불만족해 하며(16절), 으레 그렇듯이 파당을 짓는다(19절).

유다의 격노는 분명해 보인다. 그는 교회의 "지극히 거룩한 믿음"을 보호하기를 원한다(20절). 그의 독자들은 불순종하는 사람들이 이미 그들의 도덕적 행위의 결과를 이미 받고 있다는 사실에 의해 위로를 받으며(10절) 또한 그 불순종하는 자들은 하나님이 과거에 그 벌을 내리셨던 사람들과 동일하게 벌을 확실히 받게 될 것이다. 마치 이집트를 나온 이스라엘 백성들이 불신앙으로 멸망받은 것처럼 말이다(5절, 고전 10:1-13, 히 3:7-4:13). 천사들은(창세기 6:1과 에녹서의 내용과 같은) 자기 위치를 지키지 못한 것 때문에 벌을 받았다(6절). 소돔과 고모라 성은 자연의 한계선을 깨뜨리고 탐욕으로 얼룩짐으로 멸망을 받았다(7절).

모세의 시체에 관한 미가엘과 마귀 간의 논증은 토라에서는 나타나지 않지만 「모세의 승천」(*Assumption of Moses*)이라고 불리는 묵시문학에서 나오는 말이다. 그 언급의 요지는 대적자들이 쓰고 있는 "악한 말들"에 관해 언급하고자 하는 것이다. 그들은 "가인의 길을 걷고" 있기 때문에 우리들은 그들이 시기심이 많다는 것을 추정할 수 있다(참조 창 4:5 LXX, 요일 3:12). 그들이 발람처럼 이득을 위해 자신의 욕정에 사로잡혔기 때문에(민 22:7, 31:16), 우리는 그들 대적자들이 탐욕적이라는 것을 알 수 있다. 우리는 그들이 반역으로 인해 멸망당한 고라처럼(민 16:3-50) 교만하며, 권위에 도전적이라는 것을 알수 있다.

유다에 의해 사용된 상징들은 묵시문학의 본문에서 나온 것들이다. 모세의 승천이라는 묵시작품의 사용과 더불어 우리는(14-15절 속에서) 에녹1서 1.9로부터의 직접적인 인용을 발견하게 된다. 유다서의 저자는 "아담부터 일곱 세대 후에 살았던" 에녹에 관해 언급한다(참조. 에녹1서 60.8). 저자는 에녹을 영감 받은 선지자요(창 5:24, 히 11:5 참조), 예언의 기록자로서 언급한다. 그는 그의 독자들에게 기독교의 묵시적 격언, 즉 우리 주 예수 그리스도의 사도들에 의해 말씀되어진 것들을 상기시킨다. "사랑하는 자들아 너희는 우리 주 예수 그리스도의 사도들의 미리 한 말을 기억하라 그들이 너희에게 말하기를 마지막 때에 자기의 경건치 않은 정욕대로 행하며 기롱하는 자들이 있으리라"(17-18). 우리가 신약성경에서 찾을 수 있는 이에 가장 근접한 진술은 베드로후서 3:3과 디모데후서 3:2-5 속에서이다.

문제를 일으키는 사람들은 뿌리도 없으며 영적으로 방랑하는 자들이다(12-13). 유다는 그의 독자들이 이런 유와는 대조적으로 "일반으로 얻은 구원"(3절)에 뿌리를 내릴 것을 원한다. 그들은 "지극히 거룩한 믿음"(3절) 속에 세워져야 한다. 그들은 성령을 갖지 못한 사람들과는 대조적으로 "성령 안에서 기도해야 한다. 그들은 "하나님의 사랑을" 지키고 주 예수 그리스도의 자비를 기다려야 한다(20-21). 간단히 요약해서 그들은 하나님이 그들로 하여금 하게 하시는 것처럼 굳건히 서야 한다(24절). 그들은 부패의 흔적("육체로 더럽힌 옷이라도 싫어하여")을 피하고 그리스도인의 정체성의 순결을 유지하면서도 그들은 도움이 필요한 사람들에게 다가가야 한다.

> 어떤 의심하는 자들을 긍휼이 여기라 또 어떤 자를 그 육체로 더럽힌 옷이라도 싫어하여 두려움으로 긍휼히 여기라

유다서가 그 증거에 있어서 제한이 있을지라도 그의 증거는 정직하고 강력하다. 아울러 유다서는 부패에 맞서 분노하는 건강한 모습을 우리에게 상기시킨다.

베드로후서

베드로후서의 분명한 목소리는 제2장에서 유다서가 갖고 있는 자료들의 사용에서 즉시 감지된다. 베드로후서는 유다서와는 대조되어 그 도덕적 정죄가 파괴적인 교리를 전수하는 거짓 교사들에 대한 반증에 분명히 기여한다(2:1). 베드로는 이 부문에서 그의 의도를 분명히 보여주는 말을 구사하고 있다. 그의 대적자들은 "파괴적인 이설"을 가리키는 자들이며 아울러 스스로 "파괴"를 향해 나아가고 있다고 말한다. 유다서는 하나님의 심판을 대체로 그의 논증에서 암시적으로 설명했으나 베드로후서는 분명하고도 아주 강조적으로 이 부분을 설명한다. 2:3에 나와 있는 그의 진술은 아주 분명하다. "저희가 탐심을 인하여 지은 말을 가지고 너희로 이를 삼으니 저희 멸망은 자지 아니하느니라"(2:3).

예증의 인용에 있어서 베드로는 천사들의 반역을 강조하고 있는 것이 아니라 하나님이 그들을 가만히 두지 않았다는 것을 강조한다(2:4). 유다서에서는 부족해 보였던 부분이 2:5에서 설명된다. 즉 "옛 세상을 용서치 아니하시고 오직 의를 전파하는 노아와 그 일곱 식구를 보존하시고 경건치 아니한 자들의 세상에 홍수를 내리셨으며"라고 소개된다. 또한 롯도 동일한 경우로 보여진다. 유다서는 오직 소돔과 고모라성의 악행만을 이야기했다. 그러나 베드로는 우리들에게 롯에 대해 설명한다. "무법한 자의 음란한 행실을 인하여 고통하는 의로운 롯을 건지셨으니"(2:6). 두 가지 양상은 누가복음 17:26 - 32에서도 역시 종말론적인 심판의 예증으로서 나타난다. 베드로는 하나님의 심판이 실제적이며 차별적임을 보이기를 원한다. 즉 악한 자는 벌을 받고 의로운 자는 구원을 받는다는 것이다(2:9).

2:10 이후에 논증의 많은 부분이 유다서와 상당히 비슷하다. 그러나 베드로의 독특한 방식은 나귀의 소리에서 발견된다(민 22:21 - 35). 즉 발람은 나귀에게서 "이 선지자의 미쳤다"(2:16)는 비난을 듣게 된다. 또한 베드로의 독특한 방식은 거짓 교사로의 대적자들에 대한 묘사에 있다. 거짓 교사들은 새롭게 개종한 사람들에게 자유를 주겠노라고 약속하면서 유혹을 한다(2:18). 그렇다면 무슨 종류의 자유를 말하는가? 그것은 하나님의 임재와 능력의 위협에서 자유로운 삶을 제공하겠다는 것이다. 그들은 하나님의 회개를 거부한다. 그들은 말한다. 하나님은 반응을 보이시기에는 무기력하므로 사람들은 그들이 기뻐하는 뜻대로 행

할 수 있다는 것이다. 색욕은 이제 이론적인 것과 연결되고, 실천적인 무신론은 ("어리석은 자는 그의 마음에 하나님이 없다 하는도다", 시 14:1)세상을 심판하시는 하나님의 무능을 주장하는 지적인 입장과 제휴된다.

베드로는 그들의 자기기만을 보여준다. 호언장담하는 그러한 자유는 참으로 부패의 노예가 되고만다(2:19). 거짓 교사들을 따르는 사람들은 그들이 이방인이었을 때보다 더욱더 나빠지고 만다(2:20). 결국 그들이 개종하기 이전에는 그들은 단지 무지했다. 그러나 이제 그들이 "우리 주 예수 그리스도"에 대한 지식을 가졌기 때문에 그들의 배교를 스스로 알고 있으며, 그 배교는 의지적이며, 그들이 경험한 것에 대한 부인(2:21)인 것이다. 자유를 향한 그들이 제기한 도약은 개가 그들의 토한 것을 다시 먹으려고 하는 것과 같은 습관적인 충동에 불과하다(2:22).

베드로가 이러한 논증적인 자료를 사용했다고 하는 것은 그의 상황과 방식을 잘 드러내준다. 이론적인 교리가 새로이 개종한 사람들의 부패를 부추기고 있다. 거짓 교사들은 순진한 사람들을 변절시키게 만든다. 베드로는 그들을 비난해야 할 뿐만 아니라 그들의 지적인 자랑이 텅 비어있음을 보여주어야 했다. 그는 하나님의 심판이 과거에 얼마나 효과적이었는가를 영적인 실례를 들어 보여준다. 그리고 그 심판이 인간 존재의 행동에 어떻게 응답되었는가를 보여준다. 즉 선한 사람은 보상을 받았고 악한 사람들은 처벌을 받았다는 것이다. 그와 그의 독자들은 살아 계신 하나님과 함께 해야만 한다는 분명한 암시를 담고 있다. 인간의 행동은 살아 계신 하나님을 위해서 있어져야 한다는 것이 참으로 중요한 것이다. 그 요지는 다음 장을 살펴볼 때에 더욱더 분명해질 것이다.

하나님의 심판에 대한 옹호
(베드로후서 3장)

베드로는 이제 대적자들의 지적인 도전에 대해 응답한다. 그것은 단순히 재림의 지연에 관한 문제(3:3-4)만은 아니다. 대적자들은 하나님이 과연 심판하시겠느냐를 의문시한다. 그들의 경험과 이성이 모든 것이 처음부터 그대로 지속되고 있다는 것을 보여주고 있다고 주장한다. 세상은 하나님의 능력 바깥에 있다고 그들은 함축하고 있다. 그러므로 베드로는 그들이 이미 되어진 영적인 실례들을 잊고 있다고 말한다(3:5). 지난 날의 영적인 실례들은 하나님이 악한 자들을 심판하시고 처벌하셨음을 분명히 보여준다고 베드로는 말한다. 3:5-7에서 베드로의 논증은 영적인 증거의 유효성에 관해 변증하는데, 이는 보다 깊은 신학적인 연결이 있다. 먼저 우리가 거주하는 세상은 독립적인 것도 우연적인 것도 아니라는 사실이다(3:5). 둘째로 이 세상의 구성성분(예를 들어 물)이 하나님에 의해 파멸의 도구로 사용되어졌다는 것이다. 창세기의 홍수 기사는 이를 잘 설명해주고 있다고 설명한다(3:6) 셋째로 하나님의 동일한 말씀이 그 말씀을 비웃는 사람들을 심판하는 능력이 있다는 것이다. 지난 번의 심판은 물로 이루어졌지만 다음 번의 심판은 불로 되어질 것이다(3:7, 참조 3:10, 12). 심판하시는 하나님의 능력이 성경과 경험 그리고 이성에 근거해서 변증되고 있다. 이성주의자들은 잘못되었다. 하나님이 모든 실재의 근원이시고 그의 자유로우신 뜻에 따라 세상이 형성되고 있는 것이다. 우리는 우리의 것이 아니다.

베드로는 그 다음에 대적자들의 신학적인 사고에 결핍이 있음을 드러낸다. 대적자들은 하나님과 인간을 단순하게 생각하지만, 하나님은 한정적인 범주에 가둘 수 없는 분이시다. 그러므로 하나님은 인간이 생각하기에 더딘 것만큼 더딘 것이 아니다(3:8). 한정적인 피조물인 우리가 한정적인 용어로 사고할 수밖에 없다면 우리는 적어도 하나님과 인간들 사이에 있는 분명한 거리를 인정할 수밖에 없다. 하나님의 생각은 우리의 생각과 같지 않다(3:8). 우리에게서 시간이 상당히 멀게 느껴진다 할지라도 그의 심판은 확실한 것이다. 참으로 전통들이(후에 정경으로 인정된 것들) "주의 날이 도적같이 올 것이라고 말씀한 것"(3:10, 참조 마 24: 43, 눅 12:39, 살전 5:2, 계 3:3)처럼 언젠가는 분명히 심판이 있게 될 것이다. 그때에는 이 세상에 소망 둔 사람들은 세상이 불에 의해 풀어지고 마는 것을 볼 것이다(3:10, 12).

베드로의 논증은 그리스도의 재림의 지연에 대해 실망하는 사람들에 대한 위로로서가 아니라(이에 대한 어떠한 암시도 없다), "자유"의 삶을 위해 하나님의 법칙을 거부하는 합리주의자들에 대한 변증으로서 사용된다. 베드로후서는 근본적으로 기독교 신정론이다. 성경과 논리에 근거해서 베드로는 "주를 부인하는 자들"(2:1)은 바로 마지막 심판을 부르는 부패한 삶으로 이끌려지고 만다는 것을 보여준다.

그 논증은 여기서 헬라철학에 있어서 신의 섭리에 관한 주장자(스토아 같은)와 부정자(에피쿠로스 같은) 간의 논쟁과 유사하다. 유대 종파들 중에 에피쿠로스의 입장은 사두개인들과 관련되어 있고 신의 섭리에 관한 옹호는 바리새인들과 관련되어 있다. 이 논쟁에서의 지적인 요소들은 영지주의와 같은 기독론적인 이단이나 신지학상의 입장차라기보다는 그 뿌리가 다르기 때문이다.

섭리라고 하는 그 이면 뒤에는 하나님과 세상 간의 관계와 창조의 복잡한 문제가 놓여 있다. 그것은 놀랍게도 현대의 관계성의 논쟁과도 같은 것이다.

그러나 베드로의 요지는 무엇보다도 추상적인 것이 아니라, "너희가 마땅히 어떠한 사람이 되어야 하느냐"(3:11)에 관한 것이다. 세상을 하나님에게 종속된 부차적인 것으로 보는 그리스도인들은 "거룩과 경건"에 맞는 실제적인 삶을 살아야 한다. 그러므로 베드로는 그들에게 회의주의에 맞서 "굳센 터에서 안정"할 것을 권면한다(3:17). 그리고 "우리 주 예수 그리스도를 아는 지식에서 자라 갈" 것을 권면한다(3:18). 그는 하나님의 진노의 분명한 연기를 전통적인 유대적 측면에서 살아 계신 하나님이 우리를 역시 사랑하셔서 인내하시는 증표라고 해석한다. 하나님은 인간들이 회개하기를 원하신다(3:9). 그의 재림의 지연은 그들로 하여금 생명과 죽음의 선택을 하도록 맡기시는 하나님의 자유로우신 은혜인 것이다. 이와 연결해서 우리는 "모든 바울서신"에 관한 베드로의 매력적인 언급을 발견하게 된다. 우리가 아는 바울의 서신들은 하나님의 참으심에 관한 주제가 주를 이루는 서신은 없다. 하지만 베드로의 본질적인 요지가 로마교회에 보낸 서신으로 알려진 로마서 2:3-6에서 발견된다. 베드로가 그것을 설명할 때에 말씀하고 있는 것은 우리가 보고 있는 사악한 사람들의 처벌이 속히 이루어지지 않는 것은 하나님의 무능의 표시가 아니라, 자비의 표시라는 것이다. "또 우리 주의 오래 참으심이 구원이 될 줄로 여기라"(3:15).

문학적인 형식

베드로후서는 서신의 형태로 쓴 고별 설교로서 특징지워진다. 그러므로 우리들은 노 사도가 죽음 직전에 쓰고 있다는 것을 알게 된다(1:14). 그는 그를 따르는 자들에게 "그가 떠난 후에" 어떤 일이 일어날 것인지를 준비시킨다(1:15). "마지막 때에" 거짓 교사들의 출현(2,1) 곧 대적자들이 예언하기 위해서 일어난다는(3:2-3) 사실을 성도들에게 그는 깨우치고 있다. 환난에 직면해서 신실한 자들은 그에게 주어졌던 가르침을 붙들어야지 위험스러운 새로운 것들에 미혹되어서는 안된다는 것이다. 그러므로 성경에 대한 적절한 해석을 포함하는 전통에 대한 적절한 이해가 중요하다. 성경은 진리의 근원이지만(아울러 베드로의 주장의 근거), 그것을 영감받은 성령에 따라 해석하여야만 한다. 성령은 교회의 전통에서 활동적으로 역사하신다(1:19-21). 바울의 서신은 역시 성경으로 간주되기 때문에 그와 동일한 조심성을 갖고 그 서신들을 오류없이 해석해야만 한다(3:6).

증언의 형태에서 권위 있게 전통들을 언급하는 저자의 인증은 참으로 중요하다. 변화산의 이야기를 언급하는 베드로후서의 인용은(1:16-18) 공관복음에서 우리에게 알려져 있는데(마 17:1-8, 막 9:2-8, 눅 9:28-36), 이는 인증의 역할을 한다. 저자가 가공적인 베드로이든 그렇지않든 간에 그는 하나님의 사랑받는 아들로서의 예수님의 계시의 기사를 눈으로 직접 보았음을 증언한다. 중요한 것은 하나님의 계시에 대한 그의 경험의 주장이다. 그것은 복음서의 이야기에 뿌리를 내리고 있다. 이것은 성경의 해석을 위한 권위적인 근거가 된다. "거짓 선지자의"(2:1)의 "공교히 만든 이야기"(1:16)와는 대조적으로 이 저자는 세상과의 하나님과의 인격적 관계에 대한 이야기를 그가 나누었음을 주장하고 있는 것이다. 그러므로 저자는 2장과 3장에 앞서 다음과 같은 이야기를 했던 것이다. "민간에 또한 거짓 선지자들이 일어났었나니 이와 같이 너희 중에도 거짓 선생들이 있으리라"(2:1).

베드로서는 고별설교로서 읽혀질 수 있다. 그러나 그 형태와 기능의 측면에서 그것은 더욱더 엄밀하게 권고의 서신이라고 불러야 할 것이다. 왜냐하면 이 서신은 의도적인 기억과 모델 그리고 금언들이 있기 때문이다(앞의 19장을 보라). 1:12-15에 있는 저자의 진술 목적은 우리가 알 듯이 그가 독자들에게 그들이 이미 알고 있는 진리를 상기시키기를 원하고 있다. 그는 독자들에게 상기의 방법으로 그러한 것들을 불러 일으키기를 원한다. 3:1-2에서 그는 독자들에게 다시 예언적인 증언을 상기시키기 위해서 그 기억을 불러 일으킨다. 우리가 주목하는 것처럼 이와는 대조적으로 거짓 교사들은 과거의 용서의 경험을 잊어버린다(1:9). 그들은 홍수의 심판도 잊어버린다(3:9, RSV는 무시한다로 해석함). 하나님의 심판을 분명하게 설명하는 베드로의 성경의 이야기들의 목록은 부정적인 모델과 긍정적인 모델을 제공해주는 하나의 패러다임 역할을 한다. 그가 성경

의 모델들을 제시하는 요지는 2:6에서 분명히 나타나 있다. "후세에 경건치 아
니할 자들에게 본을 삼으셨으며". 이 교훈은 저자의 서두 권면 속에서 분명하게
진술되어 있다(1:5-7).

이러므로 너희가 더욱 힘써 너희 믿음에 덕을 덕에 지식을 지식에 절제를 절제에
인내를 인내에 경건을 경건에 형제 우애를 형제 우애에 사랑을 공급하라

참고문헌

이 두 서신들에 관한 학문적인 부족의 상태에 대한 진술은 W. G.
Kümmel, *Introduction to the New Testament*, rev. ed., trans. H. C.
Kee(Nashville: Abingdon Press, 1975), 425-29. D. J. Rowston, "The
Most Neglected Book in the New Testament," *NTS* 21(1974-75):
554-63에서 짤막하게 다루어진다.

유다서를 2세기 이집트의 구체적인 시간과 장소에다가 두려는 시도에 대해
서는 다음의 문헌들을 보라. J. J. Gunther, "The Alexandrian Epistle of
Jude," NTS 30(1984): 549-62, 반이교적인 논증으로서의 유다서를 위해서는
다음의 문헌을 보라. F. Wisse, "The Epistle of Jude in the History of
Heresiology," in *Essays in the Nag-Hammadi Texts in Honor of
Alexander Böhlig*, ed. M. Krause(Leiden: E. J. Brill, 1972), 133-43.

유다서에 사용된 묵시적 자료들에 대한 연구는 다음의 문헌에서 찾아볼 수
있다. C. D. Osburn, "The Christological Use of I Enoch 1:9 in Jude
14-15," *NTS* 23(1976-77) 3334-41, idem, "I Enoch 80:2-8(67:5-
7) and Jude 12-13," CBQ 47(1985): 296-303. 모세의 기사에 관한 유다서
의 사용에 관해서는 R. J. Bauckham, *Jude, 2 Peter*, Word Biblical
Commentary (Waco, Tex: Word Books, 1983), 65-76을 보라.

각각의 본문에 관한 문제들은 다음의 문헌들에서 고려되어진다. 각 본문에
관한 문제들은 다음에서 볼 수 있다. M. Black, "Critical and Exegetical
Notes on Three New Testament Texts: Heb. xi, 11, Jude 5, James 1,

27," in Apophoreta, ed. W. Eltester, *BZNW* 30(Berlin: Topelmann, 1964), 39-45, E. E. Kellett, "Note on Jude 5," *ExpTim* 15(1904-5): 381, A Wikgren, "Some Problems in Jude 5," in *Studies in the History and Text of the New Textment in Honor of Kenneth Willis Clark*, ed. B. L. Daniels and J. M. Daniels and J. M. Suggs, *SD* 29(Salt Lake City: Univ. of Utah Press., 1967), 147-52, G. H. Boobyer, "The Verbs in Jude 11," *NTS* 5(1958-59): 45-47, C. D. Osburn, "The Text of Jude 22-23," *ZNW* 63(1972): 139-44

베드로전서와 후서와의 관련은 다음의 문헌들에서 살펴볼 수 있다. G. H. Boobyer, "The Indebtedness of 2 Peter on 1 Peter," in *New Testament Essays in Honor of T. W. Manson*, ed. A. J. B. Higgins(Manchester: Manchester Univ. Press, 1959), 34-53, and W. J. Dalton, "The Interpretation of 1 Pet. 3:19 and 4:6: Light from 2 Peter," Bib 60(1979): 547-55. 유다서와의 연결은 J. A. T. Robinson in *Redating the New Testament* (Philadelphia: Westminster Press, 1976), 140-99 에서 명쾌하고 활력있게 논의되어진다.

영어로 출판된 베드로후서에 관한 연구논문집은 T. Fornberg, *An Early Church in a Pluralistic Society: A Study of 2 Peter*, ConBNT 9(Lund: C. W. K. Gleerup, 1977)이다. 베드로후서에 관한 가장 좋은 연구서로는 J. H. Neyrey, "The Apologetic Use of the Transfiguration in 2 Pet. 1:16-21," *CBQ* 42(1980) 504-19, and esp. idem, "The Form and Background of the Polemic in 2 Peter," JBL 99(1980): 407-31이 있는데 나는 그 문헌들에게 많은 빚을 지고 있다.

각기 다른 관점을 위해서는 다음의 문헌들을 보라. G. Vermes, "The Story of Balaam in the Scripture: Origin of Haggadha," in *Scripture and Tradition in Judaism*, SPB 4(Leiden: E. J. Brill, 1961), 127-77, A. B. Kolenkow, "The Genre Testament and Forecasts of the Future in the Hellenistic Jewish Milieu," *Journal for the Study of Judaism* 6(1975): 57- 71, H. C. C. Cavallin, "The False Teachers of 2 Peter as Pseudo-Prophets," *NovT* 21(1979): 263-70, and F. W. Danker, "2

Peter 1: A Solemn Decree," *CBQ* 40(1978): 64-82

초기 카톨릭주의에 관한 정수의 실례로서 베드로후서를 살펴보려면 다음의 문헌들을 보라. E. Käsemann, "An Apologia for Primitive Christian Eschatology," in *The Essays on New Testament Themes* (Philadelphia: Fortress Press, 1982, London: SCM Press, 1964), 169-95, and C. H. Talbert, "2 Peter and the Delay of the Parousia," *VC* 20(1966): 137-45

본문에 대한 자세한 연구와 보다 충분한 색인에 관한 가장 최근의 학문적인 언급에 관해서는 Bauckham, *Jude, 2 Peter*(see above)을 보라, 베드로전서의 경우에 있어서는 J. N. D. Kelly의 주석인 *The Epistles of Peter and Jude*, HNTC(New York Harper & Row, 1969)가 믿을 만하다.

제23장

야고보서

야고보서는 종교개혁시에 주어진 중요치않은 "주변적 서신"이라는 위치로 인해 아직도 곤욕을 치르고 있다. 마틴 루터는 야고보서를 "주요한 책들" 속에 포함시키지 않았다. 루터는 주요한 책들과 비교해서 야고보서를 "지푸라기 서신"이라고 여겼던 것이다. 그러나 야고보서는 "아주 많은 좋은 이야기들"을 담고 있기 때문에 참으로 유익하게 읽을 수 있다. 루터는 유독 야고보서를 싫어했는데, 그 이유는 야고보서가 믿음으로 의롭게 된다는 바울의 가르침과 상반되는 것으로 생각했기 때문이다(특히 2:14-26에 있는). 또한 루터는 야고보서가 "그리스도를 나타내는 어떤 복음적인 특징"을 갖고 있지 않다고 생각했기 때문이다.

루터의 견해는 야고보서를 강력한 도덕적 권면으로 간주했던 초기 교회의 견해는 아니다. 어떤 지역에서는 야고보서가 보다 늦은 시기에 정경으로 귀속된 것은 그 내용에 관해서 염려해서가 아니라, 야고보서의 사도적인 기원에 관한 의심 때문이었다. 그러나 19세기의 영향력있는 비판주의자들은 루터의 견해를 철저히 수용하여, 야고보서를 초대 교회에서의 유대교 운동과 바울서신 간의 역사적인 변증의 일부로서 보았다(갈 2:12, 행 15:1). 오늘날은 그러한 해석이 거의 발전되지는 않았을지라도, 야보고서는 바울과의 관계 속에서 전적으로 연구되어지고 있다. 이것은 이중으로 불행한 일이다. 그것은 바울을 부당하게 정경 수용의 유일한 기준으로 만드는 것이고, 동시에 야고보서의 중요성을 몇 가지의 오해구절로 축소시키고 마는 것이다. 야고보서를 그 실제적 측면에서 읽는 사람들은 그속에서 생명의 역동을 발견하게 될 것이다. 야고보서는 "영광의 주 곧 우리 주 예수 그리스도를 믿는 믿음"(2:1)을 분명하고도 독특한 방법으로 해석한다.

문학적 형식과 관계들

우리는 야고보서의 저작 상황을 거의 알 수가 없다. 저자는 "주 예수 그리스도의 종"이라고 지칭된다(1:1). 그러한 겸손한 지칭은(유다서 1 절 참조) "주의 형제"(막 6:3, 갈 1:19, 2:9, 고전 15:7, 행 12:17, 15:13, 21:18)인지 혹은 일세대의 또 다른 야고보인지(막 15:40, 눅 6:15 - 16, 행 1:13, 마 10:3), 아니면 가명을 쓴 또 하나의 다른 사람인지를 우리로 하여금 인식하게 만들기에 충분하다.

우리는 야고보서가 어느 경우에 해당되는지를 쉽게 알 수 없다. 헬라어가 일반적으로 셈족(Semitism)식의 우수한 코이네어가 사용되었는데, 이는 약간의 예술적 효과를 의도하였다. 야고보서는 다소 드문 어휘들을 사용할 뿐만 아니라 유음과 두운을 사용한 수사학적인 기술들이 들어 있다. 몇 가지의 상세한 설명들이 팔레스타인을 연상케 하는데(1:1, 5:17 - 18), 적어도 유대 기독교적 기원을 생각나게 만든다(2:1 - 7). 그러나 청중들에 대한 다양한 묘사들 즉 부자와 가난한 자(1:9 - 10, 2:5 - 7), 억압자와 억압당하는 자(5:1 - 6), 그리고 박해당하는 자(1:2 - 4, 12 - 15, 5:7 - 11)와 호전적인 자(4:1 - 2)와 같은 증거는 추론하는 것을 어렵게 만든다. 그렇게 된 이유는 저자가 지역교회를 반영하기 보다는 문학적인 암시들을 사용하고 있기 때문이다(예를 들어 3:13 - 4:10을 보라).

이 서신에 가명을 사용했다고 주장하는 사람들은 이 문서의 헬레니즘적인 특징에 그 근거를 두고 있다. 즉 그들은 야고보서가 갖고 있는 우수한 헬라어와 헬라의 문학적, 철학적 지식을 든다. 그래서 그들은 야고보서를 후대에 팔레스타인 이외의 지역에서 쓰여졌다고 생각한다. 그들이 그와 같이 생각하는 두번째 근거는 2:14 - 26의 믿음과 행위의 논증 속에서 반영된 바울의 가르침에 대한 야고보의 가상적 인지에 두고 있다. 이러한 관점은 일리가 있다고 보기 어렵다. 왜냐하면 팔레스타인에 사는 일세대 그리스도인들은 우수한 헬라어를 사용했으며, 헬라의 수사학이나 철학에 대한 보통의 지식을 갖고 있었다. 또한 바울과 연관시킨 것은 종종 제기된 것보다 덜 확실하다. "믿음과 행위"의 조화가 바울 속에서는 우리에게는 다르게 알려져 왔다고 하는 것이 참일 것이다. 또한 우리는 초기 그리스도인 문서와 1세기 유대교의 모든 입장을 알지 못한다. 그리고 적어도 이 문서가 오히려 바울의 조화를 자극했을 것이라는 것이 가능하다. 그러나 이러한 관찰들은 여전히 그 표적을 놓친 것이다. 왜냐하면 그들은 야고보와 바울이 동일한 주제로 말하고 있다고 가정하고 있기 때문이다. 그러나 그렇지 않다. 바울 속에서 믿음과 행위의 대조는 구원론적인 원리로서의 예수님 안에서의 믿음 그리고 인생의 약속으로서의 토라의 계명 준수 간의 대조인 것이다. 반면에 야고보서의 대조는 헬레니즘적인 도덕적 철학에도 있었던 말과 행동 간의 대조인 것이다 (*Epictetus* II. 1. 31, II.22.9, *Dio Oration* 35.2 참조). 야고보서는 적절한 행동 없이 살아가는 단순한 언어적 믿음의 고백을 비난하고 있는 것이다. 그것은 "사랑으로 역사하는 믿음"(갈 5:6)을 요구했던 바울과 다른 것이 아니다. 야고보서에서의 믿음은 인간의 성취에 따라 폐기되는 믿음이 아닌 역사하는 믿음을 말하고 있는 것이다. 그러므로 바울과의 연결을 통해 야고보서에 대해 자리매김을 하는 것은 별로 도움이 되지 못한다. 이 서신은 예수님의 형제에 의해 쓰여진 모든 그리스도인 문서들 중에 가장 초기의 작품일 수도 있고, 바울의 슬로건을 잘못 이해할 것을 염려한 어떤 한 교사에 의해 가명으로 쓰여진(3:1을 보라) 정경 증거의 맨 마지막 작품일 수도 있다. 그렇지만 결코 이 서신은 유대교 운동의 기념비적인 작품이 될 수가 없는 것이다. 이 작품은 바울적 또는 반바울적 작품도 아닌 그 자신의 독특한 작품인 것이다. 이 서신은 보통 사도의 작품이라 불리는 그리스도인 문서의 형태 즉 클레멘트전서나 헤르마스의 목자와 같은 형태의 영적인 상속을 갖는 그 자신의 독특한 작품임을 나타내는 것이다.

야고보서의 서신적인 특징은 "흩어져 있는 12지파에게 문안한다"(1:1)는 그 인사에 한정되어 있다. 베드로전서 1:12에서처럼 그러한 지칭은 독자들의 인종적 배경이나 지형적인 안배에 관해 언급하기보다는 토라의 전통의 상속자가 됨을 말해주고 있는 것이다. 그 인사는 역시 야고보서가 구체적인 공동체의 문제에 관해 응답하고 있는 것이 아니라, 일반적인 기독교 독자들에게 적합한 문제를 다루고 있음을 보여주는 것이다. 야고보서는 실제적인 서신의 일부가 아니라 서신적인 장르를 빌린 작품이다.

야고보서는 히브리서와 마찬가지로 상당 부분이 설교의 내용을 갖고 있을지라도, 일관된 설교의 모습은 갖고 있지 않다. 야고보서는 직접적인 호칭의 사용에 있어서 "형제들" 또는 "사랑하는 형제들"(1:2, 16, 19, 2:1, 5, 14, 3:1, 10, 4:11, 5:7, 9, 10, 12, 19)을 많이 사용한다. 야고보서는 또한 비교적 홀로 자립해 서 있는 몇 가지의 에세이나 강화를 담고 있는데, 그 안에는 믿음에 관한 것들(2:14-26), 언어에 관한 사용들(3:1-12), 그리고 시기심(3:13-4:10)에 관한 것들이 있다. 그러한 내용들 속에서 우리는 연설과 관련된 수사학적인 질문(2:14, 21, 3:13, 4:1, 5), 가상의 대화자(2:18-19, 4:13, 5:1) 그리고 돈호법(4:4) 등의 형태적 요소들을 발견할 수 있다. 이런 것들이 야고보서의 색깔의 많은 부분을 제공해준다. 그것은 바울의 연설적인 형태의 사용과 마찬가지로 우리로 하여금 "가르치는" 도구를 지금 다루고 있음을 상기시켜준다.

야고보서는 에세이와는 별도로 짧은 격언이나 명령으로 주로 구성되어 있다. 그것은 종종 보다 긴 권고와 교차된다. 야고보서에 문제를 제기하는 사람들은 이 문서가 마태복음의 예수님의 "강화"와 잠언서의 형태에 가깝기 때문에 실망한다. 야고보서의 격언은 대사 이어 말하기의 형태로 연결되어 있다. 특히 제1장에서 그러하다. 첫번째 권고인 "온전히 기쁘게(charan) 여기라"(1:2)는 1:1의 문안(chairein)을 사용한 것이다. 그 다음에 1:3의 "인내"(hypomone)는 1:4의 인내(hypomone)와 연결되어 있다. 또한 1:4의 부족(leipomai)은 1:5의 부족(leipomai)과 연결되어 있고, 1:5의 구하라(aiteo)는 1:6 상반절의 구하라(aiteo)와 연결되어 있고, 1:6 상반절의 의심(diakrinomai)은 1:6 하반절의 의심(diakrinomai)과 연결되어 있다.

그러한 기술적인 배열은 먼저 인위적으로 보일 뿐만 아니라 구체적인 격언을 해석하기 위한 문맥을 제공함에 있어서 불충분해 보일 수 있다. 하지만 공통성이 없는 격언의 순전히 형식적인 순서는, 보다 커다란 전체로 이끌고 가서, 새로운 의미의 배열을 보게 해준다. 야고보서의 가르침은 전제나 논증으로서의 추론이 아니다. 야고보서의 언급은 논리적이기 보다는 삶 자체인 것이다. 그 진술은 내적인 일관성에 대한 것이 아니라 실제에 대한 일치에 관한 것이다.

"구조가 없는 구조"는 제1장에서 더욱 그러하며, 따로 떨어진 격언이 나중에 나타난다(4:11-12, 5:12를 보라). 그러나 그 에세이들이 야고보서의 전체 작품의 나머지를 좌우한다. 제1장의 격언을 자세히 살펴볼 때에 사실상 그 격언들이 그 에세이에서 더욱더 확대되어 취급되는 주제의 색인(index)으로서 나타난다는 것을 알 수 있다. 인내에 관한 주제는(1:2-4, 12-15)는 5:7-11에서 더욱 발전되고, 부자와 가난한 자의 대조는(1:9-11) 4:13-5:6에서 더욱 상세히 다루어진다. 말에 대한 적절한 사용은(1:19-21) 3:1-12에서 크게 확장되고 말을 행하라는 명령은(1:22-26) 2:14-26에서 자세히 나온다. 참된 지혜의 본질은(1:5-8, 16-18) 3:13-4:10에서 논증되고 믿음의 기도는(1:6-7) 5:12-18에서 의해 확장된다.

가장 넓은 의미에서 야고보서는 도덕적 권고의 형태를 갖고 있다. 그 주된 분위기는 명령적이다. 독자들은 그들이 이미 아는 것을 상기하여 그 지식을 행동에 옮길 것을 촉구받는다(1:3, 3:1, 4:4, 5:20을 보라). 1:23-24에서 "거울 이미지"는 적어도 기억의 모티브를 연상시키고, 그러므로 권고적인 형태와 유사하다. 저자는 그의 독자들이 모방할 만한 모델들을 제시하는데 그 가운데는 아브라함(2:21-23), 라합(2,25), 욥(5:11) 그리고 엘리야(5:17)가 들어 있다. 이런 요소들은 디모데후서의 경우처럼 그렇게 단단하게 구조화되어 있지는 않다. 그러므로 야고보서를 권고적인 서신이라고 부르는 것보다는 서신적인 형태를 갖춘 권고의 글로 부르는 것이 더욱 맞을 것이다.

야고보는 신약정경 안에 있는 교사들 중의 한 사람이다. 그리고 다른 권고 자료(로마서 3-5장이 아닌 로마서 12-13장, 에베소서 1-3장이 아닌 4-6장 갈라디아서 1-4장이 아닌 5-6장)와 상당히 비교가 되어진다. 야고보는 이론을 발전시키려 하는 것이 아니고 용인된 진리를 독자들로 하여금 상기시키고자 하는 것이다. 그는 신학을 설명하려는 것이 아니고 그리스도인의 덕을 권면하고자 하는 것이다. 도덕적인 가르침에서 종종 그러하듯이 야고보에 의해 사용된 자료들은 메시아닉 운동에 필수적으로 구체적이지 않지만 유대교와 헬레니즘의 지혜서에서 사용될 수 있는 풍부한 자료를 사용하고 있다. 야고보서에서의 격언들간의 병렬은 토라에서 뿐만 아니라 필로의 문서들(*Testaments of the Twelve Patriarchs, Sentences of Pseudo-Phocylides*)이나 세네카, 크리소스톰 그리고 에픽테투스와 같은 도덕주의자들의 문서들 속에서도 발견된다.

그렇다면 야고보서는 심지어 그리스도인이 되는 것에서조차 실패할 만큼 그렇게 전통적인가? 우리가 기억하듯이 루터는 야고보서에서 복음적인 특징을 찾아볼 수 없다고 말하였다. 어떤 학자들은 야고보서는 그리스도인들이 다소 덜 중요시하던 유대 문서에 기원을 두고 있다고 주장한다. 야고보서에는 예수님의 이름이 단 두 번 나타나는데(1:1, 2:1), 그 각각은 적어도 끼어넣기를 암시하는 어색함이 충분히 들어있다. 또한 야고보서는 5:11의 완곡한 해석을 제외하고는 예수님의 죽음과 부활에 관한 언급이 전혀 없다. 그러나 로마서 12-13장도 그러하지 않은가! 여기서 한 가지 구분이 중요하다고 본다. 그리스도인이 되는 것을 위한 추구가 전적으로 기독론을 위한 추구와 동일시되거나, 신학적인 가치판단의 근거가 되어서는 안된다는 것이다. 너무도 종종 마치 유대교와 다른 것만이 오직 초대 기독교에서 값어치있는 것으로 여겨졌던 것처럼, 신학적인 반-유대주의적인 미묘한 형태가 이러한 논쟁 속에 들어온다. 마르키온주의도 그런 식이 아니었는가!

그러나 사실상 야고보서는 메시아주의적인 민감성을 갖는 많은 모습들이 있다. 야고보서는 "주"라는 다소 모호한 사용과 함께 시작하고 있다. "주 예수 그리스도"(1:1)와 "영광의 주"(2:1)는 확실히 부활을 전제한다. 다른 경우에 "주"라는 야고보의 사용은 신학적인 언급과 기독론적인 언급 사이에서 감질나게 왔다갔다 한다(예를 들어 5:7-8, 5:14-15를 보라). 다른 언어의 사용을 그리스도인 운동으로 한정시킬 수는 없지만, 그 범위 내에서 가장 편안함을 느낀다(예를 들어 1:16, 21, 2:7, 5:6). 바울과의 가장 두드러진 연관은 믿음과 행위의 논증 속에서(2:14-26) 오는 것이 아니라, 바울과 야고보가 전통적인 유대적 경건주의적인 태도를 가정하고 있는 모습 속에서 오는 것이다(참조. 약 1:2-4와 롬 5:1-5, 약 2:5와 롬 8:28 그리고 고전 2:9, 약 2:10과 갈 5:3). 심지어 더욱 인상적인 것은 베드로전서와 상당한 접촉이 있다는 것이다(약 1:1 = 벧전 1:1, 약 1:2 = 벧전 1:6, 약 1:3 = 벧전 1:7, 약 1:10-11 = 벧전 1:24, 약 4:6-10 = 벧전 5:5-9, 약 5:20 = 벧전 4:8).

야고보의 가장 뛰어난 기독교 전통의 적절한 사용은 우리가 복음서 전통으로 알고 있는(특별히 예수님의 말씀) 것의 인식과 사용에서 발견된다. 의심하지 말고 기도하라는 명령은(1:5-6) 예수님에 의해 주어진 것과 매우 흡사하다(마 7:7-8, 막 11:23). "심판자가 문앞에 서서 계시느니라"(5:9)는 위협의 말은 마태복음 24:33의 예수님의 말씀을 반향시킨다. 맹세를 금하라는 말은(5:12) 예수님의 말씀과 유사하다(마 5:34-37). 부자에 대한 위협의 말은 누가복음 6:24의 부자에게 임할 화와 유사하다. 무엇보다도 야고보서는 2:8에서 레위기 19:18의 네 이웃을 네 자신처럼 사랑하라는 명령을 담고 있다. 예수님도 역시 그 말씀을 하셨다(마 22:39, 막 12:31, 눅 10:27). 많은 다른 언어적 사용들은 분별있는 독자들에게 예수님의 가르침을 생각나게 한다. 특별히 마태복음의 산상수훈에서 발견되는 말씀을 생각나게 한다(참조. 약 1:22과 마 7:26, 약 2:13-14과 마 5:7 그리고 7:21, 약 3:18과 마 5:9, 약 5:17과 눅 4:25).

야고보서에서 예수님에 관한 경험과 유대교와의 공통된 상징적 세계는 바울의 작품보다도 훨씬 덜한 논리적 긴장감이 있다. 그러나 "유대화"라는 용어는 전적으로 부적절한 말이다. 그 용어는 그리스도와 토라가 구원론적인 원리로서 서로 반대되는 곳에서만 그 중요성을 갖는 것이다. 야고보는 결과적으로 자유의 율법(1:25, 2:12)에 대해서 자연스럽게 말한다. 그는 토라의 의식의 요구를 의미하는 것이 아니라 예수님의 가르침에 의해 주어진 모든 토라의 새로운 이해를 요구하는 것이다.

야고보서는 지혜가 주제적으로 매우 중요하기 때문에 토라의 지혜 전통이 그리스도인들에게 매우 유용할 뿐만 아니라, 그 권고들이 잠언, 코헬렛(Qoheleth) 그리고 시락(Sirach)에서 발견되는 실천적인 윤리적 교훈과 상당히 유사하기 때문에 그리스도인들에게 유용하다. 그것은 가정이나 지식의 추상적인 지혜가 아니라 실천적인 생활의 지혜인 것이다. 야고보서는 역시 그리스도인들에게 토라의 예언적 전통을 소개하고 있다. 야고보서는 호세아, 이사야 그리고 스가랴에 나오는 많은 암시들을 담고 있다(1:9-11, 2:23, 3:18, 4:4, 8, 14, 5:2, 4). 그리고 3:13-4:10의 회심에 대한 요청에서 뿐만 아니라 5:1-6의 억압자들의 정죄에 있어서 그 목소리는 이사야와 아모스를 생각나게 한다. 야고보서는 역시 신약의 서신 가운데는 아주 독특한 방식으로 토라를 율법으로 재해석한다. 그리고 할라카의(halachic) 전통을 그리스도인들에게 중재한다. 그가 그렇게 하는 방식은 야고보의 가르침으로 들어갈 때에 더욱더 분명해질 것이다.

그리스도인의 실천적인 믿음

야고보는 믿음과 사랑의 윤리를 가르친다. "믿음"이라는 용어는 여기서 바울에게서 나타나는 것과 같은 아주 무거운 신학적인 의미를 담고 있지 않다. 그러나 그것은 하나님의 계시에 대한 단순한 지적인 동의를 의미하지도 않는다. 야고보는 그런 식의 믿음을 풍자화한다. 그는 그런 믿음을 "헛것"이며, "죽은 것"과 같다고 말한다. "네가 하나님은 한 분 이신 줄을 믿느냐 잘하는도다 귀신들도 믿고 떠느니라"(2:19). 믿음에 대한 야고보의 풍부한 이해는 네 명의 구약 인물들에게서 발견되는데, 그들은 2:1, 5:7, 그리고 5:13에서 시작되는 세 가지 주제적 발전의 정점을 이루는 모델로서 나타난다. 아브라함과 라합은 믿음의 역사를 예증하는 모델이 되고(2:23-25), 욥은 믿음의 인내를 위한 모델이 되며, 엘리야는 믿음의 기도를 위한 실례로서 나타난다.

도덕주의자로서 야고보의 관심은 사람들이 말로서 고백한 것들을 어떻게 행동으로 옮길 수 있느냐 하는 것이다. 그가 머리 속에 그리고 있는 대조는 믿음과 율법 간의 대조가 아니고 텅빈 종교적 고백과 살아있는 고백 간의 대조인 것이다. 그의 주된 목표 대상은 이중적 마음을 가지고 있는 사람들이다. 즉 하나님을 원하면서 세상의 다른 표준으로 살아가는 사람들을 겨냥하고 있는 것이다. 야고보는 그러한 사람을 자기 기만에 빠진 사람이라고 간주한다(1:26-27).

누구든지 스스로 경건하다 생각하며 자기 혀를 재갈 먹이지 아니하고 자기 마음을 속이면 이 사람의 경건은 헛것이라 하나님 아버지 앞에서 정결하고 더러움이 없는 경건은 곧 고아와 과부를 그 환난 중에 돌아보고 또 자기를 지켜 세속에 물들지 아니하는 이것이니라

모든 도덕주의자들처럼 야고보는 실천하지 않는 고백이 무슨 소용과 이득이 있겠느냐고 묻는다(2:15-16).

만일 형제나 자매가 헐벗고 일용할 양식이 없는데 너희 중에 누구든지 그에게 이르되 평안히 가라 더웁게 하라 배부르게 하라 하며 그 몸에 쓸 것을 주지 아니하면 무슨 소용이 있으리요

이 구조 속에서 2:14을 이해하여야 한다. "내 형제들아 만일 사람이 믿음이 있느라 하고 행함이 없으면 무슨 이익이 있으리요 그 믿음이 능히 자기를 구원하겠느냐?" 야고보에게서 행동으로 나타나지 않는 믿음이란 영혼이 없는 몸처럼(2:17, 26) 죽은 것이나 마찬가지이다. 믿음이 행동의 방식으로 표현되어야 하기 때문에 야고보는 대담하게 아브라함이 그의 행함으로 의롭게 되었다고 선언한다(2,21). 그러나 그 구절은 그 다음 구절을 읽어보는 것이 필수적이다. 왜냐하면 뒤에 나오는 분사구문은 야고보가 무엇을 염두에 두고 있는가를 우리에게

정확히 보여주기 때문이다. 즉 그는 토라의 준수를 염두에 둔 것이 아니라 실천적인 믿음의 순종을 염두에 둔 것이다. 성경은 그의 아들 이삭을 바치라는 아브라함에 대한 하나님의 요청을 그의 믿음에 대한 시험이었다고 분명히 한다(창 22:1-19). 이삭을 바치는 희생은 행동하는 산 믿음인 것이다(히 11:17-19). 그러므로 야고보는 믿음이 아브라함의 행위와 함께 역동했다고 말한다(헬라어는 "믿음이 행위와 더불어 역사했다"고 분명히 표현한다). 믿음이 이러한 "시험"에 의해서 "완전히 되어졌다"는 것이다(1:2-4를 보라). 믿음이 2:22의 모든 양부분에 주제가 된다.

야고보는 역시 아브라함과 라합(히 11:31 참조)을 예로 들어 믿음이 어떻게 "자비의 행동"으로 표현되는가를 보여준다. 이 암시에 대한 배경은 아브라함(창 18:1-15)과 라합(수 2:1-21)에서 보여지는 "환대"인데, 그때 그들은 어려움에 처해 있는 사람들에게 은신처와 음식 그리고 보호를 제공해 주었다. 그들은 이 부문을 여는 구절이 어떻게 성취되는가를 보여준다. "긍휼을 행하지 아니하는 자에게는 긍휼 없는 심판이 있으리라 긍휼은 심판을 이기고 자랑하느니라"(2:13). 우리가 2:16-17에서 보는 것처럼 텅비고 비효과적인 말만 가지고 궁핍한 형제를 거부하는 것은 자비의 부족을 의미한다. 그것은 "헛것"과 "쓸모없는" 믿음의 예(행함이 없는 말)가 되는 것이다. 야고보에게서 믿음은 인내, 기도 그리고 자비스러운 행동이 주문된다. 그렇다면 율법의 의미는 무엇인가?

자유의 율법

야고보는 자유의 율법을 그리스도인의 척도(1:25)요, 삶의 규범이요, 판단의 근거가 된다고 생각한다. "너희는 자유의 율법대로 심판받을 자처럼 말도 하고 행하기도 하라"(2:12). 그러다면 율법은 무엇인가? 그것은 모세를 통해서 계시된 "십계명"을 포함하는 것이다(2:11, 참조 롬 13:8-10). 그것은 온전히 지켜져야 한다(2:10). 그러나 하나님의 나라를 세우는 그 율법은(2:5) 최고의 율법인 것이다(nomos basilikos, 2:8). 이것은 이웃사랑의 율법인 것이다. 바울은 그것을 모든 율법의 "완전"이라고 불렀다(롬 13:10, 갈 5:14). 예수님은 그것을 "하나님의 사랑" 다음 가는 것이라고 표현했다(마 19:19, 22:39, 막 12:31, 눅 10:37). 레위기 19:18은 "이웃 사랑하기를 네 몸과 같이 하라"고 말했는데, 이것이 야고보서의 중심축을 이루고 있는 것이다. 야고보는 의도적으로 토라의 그 계명 위에 자신의 텍스트를 세우고 있다. 그가 "너희가 경에 기록한 대로 네 이웃 사랑하기를 네 몸과 같이 하라 하신 최고의 법을 지키면 잘 하는 것이거니와"(2:8)라고 말할 때, 그는 레위기의 말씀이 이웃사랑의 충분한 의미에 대한 지표를 제공해주고 있음을 문자 그대로 의미하는 것이다. 레위기 19:15은 편견을 갖고 판단하는 것을 금한다. 야고보는 판단에 있어서의 차별은 믿음에 부적합한 것임을 말한다(2,1-12). 레위기 19:16은 이웃을 중상하고 악한 말을 하는 것을 금한다. 야고보서 4:11-12은 형제에 대해 악한 말을 하지 못하게 한다. 일꾼의 품삯을 착취하거나 지체하는 것은 레위기 19:13에 금해져 있다. 이는 야고보서 5:4에도 그렇게 나타나 있다. 복수는 레위기 19:18 하반절에 금지되어 있다. 야고보서 5:9도 다른 사람에 대해 원망을 품는 것을 경고한다. 레위기 19:22은 맹세를 하는 것을 금한다. 야고보서 5:12도 그것을 금한다. 레위기 19:17에서는 이웃을 미워하는 것보다 그 이웃에게 다가가 그 이유를 말할 것을 말한다. 야고보서 5:20은 잘못된 형제를 돌이키게 할 것을 명한다. 우리는 야고보서에서의 이러한 부정적인 것들에 대한 명령은 율법이나 심판에 대한 언급이 함께 수반되는 것을 본다(2:9-13, 4:11, 5:9, 12).

그러나 레위기를 올바르게 읽는 것은 메시아이신 예수 그리스도께서 주신 생명에 관한 이해에 의해서만이 가능하다. 편견을 금지하는 이유는 그것이 주 예수 그리스도에 관한 믿음과 양립될 수 없기 때문이다(2:1). 중상과 판단에 대한 금지는 마태복음 7:1의 예수님의 명령을 생각나게 한다. 원망을 품지 말라는 명령은 심판자로서 곧 오시는 예수님과 관계된다(5:8). 맹세의 금지는 예수님의 직접적인 말씀 속에서도 발견된다(마 5:34-37). 아버지와 같은 마음으로 형제를 고쳐주라는 말은 그 또한 예수님의 말씀을 생각나게 한다(마 18:15, 눅 17:3). 그러므로 우리는 야고보서에서 메시아닉 할라익 교훈을 발견하게 된다. 사랑의 율법의 의미는 토라의 텍스트 속에서 표현되었고 예수님의 말씀에 의해서 인준된 것이다.

교회와 세상 속에서의 삶

야고보가 그의 독자들로부터 추구하고 있는 완전성은(1:4) 자기중심주의적인 덕성의 완전성이 아니라 이웃으로 향한 믿음과 자비의 완전성이다. 이웃은 무엇보다도 먼저 "교회"에서 함께 모이는 형제와 자매들이다(2:2, 2:15). 이 공동체는 특별한 이름(2:7)과 약속(2:5)을 증거하는 것을 아는 사람들이다. 이 공동체는 공통된 정체성을 세우려고 부름을 받았지 파괴하려고 부름 받은 것이 아니다. 그들 공동체의 멤버들은 자신을 위해서 기도해야 할 뿐만 아니라 다른 사람들을 위해서도 기도해야 한다(5:16). 그들은 서로 죄를 자백하며, 서로 바로 잡아주는 일에 참여해야 한다(5:15-16, 19-20). 교회의 장로들은 환자들의 침상에서 기도하고 기름을 바르기 위해 함께 모여야 한다(5:14-15).

그러나 야고보서는 매우 보편적인 전통들을 담고 있기 때문에 역시 야고보서는 교회의 범주를 넘어 보다 큰 세계로 다가간다. 신약성경의 어느 다른 서신들보다 야고보서는 사회 윤리를 위한 근거를 제공해주고 있다. 예를 들어 종교는 부계 사회에서 과부나 고아와(1:27) 같이 없는 사람들을 돌보도록(1:27) 부름받았다. 야고보는 사회적인 신분에 근거한 차별은 있을 수 없다고 말한다(2:1-7). 그는 전쟁이나 살인이 시기심이나 쾌락, 소유, 권력에 그 뿌리를 두고 있다고 추적한다(3:18-4:3). 그는 세상에서 사업을 하는 사람들에게 오만에 빠지지 말 것을 촉구한다. 그는 이득을 위해 착취와 사기와 살인을 하는 사람들을 정죄한다(5:1-6). 이러한 원리들은 "자연적인 모습"의 묵상에 의한 것이 아니라 "자유하게 하는 온전한 율법"에 의한 것임을 야고보는 암시한다(1:23-25).

세상 그리고 하나님과의 교제

게다가 야고보서의 윤리는 엄격한 측면에서 신학적인 윤리이다. 모든 인간 활동은 창조주, 유지자, 구원자, 그리고 심판자가 되시는 하나님에게 달려 있다. "모든 선하고 온전한 은사"는 하나님으로부터 온다(1:17). 인간이 하나님의 형상으로 창조되었기 때문에(3:9) 그리스도인들은 하나님 나라의 상속자로서 이미 "선택"되었고, "진리의 말씀으로 인도되었으며", 우리들은 일종의 하나님 아버지의 조물 중에 첫 열매가 되었다(1:18). 그리스도인은 "진리"로 옷입혀졌다. 그러므로 그리스도인들은 항상 모든 악들을 버려야 하며(1:21), 무엇보다도 속임수나 파괴적인 말의 그 어느 형태라도 버려야 한다(1:13, 19, 26, 2:16, 4:11, 16, 5:12). 야고보는 말의 조절이 모든 인간 기술 중에 가장 어렵다고 생각한다

(3:1-12). 그러나 그리스도인들은 "너희 영혼을 구원할 바 마음에 심긴 도를 온유함으로 받았다"(1:21).

그리스도인들은 독립적인 도덕적 행위자(agent)가 아니다. 그들은 그들의 하나님과의 관계에 의해서 규정되어진다. 야고보는 선과 악의 측면에서 생각하는 것이 아니라 마귀에 의해서 지원을 받는, "사망에 이르게 하는 죄"와 하나님을 사랑하는 사람들에게 하나님이 약속하신 생명의 면류관과 그 은혜의 측면(4:6)에서 생각하고 있는 것이다. 야고보서는 기독론은 없으나 의의 행동에 대한 보증의 형태로 발견되는 신학을 신약성경의 그 어느 것보다도 풍부하게 갖고 있다(1:5, 12, 13, 16, 20, 27, 2:5, 11, 13, 19, 23, 3:9, 4:4, 6:8, 10, 15, 5:4, 9, 10, 11, 15).

살아 계신 하나님은 구원하시기도 하시고 멸망시키기도 하신다(4:12). 그 하나님은 겸손한 자에게는 은혜를 주시지만 교만한 자에게는 그 반대로 행하신다(4:6). 하나님은 각 사람들과 교회 공동체의 기도를 들으신다. 하나님은 시험을 신앙의 성숙으로 바꾸신다(1:2). 야고보는 하나님이 자비와 긍휼이 풍성하신 하나님(5:11)이시기 때문에 "우리가 하나님을 가까이 하면 우리를 깨끗이 하실"(4:8) 것을 알고 있다. 하나님은 궁극적인 심판자이시다. 그 하나님은 인간들이 서로를 대하는 방법으로 그 보응을 측정하신다. "긍휼을 행하지 아니하는 자에게는 긍휼없는 심판이 있으리라 긍휼은 심판을 이기고 자랑하느니라"(2:13).

심판은 착취자들에 대한 야고보의 공격에서 가장 분명하게 설명된다. 야고보는 누가복음의 복과 화(6:20-26)를 공유하는 믿음의 관점을 보여준다(1:9-11, 2:6). 그러나 현재의 물질적 구조 속에서는 부자가 우세해 보인다. 부자는 빈자를 억압하고 그 가난한 자들을 법정으로 끌고간다(2:6). 그들은 노동자들에게 임금을 지연시킴으로써 노동을 착취한다. 심지어 살인까지 일삼는다(5:1-6). 야고보는 혁명을 요구하지 않고 욥과 같은 인내와 참음을 요구한다(5:7-11). 왜 그러한가. 그 이유는 첫째로 인간의 분노가 하나님의 의를 대신할 수 있기 때문이고(1:20), 둘째로 후에 그 역전이 확실히 되어질 것이기 때문이다. 즉 착취자들은 "주님이 오시는 때에"(5:8) 그들이 지금 가난한 자들에게 주고 있는 그 쓴맛을 보게 될 것이다.

야고보는 인간의 행동이 마음의 근본적인 위탁에서 나온다고 보고 있다. 인간은 온전케 하는 자유의 율법과 하나님 나라의 척도에 따라 살수 있도록 말씀의 선물(1:21), 위로부터의 지혜(3:15) 그리고 하나님이 인간 안에 거하게 하신 성령(4:5)에 대해 응답으로 선택하든지, 그렇지 않으면 하나님의 것과는 정반대가 되는 "세상"의 척도에 따라 살 것을 선택하든지 해야 한다. 이 세상의 척도는 오직 자기추구만이 생존할 수 있다고 하는 폐쇄적인 틀을 갖고 있다. 그것은 자기확장, 끝없는 욕심, 쾌락추구, 무엇보다도 시기심으로 특징지워진다(1:14, 21, 3:14, 16, 4:1-3). 3:13-4:10에서 회개를 촉구하는 야고보는 친구 관계를 연상케하는 언어로 이 선택을 촉구한다. 모든 사람과 친구가 되기를 원하고 하나님과 세상의 두 가지 척도에 의해 살아가기를 원하는 이중적인 마음을 가진 사람들은 반드시 한 가지를 선택해야 한다(4:4).

> 간음하는 여자들이여 세상과 벗된 것이 하나님의 원수임을 알지 못하느뇨 그런즉 누구든지 세상과 벗이 되고자 하는 자는 스스로 하나님과 원수 되게 하는 것이니라

"세상의 친구들은" 이기심과 시기심 그리고 "아래로부터 오는 지혜"(3:14-16)의 척도에 의해서 산다면, "하나님의 친구들은" 어떻게 살 것인가? 하나님의 친구들은 아브라함을 본받고 믿음에 의해서 주어진 관점으로 살아야 한다. 즉 "아브라함이 하나님을 믿으니 이것을 의로 여기셨다는 말씀이 응하였고 그는 하나님의 벗이라 칭함을 받았느냐"(2:23). 이런 사람은 교만 속에서 사는 것이 아니라(4:6, 16) 겸손 속에서 살고(4:7, 10), 사람의 생명은 그 자신의 노력에서 오는 것이 아니라 하나님의 선물로 오는 것임을 아는 사람들이다. 그들은 마음의 순수성에서 오는 단순함을 갖고 있다(4:8). 또한 그들은 이기적인 이득을 좇는 것이 아니라 온전케 하는 자유의 율법(2:8)의 성취, 즉 이웃 사랑을 좇는다.

참고문헌

야고보서에 관한 일반적인 견해는 C. E. B. Cranfield, "The Message of James," *SJT* 18(1965): 182-93와 W. L. Knox, "The Epistle of James," *JTS* 46(1945): 10-17에서 찾아볼 수 있다.

바울서신과의 연관은 J. Jeremias, "Paul and James," *ExpTim* 66(1955): 368-71, D. O. Via, "'The Right Strawy Episle'

Reconsidered: A Study in Biblical Ethics and Hermeneutics," *JR* 49(1969): 253-67, and J. G. Lodge, "James and Paul at Cross-purposes? James 2:22," *Bib* 62(1981): 195-213에서 추적할 수 있다.

장르와 형태적 측면은 다음의 작품들에서 다루어져 있다. A. Wifstrand, "Stylistic Preblems in the Epistle of James and Peter,"*Studia Theologica* 1(1948): 170-82, L. G. Perdue, "Paraenesis and the Letter of James," *ZNW* 72(1981): 241-56, P. B. R. Forbes, "The Structure of the Epistle of James," *Evangelical Quarterly* 44(1972): 147-53, F. O. Francis, "The Form and Function of the Opening and Closing Paragraphs in the Letter of James," *ZNW* 61(1970): 110-26.

상징적인 세계의 다양한 측면과 야고보서와의 관계성에 대해서는 다음의 작품들을 보라. O. J. F. Seitz, "The Relationship of the Shepherd of Hermas to the Letter of James," *JBL* 63(1944): 131-40, M. H. Shepherd, "The Epistle of James and The Gospel of Matthew," JBL 75(1956): 40-51, P. Minear, "'Yes and No': The Demand for Honesty in the Early Church," *NovT* 13(1971): 1-13, B. R. Galson, "The Epistle of James: Christian Wisdom?" *SE* 4(1968):308-18, M. Gertner, "Midrashim in the New Testament," *JSS* 7(1962): 267-92, L. T. Johnson, "The Use of Leviticus 19 in the Letter of James,"JBL 101(1982): 391-401, W. Wolverton, "The Double-Minded Man in the Light of Essene Psychology," *ATR*38(1956): 166-75, O. J. F. Seitz, "Antecedents and Significance of the Term 'Dipsychos,'" *JBL* 66(1947): 211-19, idem, "Afterthoughts on the Term 'Dipsychos,'" *NTS* 4(1957): 327-34, J. Marcus, "The Evil Inclination in the Epistle of James," *CBQ* 44(1982): 606-21, and L. T. Johnson "James 3:13-4:10 and the Topos Peri Phthonou," *NovT* 25(1983): 327-47

특별한 주제와 구절에 관한 연구는 다음의 것들을 포함한다. L. E. Elliott-Binns, "James 1:18: Creation or Redemption?" *NTS* 3(1957): 148-61, B. Johanson, "The Definition of 'Pure Religion' in James 1:27," *ExpTim* 84(1973): 118-19, S. Laws, "'Does Scripture Speak in

Vain?" : A Reconsideration of James 4:5," *NTS* 20(1974): 210-15, L. A. Schokel, "James 5:6 and 4:6," *Bib* 54(1973): 73-76, L. T. Johnson, "Friendship with the World/Friendship with God: A Study of Discipleship in James," *in Discipleship in the New Testament*, ed. F. Segovia(Philadelphia: Fortress Press, 1985), 166-83, M. T. Townsend, "James 4:1-14: Warning Against Zealotry?" *ExpTim* 87(1975): 211-13, R. B. Ward, "Partiality in the Assembly," *HTR* 62(1969): 87-97, idem, "The Works of Abraham: James 2:14-26" *HTR* 61(1968): 283-90, J. A. Kirk, "The Meaning of Wisdom in James: Examinantion of a Hypothesis," *NTS* 16(1969):24-38, and S. Laws, "The Doctrinal Basis for the Ethics of James," *SE* 7(1973): 299-305.

J. B. Mayov, *The Epistle of St James*, 3d ed.(London: Macmillan & Co., 1913), and J. Ropes, *A Critical and Exegetical Commentary on the Epistle of St. James*, ICC(Edinburgh: T.& T. Clark, 1916) 등 과 같은 오래된 주석들은 많은 통찰과 비교적 상당한 양의 자료들을 담고 있다. M. Dibelius, *James : A Commentary on the Epistle of James*, rev. H. Greeven, trans. M. A. Williams, Hermeneia(Philadelphia: Fortress Press, 1976[1964])의 주석은 단점은 있으나 상당한 영향력을 끼치고 있다. 본문을 통한 직접적인 도움은 S. Laws, *A Commentary on the Epistle of James*, HNTC(San Francisco: Harper & Row, 1980)에서 받 을 수 있다.

제6부

요한 전통

모든 신약성경 속에는 어떤 불변하는 모습이 내재되어 있다. 모든 문서는 종교적인 경험의 영향력과 그리스도인 그룹의 계속되는 사회적인 투쟁을 보여준다. 신약정경은 교회를 위해 쓰여진 것이고, 그 문서들은 공동체에서 발전되어온 전통들을 이용한다. 전통은 창조적인 정신에 의해서 선별되고 형성된다. 복음서와 서신서들은 집합적인 정신의 가늠자와 일치한다. 모든 신약정경은 시인과 예언자의 인상을 담고 있다.

게다가 모든 신약정경 속에서 메시아이신 예수님의 모습이 공동체에 의해 사용된 상징들로 가득 차 있는데, 이는 공동체의 삶을 위한 예수님의 중요성을 해석해주는 것들이다. 예수님은 그 모든 것을 반영하고 조직하는 원리의 결정체이다. 토라로부터 그리고 더 넓은 문화적인 환경으로부터 나온 그 상징들은 우연적인 것이 아니다. 즉 그러한 상징들은 공동체의 자기 이해와 의사소통의 매개체인 것이다. 그러나 모든 차원의 상징적인 세계에 대한 지식들이 직접적으로 신약정경의 이해로 이끌지는 못하고, 문서들 속에 있는 모든 상징은 십자가에 못박히시고 부활하신 메시아의 경험과 그분은 살아 계신 주님이시라는 확신에 의해 재형성되는 것이다.

요한전통의 문서들은 공동체와 상징적인 세계, 그리고 예수님의 해석 사이에 그와 동일한 긴장이 있음을 반영한다. 이 문서들로부터 나타난 것들은 사실상 상당히 매력적이어서 우리의 논의의 초점은 단호이 그 처음서부터 전개되어야 한다. 요한의 문서는 그 배경이 되는 믿는 신자들의 공동체의 재건을 위한 것으로 읽혀질 수 있다. 그것은 아주 흥미로운 주제이나 우리들에게 해당되는 것은 아니다. 우리는 그 상징들에 대한 연구로부터 헬라 문화의 여러 부분들이 이들 신자들에게 상당히 영향을 주었다는 것을 결정지을 수 있다. 아주 그럴듯한 생각이나 이것도 우리에게 해당되는 것은 아니다. 마지막으로 요한의 문서들은 예수 안에서 하나님의 생명에 대한 증거로서 읽혀질 수 있다. 이것이 요한문서들의 실질적인 주제이자 우리들에게도 역시 해당되는 주제이다. 그러나 그런 임무에 대한 우리의 방식이 내가 언급하고 있는 다른 두 가지 프로젝트에 대한 약간의 언급에 의해서 분명히 되어져야 할 것이다. 그들 두 가지는 요한 기독교의 가능성 있는 역사에 대한 이들 문서들의 복합적인 관계성과 관련이 있다.

요한 전통을 복음의 이야기 속(요한복음 또는 제4복음, 요한 1,2,3서, 그리고 묵시문서 또는 요한계시록)에서 발견할 수 있다. 이들 문서들이 다른 신약저자들 그리고 수신되는 공동체와의 관련 방식은 다양하게 묘사될 수 있다. 대부분의 학자들은 요한복음과 세 서신을 요한의 직접적인 작품으로 동의하지는 않을지라도, 동일한 저자에 의해서 쓰여진 것이라고 생각한다. 많은 학자들은 역시 장르와 문체 그리고 신학 위에서 요한계시록은 그밖에 다른 저자에 속한 것이라고 결론을 짓는다. 하지만 요한계시록은 이들 문서들, 전통의 시조(요한) 그리고 특별한 지역(소아시아)에 있는 공동체 사이에 있는 확고한 연관성을 제공해준다. 만약 요한계시록이 없었다면 요한 전통들은 어느 역사적인 연결성도 없이 전적으로 물 위에 떠 다니는 꼴이 되고 말 것이다. 게다가 요한계시록은 묵시적인 형태에 의해 영향을 받은 문서임에도 불구하고, 다른 어느 것보다도 요한문서가 갖고 있는 근본적인 조망과 상징들을 훨씬 더 적절하게 공유하고 있다.

그럼에도 불구하고 요한 기독교에 관한 현대의 많은 논의들은 요한계시록을 한쪽으로 제쳐놓고 거의 전적으로 요한복음이나 요한서신서들에 집중한다. 요한 역사의 재구성을 위한 이런 홀대가 갖고 있는 그 함축성은 분명하다. 요한과 에베소 교회와의 부성적인 관계 언급을 제외하고는 모든 요한 기독교를 위한 증거들은 이들 요한 문서들로부터 나온다. 문서들의 저작의 순서에 관한 가정뿐만 아니라 단일문서들의 제외나 포함들은 그들 문서들이 독자적으로 근거를 두고 있는 어떤 역사에 상당한 영향을 준다. 이와 같은 상황이 벌어졌을 가능성은 그것이 아주 사악한 경우가 아니라면 회피될 수 없는 것들이다. 그러므로 짧은 예증이 설명하는 재구성의 본질적인 허약함이 있는 것이다.

가장 오래된 요한문서로서 요한복음서를 간주하는 것은 그럴 듯하다. 요한복음서는 요한서신서들이 보여주고 있는 것처럼 나중에 그 공동체를 분열시키는 어떤 긴장들이 그 문서에 내재하고 있다. 그러나 우리는 이 저작의 순서를 뒤바꾸어 생각할 수 있다. 그런 경우에 요한복음서는 꽤 다른 각도로 볼 수 있다. 우리가 요한계시록을 이 저작의 순서 속에 포함시킨다면 그 발전은 더욱더 불확실해진다. 우리가 공동체 속에서 순차적인 단계로 필연적으로 이 문서들이 나온 것으로 보기에는 의문의 많아지게 된다. 순전히 몇 가지 문학적인 양식에 근거한 역사는 하나의 엄청난 가상에 불과한 것이 되고만다.

요한공동체에 대한 이야기의 의미도 역시 불확실해진다. 그것은 요한의 독자들 그 이상을 의미하는 그 무언가가 있는 것인가? 그렇다면 그속에는 사회조직체의 어떤 형태가 함축되어 있는가? 어떤 사람들은 요한복음을 공통적인 언어나 직업을 가진, 말하자면 학교와 같은 의도적인 그룹을 배경으로 하고 있는 것으로 생각한다. 다른 사람들은 그 서신들이 가정(household)으로 조직된 몇몇 지역 교회의 연합을 가정하고 있는 것으로 생각한다. 또 다른 사람들은 이 모든 문서들이 근본적으로 분파적인 태도를 공유하고 있다고 말한다. 즉 그렇게 주장하는 사람들은 그 그룹들이 반대하는 것만큼 확고한 주장이 있다고 규정을 짓는다. 그렇다면 이런 특징들이 서로 양립될 수 있는가? 서로 다른 그룹과 경쟁하는 다양한 도시 속의 많은 공동체들이 즉 요한계시록에서 주어진 그 인상들이 어떻게 서로 조화를 이루겠는가? 분명히 요한 공동체나 공동체들의 사회적인 조직은 불확실할 뿐만 아니라, 신자들의 윤리적인 배경도 또한 그러하다. 게다가 요한의 문서들은 우리에게 다양한 것들을 말해준다. 즉 어떤 점에서 유대교의 형태와의 갈등이나 분리가 있고(요한복음 9장), 사마리아인과의 연결이 있으며(4:4-42), 헬라말을 하는 이방인들과 디아스포라 유대인들이 한 우리(7:35,12:30)로 표현되었고, 그러므로 흔한 히브리 용어도 해석이 요구되었다(1:38, 41, 42, 9:7). 아울러 몇몇 신자들도 이방인으로서 외부인으로 취급되었다(요 3서 7). 그러나 이런 정보에 상응하는 것들은 그 분명성이 덜 하다.

요한문서들이 요한 기독교의 역사나 사회를 제공하는 것이 아니라고 한다면, 그것은 수신인들이 살았고, 겪었던 커다란 긴장들을 보여주는 것이라고 말할 수 있다. 신약성경의 그 어떤 것들보다 요한 문서는 "복음"의 해석에 깊게 영향을 줄 수 있는 갈등이나 긴장의 표지를 담고 있다.

다른 신약성경 속에서 요한문서만큼 그렇게 분명한 어조로 평화와 사랑과 연합의 이상을 담고 있는 문서는 없다. 요한문서는 공동체의 경험과 함께 아주 분명하게 그 이상을 표현한다. 모든 요한 문서들은 내부자와 외부자 간의 분명한 선을 긋는다. 복음서에서 유대인과 예수님 간의 역사적인 갈등이 요한서신에서 이 세상과 예수의 '친구들' 간의 계속되는 갈등으로 나타난다. 서신서에서는 다른 당이 진리에 대한 독점적인 권리를 주장할 때에 그 공동체의 내부자간에도 분열이 있음을 말한다. 요한계시록에서 그 전쟁은 이중적이 된다. 즉 외부세계로부터의 박해와 적대 그리고 내부세계에서의 분열과 부패로 표현된다.

그러므로 그 모든 요한문서 속의 상징주의는 상당히 대담하고 분명하다. 그 갈등은 선택을 필요로 하게 된다. 그러므로 그 상징은 애매하지 않고 분명하다. 선과 악, 어둠과 빛, 진리와 거짓, 죽음과 생명, 그들과 우리로 표현된다. 더욱이 이들 문서들 속에서의 갈등의 중심에는 예수의 모습이 있다. 요한계시록에서 거짓과 우상숭배에 대항하여 서있는 예수님에 대한 참된 증언은 죽음에 이르기까지 진리에 대한 증언을 계속하게 한다. 서신서에서 그 공동체는 예수에 대한 적절한 이해로 인해 갈라진다. 모든 신약성경 속에 내재되어 있는 경험과 해석 사이에 있는 변증법은 요한문서의 바로 그 상징 속에서 아주 분명하고도 잊혀지지 않게 인상지워진다.

제24장

요한복음

한문서의 중심에는 요한복음이 서 있다. 이는 예수에 대한 아주 단순하면서도 강력한 증거로 그리스도인의 의식 속에 지대한 영향을 미치고 있다. 공관복음서처럼 요한복음은 예수의 삶과 죽음 그리고 부활을 이야기한다. 마태와 마가 그리고 누가는 그들의 공통된 전통을 편집하거나 변형시킴으로써 동일한 근본적인 이야기를 각자의 분명한 형태로 서술한다. 요한은 그 이야기를 더욱더 근본적으로 변형시켜서 "복음"을 다른 차원으로 설명을 하고 있다.

요한복음서의 저자는 이레니우스가 주의 제자가 에베소에서 썼다(*Agsinst Heresies* III. 1.2)고 말하는 것처럼 항상 요한에게 귀결된다. 그 이야기 자체가 "예수께서 사랑하시던" 자로서 확인되는 익명의 제자와 관련된 추론을 일으키게 만든다(요 1:35, 19:26, 20:2-9). 그 익명의 제자는 그 문서의 배후에 있는 권위있는 저자로 지목된다(19:35, 21:20-24). 요한복음에서 그 어느 것도 요한에 관해서 말하지 않고, 오직 우연하게 세베대의 아들들로 언급되기(요 21:2) 때문에 사랑받는 제자를 초대 예루살렘 교회의 "기둥"이었던(행 3:1, 4:13, 8:14, 갈 2:9) 세베대의 아들 요한(마 10:2 참조, 막 3:17, 눅 6:14, 행 1:13)과 동일시하는 것은 불합리하지 않다. 사랑받는 제자라고 말하는 이는 아주 중요하다. 왜냐하면 그가 이 예수에 대한 이야기의 목격자이기 때문이다. 요한복음서의 독자들은 그 사랑받는 제자를 "그들의 지도자"로 간주한다(19:26). 아마도 그의 죽음이 해석을 필요로 한다는 것을 충분히 예기치 못했던 것 같다(21:20-23).

한때 요한복음에서 직접적인 전통에 대한 요청은 요한복음을 전적으로 가공적인 것으로 간주케 만들었다. 하지만 요한복음은 공관복음서처럼 1세기 팔레스타인의 지형, 관습, 사상에 관한 좋은 지식을 제공해준다(3:23, 4:5, 9, 20, 25, 5:16-18, 6:1, 59, 9:11, 11:54, 12:20, 18:13). 초기의 비판적인 학자들이 비논리적인 것으로 기각시켜 버렸던 어떤 특별한 사실들을 사실상 고고학자들은 입증시켰다(5:2, 19:13).

그러나 요한복음서는 목격자의 발전된 진술이 나타난다. 그것은 몇 가지 단계의 합성을 드러내준다. 가장 분명한 것은 20:30-31의 엄숙한 결론 이후에 21장의 이야기를 추가한 것이다. 간음한 여인(7:53-8:11)에 대한 기사의 위치의 불확실성은 본문에서의 어떤 변동이 있었음을 증거해준다. 그러므로 개정단계의 성격이나 수에 대해 학자들이 활발하게 논의하는 것은 놀라운 일이 아니다. 가장 단순한 이론 중의 하나는 본래의 거치른 글이 후대의 "교회 편집자"에 의해 철저히 재작업되었다는 것이다. 말하자면 이 "교회 편집자들"이 본래적인 거친 영적 경향들을 보다 정통적인 입장에서 수정했다는 것이다. 결과적으로 "참된" 요한복음서는 오직 발췌나 재배열에 의해서만 오직 접근할 수 있다는 것이다. 또 다른 가설은 보다 복잡한데, 다섯 단계나 되는 많은 저작의 단절이 있다는 것이다. 많은 현대의 학자들은 그 과정의 일단계에서 본래의 "이적 자료"(그의 마침은 20:30-31이었다)를 "이야기 자료"와 합성시켰다고 확신한다. 엮음과 자료에 대한 추정되는 발견은 종종 "공동체의 삶의 단계"와 연결되었다고 주장한다. 그 텍스트는 고고학적인 장소의 층들이 묻혀 있는 역사를 드러내는 것처럼 다루어진다. 그러나 그런 재구성은 그 방법상에 있어서 확신을 좁힐 정도로 충분히 확신할 수 있는 것들은 아니다.

우리가 지금 읽고 있는 요한복음은 집단에 의한 구성이나 상당한 규모의 편집적인 자의적 결과의 모습은 보이지 않는다. 오직 일관성의 어떤 측면에 너무도 몰두한 나머지 항상 자료가 있다고 추정하고 엮음의 흔적이 있다고 보는 것이다. 요한복음은 재구성을 요구하지 않는다. 요한복음은 이천년 동안 일관되고 심오하고 도전적인 증거로서 나타난 것처럼 오늘날도 요한공동체는 적어도 위대한 한 신학자와 저자를 갖고 있다는 충분한 증거 위에 서있다.

요한복음은 항상 가장 나중에 지어진 복음서라고 여겨진다. 어떤 19세기 비평학자는 요한복음을 2세기 후반에 지어진 것이라고 말한다. 그 시기는 요한복음의 상징들이 헬라철학에서 나왔다는 가정에 근거한 것이다. 그것은 그 저작이 팔레스타인 이외의 지역에서 있어졌다는 것을 필요로 하며, 그 높은 기독론은 오랜 기간의 발전이 요구된다는 것이다. 그렇지만 2세기 후반이나(P^{75}, P^{76}) 심지어 2세기초(P^{52})로 거슬러 올라가는 이집트에서의 요한복음에 대한 헬라판형의 고고학적 발굴은 2세기 후반이라는 시기를 불가능한 것으로 만들고, 오히려 1세기의 전환기에 지어졌음을 더욱 그럴듯하게 증명해준다. 또한 편집적인 요소나 교리적인 요소가 어떤 오래된 발전의 기간을 필요로 하는 것이 아니다. 요한의 기독론은 바울이나 히브리서의 기독론과는 다르다. 그렇다고 "더 높은" 것은 아니다. 요한의 저작의 복합성은 마태나 마가의 복합성보다 더 크지 않다. 역사적인 지식에 비추어, 요한의 상징을 설명하기 위해 보다 헬라 세계 속에서의 오랜 체류를 가정하는 것은 더 이상 필연적이지 않다.

우리가 요한복음에서 만나는 상징들은 공관복음서에서의 상징들과는 확실히 다르다. 이 경우에 "상징적인 세계"라는 용어가 정확할 것이다. 왜냐하면 공관복음에서 요한복음으로 이전하는 것은 참으로 다른 우주로 들어가는 것과 같기 때문이다. 예수님은 산뜻한 경구나 하나님 나라의 비유로 설명하지 않으신다. 그는 논쟁의 짧은 포화로 바리새인과 사두개인을 직면하지 않는다. 그 대신에 우리는 "빛"과 "진리", 그리고 "생명"과 같은 추상적인 명사를 갖는 무거운 언어들을 발견할 수 있게 된다. 그 추상적인 명사들은 "믿는다", "본다", 그리고 "안다"와 같은 동사들과 조합되어 복합적인 형태를 이룬다. 예수님은 비유보다는 알레고리로 더욱 말씀하신다. 그의 언어는 하나님의 나라보다는 그 자신에게 확고하게 맞추어진다. 모든 은유들이 예수님 안에 있다. 그 자신에 대한 언급들은 윤리나 심지어 형이상학적인 이원론을 묘사한다. 즉 인간은 그들 위에 임할 심판에 직면해서 선택을 하여야 한다. 위로부터 있는 것이냐 아래로부터 있는 것이냐, 빛이냐 어둠이냐 참이냐 거짓이냐, 죽음에 이르는 것이냐 생명에 이르는 것이냐(3:5-21, 5:30-47, 12:44-50) 간의 선택에 인간은 직면해 있다. 그 영역은 그 자신을 드러내기 위해서 세상에 들어오신 "하늘로부터 오시고"(3:31), 그가 오시기 전의 장소로 돌아가기 전에(16:28) 그를 보내신 분(14:9-11)에 의해 교차된다. 계시자에 의해 규정된 강하와 상승의 길은 그를 따르는 선택된 사람들을 위한 방법을 제공해준다(14:6-7).

몇몇 학자들은 요한복음의 상징적인 체계를 열기 위한 열쇠를 여러 전통에서 찾으려고 애쓴다. 보다 오래된 연구들은 요한문서에서 플라톤의 이원론과 스토아 철학의 로고스 신학의 흔적을 보았다. 종교사학자들은 헤르메스적 (Hermetic)이건 만다야교(Mandean)이건 간에 요한복음의 상징을 영지주의적 문서들의 상징과 상당히 가까운 것으로 보았다. 최근의 연구는 필로의 유대교뿐만 아니라 바리새주의의 열심과도 분명한 유사성을 갖고 있다는 향토적 유대 요소를 재확증한다. 사마리아인에 대한 개념, 특별히 "모세와 같은 선지자" 메시아주의를 요한복음에서 추적할 수 있다. 실제적으로 모든 요한복음의 이원론적인 요소는 쿰란의 분파적인 문서 속에서 보다 예리하게 내재되어 있음을 발견할 수 있다.

그러한 탐구가 요한복음의 상징에 관한 지배적인 하나의 영향력을 발견하지는 못했을지라도, 다음 세 가지의 분명한 것들을 말할 수 있을 것이다. 첫째로 요한복음의 상징적 구조의 모든 요소들은 1세기 팔레스타인의 유대교 속에서 나타났다. 둘째로 신약성경의 다른 어느 것 못지 않게 토라의 상징들이 중요한 역할을 한다. 셋째로 그 상징들은 예수님의 존재에 의해 그 일관성이 주어진다.

요한복음은 왜 쓰여졌는가? 그 목적에 관한 주장들이 부족하지는 않지만, 다른 것들을 소홀히하여 한 가지 주제적 요소를 과장하는 경향이 있다. 어떤 이들은 요한복음이 주로 변증적인 기능을 하는 것으로 생각한다. 말하자면 세례요한에 대한 예수님의 우월성(1:6-8, 15, 19-28, 3:22-30, 5:35, 10:41)을 주장하고, 유대 불신자들에 대한 예수님의 메시아적인 인증을 보여주려는 것에서 요한복음의 변증적인 기능을 강조한다. 또 다른 사람들은 요한복음의 설득적인 기능을 강조한다. 그들은 요한복음이 디아스포라 유대인, 유대인 회당과 아직 완전히 결별하지 않은 사람들, 심지어 메시아닉 운동으로 개종한 이방인들(1:9, 38, 41, 42, 4:21-26, 7:35, 9:22, 10:16, 11:52, 12:20-22, 32, 42)을 설득하고자 쓰여진 것이라고 주장한다. 이러한 풍부한 저작이 단일한 기능으로 축소될 수 있다는 것은 의심스러운 일이다. 이처럼 복음서 자체가 말하는 그 진술의 의도(20:30-31)가 참으로 분명한 모호성을 갖고 있다.

> 예수께서 제자들 앞에서 이 책에 기록되지 아니한 다른 표적도 많이 행하셨으나 오직 이것을 기록함은 너희로 예수께서 하나님의 아들 그리스도이심을 믿게 하려 함이요 또 너희로 믿고 그 이름을 힘 입어 생명을 얻게 하려 함이니라

　　표적이 믿음과 생명에 대한 믿음으로 이끈다는 것은 분명히 이것으로 충분하다. 그런데 그 모호성은 "너희로 … 믿게 하려 함이요"라는 구절에 주어진 엄밀한 구조 속에서 생기게 된다. 우리는 그 동사의 시제가 부정과거시제(aorist)인지 현재시제인지를 확증할 수가 없다. 만약 부정과거시제라면 그 구절은 "믿게 하려"라고 읽을 수 있다. 그 목적은 바로 개종을 위해서이다. 반면에 그 동사가 현재시제라면 그 구절은 "믿음으로 행하는"이라고 읽어야 한다. 그 목적은 믿음의 확증이다. 현재시제가 더욱더 그럴듯한 해석으로 보인다. 요한복음의 전체적인 성격은 개종을 위한 문서에 있다기보다는 개종자들을 위한 선전문서 중 하나인 것으로 보인다. 요한복음의 문학적인 구조에서 가장 눈여겨 보아야하는 것 중의 하나는 그 이야기의 움직임이 불신자들에 의해 규정된 공동체의 개념과 일치하고, 이야기의 복합적인 코딩(암호화)은 공동체의 상징적인 체계 내에 아직 들지 못한 사람들의 이해를 어렵게 하고 있다는 것이다.

요한복음과 공관복음의 전통

　　요한복음을 공관복음과 조직적으로 비교한다면, 요한복음의 특징을 금방 알 수 있을 것이다. 관점의 차이가 하도 크고 다양해서 복음서들이 참으로 동일한 이야기를 말하고 있는가를 먼저 의아하게 만든다.

　　요한복음은 공관복음과는 연대와 지리에 있어서 결정적으로 다른 특징을 보여준다. 마태와 누가는 예수님의 유아 기사를 제공한다. 반면에 요한복음의 서론은 하나님으로 시작해서 하나님으로 끝난다. 모든 공관복음서는 예수님의 사역이 갈릴리에서 시작되어 그 다음에 그의 최후의 방문을 위해서 예루살렘 도시로 나아간다. 요한복음에서 예수님은 갈릴리와 유대 사이를 오간다. 그는 처음에 유다에서 나타나고 그 다음에 갈릴리로 나아가신다(1:28, 43). 그는 유월절을 위해 예루살렘으로 짧은 방문을 하신다(2:13). 그곳에 있는 동안에 그는 성전을 정화하시는데(2:13-22), 이 사건은 공관복음에서는 그의 사역의 정점에서 이루어졌다. 예수님은 그 다음에 예루살렘에서 유대(3:22)로 나아가신다(3:22). 그리고 유대로부터 사마리아를 통해 갈릴리로 돌아가신다(4:3, 45). 그는 다른 절기를 위해 예루살렘으로 가신다(5:1). 그러나 그의 두번째 유월절 방문(6:4)을 위해 그는 갈릴리로 다시 돌아가신다(6:1). 그는 초막절을 위해 다시 예루살렘으로 가시고(7:1-10), 수전절을 위해 그곳에 계신다(10:22). 그는 예루살렘에서 유대로 나아가신다(10:40). 그는 거기서 마지막 유월절을 위해 돌아오실 때까지 체류하신다(12:12). 이러한 기계적인 조망은 예수님의 사역에 관한 요한의 설명이 공관복음의 설명과는 상당히 다르다는 것을 세 가지 방식에서 보여준다. 첫째는 그의 사역이 유대에 중심을 두고 있지 갈릴리에 중심을 두고 있는 것이 아니라는 것이다. 둘째로 그의 사역은 1년간 지속된 것이 아니라 3년간 지속되었다는 것이다. 셋째로 그의 사역은 유대교의 대절기의 순례와 연결되어 있다는 것이다.

또한 예수님의 죽음에 관한 시간이 서로 다르다. 예수님은 유월절 준비를 위한 날에 십자가에 못박히셨다(19:31). 그의 마지막 만찬은 요한복음에서 유월절 음식이 아니었다. 공관복음과는 대조되어 예수님은 무덤에 두어지기 전에 이미 기름부음을 받는다(19:39-42). 막달라 마리아는 오직 혼자서 무덤으로 와서 베드로와 요한에게 말하기 이전에(20:2-10) 예수님의 무덤이 빈 것을 발견한다(20:1). 예수님은 한번 마리아에게 나타나시고(20:11-18), 예루살렘에서 두 번 그의 제자들에게 나타나신다(20:19-29). 예수님이 오로지 한번 갈릴리에 나타나신 장소는 산이 아니라 바닷가였다(21:1-14). 간단히 말해서 요한복음에서의 예수님의 삶과 죽음의 기사를 공관복음에서의 예수님의 삶과 죽음과 조화와 이루는 것은 참으로 불가능한 일이다.

요한복음과 공관복음의 보다 중요한 차이는 예수님의 말씀과 행위의 특징이다. 이는 보다 세밀한 관찰을 요구한다. 공관복음에서의 축사(exorcism)가 요한복음에서는 전적으로 빠져 있다. 예수님은 세 가지의 치유와 한 가지의 소생을 행하신다. 그의 행동은 표적(semeia)이라고 불리어지고, 상징적인 분명한 중요성을 갖는다. 예수님의 직접적인 말씀으로 된 공관복음서의 비유를 요한복음에서는 전혀 찾을 수가 없다. 그렇지만 주님은 약간의 "비사"는 사용하신다(10:6, 16:25). 대부분의 경우에 예수님은 독백으로 말씀을 하신다.

요한복음은 역시 공관복음의 전통과의 분명한 접촉점이 있다. 요한복음에서의 특별한 이적은 공관복음과 다소의 유사성을 보여준다. 즉 공직자의 아들에 대한 치유(4:46-53, 참조 마 8:5-10, 눅 7:1-10), 중풍병자의 치유(5:2-9, 참조 막 2:1-12), 오병이어의 이적(6:1-13, 참조 막 6:34-44), 물위로 걸으심(6:16-21, 참조 막 45-51, 마 14:22-27) 등이다. 기타 다른 사건들이 요한복음과 공관복음에서 동시에 발견된다. 즉 세례요한의 세례(1, 25, 3:23, 참조 1:4)와 체포(3:24, 참조 막1:14), 베드로의 고백(6:68-69, 참조 막 8:29), 성전정화(2:14-16, 참조 막 11:15-18), 베다니에서의 기름부음받으심(12:1-8, 참조. 막 14:3-9, 마 26:6-13, 그리고 그럴 가능성이 있는 눅 7:36-50), 예루살렘으로의 입성(12:12-15, 참조 막 11:9-10), 무엇보다도 유월절 이야기 (18:1-19:42)—빌라도의 신장된 역할과 같은 독특한 요소들이 있음에도 불구하고 —는 누가복음과 상당한 부분 접촉점이 있는, 공관복음과 동일한 것으로 인정된다.

공관복음이 단일한 사건으로 다루고 있는 또 다른 주제적인 요소들이 요한복음에서 더욱더 확산된 방법으로 발견된다. 그러므로 공관복음서의 시험의 기사(막 1:12-13)는 요한복음 6:14-15, 그리고 7:3-4와 동일한 것으로 보여진다. 또한 마가복음 14:32-42에서의 동산에서의 고뇌는 12:27-29와 18:11과 동등한 것으로 보여진다. 그리고 요한복음 1:42, 12:24-26, 13:12, 20, 21:22과 같은 구절을 공관복음의 말씀 속에서 재작업을 통해 찾아내는 것은 그리 어려운 일이 아니다. 그러나 요한복음에 있는 대부분의 것들은 공관복음에 없으며, 공관복음에 있는 것들의 대부분은 요한복음에 없다는 것이다!

공관복음에 대한 요한복음의 관계는 무엇인가? 어떤 교부 작가들은 요한복음을 공관복음의 전통에 보충적인 것으로서 생각한다(예를 들어 Eusebius *Eclesiastical History* III. 24.7-13과 Augustine *On the Harmony of the Evangelists* IV.7, V.8). 보충적이라는 용어를 일종의 양으로 이해하려 한다면 그것은 부적절할 것이다. 하지만 보다 깊은 의미에서 요한복음은 다른 복음서 전통에 대해 보충적 기능을 수행한다. 요한복음서는 이야기의 형태에 있어서 신학적인 반영을 분명하게 보여줌으로써 공관복음서에 대한 보충적인 역할을 담당한다. 요한복음에 나타난 몇 가지의 분명한 모습이 그 사실을 분명히 해준다.

첫째로 요한복음은 교회론적인 복음서이다. 요한복음에는 "교회"라는 말이 전혀 나타나지 않고, 교회조직에 관한 것들이 전혀 들어있지 않다. 하지만 다른 어느 복음서보다도 요한복음은 독자들과 이야기의 서술자 간에 공동체성의 관계를 현저하게 보여준다. 이러한 자의식은 요한복음을 서술하는 동기를 설명하는 것에 의해서도 분명히 보여진다(20:30-31). 또한 추종자들에 대한 예수님의 미래적인 임재도 그의 죽으심 이전에 약속이 주어진다(14:25-31, 15:1-11). 게

다가 요한복음에는 부활 때문에 초래될 보다 큰 통찰의 반복된 지식들이 들어 있다(2:17-22, 12:16, 14:25, 20:9). 독자들에 대한 이러한 경고 때문에 요한복음은 예수님의 이야기와 신자들의 이야기 사이의 거리가 붕괴되지 않는다. 예수님의 시간과 신자들의 시간 사이에서 오는 차이에 대한 분명한 인식이 있다(14:15-30, 16:7-15, 19-28, 31-33). 하지만 "지금"이라는 실제가 "그때에"라는 나레이션(이야기)에 스며든다. 예수님에 의해 실현된 표적은 교회의 표적으로서 인식된다. 예수님이 직면한 갈등이 공동체가 직면하는 갈등이다(9:22, 12:42). "세상이 너희를 미워하면 너희보다 먼저 나를 미워한 줄을 알라(15:18).

둘째로 요한복음은 성례적인 복음이다. 발을 씻는 행동(13:1-14) 이외에 제도와 관련된 기사들이 보이지 않는다. 하지만 요한복음 안에는 유대인이나 그리스도인 공동체가 절기에 관한 매력을 갖고 있다는 것을 보여주는 의전적인 전통 의식이 상당히 들어 있다. 요한복음은 교회의 성례가 어떻게 예수님의 표적 속에 뿌리내리고 있는 것과 더 깊은 차원에서 예수님이 바로 그 표적이라는 것을 보여준다. 요한복음의 성례적인 특징이 논쟁이 된다. 그러나 본래의 저자에 의해서든 후대의 편집자에 의해서든 간에 현재 주어진 요한복음의 본문은 세례(3:5, 7:37-39, 19:34)나 성찬(6:35-58)과 같은 언어들을 분명히 갖고 있다.

셋째로 요한복음의 종말론은 실현된 종말론이 우세하다. 요한복음의 성례적인 특징과 더불어 이러한 모습은 요한복음의 교회론적인 초점에 관한 또 다른 측면을 보여준다. 요한복음에는 부활과 심판(5:28-29, 11:24)에 대한 미래적인 기대감이 담겨 있는 중요한 진술들이 있다. 그러나 요한복음의 주요한 강조는 종말의 시간은 현재적인 실재라는 것이다. 요한복음은 믿음의 공동체들에게 "때가 오나니 곧 이때라"(4:23, 5:25)고 말한다. 하지만 이러한 관점은 질적인 것을 요구한다. 요한복음은 신자들이 지금 하늘의 삶을 살고 있다고 말하지는 않지만, 생명의 시여와 세상의 결정적인 심판이 예수님의 오심 속에서 발생했다고 말한다. 예수님은 "부활이요 생명이다"(11:25-27). 그런 점에서 예수님을 믿는 사람들은 하나님의 자녀라고 불리어진다(1:12). 그들은 영원한 생명을 소유하게 된다(3:18-21). "영생은 곧 유일하신 참 하나님과 그의 보내신 자 예수 그리스도를 아는 것이니이다"(17:3).

넷째로 예수님에 대한 요한복음의 설명은 문자적이기보다는 상징적이다. 이

전의 세 가지 관점이 이 마지막 관점 속에서 정점을 이룬다. 이 관점은 보다 조심스러운 연구를 필요로 한다. 요한의 기독교에 관한 보다 심층적인 설명이 뒤따라야 한다. 예수님에 관한 요한의 설명은 종종 "순진한 가현설"의 모습을 갖고 있다고들 말한다. 즉 예수님이 인간이 되시었다고 말하지만, 실제로 예수님은 그런 인간의 모습으로 나타나시지 않는다. 어떤 사람들은 요한복음이 예수님의 인간성을 상실하기까지는 아니했다 할지라도, 축소하여 계시자로서의 예수님만을 강조하고 있다고 주장한다. 예를 들어 마가복음에서 예수님은 요한복음과는 대조되어 분명히 고통을 당하시는 예수님이시며, 이 세상의 모습을 더욱 가지신 분으로 나타난다.

그러나 그러한 대조는 역전이 된다고 할 것이다. 예수님은 마가복음에서의 인간됨과 서로 다르지 않다. 상이한 상징들 속에서도 요한복음에서의 예수님은 마가복음에서의 예수님과 동떨어지지 않다. 사실상 전통적인 그리스도인 경건주의자들은 요한복음에서 학자들이 종종 놓치는 것을 본다. 예수님은 "하나님의 말씀"이시지만, 그는 역시 인간이 되시었다(1:14). 요한은 많은 점에서 가장 인간적인 예수님의 모습을 그리고 있다. 예수님은 피곤해 하셨고(4:6), 분노를 느끼셨다(12:27, 13:21). 그의 전존재는 나사로의 죽음으로 인해 마음 아파 하셨고, 우시기까지 하셨다(11:33 - 35). 예수님도 그의 마음을 바꾸셨다(7:1 - 10). 예수님은 실제적 장소에서 실제의 사람들과 대화를 나누셨다. 예를 들어 니고데모와의 대화(3:1 - 13), 사마리아 여인과의 대화(4:7 - 26), 절름발이와의 대화(5:2 - 9), 눈먼 자와의 대화(9:35 - 38), 제자들과의 대화(1:38 - 51, 4:31 - 38, 6:66 - 71, 9:1 - 5, 11:1 - 16, 13:31 - 14:31) 등이 있다. 대적자들과의 그의 대화는 잘 만들어진 일방적인 이야기로서 재빨리 마쳐지는 것이 아니라, 상당히 열정적으로 확장이 된다(6:41 - 65, 7:14 - 36, 8:12 - 58, 10:22 - 39). 이 예수님은 인간의 기쁨을 위해 기적을 행하시기도 하셨고(2:1 - 11), 성가시다는 표현도 보여주시며(2:4, 6:26, 7:6 - 8, 8:25), 그리고 의심도 하시며, 아울러 적극적인 인간의 응답을 요구하신다(6:66 - 71). 예수님도 친구를 가지신 것(11:1 - 12:9)으로서 묘사된다. 그는 다른 제자들보다 더 좋아하는 제자를 가지셨다(13:23, 19:26, 20:2, 21:20). 그는 시몬에게 세 번씩이나 "네가 나를 이들보다 사랑하느냐?"라고 물으셨다(21:15 - 17). 그리고 그를 따르는 모든 사람들이 그의 친구가 될 것을 요청하셨다(15:13 - 15).

그렇다면 "그 사람이 말하는 것처럼 말한 사람은 이때까지 없었나이다" (7:46)와 같은 인간 이상의 예수님을 보여주는 또 다른 측면의 예수님의 기독론은 어떻게 설명하겠는가? 무엇보다도 이러한 측면은 요한복음의 이야기의 신학적인 본질과 문학적인 표현의 기능이다. 공관복음에서 함축적으로 표현되어 있는 말들이 요한복음에서는 표면적으로 나타난다. 인간과 하나님의 관계성의 전체 드라마가 요한복음에서 전개되고 있고, 예수님은 그 이야기의 중심되는 인물이 된다. 요한복음은 모든 복음서 중에서 가장 그리스도 중심적이며, 그 때문에 예수님은 문자적인 모습보다는 더욱더 상징적인 모습으로 나타나신다.

예수님은 하나님 아버지를 이 세상에 "설명해 주시는"(1,18) 분이시다. 세상을 향해 항상 은밀히 계시는 하나님을 요한복음은 예수님의 모습을 통해, 특별한 시공간 속에서, 표면적으로 나타내신다. 그러므로 예수님에 대한 인간의 반응은 하나님에 대한 인간의 보편적 응답을 나타내는 것이다. 요한복음은 예수님의 자격을 하나님을 나타내는 것이라고 분명히 말하고, 인간의 결정으로 인해 오는 그 결과를 설명한다. 곧 예수님께 대한 의탁은 생명과 빛 그리고 진리에 대한 선택이 되는 것이다. 한 마디로 하나님을 위한 선택이 되는 것이다. 반면에 예수님께 대한 적대는 어두움을 위해 빛에 대항하는 선택이고 거짓을 위해 진리에 대항하는 선택이며, 죽음을 위해 생명을 대적하는 선택이다. 간단히 말해서 이는 자기를 위해 하나님을 대적하는 것이다. 이러한 분명한 기능 때문에 예수님은 항상 그 자신을 넘어 그가 나타내시는 분(하나님)을 가리키신다. 모든 기독교 신학은 예수님의 이야기 속에 함축되어 있는 것을 분명히 설명해 주는 것이다. 요한복음은 확실히 신학적이다. 하지만 그것은 나레이터의 신학이다. 요한은 예수님의 이야기를 다시금 말함으로써 그 이야기에 담겨있는 의미를 더 깊게 공명시키고 있는 것이다.

요한복음의 문체와 구조

요한복음은 스타일상으로는 단순하고 상징적으로는 복잡하다. 정확하고 분명한 "초등학교적"인 헬라어는 꾸밈이 거의 없어서 요한복음서의 문학적 기술의 교묘함을 쉽게 놓칠 수 있게 한다. 다음의 요지는 요한복음이 보여주는 그 기교를 설명하는 것이다.

아이러니는 요한복음이 즐겨 사용하는 문학적 기술이다. 독자들은 나레이터의 인물 그 이상의 것을 안다. 그리고 상당히 다른 차원에서 그들 인물들의 말이나 행동을 이해한다. 각 인물들은 그들 자신의 의도를 훨씬 넘어서 진리를 설명하는 하나의 선이 된다. 예를 들어 가야바가 "예수님이 모든 사람들을 위해서 죽어야만 한다"(11:50)고 선언했을 때나 사람들이 "우리에게 가이사 외에 왕이 없나이다"(19:15)라고 소리침으로써 빌라도의 예수님에 대한 왕위 즉위식(일종의 조롱)에 반응했던 것처럼 말이다. 분명히 평범한 표현이 보다 깊은 의미를 갖는다. 제자들이 처음 예수님을 만났을 때, 그들은 "랍비여 어디 계시오니이까?"라고 물었다. 그때 예수님은 "와서 보라"(1:38-39)고 말씀하신다. 우리는 오직 나중에 "예수님의 계심"에 관한 함축적인 의미를 깨닫게 된다. 그러므로 "들려올려지다"(hypsoo)라는 표현은 예수님의 십자가의 죽으심과 영광스러운 높임받으심(3:14, 8:28, 12:32-34) 둘다를 나타내는 것이다. 심지어 "표적", "시간", "영광" 그리고 "진리"와 같은 단일한 말도 요한복음의 이야기 속에서 몇 가지 단계의 의미를 내포하고 있는 것이다. 마치 빌라도가 그 앞에 서있는 분(독자들이 처음부터 은혜와 진리로 충만하신 분이시라는 것을 아는 분 그리고 진리를 증거하기 위해서 오셨다고 빌라도에게 말했던 분)에게 "진리가 무엇이냐?"고 물었을 때처럼(18:37-38) 말이다.

요한복음의 대화들은 아이러니컬하게 형성되어 있다. 독자들에게 평이하게 설명되는 예수님의 행동과 말씀이 예수님의 대화의 파트너로 나온 인물에 의해 오해되어진다. 이에 예수님은 설명을 더하신다. 하지만 예수님이 더욱더 설명을 하면 할수록 오해가 더욱더 깊어진다. 물론 독자들은 이러한 전과정을 즐긴다. 공동체의 안쪽에 있는 사람들은 예수님의 말씀을 분명히 이해한다. 하지만 공동체의 바깥에 있는 사람들은 그 말씀을 이해하지 못한다. 유대 선생인 니고데모는 "하나님으로부터 온 사람"(3:2)에게 피상적으로 매력을 느껴 예수님에게 접근해 온다. 그때에 예수님은 하나님의 나라는 다시 태어나지(anothen) 않으면 들어갈 수 없다고 니고데모에게 말해준다. "태어나지"라는 부사는—문맥에 의존하지만—"다시" 또는 "위로부터", 어떤 때는 그 둘다를 의미한다. 하지만 니고데모는 그 단어를 문자적인 형태로 받아들이고, "사람이 늙으면 어떻게 날 수 있삽나이까 두번째 모태에서 들어갔다가 날 수 있삽나이까"(3:4)라고 묻는다. 그는 여기서 자신이 위로부터 있는 사람이 아니라 아래로부터 있는 사람임을 보여준다

(3:6-8). 그러나 믿음의 공동체는 그 말씀을 안다(3:11). 니고데모와의 대화는 불현듯 독백형식이 된다. 처음에는 예수님에 의한 독백(3:10-15)이 되더니 나중에는 필자에 의한 독백이 된다. 그 독백은 믿음의 공동체에 관한 보다 정확한 지식을 설명해 준다.

마찬가지로 예수님은 사마리아 여인에게 만약 그가 누구신지를 알았더라면 그에게 생수를 달라고 하였을 것이라(4:10)고 말한다. 하지만 그녀는 우물이 깊고 물길을 그릇도 예수님이 갖고 계시지 않음에 상당히 당황해한다(4:11-12). 그녀는 예수님이 완전히 다른 종류의 물(4:13-14)을 의미한다는 것을 이해하지 못한다. 그러나 독자들은 이미 다 안다. 예수님은 그의 대적자들에게 그가 가는 곳으로 그들은 오지 못할 것이라고 말씀하신다(7:33, 8:21). 그러나 독자들은 예수님이 하나님 아버지께로 가시고 사람들이 그를 믿지 않는다면, 그들은 그곳에 갈 수 없다는 것을 안다(14:28). 그 대화는 독자들을 그 공동체가 적대적인 환경에 대항하여 스스로 규정하는 그 과정으로 불러들인다. 예수님은 "위로부터"라고 말씀하셨고, "예수님을 영접하고 그의 이름을 믿는 사람들을 제외한 모든 사람들은 그를 오해한다"(1:12). 그러므로 외부로부터 오는 적대에 직면한 공동체는 복음서의 암호화된 말씀 속에서 그 확신의 강화를 발견하게 된다.

요한복음의 거의 모든 것들은 이름(1:42, 47, 9:7)과 숫자(2:1, 6, 6:13, 70, 21:11)를 포함하여 상징적인 가치가 있다. 각각의 사람들은 여타의 부류들을 대표한다. 니고데모는 유대의 모든 선생들을 대표하고 마르다는 모든 신자들을 대표하며, 도마는 모든 의심꾼들을 대표한다. 이러한 대표 기능은, 마치 예수님의 대표되는 기능이 그의 모습을 어떤 인공적인 꾸밈을 주는 것처럼, 요한 드라마의 축적된 특징을 설명해준다. 각 개인들의 상징적인 역할은 요한복음에서 "유대인"들의 경우에 있어서 가장 두드러진다. 요한복음은 1세기 유대인들과의 구분을 전혀 무너뜨리지 않는다. 요한복음에서 바리새인이라는 용어는 누가복음에서보다 7번이나 더 적게 나온다. 하지만 요한복음의 주된 경향은 모든 유대인들을 함께 그룹지우는 것이다. "유대인"(ioudaios)이라는 용어는 누가복음에 비해 약 7배나 사용된다. 그러므로 주어진 인상은 모든 유대인들이 모두가 구분없이 예수님을 적대했다는 것이다. 결과적으로 "구원이 유대인으로부터 나온다"(4:22)는 분명한 진술에도 불구하고, 또한 예수님이 그의 동료 유대인들과 함께 하는 한 유대인으로서 표현된다는 사실에도 불구하고(8:12-58), 요한복음은 종종 반(反) 유대주의로(anti-semitic) 간주된다. 그러나 복음서 이야기에 나오는 유대인들은 복음서 이야기에 나오는 예수님처럼 상징적인 기능을 갖는다. 즉 하나님이 이 세상을 어떻게 하실 것인지를 예수님이 보여주셨을 때에 그 이야기에 나오는 유대인들은 자신의 이익을 좇아 하나님의 진리를 거부하는 모든 인간의 경향을 대표하는 것이다. 요한은 예수님과 유대인들을 역사로부터 전혀 떠나 있게 하지 않는다. 오히려 그는 묘사된 이야기들이 과거의 사건 이상의 어떤 역사적인 것을 말해주는 것으로 복음서에서 도출시킨다.

유대교와의 요한 상징의 공동적인 관계는 유대절기의 사용에 의해서 예증되어진다. 요한복음서의 이야기는 예수님을 유월절(2:13, 6:4, 12:12), 초막절(7:1-10) 그리고 수전절(10:22)과 관련해서 둔다. 요한복음서는 이러한 절기들과 관련지어서 상징들을 적절히 둔다. 그리고 그 상징들을 예수님에게 적용시킨다. 그러므로 예수님은 유대교의 거룩한 시공간을 의인화하시고 있는 것이다(1:51을 보라). 그는 죽임당한 어린 양이시요(1:29, 36, 19:36), 유월절의 산떡이시요(6:32-51), 생수시요(7:37-39), 세상의 빛이시요(8:12, 9:4-5), 하나님의 영광이 거하시는 곳이요(1:14), 그의 몸은 새로운 성전이시다(2:21).

구조적으로 요한복음은 네 가지의 주요한 부분을 갖는다. 서언은(1:1-18) 이야기의 주요한 주제를 말하고 그 형태를 스케치한다. 이적의 책(1:19-12:50)—본래의 결론은 20:30-31이라고 종종 고려된다—은 서언의 전제("빛이 어두움에 비춰되 어두움이 깨닫지 못하더라")를 드라마틱하게 만든다. 영광의 책은(13:1-20:31)은 "영접하는 자 곧 하나님의 이름을 믿는 자들이 어떻게 하나님의 자녀가 되는가"를 보여준다. 그것은 두 가지의 하부구조를 갖는다. 즉 그의 가르침을 통한 제자들에게로의 예수님의 영광의 계시(13:1-17:26) 그리고 그의 죽음과 부활을 통한 예수님의 영광의 계시(18:1-20:31)이다. 부록(21:1-25)은 독자들에게 베드로가 예수님에 대한 배신 이후에 다시금 어떻게 회복되었는가와 예수님이 사랑받는 제자의 죽음을 어떻게 해석하였는가를 보여준다.

또 다른 관점으로 보면 복음서의 구조는 그리스도 중심적이다. 즉 이야기는 항상 예수님의 모습의 주변을 돈다. 부수적인 플롯 전개는 다른 복음서보다 훨씬 덜한 중요성을 갖는다. 요한복음서에는 긴장이나 놀람이 없고 오직 아이러니가 있다. 교부 작가들은 요한복음을 독수리의 모습과 비교한다. 목표의 주변을 맴도는 새처럼 이 복음 전도자는 예수님의 모습의 안과 밖의 범주를 묘사한다. 그러므로 요한복음에서 독자들은 중심을 향하는 일련의 바퀴살의 모습을 보게 된다.

표적의 책: 메시아의 행위
서언(1:1-18)

토라의 특징은 도입 부분이 족보로 시작된다는 것이다. 마태복음과 누가복음은 예수님의 기원을 아브라함(마태복음) 심지어 아담(누가복음)으로까지 거슬러 올라가는 유년 기사로 시작된다. 요한복음에서의 서언은 예수님의 이야기를 하나님의 품(1:1)에서부터 시작한다. 예수님은 이 세상의 절대적인 시작과 기원이 되신다. 그는 바로 하나님이시다. 이러한 서언은 일련의 운율적인 절로 구성되어 있다. 그들 중 어떤 것은 형태에 있어서 대구적이다. 그 시는 두 번에 걸쳐 세례 요한을 다루는 산문에 의해 방해를 받는다(1:6-8, 15). 서언의 순환적인 형태(말씀은 하나님으로부터 와서, 육신과 함께 거하시다가, 하나님께로 돌아간다)는 전체 복음서의 주요한 공간적 움직임을 보여준다. 즉 강하와 상승이다. 서언의 문학적인 전례는 영지주의적 찬송보다는 지혜서와 관련된 성경적인 전통(잠 8:22-31, 지혜서 7:22-8:1)에 보다 가깝다. 이러한 사용은 예수님을 만나는 것은 하나님을 만나는 것을 의미한다는 확신을 표현하는 신약성경의 다른 곳에서도 두드러진다(골 1:15-20, 히 1:1-3).

이 서언은 많은 복음서의 주제를 미리 예상케 해준다. 우리는 말씀(logos)이 빛(phos, 참조 3:19-21, 8:12, 9:5, 11:9-10, 12:35, 36, 46)과 생명(zoe, 참조 3:15-16, 36, 4:14, 36, 5:24, 26, 29, 39, 40, 6:27, 8:12, 10:10, 28, 11:25, 12:25, 50, 14:6, 17:2, 20:31)을 낳았다는 것을 발견하게 된다. 빛과 생명은 하나님의 존재를 위한 주요한 은유가 된다. 우리는 역시 "비추이되 깨닫지 못하는" 어둠과 빛이 충돌하고(1:5) 있다는 사실을 보게 된다. 세례요한의 증거(1:7) 속에 이 세상에서의 예수님의 사명을 우리는 예상하게끔 된다(2:25, 3:11, 4:44, 5:31, 18:37). 예수님은 세상에 오는(1:9, 참조 1:15, 30, 3:8, 19, 31, 4:25, 5:43, 8:14, 14:3) 빛이시다. 그는 진리(aletheia, 1:14, 참조 3:21, 4:23-24, 5:33, 8:32, 14:6, 17, 15:26, 16:7, 13, 17:17, 19, 18:37)이시다. 인간의 가식에 근거한 모든 위조적인 형태에 대하여 예수님은 하나님의 선물에 근거한 "참된" 생명이시다(참조 3:33, 4:18, 5:31-32,

6:55, 7:18, 8:13-14, 17, 26, 10:41, 19:35, 21:24). 서언 속에서 우리는 역시 예수님을 아는 것을 거부하는 이 세상에 속한 사람들과(1:10, 참조 1:50, 2:24-25, 5:42, 6:15, 70, 8:28, 32, 55, 10:14, 38, 14:7, 16:3, 17:3) 예수님을 바라보고 영접하는 사람들(1:14, 참조 2:23, 4:19, 6:2, 40, 62, 7:3, 12:45, 14:17, 19, 16:10, 17:24) 간의 대조를 발견하게 된다. 그들의 참된 통찰은 예수님이 하나님의 독생하신 아들이시라는 것이다(1:14, 18, 참조 3:16-18). 서언에 나오는 두번째 대조는 토라(nomos, 1:17, 참조 1:45, 7:19, 23, 49, 8:17, 10:34, 12:34, 15:25, 18:31, 19:7)와 모세(1:17, 참조 1:45, 3:14, 5:45-46, 6:32, 7:19, 22-23, 8:5, 9:28-29)의 모습 속에서 부분적으로 발견될 수 있는 것과 예수님의 충만, 즉 하나님의 선물(복음서에서 100번 이상 나옴)로 지칭되는 "은혜와 진리"(1:14, 16, 17) 속에서 깨닫는 것에서 오는 대조이다. 예수님은 하나님의 영광이 거하시는 그의 육체 속에서 하나님을 나타내신다(1:14, 6:51-63).

요한복음서의 이야기 속에서 아직 발견되지 않은 서언의 한 요소는 예수님에 대해 사용된 "말씀"(로고스)이라는 용어이다. 이 경우에 서언은 예수님의 행위와 말씀의 배후에 놓여 있는 끊임없는 가정에 대한 분명한 표명을 준다. 그는 하나님의 말씀의 도성인신하신 분으로서 말씀하시고 행동하신다. 말이 사상에 대한 몸이 되듯이 예수님은 하나님의 보이지 않는 능력과 임재의 보이는 표명인 것이다.

서언의 마지막 말은 요한복음의 이야기 속에 나오는 예수님의 문자적 신학적 기능을 요약한다. "본래 하나님을 본 사람이 없으되 아버지 품속에 있는 독생하신 하나님이 나타내셨느니라"(1:18) "자신을 나타내셨다"(exegesato)는 헬라어 구절은 계시와 해석의 의미를 지닌다. 그것은 문자적인 의미에 있어서, 탈출을 암시한다. 예수님은 하나님의 임재의 장막(1:14)이시다. 모세는 율법을 드러낼 수 있지만 하나님의 은혜와 진리는 드러내지 못한다. 모세는 약속의 땅으로 인도할 수는 있지만 아버지의 품속은 오직 예수님만이 인도하신다. 왜냐하면 오직 그분만이 그곳에서 왔기 때문이다. 요한복음의 모든 것은 명백히 높은 구조를 전제로 한다. 마가복음과는 대조되어 "외부자들"을 제외하고는 요한의 이야기 속에는 "비밀"이 없다. 놀라울 정도로 그 신비가 분명히 표명된다.

예수님과 세례 요한

복음전도자의 서술은 세례 요한의 묘사로 나아간다. 우리는 이 기사에서 세례요한이 한동안 예수님과 라이벌이 될 정도로(1:19, 3:22-26, 4:1) 많은 제자들을 가진 독립적이며 중요한 선지자라는 것을 추측할 수 있다. 요한복음은 그가 "하나님으로부터 보냄받은 자"(1:6)이며 또한 예수님을 섬기는 자라는 것을 보여준다.

서언에서 산문으로 끼어든 세례 요한의 이야기는 두 가지의 목적을 나타내 보인다. 세례 요한은 빛에 대한 증거자이지 빛이 아니라는 것이다(1:6-8). 그의 전체 증거는 그 뒤에 오시는 더 위대하신 분을 위한 것이다. 그런 상관관계성은 요한 자신의 입으로 하는 말이기 때문에 더욱더 신빙성이 있다. 그는 서언에서의 신비스러운 희미함 속에서 빠져나와, 요한복음 1:19에서 요단강의 밝은 터로 나온다. 세례 요한은 영원한 말씀과 이 땅에서의 예수님과의 교각 역할을 담당한다. 예수님이 요한에 의해서 세례를 받는 것에 어떤 문제가 있는가? 요한복음에서는 그렇지 않다. 왜냐하면 요한복음에는 예수님이 세례를 받는 장면이 나오지 않는다. 요한은 오직 "이는 내 아들이니라"(1:31-34)는 성령의 하강만을 증거한다.

세례 요한은 두 번이나 자신이 그리스도임을 부인하며, 매번 공관복음의 전통을 생각하는 진술로 결론을 맺는다(1:19-23, 24-27). 세번째로 그는 결코 메시아가 될 수 없음을 군중들에게 상기시킨다(3:28). 요한은 증인의 역할을 아주 완벽하게 행한다. 그는 예수를 가리켜 "하나님의 어린 양"(1:29, 36)이라고 말한다. 그는 자신의 제자들에게 다른 이를 좇아가도 좋다고 허락한다(1:37). 그는 자신을 신랑의 음성을 듣고 기뻐하는(3:29) "신랑의 친구"로 규정한다. 그는 자신의 역할은 작아져야 하고 예수님의 역할은 커져야 한다는 것을 알고 있다(3:30).

이 묘사 속에는 우연적인 것이 하나도 없다. 예수님은 세례 요한에 대해 나중에 이렇게 평가하신다. "요한은 켜서 비취는 등불이라 너희가 일시 그 빛에 즐거이 있기를 원하였거니와 내게는 요한의 증거보다 더 큰 증거가 있으니 아버지께서 내게 주사 이루게 하시는 역사 곧 나의 그 하는 역사가 아버지께서 나를 보내신 것을 나를 위하여 증거하는 것이요"(5:35-36). 그 어떤 지도자도 영원한 빛에 대한 깜박이는 등불로 비유된 적이 없었다. 그러나 그 어떤 전도자도 밤에 다가온 니고데모를 갖지 못했고(3:2), 밤에 떠난 가롯 유다를 갖지 못했으며, 자신의 주인이 고난 중에 있는 동안에 숯불에 서서 손을 데피는 베드로를 갖지 못했다(18:18, 마가복음 14:54,67도 역시 보라).

예수님의 이름(1:29 - 51)

공관복음처럼 예수님의 사역은 제자들을 모으는 것으로 시작된다. 그들 중에 두 사람은 처음에는 세례 요한의 제자들이었다(1:35 - 40). 요한복음서에서의 그 과정은 공관복음서의 과정보다 상당히 복잡하다. 먼저 요한복음서에서 예수님이 제자들을 모으는 그 과정은 일련의 질문과 대답이 있는 행위에 집중되어 있다. 그러한 기술은 예수님과 제자들 간의 마지막 만찬에서 다시 사용된다(13:36 - 14:22). 두번째로 제자들을 부르시는 행위는 이름을 할당해주는 과정과 관련이 있다. 우리는 이미 무리들이 세례 요한의 이름을 무어라고 불러야 할지를 찾는 모습을 보았다. 그는 메시아인가, 엘리아인가, 선지자인가? 아니다. 요한은 자신이 단지 소리에 불과하다(1:19 - 23)고 말했다. 이제 예수님을 만난 사람들은 공관복음에서 우리가 발견할 수 있는 일련의 타이틀을 그에게 준다. 심지어 "비밀"에 붙여진 말도 그에게 주어진다. 세례 요한은 예수님을 "세상죄를 지고 가는 하나님의 어린 양"(1:29, 36)이라고 부름으로써 시작한다. 이것은 요한의 이야기 속에서 예수님에게 주어진 첫번째 칭호이다. 그러한 이미지는 예수님의 죽으심 속에서 나타난다(1:31 - 37). 요한은 역시 예수님을 하나님의 아들(또는 변화된 형태로서 하나님의 선택된 자, 1:34)이라고 불렀다.

요한복음에서 중요한 역할을 감당했던 세례 요한의 두 제자들은 처음에 예수님을 랍비(1:38)라고 불렀다. 그 다음에 안드레는 그를 메시아라고 불렀고(1:41), 빌립은 "모세가 율법에 기록하였고 여러 선지자가 기록한 그이"라고 불렀다. 마지막으로 나다나엘은 예수님을 "하나님의 아들이시요, 이스라엘의 임금"이라고 불렀다(1:49). 성경적인 전통에 따르면 이름을 짓는 것은 권세의 시효를 나타내는 것이다. 그것은 곧 그 사람에 대한 지배를 알리는 것이다. 그러나 요한의 전개 속에서 제자들이 예수님의 이름을 부르는 것을 시도했을 때에 그들은 예수님의 권세 아래 있게 되었다. 그들은 곧 그의 제자가 된 것이다. 사실상 예수님은 이름을 짓는 과정을 역전시킨 것이다. 한편 예수님은 요한의 아들 시몬에게 그가 게바가 되었음(그것은 베드로를 의미한다, 1:42, 참조 마 16:18)을 말한다. 그리고 예수님은 나다나엘을 "참 이스라엘 사람이요, 그 속에 간사한 것이 없는 자"(1:47)라고 명명하셨다.

다른 사람들에 의해 만들어진 예수님의 신분은 부정확하지는 않지만 불충분하다고 말하는 것이 요한의 이야기에서 적절할 것이다. 예수님만이 오직 충분하게 그 이름을 지을 수 있는 것이다. 그는 나다나엘에게 자신의 신분을 이렇게 밝히셨다. "진실로 진실로 너희에게 이르노니 하늘이 열리고 하나님의 사자들이 인자 위에 오르락 내리락 하는 것을 보리라"(1:51). 이속에는 여러 가지의 공통된 칭호가 나온다. 이는 창세기 28:12 - 17에서 야곱의 꿈에서 나타나는 의도적인 암시를 보여준다. 야곱은 천사들이 하늘을 오르락 내리락 하는 것을 보고 이렇게 결론지었다. "이는 하나님의 전이요 이는 하늘의 문이로다"(창 28:17). 이런 교묘한 암시 속에서 요한은 예수님을 바로 인간들이 하나님을 만나는 거룩한 장소로서, 하나님으로부터 내려와서 하나님께로 돌아가신 분으로서, 하나님께 나아갈 수 있는 유일한 분으로서(10:7 참조) 예수님이 스스로 밝히시게 만든다.

새로운 창조

요한복음은 창세기에 대한 또 다른 암시와 서언에서부터 가나의 혼인잔치에 이르는 이야기의 연결에서도 또 다른 관점을 보여준다. "태초에"(1:1)라는 서언의 첫번째 단어 속에는 의도적으로 창세기 1:1의 시작을 회상케 만든다. 말씀이 "첫날"의 창조시에 나타나서 역사했다. 이어지는 사건들은 분명히 우연적인 날짜를 가리키는 것일 것이다. 즉 "이튿날"(1:29), "이튿날"(1:35), "이튿날"(1:43) 등을 다합치면 이것은 4일간을 가리키게 된다.

그런데 가나에서의 혼인잔치는 "사흘 되던 날"(2:1)에 있었다. 우리가 알듯이 그 혼인 잔치에서 예수님은 자연적인 물질(물)을 새로운 창조(포도주)로 변형시키셨다. 여기서 역사한 것은 단순한 생명(bios)이 아니라 하나님의 능력인 생명(zoe)인 것이다.

요한의 상징주의는 전혀 일차원적이 아니다. "사흘 되던 날에"라는 구절은 기독교 독자들에게 "사흘째 되던 날의" 부활을 생각나게 만든다. 그것은 신자들로 하여금 예수 안에서 역사한 부활의 능력을 감지하게 만든다. "나는 부활이요 생명이니"(11:25). 기독교 독자들은 그 물이 포도주로 변화되었다는 것에서 그것은 곧 어린 양의 피와 예수님의 기념 속에서 오는 새로운 부활을 상징한다는 것을 쉽게 알 수 있게 된다. 아주 예민한 독자들은 사흘째 되던 날이 일곱이 되는 한 주간을 채우고 있음을 인지할 것이다. 예수 안에서 새로운 창조의 능력이 역사하고 있으며, 예수님 자신이 말씀으로 만드신 이 세상을 부정한 것이 아니라 변화시키신 것이다. 어느 독자들도 이 기적의 의미를 간과하지 못하도록 복음전도자는 2:11에 이렇게 결론을 맺는다.

> 예수께서 이 처음 표적을 갈릴리 가나에서 행하여 그 영광을 나타내시매 제자들이 그를 믿으니라

예수님의 말씀과 행동 속에서 복음서의 독자들은(가나에서의 제자들처럼) "말씀이 육신이 되신 분"이 그 "영광" 즉 하나님의 능력"을 나타내고 있음을 알게 된다(1:14). 예수님의 모든 행위는 그 행위 자체를 넘어, 심지어 예수님 자신을 넘어 이 세상에서의 하나님의 임재를 가리키는 표적이 된다.

메시아의 표적

예수님의 표적은 하나님의 임재를 드러내는 것이며 믿음으로 인도한다(2:11, 20:30-31). 요한복음은 예수님이 행하신 일곱 가지 표적을 묘사하고 있는데, 이는 새 창조의 일곱 날과 일치하는 것이다. 그 일곱 가지의 표적은 가나에서의 혼인잔치(2:1-11), 공직자의 아들의 치유(두번째 표적, 4:46-53), 중풍병자의 치유(5:2-9), 떡의 증폭(6:1-13, "사람들이 그 표적을 보았을 때", 6:14), 물위로 걸으심(6:16-21), 태어나기 전부터 눈먼 사람에 대한 치유(9:1-12), 그리고 죽음에서 나사로를 일으키심(11:17-44)을 말한다.

후대에 성례 신학에 사용된 아리스토텔레스의 범주를 빌린다면 모든 표적들은 질료와 형상으로 되어 있다. 그들의 질료는 물(가나, 물위를 걸으심), 떡(증폭), 빛(눈먼자), 생명(공직자의 아들, 나사로) 등이 된다. 그리고 그들의 형상은 그 행동의 의미를 설명하는 예수님의 말씀이 된다. 예수님은 "생수"(4:10)이

시요, "생명의 떡"(6:35)이시요, "세상의 빛"이시요(8:12), "부활이요 생명"(11:25)이 되신다. 그러한 표적들은 예수님을 가리키고, 예수님은 이 세상에서의 하나님의 임재를 가리킨다.

하지만 그러한 표적들이 믿음으로 이끈다는 20:30−31의 분명한 확신에도 불구하고 요한의 기사는 표적에 대해 애매한 입장을 보여준다. 표적은 분명 신자들에게 신앙을 확증시켜준다(2:11, 20:30). 하지만 다른 때에는 표적이 아니라 예수님의 말씀이 바로 헌신으로 이끈다. "주여 영생의 말씀이 계시오매 우리가 어디로 가리이까?"(6:68, 참조 11:27, 4:48과의 대조를 비교해 보라). 한편으로 믿음이 없는 사람들에게서 예수님의 표적은 확신과 확증이 되지 못한다. 주님이 예언자적으로 성전을 깨끗이 하였을 때에 그의 대적자들은 "네가 무슨 표적을 갖고 있느냐?"(2:18)라고 물었다. 주님이 떡을 많이 증폭시켰을 때에 군중들은 "우리로 보고 당신을 믿게 하시는 표적이 무엇이니이까?"(6:30)라고 외친다. 베다니의 나사로를 죽음에서 일으키신 후에 떼지어 몰려왔던 군중들(12:18)이나 니고데모(3:2)에게서도 예수님의 표적은 거룩한 사람이나 마술사의 특별한 증거밖에 되지 못했다. 광야에 모인 군중들에게서 음식의 증폭은 표적으로서가 아니라 만족의 수단에 지나지 않았다. "내가 진실로 진실로 너희에게 이르노니 너희가 나를 찾는 것은 표적을 본 까닭이 아니요 떡을 먹고 배부른 까닭이로다"(6:26).

표적 자체가 매력을 주어 피상적인 동의(2:23 참조)로 이끌게 할지는 몰라도 표적이 믿음의 충만한 의탁으로 인도하지는 못한다. 이것이 예수님의 공생애의 말경(12:37−43)에 분명하게 나타난다. 요한복음의 전도자는 독자들에게 예수님의 모든 표적은 예수님에 대한 믿음으로 이끌지 못한다는 것을 말한다(12:37). 예수님의 비유와 관련한 인식의 부족을 설명하는 마가처럼, 요한은 이사야로부터 두 가지 인용을 들어 복음의 거부를 설명한다. 이사야 53:1은 사람들이 믿지 않는 고난받는 종으로서 예수님을 일치시킨다(12:38, 참조 롬 10:16). 이사야 6:10에서 우리는 공관복음서(막 4:12, 마 13:14−15, 눅 8:10, 행 28:26−27)에서 광범위하게 사용된 눈멈과 굳은 마음의 사용을 발견하게 된다. 그들은 보지만 참으로 보지 못하고, 듣지만 참으로 듣지 못하는 사람들인 것이다. 우리는 여기서 오직 믿음에 의해서만 풀릴 수 있는 열려진 비밀을 보게 된다. 이사야서의 구절은 성전에서의 하나님의 영광에 관한 선지자의 비전과 예언적인 소명을 말하고 있는 것이다(사 6:1−13). 요한은 독자들에게 "이사야가 이렇게 말한 것은 주의 영광을 보고 주를 가리켜 말한 것이라"(12:41, 참조 8:56-58)는 말씀을 쓰고 있다. 하나님의 임재와 권능은 하나이다. 과거에 하나님의 임재와 권능이 함께 역사했던 것처럼 지금도 예수님 안에서 하나님의 임재와 권능이 "은혜와 진리"(1:14)로 역사하신다. 그런데 하나님의 임재와 권능을 왜 헤아리지 못하는가? 요한은 여기서 doxa의 두 가지 의미를 연출하고 있다. 즉 임재/권능에 대한 "논쟁/의견"을 말하고 있는 것이다. 예수님 안에서 선택에 직면한 그들은 하나님으로부터 오는 영광보다는 인간으로부터 오는 영광을 더욱더 사랑했다(12:40). 그 설명은 신비를 더욱더 깊게 해준다. 그러나 복음전도자는 제자들에 대한 예수님의 개인적인 가르침(13:1-17:26)과 그의 죽으심(18:1-19:42)으로 넘어가기 전에 최후의 선지자적인 소명(12:44-50)과 더불어 예수님의 공개적 사역을 끝맺는다. 우리가 알게 되는 요한복음의 신비는 하나님의 요청이 더욱더 분명해지면 질수록 세상의 배척은 더욱더 극렬해졌다는 것이다.

표적의 책: 예수의 주장

요한복음은 예수님의 신분을 밝히려는 끊임없는 노력을 보여준다. 예수님이 악마나 사마리아인(7:20, 8:48)이라고 비난받은 것을 제외하고는 그에 관해서 언표된 모든 것들은 다소간에 진리적 요소가 들어 있다. 표적의 책 범위 내의 논쟁에서 드러나는 것은 영광의 책 범위 내의 신자들에게서 드러나는 것과 비교해 볼 때 여전히 비유적이다. 공적인 사역의 문맥 하에서 볼 때 예수님의 신분과 관련해서 내적인 범주와 외적인 범주를 볼 수 있다. 나는 여기서 외부자들에 의해서 예수님에 대해 말한 것과 신자들 그리고 예수님이 그 자신에 대해서 말한 것을 다루어 보려고 한다. 이 모든 것들은 전적으로 잘못된 것은 없다. 그러면서도 그 어느 것도 예수님을 거명하는 데 있어서 완전하게 적절하다고는 말할 수 없는 것이다.

외부자들에 의한 예수님의 신분

메시아, 선지자, 그리고 왕과 같은 칭호는 모두 외부자들에 의해서 예수님께 적용된 것이다. 기독교 독자들은 예수님이 그러한 지칭과 관련된 기대감을 충족시키시고 능가하신 방법을 이해한다. 세례 요한은 자신이 표적을 행하지도 않았고(10:42), 메시아라는 칭호를 거부했을지라도(1:20, 25, 3:28), 그가 설교하고 세례를 베푸는(1:25) 일로 인해 메시아적인 기대감을 불러 일으켰다. 나중에 백성들은 예수님이 메시아(4:29)되시는 것과 당국자들이 참으로 예수님이 그리스도인줄 알았는가(1:26)하는 것을 의문시하면서 예수님께 메시아에 대한 기대감을 전이시킨다. 요한은 대중의 메시아적 기대감에 관해 상당한 양을 할애하여 말한다. 군중들은 메시아의 기원은 알지 못할지라도(7:27) 메시아가 베들레헴으로부터 온다는 것은 알고 있다(7:42). 메시아는 모든 것을 드러내실 것이다(4:25). 커다란 이적을 베푸실 것이다(7:31). 영원히 계실 것이다(12:34). 물론 예수님의 대적자들의 눈에는 예수님이 이런 요청들을 전혀 충족시키지 못하는 것으로 보인다. 그러나 나레이터와 독자들은 예수님이 어떻게 그 모든 것들을 드러내시고, 커다란 이적을 베푸시고, 무리들로부터는 감추어진 그의 궁극적인 기원을 가지시고, 영원히 살아 계시는가를 잘안다.

선지자와 왕이라는 칭호는 "모세와 같은 선지자"라는 메시아에 대한 기대감과 특별히 관계된다. 예수님은 선지자로 명명되는데, 왜냐하면 그는 마음을 읽으시고(4:19), 표적을 행하시기(6:14, 9:17) 때문이다. 예수님이 광야에서 모세처럼 떡을 베푸실 때에 사람들은 그를 선지자라고 외치며, 왕으로 삼으려고 하였다(6:15). 유월절 기사에서 예수님의 왕되심의 주제가 분명히 나타난다(18:33-39, 19:12-22를 보라).

신자들에 의한 예수님의 신분

신자들에 의해 사용된 예수님에 대한 전통적인 칭호는 잘못된 것은 아니지만, 예수님의 신분을 확인함에 있어서 보다 깊은 통찰에 의해서 보충될 필요가 있다. 예수님은 그를 믿으러 나아오는 사람들에 의해 메시아라고 불리어진다(1:41, 11:27). 이러한 칭호가 적절하다고 평가되는 것은 예수님과 나레이터에 의해서 그러한 사용이 인증을 받았기 때문이다(17:3). 복음서 저자(나레이터)는 그의 독자들이 예수님은 "그리스도이시요, 하나님의 아들"(20:31)이라는 것을 믿을 수 있게 하도록 글을 쓰고 있다. 하나님의 아들이라는 칭호는 우리가 보는 것처럼 예수님 자신에 의해서 되어진 말이다. 그러므로 그것은 메시아의 전통적인 역할에 관한 내적인 이해를 더해준다. 나다나엘은 역시 예수님을 "하나님의 아들이시요, 이스라엘의 왕"(1:49)이라고 부른다. 또한 세례 요한도 예수님을 하나님의 아들(1:34)이라고 불렀다. 마르다는 확실히 모든 믿는 자들을 대표한다. 왜냐하면 그녀는 "주는 그리스도시요 세상에 오시는 하나님의 아들이신 줄 내가 믿나이다"(11:27)라고 고백했기 때문이다. 그것은 서언에 나타난 것과 (1:9, 14, 17) 충분히 일치하는 말이다.

예수님은 그를 믿으러 나아오는 사마리아인들에 의해 "세상의 구세주"라는 칭호로 불리어지게 된다(4:42). 그는 역시 신자들에 의해 주님(9:38)이라고 불리어진다. 물론 이 칭호는 "주인"이라는 의미로 무차별적으로 사용되지만 말이다. 베드로는 그의 고백에서 예수님을 "하나님의 거룩하신 분"(6:69)으로 부른다. 요한복음은 예수님의 하나님되심(theos)을 말한다. 우리는 서언에서 먼저 그것을 발견할 수 있다. "말씀은 곧 하나님이시니라"(1:1). "아버지 품속에 있는 독생하신 하나님이 나타내셨느니라"(1:18). 그러므로 도마가 예수님의 부활을 보고 "나의 주 나의 하나님"(20:28)이라고 고백하였을 때 이는 나레이터의 관점과 공감되는 것이 있었던 것이다.

예수님에 의한 자기인증

예수님에 관한 가장 분명한 신원은 예수님의 직접적인 말씀 속에서 찾을 수 있을 것이다. 이러한 자신에 관한 언급의 형태가 요한복음의 예수님과 공관복음의 예수님을 구별케 만든다. 표적으로서의 예수님의 행동에 관한 이해 못지 않게 그러한 예수님 자신이 그러한 신원 확인을 밝히는 것은 예수님의 실체에 관한 신자들의 계속되는 생각을 반영해준다. 나는 여기서 "인자"라는 칭호와 "나는 스스로 있는 자다"라는 말 그리고 하나님의 아들되심의 용어에 관한 것들을 살펴보고자 한다.

인자

이 칭호는 공관복음서에서도 매우 자주 발견된다. 특히 예수님의 자기 지칭 속에서 더욱 많이 발견된다. 공관복음에서 이 칭호는 세 가지를 언급할 때 사용된다. 예수님의 현재 사역, 그의 고난, 그리고 "구름타고 오실 때에" 심판자로서의 그의 궁극적인 역할과 관련해서 사용된다. 요한복음에서 단순한 자기 지칭으로서는 딱한번 사용되었는데, 그것은 믿음의 응답을 요청할 때이다. "네가 인자를 믿느냐?"(9:35). 그러나 첫번째로 언급되었을 때처럼 요한복음에서의 인자라는 칭호의 일상적인 사용은 강하와 상승의 형태와 관계되었을 때이다. 예수님은 십자가에서 "들려져야" 하는 분이시다(3:14, 8:28). 그것은 곧 그의 높임이 될 것이다(13:31). 그가 들려 올려질 때, 인자는 모든 사람들이 영생을 얻을 수 있도록 그들을 그에게로 이끌 것이다(12:32-34). 그러나 인자는 역시 이미 "내려오신" 분이시다. 여기서 우리는 요한의 "실현된 종말론"의 예를 볼 수 있다. 전통적인 기대는 종말이 미래에 내려오는 분에 의해서 시작된다고 생각했다. 그러나 요한복음에서 예수님은 하늘로부터 이미 내려오셨고, 그는 "위로부터" 있는 일들을 계시하실 수 있는(3:12, 31, 참조 8:23), 하늘로부터 내려오신, 유일한 분이시다. 그러므로 인자가 들리어졌을 때에 그는 전에 있던 곳으로 돌아가는 것이다(6:62). "이는 아버지를 본 자가 있다는 것이 아니라 오직 하나님에게서 온 자만 아버지를 보았느니라"(6:46)고 말한 것에서 볼 때 인자라는 용어는 계시자와 심판자로서의 예수님의 역할을 타당하게 만드는 강하와 상승의 형태를 구축하고 있는 것이다. "하늘에서 내려온 자 곧 인자 외에는 하늘에 올라간 자가 없느니라(3:13, 참조 5:27).

"나는 … 이다"

요한복음에서 두드러지는 것은 "나는 … 이다"(ego eimi)는 예수님에 의해 사용된 진술들이다. 이는 몇 가지의 다른 형태로 사용되었다. 그 첫번째 형태는 "나는 X이다"인데, 그것은 예수님이 청자들이 이미 알고 있는 것과 자신을 일치시킬 때 사용하는 방법이었다. 그것은 일곱 가지의 표적과 새 창조의 일곱 날과 일치하는 일곱 가지의 진술로 되어 있다. 그것은 각각의 경우에 용인된 것과 X의 위조적인 각색들 그리고 예수님 안에서 "참된" 실현이 있는 함축적 대조가 들어 있다. 그 모든 것 가운데서 아래의 은유들은 하나님으로부터 오는 생명의 근원에 관한 것들이다.

떡을 증폭시키신 후에 예수님은 "나는 생명의 떡이다"(6:35, 48)라고 선언하신다. 그것과 대조되는 것은 광야에서 모세가 만들어준 떡이다. 그 만나는 참으로 "하늘에서 내린 떡"이 아니다. 오직 예수님만이 참된 떡이 되신다(6:55). 왜냐하면 예수님만이 하늘에서 내려와서 하나님으로부터 오는 생명을 주셨기 때문이다. "하나님의 떡은 하늘에서 내려 세상에게 생명을 주는 것이니라"(6:33).

초막절에 예수님은 "나는 세상의 빛이다"(8:12, 9:5)라고 말씀하신다. 그가 오시기 전에 사람들은 어둠 속에서 살았다(3:19-21, 11:10). 그는 하나님과 세상을 실재하는 그대로 보이셨다(1:9, 12:46). 이 빛을 보는 사람은 그 빛을 보낸 분을 보는 것이다. 즉 하나님을 보는 것이다. 그 빛은 심판을 가지고 온다(3:19). 그가 오시기 전에는 빛도 어둠도 없이 오직 실재만이 있었다. 그러나 빛이 비추일 때에 이제 처음으로 선택이 주어지게 된 것이다. 사람들은 어둠에서 빛을 말할 수 있게 되었다. 이러한 어둠과 빛 사이의 선택은 그들에게 심판을 가져다 줄 것이다. 빛 없이 본다고 하는 사람들은 눈먼 자들이다(9:39-41). 그러나 그 빛으로 보는 사람들은(9:35-38) 그 빛이 가져다주는 생명으로 살 것이다. "그 안에 생명이 있었으니 이 생명은 사람들의 빛이라"(1:4).

세 가지의 진술들이 예수님과 그를 따르는 자들 사이의 관계를 강조한다. 양을 파괴하는 도둑과 강도와 대조시켜 예수님은 "나는 양의 문이라"(10:7)라고 말씀하신다. 그로 인하여 들어가는 자는(10:9) 생명을 얻게 될 것이다. "도적이 오는 것은 도적질하고 죽이고 멸망시키려는 것뿐이요 내가 온 것은 양으로 생명을 얻게 하고 더 풍성히 얻게 하려는 것이라"(10:10). 두번째로, 이는 앞엣 것과 아주 밀접히 관련된 대조인데, "나는 선한 목자라"(10:11)고 예수님은 말씀하신다. 그는 양을 돌보지 않는 삯꾼 목자들과 같지 않다. 그는 그의 생명을 내어놓음으로써(10:17) 그 양들을 돌본다. 세번째 진술은 특별히 따르는 자들을 위한 생명의 근원으로서의 예수님을 강조한다. 즉 "나는 참 포도나무라"(15:1). 포도나무로부터 잘리워진 가지는 말라서 비틀어지게 된다(15:6). 하지만 그와 함께 거하는 가지는 살아서 열매를 맺게 될 것이다(15:2).

모든 이전의 진술들은 분명히 은유적이다. "나는 X이다"라는 형태의 마지막의 둘은 은유가 암시하는 것(생명의 근원)이 보다 직설적인 주장을 담고 있다. 나사로의 죽음의 긴박함과 미래의 부활에 대한 마르다의 믿음에 응답해서 예수님은 "나는 부활이요 생명이니"(11:25)라고 말씀하신다. 그를 믿는 사람들은 결코 죽지 않고 하나님의 생명으로 살 것이다(11:26). 끝으로 예수님은 마지막 만찬시에 그의 제자들에게 말씀하신다. "내가 곧 길이요 진리요 생명이니 나로 말미암지 않고는 아버지께로 올 자가 없느니라"(14:6). 이 마지막 진술은 그외의 것들이 암시하는 것을 보다 분명히 해준다. 즉 모든 인간들의 자아 확장적 노력이나 추구에 비하여 예수님은 하나님으로부터 오는 참된 생명을 주신다. 그는 계시자이시며, 생명의 수여자이시다.

"나는 … 이다"라는 두번째 종류의 진술은 더욱더 신비스러움이 있다. 어떤 경우에 그것은 신분에 대한 다소 직설적인 응답으로 보인다. "내가 그니라." 그러므로 예수님은 메시아가 모든 것을 드러내실 것이라고 말하는 사마리아 여인에게 "네게 말하는 내가 그로라"(4:26)라고 말씀하신다. 그것은 "너에게 말하고 있는 바로 내가 메시아이니라"(ego eimi)는 것을 의미한다. 제자들이 물 위를 걸으시는 예수님을 보고 놀랐을 때에도 마찬가지로 주님은 그들에게 이렇게 말씀하신다. "내니 두려워말라"(ego eimi, 6:20). 그것은 아마 "바로 나다"라고 말씀하시는 것이다. 하지만 그 구절의 신비스러운 영향력은 예수님의 체포 장면에서도 암시된다. 예수님은 체포되실 때 두 번씩이나 "너는 누구를 찾느냐"라고 물으신다. 그러자 "예수요"라고 말했을 때, 주님은 바로 "나니라"(ego eimi, 18:5, 6)고 응답하신다. 이것은 단순히 "내가 예수니라"는 것을 의미하는 것으로 보인다. 하지만 예수를 잡으러 왔던 사람들이 이 말씀을 들었을 때에 바닥에 거꾸러졌다(18:6). 나레이터는 이 장면으로 우리에게 무언가를 말하고 있는 것이다.

요한복음 8:12-58의 논쟁 속에서 나타난 표현은 특별히 애매모호하다. 이 말씀 속에는 "나는 … 이다"라는 말이 세 번 나오는데, 예수님은 유대인들에게 "내가 너희에게 말하기를 너희가 죄 가운데서 죽으리라 하였노라 너희가 만일 내가 그인 줄 믿지 아니하면 너희 죄 가운데서 죽으리라"(8:24)고 말씀하신다. 그때에 저희들은 "네가 누구냐?"(8:25)라고 묻는다. 두번째로 예수님은 그들에게 "너희는 인자를 든 후에 내가 그인 줄을 알고 또 내가 스스로 아무것도 하지 아니하고 오직 아버지께서 가르치신 대로 이런 것을 말하는 줄도 알리라"(8:28)고 말씀하신다. 이것은 그가 인자라는 것을 그들이 알게 될 것을 의미하는가? 이 질문의 적절한 이유를 이 표현의 최종적인 사용에서 볼 수 있다. 예수님은 그의 대적자들에게 아브라함이 그를 보았다고 말씀하신다. 그러자 저들은 그를 치려고 한다. 그때 그는 "진실로 진실로 너희에게 이르노니 아브라함이 나기 전부터 내가 있느니라"(ego eimi, 8:58). 그의 대적자들이 그 진술의 더 깊은 의미를 인식했다는 것을 알 수 있는 데, 즉 그들은 신성모독으로 예수님을 돌로 치려고 했던 것이다(8:59). 나중에 그들은 "네가 사람이 되어 자칭 하나님이라"(10:33)고 했기에 그를 쳐죽이기 원했다는 것을 말한다. 이것은 ego eimi의 절대적 사용이 무엇을 암시하는가를 정확히 보여준다. 그의 대적자들과 복음서의 선견지명이 있는 독자들은 ego eimi라는 모든 말 속에서 불타는 떨기나무 속에서 "나는 스스로 있는 자니라"(출 3:14, 참조 사 41:4, 43:10)고 모세에게 말씀하신 하나님의 자기 지칭을 인식했을 것이다.

기독론적인 논쟁(7 - 8장)

요한복음의 기독론이 표적의 책에서 전개하고 있는 분명한 방법은 단일한 한 부분에서 보다 상세하게 살펴봄으로써 가장 잘 설명할 수 있을 것이다.

제7장과 8장은 예수님과 그의 대적자들 사이에서 오는 단일한 긴 논쟁을 그리고 있다. 그러나 간음한 여인(7:53:8:11)에 관한 사건이 중간에 끼어든다(7:53 - 8:11). 과연 이 내용을 요한복음 전도자의 문학적인 양식의 일부라고 읽을 수 있을 것인가? 이 이야기가 모든 문서에서 나타날지라도 이 글이 요한복음의 동일한 저자에 의해 나왔다는 것은 매우 의심이 된다. 여기에 쓰인 단어들은 요한복음에서 나오는 단어의 인상보다는 공관복음에 나오는 단어의 인상을 더 많이 품고 있다. 또한 그 대결의 특징이 공관복음서의 형태에 더 가깝다. 간음한 여인에 대한 내용은 기독론적인 논쟁의 두 부분 사이에서 역시 불편하게 놓여 있다. 마지막으로 그 구절은 특이한 사본학적 역사를 갖고 있다. 요한복음 안에 이 부분을 두고 있는 많은 사본들이 후대에 만들어진 것이고, 모두들 공통된 전통을 갖고 있다. 많은 다른 문서들이 이 사건을 포함하고 있지만, 그러한 사본들은 이 사건의 적절한 위치에 관해서 의심스럽다는 비평적 언급을 담고 있다. 또 다른 사본들은 7:36 이후에 또는 21:25 이후에 이 구절을 두고 있다. 여전히 다른 사본들은 누가복음서에서 21:38 또는 24:53 이후에 이 구절을 담고 있다. 대부분의 중요하고 뛰어난 고대 작품들이 이 구절을 빠뜨리고 있다. 사본학적 증거의 무게는 잘 알려진 이 이야기가 마가복음의 더 길다랗게 늘어진 끝부분처럼, 집합된 정경의 한 부분이었으나 복음서의 문학적인 고려가 안전하게 적용될 수 있는

현재의 위치에 기계적으로 두게 되었다고 주장한다. 현재의 배경 하에서 이 이야기는 길다란 논쟁의 중간 부분에서 드라마틱한 점을 제공해주면서 예수님과 대적자들 사이의 거리를 강조한다.

처음에는 확실한 결정을 내리지 못하다가(7:1-9), 예수님은 초막절을 위해 예루살렘으로 갈 것을 결정하신다(7:2, 10). 그곳에 있는 동안에 주님은 유대인들과 논쟁을 하게 되신다. 유대인들은 주님의 신분에 관하여 상당한 추측들을 하고 있다(7:11-13). 요한은 예수님에 관한 언급 속에서 절기와 관련된 상징들을 전형적으로 쓰고 있다. 미쉬나(*Sukkah* 5.2-4와 4.9)에서는 물로 하는 예식과 등불을 들고 가는 그 과정이 이 예식의 전통적인 요소가 된다. 그러므로 요한복음은 예수님이 "명절 끝날 곧 그날에"(7:27)라고 외치시는 것을 담고 있다.

누구든지 목마르거든 내게로 와서 마시라 나를 믿는 자는 성경에 이름과 같이 그 배에서 생수의 강이 흘러나리라 하시니

이 말씀을 하신 직후에 예수님은 "나는 세상의 빛이니"(8:12)라고 말씀하신다.

제7장과 8장에서의 논쟁은 예수님과 대적자들 간에 오래도록 계속되는 논쟁의 실제적인 부분을 담고 있다. 그속에서 동일한 관점들이 반복해서 다루어진다. 예를 들어 7:27-28과 8:14 하반절, 7:24과 8:15, 7:28과 8:19, 7:30과 8:20, 7:33-36과 8:21-22 등이 있다. 이 장들은 중풍병자에 대한 예수님의 치유에 의해 야기된 초기 논쟁의 요소를 그대로 선택하고 있다(참조 8:16과 5:30, 8:14과 5:31, 8:18과 5:37). 일련의 논쟁들을 통해서 우리는 3:19-21에서 제기된 주제를 엿보게 된다. 그리고 현재의 싸움의 관점은 10:31-38과 12:27-50에서의 보다 심층적인 대결을 향해 나아간다.

현재의 논쟁 부분에서 예수님과 질문자들 사이에 보다 큰 소외로 이끄는 설명들이 나온다. 예수님과 유대인들은 서로들 과거에 대해 말하지만, 그들은 서로 다른 비행기에 탄 것과 같다(7:23). 그 구절의 형태는 대화론적이다. 하지만 사실상 질문과 대답이 상당히 사법적인 추궁과 유사하다. 독자들은 질문하며 시험하고 있는 사람들이 심판대에 서야 할 사람들인 것을 안다. 예수님의 많은 대답들 그의 대적자들은 이해하지 못하지만 독자들은 안다. 예수님의 반복된 진술인 "내가 가는 곳에 너희는 오지 못할 것이요"(7:34, 8:21)라는 말씀을 대적자들은

거의 이해하지 못한다. 예수님은 "나를 보내신 분에게 가기" 때문이라고 말씀하시는데, 독자들은 그분이 바로 하나님이시라는 것을 이해한다. 하지만 유대인들은 먼저 디아스포라에게로 가는 것인가?(7:22), 아니면 저가 자결하려고 가는 것인가?(8:22)하며 생각한다. 그들이 내린 각각의 결론은 잘못된 것이다. 하지만 그러한 것은 요한복음의 아이러니가 상당히 농도가 짙다는 것을 알게 하는데, 각각의 결론은 또 다른 측면에서 보면 참인 것이다. 복음서는 헬라인들에게도 가게 될 것이고, 헬라인들은 복음으로 나오게 될 것이다(12:20). 그리고 예수님은 자기 생명을 다른 사람들을 위해 내어줌이 될 것이다(10:17-18). 또 다른 예는 논쟁의 초기에 예수님은 그의 질문자들에게 "너희가 어찌하여 나를 죽이려 하느냐?"라고 말씀하셨다. 하지만 그들은 펄쩍 뛰며 그 비난을 거부했다. 하지만 논쟁의 끝부분에 가보면 그들은 참으로 예수님을 죽이려 한다(8:59).

복음전도자가 밝히는 대적자들의 근본적인 문제는 예수님의 행위가 증거하고 있는 사실을 받아들이려 하지 않는 것이다. 그들은 예수님과 나레이터가 증거하고 있는 것이 정확한 사실이라는 것에 동의하지 못한다. "네 아버지는 어디에 있느냐?"라고 그들이 질문했을 때, 예수님은 오직 그들에게 "너희는 나를 알지 못하고 내 아버지도 알지 못하는도다 나를 알았더면 내 아버지도 알았으리라"(8:19)라고 대답하신다. "너는 누구냐"라는 격분된 질문은 논쟁의 심도가 깊어졌다는 것을 말해준다. 예수님의 반응은 헬라말로 "내가 처음부터 너희에게 말했다"는 것을 의미하거나 "도대체 내가 왜 너희들에게 그것을 말해야 하느냐?"는 의미를 담고 있다. 두 종류의 대답도 점증되는 논쟁의 각 경우에 적합하고 그것의 기능은 어둠이 빛을 이해하거나 극복하지 못한다는 것을 보여주는 것이다.

물론 논쟁을 통해서 예수님은 그의 대적자들에게 말하기보다는 복음전도자의 그리스도인 독자들에게 말한다고 해야 할 것이다. 독자들은 예수님이 하나님의 아들 되심의 본성을 많이 배우게 된다. 독자들은 유대인들이 그들의 조상으로서 아브라함을 생각하고(8:33), 그들이 예수님을 악마가 씌었다고 주장하는 것을 보게 된다(8:48). 그러나 예수님은 그들이 아브라함의 후손이라고 말하는 것이 잘못되었음을 입증시킨다. 우리가 아는 원리는 자녀들이 그들의 부모처럼 행동한다는 것이다(5:19). 유대인들이 예수님을 죽이려 했기 때문에 그들의 참된 조상은 악마임을 보이는 것이다. "너희 아비의 욕심을 너희도 행하고자 하느니라 너는 처음부터 살인한 자요"(8:44). 아브라함은 결코 그같이 행하지 않았다

(8:40). 그들이 자유하는 아들이라고 말하는 것은 환상일 뿐이다. 왜냐하면 그들은 쭉 죄의 종이 되어왔다(8:34). 오직 진리가 그들을 자유케 한다(8:31-32). 즉 오직 자유하는 아들인 예수님만이 그들을 자유케 해줄 수 있는 것이다(8:36). 만약 하나님이 그들의 아버지라면 그들은 예수님을 사랑할 것이다(8:42).

예수님은 자유하는 아들이시다. 왜냐하면 그는 순종하는 아들이셨기 때문이다. "내가 너희를 대하여 말하고 판단할 것이 많으나 나를 보내신 이가 참되시매 내가 그에게 들은 그것을 세상에게 말하노라"(8:26). 그는 자신의 권세로가 아니라 아버지의 권세로 말씀하신다(8:28). 예수님은 항상 아버지를 기쁘시게 하는 일을 하시기 때문에, 그는 혼자 두어지지 않는다(8:29). 아버지가 항상 그와 함께 있다(8:16). 그가 세상에서 아버지를 나타내시는 것처럼 그는 참된 계시자이시며 온전한 심판자이시다(8:16).

참으로 하나님 아버지는 항상 예수님과 "함께"하시기 때문에 하나님은 예수님의 말씀에 대한 두번째 증인이시다. 이것은 "율법"의 요구를 충족시킨다. 율법은 두 사람의 증인이 요구된다고 말한다(8:17-18, 참조 신 19:15). 여기에서 우리는 모세에 의해 드러난 율법이 예수님 안에서 드러난 "은혜와 진리"(1:16-17) 속에서 "충만"하게 되어진다는 요한복음서의 주제를 접하게 된다. 토라가 그 "성취의 빛" 속에서 읽혀지지 않는다면 그것은 잘못 읽게 되는 것이다. 제5장의 논쟁에서 예수님은 유대인들에게 "너희가 성경에서 영생을 얻는 줄 생각하고 성경을 상고하거니와 이 성경이 곧 내게 대하여 증거하는 것이로다"(5:39)라고 말씀하셨다. 그의 대적자들은 성육신하신 말씀을 들으려고 하지 않을 뿐만 아니라, 그들은 심지어 그들이 좋아하는 본문의 요지도 이해하지 못했다. "모세를 믿었더면 또 나를 믿었으리니 이는 그가 내게 대하여 기록하였음이라"(5:46). 이것은 시편 82:6에 관한 예수님의 교훈적인 독본과 유사하다. 그 말씀은 예수님이 하나님의 아들이라고 불리어지는 것이 정당함을 보여준다. 토라를 밝혀낸 사람들조차도 하물며 하나님의 아들이라고 칭함을 받았다면 하나님이 거룩케 하시고 이 세상에 보내신 그분이야 어찌 더하지 않겠는가(10:34-36). 그들이 참으로 토라에 충실했다면 그들은 역시 예수님에 대해서 믿음을 가졌을 것이다. "하나님께 속한 자는 하나님의 말씀을 듣나니 너희가 듣지 아니함은 하나님께 속하지 아니하였음이로다"(8:47).

이 논쟁에서 예수님에 의해 주어진 계시는 모세를 통해 주어진 계시의 연속이 되는 것이다. 예수님에 의해 주어진 계시에 대해 마음을 여는 것은 모세에 의해 주어진 계시를 이해할 수 있게 되는 것을 의미한다. 예수님은 하나님의 진리를 말씀하신다. 그 대신에 어떤 사람이 거짓을 선택한다면 그들은 그들의 유산을 버리게 되는 것이다. 그들은 곧 노예와 죄와 사망을 선택하는 것이다. 주님은 "진실로 진실로 너희에게 이르노니 사람이 내 말을 지키면 죽음을 영원히 보지 아니하리라"(8:51)고 말씀하신다. 토라의 기능은 전적으로 예수님 속에 포함된다. 즉 예수님은 하나님의 뜻을 드러내시고, 심판하시고, 성령을 주시고, 빛을 주시고, 자유롭게 하시며, 생명을 주신다. 토라는 하나의 텍스트로서 있었지만, 예수님은 살아있는 아들로서 계신다. 즉 하나님의 말씀으로 존재하신다.

영광의 책: 예수님이 그의 제자들을 가르치시다.

요한복음에서 상당히 드라마틱한 전환은 예수님의 공개적 사역에서 내적인 계시사역으로의 전환이라고 할 것이다. 즉 "이렇게 많은 표적을 저희 앞에 행하셨으나 저를 믿지 아니하는"(12:37) 사람들로부터 "세상에 있는 자기 사람들을 사랑하시되 끝까지 사랑하신"(13:1) 그의 사람들로의 전환을 볼 수 있다. 요한복음은 영광의 책 속에 있는 예수님의 말씀과 죽음 그리고 부활을 제외하면 제자들에 관한 직접적인 가르침이 없다.

예수님의 가르침은 "유월절 전의"(13:1-2) 만찬에서 주어진다. 그때의 음식은 강조되지 않으며, 성찬에 관한 "제도"도 없다. 6:48-58에서의 요한의 "성찬강화"는 성찬제도의 기능을 돕는다. 의식 행동은 오직 발을 씻는 내용이 나온다(13:4-12). 그 행위는 본받아야 되는 실례로서 주어진다(13:15). 발을 씻는 처음 장면의 도입 부분은 공관복음서의 장면과 유사하다. 하지만 철저히 재작업화되어 있다(13:16 = 마 10:24, 눅 6:40; 13:17 = 마 7:24, 눅 11:28; 13:20 = 마 10:40, 눅 10:16; 13:21-26 = 마 26:21-25, 막 14:17-21, 눅 22:21-23). 표적의 책에 의해 구축된 형태의 모방 이미지 속에서, 예수님의 상징적인 행위가 대체로 질문과 대답 형식으로 이루어진 대화를 불러일으킨다. 제자들은 처음에 예수님의 이름을 부르고는 그 다음에 질문을 한다(시몬 베드로 13:36, 도마 14:5, 빌립 14:8, 유다 14:22). 그 대화는 그 다음에 17:1-26의 경건한 기도에서 정점을 이루면서, 마지막의 공통된 질문(16:17 - 18)과 찬사(16:29 - 30)에 의해 방해를 받는 독백이 된다.

예수님의 최후의 만찬에서의 강화는(13:1 - 17:26) 그의 사역뿐 아니라 제자들의 장래에 대해서도 이야기해준다. 우리는 그 속에서 이 이야기에 초기 부분에서 시작된 주제와의 일치를 보게 된다. 우리는 그것이 무엇인가에 대한 언급이 없이 예수님의 "시간"이 아직 도달하지 않았다는 말을 반복해서 들었다(2:4, 7:30, 8:20). 공적인 사역의 정점의 순간에 그 주제가 이제 명확해진다. 즉 "인자의 영광을 얻을 때가 왔다"(12:23). "아버지여 나를 구원하여 이때를 면하게 하여 주옵소서"(12:27). 그때 우리는 "예수께서 자기가 세상을 떠나 아버지께로 돌아가실 때가 이른 줄 아시고"(13:1)라는 말을 듣게 된다. 그리고 예수님은 "아버지여 때가 이르렀사오니 아들을 영화롭게 하사 아들로 아버지를 영화롭게 하옵소서"(17:1)라고 말씀하신다. 나아가서 십자가 사건에서 나레이터는 "그때부터" 그 사랑받는 제자가 예수의 모친을 자기 집에 모시었다고 우리에게 말한다(19:27).

그러므로 예수님의 시간은 그의 죽음과 영광을 말한다. 우리가 요한이 "영광"이라는 말을 사용한 매우 정확한 방법을 기억할 때에 예수님의 죽음이 역설적으로 하나님의 임재가 가장 강하게 역사하는 순간에 되었다는 것을 알게 된다. 그의 표적과 관련된 예수님의 영광(1:14, 2:11, 11:4, 40, 12:41)과 "영광받으심"(7:39, 8:54, 11:4, 12:16, 23, 28)의 개념은 이제 예수님의 죽음과 부활이라는 가장 위대한 표적과 관련해서 강화되어진다. 즉 "이제 아버지의 아들이 영광받으시고, 그 안에서 하나님이 영광받으실 것이다, 하나님은 그를 하나님 자신 속에서 영화롭게 하실 것이고 그를 즉시 영화롭게 하실 것이다"(13:1, 참조 14:13, 15:8, 16:14, 17:1, 4, 10, 22, 24). 그것은 결국 그의 대적자들을 감질나게 하고 좌절케 만드는 표현인 예수님의 "떠나가심"의 시간인 것이다(7:33, 8:21). 이제 독자들은 예수님이 그가 오시었던 아버지께로 간다는 것을 분명히 듣게 된다(13:1, 3, 33, 36, 14:3, 12, 19, 28, 30, 16:5 - 7, 16, 28, 17:11, 13).

요한복음에 나오는 싸움과 심판의 주제는 영광의 책에서 세 가지 측면으로 나타난다. 첫째로 빛과 어두움의 싸움은 하나님과 사단과의 싸움으로 분명히 밝혀진다. 우리는 유대인들이 예수님을 마귀(8:48)라고 부르고, 예수님은 유대인들을 마귀를 그 조상으로 가졌다(8:44)고 비난하신 초기의 논쟁을 보았다. 이제 우리는 그 "마귀"가 예수님을 팔기 위해서 유다의 마음 속에 들어가는 것을 보게 된다(13:2). 유다가 예수님으로부터 떡 한조각을 받았을 때에 "사단이 그에게로 들어갔다"(13:27)). 예수님이 체포되었을 때, 그것은 곧 "세상 임금"(14:30)이 오는 것이고 위로자가 올 때에 "이 세상 임금은 심판을 받게" 되는 것이다 (16:11).

둘째로 제자들의 그룹 내에서도 심판이 있게 된다. 베드로는 발을 씻기는 장면에서 시험을 받는다(13:6-11). 그러나 예수님이 "너희가 다 깨끗지는 않다"(13:11)라고 말씀하셨을 때, 예수님이 지칭한 것은 베드로가 아니다. 그 사람은 유다이다. 유다는 배반함으로써 예수님과의 관계를 깨뜨렸다. 요한복음에서의 배반의 장면은 참으로 오싹하게 만든다. 6:70에서 이미 우리는 예수님이 "내가 열둘을 선택한 것이 아니니라, 너희 중에 하나는 마귀니라"라고 말씀하신 것을 보았다. 그때에 벌써 복음전도자는 유다가 예수님을 팔 것을 확인시켜 주었다. 우리는 사단이 유다 속에서 역동한 것을 보게 된다(13:2). 배반의 실제적인 장면은 아주 강력하게 묘사된다. 예수님은 제자들과 함께 이 어두운 세상에서 물러나신다. 우리는 이제 예수님의 임재에 의해서 밝아진 곳을 보게 된다. 공관복음에서처럼 제자들은 누가 그를 팔 것인지를 묻는다. 그러나 요한복음에서 예수님은 사랑받는 제자에게 자신이 떡 한조각을 떼어 주는 바로 그가 배반할 자임을 말씀하신다. 요한복음서에서 빵의 상징이 가져다주는 몸언어(body language)는 거의 공포에 떨게 만든다고 할 수 있다. 예수님은 그 빵 한조각을 취하여 유다에게 준다. 그리고 유다가 그 빵을 취했을 때에 사단이 그에게로 들어간다 (13:27). 비할 수 없는 단순성과 강력함 속에서 나레이터는 이렇게 설명한다. "유다가 그 조각을 받고 곧 나가니 밤이러라"(13:30).

싸움과 심판의 세번째 종류는 제자들이 예수님의 떠나가심 후에 맞게 될 것이다. 세상과 제자들 그리고 내부자들과 외부자들 간의 분리(alienation)가 계속 될 것이다. 세상이 예수님을 미워한 것처럼 세상은 그들을 미워할 것이다 (14:22, 15:18-27, 16:2-4, 8, 20, 33, 17:13-19).

마지막 고별 강화(예수님의 궁극적인 기원과 운명)는 불신자들에게는 감추어진 것이지만 제자들과 독자들에게는 전적으로 열려 있는 것이다. "내가 아버지께로 나와서 세상에 왔고 다시 세상을 떠나 아버지께로 가노라"(16:28, 참조

13:1, 3, 14:2, 28, 16:16, 17:5, 8, 13). 예수님은 다른 사람들이 하나님 아버지께로 올 수 있는 방법이 되신다(14:4-7). 예수님과 하나님과의 관계는 가장 친밀한 관계로 표현될 수 있다. 예수님과 하나님 아버지는 하나이시다(14:8-11, 16:15, 17:21). 그러나 예수님은 아버지는 아니시다. 그는 순종과 사랑을 통해 하나님 아버지와 연합되어 있다(14:10, 31, 15:9, 15, 17:4, 12, 13).

예수님은 그를 따르는 사람들에게 오직 한 가지의 계명을 주셨다. 그들이 서로 사랑하라는 것이다(13:34, 15:12, 17). 그렇게 함으로써 그들은 예수님의 사랑 속에 "거하게" 될 것이다(15:9-10, 14). 그러한 영적인 "거함"은 "함께함과 내주"(meno, 참조 1:38-39, 5:38, 6:27, 56, 8:31, 35, 12:34, 14:10, 17, 25)에 관한 초기 설명에서 암시된 것의 보다 깊은 함축을 드러낸다. 포도나무 가지에 관한 풍유(알레고리)는 예수님과 그의 제자들 그리고 하나님 간의 상호적인 사랑과 생명의 관계를 잘 설명해준다. 예수님이 하나님 안에 거하는 것처럼(15:10) 제자들이 예수님 안에 거하는(15:4) 것이다. 제자들은 서로 사랑하라는 계명을 순종함으로써 이를 행하는 것이다.

초기의 설명은 예수님이 그를 믿는 사람들을 위한 사랑의 정신의 근원이 되신다는 것을 암시한다(4:13-14, 7:37-39). 예수님은 이제 그의 떠나심이 그들에 대한 새로운 방식의 하나님의 임재를 가져올 것이라는 것을 분명히 말씀하신다. 즉 보혜사(parakletos)라 불리는 성령이 임재할 것이다. 보혜사는 그들을 모든 진리로 이끄시는 진리의 영이시다(16:13). 특별히 성령은 "내가 너희에게 말한 모든 것을 생각나게"(14:26) 할 것이다. 그러므로 성령은 제자들을 통해서 예수님에 대한 증거를 계속할 것이다(15:26). 그 증거는 예수님이 하신 방법으로 이 세상을 죄에 대해서 의에 대해서 심판에 대해서 "책망할" 것이다(16:7-11). 그리고 제자들이 이 세상에서 예수님을 나타내기를 계속할 때에 그들은 예수님과 같은 운명을 맞이하게 될 것이다. 그들도 역시 세상에 의해서 미움을 받을 것이고(15:18-16:4), 커다란 슬픔을 경험케 될 것이다(16:20). 그러나 그들이 그들 안에 하나님의 사랑을 갖고 있기 때문에 이 슬픔은 기쁨으로 변할 것이다(15:11, 16:22). 예수님의 마지막 기도는 제자들이 영원한 생명과 영광을 받고, 성화될 것을 말씀하신다. 왜냐하면 예수님 안에 하나님의 사랑이 있었던 것처럼, 하나님의 사랑이 그들 속에 있기 때문이다(17:26).

우리가 보는 것처럼 요한복음에서의 교회론과 구원론은 예수님 안에 뿌리내려 있다. 이것은 서로간의 사랑으로 함께 묶여 있는 "형제들의" 공동체이다. 그것은 예수님이 그들에게 보여주신 사랑, 즉 하나님의 사랑에서부터 온다. 그 사랑은 아버지와 아들로부터 보내어져서 그들을 연합으로 이끄시는 성령 속에서 그들에게 나타난다. "우리가 하나된 것 같이 저희도 하나가 되게 하옵소서" (17:22)라는 말보다 성령의 삶을 위해 더 잘 표현한 것은 없다. 우리는 참 영과 거짓 영에 관한 논쟁 그리고 서로간의 비연합이 가장 심각한 종류의 위기를 초래시킬 것이라는 경고를 미리 받게 된다(뒤에 이어지는 요한 1,2,3서를 참조하라).

영광의 책: 인자가 들리어지다.
수난과 죽음

요한복음의 수난 이야기는 공관복음서에서 찾을 수 있는 자료들을 상당히 많이 포함하고 있다. 그중에는 적의 귀를 짜르는 베드로(18:10)를 포함한 동산에서의 체포(18:1-11), 베드로의 배신(18:15-27), 바나바를 풀어주는 것을 포함한 빌라도 앞에서의 수난(18:29-19:16), 십자가의 명패(19:19), 다른 두 사람의 십자가에서의 처형(19:18), 병사들이 옷을 나누는 것(19:23-24)이 포함된다. 하지만 공통된 요소들 가운데서도 요한복음 나름대로의 특별한 색깔이 있다. 그러므로 유다는 예수를 잡는 폭도의 리더로 나타나고(18:2), 예수님이 "내로라"고 신분을 밝히자 저희가 물러가서 땅에 엎드려진다(18:4-6). 그리고 베드로의 폭력에 대한 예수님의 반응은 공관복음의 유혹의 기사의 변형과 같다. 즉 "검을 집에 꽂으라 아버지께서 주신 잔을 내가 마시지 아니하겠느냐"(18:11, 참조 12:27-29). 공관복음에서처럼 베드로의 배신은 예수님의 예언(증거)에 대한 병치가 된다(juxtapose). 요한복음에서는 두 가지 기사가 서로 얽혀져 있기 (18:15-27) 때문에 그 대조가 보다 선명해 보인다. 오직 미련한 독자만이, 세상의 빛이 어둠의 권세에 의해 사로잡혔을 동안에, 따뜻함을 위해 숯불로 다가서는 베드로의 모습을 놓치고 말 것이다(18:18).

요한복음의 수난기사에서 가장 분명한 주제적 요소는 예수님의 왕권과 관련된다. 요한은 예수님의 산헤드린 앞에서의 고초는 담고 있지 않다. 오직 안나스와 가야바 앞에서의 사적인 심문만을 담고 있을 뿐이다(18:19-23, 24, 28). 예수님은 빌라도에게 재빨리 이송된다. 로마 총독 앞에서의 예수님의 고초는 그의 왕권의 실제와 본질에 관한 보다 확장된 대화가 된다. 빌라도는 유대인들이 예수님과의 초기 논쟁에서 연출했던 역할을 맡는다. 빌라도의 어리석은 질문에 응답해서(18:33, 35, 37, 38, 19:10), 예수님은 그의 왕권이 세상에 속한 것이 아니며(18:33), 또한 세상적인 정치적 권세의 모략이 아님을 분명히 한다(19:11). 그의 왕권은 진리의 증거에 달려 있다(18:36-37). 그러나 빌라도가 요한복음의 중요한 질문인 "네가 어디서부터 왔느냐"라고 물었을 때에 예수님은 아무 말씀도 하지 않으신다(19:9).

예수님의 수난의 정점은 19:12-16에서 온다. 그 장면에서 나레이터는 빌라도의 행동을 복음서 전체의 아이러니컬한 이야기의 구조 속에서 다룬다. 빌라도는 이미 예수님에게 면류관을 씌우고 자색옷을 입힌다(19:5). 이제 그는 고의적으로 예수님을 권위의 상징인 자신의 심판석에 앉힌다(19:13). 나레이터는 우리에게 당시의 시공간을 말해줌으로써 이 사건의 중요성을 알려준다(19:14). 빌라도는 이렇게 외친다. "여기에 너희의 왕이 있다!" 그 다음에 사람들의 응답은 무엇이냐? "가이사 외에는 우리에게 왕이 없나이다"(19:15). 독자들은 군중들이 사실상 인간의 힘에 의해 지배를 받는 것을 선택하고 하나님의 왕권을 거부하는 것을 선택함을 알게 된다. 유대인의 왕이라는 칭호의 적절성에 관한 빌라도와 유대인들간의 대화와 "나의 쓸 것을 썼다"(19:22)라고 말하는 빌라도의 반응은 이 심상(imagery)에 관한 깊이를 더해준다. 빌라도의 모습은 요한복음의 이해에 상당히 중요하다. 왜냐하면 유대인들에 관한 요한의 태도는 참으로 반(反)유대적이 아님을 보여주기 때문이다. 빌라도는 하나님에 관한 진리를 거부하는 이 세상을 대표한다. 진리를 말씀하시고, "진리에 속한 자는 내 소리를 듣느니라"(18:37)고 말씀하신 분을 직면한 빌라도는 "진리가 무엇이냐?"라고 오직 말할 수밖에 없다.

요한복음에서의 십자가 장면은 공관복음에서의 십자가 장면과는 상당히 다르다. 제자들이 예수님을 버린 것이 아니라, 오히려 예수님이 제자들이 가는 것을 용납하라고 말씀하신다(18:8). 십자가상에서 예수님은 여전히 그의 어머니와 글로바의 아내 마리아, 막달라 마리아, 그리고 사랑받는 제자에 의해 둘러싸여 있다(19:25). 예수님이 그의 친구들을 끝까지 사랑하신 것처럼 그들도 그를 끝까지 사랑한다. 이것은 예수님의 어머니의 두번째 출현이다. 첫번째는 예수님이 그의 영광을 부활 생명의 표지 속에서 나타내 보이셨을 때이다(2:1-11, 가나의 혼인잔치). 두번째는 그의 죽으심 속에서의 영광을 위한 때이다. 우리는 누가복음의 공동체를 위해서 그러했던 것처럼, 요한복음의 공동체를 위해서도 예수님의 모친 마리아의 모습이 중요한 상징적 가치를 갖고 있음을 보게 된다. 예수님은 그의 모친과 사랑받는 제자를 서로 돌보아 줄 것을 부탁하신다(19:26-27).

요한의 전체적인 설명과 일치하여, 예수님은 십자가상에서도 의식이 온전하심을 보여주신다. 그는 이제 "모든 것을 완성되었음을"(19:28) 아시고 "다 이루었다"(13:1, 17:4을 보라)고 선언하신다. 예수님이 자신의 "생명을 내어줄" 것임을 말씀하신 것처럼(10:18), 복음전도자는 주님이 그의 머리를 숙이고 그의 생명을 "내어주셨음"을 우리에게 보여준다(19:30). 공관복음서 못지않게 이 장면은 토라의 상징에 의해 해석된다. 그러므로 "내가 목마르다"라는 예수님의 말씀은 시편 22:15의 말씀을 성취시킨 것이다. 뼈가 부러지지 않은 어린 양(19:36, 참조 1:36)으로서의 예수님의 이미지는 출애굽기 12:46을 생각나게 만든다.

요한복음의 십자가 장면에서의 가장 이상한 요소는 다른 복음서에 비해 저자의 의도를 가장 많이 드러내었다는 것이다. 나레이터는 증인이 있음을 강조하며(19:35) 우리에게 경각심을 불러 일으킨다. 그러나 무엇이 그렇게 주목할 만큼 중요한가? 병사들이 다가왔을 때, 그들은 다른 사람의 다리는 꺾었지만 예수님의 다리는 꺾지 않았다는 것이다. 그리하여 예수님은 유월절 어린 양이 되신 것이다.

하지만 예수님은 옆구리에 창으로 찔림을 받으셨다. 그러므로 물과 피가 옆구리에서 흘러 나왔다(19:34). 이것은 우리가 아는 것처럼 예수님이 "다 이루었다" 그리고 "영혼이 돌아가시고"나서 즉시 일어났다(19:30). 우리는 스가랴 12:10의 충분한 문맥을 살펴볼 때에 이 말씀의 순차적 의미를 이해할 수 있을 것이다. 요한복음의 나레이터는 19:37에서 "또 다른 성경에 저희가 그 찌른 자를 보리라 하였느니라"고 말한다. 그러므로 스가랴의 구절(12:10, 13:1)은 이렇게 쓰여있다.

내가 다윗의 집과 예루살렘 거민에게 은총과 간구하는 심령을 부어 주리니 그들이 그 찌른 바 그를 바라보고 그를 위하여 애통하기를 독자를 위하여 애통하듯 하며 그를 위하여 통곡하기를 장자를 위하여 통곡하듯 하리로다… 그날에 죄와 더러움을 씻는 샘이 다윗의 족속과 예루살렘 거민을 위하여 열리리라.

그 증인은 예수님 속에서 그러한 샘을 본 것이다. 물과 피는 성령의 퍼부으심을 표시하는 말이다. 독자들은 "영생하도록 솟아나는 물"(4:14)을 기억한다. 또한 "누구든지 목마르거든 내게 와서 마시라 나를 믿는 자는 성경에 이름과 같이 그 배에서 생수의 강이 흘러나리라 이는 그를 믿는 자의 받을 성령을 가리켜 말씀하신 것이라 예수께서 아직 영광을 받지 못하신고로 성령이 아직 저희에게 계시지 아니하시더라"(7:37-39)는 말씀을 기억한다. 이제 예수님은 영광을 받으시고 성령을 주신다. 요한은 하나님의 아들의 자기비하(kenonis) 또는 비우심에 대한 해석에서 조금도 부족하지 않다. 그 생수는 "내가 목마르다"라고 외치시는 분에게서 나온다.

부활

기독교 공동체의 부활 전통에 관한 강력한 이해를 요한복음에서 찾을 수 있다. 요한복음은 기독교공동체의 부활 전통을 아주 잘 보여주고 있다. 우리는 이 기사에서 요한의 시각에 따라 철저히 재작업한 복음서 전통의 흔적을 한 번 더 찾아볼 수 있다. 예수님의 텅빈 무덤 기사(참조 16:1-8)는 한 여인(20:1), 베드로와 사랑받는 제자 간에 달리기 경주(20:2-9), 그러나 무엇보다도 그 사랑받는 제자가 부활을 믿는 첫번째 사람이 되었다는 사실에 초점이 맞추어져 있다. 예수님의 실체를 착각했던 기사는(눅 24:13-25 참조) 예수님을 동산지기인 줄로 생각하는 막달라 마리아와 관련되어 있다. 요한복음은 모인 제자들에게 두 번에 걸쳐 나타나시는 예수님을 묘사하고 있다. 그 두번째는 의심하는 도마를 납득하기 위해서였다(20:19-29). 마지막으로 누가복음 5:3-7에 베드로를 제자로 부르시는 내용을 상기시키는 이야기 속에서, 예수님은 베드로를 회복시키시기 위해 그리고 사랑받는 제자의 운명을 분명히 하기 위해(21:20-24) 갈릴리에 있는 모든 제자들(21:1-14)에게 나타나신다.

전반적으로 그 이야기들은 공관복음서와 동일한 기능을 한다. 텅빈 무덤은 예수님이 이미 장사되어 무덤에 들어가셨지만 그는 죽은 자 가운데 계시지 않음을 확증시켜준다(19:39-42). 그의 세마포가 그대로 놓여 있고 머리에 싼 수건은 개켜 있다(20:6-7). 예수님을 인식하지 못하는 것은 그가 지금 새롭게 살아 계시고 어느 곳에서도 나타나실 수 있는 분임을 보여주는 것이다. 그가 사람들의 이름을 부를 때 그의 음성을 아는 사람들은 그를 인식할 것이다(20:16, 참조 10:3). 그는 두려움으로 굳게 닫혀진 문으로 들어오셔서 그의 생명의 능력으로 그 두려움을 쫓아내시고 평화를 주신다(20:19). 그는 그의 상처를 보이시어, 그의 친구들이 지금 살아있는 그분이 죽임당하시고, 상처난 인간의 표시를 그 육체에 영원히 담고 계신 분임을 알게 하신다(20:20). 그는 제자들이 일하고 함께 먹을 때에 신비스럽게 나타나신다(21:1-14).

그러나 요한복음서에서 항상 그러했던 것처럼 예수님의 말씀이 복음서 이야기에서 공동체의 살아있는 이야기로 전환이 된다. 공동체의 멤버들은 그가 말씀하시던 대로(20:17) 아버지께로 올라가신 분임을 확증하며 산다. 그들은 주님이 이 세상에서 행셨던 것처럼 그들도 행할 수 있도록 주님으로부터 직접 내려오신 성령을 소유한다는 것을 안다(20:21-23). 그들은 보지 못하고 믿는 축복받은 사람들이다(20:29). 그들은 "양"(메시아의 공동체)을 위한 돌봄으로 예수님을 위한 사랑을 보이는 사람들이다. 그들은 모든 복음서들이 공통으로 말한 "나를 따르라 … 너는 나를 따르라"는 부활하신 분의 마지막 말씀으로 살아간다 (21:19, 22).

참고문헌

제4복음서에 관한 서적이 너무도 방대하고 지금도 계속 발행되고 있으므로 본 목록은 다른 참고문헌보다는 상당히 선별적이다. 다음은 요한복음서에 관한 중요한 문헌들이나, 구체적인 관점으로 독자들에게 특별한 도움이 된다고 생각하는 작품들만을 추려보았다.

최근의 요한복음 연구에 관한 도움이 되는 개관은 R. Kysar, *The Fourth Evangelist and His Gospel*(Minneapolis: Augsburg Pub. House, 1975)이다. 주제 개관에 관해서는 R. E. Brown, "The Kerygma of the Gospel According to John," *Int* 21(1967): 387-400을 보라. 에세이로

된 유용한 작품들은 C. K. Barrett, *Essays on John*(Philadelphia: Westminster Press, 1982), idem, ed.*Studies in John*, NovTSup 24(reiden: E. J. Brill, 1970), D. M. Smith, *Johannine Christianity: Essays on Its Setting, Sources, and Theology*(Columbia:University of S.C.Press, 1984)이다.

요한공동체와 문서에 관한 다양한 측면에 관해서는 다음의 문헌들을 보라. J. A. T. Robinson, "The Destination and Purpose of St. John's Gospel," *NTS* 6(1960) : 117-31 , P. Minear, "The Audience of Fourth Evangelist," *Int* 31(1977): 339-54: D. M. Smith, "Johannine Christianity: Some Reflections on Its Character and Delineation," *NTS* 21(1975) : 222-48, R. A. Culpepper, *The Johannine School*, "Ecclesiology: The Community' Origins," *Int* 31(1977): 379-93 , E. Schüssler Fiorenza, "The Quest for the Johannine School: The Apocalypse and the Fourth Gospel," *NTS 23*(1976 - 77): 402-27

요한복음의 공동체의 역사를 좇는 연구들은 다음의 작품들을 포함한다. J. L. Martyn, *History and Theology in the Fouth Gospel*, rev. ed.(Nashville: Abingdon Press, 1979), R. E. Brown, *The Community of the Beloved Disciple* (New York: Paulist Press, 1979), F. D. Purvis, "The Fourth Gospel and the Samaritans," *NovT* 17(1975): 161- 98, J. Bassler, "The Galileans: A Neglected Factor in Johannine in Christian History"(New York: Paulist Press, 1978), J. Painter, "The Farewell Discourses and the History of Johannine Christianity," *NTS* 27(1980- 81): 525-43, F. F. Segovia, "The Theology and Provenance of John 15:1-17" *JBL* 101(1982): 115-28, idem, "John 15:18-6:4: A First Addition to the Original Farewell Discourse?" *CBQ* 45(1983): 210-30.

요한복음과 공관복음 간에 관계에 관한 문제들은 다음의 문헌에서 살펴볼 수 있다. C. H. Dodd, *Historical Tradition in the Fourth Gospel* (Cambridge: At the Univ. Press, 1965), F. Neirynck, "John and the Synoptics: The Empty Tomb Stories," *NTS* 30(1984): 161-87 , W. O.

Walker "The Lord's Prayer in Matthew and John," *NTS* 28(1982: 237-56, and D. M. Smith, "John and the Synoptics: Some Dimensions of the Problem," *NTS* 26(1979 - 80): 425-44

요한복음의 다양한 자료들을 추구함에 있어서 다음의 작품들은 루돌프 불트만의 위대한 주석에 그 근거를 두고 있다. R. T. Fortna, *The Gospel of Sign: A Reevaluation of the Narrative Source Underlying the Fourth Gospel*(Cambridge: At the Univ. Press, 1970), D. M. Smith, *The Composition and Order of the Fourth Gospel*(New Haven: Yale Univ. Press, 1965), H. M. Teeple, *The Literary Origin of the Gospel of John*(Evanston, Ill.: Religion and Ethics Inst., 1974), and D. A. Carsen, "Current Source Criticism of the Fourth Gospel: Some Methodological Questions," *JBL* 97(1978): 411 - 29

요한복음의 상징적 세계에 관한 다양한 측면들은 다음의 문헌에서 추적할 수 있다. C. K. Barrett, "The Old Testament in the Fourth Gospel," *JTS* 48(1947):155 - 69, H. Odeberg, *The Fourth Gospel Interpreted in Its Relation to Contemporaneous Religious Currents in Palestine and the Hellenistic - Oriental World*(Chicago: Argonaut, 1968[1929], W. A. Meeks, *The Prophet - King: Moses Traditions and the Johannine Christology*, NovTSup 14(Leiden: E. J. Brill, 1967), W. A. Meeks, "'Am I a Jew?' Johannine Christianity and Judaism," in *Christianity, Judaism, and Other Greco - Roman Cults: I. New Testament*, ed. J. Neusner, Studies in Judaism in Late Antiquity 12(Leiden: E. J. Brill, 1975), 163-86, N. A. Dahl, "The Johannine Church and History," in his *Jesus in the Memory of the Early Church*(Minneapolis: Augsburg Pub. House, 1976), 99 - 119, C. H. Dodd, *The Interpretation of the Fourth Gospel*(Cambridge: At the Univ. Press, 1968), and P. Borgen, *Bread from Heaven*, NovTsup 10(Leiden: E. J. Brell, 1965).

요한의 신학적인 차원에 관한 연구들은 다음의 문헌들에서 고려된다. D. M. Smith, "The Presentation of Jesus in the Fourth Gospel," *Int*

31(1977)∶ 367－78, E. Käsemann, *The Testament of Jesus*, trans. G. Krodel(Philadelphia∶ Fortress Press, 1968), R. Fortna, "From Christology to Soteriology," *Int* 27(1973)∶31－47, R. Bultmann, "The Theology of the Gospel of John and the Johannine Epistles," in his *Theology of the New Testament*(New York∶ Charles Scribner's Sons, 1953), 2∶3-92, H. Schlier, "The World and Man According to St. John's Gospel," in his *The Relevance of the New Testament*(New York∶ Herder & Herder, 1968), 156-71, and C. K. Barrett, "The Dialectical Theology of St. John," in his *New Testament Essays* (London∶ SPCK, 1972), 49－69

　　도움이 되는 주해와 주제 연구들은 다음의 문헌들이다. Käsemann, "The Structure and Purpose of the Prologue to John's Gospel," in *New Testament Questions of Today*, trans. J. Montague(Philadelphia∶ Fortress Press, 1969), 138-67, C. K. Barrett, "The Prologue of St. John's Gospel," in his *New Testament Essays*(London∶ SPCK, 1972), 27－48, P. Minear, "The Original Functions of John 21," *JBL* 102(1983)∶ 85－98, J. H. Neyrey, "The Jacob Allusions in John 1∶51," *CBQ* 44(1982) 586 － 605, P. B. Harner, *The "I Am" of the Fourth Gospel*(Philadelphia,Fortress Press, 1970), M. E. Boismard, St. John's Prologue(Westminster, Md.∶ Newman Press, 1957), L. J. Kuyper, "Grace and Truth∶ An Old Testament Description of God and Its Use in the Johannine Gospel," *Int* 18(1964) 3-19, B. Vawter, "The Johannine Sacramentary," *TS* 17(1956)∶ 151－66, R. W. Brown, "Incidents That Are Units in the Synoptic Gospels but Dispersed in St. John," *CBQ* 23(1961)∶ 143－60, J. A. T. Robinson, "The Relationship of the Prologue to the Gospel of St. John," *NTS* 9(1962－63)∶ 120－29, D. Rensberger, "The Politics of John∶ The Trial of Jesus in the Fourth Gospel,"*JBL* 103(1984)∶ 395－411, and F. F. Segovia, "Peace I Leave with You, My peace I Give to You∶ Discipleship in the Fourth Gospel," in *Discipleship in the New Testament*, ed. F. F.

Segovia(Philadelphia: Fortress Press, 1985), 76-102

요한기독교의 사회적 세계와 문학적 분석에 관한 영향력있는 자료는 다음의 문헌들이다. W. A. Meeks's "The Man form Heaven in Johannine Sectarianism," *JBL* 91(1972): 44-72. 문학적인 방법의 자의식적인 사용을 반영하는 또 다른 연구들은 다음과 같다. R. A. Culpepper, *Anatomy of the Fourth Gospel: A Study in Literary Design*(Philadelphia: Fortress Press, 1983), X. Leon Dufour, "Towards a Symbolic Reading of the Fourth Gospel," *NTS* 27(1980-81): 439-56, and S. M. Schneiders, "The Footwashing(John 13:1-20): An Experiment in Hermeneutics," *CBQ* 43(1981): 76-92

요한복음을 위한 주석들은 상당히 풍부하다. 그런데 최근의 학계에서 가장 뛰어나다고 하는 것은(급진적인 가설이 있다 하더라도) R. Bultmann, *The Gospel of John: A Commentary*, trans. G. Beasley-Murray et al. (Philadelphia: Westminster Press, 1971[1966])이다. 주해의 철저함과 학문적인 논쟁의 충분한 고려로 특징지워지는 작품들은 다음과 같다. R. E. Brown, *The Gospel According to John*, 2 vols. Anchor Bible(Garden City, N. Y.: Doubleday & co., 1966-70), R. Schnackenburg, *The Gospel According to John*, 3 vols., vol. 1: *Introduction and Commentary on Chs. 1-4*, trans. K. Smythe(New York: Seabury Press, 1980[1965], vol. 2: *Commentary on Chs. 5-12*, trans. C. Hastings et al.(New York: Seabury Press, 1980[1971], vol. 3: *Commentary on Chs. 13-21*, trans. D. Smith and G. A. Kron(New York: Crossroad, 1982[1975], E. Haenchen, *John 1: A Commentary on the Gospel of John 1-6*, trans. and ed. R. W. Funk with U. Busse, Hermeneia(Philadelphia: Fortress Press, 1984[1980]), and idem, *John 2: A Commentary on the Gospel of John 7-21*, trans. and ed. R. W. Funk with U. Busse, Hermeneia(Philadelphia: Fortress Press, 1984[1980]). 요한복음에 관한 언제라도 믿을 만한 가이드는 C. K. Barrett, *The Gospel According to John*(London: SPCK, 1956)이다.

제25장

요한 1,2,3서

요한에게 귀결되는 이 세 서신은 갈등의 문맥이 나타나고, 요한 기독교의 역사에 관해서 우리가 엿볼 수 있게 해준다. 그러나 이 서신들에 관한 자세한 관찰은 기독교 이야기의 엄밀한 역사적 재건을 위한 근거를 얻게 해주기보다는 오히려 기독교의 존재에 관한 요한의 분명한 이해의 인식으로 이끌림을 받게 해준다.

요한의 교회에 관한 우리의 지식은 기껏해야 모호하기 짝이 없기 때문에 이 세 문서를 추정되는 교회의 역사 속에서 엄밀한 자리매김을 시키는 것은 불가능하다. 외부적 조절의 완전한 결여가 어떤 충분한 의미에서 역사를 말하게 하는 것을 금하게 만든다. 우리가 희망하는 최선은 그 서신들 속에서의 외적인 발전에 관한 흔적일 것이다. 심지어 이것은 전적으로 이 서신들을 자세히 읽음으로써 얻는 것에 달려 있다. 이 문서들이 한 저자의 작품이라고 추정될지라도 우리는 그것이 그렇다고 단언할 수는 없다. 진실로 공통된 문체와 상징적 구조는 분열된 공동체의 어느 쪽에서도 기대될 수 있는 것이다. 또한 우리는 이 서신들이 특별한 시간적 순서에 의해 쓰여졌다고 전적으로 확신할 수는 없다. 이 서신들이 약간의 시간을 두고 쓰여졌을 수 있고, 갈등의 단계를 나타낼 수도 있다. 하지만 쓰여진 서신들은 어느 순간에 동시에 보내어진 것으로 보인다. 그러므로 우리는 그 서신 속에서 어떤 발전의 흔적을 추적할 수는 없게 된다. 하지만 오직 어떤 단일한 한 순간은 묘사할 수 있을 것이다.

그러므로 이 서신들이 수신되고 있는 그 상황을 묘사하려는 시도는 어느 정도 그러한 묘사에 상응하는 어려움들의 상술이 될 수 있을 것이다.

배경: 갈등과 분열

각 서신들은 독자들 사이에 갈등이 있다는 것을 각각의 방식으로 암시한다. 요한3서에서의 분쟁은 먼저 경쟁적인 지도자들 간에 순전히 어떤 정치적인 문제가 있었음을 읽을 수 있다. 요한2서에서의 갈등은 적절한 가르침의 문제와 연관되어 있다. 그리고 요한1서에서는 교리적이고 도덕적인 갈등들이 문제의 중심을 이룬다. 그 갈등은 외부적인 것보다는 내부적인 것에서 발생되어진 것으로 보인다. 세상으로부터의 적대나 박해가 아니라 내부의 분쟁자들이나 경쟁자들이 분열을 야기시키고 있다. 적어도 분쟁의 원인이 되는 분명한 이슈들은 예수님에 관한 적절한 이해와 관련되어 있다.

그러나 갈등의 차원이나 그 엄밀한 본질은 결정하기가 쉽지 않다. 요한1서와 2서는 예수님과 관련된 확신들이 각각의 무리들의 강한 주장이 되고 있다는 사실을 분명히 암시한다(그것이 분열의 원인이 아니라 할지라도 말이다). 가장 뚜렷한 형태로, 단순한 믿음의 동의보다는 믿음의 내용이 여기에서 멤버쉽의 표준이 되고 있다. "정통", "이단", "이교"와 같은 용어들이 이 문서들 속에 적절히 나오는 단어들이다. 그러므로 우리들은 고백한다(homologeo, exhomologeo, 요일 2:23, 4:2, 3, 15, 요이 7)와 부인하다(arneomai, 요일 2:22-23)라는 동사의 사용을 발견하게 된다. 그들의 대적자들은 불신자들이 아니고 동료 그리스도인들이다. 그 대적자들은 순전히 외부인들이 아니고 처음에 요한서신의 저자의 공동체에 속했던 사람들이다. 그래서 요한서신은 그들을 "우리에게서 나간 사람들"(요일 2:19)이라고 말한다. 이제 그들에게 전통적인 치욕의 칭호가 주어진다. 그들은 거짓 선지자이고(요일 4:1), 적그리스도이다(요일 2:18, 22, 4:3). 요한2서 7절은 그들을 무엇보다도 "세상에 나온 미혹하는 자"이며 "적그리스도"라고 묘사한다.

그러나 그 어떠한 교리적 관점들이 요한의 그룹들을 분열시키고 있는가를 분명히 나타내지는 않는다. 그렇다면 이 서신의 저자는 "적그리스도"라는 용어를 문자적으로 어떻게 이해하고 있는가? 요한1서와 2서에는 많은 신조적 진술들이

들어 있다. 요한1서에서 우리는 "예수님이 그리스도이심을 부인하는 자들", "하나님 아버지와 그의 아들을 부인하는 자들"이라는 구절을 발견하게 된다(2:22). 함께 덧붙여 이 구절은 거짓말장이와 적그리스도를 지칭한다. 이와는 대조되어 독자들은 "하나님의 아들 예수 그리스도의 이름으로 믿는"(3:23) 사람들이다. 예수 그리스도께서 육체로 오셨다고 고백하는 모든 영들"과 예수를 그리스도로 고백하지 않는 모든 영들"(4:2-3) 사이에 오는 유사한 대조가 있다. 동일한 장에서 정통 그룹은 "하나님 아버지가 그의 아들을 세상의 구세주로서 보내셨다"는 것을 증거하고 이 말씀 옆에는 "예수님을 하나님의 아들로 고백하는 누구나"(4:14-15) 이에 해당되는 것이라고 말씀한다. 일련의 고백적인 구절들은 제5장에서 "예수께서 그리스도이심을 믿는 자마다 하나님께로서 난 자", "예수께서 하나님의 아들이심을 믿는 자"(5:5), "하나님의 아들을 믿는 자"(5:10), "하나님의 아들을 믿는"(5:13), "아는 것은 하나님의 아들이 이르러"(5:20)라고 말한다. 마지막으로 요한2서 7절은 우리에게 "예수 그리스도께서 육체로 임하심을 부인하는 자라"는 말씀을 준다.

이러한 구절들은 정통 그룹이 고백하는 것을 분명히 나타내준다. 그러나 그 "이단"이 갖고 있는 믿음의 내용이 무엇인가는 분명하지 않다. 저자의 그룹이 확증하는 모든 것이 그들 반대자들에 의해서 거부되고 있는가도 확실하지 않다. 또한 그 거부가 일관된 고백을 담고 있는지도 알 수가 없다. 순전히 적그리스도의 입장은 "예수님이 그리스도시다"(요일 2:22)라는 사실의 부인일 것이다. 하지만 예수님에 관한 부정과 "예수 그리스도께서 육체로 오셨다"(요이 7절)는 것의 부정은 첫번째 부정과 동등한 것인가, 아니면 확장되고 정선된 것을 나타내는 것인가? 대적자들은 예수님이 메시아라는 고백을 도전하는가? 또는 예수님이 하나님의 아들이시라는 것을 도전하는가? 또는 예수님이 참 인간이심을 도전하는가? 또는 그의 부활 속에서 하나님의 아들로 "택정된" 것보다는 오히려 하나님의 아들로 오셨다는 것을 도전하는가? 우리는 그것들을 확실하게 알 수는 없다. 또한 저자가 그들을 분열시키는 사람들의 입장을 정확히 알고 있는가도 확신할 수 없다. 하지만 예수님에 관한 대적자들의 이해와 인식에 부족함이 있다는 것을 확신할 수 있다. 어쨌든 요한복음서에 따르면 생명과 일치의 내주하시는 중심 센터가 되시는 그분이, 여기에서는 불화와 분열의 초점이 되고 있다.

대적자들의 일관된 입장을 세워보려는 그 시도는 두 가지 방법론적인 어려움에 직면한다. 첫째로 우리는 그 대적자들이 다른 견해를 취하고 있다는 저자의 적극적인 진술이나 권고를 가정할 수가 없다. 모든 플러스가 항상 그 마이너스를 함축하는 것은 아니다. 사랑에 관한 저자의 주장, 특별히 사랑의 실제적인 표현에 관한 저자의 주장이 반대편의 사랑의 결핍을 반영하는 것일지 모른다. 하지만 그것은 필연적이지 않다. 둘째로 우리는 분열의 이념적인 구조가 갈등의 사회적 차원보다 다소 중요하다고 가정할 수 없다. 이것과 관계되는 것은 적어도 두 가지가 있다. 즉 환대의 상호적인 수용, 그리고 리더십에 대한 경쟁자들의 요구(요한이서와 요한삼서를 보라)이다. 우리는 정치적이고 사회적인 갈등이 이념적인 불일치에 선행되는 것인지, 수반되는 것인지, 또는 따라가는 것인지를 결정할 만한 충분한 정보가 없다.

　　분쟁의 정확한 본질이 무엇이건간에 그 어떤 종류의 분열도 우리가 요한복음에서 보았던 상징적 구조 내에서 살고 있는 교회에 심각한 위기를 가져다 줄 것이다. 예수님의 마지막 고별 강화는(요 15:1 - 17:26) 형제들의 공동체를 묘사한다. 그들은 하나의 영을 공통으로 가지고 있다. 그들은 예수님이 하나님 아버지와 하나가 되었던 것처럼 일치와 사랑의 교제 속에서 예수님과 하나로 연합되어 있다. 그러한 자기 이해를 갖는 공동체가 그 어떤 불화와 도전을 이해하거나 동화시킨다는 것은 어려운 일이다. 예수님에 관한 올바른 이해에 대한 충돌과 상호적인 추방으로 이끄는 분열은 이러한 공동체의 참된 실체와 존재에 정면으로 도전을 하는 행위이다.

장로로부터의 세 편지 꾸러미

　　이 세 편지는 아마 동일한 시간에 동일한 장소로 보내어졌을 것이다. 왜냐하면 요한2서와 3서가 보다 중요한 서신에 동반된 것이 아니라면 달리 편지의 보존을 설명하기가 어렵기 때문이다. 각 서신의 기능은 우리가 그것들을 차례로 살펴볼 때에 보다 상세히 생각할 수 있을 것이다. 그러나 요한3서는 대체로 서신을 그 장로가 가이오에게 보내는 천거서인데, 이는 다른 두 서신을 전달하는 데메드리오가 영접될 것을 인증하고 있다. 요한2서는 요한1서의를 위한 서론과 표지로서 전 회중에게 읽혀지도록 한 것이다. 그런데 요한1서는 편지라기보다는 설교의 본질에 보다 가까운 권고의 말을 담고 있다. 두기고에 의해 바울로부터의 편지가 리쿠스 밸리(빌레몬, 골로새, 에베소)에 전달된 서신의 경우처럼 요한의 서신은 동일한 서신의 꾸러미(package)로 보는 것이 가장 합당하다. 수령자들의 위치나 서신을 쓰고 있는 장로의 신원에 관해서는 많은 이론들이 있으나 널리 알려진 해결점은 거의 없다.

요한3서: 장로로부터의 천거서

요한3서는 참으로 개인적인 편지이고, 우리에게 분쟁에서 언급되고 있는 구체적인 이름들을 오직 제공해주고 있다. 즉 가이오, 데메드리오, 그리고 디오드레베가 나오는데 이들은 모두 그리스와 로마의(Greco-Roman) 이름들이다. 우리는 그 이름의 근거 위에서 그 편지의 출처에 관한 결론을 도출해 낼 수는 없다. 하지만 그 이름들이 요한 공동체에 속한 사람들의 매우 그럴듯한 출신 성분들을 암시해준다. 이 짧은 고별인사는 이 교회들이 예수님이 그들에게 가르쳐준(요 15:12-15) 것처럼 스스로를 친구들이라고 부르고 있음을 보여준다(15절). 편지를 쓰고 있는 장로는 스스로를 제4복음(요한복음)의 "참된 증인"으로 연결시킨다. "너는 우리의 증거가 참된 줄을 아느니라"(12절, 참조. 요 19:35, 21:24). 장로는 "사랑하는 가이오"라고 부른다(1, 2, 5, 11). 그러나 가이오는 우리에게 그밖에 다른 곳에서 알려진 것이 없다. 그는 한 가정의 호주로 나타난다. 왜냐하면 장로는 순례하는 그리스도인들에 대한 그의 환대를 칭찬하고 있기 때문이다(5-6).

장로는 가이오가 번성하고 있음에 기뻐한다(2절, 이 흔한 상투적 구절 속에는 종교적인 특색은 거의 없다). 게다가 그의 심부름꾼이 가이오가 "진리 안에서 걷고 있다"(3절)는 사실을 증거했기 때문에 더욱 기뻐한다. 여기서 이들 지역 교회들 간에 상당한 의사소통이 있음을 보게 된다. 메신저와 선교사들을 위한 환대를 제공했던 사람들은 "진리를 위한 동료 사역자들"이 된다(8절).

가이오와 그의 가정의 환대는 장로를 위해서 상당히 중요하다. 왜냐하면 그의 편지들과 심부름꾼들이 다른 교회 지도자인 디오드레베에 의해 받아들여지지 않았기 때문이다. 디오드레베는 여기서 요한의 교회들 사이에서 으뜸되기를 추구하는 사람으로서 장로의 경쟁자로서 나타난다(9절). 권력을 위한 디오드레베의 경쟁은 장로가 보낸 편지들을 받는 것을 거부하는 것에 의해서 예증된다. 더욱이 그는 장로의 심부름꾼들을 접대하는 사람들을 교회에서 쫓아낸다(10절). 적어도 요한3서는 두 지도자간의 파워 투쟁을 보여준다. 우리는 요한3서에서 보다 깊은 교리적 분열의 암시를 얻을 수 있다(진리 안에서 걷는 것에 대한 강조에서처럼). 그러나 디오드레베는 "우리에게서 나간"(요일 2:19, 요이 7) 사람들 중의 리더가 될 것이다.

가이오는 여전히 장로와 교통하며, 기꺼이 장로의 대리자나 가르침들을 받아들이는 지역의 지도자이다. 그러한 그의 환대가 없었다면 장로가 지도하는 교회는 사라지게 되는 위기를 맞았을 것이다. 왜냐하면 "그 이름을 위해" 여행하는 사람들은 "이방인들"들로부터는 아무것도 받지 않을 것이기 때문이다(7절). 이러한 하나의 작은 측면이 요한의 그리스도인들의 분리주의적인 경향을 우리에게 상기시켜준다. 그러나 이 외부에 있는 사람들은 아마 의견을 달리 하는 그리스도인도 포함될지도 모른다. 이들 메신저들을 위한 원기회복과 새로운 준비(그들을 전도하도록 내보내는)를 시켜주는 사람들은(6절) 그들의 "동료 사역자"나 "친구"가 된다. 왜냐하면 이는 그들의 소유물들을 나누는 것뿐만 아니라 그들의 영적인 이상도 함께 나누는 것이 되기 때문이다.

환대에 관한 모든 이야기의 적절성은 이 짧은 편지의 구체적인 목적에 의해서 드러난다. 장로는 "교회를 위해 썼다"(9절). 이 서신의 부정과거형(aorist)은 이전에 있었던 의사전달에 관해 언급하는 것이 아니라 지금 교회 앞에 읽혀지기를 원하는 권면에 관해 언급하고 있는 것이다. 지금의 이 서신은 이 편지들을 갖고간 메신저를 위한 천거서로서 사용되고 있다. 데메드리오는 모든 사람들과 "진리 그 자체에 의해서도"(12절) 증명되어진 사람이다. 장로가 글로 쓰기를 원치 않은 "많은 것들"은 직접 대면해서 이야기하기 위해 연기하고 있다. 이는 디오드레베와 같은 사람들을 다루는 문제와 같은 실제적인 것들과 관련되어 있다. 장로는 곧 가기를 원하고 있다(14절). 그때에 그는 가이오와 함께 디오드레베의 문제를 이야기할 것이다(10절). 반면에 장로는 고전적인 아버지의 심정으로 가이오에게 디오드레베의 예를 따르지 말 것을 상기시킨다. "사랑하는 자여 악한 것을 본받지 말고 선한 것을 본받으라"(11절). 이러한 행동에 동기가 되는 것은 다시 한 번 요한의 상징적인 세계를 보여준다. "선을 행하는 자는 하나님께 속하고 악을 행하는 자는 하나님을 뵈옵지 못하였느니라"(11절).

요한2서 :교회에 보내는 표지 서신

데메드리오에 의해 보내진 두번째의 이 짧은 편지는 장로가 가이오의 공동체에 보내진 짧은 기록이다. "택하심을 입은 부녀와 그의 자녀에게"(1절)라는 말은 그 끝부분이 "택하심을 입은 네 자매의 자녀가 네게 문안하느니라"(13절)는 말씀이 암시하는 것처럼 공동체의 여성들을 위한 극존칭을 보여준다. 이 편지는 집합적인 청중을 가정한다(2, 3, 6, 8, 10, 12절). 그 인사는 진리에 관한 동일한 강조와 함께 요한3서보다도 더욱더 확장된다. "진리를 아는 모든 자"는 "진리가 우리 안에 거한다"는 근거 위에서 공동체를 사랑한다(1-2). 장로는 그의 독자가 진리와 사랑 안에서 은혜와 자비와 평강을 얻기를 기도하고 있다(3절). 그리고 그는 그들이 "진리 안에서 걷는다"(4절)는 것을 보고 기뻐한다. 마지막 끝맺음에서 개인적인 문제는 다음에 직접 만나서 이야기하기로 하고, 장로는 "너희 기쁨이 충만하기"(12절, 참조 요일 1:4)를 소원한다.

거짓 가르침의 문제가 분명히 이 편지에서 나타난다. 장로는 그의 독자들에게 "세상에서 나온 많은 미혹하는 자들"(7절)을 조심할 것을 경고한다. 우리는 요한서신에서 세상이라 불리는 그 실체에 대해 상당한 모호함이 있음을 생각하게 된다. 제사복음서가 보여주는 것처럼 이 세상은 예수님의 계시를 위한 활동무대이며, 하나님의 사랑과 구원의 대상이 된다(요 1:9, 3:16-17, 4:42, 6:14, 33, 51, 8:12, 9:5, 10:36, 11:27, 12:46-47, 17:21-24). 또한 이 세상은 예수님 안에서 하나님에 대한 거부 때문에 하나님의 부재와 신자들에 대한 적대가 있는 장소로 규정된다(요 1:10, 7:4-7, 8:23, 11:9, 12:25, 31, 14:17-31, 15:18-19, 16:8, 11, 33, 17:6, 9, 11, 14, 16, 18, 25). 그와 동일한 긴장이 요한일서에서도 강력하게 나타난다. 즉 "세상"은 예수님을 통한 하나님의 사랑과 구원의 수령자이지만(요일 2:2, 4:9, 14, 17), 지금 현재에 하나님 이외의 다른 권세에 의해 지배되는 곳으로써 존재한다(5:19). 이것이 "하나님의 자녀들"에 대한 왜곡된 가치와 미움 속에서 반영된다(요일 2:15-17, 3:1, 13, 4:1-5, 5:4-5).

장로의 공동체를 떠나 "세상으로 나간" 사람들은 세상의 가치를 분배받는다. 그들은 "미혹하는 자이며, 적그리스도이다"(요이 7). 그들의 분명한 가르침에 의해서건, 아니면 행동에 의해서건 간에 그들의 속임수는 "그리스도께서 육체로 오신 것을 부인하는"(7절) 것이다. 장로는 그들을 공동체의 전통을 지키지 않는 진보주의자로 묘사한다. "지나쳐 그리스도 교훈 안에 거하지 아니하는 자마다 하나님을 모시지 못하되 교훈 안에 거하는 이 사람이 아버지와 아들을 모시느니라"(9절). "그리스도의 교훈"이라는 표현의 애매성은 의도적인 것으로 보인다. 그것은 "그리스도에 관한" 교훈을 포함한다. 즉 그리스도에 관한 적절한 이해를 포함한다. 왜냐하면 그것이 "아버지와 아들을 모시는"(9절) 것에 요구되기 때문이다. 그러나 그것은 역시 예수님이 "처음부터" 그들에게 가르치신 계명을 의미하는 "그리스도로부터의" 가르침도 포함하는 것이다.

거짓된 교훈에 대한 우려는 환대에 관한 실제적인 지시와 연관되어 있다. 디오드레베의 행동을 비난한 장로가 지금 무엇을 명하고 있는가! 온전한 교훈을 전하지 않는 사람들을 그들의 집에 받아들이지 말라는 것이다. 심지어 그러한 사람들을 인사도 하지 말라고 명한다(10절). 우리는 여기에서 도전에 직면한 공동체의 의도적인 생존기술을 접하게 된다. 즉 그들을 피하고 축출하라는 것이다. 그 관계는 간명하게 진술되어 있다. "그에게 인사하는 자는 그 악한 일에 참예하는(koinonei) 자임이니라"(11절). 이러한 모습은 복합적인 개념을 갖고 있다. 첫째로 우리가 신약의 서신에서 종종 보았던 것처럼 환대는 장소와 음식을 나누는 것 이상을 의미한다. 그것은 영적인 교제를 함축한다. 둘째로 우리가 목회서신과 베드로후서에서 보았던 것처럼 악한 행동은 나쁜 사고에 이어 곧바로 뒤따라 나오는 것으로 생각된다. 예수님에 관한 잘못된 가르침은 여기에서 악한 행동을 유발시키는 것으로 생각되어진다. 이 경우에 환대에 대한 거절은 각 개인을 향한 적대적 행동이 아니고, 그 자신의 정체성을 유지하기 위한 공동체에 의한 부정과 악에 대항하는 방어적 조치이다.

장로는 그의 독자들에게 교회에서 읽혀지는 메시지에 관하여 경각심을 불러일으킨다(예를 들어 요한일서). 그들은 처음부터 배운 그 계명을 간직해야 한다는 것이다. 그들은 방황해서는 안되고 그 계명에 거하여야 한다(5−6절). 그 계명은 단지 그들이 서로 사랑하라는 것이다(5절). 그러므로 그들이 서로 사랑하면 그들은 역시 그의 계명을 지키는 것이다(6절). 예수님으로부터 그들에게 온 이 단일한 계명은(요 15:12, 17) 이 공동체를 위한 필요적절하고 충분한 방법이라고 장로는 주장한다.

요한1서 : 나머지 공동체에 대한 권면

우리는 요한2서와 3서에서 제시된 그 험난한 상황에서 요한1서와 같은 아름답고 놀라운 서신이 나타날 수 있으리라고 기대하지 못했을 것이다. 이것은 "그 교회를 위해 쓰여진 것인데" 이는 데메드리오가 가이오의 가정에 가지고 간 것이다. 이것이 분명히 서신으로 쓴 것일지라도(2:1, 7, 8, 12, 14, 21, 26, 5:13), 그속에는 서신적인 특징이 전혀 없고, 그 대신에 권고하는 설교 형식을 담고 있다. 저자는 그의 청중들에게 하나의 메시지를 "선언하고" "선포하는데"(1:2, 3, 5) 이는 새로운 내용을 담고 있는 것이 아니라(2:7) "처음부터"(1:1, 2:7, 13, 14, 24, 3:11) 있었던 그 계명으로 살라고 상기시키거나 권면하고 있는 것이다.

요한1서의 형태는 요한복음의 형태와 상당히 유사하다. 헬라어는 심지어 더 단순하고 어휘는 더욱 추상적이다. 그러한 조화는 요한일서를 순차적으로 읽기에는 어려운 글로 만들게 한다. 동일한 관점이 오직 약간의 변화만을 두고 반복적으로 나타난다. 그 형태는 현혹적이다. 그것은 종종 논쟁의 형태를 담고 있으나 다소 논리가 빈약하다. 그러므로 1:6에서 2:5까지에서 우리는 8개의 조건절을 읽을 수 있다.

그것은 서로 내적인 일관성을 갖고 있다. 그러나 순차적으로 그것을 읽을 때에 서로간의 연결뿐만 아니라 각각의 개별적인 관점들이 쉽게 잊혀지게 된다. 요한1서에서 가장 두드러지는 형태상의 요소는 문장마다 발견되어지는 분명한 자기모순일 것이다. 또한 전제의 방식으로 주어진 것이 권고의 방식으로 대치되지 않는가! 한 문장은 그 다음 문장이 부정하는 것을 확증하고 있다. 다양한 자료 이론들이 이런 현상을 설명하기 위해서 요청되나, 그것은 필연적인 것은 아니다. 요한일서에서 확증과 권고에서의 우유부단함은 자료나 편집자가 다수가 있었기 때문이 아니라, 저자의 사명감에 의해 창출된 내적인 긴장 때문이다.

이 저작은 요한복음과 동일한 상징적 세계를 갖는다. 우리는 이 서신에서 복음서의 수많은 주제를 발견할 수 있다. 즉 빛과 어둠(1:5, 2:8-9, 10) 진리와 거짓(1:6, 2:4, 21, 27, 3:19, 4:6, 20, 5:7), 공동체(교회)와 "세상"(2:15, 3:1, 13, 4:3, 4, 5, 5:19), 생명과 죽음(1:2, 2:12, 14, 24, 3:11) 간의 구별과 성령과 교제하는 존재(2:20, 27, 3:24, 4:2, 6, 13, 5:7)에 관한 주제들이 있다. 신자들은 "하나님으로부터 거듭난"(3:1, 2, 10, 4:4, 7, 5:1, 4, 18, 19)

사람들이다. 그들은 하나님의 아들 속에서 그들에게 드러난(4:7 - 10) 사랑과 계명 속에(2:3, 3:22, 5:2) 거할 때에 그들이 "보고 들은 것"(1:3, 2:24, 3:2, 6, 4:13)을 "증거"하게 된다(4:14, 5:7, 10).

그러나 요한일서에 있는 이러한 상징들의 형태를 구분짓는 것은 그들 중에 어느 것도 전처럼 간단하게 확증되지 않는다는 것이다. 이 공동체는 분열된 공동체이다. 즉 어떤 이들이 "우리들로부터 나갔다"(2:19). 만약 그들이 참으로 우리들에게 속해 있었다면 그들은 떠나가지는 않았을 것이라고 저자는 주장할지라도 성령 안에서 나누고 연합하고 사랑한다는 측면에서 규정된 공동체의 정체성은 지금 심하게 흔들리고 있다. 적어도 두 그룹이 지금 사랑받는 제자의 교회가 된다고 주장하고 있다. 그들의 주장은 서로 배타적이다. 그러므로 저자의 앞에 놓인 임무는 그의 독자들에게 전통적인 요청들을 지킬 것을 주장할 뿐만 아니라 동시에 새로운 환경을 고려하라는 것이다.

요한일서에서 두드러진 사실은 떠나버린 사람들에 대한 혹독한 비난이나 그들의 주장에 대한 강한 반박이 없다는 것이다. 이 서신의 초점은 외부 사람들에게 있지 않고 현재에 남아있는 사람들에게 있다. 그러나 이 서신은 그들이 진리를 고수한 것을 단지 축하하고 있지 않다. 그들은 오히려 그들의 정체성에 대한 갱신된 확증으로 도전을 받는다. 그것은 단순히 올바른 교리의 문제가 아니다. 이것은 실제적인 권고인 것이다. "나의 자녀들아 내가 이것을 너희에게 씀은 죄를 범치 않게 하려 함이라"(2:1). 그 마지막 권면은 참으로 엄숙하다. "자녀들아 너희 자신을 지켜 우상에게 멀리하라"(5:21).

요한일서에서 우리는 완벽주의적이고 분리주의적인 공동체의 드문 현상을 발견하게 된다. 그들은 실패와 분열을 떠나가버린 사람들을 비난함으로써가 아니라 자기 비판의 형태를 취하고 있다. 남은 신실한 자들은 젠체 하는 것이 아니라 새로운 경각심으로, 가능한 한 외부 사람에 대한 공격보다는 그들 자신의 실패에 대한 새로운 경각심을 가질 것을 격려받는다. 이러한 실패들은 단순히 인사이더(내부자)가 되었다는 자족감에서 오는 편하고 부주의한 교만 때문인 것이다. 성령을 요구하는 것만으로 충분치가 않다. 모든 사람들은 "영을 다 믿지 말고 오직 영들이 하나님께 속하였나 시험해보아야 한다"(4:1). 세상과의 구분만으로 충분치 않다. 왜냐하면 어떤 이들의 떠남은 곧 "세상"은 바깥만이 아니라 바로 여기에서도 있기 때문이다.

그러므로 장로의 공동체(교회)는 전에는 잠복해 있던 공통된 전통적 요소들을 발견하기 위해 그 상징들을 살펴볼 것을 요구받는다. 예를 들어 교회는 예수님이 하나님 앞에서 우리를 신원해 주시고 보상해 주실 것을(1:7, 2:2, 4:10) 확신하면서 그들 자신의 죄성을 인식하는 것이 필수적이다(1:9). 그들은 더 이상 하나님의 자녀로 태어난 사람들은 죄인이 아니라는 단순한 확신 속에서 만족해 할 수는 없다(3:9). 물론 그 확증은 참이다. 하지만 그 확증은 새로운 방법으로 이해되어져야 한다. 죄에 대한 부정은 자기기만일 뿐만 아니라 "사망에 이르는 죄"(5:16-17)가 될지도 모른다는 것을 분명히 해준다. 왜냐하면 그것은 곧 자기 자신에게 확신을 두는 것이지 하나님의 자비에 확신을 두는 것이 아니기 때문이다. 그것은 하나님에게서 숨는 것이다. 이 공동체는 자신의 죄를 고백하고 죄를 지은 멤버들을 위해 기도하는 공동체인 것이다(5:14). 그 확신은 자신의 완전성에 달려 있는 것이 아니라 십자가에서 죽임당하신 분으로부터 오는 생명의 은혜에서 오는 것이다(5:6-8, 참조 요 19:34).

진리는 하나님의 아들이 육체로 오셨다는 단순히 추상적인 진리에 머무르는 것이 아니다(2:22-23, 3:23, 4:2-3, 14, 5:1, 10-11, 20). 물론 그것이 중요할지라도 말이다. 진리는 적절한 행동으로 변화되어야 한다. 이것은 세상과 세상의 형태에 참여한 거짓된 형제들의(2:9-10, 3:14-15, 4:20) 특징이 되는 미움과 대조되는 참되고 실제적인 사랑을 의미한다(2:15, 3:1, 13, 4:3, 4, 5, 5:13, 19). 이 공동체와 떠나가버린 사람들 간의 서글픈 형제관계는 가인의 예에 의해서 암시된다. 가인은 "그의 행위가 악했기 때문에 그리고 그의 형제의 의로움" 때문에 동생을 죽였다(3:12-13, 참조 창 4:8-16).

이 공동체에 속한 멤버들은 두려움에서 오는 수동적인 자세를 버리고 또한 서로를 돌보아주려는 마음을 가짐으로써 그들의 사랑을 "완전하게" 해야 한다(2:5, 4:12, 17-18). 그들은 어찌되었든 공동체의 정체성이 유지될 수 있도록 더 이상 분리된 상태로 있어서는 안된다. 그들은 서로를 위해서 기도해야 하고 서로를 바로 잡아 주어야 한다(5:14-17). 그리스도 안에서 하나님의 사랑이 역사하신 것처럼 그들은 실제적이고 직접적인 형태로 서로를 돌보아주어야 한다(요일 3:16-18).

그가 우리를 위하여 목숨을 버리셨으니 우리가 이로써 사랑을 알고 우리도 형제들을 위하여 목숨을 버리는 것이 마땅하니라 누가 이 세상 재물을 가지고 형제의 궁핍함을 보고도 도와줄 마음을 막으면 하나님의 사랑이 어찌 그 속에 거할까 보냐 자녀들아 우리가 말과 혀로만 사랑하지 말고 오직 행함과 진실함으로 하자

그러므로 교회는 이해와 행동에 있어서 그 고결성을 새롭게 해야 하는 의무에 직면해 있다. 이것을 우리는 주장과 권고 사이에서 분명한 일관성을 갖지 못한 것에서 알 수 있다. 일면 이 공동체는 인생의 메시지를 갖고 있고(1:1-4) 악한 것에 대해 승리했다는 주장을 할 수 있다(2:12-14). 멤버들은 그들의 죄가 용서되었고(2:12), 진리를 알고 있으며, 또한 하나님의 자녀가 되었다(3:2)고 참으로 말할 수 있다. 그들은 하나님께 속한 사람들은 죄짓지 아니하며(3:9-10, 5:18) 그들의 마음이 그들을 정죄할수 없다는 것을 선언할 수 있다(3:21). 그들은 하나님 안에 거하여(3:24) 적그리스도를 정복했다는 것을 확신한다(4:4). 그들은 성령을 갖고 있으며(4:13), 그 사랑이 그들 가운데 완벽하게 이루어졌다(4:17). 그들의 믿음이 세상을 극복한 것이다(5:4). 그들은 그들의 마음 속에 증거를 갖고 있고(5:10), 참되신 하나님 안에 있다는 확신을 갖고 있다(5:20).

그러나 그들이 상징적 세계의 참된 구조를 형성하는 이러한 확증이 있을지라도 그들은 역시 확증으로 살아가는 공동체의 실패에서 생겨난 긴급한 명령을 갖고 있다. 만약 그들이 지금 어둠 속에서 걷는다면 그들은 거짓말하는 자이다(1:6). 만약 그들이 죄없다고 말한다면 그들은 자기를 속이는 자이고(1:8), 하나님을 거짓말쟁이로 만드는 자이다. 왜냐하면 하나님이 그의 아들을 속죄제로 보내셨기 때문이다(1:10). 만약 그들이 형제를 미워한다면 그들은 여전히 어둠 속에 거하고 있는 것이다(2:9). 그들은 세상을 미워해야 하고 세상의 표준으로 살아가는 것을 거부해야 한다(2:15). 그들은 하나님 안에 거하여야 한다(2:27). 그들은 그들 자신을 깨끗히 해야 하고(3:3), 단지 말로만이 아니라 행위로(3:18) 서로 사랑해야 한다(3:11).

간단히 말해서 장로는 남은 공동체에게 자기 이해의 그 상징들은 참되며 실제에 부합되는 것임을 상기시킨다. 그러나 그들의 실패의 이유는 그들에게 주어진 선물의 요청을 온전히 인식하지 못했기 때문이다. 그들은 "완전하게" 되는 것에만 만족해 하며 그들의 고결성을 상실했던 것이다. 그들을 하나님의 자녀가 되

게 한 것은 그들의 "완전성"이 아니라 하나님의 선물에 의한 것임을 그들은 깨달을 필요가 있다. 그들의 삶의 패턴을 배우기 위해 그들은 자신의 정체성의 근원을 다시 한 번 살펴볼 필요가 있다(요일 4:7-12).

사랑하는 자들아 우리가 서로 사랑하자 사랑은 하나님께 속한 것이니 사랑하는 자마다 하나님께로 나서 하나님을 알고 사랑하지 아니하는 자는 하나님을 알지 못하나니 이는 하나님은 사랑이심이라 하나님의 사랑이 우리에게 이렇게 나타난 바 되었으니 하나님이 자기의 독생자를 세상에 보내심은 저로 말미암아 우리를 살리려 하심이니라 사랑은 여기 있나니 우리가 하나님을 사랑한 것이 아니요 오직 하나님이 우리를 사랑하사 우리 죄를 위하여 화목제로 그 아들을 보내셨음이니라 사랑하는 자들아 하나님이 이같이 우리를 사랑하셨은즉 우리도 서로 사랑하는 것이 마땅하도다 어느 때나 하나님을 본 사람이 없으되 만일 우리가 서로 사랑하면 하나님이 우리 안에 거하시고 그의 사랑이 우리 안에 온전히 이루느니라

참고문헌

요한서신에 관한 영어로 된 문서들은 그리 많지 않다. 요한 서신의 개관에 관해서는 F. F. Bruce의 "Johannine Studies Since Westcott's Day," in B. F. Westcott's *The Epistles of St. John*(Grand Rapids: Wm. B. Eerdmans, 1966[1892]), lix-lxxvi. 요한서신의 목적지와 목적에 관한 연구를 위해서는 다음의 문헌을 보라. J. A. T. Robinson, "The Destination and Purpose of the Johannine Epistles," *NTS* 7(1960): 56-65, 그리고 J. J. Gunther, "The Alexandrian Gospel and the Letters of John," *CBQ* 41(1979): 581-603.

특별히 요한1서에 관한 문학적 측면들은 다음의 문헌들에서 다루어진다. W. F. Howard, in "The Common Authorship of the Johannine Gospel and Epistles," *JTS* 48(1947): 12-25, A. P. Salom, "Some Aspects of the Grammatical Style of 1 John," *JBL* 74(1955):96-102, O. Piper, "I John and the Didache of the Primitive Church," *JBL* 66(1947):437- 51, J. C. O'Nell, *The Puzzle of I John*(London:SPCK,1966), and F. O. Francis, "The Form and Function of the Opening and Closing Paragraphs of James and I

John," *ZNW* 61(1970): 110 - 26. 요한서신들의 상징주의를 통한 도움되는 가이드는 다음의 문헌들에서 제공된다. R. E. Brown, "The Qumran Scrolls and the Johannine Gospel and Epistles," *New Testament Essays*(Milwaukee: Bruce Pub. Co., 1965), 138 - 173

서신의 역사적 배경에 관한 재구성을 위해서는 다음의 문헌들을 보라. R. E. Brown, *The Community of the Beloved Disciple*(New York: Paulist Press, 1979), 93 - 144, idem, " 'Other Sheep Not of This Fold' : The Johannine Perspective of Christian Diversity in the Late First Century," *JBL* 97(1978): 5 - 22: and P. Perkins, "Koinonia in I Jn 1:3 - 7: The Social Context of Division in the Johannine Letters," *CBQ* 45(1983): 631 - 41. 서신의 역사적 재구성에서부터 권면적인 기능에 관한 전이는 다음의 문헌에서 발견된다. J. M. Lieu, "Authority to Become Children of God: A Study of I John," *NovT* 23(1981): 210 - 28

특별히 요한 2서와 3서에 관해서는 다음의 문헌들을 보라. P. W. Funk, "The Form and Structure of Ⅱ and Ⅲ John," *JBL* 86(1976): 424 - 30, *JBL* 86(1967) : 424-30, and A. J. Malherbe, "Hospitality and Inhospitality in the Church," in *Social Aspects of Early Christianity*, 2d ed., enl.(Philadelphia: Fortress Press, 1983 〔1977〕), 92 - 112. C. H. Kim, *Form and Function of the Familiar Greek Letter of Recommendation*(Missoula, Mont. : Scholars Press, 1973)

각각의 개별적인 주제와 구절에 관한 것들은 다음의 문헌들을 보라. E. Malatesta, *Interiority and Covenant*(Rome: Biblical Inst. Press, 1978), T. Barosse, "The Relationship of Love to Faith in St. John," *TS* 18(1957): 538 - 59, P. S. Minear, "The Idea of Incarnation in I John,"*Int* 24(1970): 291 - 302, N. H. Cassen, "A Grammatical and Contextual Inventory of the Use of Kosmos in the Johannine Corpus with Some Implications for a Johannine Cosmic Theology," *NTS* 19(1972): 81 - 91, B. Noack, "On 1 Jn 2:12 - 14," *NTS* 19(1972): 236 - 241, J. Townsend, "The Sin Unto Death: 1 Jn 5:16f.," *Restoration Quarterly* 6(1962): 147 - 50, J. E. Weir, "The Identity of the Logos in the First Epistle of John," *ExpTim* 86(1974-75): 118-19, P. Trudinger, "Concerning Mortal Sins and Otherwise: A Note on I Jn 5:16-17," *Bib* 52(1971): 541-42, and M. DeJonge, "The Use of the Word Christos in the Johannine Epistles," in *Studies in John*, ed. C. K. Barrett, NovTSup 24(Leiden: E. J.Brill, 1970), 66-74

다음의 문헌들은 헬라문헌과 요한 전통을 통한 유용한 가이드를 제공해준다. B. F. Westcott, *The Epistles of Saint John*, with a new intro. by F. F. Bruce(Grand Rapids: Wm. B. Eermans, 1966[1892]), R. Bultmann, *A Commentary of the Johannine Epistles*, trans. R. P. O' Hara et al., Hermeneia (Philadelphia: Fortress Press, 1973[1967])은 복음서 주석의 업적에는 못미치지만 약간의 도움을 준다. R. E. Brown, *The Epistles of John*, Anchor Bible(Garden City, N. Y. Doubleday & Co., 1982)은 훌륭한 참고문헌을 제공해주는 특징을 갖추면서 균형이 잘 잡혀 있다. 역시 J. L. Houlden, *A Commentary on the Johannine Epistles*, HNTC(New York: Harper & Row, 1973)을 보라.

699

제26장

요한계시록

사람들에게 읽혀진 문학 작품들 가운데 요한계시록만큼 바로 이해되지 못하고 비참한 결과를 초래하게 된 책은 찾아볼 수 없다. 요한계시록의 문학적 형식과 목적에 대한 근본적인 몰이해로 말미암아 이 저작의 해석사는 전반적으로 비극적인 오해의 이야기가 될 뿐이다. 이 책의 은밀한 상징들이 시인들에게 무한한 상상력의 세계를 제공해주는 한에 있어서는 그 영향이 좋았다고 말할 수 있다. 그러나 그런 일보다는 이 상징들로 이루어진 책을 통하여 개인적으로, 또한 대중적으로 자신이 처한 사회에서 유행하고 있는 것들이 멸망한다는 망상적인 생각을 갖게 되고, 또 이 작품에 대하여 불신감을 갖게 되는 경우가 더 많았다.

오해는 바로 이 본문에서 비롯될 수 있다. 왜냐하면 이 책에서, "예수 그리스도의 계시"라고 주장하며, 신자들에게 "속히 될 일"을 알려주는 것이라고 증거하고 있기 때문이다(1:1). 이 책을 신적인 승인을 받은 미래에 대한 청사진으로 간주한 것은 당연하다. 이미 2세기에 파피아스는 20장 4-6절과 같은 구절에서 세상의 종말이 오기전에 성도들이 지상에서 천 년 동안 통치한다는 문자적인 약속을 발견했다.

> …살아서 그리스도로 더불어 천 년 동안 왕노릇 하니 그 나머지 죽은 자들은 그 천년이 차기까지 살지 못하더라 이는 첫째 부활이라 이 첫째 부활에 참예하는 자들은 복이 있고 거룩하도다 둘째 사망이 그들을 다스리는 권세가 없고 도리어 그들이

하나님과 그리스도의 제사장이 되어 천년 동안 그리스도로 더불어 왕노릇 하리라 (20:4-6. 참조. 유세비우스, 「*Ecclesiastical History* Ⅲ.39.12」).

파피아스는 계시록에서 회복된 하늘과 땅으로 들어가는 가이드를 발견한 "천년왕국설의 신봉자들" 가운데서—이레니우스, 몬타누스주의자들, 피오르의 요아킴, 그리고 급진적인 개혁주의자들을 포함하여—첫번째로 손꼽히는 사람이었다(21:1-2). 어느 시대를 막론하고 압제당하고 고난받는 자들은 이 구절들 가운데서—행간을 읽어야 한다고 속삭이는 지시에 따라(13:18, 17:9)—자신들의 대적인 "짐승"(13:18)의 정체를 제각기 발견할 수 있었다. 네로 황제로부터 히틀러에 이르기까지 통치자들과 약탈자들은 부지불식간에 "666"이라는 별명을 얻게 되었다. 계시록은(21:1-8과 같은 구절에서) 약탈당하고 분개하는 자들에게 하늘의 예루살렘의 비전을 인간의 노력으로 추구하는 유토피아적이고 평등주의적인 프로젝트의 기초를 사도행전 4장 32-37절의 초대교회의 이상적인 모습과 함께 제공했다. 이런 운동은 언제나 그 후원자의 파멸로 끝장이 났다. 많은 그리스도인들이 계시록에서 아마겟돈 전쟁의(16:16) 징조를 아는데 가장 도움이 되는 안내서를 발견할 때, 이 이상은 우리의 세대를 포함하여 모든 시대에 태어나고, 또 태어났다. 요약해서 말하자면, 계시록은 사람의 정신 속에 있는 깊고 어지러운 것, 즉 어떤 사실로나 불확증의 증거로써 지워지지 않는 것에 대하여 말하는 보기 드문 저작물의 한 가지이다.

계시록의 해석사에는 몇 가지 계속되는 요소들이 있다. 그 중에 가장 중요한 점은 이 책에 미래 사건들에 대한 문자적 예언이 있다고 믿는 것이다. 이렇게 단정하는 배경에는 두 가지 중요한 양상이 드러난다. 첫째로 "예언"을 가장 좁은 의미로 이해하여 그저 "예보"로 받아들인다. 본문의 서술의 토대는 저자의 시대가 아니고 독자들의 시대이다. 그러므로 동시대의 사건들을 해석하는 방식이 이 사본의 해석상 핵심적인 부분이 된다. 세상 돌아가는 형편이 어떻게 다가오는 종말의 징조를 지적할 수 있게 하는가? 게다가 이 작품의 상징들은 하나의 암호문처럼 취급된다. 독자들은 본문의 상호간의 연관성이나 이 저작의 종교적인 전승에 대한 암시 따위에는 관심을 갖지 않고, 다만 본문의 상징들과 현시대 상황의 양상들을 맞추어 하나씩 정렬할 수 있는 방식에만 신경을 쓰고 있다. 이 해석의 과정에 대하여 사람들의 경험으로는 불확정의 판정을 내릴 수 없다는 사실이 드러난다. 만일 시대의 사건을 읽는 법이 잘못되었다면—만일 사실상 종말이 오지 않았더라면—문제는 본문의 본질이나 해석 과정에 있지 않다는 것이다. 다만 계산이 잘못되었다고 생각한다.

이런 과정 속에는 역사적 호기심이나, 도덕적 및 종교적 열정 외에 어떤 것이 작용하고 있다. 독자들 중에는 강박관념이나 편집병으로 시달리는 자들이 알고 싶어하는 것을 본문에서 이끌어 낸다. 이런 식으로 해석하고 있으면, 계시록에서 그리스도인으로서 이 세상에서 어떻게 살아야 하는가에 대하여 말하는 메시지와는 전혀 다른 것을 좇고 있는 것이다. 본문의 내용을 이 세상에서 확실하게 일어날 사건만으로 축소시킨다. 그래서 본문은 열차시간표와 같은 것이 되어버리고, 해석과정에서 나타나는 동기는 바이오리듬과 점성학의 수준에 머물러 있다.

여기서 문제점은 석의가 해석학 밑에 그냥 묻혀버렸다는 사실이다. 하나님의 말씀이 모든 시대를 향하여 직접적으로 말한다는 확신이 있으나, 최초의 역사적 표현을 매개로 하여 말씀한다는 사실에 대한 인식이 결여되어 있다. 신약 성경이 현 시대에 주는 의미는, 신약 성경이 특별히 이 시대에 맞추어 쓰여졌다는 사실에서 찾아지는 것이 아니라, 초대 그리스도인들에게 말한 진리는 모든 시대의 신자들에게 진리로 남아 있을 수 있고, 또 그렇게 되어지고 있다는 확신 가운데 주어진다. 계시의 역사적 형성과 기능을 인식하지 못하면 큰 해를 끼치게 된다. 과거의 이러한 실례들을 기억하면 문자적 해석주의자들의 감옥에서 벗어나고, 본문이 역사적 우연성을 벗어나서 말할 수 있는 생생한 메시지에 접할 수 있게 된다.

그러므로 계시록에 대한 문제에 있어서는 무엇보다도 역사적·비평적 분석을 통하여 얻은 전망이 영적 병폐의 해독제가 될 수 있다. 역사적·비평적 분석의 방법은 계시록이 의미하는 본래의 뜻을 표현하기 위하여 사용된 문학적 관례를 파악할 수 있게 한다. 이를 통하여, 우리는 요한계시록을 묵시문학의 장르로 기록된 작품으로 이해하게 되었고, 교회에서 주로 고백하는, 십자가에 못박히고 다시 부활하신 메시아의 체험에 의하여 이 장르의 구조 자체가 어떻게 재형성되었는가를 발견하게 된다.

요한계시록과 묵시문학

본서의 앞 부분에서(제2장) 묵시문학에 대하여 상당히 폭넓게 다루었으므로, 여기서는 그 전망과 문학의 몇 가지 중요한 점들을 재검토하려고 한다. 묵시문학은 유대교에서 내부적으로 전통적인 가치관이 부패하고, 외부로부터 자신의 가치관이 위협을 받을 때 문학적 예언의 형식으로 발달된 것이다. 마카베오 시대에 다니엘서에서 묵시문학의 고전적인 표현을 발견했다. 그래서 유대교와 기독교에서 많은 필명의 저작물들이 쏟아져 나왔다. 확신이 흔들리고 있는 자들에게는 충성할 것을 권고한다. 신앙을 잃어가는 자들에게 인내를 권고한다. 묵시문학은 역사의 해석을 통하여 압제당하고 핍박을 받는 사람들을 위로한다. 선지자나 고대의 현인의 이름을 빌려 작품을 씀으로써 동시대의 작자들은 예언이라는 표지를 붙이고, 시대적인 상황의 분석에 고대의 권위있는 이름의 후광을 두른다.

묵시문학은 본질적으로 계시적인 문학이다. 예언자는 영적으로 하늘에 오르고, 이상한 꿈을 꾸고, 혹은 아래의 세상으로 옮겨지기도 하면서 현재의 초월적인 세계와 그 미래적인 경험적 실체를 보기도 한다. 그들이 만들어내는 미래의 환상과 예언들은 항상 허구적인 성질을 내포하고 있다. 묵시문학에서 사용하는 대표적인 상징들은 수비학, 우주적인 파국, 그리고 우화적인 짐승들을 강조한 것임을 알고 있다.

요한계시록에서도 이런 특징들을 많이 이용하고 있다. 첫째로, 계시록은 자의식을 가지고 쓴 작품이다. "이 예언의 말씀을 읽는 자와 듣는 자들이….복이 있나니…."(1:3, 참조. 2:1,8,12,18, 3:1,7,14, 22:9). "이 책의 예언의 말을 지키는 자가 복이 있으리라"(22:7). 이 작품은 본질적으로 환상적이다. 그러나 저자에 의하여 표출된 문학적 자의식 때문에 신비적 상태의 원시적인 경험보다는 문학적으로 증류된 것을 보게 된다. 이 작품 전체를 통틀어 예수 그리스도의 계시라고 부를 수 있다(1:1). "예수 그리스도의(of Jesus Christ)"라는 구절은 이 계시가 그에게로부터 온다는 의미와, 이 계시는 그에 관한 것이라는 두 가지 의미로 이해될 수 있다. "이리로 올라오라 이 후에 마땅히 될 일을 내가 네게 보이리라"고 말하는 음성을 요한이 듣는다(4:1). 그리고 그가 하늘에 열린 문을 통과할 때 "거기서" 지금 일어나고 있는 일과 장차 땅에서 이루어질 일을 "보고", "듣는다". 이 작품에서 가장 묵시문학적 특성을 나타내는 표현은 "내가 보았다"

는(1:2,12,17, 4:1, 5:1-2, 6,11, 6:1-12, 7:1-2,9, 8:2,13, 9:1,17, 10:1,5, 13:1-2,11, 14:1,6,14, 15:1,2,5, 16:13, 17:3-18, 18:1, 19:11,17,19, 20:1,4,11-12, 21:1,2,22) 구절이다. 요한은, "너 보는 것을 책에 쓰라"는(1:10) 말씀을 듣는다.

계시록은 다른 묵시문학 작품들의 표준적인 상징적 체계를 그대로 이용하고 있다. 숫자들은 중요하다. 왜냐하면 숫자들은 정확성이 자아내는 미묘한 분위기와 신비를 결합시키기 때문이다. 우리는 무엇보다도 7이란 숫자를 다음과 같은 경우에 발견하게 된다. 천사와 교회들을 상징하는 일곱 금 촛대와 일곱 별(1:20), 일곱 영(1:4, 3:1, 4:5), 일곱 인(5:1), 어린 양의 일곱 뿔과 일곱 눈(5:6), 일곱 나팔(8:2), 일곱 우뢰(10:3), 용의 일곱 머리(12:3), 짐승의 일곱 머리(13:1), 일곱 대접(15:7), 일곱 재앙(15:1), 일곱 왕(17:10), 그리고 칠천 명의 죽음(11:13)—이 모든 것에 7이란 숫자가 사용되었다. 4라는 숫자는 생물(4:6-8), 말탄 자(6:1-8), 그리고 땅 모퉁이에 선 천사(7:1)에 사용되었다. 성경적인 전통에 의하면 12의 배수는 어떤 분명한 의미가 있다. 하늘의 예루살렘은 열 두 문 및 열 두 기초석은 십 이 사도 및 열 두 천사와 대응된다(21:11-14). 생명나무는 열 두 과실을 맺는다(22:2). 해를 입은 여인은 열 두 별의 면류관을 쓰고 있다(12:1). 하늘에는 이십 사 장로와 이십 사 보좌가 있다(4:4). 그리고 선택받은 자의 수 십사만 사천은 이스라엘 열 두 지파가 각각 1만 2천명이어서 그렇게 되어진 것이다(7:4, 14:1-5). 물론 이 모든 숫자들에는 아무런 특징이 없다. 숫자는 그저 숫자일 뿐이며, 그것으로 충분하다.

계시록에는 묵시문학의 동물원이 있다. "네 생물"(4:6-8), "일찍 죽임을 당했으나 살아있는 어린 양"(5:6), "네 마리의 말"(6:1-8), "독수리"(8:13, 12:14), "황충"(9:3-11), 그리고 "흰 말"(19:11-16)이 있다. 반면에 옛뱀으로(12:9) 알려진 붉은 용도(12:3) 있다. 표범, 곰, 그리고 사자의 성질을 가진 "바다에서 올라오는 짐승"이 있다(13:1-2). "땅에서 올라오는 짐승"(13:11)도 있다. 그리고 "붉은 빛 짐승"도(17:3,7-12) 있다. 우주적 현상도 다양하다. 하늘이 열린다(4:1). 지진과, 해와 달의 식과, 붕괴가 있다(6:12-17). 카페트를 들듯이 땅 네 모퉁이 붙잡고 바람(7:1), 우뢰, 지진, 그리고 번개를(8:5) 막는 천사들, 일련의 재앙(8:7-12), 그리고 해를 입고 별의 면류관을 쓴 여인이(12:1) 있다. 이 이미지의 느낌은 10장 1-3절에 의하여 가장 잘 전달된다.

내가 또 보니 힘센 다른 천사가 구름을 입고 하늘에서 내려 오는데 그 머리 위에 무지개가 있고 그 얼굴은 해 같고 그 발은 불기둥 같으며 그 손에 펴 놓인 작은 책을 들고 그 오른발은 바다를 밟고 왼발은 땅을 밟고 사자의 부르짖는 것 같이 큰 소리로 외치니 외칠 때에 일곱 우뢰가 그 소리를 발하더라

이 환상적인 이미지들을 서로 맞추어 어떤 일관성있는 그림을 만들어 낼 수 있겠으나 요점은 거기에 있지 않다. 어떤 특별한 숫자나 짐승이나 별도 중요한 것이 아니다. 다만 계시의 본질적인 신비와 초월의 의미를 나타내는데 누적적인 효과를 위한 것일 뿐이다.

계시록은 이런 점에서는 다른 묵시문학적 작품들과 마찬가지이다. 정성들여 꾸민 상징들이 있음에도 불구하고 오히려 역사에 대한 간단한 해석을 제시한다. 하나님께서 세상을 주관하신다. 하나님의 백성이 환난을 당하고, 악이 승리하는 것 같이 보이지만(12:7-13:8), 하나님께서는 압제받는 자들을 위하여 결정적으로 개입하시고(14:14-20:15), 사람들 가운데 현존하심으로 역사를 그 목표로 이끌어 가신(21:1-22:5). 이 역사의 절정은 "속히" 올 것이다(1:1, 2:16, 3:11, 11:14, 22:6,7,12,20). 이 역사적 해석의 요점은 훈계적이다. 그 결과가 확실하고, 곧 이루어질 것이므로 고난은 끝까지 그 강도를 유지하고 있다. 본문은 위험한 순간에 독자들을 향하여, "성도들의 믿음과 인내가 여기 있으니라"(13:10), 그리고, "성도들의 인내가 여기 있나니 저희는 하나님의 계명과 예수 믿음을 지키는 자니라"(14:12)고 말한다. 땅으로 내려오는 하늘의 예루살렘의 마지막 환상에는 다음과 같은 보증의 말씀이 수반된다. "이기는 자는 이것들을 유업으로 얻으리라"(21:7). 끝까지 굳건하게 서 있는 자들은 "승리을 얻는다"(참조. 2:7,11,17,26, 3:5,12,21). 이들은 그 고난을 통하여 일찍 죽임을 당했으나 지금 살아계시는 어린 양이(5:6, 17:14) 얻은 바 죄와 사망에 대한 승리에 (15:2) 동참하게 된다.

그러나 계시록은 세 가지 특별한 방식으로 "일반적인" 묵시작품들의 틀을 깨고, 이런 종류의 저작물들 중에서 독특한 위치를 확보하고 있다. 첫째로, 계시록은 굉장히 뛰어난 예술적 기교의 작품이다. 「*1 Enoch*」의 단편들을 읽어보면 이런 점을 알 수 있게 될 것이다. 계시록의 구성에는 우연적이거나 돌발적인 것이 전혀 없다. 독자들에게 아무리 모호하게 보여도, 이 책의 변함없이 매력적인

특성들 중의 한 가지는 활발하고 미묘한 지성이 움직이고 있음을 느끼게 하는 것이다. 이 책의 세련되지 못한 헬라어 자체도 의도적으로 "거룩한 성경의" 세계로 주의를 환기하는 수단으로 느껴진다. 계시록에는 구약에서 직접적으로 인용한 구절이 없지만 성경의 본문들을 면밀하게 다시 쓴 것이다. 어색한 데가 전혀 없이 창조적으로 쓴 것이기 때문에 마치 "본래의" 언어로 기록된 것처럼 보인다. 계시록은 특별히 고전적인 예언서, 즉 아모스와 이사야를 많이 이용하고, 나아가서 앞서 기록된 묵시문학적 형식이 담겨있는 스가랴, 다니엘, 그리고 무엇보다도 에스겔을 주로 이용하고 있다. 우리는 에스겔에서 하늘의 보좌, 생물, 유리바다, 수천 명을 인치는 일, 두루마리를 먹는 것, 예루살렘으로부터 흐르는 생수, 성전을 측량하는 일을 볼 수 있다. 이 모든 계시가 새로운, 힘있는 종합된 작품 속에서 다시 약동하고 있다.

둘째로, 계시록은 유대교의 메르카바 신비주의의 저작물과 유사한 요소들이 있다. 이런 헤크할롯(Hekhaloth) 문학(하늘의 홀의 묘사)은 에스겔에 대한 비전적 해석에서 유래하는 것이므로 이런 연관성은 결코 놀라운 것이 아니다. 물론 숙련자가 하늘의 처소로 올라가는 것은(4:1) 표준적이다. 하늘 궁전에 있는 것들은—보좌 위에 앉으신 이(4:2), 보석 무지개(4:3), 생물(4:6), 유리 바다(4:6), 등불(4:5), 섬기고 찬양하는 천사들(4:6-9), 불이 섞인 유리 바다(15:2), 불못(19:20), 보석이 깔린 하늘 궁전(21:15-21)—특히 흥미롭다. 무엇보다도 환상들 가운데 나오는, 하나님의 존전에서 부르는 찬양 때문에 계시록은 헤크할롯 문서들과 유사하다. 이 찬양을 부르는 자는 천사들(4:11), 장로들(11:16), 그리고 성도들(15:2-4)이다. 이 찬양들은 환상에 예배와 기도의 특성을 부여한다(참조. 4:9-11, 5:9-12, 7:10-12, 11:15b,17-18, 16:5b-7b, 19:1-4). 또한 그리스 드라마 형식에서는 찬양은 장면들에 대한 권위있는 주석을 제공하는 역할이 있다.

셋째로, 계시록은 그리스도인의 예수에 대한 경험이 있어서 묵시문학의 장르를 초월한다. 신약성경의 모든 책들과 마찬가지로 미래에 대하여 기대하는 것들은 예수의 부활을 통하여 나타난 하나님의 능력과 성령의 선물에 대하여 예민하게 인식하는데서 구체화된다. 따라서 우리는 여기서 익명의 혹은 필명의 작품을 대하는 것이 아니라 그 당시의 독자들에게 잘 알려진 동시대의 인물, 그 시대에 특정한 시간과 장소에서 부활하신 예수에 대한 자신의 체험을 전할 수 있는 자에 의하여 쓰여진 저작을 읽는 것이다(1:9-10). 요한이 묵시문학의 장래 일을 말하는 허구적인 예언을 말하려고 하는 것이 아니다. 소아시아의 일곱 교회에 보낸 서신에서 요한은 현재 그들 가운데 일어나고 있는 일을 증거하고 있다. 예언의 소리는 그 땅에서 울려퍼지고 있다(2:1-3:22).

무엇보다도 예수께서 주로서 죽은 자들 가운데서 살아나셨다는 확신이 묵시의 상징들을 변형시킨다. 우리는 예수에 대한 계시뿐 아니라 그에게로부터 오는 계시를 읽고 있다(1:1). 서신에서 선지자를 통하여 말하는 음성은 바로 그의 목소리이다. 인자는 심판자로(14:14) 오실 분이실 뿐 아니라 지금 살아계시는 분이시다(1:13). "곧 산 자라 … 이제 세세토록 살아 있어 사망과 음부의 열쇠를 가졌노라"(1:18). 예수께서는 일찍 죽임을 당했으나 지금은 살아 계시는 어린 양으로서 하나님의 보좌 앞에 서 있다(5:6, 7:10). 그는 충성과 진실이라는 이름을 가지고 백마를 타고 있다(19:11). 그의 옷은 종의 옷과 같이 피로 물들었고(사 63:3), 그는 하나님의 말씀으로 불리운다(19:13). 그는 만왕의 왕이요, 만주의 주이시다(19:16). 그는 새예루살렘의(21:9) 신랑이시며, 그 도성의 성전이요(21:2), 등이(21:23) 되신다.

그러므로 계시록에 있어서는 죄와 사망에 대한 하나님의 승리는 미래에 기대할 일이 아니다. 이미 하늘에서 실현된 일이다. 예수의 부활은 악에 대한 하나님의 우주적 승리의 보증이다. 성도들의 소망은 먼 옛날에 주신 하나님의 약속에만 근거한 것이 아니고, 예수의 부활을 통하여, 그리고 하늘에서 예수와 연합한 성도들을 통하여 현재 나타난 하나님의 능력에 기초한 것이다. 교회는 이미 앞서 간 성도들을 통하여 부활의 승리를 나누고 있다. 환상들이 독자들에게 나타날 때 근본적인 승리가 이미 주어진 것이다. 그 문제는 이미 의심할 바가 없다. 장래에 대한 환상들은 예수에 의하여 이미 성취된 승리의 필연적인 결과들을 상세하게 설명할 뿐이다. 또한 계시록에서는 "이미(already)"와 "아직(not yet)"이라는 독특한 그리스도인의 체험이 묵시문학의 상징들을 변형시킨다.

요한계시록과 요한의 문학

하늘의 처소에 치중하고 있는 작품으로서 계시록은 인간의 격정의 물결이 넘치는 이 세상에 굳게 뿌리를 내리고 있다. 요한이 편지를 보내는 아시아의 일곱 교회들은 잘 알려진 도시들—에베소, 서머나, 버가모, 두아디라, 사데, 빌라델비아, 그리고 라오디게아—에 위치하고 있다. 빌라델비아와 서머나에 있는 교회들도 역시 2세기 초에 안디옥의 이그나티우스로부터 서신을 받았고, 에베소는 바울과 이그나티우스의 편지를 받았다. 라오디게아는 바울의 골로새 서신에 언급되었다(골 4:13-16).

첫 환상(1:9-19) 다음에 기록된 일곱 개의 "영적인 편지"에서 요한은 이 교회들의 형편을 이야기하고 있다. 그는 자신의 동료들과(충성된 증인 안디바와 같은 인물, 2:13) 대적들의(여선지자 이세벨과 같은 인물, 2:20-23) 이름을 기록했다. 어떤 대적들은 거짓 선지자로 불리운다(2:2). 한 무리의 대적들은 니골라당(2:6,15)이라고 불리었는데, 이 이름은 아마 사도행전 6장 5절의 헬라파 사람 니골라에서 유래한 것 같다. 이들은 우상제물을 먹는 것(2:6,14,20), 혹은 요한에게 책망받을 만한 일(참조. 고전 8:1-13, 요일 5:21!)을 오히려 두둔했다. 요한은 "거짓 유대인"(3:9), "사단의 회"(2:9), "사단의 위"(2:13), 그리고 "사단의 깊은 것"(2:24)에 대하여 언급한다. 이들의 정체에 대하여 암시적으로 언급한 것은 이미 독자들에게 잘 알려진 사실임을 넌지시 비친다. 반대당들은 환상에서 더욱 면밀하게 위장되어 있지만 성도들에게 멸망을 가져오는 "큰 음녀" 바벨론은 분명히 로마제국을 의미한다(참조. 17:9-14).

이런 확실한 언급은 계시록을 요한의 저작물에 포함시키기에 충분한가? 전통에 의하면 이 환상가는 사랑하는 제자, 혹은 요한 서신들을 기록한 장로와 동일 인물로 간주된다. 파피아스는 그를 장로로 간주했다(참조. 유세비우스 *Ecclesiastical History* Ⅲ.39.5-14). 2세기 말의 에베소의 감독 폴리갑은 부활절의 일자에(소위 콰르토대시맨 논쟁) 대하여 로마의 빅토르 1세와(189-199) 논쟁하는 가운데 빌립과 사랑하는 제자 요한에게까지 거슬러 올라가는 고대 아시아 교회들의 전통에 호소했다(유세비우스 *Ecclesiastical History* Ⅴ.24.2-5). 어느 경우이든 어떤 학자들은 이 저작의 전망이 서신들 및 복음서들과 동시대적인 것으로 이해하는데 많은 어려움을 느꼈다. 그들은 연대적 발전이라는 척도에 비추어서 이 서신의 시기를 매우 이르든지 아니면 매우 늦은 것으로 생각할 수 밖에 없었다. 다른 학자들은 계시록을 요한의 기독교 신앙그룹, 혹은 기독교 학파의 한 산물로 본다. 그들은 그 차이점을 시간의 경과보다는, 서신의 장르나 이야기체의 장르와 대조적이며 묵시문학에서 요구되는 변형의 형태에서 이해하려고 한다. 이런 설명은 타당성이 있다. 이 작품의 연대를 잡는 문제를 그 내용과 연관해서 생각하면, 본서에서 제시하는 바 순교에까지 이르게 하는 활동적이고 조직적인 박해에 대한 명백한 증거들은 가장 설득력을 가지고 저작 연대를 1세기 말경으로 암시하고 있다고 하겠다.

묵시문학의 장르는 세계관을 철저하게 재형성한다는 사실을 인정한다면, 그 전망과 상징들에 있어서 계시록과 요한의 다른 저작들과의 사이의 깊은 조화는 더욱 인상적이다. 예수의 명칭으로부터 시작하여 여기서는 단지 몇 가지 중요한 점만 다룰 수 있다. 제4복음서에서는 하나님의 어린 양이라는 명칭이 그에게 사용되었다(1:29,36). 계시록에서는 이 명칭은 십자가에 못박히고 다시 부활한 메시아의 중심적인 이미지가 된다. 그는 죽임을 당했으나 지금 살아 있는 어린 양이다(5:6-8,12-13, 6:1,16, 7:9,10,14,17, 12:11, 13:8,11, 14:1,4,10, 15:3, 17:14, 19:7-9, 21:9,14,22,23,27, 22:1-3). 그는 또한 인자(1:13, 14:14, 참조. 요 1:51), 하나님의 아들(2:18, 참조. 요 11:27, 20:31, 요일 3:8)이다. 그는 하나님의 말씀이다(logos tou theou, 1:2,9, 19:13〈중요한 구절〉, 참조. 요 1:1-14). 그는 왕이요, 만왕의 왕이다(1:5, 15:3, 19:16, 참조. 요 18:29-19:22). 다른 요한의 저작에서와 마찬가지로 예수는 충성된 증인이다(1:5, 3:14, 19:11, 참조. 요 5:32, 8:14, 요일 5:9), "우리를 사랑하사 그의 피로 우리 죄에서 우리를 해방하신" 자(1:5, 참조. 요일 1:7, 5:6-8, 요 19:34)이다. 그는 "장차 오실 이"(1:4,8, 2:5, 3:11, 참조. 요 1:9, 11:27, 요일 4:2, 5:6, 요이 7).

어떤 명칭들은 요한의 서신들과만 일치한다는 사실이 더욱 놀랍다. 예를 들면, 예수는 자신을 "나는 … 이라(I am)"는 말씀과 동일시한다(1:8,17, 2:23, 21:6, 22:13,16, 참조. 요 6:35, 8:12). 그는 "처음과 나중"으로(21:6, 22:13, 참조. 요 1:1-2, 요일 1:1) 불리울 뿐 아니라 "하나님의 창조의 근본"으로(3:14) 불리운다. 계시록은 제4복음서에서 예수의 독특한 언어를 골라서 그를 간단하게 아멘으로 부른다(3:14, 참조. 요 1:51, 5:19). 예수는 "나의 아버지"(2:28, 3:5,21, 참조. 요 5:17,43, 14:2), "나의 하나님"(3:2,12, 참조. 요 20:17)을 증거하고 있다. 예수는 자신이 아버지로부터 권세를 받은 것처럼 권세를 주는 것으로 말하신다(2:26-28, 참조. 요 1:12, 17:2). 그리고 물, 빛, 그리고 생명이란 근본적인 은유들을(각각의 방식대로) 예수께 사용하고 있다. 그는 목마른 자들에게 생명수 샘으로부터 마시게 하는 분이시다(7:17, 21:6, 22:1,17, 참조. 요 4:14, 7:37-39). 그에게로부터 생명이 나온다(2:10, 3:5, 11:11, 22:2,14,19, 참조. 요 1:4, 3:15). 그는 새예루살렘의 빛이시다(21:24, 22:5, 참조. 요 8:12, 요일 2:8).

이 집단의 갈등과 충성도 역시 요한의 다른 저서에서와 비슷한 방식으로 상징화되었다. 이 집단의 일원들은 거짓 유대인(2:9, 3:9), "사단의 회"(2:9, 3:9)의 구성원과 적대관계에 있다. 우리는 제사복음서가 어떻게 예수를 유대인들과(참조. 특히 요 8:12-58), 그리고 신자들을 회당과(9:22) 대립하는 관계에 놓고 있는가를 기억하고 있다. 요한의 서신에 기록된 대로(요일 3:7, 4:6, 요이 7) 대적들은 속이는 자들로서(계 2:20, 12:9, 13:14, 18:23, 19:20, 20:3,8,10) 하나님의 영으로 말하지 않는다(요일 4:1-3, 참조. 계 13:15, 16:13-14, 18:2). 궁극적으로 이 집단의 갈등은 예수의 경우와 같이 사단과의 대립에 있다(계 2:9,13,24, 3:9, 12:9,12, 20:2,7,10, 참조. 요 6:70, 8:44, 13:2,27). 그리고 사랑하는 제자와 서신들에 언급된 성도들처럼 계시록에 언급된 집단은 한 증인으로서(1:2, 2:13, 6:9, 11:3,10, 19:10, 참조. 요 19:35, 21:24, 요일 1:2, 4:14, 5:9-12, 요삼 3,12) 예수께서 이미 승리하신 것처럼(계 5:5, 17:14, 참조. 요 16:33) 자신의 믿음과 사랑으로 악과 거짓에 대하여(계 2:7,11,17,26, 3:5,12,21, 21:7, 참조. 요일 2:13-14, 4:4, 5:4-5)"이기는 자"가 되어야 한다. 마지막으로, 우리가 상세히 고찰하겠지만 이 집단은 세상에서 선지자적 역할을 하고 있다.

예언자적인 집단

우리는 신약성경의 각 책에서 사회의 구조 속에서, 그리고 이스라엘 및 세상과의 관계에서 이 집단의 자기 이해에 대한 정보를 어느 정도 얻을 수 있다. 집단의 지도자들에 대한 이미지와 명칭을 포함하여 이런 자기 이해는 여러 방향으로 나타난다. 우리는 이미지들 중에서 이미 교회는 성전(고전 3:16, 엡 2:21), 하나님의 집(히 3:2, 10:21, 벧전 2:5, 4:17), 그리고 성도(고전 1:2, 엡 1:1, 히 13:24, 벧전 1:15, 유 3). 지도자들에 대한 칭호 가운데 사도와 선지자(고전 12:28-30, 엡 4:11-12, 롬 12:6), 교사(행 13:1, 고전 12:28, 엡

4:11, 약 3:1), 감독(행 20:28, 빌 1:1, 딤전 3:2, 딛 1:7), 장로(행 11:30, 15:2, 20:17, 딤전 5:1-19, 딛 1:5, 약 5:19, 벧전 5:1), 그리고 집사(롬 16:1, 빌 1:1, 딤전 3:8,12)가 있음을 알 수 있다.

계시록은 제쳐놓고 요한의 저서들을 살펴보면 이런 명칭들이 상대적으로 적게 사용된 사실에 놀라게 된다. "사도"라는 용어는 비전문적인 의미로 단 한 번만 나온다(요 13:16). 유일한 "선생"이 예수이듯이(요 1:38, 3:2, 11:28, 13:13-14, 20:16) 유일한 선지자도 예수이다(요 4:19, 6:14, 9:17). "감독"이나 "집사"는 없고, 다만 "장로"가 요한 2,3서의 저자일 뿐이다.

이런 경향이 계시록에서도 그대로 드러난다. "사도"라는 용어는 세 번 사용되었다. 두 번의 언급은 동시대의 인물을 가리킨다. 첫번째는 "자칭 사도라 하되 아닌 자들"에(2:2) 대한 언급에서 사용되었는데, 디다케(Didache 11.3)를 기억나게 하는 특징이 있다. 두번째 사용은 바벨론의 멸망의 환상 중에 나오는데, 여기서는 "성도들과 사도들과 선지자들"이 그것을 함께 기뻐한다(18:20). 마지막으로 새예루살렘의 성곽은 열 두 기초석이 있는데, "그 위에 어린 양의 십 이 사도의 열 두 이름이 있더라"고 했다(21:14). 이 구절들은, 열 둘의 상징이 누가복음·사도행전에만 국한되지 않고, 사도들이 근본적인 역할을 하는 것으로 간주됨을 기억하게 만든다(참조. 엡 2:20). 그러나 그 역할이 이제는 지나간 것으로 보인다.

"장로"라는 용어는 계시록에서 매우 한정된 방식으로 사용된다. 환상가가 이 명칭으로 자신의 신분을 밝히지 않았을 뿐 아니라 땅에 있는 어느 누구를 가리키지도 않는다. "장로"라는 용어는 하늘의 24장로를 지칭하는 데만 사용되었다(4:4,10, 5:5,6,8,11,14, 7:11,13, 11:16, 14:3, 19:4). "선생", "감독", 그리고 "집사"라는 용어는 일절 사용되지 않았다.

계시록은 다른 성경과 달리 집단에 대하여 말할 때 예언의 언어를 사용하기를 선호한다. "선지자"라는 칭호는 여덟 번 사용되고(10:7, 11:10,18, 16:6, 18:20,24, 22:6,9), "예언하다"라는 동사는 두 번(10:11, 11:3), 그리고 "예언"이라는 명사는 일곱 번 사용된다(1:3, 11:6, 19:10, 22:7,10,18,19). 사용빈도수보다 더 중요한 것은 이 용어의 패턴이다. 첫째로, 이 용어는 집단의 특별한 지도자들이나 직책을 맡은 자들을 지칭하는데 사용되지 않고, 집단 전체를 일컫는 말로 사용된다. 둘째로, 이 용어는 반복적으로 같은 의미를 지닌 언어들과 교차하고 있다. 이런 언어 관계를 주목할 필요성이 있다.

저자는 "종"(둘로스)이란 용어를 신자들에 대하여 13번 사용하고 있고(1:1, 2:20, 7:3, 13:16, 15:3, 19:2,5,18 22:3,6), 여러 번 선지자라는 말과 함께 사용했다. "… 그 종 선지자들에게 전하신 복음과 같이 이루리라"(10:7). "… 종 선지자들과 성도들과 … 상 주시며 …"(11:18, 참조. 19:9-10). 증거(witness, testimony)란 말도 이 집단에 대하여 많이 사용된 편이다. "증거하다(to bear witness, to testify)"는 동사형은(마르투레오) 네 번 사용되는데(1:2, 22:16,18,20), 흥미로운 사실은 "예언"이란 말과 같이 쓰인 점이다. "내가 이 예언의 말씀을 듣는 각인에게 증거하노니 …."(22:18). 명사형(Noun) "증거"(마르투리아)는 8번 사용되었고, "예수의 증거"(마르투리아 예수)라고 말할 때는 "예수에 의한(by)" 증거와 "예수에 대한(to)" 대한 증거를 다 같이 의미할 수 있다(참조. 1:2,9, 6:9, 11:7, 12:11,17, 19:10, 20:4). 그 중에 가장 흥미롭게 사용된 곳은 바로 다음 구절이다. "예수의 증거〔마르투리아〕는 대언의 영〔프로페테이아스〕이라"(19:10). 마지막으로, 실명사(Substantive) "증거"(마르투스)는 예수에 대하여 두 번(1:5, 3:14), 안디바에 대하여 한 번(2:13), 신비스러운 "두 증인"에 대하여 한 번(11:3), 그리고 한 번은 복수형으로 "예수의 증인들"(17:6)이라는 어구에 사용되었다.

"성도" 혹은 "거룩한 자들"(하기오이)이란 말은 자주 사용되었다. 세 번은 단수형으로 하나님(4:8, 6:10) 혹은 예수(3:7)를 거룩한 자로 부를 때도 사용되었고, 보통은(약 12번) 땅에 있는 신자들과 죽음을 이기고 하늘에 있는 택한 자들을(5:8, 8:3,4, 13:7,10, 14:12, 17:6, 18:20, 19:8, 20:6,9, 22:21) 언급할 때 사용되었다. 저자는 다시 이 용어를 예언의 말과 함께 사용한다. 저자는, "종 선지자들과 성도들"(11:18), "저희가 성도들과 선지자들의 피를 흘렸으므로 …"(16:6), "선지자들과 성도들과 및 땅 위에서 죽임을 당한 모든 자의 피가 이 성중에서 보였느니라"(18:24)고 말할 수 있다.

이런 용어의 연결은 계시록의 저자가 교회를 "선지자적 집단"으로 간주함을 시사한다. 교회는 증거의 임무를 다하는 선지자적 사명을 가진 성도들과 종들의 집단이다. 또한 이 말은 현재 땅에서 투쟁하고 있는 자들과 하늘에서 승리를 누리고 있는 자들과, 그리고 예수께 적용될 수 있다. 성령(프뉴마)을 언급하는 용어들을 통하여 선지자적 이미지는 더욱 강화된다. 우리가 이미 살펴본 바와 같이 다음과 같이 간단한 등식 같은 어구가 성립될 수 있다. "예수의 증거는 대언의 영이라"(19:10). 그리고 하나님은, "주 곧 선지자들의 영의 하나님"(22:6)으로 부를 수 있다. 신부를 향하여, "오라"고 부르시는 자는 성령과 신부이다(22:17).

교회를 대표할 수 있는 존재를 묘사할 때도 예언의 언어를 사용하고 있다. 첫째로, 환상가가 있다. 그는 "예언의 책"을 기록했다(1:3, 22:18-19). 그가 일곱 교회들을 향하여 강화할 때 말씀하시는 이는 "성령"이시다(2:7,11,17,29 3:6,13,22 참조. 14:13). 그가 환상을 보는 중에 성령에 의하여 "이끌리었다" (1:10, 4:2, 17:3). 그는 두루마리를 먹은 후에, "네가 많은 백성과 나라와 방언과 임금에게 다시 예언하여야 하리라"는 지시의 말씀을 듣는다. 그가 자신에게 환상을 보여준 천사에게 절하려고 하자 천사는 그에게 다음과 같이 말했다 (22:9).

> 저가 내게 말하기를 나는 너와 네 형제 선지자들과 또 이 책의 말을 지키는 자들과 함께 된 종이니 그리하지 말고 오직 하나님께 경배하라 하더라

이 집단의 다른 대표적 인물은 "두 증인"이다(13:3-13). 두 증인은 천사의 "다시 예언하리라"는 지시 다음에 나오는 중간 사건 가운데 나타난다(10:11). 그들의 이름이 언급되지 않았으나 "감람나무"와 "촛대"라는(11:4) 별명으로 독자들에 이해될 만큼 잘 알려진 인물들이다. 우리는, "내가 나의 두 증인에게 권세를 주리니 … 예언하리라"(11:3)는 말씀을 보게 되고, 또 "그 예언을 하는 날" (11:6)이 "저희가 증거하는 날"과(11:7) 동일하다는 사실을 발견하게 된다. 게다가 그들의 행하는 일은 선지자 엘리야와 모세의 일을(11:6) 기억나게 한다. 그들은 "저희 주께서 십자가에 못 박히신 성"에(11:8) 있었음으로 죽임을 당했다. 그들의 죽임에 책임이 있는 자는 "무저갱으로부터 올라오는 짐승"(11:7)이다. 이 짐승은 13장 1절의 "바다에서 나오는 짐승"을 기대하고 있는 것이며, 이 짐승도 역시 "성도들과 싸워 이기게 된다"(13:7). 또한 예수님과 같이 두 증인 혹은 선지자도 죽은 자들 가운데서 일어나서 "구름을 타고 하늘로 올라갔다" (11:12). 주석가들 사이에는 그들이 집단에 속한 실제적인 인물들인가, 아니면 집단 전체를 대표하는 인물들인가에 대하여 논의가 분분하다. 이런 논의가 있음은 집단이 예언적 언어들로 어떤 사상을 나타내는가를 지적하기 위함이다. 우리

는 그 계승을 밝힐 수 있다. 예수님, 집단, 그리고 그 대표자들—이들은 모두 증거하는 선지자들이다.

예언자적 이미지는 그 집단의 대적들의 모습에까지 영향을 미친다. 두아디라에 보낸 편지에서 여선지자로 부르는 라이벌 지도자인 이세벨은(2:20) 추종자들을 부추겨서 우상 제물을 먹게 함으로써 결국 "사단의 깊은 것"을(2:20,24) 가르친다. 환상 가운데서 성도들에게 맞서는 사단적인 대적들은 예언자적인 모습으로 풍자되어 있다. 예수께서 죽임을 당한 어린 양으로 나타나는 "충성된 증인"인 것과 같이 둘째 짐승은(땅에서 올라오는 짐승, 용 사단의 두번째 전형, 12:13 – 13:2) "새끼양 같이 두 뿔이 있는 것으로" 묘사된다. 그러나 그 음성은 "용과 같다"(13:11 – 18). 짐승은 나중에 거짓 선지자로 언급된다(16:13).

또 내가 보매 개구리 같은 세 더러운 영이 용의 입과 짐승의 입과 거짓 선지자의 입에서 나오니 저희는 귀신의 영이라 이적을 행하여…

우리는 계속해서 다음과 같은 말씀을 읽는다. "짐승이 잡히고 그 앞에서 이적을 행하던 거짓 선지자도 함께 잡혔으니 이는 짐승의 표를 받고 그의 우상에게 경배하던 자들을 이적으로 미혹하던 자라"(19:20). 그리고 마지막 승리의 때는 다음 말씀에 나타난다. "또 저희를 미혹하는 마귀가 불과 유황 못에 던지우니 거기는 그 짐승과 거짓 선지자도 있어 세세토록 밤낮 괴로움을 받으리라"(20:10).

계시록은 교회를 세상에서 예수의 영으로 증거하는 선지자들의 집단으로 간주한다. 이들을 거짓 예언을 후원하는 사단의 권세의 저항을 받는다. 땅에 있는 종들과 성도들은 주와, 그리고 그들을 앞서 예언을 따라 좇아간 자들과 함께 하나가 된다. 다시 환상가는 환상을 보여준 자에게 엎드려 절하려 하는 것을 보게 된다. 오히려 그는 다음과 같은 말을 듣게 된다(19:10).

나는 너와 및 예수의 증거를 받은 네 형제들과 같이 된 종이니 삼가 그리하지 말고 오직 하나님께 경배하라 예수의 증거는 대언의 영이라 하더라

예수님의 증거는 대언의 영이라

그리스도인들은 예수께서 처음에 주신 증거를 세상에서 계속 전하고 있다.

"진리에 대하여 증거하기 위하여"(18:37) 세상에 오신 그는 충성되고 참된 증인이었다(1:5, 3:14). 그는 자신의 증거 때문에 적의에 찬 세상에 의하여 죽임을 당했고, 따라서 그의 증거는 그의 피로 인봉되었다(1:5, 5:9, 7:14, 19:13). 계시록은 요한의 다른 저작들과 마찬가지로 성령의 기능은 그리스도인의 삶을 통하여 세상에서 예수님의 증거를 계속하는 것으로 본다(참조. 요 16:7-11). 물론 예수께서 성령을 통하여 계속 "말씀하시는 한" 그의 예언자적인 역할은 이 책—"예수 그리스도의 계시"(1:1)와 "예수의 증거"(19:10)—에서도 계속되어지고 있다. 그리고 그리스도인들이 그의 계명들을 지키고, 그에 대한 믿음으로 살고 있음으로 그들도 역시 세상에서 "예수를 증거한다."

환난과 억울한 일을 당하는 자의 증거(편지들)

다니엘서에서 환상들의 비전적인 메시지를(7-12장) 기록하기 전에 비전적인 "지혜"에 들어 있는 것과 같은 기본적인 메시지를 내포하고 있는 일련의 민간 설화를 먼저 이야기하고 있는 것과 같이 계시록의 거대한 환상들을 기록하기 전에 소아시아의 교회들에게 보낸 일곱 편지가 먼저 쓰여졌다. 이 편지들은 직설적이고 명확한 방법으로 유사한 이슈들을 다룸으로써 환상들을 위한 길을 예비하고 있다.

예언의 음성은 편지들 가운데서 열려있고, 직접적으로 들린다. 예언자는 예수의 이름으로 그의 영으로 말한다. 예수는 서막에 해당되는 환상에서 "촛대 사이에서" 계시되는데 이 촛대들은 "일곱 교회들"이라고 한다(1:20). 성령을 통하여 교회들에 나타나시는 부활하신 주께서 여기 계신다. 여기 기록된 예언자적인 강화는 초기의 집단의 예배 의식을 반영한다(참조. 고전 12-14). 우리는 예언자적인 강화에서 서신들과 복음서에도 기록된 말씀을 읽게 된다(참조. 계 3:3과 살전 5:2, 마 24:43과 참조. 계 3:20과 마 24:33, 약 5:9).

편지들은 엄격한 형식을 따르고 있다. (1) 편지는, "에베소 교회의 사자에게 편지하기를…."이라는 어구와 같이 특정한 교회에 편지를 쓰라는 명령으로 시작된다(2:1, 참조. 2:8, 12, 18, 3:1, 7, 14). (2) 예수께서는 일련의 명칭들 중의 하나로 자신을 밝히신다. 그는 오른 손에 일곱 별을 쥐고 있는 분이시다(2:1, 편지들을 서막의 환상과 연결시킴. 참조. 1:20). 그는 "처음이요 나중이요 죽었다가 살아나신 이"이다(2:8, 참조. 1:17, 22:13). "좌우에 날선 검을 가진 이"이다(2:12, 참조. 1:16). "하나님의 아들"이시다(2:18). 그는 하나님의 일곱 영과 일곱 별을 가졌다(3:1, 참조. 1:4, 5:6, 22:6). 그는 거룩하고 진실하사 다윗의 열쇠를 가지신 이이다(3:7, 참조. 5:5, 22:16). 그는 "아멘이시요 충성되고 참된 증인이시요 하나님의 창조의 근본이신 이"이다(3:14). 이와 같이 명칭들을 모은 것은 제사복음서의 서장에서 "예수의 이름을 짓는" 과정을 기억하게 한다(요 1:29-51). 또한 이 별칭들은 이 편지들은 서막의 환상뿐 아니라 본서의 마지막 부분의 환상들과도 서로 연결시키는 문학적 암호가 된다.(3) 그 다음에 "내가 아노라"는 언명의 말씀이 있다. 이 말씀은 각 교회들의 상황에 대한 묘사로 이어진다(2:2,9,13,19, 3:2,8,15).(4) 집단의 몇몇 사람들에 대한 칭찬의 말씀이 있다. 그들은 인내로 견딘 사람들이다(2:2,3). 그들은 환난과 궁핍을 통과한 사람들이다(2:9). 그들은 주의 이름을 굳게 잡은 사람들이다(2:13). 그들은 사랑, 믿음, 섬김, 그리고 인내를 지켰다(2:19, 3:10). 다른 집단들은 대체로 책망을 듣는다. 사랑을 버리고(2:4), 우상숭배에 빠지고(2:13-15,20-22), 부도덕하고(3:10), 미지근한(3:15) 일에 대하여 책망을 들었다.(5) 집단들의 구성원은 각각 권고의 말씀을 듣는다(2:5,7,10-11,16-17,25,29, 3:3-4,11,18-19).(6) 각자에게 약속의 말씀이 주어졌다(2:7,11,17,26-28, 3:5,12,20-21).

편지들은 다양한 상징들 가운데 오직 한 가지 메시지를 품고 있다. "굳게 잡으라." 환난과 궁핍에도 불구하고 집단들은 증거하는 일을 계속해야 한다. 우상숭배와 부도덕적인 일로 간교하게 유혹하고 시험하는 일을 만나면 인내를 보여주어야 한다. 다니엘의 이야기에 복잡한 것이 없는 것처럼 이 권고의 말씀에도 복잡한 요소는 아무것도 없다. 부활하신 주로서 예수님은 그들이 겪는 일 가운데서 그들과 함께 계신다. 주는 그들의 고난당하는 일을 아신다. 그들이 인내하면 주께서 그들에게 상을 주실 것이며, 그들이 걸려 넘어지면 주께서 그들에게 벌을 내리실 것이다. 그들은 예수께 대한 자신의 충성을 굳게 지킴으로써 세상에 선지자적 증거의 말씀을 외치는 일을 계속해야 한다.

핍박과 죽음 가운데서의 증거(환상들)

환상가가 하늘의 열린 문으로 통과하게 되면(4:1), 그와 그의 독자들은 전혀 다른 변화무쌍의 세계로 이끌려 간다. 계시록의 환상들은 완벽한 일관성은 없지만 그 모습들이 찬란하다. 이 환상들의 구조, 차례, 그리고 상징적 의미에 대한 연구 실적들이 많이 쌓여 있지만 나는 새로운 것을 더 보태려고 하지는 않는다. 인, 나팔, 대접, 그리고 짐승들의 복합적인 순서 가운데 몇 가지 근본적인 확신들이 표현되어 있다. 여기에 나타난 깊은 확신은 구성과 시적 방법보다 더 깊은 종교적 의미를 던져주고 있다. 첫째 확신은 "하늘에서"는 죄악과 사망에 대한 승리가 이미 하나님과 그의 메시아에 의하여 획득되어 있다는 것이다. 땅에서 횡행하는 우상숭배의 세력은 현혹적이다. 역사를 주관하는 권세는 한 가지뿐이다. 둘째로, 인간사에 악이 분명히 우세한 것도 하나님의 승리의 계획의 한 부분일 뿐이다. 고난과 핍박을 믿음으로 통과하는 자는 하나님으로부터 영생의 상급을 받을 것이다. 셋째로, 인류의 역사는 이 땅 위에서도 목표가 있다. 인류에 대한 하나님의 가시적이고 유효한 통치가 이루어질 때 성도들의 고난의 때가 끝나게 될 것이다. 넷째로, 모든 환상들의 포인트는 이런 확신을 가지고 고난을 견디는 자들을 격려하고 훈계하려는 데 있다. 성도들이 죽음을 앞에 두고도 이 땅에서 그리스도의 증거를 지킨다면 하늘에서도 그리스도의 죽음에 대한 승리에 동참하게 될 것이다.

우리는 환상들 가운데서 예수에 대한 신자들의 증거 때문에 피흘리는 데에 이르고, 죽음의 자리에 들어가는 것을 볼 수 있다(6:10, 7:14, 12:11, 16:6, 17:6, 18:24). 그리스도인에게는 우상숭배와 부도덕한 행위를 피하는 것 그 이상의 일이 요구된다. 생명까지 요구될 수 있다. 만일 생명을 요구하는 경우를 만나게 되면 그리스도인에게는 지혜가 있다. 즉 그렇게 죽는 자는 "죽임을 당했으나 살아있고"(5:9), 자기의 피로 인류를 속죄하신 자의(1:5) 증거에 동참한다는 것을 깨닫기 때문이다. 그의 옷은 종의 옷처럼 피로 물들었다(19:13, 참조. 사 63:1-6). 성도들의 옷은 "어린 양의 피에 씻어" 희게 되었다(7:14). 우리는 "순교자(martyrdom)"라는 말에 설명되어 있는 대로 증인이(martus) 되는 논리를 이해할 수 있다.

환상을 통하여 강화를 듣고 있는 그리스도인들이 실제로 죽음을 직면하고 있었음을 의심할 수 없다. 환상가는 하늘에서 "하나님의 말씀과 저희의 가진 증거를 인하여 죽임을 당한 영혼들이 제단 아래 있는 것"(6:9)을 보았다. 그리고 용과의 싸움에서 "그들은 어린 양의 피와 자기의 증거하는 말을 인하여 저를 이

기었으니 그들은 죽기까지 자기 생명을 아끼지 아니하였도다"(12:11). 땅에서 올라오는 짐승과 거짓 선지자가 성도들과 싸워 이긴다(13:7). 짐승이 누구나 이마에 표를 받게 하고, 종으로 만든다(13:6).

성도들이 받는 박해의 배후에는 로마 제국이 있다. 로마제국을 상징하는 큰 음녀 바벨론은 14장 8절에 처음으로 등장하고, 18장 2절—19장 8절의 단락은 예상하는 대로 음녀의 멸망에 대하여 하나님께 승리의 찬양을 드리는 데 할애되었다. 그러나 아직도 살아서 그 수중에 있는 자들에게는 음녀가 권세를 부리는 두려운 존재이다. "선지자들과 성도들과 및 땅 위에서 죽임을 당한 모든 자의 피가 이 성중에서 보였느니라 하더라"(18:24).

여기서는 로마서 13장 1-7절, 혹은 베드로전서 2장 13-17절에서 볼 수 있는 통치세력에 대한 긍정적인 평가는 없다. 정부가 세력을 빼앗고, "짐승"처럼 되어 궁극적인 충성만 요구하고 있기 때문이다. 이런 우상숭배적인 주장은 그리스도인들에게 인정을 받을 수 없다. 또한 계시록은 악독한 정부 권력에 대항하는 폭력적 혹은 무장반란을 주창하지도 않는다. 오히려 근본적으로 수동적인 저항을 주창한다. 그리스도인들이 로마에 조직적으로 저항하지 않아도 우상숭배하라는 명령에 따를 수는 없다. 그리스도인은 죽음이 온다하더라도 하나님의 계명과 예수의 믿음을 지켜야 한다. 그러므로 모든 환상들의 근간이 되는 메시지가 언급되는데, 모든 편지들에서 읽을 수 있는 바와 같이 정확하게 같은 의미의 교훈이 주어진다. "성도들의 인내와 믿음이 여기 있느니라"(13:10). "성도들의 인내가 여기 있나니 저희는 하나님의 계명과 예수 믿음을 지키는 자니라"(14:12).

이 선지자적인 교회는 예수의 부활에 대한 체험에 근거한 확신, 즉 이 세상의 삶이 다가 아니라는 것, 이 세상에 대하여 선포하시는 하나님의 진리에 대하여 선지자적 사명으로 증거하는 가운데 주어진 삶에 대한 하늘의 상급이 남아 있다는 것을 믿음으로 증거할 수 있다. 이런 그리스도인들은 자신의 고난과 죽음이 하나님의 승리를 속히 성취시키는 것이라고 확신하고 있다(12:10-11).

> 이제 우리 하나님의 구원과 능력과 나라와 또 그의 그리스도의 권세가 이루었으니 우리 형제들을 참소하던 자 곧 우리 하나님 앞에서 밤낮 참소하던 자가 쫓겨 났고 또 여러 형제가 어린 양의 피와 자기의 증거하는 말을 인하여 저를 이기었으니 그들은 죽기까지 자기 생명을 아끼지 아니하였도다

물론 계시록에서 최종적이고 영광스러운 환상은 하늘에서 내려오는 하늘의

예루살렘과 보좌에서 울려퍼지는 음성이다(21:3).

> 보라 하나님의 장막이 사람들과 함께 있으매 하나님이 저희와 함께 거하시리니 저희는 하나님의 백성이 되고 하나님은 친히 저희와 함께 계시리라

여기서 하늘과 땅, 하나님과 피조물 사이의 최종적인 화해가 이루어지고, 이로써 계시록은 창세기 1-2장으로 되돌아간다. 이것은 인간의 노력으로 성취될 수 없고, 오직 모든 실제의 근원, 즉 "보라 내가 만물을 새롭게 하노라"고 선포하시는 분으로 말미암아 이루어질 수 있다(21:5). 오직 이 궁극적인 회복을 통하여 진실로 악이 이 땅에서 뿌리뽑힐 수 있다(21:8,27). 그리고 이 선물을 거절하는 자들에 대한 영원한 형벌의 위협이 있음에도 불구하고, 이 생명의 보편적인 연장에 대한 소망이 아직 있다. 만국이 어린 양의 빛 가운데로 다니고(21:24), "그 나무 잎사귀들은 만국을 소성하기 위하여 있더라"(22:2).

> 다시 저주가 없으며 하나님과 그 어린 양의 보좌가 그 가운데 있으리니 그의 종들이 그를 섬기며 그의 얼굴을 볼터이요 그의 이름도 저희 이마에 있으리라 다시 밤이 없겠고 등불과 햇빛이 쓸데없으니 이는 주 하나님이 저희에게 비취심이라 저희가 세세토록 왕노릇하리로다(22:3-5).

성도들의 통치는 실제로 영원한 예배 행위임을 우리는 알게 된다. 성도들은 "제사장 나라"라고 불리웠다(1:6, 5:10, 20:6). 성도들의 최상의 궁극적인 증거는 하늘의 피조물들과 연합하여 하나님을 찬양하는데 있다.

참고문헌

서구에서 역사적인 운동에 미친 계시록의 영향에 대하여 연구한 서적이 있다. N. Cohn, *The Pursuit of the Millennium*(New York: Harper & Row, 1961). 묵시문학에 의하여 강조된 사회적 및 심리적 다이나미즘에 대한 연구 서적으로는 다음과 같은 문헌이 있다. L.Festinger et al., *When Prophecy Fails*(New York: Harper & Row, 1964). F.Kermode, *The Sense of an Ending*(New York and London: Oxford Univ. Press,

1966).3-31. 천년왕국 운동으로서의 기독교를 주요한 분석적 도구로 삼은 연구 서적이 있다. J.G.Gager, *Kingdom and Community: The Social World of Early Christianity*(Englewood Cliffs, N.J.: Prentice-Hall, 1975).

계시록에 대한 학문적 연구의 역사를 일별하려면 다음과 같은 책을 참고하면 좋다. J.Court, *Myth and History in the Book of Revelation* (Atlanta: John Knox Press, 1979), esp. 1-19. E. Schüssler Fiorenza, "Composition and Structure of Revelation," in her *The Book of Revelation: Justice and Judgment*(Philadelphia: Fortress Press, 1985), 159-80. 본서를 개관하기 위해서는 다음의 자료가 유용하다. J. Bowman, "The Revelation of John: Its Dramatic Structure and Message," *Int* 9(1955): 436-53. 보다 평범한 개론서로는 다음의 책을 참고하면 좋다. M.Rissi, "The Kerygma of the Revelation of John," *Int* 22(1968): 3-17.

일반적인 묵시문학의 상징과 전망을 살펴보려면 제2장의 참고문헌을 먼저 살펴보라. 계시록과 묵시문학과의 관계에 대해서는 다음의 저서에서 상세히 고찰 되었 다 . D.S.Russel, *Method and Message of Jewish Apocalyptic*(Philadelphia: Westminster Press, 1964),205-34. J.Kallas, "The Apocalypse—An Apocalyptic Book?" *JBL* 86(1967): 69-80. B.W.Jones, "More about the Apocalypse as Apocalyptic," *JBL* 87(1968): 325-27. P. Vielhauer, "Apocalyptic, Introduction," *New Testament Apocrypha*, ed. L.Hennecke and W. Schneemelcher (Philadelphia: Westminster Press, 1959), 2:581-642. J.J. Collins, "Pseudonymity, Historical Reviews, and the Genre of the Revelation of John," *CBQ* 39(1977): 329-43.

메르카바 신비주의의 배경에 관한 연구 서적으로 다음의 책들이 있다. G. Scholem, *Major Trends in Jewish Mysticism*(New York: Schochen Books, 1941), 1-79. *Jewish Gnoticism, Merkabah Mysticism, and the Talmudic Tradition*(New York: Jewish Theological Seminary Press, 1960). M.Smith, "Observations on Hekhalot Rabbati," in *Biblical and Other Studies*, ed. A. Altmann(Cambridge: Harard Univ. Press,

1963), 142-60, esp. 142-43. A.J. Saldarini, "Apocalypses and 'Apocalyptic' in Rabbinic Literature and Mysticism," *Semeia* 14(1979): 187-205.

계시록과 역사와의 관계에 대한 논의를 위해서는 다음의 저서를 참고하면 좋다. E. Schüssler Fiorenza, "The Quest for the Johannine School: The Book of Revelation and the Fourth Gospel," in *The Book of Revelation: Justice and Judgment*, 85-113. "Apocalyptic and Gnosis in Revelation and Paul," in *The Book*, 114-32. W.M. Ramsay, *The Letters to the Seven Churches of Asia*(London: Stoughton & Hodder, 1904). W.H.C. Frend, *Martyrdom and Persecution in the Early Church* (New York: Doubleday & Co., 1967), 58-67. J.N. Sanders, "St. John on Patmos," *NTS* 9(1962-63): 75-85. B. Newman, "The Fallacy of the Domitian Hypothesis," *NTS* 10(1963-64): 133-39. A.A. Bell, "The Date of John's Apocalypse: The Evidence of Some Roman Historians Reconsidered," *NTS* 25(1978-79): 93-102. C.K. Barrett, "Things Sacrificed to Idols," *NTS* 11(1964-65): 138-53. L. Mowery, "Revelation 4-5 and Early Christian Liturgical Usage," *JBL* 71(1952): 75-84. L. Thompson, "Cult and Eschatology in the Apoclaypse of John," *JR* 49(1969): 330-50.

환상들에 대한 연구 문헌들로는 다음의 책들이 좋다. A. Farrer, *A Re-Birth of Images: The Making of St. John's Apocalypse*(New York: Alba House, 1965). P. Minear, *I Saw a New Earth: An Introduction to the Visions of the Apocalypse*(Washington, D.C.: Corpus Pub., 1968). M.D. Goulder, "The Apocalypse as an Annual Cycle of Prophecies," *NTS* 27(1980-81): 342-67. M. Rissi, *The Future of the World: An Exegetical Study of Rev 19:11-22:15*(London: SCM Press, 1966). "The Rider on the White Horse: A Study of Revelation 6:1-8," *Int* 18(1964): 403-18. A. Yarbro Collins, *The Combat Myth in the Book of Revelation*, HDR 9(Missoula, Mont.: Scholars Press, 1976). "The History of Religions Approach to Apocalypticism and 'The

Angel of the Water's Rev 16:4-7," *CBQ* 39(1977): 367-81. P. Minear, "The Woundest Beast," *JBL* 72(1953): 93-101. M. Black, "The Two Witnesses' of Rev. 11:3f in Jewish and Christian Apocalyptic Tradition," in *Donum Gentilicum*, ed. E.Bammel, C.K. Barrett, and W.D. Davies(Oxford: At the Clarendon Press, 1978), 226-38.

주제별 연구 문헌들을 참고할 수 있다. A.Trites, "*Martus* and Martyrdom in the Apocalypse," *NovT* 15(1973): 72-80. R. Bauckham, "The Worship of Jesus in Christian Apocalyptic," *NTS* 27(1980-81): 322-41. A. Feuillet, *Johannine Studies*(New York: Alba House,1965). A. Yarbro Collins, "The Political Perspective of the Revelation to John," *JBL* 96(1977): 241-56. D. Hill, "Prophecy and Prophets in the Revelation of St. John," *NTS* 18(1971-72): 401-18. P. Minear, "Ontology and Ecclesiology in the Apocalypse," *NTS* 12(1955-56): 89-105. W.Klassen, "Vengeance in the Apocalypse of John," *CBQ* 28(1966): 300-311. D.L. Barr, "The Apocalypse as a Symbolic Transformation of the World," *Int* 38(1984): 39-50.

영어로 된 주석들 중에 오랜 동안 표준적인 저서는 다음의 책이다. R.H. Charles, *A Critical and Exegetical Commentary on the Revelation of St. John*, ICC(Edinburgh: T.&T. Clark, 1920), 2 vols. 아직도 어떤 부분에 대해서도 유용하다. 일반 독자들에게 유용한 주석을 소개하자면 다음의 책이 좋겠다. G.B. Caird, *A Commentary on the Revelation of St. John the Divine*, HNTC(New York: Harper & Row, 1966).

후기

교회의 책으로서의 신약성경

나는 본서를 통하여 신약성경에 대하여 언급해왔다. 그러나 그 모든 내용은 자명한 사실이다. 기독교는 역사적 사실이기 때문에 그러하다. 그러나 현대의 기독교 안에서는 하나의 종교적 이슈로서 많은 논의의 대상이 된다. 우리는 이 전집을 구성하는 책들을 개별적으로 고찰하여 그 창작 과정과, 각각 토라의 상징적 세계를 어떻게 재구성했는가를 살펴보았다. 그러므로 신약성경을 하나의 전집으로 간주하는 것이 타당하다. 여기서는 정경으로서의 신약성경과, 정경을 심사숙고하여 채택하는 집단에서 어떻게 적용되고 있는가를 고찰하고자 한다.

논의의 구성

우리는 이 주제로 인하여 분열된 기독교의 잘 다져진 논쟁의 터전으로 나아가게 된다. 성경과 전통과의 관계성, 다른 말로 하면 성경과 교회와의 관계성이란 문제를 직면하게 된다. 이 주제에 대하여 종교개혁시에 벌어진 논쟁에서 가장 명확하면서 비극적인 결과는 상호연관성 안에서 주어진 의미를 나타내는 용어들이 그 요소들을 분리시킴으로 말미암아 왜곡되었다는 점이다. 교회의 남용에 대한 반발로 마틴 루터가 "오직 성경(sola scripture)"이라는 슬로건을 외치자, "성경과 전통"이라는 슬로건으로 맞서게 되었다. 그러나 이 구별로 말미암아 양편에 재난을 초래했다.

프로테스탄트 교계에서 그리스도인의 삶에 대한 유일하고 자명적인 규범으로서의 성경에 대한 강조는 이 성경을 보유하고 있는 집단에 대한 인식을 소홀하게 만들었을 뿐 아니라 역설적으로 신약성경을 낱낱이 쪼개어 놓았다. 우리는 이미 루터에게서 바울의 저서에서 발견된 "순수한 복음"의 관점에서 내용 비평(sachkritik)이란 것을 저작에 적용하고 있는 것을 보게 된다. 우리는 이미 루터에게서 앞으로 "정경 안의 정경"이라는 개념으로 발전하게 될 그 싹을 보게 된다. 이 개념은 역사적으로 전승된 정경 가운데 고유의 본질적인 핵심이 분명히 있다고 믿는 확신에서 비롯된다. 이런 과정의 결과로 선택의 폭이 좁아졌다. 카톨릭 진영에서도 왜곡의 정도는 마찬가지였다. 성경 해석에서 전후관계를 강조하기 위하여 의도적으로 사용된 "전통"이란 표어는 즉시 하나의 권위있는 독립된 근원, 그리스도인의 삶을 위한 또 하나의 규범으로 간주되었다. 그리고 전통은 점차적으로 엄격한 법적인 체제를 갖춘 교회의 교사 그룹과 동일시되었고, 따라서 정경은 정경의 법칙에 의해 삼키워져 버렸다.

이와 같은 본질의 왜곡 및 축소는 상호간의 연관성 속에서만 의미가 있는 실재들을 분리하고 따로 떼어 놓음으로서 야기된 결과이다. 성경과 전통은 서로 상반되는 원리 혹은 독립된 규범을 주장하는 것이 아니라, 모든 시대의 교회들이 앞서간 세대들과의 연속성을 지닌 그 정체성을 재발견하고 확인하는 동일한 변증법적 과정의 두 모멘트를 제시한다. 그것은 애초부터 거기에 있는 한 과정이다. 교회의 탄생이야말로 그 첫번째 예증이 된다. 정경의 존재는 가장 명백하고 지속적인 상징이 된다.

정경 승인의 과정

정경 승인의 역사적 과정을 올바로 이해하기 위해서는 서로 구별되면서 또한 통합되는 다섯 단계들을 개별적으로 고찰할 필요가 있다. 오직 마지막 단계만 지금 우리들에게 제시될 수 있다. 그러므로 사실은 그렇지 않은데 그것이 가장 중요한 것으로 간주된다. 그 마지막은 승인의 단계이다. 여러 모로 도전을 받은 교회는 확실한 목록을 만들고, 정경은 교회의 책이며 다른 문서는 여기에 포함될 수 없다는 이유들을 제시하기 시작했다. 당연히 제시된 사유들은 인위적인 것이었다. 그 까닭은 그들이 보다 조직적이고 기대하지 못한 과정을 합리화하여 만들어 내었기 때문이다.

승인의 과정과, 이 과정을 야기시킨 그 위기가 있기 이전부터 관례적으로 사용해 오던 것들을 우선 모으며, 기독교의 문헌들을 수집하는 일이 이루어져 가고 있었다. 이 과정의 첫 단계가 우리에게는 가리워져 있다. 그러나 남아있는 증거들을 살펴보면 그 과정에 대한 타당한 추측을 할 수 있다. 먼저 이루어진 이 과정의 실제를 유지시키는 것이 무엇보다도 중요하다. 그렇게 하지 못하면 오랜 세월에 걸쳐서 자연적 및 유기적 발달의 과정을 거친 것들이 후대에 의도적이고 인위적인 조작물로 비쳐질 수 있기 때문이다. 신약성경의 승인 단계에서 정경을 논하는 것이 엄밀한 의미에서 옳겠지만 이런 논의가 이루어질 때 이미 오래 전부터 관례적으로 사용되어온 동일한 저작물이 수집되어 있었음을 부인한다는 것은 지나친 일이다. 우리가 정경 형성 과정의 초기 단계들을 할 수 있는 대로 제대로 따를 때 기독교 정경의 본질을 판단하는 것 그 이상의 일은 할 수 없다.

구성

신약성경이 완전하게 이루어지기 전부터 교회가 존재했음은 틀림없다. 문서의 기록은 집단의 전통을 구체화하는 작업이다. 서신들과 복음서의 양식 및 편집 비평을 통하여 초기의 구두 전승과 문서화된 전통이 어떻게 전승되었으며, 이 문서들 가운데서 특별한 그리스도인 집단의 변해가는 환경을 말해주는 새로운 배경을 어떻게 수용했는가를 보여준다. 집단 안에서 이루어지는 설교, 예배, 그리고 가르침의 상황이 복음서들의 언사와 이야기에 반영되어 있다. 서신들은 예배 형식, 찬송, 의식, 그리고 예언의 단편들을 담고 있으며 암시하고 있다. 무엇보다도 우리가 거듭 살펴본 바와 같이 신약의 문헌들은 초대 그리스도인들이 토라에 관한 저서들 즉 유대교와 공유했던 상징의 새로운 형을 성경에 주입했다. 신약성경은 언제나 토라에 대한 하나의 주석으로 남아있다고 말하는 것이 가장 타당하다. 결국 그리스도인들이 구약성경을 어떻게 생각하는가에 따라서 기독교 성경의 본질적인 요소가 이루어진다.

용도

　　최초의 기독교 저작들은 사적인 예배나 교화를 위하여 집필된 것이 아니다. 이 저작들은 공적인 문헌으로서 회중에게 읽혀지도록 쓰여진 것이다. 이 저작들은 율법과 선지자들과 함께 예배식에서 읽혀지는 일이 점점 많아졌다. 이와 같이 예배식에 사용됨으로 신약의 문헌들이 성경, 그리고 하나님의 말씀으로 인식되는 일이 촉진된 것은 놀라운 일이 아니다. 이 저작들이 공중 예배식에 사용되었기 때문에 교회 안에서 설교와 교육 활동에도 이용되었다. 이리하여 토라와 나란히 권위있는 문헌으로 인용되고 있었기 때문에 집단의 계속 이어지는 전통의 형성에 점차적으로 이바지하게 되었다.

　　또한 처음부터 회중에게 큰 소리로 낭독하기 위하여 교회들 간에 저작들을 서로 교환하고 있었다. 사도적 서신인 사도행전은 안디옥, 수리아, 그리고 길리기아에 있는 이방인 신자들에게 보내어졌다(행 15:23). 고린도후서는 "온 아가야에 있는 모든 성에게" 보내어진 것이다(고후 1:1). 갈라디아서는 그 지방에 있는 모든 교회들에 대하여 쓰여진 것이다(갈 1:2). 골로새인들과 라오디게아인들은 바울이 교회에 보낸 서신을 교환하여 읽으라는 지시를 받았다(골 4:16). 에베소서와 베드로전서는 회람의 서신들이다. 이미 초대 그리스도인의 세대에서 사도나 교사가 한 집단에게 준 소식이나 교훈은 다른 집단들에게도 마찬가지로 격려와 뉴스의 원전이 되었다.

수집

　　지방의 교회들은 저작들을 서로 교환하는 중에 자신의 교회에 특별히 보내어진 서신들 외에 범위를 넓혀서 교회의 저작들을 수집하기 시작했다. 이런 일이 저작들이 정경으로 인정되는 비평적인 과정이 된 셈이다. 원래 다른 집단 및 개인을 위하여 쓰여진 저작들을 수집하고, 이 문헌들을 자신의 회중에서 읽음으로 말미암아 지난 날에 다른 집단을 위하여 기록된 것이 현재 자신의 집단에게도 연관성이 있음을 주장하게 되었다. 특별한 것이 일반화될 가능성을 나타내기 시작한 것이다.

　　바울의 서신들이 최초로 수집된 그리스도인의 저작물이라는 사실이 입증된다. 우리는 앞에서 사도행전 혹은 에베소서의 구성과 이런 과정을 연관시키는 가설을 검토해 보았다. 이런 이론의 확실성을 차치하고라도 바울의 순교 후 30여년 간에 그의 서신들은 원래의 수신자인 교회뿐만 아니라 다른 교회들 안에서도 사용되었고, 특별한 권위가 있는 저작으로 간주되었다. 이런 과정의 흔적을 추적할 수 있는 저작들은 1세기 후반 및 2세기 초에 기록된 그리스도인의 문헌에 국한된다.

로마의 클레멘트는 고린도의 회중에게 권고의 편지를 써보냈다(약 C.E. 95년). 그는 그 서신에게 바울이 고린도인들에게 써보낸 첫번째 편지에 대하여 분명하게 언급하고 있다(*1 Clem.* 47.2-4). 또한 그는 히브리서를 광범위하고 정확하게 이용하고 있다(*1 Clem.* 17.1-6, 36:1-6, 참조. 유세비우스 *Ecclesiastical History* Ⅲ.38.1). 이와 같은 사실은 두 저작물이 로마교회에까지 전하여졌을 뿐 아니라 거기서 대단한 권위를 인정받고 있었음을 시사한다. 그로부터 약 이십년 후에(약 C.E. 115년) 수리아의 안디옥의 감독 이그나티우스는 로마로 순교의 길을 가는 중에 에베소교회에 서신을 보냈다. 그는 에베소교회의 교인들에게 바울이 "그의 모든 편지에서 그리스도 안에서 교회가 연합하는 일에 대하여 언급하고 있음"을 이야기한다(Ign. *Eph.* 12.2).

우리는 얼마나 많은 바울의 서신들이 이그나티우스에게 알리워졌는지 알지 못한다. 그가 고린도전서를(참조. 엡 16:1, 18:1, *Magh.* 10.2, *Trall.* 2.3) 알고 있었던 것은 확실하고, 아마 로마서와(참조. 엡 8:2, 18:2) 에베소서도(참조. *Smyrn.* 1.2, *Pol.* 5.1, 6.2) 읽었을 가능성이 많다. 바로 그 이후에 서머나의 감독 폴리갑은 빌립보 교인들에게 편지를 섰다. 그는 자신이 수집한 이그나티우스의 편지들을 그들에게 보낸다(*Letter of Polycarp* 13.2). 그는 바울이 그 무리들과 함께 있었음을 상기시킬 뿐 아니라 바울이 그들에게 쓴 편지에 대하여 언급한다(3.2). 그의 편지의 스타일이 큰 공헌을 하는 한편 그가 바울의 많은 서신들을(나의 판단으로는 목회서신들도 포함하여) 알고 사용하고 있다는 사실이 확실히 드러난다(4:1). 우리는 또한 베드로후서의 저자가 바울의 "모든" 편지들을 말하면서 "다른 성경들과 같이"(벧후 3:16) 취급하고 있음을 보았다. 이런 언급은, 일부의 혹은 많은 바울의 서신들의 수집물이 2세기 말경에 로마, 고린도, 안디옥, 서머나, 에베소, 그리고 빌립보 등의 주요한 기독교의 중심지에 있었다는 사실과, 바울의 저작이 이미 성경으로 인정되는 과정에 있었음을 시사한다.

복음서들의 수집 과정을 추적하는 것은 더 어렵다. 공관복음서에 두 가지 자료가 사용되었다는 주장이 옳다면 늦어도 85년경에는 마태 그룹의 필기자들은 마가복음과 마태복음을 이용할 수 있었음을 짐작할 수 있다. 누가도 마찬가지로 일찍이 복음에 대한 저술을 시도한 사람들이 많았던 사실을 언급하고 있으며, 그도 분명히 마가복음을 사용했음에 틀림없다(눅 1:1). 로마의 클레멘트는 고린도인들에게 보낸 편지에서 "우리 주 예수의 말씀을 기억할 것"을 권고하고(*1 Clem.* 13.2, 46.8-9), 혼합된 인용들, 마태복음과 가장 유사한 구절들을 따른다. 안디옥의 이그나티우스는 제4복음서와(참조. 엡 5:2, *Magn.* 7.2-3, *Phld.* 7.1, 9:1) 마태복음을(참조. *Eph.* 14.2, *Smyrn.* 1:2, 6:1) 사용했을 가능성이 엿보인다. 폴리갑의 「빌립보서신」(*Letter to the Philippians*)은 마태복음과(7.2, 12.3) 요한의 서신들을(2.1, 7:1) 사용한 것으로 보인다. 디다케는(약 C.E. 90-100) 복음서의 교훈들에 대한 암시가 많고, 주기도문의 역문에는 마태복음 6장 9-11절에서 확대 인용한 것으로 보이는 구절도 있다(*Did.* 8.2).

이런 인용 방식은 2세기 중엽까지 계속되었다. 순교자 저스틴은 그의 「첫 변증」(*First Apology*)에서(약 C.E. 155년) 그리스도인의 예배는 사도와 선지자들의 글을 읽는 것과 그 말씀을 중심으로 설교하는 것을 포함하는 것으로 말하고 있다(67). 그는 사도들의 "실록"에 대하여 언급하고, 거기서 인용하기도 한다(66). 또한 그의 「트리포와의 대화」(*Dialogue with Trypho*)—토라의 메시아에 관한 본문에 대한 토론에 관여한 유대인과의 광범위한 논쟁—에서 다시 "사도들의 실록"에 대하여 자주 암시하고(101, 105, 106, 107), 복음서에서 많은 구절들을 분명하게 인용하고 있다(12, 18, 32, 49, 76, 78, 112, 125, 133).

신약성경의 저작들이 설교의 주제였다는 저스틴의 증거에 더하여 「제2 클레멘트」(*2 Clement*)(약 150년)로 불리는 설교에서 직접적인 증거를 볼 수 있는데, 여기서 마가복음 2장17절을 성경으로 인용하면서, "…다른 성경에서 말하기를, '내가 의인을 부르러 온 것이 아니요 죄인을 부르러 왔노라'고 하셨다"고 말한다(2:4, 참조. 3:2, 6:1-2, 11:5-7). 우리는 2세기 중·말기의 변증적인 문학에서 신약성경의 구절을 인용하고 있는 것을 볼 수 있는데, 예를 들면 안디옥의 데오필루스의 「오토리쿠스에게」(*To Autolycus* Ⅱ.27, Ⅲ.14), 아데나고라스의 「그리스도인을 위한 탄원」(*Supplication for the Christians* 12, 32, 33), 「디오그네투스 서신」(*Epistle to Diognetus* 12.5)과 같은 저서에서 인용하고 있다.

　이런 증거들을 수집·요약하는 데는 세 가지 포인트가 있어야 한다. 많은 인용의 실례가 있지는 않다. 신약성경을 정확하게 인용하는 것이 아니다. 반면에 흔히 인용문은 주의를 요한다. 그리고 더욱 중요한 것은 권위있는 것으로, 때로는 토라와 동등한 것으로 간주하여 인용하고 있다는 사실이다. 마지막으로, 우리가 다른 그리스도인들의 저서에서 인용된 것은 볼 수 없고, 후기에 신약성경으로 불리게 된 저작들만 선택되어 인용되었다는 사실에 놀라게 된다.

　서신들을 교환하고 수집하는 과정은 많은 교회들이 하나의 교회로 연합되는 과정에서 비평적인 작업이었고, 바울이 이방인들에게 보낸 편지와 회람의 서신으로 말미암아 시작된 하나의 발전이었다. 집단들은 동일한 본문을 읽음으로써 공유의 동질성으로 형성되고, 자신들의 신앙의 보편성을 점차적으로 인식하게 되었다. 신약성경의 저작들을 수집하게 된 집단들은 세 가지 성명을 내게 되었다. "사도들과 선지자들"의 저작들을 토라와 함께 예배식에서 읽혀져야 할 근본적인 문헌으로 간주함으로써 이 저작들에 표현된 자신들의 정체성의 연속성과, 예배드리는 집단을 형성하기 위하여 기록된 하나님의 말씀으로서의 이 저작들의 권위를 주장하게 되었다. 둘째로, 온 세상에서(오이코노메) 같은 저작을 읽는 다른 지방교회들과 교제를 굳게 했다. 셋째로, 이 저작들은 보편적인 적용성을 지녔음을 밝혔다. 지난 세대에 바울이 고린도인들에게 한 말이 이 세대의 서머나 사람들에게도 적용될 수 있고, 따라서 모든 세대에 모든 곳에 있는 교회에 적용될 수 있다는 것이다.

선택

　기독교의 운동으로 정경에 포함된 저작 외에도 많은 문헌들이 집필되었다. 어떤 문헌들은 정경들보다 후기에 기록되었다. 대체로 "영지주의의 복음서들"이 이런 경우에 해당된다. 그러나 디다케 혹은 「제1 클레멘트」(*1 Clement*)와 같은 다른 저작들은 정경들보다 일찍 쓰여졌다(예. 베드로후서). 2세기에는 특별히 많은 복음서들, 묵시문학 작품들, 그리고 사도들의 실록들이 세상에 알려졌다. 그러므로 집단은 예배의식에서 낭독하고, 말씀 선포와 교육의 근거로 사용하기 위하여 이 작품들 가운데서 선택하지 않을 수 없었다.

모든 교회들이 처음부터 선택된 저작들을 다 찬성한 것은 아니다. 어떤 교회는 자기 지방에서 선호하는 저작을 성경으로 간주하기를 원했고, 한편 다른 곳에서 좋아하는 저작은 배격하기도 했다. 예를 들면 4세기 후반까지 서방에서는 야고보서를 성경으로 간주한 흔적이 전혀 없다(야고보서를 실제로 배격한 적도 없다). 이와 대조적으로 동방에서는 야고보서가 이미 오리겐 시대에(184-254) 성경으로 간주되었다. 반면에 헤르마스의 목자는 서방에서 어느 기간 동안 인기가 높았고, 베드로의 묵시는 동방에서 그와 같은 인기를 누리고 있었다. 2세기 말에 몬타누스주의로 불리운 예언 운동의 과도한 열정 때문에 제4복음서와 함께 요한계시록은 큰 의혹을 받기도 했다. 그래서 이 두 저작은 정경에 포함되는 데 많은 어려움이 있었다.

그러나 대체로 초기의 증거들이 시사하는 바는 성경의 대부분이 처음부터 만장일치라고 할 정도로 승인되었다는 사실이다. 알렉산드리아의 클레멘트 같은 취사선택에 용의주도한 사람도 교회의 전통에 근거하여 약간의 구별을 짓는다. "우리에게 전하여진 네 복음서들에서 이런 말씀을 찾아볼 수 없으나 이집트인들에 의하여 보존된 저작에서는 읽을 수 있다"(*Stromata* Ⅲ.13, 강조되어 있음). 2세기 말경에는 이레니우스, 터툴리안, 그리고 오리겐 등의 저작자들이 오늘 우리가 사용하고 있는 정경과 본질적으로 동일한 정경을 사용하고 있었다.

우리가 볼 수 있는 가장 오래 된 정경 목록 중의 하나는 무라토리 정경이라고 부르는 조각난 라틴어 사본의 파편이다. 이 사본은 어떤 학자들은 연대를 더 늦게 잡기도 하지만 2세기 후반에 로마 교회의 정경을 대표하는 것으로 일반적으로 인정하고 있는 것이다. 우리에게 있어서는 사본의 정확한 연대나 기원보다는 정경 승인의 과정과 원리가 더 중요하다.

이 문헌은 매력적이지만 난해하다. 이 사본에는 현재의 정경의 대부분이 포함되어 있다. 네 복음서와 사도행전, 목회서신을 포함한 바울의 서신들, 요한의 두 서신과 유다서, 요한계시록—오늘날의 정경에 들어 있는 스물 두 개의 저작들이 있다. 더욱 흥미있는 사실은 오늘의 정경과 다른 점이다. 요한삼서, 히브리서, 야고보서—로마 교회의 상황으로 미루어 보면 좀 이상하게 느껴지는 부분이다—베드로전후서가 언급되지 않았다! 이 저작들이 배격된 것은 아니다. 단지 언급되지 않았을 뿐이다. 반면에 무라토리 정경 목록에는 솔로몬의 지혜서가 들어 있다. 그리고 "교회에서 반드시 읽혀야 한다"고 모든 사람이 동의하는 것은 아니지만 베드로의 묵시록을 포함하고 있다. 헤르마스의 목자는 중립적 입장에 놓여 있었다. 신앙의 사람들이 이 책을 읽을 수 있었으나(이 목록에 넣을 저작을 논의할 때 이 책도 그 대상에 포함된 사실이 그 인기를 증명함) 교회의 공적 예배에서 읽혀질 수 없었고, 사도와 선지자들 가운데 포함될 수도 없었다. 정경 승인의 주요한 요소는 한 문헌이 사적으로 읽혀지거나 사용될 수 있는지 어떤지 판단하는 데 달린 것이 아니고, 공적 예배에서의 사용 여부에 달렸다. 마지막으로, 무라토리 목록에서는 바울의 저작으로 주장하지만 실제로는 마르키온의 위조물인 이 허구적인 서신을 단호히 배제시켰다. 이 작품은 "전반적으로 교회 안에서 수용되지 않았다." 발렌티누스와 바실리데스 같은 영지주의자 교사들도 이 작품은 철저히 배격했다.

정경 선택의 과정에서 불가피하게 어떤 저작물들을 배제시키게 되었다. 이런 정경 승인의 과정은 2세기 중엽에 마르키온파의 도전을 받고 더욱 가속화되었다. 마르키온은 교회에서 이탈하여 기독교의 이단 종파를 설립했고, 바울의 서신들과—목회서신은 제외시킴(참조. 터툴리안 *Against Marcion* V.21)—누가복음의 정정본으로만 편집된 그들의 "정경"을 완성했다. 마르키온은 바울이 "나의 복음"이라고 말할 때 누가복음을 가리키는 것으로 믿었다.

마르키온은 이원론적 강박관념에 사로잡혀 가시적인 세계를 악한 조물주(엮주 — 플라톤의 철학에서)가 만든 것으로 간주하고, 예수의 복음이 인류를 이 세계에서 자유를 얻게 한다고 믿었으며, 구약성경은 악한 조물주의 작품이므로 배척해야 하는 것으로 생각했고, 바울의 저작 외의 신약성경의 모든 책은 유대교적 정신으로 "부패된 것"으로 간주했다. 어떤 학자들은 하나의 복음서(유앙겔리온)와 한 사도(아포스톨리콘)에 의하여 만들어진 마르키온의 축소된 정경이 정통의 정경 형성에 자극과 구조적 원리를 제공하게 되었다고 믿는다. 아마 이런 주장은 사실을 과장한 것으로 보인다. 그러나 교회에서 공인된 정경을 마르키온이 불완전한 것인양 줄여서 새로 편집하자 정통파 지도자들이 집단의 정경 목록을 더 세밀히 검토하고, 정경 채택의 근거들을 더욱 면밀히 살펴보게 된 것은 분명한 사실이다.

2세기에 타티안이 「디아테사론」(*Diatesseron*)을 작성함으로 정경에 대한 도전이 또 일어났다(약 170년). 네 복음서를 모두 이용하여 지혜롭게 짜 맞추어 역본을 만들고, 이 단일한 조화된 역본으로 표면상 어지럽게 보이는 다수의 복음서들을 대치하려고 시도했다. 「디아테사론」(*Diatesseron*)은 시리아에서 굉장한 인기를 얻고 있었다. 이 저작이 거기서 공중 예배시에 읽혀지고 설교의 근거가 되었으므로 수 세기 동안 정경의 역본으로 인정되었다. 5세기까지 그대로 유지되었다. 나머지 교회들은 4복음서들 대신에 이 조화된 작품을 받아들이지는 않았다. 그들은 이 저작을 역사적 근거가 있는 책으로 간주하지 않았고, 그저 다른 가치있는 증거로, 정확히 말하자면 문학적 특성이 있는 것으로 취급했을 뿐이다. 그렇기 때문에 타티안의 시도 자체도 교회 생활에서 4복음서들의 우선권과 역할을 높이는데 오히려 이바지하게 되었던 것이다.

승인

팽창과 축소에 의하여 제기된 위협은 결코 사소하거나 일시적인 문제가 아니었다. 「디아테사론」은 시리아에서 인기가 있었고, 마르키온주의는 제국의 곳곳에서 주도적인 기독교의 형태가 되었다. 정통주의가 살아남거나 다른 길을 모색하기 위해서는, 기독교가 다양한 분파로 나뉘어지는 것을 피하기 위해서는 어떤 울타리를 세워둘 필요성을 느끼게 되었다. 그래서 우리는 이때부터 정경에 대한 정의의 과정이 점차적으로 세밀하게 되는 것을 본다.

4세기 초에 가이사랴의 감독 유세비우스는 "신약성경을 구성하는 저작"은 4복음서("거룩한 4권의 복음서"), 사도행전, 바울 서신들, 요한일서, 베드로전서, 그리고—약간 주저하면서—요한계시록이라고 언명했다. 만일 우리가 히브리서도 바울의 서신에 포함시킨다면 유세비우스가 확정한 정경이 오늘날 사용되고 있는 22권의 저작이 되는 셈이다. 그는 이 저작들을 승인된 책들(호모로구메노이)이라고 불렀고, 이에 만장일치로 동의하고 있었다. 그리고 그는 논의의 대상으로 간주하는(antilegomenoi) 5권의 저작을 추가한다. 야고보서, 유다서, 베드로후서, 그리고 요한이·삼서가 추가된 정경이다. 이리하여 우리는 현재의 정경 27권을 보유하고 있다. 유세비우스는 자신이 정경으로 인정하지 않는 저작들의 목록을 나열한다. 한때는 정경으로 대우을 받았으나 그렇지 못한 저작들, 예를 들면 헤르마스의 목자와 베드로의 묵시와 같은 책들이다. 그리고 사도들의 이름을 붙인 복음서들과 행전들은 "이단들에 의하여 주장된" 것으로 전적으로 배격한다. 이런 책들은 가짜일 뿐만 아니라 "사악하고 불경건하다." 유세비우스에게는 확정적이나 여전히 약간의 융통성있는 정경이 하나 있다. 그는 요한계시록에 대하여 확신하지 못했고, 다른 저작들은 그렇지 않다는 것을 알고 있었다. 그러나 정경에 속하는 대다수의 저작과 정경이 아닌 것들에 대하여 분명하게 인식하고 있었다. 유세비우스가 이 논의에 비평적인 정신으로 임한 것은 교훈적이다. 이단들의 복음서들과 행전들을 배격하는 이유는 무엇인가? 정통파의 저작자의 문헌에 성경으로 언급되지 않았기 때문이다. 조작된 책들의 어법이 사도시대의 그것과 일치하지 않는다. 그리고 그 내용과 전망이 정통주의와 크게 다르다. 세 가지 기준—교회에서의 사용 여부, 사도적 기원, 그리고 신학적 일치—이 여기서 작용하고 있다(참조. 유세비우스 *Ecclesiastical History* Ⅲ.25.1-7).

정경 승인 과정의 방어적인 특성은 367년에 알렉산드리아의 감독 아다나시우스가 기록한 「*Paschal Letter*」에 나타난다. 그는 오늘 우리가 사용하고 있는 정경 27권의 목록을 열거하면서 이 저작들을 구원의 봄이라고 불렀다(10). 또한 「*Wisdom*」, 「*Esther*」, 「*Judith*」, 그리고 「*Shepherd*」 과 같은 책들은 교훈을 위해서 사용될 수 있다고 인정했다. 그는 다른 저작들을 배격하는 데 있어서 다른 사람들보다 더 격렬하다. "어느 곳에도 은밀한 문서에 대한 언급이 없다. 이단들이 꾸며낸 것이다. 연대를 꾸미고 말을 덧붙여서 마치 고대의 문서인 것처럼 꾸며서 순진한 사람들을 속이려 한다"(12).

마지막으로, 카르타고의 북아프리카공회에서 작성한 목록을 살펴볼 수 있다(397). 그 목록은 오늘날 우리가 사용하는 정경과 정확히 일치한다(정경 39).

> …정경인 성경 외에는
> 아무것도 교회 안에서 읽혀지지 않는다
> 거룩한 성경이란 이름으로
> 〔구약성경의 목록에 이어서〕
> 주신 신약성경의 목록은
> 사 복음서들
> 한 권의 사도행전
> 바울의 열세 서신
> 바울의 히브리서
> 두 권의 베드로 서신
> 세 권의 요한 서신
> 야고보서

유다서
요한 계시록
이 정경의 확정을 위하여
바다 건너 교회들도 함께 의논할지어다.

북아프리카 교회로서는 이 문제에 대하여 로마와 상의하는 것이 중요한 일이었음을 알 수 있다. 여기서 우리는 정경의 원리를 알 수 있다. "교회에서 거룩한 성경으로 읽혀져야 한다"는 말이 정경의 원리를 나타낸다.

4세기 말엽 한 동안 정경 승인의 조직적인 과정이 수립되었을 뿐 아니라 승인 작업이 완료되었다. 영지주의파들을 제외해두고 다음 천년기에 이것이 모든 그리스도인의 정경이 되었다. 루터가 히브리서, 야고보서, 그리고 계시록을 "진정한 저작들"보다 평가절하함으로 이 문제를 다시 제기하고, 울리히 츠빙글리가 계시록을 거부한 데 대한 반응으로 트렌트공의회는 1546년에 27권의 정경을 다시 확인했고, 영국교회신조(1562/1571)와 웨스트민스터 신앙고백서에서도 정경을 확인했다.

정경승인의 원리

우리는 이런 과정을 통하여 정경의 본질에 대하여 무엇을 배울 수 있는가? 두 가지 사실이 즉시 명백하게 드러난다. 첫째로, 마르키온을 반대한 것은 정경은 원리적으로 다원적이다. 구약과 신약 사이에, 그리고 바울과 야고보 사이에 어떤 부조화가 있든지 정경은 따로 독립된 하나의 "바른" 신학이 아니다. 심지어 바울의 저작만큼 중요하더라도 하나로 정경이 될 수는 없다. 가지를 잘라버린 마르키온주의를 반대함으로서 "정경 안의 정경"이라는 주장 따위도 배격할 것을 암시하고 있다. 왜냐하면 마르키온이 그런 개념에 입각한 대담한 그의 '정경'을 제시했기 때문이다.

둘째로, 타티안의 「디아테사론」(*Diatesseron*)을 궁극적으로 배격한 사실은 정경은 하나의 설명보다는 다수의 증거들에 의하여 형성된다는 진리를 우리에게 시사한다. 사복음서를 그대로 보유하기로 확정지은 것도 정경은 영감받은 저작의 집합이라는 생각을 나타낸 것이다. 교회 생활에서는 예수의 생애나 교회사가 규범이 되는 것이 아니라 제각기 특성을 지닌 이 문학적 저작들의 전집이 길잡이가 된다. 이것은 "사중 복음"이다(이레니우스 *Against Heretics* Ⅲ.11.8). 이 증거들에 "의하여" 좋은 소식이 된다. 복음서는 전기나 역사가 그 초점이 아니다. 마태복음이 내용이 더 많다고 해서 마가복음을 대신하지 않는다. 요한복음이 공관복음과 일치하지 않는다고 해서 가치가 떨어지지 않는다. 복음서들은 역사를 잘 알리기 위해서 서로 경쟁하지 않고, 증거에 목표를 두고 있다.

이와 같이 많은 사실들이 내게는 분명하게 보인다. 좀 불분명한 것은 어떤 저작은 정경으로 승인하고 다른 책들은 배격하게 된 그 기준이다. 분명히, 관습의 작용이 있다. 이것은 부인해서는 안될 한 요인이다. 우리가 유세비우스와 어거스틴을 통하여 들은 대로 교회 안의 학식있는 사람들의 의견도 반영되었다(참조. *Ecclesiastical History* Ⅲ.25.6, Augustine *Against Faustus* ⅩⅩⅡ.79). 그들은 그리스도인 저자들에 의하여 먼저 성경로 인용된 것, 사도의 스타일, 그리고 신학적 일관성 등을 살펴서 합당한 판단을 내릴 수 있었다. 그러나 학문적 검토 이상의 무엇이 작용하고 있었다. 그렇지만 그것을 지적하기는 어려운 일이다.

우리가 정경 승인에 큰 역할을 했으리라고 기대할 수 있는 한 기준이 실제로는 그렇지 않다. "영감"이라는 용어만으로 정경에 포함시킬 충분한 이유가 되지는 못했던 것으로 보인다. 「헤르마스의 목자」(*Shepherd of Hermas*)와 다른 많은 저작들이 영감을 주장했으나 전반적으로 정경에 포함되지 못했고, 최종적으로도 정경으로 인정을 받지 못했다. 대조적으로 신약성경들은 스스로 영감을 주장하지 않는다. 디모데후서 3장 16절의 선언 즉 모든 성경이 하나님의 영감으로(데오뉴스토스) 된 것이라는 말은 토라를 가리킨다. 베드로후서 3장 16절은 바울의 서신을 성경으로 언급하고 있으면서도 영감으로 된 것이라는 말은 하지 않는다. 신약성경이 하나님의 감동으로 된 것이라는 확신이 점차적으로 널리 확산되었음에 틀림없으나 이런 견해가 정경승인의 기준으로서 역할을 한 것은 아닌 것 같다.

반면 사도직을 기준으로 삼는 것은 분명하다. 사도적 기원이 있는 저작이라야 인정받게 되었다. 이런 관점에서 바울의 영향은 대단히 중요했다. 또한 영지주의자들의 비전의 책들을 은밀하게 전달하는 비밀의 계승을 주장하는 영지주의자 교사들에 대한 투쟁도 동일하게 중요한 일이었다. 사도직을 옹호하는 정통파의 주장에 의하면 신약성경은 다른 곳에서 형성될 수 없고, 근래에 새로 쓰여질 수도 없다. 오직 공적으로, 보편적으로 인정받는 교회의 전통을 통해서만 기원을 찾을 수 있다. 그래서 우리는 파피아스의 경우와 같이 모든 저작들을 한 명의 사도와 관련지으려는 의도를 볼 수 있다. 마가복음은 베드로의 동료이며 통역자인 인물에게서 유래한다. 누가복음은 바울의 동료에게서 유래한다. 마태복음과 요한복음은 사도들에게서 유래한다. 바울의 서신 외에도 요한의 서신, 야고보서, 유다서, 그리고 베드로전후서가 사도들에게서 유래한다. 트렌트공의회가 야고보서를 사도적 저작으로 인정했을 때 교회의 이러한 경향이 분명해졌다.

이러한 사도직의 원리에 의하여 영지주의에 대하여 두 가지 중요한 선언을 하게 되었다. 첫째는 역사적으로 사도직이 앞섰다는 주장이다. 기독교의 정체성을 처음으로 표출한 것은 사도들의 저작이었다. 둘째는 역사적 연속성에 대한 주장이다. 오늘의 교회는 예수를 처음 따랐던 자들의 저작을—마치 자신을 위하여 기록된 것과 같이—읽고 이해한다. 사도들의 저작의 분명한 내용을 이해하는 데는 비전의 코드가 필요하지 않다. 교회의 공적인 생활 속에서 분문과 함께 그 정황이 주어졌다. 사도직의 기준은 중요했다. 그러나 그것도 약간의 인위적인 요소가 있었다. 그렇다고 속이는 일은 분명히 없었다(참조. 어거스틴 *On the Harmony of the Evangelists* I.2). 도마의 복음서와 베드로의 복음서, 혹은 베드로의 묵시록과 같은 책들을 사도의 저작으로 돌렸으나 받아들이지 않았다. 한편 누가복음과 마가복음은 사도가 쓴 책이 아니지만 오히려 정경으로 채택되었다.

정경의 승인은 집단이 저작의 권위에 대한 인정 여부와 관련되어 있다. 초대 교회에 정경으로 채택되지 않았으나 권위있는 저작으로 인정되고, 지방에서 수용된 책들이 있다. 디다케와 그 뒤를 이은 "교회의 명령"(「사도들의 가르침」 *Didascalia Apostolorum*과 「사도헌장」*Apostolic Constitutions* 같은 저작들)은 그 점을 잘 반영하는 책들이다. 안디옥의 이그나티우스의 편지들도 그런 부류에 드는 저작인데 폴리갑이 수집하여 배포할 정도로 중요하게 인식되었다. 지방적 혹은 일시적 권위와 일반적 및 영구적 권위와의 사이에는 중요한 구별이 있다. 최종적으로 정경으로 승인된 저작들은 단순히 지방적 혹은 일시적 권위를 초월하여 모든 시대에 모든 곳에 있는 교회에 교훈을 주는 능력이 담겨 있다.

만일 우리가 저작들 가운데서 권위를 갖게 하는 내적 특성을 찾으려 한다면 고대의 자료가 충분치 못하여 그저 짐작으로 끝날 뿐이다. 저작의 내용을 판단하는 일이 어느 정도는 관련되어 있다. 많은 교부들의 저작에 그리스도인의 이해를 위하여 적절한 구조를 이루는 믿음의 법칙(regula fidei)이 있음은 분명하다. 그 법칙은(단순히 '정경'을 라틴어로 번역한 말) 명백하게 설명되지는 않았지만 신약성경의 케리그마와 공의회의 발달된 신조와의 사이의 과도기적 개념으로 보인다. 우리는 알렉산드리아의 클레멘트(*Stromata* Ⅰ), 이레니우스(*Against Heretics* Ⅰ.8.1, Ⅰ.22.1), 그리고 터툴리안(*On the Prescription of Heretics* ⅩⅢ, ⅩⅩⅩⅥ.1-5, *Against Praxeas* Ⅱ.1-2, *Against Marcion* Ⅰ.21) 등 많은 저자들이 이런 법칙에 대하여 분명하게 언급한 것을 발견하게 된다. 오리겐 같은 모험적인 신학자는 자신의 탐구를 위한 본질적인 구조인 이 법칙에 높은 찬사를 보냈다(*On First Principles* Ⅰ.서문 3-4).

이 법칙의 중요성은 정통의 저작으로 결정하는 데에도 구조를 제공한다는 점에 있다. 법칙 자체가 동일한 정통의 저작들에서 유래한 것임을 선포하기 때문에 어느 정도의 순환논리가 작용한다고 하겠다. 그러나 순환논리가 전적으로 틀린 것은 아니다. 예를 들면 정통적인 교의는 케리그마적 형식과 신조의 형식에서 말씀이 육신이 된 것과, 예수님의 십자가에 못박히심과 죽음을 강조하고 있다. 사도적 기원을 내세우고 있는 가현설 그리스도론이 포함된 복음서는 정경에서 발견되지 않고, 예수의 죽음을 중요하지 않은 사건으로, 혹은 신격화의 과정으로서 과장하기 위한 하나의 에피소드로 취급하는 복음서들이 없다는 것은 결코 우연이 아니다.

이런 교의적인 규범은 신약성경의 각 책의 전망과 일치한다. 왜냐하면 신약의 책마다 자기 방식대로 행위뿐 아니라 가르침에 있어서도 빗나가는 것을 방지하기 위하여 노력한 모습을 흔히 볼 수 있기 때문이다. 이레니우스는 이단과 투쟁하기 위하여 이 법칙을 정경인 성경 및 사도적 계승과 결합시켜야만 했다. 그리고 이런 결합은 이미 그와 같은 확신을 가진 자들만 납득케 하는 것이었다. 이 법칙도 주로 교의적인 요소에 초점을 두고 있었다. 그것은 부정적인 조치만 제시했을 뿐 긍정적인 것은 주지 못했다. 헤르마스의 목자와 디다케 같은 완전히 정통적인 저작들도 정경으로 인정받게 하는 길을 찾지 못했다. 우리는 보다 더 긍정적인 기준을 찾을 수 있는가?

교회의 분별

정경승인에는 하나의 기준만이 있는 것이 아니다. 이 과정에 대한 가장 좋은 역사적 설명은 한 가지의 신학적 범주, 교회의 분별(sensus ecclesiae)에 있다고 하겠다. 정경승인이란 역사적 사실을 통하여 그 과정과 인식이 함께 드러난다. 그 과정은 교회가 한 집단으로서 결정을 내리는 진행 방식이다. 그 인식은 교회가 그 자체를 보는 시각이다. 바로 이 "교회의 자체에 대한 시각"이 궁극적으로 정경의 기준과 신약성경의 최종적인 모양을 결정하게 되었다고 본다.

이 집단에 속한 사람들에게는 그 과정이 저작물에 영감을 준 성령의 인도로 된 일이다. 그러나 그 과정이 전적으로 신비적인 것은 아니다. 오히려 상호 교제, 논쟁, 그리고 토론을 통하여 다듬어지고 시험을 받은 많은 집단의 공동의 깨달음의 과정이다. 단시일에 이루어 진 것도 아니요, 시간의 경과를 통하여 된 것이다. 특별한 권위자나 직분에 의하여 결정된 것도 아니고, 교회에 속한 모든 신자들의 분별력에 근거한 것이다.

교회의 분별(sensus ecclesiae)이라는 어구는 어떤 의도에서 나온 말인가? 이 집단은 정경의 저작에서 깊은 설득력, 혹은 스스로의 최상의 정체성과 일치하는 것을 감지한다. 현재 교회가 어떠한가를 말할 뿐 아니라 교회가 마땅히 어떻게 되어야 하는가를 생각하게 만든다. 정경의 저작들이 개별적으로 완벽하게 언급하지는 않지만 전반적으로 보면 정확성을 가지고 권위있게 교회가 무엇인가, 그리고 어떻게 되어야 하는가를 기술한다. 그러나 그보다 더 중요한 사실은 정경의 저작에는 교회의 다음 세대들을 위하여 그 정체성을 재형성하고 그 생명을 거듭나게 하는 능력이 담겨 있다는 것이다.

교회의 분별(sensus ecclesiae)을 통하여 이 저작들이 보편적인 권위가 있음을 인식하게 된다. 정경은 과거나 현재의 일을 언급할 뿐 아니라 미래의 상황도 언급하는 능력, 그 책을 읽는 자들 가운데 그리스도인을 창조할 수 있는 능력, 초대 그리스도인들의 체험과 같은 진정하고 지속적인 신앙생활을 창조할 수 있는 능력이 있다. 이런 효력은 원래 개인이 아니라 집단을 목표로 한 것임을 주목할 수 있다. 수집된 정경들은 교회의 존재를 이끌어 내며, 처음에 가장 잘 구현된 패턴대로 그 형상을 이룰 수 있다.

그리스도와 신비한 한 몸을 이루는 그리스도인들과의 사이에 있는 구별된 점을 철폐하려는 저작들, 혹은 그리스도의 백성과 유대 민족을 하나로 묶는 고리를 끊어버리려고 시도하는 저작들, 혹은 엘리트와 대중을 조직상 구별하려는 저작들, 혹은 창조를 부인함으로 진정한 경건의 표시로 삼으려는 저작들이 신약성경의 정경에 포함되지 못한 사실이 결코 우연이 아니라는 점을 나는 주장하고자 한다. 왜냐하면 이런 불건전한 경향들이 집단을 파괴하려고 작용하기 때문이다. 오늘의 신약성경의 정경은 집단에 공동의 정체성을 형성케 하는 데 초점을 두고 있다. 이런 점이 바로 다른 저서들과 달리 신약성경이 정경으로 선택된 까닭이다.

이런 교회의 분별은 엄밀한 역사적 근거에서 옹호하기는 어렵다. 정경 승인의 과정은 본래 부패되었다는 주장이 과거에 있었고, 그리고 현재는 더욱 강력하게 주장되고 있다. 이런 견해에 의하면 다양한 그리스도인의 삶에 대한 가치있는 저작들이 정통파 지도자들의 쓸데없는 동기에 의하여 무자비하게 억압받았다고 한다. 그렇기 때문에 정경의 모든 이슈는, 이 세대가 성경에 대하여 기대하는 만큼의 무게가 있는 초대 기독교의 모든 저작들과 함께 다시 공개적으로 검토되어야 한다.

이런 논증에 의하면 정경 승인의 중요한 단계는 감독들에 의한 재가가 되는 셈이다. 이 감독들은 정치적인 동기가 있었고, 그 당시의 문화에 의한 제약이 있었다는 것이다. 모든 결정에 있어서 급진적인 것보다는 보수적인 것을 선택하게 되었다. 은총보다는 관례와 제도에 치중했다. 평등주의보다는 위계제도를 옹호했다. 신비주의보다는 교의를 중하게 여겼다. 남자를 선호하여 여자를 억압했다. 그러므로 우리가 보유한 정경은 모든 교회의 정경이 아니라 교회 안에서 승리를 쟁취한 편의 정경일 뿐이다. 실제로, 모든 그리스도인들은 마르키온의 정경과 마찬가지로 목적이 있는 당파적인 정경에 의하여 길러졌다는 것이다.

여기서 이 견해에 대하여 상세히 거론할 수는 없다. 거기에 대한 반응에 대하여 몇 가지를 언급하면 족하다. 첫째로, 역사 및 역사적 과정에 대한 실제적인 평가가 중요하다. 인간사의 모든 결정은 정치 및 권력과 연관성이 있다. 교회는 결코 새 예루살렘이 아니었다. 교회가 진리를 붙드는 데는 언제나 연약하고, 때로는 믿음이 결여된 상태이기도 했다. 이런 일을 비난할 수는 없다. 초대교회 공의회의 이야기는 때때로 소름이 끼친다. 그렇다고 해서 정통파를 미화하는 이상으로 반대당을 공상적으로 만들어서는 안된다. 고대의 논쟁에 관여된 모든 당파에 대하여 더러운 계략이 있었다. 그럼에도 불구하고 권력이나 교권 장악을 위한 활동보다 높은 차원의 동기가 작용하고 있었음도 역시 명백하다.

둘째로, 정경승인의 과정이 하나의 역사적인 과정이지만 정경 자체는 신학적인 실체이다. 그것은 앞서간 시대의 결정 사항들을 재확인하고 재가하려는 모든 시대의 교회의 결정에서 나온 것이다. 이런 일은 교회가 공중 예배에서 오직 이 저작들만 읽고, 그 왕국의 성격에 대한 논쟁에서 오직 이 저작들만 사용함으로 이루어진다. 정경에 대한 찬반의 결정은 처음에 정경들이 수집되거나 재가된 순수한 과정에 근거한 적이 없다.

셋째로, 정경에 대한 근대의 비평적인 질문은 최초에 정경을 재가한 자들의 동기나 방법과는 거리가 멀다. 오히려 이런 요인들이 근본적인 방법으로 교회의 분별(sensus ecclesiae)을 배신했는지 안했는지 문제가 된다. 다른 말로 하면, 감독들은 잘못된 이유에도 불구하고(만일 정말로 그들의 이유가 잘못이라면) 여전히 올바른 결정을 내리는가? 이것은 이 세대와 다음 세대의 토론과 분별과 결정을 위한 적절한 주제가 된다. 왜냐하면 이것은 과거의 과정에 집중된 문제가 아니고, 이 저작을 통하여 듣는 현재의 선자자적 음성에 관계된 문제이기 때문이다. 이런 관점에서 보면, 고대 혹은 근대의 정경으로 추천되는 저작들의 신임장 같은 것이 제출된다면 비평적인 질문이 필요하게 될 것이다. 이 저작들은 다음 세대에서 어떤 그리스도인의 정체성을 창조해내겠는가? 이 저작들은 교회로 하여금 옛날에 지녔던 동질성과의 연속성을 유지케 하며, 어느 시대, 어느 곳에서나 처한 인간의 모든 정황을 포용할 수 있게 하는가?

정경과 교회

요약해서 말하자면, 정경의 승인은 적절하다는 판단에 입각한 것이다. 교회는 바로 이 정경성을 통하여 이 저작들이 지닌 특수한 역사적 상황의 의미가 다만 그 당시의 의미로 그치는 것이 아님을 확인한다. 정경의 내용은 그 처음의 상황에서 정의된 것으로 끝나는 것이 아니라 지속적인 가치와 규범적인 영향력을 계속 발휘한다. 정경은 교회의 존재를 창조하며, "그리스도의 마음"에 의하여 교회를 형성해 간다(참조. 고전 2:16).

그러나 "적절하다"는 말은 조절이 필요하다. 때와 장소에 따라 적절한 것은 같지 않다. 그런 이유 때문에 수집된 모든 저작물이 보존되어야만 시대를 막론하고 어느 곳에서나 교회가 살아 있게 될 것이다. 개혁의 시대에는 바울의 음성이 가장 적절한 목소리였다. 도덕성이 떨어진 시대에는 야고보서 혹은 마태복음이 가장 적절한 음성이 될 것이다. 핍박을 받는 시대에는 계시록은 평온한 때와 다르게 읽혀질 것이다. 격리된 때에는 베드로전서가 독자들에게 새롭고 풍부한 의미를 던져주게 될 것이다. 도덕적으로 부패한 사회 속에서는 유다서가 갑자기 적절한 말씀으로 느껴질 것이다. 이성주의적 회의에 빠지면 베드로후서가 놀라울 정도로 시대적 말씀으로 부각될 것이다. 시대별로만 적절한 말씀을 달리 느끼는 것은 아니다. 교회는 우주적이고, 전세계에 걸쳐서 다양한 환경에 처하여 있다. 한 곳에서 교회는 번영을 누리고 좋은 대접을 받는 반면, 다른 곳에서는 핍박과 궁핍으로 고난을 당할 수 있다. 한편에서 예언의 소리을 구하면, 다른 편에서는 위로의 약속을 기다리기도 한다. 정경은 교회가 있는 모든 처소에서 어느 때나 말씀을 던져줄 수 있어야 한다.

이 저작들의 적합성은 각 책에서 개별적으로 드러나지는 않을 것이다. 오히려 그것은 전집에 속하는 각 부분이 다른 부분들과의 변증법적인 연관성 가운데 드러나게 된다. 교회는 창조적 긴장 가운데 누가복음의 참 사람 예수와 제4복음서의 초월적인 예수를 붙들고 있다. 교회는 바울의 제시한 자유의 선물과 야고보의 제시한 자유의 율법과의 사이에서 미묘하게 움직이고 있다. 정경을 이와 같이 중요하고 미묘한 유기체로 만드는 것, 그리고 사람들이 근본적으로 좀 거만한 마음으로 "정경 안의 정경"을 제시하게 되는 원인은 이 저작들이 그리스도인의 정체성을 형성하기 위하여 하나로 묶여져 역사하는 바로 그 방식이다. 오만하다고 말하는 이유는 모든 세대와 시대에 대하여 어느 책이 적합성이 있는지 안다고 주장하며, 다른 정경의 증거들이 새 세대들과 교회의 실현에 대하여 증거할 가능성을 차단하려고 하기 때문이다.

정경의 주제들

나는 교회의 책으로서의 정경에 대한 열 가지 주제와 결론적인 제안을 제시함으로 이 책을 끝내려고 생각한다. 나는 이를 통하여 자극을 주려고 한다. 그 중에는 앞서 간 사람들이 이미 언급한 것도 있겠고, 그것을 보다 상세히 설명한 부분도 있겠으나 반복적인 언급이라고 피할 필요는 없다고 본다. 이제는 독자들이 이런 언명들이 우리가 교회라고 부르는 실재에 의탁하는 상황에서만 의미가 있다는 사실을 확실하게 알게 되었을 것이다. 나의 요점은 신약성경이라고 불리는 실재는 그런 의탁의 상태에서만 완전한 의미를 나타낸다는 것이다.

1. 정경은 단순히 교회의 일에 쓰이는 문헌이다. 개개의 그리스도인이 달리 무엇을 읽든지 혹은 공부하든지 간에 정경은 교회가 그 정체성에 대하여 논의하고 명확하게 하기 위하여 근거로 삼아야 할 문헌이다. 정경은 교회의 공적인 문헌이요, 그 논의의 틀이 된다. 정경은 우선 교회의 공적 예배에서 큰 소리로 읽혀져야 한다는 의미에서 공적인 문헌이다. 또한 정경은 집단 전체의 논의와 분별의 대상이 되기 때문에 공적인 문헌이다.

2. 정경은 역사적 과정의 잔여 그 이상의 존재이다. 교회가 어느 시대, 어느 곳에서나 결정해야 할 믿음의 결단을 의미한다. 공의회에서가 아니라 공중 예배에서 집단에 의하여 이 특별한 저작이 수용되는 것은 가장 근본적인 정체성의 결정을 의미한다. 정경의 전집은 근대의 저작들이 이런 완전한 인정을 받는 것을 용납하지 않는다. 그리고 정경은 과거의 교회의 역사적 실현을 통하여 교회의 연속성을 주장한다. 정경의 전집을 통하여 교회는 오는 다음 세대들의 교회를 위하여 모든 것을 같은 수준으로 전달해야 할 책임이 있다.

3. 정경과 교회는 상호 관계있는 개념들이다. 정경은 과거부터 구별된 저작들로서 성경으로 확립된다. 교회가 없으면 정경도 없다. 정경이 없으면 올바른 의미에서의 성경이란 있을 수 없다. 교회가 모든 세대에 성경의 규범 아래에 있어 정경을 읽는 데서 그 생명과 의미를 발견하듯이 이 저작들은 오고 오는 세대에 집단에 의하여 그 생명과 의미의 척도로 읽혀짐으로서 성경으로서의 실현을 이룩하게 될 것이다.

4. 이것이 제한된 정경의 본질이다. 무제한적인 정경은 결코 정경이 아니다. 피트 자에 한 인치를 덧붙여도 여전히 피트 자인 것과 같다. 정경이 제한된 것이기 때문에 오고 오는 세대들의 교회를 통하여 확실한 정체성을 전달하는 기능을 수행할 수 있다. 오늘의 교회가 폴리갑, 어거스틴, 토마스, 루터, 그리고 본회퍼가 읽은 바로 그 저작들을 읽기 때문에 동질성을 나타내면서 동일한 집단으로 존속하고 있는 것이다. 오직 이러한 한결같은 기준만이 연속성을 줄 수 있다. 만일 바울의 유실된 서신이 발견된다면 큰 흥분의 도가니에 빠지겠지만 그래

도 정경이 늘어나지는 않는다. 왜냐하면 그런 서신은 저작된 이후로 지금까지 보편성있는 교회의 정체성을 형성하는 일이 없었기 때문이다.

5. 정경이 보편성을 가질 수 있고, 지속적이고 보편적인 적합성을 가질 수 있는 것은 이미 완성되었고, 유일성을 지녔기 때문이다. 이것은 분명히 역설이다. 어느 때, 어느 곳에서나 추가되거나 일부 삭제되어 변경될 수 있는 기준이라면 때와 장소를 막론하고 메시지를 전할 능력이 있다고 볼 수 없다.

6. 성경 학자 및 신학자와, 사상사를 연구하는 자 및 문학도와의 사이의 구별은 정경을 유효하게 수용하는가 않는가에 따라 판단된다. 이런 역사와 문학에 있어서는 정경의 개념이 아무 의미가 없고, 어떤 종류의 저작들이 역사상 일정한 기간에 고전적인 책이 되었다는 편리한 분류만 할 뿐이다. 그러나 이와 같은 이해를 통해서는 장기간에 걸쳐서 사본과 살아있는 집단과의 사이의 관계성을 밝힐 수 없다. 바로 이 관계성이 정경의 이해에 본질적인 요소가 되기 때문이다.

7. 이 저작들을 성경으로 받아들이는 교회의 결정의 배경에는 정경이 개인의 사생활 및 집단 전체의 생활에 대하여 요구할 수 있는 독특하고 강력한 권리가 있다는 이해를 바탕으로 하고 있다. 집단은 자체가 이 저작들을 관리하지 않는다고 주장하고, 그리고 실제적으로, 집단의 자기 이해를 위한 명확한 틀을 제공함으로써 정경이 집단을 관리한다고 주장한다. 이 집단 안에서는 독자가 사본에 대하여 던지는 비평적인 질문은 사본이 독자에게 주는 비판적인 물음보다 더 중요하지 않는 것으로 믿는다.

8. 정경의 저작들이 기록한 사람들의 음성으로 말할 뿐 아니라 저작들 상호간에 증거하고 있다는 사실을 인정하는 것은 성경을 정경의 저작들로 인정함에 있어서 묵계적인 사실이다. 이 사본들은 예언적으로 모든 시대를 향하여 말하고, 예언의 개념을 분석하면 하나님의 말씀을 전달하는 것이다. 옛날에 수많은 사람들을 통하여 주어진 그 당시 상황의 언어와 상징들이 유일한 하나님의 말씀으로서 전파되고 있고, 이것들은 모든 시대를 통하여 보존된다. 이 확신은 사본이 "하나님의 감동하심"으로 되어졌다는 언급으로 분명하게 표현될 수 있다. 왜냐하면 하나님의 말씀에 대하여 이야기하는 것은 하나님의 영의 역사를 암시함으로 말하는 것이기 때문이다. 하나님의 영감을 언급하는 것은 정경의 전집에 포함된 저작들의 독특한 권위를 표현하는 방법들 중의 한 가지이다. 그러나 영감에 대한 설명과 해석은 매우 다양하다. 그 범위는 제일 원인과 제이 원인과의 사이의 형

이상학적 구별을 통하여 실제로 문학적 영감과 동일시하는 심리적인 이론으로부터, 초기 기독교의 사회적 상황 속에서 이루어진 창조적인 전 과정을 교회를 설립하기 위한 활동의 일부로 간주하는, 실제적이지만 미묘한 성령의 역사에 돌리는 데에 이르기까지 광범위하다.

9. 정경은 기독교의 바이블을 이루는 구약성경과 신약성경이 있어서 따로 기록된 저작들의 수집을 통하여 형성된 것이므로 외부로부터 강요되는 어떤 단일한 원리로 축소되는 것을 거부한다. 만일 정경이 본질상 "정경 안의 정경"이라는 주장 따위를 거부한다면, 본문의 모든 특성을 상대적인 것으로 만들거나 제거하게 되는 어떠한 원리도 거부하게 된다. 이와 같은 정경의 거부성은 "어떠한 신약신학에도" 그대로 적용된다. 신약신학은 어느 것이나 어떤 추상적이고 통일적인 원리를 발견하여 다양한 요소들을 하나로 묶어 축소하려는 단순한 시도일 뿐이다. 구속사, 칭의, 해방, 케리그마, 믿음의 법칙, 스토리, 혹은 실존적 결단 등으로 불리는 신학들이 그러하다. 이 모든 원리들은 어떤 구절들을 선택하여 다른 구절들을 지배하는 중심적인 것으로 삼는다. 모든 신학들이 다소 추상적인 구조 속에 모든 저작들을 가두어 놓는다. 정확하게 말해서 정경은 다수의 축소될 수 없는 저작들로 이루어져 있기 때문에 이런 시도들을 거부한다. 정경은 자연스럽게 하나의 정체된 상징체계로 탈바꿈되지 않는다.

한편 정경은 교회 안에서 신학적 활동에 대하여 열려 있다. 이런 일은 전혀 다른 기획이다. 현대의 사람들의 삶 속에서, 그리고 사건들 속에서 하나님을 경험하는 일은 구약과 신약의 모든 저작들과 믿음의 대화를 나누게 한다. 본문의 의미를 고착시키려는 시도로 접근하는 것이 아니고, 생명있는 대화를 통하여 제한되지 않은 범위에서 자유를 누리고, 놀라운 결과에 이르게 된다.

10. 정경은 우선 회중에 읽혀져야 하는 공적인 문헌으로서의 의미가 있으므로 교회는 정경의 본질에 알맞은 해석학을 필요로 한다. 이 해석학은 근본적으로 개인이 재미로 읽거나 마음대로 변형시키는 일에는 전혀 관계하지 않는다. 성경에 대한 이런 태도에 대해서는 우화적 해석에서부터 실존적 해석, 혹은 독자반응의 이론에 이르기까지 수많은 해석의 모델이 제시되어 있다. 이런 방법들을 금지할 필요는 없다. 자유와 상상력은 개인의 마음과 정신을 열리게 만든다. 그러나 이런 해석의 모델은 다른 그리스도인들에게 영향을 미치지 못하고, 정경의 근본적인 기능 즉 교회로서 교회의 정체성을 전하게 하는 일을 위하여 본문을 읽는

방법을 제시하지는 못한다.

필요한 것은 적합한 교회의 해석학, 즉 정경을 그 올바른 위치에 두고, 해석의 과정에서 믿음의 집단 전체에 관여하는 해석학이다. 이런 해석학이 작용하려면 스토리 신앙의 수준에 이른 현대의 신자들의 삶 속에서 하나님의 역사를 분별할 수 있어야 한다. 동시에 경험과 스토리에 비추어 보아서 정경의 본문을 분별하는 일도 있어야 한다. 그리고 이런 분별은 토론, 논쟁, 반대, 그리고 결정을 가능하게 하는 대중적 차원에서 일어나야 한다. 긴장이 있더라도 이런 창조적인 상황에서 정경의 저작은 이 시대에 그리스도인 집단의 정체성을 다시 확립할 수 있다.

최상의 제안

나는 모델을 찾는 일로 이 책을 쓰기 시작했다. 그리고 나는 가장 적절한 제의를 말함으로써 이 책을 끝맺으려 한다.

교회의 해석학의 형성은 저작들이 존재하게 되고 경험과 해석이란 변증법적 원리가 다시 작용하게 되는 그 과정을 답습함으로써 이루어질 수 있다.

비록 희미하다고 하더라도 하나님을 경험하게 되는 일은 계속 되어지고 있다. 그러나 지금 토라의 본문만 아니라 신약 정경의 본문도 상징적 세계를 형성할 수 있다. 이 상징적 세계는 경험을 통하여 다시 형성되고 새롭게 될 것이며, 교회의 생활 가운데 다시 확실하게 드러날 것이다.

나는 정경의 저작들의 본질과 형식을 파악하기 위한 모델을 묘사함에 있어서 미드라쉬의 견해가 이용하기에 유용한 것이라고 제의했다. 여기서 해석학적 모델에 대한 제의를 다시 강조하고자 한다.

그리스도의 교회는 유대교로부터 다시 무엇인가 배울 것이 있고, 신약 정경을 탈무드와 유사한 것으로 간주할 수도 있다.

탈무드는 새로운 경험을 쌓을 때마다 해석이 더하여져 긴 해석의 역사를 통하여 결정체로 남은 것으로 유대교의 전통에 대하여 토라를 대신할 수 있는 것으로서가 아니라 토라를 읽고 이해하는 데 필수적인 프리즘으로서 권위가 있게 되었다. 이와 같이 신약성경도 주 예수에 대한 경험에 비추어 토라에 대한 연구의 결정체로 간주될 수도 있다. 신약성경은 기독교의 전통에 대하여 토라의 대신으로서가 아니라 토라를 읽고 이해하는 데 필수적인 프리즘으로서 권위를 지니고 있고 규범적이다.

탈무드는 단일한 저작이면서 그 음성들이 각각 다르지만 반면에 신약성경은 다양한 문학 형식으로 이루어져 있다는 점에서 서로 다르다.

그러나 더 중요한 유사성이 있다. 탈무드를 공부함에 있어서는 한 가지 음성 혹은 한 권위자의 소리만을 듣는 것은 결코 아니다. 모든 논문을 통하여 랍비 유다의 견해만을 추종하지는 않는다. 새로운 환경에 비추어 재해석될 필요가 없는 유일한 추상적 답변이란 있지 않다. 사실 미드라쉬의 전체적인 요점은 그 모든 갈등과 불일치 가운데서 일어나는 다양한 음성을 듣는 것이다. 왜냐하면 본문에서 새로운 의미를 발견하게 되는 것은 정확히 말해서 이런 복합적인 요소와 심지어 부조화에서 기인되기 때문이다. 그래서 현재의 삶에서 부딪히는 부조화와 분열된 현상에 대하여 말하도록 허락된 것이다.

정확히 이런 태도를 견지함으로써 그리스도인은 주요한 핵심이나 정경 안의 정화된 정경을 찾지 않고, 그리고 단일한 추상적 원리에 입각한 구조 속에서만 성경을 읽으려하지 않고, 올바로 신약의 정경을 읽는 법을 배워야 한다. 즉 모든 저작의 다양성과 상이점을 인정한 가운데 모든 말씀과의 생명이 있는 대화 가운데 읽어야 한다. 오직 이런 태도로 접근할 때만 정경은 그 본래의 말씀을 계속 이야기한다.

참고문헌

이 후기에서 많은 자료들을 다루고 있으나 보다 발전된 많은 입장들을 다 설명할 여백이 없는 것이 유감이다. 그래서 이 자료들에 대한 설명이 길어진다. 광범위하게 연구되고 뜨거운 논쟁을 거친 주제들에 대한 참고 설명이 겨우 몇 가지 기본적인 요점을 제시하는 데 불과하다는 사실을 염두에 두기 바란다.

정경 승인의 과정에 대한 오래된 개론서로는 다음의 책이 있다. A. Souter, *The Text and Canon of the New Testament*, rev. C.S.C. Williams(London: Duckworth, 1954) 이 책은 아직도 유용하며, 특히 기초 자료가 가치가 있다. 적절한 기초 자료들이 원어와 영어 번역문이 함께 실려 있는 좋은 책이 있다. D.J. Theron, *Evidence of Tradition*(Grand Rapids:

Baker Book House, 1958). 정경을 간략하게 취급한 책도 있다. R.E. Brown, "The Canon of the New Testament," in *Jerome Biblical Commentary*, ed. R.E. Brown et al.(Englewood Cliffs, N.J.: Prentice-Hall, 1969), 2:525-34. W. Schneemelcher, "The History of the New Testament Canon," in *New Testament Apocrypha*, ed. E. Hennecke and W. Schneemelcher(Philadelphia: Westminster Press, 1963), 1:28-60. C.F.D. Moule, *The Birth of the New Testament*(New York: Harper & Row, 1966), 178-209. 역사적으로 가장 잘 분석해 놓은 문헌은 다음의 책이다. H. von Campenhausen, *The Formation of the Christian Bible*(Philadelphia: Fortress Press, 1972), esp.147-209. 연대적으로는 거리가 멀지만 적합성에 관한 비평을 곁들인 간결한 역사적 개관을 제공하는 두 문헌이 있다. A. Harnack, *The Origin of the New Testament and the Most Important Results of the New Creation*, trans. J.R. Wilkinson(New York: Macmillan Co., 1925[1914]). H.Y.Gamble, *The New Testament Canon: Its Making and Meaning*, GBS(Philadelphia: Fortress Press, 1985).

본장에서 나는 정경 외의 많은 문헌들에 대하여 언급했다. 이런 저작들에 대한 올바른 이해를 위해서는 다음의 책이 좋다. E.J. Goodspeed, *A History of Early Christian Literature*, rev. and enl. R.M. Grant(Chicago: Univ. of Chicago Press, 1966[1942]).

정경 승인의 과정과 관련된 특별한 역사적인 문제들에 대한 고찰을 위해서는 다음의 책이 좋다. O. Cullmann, "The Plurality of the Gospels as a Theological Problem in Antiquity," in *The Early Church*, ed. A.J.B. Higgins(Philadelphia: Westminster Press, 1956), 39-58. N.A. Dahl, "The Particularity of the Pauline Epistles as a Problem in the Ancient Church," in *NeoTestamentica et Patristica*, NovTSup 6(Leiden: E.J. Brill, 1962), 261-71. K. Stendahl, "The Apocalypse of John and the Epistles of Paul in the Muratorian Fragment," in *Current Issues in New Testament Study*, ed. W.Klassen and G.F. Snyder(New York: Harper & Row, 1962), 239-45. 일련의 기사에서

A.C. Sundberg는 정경의 연대를 보다 앞선 시기로 잡으려고 했으나 전체의 과정과 승인의 과정에 혼란을 일으킬 뿐이다. "Canon Muratori: A Fourth Century List," *HTR* 66(1973): 1-41, idem, "Towards a Revised History of the New Testament Canon," *SE* 4(1968): 452-61. 그는 정경의 문제를 다시 제기했다. "The Bible Canon and the Christian Doctrine of Inspiration," *Int* 29(1975): 352-371.

정경 문제에 대한 근래의 논쟁에 대하여 살펴보려면 다음의 문헌들을 참고하라. D.L. Dungan, "The New Testament Canon in Recent Study," *Int* 29(1975): 339-51. 기독교의 기원에 대한 여권 신장론자들의 비판과, 집단의 평등주의에 대한 꿈을 뒷받침하는 것으로 보이는 영지주의의 문서들의 발견에 자극을 받아서 이런 논의가 더욱 활발하게 되었다. 그 요점들이 다음의 책에서 어렴풋이 보인다. E. Pagels, *The Gnostic Gospels*(New York: Random House, 1979). 그리고 다음의 저서에서 더욱 발전되었다. E.Schüssler Fiorenza, *In Memory of Her: A Feminist Reconstruction of Christian Origins*(New York: Crossroad, 1983). M.A. Tolbert, "Defining the Problem: The Bible and Feminist Hermeneutics," *Semeia* 28(1983): 113-26. 정경과 교회와의 규범적인 관계에 대한 주요한 언급은 다음의 저서에서 찾아볼 수 있다. R.E. Brown, *The Critical Meaning of the Bible*(New York: Paulist Press, 1981). W.Marxsen, *The New Testament as the Church's Book*, trans. J.Mignard(Philadelphia: Fortress Press, 1972).

최근의 비평적인 학자들은 정경을 신중하게 받아들인 결과를 추적하려 시도했다. 실용적인 단계를 넘어서서 이런 의도를 관철하려고 노력한 저서는 다음과 같다. B.Childs, *The New Testament as Canon: An Introduction* (Philadelphia: Fortress Press, 1985), esp. 3-33. 다음과 같은 유용한 코멘트도 있다. A.C. Outler, "The 'Logic' of Canon-Making and the Tasks of Canon-Criticism," in *Texts and Testaments*, ed. W.E. March(San Antonio: Trinity Univ. Press, 1980), 263-76.

성경신학의 역사와 특성에 대한 설명을 읽으려면 다음의 책이 좋다. K. Stendahl, s.v. "biblical theology: contemporary," *Interpreter's Dictionary of the Bible* 1:418-32. W.J. Harrington, *The Path of*

Biblical Theology(Dublin: Gill and Macmillan, 1973). B. Childs, *Biblical Theology in Crisis*(Philadelphia: Westminster Press, 1973)(「성경신학의 위기」—본사 역간). 신약신학에 대해서는 특별히 다음의 저서를 읽어보라. R. Bultmann, *Theology of the New Testament*(New York: Charles Scribner's Sons, 1955), 2:237-81. N.A. Dahl, "The Neglected Factor in New Testament Theology," *Reflection* 73(1975): 5-8.

이런 훈련의 실패 혹은 장래 혹은 가능성에 대한 보다 이론적인 설명을 읽어려면 다음의 책이 좋다. E. Käsemann, "The Problem of a New Testament Theology," *NTS* 19(1973): 235-45. G. Ladd, "The Search for Perspective,"*Int* 25(1971): 41-62. C. Peter, "The Role of the Bible in Roman Catholic Theology,"*Int* 25(1971): 78-94. L. Keck, "The Problem of a New Testament Theology," *NovT* 7(1964): 217-41.

정경의 저작에서 "절대적인" 단일성을 찾으려는 신약신학에 대하여 반대하는 견해를 읽으려면 다음의 책이 좋다. H. Braun, "The Problem of a New Testament Theology," *JTC* 1(1965): 169-83. H. Schlier, "The Meaning and Function of a Theology of the New Testament," in his *The Relevance of the New Testament*(New York: Herder & Herder, 1968), 1-25. 신약신학에서 정경의 개념을 다양하게 사용한 예들을 살펴보려면 다음과 같은 책이 있다. E. Käsemann, "Unity and Diversity in New Testament Ecclesiology," *NovT* 6(1963): 290-97. R.E. Brown, "The Unity and Diversity in New Testament Ecclesiology," *NovT* 6(1963): 298-308.

영감에 관한 간단한 서술을 읽으려면 다음의 책이 좋다. G.W.H. Lampe, s.v. "inspiration and revelation," *Interpreter's Dictionary of the Bible*. 인격적인 영감에 대하여 두 가지 원인에 근거하여 설명하는 고전적인 분석을 발전시킨 저서가 있다. B. Warfield, *Biblical Foundations*(Grand Rapids: Wm. B. Eerdmans, 1958). 현대의 학문에 입각하여 토마스 아퀴나스의 이론을 발전시킨 문헌이 있다. *Inspiration and the Bible*(New York: Sheed & Ward, 1965). 문학적 영감에 대하여 보다 더 현학적인 논문을 읽을 수 있다. A. Shökel, *The Inspired Word*(New York: Herder & Herder,

1965). 근대의 편집비평과 초기 기독교의 사회적 과정에 대한 충분한 설명을 제공하며 영감에 대하여 논의하는 저서가 있다. K. Rahner, *Inspiration in the Bible*(New York: Herder & Herder, 1961). J.L. McKenzie, "The Social Character of Inspiration," *CBQ* 24(1962): 115-124. P.J. Achtemeier, *The Inspiration of Scripture: Problems and Proposals* (Philadelphia: Westminster Press, 1980).

기독교의 역사를 통하여 해석학을 개관하는데 도움을 주는 책이 있다. R.M. Grant with D. Tracy, *A Short History of the Interpretation of the Bible*, 2d ed. rev. and enl.(Philadelphia: Fortress Press, 1984). 광범위한 개론서로 다음과 같은 책이 있다. *The Cambridge History of the Bible*, 3 vols., vol 1: *From the Beginnings to Jerome*, ed. P.R. Ackroyd and C.F. Evans. vol 2: *The West from the Fathers to the Reformation*, ed. G.W.H. Lampe. vol. 3: *The West from the Reformation to the Present Day*, ed. S.L. Greenslade(Cambridge: At the Univ. Press, 1963-70).

각 시대의 특별한 연구에 대하여 읽으려면 다음의 책이 있다. J. Danielou, *From Shadows to Reality: Studies in the Biblical Typology of the Fathrs*, trans. W. Hibberd(London: Burns & Oates, 1960). B. Smalley, *The Study of the Bible in the Middle Ages*(Notre Dame, Ind.: Univ. of Notre Dame Press, 1964). J.S. Preus, *From Shadow to Promise: Old Testament Interpretation from Augustine to the Young Luther*(Cambridge: Harbard Univ. Press, 1969). H. Frei, *The Eclipse of Biblical Narrative: A Study of Eighteenth and Nineteenth Century Hermeneutics*(New Haven: Yale Univ. Press, 1974). A. Wilder, "New Testament Hermeneutics Today," in *Current Issues in New Testament Study*, ed. W. Klassen and G.F. Snyder(New York: Harper & Row, 1962), 38-52. D. Kelsey, *The Uses of Scripture in Recent Theology*(Philadelphia: Fortress Press, 1975).

철학적 해석학과 문학적 비평의 영향에 대하여 다음의 책에서 잘 제시하고 있다. E. McKnight, *Meaning in Texts: The Historical Shaping of a*

Narrative Hermeneutics(Philadelphia: Fortress Press, 1978). 해방신학의 영향에 대해서는 다음의 저서에 잘 설명되었다. N.K. Gottwald, ed., *The Bible and Liberation: Political and Social Hermeneutics*(New York: Orbis Books, 1983).

본장에서 제시된 구성적인 제안의 배경에 대하여는 다음의 책을 참고하면 좋다. D. Kelsey, "The Bible and Christian Theology," *JAAR* 48(1980): 385-402. L.T. Johnson, *Decision-Making in the Church: A Bibilical Model*(Philadelphia: Fortress Press, 1983). 필자가 탈무드와 미드라쉬를 최종적으로 비교한 것에 비추어서 유대교의 전통 가운데서 이 이슈들에 접근하는 것을 살펴보면 유익하다. J. Neusner, *Midrash in Context: Exegesis in Formative Judaism*, The Foundation of Judaism: Method, Teleology, Doctrine, part 1: Method(Philadelphia: Fortress Press, 1983). 그에게 있어서 정경과 해석 사이의 차이점은 미드라쉬의 과정에 의하여 해소된다. 이 원고를 다 끝낸 후에 다른 각도에서 유사한 구성적인 제안을 제시한 것을 보고 나는 기뻤다. H. Frei, "The 'Literal Reading' of Biblical Narrative in the Christian Tradition: Does It Stretch or Will It Break?" in *The Bible and the Narrative Tradition*, ed. F. McConnell(New York and London: Oxford Univ. Press, 1987).

최신신약개론

초판 발행   1998년   2월 25일
중쇄 발행   2011년 10월 20일

발행처   **크리스챤 다이제스트**

발행인   박명곤

주소   경기도 고양시 일산동구 정발산동 1193-2

전화   031-911-9864, 070-7538-9864

팩스   031-911-9824

등록   제 98-75호

판권   ⓒ 크리스챤다이제스트 1998

총판   (주) 기독교출판유통

전화 031-906-9191~4

팩스 080-456-2580